Markus Widl

Microsoft Office 365

Das umfassende Handbuch

Liebe Leserin, lieber Leser,

ja, es steckt viel Wahrheit in den Slogans rund um Microsoft Office 365: Die tägliche Arbeit wird durch die Cloud-Lösung deutlich vereinfacht, »grenzenlose Produktivität« wird möglich. Das gilt jedoch nur dann, wenn der zuständige Administrator die Cloud-Lösung für das Unternehmen so einrichtet und verwaltet, dass alle Anwender ohne Unterbrechung mit den verschiedenen Diensten arbeiten können.

Und hier liegt der Knackpunkt. Selbst wenn Sie bislang nur einen kurzen Blick auf die komplexen Dienste wie Exchange Online, SharePoint Online oder Skype for Business Online geworfen haben, wissen Sie, dass die nahtlose, sichere Anbindung von Office 365 an die Unternehmens-IT und die spätere Verwaltung keineswegs trivial ist. Spätestens wenn lokale Exchange Server gemeinsam mit Exchange Online betrieben werden sollen, ist Rat vom Experten gefragt.

Markus Widl ist Microsoft Most Valuable Professional (MVP) für Office 365 und ausgewiesener Experte für alle hier besprochenen Server, sowohl in der lokalen als auch in der Online-Variante. Das Praxiswissen aus seiner langjährigen Beratertätigkeit rund um den Unternehmenseinsatz von Microsoft-Servern hat er hier in seiner angenehmen und lockeren Schreibe für Sie zusammengestellt.

Ich bin sicher, dass Ihnen auch die vierte Auflage dieses Standardwerks für Administratoren wieder wertvolle Dienste bei der Einführung und Verwaltung von Office 365 leisten wird und Ihnen dabei hilft, von den Vorteilen zu profitieren, die Microsofts Cloud-Lösung für Unternehmen ohne Zweifel bietet.

Abschließend noch ein Wort in eigener Sache: Dieses Werk wurde mit großer Sorgfalt geschrieben, geprüft und produziert. Sollte dennoch einmal etwas nicht so funktionieren, wie Sie es erwarten, freue ich mich, wenn Sie sich mit mir in Verbindung setzen. Ihre Kritik und konstruktiven Anregungen sind uns jederzeit willkommen.

Ihr Christoph Meister
Lektorat Rheinwerk Computing

christoph.meister@rheinwerk-verlag.de
www.rheinwerk-verlag.de
Rheinwerk Verlag · Rheinwerkallee 4 · 53227 Bonn

Auf einen Blick

1	Was ist Office 365?	31
2	Grundkonfiguration	79
3	Microsoft PowerShell	141
4	Identitäten und Active Directory-Synchronisierung	235
5	Office, Project und Visio	369
6	Exchange Online	461
7	SharePoint Online	755
8	OneDrive for Business Online	919
9	Skype for Business Online	957
10	Azure Rights Management Services	1011
11	Office 365-Gruppen	1033
12	Teams	1065
13	Delve und MyAnalytics	1085
14	Weitere Anwendungen und Dienste	1105

Impressum

Wir hoffen, dass Sie Freude an diesem Buch haben und sich Ihre Erwartungen erfüllen. Bitte teilen Sie uns doch Ihre Meinung mit. Eine E-Mail mit Ihrem Lob oder Tadel senden Sie direkt an den Lektor des Buches: *christoph.meister@rheinwerk-verlag.de*. Im Falle einer Reklamation steht Ihnen gerne unser Leserservice zur Verfügung: *service@rheinwerk-verlag.de*. Informationen über Rezensions- und Schulungsexemplare erhalten Sie von: *hendrik.wevers@rheinwerk-verlag.de*.

Informationen zum Verlag und weitere Kontaktmöglichkeiten finden Sie auf unserer Verlagswebsite *www.rheinwerk-verlag.de*. Dort können Sie sich auch umfassend und aus erster Hand über unser aktuelles Verlagsprogramm informieren und alle unsere Bücher versandkostenfrei bestellen.

An diesem Buch haben viele mitgewirkt, insbesondere:

Lektorat Christoph Meister, Roman Lehnhof
Fachgutachten Markus Kost
Korrektorat Angelika Glock, Ennepetal
Herstellung Kamelia Brendel
Einbandgestaltung Barbara Thoben, Köln
Titelbild 520796218 @ noblige/istockimages
Typografie und Layout Vera Brauner
Satz SatzPro, Krefeld
Druck und Bindung C. H. Beck, Nördlingen

Dieses Buch wurde gesetzt aus der TheAntiquaB (9,35/13,25 pt) in FrameMaker.
Gedruckt wurde es auf chlorfrei gebleichtem Offsetpapier (90 g/m²).

Bibliografische Information der Deutschen Nationalbibliothek
Die Deutsche Nationalbibliothek verzeichnet diese Publikation in der Deutschen Nationalbibliografie; detaillierte bibliografische Daten sind im Internet über *http://dnb.d-nb.de* abrufbar.

ISBN 978-3-8362-4473-2
© Rheinwerk Verlag GmbH, Bonn 2017
4., aktualisierte und erweiterte Auflage, 2017

Das vorliegende Werk ist in all seinen Teilen urheberrechtlich geschützt. Alle Rechte vorbehalten, insbesondere das Recht der Übersetzung, des Vortrags, der Reproduktion, der Vervielfältigung auf fotomechanischem oder anderen Wegen und der Speicherung in elektronischen Medien.

Ungeachtet der Sorgfalt, die auf die Erstellung von Text, Abbildungen und Programmen verwendet wurde, können weder Verlag noch Autor, Herausgeber oder Übersetzer für mögliche Fehler und deren Folgen eine juristische Verantwortung oder irgendeine Haftung übernehmen.

Die in diesem Werk wiedergegebenen Gebrauchsnamen, Handelsnamen, Warenbezeichnungen usw. können auch ohne besondere Kennzeichnung Marken sein und als solche den gesetzlichen Bestimmungen unterliegen.

Inhalt

Vorwort 23
Geleitwort des Fachgutachters 29

1 Was ist Office 365? — 31

1.1 Warum Office 365? — 31
1.2 Einsatzszenarien — 32
- 1.2.1 Anwenderszenarien — 32
- 1.2.2 IT-Szenarien — 36

1.3 Enthaltene Dienste und Anwendungen — 39
1.4 Rechenzentrumsregionen — 42
1.5 Office 365 Deutschland — 46
- 1.5.1 Roadmap — 48
- 1.5.2 Technische Limitierungen — 50
- 1.5.3 Entscheidungskriterien für/gegen Office 365 Deutschland — 51

1.6 Sicherheit in den Rechenzentren — 52
- 1.6.1 Verschlüsselung Ihrer Daten — 52
- 1.6.2 Zugriffskontrolle — 55
- 1.6.3 Auditierungen und Datenschutz — 56

1.7 Systemvoraussetzungen — 57
- 1.7.1 Internetbandbreite — 57
- 1.7.2 Proxys und Firewalls — 58

1.8 Lizenzierung — 58
- 1.8.1 Abonnements und Lizenzen — 59
- 1.8.2 Lizenztypen — 60
- 1.8.3 Lizenztypen in der Office 365 Business-Familie — 61
- 1.8.4 Lizenztypen in der Office 365 Enterprise-Familie — 63
- 1.8.5 Abonnementlaufzeit — 71
- 1.8.6 Benutzern Lizenzen zuweisen — 72
- 1.8.7 Dienstbeschreibungen — 72

1.9 FastTrack Center — 73
- 1.9.1 Lizenzvoraussetzungen — 74

	1.9.2	Prozess	75
	1.9.3	Unterstützungsleistungen	75
1.10	**So geht es weiter**		**77**

2 Grundkonfiguration 79

2.1	**Anlegen eines Office 365-Mandanten**		**79**
2.2	**Office 365-Portal und Office 365 Admin Center**		**82**
	2.2.1	Office 365-Portal	84
	2.2.2	Office 365 Admin Center	90
2.3	**Abonnements**		**94**
	2.3.1	Lizenzwechsel	96
	2.3.2	Testzeitraum verlängern	97
	2.3.3	Kündigen von Abonnements	98
2.4	**Domänenverwaltung**		**98**
	2.4.1	Voraussetzungen an DNS-Anbieter	100
	2.4.2	Domäne verifizieren	100
	2.4.3	Domäne entfernen	110
2.5	**Benutzerverwaltung**		**112**
	2.5.1	Microsoft-Online-ID	113
	2.5.2	Benutzer anlegen	115
	2.5.3	Benutzer verwalten	120
	2.5.4	Gelöschte Benutzer wiederherstellen	126
	2.5.5	Kennwortablaufrichtlinie	127
	2.5.6	Sicherheitsgruppen	128
2.6	**Berichte**		**130**
2.7	**Dienststatus**		**132**
2.8	**Nachrichtencenter**		**133**
2.9	**Erstveröffentlichung neuer Funktionen**		**134**
2.10	**Problembehebung**		**135**
	2.10.1	Microsoft Support- und Wiederherstellungs-Assistent für Office 365	135
	2.10.2	Office 365-Integritäts-, Bereitschafts- und Verbindungstests	137
	2.10.3	Administratorkennwort zurücksetzen	137
	2.10.4	Domänenproblembehandlung	138
	2.10.5	Verbindungsprobleme	139

		2.10.6	Serviceanfragen	139
		2.10.7	Weitere Hilfestellungen	140
2.11	**So geht es weiter**			140

3 Microsoft PowerShell   141

3.1	**Wozu PowerShell?**			141
		3.1.1	Ziele der PowerShell	142
		3.1.2	Systemvoraussetzungen	143
3.2	**Start der PowerShell**			144
		3.2.1	Windows PowerShell Integrated Scripting Environment (ISE)	144
		3.2.2	Administratorberechtigungen	147
3.3	**Kernkomponenten der PowerShell**			148
		3.3.1	Cmdlets und Funktionen	148
		3.3.2	Pipeline	151
		3.3.3	PowerShell Language	151
		3.3.4	Navigationsparadigma	151
3.4	**v1.0?**			153
3.5	**Cmdlets**			155
		3.5.1	Namenskonventionen	155
		3.5.2	Parameter und Argumente	156
		3.5.3	Wo gibt es Hilfe?	158
3.6	**Aliasse**			160
3.7	**Klassen und Objekte**			161
		3.7.1	»Get-Member«	163
		3.7.2	»Select-Object«	165
		3.7.3	Punktnotation	167
		3.7.4	Standardausgabe	168
3.8	**Pipeline**			169
3.9	**Wichtige Cmdlets**			172
		3.9.1	Filtern mit »Where-Object«	173
		3.9.2	Dateiexport mit »Out-File« und »Export-CSV«	175
		3.9.3	Grafische Ausgabe mit »Out-GridView«	177
		3.9.4	Sortieren mit »Sort-Object«	178
		3.9.5	Einfache Statistiken mit »Measure-Object«	178
		3.9.6	Schleifen mit »ForEach-Object«	179
		3.9.7	Protokolle mit »Start-Transcript«	180

3.10	Variablen		182
3.11	Funktionen und Filter		182
	3.11.1	Funktionen definieren	182
	3.11.2	Filter definieren	184
3.12	Skripte		185
	3.12.1	Aufbau	186
	3.12.2	Skriptausführung	187
	3.12.3	Fehlerbehandlung	189
	3.12.4	Parameterübergabe	191
	3.12.5	Profile	192
	3.12.6	Lange Befehlszeilen	194
	3.12.7	Funktionssammlungen	195
3.13	Snap-ins und Module		196
3.14	PowerShell-Remoting		198
	3.14.1	Remoting mit PowerShell ISE	198
	3.14.2	Remoting in Skripten	198
3.15	PowerShell und Office 365		199
	3.15.1	Azure Active Directory-Modul für Windows PowerShell	200
	3.15.2	Domänenverifikation	206
	3.15.3	Benutzer anlegen	210
	3.15.4	Benutzer verwalten	224
	3.15.5	Benutzer löschen und wiederherstellen	225
	3.15.6	Sicherheitsgruppen verwalten	226
	3.15.7	Rollen verwalten	228
3.16	PowerShell und Active Directory		229
	3.16.1	Bezugsquelle	229
	3.16.2	Voraussetzungen	231
	3.16.3	Anwendung	232
3.17	So geht es weiter		233

4 Identitäten und Active Directory-Synchronisierung 235

4.1	Verschiedene Identitäten		236
4.2	Szenarien zur Active Directory-Integration		237
	4.2.1	Verzeichnissynchronisierung	238

	4.2.2	Kennwort-Hash-Synchronisierung	238
	4.2.3	Passthrough-Authentifizierung	241
	4.2.4	Single Sign-on	242
	4.2.5	Integrationsszenarien im Vergleich	245
4.3	**Active Directory-Synchronisierung**	251
	4.3.1	Synchronisierungsvorgang	253
	4.3.2	Planung und Vorbereitung	256
	4.3.3	Überprüfen der lokalen Umgebung	263
	4.3.4	Installation und Konfiguration	264
	4.3.5	Filtern von Active Directory-Objekten auf Attributebene	288
	4.3.6	Manueller Start der Synchronisierung	292
	4.3.7	Ändern des Synchronisierungsintervalls	292
	4.3.8	Synchronisierung von Benutzerkonten	293
	4.3.9	Fehlerbehandlung	296
4.4	**Mehrstufige Authentifizierung**	299
	4.4.1	Vorüberlegungen	299
	4.4.2	Einrichtung	300
	4.4.3	App-Kennwörter für inkompatible Anwendungen und Apps	305
4.5	**Moderne Authentifizierung**	308
	4.5.1	Moderne Authentifizierung mit Exchange Online	310
	4.5.2	Moderne Authentifizierung mit Skype for Business Online	310
4.6	**Identitätsverbund**	311
	4.6.1	Vorteile	312
	4.6.2	Anforderungen	313
	4.6.3	Topologien	314
	4.6.4	Anmeldevorgang ohne moderne Authentifizierung	318
	4.6.5	Anmeldevorgang mit moderner Authentifizierung	324
	4.6.6	Einrichtung bis zum Windows Server 2012	326
	4.6.7	Einrichtung mit Windows Server 2012 R2/2016	341
	4.6.8	Test des Identitätsverbunds	352
	4.6.9	Smart-Links	356
	4.6.10	Alternative Benutzernamen mit AD FS	357
	4.6.11	Wenn AD FS ausfällt	361
	4.6.12	Zugriffssteuerung	363
4.7	**So geht es weiter**	368

5 Office, Project und Visio — 369

5.1	Welches Office-Paket?	369
5.2	Systemvoraussetzungen	374
5.3	Installation unter Windows	374
	5.3.1 Firewall- und Proxy-Konfiguration	376
	5.3.2 Manuelle Installation (Pull-Installation)	376
	5.3.3 Download der Installationspakete verhindern	380
	5.3.4 Aktivierungsprozess	382
	5.3.5 Updatekanäle	390
	5.3.6 Administrative Anpassung der Installation (Push-Installation)	396
	5.3.7 Updatemechanismus	404
	5.3.8 Installation über Gruppenrichtlinien	409
	5.3.9 Installation über Microsoft Intune	414
	5.3.10 Installation über System Center Configuration Manager	421
	5.3.11 Konfiguration über Gruppenrichtlinien	432
	5.3.12 Installation im Mehrbenutzerbetrieb	435
5.4	Office-Telemetrie	436
	5.4.1 Architektur	437
	5.4.2 Installation	438
	5.4.3 Auswertung	439
5.5	Installation unter macOS	440
5.6	Office Online	442
	5.6.1 Anwendungsgebiete	442
	5.6.2 Unterstützte Dateitypen	445
	5.6.3 Konfiguration	446
	5.6.4 Drucken	447
	5.6.5 Gemeinsames Bearbeiten	448
5.7	Office auf Mobilgeräten	449
5.8	Project	451
	5.8.1 Systemvoraussetzungen	451
	5.8.2 Installation von Project für Office 365	452
	5.8.3 Project Web App	453
5.9	Visio	458
	5.9.1 Systemvoraussetzungen	458
	5.9.2 Installation	459
5.10	So geht es weiter	459

6　Exchange Online　461

6.1　Was ist Exchange Online?　462
6.1.1　Funktionsüberblick　462
6.1.2　Lizenzüberblick　465
6.1.3　Einschränkungen　468

6.2　Administrationsübersicht　469
6.2.1　Administrationswerkzeuge　469
6.2.2　Exchange Admin Center (EAC)　471
6.2.3　Ändern von Exchange-Attributen mit aktivierter Verzeichnissynchronisierung　474

6.3　PowerShell mit Exchange Online　477
6.3.1　Voraussetzungen　477
6.3.2　Abgedeckte Funktionalität　478
6.3.3　Verbindungsaufbau　479
6.3.4　Anzahl zurückgegebener Objekte　483
6.3.5　Befehlsprotokollierung　483

6.4　Clients　484
6.4.1　Outlook für Windows　484
6.4.2　Outlook für macOS　488
6.4.3　Outlook im Web　489
6.4.4　Mobile Endgeräte　495
6.4.5　Apps in Outlook und in Outlook im Web　499

6.5　Allgemeine Verwaltung　501
6.5.1　Postfächer　501
6.5.2　Gruppen　506
6.5.3　Ressourcenpostfächer　512
6.5.4　Externe Kontakte　514
6.5.5　Freigegebene Postfächer　517
6.5.6　Öffentliche Ordner　520
6.5.7　Verbundene Konten　526

6.6　Archivierung　531
6.6.1　In-Situ-Archive　532
6.6.2　Lizenzen　534
6.6.3　Szenarien　536
6.6.4　Verwaltung　536
6.6.5　Aufbewahrungsrichtlinien　539
6.6.6　Anwenderansicht　549
6.6.7　Dauerhafte (gesetzeskonforme) Archivierung　555

6.7	**Nachrichtenfluss**		556
	6.7.1	Transportregeln	556
	6.7.2	Nachrichtenablaufverfolgung	568
	6.7.3	Exchange Online neben einem weiteren E-Mail-System betreiben	569
6.8	**Sicherheit**		573
	6.8.1	Rollen	573
	6.8.2	Postfachberechtigungen	592
	6.8.3	Gelöschte Elemente	601
	6.8.4	Anti-Virus und Anti-Spam mit EOP	603
	6.8.5	EOP mit Exchange Server	612
	6.8.6	Schutz vor unbekanntem Schadcode mit ATP	616
	6.8.7	ATP mit Exchange Server	626
	6.8.8	Nachrichtenverschlüsselung	626
	6.8.9	Signieren und Verschlüsseln mit S/MIME	637
6.9	**Compliance**		643
	6.9.1	In-Situ-Speicher	643
	6.9.2	Inaktive Postfächer	646
	6.9.3	Überwachungsberichte	646
	6.9.4	Verhinderung von Datenverlust	648
	6.9.5	Dokumentfingerabdrücke	656
	6.9.6	Journalisierung	661
6.10	**ActiveSync**		664
	6.10.1	Zugriff auf mobile Geräte	664
	6.10.2	Postfachrichtlinien für mobile Geräte	666
	6.10.3	Postfacheinstellungen	667
6.11	**Unified Messaging**		669
	6.11.1	Funktionen	669
	6.11.2	Voraussetzungen	670
	6.11.3	Konfiguration	670
6.12	**Exchange-Migration**		671
	6.12.1	Verfahrensübersicht	672
	6.12.2	Übernahmemigration	675
	6.12.3	Mehrstufige Migration	686
	6.12.4	Minimale Hybridkonfiguration und Express-Hybridkonfiguration	696
6.13	**Vollständige Exchange-Hybridkonfiguration**		705
	6.13.1	E-Mail-Verkehr	707
	6.13.2	Besonderheiten bei Berechtigungen	712
	6.13.3	Voraussetzungen	712
	6.13.4	Testumgebung einrichten	715

6.13.5	Einrichtung	722
6.13.6	Postfächer verschieben	729
6.13.7	Outlook im Web-Umleitung	739
6.13.8	Verfügbarkeitsinformationen	740
6.13.9	Exchange Online-Archive	741
6.13.10	Freigabe von Kalenderinformationen	741
6.14	**Migration öffentlicher Ordner**	**742**
6.14.1	Voraussetzungen	742
6.14.2	Migrationsprozess	743
6.14.3	Skripte	744
6.15	**Migration anderer Postfacharten**	**744**
6.15.1	PST-Dateiinhalte	745
6.15.2	Gmail, Outlook, Hotmail, Yahoo	748
6.15.3	IMAP	749
6.16	**SMTP-Relay**	**749**
6.16.1	Versand als Exchange Online-Benutzer	749
6.16.2	SMTP-Relay mit dem SMTP-Feature des Windows Servers	750
6.17	**So geht es weiter**	**754**

7   SharePoint Online 755

7.1	**Was ist SharePoint Online?**	**755**
7.1.1	Einsatzszenarien	755
7.1.2	Funktionsüberblick	757
7.1.3	Voraussetzungen	759
7.1.4	Lizenzüberblick	761
7.1.5	Einschränkungen	763
7.1.6	SharePoint-Zugriff	763
7.2	**Administrationsübersicht**	**764**
7.3	**PowerShell mit SharePoint Online**	**766**
7.3.1	Voraussetzungen	766
7.3.2	Abgedeckte Funktionalität	767
7.3.3	Verbindungsaufbau	767
7.4	**SharePoint-Architektur**	**768**
7.4.1	Websitesammlungen	769
7.4.2	Websites	779
7.4.3	Listen und Bibliotheken	786

	7.4.4	Ordner	797
	7.4.5	Listeneinträge und Dateien	798
	7.4.6	Webparts	800
	7.4.7	SharePoint-App im App-Launcher	802
7.5	**Berechtigungen**		**804**
	7.5.1	Berechtigungskonzept	804
	7.5.2	Zugriff ohne SharePoint-Lizenz	818
	7.5.3	Externe Benutzer verwalten	819
7.6	**Suche**		**832**
	7.6.1	Durchführen einer Suche	833
	7.6.2	Administration	833
	7.6.3	Kombinierte Suche	834
7.7	**Benutzerprofile**		**834**
	7.7.1	Administration	835
	7.7.2	Profile in hybriden Umgebungen	838
7.8	**Terminologiespeicher**		**839**
	7.8.1	Erstkonfiguration	839
	7.8.2	Ausdruckssätze anlegen	840
	7.8.3	Verwaltete Metadatenspalte erstellen	841
	7.8.4	Metadatennavigation	843
7.9	**Dokumentcenter**		**845**
7.10	**Enterprise-Features**		**848**
	7.10.1	InfoPath Forms Services	848
	7.10.2	Visio Services	851
	7.10.3	Access Services	853
7.11	**Business Connectivity Services (BCS)**		**854**
	7.11.1	Datenquellentypen	855
	7.11.2	Anbindung an eine SQL Azure-Datenbank	855
7.12	**Outlook-Anbindung**		**868**
7.13	**Mobiler Zugriff**		**869**
7.14	**Datensicherheit**		**870**
	7.14.1	Papierkorb	871
	7.14.2	Virusfilterung	873
	7.14.3	Dateitypbeschränkungen	873
	7.14.4	Schutz vor Datenverlust	873
	7.14.5	Zugriff für Geräte beschränken	873

7.15	**Anpassen von SharePoint Online**		874
	7.15.1	Sandboxed Solutions	877
	7.15.2	App Solutions	880
	7.15.3	SharePoint Framework	885
7.16	**SharePoint Online-Migration**		886
	7.16.1	Planung	886
	7.16.2	Durchführung	888
	7.16.3	Daten übertragen	889
7.17	**Hybridumgebungen**		897
	7.17.1	Voraussetzungen	898
	7.17.2	Hybrides OneDrive for Business	902
	7.17.3	Hybride Websites	907
	7.17.4	Hybride Suche	908
	7.17.5	Hybride Überwachung	915
	7.17.6	Hybrider Terminologiespeicher	916
7.18	**Problembehandlung**		916
7.19	**So geht es weiter**		918

8   OneDrive for Business Online 919

8.1	**Was ist OneDrive for Business?**		919
8.2	**Lizenzüberblick**		924
8.3	**Einschränkungen**		925
8.4	**Administrationsübersicht**		926
8.5	**PowerShell mit OneDrive for Business Online**		927
8.6	**Synchronisierung einrichten**		927
	8.6.1	Synchronisieren der OneDrive-Bibliothek	928
	8.6.2	Synchronisieren einer beliebigen SharePoint-Dokumentbibliothek	931
	8.6.3	Synchronisieren geteilter Ordner	932
	8.6.4	Synchronisierung deaktivieren	932
	8.6.5	Freigabe von Bibliotheken und Dateien	932
	8.6.6	Konfliktbearbeitung	933
8.7	**OneDrive-Konfiguration**		935
	8.7.1	Externe Freigaben zulassen oder unterbinden	935
	8.7.2	Synchronisierung nur auf Domänenmitgliedern erlauben	936

	8.7.3	Bestimmte Dateitypen dürfen nicht synchronisiert werden	938
	8.7.4	Anpassung der OneDrive-Größe	939
	8.7.5	OneDrives gelöschter Benutzer	940
	8.7.6	Zugriff von Geräten einschränken	942
	8.7.7	Compliance-Einstellungen	944
	8.7.8	Benachrichtigungen für Benutzer	944
	8.7.9	Persönliche Website automatisch anlegen lassen	945
	8.7.10	Administrativer Zugriff auf OneDrive-Inhalte	946
	8.7.11	Gruppenrichtlinien mit weiteren Optionen	948
8.8	Integration mit lokaler SharePoint-Umgebung		950
8.9	Migration		954
8.10	Clients		954
8.11	So geht es weiter		955

9   Skype for Business Online   957

9.1	Was ist Skype for Business Online?		957
	9.1.1	Einsatzszenarien	958
	9.1.2	Lizenzüberblick	961
	9.1.3	Arbeiten mit Skype for Business	962
9.2	Administration		967
	9.2.1	Voraussetzungen	967
	9.2.2	Skype for Business Admin Center	969
	9.2.3	Benutzerverwaltung	971
	9.2.4	Organisationsverwaltung	972
	9.2.5	Externe Kommunikation	973
	9.2.6	Einwahlkonferenzen	975
	9.2.7	Besprechungseinladungen	980
9.3	PowerShell mit Skype for Business Online		980
	9.3.1	Voraussetzungen	980
	9.3.2	Verbindungsaufbau	981
	9.3.3	Anwendung	982
9.4	Skype for Business-Clients		985
	9.4.1	Skype for Business-Client	985
	9.4.2	Skype for Business Basic-Client und Skype for Business Web App-Client	989

	9.4.3	Mobile Skype for Business-Clients	992
	9.4.4	Skype for Business-Client für macOS	996
	9.4.5	Problembehebung	998
9.5	**Skype-Livekonferenzen**		**999**
	9.5.1	Voraussetzungen	999
	9.5.2	Funktionsunterschiede	999
	9.5.3	Aktivierung	1000
	9.5.4	Skype-Livekonferenzen planen	1000
	9.5.5	Skype-Livekonferenzen durchführen	1003
9.6	**Telefonie**		**1003**
	9.6.1	Telefonnummern hinzufügen	1005
	9.6.2	Notfallstandorte definieren	1007
	9.6.3	Telefonnummern zuweisen	1007
9.7	**So geht es weiter**		**1009**

10   Azure Rights Management Services   1011

10.1	**Voraussetzungen**	1012
10.2	**Konfiguration**	1013
10.3	**Berechtigungsvorlagen**	1014
	10.3.1 Standardvorlagen	1016
	10.3.2 Eigene Vorlagen	1016
	10.3.3 Super-User	1021
10.4	**Eigenen Schlüssel verwenden – Bring Your Own Key (BYOK)**	1022
10.5	**ARMS mit Exchange Online**	1024
	10.5.1 Manuelle Anwendung von ARMS	1024
	10.5.2 ARMS in Transportregeln	1025
10.6	**ARMS mit SharePoint Online**	1027
10.7	**ARMS in der lokalen Umgebung nutzen**	1029
10.8	**Azure Information Protection (AIP)**	1029
10.9	**So geht es weiter**	1031

11 Office 365-Gruppen — 1033

11.1 Was sind Office 365-Gruppen? — 1033
- 11.1.1 Komponenten von Office 365-Gruppen — 1034
- 11.1.2 Anwenderoberfläche von Office 365-Gruppen — 1034
- 11.1.3 Dateihandling — 1041
- 11.1.4 Limitierungen — 1044

11.2 Gruppenverwaltung — 1044
- 11.2.1 Gruppen anlegen und verwalten — 1044
- 11.2.2 Namenskonventionen festlegen — 1049
- 11.2.3 E-Mail-Domäne von Gruppen ändern — 1051
- 11.2.4 Mitglieder verwalten — 1054
- 11.2.5 E-Mail-Verteilergruppe umwandeln — 1057
- 11.2.6 Benutzer einschränken — 1057
- 11.2.7 Externe Benutzer — 1058

11.3 Clients — 1061

11.4 Gruppen in Exchange-Hybridkonfigurationen — 1061
- 11.4.1 Voraussetzungen — 1062
- 11.4.2 Konfiguration — 1062
- 11.4.3 Einschränkungen für lokale Postfächer — 1063

11.5 So geht es weiter — 1064

12 Teams — 1065

12.1 Was ist Teams? — 1065
- 12.1.1 Funktionsüberblick — 1065
- 12.1.2 Lizenzüberblick — 1068

12.2 Aufbau eines Teams — 1069
- 12.2.1 Teams und Kanäle — 1069
- 12.2.2 Komponenten eines Teams — 1070
- 12.2.3 Teambeschränkungen — 1072

12.3 Administrationsübersicht — 1073
- 12.3.1 Teams aktivieren und deaktivieren — 1073
- 12.3.2 Funktionen aktivieren und deaktivieren — 1074

12.4 Clients — 1076

12.5 Arbeiten mit Teams — 1077
- 12.5.1 Anlegen eines Teams — 1077

	12.5.2	Erweitern einer Office 365-Gruppe	1078
	12.5.3	Eigenschaften bearbeiten	1079
	12.5.4	Unterhaltungen mit einer oder mehreren Personen	1081
	12.5.5	Sofortbesprechung durchführen	1082
	12.5.6	Besprechungen planen	1083
12.6	**So geht es weiter**		**1084**

13   Delve und MyAnalytics   1085

13.1	**Office Graph**		**1085**
	13.1.1	Voraussetzungen	1087
	13.1.2	Office Graph deaktivieren	1087
13.2	**Delve**		**1087**
	13.2.1	Webclient	1088
	13.2.2	Profile	1091
	13.2.3	Weitere Clients	1093
	13.2.4	Dokumente von der Anzeige in Delve ausschließen	1093
	13.2.5	Delve deaktivieren und aktivieren	1094
	13.2.6	Konfiguration mit PowerShell	1095
13.3	**MyAnalytics**		**1099**
	13.3.1	Lizenzvoraussetzungen	1099
	13.3.2	Statistiken	1099
	13.3.3	Outlook-Add-in	1101
	13.3.4	MyAnalytics deaktivieren und aktivieren	1102
	13.3.5	Konfiguration mit PowerShell	1102
13.4	**So geht es weiter**		**1103**

14   Weitere Anwendungen und Dienste   1105

14.1	**Infrastruktur**		**1106**
	14.1.1	Security & Compliance Center	1106
	14.1.2	Mobilgeräteverwaltung	1111
	14.1.3	Verhinderung von Datenverlust	1115
	14.1.4	Advanced Security Management	1119
	14.1.5	Überwachungsprotokoll	1122
	14.1.6	Aufbewahrung	1125

14.1.7	Advanced eDiscovery	1129
14.1.8	Secure Score	1130
14.2	**Dienste und Anwendungen**	**1131**
14.2.1	StaffHub	1131
14.2.2	Office 365 Video	1133
14.2.3	Planner	1135
14.2.4	Sway	1136
14.2.5	Bookings	1137
14.2.6	Yammer	1139
14.3	**Geschäftsanwendungen**	**1143**
14.3.1	Power BI	1143
14.3.2	PowerApps	1144
14.3.3	Flow	1146
14.4	**So geht es weiter**	**1147**

Anhang	1149
Index	1155

Für unseren Sonnenschein Julian

Vorwort

Gleich geht es los. Doch vorher möchte ich Ihnen noch ein paar einleitende Sätze zum Inhalt dieses Buches mit auf den Weg geben.

Warum ein Buch zu Office 365?

Potenzielle Interessenten von Office 365 erhalten beim Betrachten der offiziellen Produktwebsite und der Marketingbroschüren leicht den Eindruck, dass die Integration in bestehende Umgebungen schnell und ohne große Schwierigkeiten zu bewerkstelligen ist. Beschäftigen sie sich dann näher mit der Thematik, wird schnell deutlich, dass ein komplexer Clouddienst nicht mal eben schnell integriert ist. Außerdem ist meist ein breites Wissen erforderlich, beispielsweise von Active Directory, DNS, AD FS, Exchange, SharePoint, Skype for Business und Softwareverteilung. Dieses Buch soll Ihnen auf dem Weg zur Integration von Office 365 ein hilfreicher Begleiter sein. Es vermittelt das nötige Wissen und hilft, bei der Umsetzung der für Ihr Unternehmen besten Variante möglichst viele Problemstellen zu umschiffen. Dabei bewegt sich der Inhalt weitab von der offiziellen Produktwebsite und den Marketingbroschüren.

Im Buch werde ich auf die Besonderheiten von kleinen und großen Unternehmen und die unterschiedlichen Bedürfnisse gleichermaßen eingehen.

Für welche Ausgabe von Office 365 ist das Buch gedacht?

Office 365 ist heute für unterschiedliche Zielgruppen verfügbar: Neben Unternehmenskunden auch für den Bildungsbereich, Behörden, gemeinnützige Organisationen und Privatanwender. In diesem Buch bespreche ich die Editionen für Unternehmenskunden, genauer diese beiden Familien:

- Office 365 Business-Familie
- Office 365 Enterprise-Familie

Setzen Sie die Office 365-Varianten für den Bildungsbereich, Behörden und gemeinnützige Organisationen ein, können Sie aber dennoch einen Großteil der in diesem Buch enthaltenen Informationen nutzen, da viele Unterschiede nur im Lizenzierungsmodell liegen.

Nur für die Nutzer der Office 365-Varianten für Privatanwender (Office 365 Home, Office 365 Personal, Office 365 University) ist dieses Buch nicht gedacht. Dort beschränkt sich das Angebot im Wesentlichen auf das Office-Paket zusammen mit einer Erweiterung des OneDrive-Speichers und einigen Skype-Freiminuten. Dienste wie Exchange Online, SharePoint Online, Skype for Business Online und Teams werden dort nicht angeboten.

Welche Vorkenntnisse werden vorausgesetzt?

Um mit dem Buch arbeiten zu können (und um ein entsprechendes Projekt umzusetzen), sollten Sie grundlegende Kenntnisse in Administrationsaufgaben bei Windows-Umgebungen mitbringen. Dazu gehören beispielsweise Active Directory und DNS.

Und der Inhalt?

Los geht es mit **Kapitel 1**, »Was ist Office 365?«. Sie erhalten hier einen ersten groben Überblick über Office 365. Dazu gehören Einsatzszenarien, verschiedene Familien mit verschiedenen Lizenztypen und damit unterschiedlich viel Funktionalität.

In **Kapitel 2**, »Grundkonfiguration«, richten Sie Ihre Office 365-Umgebung ein. Wichtige Themen dabei sind die Verifikation eigener Domänen und die Benutzerverwaltung. Außerdem gebe ich Ihnen Tipps, wie Sie Probleme beheben können.

Weiter geht es mit **Kapitel 3**, »Microsoft PowerShell«. Microsofts aktuelle Kommandozeile benötigen Sie nicht zwangsläufig für die Arbeit mit Office 365. Im Regelfall können Sie mit grafischen Oberflächen arbeiten. Doch diese unterstützen nicht alle Funktionen, und so ist ein Ausflug in die Kommandozeile manchmal zwingend erforderlich. Kenner der PowerShell werden die Flexibilität schätzen, mit der die skriptbasierte Administration und Automatisierung durchgeführt werden kann. Deshalb zieht sich die PowerShell durch das ganze Buch.

In **Kapitel 4**, »Identitäten und Active Directory-Synchronisierung«, geht es dann weiter mit einigen optionalen, aber in vielen Szenarien gewünschten Funktionalitäten. Ich erkläre den Unterschied zwischen Microsoft-Online-Identitäten und Verbundidentitäten und zeige Vor- und Nachteile bei ihrem Einsatz auf. Außerdem werden Sie Teile Ihres Active Directorys automatisch mit Office 365 synchronisieren, was nicht nur den Administrationsaufwand verringert. Für die Einrichtung von Single Sign-on kommen Sie mit AD FS in Berührung.

Mit **Kapitel 5**, »Office, Project und Visio«, lernen Sie die Besonderheiten des Office-Pakets aus Office 365 im Vergleich zur klassischen Variante kennen. Außerdem zeige ich Ihnen verschiedene Wege bei der Verteilung des Pakets in Ihrem Unternehmen auf. Und auch mit Project und Visio, die ebenfalls über Office 365 verfügbar sind, kommen Sie in Berührung.

In **Kapitel 6**, »Exchange Online«, beschreibe ich den komplexen E-Mail-Dienst. Sie lernen die abgedeckten Funktionsbereiche, die Administration über das EAC und PowerShell kennen. Darunter sind Funktionen wie Postfächer, Transportregeln, Archivierung, Compliance und das Sicherheitskonzept. Außerdem spielt die Migration von vorhandenen E-Mail-Systemen eine wichtige Rolle. Gegen Ende des Kapitels beschreibe ich die Einrichtung einer Hybridbereitstellung, bei der Sie dauerhaft eine lokal vorhandene Exchange-Organisation mit Exchange Online koppeln.

In **Kapitel 7**, »SharePoint Online«, wird es nicht weniger komplex. Auch in diesem Kapitel lernen Sie zunächst die abgedeckten Funktionen kennen. Außerdem erläutere ich viele SharePoint-Grundlagen wie die Architektur, das Berechtigungskonzept, Benutzerprofile und den Terminologiespeicher. Ein wichtiger Teil sind die Besonderheiten von SharePoint Online, beispielsweise das Einladen externer Benutzer. Wie bei Exchange Online beschreibe ich verschiedene Strategien bei der Migration bestehender Umgebungen.

Kapitel 8, »OneDrive for Business Online«, beschreibt die Anwendung und Verwaltung des Cloudspeichers sowie die zugehörige Synchronisierungskomponente mit dem lokalen Client.

Weiter geht es in **Kapitel 9**, »Skype for Business Online«. Sie lernen verschiedene Einsatzbereiche, die Administration und eine breite Palette verschiedener Clients kennen. Unter bestimmten Voraussetzungen telefonieren Sie sogar ins herkömmliche Telefonnetz.

In **Kapitel 10**, »Azure Rights Management Services«, lernen Sie, wie Sie Dateien und E-Mails mit einer zusätzlichen Schutzebene versehen, die dann auch noch bestehen bleibt, wenn die Dateien ihren ursprünglichen geschützten Ablageort verlassen und E-Mails bereits versandt wurden.

Mit **Kapitel 11**, »Office 365-Gruppen«, beschäftigen Sie sich mit einem Dienst, der Sie und Ihre Kollegen bei der Zusammenarbeit unterstützt. Gruppen erhalten eine zentrale Stelle für Unterhaltungen, Dateiablage, Notizen, Aufgabenplanung etc.

In **Kapitel 12**, »Teams«, beschreibe ich einen der jüngsten Office 365-Dienste. Auch hier liegt die Zusammenarbeit im Vordergrund mit einem modernen Clientkonzept und sozialen Funktionen.

Mit den Diensten und Clients aus **Kapitel 13**, »Delve und MyAnalytics«, finden Ihre Anwender viel schneller für sie relevante Informationen, ohne selbst auf die Suche gehen zu müssen. Außerdem erhalten Sie Statistiken zu Ihrer Arbeitsweise.

Das letzte **Kapitel 14**, »Weitere Anwendungen und Dienste«, beschreibt abschließend noch einige weitere Office 365-Komponenten, die Sie bei Bedarf zum Einsatz bringen können.

Das Buch schließt mit einem **Anhang**, der Bonusmaterialien für Sie bereithält.

[»] Manche Absätze sind mit diesem Symbol gekennzeichnet. Diese Absätze enthalten zusätzliche oder besonders beachtenswerte Informationen.

Was ist mit neuen Funktionen?

Office 365 ist ein lebendiges Produkt. Im Unterschied zu den klassischen Box-Versionen von Exchange, SharePoint und Skype for Business werden bei Office 365 sehr viel häufiger neue Funktionen bereitgestellt und nicht etwa erst mit einem Service Pack. Das heißt allerdings auch, dass zu dem Zeitpunkt, an dem Sie dieses Buch lesen, sicher so manche spannende Funktion zusätzlich verfügbar ist, so manche Einschränkungen nicht mehr existieren oder die Oberfläche angepasst wurde. Ich bitte dies zu berücksichtigen. Idealerweise halten Sie sich mit den folgenden Webseiten rund die Entwicklung von Office 365 auf dem Laufenden:

- Die *Office Blogs* mit Ankündigungen und Beschreibungen neuer Funktionen: *https://blogs.office.com*
- Die *Office 365-Roadmap* mit Listen von Funktionen und Diensten, die gerade ausgerollt werden oder sich noch in Entwicklung befinden: *http://roadmap.office.com*
- Die *Office 365-Dienstbeschreibungen* mit einer detaillierten Auflistung der verfügbaren Lizenztypen, der darin enthaltenen Funktionen und Dienste sowie der Limitierungen: *http://office365sd.com*

Innerhalb der Kapitel weise ich Sie darüber hinaus immer wieder auf lesenswerte Webseiten hin.

Dankeschön!

Das Vorwort ist ein guter Platz, um allen zu danken, die zum Gelingen dieses Buches beigetragen haben. Da wäre zunächst einmal mein Lektor *Christoph Meister*, der mich kompetent und mit viel Geduld unterstützt hat.

Dank gebührt auch den vielen anderen *Rheinwerkern*, die im Hintergrund während der Entstehungsphase, bei der Veröffentlichung und auch später für eine hohe Qualität des Buchs sorgen.

Eine wichtige Rolle spielte auch mein Fachgutachter und geschätzter Kollege *Markus Kost*. Seine Anmerkungen und unser regelmäßiger Erfahrungsaustausch haben sehr geholfen, eine inhaltlich hochwertige Qualität herzustellen.

Die Sprachkorrektur wurde ein weiteres Mal von *Angelika Glock* durchgeführt. Ihr haben wir es wieder zu verdanken, dass der Text insgesamt viel lesefreundlicher gedruckt wurde, als dies in meinem ursprünglichen Manuskript der Fall war.

Ein herzliches Dankeschön auch an die Setzer des Satzbüros *SatzPro*, durch deren Arbeit das relativ trockene Themengebiet ein ansprechendes Äußeres erhalten hat.

Meine Schwester *Angelika Widl* hat auch bei diesem Buch wieder die schwere Aufgabe gehabt, meine handschriftlichen Skizzen in ansehnliche Schaubilder umzusetzen, was ihr wie immer sehr gut gelungen ist.

Eine unschätzbare Hilfe war auch meine Kollegin *Maggie McMenamy*, die stets ein offenes Ohr für mich hat und von der ich viel gelernt habe. Ihr lieben Dank für die vielen Diskussionen – nicht nur rund um Office 365.

Zu guter Letzt sei hier noch meine *Familie* erwähnt, die, wenn auch nicht direkt, zumindest indirekt ihren Anteil an diesem Buch hat – sei es durch moralische Unterstützung oder die Freiheit, ein solch zeitintensives Projekt neben dem Familienleben und der »normalen« Arbeit anzugehen.

Ihnen und euch allen ein herzliches Dankeschön!

Fragen, Wünsche, Anregungen?

Sollten bei Ihnen Fragen zum Inhalt des Buches aufkommen oder haben Sie Wünsche oder Anregungen für eine eventuelle Neuauflage, sind Sie herzlich eingeladen, sich mit mir in Verbindung zu setzen. Ich bin beruflich zwar sehr eingespannt, und es kann ein paar Tage dauern, bis Sie eine Antwort von mir bekommen, aber ich werde mich melden. Meine E-Mail-Adresse finden Sie unten.

Nun aber genug der Vorrede. Ich wünsche Ihnen viele neue Erkenntnisse und Erfolg mit Ihren Office 365-Projekten!

Schömberg, im April 2017

Markus Widl
markus@widl.de

Geleitwort des Fachgutachters

Bestimmen die Benutzer ihre Arbeitsumgebung oder doch die vorgegebenen Richtlinien eines Unternehmens? Was gehört zum Arbeitsplatz der Zukunft?

Der Arbeitsplatz der Zukunft ist immer abhängig von der eigenen Perspektive und den unterschiedlichen Werkzeugen, die einer Person zur Verfügung stehen. Der persönliche Einfluss auf die heutige Unternehmens-IT hat nicht nachgelassen. Wir erinnern uns an den Siegeszug von mobilen Geräten im Arbeitsalltag und an den Fall von mobilen Geräten, die nur für Unternehmenssoftware gedacht waren. Die Hardware ist mittlerweile akzeptiert, und es gibt Unternehmen, bei denen Mitarbeitern die Wahl der richtigen Produkte selbst überlassen wird. Diesen Einfluss sehen wir heute ebenfalls bei der Software.

Während die einen, die richtige Software nutzen, früh damit begonnen haben, tiefer in die Materie einzusteigen und Prozesse zur Steigerung der Produktivität zu nutzen, beschäftigen sich die anderen noch immer mit den Basisthemen. Die beiden grundlegenden Unterschiede in Unternehmen sind die Geschwindigkeit bei der Genehmigung und die jeweilgen Einsatzszenarien im Unternehmen. Ohne eine datenschutzrechtliche Analyse ist die Nutzung von zeitgemäßer Software nicht denkbar. Egal, welche Entscheidung ein Unternehmen heute zur Softwarenutzung trifft, denken Sie immer daran, dass manche User bereits im Softwareumfeld die Unternehmens-IT überholt haben. Mit mehr als 100 Millionen Office 365-Abonnenten gehört die Suite zu den am häufigsten genutzten Softwareprodukten.

In der vierten Auflage des Office 365-Administrationshandbuches von Markus Widl werden die einzelnen Produkte wie gewohnt mit hoch qualifiziertem Blick unter die Lupe genommen und versiert erläutert.

Als mich Markus Widl gefragt hat, ob ich das Fachgutachten erstellen könne, war ich auf der einen Seite sehr stolz, dass er gerade mich gefragt hat. Auf der anderen Seite war ich skeptisch, ob sich wirklich alle Informationen zu Office 365 in einem Buch darstellen lassen – doch ja, es ist möglich!

In diesem Buch finden Administratoren und Projektleiter einen roten Leitfaden, der ihnen den Einsatz von Office 365 im Unternehmen beschreibt und erleichtert. Nutzen Sie es zur Projektvorbereitung, Projektbegleitung oder als Nachschlagewerk.

Ich wünsche Ihnen viel Spaß beim Lesen!

Markus Kost
Technischer Lösungsberater
Microsoft Deutschland

Kapitel 1
Was ist Office 365?

Im ersten Kapitel gehen wir der Frage nach, was Office 365 eigentlich ist, lernen verschiedene Einsatzszenarien kennen und ob die Kundendaten in Microsoft-Rechenzentren sicher gespeichert werden. Sie erfahren, was das Besondere von Office 365 Deutschland ist, und erhalten einen ersten Einblick in die Lizenzierung.

Die Integration von Office 365 in Ihre bestehende Umgebung beginnt schon weit vor der eigentlichen Einrichtung mit einer Planungsphase. Sie müssen entscheiden, ob Office 365 für Ihr Unternehmen die richtige Wahl ist und welches Angebot zu Ihren Anforderungen passt. Dazu benötigen Sie ein fundiertes Wissen über die abgedeckten Funktionalitäten, mögliche Einschränkungen, den Aufwand und die Komplexität bei der Integration und eine Übersicht der Kosten, die auf Sie zukommen. Gerade beim letzten Punkt dürfen Sie nicht nur mit den relativ günstigen Monatsgebühren pro Benutzer rechnen, sondern müssen auch die Kosten für die Integration und den laufenden Betrieb einkalkulieren. Darüber hinaus müssen Sie sich Gedanken darüber machen, in welcher Rechenzentrumsregion Sie Ihre Office 365-Umgebung platzieren wollen – zur Wahl steht beispielsweise neben der europäischen Region auch eine auf Deutschland beschränkte Region. Diese Entscheidung hat nicht nur etwas mit Datenschutzthemen zu tun, sondern hat auch Auswirkungen auf die verfügbaren Funktionen und Kosten.

1.1 Warum Office 365?

Office 365 ist Ihnen sicher nicht ganz neu, sonst hätten Sie sich wohl kaum dieses Buch angeschafft. Worin liegt die Motivation, einen derartigen Clouddienst zu abonnieren? Dafür gibt es eine ganze Reihe von Gründen. Hier ein paar Beispiele:

- Ihr Unternehmen will sich auf sein Kerngeschäft konzentrieren, mit dem es Umsatz generiert. Bei den wenigsten Unternehmen sind das der Aufbau und der laufende Betrieb einer komplexen IT-Infrastruktur.
- Ihrem Unternehmen ist es viel zu teuer, eine derartige Infrastruktur mit der gewünscht hohen Verfügbarkeit und Ausfallsicherheit bereitzustellen.

- Ihr Unternehmen verfügt gar nicht über das erforderliche Personal zum Betrieb einer komplexen IT-Infrastruktur.
- Ihr Unternehmen will Kosten einsparen, beispielsweise für teure Softwarelizenzen, Speicherkapazität für unzählige Postfächer und die zugehörigen Archive.
- Ihr Unternehmen will ständig aktuelle Software einsetzen, scheut aber den Aufwand, die eigene IT-Infrastruktur ständig mit Updates zu aktualisieren.
- Ihr Unternehmen möchte mit externen Personen zusammenarbeiten, und das ohne großen Kostenaufwand hinsichtlich der Lizenzen und ohne Sicherheitsbedenken.

Das ist nur eine Auswahl von vielen Motivationen, Office 365 einzusetzen. Nur eines möchte ich jetzt schon vorwegnehmen: Sie als Administrator müssen keine Angst haben, dass Sie nach der Einführung von Office 365 überflüssig werden, weil doch dann alle wichtigen Dienste in Microsofts Rechenzentren beheimatet sind und es nichts mehr zu tun gibt. Nicht nur die Einrichtung samt der Datenmigration, sondern auch der laufende Betrieb ist immer noch ein komplexer Vorgang, auch wenn dies in den Hochglanz-Produktbroschüren nicht unbedingt gleich erkennbar ist. Insbesondere dann, wenn Sie technisch spannende Technologien wie Single Sign-on und hybride Umgebungen mit Exchange, SharePoint und Skype for Business betreuen müssen, wird Ihr Unternehmen auch in Zukunft kaum ohne Sie auskommen. Hinzu kommt noch, dass im Regelfall die Office 365-Funktionalität für den laufenden Betrieb eines Unternehmens nicht ausreicht, sondern zusätzliche Geschäftsanwendungen integriert werden müssen.

1.2 Einsatzszenarien

Office 365 können Sie in den unterschiedlichsten Szenarien einsetzen, abhängig davon, wie Ihre bisherige Infrastruktur aussieht und welches Ziel Sie durch den Einsatz der Clouddienste verfolgen. Jedes Unternehmen ist dabei isoliert zu betrachten. Der Einsatz von Clouddiensten bedeutet nicht immer den vollständigen Umzug in die Cloud, sondern es werden in der Praxis immer mehr hybride Szenarien eingerichtet, bei denen Sie neben Ihren lokalen Diensten zusätzlich Clouddienste einsetzen – und zwar meist dann, wenn es um Funktionen geht, die lokal entweder gar nicht oder nur mit großen Schmerzen (z. B. Öffnen der Firewall für den Zugriff von außen) oder hohen Kosten bereitgestellt werden können.

1.2.1 Anwenderszenarien

Werfen wir einen ersten Blick auf einige typische Anwenderszenarien, die in der Praxis häufig anzutreffen sind:

▶ Arbeiten von überall und mit jedem Client
Office 365 steht unter einem wichtigen Grundprinzip: Sie sollen zu jeder Zeit, von jedem Client (also nicht nur von Desktopgeräten, sondern auch von mobilen Geräten) und von jeder Plattform aus (also nicht nur unter Windows, sondern auch beispielsweise unter iOS und Android) mit Ihren Daten arbeiten können. Damit das in der Praxis auch funktionieren kann, müssen die Daten so zentral abgelegt sein, dass sie auch jederzeit verfügbar sind – ein Clouddienst wie Office 365 bietet sich da geradezu an, denn der Zugriff darauf setzt abseits von VPNs und Firewalls nur eine einigermaßen stabile Internetverbindung voraus. Wichtig ist aber nicht nur der Clouddienst selbst, sondern auch die Clients, mit denen Sie und Ihre Anwender auf Office 365 zugreifen. Neben der allgemeinen Variante, dem Browser (siehe Abbildung 1.1), gibt es für unterschiedliche Geräte und Plattformen auch spezialisierte Apps – allen voran die Office-Anwendungen, die es nach wie vor zur lokalen Installation auf dem Desktop gibt, aber auch als für die Fingerbedienung optimierte Apps für iOS- und Android-Geräte (siehe Abbildung 1.2).

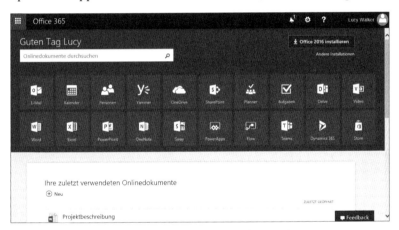

Abbildung 1.1 Die Anwenderoberfläche von Office 365 im Browser

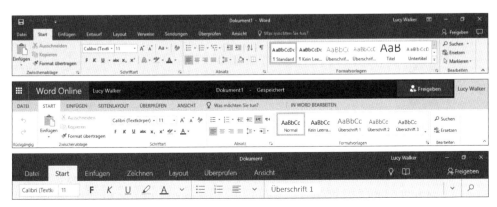

Abbildung 1.2 Word in drei Varianten: Desktop, Browser, Mobil

- Effektive Meetings
  In Office 365 finden Sie unterschiedliche Dienste, mit denen Sie in Ihrem Unternehmen Meetings auch abseits des Schreibtischs im Unternehmensgebäude führen können, beispielsweise Skype for Business Online. Die Einbindung mobiler Mitarbeiter und die Zusammenarbeit von Mitarbeitern, die auf unterschiedliche Standorte verteilt sind, sind so einfach möglich. In Meetings können dabei Folien gezeigt werden, und der Desktopbildschirm lässt sich teilen. Mit Office 365 entfällt dabei oft die Einrichtung einer eigenen lokalen Skype for Business-Umgebung.

- Vernetztes Arbeiten
  Die Mitarbeiter vieler Unternehmen arbeiten heute deutlich öfter in Teams zusammen, als es noch vor einigen Jahren der Fall gewesen ist. Mit Microsoft Teams erhalten Ihre Mitarbeiter ein Werkzeug, das Sie bei der Zusammenarbeit unterstützt. Teams liefert eine Unterhaltungsmöglichkeit, die in der Arbeitsweise eher an WhatsApp oder Facebook erinnert und keine Probleme mitbringt, wie beispielsweise klassische E-Mail-Verteiler (denken Sie nur an die immer länger werdenden Mails oder die Schwierigkeit für neue Teammitglieder, sich bereits diskutierte Informationen zu besorgen). Ein Beispiel zeigt Abbildung 1.3.

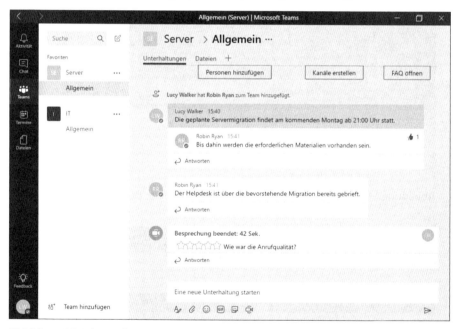

Abbildung 1.3 Microsoft Teams

Direkt in Microsoft Teams können Anwender darüber hinaus Termine abstimmen, Audio- und Videokonferenzen führen, Dateien zentral ablegen, Aufgaben verteilen und verfolgen etc. Darüber hinaus gibt es eine App für Mobilgeräte (auch für iOS und Android), mit der die Anwender auch unterwegs komfortabel an der Team-Kommunikation teilnehmen können.

▶ Übergreifende Suche
Anwender können zunehmend Daten in unterschiedlichen Anwendungen und Diensten speichern. Damit diese dann auch noch einfach wiedergefunden werden können, ist eine leistungsfähige Suche erforderlich. Office 365 geht dabei mit Delve noch einen Schritt weiter (siehe Abbildung 1.4): Neben einer übergreifenden Suche (beispielsweise in SharePoint Online, OneDrive for Business Online und Yammer) zeigt die Anwendung auf Basis des bisherigen Nutzungsverhaltens automatisch, welche Dokumente und weitere Informationen für den Anwender vermutlich gerade jetzt wichtig sind – beispielsweise Dateien, die von direkten Kollegen bearbeitet wurden und inhaltlich für den Anwender relevant sind. Auch die Einbindung lokaler Daten, beispielsweise von einer lokalen SharePoint-Umgebung, ist dabei möglich.

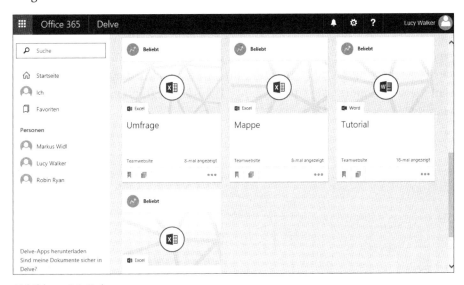

Abbildung 1.4 Delve

▶ Wissen verteilen
So, wie Sie möglicherweise bereits lokal SharePoint als Wissensdatenbank einsetzen, können Sie dies auch mit SharePoint Online tun. Office 365 ergänzt SharePoint aber auch durch einen Videodienst namens *Office 365-Video*, den Sie als unternehmensinternes YouTube einsetzen können. Darüber hinaus gibt es mit Yammer ein soziales Netzwerk (das Facebook für Unternehmen) und beispielsweise Office 365-Gruppen zur Verteilung von Wissen innerhalb eines bestimmten Personenkreises.

1.2.2 IT-Szenarien

Neben diesen Anwenderszenarien gibt es aber auch einige typische IT-Szenarien, mit denen Sie Funktionen umsetzen können, die lokal ohne einen Clouddienst wie Office 365 hohen Aufwand, hohe Kosten oder besondere Sicherheitsbedenken bedeuten können.

Exchange Online

Mithilfe der in Exchange Online integrierten Migrationsassistenten können Sie Ihr bisheriges E-Mail-System auf Basis von Exchange oder IMAP vollständig ablösen. Der Assistent unterstützt Sie dabei in vielen Situationen bei der Übertragung der bisherigen Postfachinhalte. Doch je größer das Unternehmen ist, desto wahrscheinlicher ist es, dass Sie die lokal vorhandenen Dienste wie eine Exchange-Organisation nicht oder nur teilweise ablösen wollen oder können. Bei einer vorhandenen lokalen Exchange-Organisation könnte das beispielsweise wie folgt aussehen: Ihr Unternehmen beschäftigt viele Außendienstmitarbeiter, die mit ihren Mobilgeräten auf die lokale Exchange-Organisation zugreifen. Die Außendienstmitarbeiter beschweren sich regelmäßig über die geringe Geschwindigkeit beim Zugriff auf ihr Postfach. Als Ursache haben Sie die geringe Bandbreite Ihrer Internetanbindung ausgemacht. In diesem Szenario könnten Sie eine Exchange-Hybridkonfiguration aufbauen (siehe Abbildung 1.5).

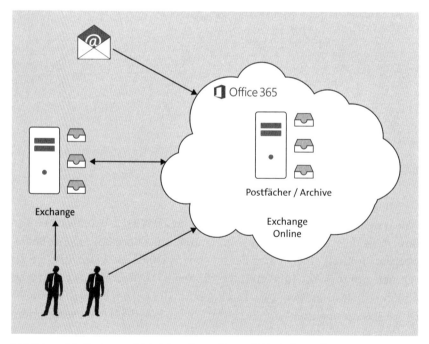

Abbildung 1.5 Exchange-Hybridkonfiguration mit Verteilung der Postfächer auf die lokale und die Cloudorganisation

In dieser belassen Sie die Postfächer der lokalen Mitarbeiter auf der lokalen Exchange-Umgebung. Die Postfächer des Außendienstes verschieben Sie jedoch zu Exchange Online. Die Außendienstmitarbeiter greifen dann direkt auf Exchange Online zu und sind damit weniger abhängig von der Internetbandbreite Ihres Unternehmens.

In einem anderen Szenario wollen Sie zu jedem primären Postfach Ihrer Mitarbeiter zusätzlich ein Archivpostfach anlegen, in das dann alte Postfachelemente überführt werden sollen. Je größer die Postfächer Ihrer Mitarbeiter sind und je länger Sie Elemente in den Archivpostfächern aufbewahren wollen, desto mehr Kapazität müssen Sie für die Archivpostfächer bereitstellen. Wollen Sie die dafür erforderlichen Kosten und den Verwaltungsaufwand begrenzen, können Sie in einer Exchange-Hybridkonfiguration die primären Postfächer lokal belassen und nur die Archivpostfächer in Exchange Online anlegen.

Exchange Online unterstützt Ihre Anwender auch bei der Zusammenarbeit mit neuen Konzepten. Allen voran die Office 365-Gruppen, die auf Exchange Online, SharePoint Online und anderen Diensten aufsetzen und beispielsweise in vielen Fällen die Nutzung von klassischen E-Mail-Verteilerlisten ablösen und darüber hinaus auch einen zentralen Speicherort für Dateien bereitstellen.

Auch alltägliche Arbeiten, wie das Anhängen von Dateien an E-Mails, werden mit Exchange Online zusammen mit den Cloudspeichern SharePoint Online und OneDrive for Business Online deutlich vereinfacht: Auf Wunsch werden nämlich nicht die Dateien selbst per E-Mail versandt, sondern nur Links auf die Dateien. Dabei können Sie sogar Berechtigungen vergeben, und die E-Mail-Empfänger können dann beispielsweise auch alle gemeinsam an der zentral abgelegten Datei arbeiten – und das sogar gleichzeitig.

SharePoint Online

SharePoint Online wird in der Praxis gerne als Intranetlösung genutzt. Es gibt ein Szenario, bei dem SharePoint Online einen deutlichen Mehrwert zu einer lokalen SharePoint-Umgebung bietet: Angenommen, Sie arbeiten mit externen Personen zusammen, denen Sie Zugriff auf Dokumente geben wollen, die in SharePoint abgelegt sind. Verwenden Sie eine lokale SharePoint-Umgebung, müssten Sie hier verschiedene Herausforderungen meistern, beispielsweise muss der Zugriff über das Internet ermöglicht werden, die externen Personen benötigen Benutzerkonten etc. Legen Sie stattdessen die Dokumente, die von außen zugreifbar sein sollen, in SharePoint Online ab, sind diese über eine speziell in SharePoint Online vorhandene Funktionalität einfach freizugeben. Für die externen Personen benötigen Sie dazu keine Office 365-Lizenz, denn mit SharePoint Online erhalten Sie bereits das Recht, unlimitiert viele externe Personen in Ihre SharePoint Online-Umgebung einzuladen (siehe Abschnitt 7.5.3, »Externe Benutzer verwalten«). Die einzige Voraussetzung ist, dass die externen Personen über ein Microsoft-Konto (oder ein eigenes Benutzerkonto in einem Azure Active Directory, wie es auch Office 365 nutzt) verfügen. Damit umgehen Sie die Sicherheits- und Kostenproblematiken, die beim Zugriff auf Ihre lokale SharePoint-Umgebung entstehen würden.

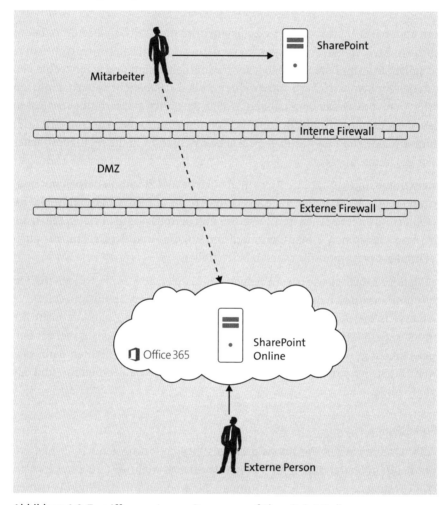

Abbildung 1.6 Zugriff von externen Personen auf SharePoint Online

Damit lokale Anwender bei der Arbeit mit zwei SharePoint-Umgebungen nicht unnötig belastet werden, kann die Suche so konfiguriert werden, dass die Trefferliste Ergebnisse aus beiden Umgebungen enthält – unabhängig davon, von welcher Seite aus sie gestartet wird. In diesem Szenario können Sie den Vorteil der einfachen Freigabe von SharePoint Online nutzen. Das heißt aber nicht, dass Sie deshalb Ihre bestehende lokale SharePoint-Infrastruktur komplett zu SharePoint Online migrieren müssen, wenn Sie das nicht wollen. Übrigens eignet sich das Feature der externen Freigabe natürlich auch dann, wenn Sie lokal keine SharePoint-Umgebung betreiben.

Ebenfalls zum SharePoint-Umfeld gehört OneDrive for Business. Auch wenn Ihnen dieses Produkt zunächst nichts sagt, kennen Sie jedoch sicher Dropbox. OneDrive for Business Online geht oberflächlich betrachtet in eine ähnliche Richtung. Der Anwender erhält Cloudspeicher, den er zur Ablage von Dateien nutzen kann. Es gibt außerdem einen Sync-Client, mit dem der Inhalt dieses Cloudspeichers mit dem Computer synchron gehalten wird, und spezielle Apps für diverse Mobilgeräteplattformen. Auch von OneDrive for Business aus kann der Anwender Dateien an externe Personen freigeben. Viele Lizenztypen umfassen OneDrive for Business bereits. Der Vorteil dabei ist im Vergleich zu privat angelegten Dropbox-Accounts: Sie als Administrator kontrollieren den Zugriff auf den Cloudspeicher.

Skype for Business Online

Der Einsatz von Skype for Business Online macht insbesondere dann Sinn, wenn Sie lokal nicht über eine Skype for Business-Umgebung verfügen (oder den Aufwand und die Kosten scheuen, die damit verbunden sind). Sie nutzen mit Ihren Anwendern Instant Messaging, Präsenzinformationen sowie Audio- und Videokonferenzen mit bis zu 250 Teilnehmern. Aber auch große Veranstaltungen zur Übertragung von Ereignissen sind mit bis zu 10.000 Teilnehmern möglich.

In manchen Szenarien unterstützt Skype for Business Online sogar die Telefonie vom und ins herkömmliche Telefonnetz. Dabei weisen Sie Ihren Anwendern Telefonnummern zu, mit denen sie telefonieren können.

So weit einige Beispiele zu den Nutzungsmöglichkeiten von Office 365.

1.3 Enthaltene Dienste und Anwendungen

Office 365 umfasst zunächst die folgenden Kerndienste:

- *Exchange Online*
- *SharePoint Online*
- *Skype for Business Online*

Außerdem gehören noch die Office-Pakete *Office 365 ProPlus* und *Office 365 Business* mit einer jeweils unterschiedlichen Zusammenstellung der klassischen Office-Anwendung für die lokale Installation dazu.

Daneben sind aber noch viele weitere Dienste und Anwendungen im Rahmen von Office 365 erhältlich. Tabelle 1.1 liefert einen Überblick.

Dienst	Beschreibung
Kunden-Lockbox	Abschnitt 1.6.2, »Zugriffskontrolle«
Office Online	Abschnitt 5.6, »Office Online«
Project Online	Abschnitt 5.8, »Project«
Project Pro für Office 365	Abschnitt 5.8, »Project«
Visio Pro für Office 365	Abschnitt 5.9, »Visio«
Advanced Threat Protection (ATP)	Abschnitt 6.8.6, »Schutz vor unbekanntem Schadcode mit ATP«
OneDrive for Business Online	Kapitel 8, »OneDrive for Business Online«
Einwahlkonferenzen	Abschnitt 9.2.6, »Einwahlkonferenzen«
Cloud-Telefonanlage	Abschnitt 9.6, »Telefonie«
Azure Rights Management Services	Kapitel 10, »Azure Rights Management Services«
Office 365-Gruppen	Kapitel 11, »Office 365-Gruppen«
Microsoft Teams	Kapitel 12, »Teams«
Delve	Abschnitt 13.2, »Delve«
MyAnalytics	Abschnitt 13.3, »MyAnalytics«
Advanced Security Management (ASM)	Abschnitt 14.1.4, »Advanced Security Management«
Advanced eDiscovery	Abschnitt 14.1.7, »Advanced eDiscovery«
StaffHub	Abschnitt 14.2.1, »StaffHub«
Planner	Abschnitt 14.2.3, »Planner«
Sway	Abschnitt 14.2.4, »Sway«
Bookings	Abschnitt 14.2.5, »Bookings«
Yammer	Abschnitt 14.2.6, »Yammer«
Power BI Pro	Abschnitt 14.3.1, »Power BI«

Tabelle 1.1 Office 365-Dienste und Anwendungen

Welche dieser Dienste und Anwendungen Sie in Ihrem Office 365-Zugang nutzen können, hängt von den Lizenzen ab, die Sie im Abonnementmodell erwerben.

Microsoft erweitert stetig die Funktionen der Dienste und hält sich dabei nicht an ein festes Release-Intervall von drei Jahren, wie es in der Vergangenheit bei den Produkten zur lokalen Installation üblicherweise der Fall war. Sie können in Abstand weniger Tage mit neuen Funktionen oder sogar neuen Diensten rechnen. Auch wird gerne einmal die Limitierung aufgehoben (so wurde vor wenigen Tagen für manche Lizenztypen die maximale Postfachgröße von 50 GB auf 100 GB geändert). Natürlich ändert sich Office 365 nicht täglich radikal, aber der Anwender merkt die laufende Verbesserung. Ein wenig ist dies vergleichbar mit dem App-Konzept, wie Sie es von Mobilgeräten her kennen. Auch dort werden die Anwendungen innerhalb kurzer Abstände aktualisiert, und meistens bekommen Sie von dem Aktualisierungsvorgang selbst gar nichts mit. Neue Funktionen sind dort an der Tagesordnung. Microsoft spricht hier von einem *Evergreen-Ansatz*.

Allerdings stellt dieser Ansatz die IT-Abteilung Ihres Unternehmens vor eine neue Herausforderung, denn es ist nicht immer einfach, den Überblick zu behalten. Es gibt einige Webressourcen, die Sie im Blick behalten sollten, um frühzeitig über Neuerungen informiert zu werden:

- Office Blogs
  Neue Funktionen werden hier frühzeitig angekündigt und vorgestellt.
  http://blogs.office.com
- Office 365 Roadmap
  Sie finden hier Listen von veröffentlichten Funktionen ebenso wie Funktionen, die gerade ausgerollt wurden oder sich noch in Entwicklung befinden.
  http://roadmap.office.com

Kündigt Microsoft dort neue Funktionen an, heißt das nicht, dass sie zum gleichen Zeitpunkt in sämtlichen bestehenden Office 365-Umgebungen verfügbar sind. Manchmal dauert es Tage, Wochen oder sogar Monate, bis überall alle Funktionen bereitstehen. Meist wird aber der geplante Einführungszeitraum mit angegeben.

In Abschnitt 2.8, »Nachrichtencenter«, lesen Sie, wie Sie speziell für Ihre Office 365-Umgebung benachrichtigt werden, wann bestimmte Funktionen bereitgestellt werden.

Sie sollten darüber nachdenken, welche Person oder welcher Personenkreis dafür zuständig ist, die Entwicklung von Clouddiensten wie Office 365 im Blick zu behalten, damit Sie (und Ihre Anwender!) frühzeitig von Neuerungen erfahren und diese im Unternehmen mit Leitung, Fachabteilungen und IT diskutieren können. Nicht jede Funktion werden Sie benötigen, oder es gibt vielleicht auch Gründe gegen bestimmte Dienste – beispielsweise, weil Sie schon alternative Produkte im Einsatz haben. Auch sind für manche Dienste Schulungen angeraten, damit Ihre Anwender diese auch sinnvoll nutzen können.

Wie Sie eine Testumgebung von Office 365 aufbauen, um frühzeitig mit neuen Funktionen Erfahrungen sammeln zu können, lesen Sie im Anhang unter »Vorgeschlagene Testumgebung«.

[»] Die Clouddienste sind ihren klassischen, lokal zu installierenden Pendants versionsseitig etwas voraus. Neuentwicklungen werden zunächst über Office 365 eingeführt. Später werden dann manche neuen Funktionen auch in die klassischen, lokal zu installierenden Serverprodukte übernommen. Neue Funktionen in Office 365 werden automatisch allen Bestandskunden bereitgestellt, eine Neulizenzierung ist meist nicht erforderlich. Wann neue Funktionen bereitgestellt werden, wird vorab angekündigt.

1.4 Rechenzentrumsregionen

Microsoft betreibt weltweit eine große Anzahl von Rechenzentren. Die Rechenzentren selbst sind wiederum in unterschiedliche Regionen aufgeteilt. Aktuell gibt es die folgenden Regionen:

- Europa (inklusive Mittlerer Osten und Afrika)
- Deutschland
- Vereinigtes Königreich
- Nordamerika
- Südamerika
- Kanada
- Asien/Pazifik
- Indien
- Japan
- Australien

Die Region *Europa* besteht beispielsweise aus den Rechenzentren in Dublin, Amsterdam, Wien und Helsinki und die Region *Deutschland* aus Frankfurt am Main und Magdeburg.

Beim Anlegen Ihres Office 365-Mandanten (das ist Ihre Office 365-Umgebung inklusive aller Verwaltungs- und Nutzdaten) legen Sie die Rechenzentrumsregion fest, in deren Rechenzentren der Mandant angelegt wird. Interessiert es Sie genauer, wo die Daten welches Dienstes gespeichert werden, können Sie die folgende Website (mit dem Internet Explorer) aufrufen und eine Region auswählen:

www.microsoft.com/online/legal/v2/?docid=25

Auf einer Karte sehen Sie dann die Platzierung Ihrer Daten (siehe Abbildung 1.7).

Abbildung 1.7 Wo liegen meine Daten?

Für die Region Europa liefert die Website beispielsweise folgende Ergebnisse:

- Niederlande (Amsterdam)
  - Azure Active Directory
  - Exchange Online
  - SharePoint Online
  - Skype for Business
  - Project Online
  - Planner
- Irland (Dublin)
  - Azure Active Directory
  - Exchange Online
  - SharePoint Online
  - Skype for Business
  - Project Online
  - Planner
- Österreich (Wien)
  - Exchange Online
- Finnland (Helsinki)
  - Exchange Online

- USA
  - Azure Active Directory
  - Sway
  - Yammer

Diese Liste zeigt einige interessante Punkte auf:

- Zum einen sind die Dienste zur Ausfallsicherung auf mehrere Rechenzentren verteilt. So werden dieselben Daten in mehreren Rechenzentren gespeichert und sind auch noch nach Naturkatastrophen oder bei einem großflächigen Stromausfall in einem Land verfügbar.
- Zum anderen werden die Daten zweier Dienste, nämlich Sway und Yammer, nicht in europäischen Rechenzentren gespeichert, sondern nur in den USA.
- Das *Azure Active Directory* (damit werden wir uns in diesem Buch noch in vielen Kapitel intensiv beschäftigen – es handelt sich dabei um den Verzeichnisdienst Ihres Office 365-Mandanten, in dem beispielsweise die Benutzerkonten, Gruppen etc. gespeichert sind) liegt bei einem Mandanten der Region Europa nicht nur in Amsterdam und Dublin, sondern auch in den USA – andere Daten, wie beispielsweise die Postfächer und SharePoint-Seiten, liegen dagegen ausschließlich in Europa.

Wählen Sie dagegen die Region Deutschland aus, ist die Liste deutlich kürzer:

- Frankfurt am Main/Magdeburg
  - Azure Active Directory
  - Exchange Online
  - SharePoint Online
  - Skype for Business
  - OneDrive for Business
  - Project Online
  - Visio Pro für Office 365
  - Power BI

Hier erfolgt beispielsweise keine Spiegelung des Azure Active Directorys in die USA.

Die Frage ist nun, wie kommt dieser Unterschied zustande? Dabei ist es zunächst wichtig zu wissen, dass Microsoft voneinander separierte Clouds für Office 365 betreibt. Für Unternehmen unserer Breitengrade sind vor allem diese relevant:

- *Office 365 Global*
  Die Rechenzentren aus den meisten Regionen sind in Office 365 Global zusammengefasst – dazu gehören beispielsweise die Regionen Europa und Nordamerika, nicht aber die Region Deutschland. Alle Rechenzentren aus Office 365 sind über

ein leistungsfähiges und vom normalen Internetverkehr separiertes Netzwerk miteinander verbunden, dem sogenannten *Backbone*.

- *Office 365 Deutschland*
  Die Region Deutschland hat keine direkte Verbindung zu den Rechenzentren der anderen Regionen. Natürlich gibt es in Deutschland auch zwischen den beiden Rechenzentren eine dedizierte Verbindung, jedoch keine Anbindung an den globalen Backbone. Daten, die in Office 365 Deutschland gespeichert werden, verbleiben auch auf deutschem Boden. Die Gründe für Office 365 Deutschland und die Auswirkungen auf beispielsweise die Funktionalität sind vielfältig und werden in Abschnitt 1.5, »Office 365 Deutschland«, näher beleuchtet.

  Als Unternehmen in Deutschland würden Sie vielleicht schnell zu dem Schluss kommen, dass die Region Deutschland für Sie die passende wäre. Das kann, wird aber in vielen Fällen doch nicht der Fall sein, und Sie werden sich für die Region Europa in Office 365 Global entscheiden.

Neben Office 365 Global und Office 365 Deutschland gibt es aber auch noch weitere separate Office 365-Clouds, beispielsweise in China, wo nicht Microsoft selbst Office 365 betreibt, sondern ein Unternehmen namens *21Vianet*.

Verbindungen von Clients zu den Rechenzentren

Ihre Mitarbeiter arbeiten womöglich von Standorten rund um den Globus. Da stellt sich die Frage, wie die Clients Ihrer Anwender einen performanten Zugriff auf Ihre Daten erhalten, wenn die Rechenzentren in Zweifelsfall Tausende von Kilometern entfernt sind. Der Verbindungsaufbau hängt dabei vom verwendeten Dienst ab. Hier ein paar Beispiele:

- Beim Zugriff auf Exchange Online: Der Clientcomputer fragt beim lokalen DNS nach der IP-Adresse von Exchange Online. Die Anfrage wird an den Microsoft-DNS weitergeleitet. Dieser antwortet in Abhängigkeit des Standorts des anfragenden DNS-Servers mit der IP-Adresse des nächstgelegenen Rechenzentrums. Der Client verbindet sich mit diesem. Liegen die angefragten Daten dort nicht, wird die Anfrage über Microsofts Hochgeschwindigkeitsnetzwerk, mit dem alle Microsoft-Rechenzentren untereinander verbunden sind, an das richtige Rechenzentrum weitergeleitet. Das Rechenzentrum, mit dem sich der Client verbunden hat, fungiert in diesem Fall als Proxy.

- Beim Zugriff auf Skype for Business Online: Der Microsoft-DNS antwortet wie bei Exchange Online mit der IP-Adresse des nächstgelegenen Rechenzentrums. Von dort aus erfolgt eine Umleitung zu dem Rechenzentrum, das die Skype for Business Online-Umgebung des anfragenden Clients enthält und am nächsten gelegen ist.

Nutzen Sie die Echtzeitfunktionen aus Skype for Business Online wie Audio- und Videokonferenzen oder gar Telefonie, ist die schnelle und zuverlässige Anbindung Ihrer Clients essenziell. Hier könnte es sich lohnen, Ihre Unternehmensstandorte über eine *Azure ExpressRoute* (vergleichbar mit einer MPLS-Verbindung) mit den Microsoft-Rechenzentren zu koppeln. Mehr dazu lesen Sie hier:

https://support.office.com/de-de/article/Medienqualit%c3%a4t-und-Leistung-der-Netzwerkkonnektivit%c3%a4t-in-Skype-for-Business-Online-5fe3e01b-34cf-44e0-b897-b0b2a83f0917

- Beim Zugriff auf SharePoint Online: Hier antwortet der Microsoft-DNS unabhängig von Standort des Clientcomputers oder des anfragenden DNS-Servers mit der IP-Adresse des Rechenzentrums, das die angefragte SharePoint-Umgebung enthält. Die Verbindung wird also direkt mit dem richtigen Rechenzentrum aufgebaut.

[»] Die Mandanten von Office 365 Global und Office 365 Germany verwenden unterschiedliche Hostnamen für die DNS-Anfrage, wodurch die »richtige« Cloud angesprochen wird.

1.5   Office 365 Deutschland

Seit dem Beginn von Office 365 haben Unternehmen im deutschsprachigen Raum ihre Mandanten typischerweise in der europäischen Rechenzentrumsregion angelegt – die Daten liegen damit in den Rechenzentren in Dublin, Amsterdam, Wien und Helsinki. Manche Unternehmen bevorzugen jedoch eine ausschließliche Datenspeicherung auf deutschem Boden, beispielsweise aufgrund von eigenen, branchenspezifischen oder gesetzlichen Vorgaben, wie man sie insbesondere bei Einrichtungen der öffentlichen Hand findet. Auch Microsoft als amerikanisches Unternehmen als Betreiber von Office 365 – und damit gegenüber amerikanischen Behörden in bestimmten Fällen auskunftspflichtig (beispielsweise bei Terrorismusverdacht) – mag für manches Unternehmen nicht tragbar sein (Stichwort *Patriot Act*). Für diese Fälle startete Microsoft im Januar 2017 die separate Rechenzentrumsregion *Office 365 Deutschland*, in der einige Besonderheiten gelten:

- Infrastruktur
  Office 365 Deutschland wird ausschließlich in zwei separaten Rechenzentren in Frankfurt am Main sowie in Magdeburg betrieben. Die Kundendaten werden in beiden Rechenzentren als Ausfallschutz gespiegelt. Die Rechenzentren sind über ein eigenes separates Netzwerk miteinander verbunden. Sie sind jedoch nicht an das globale Netzwerk angeschlossen, mit dem Microsoft ansonsten seine Rechenzentren miteinander koppelt. Dies hat gegebenenfalls negative Auswirkungen auf

die Geschwindigkeit, mit der Daten von und an die Rechenzentren von einem beliebigen Ort auf der Erde aus übertragen werden sollen.

Damit verbleiben die Kundendaten der Mandanten, die in Office 365 Deutschland angelegt wurden, auf deutschem Boden. Dies gilt auch für den Verzeichnisdienst Azure Active Directory, in dem Sie beispielsweise Ihre Benutzerkonten verwalten (siehe auch Abschnitt 1.4, »Rechenzentrumsregionen«).

- *Datentreuhänder*
  Um der Problematik entgegenzutreten, dass Microsoft als amerikanisches Unternehmen in manchen Fällen den Datenherausgabeaufforderungen amerikanischer Behörden Folge leisten muss, wird für Office 365 Deutschland ein sogenannter *Datentreuhänder* eingesetzt. Als Datentreuhänder wurde die *T-Systems* bestimmt, die nach deutschem Recht operiert.

  Als der initiale Aufbau von Office 365 Deutschland abgeschlossen war, hat Microsoft alle Zugänge an den Datentreuhänder abgegeben und sich somit selbst aus den Rechenzentren ausgesperrt. Der Datentreuhänder regelt seitdem den physischen und technischen Zugriff auf Office 365 Deutschland. Microsoft selbst kann nur noch nach einer Prüfung der Anfrage und ihrer Freigabe durch den Datentreuhänder zugreifen. Alle Zugriffe werden überwacht und protokolliert. Damit kann Microsoft amerikanischen Behördenanfragen nicht mehr Folge leisten, da die Herausgabe nur über die Freigabe durch den Datentreuhänder möglich wäre. Der Datentreuhänder ist jedoch rechtlich nicht gezwungen, derartige Anfragen zu genehmigen.

  Anders sieht es natürlich bei Anfragen von deutschen Behörden aus – aber das ist ein anderes Thema.

Der zusätzliche Aufwand beim Betrieb von Office 365 Deutschland schlägt sich allerdings auch in den Kosten nieder: Die Lizenzen für Office 365 Deutschland sind einige Prozent teurer als die funktional gleichen oder ähnlichen Lizenzen in den anderen Rechenzentrumsregionen.

Die Entscheidung, ob Sie Ihren Mandanten in Office 365 Global oder in Office 365 Deutschland anlegen, sollten Sie nicht leichtfertig treffen, sondern gezielt abwägen. Ein einfacher Umzug zwischen den beiden Rechenzentrumsregionen ist nämlich nicht möglich. Letztendlich müssten Sie in einem solchen Fall eine aufwendige Migration aller Daten aus Ihrem bestehenden Mandanten in einen komplett neu einzurichtenden Mandanten durchführen.

Obwohl es Office 365 *Deutschland* heißt, können Sie dieses Angebot auch wahrnehmen, wenn Ihr Unternehmen in der *Europäischen Union (EU)* und der *Europäischen Freihandelszone (EFTA)* angesiedelt ist.

1.5.1 Roadmap

Mittel- bis langfristig möchte Microsoft weitgehend alle Dienste und Anwendungen auch in Office 365 Deutschland seinen Kunden anbieten. Doch zumindest zum jetzigen Zeitpunkt, recht kurz nach dem offiziellen Start, ist es noch nicht so weit.

Tabelle 1.2 listet die Dienste und Anwendungen auf, die in Office 365 Deutschland seit der Markteinführung verfügbar sind. Tabelle 1.3 führt die zukünftigen Dienste und Anwendungen auf.

Dienst/Anwendung	Beschreibung
Kunden-Lockbox	Abschnitt 1.6.2, »Zugriffskontrolle«
Office 365 ProPlus/Business	Kapitel 5, »Office, Project und Visio«
Office Online	Abschnitt 5.6, »Office Online«
Project Online	Abschnitt 5.8, »Project«
Visio Online	Abschnitt 5.9, »Visio«
Exchange Online	Kapitel 6, »Exchange Online«
Exchange Online Protection	Abschnitt 6.8.4, »Anti-Virus und Anti-Spam mit EOP«
Advanced Threat Protection	Abschnitt 6.8.6, »Schutz vor unbekanntem Schadcode mit ATP«
SharePoint Online	Kapitel 7, »SharePoint Online«
OneDrive for Business Online	Kapitel 8, »OneDrive for Business Online«
Skype for Business Online	Kapitel 9, »Skype for Business Online«
Office 365-Gruppen	Kapitel 11, »Office 365-Gruppen«
Security & Compliance Center	Abschnitt 14.1.1, »Security & Compliance Center«
Advanced eDiscovery	Abschnitt 14.1.7, »Advanced eDiscovery«
Office 365 Video	Abschnitt 14.2.2, »Office 365 Video«
Power BI Pro	Abschnitt 14.3.1, »Power BI«

Tabelle 1.2 Dienste und Anwendungen in Office 365 Deutschland zur Markteinführung

Dienst/Anwendung	Beschreibung
Office 365 Suite	
Verwendungsberichte	Abschnitt 2.6, »Berichte«
Office 365 Admin-App für Windows Mobile	Abschnitt 2.7, »Dienststatus«
Office 365 Import Service	Abschnitt 6.15.1, »PST-Dateiinhalte«
Azure Rights Management Services	Kapitel 10, »Azure Rights Management Services«
Connectors für Office 365-Gruppen	Abschnitt 11.1.2, »Anwenderoberfläche von Office 365-Gruppen«
Microsoft Teams	Kapitel 12, »Teams«
MyAnalytics	Abschnitt 13.3., »MyAnalytics«
Advanced Security Management	Abschnitt 14.1.4, »Advanced Security Management«
Planner	Abschnitt 14.2.3, »Planner«
Sway	Abschnitt 14.2.5, »Bookings«
Regionsübergreifende Funktionen, z. B. Azure-Rechteverwaltung, Skype for Business Federation	
SharePoint Online	
Externe Freigabe	Abschnitt 7.5.3, »Externe Benutzer verwalten«
Exchange Online	
Clutter	Kapitel 6, »Exchange Online«
Focused Posteingang	Kapitel 6, »Exchange Online«
Outlook Mobile-Apps	Abschnitt 6.4.4, »Mobile Endgeräte«
Advanced Security Management	Abschnitt 14.1.4, »Advanced Security Management«
Skype for Business Online	
Einwahlkonferenzen	Abschnitt 9.2.6, »Einwahlkonferenzen«

Tabelle 1.3 Zukünftige Dienste und Anwendungen nach der Markteinführung von Office 365 Deutschland

Dienst/Anwendung	Beschreibung
Skype for Business Web Scheduler	Abschnitt 9.2.7, »Besprechungseinladungen«
Chat in Outlook im Web	Abschnitt 6.4.3, »Outlook im Web«
Präsenzstatus in Outlook im Web	Abschnitt 6.4.3, »Outlook im Web«
Skype-Livekonferenzen	Abschnitt 9.5, »Skype-Livekonferenzen«
Cloud-PBX-Anlage	Abschnitt 9.6, »Telefonie«
PSTN-Anrufe	Abschnitt 9.6, »Telefonie«

Tabelle 1.3 Zukünftige Dienste und Anwendungen nach der Markteinführung von Office 365 Deutschland (Forts.)

1.5.2 Technische Limitierungen

Die besondere und abgeschottete Infrastruktur von Office 365 Deutschland führt zu einigen technischen Limitierungen, die Ihnen bewusst sein sollten:

- Teilen von Dokumenten mit unternehmensexternen Personen
  Geben Sie ein Dokument von OneDrive for Business Online oder SharePoint Online für eine Person frei, die über kein Benutzerkonto in Ihrem Office 365-Mandanten verfügt, kann die eingeladene Person nur auf das freigegebene Dokument zugreifen, wenn sie ebenfalls ein Benutzerkonto in einem Mandanten aus Office 365 Deutschland besitzt. Mit einem Benutzerkonto aus einem Mandanten außerhalb von Office 365 Deutschland wäre ein Zugriff auf das Dokument nicht möglich. Abbildung 1.8 zeigt die möglichen Zugriffsvarianten.

  Aktuell unterstützt Office 365 Deutschland bei Freigaben an unternehmensexterne Personen (beispielsweise bei SharePoint Online) die Authentifizierung über Microsoft-Konten auch noch nicht.

- Azure Rights Management Services und Exchange-Nachrichtenverschlüsselung
  Dokumente, die Sie mit den Azure Rights Management Services verschlüsseln (siehe Kapitel 10, »Azure Rights Management Services«), können nur zwischen Benutzern Ihres Mandanten ausgetauscht werden – aber nicht darüber hinaus. Dies gilt auch für die Exchange-Nachrichtenverschlüsselung (siehe Abschnitt 6.8.8, »Nachrichtenverschlüsselung«).

- Moderne Authentifizierung
  Alle Clients, mit denen Sie auf einen Mandanten aus Office 365 Deutschland zugreifen wollen, müssen die moderne Authentifizierung unterstützen (siehe Abschnitt 4.5, »Moderne Authentifizierung«). Dies betrifft insbesondere ältere Office-Applikationen. Offiziell unterstützt wird nur Office 365 ProPlus/Business

bzw. Office 2016 sowie Office 2013 mit den erforderlichen Updates für die moderne Authentifizierung:

https://support.office.com/de-de/article/Plan-for-multi-factor-authentication-for-Office-365-Deployments-043807b2-21db-4d5c-b430-c8a6dee0e6ba

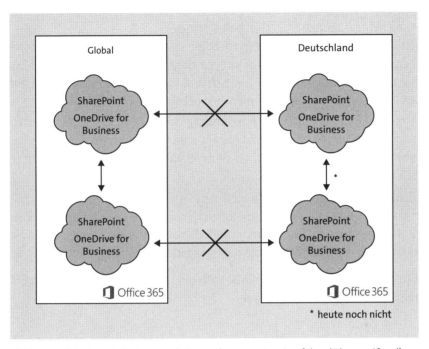

Abbildung 1.8 Einschränkungen beim Teilen von Dateien (cloudübergreifend)

Diese Limitierungen gelten zumindest aktuell. Möglicherweise werden sie in Zukunft aufgehoben.

1.5.3 Entscheidungskriterien für/gegen Office 365 Deutschland

Bei Ihren Überlegungen, ob Office 365 Deutschland für Ihr Unternehmen die richtige Wahl ist, sollten Sie neben den oben bereits erläuterten technischen Limitierungen auch die folgenden Punkte mitberücksichtigen:

- Geografische Verteilung Ihrer Mitarbeiter
  Die beiden Rechenzentren aus Office 365 Deutschland sind nicht an das weltumspannende Netzwerk (Backbone) angeschlossen, mit denen Microsoft die meisten seiner Rechenzentren miteinander verbindet. Dies hat zur Folge, dass die Daten von Mitarbeitern, die sich nicht in Deutschland oder wenigstens Europa aufhalten, zwischen deren Clients und den Rechenzentren über weite Strecken über herkömmliche Internetleitungen übertragen werden. Dies hat negative Auswirkun-

gen auf die Geschwindigkeit und Zuverlässigkeit der Verbindung. Beim E-Mail-Transfer mag das keine große Rolle spielen – spätestens jedoch bei Audio- und Videokonferenzen oder gar der Telefonie über Skype for Business Online.

[»] Ist also eine wesentliche Anzahl Ihrer Mitarbeiter über den ganzen Globus verteilt, ist das eher ein Grund gegen Office 365 Deutschland.

- Platzierung der Mandanten Ihrer Geschäftspartner
  Bei den technischen Limitierungen bin ich bereits auf die Problematik der Zusammenarbeit mit geteilten Dateien und Ordnern eingegangen. Beachten Sie dies bei Ihrer Wahl für oder gegen Office 365 Deutschland, wenn die Zusammenarbeit mit externen Personen für Ihr Unternehmen ein wichtiges Arbeitsmittel darstellt.

[»] Wenn Unternehmen aus Ihrer Unternehmensgruppe schon eigene Mandanten außerhalb von Office 365 Deutschland erstellt haben, wäre es rein angesichts der Limitierungen bei der Zusammenarbeit sinnvoll, Ihren Mandanten auch nicht in Office 365 Deutschland anzulegen.

- Gesetzliche oder interne Vorgaben
  Möglicherweise unterliegt Ihr Unternehmen gesetzlichen oder internen Vorgaben, die eine Speicherung Ihrer Daten außerhalb von Deutschland nicht zulassen. Dann kann Office 365 Deutschland die richtige Option sein.

[»] Also kurz zusammengefasst: Gibt es keinen triftigen Grund für Office 365 Deutschland, sollten Sie sich dagegen entscheiden.

1.6 Sicherheit in den Rechenzentren

Nachdem Sie Office 365 nicht im eigenen Rechenzentrum betreiben können, sondern auf Microsoft als Betreiber angewiesen sind, stellen sich irgendwann Fragen, wie es denn um die Sicherheit Ihrer Daten beim Transport zwischen Ihrer lokalen Umgebung und den Rechenzentren steht oder wie Ihre Dateien in den Rechenzentren selbst vor allzu neugierigen Blicken geschützt werden. Dabei kommen unterschiedliche Konzepte zum Einsatz.

1.6.1 Verschlüsselung Ihrer Daten

Ein wichtiges Grundkonzept ist dabei die Verschlüsselung Ihrer Daten, die auf verschiedenen Ebenen zum Einsatz kommt:

- Bei der Übertragung zwischen den Clients und den Rechenzentren
  Die Verbindung zwischen den Clients Ihrer Anwender und den Eintrittspunkten in die Office 365-Rechenzentren erfolgt immer verschlüsselt über *HTTPS* und *TLS (Transport Layer Security)*. Dabei spielt es keine Rolle, ob beispielsweise ein Anwender direkt im Browser, über die Office-Anwendungen, Apps auf Mobilgeräten oder

der Administrator über PowerShell mit Office 365 kommuniziert – die Daten werden nie unverschlüsselt durch die Leitung geschickt.

- Bei der Übertragung innerhalb und zwischen den Rechenzentren
Auch innerhalb und zwischen den Office 365-Rechenzentren werden die Daten nur verschlüsselt übertragen. Der Mailverkehr über SMTP ist dabei ebenfalls über TLS abgesichert. Ansonsten erfolgt die Datenübertragung über *IPsec (Internet Protocol Security)*.

- Bei der Speicherung in den Rechenzentren
Zunächst einmal sind alle Festplatten der Rechenzentren über *BitLocker* verschlüsselt. Darüber hinaus erfolgt bei SharePoint Online und OneDrive for Business Online eine dienstbasierte Verschlüsselung. Dabei werden Dateien in Häppchen aufgeteilt, und jedes Häppchen wird mit einem unterschiedlichen Schlüssel verschlüsselt und in einem unterschiedlichen Speicher abgelegt. Ein potenzieller Angereifer müsste sich damit Zugang auf die Schlüsselverwaltung, die Speicher und die richtigen Dateihäppchen verschaffen, um Dateien erfolgreich entschlüsseln zu können. Für Exchange Online wird eine dienstbasierte Verschlüsselung ebenfalls eingeführt.

Die für diese Verschlüsselung erforderlichen Schlüssel werden in der Standardkonfiguration von Microsoft zur Verfügung gestellt. Auf Wunsch könnten Sie den Master-Schlüssel (von dem alle anderen Schlüssel abgeleitet werden) auch selbst liefern (*BYOK – Bring Your Own Key*). Damit könnte zwar Office 365 als Dienst immer noch Ihre Daten entschlüsseln, jedoch ist dies ja auch gewollt – ansonsten würde keine Anzeige im Browser mehr funktionieren, keine Suche über Dateiinhalte hinweg etc. Die Bereitstellung eines Master-Schlüssels hat aber dennoch einen Sinn: Sie allein kontrollieren den Master-Schlüssel. Ziehen Sie diesen zurück, sind alle Ihre Daten mit einem Schlag nicht mehr lesbar. Dies könnten Sie beispielsweise nutzen, um nach einem eventuellen Weggang von Office 365 alle Daten unbrauchbar zu machen.

Mit Ausnahme der Testlizenzen bewahrt Microsoft Ihre Daten für 90 Tagen nach Ablauf oder Kündigung der Lizenzen auf, damit Sie die Daten extrahieren können. Danach werden sie gelöscht. Diese Regelungen finden Sie in den Online Services Terms (OST):

www.microsoftvolumelicensing.com/DocumentSearch.aspx?Mode=3&DocumentTypeId=31

- Bei der Kommunikation zwischen internen und externen Anwendern
Neben der Verschlüsselung beim Transport vom und zum Rechenzentrum und bei der Speicherung der Daten wollen Sie vielleicht auch Daten verschlüsseln, die zwischen Anwendern ausgetauscht werden, beispielsweise per E-Mail oder Freigabe. In Office 365 gibt es dazu unterschiedliche Dienste, beispielsweise die *Azure Rights Management Services* (siehe Kapitel 10, »Azure Rights Management Ser-

vices«), die *Exchange Online-Nachrichtenverschlüsselung* (siehe Abschnitt 6.8.8, »Nachrichtenverschlüsselung«), und auch *S/MIME* wird unterstützt (siehe Abschnitt 6.8.9, »Signieren und Verschlüsseln mit S/MIME«).

In der Praxis findet man immer wieder Diskussionen, wie man denn nur lokal verschlüsselte Daten in Office 365 ablegen kann – und zwar so, dass es beispielsweise auch den Office 365-Diensten oder gar Microsoft nicht möglich ist, auf die Dateiinhalte zuzugreifen. So etwas könnte man im E-Mail-Bereich etwa durch S/MIME erreichen. Auch werden separate *Cloud Encryption Gateways* diskutiert, bei dem Clients Daten an das Gateway übertragen. Das Gateway verschlüsselt die Daten und speichert sie dann in verschlüsselter Form in Office 365. Beim Abruf werden die Daten vom Gateway aus Office 365 heruntergeladen, entschlüsselt und zum Client übertragen. Solche »Lösungen« haben gewaltige Nachteile hinsichtlich der Funktionalität von Office 365. Beispielsweise verlören Sie damit die folgenden Funktionen:

- Inhaltsbasierte Suche
  Damit Anwender in Office 365 auch nach Dateiinhalten und E-Mail-Inhalten suchen können, müssen die Inhalte auch indexiert werden können. Eine Verschlüsselung außerhalb von Office 365 verhindert dies. Manche Cloud Encryption Gateways versuchen diesen Umstand wettzumachen, indem sie selbst indexieren und die Suchfunktionen bereitstellen. Nur sind diese in der Praxis konzeptbedingt kaum so leistungsfähig wie die Suche in Office 365 mit Clients, beispielsweise Delve (siehe Abschnitt 13.2, »Delve«).
  Dies gilt natürlich auch bei Suchanfragen in Compliance-Fällen.

- *Data Loss Prevention (DLP; Schutz vor Datenverlust)*
  Mit dieser Funktionalität können Sie beispielsweise automatisch Anwender daran hindern, besonders schützenswerte Dateien an externe Empfänger zu versenden. Damit DLP aber erkennen kann, ob in einer Datei schützenswerte Informationen enthalten sind, muss es dem Dienst möglich sein, auf die Inhalte zuzugreifen.

- Öffnen im Browser
  Mit Office Online (siehe Abschnitt 5.6, »Office Online«) können Office-Dokumente im Browser geöffnet und bearbeitet werden – sofern der Dienst Zugriff auf den Dateiinhalt hat.

- Gleichzeitige Zusammenarbeit an Dokumenten
  In SharePoint Online und OneDrive for Business Online gespeicherte Office-Dokumente können von mehreren Personen gleichzeitig geöffnet und bearbeitet werden – das geht allerdings nur dann, wenn Office 365 auf den Inhalt zugreifen kann.

- Schutz vor Schadcode
  Auch der Schutz vor Schadcode benötigt Zugriff auf Dateiinhalte oder die Inhalte von E-Mails.

Office 365 lebt ja letztendlich von Funktionen, mit denen die Zusammenarbeit Ihrer Anwender unterstützt und gefördert werden – und dies setzt einen gewissen Zugriff des Dienstes auf die Inhalte Ihrer Dateien und E-Mails voraus. Ist das für Ihr Unternehmen nicht akzeptabel, stellt sich die Frage, ob Office 365 für das gewünschte Szenario überhaupt die richtige Lösung ist.

Das heißt natürlich nicht, dass Sie in Office 365 selbst gar keine Verschlüsselung einsetzen können – im Gegenteil, mit den *Azure Rights Management Services* gibt es dafür einen speziellen Dienst für unterschiedliche Szenarien (siehe Kapitel 10, »Azure Rights Management Services«).

1.6.2 Zugriffskontrolle

Kein Microsoft-Mitarbeiter, auch kein Administrator oder Support-Mitarbeiter, hat direkten Zugriff auf Ihre Kundendaten. Im Regelfall ist das auch gar nicht erforderlich, da die internen Prozesse beim Betrieb von Office 365 sehr stark automatisiert sind und kein manuelles Eingreifen durch eine Person erfordern. Auch zur Wartung und Aktualisierung der Dienste muss niemand direkt auf die Kundendaten selbst zugreifen.

Nun könnte es aber dennoch einmal sein, dass Sie eine Anfrage an den Office 365-Kundendienst stellen (siehe Abschnitt 2.10.6, »Serviceanfragen«). Bei der Bearbeitung Ihrer Anfrage muss der Support-Mitarbeiter, nachdem er alle anderen Wege zur Problemlösung ausgeschöpft hat, möglichweise doch auf Ihre Kundendaten zugreifen, also beispielsweise auf die Inhalte eines Postfachs, eines OneDrives etc. In einem solchen Fall greift der sogenannte *Lockbox*-Prozess (siehe Abbildung 1.9).

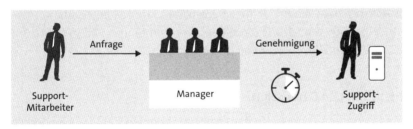

Abbildung 1.9 Lockbox-Prozess

In diesem Prozess stellt der Support-Mitarbeiter eine Anfrage im Lockbox-System. Ein Microsoft-Manager überprüft die Anfrage und erteilt dem Support-Mitarbeiter nach einer Prüfung gegebenenfalls eine Genehmigung. Diese Genehmigung ist nicht nur geduldiges Papier, sondern eine technisch eng beschränkte Freigabe für den anfragenden Support-Mitarbeiter, für eine bestimmte Zeit (in Rahmen von Minuten) auf ein bestimmtes Datum (beispielsweise ein bestimmtes Postfach) mit einem bestimmten Befehlssatz zugreifen zu können. Die Genehmigung gibt dem Support-

Mitarbeiter also nicht einen Freifahrtschein, mit den Kundendaten machen zu können, was er möchte. Alle Zugriffe werden dabei aufgezeichnet.

Ist Ihnen der Lockbox-Prozess nicht transparent genug, gibt es mit der *Kunden-Lockbox* eine Erweiterung davon (siehe Abbildung 1.10).

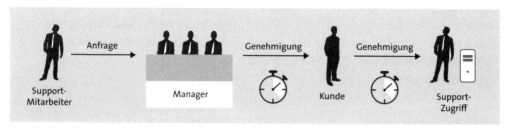

Abbildung 1.10 Kunden-Lockbox-Prozess

Auch in diesem Fall erstellt der Support-Mitarbeiter eine Anfrage im Lockbox-System, die von einem Microsoft-Manager genehmigt werden muss. Nach der Genehmigung durch den Microsoft-Manager kann der Support-Mitarbeiter aber nicht gleich loslegen, sondern Sie selbst als Office 365-Administratior kommen jetzt ins Spiel: Sie erhalten eine Benachrichtigung (per E-Mail oder in der Administrationsoberfläche von Office 365) über die Zugriffsanfrage. Diese können Sie überprüfen und gegebenenfalls selbst genehmigen. Und erst dann, nachdem der Microsoft-Manager und Sie selbst die Anfrage genehmigt haben, kann der Support-Mitarbeiter auf Ihre Daten zugreifen.

[»] Der zusätzliche Verwaltungsaufwand der Kunden-Lockbox schlägt sich allerdings auch in den Kosten nieder: Der Prozess ist bereits im Lizenzpaket E5 enthalten. Bei anderer Lizenzierung muss jedoch dafür eine separate Lizenz eingekauft werden. Diese kostet in Office 365 Global 1,70 € pro Benutzer und Monat und in Office 365 Deutschland 2,10 € (ebenfalls pro Benutzer und Monat).

1.6.3 Auditierungen und Datenschutz

Dass die hier vorgestellten Prozesse in der Praxis funktionieren und auch wirklich eingehalten werden, muss Microsoft in regelmäßigen Auditierungen nachweisen. Mehr dazu finden Sie im *Microsoft Trust Center*:

www.microsoft.com/de-de/trustcenter

Das Trust Center ist auch eine gute Quelle für alle Fragen rund um das Thema Datenschutz, wie also Microsoft als Ihr Dienstleister mit Ihren Daten umgeht. Darunter auch Fragestellungen zur vertraglichen Konstellation (beispielsweise Regelungen zur *Auftragsdatenverarbeitung*), zum Zugriff außerhalb der EU (Stichwort *europäische Standardvertragsklauseln*), zu den Zertifizierungen etc.

1.7 Systemvoraussetzungen

Für den Zugriff auf die Office 365-Dienste empfiehlt Microsoft die Verwendung folgender Software:

- einen möglichst aktuellen Browser
- Wenn Sie die lokal installierten Office-Anwendungen nutzen, sollte die Version vom Mainstream-Support sein. Aktuell sind das Office 2013 (bis April 2018) und natürlich Office 2016.
- Office 365 Deutschland stellt bezüglich des Office-Pakets noch etwas restriktivere Anforderungen (siehe Abschnitt 1.5.2, »Technische Limitierungen«).

Da Office 365 als Evergreen-Dienst laufend erweitert wird, sollte der Client, mit dem Sie auf die Dienste zugreifen, diesen Fortschritt einigermaßen mitmachen. Idealerweise setzen Sie eine Kombination aus aktuellem Browser und dem lokal zu installierenden Office-Paket aus Office 365 ein (Office 365 ProPlus oder Business), denn dieses wird im Gegensatz zu Office 2016 regelmäßig funktional erweitert. Damit stellen Sie sicher, dass Ihre Anwender neue Funktionen nicht nur im Browser, sondern auch in den Office-Anwendungen nutzen können.

Dies stellt allerdings nur eine Empfehlung dar. Verwenden Sie einen älteren Browser oder ein älteres Office-Paket, kann es jedoch sein, dass bestimmte Funktionen nur eingeschränkt oder gar nicht funktionieren.

1.7.1 Internetbandbreite

Ein nicht zu vernachlässigender Aspekt bei der Planung von Office 365 ist die zur Verfügung stehende Bandbreite von und ins Internet. Microsoft stellt Ihnen dazu verschiedene Kalkulatoren bereit, die nach der Angabe diverser Eckdaten einen Anhaltspunkt für die erforderliche Bandbreite liefern. Die Kalkulatoren finden Sie unter folgenden URLs:

- Exchange
  http://gallery.technet.microsoft.com/Exchange-Client-Network-8af1bf00
- Skype for Business
  www.microsoft.com/download/en/details.aspx?id=19011
- Teams
  www.successwithteams.com/BandwidthCalculator

Außerdem finden Sie unter folgender URL gesammelt weitere Tools und Tipps zur Planung der erforderlichen Bandbreite:

http://aka.ms/tune

1.7.2 Proxys und Firewalls

Um einen reibungslosen Datenverkehr zwischen den Clients Ihrer Anwender und Office 365 zu gewährleisten, müssen Sie dafür sorgen, dass Ihre Infrastrukturkomponenten wie Proxys und Firewalls keine der erforderlichen Verbindungen blockieren. Microsoft veröffentlicht dazu auf der folgenden Website eine (sehr lange!) Liste von Hostnamen, IP-Adressen, Protokollen und Ports, die von den jeweiligen Office 365-Diensten verwendet werden:

http://aka.ms/o365ip

Diese Liste dient als Grundlage für die Konfiguration Ihrer Komponenten. Achten Sie darauf, den richtigen Endpunkt auszuwählen, also Office 365 Global oder Office 365 Deutschland.

[»] Bitte beachten Sie dabei, dass sich diese Liste im Laufe der Zeit auch ändert, beispielsweise wenn neue Dienste eingeführt oder neue Rechenzentren eröffnet werden. Entsprechend sollten Sie diese Liste im Blick haben. Sie können dazu auf der Website einen RSS-Feed abonnieren, und auch im *Nachrichtencenter* des *Office 365 Admin Centers* erhalten Sie Hinweise auf Änderungen (siehe Abschnitt 2.8, »Nachrichtencenter«).

1.8 Lizenzierung

Wie im Microsoft-Umfeld üblich, können Sie aus einer Vielzahl unterschiedlicher Lizenztypen wählen, die jeweils einen anderen Funktionsumfang abdecken. Microsoft spricht hierbei übrigens von *Plänen*. Das hat auf der einen Seite den Vorteil, dass Sie sich Lizenzen aussuchen können, die möglichst genau Ihren Anforderungen entsprechen, und dass Sie nur für Funktionen zahlen müssen, die Sie auch benötigen. Auf der anderen Seite erhöht die gerade bei Office 365 breite Palette an unterschiedlichen Lizenztypen nicht gerade den Überblick. Bevor Sie ein Abonnement abschließen, sollten Sie sich nicht von den vermeintlich günstigen Preisen der »kleinen« Lizenztypen verleiten lassen, sondern genau recherchieren, ob alle erforderlichen Funktionen enthalten sind, die Sie für Ihre individuellen Geschäftsanforderungen heute und in der Zukunft benötigen. Dieser Abschnitt soll Ihnen dabei helfen.

[»] Die hier gemachten Angaben entsprechen dem aktuellen Stand zu dem Zeitpunkt, an dem diese Zeilen entstehen. Inzwischen kann es aber natürlich bereits zu Änderungen gekommen sein. Eine erste Quelle zur Übersicht der verfügbaren Lizenzen finden Sie auf der offiziellen Produktseite *www.office365.de* (für Office 365 Global) bzw. *https://products.office.com/de-de/office-365-deutschland/compare-plans-pricing* (für Office 365 Deutschland) und noch viel detaillierter in den *Dienstbeschreibungen* unter *www.office365sd.com*. Die Dienstbeschreibungen enthalten Hinweise, wenn es Besonderheiten bei Office 365 Deutschland gibt.

Bei der Lizenzierung müssen Sie zunächst verschiedene Kundensegmente unterscheiden, für die Microsoft Office 365 anbietet:

- Privatanwender
- Unternehmen
- Bildungsbereich
- Behörden
- gemeinnützige Organisationen

Für den Bildungsbereich (also beispielsweise Universitäten und Schulen), Behörden und gemeinnützige Organisationen hat Microsoft spezielle Office 365-Zugänge vorgesehen, die teilweise auch vergünstigt oder sogar kostenfrei angeboten werden.

Auch für Privatanwender gibt es spezielle Office 365-Zugänge, die im Wesentlichen aus dem Office-Paket und gegebenenfalls weiteren Zugaben bestehen, wie Skype-Telefonieguthaben und einer Erhöhung des verfügbaren OneDrive-Speicherplatzes.

Sowohl den Bildungsbereich als auch die Lösungen für Behörden und gemeinnützige Organisationen betrachten wir in diesem Buch nicht näher, sondern konzentrieren uns auf die Unternehmenslösungen. Das heißt aber nicht, dass Sie mit diesem Buch in solchen speziellen Umgebungen nichts anfangen könnten – die allermeisten beschriebenen Vorgehensweisen gelten dort genauso. Nur für Privatanwender ist dieses Buch nicht gedacht, da diesen insbesondere die Clouddienste Exchange Online, SharePoint Online und Skype for Business Online nicht zur Verfügung stehen.

1.8.1 Abonnements und Lizenzen

Damit kommen wir auch gleich zur breiten Palette unterschiedlicher Lizenztypen, zwischen denen Sie je nach gewählter Office 365-Familie wählen können.

Bei Office 365 schließen Sie Abonnements ab, über die Sie eine gewisse Anzahl von Lizenzen eines bestimmten Typs für einen gewissen Zeitraum erhalten. Ein Abonnement besteht grundsätzlich aus folgenden Komponenten:

- Lizenztyp
- Anzahl der Lizenzen
- Zeitraum
- Kosten

Abonnements sind das, was Sie bei Ihrem Lizenzdealer, bei Microsoft-Partnern oder direkt bei Microsoft einkaufen und bezahlen. Mit den Lizenzen aus den Abonnements füllen Sie einen Lizenzpool, aus dem Sie wiederum Ihre Office 365-Benutzer lizenzieren.

Innerhalb Ihres Office 365-Mandanten kann es durchaus sein, dass mehrere Abonnements parallel laufen, gegebenenfalls auch mit unterschiedlichen Zeiträumen. Abbildung 1.11 zeigt den Zusammenhang zwischen Abonnements und Lizenzen in einem Schaubild.

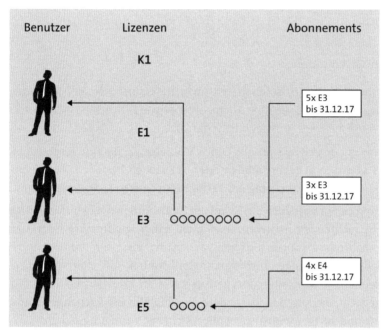

Abbildung 1.11 Abonnements und Lizenzen

Bedenken Sie immer, dass Sie für Abonnements bezahlen, die wiederum Lizenzen beinhalten. Weisen Sie die Lizenzen keinem Benutzer zu, müssen Sie diese dennoch über das Abonnement bezahlen. Umgekehrt kann ein Benutzer mit Office 365 grundsätzlich nicht arbeiten, wenn Sie ihm keine Lizenz zuweisen. Bei Exchange Online verhält es sich beispielsweise so: Mit der Lizenzzuweisung wird für den Benutzer ein Postfach angelegt. Entfernen Sie die Lizenz, wird das Postfach gelöscht (sicherheitshalber nicht sofort, aber nach 30 Tagen).

1.8.2 Lizenztypen

Wie bereits angesprochen, ist die Auswahl an Lizenztypen vor allem für Einsteiger bei Office 365 sehr unübersichtlich. Um Ihnen hier zu helfen, beschreibe ich im Folgenden die verschiedenen Typen zunächst in einer Übersicht. Detaillierter wird es dann in den folgenden Kapiteln.

Heute erhalten Sie Lizenztypen aus zwei Familien: *Office 365 Business* und *Office 365 Enterprise*. Grundsätzlich ist es so, dass die Lizenztypen aus der Office 365 Business-

Familie preisgünstiger, dafür jedoch funktional etwas weniger leistungsfähig sind als die Lizenztypen aus der Office 365 Enterprise-Familie. Sie sollten sehr genau abwägen, welche Lizenztypen Ihren Anwendungsfall am besten abdecken. Eine Mischung der Lizenztypen aus den beiden Familien ist aber möglich. Sie müssen also nicht für jeden Benutzer denselben Lizenztyp zur Verfügung stellen. So können manche Benutzer mit einer Lizenz aus der Business-Familie ausgestattet werden, andere mit einer Lizenz aus der Enterprise-Familie. Das geht sogar so weit, dass Sie einem einzelnen Benutzer sowohl eine Lizenz aus der Business-Familie (beispielsweise Office 365 Business für die lokal zu installierenden Office-Anwendungen) als auch eine Lizenz aus der Enterprise-Familie (beispielsweise SharePoint Online Plan 2 für den vollen SharePoint-Funktionsumfang) zuweisen können.

Allerdings können Sie aus der Business-Familie von jedem Lizenztyp maximal 300 Lizenzen einkaufen. Bei der Enterprise-Familie gibt es keine derartige Limitierung.

Aufgrund des höheren Aufwands beim Betrieb sind die Lizenzen in Office 365 Deutschland etwas teurer.

1.8.3 Lizenztypen in der Office 365 Business-Familie

Im Rahmen der Office 365 Business-Familie werden drei Lizenztypen angeboten. Tabelle 1.4 zeigt die Auswahl.

Lizenztyp	Preis pro Benutzer/Monat (zzgl. Mehrwertsteuer) in Office 365 Global	Preis pro Benutzer/Monat (zzgl. Mehrwertsteuer) in Office 365 Deutschland
Office 365 Business Essentials mit ▸ Exchange Online ▸ SharePoint Online ▸ Skype for Business Online ▸ Office Online ▸ OneDrive for Business Online ▸ Teams (noch nicht in Office 365 Deutschland) ▸ Office 365-Gruppen ▸ Delve	4,20 € im Jahresabo 5,10 € im Monatsabo	5,30 € im Jahresabo

Tabelle 1.4 Lizenztypen in der Office 365 Business-Familie

Lizenztyp	Preis pro Benutzer/Monat (zzgl. Mehrwertsteuer) in Office 365 Global	Preis pro Benutzer/Monat (zzgl. Mehrwertsteuer) in Office 365 Deutschland
▶ Sway (noch nicht in Office 365 Deutschland) ▶ Planner (noch nicht in Office 365 Deutschland) ▶ PowerApps (noch nicht in Office 365 Deutschland) ▶ Flow (noch nicht in Office 365 Deutschland) ▶ Yammer (noch nicht in Office 365 Deutschland)		
Office 365 Business mit ▶ Word, Excel, PowerPoint, Outlook, Publisher, OneNote (Windows, Mac – ohne Publisher) ▶ Office Online ▶ OneDrive for Business Online	8,80 € im Jahresabo 10,70 € im Monatsabo	11,00 € im Jahresabo
Office 365 Business Premium mit ▶ Word, Excel, PowerPoint, Outlook, Publisher, OneNote (Windows, Mac – ohne Publisher) ▶ Exchange Online ▶ SharePoint Online	10,50 € im Jahresabo 12,70 € im Monatsabo	13,20 € im Jahresabo

Tabelle 1.4 Lizenztypen in der Office 365 Business-Familie (Forts.)

Lizenztyp	Preis pro Benutzer/Monat (zzgl. Mehrwertsteuer) in Office 365 Global	Preis pro Benutzer/Monat (zzgl. Mehrwertsteuer) in Office 365 Deutschland
▶ Skype for Business Online ▶ Office Online ▶ OneDrive for Business Online ▶ Teams (noch nicht in Office 365 Deutschland) ▶ Office 365-Gruppen ▶ Delve ▶ Sway (noch nicht in Office 365 Deutschland) ▶ Planner (noch nicht in Office 365 Deutschland) ▶ Bookings (noch nicht in Office 365 Deutschland) ▶ PowerApps (noch nicht in Office 365 Deutschland) ▶ Flow (noch nicht in Office 365 Deutschland) ▶ Yammer (noch nicht in Office 365 Deutschland)		

Tabelle 1.4 Lizenztypen in der Office 365 Business-Familie (Forts.)

1.8.4 Lizenztypen in der Office 365 Enterprise-Familie

Die größte Auswahl an unterschiedlichen Lizenztypen haben Sie in der Office 365 Enterprise-Familie. Dort finden Sie Lizenzpakete (E1, E3, E5, K1), die jeweils eine Kombination aus Exchange, SharePoint, Skype for Business und gegebenenfalls dem Office-

Paket beinhalten. Aber Sie können auch einzelne Dienste abonnieren, beispielsweise nur Exchange Online, wenn Sie kein Interesse an den anderen Diensten haben.

Tabelle 1.5 zeigt die entsprechende Auswahl.

Lizenztyp	Preis pro Benutzer/Monat (zzgl. Mehrwertsteuer) in Office 365 Global – falls nicht anders angegeben im Jahresabo	Preis pro Benutzer/Monat (zzgl. Mehrwertsteuer) in Office 365 Deutschland – falls nicht anders angegeben im Jahresabo
Plan E1 mit ▶ Exchange Online Plan 1 ▶ SharePoint Online Plan 1 ▶ Skype for Business Online Plan 2 ▶ Office Online ▶ OneDrive for Business Online ▶ Teams (noch nicht in Office 365 Deutschland) ▶ Office 365-Gruppen ▶ Delve ▶ Office 365 Video ▶ Sway (noch nicht in Office 365 Deutschland) ▶ Planner (noch nicht in Office 365 Deutschland) ▶ StaffHub (noch nicht in Office 365 Deutschland) ▶ PowerApps (noch nicht in Office 365 Deutschland) ▶ Flow (noch nicht in Office 365 Deutschland) ▶ Yammer (noch nicht in Office 365 Deutschland)	6,70 €	8,40 €

Tabelle 1.5 Lizenztypen in der Office 365 Enterprise-Familie

Lizenztyp	Preis pro Benutzer/Monat (zzgl. Mehrwertsteuer) in Office 365 Global – falls nicht anders angegeben im Jahresabo	Preis pro Benutzer/Monat (zzgl. Mehrwertsteuer) in Office 365 Deutschland – falls nicht anders angegeben im Jahresabo
Plan E3 mit ▶ Exchange Online Plan 2 ▶ SharePoint Online Plan 2 ▶ Skype for Business Online Plan 2 ▶ Office Online ▶ OneDrive for Business Online ▶ Azure Rights Management Services (noch nicht in Office 365 Deutschland) ▶ Teams (noch nicht in Office 365 Deutschland) ▶ Office 365-Gruppen ▶ Delve ▶ Office 365 Video ▶ Sway (noch nicht in Office 365 Deutschland) ▶ Planner (noch nicht in Office 365 Deutschland) ▶ StaffHub (noch nicht in Office 365 Deutschland) ▶ Office 365 ProPlus mit Word, Excel, PowerPoint, Outlook, Publisher, Access, Skype for Business (Windows, Mac – ohne Access und Publisher) ▶ PowerApps (noch nicht in Office 365 Deutschland)	19,70 €	24,60 €

Tabelle 1.5 Lizenztypen in der Office 365 Enterprise-Familie (Forts.)

Lizenztyp	Preis pro Benutzer/Monat (zzgl. Mehrwertsteuer) in Office 365 Global – falls nicht anders angegeben im Jahresabo	Preis pro Benutzer/Monat (zzgl. Mehrwertsteuer) in Office 365 Deutschland – falls nicht anders angegeben im Jahresabo
▶ Flow (noch nicht in Office 365 Deutschland) ▶ Yammer (noch nicht in Office 365 Deutschland)		
Plan E5 mit ▶ Exchange Online Plan 2 ▶ SharePoint Online Plan 2 ▶ Skype for Business Online Plan 2 ▶ Office Online ▶ OneDrive for Business ▶ Azure Rights Management Services ▶ Teams ▶ Office 365-Gruppen ▶ Delve ▶ Office 365 Video ▶ Sway ▶ Planner ▶ StaffHub ▶ Advanced Threat Protection ▶ Advanced Security Management ▶ Kunden-Lockbox ▶ Advanced eDiscovery ▶ Einwahlkonferenzen ▶ Cloud-Telefonanlage	34,40 €	noch nicht in Office 365 Deutschland

Tabelle 1.5 Lizenztypen in der Office 365 Enterprise-Familie (Forts.)

Lizenztyp	Preis pro Benutzer/Monat (zzgl. Mehrwertsteuer) in Office 365 Global – falls nicht anders angegeben im Jahresabo	Preis pro Benutzer/Monat (zzgl. Mehrwertsteuer) in Office 365 Deutschland – falls nicht anders angegeben im Jahresabo
▶ Office 365 ProPlus mit Word, Excel, PowerPoint, Outlook, Publisher, Access, Skype for Business (Windows, Mac – ohne Access und Publisher) ▶ Power BI Pro ▶ PowerApps (noch nicht in Office 365 Deutschland) ▶ Flow (noch nicht in Office 365 Deutschland) ▶ Yammer		
Office 365 Enterprise K1 mit ▶ Exchange Online-Kiosk ▶ SharePoint Online-Kiosk ▶ Skype for Business Online Plan 1 ▶ Office Online ▶ OneDrive for Business ▶ Teams ▶ Office 365-Gruppen ▶ Delve ▶ Office 365 Video ▶ Sway (noch nicht in Office 365 Deutschland) ▶ StaffHub (noch nicht in Office 365 Deutschland)	3,40 €	4,20 €

Tabelle 1.5 Lizenztypen in der Office 365 Enterprise-Familie (Forts.)

Lizenztyp	Preis pro Benutzer/Monat (zzgl. Mehrwertsteuer) in Office 365 Global – falls nicht anders angegeben im Jahresabo	Preis pro Benutzer/Monat (zzgl. Mehrwertsteuer) in Office 365 Deutschland – falls nicht anders angegeben im Jahresabo
▶ PowerApps (noch nicht in Office 365 Deutschland) ▶ Flow (noch nicht in Office 365 Deutschland) ▶ Yammer (noch nicht in Office 365 Deutschland)		
Office 365 ProPlus mit ▶ Word, Excel, PowerPoint, Outlook, Publisher, Access, Skype for Business (Windows, Mac – ohne Access und Publisher) ▶ OneDrive for Business	12,90 €	16,10 €
Exchange Online Plan 1	3,40 €	4,20 €
Exchange Online Plan 2	6,10 €	8,40 €
Exchange Online-Kiosk	1,70 €	2,10 €
Exchange Online Protection	0,84 €	1,06 €
Exchange Online-Archivierung (EOA) für Exchange Server	2,50 €	3,20 €
SharePoint Online Plan 1 mit ▶ Office Online ▶ OneDrive for Business	4,20 €	5,30 €

Tabelle 1.5 Lizenztypen in der Office 365 Enterprise-Familie (Forts.)

Lizenztyp	Preis pro Benutzer/Monat (zzgl. Mehrwertsteuer) in Office 365 Global – falls nicht anders angegeben im Jahresabo	Preis pro Benutzer/Monat (zzgl. Mehrwertsteuer) in Office 365 Deutschland – falls nicht anders angegeben im Jahresabo
SharePoint Online Plan 2 mit ▸ Office Online ▸ OneDrive for Business	8,40 €	10,50 €
OneDrive for Business Plan 1 mit ▸ Office Online	4,20 €	5,30 €
OneDrive for Business Plan 2 mit ▸ Office Online	8,20 €	10,50 €
Skype for Business Online Plan 1	1,70 €	2,10 €
Skype for Business Online Plan 2	4,60 €	5,80 €
Advanced Security Management	2,50 €	noch nicht in Office 365 Deutschland
Yammer Enterprise	2,30 €	noch nicht in Office 365 Deutschland
Project Online Essentials	5,90 €	9,50 €
Project Online Professional	25,30 €	31,60 €
Project Online Premium	46,40 €	58,00 €
Visio Pro für Office 365	11,00 €	16,30 €
Power BI Pro	8,40 €	10,50 €

Tabelle 1.5 Lizenztypen in der Office 365 Enterprise-Familie (Forts.)

1 Was ist Office 365?

Zur Tabelle einige Hinweise:

- Beachtenswert ist, dass es beispielsweise nicht nur eine einzige Exchange Online-Lizenz gibt, sondern mit Plan 1 und Plan 2 funktional unterschiedlich ausgestattete. In den folgenden Abschnitten werde ich die Unterschiede besprechen.
- Office 365 Enterprise K1 (K für *Kiosk Worker*, neuerdings auch *Frontline Worker* genannt) ist für Anwender ohne eigenen Rechner gedacht, also beispielsweise Personen aus der Produktion, die nur sporadisch einen zentral angebrachten Rechner verwenden.
- Bei Visio Pro und Project Pro handelt es sich um die lokal zu installierenden Desktopanwendungen. Project Online ist dagegen die gehostete Ausgabe des Project Servers.

Einige Lizenztypen aus der Enterprise-Familie enthalten ein sogenanntes *Dual-Use-Right*. Dieses erlaubt es Ihnen, die von der Lizenz abgedeckte Funktionalität nicht nur in Office 365 zu nutzen, sondern auch mit lokalen Serverumgebungen. Dies ist insbesondere in hybriden Umgebungen sehr hilfreich, da dann nicht doppelte Lizenzzahlungen erforderlich werden (einmal die CAL für den Zugriff auf die lokale Umgebung und einmal für den Zugriff auf den Office 365-Dienst). Tabelle 1.6 zeigt, welche Lizenz für welche CAL in der eigenen lokalen Umgebung eingesetzt werden kann.

Produkt	CAL	Office 365-Lizenz
Exchange Server	Standard CAL	- Exchange Online Plan 1 - Exchange Online Plan 2 - E1 - E3 - E5
	Enterprise CAL	- Exchange Online Plan 2 - E3 - E5
SharePoint Server	Standard CAL	- SharePoint Online Plan 1 - SharePoint Online Plan 2 - E1 - E3 - E5
	Enterprise CAL	- SharePoint Online Plan 2 - E3 - E5

Tabelle 1.6 Dual-Use-Right

Produkt	CAL	Office 365-Lizenz
Skype for Business Server	Standard CAL	▶ Skype for Business Online Plan 1 ▶ Skype for Business Online Plan 2 ▶ E1 ▶ E3 ▶ E5
	Enterprise CAL	▶ Skype for Business Online Plan 2 ▶ E1 ▶ E3 ▶ E5

Tabelle 1.6 Dual-Use-Right (Forts.)

1.8.5 Abonnementlaufzeit

So vielfältig die Lizenzarten sind, so unterschiedlich sind auch die Laufzeiten der Abonnements, in denen Sie die Lizenzen nutzen können. Manche Abonnements haben eine monatliche Laufzeit, andere eine jährliche, und manchmal haben Sie die Wahl zwischen beiden. Abonnements mit einer monatlichen Laufzeit sind etwas teurer, jedoch können Sie diese jederzeit wieder kündigen. Doch auch jährlich laufende Abonnements lassen sich vorzeitig kündigen – allerdings nur dann, wenn Sie die Abonnements direkt über Ihren Office 365-Mandanten abgeschlossen haben und nicht über Microsoft-Partner oder über Volumenlizenzverträge bei Ihrem Lizenzdealer. Bei der vorzeitigen Kündigung eines Jahresabonnements gilt Folgendes:

▶ Kündigen Sie im ersten Monat, zahlen Sie nur die Gebühren des ersten Monats, und das Abonnement endet nach diesem Monat.

▶ Kündigen Sie in einem der folgenden Monate, endet das Abonnement mit Ablauf des Monats, und Sie zahlen 25 % der eigentlich bis zum Laufzeitende anfallenden Gebühren.

Sind alle Abonnements gekündigt und abgelaufen, haben Sie noch 90 Tage Zeit, um Ihre Daten aus den Diensten zu kopieren; danach werden sie gelöscht. Aber keine Angst, Sie bekommen von Microsoft regelmäßig automatisiert versandte E-Mails, wenn ein Abonnement demnächst abläuft oder gar die Daten vor der Löschung stehen.

Die genauen Konditionen finden Sie in den Nutzungsbedingungen, die Sie ebenfalls auf der Office 365-Produktseite vorfinden (*www.office365.de*).

Wollen Sie bereits erworbene Lizenzen in höhere umwandeln, ist das unter bestimmten Bedingungen möglich. Lesen Sie hierzu Abschnitt 2.3.1, »Lizenzwechsel«.

1.8.6 Benutzern Lizenzen zuweisen

Damit ein Anwender mit den Office 365-Diensten arbeiten kann, benötigt er grundsätzlich eine passende Lizenz. Diese Lizenzzuweisung ist aber nicht in Stein gemeißelt. Im laufenden Betrieb kommt es durchaus vor, dass ein Anwender plötzlich den Zugriff auf einen weiteren Dienst oder zusätzliche Funktionen benötigt. Sie können jederzeit den Benutzerkonten Ihrer Anwender eine andere, noch nicht vergebene Lizenz zuweisen.

Unproblematisch ist dies beispielsweise, wenn einem Benutzerkonto eine einzelne Dienstlizenz zugewiesen wurde, wie *Exchange Online Plan 1*. Diesem Benutzerkonto können Sie dann problemlos eine weitere Lizenz eines anderen Dienstes zuweisen, etwa *SharePoint Online Plan 1*.

Vorsichtig müssen Sie dagegen sein, wenn Sie die Lizenz eines Benutzerkontos vom selben Dienst erhöhen wollen, etwa von *Exchange Online Plan 1* zu *Exchange Online Plan 2*. Dabei sollten Sie darauf achten, dass Sie das Entfernen der alten und Hinzufügen der neuen Lizenz in einem Schritt durchführen und nicht etwa dem Benutzer zunächst die alte Lizenz wegnehmen, die Änderung speichern und dann später die neue Lizenz hinzufügen.

Weisen Sie einem Benutzerkonto eine kleinere Lizenz zu, als er sie bisher gehabt hat, werden die nun fehlenden Funktionen und Dienste für den Benutzer automatisch deaktiviert.

Diese Fälle müssen Sie auch beachten, wenn Sie Lizenzpakete zuweisen. Denken Sie auch an die Laufzeiten und Kündigungsmöglichkeiten Ihrer Abonnements, wie ich sie bereits beschrieben habe.

1.8.7 Dienstbeschreibungen

Für die einzelnen Dienste stellt Microsoft mit den *Dienstbeschreibungen* jeweils aktuelle Beschreibungen bereit. Diese Beschreibungen werden laufend an den jeweils aktuell gültigen Funktionsstand angepasst. Sie finden die Dienstbeschreibungen unter der folgenden URL:

www.office365sd.com

Sollten Sie die Dienstbeschreibungen zuletzt vor ein paar Wochen gelesen haben, lohnt sich ein erneutes Lesen auf jeden Fall, denn sie werden laufend angepasst. Betrachten Sie die Dienstbeschreibungen als eine Art Nachschlagewerk für die einzelnen Dienste. Microsoft beschreibt hier im Detail, was jeder einzelne Dienst aktuell leistet und worin seine Limitierungen bestehen.

Diese Dienstbeschreibungen gibt es in vielen Sprachen. Falls möglich, sollten Sie jedoch das englische Original verwenden. Die deutsche Übersetzung hinkt hinsichtlich der Aktualität dem Original immer ein paar Tage hinterher, und in der Vergangenheit hatte sich auch so mancher Übersetzungsfehler eingeschlichen.

Um nicht regelmäßig nach Änderungen in den Dienstbeschreibungen suchen zu müssen, gibt es auch ein Protokoll der letzten Änderungen, das Sie unter der folgenden URL finden:

https://technet.microsoft.com/en-us/library/mt761735.aspx

1.9 FastTrack Center

Haben Sie in der Vergangenheit Lizenzen für Microsoft-Produkte gekauft, waren Sie jedes Mal auf sich allein gestellt, ob und wie Sie diese Lizenzen in einen produktiven Betrieb bringen. Mit Office 365 verfolgt Microsoft nun eine andere Strategie: Neben den Diensten und Anwendungen, die Sie über den Einkauf von Lizenzen erwerben, erhalten Sie in vielen Fällen gleichzeitig auch Zugriff auf das *FastTrack Center*. Das FastTrack Center unterstützt Sie bei der Planung, der Einführung und der erfolgreichen Nutzung der Office 365-Dienste durch Ihre Anwender. Dies beginnt schon bei der Grundkonfiguration Ihres Office 365-Mandanten, der Anbindung an die lokale Infrastruktur und der Anpassung der Office 365-Dienste. In manchen Fällen erhalten Sie sogar Unterstützung bei der Migration vorhandener Daten.

Ein weiterer großer Vorteil am FastTrack Center ist, dass Sie deren Unterstützung nicht nur einmalig, sondern durchaus mehrfach in Anspruch nehmen können. In vielen Unternehmen werden aus Zeit- und Ressourcengründen nicht alle Office 365-Dienste mit einem großen Knall bereitgestellt, sondern so mancher Dienst wird erst im Laufe der Zeit relevant. Das FastTrack Center überstützt Sie dabei auf Wunsch jedes Mal aufs Neue.

Weitere Kosten entstehen Ihnen dadurch nicht – die Unterstützung durch das FastTrack Center haben Sie bereits mit den Lizenzen gekauft, sofern bestimmte Voraussetzungen dabei erfüllt wurden.

Die Techniker des FastTrack Centers unterstützen Sie dabei remote, kommen also nicht zu Ihnen vor Ort ins Unternehmen. Die Techniker konfigurieren auch nicht selbst Ihre Umgebung, sondern stellen entsprechende Ressourcen wie Tools und Beschreibungen bereit, mit denen Sie selbst die Konfiguration vornehmen können.

Um das FastTrack Center auch der breiten Masse von Office 365-Kunden bereitstellen zu können, sind die Leistungen standardisiert. Unternehmen, denen der Leistungskatalog nicht ausreicht, weil beispielsweise spezielle Anforderungen erfüllt werden müssen, ziehen gerne auch noch einen externen Dienstleister hinzu. Dieser fungiert dann als Bindeglied zwischen dem Unternehmen und dem FastTrack Center.

Wollen Sie das FastTrack Center beauftragen, starten Sie am besten auf dieser Seite:

http://fasttrack.microsoft.com/de-DE/office

1.9.1 Lizenzvoraussetzungen

Um das FastTrack Center engagieren zu können, benötigen Sie mindestens 50 Lizenzen für einen neuen Office 365-Mandanten der folgenden Lizenztypen:

- Office 365 Business
- Office 365 Business Essentials
- Office 365 Business Premium
- Office 365 Enterprise E1
- Office 365 Enterprise E3
- Office 365 Enterprise E5
- Office 365 Enterprise K1
- Office 365 ProPlus
- Exchange Online Plan 1
- Exchange Online Plan 2
- Exchange Online-Kiosk
- Exchange Online Advanced Threat Protection
- Power BI Standard
- Power BI Pro
- Project Online mit Project Pro für Office 365
- Project Online Essentials
- Project Online Professional
- Project Online Premium
- SharePoint Online Plan 1
- SharePoint Online Plan 2
- OneDrive for Business mit Office Online
- Skype for Business Cloud-PBX-Anlage
- Skype for Business PSTN-Anrufe
- Skype for Business PSTN-Konferenzen
- Skype for Business Online Plan 1
- Skype for Business Online Plan 2
- Yammer Enterprise

Mit 50 der entsprechenden Lizenzen erhalten Sie schon mal Unterstützung beim Onboarding, also der grundlegenden Bereitstellung Ihrer Office 365-Umgebung und der Anbindung an die lokale Infrastruktur.

Verfügen Sie über mindestens 150 solcher Lizenzen, unterstützt Sie FastTrack auf Wunsch zusätzlich auch noch bei der Migration vorhandener Daten zu Office 365 – auch das ist wieder standardisiert, beispielsweise welche Datenquellen und welche Ziele unterstützt werden (mehr dazu in Abschnitt 1.9.3, »Unterstützungsleistungen«).

Große Kunden mit mehr als 20.000 Lizenzen erhalten dann dazu noch die Unterstützung bei komplexeren Konstellationen, wie sie bei großen Umgebungen vorzufinden sind, beispielsweise dem Aufbau einer geo-redundanten AD FS-Installation.

1.9.2 Prozess

Ein Engagement des FastTrack-Centers läuft grundsätzlich in drei Phasen ab:

- Strategie
  In dieser Phase erfolgt die Planung des Einsatzes mit wichtigen Personen aus der IT und anderen Bereichen des Unternehmens. Es wird ein Team aufgebaut und das gemeinsam zu erreichende Ziel definiert. Dann wird ein Projektplan erstellt, der den Kunden, Microsoft und gegebenenfalls einen Partner umfasst.
- Einrichtung
  In dieser Phase werden bei Bedarf Workshops durchgeführt, beispielsweise zur Eignung der bestehenden Infrastruktur für Office 365. Dabei können Clients, DNS, Netzwerk, Infrastruktur, Active Directory etc. in Betracht kommen. Werden Problemfälle festgestellt, unterstützt das FastTrack Center bei deren Lösung. Es erfolgt die eigentliche Einrichtung der Office 365-Umgebung bzw. der Dienste.
- Wertschöpfung
  Nach der erfolgreichen Einrichtung unterstützt Sie das FastTrack Center dabei, Ihren Anwendern die neuen Dienste und Anwendungen nahezubringen, sodass diese nicht nur ein neues Werkzeug erhalten, sondern auch befähigt werden, sinnvoll damit umzugehen,

1.9.3 Unterstützungsleistungen

Die Leistungen des FastTrack Centers sind standardisiert, werden aber laufend erweitert. Hier eine Liste wichtiger aktuell verfügbarer Leistungen:

Onboarding (ab 50 Lizenzen)

Unter dem Begriff *Onboarding* wird die grundlegende Bereitstellung des Mandanten und der Office 365-Dienste verstanden. Es wird hier zwischen dem Haupt-Onboarding und dem Dienst-Onboarding unterschieden.

- Haupt-Onboarding: Hierzu zählen grundlegende Konfigurationen Ihres Office 365-Mandanten, die für alle Dienste gleichermaßen wichtig sind. Hier einige wesentliche Punkte:
  - Überprüfen der Voraussetzungen für den Einsatz von Office 365
  - mögliche Anpassungen der lokalen Infrastruktur, DNS, Firwall
  - Konfiguration des Mandanten
  - Integration mit einem lokal vorhandenen Active Directory (Synchronisierung mit dem Azure Active Directory)
  - Aufbau eines Identitätsverbunds mit AD FS
  - Lizenzierung der Benutzerkonten
- Dienst-Onboarding: Dazu gehört die Grundkonfiguration der folgenden Dienste:
  - Exchange Online
  - SharePoint Online
  - OneDrive for Business Online
  - Skype for Business Online
  - Microsoft Teams
  - Exchange Online Protection
  - Office 365 Advanced Threat Protection
  - Power BI
  - Project Online
  - Yammer
  - Office 365 ProPlus

Datenmigration (ab 150 Lizenzen)

Das FastTrack Center unterstützt derzeit bei folgenden Migrationen:

- von lokalem SharePoint zu SharePoint Online und OneDrive for Business Online
- von Box zu SharePoint Online
- von Box zu OneDrive for Business Online
- von Ordnerfreigaben zu OneDrive for Business Online
- von Ordnerfreigaben zu SharePoint Online
- von Google Drive zu OneDrive for Business Online

Zusätzliche Leistungen für große Kunden (ab 20.000 Lizenzen)

Das FastTrack Center unterstützt bei besonders großen Kunden ab 20.000 Lizenzen derzeit mit folgenden Leistungen:

- Aufbau einer geo-redundanten AD FS-Infrastruktur
- Einrichtung von AD FS-Clientzugriffsrichtlinien
- Beratung bei der Konfiguration von Exchange Unified Messaging
- Beratung bei der Konfiguration von öffentlichen Ordnern in hybriden Umgebungen
- Beratung bei der Integration von E-Mail-aktivierten Anwendungen
- Planung und Gruppierung der Postfachmigration
- Beratung bei der Migration Skype for Business-Benutzer und derer Kontaktlisten
- Konfiguration der Office Telemetrie

Eine aktuelle Beschreibung des Leistungsumfangs des FastTrack Centers finden Sie auf dieser Seite:

https://technet.microsoft.com/en-us/library/mt651701.aspx

1.10 So geht es weiter

Nachdem wir uns nun mit grundsätzlichen Fragestellungen rund um Office 365 beschäftigt haben, können wir im zweiten Kapitel mit der Anlage und der Grundkonfiguration eines Office 365-Mandanten loslegen.

Kapitel 2
Grundkonfiguration

Im zweiten Kapitel lernen Sie, wie Sie Ihren eigenen Office 365-Mandanten erstellen, Abonnements verwalten, eigene Domänen einrichten, Benutzer anlegen, und Sie erhalten erste Hilfestellungen, wenn mal ein Problem auftritt.

Das zweite Kapitel steht ganz im Zeichen der grundlegenden Einrichtung einer Office 365-Umgebung. Bevor Sie beginnen, Ihren Anwendern einen Zugang zu Cloud-Postfächern, Cloudspeicher etc. zu verschaffen, müssen Sie zunächst einige grundlegende Konfigurationen durchführen. Damit Sie beispielsweise Ihre eigenen Domänen mit Office 365 nutzen können, müssen Sie diese zunächst zu Ihrer Umgebung hinzufügen. Anschließend machen Sie sich Gedanken über die Benutzerverwaltung und Konfiguration Ihres Mandanten.

2.1 Anlegen eines Office 365-Mandanten

Damit Sie die Funktionen von Office 365 auf die Eignung für Unternehmen hin überprüfen können, bietet sich ein Testzugang an. Diesen erhalten Sie von Microsoft innerhalb weniger Minuten. Dabei müssen Sie nur Kontaktinformationen, aber keine Zahlungsinformationen wie etwa Kreditkartendaten angeben. Ein solcher Testzugang ist 30 Tage lang uneingeschränkt benutzbar und wird, wenn Sie während dieses Zeitraums keine Abonnements abschließen, anschließend automatisch deaktiviert.

Sollten die 30 Tage für Ihre Tests nicht ausreichen, können Sie den Testzeitraum selbst um weitere 30 Tage verlängern. Wie das geht, lesen Sie in Abschnitt 2.3.2, »Testzeitraum verlängern«.

[«]

Fügen Sie jedoch zu Ihrem Testzugang Abonnements hinzu, können Sie sofort produktiv mit dem Mandanten arbeiten. Die Konfigurationsschritte, die Sie während des Testzeitraums für den Mandanten angelegt haben, müssen Sie damit nicht erneut durchführen. Andererseits hat ein neuer Mandant auch seine Vorteile: Sie beginnen wieder bei Null und schleppen keine unerwünschten Konfigurationen mit, die Sie vielleicht testweise einmal angelegt und dann vergessen haben.

Bei den Testzugängen haben Sie die Auswahl zwischen unterschiedlichen Lizenztypen, von denen Ihnen 25 kostenfrei zur Verfügung gestellt werden. Als Office 365-Neuling sind dabei zunächst diese für Sie besonders interessant:

- Office 365 Business
- Office 365 Business Premium
- Office 365 Enterprise E3
- Office 365 Enterprise E5

Die Testzugänge sind wahlweise in Office 365 Global und Office 365 Deutschland verfügbar (siehe Abschnitt 1.4, »Rechenzentrumsregionen«).

Welcher Lizenztyp über welche Funktionen verfügt, können Sie in Abschnitt 1.8.2, »Lizenztypen«, nachlesen.

Einen mit solchen Lizenzen ausgestatteten Office 365-Mandanten können Sie über folgende URLs anfordern:

- für Office 365 Global: *www.office365.de*
- für Office 365 Deutschland: *https://products.office.com/de-de/office-365-deutschland/compare-plans-pricing*

[»] Zur Anlage des neuen Mandanten füllen Sie das Formular aus Abbildung 2.1 aus. Bevor Sie damit beginnen, hier noch ein wichtiger Hinweis: In der URL ist die Basissprache hinterlegt, unter der Ihr Mandant angelegt wird. Der Mandant ist natürlich grundsätzlich mehrsprachenfähig, jedoch wird die Basissprache des Mandanten bei den Benutzern als Standardwert verwendet. Auch die initial vorhandene SharePoint-Website wird in der Basissprache angelegt. Insbesondere wenn Sie Mitarbeiter aus unterschiedlichen Sprachregionen haben, sollten Sie überlegen, als Basissprache nicht unbedingt Deutsch zu wählen, sondern möglicherweise Englisch.

Die in der URL vorgewählte Sprache entspricht Ihrer Browsersprache. Hier ein Beispiel für Deutsch:

```
https://signup.microsoft.com/Signup?OfferId=B07A1127-DE83-4a6d-9F85-
2C104BDAE8B4&dl=ENTERPRISEPACK&culture=de-DE&country=DE&ali=1
```

Relevant ist dabei dieser Teil:

```
culture=de-DE
```

Um amerikanisches Englisch als Basissprache auszuwählen, passen Sie diesen Ausdruck wie folgt an:

```
culture=en-US
```

Entsprechend können Sie auch andere Sprachen und Regionen wählen.

Mit dem ersten Feld auf dem Formular, der Landesauswahl, bestimmen Sie die Rechenzentrumsregion, in der Ihr Mandant angelegt wird (siehe Abbildung 2.1). Lesen Sie hierzu auch Abschnitt 1.4, »Rechenzentrumsregionen«. Wählen Sie hier nur ein Land aus, in dem Sie auch eine Adresse haben.

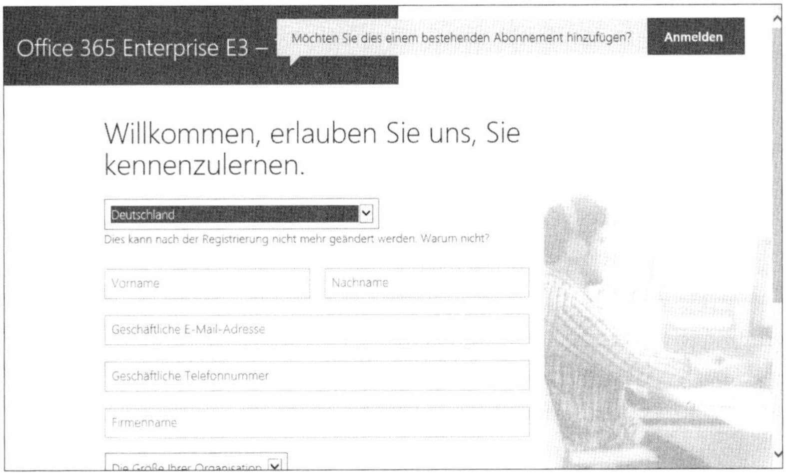

Abbildung 2.1 Anlegen eines Testmandanten

Beim Anlegen des Mandanten entscheiden Sie sich für den vorderen Teil einer Domäne mit der Endung *onmicrosoft.com* (siehe Abbildung 2.2) bzw. *onmicrosoft.de* (bei Office 365 Deutschland). Diese Domäne wird *Mandantdomäne* genannt. Jeder Office 365-Mandant hat eine solche Domäne, auch wenn Sie später Ihre eigene Domäne einsetzen (beispielsweise *beispielag.de* für Ihre E-Mail-Adressen). Der Name ist dabei frei wählbar, darf aber noch nicht in Benutzung sein.

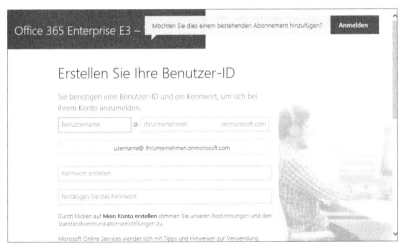

Abbildung 2.2 Auswahl der Mandantdomäne

[»] Achtung: Überlegen Sie sich diesen Namen sehr sorgfältig, denn er ist später nicht mehr änderbar. Er sollte auch nicht zu kryptisch sein, da der Zugriff auf die privaten SharePoint-Websites über den selbst gewählten Teil der Mandantdomäne erfolgt. Haben Sie sich beispielsweise für die Mandantdomäne `beispielag.onmicrosoft.com` entschieden, erfolgt dann der Zugriff auf die privaten SharePoint-Websites über `beispielag.sharepoint.com`, auf die SharePoint Online-Administration über `beispielag-admin.sharepoint.com` und der direkte Zugriff auf OneDrive for Business Online über `beispielag.onedrive.com`. Merken Sie später, dass Sie den bereits angelegten Mandanten nicht weiterverwenden, sondern auf der grünen Wiese mit einem neuen Mandanten anfangen wollen, ist der Name blockiert, und Sie müssen einen anderen wählen.

Mit der Mandantdomäne könnten Sie auch gleich losarbeiten, Benutzer anlegen und diese mit E-Mail-Adressen ausstatten, die auf der ausgesuchten Domäne enden. Das wollen Sie in der Praxis höchstwahrscheinlich nicht tun, sondern Ihre eigene Domäne verwenden. Dazu müssen Sie Ihre Domäne zu Ihrem Office 365-Mandanten hinzufügen. Wie das geht, lesen Sie in Abschnitt 2.4, »Domänenverwaltung«.

Mit der Domäne legen Sie ein Administratorkonto an, unter dem Sie sich zukünftig an Office 365 zur Verwaltung Ihres Mandanten anmelden.

[»] Dem Administratorkonto wird automatisch eine der Testlizenzen zugewiesen. Dies muss aber nicht so bleiben. Administratoren benötigen zur reinen Verwaltung grundsätzlich keine kostenpflichtige Lizenz. Gegebenenfalls können Sie die Lizenz vom Administratorkonto also auch entfernen und einem anderen Benutzer zuweisen. Idealerweise verwenden Sie für die Administration von Office 365 ein separates Benutzerkonto und nicht das, das Sie zur täglichen Arbeit verwenden. Damit sind Administrations- und Anwendungsaufgaben voneinander getrennt. Weitere empfehlenswerte Einstellungen für Administratorkonten lesen Sie in Abschnitt 1.5.2, »Technische Limitierungen«.

2.2 Office 365-Portal und Office 365 Admin Center

Zentraler Startpunkt für Office 365-Anwender und -Administratoren ist die folgende URL (siehe Abbildung 2.3): *https://portal.office.com* bzw. *https://portal.office.de* (bei Office 365 Deutschland).

[»] Früher wurde als Startpunkt gerne *https://portal.microsoftonline.com* genannt. Diese URL ist nach wie vor verfügbar und führt zum selben Ziel. Alternativ können Sie auch *https://office.com* aufrufen und dann auf ANMELDEN klicken (das geht allerdings bei Office 365 Deutschland nicht).

Nach der Anmeldung erreichen Sie unter dieser Adresse die *Office 365-Startseite* aus Abbildung 2.4.

Abbildung 2.3 Anmeldung an Office 365

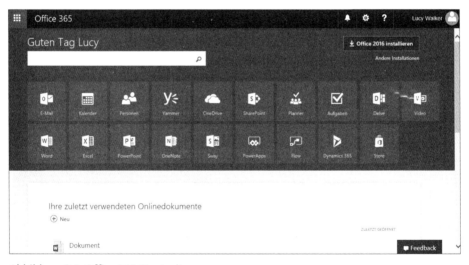

Abbildung 2.4 Office 365-Startseite

Abhängig davon, welche Lizenz dem Benutzer zugeordnet ist, ist die Auswahl der dargestellten Apps unterschiedlich. Verfügt das Benutzerkonto über Administratorberechtigungen, sieht er die App ADMINISTRATOR, mit der er in das *Office 365 Admin Center* wechseln kann (siehe Abbildung 2.5). Anwender ohne Administratorberechtigungen haben keinen Zugriff auf das Office 365 Admin Center.

Das Admin Center ist abhängig von den verfügbaren Lizenztypen ausgestattet. So kann es durchaus sein, dass bestimmte Funktionen nicht zur Verfügung stehen oder zusätzlich enthalten sind.

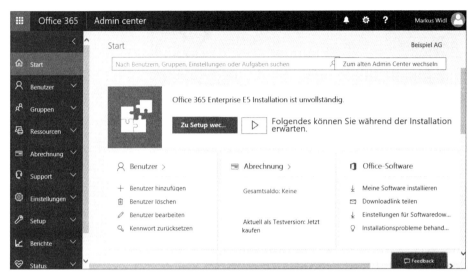

Abbildung 2.5 Office 365 Admin Center für Benutzer mit Administratorberechtigungen

2.2.1 Office 365-Portal

Am oberen Rand innerhalb der Kopfnavigation in Abbildung 2.4 befindet sich rechts ein Bild des Anwenders (zunächst nur ein Symbolbild). Klickt er auf sein Bild, kann er mit dem Befehl ÜBER MICH sein Benutzerprofil anpassen (siehe Abbildung 2.6), darunter auch das Profilbild. Der Befehl KONTO ANZEIGEN führt den Anwender dagegen zu seinen Einstellungen (siehe Abbildung 2.7). Außerdem kann er sich vom Portal wieder abmelden.

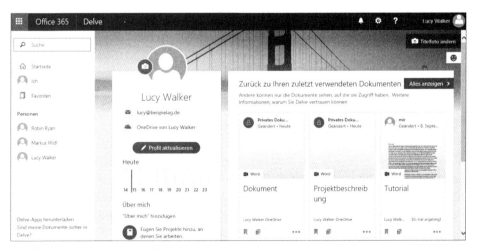

Abbildung 2.6 Benutzerprofil

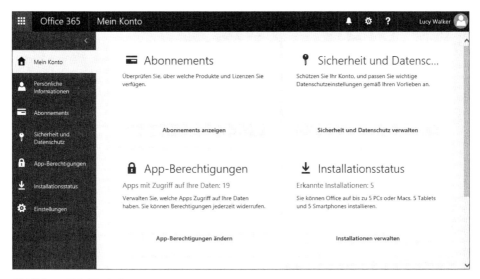

Abbildung 2.7 Einstellungen

Das Zahnrad in der Kopfnavigation führt den Anwender zu einer Einstellungsleiste am rechten Fensterrand (siehe Abbildung 2.4). Die dort gezeigten Einstellungen sind auch abhängig vom gerade geöffneten Dienst. Von der Startseite aus kann er hier im Wesentlichen Software installieren (beispielsweise das Office-Paket, sofern der Administrator ihm eine entsprechende Lizenz zugewiesen hat), sein Kennwort ändern, Kontaktinformationen angeben und eine Sprache für das Portal auswählen.

Hier ein Tipp: Sollte ein Anwender die Sprache nicht auswählen können, liegt das vermutlich daran, dass sein Benutzerkonto über ein Verzeichnissynchronisierungstool automatisch in Office 365 angelegt wurde (siehe Abschnitt 4.3, »Active Directory-Synchronisierung«). In diesem Fall kann der Anwender tatsächlich selbst seine Sprache nicht wählen, sondern die Sprache muss im lokalen Active Directory-Benutzerkonto im Attribut preferredLanguage angegeben werden, und zwar in der Form Sprache–Region, beispielsweise en-US für Englisch in den USA oder de-AT für Deutsch in Österreich.

Außerdem kann sich der Anwender hier für eine Startseite entscheiden, mit der er nach der Portalanmeldung beginnen will, beispielsweise mit Outlook im Web, OneDrive for Business oder Delve. Der Link OFFICE 365 führt ebenfalls zu den Einstellungen aus Abbildung 2.8.

Im mittleren Teil des Portals findet der Anwender Zugriff auf die ihm zur Verfügung stehenden Dienste und Anwendungen. Welche das sind, wird über die Lizenzen bestimmt, die dem Anwender zugewiesen wurden.

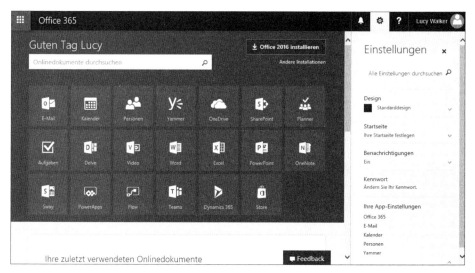

Abbildung 2.8 Einstellungsleiste

Zuletzt enthält die Kopfnavigation noch ganz links den *App-Launcher*. Dieser wird in allen Office 365-Diensten angezeigt. Klickt der Anwender auf das Symbol, erscheint ebenfalls eine Auswahl aller verfügbaren Dienste und Anwendungen (siehe Abbildung 2.9).

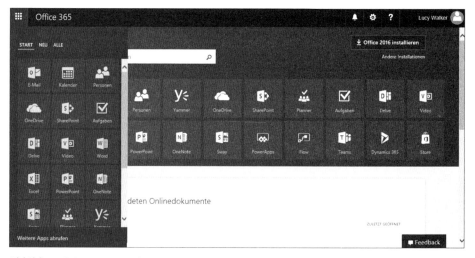

Abbildung 2.9 App-Launcher

Von hier aus erreicht der Anwender beispielsweise über das Symbol OUTLOOK die Anwendung *Outlook im Web* (früher auch als *OWA*, *Outlook Web App* oder als *Outlook Web Access* bezeichnet), die Browseransicht seines gegebenenfalls vorhandenen Postfachs (siehe Abbildung 2.10).

2.2 Office 365-Portal und Office 365 Admin Center

Abbildung 2.10 Outlook im Web

Ein anderes Beispiel ist ONEDRIVE (genauer gesagt *OneDrive for Business Online*), der persönliche Cloudspeicher des Anwenders (siehe Abbildung 2.11).

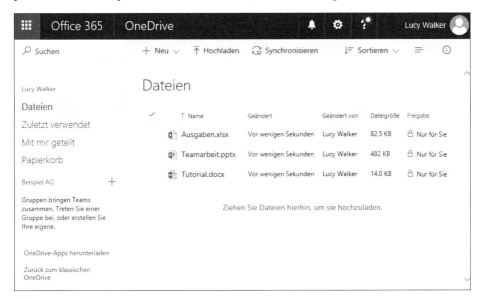

Abbildung 2.11 OneDrive for Business Online

Der App-Launcher ist in die Bereiche START, NEU und ALLE eingeteilt. START zeigt die für den Anwender wichtigsten Apps: NEU, die neu hinzugekommenen, und ALLE, alle Apps, die für den Anwender verfügbar sind. Der Anwender kann den Inhalt des App-Launchers im Bereich START auch an seine Wünsche anpassen. Derzeit ist das allerdings nur möglich, wenn das Benutzerkonto des Anwenders über eine Exchange Online-Lizenz verfügt. Ist das der Fall, erscheinen auf dem jeweiligen App-Symbol drei

Punkte, wenn der Anwender mit der Maus darüber fährt. Klickt der Anwender auf diese Punkte, erscheint das Kontextmenü aus Abbildung 2.12.

Apps, die der Anwender nicht benötigt, kann er aus dem App-Launcher entfernen. Sie sind dann immer noch im Bereich ALLE aufrufbar (siehe Abbildung 2.13). Außerdem kann der Anwender bis zu drei Apps in die Kopfnavigationsleiste am oberen Fensterrand aufnehmen. Er wählt dazu im Kontextmenü den Befehl MEHR • AN NAVIGATIONSLEISTE ANHEFTEN. Diese Apps erscheinen dann links vom Einstellungen-Symbol (Zahnrad). Dies macht besonders für Apps Sinn, die der Anwender häufig benötigt.

Abbildung 2.12 Anpassung des App-Launchers

Abbildung 2.13 Alle Apps

Der App-Launcher kann auch über WEITERE APPS ABRUFEN mit Apps aus dem Office Store ausgestattet werden:

https://store.office.com

Doch nicht nur die offiziellen Office 365-Apps und die Apps aus dem Office Store können Sie in den App-Launcher integrieren. Es besteht auch die Möglichkeit, eigene Kacheln zu definieren, die den Anwender auf frei wählbare URLs leiten. So könnten Sie beispielsweise Webanwendungen einbinden, die nicht zu Office 365 gehören, oder besonders wichtige SharePoint-Websites direkt in den App-Launcher integrieren. Das Erstellen einer neuen Kachel ist schnell erledigt:

1. Öffnen Sie im Office 365 Admin Center den Bereich EINSTELLUNGEN und dann den Abschnitt ORGANISATIONSPROFIL.
2. Klicken Sie in der Kachel BENUTZERDEFINIERTE KACHELN FÜR IHRE ORGANISATION HINZUFÜGEN auf die Schaltfläche BEARBEITEN (siehe Abbildung 2.14).

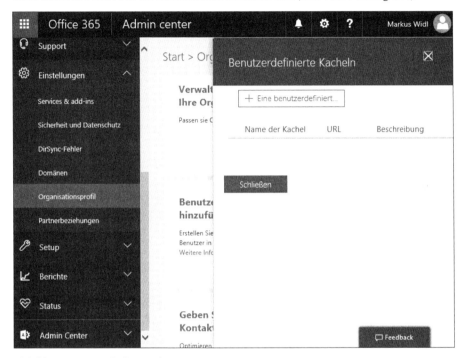

Abbildung 2.14 Kachelverwaltung

3. Fügen Sie dann eine neue Kachel hinzu. Dabei werden von Ihnen die folgenden Informationen benötigt:
   - NAME DER KACHEL
   - URL
   - BESCHREIBUNG: Die Beschreibung wird angezeigt, wenn der Anwender im Kontextmenü der Kachel MEHR • APP-DETAILS aufruft.
   - BILD-URL: Das Bild sollte eine Größe von 60 auf 60 Pixel aufweisen und in einem der typischen Dateiformate vorliegen, wie JPEG, PNG und GIF. Die Bilddatei muss so gespeichert sein, dass sie von allen Office 365-Benutzern erreichbar ist.

Die so angelegte Kachel steht dann allen Ihren Office 365-Benutzern zur Verfügung. Eine Beschränkung auf bestimmte Benutzer oder Gruppen ist dabei nicht vorgesehen. Die Anwender sehen Sie im App-Launcher zunächst auf der Registerkarte NEU (siehe Abbildung 2.15).

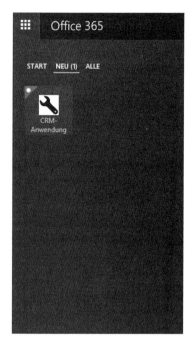

Abbildung 2.15 Neue Kachel im App-Launcher

Öffnen die Anwender das Kontextmenü der Kachel, finden sie dort den Befehl AUF STARTSEITE ANHEFTEN. Damit wird die Kachel dann auf der Eingangs-Registerkarte des App-Launchers dargestellt. Ansonsten verschwindet sie nach einiger Zeit auf die Registerkarte ALLE.

2.2.2 Office 365 Admin Center

Benutzer mit einer administrativen Rolle (siehe Abschnitt 2.5.2, »Benutzer anlegen«) finden im App-Launcher die Kachel ADMINISTRATOR, mit der sie das Office 365 Admin Center zur grundlegenden Verwaltung des Office 365-Mandanten aufrufen (siehe Abbildung 2.16).

Punkt ❶ in Abbildung 2.16 zeigt den Namen Ihres Unternehmens. Klicken Sie darauf, gelangen Sie zum Organisationsprofil, über das Sie die Adresse Ihres Unternehmens und einige weitere grundlegende Einstellungen anpassen können, die für den kompletten Mandanten gelten (siehe Abbildung 2.17). Denken Sie auch hier daran, eine geeignete E-Mail-Adresse als technischen Kontakt zu hinterlegen, damit E-Mails über technische Probleme, beispielsweise bei der Active Directory-Synchronisierung, oder Hinweise über ablaufende Abonnements beim richtigen Ansprechpartner aufschlagen.

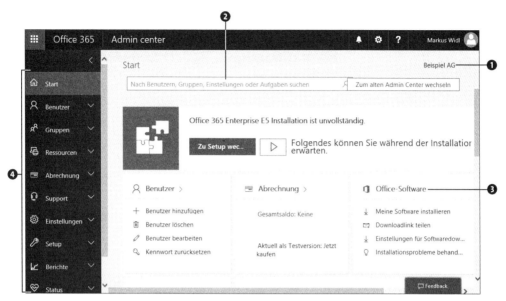

Abbildung 2.16 Office 365 Admin Center

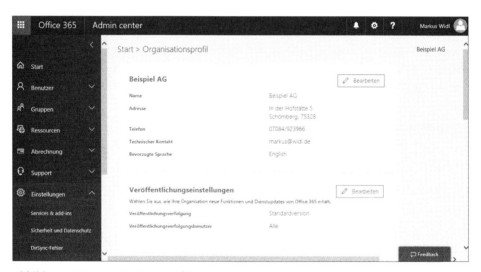

Abbildung 2.17 Organisationsprofil

Daneben finden Sie dort auch die Möglichkeit, das Aussehen des Office 365-Portals bzw. des Admin Centers farblich ein wenig anzupassen. Auch das Anzeigen des eigenen Firmenlogos ist möglich. Die entsprechenden Optionen finden Sie im Abschnitt VERWALTEN VON BENUTZERDEFINIERTEN DESIGNS FÜR IHRE ORGANISATION (siehe Abbildung 2.18).

Abbildung 2.18 Designanpassungen

Punkt ❷ in Abbildung 2.16 zeigt das Suchfeld, das Sie nutzen können, um direkt zu bestimmten Einstellungen zu springen. Sie können das Suchfeld aber beispielsweise auch nutzen, um nach einem Benutzerkonto zu suchen. Somit entfällt die Klickerei in der Hierarchie des Admin Centers.

Punkt ❸ zeigt verschiedene Kacheln mit direkten Links zu wichtigen Einstellungen (beispielsweise die Benutzer- und Domänenverwaltung und den Dienststatus) und wichtigen Informationen über Ihren Office 365-Mandanten (beispielsweise das Nachrichtencenter und den Dienststatus).

Punkt ❹ zeigt dann die Hierarchie des Admin Centers mit unterschiedlichen Bereichen zur Konfiguration Ihrer Umgebung. Die Bereiche sind in Tabelle 2.1 kurz aufgeführt.

Bereich	Bedeutung	Weitere Informationen
BENUTZER	Hier verwalten Sie neben den Benutzerkonten Ihres Office 365-Mandanten auch die externen Kontakte, die im Exchange-Adressbuch erscheinen sollen.	siehe Abschnitt 2.5, »Benutzerverwaltung« siehe Abschnitt 6.5.4, »Externe Kontakte«
GRUPPEN	Hier verwalten Sie Gruppen unterschiedlicher Typen aus Ihrem Office 365-Mandanten sowie die freigegebenen Postfächer.	siehe Abschnitt 2.5.6, »Sicherheitsgruppen«, Abschnitt 6.5.2, »Gruppen«, und Kapitel 11, »Office 365-Gruppen«

Tabelle 2.1 Administrationsbereiche des Office 365 Admin Centers

Bereich	Bedeutung	Weitere Informationen
Ressourcen	Dieser Bereich umfasst Raum- und Gerätepostfächer sowie SharePoint-Postfächer.	siehe Abschnitt 6.5.3, »Ressourcenpostfächer«
Abrechnung	Dieser Bereich zeigt Ihnen eine Übersicht Ihrer Abonnements und der daraus erhaltenen Lizenzen.	siehe Abschnitt 2.3, »Abonnements«
Support	Der Bereich Support ist die erste Anlaufstelle, wenn Sie Unterstützung bei der Behebung von Problemen mit Office 365 benötigen.	siehe Abschnitt 2.10, »Problembehebung«
Einstellungen	Dieser Bereich umfasst Einstellungen zu Apps, Sicherheit und Datenschutz, Synchronisierungsfehlern, Domänen, dem Organisationsprofil und Partnerbeziehungen	siehe insbesondere Abschnitt 4.3, »Active Directory-Synchronisierung« und Abschnitt 2.4, »Domänenverwaltung«
Setup	In diesem Bereich finden Sie verschiedene Konfigurationsoptionen, beispielsweise zur Domänenkonfiguration und Migration, zusammengefasst.	siehe Abschnitt 2.4, »Domänenverwaltung«, Abschnitt 6.12.4, »Minimale Hybridkonfiguration und Express-Hybridkonfiguration«, und Abschnitt 6.15, »Migration anderer Postfacharten«
Berichte	Über diesen Bereich rufen Sie Berichte zur Verwendung von Office 365 durch Ihre Anwender sowie zu Sicherheitsthemen ab.	siehe Abschnitt 2.6, »Berichte«
Status	Im diesem Bereich finden Sie den Dienststatus, das Nachrichtencenter und den Status der Verzeichnissynchronisierung	siehe Abschnitt 2.7, »Dienststatus«, Abschnitt 2.8, »Nachrichtencenter«, und Abschnitt 4.3, »Active Directory-Synchronisierung«

Tabelle 2.1 Administrationsbereiche des Office 365 Admin Centers (Forts.)

Bereich	Bedeutung	Weitere Informationen
ADMIN CENTER	Von hier aus gelangen Sie zu den speziellen Administrationsoberflächen der Office 365-Dienste. So verfügt beispielsweise Exchange Online über eine eigene Oberfläche, das Exchange Admin Center.	

Tabelle 2.1 Administrationsbereiche des Office 365 Admin Centers (Forts.)

2.3 Abonnements

Zur Verwaltung Ihrer Abonnements und der darin enthaltenen Lizenzen enthält das Office 365 Admin Center den Bereich ABRECHNUNG.

Unter dem Abschnitt ABONNEMENTS erhalten Sie eine Liste aller Abonnements des Mandanten mit Lizenztyp, Anzahl, Kosten und Ablaufdatum. Die einzelnen Listeneinträge sind Links zu den Abonnementdetails, von wo aus Sie die automatische Verlängerung konfigurieren können (siehe Abbildung 2.19).

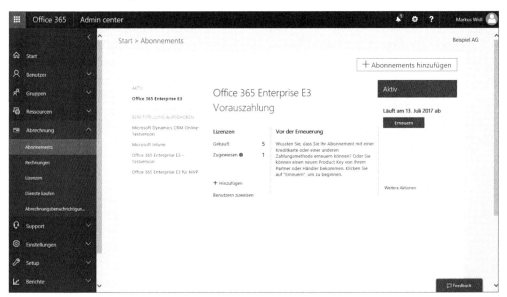

Abbildung 2.19 Abonnementdetails

Der Bereich LIZENZEN enthält eine summierte Ansicht der jeweiligen Lizenzen über alle aktiven Abonnements (siehe Abbildung 2.20).

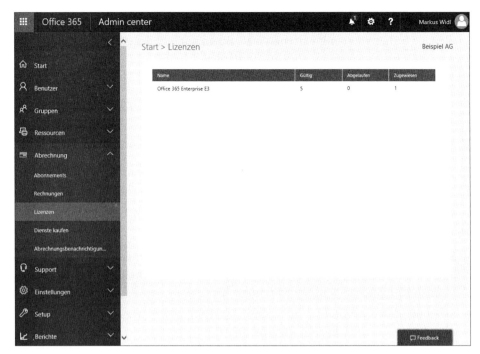

Abbildung 2.20 Lizenzübersicht

Wollen Sie weitere Lizenzen kaufen, wählen Sie in der linken Navigation den Bereich DIENSTE KAUFEN (siehe Abbildung 2.21). In der Auswahlliste sehen Sie dabei nicht nur Office 365-Produkte, sondern auch andere, wie *Dynamics 365*.

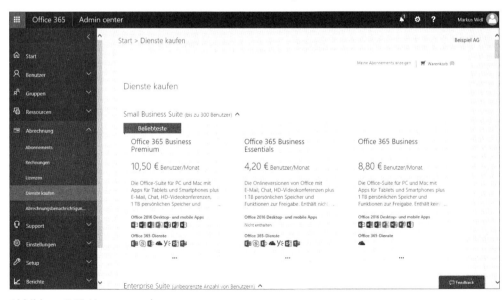

Abbildung 2.21 Lizenzerwerb

2.3.1 Lizenzwechsel

Wollen Sie früher von einem Lizenztyp zu einem anderen Lizenztyp wechseln, sind dazu grundsätzlich folgende Schritte erforderlich:

1. Abschließen eines neuen Abonnements für den neuen Lizenztyp
2. Manuelles Zuweisen der neuen Lizenzen zu den Benutzern (mithilfe des Office 365-Portals oder der PowerShell)
3. Kontaktieren des Office 365-Kundendiensts, um das alte Abonnement zu beenden

In manchen Konstellationen ist dieser manuelle Vorgang nicht nötig, sondern Sie können stattdessen einen Assistenten mit dem Lizenzwechsel beauftragen.

Um einen Lizenzwechsel über den Assistenten durchzuführen, müssen Sie sich über einige Einschränkungen im Klaren sein:

- Wechseln Sie einen Lizenztyp, erhalten alle Benutzer, denen der alte Lizenztyp zugewiesen ist, den neuen Lizenztyp. Eine Auswahl, welche Benutzer den neuen Lizenztyp erhalten sollen, ist nicht möglich.
- Sie können den Assistenten nur dann einsetzen, wenn maximal 300 Benutzern der zu wechselnde Lizenztyp zugewiesen ist.
- Den Assistenten können Sie nur dann einsetzen, wenn Sie Ihre Office 365-Lizenzen nicht über Produktschlüssel oder Lizenzprogramme erworben haben (Office 365-Produktschlüssel erhalten Sie beispielsweise auf einer Karte, verpackt in einer Pappschachtel, im Elektronikfachhandel).
- Sie können den Assistenten nur beim Wechsel bestimmter Lizenztypen einsetzen (siehe Tabelle 2.2) – dabei wird berücksichtigt, dass Sie nur zu Lizenztypen wechseln können, die mehr Funktionalität aufweisen.
- Der Wechsel ist nur möglich, wenn Sie Ihre Office 365-Lizenzen direkt in Ihrem Office 365-Mandanten gebucht haben und nicht über Händler oder Partner im Rahmen von Lizenzprogrammen.

Sollte eine dieser Einschränkungen dazu führen, dass Sie den Assistenten nicht einsetzen können oder wollen, bleibt Ihnen nur der manuelle Vorgang beim Lizenzwechsel.

Ausgangs-Lizenztyp	Ziel-Lizenztyp
K1, K2	E1, E3, E5
E1	E3, E5

Tabelle 2.2 Wechselmöglichkeiten

Ausgangs-Lizenztyp	Ziel-Lizenztyp
E3	E5
Skype for Business Online Plan 1 und 2	E1, E3, E5
SharePoint Online Plan 1	E1, E3, E5
SharePoint Online Plan 2	E3, E5
Exchange Online Plan 1	E1, E3, E5
Exchange Online Plan 2	E3, E5
Exchange Online Kiosk	▶ E1, E3, E5, K1 ▶ Exchange Online Plan 1 und 2

Tabelle 2.2 Wechselmöglichkeiten (Forts.)

Den Assistenten zum Lizenzwechseln finden Sie im Office 365 Admin Center. Dort wechseln Sie in den Bereich ABRECHNUNG und dann zum Abschnitt ABONNEMENTS. Markieren Sie dort das betroffene Abonnement, und klicken Sie auf die Schaltfläche PLÄNE WECHSELN. Diese Schaltfläche wird nur angezeigt, wenn die Voraussetzungen zum Wechsel per Assistent erfüllt sind.

Im Rahmen des Assistenten schließen Sie ein neues Abonnement ab. Der Assistent wird dann alle betroffenen Benutzerkonten automatisch mit dem neuen Lizenztyp ausstatten und das alte Abonnement beenden. Ungenutzte Gebühren aus dem alten Abonnement erhalten Sie erstattet.

Der Lizenzwechsel selbst dauert einige Minuten.

2.3.2 Testzeitraum verlängern

Ist der Zeitraum von 30 Tagen für Ihre Tests nicht ausreichend, können Sie selbst den Zeitraum um weitere 30 Tage verlängern. Allerdings geht das erst dann, wenn der ursprüngliche Zeitraum noch maximal 15 Tage umfasst und Sie noch nie eine Verlängerung durchgeführt haben.

Um die Verlängerung durchzuführen, öffnen Sie im Bereich ABRECHNUNG den Abschnitt ABONNEMENTS. Markieren Sie dann das zu verlängernde Abonnement und klicken auf den Link TESTZEITRAUM VERLÄNGERN. Dieser Link wird nur angezeigt, wenn die Voraussetzungen zur Verlängerung erfüllt sind.

2.3.3 Kündigen von Abonnements

Grundsätzlich verlängern sich Abonnements nach Ende der Laufzeit automatisch – ganz ähnlich, wie Sie es von Zeitschriftenabonnements kennen. Allerdings weist Sie Microsoft schon lange vor dem Ablauf des Abonnements per E-Mail darauf hin. Wer eine solche Nachricht bekommt, ist im Office 365 Admin Center im Bereich ABRECHNUNG unter ABRECHNUNGSBENACHRICHTIGUNGEN aufgelistet. Außerdem erhalten Sie im Office 365 Admin Center deutliche Warnungen.

Um die automatische Verlängerung zu verhindern, öffnen Sie im Office 365 Admin Center den Bereich ABRECHNUNGEN und dann den Abschnitt ABONNEMENTS. Markieren Sie das betroffene Abonnement, und klicken Sie auf den Schieberegler der Option AUTOMATISCH ERNEUERN.

An derselben Stelle ist auch ein vorzeitiges Kündigen eines Abonnements möglich – sofern Sie die Voraussetzungen dafür erfüllen (siehe Abschnitt 1.8.5, »Abonnementlaufzeit«).

2.4 Domänenverwaltung

Beim Erstellen Ihrer Office 365-Umgebung haben Sie sich bereits einen Domänennamen mit der Endung *onmicrosoft.com* bzw. *onmicrosoft.de* ausgesucht, beispielsweise *beispielag.onmicrosoft.com* (siehe Abschnitt 2.1, »Anlegen eines Office 365-Mandanten«). Diese Domäne ist zwar voll funktionsfähig, doch werden Sie diese beispielsweise kaum für E-Mail-Adressen in der Art von *lucy@beispielag.onmicrosoft.com* verwenden wollen. Auch soll Ihre öffentliche SharePoint-Website unter Ihrer eigenen Domäne und nicht unter dieser Standarddomäne erreichbar sein.

Sie können eigene Domänen zu Ihrer Office 365-Umgebung hinzufügen, und zwar nicht nur eine, sondern (derzeit) bis zu 900. Jede Domäne kann aber nur genau einem Office 365-Mandanten zugeordnet sein.

[»] Diesen Aspekt sollten Sie insbesondere bei Office 365-Mandanten berücksichtigen, die Sie nur zum Test angelegt haben. Bevor der Testzeitraum abgelaufen ist, sollten Sie Ihre eigenen Domänen aus dem Mandanten wieder entfernen. In diesem Abschnitt erfahren Sie, wie das geht.

Der Prozess zum Hinzufügen einer Domäne ist allerdings in der Praxis nicht ganz unproblematisch und besteht aus mehreren Schritten. Ein wesentlicher Punkt dabei ist, dass Sie beweisen müssen, dass Ihre Domäne auch wirklich unter Ihrer Kontrolle steht. Man spricht hier von einer *Verifikation*. Dazu werden Sie angewiesen, in der DNS-Konfiguration Ihrer Domäne (also typischerweise beim Hoster oder bei der Domänenregistrierungsstelle, über die Sie die Domäne registriert haben) einen bestimmten Eintrag zu hinterlegen. Doch nicht alle Hoster unterstützen dies in der erforderlichen Form. Sollte es hier Probleme geben, müssen Sie die Domäne zunächst zu einem anderen Anbieter umziehen. Der komplette Umzug einer Domäne zu Microsoft ist nicht möglich, sondern es ist nach wie vor ein externer DNS-Anbieter erforderlich.

Tabelle 2.3 erläutert die verschiedenen Typen von DNS-Einträgen, die für Office 365 eine Relevanz haben.

Typ	Bedeutung	Beschreibung
A	Address Record	Mit einem A-Eintrag weisen Sie einem *Hostnamen* eine IP-Adresse zu, also beispielsweise *remote.beispielag.de* zu 84.160.10.122. Einen A-Eintrag benötigen Sie möglicherweise bei der Einrichtung eines *Identitätsverbunds* (siehe Abschnitt 4.6, »Identitätsverbund«).
CNAME	Canonical Name Record	Ein CNAME-Eintrag wird auch *Alias* genannt. Mit ihm weisen Sie einem Hostnamen einen anderen Hostnamen zu, beispielsweise *beispielag.sharepoint.com* für *www.beispielag.de*. CNAME-Einträge benötigen Sie für *Exchange-AutoErmittlung (Autodiscover)*, Skype for Business Online und das Mobile Device Management.
MX	Mail Exchange Record	Mit einem MX-Eintrag wird der Hostname oder die IP-Adresse des E-Mail-Systems für die jeweilige Domäne angegeben. MX-Einträge werden mit einer *Priorität* konfiguriert. Wenn mehrere MX-Einträge vorhanden sind, wird zuerst versucht, beim E-Mail-System mit der kleinsten Priorität E-Mails auszuliefern. Sollte das nicht möglich sein, werden die anderen E-Mail-Systeme in aufsteigender Priorität kontaktiert. Einen MX-Eintrag benötigen Sie bei Exchange Online für den eingehenden E-Mail-Verkehr.
SRV	Service Locator	Mit SRV-Einträgen können Dienste aufgefunden werden. Für Skype for Business Online müssen Sie SRV-Einträge anlegen.

Tabelle 2.3 Typen von DNS-Einträgen

Typ	Bedeutung	Beschreibung
TXT	Text Record	Wie der Name schon sagt, handelt es sich bei TXT-Einträgen um Text. Einen TXT-Eintrag benötigen Sie für die Verifikation einer eigenen Domäne in Ihrem Office 365-Mandanten (oder alternativ einen MX-Eintrag).

Tabelle 2.3 Typen von DNS-Einträgen (Forts.)

2.4.1 Voraussetzungen an DNS-Anbieter

Damit Sie Ihre eigene Domäne erfolgreich in Office 365 einbinden und alle Dienste uneingeschränkt nutzen können, muss Ihr DNS-Anbieter einige Voraussetzungen erfüllen. Stellen Sie am besten schon vorher sicher, dass diese erfüllt sind, um nicht mitten im Integrationsprozess vor Problemen zu stehen. Achten Sie insbesondere darauf, dass der von Ihnen gebuchte Tarif beim DNS-Anbieter auch die entsprechenden Funktionen enthält; manchmal unterscheiden sich diese je nach Tarif.

In Tabelle 2.4 finden Sie eine Übersicht der Voraussetzungen.

Dienst	Erforderliche Einträge
Domänenverifikation	▸ Anlegen eines TXT-Eintrags für Ihre Domäne (das Anlegen einer Subdomäne ist nicht ausreichend) oder alternativ ▸ Anlegen eines MX-Eintrags
Basisfunktionalität	▸ Anlegen eines CNAME-Eintrags
Exchange Online	▸ Anlegen eines MX-Eintrags ▸ Anlegen eines TXT-Eintrags ▸ Anlegen eines CNAME-Eintrags
Skype for Business Online	▸ Anlegen von SRV-Einträgen ▸ Anlegen von CNAME-Einträgen
Mobilgeräteverwaltung	Anlegen von CNAME-Einträgen

Tabelle 2.4 Voraussetzungen DNS-Anbieter

2.4.2 Domäne verifizieren

Im Office 365 Admin Center (*https://portal.office.com*) klicken Sie im Bereich EINSTELLUNGEN auf den Abschnitt DOMÄNEN (siehe Abbildung 2.22).

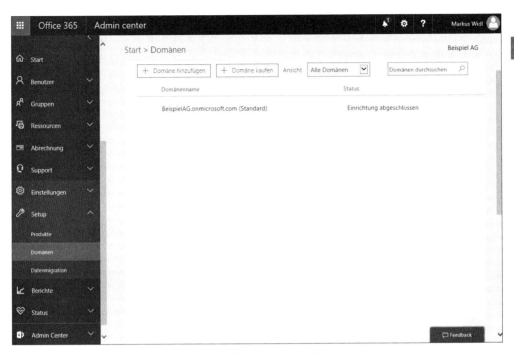

Abbildung 2.22 Domänenverwaltung im Office 365 Admin Center

In der Liste finden Sie alle Domänen, die in der Office 365-Umgebung eingetragen wurden. Die Spalte STATUS gibt Auskunft darüber, ob die jeweilige Domäne bereits erfolgreich verifiziert wurde. Tabelle 2.5 führt alle möglichen Stadien und deren jeweilige Bedeutung auf.

Status	Bedeutung
EINRICHTUNG ABGESCHLOSSEN	Die Domäne wurde erfolgreich zur Office 365-Umgebung hinzugefügt und kann verwendet werden.
EINRICHTUNG ABGESCHLOSSEN (DNS-ÜBERPRÜFUNG AUSGESCHALTET)	Wie oben, jedoch erfolgt keine automatische Überprüfung der DNS-Einträge.
SETUP WIRD AUSGEFÜHRT	Eine Domäne befindet sich im Verifikationsprozess, oder die DNS-Konfiguration wurde noch nicht abgeschlossen.
MÖGLICHE DIENSTPROBLEME	Die DNS-Konfiguration wurde (noch) nicht laut der Vorgabe übernommen.

Tabelle 2.5 Domänenstadien

Ihre *onmicrosoft.com*- bzw. *onmicrosoft.de*-Domäne kann aus der Liste nicht entfernt werden, wohl aber können Sie über DOMÄNE HINZUFÜGEN den Prozess zur Aufnahme einer eigenen Domäne starten. Dieser Vorgang läuft über folgende Schritte ab:

1. Domäne überprüfen
2. Benutzer hinzufügen
3. Ihre Onlinedienste einrichten
4. DNS-Einstellungen aktualisieren

Im Folgenden beschreibe ich jeden dieser Schritte.

Schritt 1: Domäne überprüfen

Geben Sie zunächst Ihren Domänennamen ein. In Abbildung 2.23 finden Sie das Fenster dazu abgebildet.

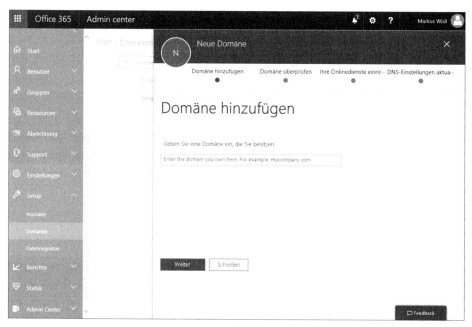

Abbildung 2.23 Domäne angeben

[»] Verfügen Sie nur über Office 365 Business Essentials-Lizenzen, können Sie nur 2nd-Level-Domains hinzufügen (wie *beispielag.de*), jedoch keine 3rd-Level-Domains (wie *vertrieb.beispielag.de*).

Weiter geht es mit der Bestätigung des Domänenbesitzes (*Verifikation*), was in der Praxis gerne einmal problematisch wird. Sie erhalten die Anweisung, in der DNS-Konfiguration Ihrer Domäne wahlweise einen Textdatensatz (TXT) oder einen MX-Datensatz hinzuzufügen.

Für manche DNS-Anbieter liefert das Portal entsprechende Anleitungen, nachdem Sie auf SCHRITTWEISE ANWEISUNGEN klicken, darunter *Go Daddy* und *Register.com*. Die in der Auswahl verfügbaren Anbieter werden allerdings in unseren Breitengraden seltener eingesetzt. Ist Ihr Anbieter nicht enthalten, lesen Sie im Zweifelsfall am besten in der Dokumentation Ihres DNS-Anbieters nach oder kontaktieren dessen Kundendienst.

Der Textdatensatz für die Überprüfung ist die bevorzugte Methode. Sollte es dabei Probleme geben oder lässt die DNS-Konfiguration Ihres Hosters keine Textdatensätze zu, wählen Sie die MX-Alternative.

Ein Beispiel: Es soll die Domäne *beispielag.de* zur Office 365-Umgebung hinzugefügt werden. Der Textdatensatz wird wie folgt vorgegeben (siehe Abbildung 2.24):

- TXT-NAME: `@ oder überspringen, wenn vom Anbieter nicht unterstützt`
- TXT-WERT: `MS=ms44845730`

    Achten Sie beim Erstellen des Textdatensatzes auf die korrekte Schreibweise mit Groß- und Kleinschreibung. Vermeiden Sie es auch, Leerzeichen mit einzufügen, insbesondere am Ende des Textes. Das passiert gerne, wenn Sie die Zwischenablage verwenden.

- TTL: `3600 oder Standardeinstellung Ihres Anbieters`

    Nicht bei jedem Anbieter kann die Gültigkeitsdauer vorgegeben werden. In diesem Fall lassen Sie sie einfach weg.

Abbildung 2.24 Domäne überprüfen

Um diesen Vorgang zu verdeutlichen, zeige ich Ihnen anhand des Anbieters *Host Europe* im folgenden Kasten die entsprechende Vorgehensweise.

Domänenverifizierung mit Host Europe

Um den erforderlichen TXT-Eintrag bei Host Europe vorzunehmen, gehen Sie wie folgt vor:

- Melden Sie sich im Kunden-Informations-System (KIS) an. Die URL lautet: *https://kis.hosteurope.de*
- Wechseln Sie zum Bereich PRODUKTVERWALTUNG.
- Wechseln Sie zum Bereich DOMAINSERVICES.
- Wählen Sie im Menü DOMAIN-ADMINISTRATION den Punkt NAMESERVER/DNS-EINTRÄGE BEARBEITEN.
- Klicken Sie auf die Schaltfläche EDITIEREN in der Zeile mit der gewünschten Domäne.
- Gehen Sie in der Tabelle DNS-EINTRÄGE ans Ende, und wählen Sie dort in der mittleren Spalte den Eintragstyp TXT. In das rechte Textfeld geben Sie genau die Zeichenfolge an, die Sie von Office 365 erhalten haben (MS=ms44845730; siehe Abbildung 2.25).

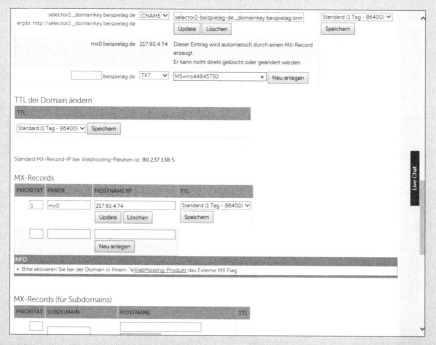

Abbildung 2.25 Neuer TXT-Eintrag

- Klicken Sie auf NEU ANLEGEN.
- Warten Sie fünf Minuten.

[»] Bei Host Europe reicht das erfahrungsgemäß aus, bis der neue Eintrag aktiv wird und von Office 365 erkannt werden kann.

Schritt 2: Domäne überprüfen

Nachdem Sie den erforderlichen Eintrag in der DNS-Konfiguration bei Ihrem Anbieter hinterlegt haben, heißt es warten. Die Konfigurationsänderung muss sich erst in der DNS-Infrastruktur verbreiten. Dieser Vorgang kann zwischen wenigen Minuten und mehreren Tagen dauern. Sie können testweise auf die Schaltfläche ÜBERPRÜFEN klicken. Kann Office 365 die Konfiguration nicht finden, erhalten Sie die Fehlermeldung aus Abbildung 2.26.

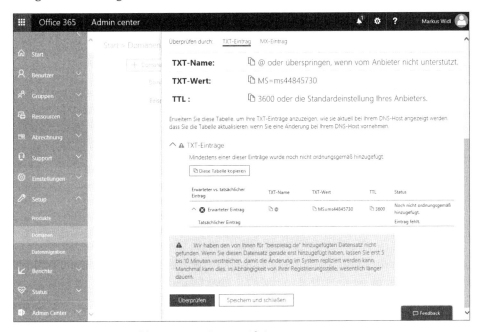

Abbildung 2.26 Fehlgeschlagene Domänenverifizierung

Haben Sie zwischenzeitlich das Office 365 Admin Center verlassen, gelangen Sie über folgenden Weg wieder zurück: Ausgehend von der Domänenliste klicken Sie auf die die Domäne und dann auf die Schaltfläche EINRICHTUNG STARTEN.

Will Office 365 Ihre DNS-Konfiguration nicht erkennen, können Sie selbst sicherstellen, dass Ihr DNS-Anbieter die DNS-Einträge korrekt in seiner DNS-Infrastruktur publiziert hat. Auf Websites wie *www.heise.de/netze/tools/dns* geben Sie Ihren Domänennamen ein und erhalten daraufhin die entsprechenden DNS-Einträge geliefert (siehe Abbildung 2.27). Beispiel: Auf der Website geben Sie unter ABFRAGEART die Option TEXT LOOKUP (TXT RECORD) und unter HOSTNAME ODER ADRESSE den zu überprüfenden Domänennamen ein und klicken dann auf ABSCHICKEN.

Im Abfrageergebnis sehen Sie dann die DNS-Einträge (siehe Abbildung 2.28). Ist dort der erforderliche Eintrag nicht zu sehen, kann ihn Office 365 auch nicht auslesen. Überprüfen Sie in diesem Fall die DNS-Konfiguration.

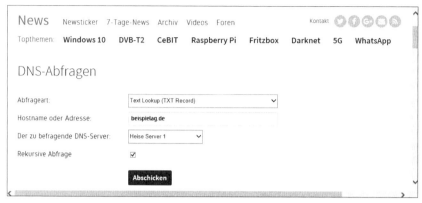

Abbildung 2.27 Abfrage von DNS-Informationen

Abbildung 2.28 Ergebnis der DNS-Abfrage

[»] Theoretisch könnten Sie statt einer derartigen Website auch das Kommandozeilentool nslookup verwenden. Dabei müssen Sie aber beachten, dass dann die Ergebnisse gegebenenfalls nicht vom DNS-Server Ihres Providers beantwortet werden, sondern von Ihrem lokalen DNS-Server. Um mit nslookup beispielsweise den DNS-Server von Google mit der IP-Adresse 8.8.8.8 nach den TXT-Einträgen von *beispielag.de* abzufragen, führen Sie den folgenden Befehl aus:

```
nslookup -type=TXT beispielag.de 8.8.8.8
```

Listing 2.1 DNS-Abfrage

Hat das Überprüfen dann tatsächlich geklappt, kann es mit dem nächsten Schritt weitergehen.

Schritt 3: Ihre Onlinedienste einrichten

Office 365 erfordert für die Dienste noch eine ganze Reihe weiterer DNS-Einträge. Diese können Sie entweder selbst erstellen, oder aber Sie delegieren diese Aufgabe an Office 365. In letzterem Fall ändern Sie die sogenannten *Nameserver-Einträge* für Ihre Domäne, sodass diese auf das Microsoft-DNS-System zeigen. Diesen Weg gehen wir im weiteren Verlauf nicht, sondern legen die DNS-Einträge selbst an. Damit behalten wir die volle Flexibilität. In Abbildung 2.29 wählen Sie also nicht die Option MEINE

ONLINEDIENSTE FÜR MICH EINRICHTEN. (EMPFOHLEN), sondern ICH VERWALTE MEI‑
NE EIGENEN DNS-EINTRÄGE.

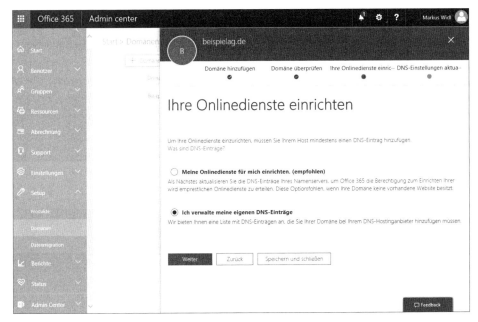

Abbildung 2.29 Onlinedienste einrichten

Schritt 4: DNS-Einstellungen aktualisieren

Der Assistent zeigt Ihnen nun eine lange Liste weiterer DNS-Einträge, die für Office 365 erforderlich sind. Ein Beispiel sehen Sie in Abbildung 2.30.

Abbildung 2.30 DNS-Einstellungen

[»] Diese DNS-Einträge sollten Sie erst erstellen bzw. ändern, wenn Sie die eventuell erforderliche Migration von bestehenden Systemen geplant und durchgeführt haben. Müssen Sie beispielsweise zunächst ein vorhandenes E-Mail-System migrieren, ändern Sie nicht sofort den MX-Eintrag, was nämlich zur Folge hätte, dass E-Mails bei Exchange Online und nicht bei Ihrem bestehenden E-Mail-System ausgeliefert würden. Informationen zur E-Mail-Migration finden Sie in Abschnitt 6.12, »Exchange-Migration«. Markieren Sie also gegebenenfalls die Option DIESEN SCHRITT ÜBERSPRINGEN – ICH HABE BENUTZERDEFINIERTE DNS-EINTRÄGE, WESHALB ICH DIE ERFORDERLICHEN EINTRÄGE SPÄTER HINZUFÜGEN WERDE. In der Domänenverwaltung steht bei der Domäne dann der Status MÖGLICHE DIENSTPROBLEME. Markieren Sie hier die Domäne und klicken anschließend auf die Schaltfläche DNS ÜBERPRÜFEN und im dann erscheinenden Fenster FALSCHES DNS IGNORIEREN, um die Warnmeldungen zu vermeiden (siehe Abbildung 2.31).

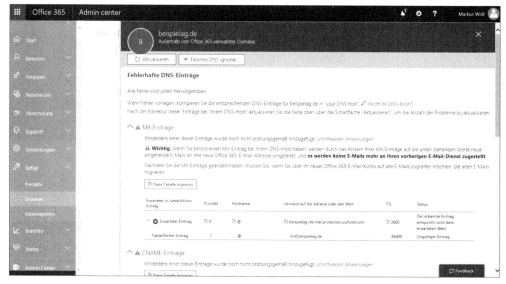

Abbildung 2.31 DNS-Überprüfung deaktivieren

[»] Vergessen Sie im Zuge der Änderungen der DNS-Einträge bei Ihrem DNS-Anbieter nicht Ihren internen DNS-Server, sofern dort die hinzugefügte Domäne verwaltet wird (*Split DNS*). Ansonsten bekommen die internen Clients Probleme bei der Verbindung mit den Office 365-Diensten, da sie dafür keine oder eine alte Namensauflösung erhalten. Wichtig ist auch hier wieder, dass Sie die Einträge korrekt vornehmen, um ein einwandfreies Funktionieren der Office 365-Dienste zu ermöglichen. Allerdings gibt es hier keinen Verifikationsprozess wie bei der Aufnahme der Domäne in die Office 365-Umgebung.

Da hier das Vorgehen wieder stark abhängig ist von der Konfigurationsoberfläche Ihres Domänenanbieters, erläutere ich auch im folgenden Kasten als Beispiel erneut

2.4 Domänenverwaltung

die Vorgehensweisen bei Host Europe (andere Anleitungen finden Sie unter *http://community.office365.com/de-de/w/administration/default.aspx*).

DNS-Einträge bei Host Europe

Beachten Sie zum Anlegen der DNS-Einträge bei Host Europe folgende Punkte:

- MX-Eintrag
  Den MX-Eintrag erstellen Sie in der Domänenverwaltung in der Tabelle MX-RECORDS. Die PRIORITÄT setzen Sie nicht auf 0, sondern auf 1 (bei Host Europe ist dies der kleinstmögliche Wert). Das PRÄFIX lassen Sie leer, und unter HOSTNAME/IP geben Sie den Hostnamen an, wie er von Office 365 geliefert wurde. Eine Angabe der Gültigkeitsdauer (TTL) für den Eintrag ist bei Host Europe nach dem Anlegen möglich, aber nicht unbedingt erforderlich. Ein Beispiel sehen Sie in Abbildung 2.32.

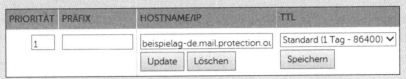

Abbildung 2.32 MX-Eintrag

- CNAME-Einträge
  Den CNAME-Eintrag erstellen Sie in der Tabelle DNS-EINTRÄGE (siehe Abbildung 2.33).

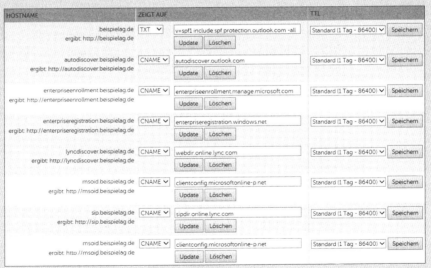

Abbildung 2.33 CNAME- und TXT-Einträge

- TXT-Einträge
  Den TXT-Eintrag erstellen Sie ebenfalls in der Tabelle DNS-EINTRÄGE. Das Textfeld

HOSTNAME lassen Sie dabei leer, und unter HOSTNAME/IP geben Sie den vorgegebenen Text an.

- SRV-Einträge
Den SRV-Eintrag erstellen Sie in der Domänenverwaltung in der Tabelle SRV-RECORDS (siehe Abbildung 2.34).

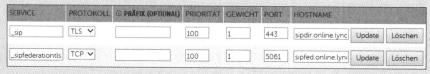

Abbildung 2.34 SRV-Einträge

Nachdem Sie die Einträge vorgenommen haben, heißt es wieder warten – von wenigen Sekunden bis zu drei Tagen kann es dauern, bis Ihre Änderungen in der DNS-Infrastruktur veröffentlicht werden. Eine Website wie *www.dnsquery.org* kann wieder dabei helfen, zu überprüfen, ob die Konfiguration aktiv ist.

Um das Hinzufügen der Domäne abzuschließen, lassen Sie in Schritt 3 die DNS-Einstellungen überprüfen, indem Sie auf die Schaltfläche FERTIG, ÜBERPRÜFUNG STARTEN klicken.

Danach ist es endlich geschafft – Sie können die neue Domäne für die ausgewählten Office 365-Dienste verwenden.

Domänenverifikation mithilfe der PowerShell

Die Domänenverifikation können Sie auch in der Kommandozeile über die PowerShell vornehmen. Das lohnt sich nicht unbedingt bei einer einzelnen Domäne, kann aber bei mehreren Domänen den Prozess etwas beschleunigen bzw. automatisieren. In Abschnitt 3.15.2, »Domänenverifikation«, finden Sie die dafür notwendigen Befehle.

2.4.3 Domäne entfernen

Aus der Domänenliste im Office 365 Admin Center können Sie bereits verifizierte Domänen auch wieder entfernen. Dazu darf die Domäne aber nicht mehr im Gebrauch sein, also beispielsweise weder beim Benutzernamen, bei E-Mail-Adressen, Skype for Business oder als Standarddomäne zum Einsatz kommen. Gegebenenfalls erhalten Sie eine Fehlermeldung samt Liste, wo die Domäne noch zum Einsatz kommt.

Benutzernamen und Exchange Online

Wechseln Sie im Office 365 Admin Center im Bereich BENUTZER zum Abschnitt AKTIVE BENUTZER. Überprüfen Sie, ob im Benutzernamen irgendwo die zu löschende Domäne verwendet wird. Sollte dies der Fall sein, öffnen Sie den Benutzer und bearbeiten den Benutzernamen (siehe Abbildung 2.35).

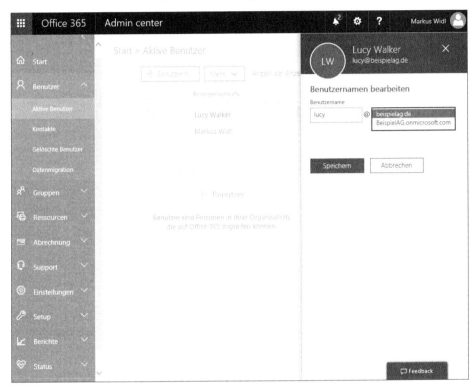

Abbildung 2.35 Domänenänderung bei einem Benutzer

Der Benutzername wird bei Exchange Online-Postfächern automatisch als E-Mail-Adresse verwendet. Sollten Sie in den Postfächern weitere E-Mail-Adressen mit der zu löschenden Domäne angegeben haben, müssen Sie diese auch entfernen.

Die hier vorgestellten Schritte gelten nicht bei Benutzern, die über die automatische Synchronisierung vom Active Directory aus angelegt wurden. Bei solchen Benutzern müssen Sie die Änderung lokal im Active Directory vornehmen, etwa über die Managementkonsole *Active Directory Benutzer und Computer*. Zur Active Directory-Synchronisierung lesen Sie mehr in Abschnitt 4.3.

Skype for Business Online

Für Skype for Business Online-Benutzer wird automatisch eine *SIP-Adresse* vergeben, die grundsätzlich auch beim Ändern der Domäne des Benutzerkontos mit geändert wird.

Standarddomäne

Klicken Sie in der Domänenverwaltung im Office 365 Admin Center auf eine andere Domäne, als die, die Sie entfernen wollen. Klicken Sie dann auf die Schaltfläche ALS STANDARD DEFINIEREN (siehe Abbildung 2.36).

Abbildung 2.36 Ändern der Standarddomäne

2.5 Benutzerverwaltung

Die Benutzerverwaltung rufen Sie im Office 365 Admin Center über den Punkt BENUTZER • AKTIVE BENUTZER in der linken Navigationsleiste auf (siehe Abbildung 2.37).

Es hängt allerdings von Ihrer Umgebung ab, ob Sie dort tatsächlich manuell neue Benutzer anlegen oder ob diese automatisch über eine separate Anwendung, ein *Active Directory-Verzeichnissynchronisierungstool*, angelegt werden. Damit Sie entscheiden können, welche Vorgehensweise für Ihre Umgebung geeignet ist, müssen wir zunächst den Begriff *Microsoft-Online-ID* klären.

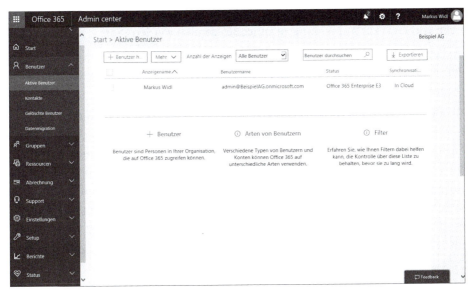

Abbildung 2.37 Benutzerverwaltung

2.5.1 Microsoft-Online-ID

So wie Sie in Ihrer lokalen Umgebung einen *Verzeichnisdienst* einsetzen – nämlich höchstwahrscheinlich das *Active Directory* –, verfügt auch Office 365 über einen eigenen Verzeichnisdienst mit dem Namen *Azure Active Directory (AAD)*. Bei den dort angelegten Benutzerkonten handelt es sich um *Microsoft-Online-IDs*. Diese werden auf Formularen, in die der Anwender seine Zugangsdaten eintragen muss, manchmal auch als *Organisations-*, *Geschäfts-*, *Schul-* oder *Uni-Konto* bezeichnet. Sie benötigen zunächst für jeden Anwender eine solche Microsoft-Online-ID, die Sie dann mit der passenden Lizenz ausstatten und damit entscheiden, welche Office 365-Dienste der Anwender wie nutzen kann.

Die Frage ist nun, ob Sie die IDs selbst anlegen (über das Office 365 Admin Center) oder anlegen lassen (über ein Active Directory-Verzeichnissynchronisierungstool). Solch ein Synchronisierungstool wird auf einem Server im lokalen Netzwerk installiert und hat die Aufgabe, regelmäßig neue Active Directory-Benutzer im Office 365-Verzeichnisdienst anzulegen, lokal gelöschte ebenfalls zu löschen etc. Das Tool kümmert sich dabei nicht nur um Benutzerkonten, sondern auch um andere Objekttypen wie beispielsweise Gruppen und Kontakte. Werden über ein solches Tool neue Office 365-Benutzer angelegt, müssen Sie diese nachträglich mit einer entsprechenden Lizenz ausstatten, beispielsweise über das Office 365-Portal. Es gibt aber auch andere Wege, etwa automatisiert über die PowerShell. Außerdem benötigt der neue Office 365-Benutzer möglicherweise ein Kennwort. Das Verzeichnissynchronisierungstool beherrscht aber auch optional eine Kennwortsynchronisierung, mit der das lokale Kennwort auch zur Anmeldung an Office 365 genutzt werden kann.

In diesem Abschnitt beschreibe ich das manuelle Anlegen von Benutzern über das Office 365-Portal. Die Vorgehensweise mit einem Active Directory-Verzeichnissynchronisierungstool erläutere ich in Abschnitt 4.3.

Unabhängig davon, wer nun letztendlich die Microsoft-Online-IDs anlegt, haben sie für den Endanwender zunächst einen Nachteil: Sie müssen sich bei der Anmeldung an einen Office 365-Dienst wie Exchange Online oder SharePoint Online erneut anmelden. Das heißt, der Anwender meldet sich typischerweise an seinem Computer mit seinem Active Directory-Benutzerkonto an. Dann greift er etwa auf sein Exchange Online-Postfach zu. Dabei ist dann eine separate Anmeldung des Benutzers mit seiner Microsoft-Online-ID, also dem Benutzerkonto aus dem Office 365-Verzeichnisdienst, erforderlich. Der Aufbau ist in Abbildung 2.38 abgebildet.

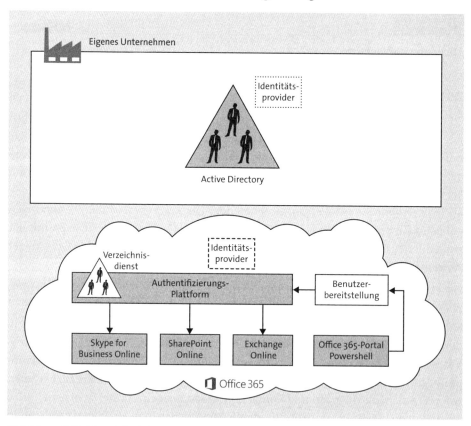

Abbildung 2.38 Verzeichnisdienste im eigenen Unternehmen und in Office 365

Für den Endanwender ist das nicht die eleganteste Lösung, es gibt aber auch mit dem *Identitätsverbund* eine Alternative. Mithilfe dieser Technik kann sich der Anwender mit seinem Active Directory-Benutzerkonto auch an den Office 365-Diensten anmelden (Stichwort *Single Sign-on*). In Abschnitt 4.6 lesen Sie, wie das geht.

Entscheiden Sie sich für die Active Directory-Synchronisierung, verwalten Sie Ihre Office 365-Benutzerkonten nicht über die Office 365-Benutzerverwaltung, sondern über die üblichen Tools Ihres lokalen Active Directorys, beispielsweise über die Verwaltungskonsole *Active Directory Benutzer und Computer*.

2.5.2 Benutzer anlegen

Ausgehend von der Benutzerverwaltung im Office 365 Admin Center klicken Sie auf BENUTZER HINUFÜGEN für einen einzelnen Benutzer oder auf MEHR • MEHRERE BENUTZER IMPORTIEREN für viele Benutzer.

Einzelne Benutzer anlegen

Das Anlegen eines einzelnen Benutzers ist schnell erledigt (siehe Abbildung 2.39).

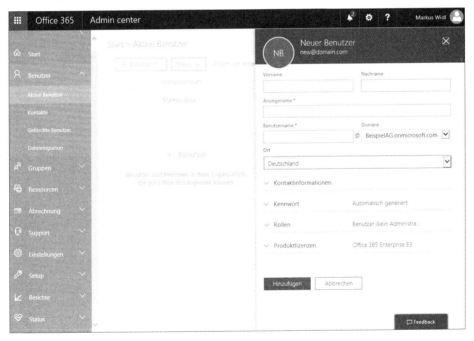

Abbildung 2.39 Anlegen eines Benutzers

Geben Sie neben einem Vor- und einem Nachnamen einen Anzeigenamen und den gewünschten Benutzernamen an. Die Auswahlliste bei der Domäne des Benutzernamens enthält die Mandantdomäne und gegebenenfalls weitere Domänen, die Sie bereits zu Ihrem Office 365-Mandanten hinzugefügt haben (siehe Abschnitt 2.4, »Domänenverwaltung«).

2 Grundkonfiguration

[»] Soll der Benutzer später zum Administrator werden, müssen Sie den Vor- und den Nachnamen vergeben. Ansonsten sind diese beiden Angaben optional.

Im Abschnitt KONTAKTINFORMATIONEN geben Sie weitere Daten ein, beispielsweise die Adressdaten.

Im Standardfall erzeugt Office 365 für den Benutzer ein Initialkennwort. Wollen Sie selbst das Initialkennwort vergeben, können Sie dies auf dem Formular tun. Außerdem können Sie erzwingen, dass der Benutzer bei der ersten Anmeldung sein Kennwort ändern muss. Unabhängig davon, wer das Kennwort vergibt, müssen Sie es an einen Empfänger per E-Mail senden lassen. Natürlich verwenden Sie hier nicht die E-Mail-Adresse des neuen Benutzers, sondern die eines Administrators, denn der Benutzer kann sich ja noch nicht anmelden, ohne das Kennwort zu wissen.

Mit den Einstellungen des Abschnitts ROLLEN können Sie den Benutzer zu einem Administrator machen, um es ihm zu ermöglichen, verschiedene Verwaltungsaufgaben in Ihrer Office 365-Umgebung vorzunehmen. Tabelle 2.6 listet die Rollen samt deren Berechtigung auf. In Tabelle 2.7 ist außerdem aufgeführt, ob und welche Rolle ein Administrator automatisch bei den Diensten Exchange, SharePoint und Skype for Business erhält.

Neben allgemeinen administrativen Rollen gibt es auch dedizierte Rollen für die Administration von Exchange, SharePoint und Skype.

Berechtigung	Globaler Administrator	Abrechnungs-administrator	Kennwort-administrator	Dienst-administrator	Benutzer-verwaltungs-administrator
Anzeige von Organisations- und Benutzerinformationen	ja	ja	ja	ja	ja
Verwaltung von Serviceanfragen	ja	ja	ja	ja	ja
Kennwörter zurücksetzen	ja	nein	ja (nicht bei anderen Administratoren)	nein	ja (nicht bei anderen Administratoren)
Verwaltung von Abonnements	ja	ja	nein	nein	nein

Tabelle 2.6 Administratorrollen

Berechtigung	Globaler Administrator	Abrechnungs-administrator	Kennwort-administrator	Dienst-administrator	Benutzer-verwaltungs-administrator
Anlegen und Verwalten von Benutzeransichten	ja	nein	nein	nein	ja
Verwaltung von Benutzern, Gruppen und Lizenzen	ja	nein	nein	nein	ja (kann keinen globalen Administrator löschen oder andere Administratoren anlegen)
Domänenverwaltung	ja	nein	nein	nein	nein
Verwaltung von Organisationsinformationen	ja	nein	nein	nein	nein
Delegierung von Administratorrollen	ja	nein	nein	nein	nein
Verwaltung der Active Directory-Synchronisierung	ja	nein	nein	nein	nein

Tabelle 2.6 Administratorrollen (Forts.)

Office 365-Administratorrolle	Rolle in Exchange Online	Rolle in SharePoint Online	Rolle in Skype for Business Online
Globaler Administrator	Exchange Online Administrator	SharePoint Online Administrator	Skype for Business Online Administrator
Rechnungsadministrator	–	–	–
Kennwortadministrator	Help Desk Administrator	–	Skype for Business Online Administrator

Tabelle 2.7 Administratoren in Exchange, SharePoint, Skype

Office 365-Administratorrolle	Rolle in Exchange Online	Rolle in SharePoint Online	Rolle in Skype for Business Online
Dienst-administrator	–	–	–
Benutzer-verwaltungs-administrator	–	–	Skype for Business Online Administrator

Tabelle 2.7 Administratoren in Exchange, SharePoint, Skype (Forts.)

Empfehlungen zur Konfiguration von Administrator-Benutzerkonten

Benutzerkonten, denen Sie eine administrative Rolle zugewiesen haben, können in Ihrem Office 365-Mandanten recht weitgehende Berechtigungen einsetzen. Entsprechend sorgfältig sollten Sie bei der Konfiguration dieser Benutzerkonten sein, sodass diese möglichst nicht missbraucht werden. In der Praxis haben sich dabei folgende Punkte bewährt:

▶ Kein produktives Benutzerkonto
Diese Empfehlung gilt nicht nur für Office 365: Ein Benutzerkonto, das der Anwender für seine tägliche Arbeit verwendet, sollte keine administrativen Berechtigungen erhalten. Legen Sie für administrative Aufgaben ein separates und personalisiertes Benutzerkonto an. Somit sind Alltag und administrative Aufgaben klar voneinander getrennt.

▶ Benutzername
Der Benutzername von administrativen Benutzern sollte auf der Mandantdomäne (*onmicrosoft.com* bzw. *onmicrosoft.de*) enden. Damit sind sie klar von produktiven Benutzerkonten getrennt. Außerdem können Sie solche Benutzer auch noch am Mandanten anmelden, wenn beispielsweise ein Domänenverbund auf Basis von AD FS nicht mehr funktionsfähig ist (siehe Abschnitt 4.6, »Identitätsverbund«). Die Gefahr, dass sich Administratoren damit selbst ausschließen, ist somit geringer.

▶ Kennwort
Verwenden Sie ein langes und komplexes Kennwort. Verwenden Sie das Kennwort bei keinem anderen Benutzerkonto.

▶ Alternative E-Mail-Adresse und Mobilfunknummer
Administratoren können ihr Kennwort selbst zurücksetzen. Dies setzt aber voraus, dass eine alternative E-Mail-Adresse sowie eine Mobilfunknummer beim Benutzerkonto hinterlegt wurden. Lesen Sie hierzu Abschnitt 2.10.3, »Administratorkennwort zurücksetzen«.

> ▶ Mehrstufige Authentifizierung
> Um den Anmeldeprozess von administrativen Benutzern sicherzustellen, sollten Sie für diese die mehrstufige Authentifizierung aktivieren. Damit reicht es nicht mehr aus, beim Anmelden nur das Kennwort anzugeben. Darüber hinaus ist ein zweiter Schritt erforderlich, wie die Bestätigung per App, Anruf oder SMS. Wie die mehrstufige Authentifizierung aktiviert wird, lesen Sie in Abschnitt 4.4, »Mehrstufige Authentifizierung«.

Zuletzt wählen Sie gegebenenfalls noch eine oder mehrere Lizenzen, die dem Benutzer zugewiesen werden sollen. Abhängig von den gewählten Lizenzen kann der Anwender dann mit den Office 365-Diensten arbeiten. Wählen Sie beispielsweise eine Exchange Online-Lizenz, wird daraufhin automatisch ein Postfach für den Benutzer angelegt.

Unmittelbar nach dem Anlegen kann sich der Benutzer an Office 365 anmelden und die lizenzierten Dienste nutzen.

Mehrere Benutzer auf einmal anlegen

Ist Ihnen das Durchlaufen der einzelnen Schritte beim Anlegen mehrerer Benutzer zu aufwendig, können Sie über den Befehl MEHRERE BENUTZER IMPORTIEREN (hinter der Schaltfläche MEHR) auch viele Benutzer auf einmal anlegen lassen (siehe Abbildung 2.40). Die Grundlage ist dabei eine *CSV-Datei* (*CSV = Comma-separated Values*), die Sie vorher in folgendem Format anlegen müssen:

```
Benutzername,Vorname,Nachname,Anzeigename,Position,Abteilung,Büronummer,
Telefon (geschäftlich),Mobiltelefon,Faxnummer,Adresse,Ort,Bundesland/Kanton,
Postleitzahl,Land oder Region
```

Listing 2.2 Aufbau einer CSV-Datei

Nachdem Sie die CSV-Datei hochgeladen haben, wird der Inhalt analysiert. Dabei wird beispielsweise überprüft, ob Sie beim Anmeldenamen nur Domänen angegeben haben, die Bestandteil Ihrer Office 365-Umgebung sind. Ist die Datei in Ordnung, machen Sie dann die Angaben wie beim Anlegen eines einzelnen Benutzers, nur dass diese dann für alle neuen Benutzer aus der CSV-Datei gelten.

Benutzer können Sie auch automatisiert mithilfe der PowerShell anlegen und dabei auch eigene Kennwörter vergeben. Wie das geht, lesen Sie in Abschnitt 2.5.2, »Benutzer anlegen«.

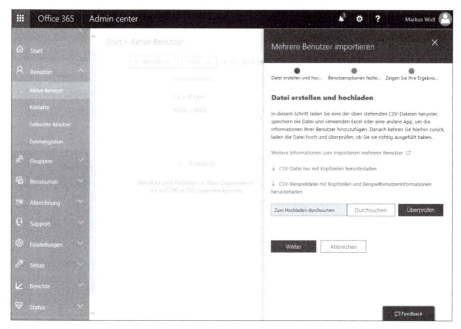

Abbildung 2.40 Massenanlegen von Benutzern

2.5.3 Benutzer verwalten

Über die Benutzerverwaltung können Sie nicht nur neue Benutzer anlegen, sondern auch bestehende verwalten. Sie klicken dazu einfach auf den jeweiligen Anzeigenamen des Benutzers. Dort finden Sie die in Abbildung 2.41 gezeigten Einstellungen.

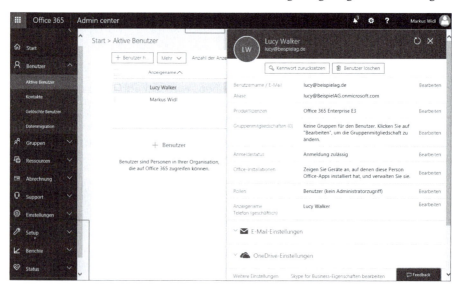

Abbildung 2.41 Benutzereinstellungen verwalten

- BENUTZERNAME
- PRODUKTLIZENZEN

  Bevor Sie einem Benutzer eine Lizenz zuweisen können, muss ein ORT ausgewählt sein, damit ist der primäre Aufenthaltsort des Anwenders gemeint (siehe Abbildung 2.42). Abhängig von dieser Auswahl kann es sein, dass einige Funktionen der Office 365-Dienste für diesen Benutzer nur eingeschränkt verfügbar sind. Auch kann es aufgrund von Ausfuhrbeschränkungen sein, dass der Benutzer Office 365 nicht nutzen darf. Beim ersten Anlegen des Benutzers wird der Standort automatisch gewählt. Eine Übersicht der Einschränkungen pro Land finden Sie unter folgender URL:

  http://office.microsoft.com/de-de/business/microsoft-office-license-restrictions-FX103037529.aspx

  Weisen Sie dem Benutzer eine Lizenz zu. Verfügen Sie über Lizenzpakete, die mehrere Einzellizenzen umfassen (beispielsweise E3), können Sie an dieser Stelle auch einzelne Bestandteile aus dem Paket herausnehmen (beispielsweise das Office-Paket, wenn Sie dieses anderweitig lizenzieren oder nicht benötigen). Nicht zugewiesene Bestandteile eines Lizenzpakets können Sie aber nicht einem anderen Benutzer zuweisen.

  Klicken Sie dann auf die Schaltfläche WEITER, erhalten Sie abhängig vom Benutzerstandort den Hinweis, dass es Einschränkungen bei bestimmten Diensten gibt.

Abbildung 2.42 Verwaltung der Produktlizenzen

- GRUPPENMITGLIEDSCHAFTEN

  Hier können Sie den Benutzer als Mitglied diverser Gruppen aufnehmen (siehe

Abbildung 2.43). Als Gruppe zählen hier Office 365-Gruppen, E-Mail-Verteilergruppen und Sicherheitsgruppen. Mehr dazu lesen Sie in Abschnitt 6.5.2, »Gruppen«.

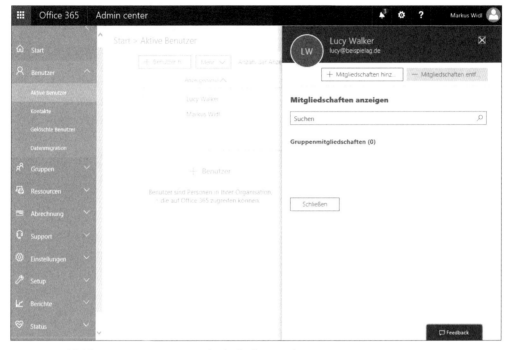

Abbildung 2.43 Gruppenmitgliedschaft verwalten

- ANMELDESTATUS
  Um dem Benutzer die Anmeldung an Office 365 zu verwehren, wählen Sie die Option BLOCKIERT.
- OFFICE-INSTALLATIONEN
  Hier sehen Sie eine Liste aller Windows- und macOS-Desktops, auf denen der Benutzer das Office-Paket installiert und aktiviert hat (siehe Abbildung 2.44). Bei Bedarf können Sie hier auch die Aktivierung eines Geräts zurücknehmen.
- ROLLEN
  Hier geben Sie dem Benutzer administrative Rechte oder entziehen sie ihm. Dazu verwalten Sie die Rollen eines Benutzers (siehe Abbildung 2.45). Mehr dazu lesen Sie in Abschnitt 2.5.2, »Benutzer anlegen«.

  Wählen Sie eine Administratorrolle, müssen Sie auch eine alternative E-Mail-Adresse angeben, über die der Benutzer im Falle eines vergessenen Kennworts ein neues erstellen kann. Dazu muss im Benutzerkonto auch eine Mobilfunknummer eingetragen werden. Mehr dazu lesen Sie in Abschnitt 2.10.3, »Administratorkennwort zurücksetzen«.

2.5 Benutzerverwaltung

Abbildung 2.44 Office-Installationen

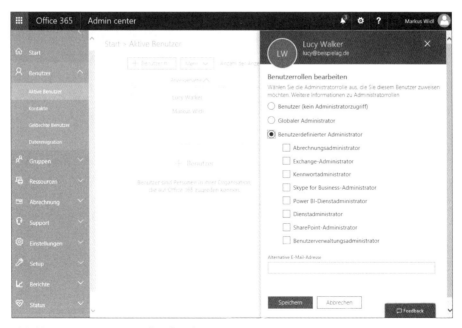

Abbildung 2.45 Benutzerrollen bearbeiten

- KONTAKTINFORMATIONEN
  Dieser Bereich enthält Angaben zum Benutzer wie Rufnummern und die Adresse.

▶ E-MAIL-EINSTELLUNGEN (siehe Abbildung 2.46)
Die Einstellungen in diesem Bereich finden Sie auch im Exchange Admin Center. Vorausgesetzt wird hierbei, dass der Benutzer über eine Lizenz für Exchange Online verfügt.

– POSTFACHBERECHTIGUNGEN: Einstellen können Sie Leseberechtigungen, sowie die Rechte *Senden als* und *Senden im Auftrag von*.

– E-MAIL-WEITERLEITUNG: Hier können Sie einstellen, ob und an welche E-Mail-Adresse alle E-Mails weitergeleitet werden, die an diesen Benutzer geschickt werden.

– AUTOMATISCHE ANTWORTEN: Die automatischen Antworten gehören zum Abwesenheitsassistent, mit dem die Absender von E-Mails, die an diesen Benutzer eine E-Mail schicken, benachrichtigt werden (beispielsweise während des Urlaubs).

– E-MAIL-APPS: Hier legen Sie fest, welche der folgenden Apps und Protokolle ein Benutzer verwenden kann, um auf sein Postfach zuzugreifen: Outlook im Web, Outlook-Desktop (MAPI), Exchange-Webdienste, Mobil (Exchange ActiveSync), IMAP, POP.

– WEITERE EINSTELLUNGEN: Führt Sie zu den Postfacheinstellungen im Exchange Admin Center.

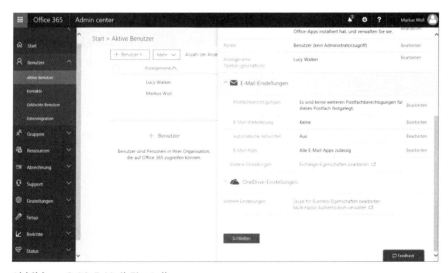

Abbildung 2.46 E-Mail-Einstellungen

▶ ONEDRIVE-EINSTELLUNGEN (siehe Abbildung 2.47)
Diese Einstellungen setzen voraus, dass Sie dem Benutzer eine Lizenz für OneDrive for Business zugewiesen haben.

– Zugriff: Von hier aus können Sie das OneDrive des Benutzers aufrufen. Dort sehen Sie allerdings nur die Inhalte, die der Benutzer für Sie freigegeben hat. Benötigen Sie Zugriff auf den kompletten Inhalt, lesen Sie in Abschnitt 8.7.10, »Administrativer Zugriff auf OneDrive-Inhalte«, nach.
– Kontingent: Zeigt Ihnen den Füllstand des OneDrives an.
– Abmelden: Hier melden Sie den Benutzer von allen Geräten aus OneDrive for Business ab. Damit erzwingen Sie eine Neuanmeldung durch den Anwender.

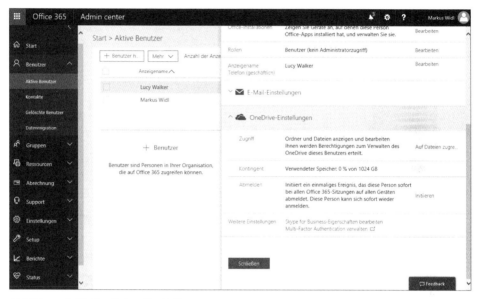

Abbildung 2.47 OneDrive-Einstellungen

▶ Weitere Einstellungen
 – Skype for Business-Eigenschaften bearbeiten: Leitet Sie zu den Skype-Einstellungen für den Benutzer im Skype Admin Center weiter.
 – Multi-Factor Authentication verwalten: Ruft die Verwaltungskonsole für die mehrstufige Authentifizierung auf (siehe Abschnitt 4.4, »Mehrstufige Authentifizierung«).

Um Ihnen die Verwaltung von vielen Benutzerkonten zu vereinfachen, stehen verschiedene Ansichten (Anzeigen genannt) zur Auswahl bereit, beispielsweise »Benutzer mit Fehler« und »Nicht lizenzierte Benutzer« (siehe Abbildung 2.48). Sie können auch eigene Ansichten anlegen und dabei etwa auf die optionalen Eigenschaften der Benutzer, wie beispielsweise die Adresse, zugreifen. Eine neue Ansicht erstellen Sie über die Auswahl Benutzerdefinierte Ansicht hinzufügen.

2 Grundkonfiguration

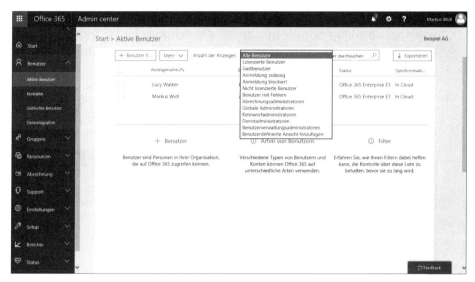

Abbildung 2.48 Auswahl einer Ansicht

2.5.4 Gelöschte Benutzer wiederherstellen

Innerhalb von 30 Tagen lassen sich gelöschte Benutzer wiederherstellen. Dazu wechseln Sie im Bereich BENUTZER zum Abschnitt GELÖSCHTE BENUTZER (siehe Abbildung 2.49).

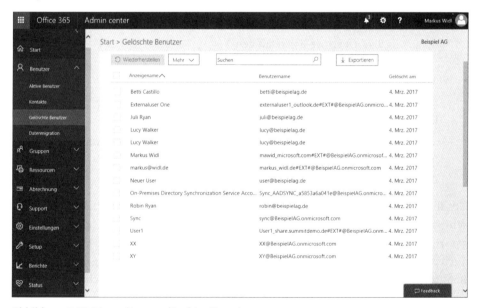

Abbildung 2.49 Verwaltung gelöschter Benutzer

Hatte der gelöschte Benutzer ein Postfach, wird auch dieses wiederhergestellt. Beachten Sie, dass ein gelöschtes Benutzerkonto nach 30 Tagen nicht mehr wiederhergestellt werden kann – auch nicht über eine Anfrage an den Microsoft-Kundendienst.

Die Wiederherstellung können Sie auch über PowerShell automatisieren. Außerdem gibt es dort eine Möglichkeit, einen gelöschten Benutzer schon vor Ablauf der 30 Tage dauerhaft zu entfernen. Lesen Sie hierzu Abschnitt 3.15.5, »Benutzer löschen und wiederherstellen«.

2.5.5 Kennwortablaufrichtlinie

In der Standardkonfiguration laufen bei Office 365-Benutzerkonten die Kennwörter regelmäßig nach 90 Tagen ab. Allerdings gibt es davon auch Ausnahmen:

- Sie haben über das Office 365 Admin Center (siehe unten) oder die PowerShell das Ablaufen des Kennworts für bestimmte Benutzerkonten deaktiviert (siehe Abschnitt 3.15.3, »Benutzer anlegen«).
- Sie verwenden die Kennwortsynchronisierung eines Active Directory-Synchronisierungstools. In diesem Fall gelten die Kennwortrichtlinien Ihres lokalen Active Directorys und nicht die von Office 365 (siehe Abschnitt 4.3, »Active Directory-Synchronisierung«).
- Sie verwenden einen Identitätsverbund (*Single Sign-on*). Auch in diesem Fall gelten die Kennwortrichtlinien Ihres lokalen Active Directorys (siehe Abschnitt 4.6, »Identitätsverbund«).

Zur Anpassung der Kennwortablaufrichtlinie für Office 365-Benutzerkonten existieren drei Einstellungen:

- Die Kennwörter von Benutzern laufen nie ab.
- Die Anzahl der Tage, bis ein Kennwort abläuft.
  Diese Anzahl kann zwischen 14 und 730 liegen. Der Standardwert beträgt 90 Tage.
- Die Anzahl der Tage, bis Benutzer über das Ablaufen des Kennworts benachrichtigt werden
  Hier gilt im Standard 14 Tage. Der Zeitraum muss außerdem kleiner gewählt werden als der Zeitraum bis zum Ablaufen des Kennworts.

Diese Optionen können Sie über das Office 365 Admin Center bearbeiten:

Öffnen Sie im Bereich EINSTELLUNGEN den Abschnitt SICHERHEIT UND DATENSCHUTZ. Klicken Sie dort bei der KENNWORTRICHTLINIE auf die Schaltfläche BEARBEITEN (siehe Abbildung 2.50).

2 Grundkonfiguration

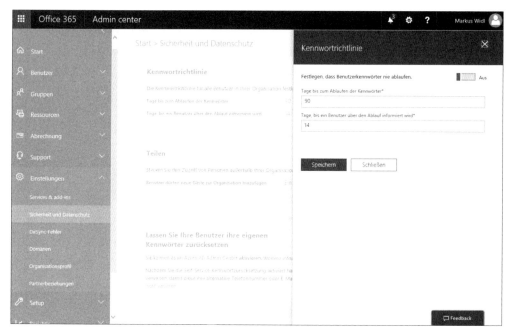

Abbildung 2.50 Kennwortablaufrichtlinie

Nach einem Klick auf die Schaltfläche SPEICHERN gelten die neuen Angaben ausschließlich für die Standarddomäne Ihres Office 365-Mandanten und nicht für alle Domänen gleichermaßen. Welche Domäne Ihre Standarddomäne ist, sehen Sie im Office 365 Admin Center unter EINSTELLUNGEN • DOMÄNEN. Dort können Sie auch die Standarddomäne ändern.

Den PowerShell-Ansatz zur Anpassung der Kennwortablaufrichtlinie finden Sie in Abschnitt 3.15.3, »Benutzer anlegen«.

2.5.6 Sicherheitsgruppen

Sicherheitsgruppen sind kein neues Konzept, sondern beispielsweise auch im Active Directory enthalten. Mit ihnen gruppieren Sie Benutzerkonten, um sie beispielsweise als Grundlagen von Berechtigungen in SharePoint Online-Umgebungen einzusetzen.

Die Sicherheitsgruppen verwalten Sie im Office 365 Admin Center im Bereich GRUPPEN (siehe Abbildung 2.51).

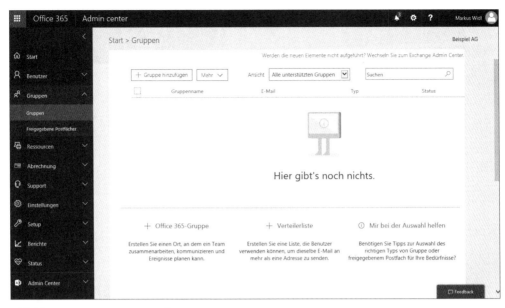

Abbildung 2.51 Gruppenverwaltung

Wie auch Benutzerkonten können Sie direkt im Admin Center weitere Sicherheitsgruppen anlegen oder dies über das Active Directory-Verzeichnissynchronisierungstool automatisch erledigen lassen (siehe Abschnitt 4.3, »Active Directory-Synchronisierung«).

Beim manuellen Anlegen gehen Sie wie folgt vor:

1. Klicken Sie auf GRUPPE HINZUFÜGEN (siehe Abbildung 2.52).
2. Wählen Sie einen Gruppentyp. Zur Auswahl stehen OFFICE 365-GRUPPE, VERTEILERLISTE, E-MAIL-AKTIVIERTE SICHERHEITSGRUPPE und SICHERHEITSGRUPPE. Die Unterschiede zwischen den Typen lesen Sie in Abschnitt 6.5.2, »Gruppen«.
3. Geben Sie eine GRUPPEN-ID für die neue Gruppe an und weitere Parameter, die sich je nach Typ unterscheiden.
4. Legen Sie die Gruppe mit HINZUFÜGEN an.
5. Öffnen Sie die Gruppe, und fügen Sie Mitglieder hinzu.

Wählen Sie mit einem Klick auf MITGLIEDER BEARBEITEN die gewünschten Gruppenmitglieder aus.

2 Grundkonfiguration

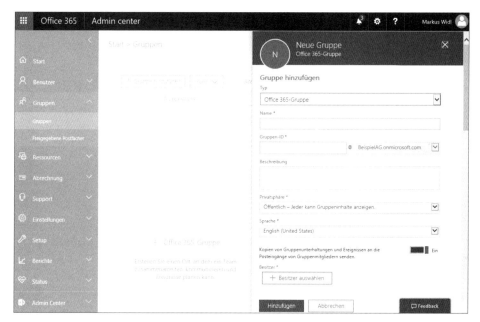

Abbildung 2.52 Neue Gruppe anlegen

2.6 Berichte

Als Administrator haben Sie im Office 365 Admin Center Zugriff auf eine ganze Reihe verschiedener Berichte, die Ihnen helfen, den Überblick über Ihr Office 365-Mandant und die Aktivitäten Ihrer Anwender zu behalten. Die verschiedenen Berichte aus Tabelle 2.8 erreichen Sie über den Bereich BERICHTE (siehe Abbildung 2.53).

Abbildung 2.53 Berichte im Office 365 Admin Center

Der Begriff *DLP* aus der Tabelle steht für *Data Loss Prevention*. Mehr dazu lesen Sie in Abschnitt 6.9.4, »Verhinderung von Datenverlust«, sowie in Abschnitt 14.1.3, »Verhinderung von Datenverlust«.

Bereich	Bericht
Verwendung	
Office 365	▶ Aktivierungen ▶ aktive Benutzer ▶ Office 365-Gruppenaktivität
Exchange	▶ E-Mail-Aktivität ▶ E-Mail-App-Verwendung ▶ Postfachverwendung
OneDrive	▶ OneDrive-Aktivität ▶ OneDrive-Verwendung
SharePoint	▶ SharePoint-Aktivität ▶ Verwendung der SharePoint-Website
Skype for Business	▶ Skype for Business-Aktivität ▶ Skype for Business-Peer-zu-Peer-Aktivität ▶ Organisatoraktivität für Skype for Business-Konferenz ▶ Teilnehmeraktivität für Skype for Business-Konferenz ▶ Skype for Business-Geräteverwendung
Yammer	▶ Yammer-Aktivität ▶ Yammer-Geräteverwendung
Security & Compliance	
Überwachung	▶ Postfachzugriff durch andere Personen als Besitzer ▶ Änderungen der Rollengruppe ▶ Durchsuchen und Aufbewahren von Postfachinhalten ▶ Beweissicherungsverfahren für Postfächer ▶ Azure AD-Berichte (ein kostenpflichtiges Office 365-Abonnement ist erforderlich)
Schutz	▶ häufigste Absender und Empfänger ▶ häufigste Schadsoftware für E-Mail ▶ Schadsoftwareerkennung ▶ Spamerkennungen

Tabelle 2.8 Berichte

Bereich	Bericht
	▸ gesendete und empfangene E-Mails ▸ Bericht über gefälschte E-Mails (Spoofing)
Regeln	▸ häufigste Regelentsprechungen für E-Mails ▸ Regelentsprechungen für E-Mails
DLP	▸ häufigste DLP-Richtlinienentsprechungen für E-Mails ▸ häufigste DLP-Regelentsprechungen für E-Mails ▸ DLP-Richtlinienentsprechungen für E-Mails nach Schweregrad ▸ DLP-Richtlinienentsprechungen, Außerkraftsetzungen und falsch positive Meldungen für E-Mails

Tabelle 2.8 Berichte (Forts.)

2.7 Dienststatus

Haben Sie einen Verdacht, dass Office 365 gerade nicht rund läuft und vielleicht bestimmte Bereiche Probleme haben, können Sie im Office 365 Admin Center im Bereich STATUS den DIENSTSTATUS abfragen, bevor Sie eine Serviceanfrage stellen (siehe Abbildung 2.54).

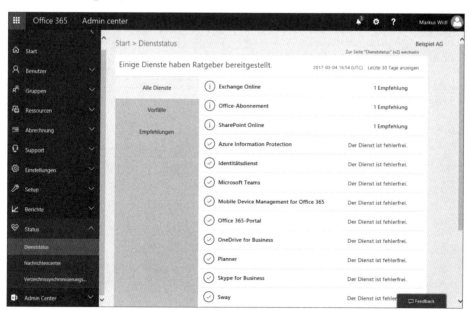

Abbildung 2.54 Dienststatus

Den Dienststatus erhalten Sie auch über die Office 365 Admin-App auf Ihr Mobilgerät – inklusive von Benachrichtigungen bei Störungen:

https://products.office.com/de-DE/business/manage-office-365-admin-app

Betreiben Sie einen *System Center Operations Manager (SCOM)*, können Sie den Dienststatus über ein spezielles Management-Pack einbinden. Das Pack erhalten Sie unter folgender URL:

www.microsoft.com/en-us/download/details.aspx?id=43708

2.8 Nachrichtencenter

Das Office 365 Admin Center hält Sie über wichtige Änderungen rund um Ihren Office 365-Mandanten auf dem Laufenden. Dazu gehören Informationen über neue Dienste, neue Funktionen, aber auch Hinweise auf Änderungen, die Sie in Ihrer lokalen Umgebung berücksichtigen müssen. Beispielsweise wenn neue IP-Adressbereiche hinzukommen, die Sie in Ihrer Firewall zulassen müssen, damit die Clients keine Verbindungsprobleme bekommen, oder im Falle eines wegfallenden Supports alter Browserversionen. In der Praxis sollten Sie das NACHRICHTENCENTER immer im Blick behalten. Sie finden es im Bereich STATUS (siehe Abbildung 2.55).

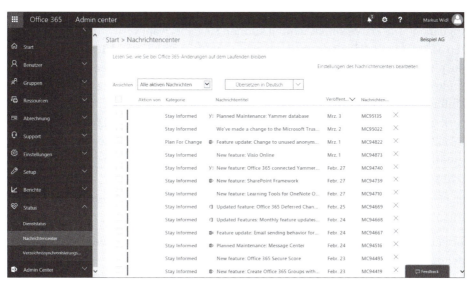

Abbildung 2.55 Nachrichtencenter

Sind Änderungen an der Konfiguration oder andere Tätigkeiten von Ihrer Seite aus erforderlich, erhalten Sie im Nachrichtencenter eine Benachrichtigung mit mindestens 30 Tagen Vorlauf.

2.9 Erstveröffentlichung neuer Funktionen

Office 365 ist ein sehr lebendiges Produkt, bei dem in kurzen Abständen neue Funktionen oder auch ganze Dienste eingeführt werden. Derartige Änderungen am Dienst durchlaufen die Veröffentlichung in verschiedenen Ebenen:

- Feature-Team – damit ist das Microsoft-Team gemeint, das für die neuen Funktionen oder den neuen Dienst zuständig ist.
- Office 365-Team von Microsoft
- Alle Microsoft-Mitarbeiter
- Erstveröffentlichung
- allgemeine Verfügbarkeit

Mit dem Durchlaufen der Ebenen werden Änderungen von einem immer größeren Personenkreis angewendet und sollten somit zur allgemeinen Verfügbarkeit eine hohe Qualität aufweisen.

Normalerweise gehören produktive Office 365-Mandanten zur Ebene *allgemeine Verfügbarkeit* – sie erhalten neuen Funktionen und Dienste also zuletzt. Möchten Sie jedoch Ihren Mandanten so aktuell wie möglich halten und können mit kleineren Problemen umgehen, können Sie Ihren Mandanten auch in die Ebene *Erstveröffentlichung* verschieben. Dabei erhalten Sie Änderungen bereits vor der allgemeinen Verfügbarkeit. Die Erstveröffentlichung können Sie dabei wahlweise für Ihren kompletten Mandanten oder auch nur für einzelne Benutzer aktivieren. Allerdings gibt es da auch Einschränkungen, denn nicht alles unterliegt der Erstveröffentlichung. Eingeschlossen sind allgemeine Office 365-Funktionen, Exchange Online und SharePoint Online. Dagegen gehören nicht dazu Skype for Business Online oder auch Infrastrukturkomponenten wie das Verzeichnissynchronisierungstool *AADConnect*. Auch das lokal zu installierende Office-Paket unterliegt nicht der Erstveröffentlichungskonfiguration – dort gibt es aber eine Alternative, mit der Sie frühzeitig an neue Funktionen kommen (siehe Abschnitt 5.3.5, »Updatekanäle«).

[»] Die Erstveröffentlichung steht derzeit in Office 365 Deutschland noch nicht zur Verfügung.

Arbeitet Microsoft an neuen Funktionen und Diensten, werden diese zunächst auf der offiziellen Roadmap veröffentlicht:

http://roadmap.office.com

Rückt der Erscheinungstermin näher, erhalten Sie bei wesentlichen Funktionen und Diensten eine Benachrichtigung im Nachrichtencenter Ihres Mandanten (siehe Abschnitt 2.8, »Nachrichtencenter«). Im Anschluss daran können Ihre Anwender mit den Änderungen arbeiten. Zwischen diesen einzelnen Schritten liegen typischerweise mehrere Wochen oder sogar Monate.

Wenn Sie die Erstveröffentlichung für Ihren Mandanten oder einzelne Benutzer aktivieren wollen, öffnen Sie im Bereich EINSTELLUNGEN den Abschnitt ORGANISATIONSPROFIL. Klicken Sie dort in der Kachel VERÖFFENTLICHUNGSEINSTELLUNGEN auf die Schaltfläche BEARBEITEN (siehe Abbildung 2.56).

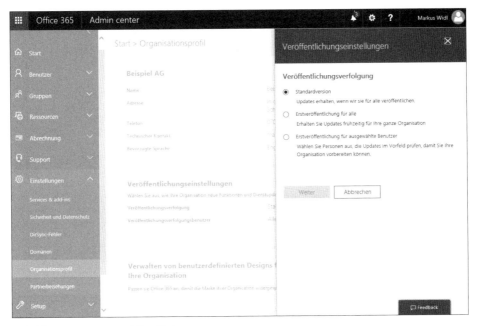

Abbildung 2.56 Erstveröffentlichung

Vielleicht wollen Sie diese Option nicht in Ihrem produktiven Mandanten aktivieren, sondern nur in einem Mandanten, den Sie für Tests angelegt haben. So können Sie schon frühzeitig mit den neuen Funktionen arbeiten und sind vorbereitet, sobald sie den Anwendern zur Verfügung stehen. Mehr dazu lesen Sie im Anhang unter »Vorgeschlagene Testumgebung«.

2.10 Problembehebung

In diesem Abschnitt zeige ich Ihnen einige Punkte, die bei der Lösung von Problemen helfen können.

2.10.1 Microsoft Support- und Wiederherstellungs-Assistent für Office 365

Der Microsoft Support- und Wiederherstellungs-Assistent für Office 365 hilft Ihnen bei einer ganzen Reihe unterschiedlicher Problemstellungen, wie beispielsweise dieser (siehe Abbildung 2.57):

- Probleme mit Outlook
  - Outlook reagiert nicht mehr.
  - Ich kann keine E-Mails empfangen.
  - Outlook fragt mich immer nach dem Kennwort.
  - Freigegebene Postfächer oder Kalender funktionieren nicht.
  - Outlook meldet weiterhin »Verbindungsversuch ...« oder »Getrennt«.
- Probleme mit Office 365-E-Mail auf Ihrem Telefon
  - Ich kann meine E-Mails nicht synchronisieren.
  - Die E-Mail-App fragt mich immer nach dem Kennwort.
- Probleme beim Einrichten von Office-Apps
  - Wo muss ich hin, um Office zu installieren?
  - Ich kann Office nicht aktivieren.
  - Ich benötige Hilfe beim Einrichten meiner Office 365-E-Mail in Outlook.

Abbildung 2.57 Support- und Wiederherstellungs-Assistent

Der Support- und Wiederherstellungs-Assistent analysiert Ihren lokalen Client und versucht, die Ursache für Probleme zu finden und sie zu beheben bzw. eine Hilfestellung dazu zu geben. Sie erreichen ihn unter folgender URL:

https://diagnostics.outlook.com/#/?env=officeportal

2.10.2 Office 365-Integritäts-, Bereitschafts- und Verbindungstests

Ein spezieller Assistent führt eine Überprüfung Ihres Office 365-Mandanten und Ihrer lokalen Umgebung durch und zeigt Ihnen gefundene Probleme an (siehe Abbildung 2.58).

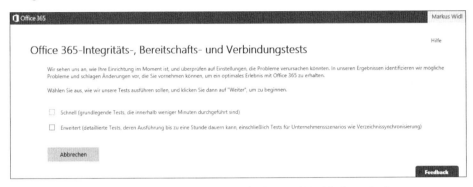

Abbildung 2.58 Office 365-Integritäts-, Bereitschafts- und Verbindungstests

Der Assistent überprüft dabei unter anderem folgende Bereiche:

- Netzwerk
- Ports
- DNS
- Active Directory
- Exchange
- Skype for Business

Den Assistenten starten Sie von einem Windows-Client unter folgender URL:

https://configure.office.com/Scenario.aspx?sid=11

2.10.3 Administratorkennwort zurücksetzen

Vergisst einer Ihrer Anwender sein Kennwort zur Anmeldung an Office 365, ist das nicht weiter tragisch. Ein Administrator mit passender Rollenzugehörigkeit (siehe Abschnitt 2.5.2, »Benutzer anlegen«) kann das Kennwort zurücksetzen. Sollte allerdings ein Administrator sein Kennwort vergessen, ist das etwas aufwendiger:

▶ Wenn ein anderer globaler Administrator verfügbar ist
Ist ein globaler Office 365-Administrator greifbar, kann er das Kennwort eines anderen Administrators zurücksetzen.

Abbildung 2.59 Kennwort vergessen

▶ Wenn *kein* anderer globaler Administrator verfügbar ist
In diesem Fall kann der Administrator über das Anmeldefenster des Office 365-Portals angeben, dass er sein Kennwort vergessen hat (siehe Abbildung 2.59). Vorausgesetzt, im Benutzerkonto wurde bei der Zuweisung der Administratorrolle eine alternative E-Mail-Adresse angegeben und bei den weiteren Einstellungen des Benutzerkontos auch eine Mobilfunknummer, dann werden dem Anwender an die alternative E-Mail-Adresse ein Link und ein Rücksetzcode per SMS zugesandt. Mit beiden gemeinsam kann der Administrator dann sein Kennwort zurücksetzen.

2.10.4 Domänenproblembehandlung

Vermuten Sie ein Problem bei den DNS-Einstellungen Ihrer Domäne, können Sie die Domänenproblembehandlung starten, um sicherzustellen, dass Sie die erforderlichen DNS-Einträge korrekt eingegeben haben. Gehen Sie dazu wie folgt vor: Wechseln Sie im Bereich EINSTELLUNGEN zum Abschnitt DOMÄNEN. Markieren Sie dann die betroffene Domäne, und klicken Sie auf die Schaltfläche DNS ÜBERPRÜFEN.

Der Assistent überprüft dann die Einstellungen und präsentiert sein Ergebnis. Wie das aussehen kann, sehen Sie in Abbildung 2.60.

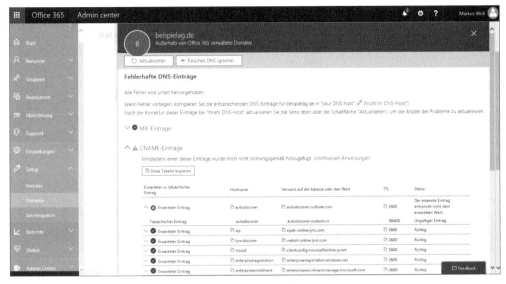

Abbildung 2.60 Assistent zur Domänenproblembehandlung

2.10.5 Verbindungsprobleme

Bestehen Probleme bei der Kommunikation zwischen Ihrer lokalen Umgebung und Office 365, kann das an der Firewallkonfiguration liegen. Auf der folgenden Seite finden Sie eine Übersicht der von Office 365 verwendeten Hosts und IP-Adressbereiche:

http://aka.ms/o365ip

2.10.6 Serviceanfragen

Gibt es ein Problem mit Ihrer Office 365-Umgebung, das Sie selbst nicht lösen können, haben Sie die Möglichkeit, direkt aus dem Office 365 Admin Center eine Serviceanfrage an den Office 365-Kundendienst zu stellen:

▶ SUPPORT
Können Sie das Problem nicht lösen, haben Sie die Möglichkeit, eine Anfrage an den Office 365-Kundendienst zu schicken (siehe Abbildung 2.61). Dabei können Sie auch Dateien – beispielsweise eine Bildschirmabbildung – hochladen, die möglicherweise einen Hinweis auf die Problemursache liefern.

▶ SERVICEANFRAGEN
Hier finden Sie eine Liste aller Ihrer Serviceanfragen und können diese bei Bedarf nochmals aufrufen.

Abbildung 2.61 Serviceanfrage erstellen

2.10.7 Weitere Hilfestellungen

Daneben gibt es weitere Hilfestellungen, die manchmal die erhoffte Lösung bringen:

- *Microsoft Tech Community*
  Offizielle Anlaufstelle zur Unterstützung bei Fragestellungen rund um Office 365 mit Antworten von Herstellerseite und aus der Community

  http://techcommunity.microsoft.com

- *Office 365-Support*
  Das offizielle Supportcenter von Microsoft für Office 365 finden Sie unter:

  https://support.office.com/

- *Twitter*
  Unter *@Office365* werden größere Ausfälle getwittert:

  http://twitter.com/Office365

2.11 So geht es weiter

In diesem Kapitel haben Sie die Grundkonfiguration eines Office 365-Mandanten kennengelernt. Nun können wir uns im dritten Kapitel auf die kommandozeilenbasierte Administration mithilfe der PowerShell stürzen. Diese werden Sie zwar nicht ständig benötigen, doch gibt es einige Funktionsbereiche, die Sie nur mit der PowerShell administrieren können. Außerdem ist sie ein gutes Werkzeug zur Automatisierung. Deshalb werden wir in den späteren Kapiteln immer wieder auf die Kommandozeile zurückgreifen.

Kapitel 3
Microsoft PowerShell

Im dritten Kapitel verlassen Sie die Bequemlichkeit der grafischen Oberflächen, lernen die PowerShell-Konzepte zur Automatisierung und Massenverarbeitung kennen und verwalten Office 365 und das Active Directory mit Cmdlets.

In diesem Kapitel gehen wir der Frage nach, wozu und wie Microsofts *Windows PowerShell* (im Folgenden nur *PowerShell* genannt) genutzt wird. In den ersten Abschnitten lesen Sie eine allgemeine Einführung zur Funktionsweise der PowerShell und danach den konkreten Einsatz bei Office 365 und beim Active Directory. Besitzen Sie schon Erfahrung mit der PowerShell, können Sie gleich zu Abschnitt 3.15, »PowerShell und Office 365«, springen.

Auf das in diesem Kapitel erworbene PowerShell-Wissen werden wir in den späteren Kapiteln immer wieder zurückgreifen.

Bevor Sie gleich loslegen und die Kommandos ausführen, hier noch eine Bitte: Wie Sie lesen werden, können Sie mit der PowerShell mit oftmals wenig Aufwand sehr viele Aktionen durchführen, beispielsweise alle Benutzerkonten auf einen Rutsch bearbeiten. So einfach und schnell das auf der einen Seite ist, so gefährlich ist es auf der anderen, insbesondere wenn Sie Ihre produktive Umgebung mit der PowerShell verwalten. Außerdem sind Tipp-, Flüchtigkeits- und Druckfehler nie ganz auszuschließen. Führen Sie die Kommandos deshalb bitte zunächst ausschließlich in einer abgeschlossenen Testumgebung aus, beispielsweise mit einem Testkonto von Office 365 oder mit einem testweise aufgesetzten Active Directory etc. Und erst dann, wenn Sie genau wissen, was Sie tun, wagen Sie sich an Ihre produktive Umgebung.

3.1 Wozu PowerShell?

Die einen lieben sie, die anderen hassen sie: die PowerShell als Kommandozeilen- und Skripting-Lösung. Spätestens seit der Einführung des Exchange Server 2007 ist die PowerShell ein mächtiges Administratorwerkzeug. Dort war es erstmals so, dass es zwar nach wie vor eine grafische Verwaltungskonsole gab, diese aber nicht alle Aspekte der Exchange-Verwaltung abdeckte. Manche Funktionen fanden sich ausschließlich in der PowerShell wieder, darunter die Konfiguration der *Öffentlichen*

Ordner. Diese Entscheidung hatte zu einigem Unmut unter den Exchange-Administratoren geführt, war doch bis dahin die umfangreiche Bereitstellung einer ausgefeilten grafischen Oberfläche ein wichtiges Merkmal von Windows-Umgebungen gewesen. Microsoft hat daraufhin im Service Pack 1 des Exchange Servers 2007 die grafische Verwaltung der öffentlichen Ordner nachgerüstet, aber die von Microsoft eingeschlagene Richtung mit der PowerShell ist deutlich zu erkennen: Immer mehr Administrationsaufgaben sind auch immer öfter ausschließlich über die PowerShell verfügbar.

Dieses Prinzip ist heute nicht nur auf den Exchange Server beschränkt. Sie finden es beispielsweise auch bei SharePoint, Skype for Business und für uns – besonders interessant – auch bei den Onlinediensten von Office 365 wieder. Selbst Drittersteller bieten inzwischen für ihre Produkte eine PowerShell-Unterstützung, beispielsweise *Citrix* und *VMware*.

3.1.1 Ziele der PowerShell

Warum hat Microsoft diese konsequente Ausrichtung hin zur PowerShell eingeschlagen? Wo liegen die Vorteile? Diese lassen sich grob in drei Punkten zusammenfassen:

1. Ersatz für *cmd.exe*
   Die alte Kommandozeile über *cmd.exe* ist schon lange veraltet. Verfügen Sie über Erfahrungen in den diversen Shells aus dem Linux-Umfeld, können Sie über die eingeschränkten Möglichkeiten von *cmd.exe* nur lachen – zu Recht!

   Die PowerShell holt hier stark auf und führt ähnliche Konzepte ein, wie die Pipeline, die unter Linux schon lange zum guten Ton gehören.

2. Ersatz für den Windows Script Host
   Der *Windows Script Host (WSH)* kam und kommt auch heute noch als skriptbasierte Automatisierungslösung mit seinen Sprachen *VBScript* und *JScript* zum Einsatz. So werden beispielsweise Ihre Dateien mit der Endung *.vbs* vom WSH ausgeführt.

   Mit der PowerShell können Sie wie in *cmd.exe* interaktiv Kommandos absetzen, die sofort ausgeführt werden, oder auch Skripte bereitstellen, die Sie entweder bei Bedarf oder automatisiert über die *Aufgabenplanung (Task Scheduler)* ausführen. Kurioserweise lautet die Dateiendung der PowerShell-Skriptdateien *.ps1*. Was dabei diese ominöse *1* bedeutet (Office 365 verwendet je nach Szenario die Versionen ab 2.0 der PowerShell), werde ich in Abschnitt 3.4, »v1.0?«, noch klären.

3. Produktübergreifende Administration
   Die produktübergreifende Administration ist vielleicht sogar das wichtigste Ziel. Auch in Zeiten vor der PowerShell gab es natürlich Befehle für die Kommandozeile, die in *cmd.exe*, Batch- oder CMD-Dateien ausgeführt wurden. Sie kennen sicher für jedes von Ihnen verwaltete Produkt einen Stapel solcher Befehle. Schwierig

war aber deren unterschiedliche Umsetzung. Das fing schon beim Namen des Befehls an, ging weiter mit den unterschiedlichen Konventionen, wie Parameter und Argumente übergeben wurden, und endete damit, auf welche Weise das Ergebnis des Aufrufs zurückgeliefert wurde. Und schlimmer noch: Eine produktübergreifende Zusammenarbeit dieser Befehle war nur selten möglich, und wenn doch, dann oft nur mit erheblichem Aufwand.

Bei der PowerShell spielt es keine große Rolle, woher die Befehle stammen – ob aus Exchange, SharePoint, vom SQL Server oder aus Office 365 etc. So wäre es durchaus möglich, mit einem SQL-Server-Befehl die Datensätze einer Datenbanktabelle auszulesen, beispielsweise von einer Anwendung der Personalabteilung, die Informationen über neue Mitarbeiter enthält, um dann daraus im nächsten Schritt mithilfe der Exchange-Befehle Benutzerkonten im Active Directory samt Postfach anzulegen. Egal, woher die Befehle stammen, sie werden stets auf dieselbe Art und Weise eingesetzt – ein unschätzbarer Vorteil, der in der Praxis viel Zeit spart.

Durch das Erfüllen dieser Ziele eignet sich die PowerShell besonders in zwei Fällen:

1. Automatisierung über Skripte, die bei Bedarf oder über Mechanismen wie der Aufgabenplanung gestartet werden.
2. Bulk-Operationen, bei denen Aktionen nicht nur ein einziges Mal, sondern sehr oft durchgeführt werden, beispielsweise das Anlegen von Benutzerkonten, Änderungen an deren Eigenschaften etc.

Auch wenn die Arbeit mit der PowerShell für viele Administratoren eine gewisse Umstellung erfordert und insbesondere der Einstieg in die zum Teil recht komplexe Syntax anfänglich viel Kopfzerbrechen mit sich bringt, werden Sie mit der Zeit die Flexibilität und Geschwindigkeit, mit der diverse Aktionen durchgeführt werden können, zu schätzen lernen. Der Einstieg in die PowerShell ist etwas einfacher, wenn Sie bereits mit anderen Programmier- oder Skriptsprachen gearbeitet haben, insbesondere wenn Sie über Kenntnisse in Perl verfügen, da die Syntax an vielen Stellen vergleichbar ist. Sollten Sie noch nie programmiert haben, stellen Sie sich darauf ein, in Zukunft nicht nur mit Schleifen, Variablen und Operatoren zu arbeiten, sondern auch mit Klassen und Objekten. Diese Techniken sind für einen sinnvollen PowerShell-Einsatz sehr wichtig, weshalb wir sie in diesem Kapitel auch eingehend betrachten.

3.1.2 Systemvoraussetzungen

Wollen Sie mit der aktuellen Version 5.1 der PowerShell arbeiten, haben Sie es am einfachsten mit der aktuellsten Ausgabe von Windows 10 und dem Windows Server 2016. Dort ist die aktuelle Version bereits standardmäßig installiert. Für die älteren Betriebssysteme bis zu Windows 7 SP1 stellt Microsoft ein eigenes Installationspaket unter der Bezeichnung *Windows Management Framework* bereit, das neben der

PowerShell 5.1 auch den Dienst WinRM mit installiert, den die PowerShell etwa für den Remotezugriff verwendet. Das Installationspaket finden Sie unter folgender Adresse: *www.microsoft.com/en-us/download/details.aspx?id=54616*

Zur Installation wird ein bereits vorhandenes *.NET Framework 4.6* vorausgesetzt.

3.2 Start der PowerShell

Im Gegensatz zu den Windows-Servern ist das PowerShell-Symbol bei Windows 10 standardmäßig nicht in der Taskleiste enthalten. Suchen Sie stattdessen nach pow-ershell. Mit dem gefundenen Eintrag öffnet sich die PowerShell in der klassischen Ansicht, die doch sehr an die alte Eingabeaufforderung *cmd.exe* erinnert (siehe Abbildung 3.1).

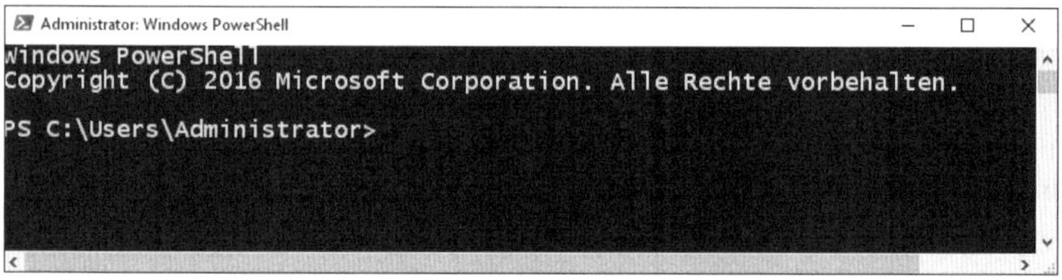

Abbildung 3.1 Die klassische Ansicht der PowerShell

[»] Am besten heften Sie das PowerShell-Symbol gleich an die Taskleiste (rechte Maustaste auf das PowerShell-Symbol und dann den Befehl DIESES PROGRAMM AN TASKLEISTE ANHEFTEN wählen). Damit haben Sie die PowerShell deutlich schneller im Zugriff.

Diese klassische Ansicht eignet sich insbesondere für die interaktive Arbeit mit der PowerShell, wenn es nur darum geht, schnell mal ein oder wenige Kommandos auszuführen. Für aufwendige und komplexe Kommandos ist die klassische Ansicht aber weniger geeignet.

3.2.1 Windows PowerShell Integrated Scripting Environment (ISE)

Als Alternative können Sie auf das *Windows PowerShell Integrated Scripting Environment* (im Folgenden kurz *ISE* genannt) zurückgreifen (siehe Abbildung 3.2). Um die ISE zu starten, suchen Sie bei Windows 10 einfach nach WINDOWS POWERSHELL ISE. Bei älteren Betriebssystemen starten Sie zunächst die klassische PowerShell und klicken dann mit der rechten Maustaste auf das PowerShell-Symbol in der Taskleiste. Im Kontextmenü befindet sich der Befehl zum Start der ISE. Einfacher ist dort möglicherweise der Aufruf über *powershell_ise.exe*.

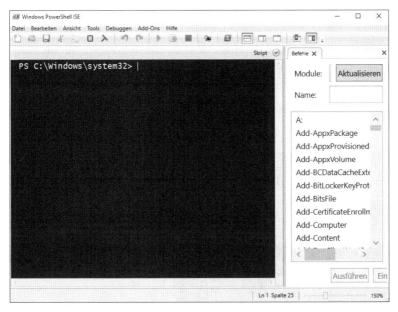

Abbildung 3.2 Windows PowerShell ISE

Im Hauptteil der ISE sehen Sie wie bei der klassischen Variante die Eingabemöglichkeit für Ihre Kommandos. Allerdings werden Sie in der ISE schnell einige Vorteile erkennen. Beginnen Sie beispielsweise einen Befehl durch die Eingabe von Get-, zeigt die ISE daraufhin eine Auswahl aller Befehlsnamen, die so beginnen (siehe Abbildung 3.3).

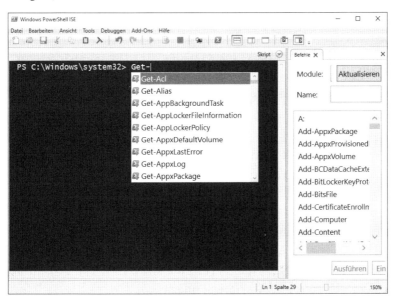

Abbildung 3.3 Intellisense in der ISE

Entwickler kennen dieses Verhalten von Microsoft *Visual Studio* unter dem Begriff *Intellisense*. Doch die ISE bietet Ihnen noch weiteren Komfort: Am rechten Bildschirmrand sehen Sie die aktuell verfügbaren Kommandos. Wählen Sie ein Kommando aus, erhalten Sie zu diesem die verfügbaren Parameter angezeigt (siehe Abbildung 3.4).

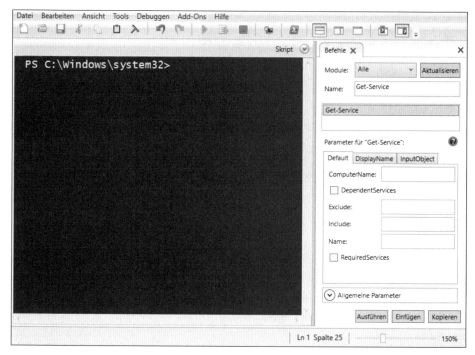

Abbildung 3.4 Kommandoanzeige in der ISE

Sie können damit einen Befehl bereits vorbereiten und ihn dann mit den Schaltflächen am unteren Rand ausführen, an die aktuelle Stelle des Eingabefensters übernehmen oder ihn in die Zwischenablage kopieren.

Eine wesentliche Funktion der ISE ist jedoch der Skripteditor. In Abschnitt 3.12, »Skripte«, werden Sie lesen, wie PowerShell-Skripte geschrieben werden. Solche Skripte sind reine Textdateien. Theoretisch könnten Sie auch Notepad zur Entwicklung verwenden. Allerdings würden Sie dann auf den Komfort der ISE mit Intellisense, der Kommandoanzeige, einem einfachen Debugger etc. verzichten. Die eigentliche Umgebung, um Skripte zu schreiben, lassen Sie in der ISE über den Befehl ANSICHT • SKRIPTBEREICH ANZEIGEN einblenden (siehe Abbildung 3.5).

Grundsätzlich haben Sie also die Auswahl zwischen zwei PowerShell-Umgebungen – der klassischen Variante, die aussieht wie *cmd.exe*, und der ISE. Welche Variante Sie verwenden, hängt nicht zuletzt auch von Ihren Vorlieben ab.

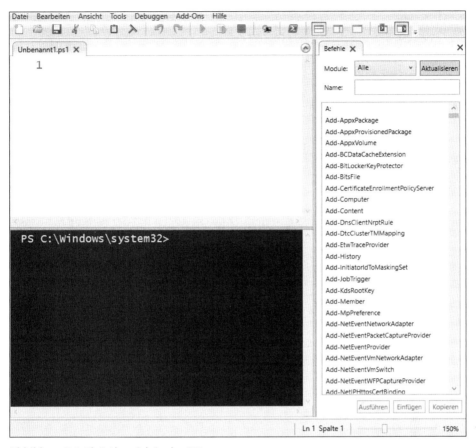

Abbildung 3.5 Skriptbereich in der ISE

3.2.2 Administratorberechtigungen

Starten Sie die PowerShell (mit oder ohne ISE), geschieht dies grundsätzlich ohne Administratorberechtigungen. Versuchen Sie dann ein Kommando auszuführen, für das die Berechtigungen erforderlich sind, erscheint nicht die UAC-Abfrage, sondern eine Fehlermeldung, die Sie darüber informiert, dass Ihnen zur Ausführung dieses Kommandos die Berechtigungen fehlen. Ein Beispiel sehen Sie in Abbildung 3.6.

Um die PowerShell (oder die ISE) explizit mit Administratorberechtigungen zu starten, klicken Sie mit der rechten Maustaste auf das PowerShell-Symbol in der Taskleiste und wählen dann den Befehl ALS ADMINISTRATOR AUSFÜHREN (für die klassische Ansicht) oder ISE ALS ADMINISTRATOR AUSFÜHREN.

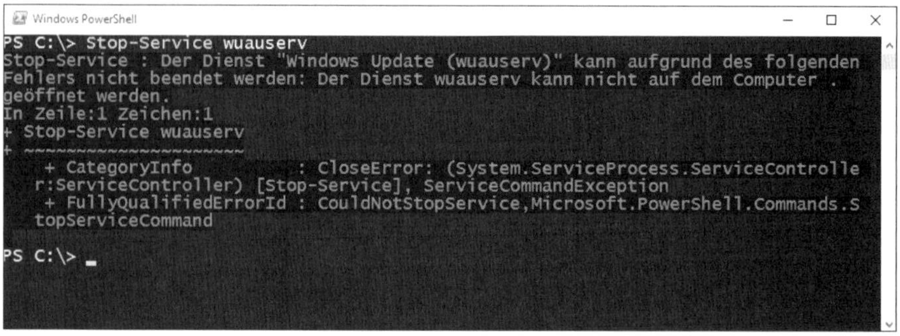

```
Windows PowerShell                                          −  □  ×
PS C:\> Stop-Service wuauserv
Stop-Service : Der Dienst "Windows Update (wuauserv)" kann aufgrund des folgenden
Fehlers nicht beendet werden: Der Dienst wuauserv kann nicht auf dem Computer .
geöffnet werden.
In Zeile:1 Zeichen:1
+ Stop-Service wuauserv
+ ~~~~~~~~~~~~~~~~~~~~~
    + CategoryInfo          : CloseError: (System.ServiceProcess.ServiceControlle
   r:ServiceController) [Stop-Service], ServiceCommandException
    + FullyQualifiedErrorId : CouldNotStopService,Microsoft.PowerShell.Commands.S
   topServiceCommand

PS C:\>
```

Abbildung 3.6 Fehlende Berechtigungen

Natürlich können Sie auch wie bei anderen Anwendungen mit der rechten Maustaste auf das PowerShell-Symbol auf der Startseite klicken und dann ALS ADMINISTRATOR AUSFÜHREN wählen.

3.3 Kernkomponenten der PowerShell

Die PowerShell selbst besteht im Wesentlichen aus vier Komponenten, die wir uns im Folgenden genauer ansehen:

1. Cmdlets und Funktionen
2. Pipeline
3. PowerShell Language
4. Navigationsparadigma

3.3.1 Cmdlets und Funktionen

Cmdlets (sprich *Command-Lets*) sind die wichtigsten Befehlseinheiten der PowerShell. Nach der Installation haben Sie unter Windows 10 rund 600 dieser Cmdlets zur Verfügung, die Sie interaktiv und in Skripten einsetzen können. Neben Cmdlets gibt es auch *Funktionen* (*Functions*), die ebenfalls Befehlseinheiten darstellen, aber auf eine andere Art bereitgestellt werden. Windows 10 enthält im Auslieferungszustand rund 900 Funktionen. Diese Cmdlets und Funktionen decken unter anderem die Bereiche aus Tabelle 3.1 ab.

Bereich	Einsatzbeispiele
Dienste	Auswerten, Stoppen, Starten etc.
Prozesse	Auswerten, Stoppen etc.

Tabelle 3.1 Abgedeckte Bereiche der Basis-Cmdlets und -Funktionen

Bereich	Einsatzbeispiele
ACL (NTFS-Berechtigungen)	Auswerten, Klonen etc.
Ereignisanzeige (Event-Log)	Auswerten, Einträge anlegen etc.
Systemregistrierung	Schlüssel und Werte auswerten, anlegen, ändern, löschen etc.
Dateisystem	Dateien und Ordner anlegen, auswerten, umbenennen, löschen, verschieben, auslesen etc.
BitLocker	Festplattenverschlüsselung
Netzwerkadapter	Netzwerkadapter konfigurieren und abfragen
Drucker	Verwalten von Druckern
Freigaben	Verwalten von Ordnerfreigaben
Apps	Verwalten von Windows Store Apps
Startseite	Verwalten der Windows-Startseite
allgemeine Befehle	Filtern, Sortieren, Gruppieren, formatierte Ausgabe, Remoting, Befehlsprotokoll etc.

Tabelle 3.1 Abgedeckte Bereiche der Basis-Cmdlets und -Funktionen (Forts.)

In Tabelle 3.1 finden Sie keine Angaben zu Exchange, SharePoint, SQL Server, Active Directory oder auch Office 365. Das ist korrekt, denn im Basisumfang der PowerShell befinden sich keine Cmdlets für diese Produkte und Technologien. Sie können die Basis-PowerShell aber durch das Laden von Snap-ins und Modulen mit zusätzlichen Funktionen ausstatten. Diese Erweiterungen werden mit den zugehörigen Produkten ausgeliefert. Sie können bei Bedarf in die PowerShell eine oder mehrere dieser Erweiterungen laden und gemeinsam einsetzen. Den Ladevorgang können Sie manuell durchführen (siehe Abschnitt 3.13, »Snap-ins und Module«). Manche Produkte, wie der Exchange Server 2016 und der SharePoint Server 2016, stellen im Startmenü oder auf der Startseite aber auch einen speziellen PowerShell-Eintrag bereit (siehe Abbildung 3.7).

Dabei handelt es sich im Wesentlichen um eine Verknüpfung zu einem Skript, das automatisch die benötigten Erweiterungen in die PowerShell lädt. Auch in diesen angepassten PowerShells können Sie zusätzliche Erweiterungen laden. So können Sie etwa die Ausgabe eines der SQL Server-Cmdlets als Eingabe eines Exchange Server-Cmdlets verwenden.

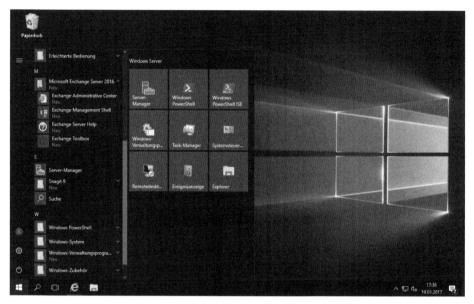

Abbildung 3.7 Im Startmenü befindet sich ein Eintrag für die Exchange Management Shell.

Jedes dieser Cmdlets folgt denselben Konventionen bei seinem Namen und der Übergabe von Parametern und Argumenten. Diese Konventionen werden wir in Abschnitt 3.5, »Cmdlets«, näher betrachten. Tabelle 3.2 gibt Ihnen einen Vorgeschmack auf verschiedene Cmdlets.

Cmdlet	Funktion
Get-Service	Dienstinformationen abfragen
New-ADUser	Benutzerkonto im Active Directory anlegen
Get-MailboxStatistics	Statistik über Postfächer abfragen
Unlock-Bitlocker	BitLocker-Verschlüsselung aufheben
New-SmbShare	neue Freigabe anlegen
Get-Content	Dateiinhalt auslesen
Add-Printer	Drucker hinzufügen
New-SPSite	neue Websitesammlung in SharePoint anlegen
Get-ChildItem	Ordnerinhalt auslesen (»dir«)
Select-String	Zeichenketten suchen

Tabelle 3.2 Verschiedene Cmdlets und Funktionen

3.3.2 Pipeline

Mit der Pipeline verketten Sie Cmdlets und andere Befehle miteinander, etwa wie im zuvor angesprochenen Beispiel, bei dem die Ausgabe eines SQL-Cmdlets als Eingabe eines Exchange-Cmdlets verwendet wird. Durch die Pipeline erreichen Sie leistungsfähige Kommandos mit wenig Code. So sind oftmals Schleifen überflüssig. Die Pipeline verwenden Sie mit dem Pipe-Symbol (|).

Auch für den Pipelineeinsatz ein erstes Beispiel:

```
Get-ChildItem C:\Windows\*.log |
    Select-String -Pattern Error
```

Listing 3.1 Suche nach Fehlermeldungen in Log-Dateien

Dieses Kommando sucht nach Fehlermeldungen in allen Log-Dateien, die im Windows-Ordner abgelegt sind, und gibt sie auf dem Bildschirm aus.

3.3.3 PowerShell Language

Die Cmdlets werden unterstützt von einer Skriptsprache, der *PowerShell Language*. Sie enthält die typischen Elemente von vielen Programmiersprachen wie Variablen, Operatoren, verschiedene Schleifen- und Abfragekonstrukte, Funktionen und Fehlerbehandlung.

Nicht für jede Aktion ist die PowerShell Language erforderlich. Je aufwendiger und detaillierter Ihre PowerShell-Aktionen aber werden sollen, desto wahrscheinlicher benötigen Sie die PowerShell Language.

3.3.4 Navigationsparadigma

Stellen Sie sich vor, Sie könnten die aus dem Dateisystem bekannten Befehle wie `cd`, `dir`, `del` etc. (diese Befehle gibt es in der PowerShell als sogenannte *Aliasse* – siehe Abschnitt 3.6) auch in anderen Datenspeichern einsetzen. In der Basis-PowerShell geht das etwa mit den beiden Hauptschlüsseln `HKEY_CURRENT_USER` und `HKEY_LOCAL_MACHINE` aus der Systemregistrierung über virtuelle Laufwerke (siehe Abbildung 3.8).

Laden Sie beispielsweise das Modul `ActiveDirectory` des Windows Servers ab 2008 R2, können Sie die Befehle auch auf die Struktur des Active Directorys anwenden (siehe Abbildung 3.9).

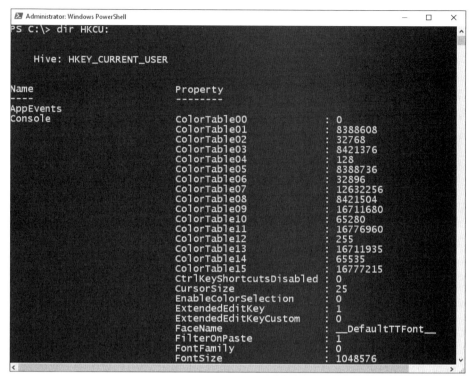

Abbildung 3.8 Das Navigationsparadigma in der Systemregistrierung

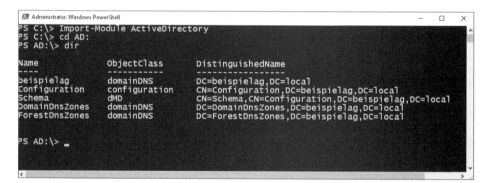

Abbildung 3.9 Das Navigationsparadigma in der Domänenstruktur des Active Directorys

Mit der Erweiterung des SQL Servers ist dieses Vorgehen auch mit der Struktur der auf einem SQL Server vorhandenen Datenbanken möglich.

3.4 v1.0?

Windows 10 wird aktuell mit PowerShell 5.1 ausgeliefert. Dennoch finden Sie an einigen Stellen die 1:

- Die Standard-Dateiendung von Skripten lautet *.ps1*.
- Der Installationsordner der PowerShell ist *C:\Windows\System32\WindowsPowerShell\v1.0* (siehe Abbildung 3.10).

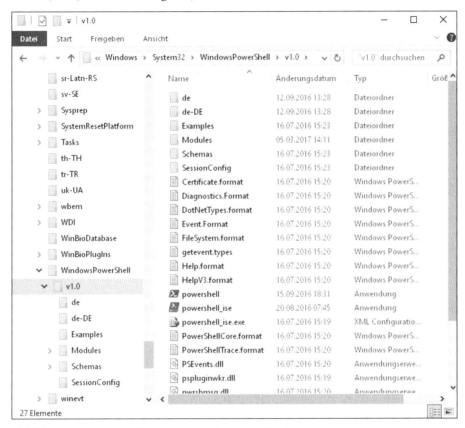

Abbildung 3.10 Der Installationsordner der PowerShell

- Einen Teil der PowerShell-Konfiguration in der Systemregistrierung finden Sie im Schlüssel *HKEY_LOCAL_MACHINE\Software\Microsoft\PowerShell\1* (siehe Abbildung 3.11).

3 Microsoft PowerShell

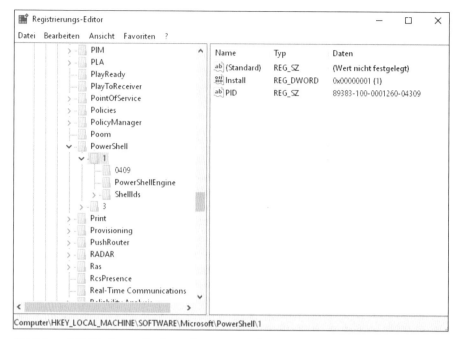

Abbildung 3.11 Die PowerShell-Konfiguration in der Systemregistrierung

Was hat also die *1* zu bedeuten? Es handelt sich dabei tatsächlich um eine Versionsnummer, nämlich die der PowerShell Engine, dem eigentlichen Herzstück, das unseren Code ausführt.

Wenn Sie sich versichern wollen, mit welcher PowerShell-Version Sie gerade arbeiten, geben Sie in der PowerShell den Befehl `Get-Host` ein. Die Version wird dann angezeigt (siehe Abbildung 3.12).

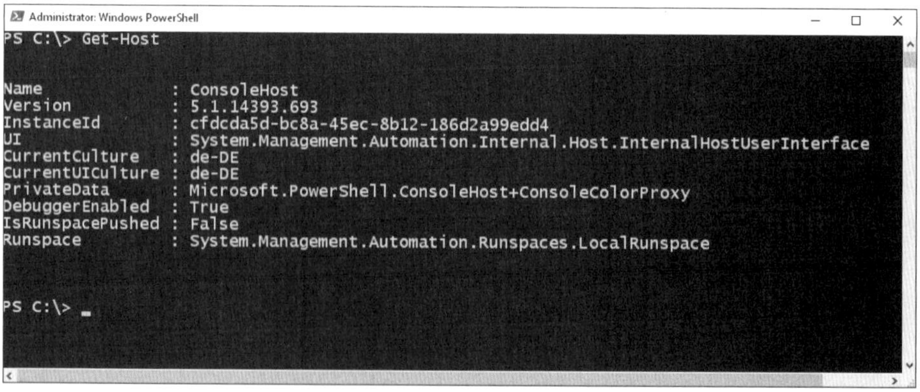

Abbildung 3.12 Trotz der Ziffer 1 kommt PowerShell 5.1 zum Einsatz.

3.5 Cmdlets

Wie zuvor bereits einleitend erläutert, folgen alle Cmdlets denselben Konventionen bei der Namensgebung und der Übergabe von Parametern und Argumenten.

3.5.1 Namenskonventionen

Der Name eines Cmdlets beginnt grundsätzlich mit einem Verb, beispielsweise Get, Set, Start, Stop, New oder Remove etc. Dem Verb folgen ein Minuszeichen und zuletzt ein Substantiv in der Einzahl, beispielsweise Service (und nicht Services). Während das Verb beschreibt, was getan werden soll (beispielsweise mit Get etwas auslesen), gibt das Substantiv an, womit die Aktion durchgeführt werden soll (beispielsweise Service für Dienste; siehe Abbildung 3.13).

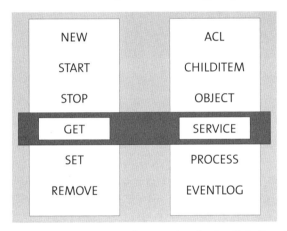

Abbildung 3.13 Namenskonvention der Cmdlets-Bezeichner

In der PowerShell ist die Groß- und Kleinschreibung übrigens grundsätzlich egal.

Wenn Sie wissen wollen, welche Cmdlets zur Verfügung stehen, geben Sie den Befehl Get-Command (ebenfalls ein Cmdlet). Er listet alle derzeit verfügbaren Befehle auf. Darunter befinden sich auch die Cmdlets, die Sie an der entsprechenden Markierung in der ersten Spalte erkennen (siehe Abbildung 3.14).

Modifizieren Sie den Aufruf wie folgt:

```
Get-Command -CommandType Cmdlet
```

Listing 3.2 Alle verfügbaren Cmdlets auflisten

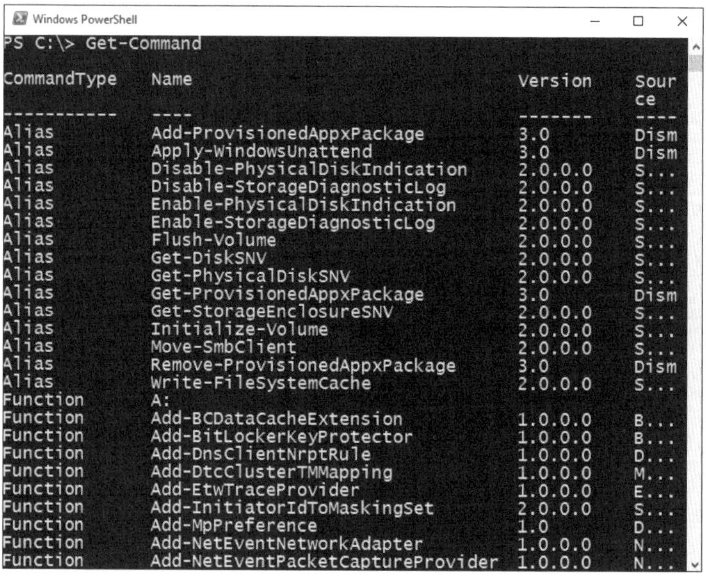

```
Windows PowerShell
PS C:\> Get-Command

CommandType     Name                                Version     Sour
                                                                ce
-----------     ----                                -------     ----
Alias           Add-ProvisionedAppxPackage          3.0         Dism
Alias           Apply-WindowsUnattend               3.0         Dism
Alias           Disable-PhysicalDiskIndication      2.0.0.0     S...
Alias           Disable-StorageDiagnosticLog        2.0.0.0     S...
Alias           Enable-PhysicalDiskIndication       2.0.0.0     S...
Alias           Enable-StorageDiagnosticLog         2.0.0.0     S...
Alias           Flush-Volume                        2.0.0.0     S...
Alias           Get-DiskSNV                         2.0.0.0     S...
Alias           Get-PhysicalDiskSNV                 2.0.0.0     S...
Alias           Get-ProvisionedAppxPackage          3.0         Dism
Alias           Get-StorageEnclosureSNV             2.0.0.0     S...
Alias           Initialize-Volume                   2.0.0.0     S...
Alias           Move-SmbClient                      2.0.0.0     S...
Alias           Remove-ProvisionedAppxPackage       3.0         Dism
Alias           Write-FileSystemCache               2.0.0.0     S...
Function        A:
Function        Add-BCDataCacheExtension            1.0.0.0     B...
Function        Add-BitLockerKeyProtector           1.0.0.0     B...
Function        Add-DnsClientNrptRule               1.0.0.0     D...
Function        Add-DtcClusterTMMapping             1.0.0.0     M...
Function        Add-EtwTraceProvider                1.0.0.0     E...
Function        Add-InitiatorIdToMaskingSet         2.0.0.0     S...
Function        Add-MpPreference                    1.0         D...
Function        Add-NetEventNetworkAdapter          1.0.0.0     N...
Function        Add-NetEventPacketCaptureProvider   1.0.0.0     N...
```

Abbildung 3.14 Die Ausgabe von »Get-Command«

3.5.2 Parameter und Argumente

Oftmals werden Sie beim Aufruf eines Cmdlets noch Werte angeben müssen, beispielsweise welche Datei wohin kopiert werden soll oder von welchem Computer Sie Informationen zu welchen Diensten haben wollen. Letzteres könnte wie folgt aussehen:

```
Get-Service -Name wuauserv,winrm -ComputerName London
```

Listing 3.3 Informationen zu zwei Diensten von einem bestimmten Computer

Bei `-Name` und `-ComputerName` handelt es sich um Parameter. Parameter werden immer mit einem Minuszeichen eingeleitet. Die Bezeichner für die Dienste selbst und der Computername sind dagegen Argumente.

Soll mehr als ein Argument übergeben werden, wie im Beispiel mehrere Dienstnamen, werden diese durch ein Komma voneinander getrennt.

Sie können sich sicher vorstellen, dass bei manchen Cmdlets zwei Parameter nicht ausreichen, beispielsweise beim Anlegen von Benutzerkonten. Da müssen Sie Anmeldename, Klartextname, Kennwort, Organisationseinheit etc. angeben. Die Kommandos werden damit sehr lang. Die PowerShell ist bei der Angabe der Parameter und Argumente allerdings flexibel. Das Kommando könnte auch wie folgt aussehen:

```
Get-Service -N wuauserv,winrm -C London
```

Listing 3.4 Verkürzte Parameterschreibweise

Dabei wurden die Parameter verkürzt geschrieben. Das ist möglich, solange die Angabe eindeutig ist, es also beispielsweise keinen optionalen Parameter gibt, der mit N beginnt.

Eine weitere Variante sieht so aus:

```
Get-Service -C London -N wuauserv,winrm
```

Listing 3.5 Vertauschte Parameterreihenfolge

Dabei wurde die Reihenfolge der Parameter getauscht. Solange die Parameter angegeben werden, bewegen wir uns noch in einem eindeutigen Bereich.

Und zu guter Letzt eine kurze Variante:

```
Get-Service wuauserv,winrm -C London
```

Listing 3.6 Weggelassener Parameter

Hier wurde der erste Parameter weggelassen. Das geht tatsächlich, wenn Sie bei der Reihenfolge der Argumente die Standardreihenfolge des Cmdlets berücksichtigen. Diese Reihenfolge können Sie über die Hilfe zum Cmdlet ermitteln, was ich im nächsten Abschnitt zeigen werde.

Bei so vielen Varianten stellt sich die Frage, wann Sie welche verwenden sollten. Hier empfiehlt sich folgendes Vorgehen: Arbeiten Sie interaktiv mit der PowerShell, schreiben Sie die Kommandos so kurz, wie Sie wollen; schreiben Sie dagegen ein Skript, empfiehlt sich die ausführliche, zuerst vorgestellte Variante. Müssen Sie Ihr Skript zwei Monate später noch einmal ändern, ist es damit einfacher, die einzelnen Schritte nachzuvollziehen. Sollen gar Ihre Kollegen Ihre Skripte verstehen, ist es noch wichtiger, ausführlichen Code zu schreiben. Mit der Zeit wird sich bei Ihnen eine Art Dialekt ausprägen. Manchmal schreiben Sie die Parameter vollständig, mal verkürzt, mal lassen Sie sie weg. Das ist so lange in Ordnung, solange Sie den Überblick nicht verlieren.

Tab-Vervollständigung

Um sich die Eingabe der etwas länglichen Kommandos zu erleichtern, können Sie in der PowerShell die sogenannte *Tab-Vervollständigung* verwenden. Tippen Sie dazu das Verb des gewünschten Cmdlets und das Minuszeichen. Drücken Sie dann die ⇆-Taste, vervollständigt die PowerShell die Eingabe zum ersten passenden Cmdlet. Drücken Sie die ⇆-Taste erneut, erscheint das zweite passende Cmdlet und so weiter. Nach dem Minuszeichen können Sie an beliebiger Stelle die ⇆-Taste drücken. Aus einem Get-Ser ⇆ wird damit direkt ein Get-Service.

Bei Cmdlets, deren Bezeichner gut und gerne 15 oder 20 Zeichen umfassen, ist das eine echte Hilfe. So etwas finden Sie etwa bei den Exchange-Cmdlets.

> Die Tab-Vervollständigung funktioniert nicht nur bei den Cmdlet-Namen, sondern auch bei den Parametern. Drücken Sie nach einem Parameter-Minuszeichen die ⇆-Taste, erscheint der erste Parameter. Drücken Sie die ⇆-Taste erneut, erscheinen nacheinander die weiteren Parameter – und das in der Standardreihenfolge.

3.5.3 Wo gibt es Hilfe?

Eine in der Praxis große Erleichterung ist das in die PowerShell integrierte Hilfesystem. Zu jedem Cmdlet, egal, woher es stammt, können Sie meist umfangreiche Hilfstexte und Beispiele abrufen. Auch hier gibt es wieder mehrere Varianten. Nehmen wir an, Sie wollen zum Cmdlet Start-Service den Hilfstext darstellen; dann haben Sie zunächst zwei Möglichkeiten:

```
Start-Service -?
Get-Help Start-Service
```

Listing 3.7 Hilfeaufruf zum Cmdlet »Start-Service«

Der daraufhin angezeigte Hilfstext enthält eine kurze Beschreibung des Cmdlets und eine Auflistung der verschiedenen Syntaxvarianten samt Parameter (siehe Abbildung 3.15).

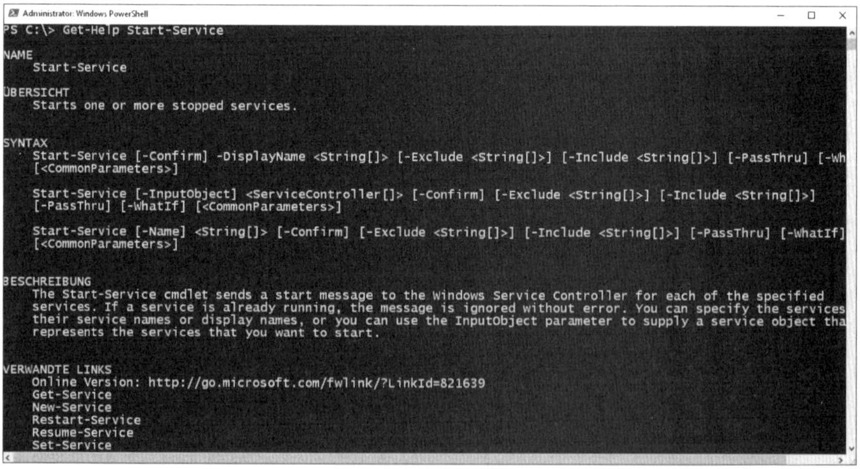

Abbildung 3.15 Der Hilfstext zum Cmdlet »Get-Service«

[»] Bei den Hinweisen erhalten Sie möglicherweise die Angabe, dass die Hilfedateien für dieses Cmdlet nicht gefunden werden können. Leider liefert Microsoft die Hilfedateien nicht mit, Sie können diese aber mit der Ausführung des Cmdlets Update-Help in einer administrativ gestarteten PowerShell herunterladen.

Wollen Sie lieber Beispiele sehen, wie das Cmdlet in der Praxis eingesetzt wird, geben Sie folgendes Kommando ein:

```
Get-Help Start-Service -Examples
```

Listing 3.8 Aufruf von Beispielen zum Cmdlet »Start-Service«

Eine Beschreibung der Parameter und deren Auswirkungen erhalten Sie dagegen mit diesem Aufruf:

```
Get-Help Start-Service -Full
```

Listing 3.9 Vollständiger Hilfstext zum Cmdlet »Start-Service«

Sehen wir uns nun die erste der Syntaxvarianten aus dem Hilfstext des Cmdlets `Get-Service` in Abbildung 3.15 genauer an.

Der Ausdruck `[[-Name] <string[]>]` enthält viele eckige Klammern, doch welche Bedeutung haben diese genau? Die äußeren Klammern stehen für »optional«, das heißt, der ganze Ausdruck kann weggelassen werden. Das bedeutet nichts anderes, als dass Sie `Get-Service` ohne weitere Angabe ausführen können – und Sie erhalten eine Darstellung aller lokalen Dienste samt deren jeweiligem Status.

Die Klammern bei `[-Name]` stehen ebenfalls für »optional«. Wie ich bereits erläutert habe, müssen Sie die Bezeichner der Parameter nicht unbedingt mit angeben.

In `<string[]>` stecken nun auch noch einmal Klammern. Das `string` steht für den Typ des Arguments. Der Parameter `-Name` erwartet an dieser Stelle eine Zeichenkette. Enthält die Zeichenkette Leerzeichen, müssen Sie die Zeichenkette in Anführungszeichen setzen. Stünde hier statt `string` ein `int`, müssten Sie eine Ganzzahl angeben.

Die eckigen Klammern hinter `string` bedeuten, dass Sie nicht nur eine einzelne Zeichenkette, sondern beliebig viele angeben können, also nicht nur einen einzelnen Dienst, sondern viele. So wie wir es zuvor in den Beispielen bereits gemacht haben, werden die Dienstnamen durch ein Komma getrennt. Mit dem Komma wird in der PowerShell ein sogenanntes *Array* angelegt, ein Konstrukt aus mehreren Werten.

Bei vielen Parametern finden Sie die Möglichkeit, mehr als ein Argument anzugeben. Auch dieses Vorgehen erlaubt es oft, sehr kompakten Code zu schreiben. Ein Beispiel:

```
#Variante kurz
Get-Service -Name wuauserv,winrm -ComputerName London
#Variante lang
Get-Service -Name wuauserv -ComputerName London
Get-Service -Name winrm -ComputerName London
```

Listing 3.10 Parameter mit mehreren Argumenten

Sie können sich sicher vorstellen, wie viel Arbeit Sie sich sparen, wenn Sie statt zwei zehn oder noch mehr Dienste abfragen wollen.

3.6 Aliasse

Aliasse sind alternative Bezeichner, die bei der Ausführung in die eigentlichen Cmdlets umgewandelt werden. So steht jeder Alias für genau ein Cmdlet.

Diese Aliasse gibt es letztendlich aus zwei Motivationen heraus:

1. Einstieg in die PowerShell erleichtern
   Es gibt standardmäßig den Alias `dir`. Der Befehl ist allgemein bekannt, und ein `dir x:` ist zunächst auch verständlicher als ein `Get-ChildItem X:`, das genau dasselbe bedeutet (siehe Abbildung 3.16). Auch ein `cd C:\Windows` ist für Einsteiger einfacher zu verstehen als ein `Set-Location C:\Windows`.

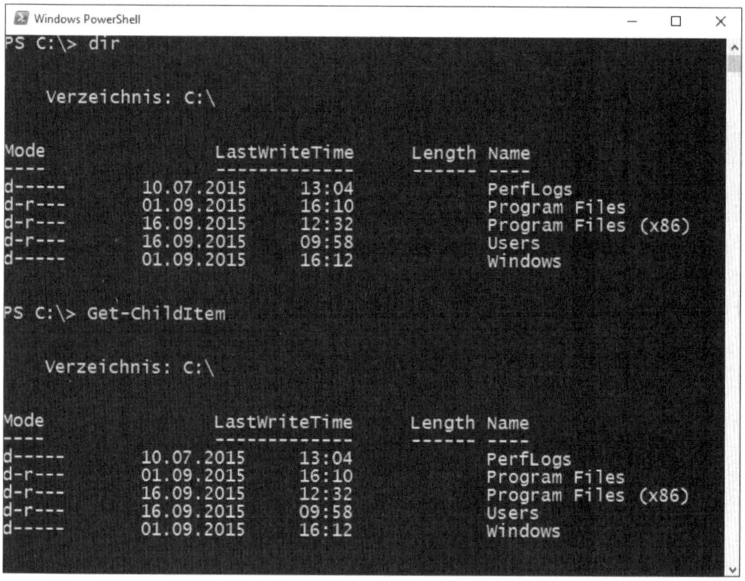

Abbildung 3.16 »dir« und »Get-ChildItem« liefern dasselbe.

2. Tipparbeit sparen
   Manche Cmdlet-Namen sind etwas länglich geraten. So fungieren manche Aliasse als Kurzform der Bezeichner, beispielsweise `where` für `Where-Object`, `sort` für `Sort-Object` und sogar `?` ebenfalls für `Where-Object` und `%` für `ForEach-Object`. Vorsicht mit den beiden zuletzt genannten Aliassen, denn sie machen Ihren Code nicht unbedingt lesbarer.

Welche Aliasse es gibt und für welches Cmdlet sie stehen, ermitteln Sie mit dem Cmdlet `Get-Alias` (siehe Abbildung 3.17).

Sie selbst können auch eigene Aliasse anlegen, beispielsweise den Alias gs für Get-Service:

```
Set-Alias -Name gs -Value Get-Service
```

Listing 3.11 Eigenen Alias anlegen

Dieser Alias ist allerdings nur in der aktiven PowerShell-Sitzung gültig. Mit dem Beenden der Sitzung verschwindet auch der Alias. Wollen Sie den Alias dagegen dauerhaft einsetzen, legen Sie ihn in einem der sogenannten *Profile* an. Das sind spezielle Skripte, die automatisch beim Start der PowerShell ausgeführt werden. Die Profile stelle ich in Abschnitt 3.12.5, »Profile«, vor.

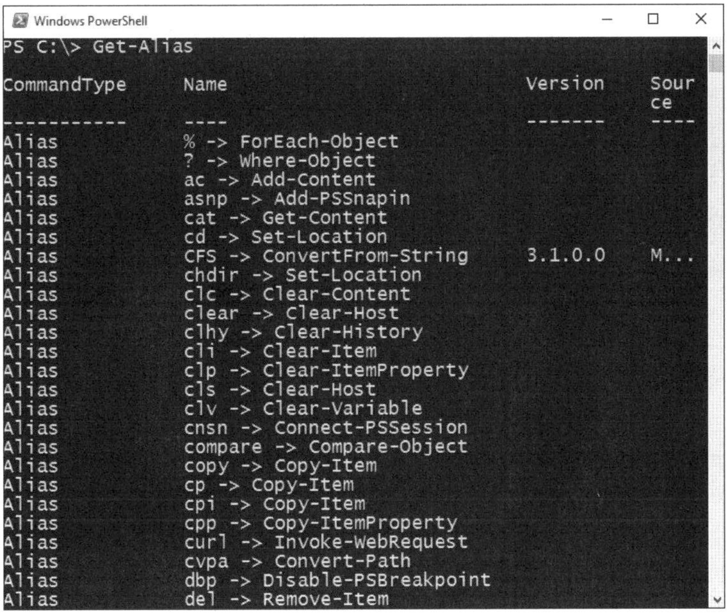

Abbildung 3.17 »Get-Alias« zeigt alle bestehenden Aliasse an.

3.7 Klassen und Objekte

Eine Erklärung zum Thema Klassen und Objekte würden Sie vielleicht eher in einem Buch über Programmiersprachen erwarten. Doch auch für die PowerShell ist ein solides Verständnis dieses Themas erforderlich, da Sie sonst einen wesentlichen Teil der PowerShell-Funktionalität verlören.

Ich werde das Thema hier nicht in der Ausführlichkeit besprechen, wie es für Programmiersprachen erforderlich wäre, aber die Grundzüge davon und was das mit der PowerShell zu tun hat, lesen Sie in diesem Kapitel.

Sehen wir uns zunächst das Ergebnis des Kommandos Get-Service an (siehe Abbildung 3.18).

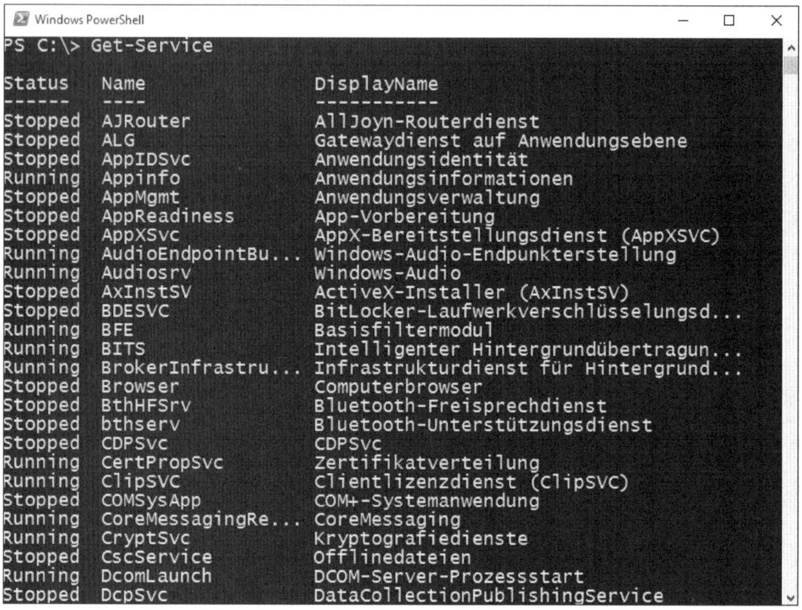

```
Windows PowerShell                                    -   □   ×
PS C:\> Get-Service

Status   Name               DisplayName
------   ----               -----------
Stopped  AJRouter           AllJoyn-Routerdienst
Stopped  ALG                Gatewaydienst auf Anwendungsebene
Stopped  AppIDSvc           Anwendungsidentität
Running  Appinfo            Anwendungsinformationen
Stopped  AppMgmt            Anwendungsverwaltung
Stopped  AppReadiness       App-Vorbereitung
Stopped  AppXSvc            AppX-Bereitstellungsdienst (AppXSVC)
Running  AudioEndpointBu... Windows-Audio-Endpunkterstellung
Running  Audiosrv           Windows-Audio
Stopped  AxInstSV           ActiveX-Installer (AxInstSV)
Stopped  BDESVC             BitLocker-Laufwerkverschlüsselungsd...
Running  BFE                Basisfiltermodul
Running  BITS               Intelligenter Hintergrundübertragun...
Running  BrokerInfrastru... Infrastrukturdienst für Hintergrund...
Stopped  Browser            Computerbrowser
Stopped  BthHFSrv           Bluetooth-Freisprechdienst
Stopped  bthserv            Bluetooth-Unterstützungsdienst
Stopped  CDPSvc             CDPSvc
Running  CertPropSvc        Zertifikatverteilung
Running  ClipSVC            Clientlizenzdienst (ClipSVC)
Stopped  COMSysApp          COM+-Systemanwendung
Running  CoreMessagingRe... CoreMessaging
Running  CryptSvc           Kryptografiedienste
Stopped  CscService         Offlinedateien
Running  DcomLaunch         DCOM-Server-Prozessstart
Stopped  DcpSvc             DataCollectionPublishingService
```

Abbildung 3.18 Ergebnis des Cmdlets »Get-Service«

Sie sehen eine Tabelle mit den Spalten Status, Name und DisplayName. Das mag ja in manchen Situationen spannend sein, doch wenn die eigentliche Aufgabenstellung war, herauszufinden, welcher dieser Dienste angehalten werden kann, hilft die Ausgabe so nicht sonderlich weiter. Auf den ersten Blick sieht es so aus, als ob die PowerShell die benötigte Information nicht liefern würde. Sie tut es aber, neben vielen weiteren Informationen, nur werden diese zunächst nicht ausgegeben.

An dieser Stelle ist es wichtig, zu erläutern, dass im Gegensatz zu den Kommandos, die in *cmd.exe* abgesetzt wurden, die Cmdlets nicht für die Textausgabe in der Konsole zuständig sind. Die Cmdlets liefern etwas ganz anderes, nämlich Objekte. Get-Service liefert also *nicht* den Text, der in der Konsole erscheint, sondern pro lokalen Dienst ein Objekt.

Zur Dienstverwaltung gibt es eine Klasse mit dem Namen System.ServiceProcess.ServiceController. Diese Klasse sagt uns nicht, welche Dienste vorhanden sind und welchen Status diese haben, sondern beschreibt, wie jedes Dienstobjekt aufgebaut ist. Eine Klasse kann dabei aus *Eigenschaften (Properties)*, *Methoden (Methods)* sowie *Ereignissen (Events)* aufgebaut sein. Für uns zunächst wichtig sind nur die Eigenschaften.

In der Klasse ist also der Aufbau hinterlegt, den wir bei jedem Objekt wiederfinden. In Abbildung 3.19 wird eine Klasse symbolisiert durch eine Ausstechform. Diese gibt den festen Aufbau der Plätzchen vor, die mit der Form erstellt werden. Die Form gibt aber nicht vor, welcher Teig und welche Glasur verwendet werden. Mit der Form können beliebig viele Plätzchen hergestellt werden. Die Plätzchen stehen für die Objekte.

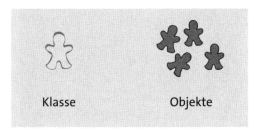

Abbildung 3.19 Klassen und Objekte

Die PowerShell arbeitet grundsätzlich mit diesem Klassen- und Objektekonzept. Es gibt Tausende von Klassen für Dienste, Prozesse, Benutzerkonten, Organisationseinheiten, Druckerschlangen, SharePoint-Websites, Dokumentbibliotheken etc.

In der Konsolenausgabe sehen wir mit den drei Spalten STATUS, NAME und DISPLAYNAME die Werte der gleichnamigen Eigenschaften aus den Objekten. Nun ist es aber so, dass neben diesen drei Eigenschaften eine ganze Reihe weiterer existiert, die die PowerShell aber standardmäßig nicht anzeigt. In diesen versteckten Eigenschaften steht beispielsweise auch, ob ein Dienst angehalten werden kann oder nicht. Deshalb müssen wir als Nächstes zwei Fragestellungen klären:

1. Wie sieht die Klasse der Dienstobjekte aus, das heißt, welche Eigenschaften sind vorhanden?
2. Wie wird mit den Eigenschaften gearbeitet, um beispielsweise ihre Werte darzustellen?

3.7.1 »Get-Member«

Zur Beantwortung der ersten Frage sehen wir uns mit Get-Member ein ganz wesentliches Cmdlet an. Dieses Cmdlet zeigt den Klassenaufbau von beliebigen Objekten an. Geben Sie folgendes Kommando:

```
Get-Service | Get-Member
```

Listing 3.12 Dienste-Klasse anzeigen

Die Ausgabe sehen Sie in Abbildung 3.20.

Die Ausgabe beginnt mit dem TYPENAME, dem Klassennamen der Objekte, die von Get-Service geliefert werden. Wie vorhin schon verraten, handelt es sich bei Diensten um die Klasse System.ServiceProcess.ServiceController. Die Tabelle führt dann die Klassenbestandteile auf.

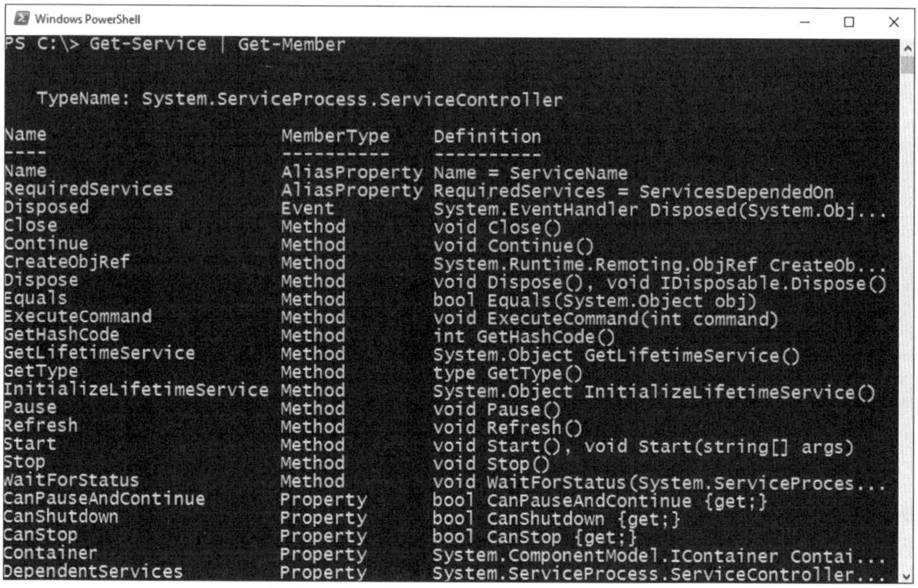

```
Windows PowerShell                                                    −  □  ×
PS C:\> Get-Service | Get-Member


   TypeName: System.ServiceProcess.ServiceController

Name                      MemberType      Definition
----                      ----------      ----------
Name                      AliasProperty   Name = ServiceName
RequiredServices          AliasProperty   RequiredServices = ServicesDependedOn
Disposed                  Event           System.EventHandler Disposed(System.Obj...
Close                     Method          void Close()
Continue                  Method          void Continue()
CreateObjRef              Method          System.Runtime.Remoting.ObjRef CreateOb...
Dispose                   Method          void Dispose(), void IDisposable.Dispose()
Equals                    Method          bool Equals(System.Object obj)
ExecuteCommand            Method          void ExecuteCommand(int command)
GetHashCode               Method          int GetHashCode()
GetLifetimeService        Method          System.Object GetLifetimeService()
GetType                   Method          type GetType()
InitializeLifetimeService Method          System.Object InitializeLifetimeService()
Pause                     Method          void Pause()
Refresh                   Method          void Refresh()
Start                     Method          void Start(), void Start(string[] args)
Stop                      Method          void Stop()
WaitForStatus             Method          void WaitForStatus(System.ServiceProces...
CanPauseAndContinue       Property        bool CanPauseAndContinue {get;}
CanShutdown               Property        bool CanShutdown {get;}
CanStop                   Property        bool CanStop {get;}
Container                 Property        System.ComponentModel.IContainer Contai...
DependentServices         Property        System.ServiceProcess.ServiceController...
```

Abbildung 3.20 »Get-Member« zeigt die Klasse an.

Für uns von Interesse sind zunächst alle Einträge, bei denen in der Spalte MEMBER-TYPE etwas von Property steht, also die Eigenschaften. Ob es ein AliasProperty, CodeProperty, ScriptProperty, NoteProperty oder einfach nur ein Property ist, spielt dabei keine Rolle. Bei diesen Einträgen finden Sie mit Name, DisplayName und Status alte Bekannte. Sie sehen aber auch weitere Einträge, wie beispielsweise CanStop. In der Eigenschaft CanStop ist bei jedem Dienst ein boolescher Wert enthalten, der in der PowerShell als True dargestellt wird, wenn der Dienst angehalten werden kann, und als False, wenn nicht.

Get-Member zeigt uns also nicht an, welche Dienste vorhanden sind, sondern welche Informationen potenziell in den Eigenschaften zur Verfügung stehen. Das Cmdlet funktioniert natürlich nicht nur mit Diensten, sondern ganz allgemein mit jeder Objektart. Geben Sie beispielsweise das folgende Kommando, erhalten Sie die Klasse für einen Ordner dargestellt:

```
Get-Item C:\Windows | Get-Member
```

Listing 3.13 Klasse für Ordner darstellen

Damit haben wir die Antwort auf die erste Frage. Es fehlt nun noch die Antwort, wie Sie mit den Werten der Eigenschaften arbeiten können. Wie zeigen wir also zu den Diensten tatsächlich an, ob sie angehalten werden können oder eben nicht?

3.7.2 »Select-Object«

Wie Sie mit den Eigenschaften arbeiten, hängt stark von der konkreten Aufgabenstellung ab. In unserem Fall geht es darum, bestimmte Eigenschaften aller Dienstobjekte auszugeben. Das ist eine Aufgabe für das Cmdlet Select-Object. Hier ein Beispiel (siehe Abbildung 3.21):

Get-Service | Select-Object -Property Name,CanStop

Listing 3.14 Auswahl der Eigenschaften »Name« und »CanStop«

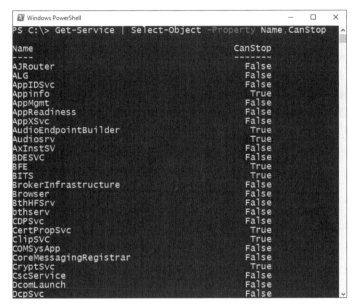

Abbildung 3.21 Ausgewählte Eigenschaften

Mit Select-Object wählen wir bestimmte Bestandteile aus den Dienstobjekten, die dann in der Konsole angezeigt werden. Es werden nun nicht mehr wie im Standardfall die Eigenschaften Name, Status und DisplayName angezeigt, sondern Name und CanStop. Dass es die Eigenschaft CanStop gibt, haben wir bereits mit Get-Member ermittelt.

Das -Property können Sie sich auch sparen – Sie erinnern sich noch an die verschiedenen Varianten bei der Übergabe von Parametern und Argumenten (siehe Abschnitt 3.5.2, »Parameter und Argumente«)?

Hier können wir es uns auch einfacher machen, indem wir beim Select-Object nicht bestimmte Eigenschaftsnamen angeben, sondern stattdessen den Stern (*). Damit werden alle verfügbaren Eigenschaften samt ihrem jeweiligen Wert aus den Objekten angezeigt.

Die Ausgabe passt nun nicht mehr in eine Tabelle, sondern erfolgt in der Konsole als Liste. Wenn Sie diese Ausgabe mit dem ursprünglichen Get-Service vergleichen, ist es schon erstaunlich, welche Informationen zwar zur Verfügung stehen, aber ohne weiteres Zutun nicht angezeigt werden.

Dieses Verhalten finden Sie in der PowerShell nicht nur bei Diensten, sondern grundsätzlich bei allen Objekten. Wenn Sie mit einem neuen Cmdlet arbeiten, das irgendwelche Informationen liefert, schadet es also nicht, sich erst mal mit einem angehängten | Get-Member oder einem | Select-Object * einen Überblick zu verschaffen, was denn eigentlich zur Verfügung steht.

Benutzerdefinierte Eigenschaften

Mithilfe des Cmdlets Select-Object erzeugen Sie auch eigene Eigenschaften, die in der Klassendefinition als NoteProperties geführt werden. Sie gehen dazu wie folgt vor: Statt einen konkreten Eigenschaftsnamen anzugeben, definieren Sie einen Bezeichner für die Eigenschaft und den Inhalt, der auch über Programmcode ermitteln werden kann. Listing 3.15 zeigt ein Beispiel für die Auswahl von Dateinamen und einer benutzerdefinierten Eigenschaft, die die Dateigröße in Megabyte enthält (siehe Abbildung 3.22).

```
dir *.log |
   Select-Object Name,
      @{ Label="Size"; Expression={ $_.Length / 1MB } }
```

Listing 3.15 Benutzerdefinierte Eigenschaft

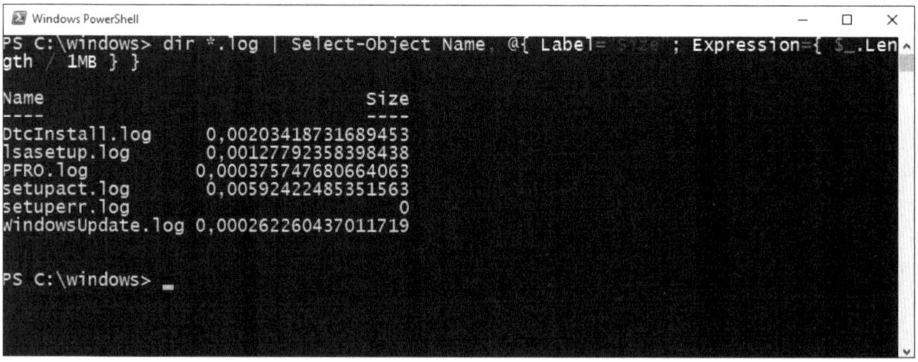

Abbildung 3.22 Benutzerdefinierte Eigenschaft

Bei @{ } handelt es sich um eine sogenannte *Hash-Tabelle*, die Index-Werte-Paare enthält. Für benutzerdefinierte Eigenschaften müssen die beiden Indizes Label für den Eigenschaftsnamen und Expression für den Wert lauten.

Formatierte Ausgabe

Im Beispiel von Listing 3.15 gibt es mit den vielen Nachkommastellen noch einen Schönheitsfehler. Besser wären zwei Nachkommastellen. Dies erreichen Sie mit dem Formatierungsoperator -f. Sie setzen vor den Operator die Angabe, wie die Ausgabe erfolgen soll, und hinter den Operator den auszugebenden Wert. Das Schwierigste dabei ist die Angabe der gewünschten Formatierung. Dazu finden Sie in Listing 3.16 einige Beispiele:

```
#Zwei Nachkommastellen
"{0:F2}" -f (1/3)

#Zahlen mit bis zu 3 vorangestellten Nullen ausgeben
"{0:0000}" -f 12
```

Listing 3.16 Formatierte Ausgabe

Listing 3.15 könnten wir also leicht modifizieren, um nur zwei Nachkommastellen zu erhalten:

```
dir *.log |
   Select-Object Name,
      @{ Label="Size";
         Expression={ "{0:F2}" -f ($_.Length / 1MB) }
      }
```

Listing 3.17 Dateigrößen mit zwei Nachkommastellen

Der Formatierungsoperator -f greift auf die Methode Format der Klasse System.String aus dem .NET Framework zurück. Entsprechend finden Sie dort auch die Dokumentation mit weiteren Beispielen unter folgender URL: *http://msdn.microsoft.com/de-de/library/fht0f5be(v=vs.80).aspx*

3.7.3 Punktnotation

Wie zuvor schon angedeutet, gibt es mehrere Arten, mit den Objekteigenschaften zu arbeiten. Eine zweite Art stelle ich Ihnen jetzt mit der *Punktnotation* vor.

Angenommen, wir möchten den Status eines bestimmten Dienstes ermitteln, und zwar vom *Windows-Update-Dienst* mit dem internen Namen wuauserv. Wir könnten dabei wie in Abbildung 3.23 gezeigt vorgehen:

```
Get-Service -Name wuauserv |
   Select-Object -Property Status
```

Listing 3.18 Status des Windows-Update-Dienstes ermitteln – Variante 1

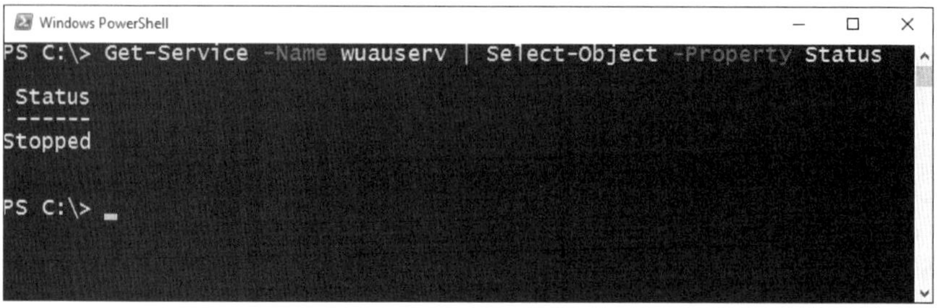

Abbildung 3.23 Status des Windows-Update-Dienstes – Variante 1

Für eine Ausgabe des Status ist dieses Vorgehen in Ordnung, es gibt aber mit der Punktnotation noch eine andere Möglichkeit, die wir beispielsweise später auch in Abfragen und Filtern verwenden. Geben Sie dazu folgendes Kommando (siehe Abbildung 3.24):

```
(Get-Service -Name wuauserv).Status
```

Listing 3.19 Status des Windows-Update-Dienstes ermitteln – Variante 2

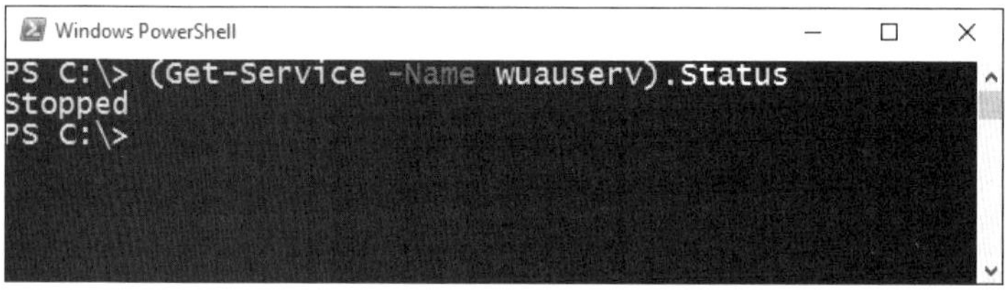

Abbildung 3.24 Status des Windows-Update-Dienstes – Variante 2

Auch hier erhalten wir die gewünschte Angabe. Mit dem Punkt trennen wir das abzufragende Objekt auf der linken Seite mit der Eigenschaft auf der rechten Seite. So können wir die Werte aller anderen Eigenschaften ebenfalls ermitteln.

3.7.4 Standardausgabe

Wie ich bereits erläutert habe, sind die Cmdlets also nicht für die Ausgabe in der Konsole zuständig – nur wer ist es dann? Am Ende jedes Kommandos führt die PowerShell die Standardausgabe durch. Diese verfügt über eine Art Lexikon, in der viele der potenziellen Klassen aufgeführt sind. Zu jeder dort enthaltenen Klasse ist hinterlegt, welche Eigenschaften standardmäßig in der Konsole ausgegeben werden sollen. Ist das Ergebnis eines Kommandos etwa ein oder mehrere Objekte vom Typ `System.ServiceProcess.ServiceController`, werden die im Lexikon hinterlegten Eigenschaften `Status`, `Name`, `DisplayName` in der Konsole ausgegeben.

> **»Select-Object« oder »Format-Table«?**
>
> In Skriptsammlungen, in Blog-Einträgen etc. findet man statt des Cmdlets Select-Object zur Auswahl von Objektbestandteilen oft ein Format-Table, beispielsweise analog zu Listing 3.14:
>
> `Get-Service | Format-Table -Property Name,CanStop`
> **Listing 3.20** Alternative »Format-Table«
>
> Oder auch nur kurz geschrieben mit dem Alias ft:
>
> `Get-Service | ft Name,CanStop`
> **Listing 3.21** Alternative »ft«
>
> Führen Sie diese Befehle aus, erscheint die gleiche Ausgabe in der Konsole wie bei Select-Object Name,CanStop. Im Hintergrund geschehen hier aber völlig unterschiedliche Dinge. Während Sie mit Select-Object die Objekte auf einzelne Elemente – meist Eigenschaften – reduzieren, bleiben die Objekte aber noch vom ursprünglichen Typ: bei den konkreten Beispielen also nach wie vor Dienstobjekte (ServiceController). Sie können das überprüfen, indem Sie ein | Get-Member anhängen. Ganz anders sieht es aus, wenn Sie mit Format-Table arbeiten. Von diesem Cmdlet erhalten Sie keine Dienstobjekte mehr zurück, sondern Objekte, mit denen die PowerShell eine formatierte Ausgabe vornimmt. Auch das können Sie mit einem angehängten | Get-Member überprüfen. Solange Sie mit den zurückgelieferten Objekten dann nichts mehr machen, ist der Unterschied nicht weiter tragisch. Pipen Sie das Ergebnis aber weiter, beispielsweise an ein Export-CSV ausgabe.csv, sehen Sie den Unterschied sehr deutlich: Bei Select-Object erhalten Sie die erwarteten Informationen in der CSV-Datei, bei Format-Table unbrauchbare.
>
> Grundsätzlich dürfen Sie die Formatbefehle (Format-Table genauso wie Format-List und Format-Wide) nur als letzten Befehl in der Pipeline verwenden. Wenn danach noch etwas kommt, führt es höchstwahrscheinlich nicht zum gewünschten Ergebnis.

3.8 Pipeline

Eine wichtige Kernkomponente in der PowerShell ist die Pipeline (oder auch *Pipeline Processor* genannt). Mit ihrer Hilfe verketten Sie Befehle miteinander, sodass die Ausgabe des links neben dem Pipe-Symbol (|) stehenden Befehls als Eingabe des rechts stehenden fungiert. Die Pipeline können Sie sich als Rohr vorstellen, über das Objekte weitergeleitet werden (siehe Abbildung 3.25).

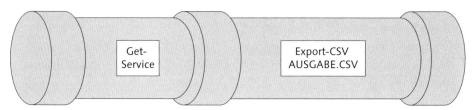

Abbildung 3.25 Pipeline als Rohr

Gleich noch ein konkretes Beispiel: Bei allen Benutzerkonten aus der Organisationseinheit *PROD* soll die Abteilung (Department) auf den Wert »Produktion« gesetzt werden. Wir erreichen dies über einen kombinierten Aufruf von Get-ADUser und Set-ADUser. Diese beiden Cmdlets sind Bestandteil der PowerShell-Erweiterung ActiveDirectory (lesen Sie mehr dazu in Abschnitt 3.16, »PowerShell und Active Directory«). Mit PowerShell 2 müssen Sie die Erweiterung erst laden, bei PowerShell ab 3 geschieht das automatisch:

```
Import-Module ActiveDirectory
```

Listing 3.22 Laden des »ActiveDirectory«-Moduls

Das Laden von PowerShell-Erweiterungen beschreibe ich später noch genauer in Abschnitt 3.13, »Snap-ins und Module«.

[»] Verwenden Sie für die ersten Gehversuche am besten einen Domänencontroller eines abgeschlossenen Testsystems.

Mit dem Cmdlet Get-ADUser ermitteln wir die betroffenen Benutzerkonten (siehe Abbildung 3.26):

```
Get-ADUser -Filter * `
    -SearchBase "OU=PROD,DC=BEISPIELAG,DC=LOCAL"
```

Listing 3.23 Benutzerkonten einer Organisationseinheit ermitteln

Da wir über die Pipeline bisher keinen weiteren Befehl angeschlossen haben, gibt die PowerShell in der Konsole einige der Benutzerkonten-Objekt-Eigenschaften aus. Wenn Sie wollen, lassen Sie sich mit Get-Member die Klasse anzeigen:

```
Get-ADUser -Filter * `
    -SearchBase "OU=PROD,DC=BEISPIELAG,DC=LOCAL" |
    Get-Member
```

Listing 3.24 Anzeigen der User-Klasse

Damit die Abteilung des Benutzerkontos geändert wird, leiten wir die Objekte über die Pipeline an Set-ADUser weiter, das dann für die Änderung zuständig ist:

```
Get-ADUser -Filter * `
    -SearchBase "OU=PROD,DC=BEISPIELAG,DC=LOCAL" |
    Set-ADUser -Department "Produktion"
```

Listing 3.25 Ändern der Abteilung

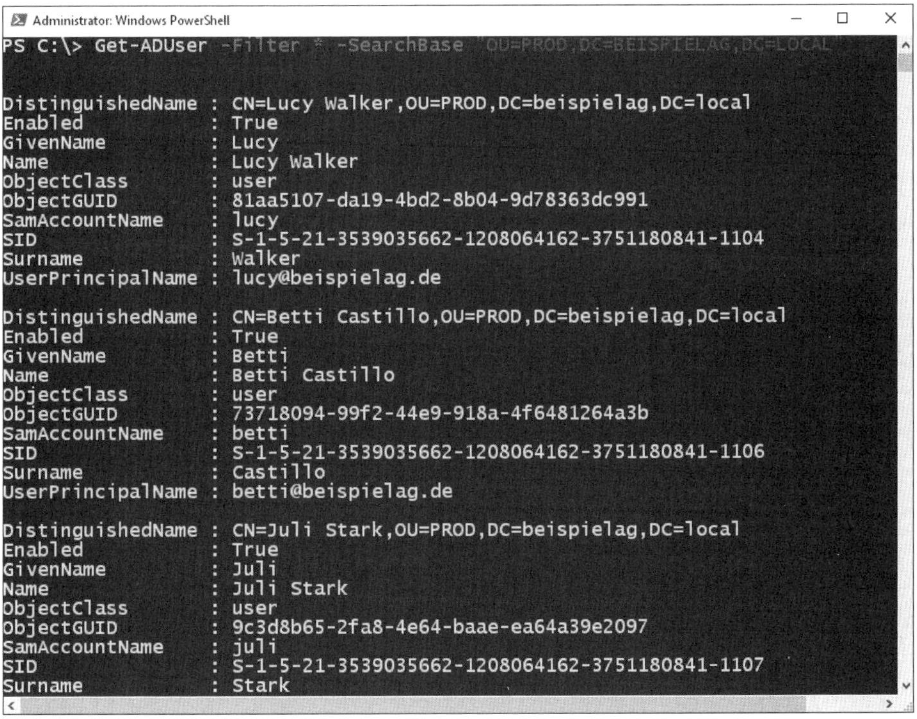

Abbildung 3.26 Benutzerkonten einer Organisationseinheit

Die Pipeline können Sie innerhalb eines Kommandos nicht nur, wie bisher, ein einziges Mal einsetzen, sondern durchaus mehrfach. Hier ein Beispiel, bei dem alle Fehlermeldungen des System-Ereignisprotokolls aus den vergangenen 24 Stunden in einer *CSV-Datei* protokolliert werden:

```
Get-EventLog -Logname System -EntryType Error |
    Where-Object {
        $_.TimeGenerated -ge (Get-Date).AddDays(-1)
    } |
    Export-CSV C:\Protokoll.csv
```

Listing 3.26 Fehlermeldungen aus dem Event-Log protokollieren

Tabelle 3.3 beschreibt kurz die Funktionen der beteiligten Cmdlets. Insbesondere das Where-Object werde ich in Abschnitt 3.9, »Wichtige Cmdlets«, noch näher erläutern.

Cmdlet	Funktion
Get-EventLog	Auslesen der Ereignisanzeige (System, Application, Security etc.)
Where-Object	Filtern von Pipelineobjekten
Get-Date	Ermitteln des aktuellen Datums/der aktuellen Uhrzeit
Export-CSV	Ausgabe von Objekteigenschaften im CSV-Format

Tabelle 3.3 Beispiel-Cmdlets

Übrigens können Sie nicht alle Cmdlets direkt in der Pipeline einsetzen, dazu gehört beispielsweise `Rename-Item` (siehe Abbildung 3.27). Das Cmdlet rechts neben dem Pipe-Symbol muss also die Fähigkeit haben, den Pipelineinhalt auszuwerten.

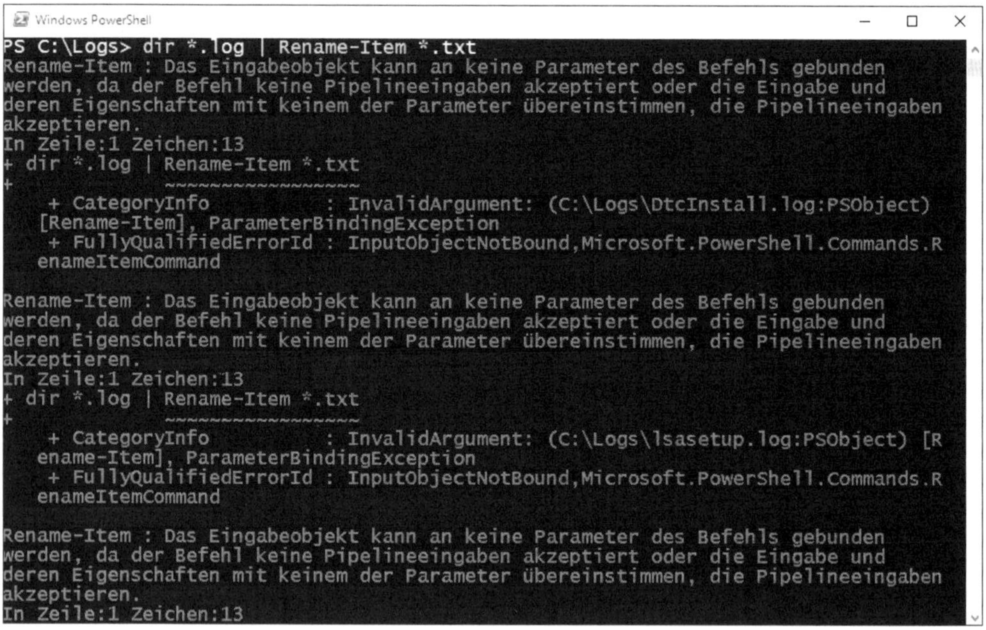

```
PS C:\Logs> dir *.log | Rename-Item *.txt
Rename-Item : Das Eingabeobjekt kann an keine Parameter des Befehls gebunden
werden, da der Befehl keine Pipelineeingaben akzeptiert oder die Eingabe und
deren Eigenschaften mit keinem der Parameter übereinstimmen, die Pipelineeingaben
akzeptieren.
In Zeile:1 Zeichen:13
+ dir *.log | Rename-Item *.txt
+             ~~~~~~~~~~~~~~~~~~
    + CategoryInfo          : InvalidArgument: (C:\Logs\DtcInstall.log:PSObject)
   [Rename-Item], ParameterBindingException
    + FullyQualifiedErrorId : InputObjectNotBound,Microsoft.PowerShell.Commands.R
   enameItemCommand

Rename-Item : Das Eingabeobjekt kann an keine Parameter des Befehls gebunden
werden, da der Befehl keine Pipelineeingaben akzeptiert oder die Eingabe und
deren Eigenschaften mit keinem der Parameter übereinstimmen, die Pipelineeingaben
akzeptieren.
In Zeile:1 Zeichen:13
+ dir *.log | Rename-Item *.txt
+             ~~~~~~~~~~~~~~~~~~
    + CategoryInfo          : InvalidArgument: (C:\Logs\lsasetup.log:PSObject) [R
   ename-Item], ParameterBindingException
    + FullyQualifiedErrorId : InputObjectNotBound,Microsoft.PowerShell.Commands.R
   enameItemCommand

Rename-Item : Das Eingabeobjekt kann an keine Parameter des Befehls gebunden
werden, da der Befehl keine Pipelineeingaben akzeptiert oder die Eingabe und
deren Eigenschaften mit keinem der Parameter übereinstimmen, die Pipelineeingaben
akzeptieren.
In Zeile:1 Zeichen:13
```

Abbildung 3.27 »Rename-Item« in der Pipeline führt zu einer Fehlermeldung.

3.9 Wichtige Cmdlets

In diesem Abschnitt stelle ich einige Cmdlets vor, die Sie in vielen Situationen einsetzen können, unabhängig davon, ob Sie mit Benutzerkonten, Postfächern oder mit SharePoint-Inhalten etc. arbeiten. Vergessen Sie auch nie die zuvor bereits aufgeführten Cmdlets `Get-Member` und `Select-Object`.

3.9.1 Filtern mit »Where-Object«

Where-Object gehört zu den wichtigsten Standard-Cmdlets. Mit seiner Hilfe filtern Sie Pipelineobjekte, beispielsweise bestimmte Benutzerkonten, Postfächer ab einer gewissen Größe oder Websitesammlungen eines bestimmten Websitesammlungsadministrators etc. Auf den ersten Blick ist die Syntax des Cmdlets eher abschreckend. Schauen Sie genauer hin, steckt aber nicht viel mehr dahinter als in klassischen if-Abfragen. Sehen wir uns zunächst ein Beispiel an, in dem alle angehaltenen Dienste in der Konsole ausgegeben werden (siehe Abbildung 3.28):

```
Get-Service | Where-Object { $_.Status -eq "Stopped" }
```

Listing 3.27 Angehaltene Dienste ermitteln

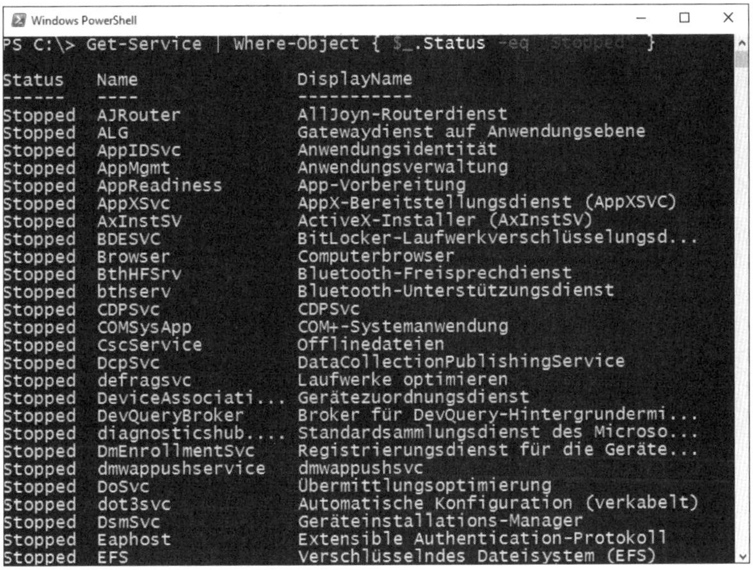

Abbildung 3.28 Angehaltene Dienste

Der verständlichste Teil daran ist vermutlich das Stopped. Es handelt sich um den Vergleichswert, den wir in der Objekteigenschaft Status suchen. -eq ist ein Vergleichsoperator. Einige wichtige dieser Operatoren finden Sie in Tabelle 3.4 aufgeführt.

Vergleichsoperator	Bedeutung
-eq	gleich (»equals«): =
-gt	größer als (»greater than«): >

Tabelle 3.4 Wichtige Vergleichsoperatoren

Vergleichsoperator	Bedeutung
-ge	größer oder gleich (»greater or equal«): >=
-lt	kleiner als (»lower than«): <
-le	kleiner oder gleich »(lower or equal«): <=
-ne	ungleich (»not equal«): <> bzw. !=
-like	Vergleich mit *Wildcards*: beispielsweise * und ?
-match	Vergleich mit *regulären Ausdrücken*

Tabelle 3.4 Wichtige Vergleichsoperatoren (Forts.)

Bleibt noch der Teil $_.Status. Rein vom Aufbau her handelt es sich um die Punktnotation (siehe Abschnitt 3.7.3). Das $_ steht für eine von der PowerShell vorgegebene Variable (in der PowerShell beginnen alle Variablen mit $). Der Where-Object-Filterausdruck wird für jedes Objekt aus der Pipeline einmal ausgeführt. Die Variable enthält dann eben dieses eine Objekt, um auf seinen Inhalt zugreifen zu können.

Achten Sie darauf, den kompletten Filterausdruck in geschweifte Klammern zu setzen.

Im Prinzip müssen Sie in den meisten Fällen am kompletten Filterausdruck je nach Aufgabenstellung drei Elemente anpassen: die abzufragende Eigenschaft, den Vergleichsoperator und den Vergleichswert (siehe Abbildung 3.29). Wenn Sie das ein paar Mal gemacht haben, ist der Einsatz des Cmdlets für Sie kein Problem mehr.

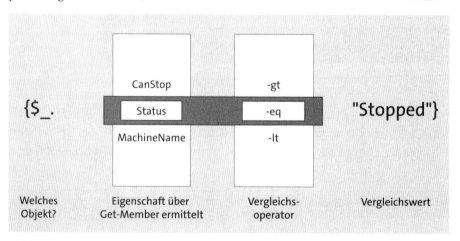

Abbildung 3.29 Anpassung des Filterausdrucks

Where-Object leitet nun alle Objekte, die unserem Filterkriterium entsprechen, weiter; die anderen werden dagegen nicht weiter betrachtet (siehe Abbildung 3.30).

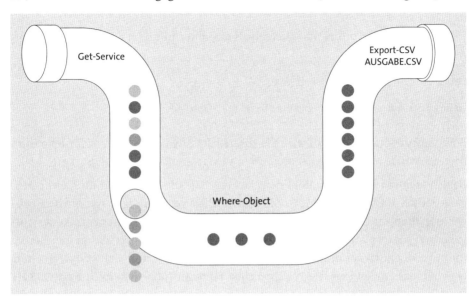

Abbildung 3.30 »Where-Object« filtert Pipelineinhalte.

Statt Where-Object können Sie auch einfach nur Where oder ? schreiben, denn das sind Aliasse für das Cmdlet.

> **Kürzere Schreibweise in PowerShell ab 3.0**
>
> Der gezeigte Aufbau eines Filterkriteriums bei Where-Object funktioniert in jeder PowerShell-Version. Ab Version 3.0 gibt es jedoch auch eine kürzere Schreibweise. Statt der Befehlszeile aus Listing 3.27 könnten Sie auch schreiben:
>
> Get-Service | Where-Object Status -eq "Stopped"
> **Listing 3.28** Angehaltene Dienste ermitteln
>
> Doch Achtung: Ein solches Skript würde dann allerdings auch den Einsatz einer PowerShell-Version ab 3.0 erfordern, da es nicht mehr rückwärtskompatibel ist.

3.9.2 Dateiexport mit »Out-File« und »Export-CSV«

Sie werden sich sicher einige Szenarien vorstellen können, bei denen Sie ausgewertete Informationen zur Protokollierung in einer Datei ablegen wollen. Die einfachste Variante dabei ist das Umleiten der Ausgabe, wie Sie es vielleicht schon in *cmd.exe* mit dem Größer-als-Zeichen (>) gemacht haben. Beispiel:

```
Get-Service > Ausgabe.txt
```

Listing 3.29 Ausgabeumleitung in eine Datei

Sie können dieses Kommando auch etwas eleganter mit dem Cmdlet `Out-File` formulieren:

```
Get-Service | Out-File Ausgabe.txt
```

Listing 3.30 Ausgabeumleitung in eine Datei mit »Out-File«

Beim Aufruf von `Out-File` können Sie zusätzliche Angaben über verschiedene Parameter machen, wie die Ausgabebreite, den zu verwendenden Zeichensatz etc.

Beide Varianten haben allerdings den Nachteil, dass die Datei exakt die gleiche Ausgabe enthält, die sonst in der Konsole ersichtlich gewesen wäre. So werden beispielsweise Spaltenwerte verkürzt abgelegt. Besser wäre ein verlässliches Format der Ausgabedatei, das es auch erlaubt, zu einem späteren Zeitpunkt die gespeicherten Informationen wieder ohne großen Aufwand einzulesen und weiterzuverarbeiten. Hier hilft das Cmdlet `Export-CSV`. Es speichert beim Aufruf in der Pipeline alle Objekte samt ihren Eigenschaften in einer standardisierten CSV-Datei ab. Ändern wir also das zuvor gezeigte Beispiel wie folgt, erhalten wir als Ergebnis eine Datei, deren Inhalt Sie in Abbildung 3.31 sehen.

Abbildung 3.31 »Export-CSV« legt CSV-Dateien an.

```
Get-Service | Export-CSV Ausgabe.csv
```

Listing 3.31 Speichern von Objekteigenschaften in einer CSV-Datei

Der Vorteil dabei ist nicht nur, dass keine Informationen verloren gehen (abgeschnittene Eigenschaftswerte), sondern dass der Inhalt einer CSV-Datei mit dem Cmdlet Import-CSV ebenso einfach wieder eingelesen wird (siehe Abbildung 3.32).

```
Import-CSV Ausgabe.CSV
```

Listing 3.32 Import einer CSV-Datei

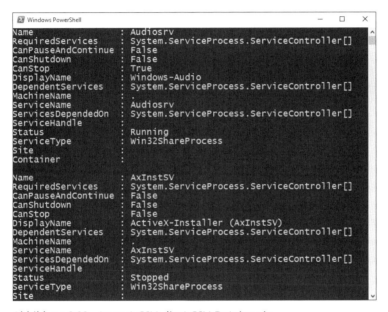

Abbildung 3.32 »Import-CSV« liest CSV-Dateien ein.

3.9.3 Grafische Ausgabe mit »Out-GridView«

Die grafischen Möglichkeiten der PowerShell bewegen sich in einem sehr beschränkten Rahmen. Dennoch wäre es manchmal schön, ausgewertete Informationen nicht nur in der Eingabeaufforderung darzustellen, sondern etwas grafischer in einem Windows-Fenster. Ein einfaches Cmdlet dazu finden Sie in Out-GridView. Das Cmdlet zeigt beim Einsatz die in der Pipeline enthaltenen Objekte in einem Fenster an (siehe Abbildung 3.33).

```
Get-Service | Out-GridView
```

Listing 3.33 Grafische Ausgabe

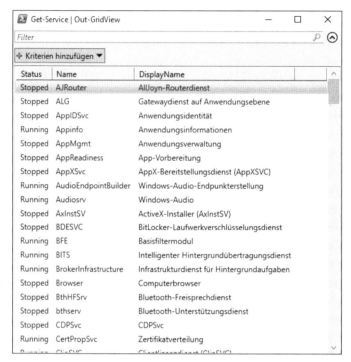

Abbildung 3.33 Grafische Ausgabe mit »Out-GridView«

Das Fenster unterstützt dann auch einfache Benutzeraufgaben wie die Sortierung über die Spaltenüberschriften oder das interaktive Konfigurieren eines Filters.

3.9.4 Sortieren mit »Sort-Object«

Auch das Sortieren von Pipelineobjekten gehört zu den Standardaufgaben in der PowerShell. Mit Sort-Object sortieren Sie beispielsweise Postfächer nach ihrer Größe oder Websitesammlungen nach dem Anlagedatum. Beim Aufruf des Cmdlets geben Sie über den Parameter -Property an, nach welcher Objekteigenschaft sortiert werden soll:

```
dir C:\Windows | Sort-Object -Property Length
```

Listing 3.34 Objekte sortieren

Die Angabe des Parameternamens kann auch hier entfallen.

3.9.5 Einfache Statistiken mit »Measure-Object«

Mit Measure-Object erzeugen Sie einfache Statistiken. Das können Summe, Durchschnittswerte, Anzahlen sowie die Ermittlung des kleinsten und größten Eigenschaftswerts sein. Eingesetzt wird das Cmdlet ähnlich wie Sort-Object, denn Sie müssen auch eine Eigenschaft angeben, deren Werte Sie bei der Berechnung als Grundlage verwenden wollen. Über weitere Parameter bestimmen Sie, welche Statistik oder welche Statistiken berechnet werden soll bzw. sollen. Im folgenden Beispiel verwenden wir die Dateilängen aus dem Windows-Ordner.

```
dir c:\Windows |
    Measure-Object -Property Length `
        -Sum `
        -Average `
        -Maximum `
        -Minimum
```

Listing 3.35 Statistik über Dateilängen

Das Ergebnis sehen Sie in Abbildung 3.34.

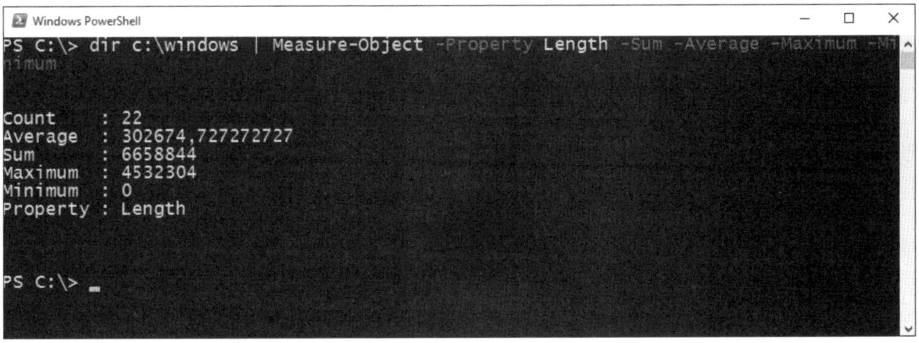

Abbildung 3.34 Statistik über Dateilängen

3.9.6 Schleifen mit »ForEach-Object«

Nicht alle Cmdlets lassen sich in der Pipeline einsetzen. Dazu gehört etwa Rename-Item. Auch werden Sie in der Praxis sicher Situationen finden, bei denen Sie pro Objekt, beispielsweise pro Benutzerkonto, nicht nur eine Aktion, etwa ein einziges Cmdlet, ausführen wollen, sondern mehrere. In beiden Fällen kommt das Cmdlet ForEach-Object zum Einsatz. Hier ein Beispiel:

```
Get-Service |
ForEach-Object {
    #1. Befehl
    #2. Befehl
    #...
}
```

Listing 3.36 Schleife mit »ForEach-Object«

In geschweifte Klammern setzen Sie die Befehle, die Sie für jedes Objekt aus der Pipeline separat ausführen wollen. Trennen Sie die Befehle über einen Zeilenwechsel oder alternativ mit einem Semikolon (;). Um auf das jeweilige Objekt zuzugreifen, für das die Schleife gerade läuft, nutzen Sie die Systemvariable $_ (wie bei Where-Object):

```
Get-Service | ForEach-Object { $_.Name }
```

Listing 3.37 Ausgabe von Dienstnamen

Statt ForEach-Object können Sie auch seine Aliasse foreach und % (Achtung, das führt zu unleserlichem Code!) anwenden.

3.9.7 Protokolle mit »Start-Transcript«

Sobald Sie sich mit der PowerShell angefreundet haben und sie auch für umfangreiche Konfigurationen einsetzen, ist es oftmals keine schlechte Idee, die ausgeführten Kommandos zur Dokumentation aufzuzeichnen. So können Sie später noch nachvollziehen, was Sie wann durch welche Befehle in der PowerShell gemacht haben. Der Aufwand dafür ist nicht groß. Führen Sie einfach das Cmdlet Start-Transcript aus, und geben Sie dabei einen Dateinamen an. Von da ab wird die PowerShell die Ausgabe der Konsole in der angegebenen Datei mit protokollieren (siehe Abbildung 3.35).

Abbildung 3.35 Beispielprotokoll von »Start-Transcript«

```
Start-Transcript Protokoll.txt
```

Listing 3.38 Ausgabeprotokollierung aktivieren

Im Kopf der Datei stehen allgemeine Angaben wie Zeitpunkt der Aufzeichnung, Benutzerkonto und Computer. Diese Protokollierung gilt nur für die aktive PowerShell-Sitzung und wird mit deren Beendigung angehalten.

Doch es gibt auch eine Einschränkung: Das Cmdlet können Sie nur in der Standard-Kommandozeile und nicht im grafischen *PowerShell ISE* einsetzen.

Mehr Transparenz mit »-Verbose« und »-WhatIf«

Bei so manchem Cmdlet ist nach der Ausführung nicht unbedingt klar, was denn jetzt eigentlich genau passiert ist, beispielsweise bei del *.* (oder etwas mehr PowerShell-like: Remove-Item *.*). Welche Dateien wurden gelöscht? Eine? Keine? Viele? Sie können hier mit dem Parameter -Verbose für mehr Transparenz sorgen, denn Sie sehen dann im Ausgabefenster genau, was denn eigentlich geschehen ist (siehe Abbildung 3.36).

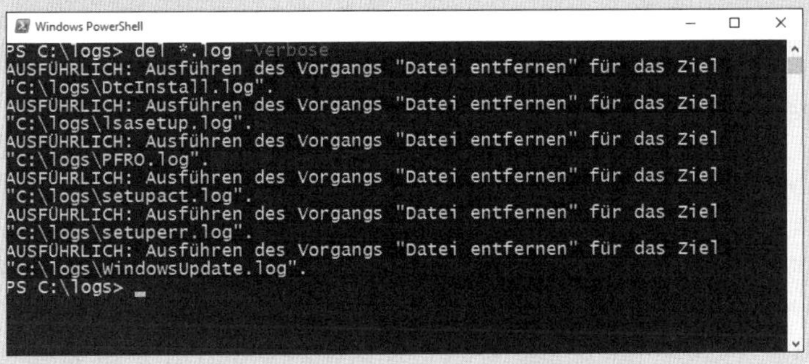

Abbildung 3.36 »-Verbose« zeigt an, was passiert ist.

Einen ähnlichen Weg geht der Parameter -WhatIf. Setzen Sie ihn ein, wird die eigentliche Cmdlet-Aktion nicht durchgeführt, sondern es wird nur ausgegeben, was versucht würde (siehe Abbildung 3.37).

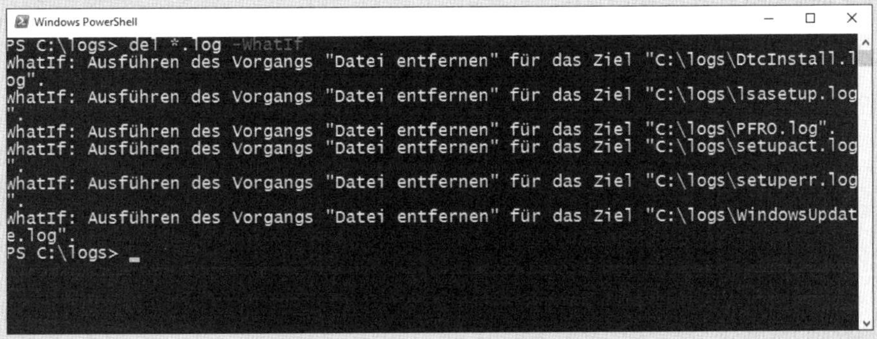

Abbildung 3.37 »-WhatIf« zeigt an, was passieren könnte.

> Bevor Sie kritische Aktionen durchführen, kann es sehr hilfreich sein, beispielsweise zu überprüfen, ob ein Filter auch tatsächlich die gewünschten Objekte zum Löschen findet.
>
> Die beiden Parameter -Verbose und -WhatIf finden Sie bei vielen Cmdlets.

3.10 Variablen

Variablen beginnen in der PowerShell grundsätzlich mit einem Dollarzeichen ($). Sie enthalten einen einzelnen Wert (Objekt) oder auch mehrere (als *Array*). Dabei besitzen sie im Standardfall keinen festen Datentyp und müssen auch nicht deklariert werden (auch wenn das bei vielen Entwicklern Gänsehaut verursacht). Beispiel:

```
$s = "London"
$s = 10
$s = Get-Service
```

Listing 3.39 Variablenzuweisung

3.11 Funktionen und Filter

Wie in vielen anderen Skripting-Lösungen können Sie auch in der PowerShell eigene Befehle definieren und diese bei Bedarf aufrufen. Allerdings unterscheiden sich die dabei erzeugten Funktionen an manchen Stellen von den Funktionen anderer Skriptsprachen. Außerdem kennt die PowerShell darüber hinaus Filter, die sich auf den ersten Blick von Funktionen nicht unterscheiden, aber bei genauerem Hinsehen innerhalb der Pipeline anders arbeiten.

3.11.1 Funktionen definieren

Beginnen wir mit einer simplen Funktion, die von einem übergebenen Nettobetrag die Mehrwertsteuer berechnet. Der Mehrwertsteuersatz soll dabei frei wählbar sein. Die Funktion könnte beispielsweise so aussehen:

```
function MwSt($betrag, $satz) {
   $ergebnis = $betrag / 100 * $satz
   $ergebnis
}
```

Listing 3.40 Funktionsdefinition

Der Funktionskopf enthält einen frei wählbaren Funktionsnamen und die beiden Variablen als Übergabeparameter. Die Berechnung selbst ist wenig spannend, interessant ist aber die Rückgabe. Während Sie vielleicht aus anderen Skriptsprachen den Befehl return kennen, mit dem das Funktionsergebnis angegeben wird, sehen Sie im Beispiel eine einfache Ausgabe (geben Sie als Kommando nur eine Variable an, wird deren Inhalt ausgegeben). Die Variable $ergebnis ist genau genommen sogar überflüssig, es hätte im Funktionsinneren auch ein $betrag / 100 * $satz gereicht. Umgekehrt kann eine Funktion auch mehrere Rückgaben haben, indem Sie einfach mehrere Ausgaben vornehmen.

Nachdem Sie die Funktion nun definiert haben, stellt sich die Frage, wie sie aufgerufen wird. Achtung, hier fällt man schnell auf die Nase, wenn man den Aufruf genau so macht, wie man ihn etwa aus C-ähnlichen Sprachen kennt. Falsch ist etwa das folgende Kommando (siehe Abbildung 3.38):

```
MwSt(1000, 19)
```

Listing 3.41 Falscher Funktionsaufruf

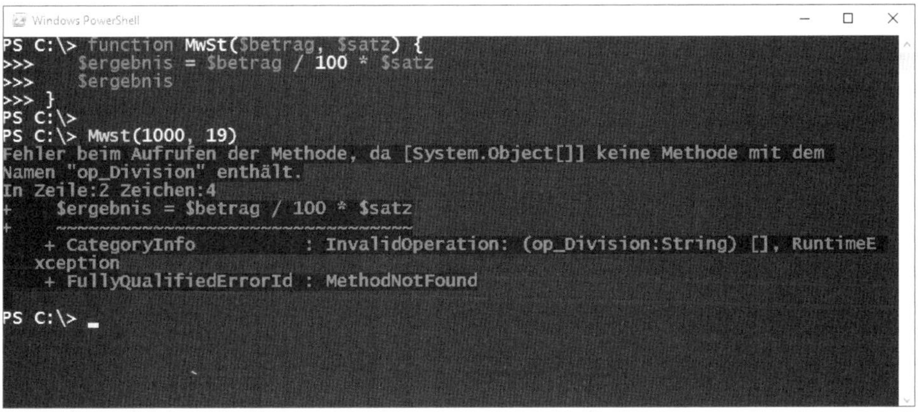

Abbildung 3.38 Fehlerhafter Funktionsaufruf

Richtig sind dagegen alle folgenden Kommandos:

```
MwSt 1000 19
MwSt -betrag 1000 -satz 19
MwSt -b 1000 -s 19
MwSt -s 19 -b 1000
```

Listing 3.42 Richtige Funktionsaufrufe

Die Beispiele aus Listing 3.42 orientieren sich an den Konventionen der Übergabe von Parametern und Argumenten beim Aufruf von Cmdlets, wie ich es bereits in

Abschnitt 3.5.2, »Parameter und Argumente«, besprochen habe. Warum ist aber der Aufruf aus Listing 3.41 falsch? Der Hauptgrund ist das Komma, mit dem Sie in der PowerShell ein Array anlegen. In der PowerShell sind Übergaben grundsätzlich optional, das heißt, die beiden Zahlen stecken als Array in der Variablen $betrag, und $satz ist leer. Bei der Berechnung wird dann versucht, den Inhalt von $betrag mit 100 zu teilen, was fehlschlägt, da sich ein Array nicht teilen lässt. Damit erklärt sich auch die Fehlermeldung aus Abbildung 3.38.

Wie auch die selbst angelegten Aliasse gilt die Funktion nur in der aktuellen PowerShell-Sitzung. Starten Sie die PowerShell neu, ist die Funktion nicht mehr vorhanden. Damit Sie Ihre Funktionen dauerhaft zur Verfügung haben, legen Sie sie am besten in einem Profil ab. Lesen Sie dazu Abschnitt 3.12.5, »Profile«.

3.11.2 Filter definieren

Für Filter gilt das eben über Funktionen Erläuterte ganz genauso, mit einer Ausnahme: Einen Filter definieren Sie nicht mit function, sondern mit filter. Natürlich gibt es noch einen Unterschied zwischen den beiden Konstrukten, sonst wäre ja eines davon überflüssig. Der Unterschied kommt erst dann zum Tragen, wenn Sie Ihre Funktion oder Ihren Filter innerhalb der Pipeline einsetzen. Um dieses Verhalten zu verdeutlichen, nehmen wir die beiden folgenden simplen Befehle:

```
function TestFunktion {
    Write-Host "Funktion läuft"
}
filter TestFilter {
    Write-Host "Filter läuft"
}
```

Listing 3.43 Einfache eigene Befehle

Diese beiden Befehle rufen wir dann in einer Pipeline nach einem Get-Service auf. Das Ergebnis sehen Sie in Abbildung 3.39.

Abbildung 3.39 macht deutlich, dass eine Funktion für den kompletten Pipelineinhalt nur ein einziges Mal ausgeführt wird, ein Filter dagegen für jedes Objekt aus der Pipeline separat. Wofür das gut sein soll? Nehmen Sie etwa das Cmdlet Sort-Object. Dieses arbeitet wie eine Funktion, da auf den kompletten Pipelineinhalt zugegriffen werden muss, ansonsten könnten die Objekte nicht miteinander verglichen und in die richtige Reihenfolge gebracht werden. Das Cmdlet Where-Object arbeitet dagegen wie ein Filter, denn die Filterung erfolgt für jedes Objekt separat. Je nach Anwendungsfall ist es also sinnvoller, eine Funktion oder einen Filter zu definieren.

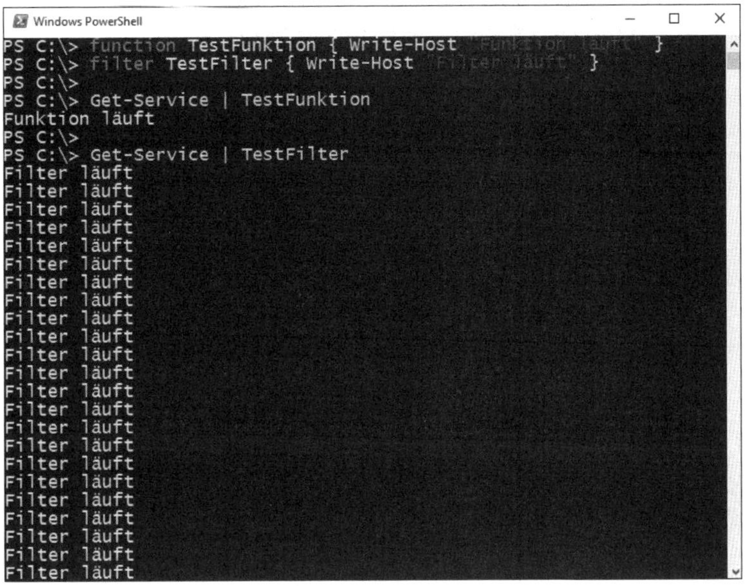

Abbildung 3.39 Funktionen und Filter in der Pipeline

Innerhalb eines Filters greifen Sie auf das Objekt, für das der Filter läuft, über die Systemvariable $_ zu (wie auch bei Where-Object und ForEach-Object). Bei einer Funktion dagegen finden Sie den kompletten Pipelineinhalt in der Systemvariablen $Input.

Tabelle 3.5 stellt Funktionen und Filter noch einmal einander gegenüber.

	Funktion	**Filter**
Erstellung mit	function	filter
Ausführung in der Pipeline	einmal für kompletten Pipelineinhalt	einmal für jedes Objekt in der Pipeline
Ausführungsart	synchron	asynchron
Zugriff über	$Input	$_

Tabelle 3.5 Vergleich Funktion/Filter

3.12 Skripte

Bisher haben wir die PowerShell ausschließlich interaktiv eingesetzt. Zur Automatisierung ist aber das Anlegen von Skripten unerlässlich, um bestimmte Aufgaben zu einem gegebenen Zeitpunkt auszuführen. Wichtig ist es, die ausgeführten Aktionen zu überprüfen, um im Fehlerfall entsprechend zu reagieren.

3.12.1 Aufbau

PowerShell-Skriptdateien sind reine Textdateien mit der Endung *.ps1* (siehe Abschnitt 3.4, »v1.0?«). Wollen Sie es etwas komfortabler, schreiben Sie Ihre Skripte aber trotzdem nicht mit Notepad, sondern mit dem PowerShell ISE (siehe Abschnitt 3.1.2, »Systemvoraussetzungen«). Dort enthalten ist ein (einfacher) Skripteditor (siehe Abbildung 3.40).

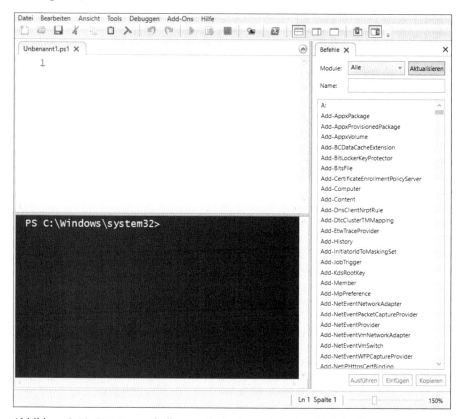

Abbildung 3.40 Das PowerShell ISE enthält einen einfachen Skripteditor.

Die ISE finden Sie bei Windows 7 und dem Windows Server 2008 R2 im Startmenü. Bei den neueren Betriebssystemen starten Sie zunächst die PowerShell und klicken dann mit der rechten Maustaste auf das PowerShell-Symbol in der Taskleiste. Im Kontextmenü befindet sich der Befehl zum Start der ISE. Einfacher ist möglicherweise der Aufruf über *powershell_ise.exe*.

Um Ihre Skripte verständlicher zu machen, sollten Sie an Kommentaren nicht sparen. Die PowerShell verwendet als Kommentarzeichen das Nummernsymbol (#). Alles, was in derselben Zeile nach dem Symbol steht, wird nicht ausgeführt. So können Sie etwa im Kopf Ihrer Skripte Autor, Funktion, Voraussetzungen, Versionshistorie, Übergabeparameter etc. dokumentieren.

3.12.2 Skriptausführung

Im Gegensatz zu anderen Skripting-Technologien werden PowerShell-Skriptdateien bei einem Doppelklick nicht einfach ausgeführt, wie Sie es beispielsweise von *.bat-*, *.cmd-* und *.vbs*-Dateien kennen. Stattdessen wird die Skriptdatei in Notepad geöffnet. Der Grund dafür ist einfach: Die Datei *.ps1* ist mit *notepad.exe* verknüpft. Dies soll ein einfacher Schutz für den Endanwender sein, nicht versehentlich Skripte auszuführen, wenn er diese etwa per Mail oder USB-Stick etc. erhält. Es muss also einen anderen Weg geben. Ich werde Ihnen gleich verschiedene Varianten zur Skriptausführung vorstellen, vorher müssen wir aber noch die Ausführungsrichtlinie besprechen.

Ausführungsrichtlinie

Über die Ausführungsrichtlinie konfigurieren Sie, ob und unter welchen Bedingungen PowerShell-Skripte ausgeführt werden können. Im Standardfall ist die Richtlinie so konfiguriert, dass Sie zwar interaktiv mit der PowerShell arbeiten können, aber Skripte (aus Sicherheitsgründen) nicht ausgeführt werden. Die aktuell gültige Ausführungsrichtlinie können Sie mit dem Cmdlet `Get-ExecutionPolicy` abfragen und mit `Set-ExecutionPolicy` ändern. Tabelle 3.6 gibt eine Übersicht einiger wichtiger Richtlinien.

Richtlinie	Auswirkung
Restricted	Die Skriptausführung ist deaktiviert (Standardeinstellung).
Unrestricted	Alle Skripte werden ohne Einschränkung ausgeführt.
RemoteSigned	Stammt das Skript aus einer vertrauenswürdigen Quelle, muss es keine digitale Signatur tragen, ansonsten ist diese erforderlich.
AllSigned	Nur digital signierte Skripte werden ausgeführt.

Tabelle 3.6 Ausführungsrichtlinien

Wollen Sie die Ausführung etwa auf `RemoteSigned` setzen, geben Sie folgendes Kommando:

```
Set-ExecutionPolicy -ExecutionPolicy RemoteSigned
```

Listing 3.44 Setzen der Ausführungsrichtlinie

Letztendlich ändern Sie damit einen Eintrag in der Systemregistrierung, und zwar den Wert *ExecutionPolicy* im Schlüssel *HKEY_LOCAL_MACHINE\SOFTWARE\Microsoft\PowerShell\1\ShellIds\Microsoft.PowerShell*.

Skripte starten

Eine einfache Variante zum Start eines Skripts versteckt sich im Kontextmenü der Datei. Dort finden Sie den Befehl MIT POWERSHELL AUSFÜHREN (siehe Abbildung 3.41).

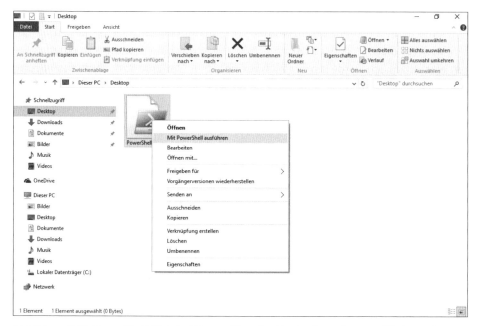

Abbildung 3.41 PowerShell-Skripte können über das Kontextmenü ausgeführt werden.

Eine weitere Variante führt Skriptdateien über *powershell.exe* aus (Ordner *C:\Windows\System32\WindowsPowerShell\v1.0*), was etwa beim zeitgesteuerten Aufruf über den Aufgabenplaner sinnvoll ist. Ein Beispiel:

```
powershell.exe -file MeinSkript.ps1
```

Listing 3.45 Skriptstart über »powershell.exe«

Zu guter Letzt sei hier noch die interaktive Variante genannt, mit der Sie während einer PowerShell-Sitzung bei Bedarf ein Skript ausführen. Wichtig ist dabei, dass Sie nicht nur den Dateinamen, sondern auch den Pfad zur Skriptdatei mit angeben. Das gilt selbst dann, wenn sich die Datei im aktuellen Ordner befindet. Den Pfad können Sie relativ (ausgehend vom aktuellen Ordner) und absolut (mit komplettem Pfad) angeben:

```
C:\MeinSkript.ps1
.\MeinSkript.ps1
```

```
C:\MeinSkript
.\MeinSkript
```

Listing 3.46 Skriptausführungsvarianten

Wie das Beispiel zeigt, ist die Angabe des Datei-Suffixes *.ps1* nicht erforderlich.

Wie Sie Skriptdateien mithilfe Ihrer Zertifizierungsstelle digital signieren, würde den Rahmen des Buches an dieser Stelle sprengen. Eine gute Erläuterung finden Sie dazu aber unter folgender URL: *http://blogs.technet.com/b/heyscriptingguy/archive/2010/06/17/hey-scripting-guy-how-can-i-sign-windows-powershell-scripts-with-an-enterprise-windows-pki-part-2-of-2.aspx*

3.12.3 Fehlerbehandlung

In Skripten ist eine automatisierte Fehlerbehandlung sehr wichtig, denn während der Entwicklung können Sie nicht alle Situationen berücksichtigen. Dabei müssen Sie überprüfen, ob es bei der Ausführung bestimmter Befehle zu einem Fehler gekommen ist, und dann gegebenenfalls entsprechend darauf reagieren, indem Sie beispielsweise ein Protokoll schreiben, einen Ereignisprotokoll-Eintrag anlegen oder eine Mail abschicken. Und schiefgehen kann bei der Ausführung vieles: Kennwörter stimmen nicht, Server reagieren nicht, Dateien sind blockiert etc.

Die Fehlerbehandlung ist in der PowerShell vielschichtig. Ein wichtiger Bestandteil ist die Variable $?. Sie enthält ein True, wenn der unmittelbar zuletzt ausgeführte Befehl ohne Fehler abgearbeitet wurde, sonst ist False enthalten (siehe Abbildung 3.42).

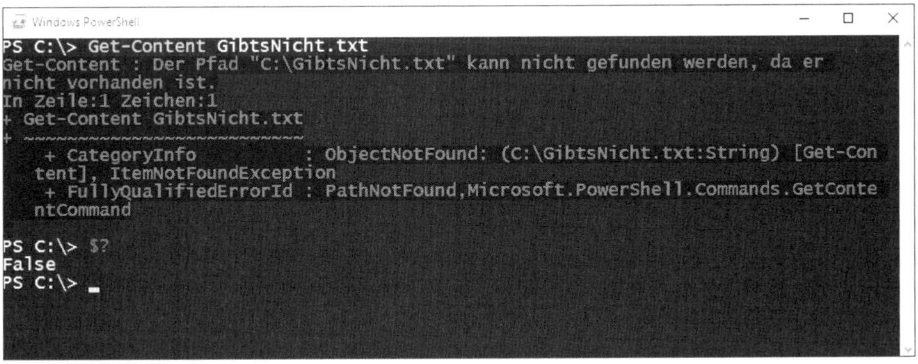

Abbildung 3.42 Mit »$?« wird der letzte Befehl überprüft.

So könnten Sie das erfolgreiche Ausführen einzelner Befehle über eine if-Abfrage behandeln. Hier ein Beispiel:

```
#Befehl, der überprüft werden soll
if($? -eq $True) {
   #Alles OK
} else {
   #Da ging etwas schief
}
```

Listing 3.47 Einfache Fehlerabfrage

Das -eq ist wie bei Where-Object (siehe Abschnitt 3.9.1) ein Vergleichsoperator. Der Vergleich mit True bzw. False erfolgt mit den Systemkonstanten $True und $False.

An dieser Stelle wäre es noch interessant, nicht nur zu wissen, dass ein Fehler aufgetreten ist, sondern auch, welcher. Hier hilft wieder eine Systemvariable, diesmal $Error. Diese Variable enthält nicht nur den letzten Fehler, sondern eine Auflistung (ein *Array*) aller aufgetretenen Fehler der aktuellen PowerShell-Sitzung. Um den letzten Fehler auszuwerten, greifen Sie über den Index 0 auf das erste Element des Arrays zu:

```
$Error[0]
```

Listing 3.48 Auslesen des letzten Fehlers

Selbst die Fehler werden in der PowerShell als Objekte behandelt. Die Fehlermeldung können Sie dann etwa nutzen, um einen Eintrag im Ereignisprotokoll anzulegen (Cmdlet Write-EventLog) oder um eine E-Mail zu schreiben (Send-MailMessage).

Fehlerausgabe unterdrücken

Was bei der automatischen Fehlerbehandlung allerdings noch stört, ist die standardmäßige Ausgabe der Fehlermeldungen (siehe Abbildung 3.43).

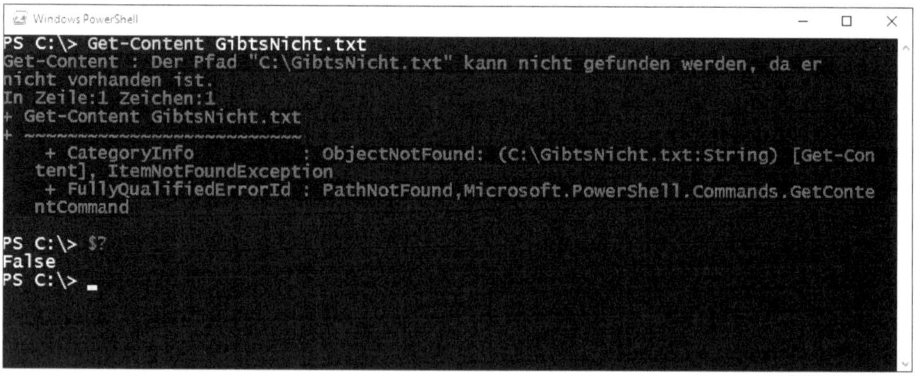

Abbildung 3.43 Fehlermeldungen gibt die PowerShell standardmäßig auch bei aktiver Fehlerbehandlung aus.

Dieses Verhalten passen Sie über die Variable $ErrorActionPreference an. Die möglichen Werte und deren Auswirkung finden Sie in Tabelle 3.7.

Wert	Auswirkung
Continue	Fehler anzeigen, mit der Ausführung fortfahren (Standardwert)
SilentlyContinue	Fehler nicht anzeigen, mit der Ausführung fortfahren
Stop	Fehler anzeigen und Ausführung unterbrechen
Inquire	Fehler anzeigen und Anwender fragen, wie fortgefahren werden soll

Tabelle 3.7 Optionen zum Fehlerverhalten

Allgemeine Fehlerbehandlung mit »try…catch«

Sie fragen sich sicher, ob es nicht einen allgemeineren Weg gibt, Ihren Skriptcode auf Ausführungsfehler hin zu überprüfen. Den gibt es tatsächlich, und er funktioniert mit dem try-catch-Konstrukt ähnlich, wie Sie ihn vielleicht aus C-ähnlichen Sprachen kennen. Ein Beispiel:

```
try {
    #Code
    #Noch mehr Code
    #...
} catch {
    #Im Try-Block ging etwas schief
}
```

Listing 3.49 »try…catch«

Die Kommandos im try-Block unterliegen einer Fehlerüberwachung. Sollte dort bei der Ausführung ein Fehler auftreten, wird der catch-Block ausgeführt. Kommt es zu keinem Fehler, wird dieser Block übersprungen.

Damit das auch funktioniert, müssen Sie jedoch die Variable $ErrorActionPreference zuvor auf den Wert Stop setzen.

3.12.4 Parameterübergabe

Um eine hohe Flexibilität Ihrer Skripte zu gewährleisten, bietet es sich an, Parameter vorzusehen, die beim Aufruf mit angegeben werden müssen, beispielsweise Pfade zu Dateien, Namen von Benutzerkonten oder Pfade zur Organisationseinheiten. Sie definieren in einem Skript Übergabeparameter über das Konstrukt param. Mit diesem geben Sie eine oder – durch Komma getrennt – mehrere Variablen an. Die Namen der Variablen stehen dann automatisch als Parameter zur Verfügung. Als Beispiel nehmen wir das folgende Skript mit Namen *Test.ps1*:

```
param($file, $ou)
Write-Host "Datei: $file"
Write-Host "Organisationseinheit: $ou"
```

Listing 3.50 Parameterübergabe in Skripten

Die Übergabe von Datei und Organisationseinheit kann nun über viele Varianten erfolgen, wie Sie in Abbildung 3.44 sehen.

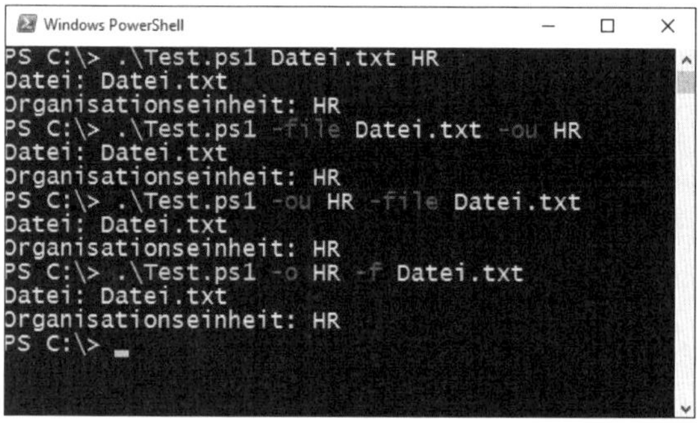

Abbildung 3.44 Skriptaufruf mit Parameterübergabe

Der Aufruf ähnelt dabei den Varianten, wie ich sie in Abschnitt 3.5.2, »Parameter und Argumente«, beim Cmdlet-Aufruf beschrieben habe.

Wollen Sie abfragen, ob beim Aufruf ein Parameter übergeben wurde, vergleichen Sie die entsprechende Variable mit der Systemkonstanten $null:

```
if($file -eq $null -or $ou -eq $null) {
   #Eine Angabe fehlt
}
```

Listing 3.51 Parameter überprüfen

Dieser Ansatz ist nicht unbedingt der eleganteste. Im Rahmen von *Advanced Functions* gibt es noch weitere Möglichkeiten, Parameter zu definieren. Mehr dazu erfahren Sie unter: *http://technet.microsoft.com/en-us/library/hh847806.aspx*

3.12.5 Profile

Profile sind PowerShell-Skriptdateien mit einem festgelegten Namen und einem festgelegten Ablageort. Diese Profile werden beim Start der PowerShell automatisch ausgeführt, noch bevor Sie selbst zum Prompt gelangen. Somit können Sie über die Profile Ihre PowerShell-Umgebung anpassen. Dazu gehört beispielsweise die Definition von Funktionen, Filtern und Aliassen. Ein ähnliches Verhalten können Sie mit Skriptdateien erreichen, die Sie bei Bedarf ausführen und in denen nur Ihre eigenen Befehle definiert sind. Lesen Sie hierzu Abschnitt 3.12.7, »Funktionssammlungen«.

Es gibt mehrere PowerShell-Profile; die drei wichtigsten sind ein allgemeines Profil, das für alle Benutzer eines Computers gilt, ein Benutzerprofil für einen bestimmten Benutzer sowie ein Profil speziell für die ISE. Tabelle 3.8 zeigt deren Ablageorte und Dateinamen.

Profil	Pfad
Allgemeines Profil	C:\Windows\System32\WindowsPowerShell\v1.0 \profile.ps1
Benutzerprofil	<Eigene Dokumente>\WindowsPowerShell\profile.ps1
ISE-Profil	<Eigene Dokumente>\WindowsPowerShell\Microsoft.PowerShellISE_profile.ps1

Tabelle 3.8 Profile

Mithilfe des ISE-Profils können Sie sogar die Menüleiste der Entwicklungsumgebung anpassen. Damit erreichen Sie den extrem schnellen Zugriff auf beliebigen Programmcode. In Abschnitt 3.15, »PowerShell und Office 365«, werden Sie beispielsweise noch sehen, wie Sie eine Verbindung von der PowerShell aus mit Office 365 herstellen. Die dazu notwendigen Befehlszeilen können Sie über das Menü aufrufbar machen. Ein Beispiel dazu sehen Sie in Abbildung 3.45.

Um diesen Menübefehl zu erzeugen, sind folgende Codezeilen im ISE-Profil erforderlich:

```
$psISE.CurrentPowerShellTab.AddOnsMenu.Submenus.Add(
   "Verbinde mit Office 365",
   {
      if($cred -eq $null) { $cred = Get-Credential }

      Import-Module MSOnline

      Connect-MsolService $cred
   },
   "Ctrl+Alt+O")
```

Listing 3.52 Eigener Menübefehl in der ISE

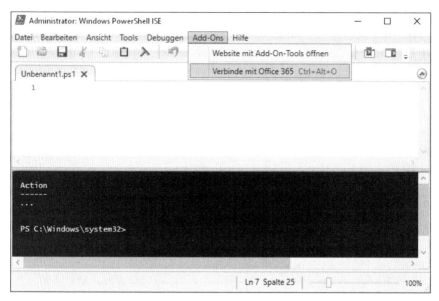

Abbildung 3.45 Eigener Menübefehl in der ISE

Haben Sie die Datei angelegt und starten dann ISE, finden Sie den neuen Befehl im Menü ADD-ONS.

3.12.6 Lange Befehlszeilen

PowerShell-Befehlszeilen können in der Praxis recht breit werden, was nicht gerade die Lesbarkeit fördert. Die PowerShell unterstützt aber auch die Aufteilung von Befehlen auf mehrere Zeilen.

Nach dem Pipe-Symbol können Sie gefahrlos in die nächste Zeile wechseln. Da ein Befehl nicht mit dem Pipe-Symbol enden kann, ist ohne weitere Angabe klar, dass der Befehl in der nächsten Zeile weitergehen muss.

Anders sieht das aus, wenn Sie einen Befehl nicht nach dem Pipe-Symbol in der nächsten Zeile weiterführen, sondern etwa jeden Parameter in eine separate Zeile schreiben wollen. Das ist bei vielen Cmdlets sinnvoll, etwa beim Anlegen von Benutzerkonten. Da müssen Anzeigename, Vorname, Nachname, Anmeldename, Kennwort, Lizenz und möglicherweise noch einiges mehr angegeben werden. Um einen solchen Befehl über mehrere Zeilen aufzuteilen, setzen Sie an das Ende der jeweiligen Zeile ein Leerzeichen und dann den *Accent grave* (`). Hier ein Beispiel:

```
#Breit
Get-EventLog -LogName System -EntryType Error -Newest 5
#Schmal
```

```
Get-EventLog -LogName System `
   -EntryType Error `
   -Newest 5
```

Listing 3.53 Accent grave

3.12.7 Funktionssammlungen

Mit Skripten können Sie auch eigene Funktionssammlungen erstellen, die Sie bei Bedarf in einer PowerShell-Instanz laden. Dazu erzeugen Sie eine PowerShell-Skriptdatei, in der Sie nur Funktionen, Filter und gegebenenfalls Aliase anlegen. Das Skript führen Sie dann in der PowerShell aus und haben anschließend alle darin enthaltenen Befehle zur Verfügung. So könnten Sie beispielsweise eine Funktionssammlung mit Ihren eigenen Befehlen erstellen, die für Office 365 relevant sind. Abbildung 3.46 veranschaulicht das.

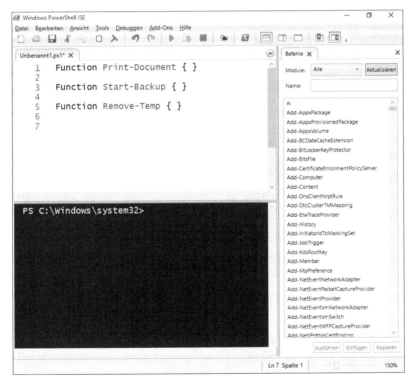

Abbildung 3.46 Beispiel für eine Funktionssammlung

Beim Aufruf der Skriptdatei müssen Sie jedoch darauf achten, dass nach Beendigung des Skripts die darin enthaltenen Definitionen nach wie vor Gültigkeit haben. Wenn Sie das Skript jedoch nur durch die Angabe von Pfad und Dateinamen aufrufen, ist das nicht so. Nehmen wir an, unsere Funktionssammlung *Test.ps1* enthält nur die folgende simple Funktion:

```
function TestFunktion {
    Write-Host "Funktion läuft"
}
```

Listing 3.54 Funktionstest

Starten Sie dann das Skript über folgenden Aufruf in der PowerShell:

```
C:\Test.ps1
```

Versuchen Sie jetzt, die TestFunktion aufzurufen, wird das nicht gehen, da das Skript separat zur Eingabesitzung in der PowerShell ausgeführt wurde. Damit Sie mit den Befehlen aus der Skriptdatei arbeiten können, ist es erforderlich, das Skript nicht nur mit Pfad und Dateinamen aufzurufen, sondern auch mit einem vorangestellten Punkt. Hier ein Beispiel:

```
. C:\Test.ps1
```

Damit wird das Skript in der Eingabesitzung ausgeführt, und alle darin enthaltenen Befehle haben auch nach Beendigung des Skripts nach wie vor ihre Gültigkeit.

In Abbildung 3.47 sehen Sie das Verhalten in der Konsole.

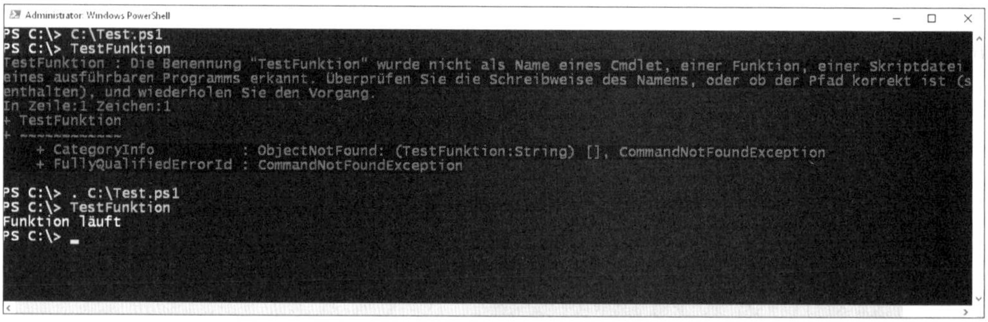

Abbildung 3.47 Aufruf einer Funktionssammlung

Neben dem Punkt als Befehl zum Start eines Skripts gibt es das Kaufmanns-Und (&). Stellen Sie diesem einen Pfad zu einer Skriptdatei voran, wird das Skript genauso ausgeführt, als hätten Sie weder Punkt noch Kaufmanns-Und vorangestellt.

3.13 Snap-ins und Module

Mit Snap-ins und Modulen erweitern Sie den Funktionsumfang der PowerShell mit zusätzlichen Cmdlets, Aliassen, virtuellen Laufwerken für das Navigationsparadigma

3.13 Snap-ins und Module

etc. Das Prinzip habe ich einleitend bereits in Abschnitt 3.3.1, »Cmdlets und Funktionen«, besprochen.

Für die Arbeit mit einer der PowerShell-Erweiterungen müssen Sie wissen, ob es sich um ein Snap-in oder um ein Modul handelt, da jeweils unterschiedliche Cmdlets zum Einsatz kommen.

Tabelle 3.9 vergleicht die beiden Typen miteinander.

	Snap-ins	Module
Anzeigen der geladenen Erweiterungen	Get-PSSnapIn	Get-Module
Ermittlung der lokal vorhandenen Erweiterungen	Get-PSSnapIn -Registered	Get-Module -ListAvailable
Laden einer Erweiterung	Add-PSSnapIn -Name <Name>	Import-Module -Name <Name>
Ermittlung der Cmdlets aus einer Erweiterung (dazu muss diese geladen sein)	Get-Command -PSSnapIn <Name>	Get-Command -Module <Name>

Tabelle 3.9 Vergleich Snap-ins/Module

Um beispielsweise das `ActiveDirectory`-Modul auf einem Windows Server 2008 R2 (oder neuer) zu laden, geben Sie folgendes Kommando:

```
Import-Module -Name ActiveDirectory
```

Listing 3.55 Laden eines Moduls

Im folgenden Beispiel werden alle Snap-ins geladen, in deren Namen »Exchange« enthalten ist:

```
Add-PSSnapIn -Name *Exchange*
```

Listing 3.56 Laden von Snap-ins

Achten Sie darauf, dass manche der Erweiterungen eine bestimmte Version der PowerShell voraussetzen (64 oder 32 Bit).

Ab PowerShell 3 ist das explizite Laden von Modulen übrigens nicht erforderlich. Die neueren PowerShell-Versionen laden sie selbstständig nach, sobald Sie einen Befehl daraus aufrufen. Für Snap-ins gilt das aber nicht.

3.14 PowerShell-Remoting

Mit der Remoting-Funktionalität können Sie auf anderen Computern im Netzwerk eine PowerShell-Sitzung starten und dort Kommandos ausführen. Die Ergebnisse werden dagegen auf der lokalen Maschine ausgegeben. Damit Sie das Remoting nutzen können, müssen folgende Voraussetzungen erfüllt sein:

- Alle Maschinen verfügen mindestens über PowerShell 2.
- Auf der Zielmaschine wurde der WinRM-Dienst gestartet und für das PowerShell-Remoting konfiguriert sowie eine Firewallausnahme eingerichtet (am einfachsten über den einmaligen Aufruf von `Enable-PSRemoting` auf der Zielmaschine von einer PowerShell mit Administratorberechtigungen aus).
- Sie verfügen auf der Zielmaschine über Administratorrechte.
- Die Zielmaschine befindet sich in derselben Domäne oder derselben Arbeitsgruppe.

[»] Befindet sich die Zielmaschine in derselben Arbeitsgruppe, geben Sie auf der Zielmaschine die aufrufende Maschine frei. Dazu führen Sie folgendes Kommando in einer unter administrativen Rechten gestarteten *cmd.exe* aus:

```
winrm set winrm/config/client @{TrustedHosts="COMPUTERNAME"}
```

Listing 3.57 Computer freigeben

3.14.1 Remoting mit PowerShell ISE

Am einfachsten ist die Remoting-Funktionalität über die PowerShell ISE zu nutzen. Für das Remoting geben Sie den Menübefehl Datei • Neue Remote-PowerShell-Registerkarte oder klicken auf das entsprechende Symbol.

Es erscheint ein Anmeldefenster. Geben Sie dort den Namen des Computers ein, zu dem Sie eine Verbindung aufbauen wollen. Der Benutzername samt Kennwort ist nur nötig, wenn Sie für die Anmeldung auf der Zielmaschine ein anderes Benutzerkonto verwenden wollen.

Hat der Verbindungsaufbau geklappt, steht nun vor dem PowerShell-Prompt der Zielcomputername. Alle Kommandos, die Sie nun in der ISE eingeben, werden auf der Zielmaschine ausgeführt, die Ausgabe erfolgt jedoch lokal.

3.14.2 Remoting in Skripten

PowerShell-Remoting über die ISE ist für den Einsatz in Skripten kaum geeignet. Es gibt aber eine Reihe verschiedener Cmdlets, um das Remoting zu automatisieren.

Wichtig ist dabei `Invoke-Command`. Hier geben Sie einen oder – durch Kommata getrennt – mehrere Computernamen an und einen `Scriptblock`, der auf der Zielmaschine ausgeführt werden soll. Hier ein Beispiel:

```
Invoke-Command -Computername London -UseSSL -ScriptBlock {
    Get-EventLog -LogName System
}
```

Listing 3.58 Temporäre Remoting-Session

Mehrere voneinander unabhängige Befehle trennen Sie im ScriptBlock-Parameter mit einem Semikolon oder einem Zeilenwechsel.

Beim gezeigten Einsatz von `Invoke-Command` wird jeweils eine neue Remoting-Session aufgebaut und danach geschlossen (»temporäre« Session), was bei mehreren `Invoke-Commands` unnötig viel Zeit kostet. In diesem Fall wäre eine dauerhafte Session (»persistente« Session) von Vorteil. Dazu ein Beispiel:

```
$s = New-PSSession -Computername London
Invoke-Command -Session $s -ScriptBlock -UseSSL { … }
#...
Invoke-Command -Session $s -ScriptBlock -UseSSL { … }
Remove-PSSession -Session $s
```

Listing 3.59 Persistente Remoting-Session

Zu guter Letzt erhalten Sie eine Remoting-Session (»interaktive« Session) wie bei der ISE über das folgende Kommando:

```
Enter-PSSession -Computername London -UseSSL
```

Listing 3.60 Interaktive Session

3.15 PowerShell und Office 365

Die PowerShell wird derzeit in Office 365 im Wesentlichen an fünf verschiedenen Stellen angewandt:

- Office 365 allgemein
  Microsoft stellt für die allgemeine Verwaltung von Office 365 das *Azure Active Directory-Modul für Windows PowerShell* bereit, mit dem Sie Benutzer, Gruppen, Rollen, Domänen, Abonnements und Lizenzen verwalten. Das Modul enthält rund 100 Cmdlets und wird lokal installiert.
- Exchange Online
  Speziell für Exchange Online gibt es ein Modul mit rund 650 Befehlen zur Verwal-

tung von allem, was mit Exchange zu tun hat, beispielsweise Postfächer, Berechtigungen, Archivierung und ActiveSync. Kennen Sie das Snap-in des Exchange Servers, werden Sie viele Cmdlets wiederfinden, aber längst nicht alle. Beispielsweise werden die Befehle zur Verwaltung des Servers selbst, der Datenbanken etc. nicht bereitgestellt. Um diese Dinge soll sich Microsoft ja auch selbst kümmern, und es hätte im schlimmsten Fall zur Folge, dass bei einer Fehlkonfiguration andere Office 365-Kunden in Mitleidenschaft gezogen würden. Dafür sind im Modul Cmdlets enthalten, die speziell für Exchange Online entwickelt wurden.

Im Gegensatz zum Office 365-Modul wird das Exchange-Modul nicht lokal installiert, sondern über eine sogenannte *PowerShell-Remoting-Session* importiert.

Je nach Aufgabe werden Sie das Exchange Online-Modul gemeinsam mit dem ActiveDirectory-Modul des Windows Servers 2008 R2 und neuer einsetzen, mithilfe dessen Sie im Detail auf Objekte des Active Directorys zugreifen können, etwa um den *Benutzerprinzipalnamen* zu überprüfen oder zu setzen.

- SharePoint Online
  Auch bei SharePoint Online finden Sie bei den rund 60 Cmdlets einige alte Bekannte Befehle aus der PowerShell-Erweiterung des SharePoint-Servers. Enthalten sind Befehle zum Verbindungsaufbau mit Ihrer SharePoint Online-Umgebung, der Verwaltung von Websitesammlungen, Berechtigungen und Apps.
- Skype for Business Online
  Mit rund 100 Befehlen gibt es eine überschaubare PowerShell-Erweiterung für Skype for Business Online. Mit ihr erstellen Sie Berichte und legen Einstellungen fest, wie beispielsweise die Kommunikation mit anderen Skype for Business-Umgebungen.
- Verzeichnissynchronisierung
  Auch für die Verzeichnissynchronisierung zwischen dem lokalen Active Directory und dem Verzeichnisdienst von Office 365 gibt es ein PowerShell-Modul mit rund 100 Befehlen. Enthalten sind Befehle zur Konfiguration der Synchronisierung und für den manuellen Start derselben. So müssten Sie damit nicht auf das automatische Synchronisierungsintervall warten.

Im Folgenden beschreibe ich das allgemeine Office 365-PowerShell-Modul. Die Erläuterungen zu den anderen Erweiterungen folgen dann im jeweiligen Kapitel.

3.15.1 Azure Active Directory-Modul für Windows PowerShell

Das PowerShell-Modul für Office 365 deckt eine ganze Palette unterschiedlicher Funktionsbereiche ab. Der doch sehr sperrige Name »Azure Active Directory-Modul für Windows PowerShell« leitet sich vom Verzeichnisdienst namens *Azure Active Directory* ab. Dieser Verzeichnisdienst wird unter anderem von Office 365 verwendet.

Lesen Sie hierzu insbesondere Abschnitt 4.3, »Active Directory-Synchronisierung«. Da es uns nun um die Basiskonfiguration von Office 365 geht, nenne ich es einfach *Office 365-Modul* oder *Office 365-PowerShell-Erweiterung*.

Einen Überblick finden Sie in Tabelle 3.10.

Bereich	Funktion
Verbindungsaufbau	Bevor Sie Ihre Office 365-Umgebung administrieren können, müssen Sie sich am System anmelden.
Partnerbetreuung	Hat ein anderer Office 365-Kunde Sie im Office 365 Admin Center als Partner angegeben, können Sie seine Umgebung verwalten.
Organisationsinformationen	Dazu gehören beispielsweise der Status der Verzeichnissynchronisierung und des Festlegen der Organisationskontakte.
Kontakte	Verwaltung von externen Kontakten, die dann im Adressbuch erscheinen
Domänen	Dies umfasst das Hinzufügen von Domänen und die Aktivierung der Verzeichnissynchronisierung.
Abonnements und Lizenzen	Sie überwachen die Lizenzzuweisungen und erstellen Lizenzobjekte. Diese enthalten nicht alle Funktionen der jeweils abgeschlossenen Abonnements, sondern nur eine Untermenge davon, beispielsweise statt Zugang zu Exchange, SharePoint und Skype for Business wird eines der Produkte bei der Benutzerlizenzierung ausgenommen. Dies ist auch über das Office 365 Admin Center möglich (siehe Abbildung 3.48).
Benutzer	Verwaltung der Benutzer, deren Erstellung und Lizenzzuweisung, Festlegung der Kennwörter etc.
Gruppen	Verwalten von Sicherheits- und Verteilergruppen im Office 365-Verzeichnisdienst sowie deren Mitglieder
Rollen	Zuweisen von Administratorrollen zu Benutzerkonten
Anwendungsprinzipale	In speziellen Szenarien, wie einer SharePoint-Hybridbereitstellung, ist das Anlegen von Anwendungsprinzipalen im Office 365-Verzeichnisdienst erforderlich.

Tabelle 3.10 Funktionsbereiche des Office 365-Moduls

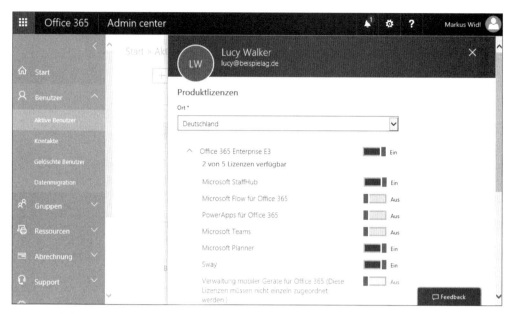

Abbildung 3.48 Nicht alle Dienste aus einem Abonnement müssen auch einem Benutzer zugewiesen werden.

Voraussetzungen, Installation und Import

Zur Verwendung des Moduls benötigen Sie auf Ihrem Rechner folgende Komponenten:

- Windows ab 7 bzw. Windows Server ab 2008 R2
  Ob Sie eine 32- oder 64-Bit-Edition verwenden, spielt keine Rolle, da das Modul in beiden Varianten vorliegt. Empfehlenswerterweise verwenden Sie aber die 64-Bit-Edition.
- Microsoft Online Services-Anmelde-Assistent
  Download unter folgender URL:

  www.microsoft.com/download/details.aspx?id=41950

Sind alle Voraussetzungen erfüllt, können Sie das PowerShell-Modul installieren. Das Installationspaket finden Sie unter folgender URL: *http://technet.microsoft.com/de-de/library/jj151805.aspx*. Starten Sie dann die PowerShell, und importieren Sie das Modul über den folgenden Befehl:

```
Import-Module MSOnline
```

Listing 3.61 Import des Office 365-Moduls

Die komplette Hilfe über alle enthaltenen Cmdlets können Sie dann über folgendes Kommando in eine Datei schreiben lassen:

```
Get-Command -Module MSOnline |
   Sort-Object Noun |
      Get-Help -Full |
         Out-File Office365PowerShellHilfe.txt
```

Listing 3.62 Erzeugen einer Hilfedatei über alle Office 365-Cmdlets

Diese Datei hat den Vorteil, dass Sie auch eine Volltextsuche über den Inhalt laufen lassen können.

Anmeldung an Office 365

Bevor Sie jetzt mit der Verwaltung Ihres Office 365-Mandanten anfangen können, müssen Sie sich erst anmelden. Abhängig davon, welche Administratorrolle Sie haben, stehen auch nur die entsprechenden Funktionen zur Verfügung. Die Anmeldung erfolgt bei Office 365 Global (siehe Abschnitt 1.4, »Rechenzentrumsregionen«) über das Cmdlet Connect-MsolService:

```
$cred = Get-Credential
Connect-MsolService -Credential $cred
```

Listing 3.63 Anmelden an Office 365 Global

Bei Office 365 Deutschland müssen Sie einen weiteren Parameter angeben (dies gilt für alle weiteren Beispiele mit Connect-MsolService):

```
$cred = Get-Credential
Connect-MsolService -Credential $cred `
   -AzureEnvironment "AzureGermanyCloud"
```

Listing 3.64 Anmelden an Office 365 Deutschland

Sollte es inzwischen ein neues PowerShell-Modul geben, werden Sie jetzt darauf hingewiesen, um sicherzustellen, dass Sie immer mit der aktuellen Version arbeiten.

Das Cmdlet Get-Credential zeigt ein Anmeldefenster wie in Abbildung 3.49 an. Die eingegebenen Daten landen in der Variablen $cred und werden in der zweiten Zeile als Argument beim Parameter -Credential übergeben.

Es geht auch einfacher als in Listing 3.63:

```
Connect-MsolService
```

Listing 3.65 Alternative Anmeldung an Office 365

Abbildung 3.49 Benutzername und Kennwort werden abgefragt.

Der Nachteil daran ist, dass Sie die Anmeldeinformationen nicht in einer Variablen zwischenspeichern. Müssen Sie sich erneut an Office 365 anmelden, ist damit auch die erneute Eingabe der Anmeldedaten erforderlich.

Als Alternative ohne das Anmeldefenster können Sie folgenden Code verwenden:

```
$user = "user@host.com"
$pwd = 'Pa$$w0rd'
$pwd = ConvertTo-SecureString -String $pwd -AsPlainText -Force
$cred = New-Object System.Management.Automation.PSCredential($user, $pwd)
Connect-MsolService -Credential $cred
```

Listing 3.66 Anmelden ohne Anmeldefenster

Achten Sie bitte beim Kennwort darauf, dieses in einfache Hochkommata zu setzen und nicht in doppelte, sofern Sie ein Dollarzeichen einsetzen. Wie bereits erläutert, steht dieses Zeichen allen Variablen voran. Werden Variablen in doppelten Anführungszeichen angegeben, wird nicht der Variablenname, sondern der Variableninhalt ausgegeben. Beispiel:

```
$vorname = "Lucy"
$nachname = "Walker"
```

```
"$vorname $nachame"
'$vorname $nachname'
```

Listing 3.67 Variablenexpansion in Zeichenketten

In der ersten Ausgabe wird Lucy Walker ausgegeben, in der zweiten $vorname $nachname. $$ steht für eine ganz besondere Variable. Sie enthält den zuletzt ausgeführten Ausdruck.

Dieses Verhalten nennt sich *Variablenexpansion in Zeichenketten* und tritt bei einfachen Anführungszeichen nicht auf.

In Listing 3.66 verwenden Sie das Cmdlet ConvertTo-SecureString, um das Kennwort in einen *Secure String* umzuwandeln. Mit dem Cmdlet New-Object wird ein Credentials-Objekt erzeugt, das dann bei Connect-MsolService übergeben wird.

Was dabei weniger schön ist, ist das Klartextkennwort im Skriptcode. Aber auch hier gibt es Abhilfe: Das Cmdlet ConvertFrom-SecureString verschlüsselt einen Secure String mit der *SID* des Benutzerkontos (ein eindeutiges Merkmal), mit dem Sie die PowerShell gestartet haben. Dabei kommt eine Zeichenkette heraus, die mithilfe von ConvertTo-SecureString wieder entschlüsselt wird. Das Besondere daran: Die Entschlüsselung kann nur mit dem Benutzerkonto durchgeführt werden, mit dem auch die Verschlüsselung vorgenommen wurde. Damit umgehen Sie das Problem mit dem Klartextkennwort im Skriptcode.

Hier ein Beispiel, mit dem Sie die Rückgabe von ConvertTo-SecureString in eine Zeichenkette verschlüsseln (siehe Abbildung 3.50):

```
$pwd = 'Pa$$w0rd'
$pwd = ConvertTo-SecureString -String $pwd `
   -AsPlainText `
   -Force |
      ConvertFrom-SecureString
$pwd
```

Listing 3.68 Kennwort verschlüsseln

Abbildung 3.50 Ein Kennwort wird verschlüsselt.

Die Zeichenkette aus der Variablen $pwd können Sie dann in dem eigentlichen Skript zur Anmeldung an Office 365 verwenden:

```
$user = "user@host.com"
$pwd =
"01000000d08c9ddf0115d1118c7a00c04fc297eb010000003b84afa6a3154e478b499ba65371a
e82000000000200000000000003660000c0000000100000000ab46ac58e63481ba6a5f4157b2a2ab
80000000004800000a0000000100000009c6b964171a06d4690bc9e8d6ffe32891800000005f68
2a93bc54c4683adae20c09e220e488919852231629b140000004f399046bd6334e723859088193
0cdca12a03fbf" | ConvertTo-SecureString
$cred = New-Object System.Management.Automation.PSCredential($user, $pwd)
Connect-MsolService -Credential $cred
```

Listing 3.69 Anmelden mit verschlüsseltem Kennwort

Die Anmeldung an Office 365 bleibt dauerhaft bestehen, bis Sie die PowerShell schließen oder eine gewisse Zeit lang keinen Befehl an Office 365 schicken (automatischer Timeout).

3.15.2 Domänenverifikation

Ein Beispiel für den Einsatz des Office 365-PowerShell-Moduls ist die Verifikation eigener Domänen. Den manuellen Vorgang dazu habe ich bereits in Abschnitt 2.4.2, »Domäne verifizieren«, besprochen.

Nehmen wir an, die Domäne *beispielag.de* soll automatisiert zu Ihrer Office 365-Umgebung hinzugefügt werden. Über die PowerShell erledigen Sie das in drei Schritten:

1. `New-MsolDomain`
   Die Domäne wird zur Domänenverwaltung hinzugefügt.
2. `Get-MsolDomainVerificationDns`
   Liefert die Daten für den nötigen Eintrag in den DNS-Einstellungen der Domäne.
3. `Confirm-MsolDomain`
   Weist Office 365 an, den DNS-Eintrag zu überprüfen.

Der mögliche Code könnte wie in Listing 3.70 aussehen.

```
#Domäne hinzufügen
New-MsolDomain -Authentication Managed -Name beispielag.de

#Liefert DNS-Anweisungen
Get-MsolDomainVerificationDns -DomainName beispielag.de
```

```
#Verifikation
Confirm-MsolDomain -DomainName beispielag.de
```

Listing 3.70 Domänenverifikation

Die Ausgabe des Cmdlets `Get-MsolDomainVerificationDns` sehen Sie exemplarisch in Abbildung 3.51.

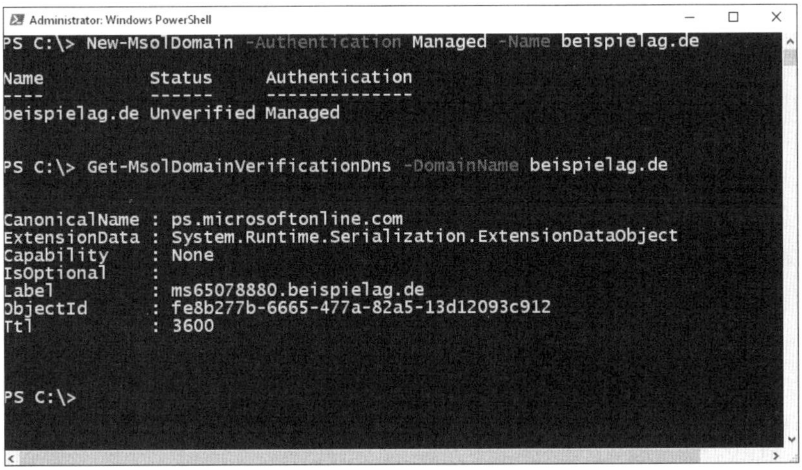

```
PS C:\> New-MsolDomain -Authentication Managed -Name beispielag.de

Name            Status      Authentication
----            ------      --------------
beispielag.de   Unverified  Managed


PS C:\> Get-MsolDomainVerificationDns -DomainName beispielag.de

CanonicalName  : ps.microsoftonline.com
ExtensionData  : System.Runtime.Serialization.ExtensionDataObject
Capability     : None
IsOptional     :
Label          : ms65078880.beispielag.de
ObjectId       : fe8b277b-6665-477a-82a5-13d12093c912
Ttl            : 3600


PS C:\>
```

Abbildung 3.51 DNS-Anweisungen

Wichtig ist dabei die Eigenschaft `Label`. Der Wert beginnt hier mit der Zeichenfolge `ms65078880`. Diese Zeichenfolge wiederum ist für den TXT- bzw. MX-Eintrag erforderlich. Der TXT-Eintrag sähe wie folgt aus:

- Alias oder Hostname: @
- Ziel oder Verweisadresse: `MS=ms65078880`
- TTL: 1 Stunde

Der alternative MX-Eintrag sähe dagegen aus wie folgt:

- Alias oder Hostname: @
- Ziel oder Verweisadresse: `ms65078880.msv1.invalid.outlook.com`
- TTL: 1 Stunde

Der Aufruf des Cmdlets `Confirm-MsolDomain` liefert so lange eine Fehlermeldung, bis der DNS-Eintrag gefunden werden konnte, wie in Abbildung 3.52 zu sehen ist.

Zu guter Letzt können Sie über das Cmdlet `Get-MsolDomain` die in der Office 365-Umgebung vorhandenen Domänen abfragen. In der Eigenschaft `Status` sehen Sie jeweils, ob die Verifikation abgeschlossen ist oder nicht (`Verified` bzw. `Unverified`).

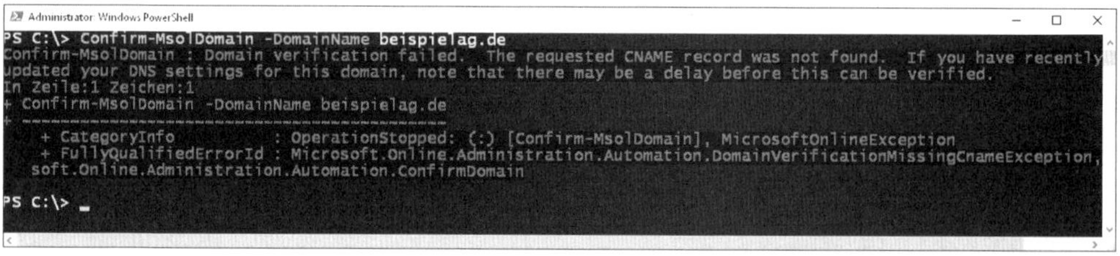

Abbildung 3.52 Fehler bei der Domänenüberprüfung

> **Domänenverwendung überprüfen**
>
> Wollen Sie eine verifizierte Domäne aus einem Office 365-Mandanten wieder entfernen, darf diese nicht mehr in Verwendung sein. Das folgende Skript gibt aus, an welchen dieser Stellen die Domäne noch verwendet wird:
>
> - Standarddomäne des Office 365-Mandanten
> - Benutzerprinzipalnamen
> - Proxy-Adressen
> - SMTP-Adressen
> - SIP-Adressen
> - URLs von SharePoint-Websitesammlungen
>
> Damit bekommen Sie einen Hinweis, wo Sie die Domäne noch ändern müssen.

```
#Zu suchende Domäne
$domain = "beispielag.de"

#Benutzerdaten abfragen
$cred = Get-Credential


#Verbindungsaufbau Office 365
Import-Module MSOnline
Connect-MsolService -Credential $cred


#Verbindungsaufbau Exchange Online
$session = New-PSSession `
    -ConfigurationName Microsoft.Exchange `
    -ConnectionUri https://ps.outlook.com/powershell/ `
    -Credential $cred `
    -Authentication Basic `
    -AllowRedirection
```

```
Import-PSSession $session


#Verbindungsaufbau SharePoint Online
$initialdomain = (Get-MsolCompanyInformation).InitialDomain
$spoadmindomain = "https://" +
    ($initialdomain.Split("."))[0] +
    "-admin.sharepoint.com"

Import-Module Microsoft.Online.SharePoint.PowerShell
Connect-SPOService -Url $spoadmindomain `
    -Credential $cred



#Überprüfe Standarddomäne
Write-Host "Suche in Standarddomäne..." `
    -ForegroundColor "Yellow"
Get-MsolDomain |
    Where-Object { $_.IsDefault -eq $true `
                -and $_.Name -eq $domain }

#Überprüfe UPNs
Write-Host "Suche in UPNs..." `
    -ForegroundColor "Yellow"
Get-MsolUser -DomainName $domain |
    Format-Table UserPrincipalName


#Überprüfe Proxy-Adressen
Write-Host "Suche in Proxy-Adressen..." `
    -ForegroundColor "Yellow"
Get-MsolUser |
    Where-Object { $_.ProxyAddresses -like "*@$domain" } |
        Format-Table UserPrincipalName, ProxyAddresses


#Überprüfe SMTP-/SIP-Adressen
Write-Host "Suche in SMTP-/SIP-Adressen..." `
    -ForegroundColor "Yellow"
Get-Mailbox |
    Where-Object { $_.EmailAddresses -like "*@$domain" } |
        Format-Table UserPrincipalName, EmailAddresses
```

```
#Überprüfe Websitesammlungen
Write-Host "Suche in Websitesammlungen..." `
    -ForegroundColor "Yellow"
Get-SPOSite |
    Where-Object { $_.Url -like "*$domain*" }
```

Listing 3.71 Domänenverwendung überprüfen

3.15.3 Benutzer anlegen

Das Anlegen neuer und das Verwalten bestehender Office 365-Benutzer erledigen Sie in Umgebungen ohne automatische Active Directory-Synchronisierung (siehe Abschnitt 4.3) mithilfe einiger Cmdlets mit dem Substantiv MsolUser. Hier ein Beispiel für das Anlegen eines Benutzerkontos für Lucy Walker über New-MsolUser:

```
New-MsolUser -UserPrincipalName "lucy@beispielag.de" `
    -DisplayName "Lucy Walker" `
    -FirstName "Lucy" `
    -LastName "Walker" `
    -Password 'Pa$$w0rd'
```

Listing 3.72 Anlegen eines neuen Benutzers

Kennwortrichtlinie

Office 365 ist mit der folgenden Kennwortrichtlinie konfiguriert:

- mindestens 8, höchstens 16 Zeichen
- erlaubte Zeichen:
    - A–Z
    - a–z
    - 0–9
    - ! @ # $ % ^ & * – _ + = [ ] { } | \ : ‹ › , . ? / ` ~ " ‹ › ( ) ;
    - kein Unicode
- darf nicht den Alias des Benutzernamens enthalten
- Ablauf nach 90 Tagen
- Kennwortstärke: muss mindestens drei der folgenden Kriterien erfüllen:
    - Kleinbuchstaben
    - Großbuchstaben
    - Zahlen
    - Symbole
- Das zuletzt verwendete Kennwort darf nicht erneut verwendet werden.

> Diese Richtlinien werden aber nicht angewandt, wenn Sie AD FS zur Benutzerauthentifizierung einsetzen; dann gelten die Richtlinien Ihres Active Directorys (siehe Abschnitt 4.6, »Identitätsverbund«).

Ablaufen des Kennworts verhindern

Mit dem Cmdlet `Set-MsolUser` können Sie für einzelne oder auch für alle derzeit angelegten Benutzer das Ablaufen des Kennworts verhindern:

```
#Einzelner Benutzer
Set-MsolUser -UserPrincipalName lucy@beispielag.de `
    -PasswordNeverExpires $true

#Alle Benutzer
Get-MsolUser | Set-MsolUser -PasswordNeverExpires $true
```

Listing 3.73 Kennwortablauf verhindern

Manche Cmdlets liefern eine große Anzahl an Objekten zurück, beispielsweise `Get-MsolUser`. Aus Geschwindigkeits- und Ressourcengründen ist hier jedoch eine standardmäßig greifende Grenze eingebaut, denn das Cmdlet liefert nur 500 Objekte zurück, die anderen werden verworfen. Müssen Sie mit mehr als 500 Objekten arbeiten, können Sie oftmals die Grenze anheben; bei `Get-MsolUser` geht dies beispielsweise mit dem Parameter `-MaxResults`. Hier ein Beispiel, um 2.000 Benutzer zu erhalten:

```
Get-MsolUser -MaxResults 2000
```

Listing 3.74 Alle Benutzer ermitteln

Ändern der Kennwortablaufrichtlinie

Um die aktuelle Kennwortablaufrichtlinie zu ermitteln, verwenden Sie das Cmdlet `Get-MsolPasswordPolicy`. Dieses erfordert die Angabe der gewünschten Domäne. Hier ein Beispiel:

```
Get-MsolPasswordPolicy -DomainName beispielag.de
```

Listing 3.75 Ermitteln der aktuellen Kennwortablaufrichtlinie einer einzelnen Domäne

Beachten Sie dabei, dass jede Domäne eine eigene Kennwortablaufrichtlinie hat und diese Richtlinien nicht unbedingt identisch sein müssen.

Eine exemplarische Ausgabe des Befehls sehen Sie in Abbildung 3.53. Ist bei Domänen in den Spalten `NotificationDays` und `ValiditiyPeriod` kein Eintrag zu sehen, gilt für diese die Standardeinstellung (90 bzw. 14 Tage).

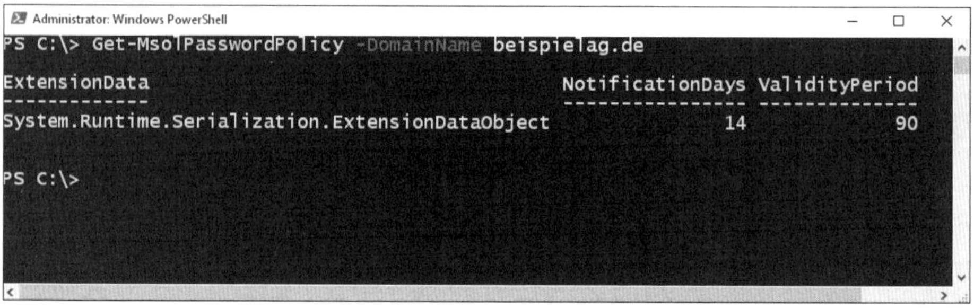

Abbildung 3.53 Kennwortablaufrichtlinie einer einzelnen Domäne

Verfügen Sie über viele Domänen, ist dieser Vorgang etwas aufwendiger. Mit ein wenig Code mehr erzeugen Sie eine Tabelle mit den Einstellungen aller Domänen:

```
Get-MsolDomain |
    ForEach {
        $domain = $_.Name
        Get-MsolPasswordPolicy -DomainName $domain |
            Select-Object @{ Label="DomainName";
                Expression={ $domain } },
                NotificationDays,
                ValidityPeriod }
```

Listing 3.76 Ermitteln der aktuellen Kennwortablaufrichtlinie für alle Domänen

In Abbildung 3.54 sehen Sie ein Ausgabebeispiel.

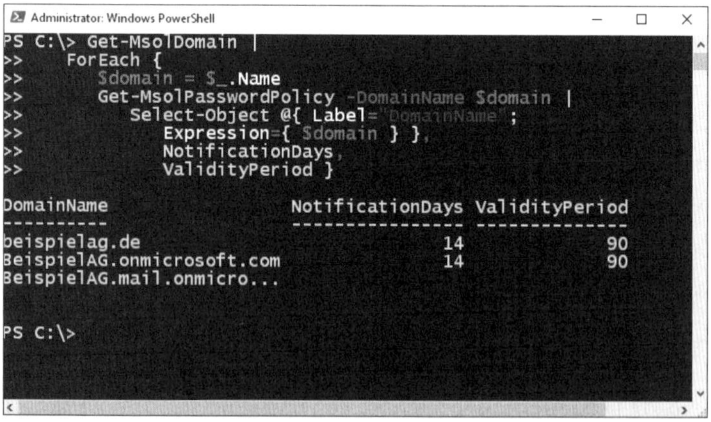

Abbildung 3.54 Kennwortablaufrichtlinien für alle Domänen

[»] Sollten die Kennwortablaufrichtlinien bei einzelnen Domänen nicht ausgelesen werden können, erscheinen bei diesen Fehlermeldungen.

Mit dem Cmdlet `Set-MsolPasswordPolicy` setzen Sie die Kennwortablaufrichtlinie. Auch hier ist wieder die Angabe einer Domäne erforderlich. Hier ein Beispiel:

```
Set-MsolPasswordPolicy -DomainName beispielag.de `
   -NotificationDays 5 `
   -ValidityPeriod 60
```

Listing 3.77 Setzen der Kennwortablaufrichtlinie für eine bestimmte Domäne

Um wieder zu den Standardeinstellungen zurückzukehren, übergeben Sie als Argument der Parameter -NotificationDays und -ValidityPeriod ein $null.

Wollen Sie die Kennwortablaufrichtlinie für alle Domänen setzen, ist das beispielsweise mit diesen Zeilen möglich:

```
Get-MsolDomain |
   ForEach {
      Set-MsolPasswordPolicy -DomainName $_ `
         -NotificationDays 5 `
         -ValidityPeriod 60
   }
```

Listing 3.78 Setzen der Kennwortablaufrichtlinie für alle Domänen

Einzelnen Benutzern eine Lizenz zuweisen

Mit dem Befehl aus Listing 3.72 hat der neue Benutzer allerdings noch keine Lizenz. Bevor Sie ihm eine zuweisen können, müssen Sie den Standort des Benutzers festlegen. Ansonsten würden Sie eine Fehlermeldung bei der Lizenzzuweisung erhalten.

Das Festlegen des Standorts können Sie etwa mit dem Cmdlet `Set-MsolUser` nachholen:

```
Set-MsolUser -UserPrincipalName "lucy@beispielag.de" `
   -UsageLocation "DE"
```

Listing 3.79 Zuweisung eines Standorts

Das DE steht dabei für Deutschland.

Auf eine ähnliche Art können Sie den Benutzer auch mit einer Lizenz ausstatten. Dazu müssen Sie jedoch erst den internen Bezeichner der jeweiligen Lizenzoption herausfinden.

Diese Bezeichner unterscheiden sich je nach Kunde, denn sie enthalten den frei gewählten Namen, den Sie beim Anlegen des Office 365-Zugangs für Ihre Standarddomäne ausgesucht haben. Das Cmdlet `Get-MsolAccountSku` ermittelt die Bezeichner. Eine mögliche Ausgabe sehen Sie in Abbildung 3.55.

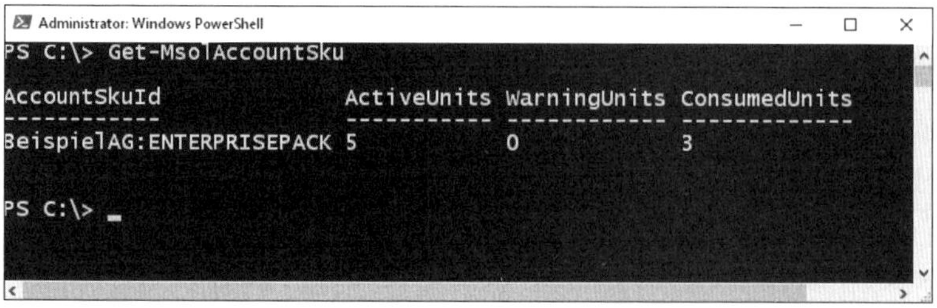

```
Administrator: Windows PowerShell
PS C:\> Get-MsolAccountSku

AccountSkuId              ActiveUnits  WarningUnits  ConsumedUnits
------------              -----------  ------------  -------------
BeispielAG:ENTERPRISEPACK 5            0             3

PS C:\>
```

Abbildung 3.55 Ermittlung der Lizenzbezeichner

Die AccountSkuId ist dabei der benötigte Name. Der Begriff ENTERPRISEPACK steht für die E3-Lizenz. Um die Bezeichner für die Teillizenzen von Lizenzpaketen zu erhalten, führen Sie folgenden Befehl aus:

(Get-MsolAccountSku).ServiceStatus

Listing 3.80 Bezeichner von Teillizenzen ermitteln

Allerdings ist dann immer noch ein wenig Interpretation erforderlich, um vom Bezeichner auf den eigentlichen Lizenztyp zu schließen. Tabelle 3.11 enthält die wichtigsten Lizenzbezeichner.

Bezeichner	Lizenztyp
O365_BUSINESS_ESSENTIALS	Office 365 Business Essentials (Lizenzpaket)
O365_BUSINESS	Office 365 Business (Lizenzpaket)
O365_BUSINESS_PREMIUM	Office 365 Business Premium (Lizenzpaket)
STANDARDPACK	E1 (Lizenzpaket)
ENTERPRISEPACK	E3 (Lizenzpaket)
ENTERPRISEPREMIUM	E5 (Lizenzpaket)
DESKLESSPACK	K1 (Lizenzpaket)
OFFICESUBSCRIPTION	Office 365 ProPlus
OFFICE_BUSINESS	Office 365 Business (nur Anwendungen; Lizenzoption aus dem Lizenzpaket Office 365 Business)
SHAREPOINTSTANDARD	SharePoint Plan 1
SHAREPOINTENTERPRISE	SharePoint Plan 2
SHAREPOINTWAC	Office Online

Tabelle 3.11 Wichtige Lizenzbezeichner

Bezeichner	Lizenztyp
WACONEDRIVESTANDARD	OneDrive for Business (als Einzellizenz)
ONEDRIVESTANDARD	OneDrive for Business (als Option in Lizenzpaketen)
EXCHANGE_S_STANDARD	Exchange Plan 1
EXCHANGE_S_ENTERPRISE	Exchange Plan 2
EOP_ENTERPRISE	Exchange Online Protection
ATP_ENTERPRISE	Advanced Threat Protection
EXCHANGE_S_ARCHIVE_ADDON	Exchange Online-Archivierung (EOA) für Exchange Server
MCOIMP	Skype for Business Plan 1
MCOSTANDARD	Skype for Business Plan 2
MCOEV	Cloud-Telefonanlage
MCOMEETADV	Einwahlkonferenzen
RMS_S_ENTERPRISE	Azure-Rechteverwaltung
Deskless	StaffHub
FLOW_O365_P3	Flow für Office 365
POWERAPPS_O365_P3	PowerApps für Office 365
TEAM1	Teams
ADALLOM_S_O365	Advanced Security Management
EQUIVIO_ANALYTICS	Advanced eDiscovery
LOCKBOX_ENTERPRISE	Kunden-Lockbox
EXCHANGE_ANALYTICS	MyAnalytics
BI_AZURE_P2	Power BI Pro
INTUNE_O365	Mobilgeräteverwaltung
PROJECTWORKMANAGEMENT	Planner
SWAY	Sway
YAMMER_ENTERPRISE	Yammer Enterprise

Tabelle 3.11 Wichtige Lizenzbezeichner (Forts.)

[»] Bei Office 365 Deutschland wird an die Bezeichner noch ein »_DE« angehängt. Statt »ENTERPRISEPACK« heißt es dort beispielsweise »ENTERPRISEPACK_DE«.

Die Lizenzzuweisung könnte damit dann mit dem Cmdlet `Set-MsolUserLicense` wie folgt aussehen:

```
Set-MsolUserLicense -UserPrincipalName "lucy@beispielag.de" `
    -AddLicense "BEISPIELAG:ENTERPRISEPACK"
```

Listing 3.81 Lizenzzuweisung

Die Schritte zum Anlegen des Benutzers sowie zur Zuweisung des Standorts und der Lizenz lassen sich auch kombinieren und müssen nicht zwangsläufig über mehrere Befehle durchgeführt werden. Ein Beispiel:

```
New-MsolUser -UserPrincipalName "lucy@beispielag.de" `
    -DisplayName "Lucy Walker" `
    -FirstName "Lucy" `
    -LastName "Walker" `
    -Password 'Pa$$w0rd' `
    -UsageLocation "DE" `
    -LicenseAssignment "BEISPIELAG:ENTERPRISEPACK"
```

Listing 3.82 Variante Benutzer anlegen

[»] Beim Anlegen von Benutzern über `New-MsolUser` sollten Sie sich unbedingt auch die weiteren optionalen Parameter ansehen (`Get-Help New-MsolUser -Full`). Dort finden Sie für die Praxis nützliche Optionen, beispielsweise ein `-PasswordNeverExpires $true`, um den Zwang zum Ändern des Passworts zu umgehen.

Massenhinzufügen von Benutzern

Ausgehend von Listing 3.82 ändern wir den Code so ab, dass nicht nur ein einzelner Benutzer, sondern ein ganzer Stapel neuer Benutzer angelegt wird. Als Datengrundlage verwenden wir dazu eine CSV-Datei mit den Spalten Vorname, Nachname, UPN (Benutzerprinzipalname), Kennwort, Lizenz. Diese Datei könnte wie folgt aussehen:

```
Vorname,Nachname,UPN,Kennwort,Lizenz
Robin,Ryan,robin@beispielag.de,Pa$$w0rd,BEISPIELAG:ENTERPRISEPACK
Lucy,Walker,lucy@beispielag.de,Pa$$w0rd,BEISPIELAG:ENTERPRISEPACK
```

Listing 3.83 Beispiel-CSV-Datei

Das Anlegen der entsprechenden Benutzer könnten Sie dann über den Code aus Listing 3.84 erledigen:

```
Import-CSV Datei.csv | ForEach-Object {
    New-MsolUser -UserPrincipalName $_.UPN `
        -DisplayName ($_.Vorname + " " + $_.Nachname) `
        -FirstName $_.Vorname `
        -LastName $_.Nachname `
        -Password $_.Kennwort `
        -UsageLocation "DE" `
        -LicenseAssignment $_.Lizenz
}
```

Listing 3.84 Massenhinzufügen von Benutzern

Vielen Benutzern eine Lizenz zuweisen

Wollen Sie allen noch unlizenzierten Benutzern eine bestimmte Lizenz zuweisen, ist das mithilfe der PowerShell-Pipeline ohne großen Aufwand möglich. Eine solche Situation haben Sie beispielsweise beim Einsatz des Active Directory-Synchronisierungstools. Dabei werden im lokalen Active Directory vorhandene Benutzer im Office 365-Verzeichnisdienst automatisch angelegt. Allerdings erhalten diese Benutzer nicht automatisch eine Lizenz zugewiesen. Mit folgendem Code können Sie das nachholen:

```
Get-MsolUser -UnlicensedUsersOnly |
    Set-MsolUserLicense -AddLicense "BEISPIELAG:ENTERPRISEPACK"
```

Listing 3.85 Unlizenzierte Benutzer lizenzieren

Hierbei sollten Sie aber beachten, dass der Code sämtlichen nicht lizenzierten Benutzern eine Lizenz verpasst. Doch nicht alle Benutzer benötigen auch tatsächlich eine.

Lizenzen granular zuweisen

In den vorangegangenen Beispielen haben wir den Benutzern jeweils ein ganzes Lizenzpaket zugewiesen (ENTERPRISEPACK = E3). In der Praxis ist es manchmal erforderlich, aus solchen Paketen bestimmte Dienste auszuschließen, beispielsweise SharePoint Online, wenn die dazu erforderliche Anwenderschulung noch nicht durchgeführt wurde. Auch das ist über die PowerShell möglich, jedoch nur mit ein wenig mehr Aufwand. Das Ziel dabei ist die Erzeugung eines eigenen *Lizenzobjekts*, das aus einem Lizenzpaket abzüglich bestimmter Anwendungen besteht. Ein solches Lizenzobjekt erzeugen Sie mit dem Cmdlet New-MsolLicenseOptions. Ein Beispiel für E3 ohne das Office-Paket:

```
$lo = New-MsolLicenseOptions `
        -AccountSkuId "BEISPIELAG:ENTERPRISEPACK" `
        -DisabledPlans "OFFICESUBSCRIPTION"
```

Listing 3.86 Erzeugung eines Lizenzobjekts

Mit dem Parameter -DisabledPlans geben Sie den Namen der zu deaktivierenden Anwendungen an. Die möglichen Werte finden Sie in Tabelle 3.11. Wollen Sie mehrere Anwendungen deaktivieren, trennen Sie die Werte jeweils mit einem Komma.

Das so erzeugte und in der Variablen $lo abgelegte Lizenzobjekt können Sie dann bei den Cmdlets Set-MsolUserLicense und New-MsolUser beim Parameter -LicenseOptions einsetzen. Trotzdem dürfen Sie die Zuweisung des kompletten Lizenzpakets nicht weglassen.

Beispiel: Der Benutzer verfügt noch über keine Lizenz. Dann erhielte er das E3-Paket ohne Office mit dem zuvor erzeugten Lizenzobjekt wie folgt:

```
Set-MsolUserLicense -UserPrincipalName "lucy@beispielag.de" `
  -AddLicense "BEISPIELAG:ENTERPRISEPACK" `
  -LicenseOptions $lo
```

Listing 3.87 Lizenzzuweisung mit eigenem Lizenzobjekt

Sollte der Benutzer aber bereits über die E3-Lizenz verfügen, darf -AddLicense "BEISPIELAG:ENTERPRISEPACK" nicht mit angegeben werden. Das Ergebnis sehen Sie in Abbildung 3.56.

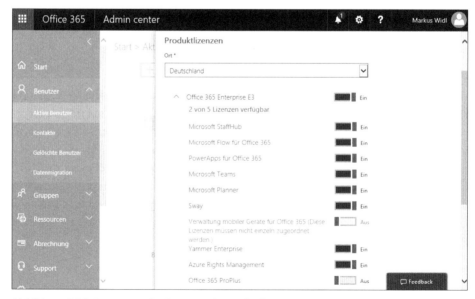

Abbildung 3.56 Benutzer mit eigenem Lizenzobjekt

Über den Parameter `-RemoveLicenses` des Cmdlets `Set-MsolUserLicense` nehmen Sie einem Benutzer eine zugewiesene Lizenz auch wieder weg:

```
Set-MsolUserLicense -UserPrincipalName "lucy@beispielag.de" `
   -RemoveLicenses "BEISPIELAG:ENTERPRISEPACK"
```

Listing 3.88 Lizenz entfernen

Lizenzbericht erzeugen

Zum Abschluss der Lizenzierung noch ein Beispiel, wie Sie einen Bericht der Office 365-Benutzer samt deren Lizenzzuweisung erzeugen können:

```
Get-MsolUser |
   Select-Object -Property `
      UserPrincipalName,
      @{
         Name="AccountSkuId";
         Expression={
            $_.Licenses |
               ForEach-Object { $_.AccountSkuId }
         }
      },
      @{
         Name="Licenses";
         Expression={
            $_.Licenses |
               ForEach-Object {
                  $_.ServiceStatus |
                     Where-Object {
                        $_.ProvisioningStatus -ne "Disabled"
                     } |
                        ForEach-Object {
                           $_.ServicePlan.ServiceName
                        }
               }
         }
      } | Out-GridView
```

Listing 3.89 Lizenzbericht

Das Ergebnis sehen Sie in Abbildung 3.57.

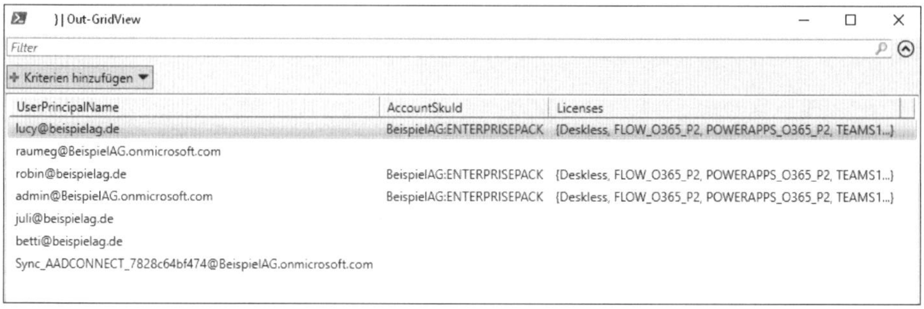

3 Microsoft PowerShell

Abbildung 3.57 Lizenzbericht

Das ist schon nicht schlecht, aber durch die kryptischen Lizenzbezeichner wenig lesbar. Es gibt jedoch Abhilfe: Mit dem Skript aus Listing 3.92 erhalten Sie im Wesentlichen den Filter `Extend-UserLicense`, der die Benutzerobjekte, die beispielsweise über `Get-MsolUser` geliefert werden, um einige Eigenschaften (`NoteProperty`) erweitert. Sie erkennen die zusätzlichen Eigenschaften am Namen, der jeweils mit ULI (für »User License«) beginnt. Mit ihrer Hilfe sind das Erzeugen von Lizenzberichten und das Suchen nach Benutzerkonten mit einer bestimmten Lizenz deutlich einfacher.

Damit Sie sich das vorstellen können, hier zunächst einige Beispiele:

Listing 3.90 zeigt von allen Benutzerkonten den Benutzerprinzipalnamen sowie die Lizenzen in einer lesbaren Form an (siehe Abbildung 3.58).

Abbildung 3.58 Benutzerkonten mit erweiterten Eigenschaften

```
Get-MsolUser |
   Extend-UserLicense |
      Select-Object UserPrincipalName, ULI* |
         Format-List
```

Listing 3.90 Benutzerkonten mit erweiterten Eigenschaften

In Listing 3.91 werden alle Benutzerkonten mit einer E3-Lizenz gesucht (siehe Abbildung 3.59).

```
Get-MsolUser |
   Extend-UserLicense |
      Where-Object { $_.ULIAccountSku -eq "E3" }
```

Listing 3.91 Suche nach Benutzern mit E3-Lizenz

Abbildung 3.59 Suche nach Benutzern mit E3-Lizenz

Die für diese Beispiele erforderlichen Codezeilen finden Sie in Listing 3.92.

```
Filter Rename-ServicePlan($ServicePlan) {
   Switch($ServicePlan) {
   "O365_BUSINESS_ESSENTIALS"    { "ULIOffice365BusinessEssentials" }
   "O365_BUSINESS"               { "ULIOffice365Business" }
   "O365_BUSINESS_PREMIUM"       { "ULIOffice365BusinessPremium" }
   "STANDARDPACK"                { "ULIE1" }
   "ENTERPRISEPACK"              { "ULIE3" }
   "ENTERPRISEPREMIUM"           { "ULIE5" }
   "DESKLESSPACK"                { "ULIK1" }
   "OFFICESUBSCRIPTION"          { "ULIOffice365ProPlus" }
   "OFFICE_BUSINESS"             { "ULIOffice365BusinessApps" }
   "SHAREPOINTSTANDARD"          { "ULISharePointP1" }
   "SHAREPOINTENTERPRISE"        { "ULISharePointP2" }
   "SHAREPOINTWAC"               { "ULIOfficeOnline" }
```

```
        "WACONEDRIVESTANDARD"         { "ULIOneDriveForBusiness" }
        "ONEDRIVESTANDARD"            { "ULIOneDriveForBuinessOption" }
        "EXCHANGE_S_STANDARD"         { "ULIExchangeP1" }
        "EXCHANGE_S_ENTERPRISE"       { "ULIExchangeP2" }
        "EOP_ENTERPRISE"              { "ULIExchangeOnlineProtection" }
        "ATP_ENTERPRISE"              { "ULIATP" }
        "EXCHANGE_S_ARCHIVE_ADDON"    { "ULIExchangeOnlineArchiving" }
        "MCOIMP"                      { "ULISkypeP1" }
        "MCOSTANDARD"                 { "ULISkypeP2" }
        "MCOEV"                       { "ULICLOUDPBX" }
        "MCOMEETADV"                  { "ULIPSTNConferencing" }
        "RMS_S_ENTERPRISE"            { "ULIAzureRechteverwaltung" }
        "Deskless"                    { "ULIStaffHub" }
        "FLOW_O365_P3"                { "ULIFlow" }
        "POWERAPPS_O365_P3"           { "ULIPowerApps" }
        "TEAM1"                       { "ULITeams" }
        "ADALLOM_S_O365"              { "ULIASM" }
        "EQUIVIO_ANALYTICS"           { "ULIeDiscovery" }
        "LOCKBOX_ENTERPRISE"          { "ULILockbox" }
        "EXCHANGE_ANALYTICS"          { "ULIMyAnalytics" }
        "BI_AZURE_P2"                 { "ULIPowerBIPro" }
        "INTUNE_O365"                 { "ULIMDM" }
        "PROJECTWORKMANAGEMENT"       { "ULIPlanner" }
        "SWAY"                        { "ULISWAY" }
        "YAMMER_ENTERPRISE"           { "ULIYammer" }

        default { "ULI$ServicePlan" }
    }
}
Filter Rename-AccountSkuId($AccountSkuId) {
    Switch(($AccountSkuId.Split(":"))[1]) {
        "O365_BUSINESS_ESSENTIALS"    { "Office365BusinessEssentials" }
        "O365_BUSINESS"               { "Office365Business" }
        "O365_BUSINESS_PREMIUM"       { "Office365BusinessPremium" }
        "STANDARDPACK"                { "E1" }
        "ENTERPRISEPACK"              { "E3" }
        "ENTERPRISEPREMIUM"           { "E5" }
        "DESKLESSPACK"                { "K1" }
        "OFFICESUBSCRIPTION"          { "Office365ProPlus" }
        "OFFICE_BUSINESS"             { "Office365BusinessApps" }
        "SHAREPOINTSTANDARD"          { "SharePointP1" }
        "SHAREPOINTENTERPRISE"        { "SharePointP2" }
        "SHAREPOINTWAC"               { "OfficeOnline" }
```

```
    "WACONEDRIVESTANDARD"           { "OneDriveForBusiness" }
    "ONEDRIVESTANDARD"              { "OneDriveForBuinessOption" }
    "EXCHANGE_S_STANDARD"           { "ExchangeP1" }
    "EXCHANGE_S_ENTERPRISE"         { "ExchangeP2" }
    "EOP_ENTERPRISE"                { "ExchangeOnlineProtection" }
    "ATP_ENTERPRISE"                { "ATP" }
    "EXCHANGE_S_ARCHIVE_ADDON"      { "ExchangeOnlineArchiving" }
    "MCOIMP"                        { "SkypeP1" }
    "MCOSTANDARD"                   { "SkypeP2" }
    "MCOEV"                         { "CLOUDPBX" }
    "MCOMEETADV"                    { "PSTNConferencing" }
    "RMS_S_ENTERPRISE"              { "AzureRechteverwaltung" }
    "Deskless"                      { "StaffHub" }
    "FLOW_O365_P3"                  { "Flow" }
    "POWERAPPS_O365_P3"             { "PowerApps" }
    "TEAM1"                         { "Teams" }
    "ADALLOM_S_O365"                { "ASM" }
    "EQUIVIO_ANALYTICS"             { "eDiscovery" }
    "LOCKBOX_ENTERPRISE"            { "Lockbox" }
    "EXCHANGE_ANALYTICS"            { "MyAnalytics" }
    "BI_AZURE_P2"                   { "PowerBIPro" }
    "INTUNE_O365"                   { "MDM" }
    "PROJECTWORKMANAGEMENT"         { "Planner" }
    "SWAY"                          { "SWAY" }
    "YAMMER_ENTERPRISE"             { "Yammer" }

    default { $AccountSkuId }
  }
}
Filter Rename-ProvisioningStatus($Status) {
  Switch($Status) {
   "Success"  { $true }
   "Disabled" { $false }
   default   { $Status }
  }
}

Filter Extend-UserLicense {

  If($_ -eq $null) { break }

  $o = $_ | Add-Member -MemberType NoteProperty `
       -Name ULIAccountSku `
```

```
            -Value ($_.Licenses | ForEach-Object {
              Rename-AccountSkuId $_.AccountSkuId }) `
          -Passthru

      $_.Licenses |
       ForEach-Object {
         $_.ServiceStatus |
          ForEach-Object {
            $o |
             Add-Member -MemberType NoteProperty `
               -Name (Rename-ServicePlan $_.ServicePlan.ServiceName) `
               -Value (Rename-ProvisioningStatus $_.ProvisioningStatus)
          }
       }
       $o

}
```

Listing 3.92 Erweiterung der Benutzerkonto-Objekte durch Lizenzeigenschaften

3.15.4 Benutzer verwalten

Die Eigenschaften bestehender Benutzer können Sie über Set-MsolUser bearbeiten, sofern es sich nicht um einen Benutzer handelt, der über die Active Directory-Synchronisierung angelegt wurde. Hier ein kurzes Beispiel, das für einen bestimmten Benutzer den Anzeigenamen, den Titel sowie die Abteilung setzt:

```
Set-MsolUser -UserPrincipalName "lucy@beispielag.de" `
    -DisplayName "Lucy Walker" `
    -Title "Manager" `
    -Department "Finance"
```

Listing 3.93 Benutzereigenschaften setzen

Dieses Vorgehen können Sie wiederum auf mehrere Benutzer gleichzeitig anwenden, indem Sie die gewünschten Benutzer über Get-MsolUser ermitteln (gegebenenfalls über ein Where-Object gefiltert) und dann die entsprechenden Benutzerobjekte über die Pipeline an ein Set-MsolUser weiterleiten; grundsätzlich also im Stile von Get-MsolUser ... | Set-MsolUser ...

Auch hier lohnt sich ein Blick in die Hilfe des Befehls Set-MsolUser, um alle verfügbaren Parameter kennenzulernen (siehe Abbildung 3.60).

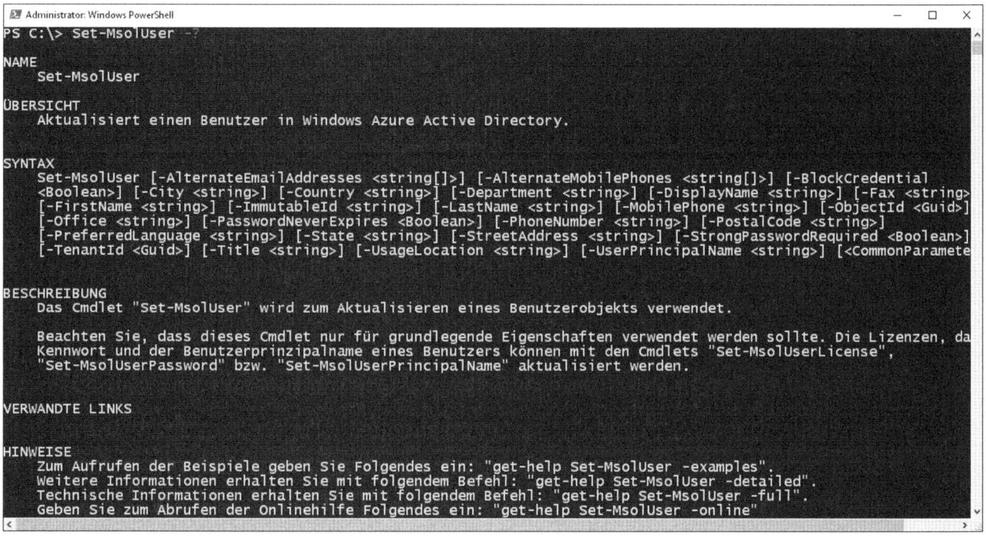

Abbildung 3.60 Parameter von »Set-MsolUser«

Benutzerkennwörter setzen Sie mit dem Cmdlet `Set-MsolUserPassword` auf einen neuen Wert.

```
Set-MsolUserPassword -UserPrincipalName "lucy@beispielag.de" `
   -NewPassword 'Pa$$wOrd'
```

Listing 3.94 Kennwort zurücksetzen

Auch den `UserPrincipalName` vorhandener Benutzer können Sie ändern, diesmal mit dem Cmdlet `Set-MsolUserPrincipalName`:

```
Set-MsolUserPrincipalName `
   -UserPrincipalName "lucy@beispielag.de" `
   -NewUserPrincipalName "lucy@neuebeispielag.de"
```

Listing 3.95 UPN ändern

3.15.5 Benutzer löschen und wiederherstellen

In Umgebungen ohne Active Directory-Synchronisierung löschen Sie nicht mehr benötigte Benutzer über das Cmdlet `Remove-MsolUser`, wobei der Parameter `-Force` dafür sorgt, dass beim Löschen keine Rückfrage (Confirm) an den Anwender gestellt wird.

```
Remove-MsolUser -UserPrincipalName "lucy@beispielag.de" -Force
```

Listing 3.96 Benutzer löschen

Achten Sie hier insbesondere auf Konstellationen wie `Get-MsolUser ... | Remove-MsolUser`. Das führt schnell dazu, dass Sie einen wesentlichen Teil der vorhandenen Benutzer verlieren. Ein angehängtes `-WhatIf` bei `Remove-MsolUser` hilft Ihnen, Fehler zu vermeiden.

Gelöschte Benutzer können Sie innerhalb von 30 Tagen nach dem Löschdatum wiederherstellen. Welche Benutzer derzeit wiederherstellbar sind, erhalten Sie über folgendes Kommando:

```
Get-MsolUser -ReturnDeletedUsers
```

Listing 3.97 Gelöschte Benutzer auflisten

Um einen Benutzer wiederherzustellen verwenden Sie das Cmdlet `Restore-MsolUser` und geben dabei den Benutzernamen an:

```
Restore-MsolUser -UserPrincipalName "lucy@beispielag.de"
```

Listing 3.98 Benutzer wiederherstellen

Sollte das Wiederherstellen unter dem alten Benutzernamen nicht mehr möglich sein, weil es bereits einen neuen Benutzer unter diesem Namen gibt, können Sie einen neuen Benutzernamen angeben:

```
Restore-MsolUser -UserPrincipalName "lucy@beispielag.de" `
    -NewUserPrincipalName "lucy2@beispielag.de"
```

Listing 3.99 Benutzer wiederherstellen

Wollen Sie stattdessen alle bereits gelöschten Benutzerkonten dauerhaft entfernen, sodass sie nicht wiederhergestellt werden können, hilft folgender Befehl (Achtung, überlegen Sie gut, ob Sie das wirklich wollen!):

```
Get-MsolUser -ReturnDeletedUsers |
    Remove-MsolUser -RemoveFromRecycleBin
```

Listing 3.100 Gelöschte Benutzer dauerhaft entfernen

3.15.6 Sicherheitsgruppen verwalten

Im Office 365-Verzeichnisdienst können Sie auch Sicherheitsgruppen anlegen (siehe Abbildung 3.61).

Mit dem Active Directory-Synchronisierungstool würden Ihre Sicherheitsgruppen aus dem lokalen Active Directory automatisch im Office 365-Verzeichnisdienst angelegt (siehe Abschnitt 4.3, »Active Directory-Synchronisierung«). Verwenden Sie das

Tool nicht, haben Sie auch über die PowerShell die Möglichkeit, direkt im Office 365-Verzeichnisdienst Gruppen zu verwalten.

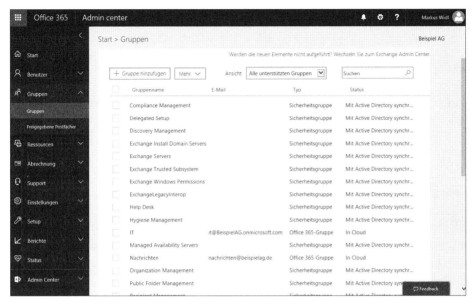

Abbildung 3.61 Sicherheitsgruppen-Verwaltung im Office 365 Admin Center

Eine neue Sicherheitsgruppe legen Sie beispielsweise wie folgt an:

```
New-MsolGroup -DisplayName "Meine Gruppe"
```

Listing 3.101 Gruppen anlegen

Welche Gruppen vorhanden sind, ermitteln Sie einfach mit einem `Get-MsolGroup`.

Das Entfernen ist etwas aufwendiger, als es vielleicht zunächst den Anschein hat. Das erforderliche Cmdlet ist `Remove-MsolGroup`. Es erfordert zum Löschen einer Gruppe jedoch deren ID, angegeben über den Parameter `-ObjectID`. Mit dem Gruppennamen allein können Sie keine Gruppe löschen, da dieser Bezeichner nicht eindeutig ist. Die jeweilige ID müssen Sie zunächst ermitteln. Dieses Vorgehen könnte wie folgt aussehen:

```
$id = Get-MsolGroup -SearchString "Meine Gruppe"
Remove-MsolGroup -ObjectId $id.ObjectId
```

Listing 3.102 Gruppe entfernen

Auch das Hinzufügen von Mitgliedern zu einer Gruppe wird über die ID der Gruppe und des hinzuzufügenden Objekts erledigt bzw. mit den jeweiligen Objekten direkt. Ein Beispiel:

```
$group = Get-MsolGroup -searchString "Meine Gruppe"
$user = Get-MsolUser -UserPrincipalName "lucy@beispielag.de"
Add-MsolGroupMember -GroupObjectid $group.ObjectId `
    -GroupMemberType "User" `
    -GroupMemberObjectId $user.ObjectId
```

Listing 3.103 Benutzer zu Gruppe hinzufügen

Ganz ähnlich sieht es aus, wenn Sie die Mitglieder einer Gruppe ermitteln wollen. Auch hier verwenden Sie wieder die ID der Gruppe:

```
$group = Get-MsolGroup -searchString "Meine Gruppe"
Get-MsolGroupMember -GroupObjectid $group.ObjectId
```

Listing 3.104 Gruppenmitglieder auflisten

Als letztes Beispiel bei der Gruppenverwaltung soll ein bestimmtes Gruppenmitglied entfernt werden – auch hier wieder über die IDs, nämlich über die Gruppen- und Benutzer-ID:

```
$group = Get-MsolGroup -searchString "Meine Gruppe"
$user = Get-MsolUser -UserPrincipalName "lucy@beispielag.de"
Remove-MsolGroupMember -GroupObjectId $group.ObjectId `
    -GroupMemberType "User" `
    -GroupMemberObjectId $user.ObjectId
```

Listing 3.105 Gruppenmitglied entfernen

3.15.7 Rollen verwalten

Benutzern im Office 365-Verzeichnisdienst können Sie eine Administratorrolle zuweisen, damit sie bestimmte Verwaltungsaufgaben in Ihrer Office 365-Umgebung durchführen können. Auch die Rollenverwaltung ist Bestandteil des PowerShell-Moduls für Office 365. Sehen wir uns zunächst die Zuweisung einer Rolle zu einem bestimmten Benutzer an:

```
Add-MsolRoleMember -RoleName "Company Administrator" `
    -RoleMemberEmailAddress "lucy@beispielag.de"
```

Listing 3.106 Rollenzuweisung

Die möglichen Rollenbezeichnungen für den Parameter `-RoleName` können Sie durch einen Aufruf von `Get-MsolRole` erfragen.

Die Unterschiede einiger wichtiger Administratorrollen habe ich Ihnen bereits in Abschnitt 2.5.2, »Benutzer anlegen«, erläutert.

Wollen Sie wissen, welche Rolle ein bestimmter Benutzer hat, können Sie das wie folgt ermitteln:

```
Get-MsolUserRole -UserPrincipalName "lucy@beispielag.de"
```

Listing 3.107 Rolle eines Benutzers auslesen

Aber auch der umgekehrte Weg ist möglich: Welche Benutzer haben eine bestimmte Rolle? Hier kommt wieder die ID – diesmal die der Rolle – zum Einsatz:

```
$role = Get-MsolRole -RoleName "Company Administrator"
Get-MsolRoleMember -RoleObjectId $role.ObjectId
```

Listing 3.108 Alle Benutzer einer Rolle ermitteln

3.16 PowerShell und Active Directory

Nicht speziell für Office 365 gedacht, aber in so mancher Situation sehr hilfreich ist ein spezielles PowerShell-Modul für die Verwaltung des lokalen Active Directorys. Ein mögliches Szenario wäre beispielsweise das Überprüfen der Benutzerprinzipalnamen der Benutzerkonten, bevor Sie die Active Directory-Synchronisierung mit dem Office 365-Verzeichnisdienst aktivieren (siehe Abschnitt 4.3, »Active Directory-Synchronisierung«). In dem von Microsoft bereitgestellten Modul finden Sie rund 150 Cmdlets sowie eine Erweiterung für das Navigationsparadigma (Laufwerk *AD:*), mit denen folgende Bereiche abgedeckt werden:

- Account-Management
  - Benutzer, Gruppen, Computer, Organisationseinheiten
  - Account-Einstellungen: Ablaufdatum, Kennwort etc.
  - Gruppenmitgliedschaften
  - Kennwortrichtlinien
- Topology-Management
  - Domänencontroller, FSMO-Rollen (Flexible Single Master Operations)
  - Kennwortreplikationsrichtlinien
  - Domänen und Active Directory Forests
- Verwaltung von Verzeichnisobjekten

3.16.1 Bezugsquelle

Im Basisumfang der PowerShell ist das `ActiveDirectory`-Modul nicht enthalten. Es wird von Microsoft über zwei Wege bereitgestellt:

- Windows Server ab 2008 R2
  Bei den Windows-Servern erhalten Sie das Modul automatisch mit der Installation der Rolle *Active Directory-Domänendienste*. Alternativ dazu können Sie über den Server Manager das optionale Feature *Remoteserver-Verwaltungstools* nachinstallieren (siehe Abbildung 3.62). Auch dort ist das Modul enthalten.

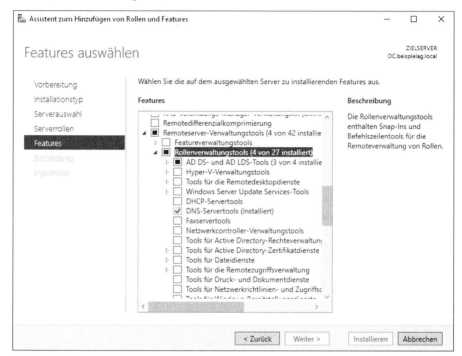

Abbildung 3.62 Nachinstallieren der Remoteserver-Verwaltungstools unter Windows Server 2016

- Windows 7
  Für Windows 7 erhalten Sie das Modul als separaten Download der Remoteserver-Verwaltungstools unter folgender URL: *www.microsoft.com/downloads/de-de/details.aspx?FamilyID=7d2f6ad7-656b-4313-a005-4e344e43997d*

  Die Einrichtung ist mit dem Download und der Installation allerdings noch nicht abgeschlossen, sondern folgende Schritte sind zusätzlich erforderlich:
  - Öffnen Sie die Systemsteuerung, und wechseln Sie zu PROGRAMME.
  - Unter PROGRAMME UND FUNKTIONEN wählen Sie den Befehl WINDOWS-FUNKTIONEN EIN- ODER AUSSCHALTEN.
  - In dem erscheinenden Fenster fügen Sie die Komponente unter REMOTESERVER-VERWALTUNGSTOOLS • ROLLENVERWALTUNGSTOOLS • AD DS-/AD LDS-TOOLS hinzu (siehe Abbildung 3.63).

3.16 PowerShell und Active Directory

Abbildung 3.63 Nachinstallieren der Remoteserver-Verwaltungstools unter Windows 7

▶ Windows 8, 8.1

Die Remoteserver-Verwaltungstools erhalten Sie unter folgender URL:

www.microsoft.com/de-de/download/details.aspx?id=28972

Eine weitere Einrichtung wie bei Windows 7 ist nicht erforderlich.

▶ Windows 10

Die Remoteserver-Verwaltungstools erhalten Sie unter folgender URL:

www.microsoft.com/de-DE/download/details.aspx?id=45520

Betriebssysteme, die hier nicht aufgeführt sind, werden vom `ActiveDirectory`-Modul nicht unterstützt.

3.16.2 Voraussetzungen

Das `ActiveDirectory`-Modul greift über die *Active Directory Web Services (ADWS)* auf das Active Directory zu. Diese Schnittstelle wurde mit dem Windows Server 2008 R2 eingeführt und ist auf älteren Domänencontrollern zunächst einmal nicht verfügbar. Eigentlich würden Sie zum Einsatz dieses Moduls also wenigstens einen Domänencontroller auf Basis von Windows Server 2008 R2 oder höher benötigen. Es gibt aber auch eine Alternative: Sie können auf den alten Domänencontrollern ab dem Windows Server 2003 den *Active Directory Management Gateway Service (ADMGS)* installieren, der die erforderliche Webservice-Schnittstelle nachrüstet. Das ADMGS-Installationspaket finden Sie unter folgender URL: *www.microsoft.com/downloads/details.aspx?displaylang=en&FamilyID=008940c6-0296-4597-be3e-1d24c1cf0dda*

3.16.3 Anwendung

Starten Sie die PowerShell (egal, ob x86 oder x64, da das Modul in beiden Varianten vorliegt), und importieren Sie das `ActiveDirectory`-Modul über folgenden Befehl:

```
Import-Module ActiveDirectory
```

Listing 3.109 Import des »ActiveDirectory«-Moduls

Welche Cmdlets Sie durch den Import des Moduls erhalten haben, können Sie mit folgendem Kommando ermitteln:

```
Get-Command -Module ActiveDirectory
```

Listing 3.110 Ermittlung der Active Directory-Cmdlets

Als Beispiel zur Arbeit mit dem Modul versuchen wir alle Benutzerkonten zu ermitteln, denen kein Benutzerprinzipalname zugewiesen ist. Dazu verwenden wir das Cmdlet `Get-ADUser`. Dieses Cmdlet erfordert die Angabe eines bestimmten Benutzerkontos (Parameter `-Identity`) oder eines Filterkriteriums (Parameter `-Filter`). Ein paar Beispiele:

```
#Benutzer mit Anmeldenamen lucy
Get-ADUser -Identity lucy

#Alle Benutzer aus einem bestimmten Ort
Get-ADUser -Filter { City -eq "Schömberg" }

#Alle Benutzer
Get-ADUser -Filter *

#Tabelle aller Benutzer mit SamAccountName und UserPrincipalName
Get-ADUser -Filter * |
    Select-Object SamAccountName, UserPrincipalName

#Alle Benutzer ohne UserPrincipalName
Get-ADUser -Filter { UserPrincipalName -NotLike "*" }
```

Listing 3.111 Beispielabfragen

Mit dem Cmdlet `Set-ADUser` können Sie den Benutzerprinzipalnamen setzen. Das Cmdlet arbeitet auch in der Pipeline. Achten Sie hier ganz besonders darauf, nicht versehentlich die Benutzer mit unerwünschten Werten zu belegen. Der angehängte Parameter `-WhatIf` kann Ihnen im Vorfeld zeigen, ob Sie nur die Benutzer ändern, die Sie auch wirklich ändern wollen. Also: Vorsicht! Testen Sie solche Kommandos lieber erst in abgeschlossenen Testumgebungen mit eigenem Active Directory.

Hier ein (verglichen mit der Praxis zugegeben vereinfachtes) Beispiel, das den User-PrincipalName auf den SamAccountName plus einer bestimmten Domäne setzt:

```
Get-ADUser -Filter { UserPrincipalName -NotLike "*" } |
   ForEach-Object {
      $upn = $_.SamAccountName + "@beispielag.de"
      Set-ADUser -Identity $_ `
         -UserPrincipalName $upn `
         -WhatIf
   }
```

Listing 3.112 Setzen des Benutzerprinzipalnamens

Eine umfangreiche Dokumentation zu dem ActiveDirectory-Modul finden Sie unter folgender URL: *http://technet.microsoft.com/en-us/library/ee617195.aspx*

3.17 So geht es weiter

In diesem Kapitel haben Sie die Arbeitsweise der PowerShell und einige spezielle Anwendungsfälle für die Office 365-Administration eingehend kennengelernt. Das Wissen aus diesem Kapitel werden Sie in den folgenden Kapiteln immer wieder einsetzen können.

Im vierten Kapitel lesen Sie über verschiedene Identitäten und erfahren, wann die Active Directory-Synchronisierung eingesetzt und wie ein Single-Sign-on-Verfahren eingerichtet wird.

Kapitel 4
Identitäten und Active Directory-Synchronisierung

Im vierten Kapitel lernen Sie verschiedene Identitätsarten kennen, koppeln Ihr lokales Active Directory mit dem Azure Active Directory, richten Single Sign-on in unterschiedlichen Varianten ein und erhöhen mit der mehrstufigen Authentifizierung die Sicherheit bei der Anmeldung.

Ihr Office 365-Mandant verfügt mit dem *Azure Active Directory (AAD)* über einen eigenen Verzeichnisdienst. Das Azure Active Directory bildet die Grundlage für alle Office 365-Dienste, und für jeden Anwender müssen Sie dort ein Benutzerkonto anlegen und lizenzieren. Typischerweise betreiben Sie aber bereits lokal ein Active Directory, und damit stellt sich die Frage, wie Sie diese beiden Verzeichnisse miteinander integrieren, sodass Sie von administrativer Seite keinen zusätzlichen Verwaltungsaufwand und ihre Anwender keine Schwierigkeiten beim Anmelden haben. In den meisten Fällen installieren Sie dazu auf einem lokalen Server eine Softwarekomponente, die in regelmäßigen Abständen lokal vorhandene Benutzerkonten, Gruppen, Kontakte sowie Computer und Geräte automatisch im Verzeichnisdienst von Office 365 anlegt und Änderungen an diesen Objekten überträgt. Dadurch entfällt für Sie als Administrator der doppelte Pflegeaufwand, beispielsweise beim Anlegen von Benutzerkonten für neue Mitarbeiter.

In diesem Kapitel lernen Sie unterschiedliche Integrationsvarianten der beiden Verzeichnisdienste mit ihren Vor- und Nachteilen kennen. Darunter sind auch Verfahren, die ein Single Sign-on bereitstellen, um es Ihren Anwendern besonders einfach zu machen.

Außerdem beschreibe ich die Konfiguration der mehrstufigen Authentifizierung, um den Anmeldeprozess deutlich sicherer zu machen. So reicht es dann nicht mehr aus, ein Kennwort (das erraten oder verloren werden kann) zu kennen, sondern darüber hinaus ist die Bestätigung der Identität beispielsweise über eine App auf einem Mobilgerät erforderlich.

4.1 Verschiedene Identitäten

Office 365 verwendet intern mit dem *Azure Active Directory (AAD)* einen eigenen Verzeichnisdienst, so wie Sie selbst höchstwahrscheinlich lokal ein Active Directory einsetzen. Für jeden Ihrer Office 365-Anwender muss im Azure Active Directory ein Benutzerkonto angelegt sein, das dann für die verschiedenen Dienste lizenziert wird (siehe Abbildung 4.1).

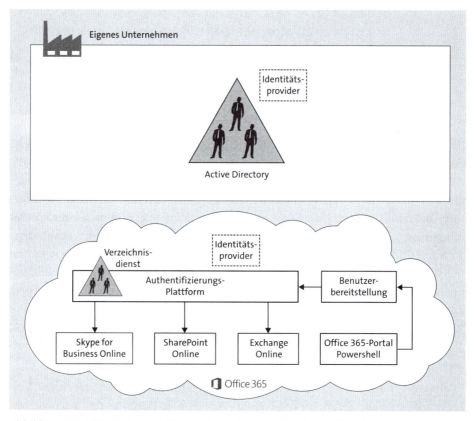

Abbildung 4.1 Office 365 verfügt über einen eigenen Verzeichnisdienst.

Die Benutzerkonten im Azure Active Directory werden aus Sichtweise der Administration *Microsoft-Online-IDs* genannt. Bei Endanwendern werden dagegen die Begriffe *Organisations-*, *Geschäfts-*, *Schul-* und *Unikonto* angewendet. Diese Begriffe finden sich bei verschiedenen Anmeldedialogen, wie beispielsweise in Abbildung 4.2.

Gemeint ist dabei immer ein Benutzerkonto in einem beliebigen Azure Active Directory. Ein *Microsoft-Konto* (auch bekannt unter dem englischen Begriff *Microsoft Account* mit der Abkürzung *MSA* oder früher auch *Live ID* genannt) oder *Persönliches Konto* ist übrigens keine Microsoft-Online-ID, denn es kommt dabei ein separater Verzeichnisdienst zum Einsatz.

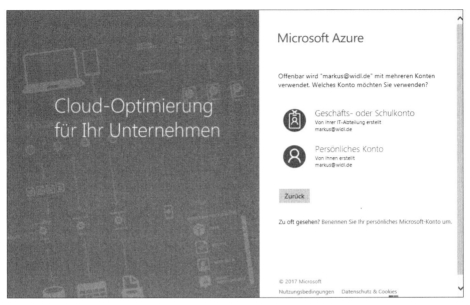

Abbildung 4.2 Anmeldedialog

Das Azure Active Directory, das Sie kostenfrei mit Office 365 erhalten, entspricht im Wesentlichen der Free-Edition ohne Objektlimitierung. Mehr zum Azure Active Directory finden Sie hier:

http://msdn.microsoft.com/library/azure/dn532272.aspx

Das Azure Active Directory wird übrigens nicht nur von Office 365, sondern beispielsweise auch von anderen Diensten wie *Dynamics* 365 und *Microsoft Intune* eingesetzt. So können all diese Dienste auf ein gemeinsames Azure Active Directory zugreifen – und Sie sparen sich die Administration weiterer Verzeichnisse. Das Azure Active Directory wird auch außerhalb von Office 365 in verschiedenen Ausbaustufen angeboten.

Die Frage ist nun, wie Sie in der Praxis mit diesem zusätzlichen Verzeichnisdienst umgehen, da Sie ja schon selbst einen haben. Dabei gibt es mehrere verschiedene Szenarien, ob und wie Sie Ihr möglicherweise vorhandenes Active Directory mit dem Azure Active Directory anbinden.

4.2 Szenarien zur Active Directory-Integration

Um die möglichen Szenarien zu verstehen, müssen wir zunächst die Bedeutung einer Reihe von Komponenten klären, aus denen Sie für Ihr Unternehmen die geeignete Strategie für den Umgang mit Identitäten zusammensetzen.

4.2.1 Verzeichnissynchronisierung

Dabei handelt es sich um eine im lokalen Netzwerk zu installierende Softwarekomponente namens *Azure Active Directory Connect (AAD Connect)*, die in einem regelmäßigen Intervall von 30 Minuten im Active Directory vorhandene Objekte im Office 365-Verzeichnisdienst nachpflegt (siehe Abbildung 4.3). Dazu gehören die Benutzerkonten, Gruppen, Kontakte sowie Computer und Geräte. Setzen Sie diese optionale Komponente ein, werden die Active Directory-Benutzer in Office 365 automatisch angelegt, und Sie müssen sie nur noch mit einer Lizenz (und gegebenenfalls einem Kennwort) ausstatten. Die Active Directory-Synchronisierung sehen wir uns in Abschnitt 4.3, »Active Directory-Synchronisierung«, im Detail an. Sie ist die Grundlage für alle weiteren Komponenten bei der Integration Ihres lokalen Active Directorys mit dem Azure Active Directory.

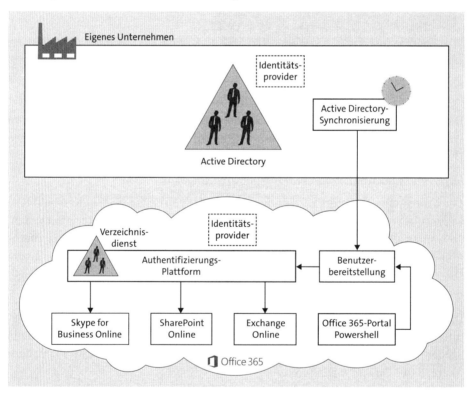

Abbildung 4.3 Verzeichnissynchronisierung

4.2.2 Kennwort-Hash-Synchronisierung

Mit AAD Connect werden auf Wunsch Änderungen an den Kennwörtern der lokalen Benutzerkonten erkannt, und das neue Kennwort wird an das zugehörige Office 365-Benutzerkonto übertragen. Dabei gelten die Kennwortrichtlinien des lokalen Active

Directorys, die Richtlinien von Office 365 werden außer Kraft gesetzt. Anwender müssen sich also nicht mehr unterschiedliche Kennwörter merken.

AAD Connect überträgt dabei nicht die Kennwörter selbst, sondern daraus generierte Hash-Werte (also eine Art Fingerabdruck). Damit ist ein Zugriff auf die Klartextkennwörter nie erforderlich.

Die Synchronisation der Kennwörter nimmt AAD Connect nur in einer Richtung vor, und zwar vom lokalen Active Directory nach Office 365. Mit Aktivierung der Kennwortsynchronisierung kann der Anwender sein Kennwort in Office 365 nicht mehr ändern.

Eine Ausnahme stellt hier die Option *Kennwortrückschreiben* dar. Dabei werden Kennwortänderungen, die der Anwender in Office 365 vornimmt, an die lokale Umgebung übertragen. Das allerdings ist nur möglich, wenn Sie über Lizenzen vom Typ AAD Premium verfügen, was kostenpflichtig lizenziert werden muss.

Aktivieren Sie die Kennwortsynchronisierung, verbleibt das Intervall zur Synchronisation von Active Directory-Objekten bei 30 Minuten. Für die Kennwortsynchronisierung gilt dieses Intervall aber nicht: Änderungen an den Kennwörtern werden alle zwei Minuten übertragen.

Sehen wir uns verschiedene Szenarien an:

▶ Ein neues lokales Active Directory-Benutzerkonto wird angelegt
Mit dem Start des nächsten Intervalls (alle 30 Minuten) wird AAD Connect ein passendes Benutzerkonto in Office 365 anlegen.

Abbildung 4.4 Anlegen eines neuen Benutzers

Wurde beim Anlegen des Benutzerkontos die Option BENUTZER MUSS KENNWORT BEI DER NÄCHSTEN ANMELDUNG ÄNDERN nicht ausgewählt (siehe Abbildung 4.4), entspricht das Kennwort des Office 365-Benutzerkontos unmittelbar nach der Synchronisierung dem lokalen Kennwort. Ist die Option dagegen ausgewählt, muss sich der Anwender zunächst lokal anmelden, sein Kennwort ändern, und erst dann erfolgt die Synchronisierung mit Office 365.

- Anwender ändert das Kennwort seines lokalen Active Directory-Benutzerkontos
  Die Änderung wird an sein Office 365-Benutzerkonto übertragen.

- Anwender ändert das Kennwort seines Office 365-Benutzerkontos
  Die Änderung wird nicht an sein lokales Active Directory-Benutzerkonto übertragen. Ändert der Anwender später sein Kennwort lokal, wird das Office 365-Kennwort überschrieben. Änderungen des Kennworts in Office 365 sind dann nicht mehr möglich.

- Kennwort des lokalen Active Directory-Benutzerkontos ist abgelaufen
  Aktivieren Sie die Kennwortsynchronisierung, werden die betroffenen Office 365-Benutzerkonten automatisch so konfiguriert, dass deren Kennwörter nicht mehr ablaufen. Läuft nun das Kennwort eines lokalen Active Directory-Benutzerkontos ab, wirkt sich das nicht auf das Office 365-Benutzerkonto aus. Der Anwender kann sich mit seinem abgelaufenen Kennwort weiterhin an Office 365 anmelden.

- Helpdesk setzt Kennwort eines lokalen Active Directory-Benutzerkontos zurück
  Hierbei muss unterschieden werden, ob der Helpdesk-Mitarbeiter die Option BENUTZER MUSS KENNWORT BEI DER NÄCHSTEN ANMELDUNG ÄNDERN aktiviert hat (siehe Abbildung 4.5). Ist die Option nicht ausgewählt, wird das Kennwort sofort an Office 365 übermittelt. Ist die Option dagegen ausgewählt, muss sich der Anwender zunächst mit seinem lokalen Active Directory-Benutzerkonto anmelden. Dabei wird er zur Änderung seines Kennworts aufgefordert, und das neue Kennwort wird dann an Office 365 übertragen.

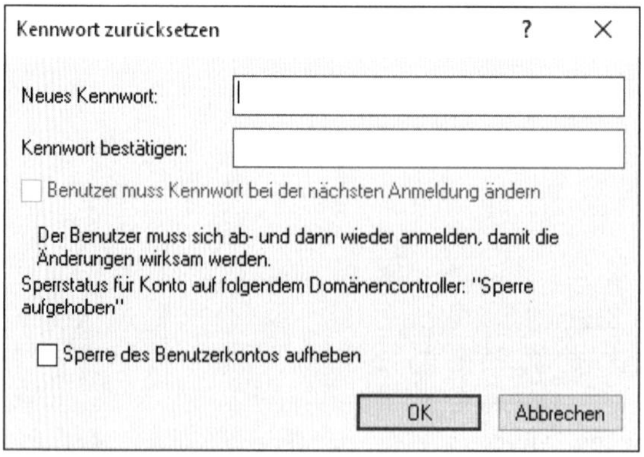

Abbildung 4.5 Kennwort zurücksetzen

4.2.3 Passthrough-Authentifizierung

Ist die Kennwort-Hash-Synchronisierung für Sie nicht akzeptabel, können Sie davon absehen und mit der *Passthrough-Authentifizierung (PTA)* den Anwendern dennoch die Anmeldung an Office 365 mit demselben Kennwort ermöglichen, das sie auch für ihr lokales Benutzerkonto verwenden. Der Ablauf ist dabei wie folgt (siehe Abbildung 4.6).

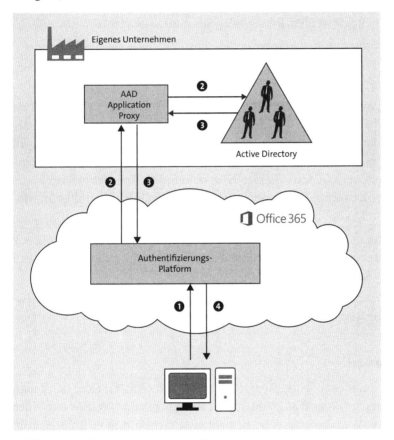

Abbildung 4.6 Passthrough-Authentifizierung

❶ Der Anwender gibt bei der Anmeldung an Office 365 seinen Benutzernamen und sein Kennwort ein.

❷ Die Anmeldeinformationen werden an einen lokalen Proxy übertragen und von einem lokalen Domänencontroller überprüft.

❸ Der Domänencontroller stellt ein Sicherheitstoken (eine Art Ausweis) aus. Dieses wird zurück an Office 365 übertragen.

❹ Der Anwender erhält Zugriff auf Office 365.

Als Proxy in Schritt 2 fungiert dabei der sogenannte *AAD Application Proxy*, der zusammen mit AAD Connect installiert wird. Der Proxy stellt eine dauerhafte Verbindung aus Ihrem lokalen Netzwerk zu Office 365 her. Der Vorteil dabei: Sie benötigen keinen Reverse-Proxy in der DMZ, der es ermöglicht, vom Internet aus auf Ihre lokale Umgebung zuzugreifen. Für die Passthrough-Authentifizierung muss AAD Connect auf einem Server mit mindestens Windows Server 2012 R2 installiert werden. Darüber hinaus muss eine gegebenenfalls vorhandene Firewall mit einer Reihe von Ausnahmen konfiguriert werden. Diese finden Sie unter folgender URL:

https://docs.microsoft.com/de-de/azure/active-directory/connect/active-directory-aadconnect-pass-through-authentication#a-nameazure-ad-pass-through-prerequisitesavoraussetzungen-für-azure-ad-passthrough-authentifizierung

Die Passthrough-Authentifizierung hat aber auch einen Nachteil: Fällt Ihre lokale Umgebung aus (beispielsweise weil die Internetverbindung zusammenbricht, der AAD Application Proxy nicht mehr reagiert oder Ähnliches) ist keine Anmeldung an Office 365 mehr möglich. Entsprechend sollten Sie bei der Konfiguration für eine Hochverfügbarkeit sorgen. Dazu installieren Sie weitere AAD Application Proxys, die dann auch für eine Lastverteilung sorgen. Mehr dazu lesen Sie in Abschnitt 4.3.4, »Installation und Konfiguration«.

Sie sollten außerdem berücksichtigen, dass die Passthrough-Authentifizierung nur mit Clients genutzt werden kann, die die moderne Authentifizierung unterstützen (siehe Abschnitt 4.5, »Moderne Authentifizierung«).

[»] Im Frühjahr 2017 befand sich die Passthrough-Authentifizierung noch im Preview-Status, war also noch nicht für den Produktivbetrieb gedacht.

4.2.4 Single Sign-on

Vonseiten der Grundidee bedeutet Single Sign-on: Der Anwender meldet sich genau einmal an und hat dann Zugriff auf sämtliche Anwendungen und Dienste. Mit Office 365 ist genau dieses Verhalten allerdings nur in einer ganz bestimmten Konstellation möglich, bei der einige Voraussetzungen erfüllt sein müssen. Es gibt jedoch auch einige Varianten von Single Sign-on, die nahe an das Idealverhalten kommen. Diese beschreibe ich in den folgenden Abschnitten.

Seamless Single Sign-on

Mit *Seamless Single Sign-on* wird nicht vermieden, dass der Anwender seinen Benutzernamen eingeben muss. Allerdings muss er kein Kennwort mehr eingeben. Seamless Single Sign-on wird in AAD Connect aktiviert.

Der Prozess beim Anmelden ist dabei wie folgt (siehe Abbildung 4.7):

❶ Der Client fordert automatisch ein Kerberos-Sicherheitstoken von einem Domänencontroller an.

❷ Das Sicherheitstoken wird an Office 365 übertragen.

❸ Das Token wird überprüft, und die Anmeldung wird vorgenommen.

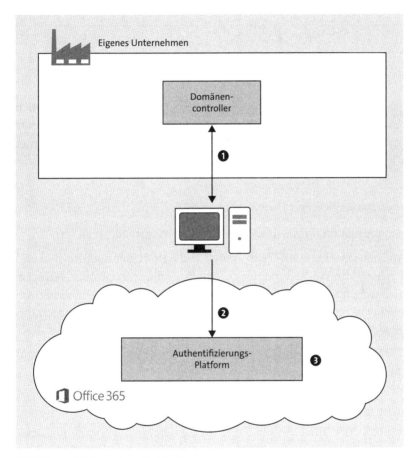

Abbildung 4.7 Seamless Single Sign-on

Für dieses Szenario ist keine aktive Verbindung zwischen dem Active Directory und dem Azure Active Directory erforderlich. Allerdings werden an den Client bestimmte Voraussetzungen gestellt. Unterstützt werden von Anwendungsseite nur solche, die die moderne Authentifizierung unterstützen (siehe Abschnitt 4.5, »Moderne Authentifizierung«).

Vonseiten des Betriebssystems und des Browsers werden die Kombinationen aus Tabelle 4.1 unterstützt.

	Internet Explorer	Chrome	Firefox	Edge
Windows 10	ja	ja	ja	nein
Windows 8(.1)	ja	ja	ja	–
Windows 7	ja	ja	ja	–
macOS	–	–	–	–

Tabelle 4.1 Unterstützte Betriebssysteme und Browser für Seamless Single Sign-on

Damit Seamless Single Sign-on im Internet Explorer und in Chrome auch tatsächlich funktioniert, müssen Sie diese beiden URLs zur Zone *Intranet* des Internet Explorers hinzufügen (das gilt auch für Chrome, der auf die Zonenkonfiguration des Internet Explorers zurückgreift):

- https://autologon.microsoftazuread-sso.com
- https://aadg.windows.net.nsatc.net

Die Zonenkonfiguration finden Sie unter INTERNETOPTIONEN • SICHERHEIT.

Seamless Single Sign-on ist nur auf Clients möglich, die Domänenmitglied sind und außerdem über eine direkte Verbindung zu einem Domänencontroller verfügen. Also beispielsweise geht es nicht aus dem Heimnetzwerk ohne VPN-Verbindung. Anwender mit Clients, die diese Anforderung nicht erfüllen, werden aufgefordert, ihr Kennwort einzugeben.

[»] Im Frühjahr 2017 befand sich Seamless Single Sign-on noch im Preview-Status, war also noch nicht für den Produktivbetrieb gedacht.

Single Sign-on im Identitätsverbund

Schon immer gibt es bei Office 365 ein *Single Sign-on im Identitätsverbund*. Dieser Verbund wird auf Basis von *AD FS (Active Directory Federation Services)* aufgebaut. Im Vergleich zu Seamless Single Sign-on ist der Aufwand, den Sie in Ihrer lokalen Infrastruktur treiben müssen, deutlich höher, denn es ist neben AAD Connect eine (meist hochverfügbare) AD FS-Umgebung erforderlich. Jedoch erhalten Sie im Vergleich zu Seamless Single Sign-on folgende Vorteile:

- Befindet sich der Benutzer mit seinem Client im lokalen Netzwerk (und nur dann), kann er auf Office 365 ohne Angabe von Benutzernamen und Kennwort zugreifen – es entfällt also im Vergleich zu Seamless Single Sign-on die Angabe des Benutzernamens. Damit das auch funktioniert, sind im Browser dazu sogenannte *Smart-Links* erforderlich. Die Anmeldung erfolgt in diesem Fall über die integrierte

Windows-Authentifizierung. Mehr dazu lesen Sie in Abschnitt 4.6.4, »Anmeldevorgang ohne moderne Authentifizierung«.

▶ Sie erhalten eine Zugriffsteuerung, mit der Sie konfigurieren können, wann welcher Anwender unter welchen Bedingungen auf Office 365 zugreifen darf (siehe Abschnitt 4.6.12, »Zugriffssteuerung«).

Mit Ausnahme des Servers, auf dem das Synchronisierungstool läuft, ist für Same Sign-on kein zusätzlicher Server erforderlich. Gerade für kleinere Firmen ist dies ein wichtiges Merkmal. Single Sign-on erfordert dagegen AD FS, was typischerweise auf mehreren Servern eingerichtet wird. Diese Server können zwar gerne virtuell sein, jedoch müssen sie dennoch lizenziert, überwacht und gewartet werden.

Sollte die komplexe AD FS-Infrastruktur ausfallen oder kann sie aufgrund von Problemen mit Ihrem Internetprovider nicht erreicht werden, können sich Ihre Anwender nicht mehr an Office 365 anmelden.

Die Kennwort-Hash-Synchronisierung kann als Übergangslösung bei Problemen mit AD FS eingesetzt werden. Lesen Sie hierzu Abschnitt 4.6.11, »Wenn AD FS ausfällt«.

Grundsätzlich gilt die Empfehlung, Single Sign-on im Identitätsverbund nur dann einzusetzen, wenn es einen wirklich triftigen Grund dafür gibt, denn der Kosten- und Verwaltungsaufwand für die dabei notwendige AD FS-Umgebung ist recht hoch.

Aufgrund der Komplexität des Themas finden Sie die Einrichtung eines Identitätsverbunds in einem separaten Abschnitt beschrieben (siehe Abschnitt 4.6).

4.2.5 Integrationsszenarien im Vergleich

Mit verschiedenen Kombinationen aus den in den vorangegangenen Abschnitten eingeführten Komponenten können Sie nun die für Ihr Unternehmen am besten geeignete Lösung für die Integration des Azure Active Directorys bestimmen. Zur Auswahl stehen dabei die folgenden Szenarien:

▶ Nur Microsoft-Online-IDs (keine Verzeichnissynchronisierung)

In diesem Szenario legen Sie im Office 365-Verzeichnisdienst manuell Benutzerkonten für Ihre Anwender an. Dies können Sie beispielsweise ganz klassisch über das Office 365-Portal durchführen, wie ich es in Abschnitt 2.5.2, »Benutzer anlegen«, beschrieben habe. Eine Alternative zur Automatisierung wäre die PowerShell, wie in Abschnitt 3.15.3, »Benutzer anlegen«, beschrieben.

Ihre Anwender melden sich an Office 365 über das Benutzerkonto aus dem Office 365-Verzeichnisdienst an. Die Authentifizierung erfolgt dabei also nicht im lokalen Active Directory, sondern direkt in Office 365.

Lassen Sie sich dieses Szenario durch den Kopf gehen, erkennen Sie verschiedene Nachteile, beispielsweise:

- Die Anwender müssen mit zwei Identitäten umgehen – einmal mit der lokalen Identität und einmal mit der Identität aus Office 365. Sie müssen also auch mit zwei unterschiedlichen Kennwörtern und manchmal auch mit unterschiedlichen Benutzernamen umgehen können und erkennen, wann sie welches einzugeben haben.
- Identische Kennwörter sind dabei oft nicht möglich, da unterschiedliche Kennwortrichtlinien und Ablaufzeiten bestehen (siehe Abschnitt 2.5.5, »Kennwortablaufrichtlinie«). Vergisst ein Anwender sein Kennwort, muss es potenziell an zwei unterschiedlichen Stellen zurückgesetzt werden.

Dieses Szenario hat aber auch zwei große Vorteile:
- Es fällt zu Beginn der geringste Konfigurationsaufwand an.
- Es kann direkt nach dem Anlegen eines Office 365-Mandanten angewandt werden, ohne dass an der lokalen Umgebung Änderungen vorgenommen werden müssen.

▶ Verzeichnissynchronisierung (AD-Sync)

▶ Verzeichnissynchronisierung + Kennwort-Hash-Synchronisierung (AD-Sync + KW-Sync)

▶ Verzeichnissynchronisierung + Kennwort-Hash-Synchronisierung + Seamless Single Sign-on (AD-Sync + KW-Sync + SSSO)

▶ Verzeichnissynchronisierung + Passthrough-Authentifizierung (AD-Sync + Passthrough)

▶ Verzeichnissynchronisierung + Passthrough-Authentication + Seamless Single Sign-on (AD-Sync + Passthrough + SSSO)

▶ Verzeichnissynchronisierung + Kennwort-Hash-Synchronisierung + Passthrough-Authentication + Seamless Single Sign-on (AD-Sync + KW-Sync + Passthrough + SSSO)

▶ Verzeichnissynchronisierung + Identitätsverbund (AD-Sync + Identitätsverbund)

Über ein Vertrauensverhältnis zwischen Office 365 und Ihrer lokalen Umgebung erkennt Office 365 die lokale Anmeldung über ein spezielles Sicherheitstoken an. Die Lizenzierung erfolgt aber nach wie vor in Office 365, weshalb dort auch die Benutzerkonten über die Active Directory-Synchronisierung angelegt werden müssen. Dieses Szenario erfordert eine relativ aufwendige Konfiguration auf Basis der *Active Directory Federation Services* (*AD FS* oder auf Deutsch *Active Directory-Verbunddienste*). Wie das geht, werde ich Ihnen in Abschnitt 4.6, »Identitätsverbund«, zeigen.

Einen Vergleich der Szenarien finden Sie in Tabelle 4.2. Diese Tabelle finden Sie bei den Materialien zum Buch.

4.2 Szenarien zur Active Directory-Integration

Kriterium	Nur MS-Online-Identität (kein AD-Sync)	AD-Sync	AD-Sync + KW-Sync	AD-Sync + KW-Sync + SSSO	AD-Sync + Passthrough	AD-Sync + Pass-through + SSSO	AD-Sync + KW-Sync + Pass-through + SSSO	AD-Sync + Identitätsverbund
Zielgruppe	kleine Unternehmen	mittlere und große Unternehmen mit eigenem Active Directory	mittlere und große Unternehmen mit eigenem Active Directory	mittlere und große Unternehmen mit eigenem Active Directory	mittlere und große Unternehmen mit eigenem Active Directory	mittlere und große Unternehmen mit eigenem Active Directory	mittlere und große Unternehmen mit eigenem Active Directory	große Unternehmen mit eigenem Active Directory
Anmelden ohne Angabe des Benutzernamens möglich	nein	nein	nein	nein	nein	nein	nein	ja (Voraussetzungen beachten)
Anmelden ohne Angabe des Kennworts möglich	nein	nein	nein	ja (Voraussetzungen beachten)	nein	ja (Voraussetzungen beachten)	ja (Voraussetzungen beachten)	ja (Voraussetzungen beachten)

Tabelle 4.2 Vergleich Integrationsszenarien

Kriterium	Nur MS-Online-Identität (kein AD-Sync)	AD-Sync	AD-Sync + KW-Sync	AD-Sync + KW-Sync + SSSO	AD-Sync + Passthrough	AD-Sync + Pass-through + SSSO	AD-Sync + KW-Sync + Pass-through + SSSO	AD-Sync + Identitäts-verbund
Kennwort-speicherung	separate Kennwörter lokal + Office 365	separate Kennwörter lokal + Office 365	lokales Kenn-wort + Kenn-wort-Hash in Office 365	lokales Kenn-wort + Kenn-wort-Hash in Office 365	nur lokales Kennwort	nur lokales Kennwort	lokales Kenn-wort + Kenn-wort-Hash in Office 365	nur lokales Kenn-wort
Anmeldung mit lokalem Kennwort möglich	nein	nein	ja	ja	ja	ja	ja	ja
Ort der Authentifizie-rung	lokal + Office 365	lokal + Office 365	lokal + Office 365	lokal + Office 365	nur lokal	nur lokal	lokal + Office 365 (für Clients, die PTA nicht unterstützen)	nur lokal
Welche Kenn-wortrichtli-nien gelten?	lokal + Office 365	lokal + Office 365	nur lokal	nur lokal	nur lokal	nur lokal	nur lokal	nur lokal

Tabelle 4.2 Vergleich Integrationsszenarien (Forts.)

4.2 Szenarien zur Active Directory-Integration

Kriterium	Nur MS-Online-Identität (kein AD-Sync)	AD-Sync	AD-Sync + KW-Sync	AD-Sync + KW-Sync + SSSO	AD-Sync + Passthrough	AD-Sync + Passthrough + SSSO	AD-Sync + KW-Sync + Passthrough + SSSO	AD-Sync + Identitätsverbund
Ort der Benutzerverwaltung	lokal + Office 365	nur lokal	nur lokal	nur lokal	nur lokal	nur lokal	nur lokal	nur lokal
Zusätzliche lokale Installation erforderlich	nein	ja, AAD Connect	ja, AAD Connect	ja, AAD Connect	ja, AAD Connect	ja, AAD Connect	ja, AAD Connect	ja, AAD Connect + AD FS
Minimale lokale Serveranzahl	0	AAD Connect auf einem bestehenden Server im internen Netz	AAD Connect auf einem bestehenden Server im internen Netz	AAD Connect auf einem bestehenden Server im internen Netz	AAD Connect auf einem bestehenden Server im internen Netz	AAD Connect auf einem bestehenden Server im internen Netz	AAD Connect auf einem bestehenden Server im internen Netz	AAD Connect auf einem bestehenden Server im internen Netz AD FS auf einem bestehenden Server im internen Netz Proxy auf einem bestehenden Server in der DMZ

Tabelle 4.2 Vergleich Integrationsszenarien (Forts.)

Kriterium	Nur MS-Online-Identität (kein AD-Sync)	AD-Sync	AD-Sync + KW-Sync	AD-Sync + KW-Sync + SSSO	AD-Sync + Passthrough	AD-Sync + Pass-through + SSSO	AD-Sync + KW-Sync + Pass-through + SSSO	AD-Sync + Identitätsverbund
Öffentliches SSL-Zertifikat erforderlich	nein	nein	nein	nein	nein	nein	nein	ja
Typische lokale Serveranzahl	0	ein Server für AAD Connect im internen Netz	ein Server für AAD Connect im internen Netz	ein Server für AAD Connect im internen Netz	ein Server für AAD Connect im internen Netz ein Server für Hochverfügbarkeit mit PTA im internen Netz	ein Server für AAD Connect im internen Netz ein Server für Hochverfügbarkeit mit PTA im internen Netz	ein Server für AAD Connect im internen Netz ein Server für Hochverfügbarkeit mit PTA im internen Netz	ein Server für AAD Connect im internen Netz zwei Server für AD FS im internen Netz zwei Server für Proxys in der DMZ
Anmeldung an Office 365 noch möglich, wenn lokale Umgebung komplett ausfällt	ja	ja	ja	ja	nein	nein	nein	nein

Tabelle 4.2 Vergleich Integrationsszenarien (Forts.)

4.3   Active Directory-Synchronisierung

Bei der Active Directory-Synchronisierung handelt es sich um eine optionale Konfiguration. Ein Vorteil dabei ist, dass Sie bei der Verwaltung Ihres Office 365-Mandanten entlastet werden. Die Synchronisierung wird über das *Verzeichnissynchronisierungstool Azure Active Directory Connect* (oder einfach kurz *AAD Connect*) durchgeführt.

AAD Connect wird mit je einem Connector zum lokalen Active Directory und zum Office 365-Azure Active Directory eingerichtet (siehe Abbildung 4.8).

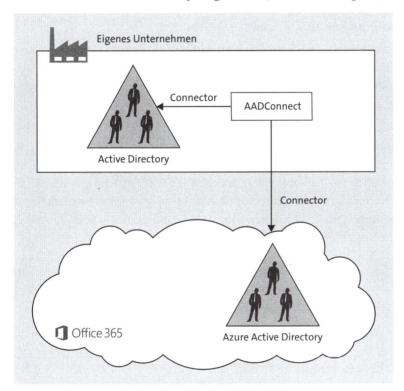

Abbildung 4.8 AAD Connect mit Connectors

Über die Connectors greift der Synchronisierungsdienst auf die beiden Verzeichnisse zu. Dazu ist in beiden Verzeichnissen jeweils ein Benutzerkonto mit den erforderlichen Berechtigungen erforderlich, die AAD Connect verwendet, um Daten auszulesen (beispielsweise die Benutzerkonten aus dem Active Directory) und gegebenenfalls zu ändern oder zu löschen (beispielsweise die Telefonnummer eines lokalen Benutzerkontos im Azure Active Directory).

AAD Connect läuft im Hintergrund und gleicht in der Standardkonfiguration in einem regelmäßigen Intervall von 30 Minuten automatisch Elemente Ihres Active

Directorys mit dem Verzeichnisdienst von Office 365 ab. Betroffen sind dabei die folgenden Objekte:

- Benutzerkonten
- Gruppen
- Kontakte
- Computer
- Geräte

Eine Auflistung der synchronisierten Attribute finden Sie unter der folgenden URL:

http://msdn.microsoft.com/library/azure/dn764938.aspx

[»] Wollen Sie nicht alle hier aufgeführten Attributwerte synchronisieren, beispielsweise weil Sie nicht möchten, dass die Telefonnummern in die Cloud wandern, ist eine Auswahl der zu synchronisierenden Attribute bis zu einem gewissen Grad über den Konfigurationsassistenten von AAD Connect möglich.

Neu angelegte Objekte im lokalen Active Directory werden automatisch beim nächsten Synchronisationslauf im Office 365-Verzeichnisdienst angelegt, beispielsweise die Benutzerkonten neuer Mitarbeiter. Löschen oder ändern Sie lokal ein Objekt, wird es auch in Office 365 gelöscht oder geändert. Welche Objekte und welche Attribute von links nach rechts oder von rechts nach links synchronisiert werden, hängt von einem Regelwerk und verschiedenen Filtern ab. Grundsätzlich werden dabei drei unterschiedliche Verfahren zur Filterkonfiguration unterstützt:

- Organisationseinheiten filtern
- Domänen filtern
- attributbasierte Filterung

Die Synchronisierung selbst wird grundsätzlich als *Pushsynchronisierung* ausgehend von Ihrem Active Directory hin zu Office 365 ausgeführt. Es gibt jedoch Ausnahmen, bei denen manche Active Directory-Eigenschaften vom Azure Active Directory Ihres Office 365-Mandanten zurück in Ihr Active Directory synchronisiert werden, beispielsweise diese:

- Vollständige Exchange-Hybridkonfiguration (siehe Abschnitt 6.13)
- Kennwort zurückschreiben – dabei werden Kennwortänderungen, die der Anwender in Office 365 vornimmt, an die lokale Umgebung übertragen (nur möglich, wenn Sie über AAD Premium verfügen, was separat über Microsoft Azure eingekauft werden muss)
- Geräte zurückschreiben – auch dies ist eine Funktionalität von AAD Premium, um im Azure Active Directory registrierte Objekte lokal für einen bedingten Zugriff konfigurieren zu können

4.3 Active Directory-Synchronisierung

Nach der Aktivierung der Active Directory-Synchronisierung verwalten Sie die synchronisierten Objekte primär nach wie vor mit den Verwaltungstools des lokalen Active Directorys. Die Benutzerverwaltung von Office 365 verwenden Sie dagegen in erster Linie für die Lizenzierung der synchronisierten Benutzerkonten.

Die Synchronisierung ist insbesondere in folgenden Szenarien eine Voraussetzung:

- für die Passthrough-Authentifizierung (siehe Abschnitt 4.2.3)
- für Seamless Single Sign-on (siehe Abschnitt 4.2.4)
- für die Einrichtung eines Identitätsverbunds (siehe Abschnitt 4.6)
- für die Einrichtung einer vollständigen Exchange-Hybridkonfiguration (siehe Abschnitt 6.13, »Vollständige Exchange-Hybridkonfiguration«)
- für die mehrstufige Exchange-Migration (siehe Abschnitt 6.12.3)

4.3.1 Synchronisierungsvorgang

Nachdem Sie das Verzeichnissynchronisierungstool installiert und konfiguriert haben, erfolgt eine vollständige Synchronisierung der unterstützten Objekte. Diese initiale Synchronisierung (*Full Sync*) dauert am längsten. Bei den weiteren Synchronisierungsläufen werden nur die Änderungen berücksichtigt (*Delta Sync*).

Während der Synchronisierung werden in der Standardkonfiguration zwei Strategien angewandt, um die Objekte aus dem lokalen Active Directory mit dem Verzeichnisdienst von Office 365 abzugleichen:

1. **GUID-Vergleich**
   Wird ein Objekt durch das Synchronisierungstool im Office 365-Verzeichnisdienst angelegt, erhält es dort eine Markierung mit der Objekt-GUID des entsprechenden Objekts aus dem lokalen Active Directory (*Net-ID* genannt). Daran wird es bei zukünftigen Synchronisierungsverläufen erkannt.

2. **SMTP-Vergleich**
   Wird im Office 365-Verzeichnisdienst kein Objekt mit passender GUID gefunden, werden (sofern vorhanden) die primären SMTP-Adressen verglichen.

   Dieser Fall tritt beispielsweise dann auf, wenn Sie schon vor der Aktivierung der Synchronisierung im Office 365-Mandanten Benutzerkonten mit entsprechenden SMTP-Adressen anlegen. Zuständig ist das Active Directory-Attribut `proxyAddresses`. Die primäre SMTP-Adresse ist dort als Wert in der Form `SMTP:benutzer@domäne` hinterlegt. SMTP muss dabei für die primäre Adresse großgeschrieben sein.

   Während der Synchronisierung werden passende Office 365-Benutzer dann mit den lokalen Active Directory-Benutzern verbunden.

3. Benutzerprinzipalnamen-Vergleich
Der SMTP-Vergleich kann nicht immer vorgenommen werden, beispielsweise weil Ihren Benutzerkonten im Azure Active Directory keine Lizenz für Exchange Online zugewiesen wurde und Sie damit auch keine SMTP-Adresse vergeben können. Schlägt der SMTP-Vergleich fehl, wird der *Benutzerprinzipalname (User Principal Name; UPN)* für eine Zuordnung herangezogen.

[»] Der Benutzerprinzipalnamen-Vergleich wurde in früheren Versionen des Verzeichnissynchronisierungstools nicht durchgeführt.

Das Intervall zwischen den Synchronisierungsverläufen beträgt in der Standardkonfiguration 30 Minuten. Allerdings können Sie die Synchronisierung bei Bedarf manuell starten, beispielsweise wenn das Benutzerkonto des neuen Mitarbeiters sofort in Office 365 verfügbar sein soll und nicht erst nach bis zu 30 Minuten (siehe Abschnitt 4.3.6, »Manueller Start der Synchronisierung«).

[»] Achtung: Verfügen die lokalen Benutzer über ein Exchange-Postfach und die Office 365-Benutzer bereits über ein Exchange Online-Postfach (dieses wird automatisch angelegt, wenn dem Benutzer eine Exchange Online-Lizenz zugewiesen wird), kann das zu Problemen führen. Das äußert sich beispielsweise so, dass die Migration der Postfachinhalte über den dafür vorgesehenen Weg nicht möglich ist. Ein nicht benötigtes Exchange Online-Postfach können Sie durch Lizenzentzug entfernen.

Active Directory-GUID und die Net-ID

Die GUID von lokalen Active Directory-Benutzerkonten und die zugehörige Net-ID können Sie selbst über die PowerShell auslesen. Die Objekt-GUID steht in der Eigenschaft `ObjectGUID` des Active Directory-Benutzerkonto-Objekts, die Net-ID in der Eigenschaft `ImmutableId` des Office 365-Benutzerkonto-Objekts. Die `ObjectGUID` ist vom Typ *GUID*, die `ImmutableId` vom Typ *Base 64 String*.

Ist die `ImmutableId` leer, wurde das Benutzerkonto nicht über die Active Directory-Synchronisierung angelegt.

Hier ein Beispiel, um die IDs auszulesen:

```
$upn = "lucy@beispielag.de"

Import-Module ActiveDirectory
Import-Module MSOnline

#Office 365-Anmeldung
Connect-MsolService

#Ermittlung der lokalen Objekt-GUID
$ObjectGUID =
    (Get-ADUser -Filter { UserPrincipalName -eq $upn }).ObjectGUID
```

```
#Ermittlung der ImmutableId
$ImmutableIdBase64 =
    (Get-MsolUser -UserPrincipalName $upn).ImmutableId

#Umwandlung von Base 64 String zu GUID
$ImmutableId =
    [GUID]([System.Convert]::FromBase64String($ImmutableIdBase64))

#Ausgabe
"Objekt-GUID: " + $ObjectGUID.Guid
"Net-ID (Base 64): " + $ImmutableIdBase64
"Net-ID (GUID): " + $ImmutableId.Guid
```
Listing 4.1 Auslesen von Objekt-GUID und Net-ID

Voraussetzung für diesen Code ist jedoch, dass Sie über das ActiveDirectory-Modul (siehe Abschnitt 3.16, »PowerShell und Active Directory«) und über das Azure Active Directory-Modul für Windows PowerShell (siehe Abschnitt 3.15.1) verfügen und dass die Active Directory-Synchronisierung bereits eingerichtet wurde. Ein Beispiel für die Ausgabe sehen Sie in Abbildung 4.9.

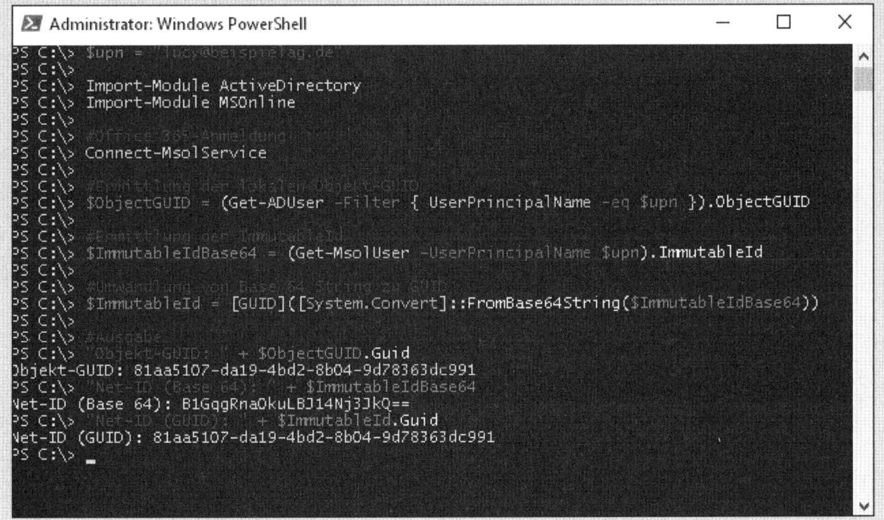

Abbildung 4.9 Auslesen von Objekt-GUID und Net-ID

In der Praxis gibt es Situationen, in denen Sie selbst die Net-ID eines Office 365-Benutzerkontos festlegen wollen. Das folgende Skript zeigt den dabei möglichen Ablauf:

```
$upn = "lucy@beispielag.de"

Import-Module ActiveDirectory
```

```
Import-Module MSOnline

#Office 365-Anmeldung
Connect-MsolService

#Ermittlung der lokalen Objekt-GUID
$ObjectGUID = (Get-ADUser -Filter {
   UserPrincipalName -eq $upn }).ObjectGUID

#Umwandlung von GUID zur Base 64 String
$ImmutableId = [System.Convert]::ToBase64String($ObjectGUID.ToByteArray())

#Setzen der ImmutableId
Set-MsolUser -UserPrincipalName $upn -ImmutableId $ImmutableId
```
Listing 4.2 Manuelles Setzen der Net-ID

Auf diesem Weg »weiß« das Synchronisierungstool, welche Benutzerkonten zusammengehören.

Die Skripte setzen voraus, dass lokal das Azure Active Directory-Modul für PowerShell vorhanden ist (siehe Abschnitt 3.15.1). Das können Sie im Zweifelsfall über das folgende Kommando überprüfen (siehe Abbildung 4.10):

```
Get-Module -Name ActiveDirectory -ListAvailable
```
Listing 4.3 Vorhandenes ActiveDirectory-Modul überprüfen

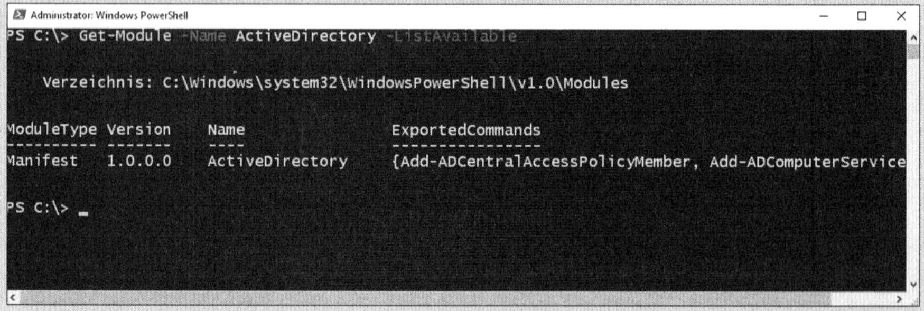

Abbildung 4.10 Vorhandenes ActiveDirectory-Modul überprüfen

4.3.2 Planung und Vorbereitung

Die Einrichtung der Synchronisierung ist ein wichtiger Schritt bei der Anbindung Ihres Office 365-Mandanten an das lokale Active Directory. Dabei müssen Sie aber einige Punkte berücksichtigen, die ich Ihnen in diesem Abschnitt erläutern werde.

4.3 Active Directory-Synchronisierung

Einschränkungen

- Anzahl Active Directory-Objekte
  Beim AAD Connect gibt es zwei Grenzwerte bei der Anzahl von Active Directory-Objekten. Keine Probleme treten auf bei bis zu 300.000 Objekten (Benutzer, Gruppen, Kontakte, Geräte). Vorausgesetzt, Sie haben in Ihrem Office 365-Mandanten eine eigene Domäne verifiziert – ansonsten gilt hier eine Grenze von 50.000 Objekten.

  Werden mehr als 300.000 Objekte synchronisiert, kontaktieren Sie den Office 365-Kundendienst für eine entsprechende Freischaltung Ihres Office 365-Mandanten (siehe Abschnitt 2.10.6, »Serviceanfragen«).

  Werden weniger als 100.000 Objekte synchronisiert, kann das Verzeichnissynchronisierungstool den automatisch mit installierten *Microsoft SQL Server Express LocalDB* verwenden. Bei mehr Objekten ist eine Instanz der »großen« SQL Server erforderlich, die dann gesondert bereitgestellt und lizenziert werden muss.

- Administration von Benutzerkonten
  Es ist zwar nicht wirklich eine Einschränkung, aber Sie sollten es dennoch beachten: Sobald die Synchronisierung aktiviert ist, können Sie viele Eigenschaften der Benutzerkonten nur noch über die lokalen Active Directory-Tools und nicht mehr im Office 365 Admin Center bearbeiten (siehe Abbildung 4.11).

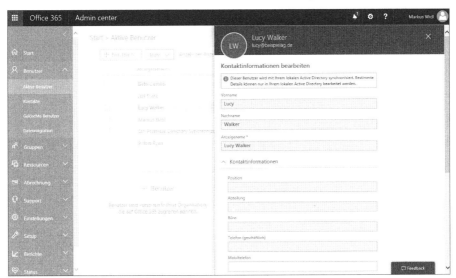

Abbildung 4.11 Eingeschränkte Bearbeitung von Benutzerkonten im Office 365 Admin Center

Es dürfte zunächst eher eine Erleichterung sein, mit den gewohnten Werkzeugen einfach weiterarbeiten zu können. Etwas problematischer wird die Sache, wenn Sie Exchange Online einsetzen. In diesem Fall können von Office 365-Seite aus viele Exchange-Attribute der Benutzerkonten nicht geändert werden, beispielsweise die E-Mail-Adressen. Solche Attribute müssen dann ebenfalls mit lokal vorhandenen Tools verwaltet werden, was sich schwierig gestalten kann, wenn Sie lokal keinen Exchange Server (mehr) haben. Lesen Sie hierzu auch Abschnitt 6.2.3, »Ändern von Exchange-Attributen mit aktivierter Verzeichnissynchronisierung«.

Neue Benutzerkonten legen Sie nach der Aktivierung der Synchronisierung auch nur noch lokal im Active Directory an und nicht mehr im Office 365 Admin Center. Benutzerkonten, die Sie dennoch direkt in Office 365 erstellen, werden nicht auch automatisch in Ihrem Active Directory angelegt.

Dennoch kann es Sinn machen, einzelne Benutzer direkt im Office 365 Admin Center anzulegen, beispielsweise für administrative Benutzer und für externe Anwender, die nur Zugriff auf Office 365, aber nicht auf das lokale Netzwerk bekommen sollen.

▶ Exchange Online-Lizenzierung
Angenommen, Sie verfügen über einen lokalen Exchange Server und verwenden die Verzeichnissynchronisierung. Weisen Sie dann einem synchronisierten Benutzer eine Lizenz zu, die Exchange Online umfasst, wird für diesen nicht mehr automatisch ein Postfach angelegt, sofern er bereits über ein lokales Postfach verfügt. In der Verwaltungsoberfläche von Exchange Online erscheint dann für den Anwender kein Postfach (siehe Abbildung 4.12).

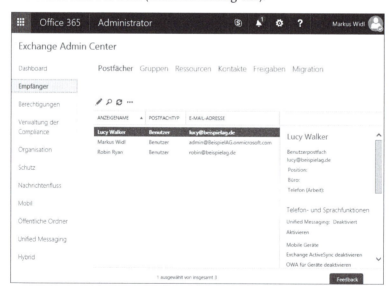

Abbildung 4.12 Verwaltungsoberfläche von Exchange Online

Das hat auch seinen Grund: Wollten Sie später das lokale Postfach zu Exchange Online verschieben, ginge das nicht mehr, da dort für den Benutzer bereits ein Postfach vorhanden wäre.

Vorbereitungen

Bevor Sie die Active Directory-Synchronisierung einrichten, sollten Sie einige Dinge überprüfen:

▶ Active Directory-Attribute lokaler Benutzerkonten
Vor der Aktivierung der Synchronisierung sollten Sie sicherstellen, dass die Benutzerprinzipalnamen (UPN) der lokalen Benutzerkonten geeignet gesetzt sind. Die Benutzerprinzipalnamen der lokalen Benutzerkonten fungieren in Office 365 als Benutzernamen. Dazu müssen Sie folgende Voraussetzungen erfüllen:

– Der Benutzerprinzipalname muss vergeben sein.

– Die Domänen der Benutzerprinzipalnamen sind in Ihrem Office 365-Mandanten verifiziert (siehe Abschnitt 2.4.2). Das schließt Domänen aus, die im Internet nicht routbar sind, beispielsweise solche mit der Endung *.local* und *.intra*.

– Im Idealfall ist der Benutzerprinzipalname identisch mit der E-Mail-Adresse des Anwenders. Dies hat nicht nur den praktischen Grund, dass sich der Anwender nicht einen speziellen Anmeldenamen merken muss. Die Anmeldefenster im Kontext von Office 365 haben an verschiedenen Stellen ein Feld, bei dem der Anwender aufgefordert wird, seine E-Mail-Adresse einzugeben. Ein Beispiel sehen Sie in Abbildung 4.13 bei der Anmeldung an Office 365 von Word aus. Rein technisch gesehen ist das nicht korrekt, denn der Anwender muss nicht seine E-Mail-Adresse, sondern seinen Benutzerprinzipalnamen angeben. Um solchen Verwirrungen vorzubeugen, empfiehlt es sich deshalb, gleich auf die E-Mail-Adresse zu setzen.

Abbildung 4.13 Anmeldefenster in Word

Sollte aus irgendeinem Grund diese Voraussetzung nicht zu erfüllen sein, beispielsweise weil Sie intern eine Anwendung einsetzen, die den Benutzerprinzipalnamen mit einer für Office 365 ungeeigneten Domäne voraussetzt, können Sie für die Office 365-Benutzernamen auch ein anderes Active Directory-Attribut einsetzen (beispielsweise `mail`). Allerdings sollten Sie sich einer Liste von Einschränkungen bewusst sein, die mit einem alternativen Benutzerprinzipalnamen einhergehen, die im Zusammenhang mit Single Sign-on auf Basis von AD FS auftreten. Lesen Sie daher, bevor Sie sich entscheiden, statt des Benutzerprinzipalnamens ein anderes Active Directory-Attribut als Benutzernamen in Office 365 einzusetzen, Abschnitt 4.6.10, »Alternative Benutzernamen mit AD FS«.

Benötigen Sie ein alternatives Benutzerprinzipalnamen-Suffix (beispielsweise weil Ihre Domäne *beispielag.local* heißt und Sie jetzt bei den Benutzerprinzipalnamen *beispielag.de* verwenden wollen), gehen Sie wie folgt vor:

– Öffnen Sie die Managementkonsole ACTIVE DIRECTORY-DOMÄNEN UND -VERTRAUENSSTELLUNGEN (siehe Abbildung 4.14). Diese finden Sie im Zweifelsfall auf einem Domänencontroller.

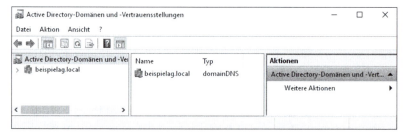

Abbildung 4.14 Active Directory-Domänen und -Vertrauensstellungen

– Klicken Sie mit der rechten Maustaste in der linken Navigation auf ACTIVE DIRECTORY-DOMÄNEN UND -VERTRAUENSSTELLUNGEN, und wählen Sie im Kontextmenü die EIGENSCHAFTEN (siehe Abbildung 4.15).

– Fügen Sie im erscheinenden Fenster ein alternatives Benutzerprinzipalnamen-Suffix hinzu. Dieses können Sie dann bei den Benutzerkonten auswählen.

Abbildung 4.15 Hinzufügen eines neuen Benutzerprinzipalnamen-Suffixes

Daneben gelten die Voraussetzungen aus Tabelle 4.3.

Wie Sie die Benutzerprinzipalnamen mithilfe der PowerShell automatisiert vergeben, lesen Sie in Abschnitt 3.16.3, »Anwendung«.

Attribut	Voraussetzungen
displayname	▶ Ist nicht länger als 255 Zeichen. ▶ Enthält keines der folgenden Zeichen: ? @ \ +
givenName	▶ Ist nicht länger als 63 Zeichen. ▶ Enthält keines der folgenden Zeichen: ? @ \ +
Mail	▶ Ist nicht länger als 255 Zeichen. ▶ Enthält keines der folgenden Zeichen: [\ ! # $ % & * + / = ? ^ ` { }] ▶ Muss eindeutig sein.
mailNickname	▶ Ist nicht länger als 63 Zeichen. ▶ Enthält weder das Leerzeichen noch eines der folgenden Zeichen: [\ ! # $ % & * + / = ? ^ ` { } | ~ < > ( ) ' ; : ,] " @ ▶ Darf nicht mit einem Punkt beginnen oder enden. ▶ Muss eindeutig sein.
proxyAddresses	▶ Ist nicht länger als 256 Zeichen. ▶ Enthält weder das Leerzeichen noch eines der folgenden Zeichen: \ % & * + / = ? ` { } | < > ( ) ; : , [ ] " ▶ Muss eindeutig sein.
sAMAccountName	▶ Ist nicht länger als 20 Zeichen. ▶ Enthält keines der folgenden Zeichen: [\ " | , / : < > + = ; ? *] ▶ Ist der sAMAccountName ungültig, der userPrincipalName jedoch gültig, wird das Benutzerkonto in Office 365 angelegt. ▶ Muss eindeutig sein.
Sn	▶ Ist nicht länger als 63 Zeichen. ▶ Enthält keines der folgenden Zeichen: ? @ \ +

Tabelle 4.3 Voraussetzungen Active Directory-Attribute

Attribut	Voraussetzungen
targetAddress	▶ Ist erforderlich für E-Mail-aktivierte Objekte. ▶ Ist nicht länger als 255 Zeichen. ▶ Enthält weder das Leerzeichen noch eines der folgenden Zeichen: \ % & * + / = ? ' { } | < > ( ) ; : , [ ] " ▶ Muss eindeutig sein.
userPrincipalName	▶ Benutzername ist nicht länger als 64 Zeichen. ▶ Domänenname ist nicht länger als 48 Zeichen. ▶ Benutzername und Domänenname zusammen sind nicht länger als 113 Zeichen. ▶ Enthält weder das Leerzeichen noch eines der folgenden Zeichen: \ % & * + / = ? ' { } | < > ( ) ; : , [ ] " ~ ä ö ü ▶ @ muss vorhanden sein, darf aber nicht erstes Zeichen sein. ▶ Benutzername endet nicht mit einem der folgenden Zeichen: . & @ ▶ Muss eindeutig sein.

Tabelle 4.3 Voraussetzungen Active Directory-Attribute (Forts.)

Was sind Benutzerprinzipalnamen (UPNs)?

Benutzerkonten im Active Directory haben potenziell zwei Benutzernamen, wie in Abbildung 4.16 ersichtlich:

▶ BENUTZERANMELDENAME (= Benutzerprinzipalname, User Principal Name/UPN)

Dieser Benutzerprinzipalname ist optional und hat die Form einer E-Mail-Adresse: *Benutzer@Domäne*, also beispielsweise *lucy@beispielag.de*. Oftmals ist die E-Mail-Adresse des Benutzers auch identisch mit diesem Benutzerprinzipalnamen – das muss aber nicht so sein. Der Teil hinter dem Klammeraffen wird auch allgemein als *Benutzerprinzipalnamen-Suffix* bezeichnet, da er nicht identisch mit dem eigentlichen Domänennamen sein muss.

▶ BENUTZERANMELDENAME (PRÄ-WINDOWS 2000) (= SAM Account Name)

Jedes Benutzerkonto im Active Directory verfügt über einen SAM Account Name. Er hat die Form *Domäne\Benutzer*, also beispielsweise *BeispielAG\Lucy*.

Für Office 365 spielt der zweite Anmeldename, also der SAM Account Name, keine Rolle. Legen Sie in Office 365 ein Benutzerkonto an, vergeben Sie auch nur den Benutzerprinzipalnamen als Benutzernamen.

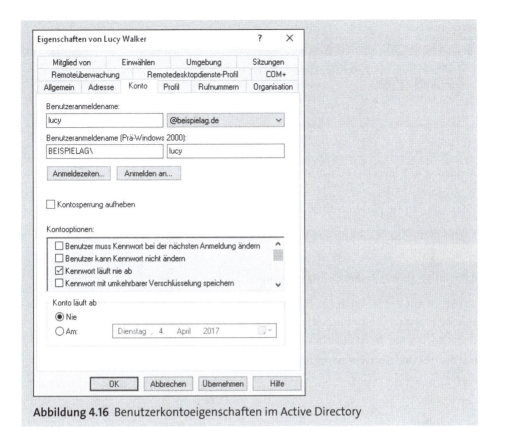

Abbildung 4.16 Benutzerkontoeigenschaften im Active Directory

4.3.3 Überprüfen der lokalen Umgebung

Für die Einrichtung der Active Directory-Synchronisierung muss Ihre lokale Umgebung einige Voraussetzungen erfüllen. Microsoft stellt für die Überprüfung der lokalen Umgebung ein Tool bereit, mit dem Sie ohne großen Aufwand Ihre lokale Umgebung schon vor Konfigurationsänderungen auf mögliche Problemstellen hin untersuchen können. So erhalten Sie rechtzeitig Hinweise, was Sie zunächst noch ändern sollten, bevor Sie mit der eigentlichen Konfiguration beginnen.

IdFix DirSync Error Remediation Tool

Speziell für das Überprüfen des Active Directorys und der darin enthaltenen Objekte bietet sich das *IdFix DirSync Error Remediation Tool* an. Es zeigt Ihnen Objekte, die bei der Synchronisierung Probleme verursachen würden und schlägt auch entsprechende Abhilfe vor (siehe Abbildung 4.17).

Zur Ausführung von IdFix müssen folgende Voraussetzungen erfüllt sein:

- Betriebssystem: ab Windows 7 bzw. ab Windows Server 2008 R2
- .NET Framework 4

4 Identitäten und Active Directory-Synchronisierung

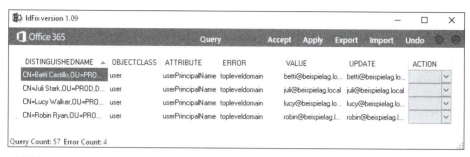

Abbildung 4.17 IdFix hat Probleme erkannt.

IdFix können Sie hier herunterladen:

www.microsoft.com/en-us/download/details.aspx?id=36832

4.3.4 Installation und Konfiguration

Bevor Sie mit der Installation des Verzeichnissynchronisierungstools loslegen, müssen Sie sich über die Voraussetzungen im Klaren sein.

Hardware- und Softwarevoraussetzungen

AAD Connect muss auf einem Server installiert werden, der folgende Voraussetzungen erfüllt:

▸ Hardware

Tabelle 4.4 gibt Ihnen Hilfestellung bei der Auswahl geeigneter Hardware. Der Einsatz einer entsprechenden virtuellen Maschine ist auch möglich.

Anzahl Active Directory-Objekte	CPU	RAM	Freie Festplattenkapazität
< 10.000	1,6 GHz	4 GB	70 GB
10.000–50.000	1,6 GHz	4 GB	70 GB
50.000–100.000	1,6 GHz	16 GB	100 GB
100.000–300.000	1,6 GHz	32 GB	300 GB
300.000–600.000	1,6 GHz	32 GB	450 GB
> 600.000	1,6 GHz	32 GB	500 GB

Tabelle 4.4 Hardwarevoraussetzungen

▸ Windows-Version

Das Verzeichnissynchronisierungstool ist eine 64-Bit-Anwendung und setzt entsprechend einen 64-Bit-Windows-Server voraus. Dieser muss mindestens den

Windows Server 2008 vorweisen; ist geplant, die Kennwortsynchronisierung einzusetzen, mindestens 2008 R2 SP1. Die Installation auf einem Domänencontroller ist möglich, wird aber für Produktivumgebungen nicht empfohlen. Das Verzeichnissynchronisierungstool installiert im Standardfall einen SQL Server Express LocalDB mit und erzeugt während der Synchronisierung einiges an Last, die auf einem Domänencontroller stören könnte.

- .NET Framework 4.5.1
  Vor der Installation des Verzeichnissynchronisierungstools muss das .NET Framework in der Version 4.5.1 installiert sein. Dieses erhalten Sie beim Windows Server 2012 R2 über das Windows Update. Für ältere Betriebssysteme laden Sie die Installationspakete hier herunter:
  www.microsoft.com/de-de/download/details.aspx?id=40779

- PowerShell ab 3
  Vor der Installation des Verzeichnissynchronisierungstools muss die PowerShell ab Version 3 installiert sein (beim Windows Server 2012 ist Version 3 bereits standardmäßig vorhanden, beim Windows Server 2012 R2 Version 4 und beim Windows Server 2016 Version 5). Die Installationspakete finden Sie hier:
  - PowerShell 3 (Windows Server 2008): *www.microsoft.com/ewn-us/download/details.aspx?id=34595*
  - PowerShell 4 (Windows Server 2008 R2): *www.microsoft.com/de-de/download/details.aspx?id=40855*

- Firewall
  Das Verzeichnissynchronisierungstool kommuniziert in der ausgehenden Richtung mit Office 365 über HTTPS 443/TCP. Die Firewall muss dies zulassen.

- Proxy
  Wird der Internetzugriff auf dem zukünftigen AAD Connect-Server über einen Proxy bereitgestellt, müssen Sie die Datei *machine.config* des .NET-Frameworks anpassen. Somit stellen Sie sicher, dass der Proxy zur Anwendung kommt. Sie finden die Datei im Pfad *C:\Windows\Microsoft.NET\Framework64\v4.0.30319\Config*. Fügen Sie dort am Ende der Datei die folgenden Zeilen hinzu bzw. passen die vorhandenen an (natürlich mit angepasster Proxy-Adresse):

```
<system.net>
  <defaultProxy>
    <proxy
      usesystemdefault="true"
      proxyaddress="http://<PROXYADDRESS>:<PROXYPORT>"
      bypassonlocal="true"
    />
```

```
        </defaultProxy>
    </system.net>
```

Listing 4.4 Proxy-Anpassung der »machine.config«

Sollte der Proxy zusätzlich noch eine Authentifizierung erfordern, verwenden Sie stattdessen diese Zeilen, damit das Synchronisierungstool auf Authentifizierungsanfragen antwortet:

```
<system.net>
    <defaultProxy enabled="true" useDefaultCredentials="true">
        <proxy
            usesystemdefault="true"
            proxyaddress="http://<PROXYADDRESS>:<PROXYPORT>"
            bypassonlocal="true"
        />
    </defaultProxy>
</system.net>
```

Listing 4.5 Proxy-Anpassung der »machine.config« mit Authentifizierung

[»] Später werde ich zwei Konfigurationsarten von AAD Connect beschreiben, die Express-Einstellungen und die benutzerdefinierten Einstellungen. Verwenden Sie einen Proxy mit Authentifizierung, müssen Sie den Weg über die benutzerdefinierten Einstellungen wählen, bei dem Sie für den Synchronisierungsdienst ein spezielles Benutzerkonto angeben, das für den Zugriff auf das Internet berechtigt sein muss.

Erforderliche Benutzerkonten

In jedem Forest der Active Directory-Umgebung benötigen Sie für AAD Connect ein Dienstbenutzerkonto. Dieses benötigt für die Pushsynchronisierung keine speziellen Berechtigungen, ein normaler Domänenbenutzer ist ausreichend. Soll allerdings die Kennwortsynchronisierung zum Einsatz kommen, benötigt das Benutzerkonto besondere Berechtigungen. Der Konfigurationsassistent kann für einfache Umgebungen den erforderlichen Domänenbenutzer auch selbst anlegen.

Wollen Sie die Kennwortsynchronisierung einsetzen, muss das Benutzerkonto, mit dem AAD Connect auf den Active Directory-Forest zugreift, einige zusätzliche Berechtigungen erhalten:

1. Öffnen Sie die Verwaltungskonsole ADSI-EDITOR.
2. Stellen Sie bei Bedarf eine Verbindung zum standardmäßigen Namenskontext her (AKTION • VERBINDUNG HERSTELLEN).
3. Öffnen Sie über das Kontextmenü die Eigenschaften der Root-Domäne, beispielsweise von DC=BEISPIELAG, DC=LOCAL (siehe Abbildung 4.18).

4.3 Active Directory-Synchronisierung

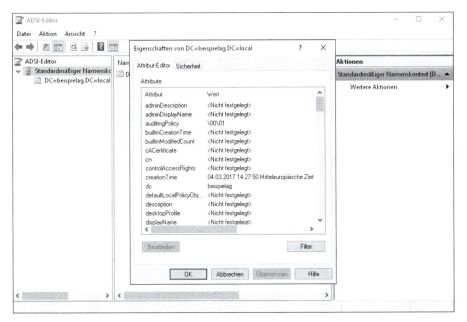

Abbildung 4.18 Domäneneigenschaften

4. Wechseln Sie zur Registerkarte SICHERHEIT (siehe Abbildung 4.19).

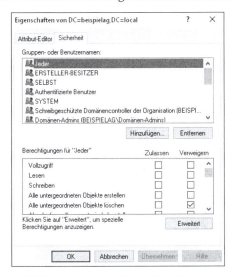

Abbildung 4.19 Sicherheitseinstellungen

5. Fügen Sie zur oberen Liste das Benutzerkonto für AAD Connect hinzu, und geben Sie ihm dann zusätzlich die folgenden Berechtigungen:
   - Alle Verzeichnisänderungen replizieren
   - Verzeichnisänderungen replizieren

Sollten Sie eine vollständige Exchange-Hybridkonfiguration einrichten wollen (siehe Abschnitt 6.13) sind zusätzlich noch weitere Rechte für das Benutzerkonto zum Schreiben bestimmter Active Directory-Attribute erforderlich. Erteilen Sie in diesem Fall folgende Berechtigungen:

1. Klicken Sie auf die Schaltfläche ERWEITERT (siehe Abbildung 4.20).

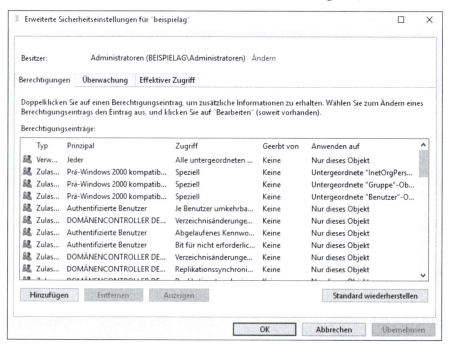

Abbildung 4.20 Erweiterte Einstellungen

2. Klicken Sie auf die Schaltfläche HINZUFÜGEN (siehe Abbildung 4.21).
3. Klicken Sie auf PRINZIPAL AUSWÄHLEN, und geben Sie dann das Benutzerkonto für AAD Connect an.
4. Wählen Sie unter ANWENDEN AUF die Option UNTERGEORDNETE "BENUTZER"-OBJEKTE, und erteilen Sie die folgenden Berechtigungen:
   - msDS-ExternalDirectoryObjectID schreiben (nur bei Exchange 2016)
   - msExchArchiveStatus schreiben
   - msExchBlockedSendersHash schreiben
   - msExchSafeRecipientsHash schreiben
   - msExchSafeSendersHash schreiben
   - msExchUCVoiceMailSettings schreiben
   - msExchUserHoldPolicies schreiben
   - proxyAddresses schreiben

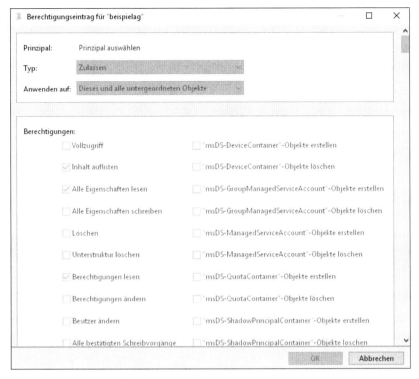

Abbildung 4.21 Hinzufügen

5. Wiederholen Sie den Schritt für UNTERGEORDNETE "INETORGPERSON"-OBJEKTE:
   - msDS-ExternalDirectoryObjectID schreiben (nur bei Exchange 2016)
   - msExchArchiveStatus schreiben
   - msExchBlockedSendersHash schreiben
   - msExchSafeRecipientsHash schreiben
   - msExchSafeSendersHash schreiben
   - msExchUCVoiceMailSettings schreiben
   - msExchUserHoldPolicies schreiben
   - proxyAddresses schreiben

6. Wiederholen Sie den Schritt für UNTERGEORDNETE "KONTAKT"-OBJEKTE:

   proxyAddresses schreiben

7. Wiederholen Sie den Schritt für Untergeordnete "GRUPPE"-Objekte:

   proxyAddresses schreiben

Wie Sie bei der Konfiguration noch sehen werden, können Sie die Option KENN-WORTRÜCKSCHREIBEN aktivieren. Dabei werden Kennwortänderungen in AAD an das lokale Active Directory übertragen. Dabei handelt es nicht um die schon angesprochene Kennwortsynchronisierung, denn es geht um die umgekehrte Richtung ausgehend von AAD. Um diese Funktion nutzen zu können, benötigen Sie AAD Premium (was separat lizenziert werden muss). Sollten Sie diese Option nutzen wollen, sind noch weitere Konfigurationsschritte erforderlich:

1. Ausgehend von Abbildung 4.19 klicken Sie auf die Schaltfläche ERWEITERT.
2. Klicken Sie auf die Schaltfläche HINZUFÜGEN.
3. Klicken Sie auf PRINZIPAL AUSWÄHLEN, und geben Sie dann das Benutzerkonto für AAD Connect an.
4. Wählen Sie unter ANWENDEN AUF die Option UNTERGEORDNETE "BENUTZER"-OBJEKTE.
5. Aktivieren Sie zusätzlich die folgenden Optionen:
   – Kennwort ändern
   – Kennwort zurücksetzen

AAD Connect-Einrichtung

Mithilfe des Konfigurationsassistenten von AAD Connect richten Sie den Synchronisierungsdienst auf einem lokalen Server ein. Das aktuelle Installationspaket finden Sie unter folgender URL:

http://aka.ms/aadconnect

Führen Sie die dort heruntergeladene Datei aus. Danach startet automatisch der Konfigurationsassistent (siehe Abbildung 4.22).

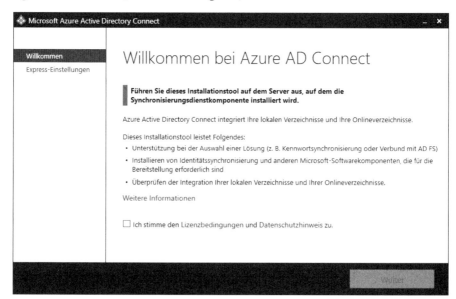

Abbildung 4.22 AAD Connect-Konfigurationsassistent

Akzeptieren Sie die Lizenzbedingungen, bietet Ihnen der Konfigurationsassistent die Express-Einstellungen an (siehe Abbildung 4.23).

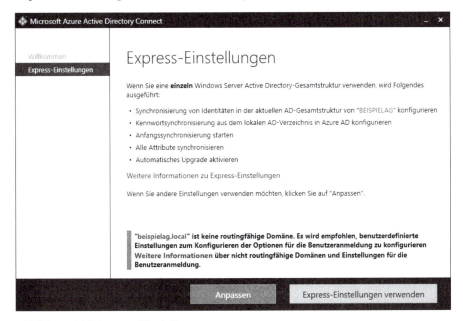

Abbildung 4.23 Express-Einstellungen

Entscheiden Sie sich für die Express-Variante, stellt Ihnen der Konfigurationsassistent nicht viele Fragen, sondern richtet einfach die Synchronisierung zwischen dem lokalen Active Directory-Forest und dem Azure Active Directory ein. Dabei wird kein Filter eingerichtet, es werden also sämtliche Benutzer, Gruppen, Kontakte sowie Computer und Geräte synchronisiert – und von diesen alle für Office 365 vorgesehenen Attribute. Außerdem wird die Kennwortsynchronisierung aktiviert. Die nötigen Benutzerkonten werden dabei automatisch angelegt und mit den erforderlichen Berechtigungen versehen. Das betrifft insbesondere auch das Active Directory-Benutzerkonto, mit dem AAD Connect auf Ihr lokales Verzeichnis zugreift. Nach Beendigung der Konfiguration wird direkt der erste Synchronisierungslauf angestoßen. AAD Connect wird bei der Express-Konfigurationsvariante im Gegensatz zur benutzerdefinierten Variante auch automatisch auf der aktuellsten Version gehalten.

Wollen Sie das automatische Upgrade aktivieren oder deaktivieren, führen Sie nach der Installation von AAD Connect in der PowerShell folgende Kommandos aus:

```
Import-Module ADSync

#Auto-Upgrade deaktivieren
Set-ADSyncAutoUpgrade -AutoUpgradeState Disabled
```

```
#Auto-Upgrade aktivieren
Set-ADSyncAutoUpgrade -AutoUpgradeState Enabled
```
Listing 4.6 Deaktivieren des automatischen Upgrades

Die Express-Variante ist damit recht schnell durchgeführt. Allerdings haben Sie auch nur begrenzt Einfluss auf die Konfiguration. Aus diesem Grund empfehle ich Ihnen, insbesondere für produktive Umgebungen, von der Express-Konfiguration abzusehen. Der Vollständigkeit halber bespreche ich hier aber die Vorgehensweise für beide Varianten.

Konfiguration mit den Express-Einstellungen

Die Abfragen des Konfigurationsassistenten für die Express-Einstellungen beschränken sich auf wenige Schritte:

1. Im Schritt MIT AZURE AD VERBINDEN geben Sie ein Benutzerkonto an, das in Office 365 mit globalen Administratorberechtigungen versehen wurde (siehe Abbildung 4.24). Mit diesem Benutzer wird der Konfigurationsassistent im Azure Active Directory einen Dienstbenutzer anlegen, dessen Rechte auf die Synchronisierung eingeschränkt wurden. Diesen Benutzer erkennen Sie am Namensschema Sync_AADSYNC_<ID>.

Abbildung 4.24 Mit Azure AD verbinden

2. Im Schritt MIT AD DS VERBINDEN geben Sie einen Unternehmensadministrator an (siehe Abbildung 4.25).

   Der hier angegebene Unternehmensadministrator wird für die laufende Synchronisierung nicht verwendet, um auf Ihr Active Directory zuzugreifen, sondern dafür wird während der Konfiguration automatisch ein Dienstbenutzerkonto angelegt und mit den erforderlichen Berechtigungen versehen. Das Dienstbenutzerkonto erkennen Sie am Namensformat MSOL_<ID>.

Abbildung 4.25 Mit AD DS verbinden

3. Im Schritt AZURE AD-ANMELDUNGSKONFIGURATION sehen Sie eine Liste aller lokalen Benutzerprinzipalnamen-Suffixe und ob diese auch in Ihrem Office 365-Mandanten verifiziert wurden (siehe Abbildung 4.26).

Abbildung 4.26 Azure AD-Anmeldungskonfiguration

Sollte eine der Domänen noch nicht verifiziert worden sein, holen Sie dies am besten jetzt nach, noch bevor Sie mit dem Konfigurationsassistenten fortfahren.

Ansonsten erhalten alle Benutzerkonten mit nicht verifizierten Domänen auf Office 365-Seite als Benutzerprinzipalnamen-Domäne Ihre Kontodomäne (*.onmicrosoft.com). Mehr zur Verifikation von Domänen lesen Sie in Abschnitt 2.4.2.

4. Im Schritt BEREIT ZUR KONFIGURATION sehen Sie noch einmal die Punkte, die vom Konfigurationsassistenten in der Express-Variante vorgenommen werden (siehe Abbildung 4.27). Optional können Sie hier den ersten Synchronisierungsvorgang verhindern.

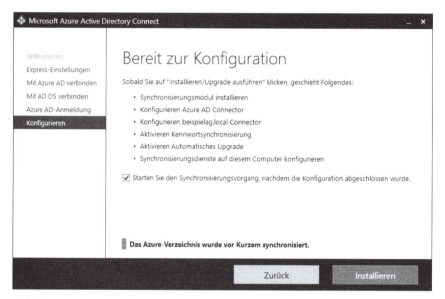

Abbildung 4.27 Bereit zur Konfiguration

Das war es auch schon mit der Konfiguration. Der Assistent macht sich nun daran, alle erforderlichen Einstellungen vorzunehmen.

Konfiguration mit benutzerdefinierten Einstellungen

In produktiven Umgebungen wollen Sie höchstwahrscheinlich bei der Konfiguration von AAD Connect mehr Einflussmöglichkeiten, beispielsweise mit Filtern bestimmen, welche Objekte synchronisiert werden sollen, oder Sie wollen spezielle Optionen wie die Passthrough-Authentifizierung und ein Single Sign-on auswählen. In diesem Fall wählen Sie im Konfigurationsassistenten von AAD Connect nicht die Option EXPRESS-EINSTELLUNGEN VERWENDEN, sondern ANPASSEN (siehe Abbildung 4.28) und folgen dann diesen Schritten:

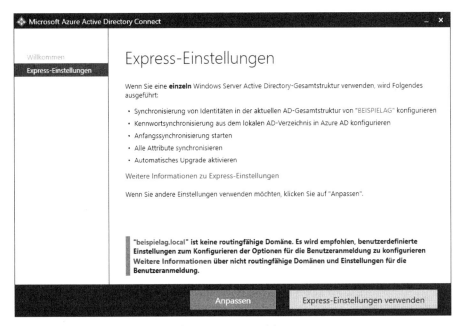

Abbildung 4.28 Angepasste Konfiguration auswählen

1. Im Schritt ERFORDERLICHE KOMPONENTEN INSTALLIEREN haben Sie Einfluss auf vier Punkte (siehe Abbildung 4.29):

    – BENUTZERDEFINIERTEN INSTALLATIONSSPEICHERORT ANGEBEN: Normalerweise erfolgt die Installation von AAD Connect im Ordner *C:\Program Files\Microsoft Azure AD Sync*. Bei Bedarf können Sie einen anderen Ordner auswählen. Wird der SQL Server Express LocalDB eingesetzt, erfolgt dessen Installation in *C:\Program Files\Microsoft SQL Server*, und die Datenbank liegt im Ordner *Data* innerhalb der Installationsordners von AAD Connect.

    – VORHANDENEN SQL SERVER-COMPUTER VERWENDEN: Wollen Sie so viele Objekte synchronisieren, dass der SQL Server Express LocalDB nicht mehr ausreicht (siehe Abschnitt 4.3.2, »Planung und Vorbereitung«), geben Sie hier Servernamen und Instanznamen des gewünschen SQL-Servers an.

    – VORHANDENES DIENSTKONTO VERWENDEN: Normalerweise wird der Windows-Dienst, der für die Synchronisierung zuständig ist, unter einem automatisch eigens dafür angelegten lokalen Konto mit dem Namen AAD_<ID> ausgeführt. Verwenden Sie jedoch einen Proxy, der eine Authentifizierung voraussetzt, kann der Dienst nicht auf das Internet zugreifen. In diesem Fall erstellen Sie für den Dienst ein Domänenbenutzerkonto, das über den Proxy Internetzugang hat, und geben das Konto mit dieser Option an.

    – BENUTZERDEFINIERTE SYNCHRONISIERUNGSGRUPPEN ANGEBEN: AAD Connect setzt zur Verwaltung einige lokale Gruppen voraus. Normalerweise tragen diese die Namen `ADSyncAdmins`, `ADSyncBrowse`, `ADSyncOperators`, `ADSyncPasswordSet`. Wollen Sie stattdessen andere Gruppen verwenden, können Sie diese hier angeben. Wichtig dabei ist, dass auch die eigenen Gruppen lokale Gruppen auf dem zukünftigen Sync-Server sein müssen.

In vielen Fällen werden Sie in diesem Schritt keinen der Punkte auswählen.

Abbildung 4.29 Erforderliche Komponenten installieren

2. Im Schritt BENUTZERANMELDUNG haben Sie die Wahl zwischen verschiedenen Konfigurationen (siehe Abbildung 4.30):

    – KENNWORTSYNCHRONISIERUNG: Änderungen an den Kennwörtern lokaler Benutzer werden mit dem Azure Active Directory synchronisiert (siehe Abschnitt 4.2.2, »Kennwort-Hash-Synchronisierung«).

    – PASSTHROUGH-AUTHENTIFIZIERUNG: Die Kennwörter werden nicht vom Azure Active Directory überprüft, sondern von einem lokalen Domänencontroller (siehe Abschnitt 4.2.3, »Passthrough-Authentifizierung«).

    – VERBUND MIT AD FS: Bei dieser Option kann der AAD Connect-Konfigurationsassistent auch selbstständig die dafür erforderlichen Komponenten konfigurieren. Diese sind im Wesentlichen: ein Windows Server 2012 R2 für den AD FS-Server, ein Windows Server 2012 R2 für den Proxy und ein öffentlich vertrauenswürdiges SSL-Zertifikat für die AD FS-Domäne. Außerdem muss der Proxy vom Internet aus auf Port 443 erreichbar sein. Mit dieser Option verhält es sich ähnlich wie bei den Express-Einstellungen beim AAD Connect-Konfigurationsassistenten: Für produktive Umgebungen ist diese Option weniger empfohlen, da sie nur sehr wenig Einfluss auf die Konfiguration lässt. Aus diesem Grund werde ich hier nicht auf die weiteren Schritte der Option VERBUND MIT AD FS eingehen, sondern verweise auf den separaten Abschnitt 4.6, »Identitätsverbund«, in dem ich AD FS genauer beschreibe. Möchten Sie AD FS einsetzen, wählen Sie hier also entweder die KENNWORTSYNCHRONISIERUNG (etwa als Fallback-Lösung, wenn AD FS ausfällt; siehe Abschnitt 4.6.11) oder die Option NICHT KONFIGURIEREN, wenn Sie auf die Kennwortsynchronisierung verzichten wollen.

- NICHT KONFIGURIEREN: Keine der obigen Optionen wird konfiguriert.
- EINMALIGES ANMELDEN AKTIVIEREN: Mit dieser Option aktivieren Sie das Seamless Single Sign-on (siehe Abschnitt 4.2.4). Diese Option ist nur bei Auswahl der Kennwortsynchronisierung und der Passthrough-Authentifizierung verfügbar.

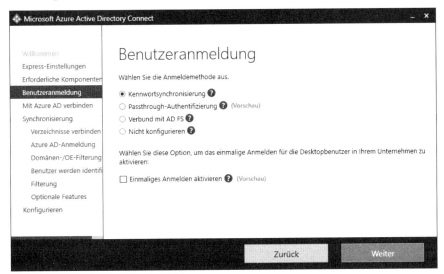

Abbildung 4.30 Benutzeranmeldung

3. Im Schritt MIT AZURE AD VERBINDEN geben Sie ein Benutzerkonto an, das in Office 365 mit globalen Administratorberechtigungen versehen wurde (siehe Abbildung 4.31). Mit diesem Benutzer wird der Konfigurationsassistent im Azure Active Directory einen Dienstbenutzer anlegen, dessen Rechte auf die Synchronisierung eingeschränkt wurden. Diesen Benutzer erkennen Sie am Namensschema Sync_AADSYNC_<ID>.

4. Im Schritt VERZEICHNISSE VERBINDEN geben Sie aus jedem Active Directory-Forest je ein Benutzerkonto an, dessen Objekte mit dem Azure Active Directory synchronisiert werden sollen (siehe Abbildung 4.32). Mit den hier angegebenen Benutzerkonten wird AAD Connect auf Ihr lokales Active Directory zugreifen. Hier sollten Sie also keinen Unternehmensadministrator angeben, sondern im einfachsten Fall einen Domänenbenutzer. Möglicherweise benötigt dieser jedoch noch einige Rechte, beispielsweise wenn Sie vorhaben, die Kennwortsynchronisie-

rung zu aktivieren oder eine vollständige Exchange-Hybridkonfiguration aufzubauen. Lesen Sie hierzu Abschnitt 6.13.

Abbildung 4.31 Mit Azure AD verbinden

Abbildung 4.32 Verzeichnisse verbinden

5. Im Schritt Azure AD-Anmeldungskonfiguration sehen Sie eine Liste aller lokalen Benutzerprinzipalnamen-Suffixe und ob diese auch in Ihrem Office 365-Mandanten verifiziert wurden (siehe Abbildung 4.33). Sollte eine der Domänen noch nicht verifiziert worden sein, holen Sie dies am besten jetzt nach, noch bevor

Sie mit dem Konfigurationsassistenten fortfahren. Ansonsten erhalten alle Benutzerkonten mit nicht verifizierten Domänen auf Office 365-Seite als Benutzerprinzipalnamen-Domäne Ihre Kontodomäne (*.onmicrosoft.com*). Mehr zur Verifikation von Domänen lesen Sie in Abschnitt 2.4.2.

Als weitere Option in diesem Konfigurationsschritt wählen Sie aus, welcher Attributwert der lokalen Benutzer als Benutzername in Office 365 genutzt werden soll. Die Voreinstellung lautet userPrincipalName, also der Benutzerprinzipalname. Diesen Vorschlag sollten Sie nur in Ausnahmefällen ändern, beispielsweise weil die bisher genutzten Benutzerprinzipalnamen nicht für Office 365 geeignet sind und aufgrund von Abhängigkeiten nicht geändert werden können. Wählen Sie hier ein anderes Attribut aus (beispielsweise mail), hat dies aber Einschränkungen zur Folge, derer Sie sich bewusst sein sollten. Lesen Sie dazu Abschnitt 4.3.2, »Planung und Vorbereitung«, und Abschnitt 4.6.10, »Alternative Benutzernamen mit AD FS«.

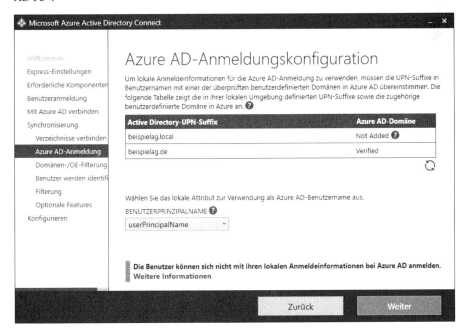

Abbildung 4.33 Azure AD-Anmeldungskonfiguration

6. Im Schritt FILTERN VON DOMÄNEN UND ORGANISATIONSEINHEITEN wählen Sie aus, ob die Objekte aus allen Domänen und Organisationseinheiten synchronisiert werden sollen oder ob Sie nur die Inhalte bestimmte Container synchronisieren wollen (siehe Abbildung 4.34). Lesen Sie hierzu auch Abschnitt 4.3, »Active Directory-Synchronisierung«. Wollen Sie einen Filter auf Basis von Attributwerten einrichten, ist dies erst nach Abschluss der Konfiguration möglich (siehe Abschnitt 4.3.5, »Filtern von Active Directory-Objekten auf Attributebene«).

Die hier angegebenen Filter können Sie später durch Aufruf des Konfigurationsassistenten nachträglich anpassen (Symbol AZURE AD CONNECT).

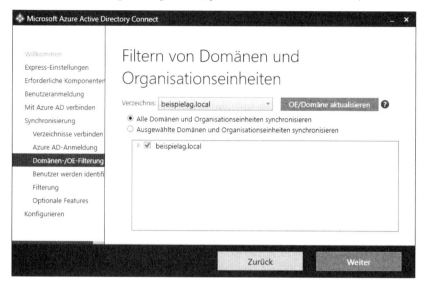

Abbildung 4.34 Filtern von Domänen und Organisationseinheiten

7. Im Schritt IHRE BENUTZER WERDEN EINDEUTIG IDENTIFIZIERT sind zwei Angaben erforderlich (siehe Abbildung 4.35).

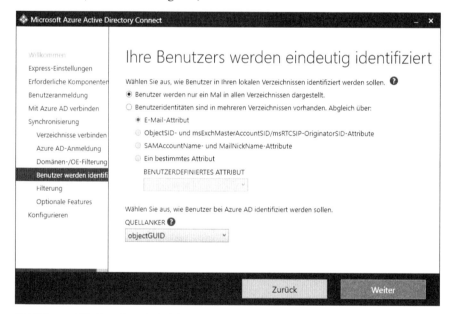

Abbildung 4.35 Benutzerabgleich

- Identifikation in Ihren lokalen Verzeichnissen: Wählen Sie aus, wie Benutzer aus den Active Directory-Forests in Office 365 repräsentiert werden sollen. Tabelle 4.5 erläutert die Optionen.
- Identifikation im Azure Active Directory: Wählen Sie unter QUELLANKER ein Attribut, dessen Wert sich während der gesamten Lebenszeit des Objekts nicht ändert. Die vorausgewählte `objectGUID` ist potenziell eine gute Wahl – dabei wird davon ausgegangen, dass die Benutzerkonten in Zukunft nicht in einen anderen Forest verschoben werden.

Einstellung	Bedeutung
BENUTZER WERDEN NUR EIN MAL IN ALLEN VERZEICHNISSEN DARGESTELLT	Alle Benutzerkonten werden als separate Benutzer in Office 365 angelegt. Eine Zusammenlegung von Benutzerkonten aus unterschiedlichen Active Directory-Forests findet nicht statt. Dies ist auch für Umgebungen mit einem einzelnen Active Directory-Forest die richtige Wahl. Bei mehreren Forests darf keine Synchronisation der GAL (*Global Adress List* = globale Adressliste) zwischen mehreren Exchange-Organisationen konfiguriert sein.
E-MAIL-ATTRIBUT	Alle Benutzerkonten der lokalen Active Directory-Forests mit demselben Wert im Attribut `mail` werden in Office 365 als einzelner Benutzer angelegt. Dies ist beispielsweise in einer Umgebung mit zwei Active Directory-Forests mit jeweils einer separaten Exchange-Organisation gegeben. Zwischen den beiden Forests ist eine Zwei-Wege-Vertrauensstellung eingerichtet. Dort werden meist mithilfe der Synchronisation der GAL in einem Forest vorhandene Benutzerkonten im anderen Forest als Kontakte angelegt. Über das Attribut `mail` kann eine Zuordnung vorgenommen werden, und die Benutzer werden in AAD als einzelne Benutzer ohne den jeweils zugehörigen Kontakt angelegt.
OBJECTSID- UND MSEXCHANGEMASTERACCOUNTSID/ MSRTCSIP-ORIGINATORSID-ATTRIBUTE	Diese Option ist für Umgebungen gedacht, in denen es einen oder mehrere Active Directory-Forests für Benutzerkonten und einen separaten Forest für Ressourcen gibt. Der Ressourcen-Forest vertraut dabei den Benutzerkonten-Forests. Mit dieser Option wird jedes aktivierte Benutzerkonto aus einem Benutzerkonten-Forest mit einem deaktivierten Benutzerkonto aus einem Ressourcen-Forest zusammengelegt (Stichwort *Linked Mailbox* bei einer lokalen Exchange-Umgebung).

Tabelle 4.5 Benutzeridentifikationsoptionen

Einstellung	Bedeutung
SAMAccountName- und MailNickName-Attribute	Benutzerkonten mit entsprechenden Werten aus unterschiedlichen Active Directory-Forests werden in Office 365 als einzelne Benutzerkonten angelegt.
Ein bestimmtes Attribut	Auswahl eines eigenen Attributs zur Zusammenlegung von Benutzerkonten aus unterschiedlichen Active Directory-Forests

Tabelle 4.5 Benutzeridentifikationsoptionen (Forts.)

8. Im Schritt BENUTZER UND GERÄTE FILTERN beschränken Sie optional die Synchronisierung auf die Mitglieder einer (genau einer!) Gruppe (siehe Abbildung 4.36). Diese Option ist für den Pilotbetrieb gedacht, um auf einfache Art einige Objekte mit Office 365 synchronisieren zu können. Bei produktiven Umgebungen nutzen Sie diese Option nicht. Wollen Sie diese Funktion nutzen, legen Sie vorab eine Gruppe an und fügen alle Objekte hinzu, die synchronisiert werden sollen. Die Gruppenmitglieder – und damit die synchronisierten Objekte – können Sie dann jederzeit einfach anpassen. Gruppen in Gruppen werden dabei allerdings nicht unterstützt.

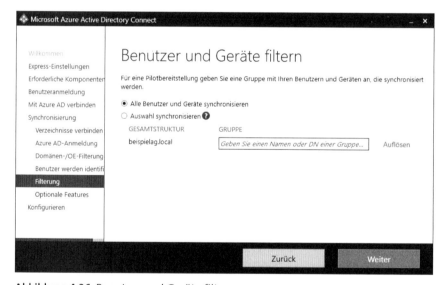

Abbildung 4.36 Benutzer und Geräte filtern

9. Im Schritt OPTIONALE FEATURES aktivieren Sie die Unterstützung bestimmter Dienste (siehe Abbildung 4.37):
   - EXCHANGE-HYBRIDBEREITSTELLUNG: Diese Option muss aktiv sein, wenn Sie eine Exchange-Hybridkonfiguration einrichten wollen (siehe Abschnitt 6.13).

– Azure AD-App- und Attributfilterung: Aktivieren Sie diese Option, können Sie im nächsten Schritt bestimmte Anwendungen auswählen (siehe Abbildung 4.38). Nur die für die ausgewählten Anwendungen erforderlichen Active Directory-Attribute werden dann von AAD Connect synchronisiert. Selbst die manuelle Auswahl von zu synchronisierenden Attributen ist möglich (siehe Abbildung 4.39). Doch Achtung: Wählen Sie dringend benötigte Attribute ab, besteht die Gefahr, dass manche Dienste nicht mehr richtig funktionieren.

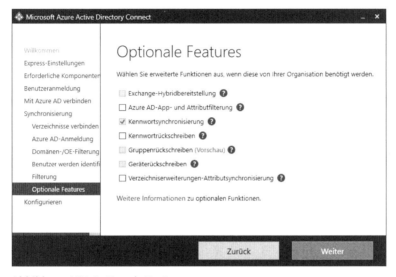

Abbildung 4.37 Optionale Features

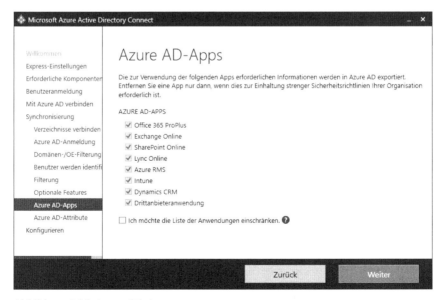

Abbildung 4.38 Azure AD-Apps

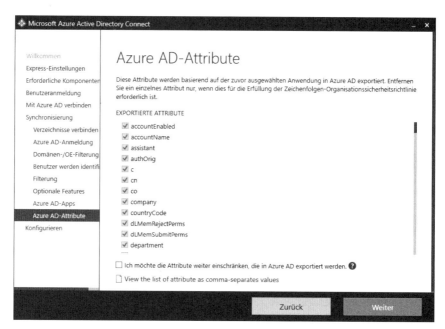

Abbildung 4.39 Azure AD-Attribute

- KENNWORTSYNCHRONISIERUNG: Setzen Sie diese Option, um die Kennwortsynchronisierung von lokalen Benutzern zu den zugehörigen AAD-Benutzern zu aktivieren.

- KENNWORTRÜCKSCHREIBEN: Mit dieser Option werden Kennwortänderungen in Office 365 in das lokale Active Directory übertragen. Achtung: Es handelt sich dabei nicht um die schon angesprochene Kennwortsynchronisierung, denn es geht um die umgekehrte Richtung ausgehend von AAD. Um diese Funktion nutzen zu können, benötigen Sie AAD Premium (was zusätzlich zu den Office 365-Lizenzen bezahlt werden muss).

- GRUPPENRÜCKSCHREIBEN: Bei den hier gemeinten Gruppen handelt es sich um die Office 365-Gruppen (siehe Kapitel 11). Betreiben Sie eine vollständige Exchange-Hybridkonfiguration (siehe Abschnitt 6.13), können Sie mit dieser Option sicher erreichen, dass Office 365-Gruppen auch im lokalen Active Directory bekannt sind und damit auch Anwender mit lokalen Postfächern E-Mails an Gruppen schreiben oder von ihnen empfangen können. Vorausgesetzt wird hier Exchange 2013 CU8 oder höher. Wie auch beim Kennwortrückschreiben sind für diese Option AAD Premium-Lizenzen erforderlich.

- GERÄTERÜCKSCHREIBEN: Mit dieser Option werden die Objekte von im Azure Active Directory registrierten Geräten an das Active Directory übertragen.

Diese Funktion kann genutzt werden, um den Zugriff auf Office 365-Daten nur auf vertrauenswürdigen Geräten zuzulassen (*bedingter Zugriff* auf Basis von AD FS). Und auch hier gilt: Dazu sind kostenpflichtige AAD Premium-Lizenzen erforderlich.

– VERZEICHNISERWEITERUNGEN-ATTRIBUTSYNCHRONISIERUNG: Sollte es erforderlich sein, können Sie eigene Attribute, mit denen Sie das Active Directory erweitert haben, auch an das Azure Active Directory übertragen lassen. Allerdings nutzt heute noch keiner der Office 365-Dienste diese Funktion.

10. Der nächste Schritt EINMALIGES ANMELDEN AKTIVIEREN erscheint nur, wenn Sie zuvor die Option EINMALIGES ANMELDEN für Seamless Single Sign-on aktiviert haben (siehe Abbildung 4.40).

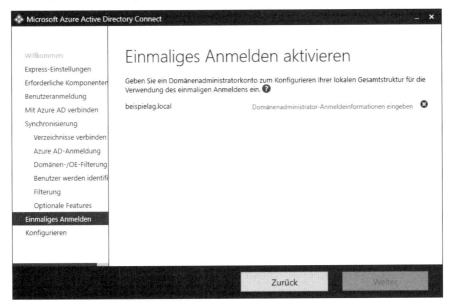

Abbildung 4.40 Einmaliges Anmelden

AAD Connect benötigt die Anmeldeinformationen eines Domänenadministrators. Diese Daten werden nur zur Konfiguration Ihrer lokalen Umgebung verwendet und werden weder irgendwo gespeichert noch nach der Konfiguration weiterverwendet.

11. Überprüfen Sie im Schritt BEREIT ZUR KONFIGURATION die ausgewählten Optionen, und lassen Sie anschließend die Konfiguration und gegebenenfalls die initiale Synchronisierung durchführen (siehe Abbildung 4.41). Mit Aktivierung des Stagingmodus werden die Daten der beteiligten Verzeichnisse eingelesen, aber keine Synchronisierung vorgenommen. Diese Option ist für die Vorbereitung einer Migration von AAD Connect in großen Umgebungen vorgesehen und findet hier keine weitere Anwendung.

4   Identitäten und Active Directory-Synchronisierung

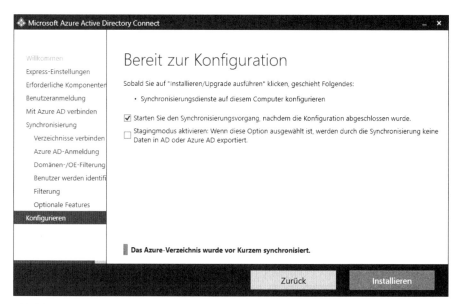

Abbildung 4.41 Bereit zur Konfiguration

Die Synchronisierung dauert pro 5.000 zu synchronisierender Objekte rund eine Stunde.

[»]   Nach der Konfiguration sollten Sie sich abmelden und anschließend neu anmelden.

Nach der Installation

Nach Abschluss der Installation finden Sie verschiedene Komponenten von AAD Connect auf dem Server:

▸ Anwendung *Azure AD Connect* (auf dem Desktop)
Das Symbol führt zum Konfigurationsassistenten, mit dem Sie Ihre lokale Active Directory-Umgebung mit dem Azure Active Directory koppeln. Mit ihm können Sie nachträglich die Synchronisierungsoptionen verändern, beispielsweise die Filterkriterien anpassen oder zusätzliche optionale Features aktivieren.

▸ Anwendung *Synchronization Service* (im Startmenü bzw. auf der Startseite)
AAD Connect basiert auf dem *FIM* (*Forefront Identity Manager*). Das Symbol führt Sie zur FIM-Verwaltungskonsole, dem *MIISClient*.

▸ Anwendung *Synchronization Rules Editor* (im Startmenü bzw. auf der Startseite)
Mit dem Synchronization Rules Editor haben Sie – wie der Name schon sagt – Zugriff auf die von AAD Connect angewandten Synchronisierungsregeln.
Abhängig vom lokalen Active Directory-Schema und von der Präsenz einer Exchange- oder Skype for Business-Umgebung sind hier unterschiedliche Regeln an-

gelegt. Bei DIRECTION OUTBOUND finden Sie nur solche, die für ausgewählte Office 365-Dienste von Bedeutung sind.

Mit diesem Tool können Sie an dem Regelwerk auch Änderungen vornehmen. Die ist beispielsweise erforderlich, wenn Sie bestimmte lokale Objekte nicht mit dem Azure Active Directory synchronisieren lassen wollen (siehe Abschnitt 4.3.5, »Filtern von Active Directory-Objekten auf Attributebene«).

- Anwendung *Synchronization Service Key Management* (auf der Startseite bzw. im Startmenü)
  Das Tool ermöglicht es Ihnen, die Schlüssel zu verwalten, mit denen AAD Connect sensible Daten verschlüsselt, beispielsweise die Zugangsdaten. Wollten Sie die Synchronisationsdatenbank von AAD Connect sichern und AAD Connect selbst auf einem anderen Server wiederherstellen, ist das nur möglich, wenn Sie über die Schlüssel verfügen.
  Ein Backup der Datenbank macht nur Sinn, wenn Sie sehr viele Objekte synchronisieren. Richten Sie AAD Connect beispielsweise nach einem SQL-Serverausfall neu ein, wird ohne Datenbankbackup mit einer vollständigen Synchronisierung begonnen, die pro 5.000 zu synchronisierender Objekte wieder rund eine Stunde in Anspruch nimmt.

- Anwendung *Synchronization Service WebService Connector Config*
  Die Anwendung gehört zum hinter AAD Connect liegenden FIM und wird hier nicht weiter betrachtet.

- Windows-Dienst *Microsoft Azure AD Sync*
  Dieser Dienst ist für die eigentliche Synchronisierung zuständig und läuft unter dem bei der Installation angelegten Benutzer *AAD_<ID>*, wobei die ID und das Kennwort automatisch gewählt werden. Dieser Benutzer ist außerdem Mitglied der bei der Installation angelegten Gruppe *ADSyncAdmins*.

- PowerShell-Modul *ADSync*
  Mithilfe der PowerShell-Erweiterung haben Sie auch kommandozeilen- und skriptbasiert die Möglichkeit, AAD Connect zu konfigurieren und zu steuern, beispielsweise die Synchronisierung manuell zu starten.

- PowerShell-Modul *AzureADConnectHealthSync*
  Diese PowerShell-Erweiterung enthält Befehle zur Überwachung und Analyse der Synchronisierungsläufe.

- Windows-Dienst *Microsoft AAD Application Proxy Connector* und *Updater*
  Diese Dienste sind für die Passthrough-Authentifizierung erforderlich. Sie stellen eine ausgehende Verbindung zu Office 365 her und nehmen Authentifizierungsanfragen entgegen und verarbeiten diese.

- Computerkonto *AZUREADSSOACCT*
  Aktivieren Sie die Option EINMALIGES ANMELDEN für Seamless Single Sign-on,

wird im lokalen Active Directory das Computerkonto AZUREADSSOACCT erstellt. Außerdem wird im Azure Active Directory der erforderliche Schlüssel für die Kerberos-Sicherheitstokens hinterlegt. Zu guter Letzt werden zwei Kerberos-Dienstprinzipalnamen erstellt, die während der Authentifizierung zwischen Client und Azure AD verwendet werden.

Zusätzlicher Server für Passthrough-Authentifizierung

Haben Sie die Passthrough-Authentifizierung bei der Konfiguration von AAD Connect ausgewählt, wird direkt ein AAD Application Proxy installiert. Fällt dieser jedoch aus, ist keine Anmeldung an Office 365 mehr möglich. Deshalb sollten Sie überlegen, wenigstens einen weiteren AAD Application Proxy auf einem zusätzlichen Server zu installieren. Alle Proxys teilen sich auch die Last der Authentifizierungsanfragen untereinander auf.

Mit diesen Schritten richten Sie einen weiteren AAD Application Proxy auf einem Server mit mindestens Windows Server 2012 R2 ein:

1. Laden Sie die Installationsdatei herunter:

    https://go.microsoft.com/fwlink/?linkid=837580

2. Installieren Sie den Proxy nicht durch einen Doppelklick auf die Installationsdatei, sondern mit diesem Aufruf in der Kommandozeile:

    ```
    AADApplicationProxyConnectorInstaller.exe REGISTERCONNECTOR="false"
    ```

    Listing 4.7 Installation eines AAD Application Proxys

3. Starten Sie PowerShell, und führen Sie folgendes Kommando aus, um den Proxy in Ihrem Office 365-Mandanten zu registrieren:

    ```
    . "C:\Program Files\Microsoft AAD App Proxy Connector\
    RegisterConnector.ps1" -modulePath "C:\Program Files\
    Microsoft AAD App Proxy Connector\Modules\" -
    moduleName "AppProxyPSModule" -Feature PassthroughAuthentication
    ```

    Listing 4.8 Registrierung des Proxys

    Sie werden dann aufgefordert, sich als globaler Administrator an Ihrem Mandanten anzumelden.

Eine weitere Konfiguration ist nicht erforderlich.

4.3.5 Filtern von Active Directory-Objekten auf Attributebene

Der Konfigurationsassistent von AAD Connect erlaubt es recht einfach, die Synchronisierung auf bestimmte Domänen und Organisationseinheiten zu beschränken.

Leider gibt es dort keine Möglichkeit, nur Objekte mit bestimmten Attributwerten zu synchronisieren. Eine solche Filterung können Sie jedoch nachträglich nach der AADConfig-Konfiguration mit der Anwendung *Synchronization Rules Editor Service* vornehmen.

In einem Beispiel sollen alle Benutzer, deren Wohnort (Active Directory-Attribut City) »Berlin« lautet, nicht synchronisiert werden. Gehen Sie dazu wie folgt vor:

1. Melden Sie sich an dem Server an, auf dem das Verzeichnissynchronisierungstool ausgeführt wird. Verwenden Sie dabei ein Benutzerkonto, das Mitglied der lokalen Sicherheitsgruppe *ADSyncAdmins* ist, beispielsweise der lokale Benutzer, den Sie bei der Konfiguration der Verzeichnissynchronisierung angegeben haben.
2. Führen Sie die Anwendung *Synchronization Rules Editor Service* über die Startseite bzw. das Startmenü aus (siehe Abbildung 4.42).
3. Markieren Sie unter DIRECTION den Eintrag INBOUND.
4. Klicken Sie anschießend auf ADD NEW RULE, um eine neue Regel anzulegen (siehe Abbildung 4.43).

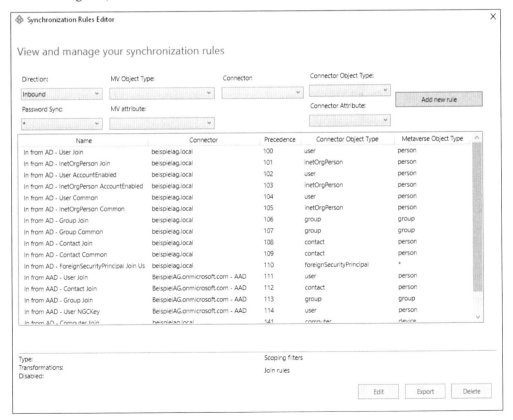

Abbildung 4.42 Synchronization Rules Editor

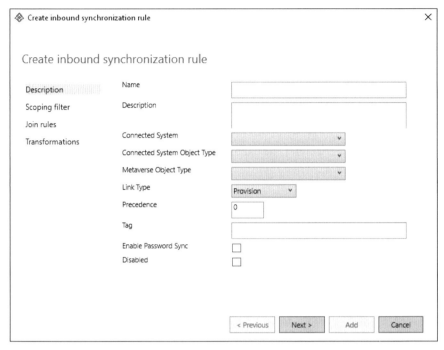

Abbildung 4.43 Anlegen einer neuen Regel

5. Legen Sie die Regel wie folgt an:
   - NAME: ein aussagekräftiger Name für die neue Regel
   - CONNECTED SYSTEM: der betroffene Active Directory-Forest
   - CONNECTED SYSTEM OBJECT TYPE: USER (für Benutzerkonten)
   - METAVERSE OBJECT TYPE: PERSON
   - LINK TYPE: JOIN
   - PRECEDENCE: Die Regeln werden in der Reihenfolge der Precedence ausgeführt. Wählen Sie einen Wert, der von anderen Regeln noch nicht belegt ist (beispielsweise 1.000).

6. Im nächsten Schritt SCOPING FILTER (siehe Abbildung 4.44) legen Sie mit ADD GROUP eine neue Gruppe für eine Klausel an. Für unser Beispiel muss die Klausel wie folgt lauten:
   - `l EQUAL Berlin`
   - l steht dabei im Active Directory-Schema für den *Locality name*, also für den Wohnort.

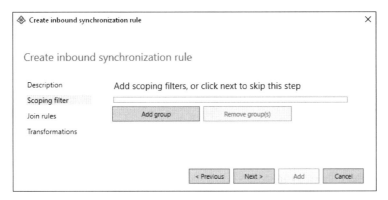

Abbildung 4.44 Filterkonfiguration

7. Den nächsten Schritt JOIN RULES überspringen Sie.
8. Im Schritt TRANSFORMATIONS (siehe Abbildung 4.45) machen Sie die folgenden Angaben:
    - FLOWTYPE: CONSTANT
    - TARGET ATTRIBUTE: cloudFiltered
    - SOURCE: True
    - APPLY ONCE: nicht ausgewählt
    - MERGE TYPE: UPDATE

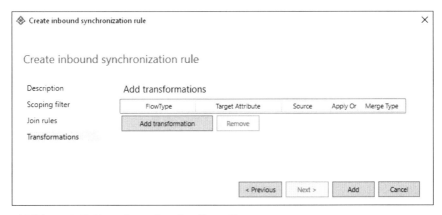

Abbildung 4.45 Transformationskonfiguration

9. Klicken Sie auf ADD, um die Regel anzulegen.
10. Führen Sie die Anwendung *Synchronization Service* über die Startseite bzw. das Startmenü aus.
11. Wechseln Sie zum Bereich CONNECTORS.

12. Öffnen Sie das Kontextmenü der Zeile Ihres lokalen Active Directory-Forests, und wählen Sie den Befehl RUN.
13. Markieren Sie das RUN PROFILE mit dem Namen FULL SYNCHRONIZATION, und klicken Sie auf OK.
14. Warten Sie, bis der STATE der Zeile Ihres lokalen Active Directory-Forests auf IDLE steht.

Mit dem nächsten Synchronisierungsintervall werden die Änderungen im Azure Active Directory übernommen. Starten Sie gegebenenfalls wie im folgenden Abschnitt beschrieben direkt einen Synchronisierungsvorgang.

4.3.6 Manueller Start der Synchronisierung

Manchmal ist es einfacher, nicht den nächsten Synchronisierungslauf abzuwarten, der standardmäßig alle 30 Minuten stattfindet. Sie können über ein PowerShell-Kommando die Synchronisierung auch manuell anstoßen. Dazu benötigen Sie das PowerShell-Modul *ADSync*, das zusammen mit AAD Connect installiert wird. Zum Start der Synchronisierung geben Sie folgenden Befehl:

```
Import-Module ADSync
Start-ADSyncSyncCycle -PolicyType Delta
```

Listing 4.9 Manuell ausgeführte Delta-Synchronisierung

Geben Sie beim Parameter `-PolicyType` statt des Arguments `Delta` den Wert `Initial` an, erfolgt eine vollständige Synchronisierung.

Über die Windows-Ereignisanzeige können Sie den Verlauf der Synchronisierung verfolgen (siehe Abschnitt 4.3.9, »Fehlerbehandlung«).

4.3.7 Ändern des Synchronisierungsintervalls

In der Standardkonfiguration wird die Objektsynchronisierung in einem Intervall von 30 Minuten durchgeführt. Bei Bedarf können Sie dieses Intervall auch verlängern, aber nicht verkürzen.

Zuständig dafür ist der Befehl `Set-ADSyncScheduler` aus der PowerShell-Erweiterung von AAD Connect. Um beispielsweise das Intervall auf drei Stunden zu setzen, führen Sie folgendes Kommando aus:

```
Import-Module ADSync
Set-ADSyncScheduler -CustomizedSyncCycleInterval 0.03:00:00
```

Listing 4.10 Ändern des Synchronisierungsintervalls

Die Angabe der Zeitspanne nehmen Sie in folgendem Format vor:

`Tage.Stunden:Minuten:Sekunden`

Das neue Intervall kommt allerdings erst nach der nächsten Synchronisierung zum Einsatz. Um es ab sofort zu nutzen, starten Sie manuell einen Synchronisierungslauf:

`Start-ADSyncSyncCycle -PolicyType Delta`

Listing 4.11 Ausführen einer Delta-Synchronisierung

Das aktuelle Intervall können Sie mit dem Befehl `Get-ADSyncScheduler` ermitteln.

4.3.8 Synchronisierung von Benutzerkonten

Auch bei der Synchronisierung von Benutzerkonten sind einige Besonderheiten zu beachten:

- Vergabe von *Net-IDs*
  Jedes über AAD Connect neu angelegte Benutzerkonto in Office 365 erhält eine Net-ID. Mit dieser wird die Zuordnung zum ursprünglichen lokalen Benutzerkonto erkannt. Außerdem spielt sie beim Anmeldevorgang eines Identitätsverbunds eine wichtige Rolle (siehe Abschnitt 4.6.4, »Anmeldevorgang ohne moderne Authentifizierung«).

- Bereits vorhandene Benutzerkonten in Office 365
  Sollten Sie vor der Aktivierung der Active Directory-Synchronisierung bereits in Office 365 Benutzer angelegt haben, versucht das Verzeichnissynchronisierungstool, eine Zuordnung vorzunehmen. Als Grundlage verwendet das Tool dabei GUIDs und die primäre SMTP-Adresse, mit der ein Abgleich zwischen lokalen Active Directory-Benutzerkonten und den im Office 365-Verzeichnisdienst vorhandenen Benutzerkonten erfolgt (siehe Abschnitt 4.3.1, »Synchronisierungsvorgang«).

- Deaktivieren von lokalen Benutzerkonten
  Deaktivieren Sie ein Benutzerkonto in Ihrem Active Directory, wird das zugehörige Office 365-Benutzerkonto ebenfalls deaktiviert. Der Anwender kann sich also nicht mehr an den Office 365-Diensten anmelden.

- Löschen von lokalen Benutzerkonten
  Löschen Sie ein Benutzerkonto in Ihrem Active Directory, wird das zugehörige Office 365-Benutzerkonto ebenfalls gelöscht.

  https://docs.microsoft.com/de-de/azure/active-directory/active-directory-licensing-group-advanced

- Lizenzierung
  Durch das automatische Anlegen von Office 365-Benutzerkonten durch die Active Directory-Synchronisierung wird nicht auch automatisch eine Office 365-Lizenz

4 Identitäten und Active Directory-Synchronisierung

vergeben. Bei der Lizenzierung der neuen Benutzerkonten handelt es sich um einen separaten Prozess, den Sie entweder über das Office 365 Admin Center oder über die PowerShell erledigen können.

[»] Microsoft arbeitet derzeit an einer Funktion zur gruppenbasierten Lizenzierung. Mit dieser legen Sie Sicherheitsgruppen an und weisen diesen Lizenzvorlagen zu. Alle Mitglieder der Gruppe erhalten daraufhin automatisch die Lizenzen aus der Vorlage zugewiesen. Diese Funktionalität befindet sich derzeit im Preview-Status. Mehr dazu finden Sie hier:

https://docs.microsoft.com/de-de/azure/active-directory/active-directory-licensing-group-advanced

Benutzerlizenzierung über das Office 365 Admin Center

Die Benutzerverwaltung im Office 365 Admin Center bietet einen speziellen Filter, mit dem Sie sich nicht lizenzierte Benutzerkonten anzeigen lassen können, um sie dann zu lizenzieren. Gehen Sie dazu wie folgt vor:

1. Öffnen Sie im Office 365 Admin Center im Bereich BENUTZER den Abschnitt AKTIVE BENUTZER.
2. Wählen Sie die Anzeige NICHT LIZENZIERTE BENUTZER (siehe Abbildung 4.46).

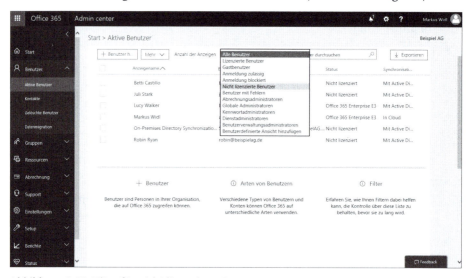

Abbildung 4.46 Filter für nicht lizenzierte Benutzer

3. Markieren Sie dann den oder die zu lizenzierenden Benutzer, und vergeben Sie eine Produktlizenz. Office 365 verlangt dann von Ihnen die Angabe des Benutzerstandorts sowie der gewünschten Lizenz (siehe Abbildung 4.47).

[»] Den Benutzerstandort können Sie automatisch mit der Synchronisierung übernehmen, sofern das Benutzerkonto lokal über ein Exchange-Postfach verfügt und Sie das

Active Directory-Attribut msExchUsageLocation mit dem Ländercode in zwei Buchstaben belegen.

Haben Sie keinen Identitätsverbund konfiguriert, wird für die Benutzer ein Kennwort generiert. Bei einem Identitätsverbund verbleibt die Kennwortverwaltung bei Ihrem lokalen Active Directory.

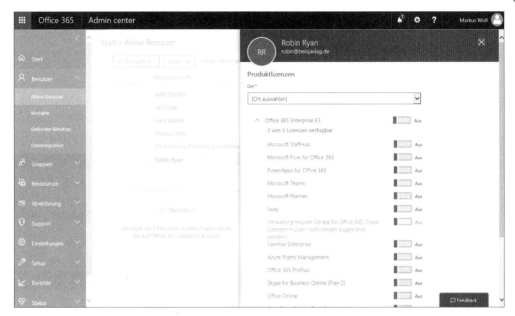

Abbildung 4.47 Synchronisierte Benutzer lizenzieren

Benutzerlizenzierung über die PowerShell

In Abschnitt 3.15.1, »Azure Active Directory-Modul für Windows PowerShell«, habe ich Ihnen bereits gezeigt, wie Sie mit der PowerShell eine Verbindung zu Ihrem Office 365-Mandanten herstellen. Nachdem Sie sich mit Connect-MsolService angemeldet haben, können Sie mit folgendem Kommando alle nicht lizenzierten Benutzer ausfindig machen:

```
Get-MsolUser -UnlicensedUsersOnly
```

Listing 4.12 Nicht lizenzierte Benutzer auflisten

Diese Benutzer können Sie nun beispielsweise mit einer E3-Lizenz versorgen, indem Sie die Objekte an ein Set-MsolUser weiterleiten, um den Standort anzugeben. Anschließend können Sie mit Set-MsolUserLicense eine Lizenz vergeben:

```
$benutzer = Get-MsolUser -UnlicensedUsersOnly
$benutzer |
    Set-MsolUser -UsageLocation "DE"
```

```
$benutzer |
    Set-MsolUserLicense -AddLicenses "BEISPIELAG:ENTERPRISEPACK"
```

Listing 4.13 Benutzer lizenzieren

Hierbei sollten Sie aber beachten, dass der Code sämtlichen nicht lizenzierten Benutzer eine Lizenz verpasst. Weitere Vorgehensweisen bei der Lizenzierung bespreche ich in Abschnitt 2.5.2, »Benutzer anlegen«.

4.3.9 Fehlerbehandlung

Haben Sie die Verzeichnissynchronisierung aktiviert, sollten Sie sie auch überwachen, um frühzeitig auf Probleme aufmerksam zu werden. Office 365 unterstützt Sie dabei mit Fehlermeldungen im Office 365 Admin Center, der Benachrichtigung per E-Mail und mit Einträgen in der Windows-Ereignisanzeige.

Status im Office 365 Admin Center

Im Office 365 Admin Center finden Sie den Status der Synchronisierung und möglicherweise aufgetretene Probleme im Bereich STATUS unter VERZEICHNISSYNCHRONISIERUNG (siehe Abbildung 4.48).

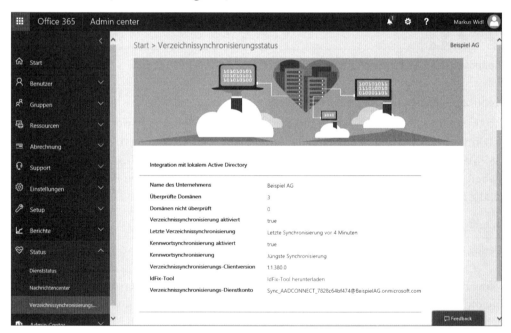

Abbildung 4.48 Status der Verzeichnissynchronisierung

Fehlermeldungen per E-Mail

Office 365 sendet bei Problemen automatisch eine E-Mail an den als technischen Ansprechpartner hinterlegten Kontakt Ihres Mandanten. So werden Sie frühzeitig darauf hingewiesen, dass die Synchronisierung nicht wie gewünscht durchgeführt werden konnte.

Den technischen Kontakt können Sie anpassen, indem Sie im Office 365 Admin Center im Bereich EINSTELLUNGEN im Abschnitt ORGANISATIONSPROFIL rechts oben auf Ihren Unternehmensnamen klicken (siehe Abbildung 4.49).

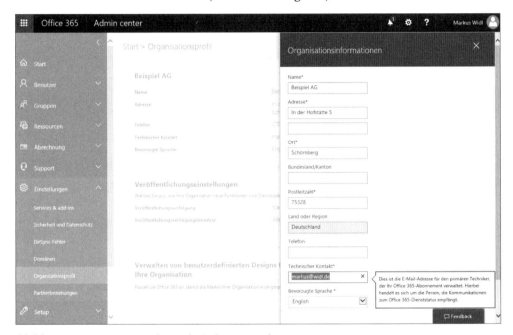

Abbildung 4.49 Anpassung des technischen Kontakts

Es bietet sich an, als E-Mail-Adresse für den technischen Kontakt eine Verteilerliste anzugeben, die nicht nur eine einzelne Person enthält.

Statusinformationen in der Windows-Ereignisanzeige

Das Verzeichnissynchronisierungstool schreibt im *Ereignisprotokoll* ANWENDUNG der Windows-Ereignisanzeige Statusinformationen über den Verlauf der Synchronisierung (siehe Abbildung 4.50).

Die Einträge werden mit der Quelle *Directory Synchronization* angelegt.

Die Einträge enthalten manchmal die ImmutableId, mit der das betroffene Office 365-Benutzerkonto referenziert wird (siehe Abschnitt 4.3.1, »Synchronisierungsvorgang«). Die Ereignisanzeige können Sie auch wieder mit der PowerShell auswerten. Sehen wir uns einige Beispiele an.

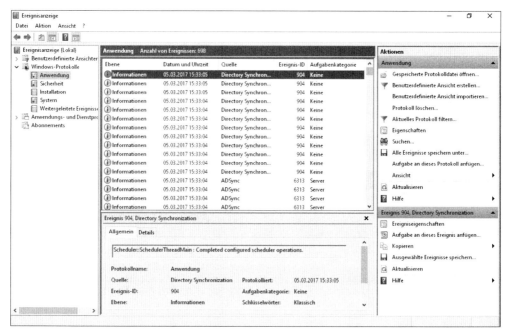

Abbildung 4.50 Windows-Ereignisanzeige

Zunächst sollen alle Ereignisse bezüglich der Synchronisierung aufgelistet werden:

```
Get-EventLog -LogName Application `
    -Source "Directory Synchronization"
```

Listing 4.14 Anzeige von Synchronisierungsereignissen

Wollen Sie die Ereignisse von einem anderen Computer aus aufrufen als von dem, auf dem das Synchronisierungstool läuft, hängen Sie den Computernamen an:

```
Get-EventLog -LogName Application `
    -Source "Directory Synchronization" `
    -ComputerName "AADCONNECT"
```

Listing 4.15 Anzeige von Synchronisierungsereignissen auf einem bestimmten Computer

Möchten Sie nur die Fehler haben, filtern Sie die Objekte auf den Typ des Eintrags:

```
Get-EventLog -LogName Application `
    -Source "Directory Synchronization" `
    -EntryType Error
```

Listing 4.16 Anzeige von Synchronisierungsereignissen vom Typ Fehler

Und zu guter Letzt sollen nur die Fehler der vergangenen sieben Tage ausgegeben werden:

```
Get-EventLog -LogName Application `
  -Source "Directory Synchronization" `
  -EntryType Error `
  -After (Get-Date).AddDays(-7)
```

Listing 4.17 Anzeige von Synchronisierungsereignissen vom Typ »Fehler« aus den vergangenen sieben Tagen

4.4 Mehrstufige Authentifizierung

Unabhängig davon, ob Sie Benutzerkonten manuell oder automatisiert in Office 365 anlegen, und unabhängig davon, ob Sie einen Identitätsverbund eingerichtet haben, können Sie bei Bedarf die mehrstufige Authentifizierung für alle oder für bestimmte Benutzerkonten aktivieren. Doch wozu soll das gut sein? Geraten die Zugangsdaten eines Benutzerkontos in falsche Hände, kann großer Schaden entstehen. Aktivieren Sie die mehrstufige Authentifizierung, muss der Anwender bei der Anmeldung neben seinem Kennwort auch noch einen Code angeben, den er per SMS erhält, oder alternativ auf einen automatisierten Telefonanruf mit der Raute-Taste reagieren. Auch die Anmeldung mithilfe einer App für Mobilgeräte ist möglich. Gelangt ein Kennwort in falsche Hände, kann nur mit der Kenntnis dessen keine Anmeldung vorgenommen werden.

In diesem Abschnitt beschreibe ich die mehrstufige Authentifizierung von Office 365. Im Rahmen von Azure können Sie eine Erweiterung davon erwerben. Zu den zusätzlichen Funktionen gehören beispielsweise die Kontrolle über die Authentifizierungsmethoden, die Anpassung von Telefonansagen, die Konfiguration von vertrauenswürdigen IP-Adressbereichen und die Anbindung lokaler Anwendungen. Mehr dazu finden Sie unter *https://azure.microsoft.com/de-de/documentation/articles/multi-factor-authentication/*.

4.4.1 Vorüberlegungen

Bevor Sie sich daranmachen, die mehrstufige Authentifizierung zu aktivieren, sollten Sie zunächst einige Aspekte berücksichtigen:

▶ Die mehrstufige Authentifizierung wird für jedes Benutzerkonto separat aktiviert. Es handelt sich also nicht um eine globale Einstellung, die dann für alle Benutzerkonten gemeinsam gilt.

▶ Die lokal installierten Anwendungen des Office-Pakets und einige Microsoft-Apps auf mobilen Geräten unterstützen die mehrstufige Authentifizierung über die moderne Authentifizierung (siehe Abschnitt 4.5, »Moderne Authentifizierung«). Für Anwendungen, die die mehrstufige Authentifizierung nicht unterstützen (beispielsweise die diversen E-Mail-Apps auf Smartphones), können Sie App-Kennwörter anlegen. Mehr dazu lesen Sie in Abschnitt 4.4.3, »App-Kennwörter für inkompatible Anwendungen und Apps«.

▶ Beim Benutzerkonto, mit dem sich das Verzeichnissynchronisierungstool an Office 365 anmeldet, dürfen Sie die mehrstufige Authentifizierung nicht aktivieren.

▶ Beim Benutzerkonto, mit dem Sie über die PowerShell Ihre Office-Umgebung administrieren, dürfen Sie die mehrstufige Authentifizierung nicht aktivieren, da dort eine solche Anmeldung derzeit nicht möglich ist.

4.4.2 Einrichtung

Die Aktivierung der mehrstufigen Authentifizierung für ein bestimmtes Benutzerkonto ist schnell erledigt. Sie teilt sich in zwei Schritte auf: die grundsätzliche Aktivierung für ein Benutzerkonto und die anschließende Auswahl der Authentifizierungsmethode durch den Anwender selbst.

Mehrstufige Authentifizierung für ein Benutzerkonto aktivieren

Gehen Sie hier wie folgt vor:

1. Öffnen Sie im Office 365 Admin Center den Bereich BENUTZER • AKTIVE BENUTZER (siehe Abbildung 4.51).

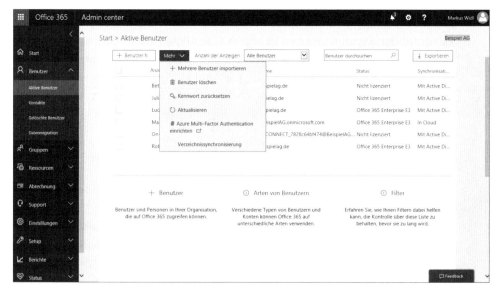

Abbildung 4.51 Benutzerverwaltung

2. Unter MEHR klicken Sie auf AZURE MULTI-FACTOR AUTHENTICATION EINRICHTEN (siehe Abbildung 4.52).

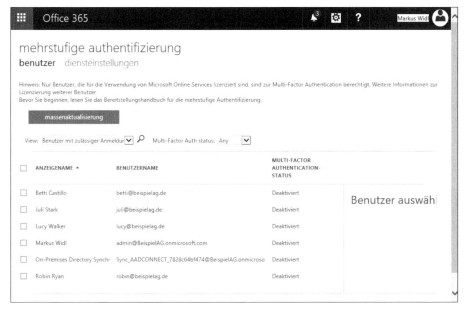

Abbildung 4.52 Verwaltung der mehrstufigen Authentifizierung

In der Verwaltungsoberfläche sehen Sie neben den Benutzerkonten jeweils einen Status angegeben. Seine Bedeutung erfahren Sie in Tabelle 4.6.

Status	Bedeutung
DEAKTIVIERT	Für das Benutzerkonto ist die mehrfache Authentifizierung deaktiviert.
AKTIVIERT	Für das Benutzerkonto ist die mehrfache Authentifizierung aktiviert, jedoch hat der Anwender die Konfiguration noch nicht durchgeführt.
ERZWUNGEN	Für das Benutzerkonto ist die mehrfache Authentifizierung aktiviert, und der Anwender hat die Konfiguration bereits abgeschlossen.

Tabelle 4.6 Stadien der mehrfachen Authentifizierung

Zur Aktivierung geht es dann so weiter:

1. Links neben dem gewünschten Benutzerkonto setzen Sie ein Häkchen. Damit erscheinen am rechten Rand die QUICK STEPS (siehe Abbildung 4.53).

    Klicken Sie nicht (!) auf den Anzeigenamen des Kontos.

4 Identitäten und Active Directory-Synchronisierung

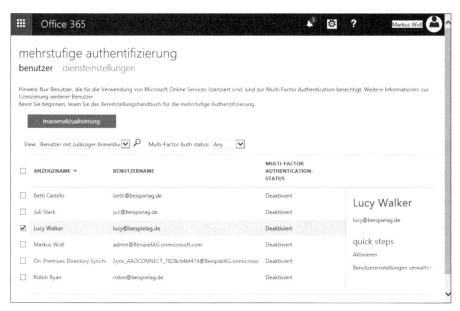

Abbildung 4.53 Aktivierung der mehrstufigen Authentifizierung

2. Klicken Sie auf AKTIVIEREN, und bestätigen Sie die Sicherheitsabfrage.

Und das war es auch schon. Mit diesen Schritten haben Sie die mehrstufige Authentifizierung für ein Benutzerkonto aktiviert. Die zusätzlich erforderliche Konfiguration nimmt jetzt der Benutzer selbst vor.

Benutzerkonfiguration der mehrstufigen Authentifizierung

Meldet sich ein Benutzer, bei dem die mehrstufige Authentifizierung aktiviert wurde, an Office 365 im Browser an, muss er zunächst einige Einstellungen vornehmen. Es erscheint die Meldung aus Abbildung 4.54 und nach einem Klick auf JETZT EINRICHTEN das Konfigurationsfenster aus Abbildung 4.55.

Abbildung 4.54 Hinweis beim Anmelden

Abbildung 4.55 Konfiguration der mehrstufigen Authentifizierung

Verwenden Ihre Anwender die Office 365-Dienste nur sehr selten im Browser, werden sie vermutlich erst recht spät auf die Konfiguration der mehrstufigen Authentifizierung stoßen. In diesem Fall können Sie den Anwendern diesen Link mit der Bitte zur Konfiguration schicken:

http://aka.ms/MFASetup

Der Benutzer entscheidet nun selbst, mit welchem Verfahren die zweite Stufe der Authentifizierung standardmäßig durchgeführt werden soll. Zur Auswahl stehen die folgenden Optionen:

- MOBILTELEFON
- TELEFON (GESCHÄFTLICH)
- MOBILE APP

Das heißt aber nicht, dass immer nur die gewählte Standardoption zum Einsatz kommt, sondern der Benutzer kann bei der Anmeldung im Bedarfsfall auch ein anderes Verfahren wählen. Das ist auch gut so, wenn er beispielsweise sein Mobiltelefon gerade nicht zur Hand hat.

Passend zum gewählten Verfahren gibt der Benutzer die dafür erforderliche Rufnummer an bzw. bekommt gezeigt, wo er die zur Anmeldung erforderliche App findet und wie er diese konfiguriert. Passende Apps gibt es für iOS-, Android- und Windows Phone-Geräte.

Nach einem Klick auf WEITER wird die gewählte Standardoption überprüft, indem ein Anruf bzw. ein SMS-Versand an die angegebene Rufnummer erfolgt.

Im Anschluss daran kann der Anwender noch App-Kennwörter anlegen (siehe Abschnitt 4.4.3).

Bei der nächsten Anmeldung an Office 365 kommt dann direkt die zweistufige Authentifizierung zum Einsatz. In Abbildung 4.56 sehen Sie die Variante per SMS und in Abbildung 4.57 die Anmeldung per App.

Abbildung 4.56 Anmeldevorgang per SMS

Abbildung 4.57 Anmeldevorgang per App

Möchte der Benutzer eine Änderung am Authentifizierungsverfahren oder an den Rufnummern durchführen, öffnet er die folgende URL:

https://account.activedirectory.windowsazure.com/proofup.aspx

Alternativ dazu meldet er sich am Office 365-Portal an, wechselt zu seinen EINSTEL-
LUNGEN (ZAHNRAD) und wählt die Option OFFICE 365 – EINSTELLUNGEN • ZUSÄTZLI-
CHE SICHERHEITSPRÜFUNG.

4.4.3 App-Kennwörter für inkompatible Anwendungen und Apps

Manche Anwendungen und Apps, mit denen Sie auf Office 365 zugreifen, unterstützen die mehrstufige Authentifizierung nicht (beispielsweise die nativen Mail-Apps
von iOS und Android). Für diese muss der Anwender App-Kennwörter anlegen.

In Office 365 Deutschland können derzeit keine App-Kennwörter angelegt werden. [«]

Die Verwendung von App-Kennwörtern können Sie für Ihren gesamten Office 365-
Mandanten erlauben oder verbieten. Stellen Sie im Zweifelsfall sicher, dass die Anwender App-Kennwörter verwenden können:

1. Öffnen Sie zunächst im Office 365 Admin Center den Bereich BENUTZER • AKTIVE BENUTZER.
2. Unter MEHR klicken Sie dann auf AZURE MULTI-FACTOR AUTHENTICATION EIN-RICHTEN.
3. Wechseln Sie zum Abschnitt DIENSTEINSTELLUNGEN (siehe Abbildung 4.58).

Abbildung 4.58 Diensteinstellungen

4. Aktivieren Sie die Option BENUTZERN DAS ERSTELLEN VON APP-KENNWÖRTERN ZUM ANMELDEN BEI NICHT BROWSERBASIERTEN APPS GESTATTEN.

App-Kennwörter legen Sie wie folgt an:

1. Öffnen Sie folgende URL (siehe Abbildung 4.59):

    https://account.activedirectory.windowsazure.com/proofup.aspx

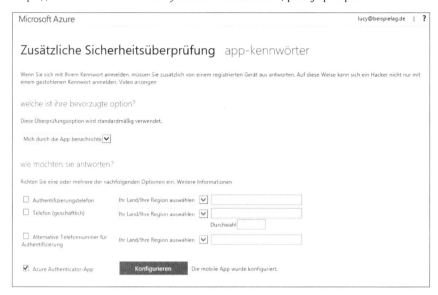

Abbildung 4.59 Konfiguration der mehrstufigen Authentifizierung

Alternativ dazu melden Sie sich am Office 365-Portal an, wechseln zu den EINSTELLUNGEN (ZAHNRAD) und wählen die Option OFFICE 365 und dann im Bereich SICHERHEIT UND DATENSCHUTZ die ZUSÄTZLICHE SICHERHEITSÜBERPRÜFUNG.

Klicken Sie auf den Abschnitt APP-KENNWÖRTER und anschließend auf ERSTELLEN (siehe Abbildung 4.60).

Abbildung 4.60 Erstellung eines App-Kennworts

2. Geben Sie einen Namen ein, mit dem Sie das App-Kennwort verwalten wollen.

Sie können dasselbe App-Kennwort für mehrere Anwendungen verwenden oder, um eine höhere Sicherheit zu erzielen, für jede Anwendung ein unterschiedliches App-Kennwort anlegen.

Es wird Ihnen dann ein App-Kennwort angezeigt (siehe Abbildung 4.61). Dieses Kennwort tragen Sie daraufhin bei der Anwendung ein, die die mehrstufige Authentifizierung nicht unterstützt.

Abbildung 4.61 Generiertes App-Kennwort

Der Anwender kann einmal generierte App-Kennwörter auch wieder entfernen. Sie als Administrator haben dazu ebenfalls die Möglichkeit, indem Sie bei der Konfiguration der mehrstufigen Authentifizierung ein Benutzerkonto markieren und dann den Befehl BENUTZEREINSTELLUNGEN VERWALTEN geben (siehe Abbildung 4.62).

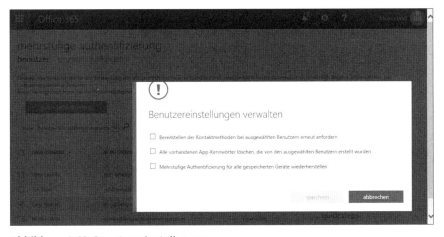

Abbildung 4.62 Benutzereinstellungen

4.5 Moderne Authentifizierung

Seit einigen Monaten unterstützt Office 365 mit der *modernen Authentifizierung* eine neue Authentifizierungsvariante auf Basis von *OAuth*. Damit ergeben sich einige Änderungen und funktional neue Möglichkeiten:

- Die Authentifizierung an den verschiedenen Office 365-Diensten wird vereinheitlicht. Das betrifft beispielsweise die Authentifizierung des Outlook-Clients an Exchange Online, die bisher über die in die Jahre gekommene Basisauthentifizierung durchgeführt wurde.
- Die Anmeldung der Office-Anwendungen an SharePoint Online und OneDrive for Business Online unterstützt nun auch die mehrstufige Authentifizierung (siehe Abschnitt 4.4, »Mehrstufige Authentifizierung«).
- Die moderne Authentifizierung ist die Grundvoraussetzung für den *bedingten Zugriff* auf das Azure Active Directory, mit dem Sie steuern können, wann und zu welchen Bedingungen ein bestimmter Anwender mit einem bestimmten Client auf Office 365 und andere Dienste zugreifen kann. Mehr dazu lesen Sie unter folgender Adresse:

    https://azure.microsoft.com/de-de/documentation/articles/ active-directory-conditional-access/

Damit die moderne Authentifizierung auch durchgeführt werden kann, müssen Ihre Anwender auch mit kompatiblen Anwendungen arbeiten. Derzeit unterstützen die Anwendungen aus Tabelle 4.7 die moderne Authentifizierung.

Anwendung	Windows	macOS	Windows Mobile	iOS	Android
Office-Anwendungen	2013, 2016 (inklusive Office 365 ProPlus/Business)	Office 2016 (inklusive Office 365 ProPlus/Business)	ja	Word, Excel, PowerPoint	Smartphones: Word, Excel, PowerPoint Tablets: angekündigt
Skype for Business-Client	in Office enthalten	derzeit in einer Vorschau	angekündigt	ja	ja

Tabelle 4.7 Anwendungen mit Unterstützung der modernen Authentifizierung

Anwendung	Windows	macOS	Windows Mobile	iOS	Android
Outlook	in Office enthalten	in Office enthalten	angekündigt	ja	ja
OneDrive for Business	in Office enthalten	separater Download	ja	ja	ja

Tabelle 4.7 Anwendungen mit Unterstützung der modernen Authentifizierung (Forts.)

Zur Tabelle noch einige Anmerkungen:

- Die Office 2016-Anwendungen versuchen dabei immer zuerst eine Authentifizierung über die moderne Authentifizierung. Sollte das nicht klappen, wird der herkömmliche Authentifizierungsprozess gewählt. Bei Outlook ist das die Basisauthentifizierung, bei den anderen Anwendungen kommt der Online Services-Anmelde-Assistent zum Einsatz.

- Zur Nutzung der modernen Authentifizierung unter Office 2013 benötigen Sie mindestens das Update von März 2015. Außerdem ist ein Eintrag in der Systemregistrierung erforderlich. Im Schlüssel `HKCU\SOFTWARE\Microsoft\Office\15.0\Common\Identity` erstellen Sie den Eintrag `EnableADAL` vom Type `REG_DWORD` und geben ihm den Wert 1. Erst dann versuchen die Office 2013-Awendung zuerst die moderne Authentifizierung durchzuführen. Sollte diese nicht durchgeführt werden können, wird der herkömmliche Authentifizierungsprozess durchgeführt.

- Nutzen Sie Skype for Business in der lokalen Umgebung oder in hybriden Umgebungen, finden Sie hier weitere Hilfestellungen:

    https://support.microsoft.com/en-us/help/3126604/skype-for-business-mobile-users-can-t-sign-in-when-modern-authentication-is-enabled

Unter Windows und macOS sieht der Anwender bei der modernen Authentifizierung in den Anwendungen ein separates Anmeldungsfenster (Abbildung 4.63 zeigt ein Beispiel von Outlook), über das dann gegebenenfalls auch weitere Schritte wie die mehrstufige Authentifizierung abgewickelt werden.

In der Standardkonfiguration ist derzeit die moderne Authentifizierung für den Zugriff auf SharePoint Online und OneDrive for Business Online bereits aktiviert. Bei Exchange Online oder Skype for Business Online ist eine separate Aktivierung erforderlich.

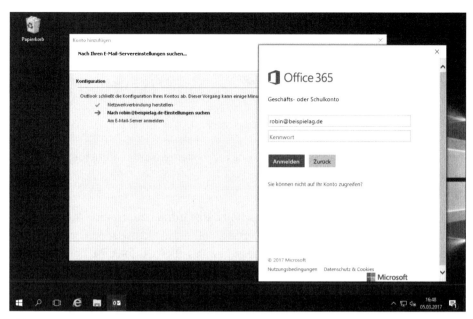

Abbildung 4.63 Moderne Authentifizierung in Outlook

4.5.1 Moderne Authentifizierung mit Exchange Online

Stellen Sie zunächst wie in Abschnitt 6.3, »PowerShell mit Exchange Online«, beschrieben, mit der PowerShell eine Verbindung zu Exchange Online her. Mit folgendem Kommando können Sie abfragen, in welchem Status sich die moderne Authentifizierung befindet:

```
(Get-OrganizationConfig).OAuth2ClientProfileEnabled
```

Listing 4.18 Status der modernen Authentifizierung bei Exchange Online abfragen

Die Aktivierung und die Deaktivierung erfolgen über den Befehl Set-OrganizationConfig:

```
Set-OrganizationConfig -OAuth2ClientProfileEnabled:$true
```

Listing 4.19 Aktivierung der modernen Authentifizierung bei Exchange Online

4.5.2 Moderne Authentifizierung mit Skype for Business Online

Die Vorgehensweise zur Aktivierung der modernen Authentifizierung ist bei Skype for Business Online ähnlich wie bei Exchange Online: Stellen Sie zunächst wie in Abschnitt 9.3, »PowerShell mit Skype for Business Online«, beschrieben, eine Power-

Shell-Verbindung zu Skype for Business Online her. Den Status der Authentifizierung rufen Sie mit dem Befehl `Get-CsOAuthConfiguration` ab. Die Aktivierung und die Deaktivierung erfolgen über `Set-CsOAuthConfiguration`:

```
Set-CsOAuthConfiguration -ClientAdalAuthOverride Allowed
```

Listing 4.20 Aktivierung der modernen Authentifizierung bei Skype for Business Online

4.6 Identitätsverbund

In einer Active Directory-Umgebung läuft die Authentifizierung grundsätzlich über *Kerberos* ab. Dabei werden Token ausgestellt, mit denen sich der Anwender ausweisen kann. Mit diesen Kerberos-Token kann jedoch eine Anmeldung normalerweise an Office 365 nicht vorgenommen werden. Eine Ausnahme stellt hier die Passthrough-Authentifizierung dar (siehe Abschnitt 4.2.3).

Die Office 365-Authentifizierung wird im Falle eines Identitätsverbunds über spezielle Sicherheitstoken vorgenommen. Die Sicherheitstoken müssen dabei von einem von Office 365 als vertrauswürdig eingestuften *Sicherheitstokendienst* (STS für *Security Token Service*) ausgestellt werden. Um dieses Prinzip zu erläutern, hier zunächst einige Hintergrundinformationen:

Ein Sicherheitstoken enthält verschiedene Angaben zu einer Person (wie in unserem Fall) oder zu einer Anwendung. Das könnten beispielsweise Daten sein, wie der Anmeldename, Vor- und Nachname, die Abteilung, die Adresse, das Alter, Identifikationsnummer etc. Je nach Anwendungsfall können unterschiedliche Daten erforderlich sein. Solch ein Sicherheitstoken wird von einem Sicherheitstokendienst ausgestellt. Derartige Dienste gibt es viele von unterschiedlichen Anbietern, beispielsweise von Facebook, Google, Yahoo, Twitter etc.

In unserem Fall verwenden wir Microsofts Sicherheitstokendienst für das Active Directory namens *AD FS* (*Active Directory Federation Services*). Damit die Sicherheitstoken unabhängig von Hersteller und Anwender verarbeitet werden können, sind sie nach einem Standard namens *SAML* (*Security Assertion Markup Language*) aufgebaut. Und um sicherzustellen, dass die Token auch nicht gefälscht sind, werden sie vom ausstellenden Sicherheitstokendienst digital signiert. Darüber kann man auch auf den Dienst selbst zurückschließen.

Ein vereinfachtes Beispiel eines Sicherheitstokens sehen Sie in Abbildung 4.64.

Um nun einen Identitätsverbund bereitzustellen, müssen wir also lokal eine AD FS-Umgebung aufbauen, die für unsere Anwender Sicherheitstoken ausstellt. Die AD FS-Umgebung wird bei der Office 365-Authentifizierungsplattform (AP) als vertrauenswürdig konfiguriert, sodass Office 365 die Sicherheitstoken unserer AD FS-Umgebung akzeptiert. Die AP fungiert ebenfalls als Sicherheitstokendienst und kann damit selbst Sicherheitstoken ausstellen. Warum das wichtig ist, werden wir gleich bei den Anmeldeszenarien sehen.

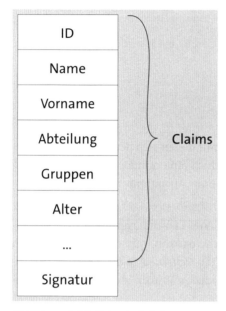

Abbildung 4.64 Sicherheitstoken

Je nachdem, wie der Anwender dann auf Office 365 zugreift und je nach Konfiguration verläuft der Anmeldevorgang nach einem unterschiedlichen Prozess. Hinzu kommt außerdem noch, dass seit einigen Monaten nun auch wahlweise die sogenannte *moderne Authentifizierung* aktiviert werden kann (bei SharePoint Online ist sie bereits standardmäßig aktiv).

In diesem Abschnitt werde ich die optionale Konfiguration eines *Identitätsverbunds* für Single Sign-on näher erläutern.

4.6.1 Vorteile

Der Identitätsverbund mit dem Aufbau einer Vertrauensstellung zwischen Office 365 und Ihrem Active Directory ist mit einigem Aufwand und nicht selten mit zusätzlichen Servern verbunden. Dennoch hat der Identitätsverbund einige Vorteile:

- Single Sign-on
  Ihre Anwender müssen sich im Idealfall für die Anmeldung an den Office 365-Diensten nicht erneut anmelden, wenn sie bereits an der lokalen Domäne angemeldet sind. »Im Idealfall« bedeutet: es gibt bestimmte Voraussetzungen, auf die ich noch eingehen werde.

▶ Zugriffssteuerung
Sie können bestimmen, von wo aus auf Office 365 zugegriffen werden darf, beispielsweise nur dann, wenn der Anwender sich im lokalen Netzwerk und nicht etwa irgendwo außerhalb befindet.

4.6.2 Anforderungen

Damit der Identitätsverbund zwischen Ihrem Active Directory und Office 365 funktioniert, müssen einige Voraussetzungen erfüllt sein:

▶ Die Domänencontroller müssen auf Basis von Windows Server 2003, 2008, 2008 R2 oder 2012 aufgesetzt sein.

▶ Das Active Directory kann im gemischten oder im einheitlichen Modus konfiguriert sein.

▶ Sie benötigen mindestens eine Installation von AD FS 2.0 auf einem Windows Server 2008 oder 2008 R2 bzw. eine höhere Version auf den aktuelleren Betriebssystemen (wird jeweils als optionale Rolle mitgeliefert).

Alternativ zu AD FS können Sie auch *Shibboleth* einsetzen. Sollte das für Sie in Betracht kommen, finden Sie unter folgender URL weitere Informationen:

http://technet.microsoft.com/de-de/library/jj205456.aspx

▶ Sind Anwender nicht direkt mit dem Unternehmensnetzwerk verbunden (z. B. Außendienstmitarbeiter ohne VPN), sollen sich aber trotzdem an Office 365 anmelden können, ist mindestens ein *AD FS-Proxy* (bis Windows Server 2012) oder ein *Web Application Proxy* (WAP; seit Windows Server 2012 R2) erforderlich. Alternativ können Sie auch andere Proxys wie *Microsoft Forefront TMG (Threat Management Gateway)* oder Microsoft *Forefront UAG (Unified Access Gateway)* einsetzen.

Die Proxyserver sollten nicht Domänenmitglied sein.

▶ Die Benutzerprinzipalnamen in Office 365 sind auf die Domäne gesetzt, für die der Identitätsverbund konfiguriert wird (siehe auch Abschnitt 4.6.10, »Alternative Benutzernamen mit AD FS«).

▶ Es sind zwei Zertifikate erforderlich:
  – *SSL-Zertifikat (Serverauthentifizierungszertifikat)*: Dieses Zertifikat ist für die Absicherung der Kommunikation zwischen AD FS-Server, Client und gegebenenfalls AD FS-Proxy erforderlich. Das Zertifikat muss auf den AD FS-Clients und von anderen Diensten, die darauf zugreifen, als vertrauenswürdig eingestuft werden, weshalb ein Zertifikat einer öffentlichen vertrauenswürdigen Zertifizierungsstelle eingesetzt werden sollte, beispielsweise von *VeriSign* oder *Thawte*. Verwenden Sie Outlook oder andere ActiveSync-Clients, muss das Zer-

tifikat ebenfalls von einer öffentlichen Zertifizierungsstelle stammen. Für welche Domäne das Zertifikat ausgestellt sein muss, lesen Sie in Abschnitt 4.6.6, »Einrichtung bis zum Windows Server 2012«.

- *Tokensignaturzertifikat*: Hier ist ein selbst signiertes Zertifikat ausreichend. Es empfiehlt sich, das bei der AD FS-Konfiguration automatisch erzeugte Zertifikat zu verwenden.

[»] Achtung: Zertifikate haben nur einen begrenzten Gültigkeitszeitraum. Das gilt sowohl für das SSL-Zertifikat als auch für das automatisch generierte Tokensignaturzertifikat. Letzteres hat eine standardmäßige Gültigkeit von einem Jahr. Notieren Sie sich diese Daten sorgfältig, und tauschen Sie die Zertifikate aus, bevor (!) sie abgelaufen sind. Ansonsten können sich Ihre Anwender nicht mehr an Office 365 anmelden. Nähere Informationen hierzu finden Sie auf folgender Seite:

https://docs.microsoft.com/de-de/azure/active-directory/connect/active-directory-aadconnect-o365-certs

---

SSL-Zertifikat

Achten Sie bei der Auswahl eines SSL-Zertifikatsanbieters auf eine möglichst breite Unterstützung der ausgebenden Zertifizierungsstelle in Browsern und auf mobilen Endgeräten. Denken Sie insbesondere auch an ActiveSync-Clients wie Smartphones, die sich bei der Anmeldung an Exchange Online an einem nicht vertrauenswürdigen Zertifikat stoßen würden.

Wird die Zertifizierungsstelle auf den Geräten nicht als vertrauenswürdig eingestuft, müssen Sie dort erst das Root-Zertifikat der Zertifizierungsstelle installieren.

4.6.3 Topologien

Single Sign-on bietet zwar sowohl für Administratoren als auch für Endanwender unbestreitbare Vorteile bei der Verwaltung und beim Komfort bei der Anmeldung an den Office 365-Diensten. Der Aufwand, um das zu erreichen, ist jedoch nicht zu unterschätzen. Verfügen Sie noch nicht über eine AD FS-Umgebung, heißt das unter Umständen, dass fünf zusätzliche Server installiert werden müssen. Diese können zwar gerne virtuell sein, müssen aber dennoch eingerichtet, verwaltet und lizenziert werden.

Mit Einschränkungen können Sie die AD FS-Komponenten aber auch auf vorhandene Server zu bereits vorhandenen Anwendungen installieren. Darauf werden wir gleich zu sprechen kommen.

Wie ich auf fünf Maschinen komme, sehen wir uns jetzt genauer an.

AD FS-Einzelserver bzw. AD FS-Serverfarm mit einem einzelnen Server

Um den Identitätsverbund zwischen dem lokalen Active Directory und Office 365 einzurichten, ist die lokale Installation von mindestens einem AD FS-Server zwingend erforderlich.

Technisch möglich wäre es, AD FS auf einem Domänencontroller zu installieren. Die empfohlene Methode ist jedoch die Installation auf einem Mitgliedsserver der Domäne.

Bis einschließlich zum Windows Server 2012 sollten Sie auch beachten, dass AD FS von den *IIS (Internet Information Services)* abhängt, also dem Webserver aus dem Hause Microsoft. AD FS verwendet dabei zwingend die *Standardwebsite* des IIS. Sollte diese also schon belegt sein, ist auf diesem Server eine AD FS-Installation nicht mehr möglich.

Beim Windows Server 2012 R2 kommt der IIS dagegen nicht zum Einsatz.

Abbildung 4.65 zeigt den möglichen Aufbau.

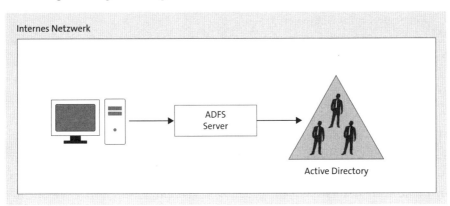

Abbildung 4.65 AD FS in einer Einzelserver-Umgebung

Eine solche Einzelserver-Umgebung ist zwar mit dem geringsten Aufwand zu realisieren, hat aber auch einige Nachteile. Hier die wichtigsten:

▶ Keine Ausfallsicherheit
Sollte der Server oder AD FS aus irgendeinem Grund ausfallen, kann sich kein Anwender mehr an Office 365 anmelden. Aus diesem Grund sollte statt eines einzelnen AD FS-Servers eine AD FS-Serverfarm mit zwei AD FS-Servern aufgesetzt werden. Dazu kommt noch ein *Network Load Balancer (NLB)*, der die Anfragen auf die Server verteilt. Damit erreichen Sie für die Zukunft auch eine bessere Skalierbarkeit, wenn die Last auf den Servern zunimmt. Als NLB können Sie den Windows-eigenen Dienst *Netzwerklastausgleich* einsetzen, sodass keine weitere Maschine erforderlich ist.

- Eingeschränkter Zugriff von außerhalb des Unternehmensnetzwerks
  Die AD FS-Server sollten sicherheitsbedingt nicht über das Internet erreichbar sein und zudem nicht in der *DMZ (Demilitarized Zone)* des Unternehmensnetzwerks untergebracht werden. Damit sind sie aber nur für Clients erreichbar, die auch tatsächlich direkt mit dem Unternehmensnetzwerk verbunden sind. Dies trifft aber beispielsweise auf folgende Situationen nicht zu:
  - Außendienstmitarbeiter ohne VPN-Verbindung
  - Heimarbeiter ohne VPN-Verbindung
  - Smartphones ohne VPN-Verbindung

  Damit diese Anwender sich auch an Office 365 anmelden können, ist die Einrichtung einer der beiden folgenden Optionen erforderlich:
  - AD FS-Proxyserver bzw. Web Application Proxy in der DMZ: Diese fungieren als Kommunikationsschnittstelle zwischen den internen AD FS-Servern und den Clients. Die Kommunikation ins interne Netzwerk und vom Internet erfolgt dabei über HTTPS 443/TCP. Da ein solcher Proxy auch ausfallen kann, sollten es wieder zwei samt NLB(-Dienst) sein.
  - Alternativ zu den AD FS-Proxys können auch alternative Proxys wie *Microsoft Forefront Threat Management Gateway (TMG)* oder *Microsoft Forefront Unified Access Gateway (UAG)* zum Einsatz kommen. In diesem Buch verwenden wir den Web Application Proxy des Windows Server 2012 R2.

AD FS-Serverfarm mit mehreren Servern

Mit einer AD FS-Serverfarm lösen Sie einen Teil der Probleme eines AD FS-Einzelservers. Da nicht nur ein einzelner, sondern mehrere AD FS-Server zum Einsatz kommen, ist die Ausfallwahrscheinlichkeit geringer. Allerdings benötigen Sie bei mehreren Servern auch einen NLB(-Dienst), der die Anfragen auf die Server verteilt.

Abbildung 4.66 zeigt diese Topologie in einem Schaubild.

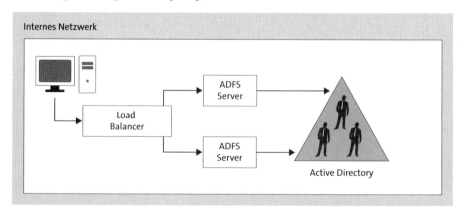

Abbildung 4.66 AD FS in einer Serverfarm-Umgebung

Alle Probleme werden jedoch nicht gelöst: Unternehmensexterne Geräte bleiben unberücksichtigt. Hier hilft die nächste Topologie.

AD FS-Serverfarm und Proxys

Die letzte hier vorgestellte Topologie verwendet über NLBs angesprochene AD FS-Server in einer Farmkonfiguration und mehrere Proxys für den externen Zugriff.

Abbildung 4.67 zeigt die Topologie im Schaubild.

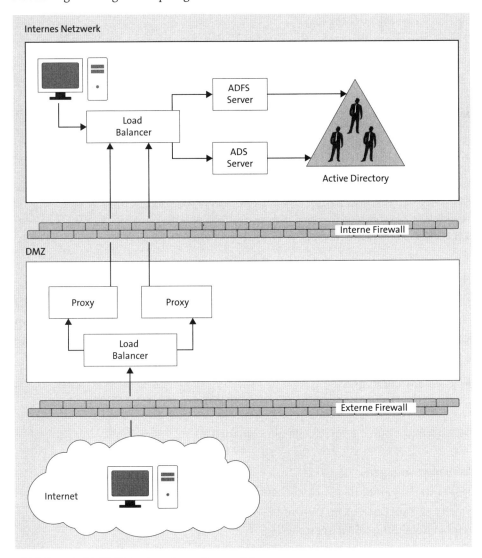

Abbildung 4.67 AD FS in einer Serverfarm mit Proxys

Warum werden also oft fünf zusätzliche Server benötigt? Benötigt werden zwei AD FS-Server, zwei Proxys und ein Server für die Active Directory-Synchronisierung – macht zusammen fünf.

Empfohlene Topologiegrößen

Microsoft empfiehlt abhängig von der Benutzerzahl den Einsatz bestimmter Topologien, wie sie in Tabelle 4.8 aufgeführt sind.

Benutzeranzahl	Topologie
bis zu 1.000	► Installation der AD FS-Farm auf zwei bestehenden Domänencontrollern ► Installation der Proxys auf zwei bestehenden Webservern in der DMZ
1.000 bis 15.000	► Installation von zwei separaten AD FS-Servern ► Installation von zwei separaten Proxys in der DMZ
ab 15.000	► Installation von drei bis fünf separaten AD FS-Serverfarmen ► Installation von mindestens zwei separaten Proxys in der DMZ

Tabelle 4.8 Empfohlene Topologien

4.6.4 Anmeldevorgang ohne moderne Authentifizierung

Ohne moderne Authentifizierung (siehe Abschnitt 4.5) oder auch mit Clients, die die moderne Authentifizierung nicht unterstützen, verläuft der Anmeldevorgang an Office 365 in unterschiedlichen Szenarien:

► Webanwendungen
► Clientanwendungen
► Outlook/ActiveSync

Sehen wir uns nun die verschiedenen Szenarien an.

Webanwendungen

Der Anwender greift hier auf einen Office 365-Dienst über einen Browser zu, also beispielsweise auf Outlook im Web, um E-Mails zu verwalten. Der nun folgende Vorgang wird in Abbildung 4.68 dargestellt.

❶ Der Zugriff auf den Office 365-Dienst kann nicht erfolgen, da dazu ein Sicherheitstoken der Office 365-Authentifizierungsplattform (AP) erforderlich ist. Das Sicherheitstoken muss von der AP signiert werden.

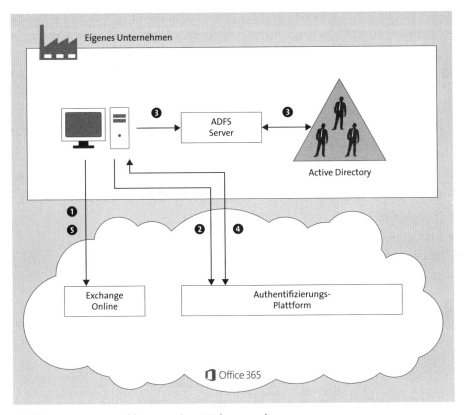

Abbildung 4.68 Anmeldung an einer Webanwendung

❷ Der Client verbindet sich mit der Office 365-AP und fragt ein Sicherheitstoken an. Die AP erkennt, dass der Benutzer von einer Verbunddomäne kommt. Entsprechend kann die AP den Benutzer nicht authentifizieren, sondern fragt nach einem Sicherheitstoken, das von AD FS ausgestellt und signiert wurde.

❸ Der Client verbindet sich mit dem AD FS-Server und fragt ein Sicherheitstoken an. AD FS kontaktiert das Active Directory und erhält von dort ein NTLM- oder Kerberos-Token für den Benutzer. AD FS wandelt dieses in das erforderliche Sicherheitstoken um und signiert es. Das Sicherheitstoken enthält den UPN des Benutzers und eine User-Source-ID.

Die User-Source-ID wird auch *Immutable-ID* genannt und stimmt mit der Objekt-GUID des AD-Objekts überein. Mehr zu dieser ID lesen Sie in Abschnitt 4.3.1, »Synchronisierungsvorgang«.

❹ Der Client überträgt das Sicherheitstoken an die Office 365-AP. Die AP überprüft das Token etwa daraufhin, ob es von der vertrauten AD FS-Umgebung stammt. Die AP wandelt die User-Source-ID um in eine Net-ID, erstellt daraus ein neues Sicherheitstoken und signiert es.

[»] Die Net-ID wird beim Anlegen des Benutzerkontos im Office 365-Verzeichnisdienst automatisch erzeugt. Im Falle des Identitätsverbunds passiert das im Rahmen der Active Directory-Synchronisierung.

❺ Der Client überträgt das neue Sicherheitstoken an den ursprünglich angefragten Office 365-Dienst. Dieser überprüft beispielsweise, ob es von der Office 365-AP stammt. Der Dienst liest die Net-ID aus und sucht im Office 365-Verzeichnisdienst nach der Net-ID. Ist diese gefunden, kann der Dienst den Benutzer entsprechend dessen Lizenz arbeiten lassen.

Je nachdem, wie bzw. von wo aus Ihre Anwender in Schritt 3 auf die AD FS-Umgebung zugreifen, sehen sie entweder:

- kein Anmeldefenster,
- das Anmeldefenster für die *integrierte Windows-Authentifizierung* (siehe Abbildung 4.69) oder
- die *formularbasierte Authentifizierung* (siehe Abbildung 4.70).

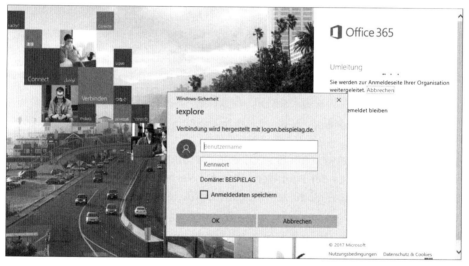

Abbildung 4.69 Integrierte Windows-Authentifizierung

Die integrierte Windows-Authentifizierung kommt normalerweise zum Einsatz, wenn der Anwender mit einem Domänencomputer im internen Netzwerk arbeitet. Arbeitet er von außerhalb und greift auf den AD FS-Proxy bzw. den Web Application Proxy zu, erscheint normalerweise die formularbasierte Authentifizierung.

Bei der integrierten Windows-Authentifizierung müssen Ihre Anwender wie gewohnt entweder die Benutzerprinzipalnamen oder den alten Benutzernamen in der Form *Domäne\Benutzer* angeben.

Abbildung 4.70 Formularbasierte Authentifizierung

Clientanwendungen

Der Anmeldevorgang sieht bei der Verwendung eines Clients wie der Office 2010-Anwendungen, der PowerShell-Erweiterung und des Verzeichnissynchronisierungstools etwas anders aus. Hier kommt der Online Services-Anmelde-Assistent zum Einsatz.

Die Office-Anwendungen ab 2013 nutzen eine Komponente aus dem Assistenten, die automatisch mit Office mit installiert wird. Der Assistent selbst muss ab Office 2013 nicht installiert sein. Abbildung 4.71 stellt den Vorgang dar.

❶ Der Anwender meldet sich mit seinem Computer am Unternehmensnetzwerk an.

❷ Der Office 365-Anmeldeassistent startet und ermittelt die Domäne des Benutzers über dessen UPN.

❸ Der Anmeldeassistent verbindet sich mit der Office 365-AP, um zu ermitteln, ob die Domäne eine Verbunddomäne ist. Ist sie es nicht, ist der Vorgang beendet.

❹ Im anderen Fall verbindet sich der Anmeldeassistent mit der lokalen AD FS-Umgebung und fragt ein Sicherheitstoken an. AD FS kontaktiert das Active Directory und erhält von dort ein NTLM- oder Kerberos-Token für den Benutzer. AD FS wandelt dieses in das erforderliche Sicherheitstoken um und signiert es. Das Sicherheitstoken enthält den UPN des Benutzers und eine User-Source-ID.

❺ Der Anmeldeassistent überträgt das Sicherheitstoken an die Office 365-AP. Die AP überprüft das Sicherheitstoken daraufhin, ob es etwa von der vertrauten AD FS-Umgebung stammt. Die AP wandelt die User-Source-ID um in eine Net-ID und erstellt ein neues *Ticket Granting Ticket (TGT)*. Das TGT wird zum Anmeldeassistenten übertragen.

❻ Der Anmeldeassistent speichert das TGT in einem lokalen Cache, für den Fall, dass eine Clientanwendung es benötigt.

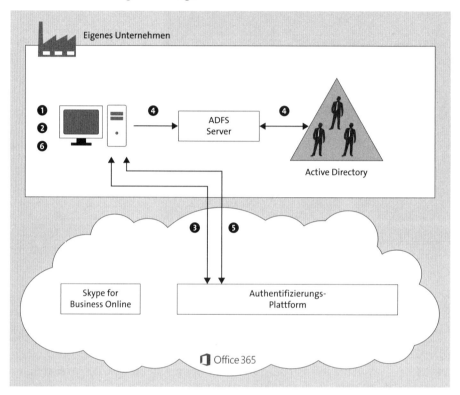

Abbildung 4.71 Anmeldung mit einer Clientanwendung

Angenommen, der Anwender startet nun den Skype for Business-Client, werden folgende Schritte durchgeführt:

❶ Der Skype for Business-Client versucht, sich mit Skype for Business Online zu verbinden. Skype for Business Online fragt nach einem Sicherheitstoken, das von der Office 365-AP signiert sein muss.

❷ Der Skype for Business-Client fragt das TGT beim Anmeldeassistenten an. Dieser überträgt das TGT an das Federation Gateway und erhält nach Prüfung ein Sicherheitstoken.

❸ Das Sicherheitstoken wird dann an Skype for Business Online übertragen. Skype for Business Online überprüft, ob es etwa von der Office 365-AP stammt. Dann wird die Net-ID ausgelesen und im Office 365-Verzeichnisdienst gesucht. Ist sie gefunden, kann Skype for Business Online den Benutzer entsprechend seiner Lizenz arbeiten lassen.

Outlook/ActiveSync

Der dritte Anmeldevorgang kommt zum Einsatz, wenn der Anwender Outlook oder ein anderes Gerät mit ActiveSync nutzt, um eine Verbindung zu seinem Postfach aufzubauen. Abbildung 4.72 zeigt den Vorgang.

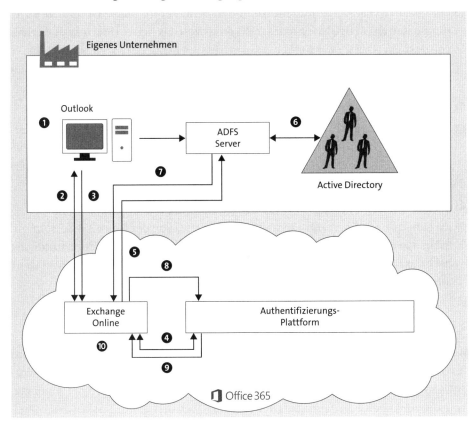

Abbildung 4.72 Anmeldung mit Outlook/ActiveSync

❶ Der Anwender meldet sich mit seinem Computer am Unternehmensnetzwerk an und startet beispielsweise Outlook.

❷ Outlook verbindet sich mit Exchange Online und wird nach Basisauthentifizierungsdaten gefragt.

Bei den Basisauthentifizierungsdaten handelt es sich um Benutzername (UPN) und Kennwort.

❸ Outlook antwortet mit den Basisauthentifizierungsdaten des Benutzers.

❹ Exchange Online verbindet sich mit der Office 365-AP. Dort wird überprüft, ob die Benutzerdomäne eine Verbunddomäne ist. Wenn ja, antwortet die AP mit der ADFS-URL.

❺ Exchange Online überträgt die Basisauthentifizierungsdaten an den lokalen AD FS-Server und fragt ein Sicherheitstoken an.

[»] Dies ist der Grund, warum ein Proxy oder ein TMG bzw. UAG erforderlich ist: Exchange Online muss mit der lokalen AD FS-Umgebung kommunizieren können.

❻ Der lokale AD FS-Server authentifiziert den Benutzer mit den Basisauthentifizierungsdaten am Active Directory. AD FS kontaktiert das Active Directory und erhält von dort ein NTLM- oder Kerberos-Token für den Benutzer. AD FS wandelt dieses in das erforderliche Sicherheitstoken um und signiert es. Das Login-Token enthält den UPN des Benutzers und eine User-Source-ID.

❼ Das Login-Token wird zurück an Exchange Online übertragen.

❽ Exchange Online überträgt das Sicherheitstoken an die Office 365-AP. Die AP überprüft, ob das Login-Token etwa von der vertrauten AD FS-Umgebung stammt. Die AP wandelt die User-Source-ID um in eine Net-ID, erstellt daraus ein neues Sicherheitstoken und signiert es.

❾ Das neue Sicherheitstoken wird zurück an Exchange Online übertragen.

❿ Exchange Online überprüft es daraufhin, ob es etwa von der Office 365-AP stammt. Exchange Online liest die Net-ID aus und sucht im Office 365-Verzeichnisdienst nach der Net-ID. Ist diese gefunden, kann der Benutzer entsprechend seiner Lizenz arbeiten.

4.6.5 Anmeldevorgang mit moderner Authentifizierung

Bei der Anmeldung über die moderne Authentifizierung (siehe Abschnitt 4.5) wird im Gegensatz zur alten Authentifizierung nicht zwischen Webanwendungen, Clientanwendungen und Outlook/ActiveSync unterschieden. Stattdessen ist der Anmeldevorgang vereinheitlicht. Besonders deutlich zeigt sich dies darin, dass bei der Anmeldung über Clientanwendungen der Microsoft Online Services-Anmelde-Assistent nicht mehr zum Einsatz kommt und bei der Anmeldung über Outlook nicht mehr die Basisauthentifizierung durchgeführt wird. Abbildung 4.73 zeigt den Ablauf.

❶ Der Anwender greift im Beispiel mit dem lokal installierten Word auf ein Dokument in SharePoint Online zu. Der Zugriff auf den Office 365-Dienst kann nicht erfolgen, da dazu ein Sicherheitstoken der Office 365-Authentifizierungsplattform (AP) erforderlich ist.

❷ Der Client verbindet sich mit der Office 365-AP und fragt ein Sicherheitstoken an. Sollte Single Sign-on nicht automatisch durchgeführt werden können, erscheint ein Anmeldefenster, in dem der Anwender seine Office 365-Zugangsdaten eingibt. Die AP erkennt, dass der Benutzer von einer Verbunddomäne kommt. Entsprechend kann die AP den Benutzer nicht authentifizieren, sondern es erfolgt eine Umleitung auf den AD FS-Server.

4.6 Identitätsverbund

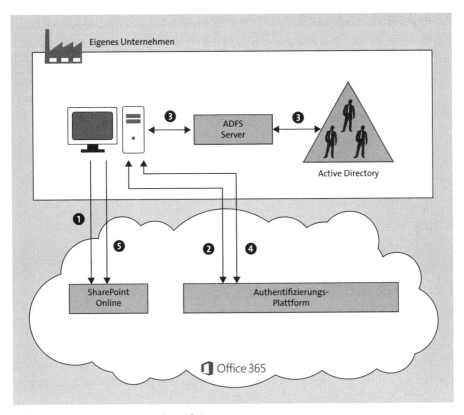

Abbildung 4.73 Moderne Authentifizierung

❸ Der Client verbindet sich mit dem AD FS-Server und fragt ein Sicherheitstoken an. AD FS kontaktiert das Active Directory und erhält von dort ein NTLM- oder Kerberos-Token für den Benutzer. AD FS wandelt dieses in das erforderliche Sicherheitstoken um und signiert es. Das Sicherheitstoken enthält den UPN des Benutzers und eine User-Source-ID.

❹ Der Client überträgt das Sicherheitstoken an die Office 365-AP. Die AP überprüft das Token etwa daraufhin, ob es von der vertrauten AD FS-Umgebung stammt. Die AP erstellt ein Access Token sowie ein Refresh Token und überträgt beide zum lokalen Client, in dem diese im *Credentials Manager* gecached werden.

Das Access Token hat nur eine kurze Lebenszeit von einer Stunde. Innerhalb dieses Zeitraums kann der Anwender von diesem Client aus auf die Office 365-Dienste zugreifen. Läuft das Access Token aus, kann mithilfe des Refresh Tokens ohne erneute Anmeldung und ohne erneuten ADFS-Zugriff ein neues Access Token angefordert werden. Das Refresh Token hat eine Laufzeit von 14 Tagen.

❺ Der Client überträgt das Access Token an den ursprünglich angefragten Office 365-Dienst. Dieser überprüft es und lässt den Zugriff zu.

4.6.6 Einrichtung bis zum Windows Server 2012

Die Schritte bei der Einrichtung von AD FS sind bei den Windows Servern bis einschließlich 2012 etwas anders als beim Windows Server 2012 R2. In diesem Abschnitt erläutere ich zunächst die Einrichtungsschritte für die älteren Betriebssysteme. Den Vorgang beim Windows Server 2012 R2 und 2016 beschreibe ich in Abschnitt 4.6.7, »Einrichtung mit Windows Server 2012 R2/2016«.

1. Domäne verifizieren
2. Bestimmung der AD FS-Domäne
3. DNS-Konfiguration (intern und extern)
4. SSL-Zertifikatsplanung
5. AD FS-Installation (Server und Proxy)
6. IIS-Konfiguration
7. AD FS-Serverfarm-Konfiguration
8. AD FS-Proxykonfiguration
9. Identitätsverbund für Domäne aktivieren
10. Active Directory-Synchronisierung aktivieren

In diesem Abschnitt gehen wir die einzelnen Schritte durch und erstellen damit eine Konfiguration wie in Abbildung 4.67, beschränken uns aber auf jeweils einen einzelnen AD FS-Server und einen einzelnen Proxy.

[»] Die Abbildungen in diesem Abschnitt wurden mit einem Windows Server 2012 gemacht. Auf den älteren Versionen sieht die Oberfläche leicht anders aus, und die Bezeichner sind nicht exakt gleich. Das grundsätzliche Vorgehen ist aber identisch.

Schritt 1: Domäne verifizieren

Dieser Schritt dient der Vorbereitung und wurde von Ihnen wahrscheinlich bereits durchgeführt. Falls nicht, fügen Sie die Domäne zu Ihrem Office 365-Mandanten hinzu (einschließlich Verifizierung), die bei den UPNs verwendet wird. Wie das geht, lesen Sie in Abschnitt 2.4.2, »Domäne verifizieren«.

Diese Domäne wird später zur *Verbunddomäne* (*Federated Domain*). Beachten Sie insbesondere die Voraussetzungen für die UPNs.

Schritt 2: Bestimmung der AD FS-Domäne

Wir benötigen eine Domäne, über die der Zugriff auf AD FS erfolgt. Dazu nehmen Sie typischerweise Ihre öffentliche Domäne, beispielsweise *beispielag.de*, und stellen ihr einen frei wählbaren Hostnamen voran, beispielsweise *logon.fs* (für »Federation Services«) oder *sts* (für »Security Token Service«).

So ergibt sich die AD FS-Domäne in der Form von *logon.beispielag.de*. Diese Domäne muss nun DNS-seitig eingerichtet werden.

Schritt 3: DNS-Konfiguration (intern und extern)

Die DNS-Konfiguration müssen wir von der netzwerkinternen und -externen Seite betrachten (*Split DNS*). Beginnen wir mit der internen:

Gehen wir von der AD FS-Domäne *logon.beispielag.de* aus. Verwenden Sie intern eine andere Domäne, wie *beispielag.local*, müssen wir zunächst eine neue *Forward-Lookupzone* für *beispielag.de* anlegen. Auf jeden Fall aber benötigen wir einen *Hosteintrag (A-Record)* für *logon*, der dann auf die AD FS-Serverfarm zeigt. Gehen Sie dazu wie folgt vor:

1. Öffnen Sie die DNS-MANAGER-KONSOLE (siehe Abbildung 4.74).

Abbildung 4.74 DNS-Manager

2. Ist unter FORWARD-LOOKUPZONE die Domäne *beispielag.de* noch nicht vorhanden, klicken Sie mit der rechten Maustaste auf FORWARD-LOOKUPZONE und wählen im Kontextmenü den Befehl NEUE ZONE.

3. Legen Sie mit dem erscheinenden Assistenten eine neue Zone mit folgenden Eigenschaften an:
   – Zonentyp: Primäre Zone
   – Active Directory-Zonenreplikationsbereich: Auf allen DNS-Servern, die auf Domänencontrollern in dieser Domäne ausgeführt werden
   – Zonenname: *beispielag.de*
   – Dynamisches Update: Nur sichere dynamische Updates zulassen

   Die weiteren Optionen belassen Sie in der Standardkonfiguration.

4. Innerhalb der Zone *beispielag.de* legen Sie nun wieder über das Kontextmenü einen neuen Host mit folgenden Einstellungen an (siehe Abbildung 4.75):
   – NAME: *logon.beispielag.de*
   – IP-ADRESSE: Hier geben Sie die IP-Adresse der zukünftigen AD FS-Serverfarm an. Besteht diese aus mehr als einem Server, benötigen Sie einen NLB, über den Sie auf die Serverfarm über eine *virtuelle IP-Adresse* zugreifen. Geben Sie dann diese virtuelle IP-Adresse an.

Alle weiteren Optionen bleiben wieder in der Standardkonfiguration.

Abbildung 4.75 Neuer Hosteintrag

[»] Jetzt müssen wir noch einen Umstand berücksichtigen, der in der Praxis gerne vergessen wird: Wenn Sie in diesem Schritt eine Forward-Lookupzone für die externe Domäne eingerichtet haben, beantwortet Ihr interner DNS-Server die Anfragen Ihrer Clients an die eigentlich externe Domäne. Dies hat nun zur Folge, dass die Clients die DNS-Einträge für Exchange (beispielsweise für die AutoErmittlung), Skype for Business Online und SharePoint nicht mehr erhalten – denn diese Einträge sind ja im externen DNS-System hinterlegt. Es ist deshalb erforderlich, dass Sie in der neuen Forward-Lookupzone die DNS-Einträge nachpflegen. Lesen Sie hierzu auch Abschnitt 2.4, »Domänenverwaltung«.

Damit ist die interne DNS-Konfiguration abgeschlossen. In der DNS-Konfiguration unseres DNS-Anbieters für *beispielag.de* benötigen wir ebenfalls einen *A-Record*, bei dem das Ziel auf die IP-Adresse unseres zukünftigen AD FS-Proxys in der DMZ gesetzt ist bzw. auf die virtuelle IP-Adresse des NLB. Nehmen Sie die entsprechende Konfiguration vor. Eine genaue Beschreibung kann ich Ihnen hier nicht liefern, da sich die notwendigen Schritte von Anbieter zu Anbieter unterscheiden.

Schritt 4: SSL-Zertifikatsplanung

Wie in Abschnitt 4.6.2, »Anforderungen«, bereits erläutert, sollten wir ein kommerzielles *SSL-Zertifikat* einer öffentlichen Zertifizierungsstelle verwenden. Dieses muss dann für *logon.beispielag.de* ausgestellt sein.

Für Teststellungen ist das nicht unbedingt erforderlich, hier ist auch ein SSL-Zertifikat einer eigenen Zertifizierungsstelle ausreichend. Dazu können Sie etwa die optionale Rolle *Active Directory-Zertifikatdienste* der Windows-Server-Betriebssysteme über den Server Manager installieren (siehe Abbildung 4.76).

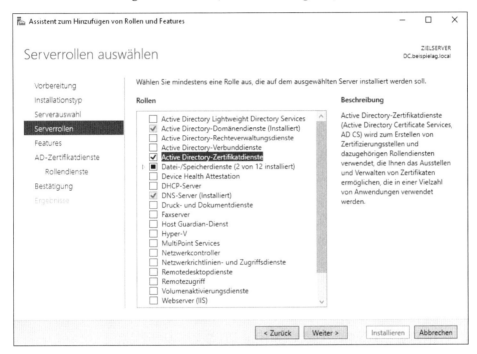

Abbildung 4.76 Installation der Active Directory-Zertifikatsdienste

Auf einem Windows Server 2016 würden die folgenden Optionen bei der Konfiguration im Anschluss an die Installation der Rolle ausreichen:

▶ Rollendienste: Zertifizierungsstelle

▶ Installationstyp: Unternehmenszertifizierungsstelle

▶ ZS-Typ: Stammzertifizierungsstelle

▶ Privater Schlüssel: neuen privaten Schlüssel erstellen

▶ Kryptografie für Zertifizierungsstelle: Standardoptionen

▶ ZS-Name: Standardoptionen

▶ Gültigkeitsdauer: Standardoptionen

▶ Zertifizierungsstellendatenbank: Standardoptionen

Diese Optionen passen Sie natürlich an Ihre Umgebung an.

Eine weitere Konfiguration ist zunächst nicht erforderlich. Das SSL-Zertifikat selbst werden wir bei der IIS-Konfiguration erstellen lassen.

Schritt 5: AD FS-Installation (Server und Proxy)

Bei AD FS handelt es sich um eine optionale Rolle der Windows-Server-Betriebssysteme. Für Office 365 benötigen Sie mindestens Version 2.0 und wenigstens einen Windows Server 2008. Für die Windows Server 2008 und 2008 R2 können Sie AD FS 2.0 unter folgender URL herunterladen:

www.microsoft.com/downloads/de-de/details.aspx?familyid=118c3588-9070-426a-b655-6cec0a92c10b&displaylang=de

[»] Zu AD FS veröffentlicht Microsoft gelegentlich Update-Rollups, die Sie grundsätzlich installieren sollten. Dies betrifft insbesondere AD FS 2.0 vom Windows Server 2008 (R2). Aktuell gibt es dafür das Update-Rollup 3 unter folgender URL: *http://support.microsoft.com/kb/2790338/de*

Beim Windows Server 2012 können Sie AD FS 2.1 als optionale Rolle unter dem Namen *Active Directory-Verbunddienste* über den Server Manager nachinstallieren.

In Abschnitt 4.6.3, »Topologien«, finden Sie einige Aspekte, die Sie bei der Wahl der passenden Maschinen berücksichtigen sollten.

Verwenden Sie Windows Server 2008 oder 2008 R2, laden Sie also das richtige Installationspaket für Ihre Maschinen herunter (32 oder 64 Bit bzw. Windows Server 2008 oder R2), und führen Sie die Installation des Pakets auf allen zukünftigen AD FS-Servern und -Proxys aus. Der Installationsassistent fragt, ob ein Verbundserver oder ein Verbundserverproxy installiert werden soll (siehe Abbildung 4.77).

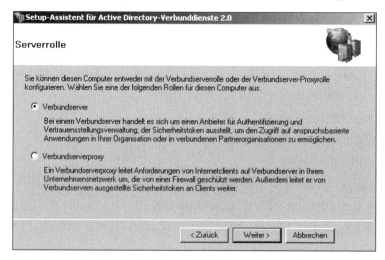

Abbildung 4.77 AD FS-Installation auf Windows Server 2008 R2

Wählen Sie hier auf den *AD FS-Servern* die Option VERBUNDSERVER und auf den *AD FS-Proxys* die Option VERBUNDSERVERPROXY. Nach der Installation werden Sie noch gefragt, ob das AD FS 2.0-Verwaltungs-Snap-in zur AD FS-Konfiguration geöffnet werden soll. Überspringen Sie diese Option, da wir zunächst noch die IIS konfigurieren, die Konfiguration von AD FS selbst erfolgt dann im übernächsten Schritt.

Während der Installation werden alle Voraussetzungen überprüft und möglicherweise fehlende Komponenten nachinstalliert, wie beispielsweise die IIS.

Denken Sie an dieser Stelle daran, nach verfügbaren Update-Rollups für AD FS zu suchen und diese gegebenenfalls zu installieren.

Beim Windows Server 2012 werden Sie beim Installieren der Rolle über den Server Manager nach den Rollendiensten gefragt (siehe Abbildung 4.78). Wählen Sie hier VERBUNDDIENST oder VERBUNDDIENSTPROXY.

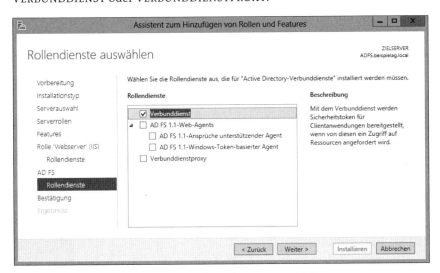

Abbildung 4.78 AD FS-Installation auf Windows Server 2012

Schritt 6: IIS-Konfiguration

In den IIS der AD FS-Server und Proxys müssen wir zwei Punkte konfigurieren:

▶ Hinzufügen des SSL-Zertifikats zu den *Serverzertifikaten*
▶ Hinzufügen des *HTTPS-Bindings* zur *Standardwebsite*

Beginnen wir mit dem SSL-Zertifikat:

1. Öffnen Sie den INTERNETINFORMATIONSDIENSTE (IIS)-MANAGER (siehe Abbildung 4.79).
2. Klicken Sie in der linken Spalte auf den lokalen Server.
Erscheint bei Ihnen die Frage nach der Verwendung der Microsoft-Webplattform, können Sie diese abbrechen.

3. Doppelklicken Sie in der mittleren Auswahl im Abschnitt IIS den Punkt SERVER-ZERTIFIKATE (siehe Abbildung 4.80).

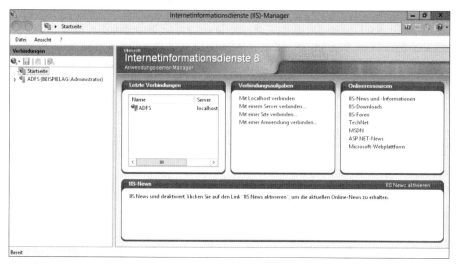

Abbildung 4.79 IIS-Manager

Abbildung 4.80 Server-Zertifikatsverwaltung

4. An dieser Stelle muss nun ein SSL-Zertifikat hinterlegt werden. Dabei können Sie verschiedene Wege gehen. Der Kasten zeigt drei Wege auf.

SSL-Zertifikat

▶ **Variante 1:** bestehendes Zertifikat importieren
Haben Sie bereits ein kommerzielles SSL-Zertifikat eingekauft und in Dateiform vorliegen, können Sie dieses nun in der Aktionsleiste am rechten Rand über IMPORTIEREN hinzufügen.

▶ **Variante 2:** neues Zertifikat mit eigener Zertifizierungsstelle erzeugen
Wollen Sie ein SSL-Zertifikat über die Windows-eigene Zertifizierungsstelle erzeugen, wählen Sie stattdessen den Befehl DOMÄNENZERTIFIKAT ERSTELLEN. Geben Sie dann im Assistenten folgende Optionen an (siehe Abbildung 4.81):

– GEMEINSAMER NAME: die AD FS-Domäne, also beispielsweise *logon.beispielag.de*

– ORGANISATION, ORGANISATIONSEINHEIT, ORT, BUNDESLAND/KANTON, LAND/REGION: beliebig

– ONLINE-ZERTIFIZIERUNGSSTELLE: Ihre Windows-Zertifizierungsstelle

– ANZEIGENAME: wieder die AD FS-Domäne, also beispielsweise *logon.beispielag.de*

Das so erstellte SSL-Zertifikat können Sie dann über die Aktionsleiste exportieren, um es bei den anderen AD FS-Servern zu importieren.

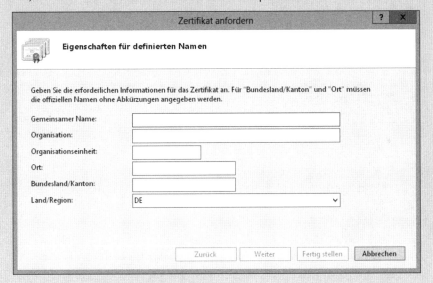

Abbildung 4.81 Erstellen eines Zertifikats

▶ **Variante 3:** neues Zertifikat von kommerzieller Zertifizierungsstelle beantragen (empfohlen)

Verfügen Sie noch nicht über ein passendes SSL-Zertifikat für die AD FS-Domäne, können Sie direkt im IIS-Manager eine Anforderung erstellen. Dabei handelt es sich um eine Zeichenfolge, mit der Sie bei einer kommerziellen Zertifizierungsstelle ein SSL-Zertifikat anfordern können. Die Zertifizierungsstelle antwortet wiederum mit einer Zeichenfolge, die Sie dann im IIS-Manager angeben. Gehen Sie dazu wie folgt vor:

Wählen Sie den Befehl ZERTIFIKATANFORDERUNG ERSTELLEN, und geben Sie im erscheinenden Assistenten folgende Optionen an:

- GEMEINSAMER NAME: die AD FS-Domäne, also beispielsweise *logon.beispielag.de*
- ORGANISATION, ORGANISATIONSEINHEIT, ORT, BUNDESLAND/KANTON, LAND/REGION: beliebig

Im nächsten Assistentenschritt wählen Sie einen KRYPTOGRAFIEDIENSTANBIETER und eine BITLÄNGE aus. Was Sie hier angeben, hängt von Ihrem SSL-Zertifikatsanbieter ab. Im Zweifelsfall wählen Sie als KRYPTOGRAFIEDIENSTANBIETER MICROSOFT RSA CHANNEL CRYPTOGRAPHIC PROVIDER und als BITLÄNGE 2048.

Im letzten Schritt geben Sie einen Dateinamen an, in dem die Anforderungszeichenfolge abgelegt wird.

Nachdem Sie von der Zertifizierungsstelle die Antwort bekommen haben, wählen Sie den Befehl ZERTIFIKATSANFORDERUNG ABSCHLIESSEN; geben Sie die Datei und als ANZEIGENAME Ihre AD FS-Domäne an (siehe Abbildung 4.82).

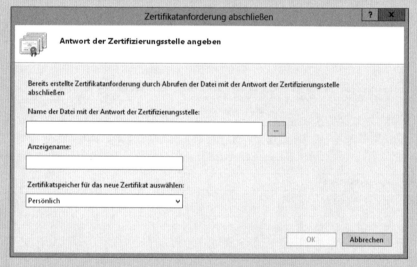

Abbildung 4.82 Antwort der Zertifizierungsstelle angeben

Das so hinzugefügte SSL-Zertifikat können Sie dann über die Aktionsleiste exportieren, um es bei den anderen AD FS-Servern zu importieren.

5. Markieren Sie in der linken Spalte die DEFAULT WEB SITE unter SERVER • SITES.
6. In der Aktionsleiste am rechten Rand wählen Sie den Befehl BINDUNGEN.
7. Fügen Sie eine neue Bindung mit diesen Optionen hinzu (siehe Abbildung 4.83):
   - TYP: HTTPS
   - IP-ADRESSE: KEINE ZUGEWIESEN
   - PORT: 443
   - SSL-ZERTIFIKAT: das für AD FS bereitgestellte Zertifikat

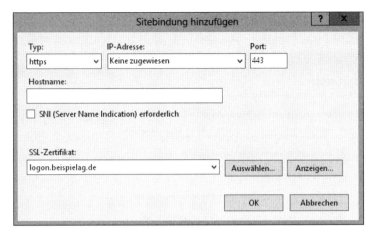

Abbildung 4.83 Anlegen einer Bindung

Das Importieren des SSL-Zertifikats und das Erstellen der Bindung für die Standardwebsite führen Sie dann auf allen anderen AD FS-Servern (und -Proxys) aus. Achten Sie darauf, überall dasselbe Zertifikat zu verwenden.

Damit haben wir jetzt die Voraussetzungen geschaffen, um die AD FS-Konfiguration durchzuführen.

Schritt 7: AD FS-Serverfarm-Konfiguration

In Abschnitt 4.6.3, »Topologien«, haben wir uns mit den Unterschieden zwischen einem AD FS-Einzelserver und einer AD FS-Serverfarm befasst. Bei der AD FS-Konfiguration können wir zwischen diesen beiden Topologien wählen. Dabei ist grundsätzlich das Anlegen einer AD FS-Serverfarm die bessere Wahl, auch wenn die Farm nur aus einem einzigen Server besteht (ein NLB wäre dann auch nicht erforderlich). Die AD FS-Serverfarm ist im weiteren Betrieb flexibler, da wir bei Bedarf zur Farm einfach einen weiteren AD FS-Server hinzufügen können.

Der Unterschied bei der Konfiguration zwischen Einzelserver und Farm liegt bei Letzterem in der Angabe eines Active Directory-Benutzerkontos, das als *Dienstkonto* verwendet wird. Dieses ist bei einem Einzelserver nicht erforderlich.

Mit den folgenden Schritten erstellen wir eine AD FS-Serverfarm mit nur einem einzelnen Server:

1. Starten Sie die AD FS-VERWALTUNG über die Startseite (siehe Abbildung 4.84).
2. Klicken Sie im mittleren Teil des Fensters auf KONFIGURATIONSASSISTENT FÜR DEN AD FS-VERBUNDSERVER.
3. Im Schritt WILLKOMMEN wählen Sie die Option NEUEN VERBUNDDIENST ERSTELLEN. Hier könnten Sie auch einen Server zu einer bestehenden Serverfarm hinzufügen.

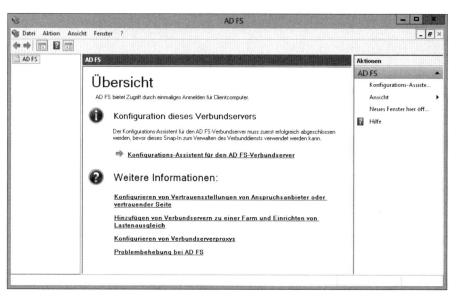

Abbildung 4.84 AD FS-Verwaltung

4. Im Schritt BEREITSTELLUNGSTYP AUSWÄHLEN markieren Sie die Option NEUE VERBUNDSERVERFARM (siehe Abbildung 4.85).

   Hier könnten Sie mit der Option EIGENSTÄNDIGER VERBUNDSERVER auch einen AD FS-Einzelserver anlegen.

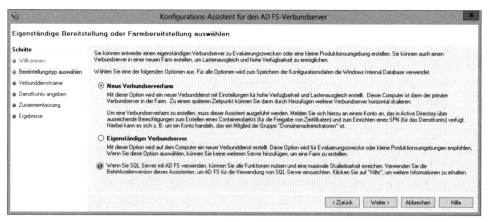

Abbildung 4.85 Bereitstellungstyp

5. Im Schritt VERBUNDDIENSTNAME sollte jetzt das zuvor in den IIS angegebene SSL-Zertifikat zu sehen sein. Änderungen sind hier nicht erforderlich.

6. Im Schritt DIENSTKONTO ANGEBEN geben Sie ein zuvor angelegtes Active Directory-Benutzerkonto samt Kennwort an, das für AD FS verwendet werden soll.

   Achten Sie darauf, dass das Kennwort dieses Benutzerkontos nicht abläuft.

Die Installation selbst dauert dann einige Minuten. Der Assistent hält Sie währenddessen auf dem Laufenden (siehe Abbildung 4.86).

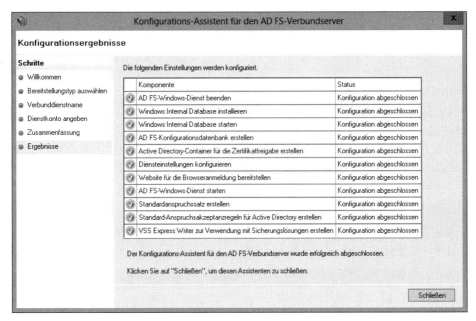

Abbildung 4.86 Konfigurationsfortschritt

Nachdem die Installation und der Assistent abgeschlossen wurden, erhalten Sie eine Informationsmeldung, die Konfiguration wäre unvollständig (siehe Abbildung 4.87).

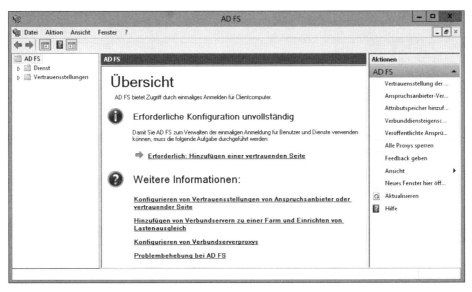

Abbildung 4.87 Konfiguration unvollständig

Dies ist korrekt, da wir noch keine Vertrauensstellung zwischen AD FS und Office 365 hergestellt haben. Das holen wir aber in Kürze nach.

Falls Sie zu Ihrer AD FS-Serverfarm weitere Server hinzufügen, denken Sie daran, dass dann ein NLB erforderlich ist. Sie könnten dazu das optionale Windows-Server-Feature *Netzwerklastausgleich* verwenden.

Schritt 8: AD FS-Proxykonfiguration bis Windows Server 2012

Nach der Erstellung unserer AD FS-Serverfarm folgt dann das Konfigurieren des AD FS-Proxys in der DMZ. Stellen Sie bitte vorab in der Firewallkonfiguration sicher, dass der AD FS-Proxy die AD FS-Serverfarm über den Standard-HTTPS-Port 443 erreichen kann. Ebenso sollte dieser Port samt Protokoll in Richtung Internet freigegeben werden.

Danach konfigurieren Sie den Proxy:

1. Starten Sie den AD FS-Verbundserverproxy-Konfigurationsassistent aus dem Startmenü (siehe Abbildung 4.88).

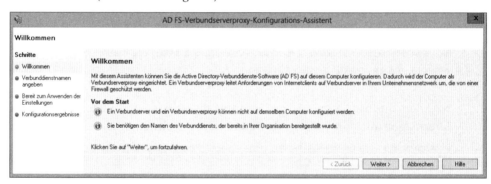

Abbildung 4.88 AD FS-Verbundserverproxy-Konfigurationsassistent

2. Im Schritt Verbunddienstnamen angeben sollte der Name der AD FS-Serverfarm automatisch aufgeführt sein.

[»] Mit einem Klick auf Verbindung testen können Sie sicherstellen, dass die AD FS-Serverfarm erreicht werden kann. Sollte es hier Probleme geben, überprüfen Sie die Firewallkonfiguration.

3. Geben Sie schließlich in das Anmeldefenster die Benutzerkontodaten des AD FS-Dienstkontos an.

Die Installation selbst ist dann in wenigen Augenblicken abgeschlossen.

Auch hier können Sie wieder weitere AD FS-Proxyserver einrichten und diese über einen vorangestellten NLB koppeln.

Schritt 9: Identitätsverbund für Domäne aktivieren

Zur Aktivierung Ihrer Domäne für den Identitätsverbund ist die Office 365-PowerShell-Erweiterung namens *Azure Active Directory-Modul für Windows PowerShell* erforderlich. Laden Sie diese unter folgender URL herunter, und installieren Sie sie auf einem geeigneten Computer, von dem aus Sie die weitere Konfiguration vornehmen wollen:

https://technet.microsoft.com/library/jj151815.aspx#bkmk_installmodule

Geeignet heißt, dass der Microsoft Online Services-Anmelde-Assistent vorhanden sein muss. Ist er es nicht, müssen Sie ihn vorher noch installieren. Das Installationspaket finden Sie unter derselben URL. Weitere Voraussetzungen finden Sie in Abschnitt 3.15.1, »Azure Active Directory-Modul für Windows PowerShell«.

Starten Sie dann die PowerShell. Nehmen Sie die Aktivierung vom primären AD FS-Server aus vor, sind folgende Befehle erforderlich:

```
Import-Module MSOnline

#Anmeldung am Office 365-Mandanten
Connect-MsolService

#Konvertierung der Domäne
Convert-MsolDomainToFederated -DomainName beispielag.de
```

Listing 4.21 Domäne vom AD FS-Server aus umwandeln

Möchten Sie die AD FS-Umgebung für mehr als einen Domänenverbund konfigurieren, muss beim Aufruf von `Convert-MsolDomainToFederated` zusätzlich den Parameter `-SupportMultipleDomain` angeben und das Kommando für jede weitere Domäne nochmals ausgeführt werden. Dieser Parameter ist ebenfalls erforderlich, wenn es beim Aufruf von `Convert-MsolDomainToFederated` zu einem Fehler kommt, selbst wenn Sie nur für eine einzelne Domäne den Verbund einrichten wollen.

Wollen Sie die Aktivierung stattdessen auf einem Nicht-AD FS-Server vornehmen, ist ein zusätzlicher Befehl notwendig:

```
Import-Module MSOnline

#Anmeldung am Office 365-Mandanten
Connect-MsolService
#Anmeldung am primären AD FS-Server
Set-MsolADFSContext -Computer ADFSSERVER `
   -ADFSUserCredentials (Get-Credential)
```

```
#Konvertierung der Domäne
Convert-MsolDomainToFederated -DomainName beispielag.de
```

Listing 4.22 Domäne von beliebigen Computern aus umwandeln

Mit dem `Set-MsolADFSContext` melden Sie sich an Ihrer AD FS-Umgebung mit dem AD FS-Dienstkonto an. Damit dies funktioniert, müssen folgende Voraussetzungen erfüllt sein:

- *PowerShell Remoting* muss auf dem AD FS-Server aktiviert sein. Dazu führen Sie auf dem AD FS-Server einmalig das Cmdlet `Enable-PSRemoting` aus.
- Das AD FS-Dienstkonto muss auf dem AD FS-Server über lokale Administratorberechtigungen verfügen. Nach der erfolgten Konfiguration sollten Sie diese wieder entziehen.

Im Office 365 Admin Center sollte die Änderung dann in der Domänenverwaltung ersichtlich sein:

1. Öffnen Sie das Office 365 Admin Center (*https://portal.office.com*).
2. Öffnen Sie im Bereich STATUS den Abschnitt VERZEICHNISSYNCHRONISIERUNGSSTATUS.
3. Neben FÜR VERBUND KONFIGURIERTE DOMÄNEN sollte jetzt mindestens eine 1 stehen. Klicken Sie auf diese, markieren Sie die Domän, und klicken Sie dann auf DOMÄNENEINSTELLUNGEN.

Es werden dann die Domäneneigenschaften angezeigt (siehe Abbildung 4.89). Unter DNS-VERWALTUNG sollte nun EINMALIGES ANMELDEN stehen.

Abbildung 4.89 Die Domäne wurde konvertiert.

Schritt 10: Active Directory-Synchronisierung aktivieren

Falls noch nicht geschehen, aktivieren Sie die Active Directory-Synchronisierung mit Office 365. Wie das geht, lesen Sie in Abschnitt 4.3. Achten Sie darauf, dass die Domäne der Benutzer-UPNs auf die Verbunddomäne gesetzt ist.

Noch ein Tipp: Belassen Sie auch bei aktiviertem Identitätsverbund von wenigstens einem im Office 365 Admin Center angelegten Administrator den UPN auf der Mandantdomäne (also auf der, die auf *onmicrosoft.com* endet) – nur für den Fall, dass der Identitätsverbund einmal nicht so funktioniert wie gedacht. Dann können Sie sich wenigstens noch am Admin Center als Administrator anmelden.

4.6.7 Einrichtung mit Windows Server 2012 R2/2016

Die Einrichtung eines Identitätsverbunds mit dem Windows Server 2012 R2 und 2016 lässt sich in folgende Schritte aufteilen:

1. Domäne verifizieren
2. Bestimmung der AD FS-Domäne
3. DNS-Konfiguration (intern und extern)
4. SSL-Zertifikatsplanung
5. AD FS-Server einrichten
6. Web Application Proxy einrichten
7. Identitätsverbund für Domäne aktivieren
8. Active Directory-Synchronisierung aktivieren

In diesem Abschnitt gehen wir die einzelnen Schritte durch und erstellen damit eine Konfiguration wie in Abbildung 4.67, beschränken uns aber auf jeweils einen einzelnen AD FS-Server und einen einzelnen Proxy.

Schritt 1: Domäne verifizieren

Dieser Schritt dient der Vorbereitung und wurde von Ihnen wahrscheinlich bereits durchgeführt. Falls nicht, fügen Sie die Domäne zu Ihrem Office 365-Mandanten hinzu (einschließlich Verifizierung), die bei den UPNs verwendet wird. Wie das geht, lesen Sie in Abschnitt 2.4.2, »Domäne verifizieren«.

Diese Domäne wird später zur *Verbunddomäne* (*Federated Domain*). Beachten Sie insbesondere die Voraussetzungen für die UPNs.

Schritt 2: Bestimmung der AD FS-Domäne

Wir benötigen eine Domäne, über die der Zugriff auf AD FS erfolgt. Dazu nehmen Sie typischerweise Ihre öffentliche Domäne, beispielsweise *beispielag.de*, und stellen ihr einen frei wählbaren Hostnamen voran, beispielsweise *logon*, *fs* (für »Federation Services«) oder *sts* (für »Security Token Service«).

So ergibt sich die AD FS-Domäne in der Form von *logon.beispielag.de*. Diese Domäne muss nun DNS-seitig eingerichtet werden.

Schritt 3: DNS-Konfiguration (intern und extern)

Die DNS-Konfiguration müssen wir von der netzwerkinternen und -externen Seite betrachten (*Split DNS*). Beginnen wir mit der internen:

Gehen wir von der AD FS-Domäne *logon.beispielag.de* aus. Verwenden Sie intern eine andere Domäne, wie *beispielag.local*, müssen wir zunächst eine neue *Forward-Lookupzone* für *beispielag.de* anlegen. Auf jeden Fall aber benötigen wir einen *Hosteintrag* (*A-Record*) für *logon*, der dann auf die AD FS-Serverfarm zeigt. Gehen Sie dazu wie folgt vor:

1. Öffnen Sie die DNS-MANAGER-KONSOLE (siehe Abbildung 4.90).

Abbildung 4.90 DNS-Manager

2. Ist unter FORWARD-LOOKUPZONE die Domäne *beispielag.de* noch nicht vorhanden, klicken Sie mit der rechten Maustaste auf FORWARD-LOOKUPZONE und wählen im Kontextmenü den Befehl NEUE ZONE.

3. Legen Sie mit dem erscheinenden Assistenten eine neue Zone mit folgenden Eigenschaften an:
   – Zonentyp: Primäre Zone
   – Active Directory-Zonenreplikationsbereich: Auf allen DNS-Servern, die auf Domänencontrollern in dieser Domäne ausgeführt werden
   – Zonenname: *beispielag.de*
   – Dynamisches Update: Nur sichere dynamische Updates zulassen

   Die weiteren Optionen belassen Sie in der Standardkonfiguration.

4. Innerhalb der Zone *beispielag.de* legen Sie nun wieder über das Kontextmenü einen neuen Host mit folgenden Einstellungen an (siehe Abbildung 4.91):
   - NAME: *logon.beispielag.de*
   - IP-ADRESSE: Hier geben Sie die IP-Adresse der zukünftigen AD FS-Serverfarm an. Besteht diese aus mehr als einem Server, benötigen Sie einen NLB, über den Sie auf die Serverfarm über eine *virtuelle IP-Adresse* zugreifen. Geben Sie dann diese virtuelle IP-Adresse an.

   Alle weiteren Optionen bleiben wieder in der Standardkonfiguration.

Abbildung 4.91 Neuer Hosteintrag

Jetzt müssen wir noch einen Umstand berücksichtigen, der in der Praxis gerne vergessen wird: Wenn Sie in diesem Schritt eine Forward-Lookupzone für die externe Domäne eingerichtet haben, beantwortet Ihr interner DNS-Server die Anfragen Ihrer Clients an die eigentlich externe Domäne. Dies hat nun zur Folge, dass die Clients die DNS-Einträge für Exchange (beispielsweise für die AutoErmittlung), Skype for Business Online und SharePoint nicht mehr erhalten – denn diese Einträge sind ja im externen DNS-System hinterlegt. Es ist deshalb erforderlich, dass Sie in der neuen Forward-Lookupzone die DNS-Einträge nachpflegen. Lesen Sie hierzu auch Abschnitt 2.4, »Domänenverwaltung«.

Damit ist die interne DNS-Konfiguration abgeschlossen. In der DNS-Konfiguration unseres DNS-Anbieters für *beispielag.de* benötigen wir ebenfalls einen *A-Record*, bei dem das Ziel auf die IP-Adresse unseres zukünftigen AD FS-Proxys in der DMZ gesetzt ist bzw. auf die virtuelle IP-Adresse des NLB. Nehmen Sie die entsprechende Konfiguration vor. Eine genaue Beschreibung kann ich Ihnen hier nicht liefern, da sich die notwendigen Schritte von Anbieter zu Anbieter unterscheiden.

Schritt 4: SSL-Zertifikatsplanung

Wie in Abschnitt 4.6.2, »Anforderungen«, bereits erläutert, sollten wir ein kommerzielles *SSL-Zertifikat* einer öffentlichen Zertifizierungsstelle verwenden. Dieses muss dann für *logon.beispielag.de* ausgestellt sein.

Schritt 5: AD FS-Server einrichten

Installieren Sie auf dem zukünftigen AD FS-Server über den Server Manager die Rolle *Active Directory-Verbunddienste* (siehe Abbildung 4.92).

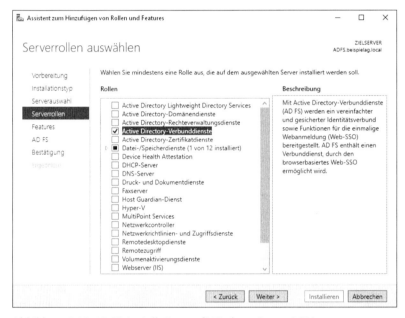

Abbildung 4.92 AD FS-Installation auf Windows Server 2016

In Abschnitt 4.6.3, »Topologien«, haben wir uns mit den Unterschieden zwischen einem AD FS-Einzelserver und einer AD FS-Serverfarm befasst. Beim Windows Server 2012 R2 und 2016 wird immer eine AD FS-Serverfarm angelegt, auch wenn diese nur einen einzelnen Server umfasst. Ein NLB ist aber nur dann erforderlich, wenn Sie mehr als einen Server in Ihrer AD FS-Serverfarm betreiben.

Mit den folgenden Schritten erstellen wir eine AD FS-Serverfarm mit nur einem einzelnen Server:

1. Starten Sie zur Konfiguration mit dem Server Manager den KONFIGURATIONS-ASSISTENT FÜR DIE ACTIVE DIRECTORY-VERBUNDDIENSTE (siehe Abbildung 4.93).

4.6 Identitätsverbund

Abbildung 4.93 Assistent zur Konfiguration des AD FS-Servers

2. Im Schritt WILLKOMMEN wählen Sie aus, ob der Server der erste in einer neuen Farm sein soll oder ob der Server zu einer bestehenden Farm hinzugefügt werden soll. In unserem Fall wählen Sie die Option ERSTELLT DEN ERSTEN VERBUNDSERVER IN EINER VERBUNDSERVERFARM.

3. Im Schritt MIT AD DS VERBINDEN geben Sie einen Domänenadministrator an, unter dem Sie die Konfiguration vornehmen wollen (siehe Abbildung 4.94).

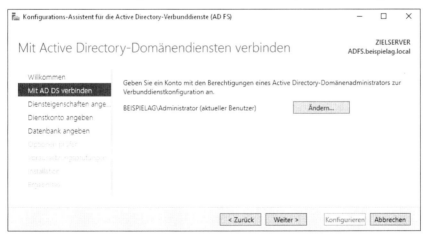

Abbildung 4.94 Angabe eines Administrators

4. Im Schritt DIENSTEIGENSCHAFTEN ANGEBEN machen Sie folgende Angaben (siehe Abbildung 4.95):

- SSL-Zertifikat: Wählen Sie ein auf diesem Server bereits installiertes SSL-Zertifikat aus, oder importieren Sie eines.
- Verbunddienstname: Geben Sie Ihre AD FS-Domäne an, beispielsweise *logon.beispielag.de*.
- Anzeigename des Verbunddiensts: Die Angabe sehen Ihre Anwender auf der Anmeldeseite im Browser. Am besten geben Sie hier den Namen Ihres Unternehmens an.

Abbildung 4.95 AD FS-Konfiguration

5. Im Schritt Dienstkonto angeben geben Sie ein zuvor angelegtes Active Directory-Benutzerkonto samt Kennwort an, das für AD FS verwendet werden soll (siehe Abbildung 4.96).

Abbildung 4.96 Auswahl des Dienstkontos

Achten Sie darauf, dass das Kennwort dieses Benutzerkontos nicht abläuft.

6. Im Schritt KONFIGURATIONSDATENBANK ANGEBEN legen Sie eine INTERNE WINDOWS-DATENBANK an (siehe Abbildung 4.97).

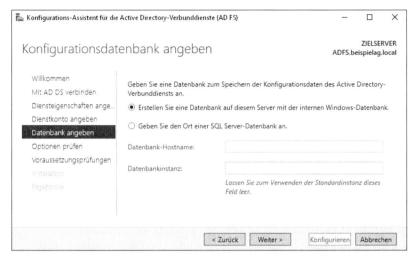

Abbildung 4.97 Anlage der Datenbank

Die weiteren Schritte bestehen aus der Zusammenfassung der Überprüfung der Angaben und der eigentlichen Installation.

Falls Sie zu Ihrer AD FS-Serverfarm weitere Server hinzufügen, denken Sie daran, dass dann ein NLB erforderlich ist. Sie könnten dazu das optionale Windows-Server-Feature *Netzwerklastausgleich* verwenden.

Schritt 6: Web Application Proxy einrichten

Nach der Erstellung unserer AD FS-Serverfarm folgen das Installieren und das Konfigurieren des Proxys in der DMZ. Stellen Sie bitte vorab in der Firewallkonfiguration sicher, dass der Proxy die AD FS-Serverfarm über den Standard-HTTPS-Port 443 erreichen kann. Ebenso sollte dieser Port samt Protokoll in Richtung Internet freigegeben werden.

Als Ersatz für den Verbunddienstproxy vom Windows Server bis 2012 verwenden Sie beim Windows Server 2012 R2 den neuen Rollendienst *Webanwendungsproxy* (= *Web Application Proxy, WAP*):

Zur Installation des Webanwendungsproxys fügen Sie mit dem *Server Manager* den Rollendienst *Remotezugriff* zu Ihrem Server hinzu. Anschließend wählen Sie den Rollendienst *Webanwendungsproxy* (siehe Abbildung 4.98).

4 Identitäten und Active Directory-Synchronisierung

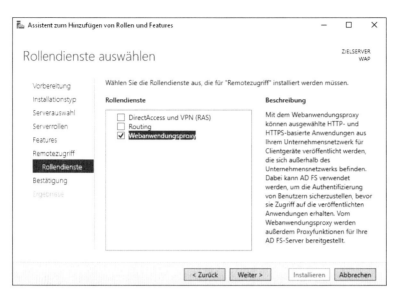

Abbildung 4.98 Rollendienst hinzufügen

Nach der Installation erfolgt die Konfiguration:

1. Starten Sie zur Konfiguration mit dem Server Manager den ASSISTENT ZUM KONFIGURIEREN VON WEB APPLICATION PROXY (siehe Abbildung 4.99).

Abbildung 4.99 Assistent zum Konfigurieren von Web Application Proxy

2. Im ersten Schritt geben Sie den Namen Ihres Verbunddienstes an. Damit bestimmen Sie Ihren AD FS-Server bzw. Ihre AD FS-Serverfarm (siehe Abbildung 4.100).
3. Anschließend erfolgt die Auswahl des SSL-Zertifikats, das vom Proxy verwendet werden soll (siehe Abbildung 4.101).

[»] Falls noch nicht erfolgt, legen Sie das Zertifikat im Zertifikatespeicher des Computers als persönliches Zertifikat ab. Haben Sie eine *.pfx*-Datei, können Sie diese doppelklicken und das Zertifikat über den dann automatisch gestarteten Assistenten am richtigen Ablageort für den lokalen Computer hinterlegen.

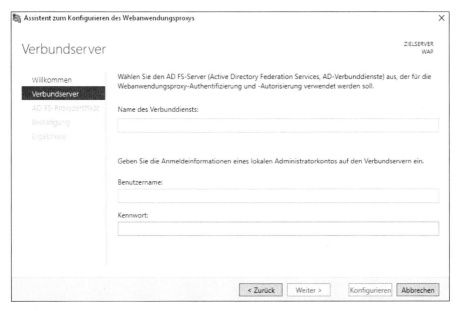

Abbildung 4.100 Verbundserver angeben

Abbildung 4.101 Zertifikat auswählen

Auf Basis dieser Angaben wird dann Ihr Webanwendungsproxy installiert.

Auch hier können Sie wieder weitere Proxyserver einrichten und diese über einen vorangestellten NLB koppeln.

Schritt 7: Identitätsverbund für Domäne aktivieren

Zur Aktivierung Ihrer Domäne für den Identitätsverbund ist die Office 365-PowerShell-Erweiterung namens *Windows Azure Active Directory-Modul für Windows PowerShell* erforderlich. Laden Sie diese unter folgender URL herunter, und installieren Sie sie auf einem geeigneten Computer, von dem aus Sie die weitere Konfiguration vornehmen wollen:

http://technet.microsoft.com/de-de/library/jj151805.aspx

Geeignet heißt, dass der Microsoft Online Services-Anmelde-Assistent vorhanden sein muss. Ist er es nicht, müssen Sie ihn vorher noch installieren. Das Installationspaket finden Sie unter derselben URL.

Weitere Voraussetzungen finden Sie in Abschnitt 3.15.1, »Azure Active Directory-Modul für Windows PowerShell«.

Starten Sie dann die PowerShell.

Nehmen Sie die Aktivierung vom primären AD FS-Server aus vor, sind folgende Befehle erforderlich:

```
Import-Module MSOnline

#Anmeldung am Office 365-Mandanten
Connect-MsolService

#Konvertierung der Domäne
Convert-MsolDomainToFederated -DomainName beispielag.de
```

Listing 4.23 Domäne vom AD FS-Server aus umwandeln

[»] Möchten Sie die AD FS-Umgebung für mehr als einen Domänenverbund konfigurieren, müssen Sie beim Aufruf von Convert-MsolDomainToFederated zusätzlich den Parameter -SupportMultipleDomain angeben und das Kommando für jede weitere Domäne nochmals ausführen.

Wollen Sie die Aktivierung stattdessen auf einem Nicht-AD FS-Server vornehmen, ist ein zusätzlicher Befehl notwendig:

```
Import-Module MSOnline

#Anmeldung am Office 365-Mandanten
Connect-MsolService

#Anmeldung am primären AD FS-Server
Set-MsolADFSContext -Computer ADFSSERVER `
   -ADFSUserCredentials (Get-Credential)

#Konvertierung der Domäne
Convert-MsolDomainToFederated -DomainName beispielag.de
```

Listing 4.24 Domäne von beliebigen Computern aus umwandeln

Mit dem `Set-MsolADFSContext` melden Sie sich an Ihrer AD FS-Umgebung mit dem AD FS-Dienstkonto an. Damit dies funktioniert, müssen folgende Voraussetzungen erfüllt sein:

- *PowerShell Remoting* muss auf dem AD FS-Server aktiviert sein. Dazu führen Sie auf dem AD FS-Server einmalig das Cmdlet `Enable-PSRemoting` aus.
- Das AD FS-Dienstkonto muss auf dem AD FS-Server über lokale Administratorberechtigungen verfügen. Nach der erfolgten Konfiguration sollten Sie diese wieder entziehen.

Im Office 365 Admin Center sollte die Änderung dann in der Domänenverwaltung ersichtlich sein:

1. Öffnen Sie das Office 365 Admin Center (*https://portal.office.com*).
2. Öffnen Sie im Bereich STATUS den Abschnitt VERZEICHNISSYNCHRONISIERUNGSSTATUS.
3. Neben FÜR VERBUND KONFIGURIERTE DOMÄNEN sollte jetzt mindestens eine 1 stehen. Klicken Sie auf diese, markieren Sie die Domäne, und klicken Sie dann auf DOMÄNENEINSTELLUNGEN.

Es werden dann die Domäneneigenschaften angezeigt (siehe Abbildung 4.102). Unter DNS-VERWALTUNG sollte nun EINMALIGES ANMELDEN stehen.

Abbildung 4.102 Die Domäne wurde konvertiert.

Schritt 8: Active Directory-Synchronisierung aktivieren

Falls noch nicht geschehen, aktivieren Sie die Active Directory-Synchronisierung mit Office 365. Wie das geht, lesen Sie in Abschnitt 4.3. Achten Sie darauf, dass die Domäne der Benutzer-UPNs auf die Verbunddomäne gesetzt ist.

4 Identitäten und Active Directory-Synchronisierung

[»] Noch ein Tipp: Belassen Sie auch bei aktiviertem Identitätsverbund von wenigstens einem im Office 365 Admin Center angelegten Administrator den UPN auf der Mandantdomäne (also auf der, die auf *onmicrosoft.com* endet) – nur für den Fall, dass der Identitätsverbund einmal nicht so funktioniert wie gedacht. Dann können Sie sich wenigstens noch am Admin Center als Administrator anmelden.

4.6.8 Test des Identitätsverbunds

Nachdem die Active Directory-Synchronisierung durchgelaufen ist, können wir einen ersten Test wagen. Für den Test benötigen wir einen AD-Benutzer. Im Office 365 Admin Center (*https://portal.office.com*) sollten Sie ihn in der Benutzerverwaltung finden. Weisen Sie ihm dort eine Office 365-Lizenz zu.

Zum Test gehen Sie wie folgt vor:

1. Starten Sie im *Edge* eine neue Browsersitzung.
2. Rufen Sie das Office 365-Portal (*https://portal.office.com*) auf.
3. Im Anmeldefenster geben Sie den UPN des Testbenutzers ein.
4. Verlassen Sie das Feld, indem Sie etwa ins KENNWORT-Feld klicken. Daraufhin sollte der Hinweis zur Anmeldung bei *logon.beispielag.de* erscheinen (siehe Abbildung 4.103).

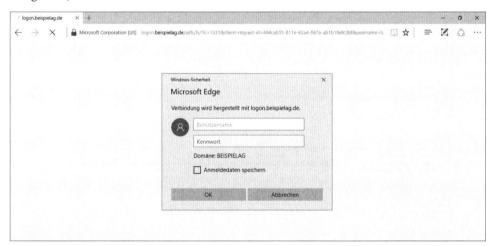

Abbildung 4.103 Anmeldefenster im Edge

5. Ohne weitere Konfiguration erscheint je nach verwendetem Browser ein Anmeldefenster bzw. eine Webseite zur Anmeldung, in die Sie den Benutzernamen und das Kennwort des Testbenutzers eingeben. Abbildung 4.104 zeigt das Anmeldefenster bei Verwendung des Internet Explorers.

Abbildung 4.104 Anmeldefenster im Internet Explorer

Danach sollte das Office 365-Portal für den Testbenutzer angezeigt werden – der Identitätsverbund hat funktioniert.

Die Anmeldung aus Schritt 5 ist aber eigentlich unnötig. Schöner wäre es im Sinne von Single Sign-on, wenn zur Anmeldung automatisch das aktuelle Benutzerkonto herangezogen würde. Das heißt, es soll automatisch die *integrierte Windows-Authentifizierung* vorgenommen werden. Um das erreichen, sind je nach verwendetem Browser unterschiedliche Konfigurationen erforderlich, die wir uns in den folgenden Abschnitten ansehen.

Single Sign-on und der Internet Explorer

Am einfachsten haben Sie es mit dem Internet Explorer. Hier fügen Sie einfach Ihre AD FS-Domäne im Internet Explorer zur Sicherheitszone »Lokales Intranet« hinzu (im Beispiel wäre das die *logon.beispielag.de*).

Single Sign-on und andere Browser wie Google Chrome und Firefox

Verwenden Ihre Anwender nicht den Internet Explorer, ist etwas mehr Aufwand erforderlich. Andere Browser unterstützen im Regelfall nicht die Option »Erweiterter Schutz«, die bei AD FS standardmäßig aktiv ist. Diese Option muss zunächst deaktiviert werden. Um das zu erreichen, sind beim Windows Server 2012 R2 und dem aktuellen 2016 andere Schritte erforderlich als bei den älteren Betriebssystemen:

▶ Windows Server 2012 R2 und 2016
   Führen Sie auf dem bzw. den AD FS-Servern folgende PowerShell-Kommandos aus:

```
Set-ADFSProperties -ExtendedProtectionTokenCheck None
$agents = (Get-ADFSProperties).WIASupportedUserAgents
$agents += "Mozilla/5.0"
Set-ADFSProperties -WIASupportedUserAgents $agents
```

Listing 4.25 AD FS 3.0-Konfiguration für alternative Browser

Diese Befehle schalten den erweiterten Schutz aus und fügen Mozilla (wie Google Chrome und Firefox) zu den unterstützten Browsern für die Windows-Authentifizierung hinzu.

▶ Ältere Betriebssysteme
Bei älteren Betriebssystemen kommt bei AD FS der IIS zum Einsatz, und die Deaktivierung des erweiterten Schutzes wird dort vorgenommen:

- Starten Sie den IIS Manager, und markieren Sie den Pfad ADFS-SERVER • SITES • DEFAULT WEB SITE • ADFS • LS.
- Doppelklicken Sie das Symbol AUTHENTIFIZIERUNG.
- Im Kontextmenü des Eintrags WINDOWS-AUTHENTIFIZIERUNG wählen Sie die ERWEITERTEN EINSTELLUNGEN.
- Deaktivieren Sie den ERWEITERTEN SCHUTZ (siehe Abbildung 4.105).

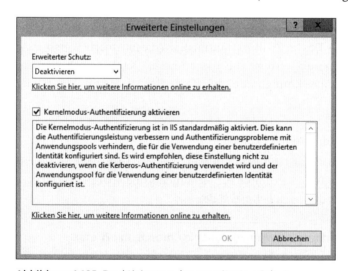

Abbildung 4.105 Deaktivierung des erweiterten Schutzes

Bei Firefox ist darüber hinaus noch eine Konfiguration im Browser selbst erforderlich, damit dieser die integrierte Windows-Authentifizierung vornimmt:

1. Starten Sie Firefox.
2. Navigieren Sie zur Seite *about:config*, und bestätigen Sie gegebenenfalls den Sicherheitshinweis.

3. Suchen Sie nach dem Eintrag NETWORK.AUTOMATIC-NTLM-AUTH.TRUSTED-URIS, öffnen Sie diesen, und geben Sie die URL zu Ihrer AD FS-Umgebung an (im Beispiel wäre dies *https://logon.beispielag.de*). Müssen mehrere URLs angegeben werden, trennen Sie diese entsprechend durch Kommata.

Nach einem Browserneustart sollte dann die Anmeldung ohne weitere Angabe von Benutzernamen und Kennwort klappen.

Doch ein richtiges Single Sign-on haben Sie sich vermutlich dennoch anders vorgestellt. Öffnen Sie im Browser das Office 365-Portal, Outlook on the Web oder die SharePoint Online-Seiten, erscheint immer zuerst die Webseite zur Eingabe des Benutzernamens. Um diesen Schritt zu umgehen, brauchen wir die im nächsten Abschnitt vorgestellten Smart-Links.

Konfiguration überprüfen mit dem Remote Connectivity Analyzer

Der aus dem Exchange-Umfeld bekannte *Microsoft Remote Connectivity Analyzer (RCA)*, auch bekannt als *Microsoft Exchange Remote Connectivity Analyzer (ExRCA)*, wurde um verschiedene Tests speziell für Office 365 erweitert. Darunter befindet sich auch ein Test des Identitätsverbunds. Dieser kann Ihnen helfen, die Ursache für Anmeldeprobleme zu finden. Sie erreichen den Analyzer unter folgender URL (siehe Abbildung 4.106):

https://testconnectivity.microsoft.com

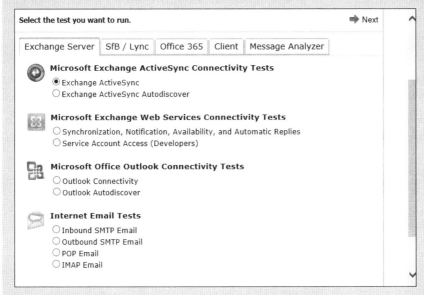

Abbildung 4.106 Microsoft Remote Connectivity Analyzer

Wechseln Sie dort zur Registerkarte OFFICE 365, können Sie den OFFICE 365 SINGLE SIGN-ON-TEST durchführen. Ein Beispiel für die Ausgabe sehen Sie in Abbildung 4.107.

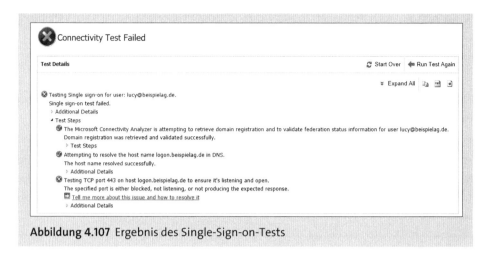

Abbildung 4.107 Ergebnis des Single-Sign-on-Tests

4.6.9 Smart-Links

Ziel von Single Sign-on ist es, dem Anwender direkten Zugriff auf die Office 365-Dienste zu geben. Nach der Konfiguration des Identitätsverbunds muss der Anwender im Browser zwar kein Kennwort mehr eingeben, doch der Benutzername beim Zugriff auf das Office 365-Portal, SharePoint etc. wird nach wie vor abgefragt. Um diesen Zwischenschritt zu umgehen, benötigen wir Smart-Links. Über diese wird die Authentifizierung automatisch auf Basis des aktuell verwendeten Benutzers vorgenommen.

Der Aufbau dieser Smart-Links ist nicht gerade einfach. Hier empfiehlt es sich, dass Sie entsprechende Favoriten oder Lesezeichen in den verschiedenen Browsern der Anwender erzeugen.

Mit der folgenden PowerShell-Funktion erhalten Sie die Smart-Links der Anwendungen aus Tabelle 4.9.

Anwendung	Standard-URL
Office 365-Portal	https://portal.office.com
Outlook on the Web	https://outlook.office365.com/owa
Primäre private SharePoint-Website	https://MANDANTDOMÄNE.sharepoint.com
OneDrive for Business	https://MANDANTDOMÄNE-my.sharepoint.com

Tabelle 4.9 Anwendungen, auf die mit Smart-Links zugegriffen werden kann

```
function Get-SmartLinks($AdfsDomain, $TenantDomain) {
    "portal.office.com",
    "outlook.office365.com/owa",
    "$TenantDomain-my.sharepoint.com",
    "$TenantDomain.sharepoint.com" |

    foreach {
        "https://$($AdfsDomain)/adfs/ls?wa=wsignin1.0&wtrealm=" +
        "urn:federation:MicrosoftOnline&&wctx=wa%3Dwsignin1.0%26" +
        "wreply%3Dhttps%253A//" +
        [System.Uri]::EscapeDataString(
            [System.Uri]::EscapeDataString("$($_)"))
    } | Out-File Smart-Links.txt
}
```

Listing 4.26 Generierung von Smart-Links

Rufen Sie die Funktion beispielsweise wie folgt auf:

`Get-SmartLinks -AdfsDomain logon.beispielag.de -TenantDomain beispielag`

Damit wird im aktuellen Ordner die Datei *Smart-Links.txt* angelegt, die die entsprechenden Links beinhaltet. Der Link zum Office 365-Portal sieht dann exemplarisch so aus:

https://logon.beispielag.de/adfs/ls?wa=wsignin1.0&wtrealm=urn:federation:MicrosoftOnline&&wctx=wa%3Dwsignin1.0%26wreply%3Dhttps%253A//portal.office.com

Auf Basis dieser Links können Sie dann Favoriten bzw. Lesezeichen für Ihre Anwender erzeugen.

4.6.10 Alternative Benutzernamen mit AD FS

Sollte es unbedingt erforderlich sein, können Sie als Benutzernamen der Office 365-Benutzerkonten statt des Benutzerprinzipalnamens der lokalen Active Directory-Benutzer auch ein anderes Attribut einsetzen. Das sollte aber eher ein Ausnahmefall bleiben. Was ich Ihnen in diesem Abschnitt zeige, sollten Sie nur dann durchführen, wenn es auch einen triftigen Grund dafür gibt – beispielsweise wenn der Benutzerprinzipalname aufgrund einer lokalen Anwendung auf eine bestimmte Art gesetzt sein muss, die für Office 365 ungeeignet ist. Der Grund für diese Warnung liegt in einer langen Liste von Funktionseinschränkungen, die mit einer solchen Konfiguration zusammenhängen. Eine Liste der Problemstellungen – und wie sie diese gegebenenfalls mit der modernen Authentifizierung in den Griff bekommen – finden Sie hier:

https://technet.microsoft.com/de-de/library/dn659436.aspx

Ein solcher alternativer Benutzername kann bereits mit der Active Directory-Synchronisierung erreicht werden. Wollen Sie einen Identitätsverbund für Single Sign-on auf Basis von AD FS einsetzen, ist eine zusätzliche Konfiguration erforderlich.

Attributvoraussetzungen

Das Attribut der lokalen Active Directory-Benutzerkonten, das bei den Office 365-Benutzerkonten als Benutzername eingesetzt werden soll, muss folgende Voraussetzungen erfüllen:

- Das Attribut muss indexiert sein.
- Das Attribut muss im *Globalen Katalog* vorhanden sein.
- Der Wert des Attributs muss aus einer wohlgeformten SMTP-Adresse bestehen und den Vorgaben des Attributs userPrincipalName aus Tabelle 4.3 entsprechen.
- Das Attribut darf nur einen Wert beinhalten.
- Der Wert des Attributs muss eindeutig über alle Active Directory-Forests sein, die für AD FS konfiguriert sind. Das gilt natürlich nur, wenn Sie AD FS einsetzen. Mehr dazu lesen Sie in Abschnitt 4.6, »Identitätsverbund«.

An dieser Stelle empfehle ich, das Attribut mail zu verwenden. Dieses sollte alle Voraussetzungen erfüllen.

Konfiguration für AD FS

Für die Verwendung eines alternativen Benutzernamens muss AD FS zwangsweise auf Basis des Windows Servers 2012 R2 oder 2016 aufsetzen. Außerdem muss auf dem (den) AD FS-Server(n) unter 2012 R2 wenigstens das Update 1 installiert sein:

www.microsoft.com/de-de/download/details.aspx?id=42335

Nach der grundlegenden AD FS-Einrichtung führen Sie dann folgendes PowerShell-Kommando auf dem primären AD FS-Server aus:

```
Set-AdfsClaimsProviderTrust -TargetIdentifier "AD AUTHORITY" `
   -AlternateLoginID mail `
   -LookupForests beispielag.de
```

Listing 4.27 AD FS-Konfiguration mit alternativem Benutzernamen

Beim Parameter AlternateLoginID geben Sie das Attribut der lokalen Active Directory-Benutzerkonten an, das in Office 365 als Benutzername fungiert, und beim Parameter geben Sie den oder die (entsprechend durch Komma[ta] getrennt) lokalen Active-Directory-Forests an.

Außerdem muss noch eine Regel angepasst werden (die Beschreibung ist für Windows Server 2016 – unter Windows Server 2012 R2 sind die Bezeichner leicht unterschiedlich):

1. Starten Sie die AD FS-Verwaltungskonsole.
2. Wechseln Sie zum Pfad AD FS • VERTRAUENSSTELLUNGEN DER VERTRAUENDEN SEITE (siehe Abbildung 4.108).

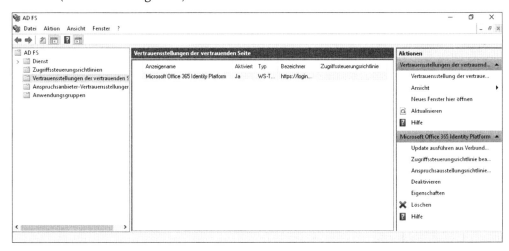

Abbildung 4.108 Vertrauensstellungen der vertrauenden Seite

3. Wählen Sie im Kontextmenü des Eintrags MICROSOFT OFFICE 365 IDENTITY PLATFORM den Befehl ANSPRUCHSAUSSTELLUNGSRICHTLINIE BEARBEITEN (siehe Abbildung 4.109).

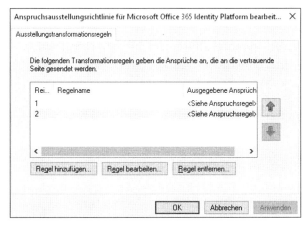

Abbildung 4.109 Anspruchsregel

4. Markieren Sie REGEL 1, und klicken Sie anschließend auf REGEL BEARBEITEN (siehe Abbildung 4.110).

4 Identitäten und Active Directory-Synchronisierung

Abbildung 4.110 Regelanpassung

5. In der angezeigten Regel müssen Sie nun das Attribut userPrincipalName durch das von Ihnen gewählte Attribut ersetzen. Hier ein Beispiel zum Attribut mail:

   – Alte Regel:

   ```
   c:[Type == "http://schemas.microsoft.com/ws/2008/06/identity/claims/
   windowsaccountname"]
    => issue(store = "Active Directory", types = ("http://schemas.xml-
   soap.org/claims/UPN", "http://schemas.microsoft.com/LiveID/Federation/
   2008/05/ImmutableID"), query = "samAccountName=
   {0};userPrincipalName,objectGUID;{1}", param = regexreplace(c.Value,
   "(?<domain>[^\\]+)\\(?<user>.+)", "${user}"), param = c.Value);
   ```

   – Neue Regel:

   ```
   c:[Type == "http://schemas.microsoft.com/ws/2008/06/identity/claims/
   windowsaccountname"]
    => issue(store = "Active Directory", types = ("http://schemas.xml-
   soap.org/claims/UPN", "http://schemas.microsoft.com/LiveID/Federation/
   2008/05/ImmutableID"), query = "samAccountName=
   {0};mail,objectGUID;{1}", param = regexreplace(c.Value, "(?<domain>[^\\
   ]+)\\(?<user>.+)", "${user}"),
   param = c.Value);
   ```

Bei der formularbasierten Authentifizierung – und nur dort – können die Anwender nun auch den alternativen Benutzernamen angeben. Mehr zur formularbasierten Authentifizierung erfahren Sie in Abschnitt 4.6.4, »Anmeldevorgang ohne moderne Authentifizierung«.

4.6.11 Wenn AD FS ausfällt

Setzen Sie AD FS für die Anmeldung an Office 365 ein, sind Sie von dieser Komponente abhängig. Fällt sie aus, ist für alle Benutzer der Verbunddomäne keine Anmeldung an Office 365 mehr möglich.

Sollte AD FS ausfallen, können Sie übergangsweise zur Kennwortsynchronisierung wechseln (siehe Abschnitt 4.2.2, »Kennwort-Hash-Synchronisierung«). Damit verschaffen Sie sich ein wenig Zeit, um das Problem zu lösen. Vorausgesetzt wird hier, dass Sie die Kennwortsynchronisierung bereits im Verzeichnissynchronisierungstool aktiviert haben. Allerdings müssen Sie hier berücksichtigen, dass die Umschaltung aufgrund eines Caching-Mechanismus nicht sofort greift, sondern erst nach einiger Zeit aktiv ist.

Für die Umschaltung auf die Kennwortsynchronisierung führen Sie folgende Power-Shell-Kommandos aus:

```
Import-Module MSOnline

#Anmeldung am Office 365-Mandanten
Connect-MsolService

#Anmeldung an AD FS
#(wenn nicht vom primären AD FS-Server ausgeführt)
Set-MsolADFSContext -Computer ADFSSERVER `
   -ADFSUserCredentials (Get-Credential)

#Konvertierung der Domäne
Convert-MsolDomainToStandard -DomainName beispielag.de `
   -SkipUserConversation $true `
   -PasswordFile pwd.txt
```

Listing 4.28 Domäne konvertieren

Zu diesem Listing noch einige Hinweise:

- Vorausgesetzt wird hier das Azure Active Directory-Modul für Windows PowerShell (siehe Abschnitt 3.15.1).
- Beim Cmdlet `Convert-MsolDomainToStandard` muss eine Kennwortdatei angegeben werden – diese wird hier aber nicht verwendet. Was dort angegeben wird, ist egal.

Es wird hier vorausgesetzt, dass Sie noch Zugriff auf den AD FS-Server haben und der AD FS-Dienst selbst auch noch reagiert. Sollte das nicht der Fall sein, schlägt `Convert-MsolDomainToStandard` fehl. In diesem Fall können Sie den Identitätsverbund für die Domäne mit folgendem Aufruf deaktivieren:

```
Set-MsolDomainAuthentication -DomainName beispielag.de `
    -Authentication Managed
```

Listing 4.29 Identitätsverbund deaktivieren

In beiden Fällen sollten Sie im Anschluss eine vollständige Synchronisierung der Kennwörter durchführen, um sicherzugehen, dass die Anwender sich an Office 365 mit ihrem jeweils aktuellen lokalen Active Directory-Kennwort anmelden können. Dazu führen Sie auf dem Server, auf dem AAD Connect läuft, folgende PowerShell-Kommandos aus:

```
#Namen der Connectors - bitte ersetzen
$ADC  = "beispielag.local"
$AADC = "beispielag.onmicrosoft.com - AAD"
Import-Module ADSync
$connector = Get-ADSyncConnector -Name $ADC
$parameter = New-Object `
Microsoft.IdentityManagement.PowerShell.ObjectModel.ConfigurationParameter `
"Microsoft.Synchronize.ForceFullPasswordSync",
    String,
    ConnectorGlobal,
    $null,
    $null,
    $null
$parameter.Value = 1
$connector.GlobalParameters.Remove($parameter.Name)
$connector.GlobalParameters.Add($parameter)
$connector = Add-ADSyncConnector -Connector $connector
Set-ADSyncAADPasswordSyncConfiguration -SourceConnector $ADC `
    -TargetConnector $AADC `
    -Enable $false
Set-ADSyncAADPasswordSyncConfiguration -SourceConnector $ADC `
    -TargetConnector $AADC `
    -Enable $true
```

Listing 4.30 Vollständige Kennwortsynchronisierung

Ist das Problem behoben, können Sie wieder zurück zur Anmeldung über den Identitätsverbund wechseln. Führen Sie dazu wieder ein PowerShell-Kommando aus:

- bis zum Windows Server 2012: Schritt 9 aus Abschnitt 4.6.6, »Einrichtung bis zum Windows Server 2012«
- beim Windows Server 2012 R2 und 2016: Schritt 7 aus Abschnitt 4.6.7, »Einrichtung mit Windows Server 2012 R2/2016«

4.6.12 Zugriffssteuerung

Ein Vorteil des Identitätsverbunds ist die Möglichkeit, den Zugriff auf Office 365 aus bestimmten IP-Adressbereichen zu beschränken. Beispielsweise soll der Zugriff nicht von Rechnern außerhalb des Unternehmensnetzwerks erlaubt werden, oder der Zugriff von außerhalb soll auf *ActiveSync* für den Zugriff auf das Exchange Online-Postfach beschränkt werden. Dabei werden folgende Szenarien unterstützt:

1. Externen Zugriff auf Office 365 blockieren
2. Externen Zugriff auf Office 365 blockieren mit Ausnahme von ActiveSync
3. Externen Zugriff auf Office 365 blockieren, mit Ausnahme von browserbasierten Anwendungen wie Outlook on the Web und SharePoint Online
4. Externen Zugriff auf Office 365 für Mitglieder bestimmter Active Directory-Organisationseinheiten blockieren

Um eines dieser Szenarien zu erreichen, müssen Sie einige vorbereitende Schritte durchführen (hier die Beschreibung für Windows Server 2016 – unter Windows Server 2012 R2 sind die Bezeichner leicht unterschiedlich):

1. Installation des aktuellsten AD FS-Update-Rollups auf allen AD FS-Servern und gegebenenfalls AD FS-Proxys
2. Öffnen Sie die AD FS-Verwaltungskonsole über die Startseite bzw. das Startmenü.
3. Wechseln Sie in der Baumansicht links zum Pfad AD FS • ANSPRUCHSANBIETER-VERTRAUENSSTELLUNGEN (siehe Abbildung 4.111).

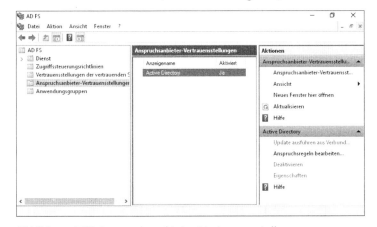

Abbildung 4.111 Anspruchsanbieter-Vertrauensstellungen

4. Klicken Sie mit der rechten Maustaste auf ACTIVE DIRECTORY, und wählen Sie im Kontextmenü den Befehl ANSPRUCHSREGELN BEARBEITEN.
5. Klicken Sie auf die Schaltfläche REGEL HINZUFÜGEN.
6. Im Assistentenschritt REGELTYP AUSWÄHLEN wählen Sie anschließend die ANSPRUCHSREGELVORLAGE EINGEHENDEN ANSPRUCH FILTERN ODER ZULASSEN (siehe Abbildung 4.112).

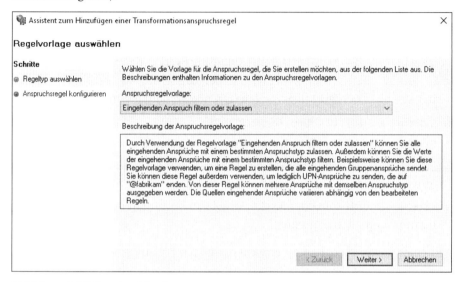

Abbildung 4.112 Regelassistent

7. Im Schritt ANSPRUCHSREGEL KONFIGURIEREN machen Sie folgende Angaben:
   - ANSPRUCHSREGELNAME: OFFICE 365 IP
   - TYP DES EINGEHENDEN ANSPRUCHS:
     http://schemas.microsoft.com/2012/01/requestcontext/claims/
     x-ms-forwarded-client-ip
   - ALLE ANSPRUCHSWERTE ZULASSEN
8. Wiederholen Sie dann die Schritte 5 bis 7 zum Anlegen weiterer Regeln, wie in Tabelle 4.10 angegeben.

Anspruchsregelname	Eingehender Anspruchstyp
OFFICE 365 APPLICATION	http://schemas.microsoft.com/2012/01/requestcontext/claims/x-ms-client-application
OFFICE 365 USER AGENT	http://schemas.microsoft.com/2012/01/requestcontext/claims/x-ms-client-user-agent

Tabelle 4.10 Anspruchsregeln

Anspruchsregelname	Eingehender Anspruchstyp
OFFICE 365 PROXY	http://schemas.microsoft.com/2012/01/requestcontext/claims/x-ms-proxy
OFFICE 365 ENDPOINT	http://schemas.microsoft.com/2012/01/requestcontext/claims/x-ms-endpoint-absolute-path

Tabelle 4.10 Anspruchsregeln (Forts.)

9. Schließen Sie den Assistenten mit OK ab.

Abhängig vom gewünschten Zugriffsszenario sind dann weitere Konfigurationsschritte erforderlich.

Szenario 1: Externen Zugriff auf Office 365 blockieren

Abhängig von der IP-Adresse des Clients wird der Zugriff auf Office 365 blockiert.

1. Öffnen Sie die AD FS-VERWALTUNG über die Startseite bzw. das Startmenü.
2. Wechseln Sie in der Baumansicht links zum Pfad AD FS • VERTRAUENSSTELLUNGEN DER VERTRAUENDEN SEITE.
3. Klicken Sie mit der rechten Maustaste auf MICROSOFT OFFICE 365 IDENTITY PLATFORM, und wählen Sie im Kontextmenü den Befehl ZUGRIFFSTEUERUNGSRICHTLINIE BEARBEITEN.
4. Klicken Sie auf die Schaltfläche REGEL HINZUFÜGEN.
5. Im Assistentenschritt REGELTYP AUSWÄHLEN wählen Sie die Anspruchsregelvorlage ANSPRÜCHE MITHILFE EINER BENUTZERDEFINIERTEN REGEL SENDEN.
6. Im Schritt ANSPRUCHSREGEL KONFIGURIEREN geben Sie folgende Werte ein:
   – ANSPRUCHSREGELNAME: OFFICE 365 EXTERNEN ZUGRIFF BLOCKIEREN
   – BENUTZERDEFINIERTE REGEL:
   ```
   exists([Type == "http://schemas.microsoft.com/2012/01/requestcontext/
   claims/x-ms-proxy"]) && NOT exists([Type == "http://schemas.microsoft.com/
   2012/01/requestcontext/claims/x-ms-forwarded-client-ip",
   Value=~"ÖFFENTLICHEIPADRESSEN"]) => issue(Type = "http://schemas.micro-
   soft.com/authorization/claims/deny", Value = "true");
   ```
   Sie müssen dabei ÖFFENTLICHEIPADRESSEN durch einen regulären Ausdruck ersetzen, mit dem öffentliche IP-Adressen erkannt werden. Lesen Sie dazu den Kasten »Reguläre Ausdrücke für öffentliche IP-Adressen«.
7. Schließen Sie den Assistenten mit FERTIGSTELLEN ab (siehe Abbildung 4.113).

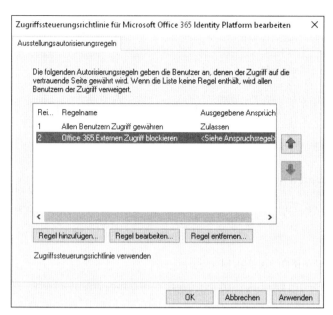

Abbildung 4.113 Eine neue Anspruchsregel wurde angelegt.

Szenario 2: Externen Zugriff auf Office 365 blockieren mit Ausnahme von ActiveSync

Mit Ausnahme von *ActiveSync* (beispielsweise beim Zugriff auf das Exchange Online-Postfach über Smartphones) soll der externe Zugriff auf Office 365 blockiert werden.

Die dazu erforderlichen Schritte sind identisch mit Szenario 1, jedoch mit einer anderen Regel in Schritt 6:

- ANSPRUCHSREGELNAME: OFFICE 365 EXTERNEN ZUGRIFF BLOCKIEREN AUSNAHME ACTIVESYNC
- BENUTZERDEFINIERTE REGEL:
  exists([Type == "http://schemas.microsoft.com/2012/01/requestcontext/claims/x-ms-proxy"]) && NOT exists([Type == "http://schemas.microsoft.com/2012/01/requestcontext/claims/x-ms-client-application", Value=="Microsoft.Exchange.ActiveSync"]) && NOT exists([Type == "http://schemas.microsoft.com/2012/01/requestcontext/claims/x-ms-forwarded-client-ip", Value=~"ÖFFENTLICHEIPADRESSEN"]) => issue(Type = "http://schemas.microsoft.com/authorization/claims/deny", Value = "true");

Auch hier müssen Sie ÖFFENTLICHEIPADRESSEN durch einen regulären Ausdruck ersetzen, mit dem öffentliche IP-Adressen erkannt werden (siehe Kasten »Reguläre Ausdrücke für öffentliche IP-Adressen«).

Szenario 3: Externen Zugriff auf Office 365 blockieren, mit Ausnahme von browserbasierten Anwendungen wie Outlook on the Web und SharePoint Online

Zur Umsetzung dieses Szenarios halten Sie sich wieder an die Schritte von Szenario 1, mit der folgenden Regel in Schritt 6:

- ANSPRUCHSREGELNAME: OFFICE 365 EXTERNEN ZUGRIFF BLOCKIEREN AUSNAHME BROWSER-ANWENDUNGEN
- BENUTZERDEFINIERTE REGEL:
  exists([Type == "http://schemas.microsoft.com/2012/01/requestcontext/claims/x-ms-proxy"]) && NOT exists([Type == "http://schemas.microsoft.com/2012/01/requestcontext/claims/x-ms-forwarded-client-ip", Value=~"ÖFFENTLICHEIPADRESSEN"]) && NOT exists([Type == "http://schemas.microsoft.com/2012/01/requestcontext/claims/x-ms-endpoint-absolute-path", Value == "/ADFS/ls/"]) => issue(Type = "http://schemas.microsoft.com/authorization/claims/deny", Value = "true");

ÖFFENTLICHEIPADRESSEN muss wieder ersetzt werden (siehe Kasten »Reguläre Ausdrücke für öffentliche IP-Adressen«).

Szenario 4: Externen Zugriff auf Office 365 für Mitglieder bestimmter Active Directory-Organisationseinheiten blockieren

Auch hier halten Sie sich zur Umsetzung des Szenarios wieder an die Schritte von Szenario 1, mit der folgenden Regel in Schritt 6:

- ANSPRUCHSREGELNAME: OFFICE 365 EXTERNEN ZUGRIFF FÜR ORGANISATIONSEINHEITENMITGLIEDER BLOCKIEREN
- BENUTZERDEFINIERTE REGEL:
  exists([Type == "http://schemas.microsoft.com/2012/01/requestcontext/claims/x-ms-proxy"]) && exists([Type == "http://schemas.microsoft.com/ws/2008/06/identity/claims/groupsid", Value =~ "GRUPPENSID"]) && NOT exists ([Type == "http://schemas.microsoft.com/2012/01/requestcontext/claims/x-ms-forwarded-client-ip", Value=~"ÖFFENTLICHEIPADRESSEN"]) => issue(Type = "http://schemas.microsoft.com/authorization/claims/deny", Value = "true");

ÖFFENTLICHEIPADRESSEN muss wieder ersetzt werden (siehe Kasten »Reguläre Ausdrücke für öffentliche IP-Adressen«). Außerdem müssen Sie GRUPPENSID durch den *SID (Security Identifier)* der Active Directory-Organisationseinheit ersetzen, deren Mitgliedern der externe Zugriff auf Office 365 verwehrt werden soll.

> **Reguläre Ausdrücke für öffentliche IP-Adressen**
> Einen IP-Adressenbereich geben Sie über einen regulären Ausdruck an, wobei derzeit nur IPv4-Adressen unterstützt werden.

> Das Erstellen von regulären Ausdrücken ist für Neulinge aufgrund der komplexen Notation schon fast am Rand der schwarzen Magie einzuordnen. Beispielsweise steht dieser Ausdruck für den Adressbereich von 192.168.1.1 bis 192.168.1.254:
>
> `^192\.168\.1\.([1-9]|[1-9][0-9]|1([0-9][0-9])|2([0-4][0-9]|5[0-4]))$`

4.7 So geht es weiter

In diesem Kapitel haben Sie die zwar optionalen, aber in so manchem Szenario auch erforderlichen Techniken kennengelernt, um die Active Directory-Synchronisierung und sogar Single Sign-on einzurichten.

Es geht im fünften Kapitel weiter mit dem lokal zu installierenden Office-Paket, Project und Visio.

Kapitel 5
Office, Project und Visio

Im fünften Kapitel installieren Sie das Office-Paket im Pull- und im Push-Verfahren über eine Technik namens Klick-und-Los, erheben telemetrische Daten zum Nutzungsverhalten Ihrer Anwender, verwenden Office auch auf dem Mac, auf Mobilgeräten und im Browser und richten zuletzt Project und Visio ein.

Viele der Office 365-Lizenzpakete enthalten ein auf lokalen Geräten zu installierendes Office-Paket wahlweise in der Windows- oder in der macOS-Variante. Unter Windows wird dabei zwischen *Office 365 ProPlus* und *Office 365 Business* mit einer jeweils anderen Zusammenstellung von Anwendungen unterschieden. Das Besondere daran ist die Abrechnungsweise. Sie bezahlen das Office-Paket nicht einmalig, sondern mieten es und zahlen pro Monat und Benutzer einen fixen Betrag und können es dann sogar auf bis zu fünf verschiedenen Desktops pro Benutzer installieren. Dabei können Sie auch Windows- und macOS-Geräte mischen, nur in Summe dürfen es nicht mehr als fünf Geräte sein. Zusätzlich zu den fünf Installationen können Sie die auf die Fingerbedienung optimierte Variante *Office Mobile* auf bis zu fünf Smartphones und weiteren fünf Tablets nutzen. Office Mobile steht dabei nicht nur unter der Windows-Plattform zur Verfügung, sondern auch unter iOS und Android.

Innerhalb der Enterprise-Lizenzfamilie können Sie zusätzlich auch noch Project und Visio buchen. Bei Project haben Sie die Wahl zwischen dem lokal zu installierenden Client, der Webanwendung zur Zusammenarbeit und beidem in Kombination. Visio dagegen gibt es nur zur lokalen Installation.

In diesem Kapitel bespreche ich die enthaltenen Funktionen, Systemvoraussetzungen und Einschränkungen sowie die Bereitstellung in unterschiedlichen Szenarien.

5.1 Welches Office-Paket?

Bei der Windows-Variante des im Rahmen von Office 365 verfügbaren Office-Pakets handelt es sich um die jeweils aktuellste Version. Außerhalb von Office 365 würden Sie heute Office 2016 lizenzieren. Beim Office-Paket aus Office 365 fällt diese Versionsnummer weg. Auch sind die Funktionsumfänge der beiden Office-Varianten nicht identisch. Mit dem Office aus Office 365 erhalten Sie gelegentlich neue Funktionen, bei Office 2016 nicht. Diese laufende Funktionsanpassung der Office-Anwendungen ist ein wichtiger Bestandteil von Office 365. Da die Clouddienste wie Exchange Online und SharePoint Online laufend neue Funktionen erhalten, sollten auch die Clientanwendungen, mit denen Sie auf diese Dienste zugreifen, dem Entwicklungsfortschritt in einem gewissen Rahmen standhalten.

Abhängig davon, ob Sie Office 365 ProPlus oder Office 365 Business abonnieren, erhalten Sie unter Windows unterschiedliche Anwendungen und haben Zugriff auf unterschiedliche Funktionen. Tabelle 5.1 zeigt die wichtigsten Unterschiede.

Funktion	Office 365 ProPlus	Office 365 Business	Weitere Informationen
Word, Excel, PowerPoint, Outlook, Publisher, Access	ja	ja	
Skype for Business-Client	ja	nein (abgespeckter Basic-Client separat verfügbar)	Kapitel 8, »OneDrive for Business Online«
Mehrsprachiges Benutzerinterface	ja	nein	
Push-Installation (Softwareverteilung), Updatekontrolle	ja	ja	Abschnitt 5.3, »Installation unter Windows«
Rechteverwaltung für Dateien und Mails (IRM/DLP), Darstellung des Archivs	ja	ja	Kapitel 10, »Azure Rights Management Services«
Gruppenrichtlinien, Active Directory-basierte Anwendungskonfiguration nach der Installation	ja	nein	Abschnitt 5.3.11, »Konfiguration über Gruppenrichtlinien«
Telemetrie (Statistiken zur Nutzung der Office-Anwendungen)	ja	nein	Abschnitt 5.4, »Office-Telemetrie«

Tabelle 5.1 Office-Pakete unter Windows

Funktion	Office 365 ProPlus	Office 365 Business	Weitere Informationen
Shared Computer Activation (Mehrbenutzerbetrieb und Unterstützung von RDS)	ja	nein	Abschnitt 5.3.12, »Installation im Mehrbenutzerbetrieb«
Office Mobile	ja	ja	Abschnitt 5.7, »Office auf Mobilgeräten«
Maximale Lizenzanzahl	unbegrenzt	300	

Tabelle 5.1 Office-Pakete unter Windows (Forts.)

Project (siehe Abschnitt 5.8) und Visio (siehe Abschnitt 5.9) sind in keinem Office-Paket enthalten und müssen bei Bedarf separat lizenziert werden.

Bei der macOS-Variante handelt es sich derzeit um die Anwendungen, wie sie in *Office für Mac Home & Business 2016* enthalten sind:

- Microsoft Excel
- Microsoft Outlook
- Microsoft PowerPoint
- Microsoft Word

Ein wesentlicher Unterschied des Office-Pakets aus Office 365 im Vergleich zum herkömmlichen Bezug liegt in der Lizenzierung. Das Office 365-Office-Paket wird als Mietmodell auf monatlicher Basis zum Fixpreis pro Benutzer abgerechnet. Dafür erhalten Sie die jeweils aktuellste Version, das heißt, auch zukünftige Versionen des Office-Pakets sind in den Office 365-Abonnements mit abgedeckt. Ein weiterer Vorteil: Der Benutzer darf das Office-Paket auf bis zu 15 verschiedenen Geräten installieren. Diese 15 Geräte erreicht der Benutzer allerdings nur im Idealfall. Erlaubt sind nämlich »nur« fünf Desktops (Windows und/oder macOS), fünf Smartphones und fünf Tablets. Bei der Nutzung auf Smartphones und Tablets kommt typischerweise auch nicht das normale Desktop-Office zum Einsatz, sondern Office Mobile, das auch auf kleinen Bildschirmen bequem mit den Fingern bedient werden kann (siehe Abschnitt 5.7, »Office auf Mobilgeräten«).

Die maximale Anzahl von fünf Installationen auf Desktops ist dabei eine technisch fixe Grenze, die bei der Installation des Pakets auf einem neuen Gerät überprüft wird (siehe Abschnitt 5.3, »Installation unter Windows«). Auch die erforderliche Lizenzzuweisung des Pakets an den Benutzer wird laufend überprüft. Das heißt, das Office-Paket aus Office 365 wird über einen automatischen Prozess regelmäßig neu aktiviert (siehe Abschnitt 5.3.4, »Aktivierungsprozess«). Die Lizenz und die Installation des Pakets sind an den Benutzer gebunden. Eine Ausnahme stellt die Installationsoption *Shared Computer Activation* dar, die eine Installation und die Nutzung auf Computern ermöglicht, auf denen mehrere Benutzer arbeiten, also beispielsweise im Schichtbetrieb oder auf einem Server mit der Remote Desktop Services-Rolle (RDS).

Tabelle 5.2 zieht einen Vergleich zwischen den Office-Paketen aus Office 365 und dem klassischen Office Professional Plus 2016, das Sie über Volumenlizenzen beziehen.

	Office 365	Volumenlizenz
Download über	▸ Office 365 Admin Center ▸ Office Deployment Tool (ODT)	Volume Licensing Software Center
Installationsmechanismus	Click-2-Run	MSI
Produktschlüssel	keine	KMS-Schlüssel oder MAK
Anzahl erlaubter Installationen	pro Benutzer fünf Clients, fünf Smartphones, fünf Tablets	ein Gerät pro Lizenz/Aktivierung
Downgrade-Recht	nein	ja
OneDrive for Business enthalten	ja	nein
Neue Funktionen	Laufend aktualisierte Funktionen	keine neuen Funktionen

Tabelle 5.2 Office-Vergleich

Zu den Punkten aus der Tabelle einige Erklärungen:

▸ Office aus dem Office 365-Paket erhalten Sie nur als Download, nicht auf einem Datenträger (siehe Abschnitt 5.3.2, »Manuelle Installation (Pull-Installation)«).

▸ Das Windows-Office-Paket aus Office 365 wird nicht über die klassische MSI-Technik installiert, sondern über Click-2-Run (*Klick-und-Los*). Mehr dazu in Abschnitt 5.3, »Installation unter Windows«.

▸ Der im Downloadpaket enthaltene Aktivierungsdienst kümmert sich regelmäßig um die erforderliche Aktivierung. Mit Produktschlüsseln müssen Sie bei Office 365 nicht hantieren (siehe Abschnitt 5.3.4, »Aktivierungsprozess«).

- *KMS (= Key Management Service, Schlüsselverwaltungsdienst)* und *MAK (= Multiple Activation Key, Mehrfachaktivierungsschlüssel)* sind unterschiedliche Vorgehensweisen, wie das Office-Paket bei den klassischen Volumenlizenzen außerhalb von Office 365 aktiviert wird.
- Ein *Downgrade-Recht* ermöglicht die Nutzung einer Vorversion des Produkts. Ein solches Recht ist bei Office 365 so nicht gegeben. Sie können also nicht eine beliebige ältere Version des Office-Pakets einsetzen, wie beispielsweise Office 2010. Allerdings räumt Microsoft mit dem Versionswechsel (beispielsweise von 2013 auf 2016) regelmäßig eine Übergangsfrist von einem Jahr ein, in der Sie wahlweise die aktuellen Anwendungen oder die aus der älteren Version installieren können. So konnten beispielsweise bis Februar 2017 die 2013er-Versionen der Office-Anwendungen heruntergeladen werden.

Eine Auswahl des gewünschten Builds innerhalb der aktuellsten Version ist jedoch im Rahmen der Push-Installation möglich (siehe Abschnitt 5.3.6, »Administrative Anpassung der Installation (Push-Installation)«).

Ist das Office-Paket aus Office 365 Voraussetzung?

Der Einsatz des Office-Pakets aus Office 365 ist nur eine bequeme Option. Verfügen Sie bereits über anderweitige Office-Lizenzen, spricht zunächst nichts gegen deren Einsatz. Woher Sie also ein Office-Paket bekommen oder ob Sie dieses überhaupt benötigen, ist Ihre eigene Entscheidung. Es sollte nur die Mindestvoraussetzung erfüllen, idealerweise verwenden Sie die aktuellste Version, um möglichst viele Funktionen von Office 365 nutzen zu können.

Aktuell werden alle Office-Versionen unterstützt, die sich im sogenannten *Mainstream-Support* befinden. Derzeit sind das Office 2013 und Office 2016. Das heißt aber nicht, dass der Einsatz von Office 2010 komplett ausgeschlossen wäre. Allerdings müssen Sie mit Funktionseinschränkungen rechnen. Sie sollten allerdings grundsätzlich alle verfügbaren Updates für das Office-Paket installieren, um die Problemfälle zu reduzieren. Hier ein Beispiel: Voraussichtlich ab Oktober 2017 wird Exchange Online bei Zugriff auf die Postfächer nur noch das Protokoll *MAPI over HTTP* und nicht mehr *MAPI over RPC* unterstützen. Dieses Protokoll wurde aber in Outlook 2013 erst mit Service Pack 1 nachgerüstet.

Idealerweise verwenden Sie aber tatsächlich das Office-Paket aus Office 365. Die Office 365-Dienste werden regelmäßig aktualisiert. Da macht es Sinn, wenn die lokalen Anwendungen, mit denen Sie auf diese Dienste zugreifen, dem Fortschritt mitmachen. Office 2016 in der klassischen Variante wird übrigens funktional nicht erweitert.

5.2 Systemvoraussetzungen

Tabelle 5.3 zeigt die Systemvoraussetzungen zur Installation von Office 365 ProPlus bzw. Business (Windows).

Komponente	Mindestvoraussetzung
CPU	1 GHz mit SSE2-Befehlssatz
RAM	2 GB
HD	3 GB freier Speicher
Auflösung	1.280 × 800 Pixel
Grafikkarte	Für die Hardwarebeschleunigung ist eine DirectX 10-kompatible Grafikkarte erforderlich.
Betriebssystem	▸ Windows 7 mit SP1 oder höher ▸ Windows Server 2008 R2 oder höher

Tabelle 5.3 Systemvoraussetzungen Office 365 ProPlus bzw. Business

Die macOS-Variante hat dagegen die Systemvoraussetzungen aus Tabelle 5.4.

Komponente	Mindestvoraussetzung
CPU	nur Intel-Prozessor
RAM	4 GB
HD	6 GB freier Speicher (HFS+-formatiert)
Auflösung	1.280 × 800 Pixel
Betriebssystem	macOS bzw. Mac OS X, Version 10.10 oder höher

Tabelle 5.4 Systemvoraussetzungen Office für Mac

5.3 Installation unter Windows

Der Installationsprozess des Office-Pakets aus Office 365 setzt bei der Installation ausschließlich auf eine Technik namens *Klick-und-Los (Click-2-Run, C2R)*.

[»] Klick-und-Los basiert auf Microsofts App-V-Technik zum Anwendungsstreaming. Allerdings ist eine eigene App-V-Infrastruktur nicht erforderlich.

Die Installation über Klick-und-Los unterscheidet sich wesentlich von der klassischen Installation über MSI. Die auffälligste Besonderheit merken Sie wenige Minuten nach dem Start der Installation: Während die Installation im Hintergrund läuft, können Sie dennoch bereits mit den Anwendungen arbeiten. Sie als Administrator sollten folgende Punkte besonders beachten:

- Installieren Sie die Anwendungen direkt über das Office 365-Portal, erhalten Sie die derzeit aktuellste Version. Lesen Sie hierzu auch Abschnitt 5.3.5, »Updatekanäle«.
- Es entfällt die Problematik der klassischen Installation, die darin besteht, dass nach der Installation des Office-Pakets auch noch ein Service Pack und einige Updates installiert werden müssen. Auch aus diesem Grund steckt im Namen der Lizenztypen Office 365 ProPlus und Office 365 Business keine Versionsnummer. In Abschnitt 5.3.2, »Manuelle Installation (Pull-Installation)«, lesen Sie, wie die Installationsdateien auch lokal bereitgestellt werden können.
- Die über Klick-und-Los installierten Anwendungen sind nach der Installation auch offline verfügbar. Eine dauerhafte Internetverbindung ist nicht erforderlich. Zur Aktivierung ist jedoch eine gelegentliche Internetverbindung erforderlich. Lesen Sie hierzu Abschnitt 5.3.4, »Aktivierungsprozess«.
- Eine Parallelinstallation neben über MSI installierten Anwendungen ist unter bestimmten Bedingungen möglich. Nehmen wir an, bisher wurde eine ältere Office-Version eingesetzt. Ein Add-in ist leider nicht mit der aktuellen Office-Version kompatibel. So wäre es theoretisch möglich, auf einem Rechner die alte Office-Version weiterzubetreiben und parallel dazu die neue Office-Version mit Klick-und-Los zu installieren. Allerdings ist der Parallelbetrieb nur dann möglich, wenn beide Ausgaben bitseitig identisch sind. Also beispielsweise können Sie neben einem 32-Bit-Office 2010 ein 32-Bit-Office 2013 installieren, jedoch kein 64-Bit-Office 2013. Diese Vorgehensweise wird allerdings nicht empfohlen und sollte nur in Ausnahmefällen zum Einsatz kommen, denn die Anwender müssten dann auch mit je zwei Word-Versionen, zwei Excel-Versionen etc. hantieren. Auch gibt es in der Praxis in solchen Konstellationen gerne unerwünschte Nebeneffekte beim Betrieb zweier Office-Versionen, beispielsweise bei der Anwendungsintegration. Dies kann sich dadurch äußern, dass nach dem Start einer Anwendung zunächst ein Reparaturlauf ausgeführt wird. Das ist nichts, was Sie als Dauerzustand auf den Anwender-Clients haben wollen.
- Die Installation der Anwendung erfolgt immer auf dem Systemlaufwerk. Berücksichtigen Sie dies insbesondere dann, wenn auf diesem Laufwerk nur eine begrenzte freie Kapazität zur Verfügung steht. Die Änderung des Installationsordners ist nicht möglich.
- Die über Klick-und-Los installierten Anwendungen verfügen über einen eigenen Updatemechanismus. Dieser ist unabhängig vom normalen Windows- und Microsoft-Updateprozess, und auch ein *WSUS (Windows Server Update Services)* kommt nicht zum Einsatz. Mehr dazu lesen Sie in Abschnitt 5.3.7, »Updatemechanismus«.

[»] Eine Ausnahme gibt es hier: Bei der Softwareverteilung über den System Center Configuration Manager (SCCM) kommt WSUS zum Einsatz – jedoch auch dort nicht zur Installation, sondern lediglich zur Benachrichtigung auf neue Updates (lesen Sie dazu Abschnitt 5.3.10, »Installation über System Center Configuration

- Microsoft unterscheidet bei Klick-und-Los zwischen einer *Pull-* und einer *Push-Installation*. Startet der Anwender selbst die Installation über das Office 365-Portal, spricht man von einer *Pull-Installation*. Verwenden Sie dagegen einen Softwareverteilungsmechanismus wie Gruppenrichtlinien, System Center, Intune etc. oder stellen Sie die Installationsdateien in einer Netzwerkfreigabe bereit, spricht man von einer *Push-Installation*. Die Push-Installation erfordert die lokale Bereitstellung der Installationsdateien. Lesen Sie dazu Abschnitt 5.3.3, »Download der Installationspakete verhindern«.
- Die Installationsdateien des Office-Pakets umfassen rund 1 GB (zuzüglich 200 MB pro Sprache) an Daten. Bei der Push-Installation können Sie diese auch lokal bereitstellen, sodass sie nicht für jedes Gerät erneut heruntergeladen werden müssen.

5.3.1 Firewall- und Proxy-Konfiguration

Damit der Aktivierungsvorgang und die Lizenzüberprüfungen durchgeführt werden können, muss eine Verbindung zu bestimmten URLs und Ports möglich sein. Welche das sind, ist jeweils aktuell auf dieser Website aufgeführt:

http://aka.ms/o365ip

Konfigurieren Sie Ihre Firewall(s) entsprechend.

Da diese Vorgänge nicht im Benutzerkontext, sondern im Systemkontext vorgenommen werden, kann es zu Verbindungsproblemen kommen, wenn Sie einen Web-Proxy verwenden und sich die Anwender daran anmelden müssen. Sollte dies der Fall sein, konfigurieren Sie den Proxy so, dass auf die zuvor angegebenen URLs auch anonym zugegriffen werden kann.

5.3.2 Manuelle Installation (Pull-Installation)

Wollen Sie die Installation auf einem Computer manuell über die Office 365-Website durchführen (Pull-Installation) oder durchführen lassen, benötigt der Installationsbenutzer dazu lokale Administratorrechte.

[»] Eine Anpassung der zu installierenden Anwendungen (beispielsweise wenn Sie auf den Publisher verzichten wollen) ist bei der manuellen Installation nicht vorgesehen.

Allerdings stehen Ihnen über Gruppenrichtlinien viele Optionen zur Anpassung des Office-Pakets zur Verfügung. Lesen Sie dazu Abschnitt 5.3.11, »Konfiguration über Gruppenrichtlinien«.

Der Installationsprozess besteht aus mehreren Schritten:

1. Download des Installers
   Die Installationsdateien des Office-Pakets aus Office 365 erhalten Sie nicht auf einem Datenträger, sondern per Download aus dem Office 365-Portal unter EINSTELLUNGEN (ZAHNRAD). Suchen Sie dort nach SOFTWARE, stehen Ihnen die Installationspakete zur Verfügung (siehe Abbildung 5.1). Alternativ erreichen Sie die Softwarepakete direkt unter der folgenden URL: *https://portal.office.com/OLS/MySoftware.aspx*

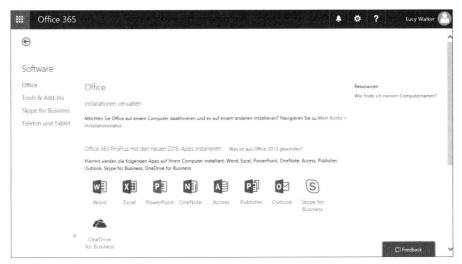

Abbildung 5.1 Download des Office-Pakets

Melden Sie sich am Office 365-Portal mit einem Benutzer an, dem eine Office-Lizenz zugewiesen wurde. Sonst fehlt das Paket in der Downloadliste.

Sie haben die Auswahl zwischen verschiedenen Sprachversionen sowie zwischen der 32- und der 64-Bit-Version.

Ein Klick auf INSTALLIEREN startet den Download des Installers, hier auch *Bootstrapper* genannt. Mithilfe dieser Setup-Anwendung werden dann die zur eigentlichen Installation erforderlichen Dateien automatisch heruntergeladen. Dabei ist die *setup.exe* für den jeweiligen Benutzer personalisiert, der die Datei herunterlädt. Der Bootstrapper sorgt dafür, dass das Office-Paket automatisch für den verwendeten Benutzer aktiviert wird.

> **32 oder 64 Bit?**
>
> Verwenden Sie ein 32-Bit-Betriebssystem, ist die Frage schnell beantwortet: Dort funktioniert nur die 32-Bit-Variante des Office-Pakets. Setzen Sie aber auf ein 64-Bit-Betriebssystem, haben Sie grundsätzlich die Auswahl zwischen beiden Varianten. Es gilt die Empfehlung, auch auf 64-Bit-tauglichen Umgebungen die 32-Bit-Variante zu installieren. Der wesentliche Grund sind dabei ältere Office-Add-ins, die nur in einer 32-Bit-Variante vorliegen und damit unter dem 64-bittigen Office-Paket nicht lauffähig sind. Genauere Erläuterungen finden Sie unter folgender URL im *Office Resource Kit*:
>
> *https://support.office.com/de-de/article/Ausw%C3%A4hlen-der-64-Bit-oder-32-Bit-Version-von-Office-2dee7807-8f95-4d0c-b5fe-6c6f49b8d261*

2. Installation im Hintergrund
   Die Installation des Office-Pakets selbst wird im Hintergrund vorgenommen. Das Besondere daran ist, dass der Anwender bereits während der Installation mit den Office-Anwendungen arbeiten kann. Die Symbole zum Start der Anwendungen sind nach wenigen Minuten bereits eingerichtet. Fehlende Komponenten, die zur Ausführung der Anwendung erforderlich sind, werden im Hintergrund heruntergeladen (siehe Abbildung 5.2).

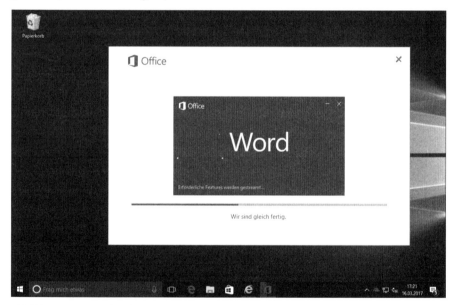

Abbildung 5.2 Word ist bereits während der Installation funktionsbereit.

3. Akzeptieren der Lizenzbedingungen
   Nach dem ersten Start einer Office-Anwendung müssen die Lizenzbedingungen akzeptiert werden (siehe Abbildung 5.3).

5.3 Installation unter Windows

Abbildung 5.3 Akzeptieren der Lizenzbedingungen

Nachdem die Installation vollständig abgeschlossen ist, finden Sie die Beziehung zu dem Office 365-Benutzerkonto, indem Sie eine Office-Anwendung starten und dann den Befehl DATEI • KONTO geben (siehe Abbildung 5.4).

Abbildung 5.4 Kontoinformationen in Word

Bei dieser Installationsart werden Updates für das Office-Paket automatisch selbstständig installiert. Mehrfach pro Woche wird dazu nach neuen Updates gesucht. Über einen Klick auf die Schaltfläche UPDATEOPTIONEN können Sie die automatische Suche auch unterbinden. Der Link KONTO VERWALTEN führt Sie in das Office 365-Portal, von wo aus Sie die aktiven Installationen des Office-Pakets für Ihr Konto einsehen und gegebenenfalls zurücknehmen können (siehe Abbildung 5.5). Der direkte Link lautet:

https://portal.office.com/account/#installs

Abbildung 5.5 Verwaltung der Office-Paket-Installationen

5.3.3 Download der Installationspakete verhindern

Office 365-Anwender können direkt aus dem Office 365-Portal die Installation von für sie lizenzierter Software starten. Vielleicht wollen Sie dies jedoch unterbinden, um einen Wildwuchs nicht erwünschter Installationen auf Geschäftsrechnern oder privaten Geräten zu verhindern. Oder Sie wollen Ihre Internetbandbreite schonen, indem Sie verhindern, dass Anwender selbst die immer gleichen Installationsdateien herunterladen.

Im Office 365 Admin Center können Sie Abhilfe schaffen. Wechseln Sie dort zum Bereich EINSTELLUNGEN, dann zum Abschnitt SERVICES & ADD-INS und klicken auf EINSTELLUNGEN FÜR OFFICE-SOFTWAREDOWNLOADS (siehe Abbildung 5.6).

Abbildung 5.6 Deaktivieren des Downloads

Dort angekommen, können Sie nun durch Deaktivieren der Optionen verhindern, dass Anwender bestimmte Installationen durchführen können. Abhängig von den verfügbaren Lizenzen stehen Ihnen dabei folgende Optionen zur Verfügung:

- 2016-Version
  - Office (enthält Skype for Business)
  - Visio
  - Project
  - Skype for Business (eigenständig)
  - InfoPath 2013
  - SharePoint Designer 2013

Zu dieser Liste noch einige Anmerkungen:

- Mit Project ist hier der lokal zu installierende Project-Client für Office 365 gemeint.
- Mit diesen Optionen deaktivieren Sie lediglich die Downloadmöglichkeit für die Anwender, nicht aber die eigentliche Installation über eine administrative Anpassung (siehe Abschnitt 5.3.6). Sollten dort die Installationsdateien also bereits lokal vorliegen, können diese zur manuellen oder automatisierten Installation über Gruppenrichtlinien oder Softwareverteilungstools weiterhin genutzt werden.

Neben den Optionen für die Windows-Variante der Office-Anwendungen können Sie auch die Downloadmöglichkeiten für die macOS-Variante steuern:

- 2016-Version
  - Office
  - Skype for Business (X El Capitan 10.11 oder höher)
- 2011-Version
  - Lync für Mac 2011 (OS X 10.6 oder höher)

5.3.4 Aktivierungsprozess

Im Vergleich zur klassischen Installation müssen Sie bei Klick-und-Los nicht mit Aktivierungsschlüsseln hantieren. Dennoch wird genau überprüft, ob Sie wirklich eine Lizenz zur Verwendung der Anwendungen besitzen.

Wie bereits beschrieben, erlaubt eine Lizenz die Installation der Desktopanwendungen auf bis zu fünf Geräten des gleichen Benutzers. Wie die Aktivierung vor sich geht, ist bei der Pull- und bei der Push-Installation jeweils unterschiedlich:

- *Pull-Installation*
  Startet der Anwender die Installation direkt über das Office 365-Portal, lädt er dort eine wenige Kilobyte umfassende Datei herunter, den sogenannten *Bootstrapper* (siehe Abbildung 5.7). Dieser ist auf das verwendete Benutzerkonto personalisiert und sollte auch nur auf Geräten dieses einen Benutzers verwendet werden. Der Grund dafür ist einfach: Nach der Installation wird die Aktivierung automatisch für diesen Benutzer vorgenommen. Eine Änderung oder die Angabe eines anderen Benutzers ist bei diesem Installationsweg nicht möglich.

Abbildung 5.7 Download des Bootstrappers

- *Push-Installation*
  Startet der Anwender nach der Push-Installation erstmalig eine der Anwendungen, wird er zur Eingabe seiner Zugangsdaten aufgefordert (siehe Abbildung 5.8). Die Aktivierung wird dann für den angegebenen Benutzer vorgenommen. Die Angabe der Zugangsdaten lässt sich zwar überspringen, jedoch wird dann nach spätestens fünf Tagen in den *Reduced Functionality Mode (RFM)* geschaltet, in dem Sie vorhandene Dateien noch öffnen und drucken, aber keine mehr bearbeiten und keine neuen anlegen können.

  Haben Sie einen Identitätsverbund für Single Sign-on eingerichtet (siehe Abschnitt 4.3), entfällt normalerweise die Eingabe der Zugangsdaten, und das Office-Paket wird automatisch für den aktuellen Benutzer aktiviert – vorausgesetzt natürlich, er verfügt über eine passende Lizenz.

Abbildung 5.8 Eingabe der Zugangsdaten

Mit der Aktivierung wird das Office-Paket auf dem Client mit dem verwendeten Office 365-Benutzerkonto fest verbunden. Welcher Anwender anschließend auf dem Client mit dem Office-Paket arbeitet, ist rein technisch gesehen egal. Es könnten also auch Anwender ohne Office-Lizenz mit den Anwendungen arbeiten – den Lizenzbestimmungen entspricht das natürlich nicht. Für die Verbindung wird aus dem System Management BIOS (SMBIOS) die UUID verwendet. Dadurch muss die Aktivierung nicht erneuert werden, wenn beispielsweise das Betriebssystem aktualisiert, der Rechnername geändert oder die Netzwerkkarte bzw. die Festplatte ausgetauscht wird.

Falls bei der Aktivierung doch einmal etwas schiefgeht, finden Sie unter folgender URL eine Hilfestellung für typische Probleme:

http://technet.microsoft.com/de-de/library/gg702620.aspx

Aktivierungsstatus ermitteln

Möchten Sie wissen, auf welchen Computern das Office-Paket für Ihr Benutzerkonto aktiviert ist, können Sie das am einfachsten über den Befehl DATEI • KONTO in einer Office-Anwendung ermitteln. Im rechten Bereich klicken Sie auf den Link KONTO VERWALTEN, womit Sie in den entsprechenden Bereich des Office 365-Portals wechseln (siehe Abbildung 5.5). Von dort aus können Sie das Paket auch auf einzelnen Computern deaktivieren, beispielsweise wenn bereits fünf Aktivierungen auf unterschiedlichen Rechnern erfolgt sind.

Neben diesem manuellen Weg über die Benutzeroberfläche gibt es aber auch eine Alternative: in der Kommandozeile zur Automatisierung in Skripten. Im Pfad *C:\Program Files\Microsoft Office\Office16* bzw. *C:\Program Files (x86)\Microsoft Office\Office16* finden Sie das Skript *ospp.vbs (OSPP = Office Subscription Protection Platform),* mit dem Sie ebenfalls den Aktivierungsstatus abfragen können. Das Skript nutzt dazu *WMI (Windows Management Instrumentation)*.

Das Skript führen Sie mithilfe des *Windows Script Host*-Interpreters *CScript* und des Parameters /dstatus auf der Kommandozeile aus. Ein Beispiel:

```
CScript "C:\Program Files (x86)\Microsoft Office\Office16\ospp.vbs" /dstatus
```

Listing 5.1 Aktivierungsstatus abfragen

Eine Beispielausgabe sehen Sie in Abbildung 5.9.

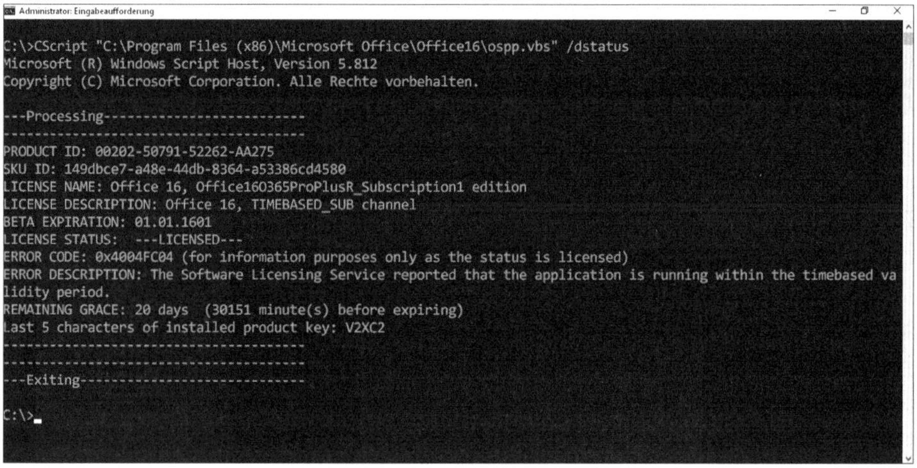

Abbildung 5.9 Aktivierungsstatus in der Kommandozeile

Die Ausgabe enthält unter Umständen mehrere Blöcke für unterschiedliche Anwendungen und/oder Versionen aus dem Office-Universum. Suchen Sie in der Ausgabe den Block, bei dem neben LICENSE NAME der Wert Office 16, Office16O365ProPlusR_Subscription edition steht. Innerhalb dieses Blocks sehen Sie in der Zeile LICENSE STATUS einen von verschiedenen Werten, die Ihnen Tabelle 5.5 und Abbildung 5.10 näher erläutern.

Status	Bedeutung
OOB_GRACE	Die Installation des Office-Pakets ist erfolgt, und der Anwender hat auch erstmalig eine Office-Anwendung gestartet. Die Aktivierung wurde aber abgebrochen (entweder aufgrund von technischen Problemen oder durch den Anwender). Der Anwender wird bei jedem Start einer Office-Anwendung aufgefordert, seine Benutzerdaten einzugeben.

Tabelle 5.5 Aktivierungsstadien

Status	Bedeutung
LICENSED	Das Office-Paket ist aktiviert.
EXTENDED_GRACE	Das Office-Paket konnte nicht reaktiviert werden (beispielsweise weil keine Internetverbindung möglich ist).
NOTIFICATIONS	Das Office-Paket wurde in den eingeschränkten Funktionsmodus geschaltet.

Tabelle 5.5 Aktivierungsstadien (Forts.)

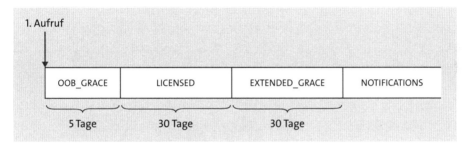

Abbildung 5.10 Aktivierungsstadien

Die Ausgabe von *ospp.vbs* enthält in der Zeile REMAINING GRACE auch die Angabe, wie viele Tage das Office-Paket noch aktiviert ist bzw. wie lange der aktuelle Status noch gültig ist.

Das Skript können Sie auch nutzen, um einen anderen Computer im Netzwerk abzufragen. Dazu geben Sie als zweites Argument den Computernamen an. Als drittes und viertes Argument können Sie darüber hinaus einen Benutzernamen und ein Kennwort übergeben, sofern der Benutzer, unter dem Sie das Skript starten, keine lokalen Administratorrechte auf dem Zielcomputer hat.

Das Skript ist übrigens auch in den »normalen« Ausgaben des Office-Pakets enthalten und nicht nur in der Office 365-Variante.

> **Aktivierungsstatus mit der PowerShell abfragen**
>
> Das Skript *ospp.vbs* basiert auf der inzwischen schon deutlich angestaubten Windows Script Host-Technik. Arbeiten Sie bei der Automatisierung inzwischen mit der PowerShell, ist dies doch ein erheblicher Rückschritt. Die Aktivierungsdaten sind aber über eine WMI-Abfrage durchaus auch von der PowerShell aus zu ermitteln. Als Beispiel finden Sie hier einen PowerShell-Filter, mit dem Sie den Aktivierungsstatus und die verbleibende Zeitdauer bis zur Neuaktivierung abfragen können – nicht nur von der lokalen Maschine aus, sondern ohne großen Aufwand auch von einer ganzen Reihe diverser Computer auf einmal. Hier zunächst der Filter:

```
filter Get-OPPStatus($ComputerName=".") {
   if($_) { $ComputerName = $_ }

   #Betriebssystemerkennung für WMI-Klasse
   #Bei Windows 7: OfficeSoftwareProtectionProduct
   #Bei Windows 8 und 10: SoftwareLicensingProduct

   $OS = Get-WmiObject -Class "Win32_OperatingSystem"
   $WinVersion = $OS.Version.Split(".")
   if($WinVersion[0] -eq "6" -and $WinVersion[1] -eq "1") {
      $Class = "OfficeSoftwareProtectionProduct"
   } else {
      $Class = "SoftwareLicensingProduct"
   }

   $ComputerName | ForEach-Object {
      $Computer = $_
      Get-WMIObject -ComputerName $Computer `
         -Query ("SELECT * FROM $Class WHERE LicenseStatus != 0" +
         "AND Name LIKE '%O365%'") |

         ForEach-Object {
            $Status = switch($_.LicenseStatus) {
               1 { "LICENSED" }
               2 { "OOB_GRACE" }
               5 { "NOTIFICATIONS" }
               6 { "EXTENDED_GRACE" }
            }
            $Days = if($_.GracePeriodRemaining -ne 0) {
               "{0:F0}" -f ($_.GracePeriodRemaining / 60 / 24)
            }

            New-Object -TypeName Object |
               Add-Member -Membertype NoteProperty `
                  -Name ComputerName `
                  -Value $Computer -PassThru |
               Add-Member -Membertype NoteProperty `
                  -Name Status `
                  -Value $Status `
                  -PassThru |
               Add-Member -Membertype NoteProperty `
                  -Name DaysRemaining `
```

```
                -Value $Days `
                -PassThru
        }
    }
}
```
Listing 5.2 Aktivierungsstatus abfragen mit der PowerShell

Starten Sie den Filter über `Get-OPPStatus`, erhalten Sie beispielsweise eine Ausgabe wie in Abbildung 5.11.

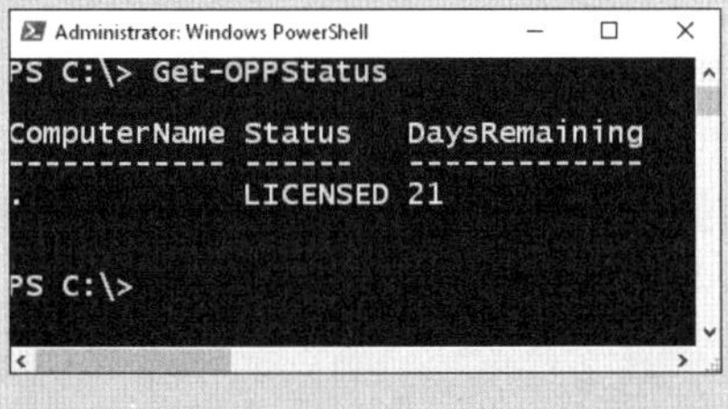

```
PS C:\> Get-OPPStatus

ComputerName    Status      DaysRemaining
------------    ------      -------------
.               LICENSED    21

PS C:\>
```

Abbildung 5.11 Ausgabe des Aktivierungsstatus

Den Filter können Sie aber auch flexibel in anderen Varianten aufrufen, wie folgende Beispiele zeigen:

```
#Abfrage eines bestimmten Computers
Get-OPPStatus -ComputerName "Client"

#Abfrage einer Reihe von Computern
Get-OPPStatus -ComputerName "ClientA", "ClientB", "ClientC"

#Alternative Abfrage einer Reihe von Computern
"ClientA", "ClientB", "ClientC" | Get-OPPStatus
```
Listing 5.3 Aktivierungsstatusabfrage mehrerer Computer

Zuständig für die Abfrage des Lizenzstatus bei Office 365 ist die Windows-Aufgabe *Office Subscription Maintenance*. Diese Aufgabe ist für jeden Tag geplant, sodass täglich der Lizenzstatus überprüft und regelmäßig erneuert wird. Die Überprüfung muss allerdings nicht jeden Tag auch erfolgreich durchführbar sein. Es ist ausreichend, wenn einmal im Monat die Lizenz erfolgreich überprüft werden kann. Ist bei der täglichen Ausführung der Aufgabe keine Internetverbindung möglich, erscheint auch keine Fehlermeldung. Nach Ablauf der Zeitspanne im Status LICENSED wird der Anwender in der Titelleiste der Office-Anwendungen jedoch dezent darauf hingewiesen, dass er ein nicht lizenziertes Produkt verwendet (Status EXTENDED_GRACE – siehe Abbildung 5.12). Nach weiteren 30 Tagen werden die Anwendungen dann auch in den RFM geschaltet (Status NOTIFICATIONS). Es bringt also nicht wirklich etwas, die Aufgabe zu deaktivieren, um der Lizenzüberprüfung zu entgehen.

Abbildung 5.12 Das Office-Paket will aktiviert werden.

Sollte die Lizenz einmal nicht mehr vorhanden sein, werden die Anwendungen ebenfalls nach kurzer Zeit in den RFM geschaltet. Damit können Sie zwar bestehende Dateien noch öffnen und ausdrucken, aber keine Änderungen mehr vornehmen und auch keine neuen Dateien mehr anlegen.

Die Aktivierung des Office-Pakets aus Office 365 erfolgt über einen Webservice, den *Office Licensing Service (OLS)*. Den Aktivierungsprozess finden Sie in Abbildung 5.13 dargestellt.

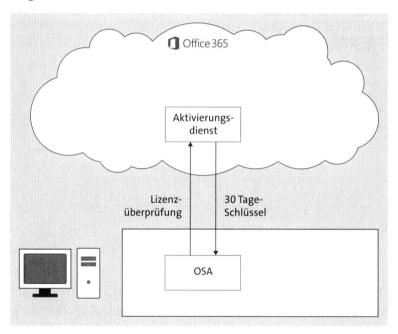

Abbildung 5.13 Aktivierungsprozess

Fünf Installationen

Im Office 365-Portal kann der Anwender sehen, auf welchen Geräten er das Office-Paket bereits aktiviert hat. Gegebenenfalls kann er von dort auch die Aktivierung wieder zurücknehmen. Dazu meldet sich der Anwender am Office 365-Portal an und wechselt dann zu EINSTELLUNGEN (ZAHNRAD) • OFFICE 365-EINSTELLUNGEN. Im Bereich INSTALLATIONSSTATUS verwaltet er dann seine Installationen (siehe Abbildung 5.14).

Abbildung 5.14 Verwaltung der Softwareinstallationen

Auch als Administrator können Sie einsehen, auf welchen Geräten ein Anwender bereits Office-Aktivierungen vorgenommen hat. Im Office 365 Admin Center wechseln Sie im Bereich BENUTZER zum Abschnitt AKTIVE BENUTZER. Klicken Sie dann auf ein Benutzerkonto und klicken bei den Office-Installationen auf BEARBEITEN (siehe Abbildung 5.15). Von dort aus können Sie auf einzelnen Geräten die Aktivierung auch wieder zurücknehmen.

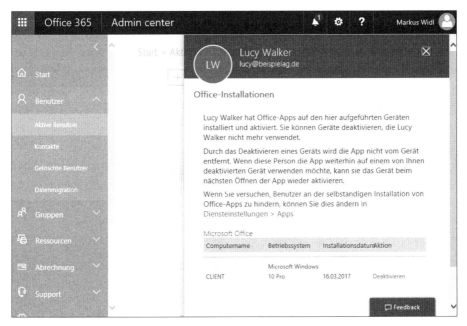

Abbildung 5.15 Verwaltung der Softwareinstallationen im Office 365 Admin Center

Daneben gibt es einen Bericht, mit dem Sie sehen können, welcher Benutzer auf welchen Geräten Aktivierungen durchgeführt hat. Sie finden den Bericht im Office 365 Admin Center im Bereich BERICHTE • VERWENDUNG. Der Bericht trägt den Namen MICROSOFT OFFICE-AKTIVIERUNGEN. Ein Beispiel sehen Sie in Abbildung 5.16.

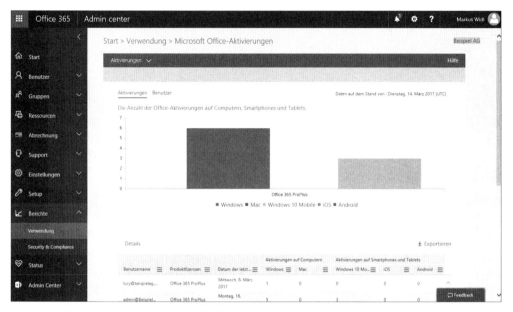

Abbildung 5.16 Aktivierungsbericht

5.3.5 Updatekanäle

In der 2013er-Ausgabe von Klick-und-Los veröffentlichte Microsoft jeden Monat zum *Patch Tuesday* (zweiter Dienstag im Monat) ein neues Build der Office-Anwendungen. Dieses Build enthielt dann sämtliche Updates aus drei Kategorien, die gemeinsam auf den Clients installiert wurden:

- Sicherheitsupdates
- Funktionsupdates
- sonstige Updates (beispielsweise Fehlerbereinigungen)

Eine Trennung zwischen diesen Kategorien konnte nicht vorgenommen werden. Wollten Sie also die Sicherheitsupdates haben, mussten Sie zwangsläufig auch die Funktionsupdates beziehen – und das jeden Monat.

Viele Unternehmen stellte dies vor eine große Herausforderung, denn während Sicherheitsupdates normalerweise nicht infrage gestellt werden, ist der Aufwand bei funktionalen Updates deutlich höher, was unter anderem folgende Fragen aufwirft: Werden damit bestehende Anwendungen oder Plug-ins beeinträchtigt? Ist möglicherweise Schulungsaufwand für die Anwender erforderlich? Dabei geht es nicht nur um vergleichsweise simple Erweiterungen, wie beispielsweise einen zusätzlichen Excel-Diagrammtyp, sondern auch um weitreichende Änderungen. Hier ein Beispiel: Im Frühjahr 2015 wurde die Umbenennung von Lync zu Skype for Business vorgenommen. Mit einem monatlichen Update wurde dann auch der Lync-Client zum Skype for Business-Client. Eine solche Änderung sollte zumindest im Vorfeld den Anwendern kommuniziert werden, um nicht für unnötige Verwirrung zu sorgen.

Aus diesem Grund haben sich viele Unternehmen eine Trennung zwischen Sicherheits- und Funktionsupdates gewünscht. Inzwischen haben Sie die Wahl zwischen verschiedenen Updatekanälen, aus denen Sie für jeden Client einen auswählen können. Das Prinzip dabei ähnelt dem, wie Sie es möglicherweise bereits von Windows 10 kennen.

Zur Auswahl stehen die Updatekanäle aus Tabelle 5.6.

Updatekanal	Bestandteil	Zielgruppe	Empfehlung
Current Channel (CC)	▶ einmal pro Monat Funktionsupdates ▶ zwei- bis dreimal pro Monat andere Updates	Entwickler, Tester, zur Vorbereitung von Trainings	Installation auf rund 1% der Clients
Deferred Channel (DC)	▶ immer im Februar, Juni und Oktober Funktionsupdates und andere Updates (ohne Sicherheitsupdates) ▶ in den Monaten dazwischen nur Sicherheitsupdates (ein- bis zweimal pro Monat)	Entwickler, Tester, zur Vorbereitung von Trainings	Installation auf rund 10% der Clients
First Release for Deferred Channel (FRDC)	▶ immer im Februar, Juni und Oktober Funktionsupdates ▶ in den Monaten dazwischen nur andere Updates (ein- bis zweimal pro Monat)	herkömmlicher Endanwender	Installation auf rund 90% der Clients

Tabelle 5.6 Updatekanäle

Updatekanal	Bestandteil	Zielgruppe	Empfehlung
First Release for Current Channel (FRCC) – auch als Office Insider Slow bekannt	laufend Updates	Entwickler, Tester	keine Installation auf produktiv genutzten Clients
Office Insider Fast	laufend Updates	Entwickler, Tester	keine Installation auf produktiv genutzten Clients

Tabelle 5.6 Updatekanäle (Forts.)

Zu den Updatekanälen noch ein paar wichtige Punkte:

- Current Channel (CC)
  Die Vorgehensweise innerhalb des CC entspricht grundsätzlich dem Prozess bei der 2013er-Variante von Klick-und-Los. Entscheiden Sie sich für diesen Kanal, erhalten die Anwender im Schnitt einmal pro Monat die aktuellsten Funktionen, sofern sie für die produktive Nutzung vorgesehen sind. Außerdem werden monatlich im Schnitt zwei bis drei Mal Sicherheitsupdates verteilt.

  Der CC ist in der Standardkonfiguration automatisch bei Office 365 Business voreingestellt.

- Deferred Channel (DC)
  Möchten Sie nicht jeden Monat neue Funktionsupdates, wählen Sie den DC für Ihre Clients. In diesem erhalten Sie neue Funktionen maximal dreimal im Jahr, und zwar jeweils zum Patch Tuesday in den Monaten Februar, Juni und Oktober. In diesen Monaten erscheint immer ein neuer DC, und die Clients springen in der Standardkonfiguration automatisch auf diesen (siehe Abbildung 5.17). Somit können Sie sich und Ihre Anwender besser auf funktionale Änderungen vorbereiten.

  Sollten Ihnen die vier Monate für eine funktionale Basis nicht lange genug sein, können Sie jeden DC auch bis zu acht Monaten betreiben. In den zusätzlichen vier Monaten bekommen Sie weiterhin Sicherheitsupdates (auch zu jedem Patch Tuesday und im Ausnahmefall dazwischen). Nach den acht Monaten müssen Sie sich dann aber entscheiden, ob sie in den erweiterten Zeitraum des nächsten DCs oder zum übernächsten DC wechseln. Ansonsten erhalten Sie keine Sicherheitsupdates mehr.

  Der DC wird automatisch bei Office 365 ProPlus verwendet.

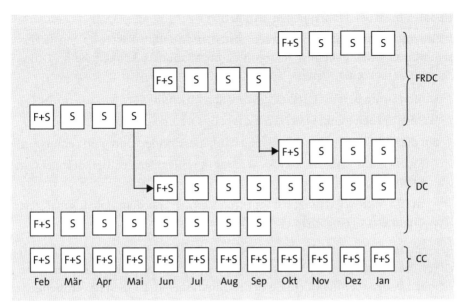

Abbildung 5.17 Updatekanäle

- First Release for Deferred Channel (FRDC)
  Wie beim DC erscheint jeweils im Februar, Juni und Oktober ein neuer FRDC. Mit dem FRDC erhalten Sie die funktionale Basis, die mit dem nächsten DC erscheinen wird. Somit können Sie den FRDC im Vorfeld für vier Monate für Ihre Tests nutzen, bevor die Funktionen dann bei den normalen Anwendern aufschlagen werden.

  Nimmt man die vier Monate des FRDC zusammen mit den bis zu acht Monaten des DC, können Sie jede funktionale Basis bis zu zwölf Monate nutzen.

- First Release for Current Channel (FRCC)/Office Insider Slow
  Der FRCC nimmt einen Sonderstatus ein, denn er ist nicht für den produktiven Einsatz vorgesehen. Er enthält auch bereits Funktionen, die sich noch in den letzten Zügen der Entwicklung befinden. Privatanwender erhalten Office Insider-Builds, sobald sie sich in das Insider-Programm von Office 365 einschreiben (siehe *https://products.office.com/de-de/office-insider*). Mit dem FRCC können Sie einen Blick in die Zukunft werfen, wie sich das Office-Paket entwickeln wird. Builds aus diesem Kanal werden von Microsoft im Support-Fall voll unterstützt.

- Office Insider Fast
  Mit Office Insider Fast sind Sie noch näher an der Entwicklung als bei FRCC/Office Insider Slow. Probleme sind beim Einsatz dieser Builds nicht auszuschließen. Dieser Kanal ist dazu gedacht, dass Sie Office durch Ihr Feedback mitgestalten können. Die Builds aus diesem Kanal werden von Microsoft jedoch im Support-Fall nicht unterstützt.

Updatekanäle bei der manuellen Installation

Welchem Updatekanal die manuell installierten Office-Pakete folgen (siehe Abschnitt 5.3.2, »Manuelle Installation (Pull-Installation)«), können Sie im Office 365 Admin Center konfigurieren:

1. Öffnen Sie im Bereich EINSTELLUNGEN den Abschnitt SERVICES & ADD-INS.
2. Wählen Sie den Punkt EINSTELLUNGEN FÜR OFFICE-SOFTWAREDOWNLOADS.
3. Für die Wahl des Update-Kanals sind dann diese beiden Optionen verantwortlich:
   - MONATLICH (AKTUELLER KANAL): Damit wählen Sie den Updatekanal Current Channel (CC).
   - ALLE 4 MONATE (ZURÜCKGESTELLTER KANAL): Was dem Updatekanal Deferred Channel (DC) entspricht.

Relevant ist dabei, ob Sie für Ihren Office 365-Mandanten oder den Benutzer, der das Office-Paket installiert, die Funktion *Erstveröffentlichung* aktiviert haben (siehe Abschnitt 2.9, »Erstveröffentlichung neuer Funktionen«). Ist die Erstveröffentlichung aktiviert, wird statt des Current Channels der First Release for Current Channel (FRCC) verwendet und analog statt des Deferred Channels der First Release for Deferred Channel (FRDC).

Namensgebung für Updates

Durch die häufigen Aktualisierungen ist es in der Praxis nicht ganz einfach, auf einen bestimmten Stand zu verweisen oder zu diesem in der Dokumentation Informationen zu finden. Um die Problematik etwas zu entschärfen, hat sich Microsoft eine bestimmte Namensgebung ausgedacht:

▶ Version
  Mit der Version wird ein bestimmter funktionaler Stand referenziert. Die Version besteht aus vier Ziffern, wobei die ersten beiden für das Jahr und die letzten beiden für den Monat des Erscheinens stehen – wobei die Monatszahl dem tatsächlichen Monat einen Monat hinterherhinkt. Die Version 1605 steht beispielsweise für Juni 2016. Abhängig vom gewählten Updatekanal wird diese Version auf den Clients zu einem anderen Zeitpunkt ausgerollt:
   - CC: Juni 2016 (immer im Folgemonat der Version)
   - FRDC: Juni 2016 (vier Monate vor dem nächsten DC)
   - DC: Oktober 2016 (vier Monate nach dem letzten FRDC)

  Noch ein Beispiel: Nehmen wir die Version 1606:
   - CC: Juli 2016
   - FRDC und DC: 1606 wird hier nicht ausgerollt; nach 1605 wird erst wieder 1609 verteilt (funktionale Updates nur viermal im Jahr)

▶ Build
Innerhalb jeder Version erscheinen ein oder mehrere Builds, beispielsweise inklusive eines Sicherheitsupdates oder einer Fehlerbereinigung. Jedes Build wird durch zwei vierstellige Zahlen, die durch einen Punkt getrennt sind, etwa 7369.2038, referenziert. Die erste Zahl gibt dabei einen Hinweis auf die Version (7369 gehört zur Version 1609). In jedem Updatekanal können auch unterschiedliche Builds bereitgestellt werden.

Um den Überblick nicht ganz zu verlieren, ist eine Übersicht sehr wichtig, welche Versionen und welche Builds in welchem Updatekanal mit welchen Änderungen erschienen sind. Diesen Überblick liefert Microsoft auf folgender Seite (siehe Abbildung 5.18):

https://technet.microsoft.com/en-us/mt465751

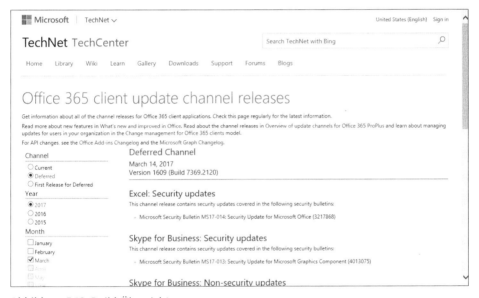

Abbildung 5.18 Build-Übersicht

Welches Build installiert ist und welchem Updatekanal gefolgt wird, können Sie im Backstage-Bereich einer Office-Anwendung nachsehen. Klicken Sie dazu auf DATEI • KONTO (siehe Abbildung 5.19). In der Abbildung steht als VERSION die 1609 mit dem Build 16.0.7369.2118 aus dem zurückgestellten Kanal (Deferred Channel).

In der Systemregistrierung steht das installierte Build im Wert `VersionToReport` des Schlüssels `HKLM\SOFTWARE\Microsoft\Office\ClickToRun\Configuration`.

Eine weitere gute Übersicht, welche Versionen und Builds wann in welchem Updatekanal erschienen sind, liefert die folgende Seite:

https://technet.microsoft.com/en-us/library/mt592918.aspx

Abbildung 5.19 Build-Version

5.3.6 Administrative Anpassung der Installation (Push-Installation)

Das grundlegende Vorgehen beim Erstellen einer administrativen Installation umfasst die folgenden Schritte:

1. Hinzufügen der Office 365-Benutzer
2. Herunterladen des Office Deployment Tools (ODT)
3. Erzeugen einer XML-Datei zur Konfiguration
4. Bereitstellen der Installationsdateien
5. Durchführen der Installation
6. Aktivierung des Office-Pakets

Sehen wir uns nun die Schritte im Einzelnen an.

Schritt 1: Hinzufügen der Office 365-Benutzer

Ich gehe davon aus, dass Sie bereits Ihre Office 365-Benutzer angelegt und ihnen eine passende Office-Lizenz im Office 365 Admin Center zugewiesen haben.

Schritt 2: Herunterladen des Office Deployment Tools (ODT)

Laden Sie dann das ODT für Office 2016 von *www.microsoft.com/en-us/download/details.aspx?id=49117* herunter. Führen Sie die Datei aus, und entpacken Sie damit die Dateien *setup.exe* und *configuration.xml*.

Mithilfe der *setup.exe* laden Sie die erforderlichen Dateien für die eigentliche Installation des Office-Pakets herunter und führen später die Installation des Office-Pakets nach Ihren Vorgaben auf den Zielrechnern aus.

Schritt 3: Erzeugen einer XML-Datei zur Konfiguration

Der aufwendigste Schritt bei der administrativen Installation liegt im Erstellen der XML-Datei *configuration.xml*, mithilfe derer Sie im Wesentlichen angeben, welche Office-Produkte installiert (oder auch deinstalliert) werden sollen und welche Version und welche Sprachausgabe dabei berücksichtigt werden. Ein Beispiel dieser Datei haben Sie in Schritt 2 entpackt.

Die angepasste Konfigurationsdatei könnte wie folgt aussehen:

```xml
<Configuration>
    <Add SourcePath="\\Server\OfficeProPlus\" OfficeClientEdition="32" 
        Channel="Deferred" Version="">
      <Product ID="O365ProPlusRetail">
         <Language ID="de-de" />
         <ExcludeApp ID="Publisher" />
      </Product>
   </Add>

   <Display Level="None" AcceptEULA="TRUE" />
   <Logging Level="Standard" Path="%temp%" />
   <Updates Enabled="TRUE" UpdatePath="\\Server\OfficeProPlus\" />
   <Property Name="SharedComputerLicensing" Value="0" />
</Configuration>
```

Listing 5.4 Konfigurationsdatei

Ist Ihnen das manuelle Anlegen der XML-Datei zu aufwendig oder fehleranfällig, können Sie auf den *Office Click-To-Run Configuration XML Editor* zurückgreifen. Dabei handelt es sich um ein webbasiertes Tool auf GitHub (siehe Abbildung 5.20):

http://officedev.github.io/Office-IT-Pro-Deployment-Scripts/XmlEditor.html

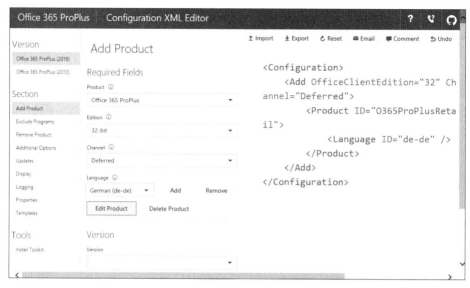

Abbildung 5.20 Office Click-To-Run Configuration XML Editor

In Tabelle 5.7 finden Sie eine Beschreibung der jeweiligen Elemente und deren Bedeutung. In der Beschreibung werden die wichtigsten Elemente erläutert. Eine vollständige Dokumentation der möglichen Optionen finden Sie unter folgender URL:

http://technet.microsoft.com/de-de/library/jj219426

Element	Bedeutung
`<Configuration>`	Das Root-Element der XML-Struktur. Dieses Element muss vorhanden sein.
`<Add>`	Mit diesem Element geben Sie an, unter welchem Pfad die Installationsdateien geschrieben bzw. gelesen werden sollen (Attribut `SourcePath`), und definieren die Ausgabe der Office-Anwendungen (32 oder 64 Bit) (Attribut `OfficeClientEdition`).
	Außerdem geben Sie optional den gewünschten Updatekanal mit dem Attribut `Channel` an – der hier angegebene Updatekanal gilt allerdings nur für die Installation selbst; für die fortlaufenden Aktualisierungen geben Sie den Updatekanal im Element `<Update>` an. Zur Auswahl stehen die Werte `Current` (Standardeinstellung bei Office 365 Business), `Deferred` (Standardeinstellung bei Office 365 ProPlus), `FirstReleaseDeferred`, `FirstReleaseCurrent`, sowie `InsiderFast`. Mehr zu den Updatekanälen lesen Sie in Abschnitt 5.3.5.

Tabelle 5.7 Elemente der Konfigurationsdatei

Element	Bedeutung
	So wie Sie das Add-Element zur Installation nutzen, können Sie das Element Remove zur Deinstallation angeben.
	Mit dem Attribut Version kann eine bestimmte Office-Version angegeben werden. Ist das Attribut wie im Beispiel leer, wird die neueste Version berücksichtigt.
\<Product\>	Innerhalb des Add-Elements geben Sie jeweils ein Product-Element an, mit dem Sie die zu berücksichtigenden Office-Anwendungen auswählen. Zur Auswahl stehen folgende IDs: ▶ O365ProPlusRetail = Office 365 ProPlus ▶ O365BusinessRetail = Office 365 Business ▶ VisioProRetail = Visio Pro für Office 365 ▶ ProjectProRetail = Project Pro für Office 365 ▶ SPDRetail = SharePoint Designer 2013 Rein technisch gesehen können Sie den ODT auch für die Produkte in Tabelle 5.8 verwenden. ODT lädt übrigens immer die Installationsdateien von allen aufgeführten Produkten gemeinsam herunter.
\<Language\>	Innerhalb des Product-Elements geben Sie mithilfe des Language-Elements die gewünschte Sprache an. Falls erforderlich können Sie dort auch mehrere Language-Elemente für weitere Sprachen angeben.
\<ExcludeApp\>	Sollen bei der Installation nicht alle Anwendungen installiert werden, können Sie diese durch die Angabe von jeweils einem ExcludeApp-Element ausschließen. Dabei geben Sie jeweils eine der folgenden IDs an: ▶ Access ▶ Excel ▶ Groove = alter Synchronisierungs-Client von OneDrive for Business ▶ Lync = Skype for Business-Client ▶ OneDrive = neuer Synchronisierungs-Client von OneDrive for Business ▶ OneNote ▶ Outlook ▶ PowerPoint

Tabelle 5.7 Elemente der Konfigurationsdatei (Forts.)

Element	Bedeutung
	▶ Publisher ▶ SharePointDesigner ▶ Word Die Angaben des ExcludeApp-Elements werden erst bei der Installation ausgewertet, heruntergeladen wird immer das komplette Office-Paket.
<Display>	Optionales Element. Mit dem Attribut Level wählen Sie aus, ob der Anwender das Benutzerinterface der Installation sieht (Full) oder nicht (None). Mit dem Attribut AcceptEULA bestimmen Sie, ob die Lizenzbestimmungen automatisch angenommen werden (TRUE) oder nicht (FALSE).
<Logging>	Optionales Element für Einstellungen zur Protokollierung des Installationsverlaufs. Mit dem Attribut Level aktivieren (Off) bzw. deaktivieren (Standard) Sie die Protokollierung und mit dem Attribut Path den Ablageort der Protokolldateien. Dabei werden Umgebungsvariablen wie %temp% unterstützt.
<Updates>	Optionales Element für Einstellungen des Updateverhaltens. Mit dem Attribut Enabled aktivieren (TRUE) oder deaktivieren (FALSE) Sie die automatische Updatefunktion. Das Attribut UpdatePath enthält den Pfad zu den Installationsdateien. Ist das Attribut nicht vorhanden oder leer, werden Updates automatisch vom *Microsoft-CDN (Content Delivery Network)* aus dem Internet heruntergeladen. Mit dem optionalen Attribut TargetVersion bestimmen Sie die Versionsnummer, auf die während des Updatelaufs aktualisiert werden soll, und zwar bis zum spätesten Zeitpunkt aus dem optionalen Attribut Deadline (im UTC-Format). Wie beim Element <Add> wählen Sie mit dem Attribut Channel den gewünschten Updatekanal für die regelmäßigen Aktualisierungen. Mehr dazu in Abschnitt 5.3.7, »Updatemechanismus«.
<Property>	Steht SharedComputerLicensing auf 1, wird der Mehrbenutzerbetrieb aktiviert, beispielsweise wenn im Schichtbetrieb mehrere Anwender mit demselben Rechner oder auf einem RDS-Server arbeiten. Mehr dazu in Abschnitt 5.3.12, »Installation im Mehrbenutzerbetrieb«.

Tabelle 5.7 Elemente der Konfigurationsdatei (Forts.)

Element	Bedeutung
	Sehen Sie sich die mit dem ODT mitgelieferte *configuration.xml* an, sehen Sie dort das Attribut AUTOACTIVATE. Dies hat für das Office-Paket aus Office 365 keine Bedeutung und sollte nicht angegeben werden.
	Mit weiteren separaten <Property>-Elementen können Sie auf die gleiche Weise weitere Konfigurationen vorgeben: Mit FORCE-APPSHUTDOWN werden bei der Aktualisierung gestartete Anwendungen automatisch beendet (TRUE), oder der Anwender wird gebeten, dies zu tun (FALSE – der Standardwert). Mit PinIconsTo-Taskbar und (TRUE – der Standardwert) werden unter Windows 7, 8 und 8.1 automatisch Anwendungssymbole für die Office-Anwendungen in der Taskleiste erstellt. Dies bringt allerdings nichts, wenn die Installation über einen Systembenutzer vorgenommen wird, wie bei der Installation über ein Softwareverteilungstool wie dem System Center Configuration Manager.

Tabelle 5.7 Elemente der Konfigurationsdatei (Forts.)

Produkt-ID	Produkt
AccessRetail	Access (Handelsversion)
ExcelRetail	Excel (Handelsversion)
HomeBusinessRetail	Office Home & Business (Handelsversion)
HomeStudentRetail	Office Home & Student (Handelsversion)
InfoPathRetail	InfoPath (Handelsversion)
ProfessionalRetail	Office Professional (Handelsversion)
O365HomePremRetail	Office aus Office 365 Home
O365SmallBusPremRetail	Office aus Office 365 Small Business Premium
OneNoteRetail	OneNote (Handelsversion)
OutlookRetail	Outlook (Handelsversion)
PowerPointRetail	PowerPoint (Handelsversion)

Tabelle 5.8 Weitere unterstützte Produkt-IDs des ODT

Produkt-ID	Produkt
ProjectProXVolume	spezielle Version von Project Professional 2016 zur Installation neben Office 365 ProPlus (siehe Abschnitt 5.8, »Project«)
ProjectStdRetail	Project Standard (Handelsversion)
ProjectStdXVolume	spezielle Version von Project Standard 2016 zur Installation neben Office 365 ProPlus (siehe Abschnitt 5.8, »Project«)
PublisherRetail	Publisher (Handelsversion)
SkypeforBusinessEntryRetail	Skype for Business Basic 2016
SkypeforBusinessRetail	Skype for Business 2016
VisioProXVolume	spezielle Version von Visio Professional 2016 zur Installation neben Office 365 ProPlus (siehe Abschnitt 5.9, »Visio«)
VisioStdRetail	Visio Standard (Handelsversion)
VisioStdXVolume	spezielle Version von Visio Standard 2016 zur Installation neben Office 365 ProPlus (siehe Abschnitt 5.9, »Visio«)
WordRetail	Word (Handelsversion)

Tabelle 5.8 Weitere unterstützte Produkt-IDs des ODT (Forts.)

Schritt 4: Bereitstellen der Installationsdateien

Auf Basis der soeben erzeugten Konfigurationsdatei können Sie ODT anweisen, die erforderlichen Installationsdateien herunterzuladen. Rufen Sie dazu ODT wie folgt auf:

```
.\Setup.exe /Download Configuration.xml
```

Listing 5.5 Download der Installationsdateien

Achten Sie darauf, dass ODT die heruntergeladenen Dateien in dem Ordner ablegt, der gegebenenfalls im Attribut SourcePath der Konfigurationsdatei hinterlegt ist.

Schritt 5: Durchführen der Installation

Im einfachsten Fall führen Sie die Installation selbst dann wieder durch den direkten Aufruf von ODT auf. Hier ein Beispiel:

```
.\Setup.exe /Configure Configuration.xml
```

Listing 5.6 Installation

So können Sie beispielsweise die Installation manuell von einer zentralen Ordnerfreigabe aus starten. Diese Methode ist zwar schnell realisiert, sie hat aber auch einige Nachteile:

- Der Installationsbenutzer benötigt auf der lokalen Maschine administrative Berechtigungen.
- Es ist schwierig, zu kontrollieren und zu überwachen, wer die Installation wann durchführt.
- Es ist ebenso schwierig, die Auswirkungen auf die Netzwerkinfrastruktur einzuschätzen.

Dennoch ist die Methode für kleine Umgebungen durchaus ein gangbarer Weg. In größeren Umgebungen wollen Sie diesen Prozess sicher automatisieren. In den folgenden Abschnitten finden Sie Hinweise zur Installation über Gruppenrichtlinien und Softwareverteilungstools.

Schritt 6: Aktivierung des Office-Pakets

Startet der Anwender nach der Installation eine der Office-Anwendungen, wird er aufgefordert, seine Office 365-Zugangsdaten einzugeben (siehe Abbildung 5.21).

Abbildung 5.21 Angabe der Office 365-Zugangsdaten

Auf Basis der Zugangsdaten wird dann die Aktivierung des Office-Produkts vorgenommen. Lesen Sie hierzu auch Abschnitt 5.3.4, »Aktivierungsprozess«.

5.3.7 Updatemechanismus

Das über Klick-und-Los installierte Office-Paket verfügt über einen eigenen Updatemechanismus, der von den bisherigen Verfahren über Windows- bzw. Microsoft-Updates unabhängig ist. Auch ein möglicherweise lokal bereitgestellter *WSUS (Windows Server Update Services)* kommt nicht zum Einsatz. Spannend daran ist, wann und wo nach Updates gesucht wird sowie wie diese installiert werden.

Zunächst einmal gibt es den Windows Task *Office Automatic Updates*, der automatisch zu folgenden Ereignissen nach einer neueren Build-Version sucht:

- nach dem Einloggen des Anwenders
- sonntags, dienstags und freitags zwischen 3 und 7 Uhr morgens

[»] Beachten Sie, dass der Windows Task im Systemkontext läuft. Das kann Probleme verursachen, wenn eine Anmeldung an einem Web-Proxy erforderlich ist. Lesen Sie hierzu auch Abschnitt 5.3.1, »Firewall- und Proxy-Konfiguration«.

Wurde ein neueres Build gefunden, wird dieses automatisch heruntergeladen. Allerdings wird dabei nur das Delta zwischen dem vorhandenen Build und dem neuen Build berücksichtigt. Somit muss nicht jedes Mal das komplette Office-Paket erneut heruntergeladen werden.

[»] Die durchschnittliche Downloadgröße bei einem Update, das auch Funktionsupdates enthält, beträgt erfahrungsgemäß ca. 300 bis 400 MB. Sind keine Funktionsupdates enthalten, sind es »nur« noch 100 bis 150 MB. Allerdings gelten diese Werte nur dann, wenn auf dem Client das unmittelbare Vorgänger-Build installiert ist. Ist ein älteres Build vorhanden, kann die Downloadgröße durchaus zwischen 500 MB und 900 MB liegen. Beim Download selbst kommt der Windows-Dienst *BITS (Background Intelligent Transfer Service)* zum Einsatz, mit dem nur die nicht anderweitig verfügbare Bandbreite verwendet wird, um möglichst keine anderen Anwendungen zu beeinträchtigen.

Ist keine Office-Anwendung gestartet, werden die Updates auch sofort installiert. Der Anwender bekommt in diesem Fall vom Updatevorgang selbst nichts mit. Sollte allerdings eine Anwendung gestartet sein, wird das Update zunächst um bis zu drei Tage verzögert. Nach Ablauf dieser Frist wird der Anwender darauf hingewiesen, dass ein Update ansteht. Der Anwender kann dann das Update einleiten oder weiter verzögern. Zum Update gezwungen wird der Anwender hier nicht. Sie können aber über einen anderen Weg das Update forcieren, wie Sie im Abschnitt »Updatesuche über die Kommandozeile« lesen.

Neben dieser automatischen Suche kann der Anwender auch selbst nach Updates suchen. Dazu startet er eine der Office-Anwendungen und wechselt im Backstage-Bereich (Tab DATEI) zum Abschnitt KONTO. Dort klickt er auf die Schaltfläche UPDATEOPTIONEN und dann auf JETZT AKTUALISIEREN (siehe Abbildung 5.22). Im Abschnitt KONTO ist auch die installierte Build-Version zu sehen.

Abbildung 5.22 Manuelle Updatesuche

An welchem Ort nach möglichen Updates gesucht wird, haben Sie bereits bei der Installation des Office-Pakets entschieden:

- Bei der Pull-Installation, die manuell über das Office 365-Portal ausgeführt wird, wird immer im dafür vorgesehenen *Microsoft-CDN (Content Delivery Network)* von Office 365 gesucht.
- Bei der Push-Installation haben Sie möglicherweise über die *configuration.xml* angegeben, unter welcher URL oder welchem (UNC-)Pfad nach den Updates gesucht werden soll. Zuständig dafür ist das Attribut UpdatePath. Fehlt dieses oder ist dafür kein Wert angegeben, wird ebenfalls im CDN nach Updates gesucht.

Die automatische Suche nach Updates lässt sich in der *configuration.xml* über die Angabe von folgender Zeile auch deaktivieren:

<Updates Enabled="TRUE">

Mehr zur *configuration.xml* lesen Sie in Abschnitt 5.3.3, »Download der Installationspakete verhindern«.

Haben Sie mit dem Attribut `UpdatePath` eine lokale Quelle zur Suche nach Office-Dateien angegeben, können Sie selbst entscheiden, wann Sie eine neue Build-Version bereitstellen. Somit können Sie in Ruhe ein neues Build testen, und erst dann stellen Sie es unter dem angegebenen Pfad bereit.

Um das aktuellste Build herunterzuladen, führen Sie wie in Abschnitt 5.3.3, »Download der Installationspakete verhindern«, gezeigt, die *setup.exe* des ODT mit dem Parameter `/download` aus.

Das Updateszenario könnte dann beispielsweise so aussehen (siehe Abbildung 5.23):

1. Auf einem Server erstellen Sie zwei freigegebene Ordner:
   - *OfficeUser*: Dieser Ordner dient als Installations- und Updatequelle für normale Anwender.
   - *OfficeTest*: Dieser Ordner dient als Installations- und Updatequelle für Testumgebungen.

   Laden Sie mit dem ODT die aktuellen Installationsdateien herunter, und platzieren Sie diese in beiden Ordnern.

2. Modifizieren Sie die *configuration.xml*-Dateien beider Ordner, sodass die Attribute `SourcePath` und `UpdatePath` jeweils auf die richtige Freigabe zeigen. Beispiele sehen Sie in Listing 5.7 und Listing 5.8.

```
<Configuration>
    <Add SourcePath="\\Server\OfficeUser\" OfficeClientEdition="32" >
        <Product ID="O365ProPlusRetail">
            <Language ID="de-de" />
        </Product>
    </Add>
    <Updates Enabled="TRUE" UpdatePath="\\Server\OfficeUser\" />
</Configuration>
```

Listing 5.7 Konfigurationsdatei für Geräte normaler Anwender

```
<Configuration>
    <Add SourcePath="\\Server\OfficeTest\" OfficeClientEdition="32" >
        <Product ID="O365ProPlusRetail">
            <Language ID="de-de" />
        </Product>
    </Add>
    <Updates Enabled="TRUE" UpdatePath="\\Server\OfficeTest\" />
</Configuration>
```

Listing 5.8 Konfigurationsdatei für die Testumgebung

3. Konfigurieren Sie Ihre Softwareverteilung so, dass die Geräte der normalen Anwender mit dem Office-Paket aus dem Ordner *OfficeUser* bestückt werden.
4. Aktualisieren Sie regelmäßig die Installationsdateien aus dem Ordner *OfficeTest*. Führen Sie auf Basis dieser Installationsdateien alle erforderlichen Tests mit Plug-ins, Apps etc. durch. Haben Sie keine Probleme gefunden, kopieren Sie die Installationsdateien aus *OfficeTest* (ohne *configuration.xml*) in *OfficeUser*.

Mit diesem Vorgehen werden die Office-Installationen auf den Anwendergeräten erst dann aktualisiert, wenn Sie Ihre Tests durchgeführt haben.

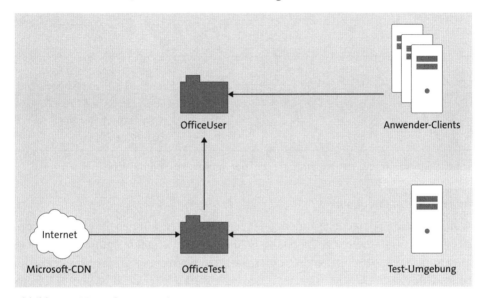

Abbildung 5.23 Updateszenario

Updatesuche über die Kommandozeile

Die Suche nach und gegebenenfalls die Installation von Updates können Sie auch über die Kommandozeile starten. Zuständig dafür ist die Datei *OfficeC2RClient.exe*, die Sie im Pfad *%ProgramFiles%\Common Files\Microsoft Shared\ClickToRun* finden.

Wichtig dabei ist, dass Sie das Tool in einer administrativ gestarteten Eingabeaufforderung ausführen. Beim Aufruf geben Sie den Parameter /update user und dann eine oder mehrere Variablen aus Tabelle 5.9 an. Hier ein Beispiel, mit dem die Installation des aktuellen Builds erzwungen wird:

```
OfficeC2RClient.exe /update user forceappshutdown=True
```

Variable	Mögliche Werte	Standardwert	Bedeutung
updatepromptuser	True, False	False	Anwender wird gefragt, ob Updates installiert werden sollen.
forceappshutdown	True, False	False	Anwendungen werden geschlossen und Updates installiert.
displaylevel	True, False	True	Anzeige des Benutzerinterfaces während der Installation
updatetoversion	Buildnummer		Angabe einer bestimmten Buildnummer, die installiert werden soll (im 4-Segmentformat, Beispiel: 16.0.6868.2060)

Tabelle 5.9 Kommandozeilenparameter bei der manuellen Updatesuche

Ändern der Updatequelle

Wollen Sie die Updatequelle ändern oder zentral steuern, können Sie eine Gruppenrichtlinie zu Hilfe nehmen. Zuständig ist die Richtlinie *Update Path* aus dem Pfad *Microsoft Office 2016 (Machine)\Updates*. Sie setzt den Wert updatepath des Registrierungsschlüssels HKLM\software\policies\microsoft\office\16.0\common\officeupdate. Mehr zur Konfiguration über Gruppenrichtlinien lesen Sie in Abschnitt 5.3.11, »Konfiguration über Gruppenrichtlinien«.

Update auf ein vorgegebenes Build

Soll das installierte Build durch ein anderes ausgetauscht werden, können Sie das durch die einfache Angabe der Ziel-Buildnummer erledigen – und zwar auf neuere Builds genauso wie auf ältere als das installierte Build. Sollte also ein Build einmal Probleme verursachen, können Sie auch zurück zu einem älteren Build – ohne aufwendige Neuinstallation.

Verantwortlich dafür ist der Wert UpdateToVersion im Schlüssel HKLM\SOFTWARE\Microsoft\Office\ClickToRun\Configuration der Systemregistrierung. Geben Sie dort die gewünschte Buildnummer im 4-Segmentformat an. Um zum Build 6868.2060 zu wechseln, wäre das 16.0.6868.2060. Lesen Sie hierzu auch Abschnitt 5.3.5, »Updatekanäle«.

Alternativ zur direkten Manipulation der Systemregistrierung können Sie auch bequem über eine Gruppenrichtlinie die gewünschte Buildnummer vorgeben. Verantwortlich dafür ist die Richtlinie unter Computer Configuration\Administrative Templates\Microsoft Office 2016 (Machine)\Updates (siehe Abschnitt 5.3.11, »Konfiguration über Gruppenrichtlinien«).

Eine weitere Variante wäre, in der XML-Konfigurationsdatei des ODT im Element <Update> die Buildnummer anzugeben. Hier ein Beispiel:

```
<Configuration>
    <Updates TargetVersion="16.0.6868.2060" />
</Configuration>
```

Listing 5.9 Buildnummer angeben

Die Aktualisierung erfolgt nicht unmittelbar, sondern beim nächsten Updatelauf.

Achtung: Nach der Aktualisierung bleibt der Eintrag für die Buildnummer erhalten. Ändern oder entfernen Sie diesen Wert nicht, erfolgt auch keine weitere Aktualisierung mehr.

DC für acht Monate einsetzen

Wie in Abschnitt 5.3.5, »Updatekanäle«, beschrieben, besteht die Option, einen DC nicht nur für vier, sondern für bis zu acht Monate einzusetzen. In diesem Fall müssen Sie dafür sorgen, dass die Clients nicht automatisch nach vier Monaten auf den neuen DC mit neuer funktionaler Basis wechseln. Wie Sie dabei vorgehen, hängt davon ob, in welcher Quelle die Clients nach Updates suchen:

- Updatequelle Office 365: In diesem Fall legen Sie auf den Clients die zu installierende Buildversion fest, wie im vorangegangenen Abschnitt beschrieben.
- Lokale Updatequelle: Stellen Sie in diesem Fall in der lokalen Updatequelle einfach nur jeweils das nächste Build aus demselben DC bereit.

5.3.8 Installation über Gruppenrichtlinien

Etwas automatisierter als die manuelle Installation ist der Einsatz von *Gruppenrichtlinien* zur Verteilung des Office-Pakets. Dabei wird die Installation mithilfe eines Start-Skripts von einer Netzwerkfreigabe angestoßen, das beim Rechnerstart automatisch ausgeführt wird. Voraussetzung für den Einsatz von Gruppenrichtlinien ist ein vorhandenes Active Directory. Dafür sind lokale Administratorberechtigungen zur Installation nicht erforderlich.

Das Start-Skript kann in einer beliebigen Sprache geschrieben sein, vorausgesetzt, es kann auf dem Zielcomputer ausgeführt werden. Typischerweise kommen hier *Batch-*,

Windows Script Host-Dateien (Dateiendung *.VBS* und *.JS* für die jeweilige Skriptsprache) und natürlich *PowerShell*-Dateien zum Einsatz.

Die Einrichtung der gruppenrichtlinienbasierten Installation läuft dann in folgenden Schritten ab:

1. Bereitstellung der Office-Installationsdateien
2. Erstellung des Start-Skripts
3. Erstellung des Gruppenrichtlinienobjekts
4. Aktivierung des Office-Pakets

Gehen wir nun die einzelnen Schritte nacheinander durch.

Schritt 1: Bereitstellung der Office-Installationsdateien

Erstellen Sie eine Ordnerfreigabe auf einem allgemein zugänglichen Rechner. Geben Sie den Ordner mit Leserechten frei. In den Ordner kopieren Sie die Installationsdateien und die Konfigurationsdatei, die Sie, wie in Abschnitt 5.3.6, »Administrative Anpassung der Installation (Push-Installation)«, erläutert, erstellt haben.

Schritt 2: Erstellung des Start-Skripts

Erstellen Sie dann ein Skript (beispielsweise eine Batch- oder PowerShell-Skriptdatei), das die Installation aus der Ordnerfreigabe über *setup.exe* mit der Konfigurationsdatei startet. Beispiel:

```
\\server\OfficeProPlus\Setup.exe /Configure \\server\OfficeProPlus\
Configuration.xml
```

Kopieren Sie das Skript in die Ordnerfreigabe.

Schritt 3: Erstellung des Gruppenrichtlinienobjekts

Zur Erstellung des *Gruppenrichtlinienobjekts* gehen Sie wie folgt vor:

1. Öffnen Sie die *Gruppenrichtlinienverwaltung*, und erstellen Sie dort ein neues Gruppenrichtlinienobjekt unter GRUPPENRICHTLINIENVERWALTUNG • GESAMTSTRUKTUR • DOMÄNEN • DOMÄNE • GRUPPENRICHTLINIENOBJEKTE (siehe Abbildung 5.24).
2. Im Kontextmenü des neuen Objekts wählen Sie den Befehl BEARBEITEN. Es öffnet sich der GRUPPENRICHTLINIENVERWALTUNGS-EDITOR (siehe Abbildung 5.25).

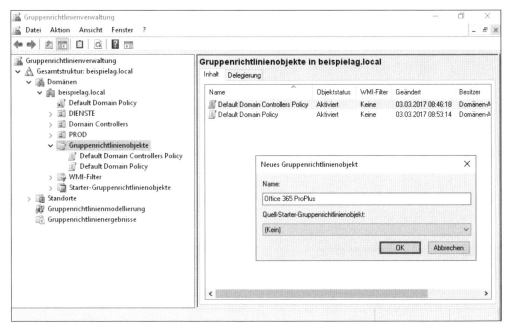

Abbildung 5.24 Gruppenrichtlinienverwaltung

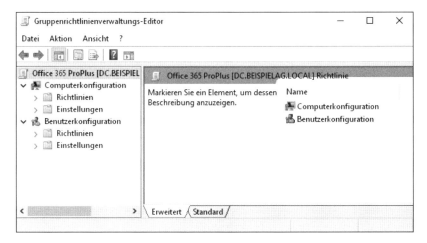

Abbildung 5.25 Gruppenrichtlinienverwaltungs-Editor

3. Öffnen Sie den Pfad COMPUTERKONFIGURATION • RICHTLINIEN • WINDOWS-EINSTELLUNGEN • SKRIPTS (START/HERUNTERFAHREN).

4. Öffnen Sie die EIGENSCHAFTEN des Elements STARTEN auf der rechten Fensterseite (siehe Abbildung 5.26).

Abbildung 5.26 Skriptkonfiguration

5. Zum Hinterlegen der Skriptdatei verwenden Sie für Batch-Dateien die Registerkarte SKRIPTS und für PowerShell-Skripte die Registerkarte POWERSHELL-SKRIPTS. Klicken Sie auf der passenden Registerkarte auf die Schaltfläche DATEIEN ANZEIGEN, und kopieren Sie Ihre Skriptdatei in den dann angezeigten Ordner.

[»] Verwenden Sie ein PowerShell-Skript, stellen Sie auf den Clients sicher, dass die Ausführungsrichtlinie dessen Start nicht verhindert (siehe Abschnitt 3.12.2, »Skriptausführung«).

6. Klicken Sie dann auf HINZUFÜGEN, und wählen Sie Ihre Skriptdatei aus (siehe Abbildung 5.27).

Abbildung 5.27 Auswahl der Skriptdatei

7. Öffnen Sie den Pfad COMPUTERKONFIGURATION • RICHTLINIEN • ADMINISTRATIVE VORLAGEN: VOM LOKALEN COMPUTER ABGERUFENE RICHTLINIENDEFINITIONEN • SYSTEM • SKRIPTS.

8. Setzen Sie den Wert für die MAXIMALE WARTEZEIT FÜR GRUPPENRICHTLINIEN-SKRIPTS auf 0 (siehe Abbildung 5.28). Ansonsten bricht die Installation des Office-Pakets eventuell unerwartet vorzeitig ab.

Abbildung 5.28 Wartezeit für Skripte

9. Weisen Sie in der Gruppenrichtlinienverwaltung das neue Gruppenrichtlinienobjekt den Organisationseinheiten zu, in denen die Computerkonten enthalten sind, auf denen das Office-Paket installiert werden soll. Wählen Sie dazu im Kontextmenü der jeweiligen Organisationseinheit den Befehl VORHANDENES GRUPPENRICHTLINIENOBJEKT VERKNÜPFEN.

Schritt 4: Aktivierung des Office-Pakets

Startet der Anwender nach der Installation eine der Office-Anwendungen, wird er gegebenenfalls aufgefordert, seine Office 365-Zugangsdaten einzugeben (siehe Abbildung 5.21).

Ideal ist die Installation des Office-Pakets über Gruppenrichtlinien jedoch auch nicht. Es fehlt eine zentrale Möglichkeit, die Installationen zu überwachen, den Softwarestand abzufragen etc. Hier helfen spezielle Softwareverteilungsanwendungen.

5.3.9 Installation über Microsoft Intune

Kommen wir zum letzten Beispiel zur Installation des Office-Pakets. Diesmal setzen wir als Softwareverteilungsmechanismus *Microsoft Intune* ein (im Folgenden einfach *Intune* genannt). Eine der Intune-Funktionen ist die Softwareverteilung – und diese lässt sich eben auch für die Installation des Office-Pakets einsetzen.

Mit Intune stehen Ihnen 20 GB Kapazität zur Ablage fertiger Installationspakete zur Verfügung (in der Testversion sind es nur 2 GB). Sollte das nicht ausreichen, können Sie auch zusätzlichen Speicher anmieten.

Die Verteilung des Office-Pakets über Intune läuft über folgende Schritte ab:

1. Vorbereitung des Installationspakets
2. Hochladen des Installationspakets zu Intune
3. Zuweisen des Installationspakets an Computer

Sehen wir uns nun die Schritte im Einzelnen an.

Schritt 1: Vorbereitung des Installationspakets

Die Anpassung des Installationspakets haben wir bereits in Abschnitt 5.3.6, »Administrative Anpassung der Installation (Push-Installation)«, besprochen. Typischerweise sollte die Installation über die XML-Konfigurationsdatei oder das Office-Anpassungstool so konfiguriert werden, dass kein Endanwendereingriff mehr nötig ist.

An dieser Stelle können Sie auch überlegen, ob Sie sämtliche Installationsdateien (also das komplette 1 GB) zu Intune übertragen. Das würde bedeuten, dass die kompletten Installationsdateien aus dem Internet zur Installation auf den Clients jeweils neu heruntergeladen werden. Vielleicht wollen Sie die Installationsdateien lieber in einer lokalen Ordnerfreigabe vorhalten und zu Intune nur die *setup.exe* samt der *configuration.xml* hochladen. Die Pfadangaben in der *configuration.xml* müssen dann auf die Ordnerfreigabe zeigen.

Schritt 2: Hochladen des Installationspakets zu Intune

Zum Hochladen des Installationspakets zu Intune gehen Sie wie folgt vor:

1. Öffnen Sie die *Microsoft Intune-Verwaltungskonsole* über folgende URL, und melden Sie sich dann an (siehe Abbildung 5.29):
   https://admin.manage.microsoft.com

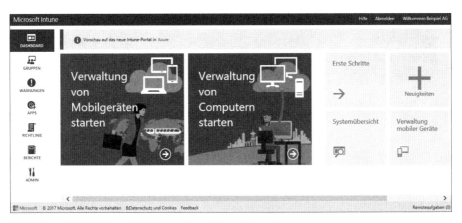

Abbildung 5.29 Microsoft Intune-Verwaltungskonsole

2. Wechseln Sie in der linken Navigation zum Bereich APPS (siehe Abbildung 5.30).

Abbildung 5.30 Softwareverwaltung in Intune

3. Am rechten Rand des Fensters wählen Sie die Aufgabe APPS HINZUFÜGEN. Es startet damit einen Assistenten (siehe Abbildung 5.31).
4. Im Schritt SOFTWARESETUP geben Sie die *setup.exe* des ODT an. Die Installationsdateien sollten sich im gleichen Ordner befinden (im Unterordner *Office*).
5. Wählen Sie die Option WEITERE DATEIEN UND UNTERORDNER AUS DEM GLEICHEN ORDNER EINSCHLIESSEN (siehe Abbildung 5.32).

   Damit wird nicht nur die *setup.exe* hochgeladen, sondern der komplette Ordnerinhalt.

Abbildung 5.31 Assistent zum Hinzufügen von Software

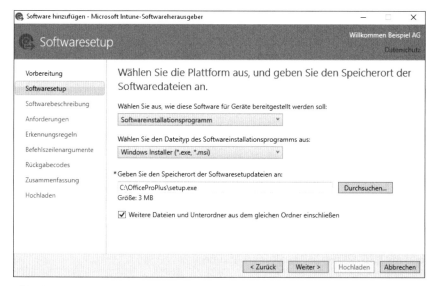

Abbildung 5.32 Auswahl der Quelldateien

6. Im Schritt SOFTWAREBESCHREIBUNG geben Sie einen HERAUSGEBER, einen NAMEN für die Software und eine BESCHREIBUNG an (siehe Abbildung 5.33).

7. Im Schritt ANFORDERUNGEN können Sie die Mindestanforderungen des Zielcomputers für die Installation definieren. Zur Auswahl stehen die Architektur (32 Bit, 64 Bit oder beliebig) sowie die Mindestversion des Windows-Betriebssystems. Da das Office-Paket mindestens Windows 7 voraussetzt, wählen Sie BETRIEBSSYSTEM IST WINDOWS 7 BIS ALLE NEUEREN BETRIEBSSYSTEME (siehe Abbildung 5.34).

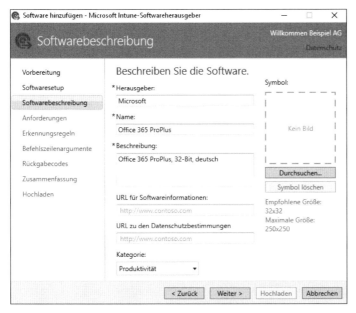

Abbildung 5.33 Beschreibung des Softwarepakets

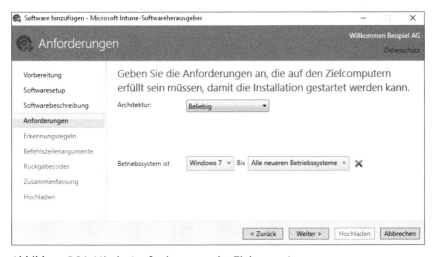

Abbildung 5.34 Mindestanforderungen der Zielcomputer

8. Im Schritt ERKENNUNGSREGELN geben Sie an, wie Intune ermitteln kann, ob die Software bereits installiert wurde.

   Wählen Sie hier die Option REGEL HINZUFÜGEN, und geben Sie anschließend den Pfad zu einer Datei an, die mit Office installiert wird, beispielsweise folgenden (siehe Abbildung 5.35):

   ```
   %ProgramFiles%\Microsoft Office\root\Office16\Excel.exe
   ```

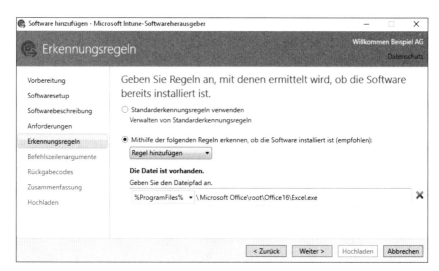

Abbildung 5.35 Erkennungsregeln für Softwarepakete

9. Im Schritt BEFEHLSZEILENARGUMENTE verweisen Sie auf die Konfigurationsdatei (siehe Abbildung 5.36). Ein Beispiel:

/Configure Configuration.xml

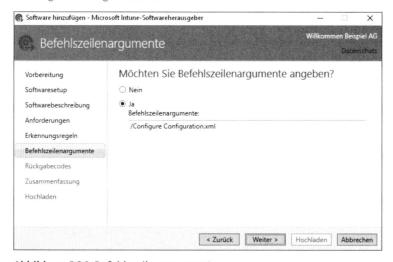

Abbildung 5.36 Befehlszeilenargumente

10. Im Schritt RÜCKGABECODES verwenden Sie die Standardeinstellungen, mit denen eine erfolgreiche Installation erkannt wird (siehe Abbildung 5.37).

Abbildung 5.37 Rückgabecodes

11. Im Schritt ZUSAMMENFASSUNG klicken Sie auf die Schaltfläche HOCHLADEN, um den Vorgang zu starten (siehe Abbildung 5.38).

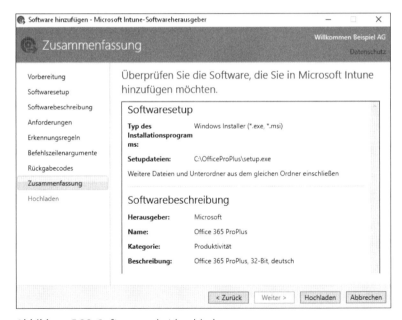

Abbildung 5.38 Softwarepaket hochladen

Schritt 3: Zuweisen des Installationspakets an Computer

Nachdem das Installationspaket erfolgreich zu Intune hochgeladen wurde, können Sie es den mit Intune verwalteten Computern zuweisen. Gehen Sie dazu wie folgt vor:

1. In der Microsoft Intune-Verwaltungskonsole wählen Sie den Bereich Apps und dort Apps (siehe Abbildung 5.39).

Abbildung 5.39 Apps

2. Markieren Sie das Office-Paket, und klicken Sie auf die Schaltfläche Bereitstellung verwalten (siehe Abbildung 5.40).

Abbildung 5.40 Softwarebereitstellung

3. Markieren Sie die gewünschte Computergruppe, deren Mitglieder alle das Office-Paket erhalten sollen, und wählen Sie in dem Bereich Bereitstellungsaktion die Option Erforderliche Installation. Optional geben Sie in der Spalte Stichtag an, wann die Installation spätestens durchgeführt werden soll.

Der *Intune-Agent* auf den Computern wird sich dann um die Installation kümmern. In Intune können Sie anschließend unter anderem überprüfen, auf welchen Computern das Office-Paket installiert wurde, und Fehler finden, die bei der Installation aufgetreten sind.

Schritt 4: Aktivierung des Office-Pakets

Startet der Anwender nach der Installation eine der Office-Anwendungen, wird er gegebenenfalls aufgefordert, seine Office 365-Zugangsdaten einzugeben (siehe Abbildung 5.21).

5.3.10 Installation über System Center Configuration Manager

Mittlere und große Unternehmen verfügen typischerweise bereits über spezielle Softwareverteilungsanwendungen, etwa den *System Center Configuration Manager (SCCM)* aus der Microsoft-Produktpalette (siehe Abbildung 5.41).

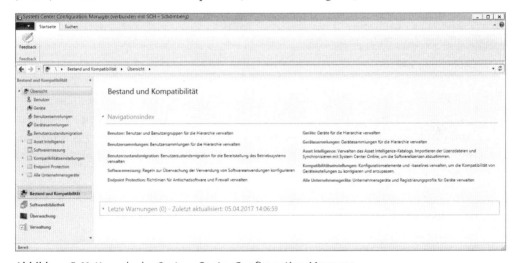

Abbildung 5.41 Konsole des System Center Configuration Manager

Mit derartigen Anwendungen lässt sich die Softwareverteilung noch um einiges eleganter realisieren, zentral verwalten und überwachen. Mit der Version 1602 aus dem Current Branch (SCCM wird inzwischen auch mit Updates in recht kurzen Abständen versorgt – die 16 steht für das Jahr und die 02 für den Monat des Erscheinens) hat SCCM spezielle Funktionen für die Verteilung von Office 365 ProPlus und Business erhalten. Mit 1610 kam noch ein Dashboard hinzu, das einen Überblick über die installierten Office-Pakete liefert (siehe Abbildung 5.42). Version 1702 wurde dann noch mit einem Assistenten ausgestattet, der die Konfiguration der Office-Verteilung noch einmal deutlich vereinfacht.

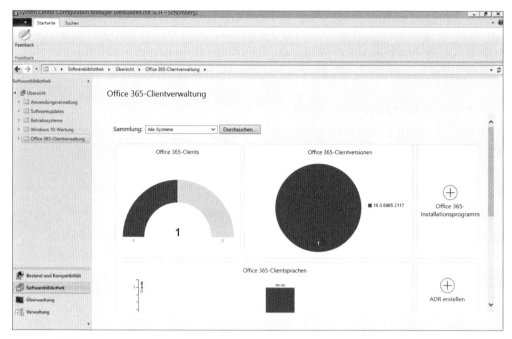

Abbildung 5.42 Office 365-Dashboard im SCCM

[»] Sie könnten das Office-Paket auch mit älteren Versionen von SCCM verteilen. Allerdings stünden Ihnen dann in der Verwaltungskonsole keine speziellen Funktionen zur Verfügung. Letztendlich würden Sie über SCCM auf den Clients das Setup mit einer von Ihnen vorbereiteten XML-Konfigurationsdatei aufrufen – ähnlich wie beim Ansatz über Gruppenrichtlinien und Microsoft Intune.

Im Vergleich zu den anderen Verteilmethoden hat SCCM einige Vorteile – hier einige wichtige davon:

- eine zentrale Verwaltung der Installationen inklusive eines Reportings
- die Einbindung in ein möglicherweise bestehendes und bewährtes System der Softwareverteilung
- die Verwendung von automatischen Verteilungsregen
- die Verwendung von Verteilungspunkten, um das Übertragungsvolumen innerhalb des Netzwerks zu optimieren

In diesem Abschnitt zeige ich Ihnen die Konfiguration auf Basis der derzeit aktuellen Version 1702. Dabei setze ich folgende Punkte voraus:

- SCCM und WSUS sind bereits installiert und für Ihre Umgebung konfiguriert.
- Die *Standortsystemrolle Softwareupdatepunkt* wurde bereits installiert (VERWALTUNG • STANDORTKONFIGURATION • SERVER UND STANDORTSYSTEMROLLEN).

▶ Die Synchronisierung mit WSUS wurde bereits konfiguriert (VERWALTUNG • STANDORTKONFIGURATION • STANDORTE • [STANDORT] • STANDORTKOMPONENTEN KONFIGURIEREN • SOFTWAREUPDATEPUNKT • SYNCHRONISIERUNGSEINSTELLUNGEN).

▶ Die Hardwareinventur ist aktiviert (VERWALTUNG • CLIENTEINSTELLUNGEN • CLIENTSTANDARDEINSTELLUNGEN • HARDWAREINVENTUR).

WSUS übernimmt hier nur die Benachrichtigung für das Erscheinen neuer Builds des Office-Pakets. WSUS spielt beim eigentlichen Update der Clients jedoch keine Rolle, das heißt, die Clients beziehen auch hier keine Updates von WSUS.

Voraussetzungen

Bevor Sie mit der Konfiguration der Office-Verteilung beginnen, stellen Sie noch im SCCM verschiedene Konfigurationen sicher.

Zunächst kümmern wir uns um die Anbindung von *WSUS (Windows Server Update Services)*:

1. Öffnen Sie die Configuration Manager-Konsole.
2. Wechseln Sie im Bereich VERWALTUNG zur STANDORTKONFIGURATION • STANDORTE (siehe Abbildung 5.43).

Abbildung 5.43 Standorte

3. Öffnen Sie von einem der aufgelisteten Standorte das Kontextmenü, und wählen Sie dort STANDORTKOMPONENTEN KONFIGURIEREN • SOFTWAREUPDATEPUNKT (siehe Abbildung 5.44).

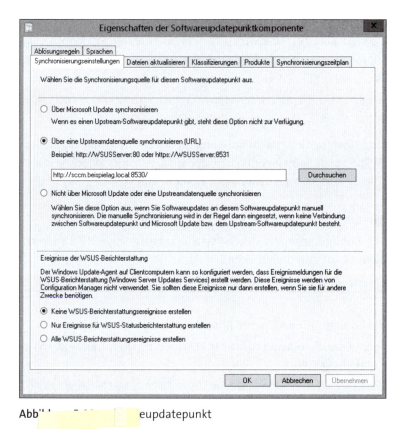

Abbildung 5.44 Softwareupdatepunkt

4. Wechseln Sie zur Registerkarte KLASSIFIZIERUNGEN, und aktivieren Sie mindestens die Option UPDATES (siehe Abbildung 5.45).

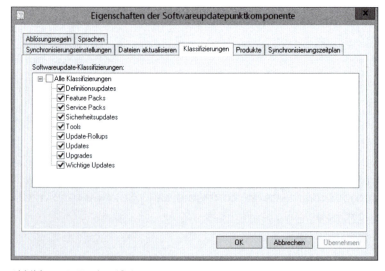

Abbildung 5.45 Klassifizierungen

5. Wechseln Sie zur Registerkarte PRODUKTE, und aktivieren Sie die Option OFFICE 365 CLIENT (siehe Abbildung 5.46).

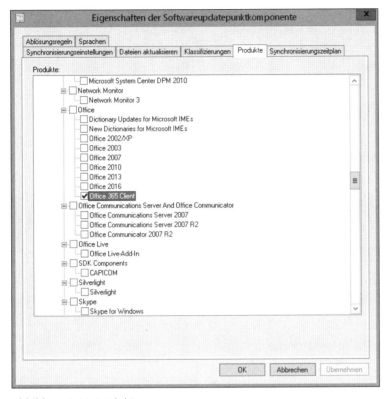

Abbildung 5.46 Produkte

6. Wechseln Sie im Bereich SOFTWAREBIBLIOTHEK zu SOFTWAREUPDATES • ALLE SOFTWAREUPDATES, und klicken Sie im Menüband auf die Schaltfläche SOFTWAREUPDATES SYNCHRONISIEREN.

Als Nächstes stellen wir sicher, dass die Hardwareinventur auch die erforderlichen Daten für Office 365 liefert:

1. Wechseln Sie im Bereich VERWALTUNG zu den CLIENTEINSTELLUNGEN (siehe Abbildung 5.47).

2. Öffnen Sie die Eigenschaften der CLIENTSTANDARDEINSTELLUNGEN (oder die passenden Einstellungen für Ihre Umgebung), und wechseln Sie zum Abschnitt HARDWAREINVENTUR (siehe Abbildung 5.48).

3. Klicken Sie auf die Schaltfläche KLASSEN FESTLEGEN, und markieren Sie die Klasse OFFICE 365 PROPLUS-KONFIGURATIONEN.

5 Office, Project und Visio

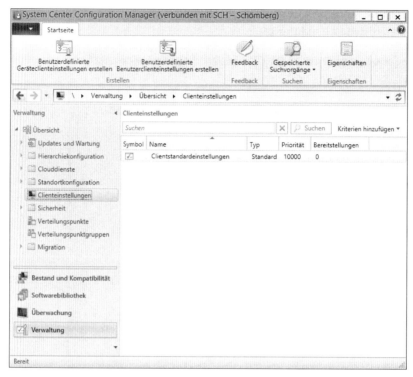

Abbildung 5.47 Clienteinstellungen

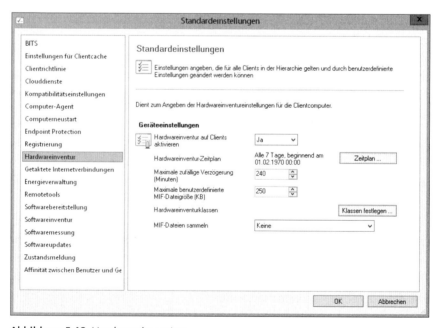

Abbildung 5.48 Hardwareinventur

Als Letztes konfigurieren wir die Clients so, dass die Office 365-Clients von SCCM aus für Updates gesteuert werden können:

1. Wechseln Sie wieder im Bereich VERWALTUNG zu den CLIENTEINSTELLUNGEN, und öffnen Sie dort die Eigenschaften der CLIENTSTANDARDEINSTELLUNGEN.
2. Wechseln Sie zum Abschnitt SOFTWAREUPDATES, und aktivieren Sie die Option VERWALTUNG DES OFFICE 365-CLIENT-AGENTS AKTIVIEREN (siehe Abbildung 5.49).

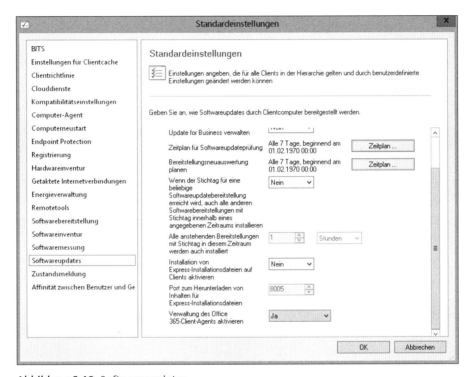

Abbildung 5.49 Softwareupdates

Diese Option könnte auch mit dem optionalen Attribut OfficeMgmtCOM="True" innerhalb des Add-Elements einer ODT-XML-Konfigurationsdatei gesetzt werden.

Verteilen von Office

Die eigentliche Verteilung des Office-Pakets nehmen Sie dann mit folgenden Schritten vor:

1. Wechseln Sie in der Configuration Manager-Verwaltungskonsole im Bereich SOFTWAREBIBLIOTHEK zur OFFICE 365-CLIENTVERWALTUNG (siehe Abbildung 5.50).
2. Klicken Sie auf die Schaltfläche OFFICE 365-INSTALLATIONSPROGRAMM. Es startet dann ein Assistent, mit dem Sie die Installation konfigurieren können.

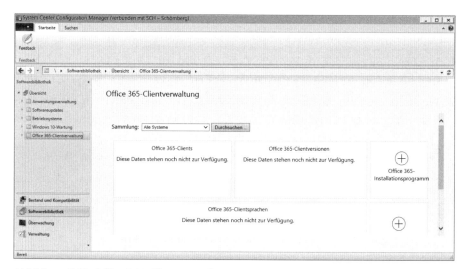

Abbildung 5.50 Office 365-Clientverwaltung

3. Im Schritt ANWENDUNGSEINSTELLUNGEN geben Sie einen NAMEN für die Installation an (beispielsweise `Office 365 ProPlus 1612 Build 7766.2060`) und einen INHALTSORT, in dem später die Installationsdateien abgelegt werden (siehe Abbildung 5.51).

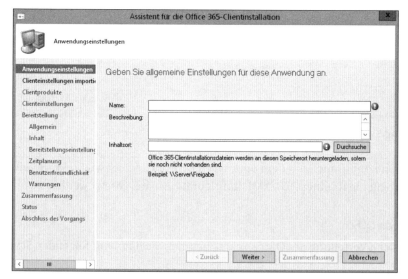

Abbildung 5.51 Anwendungseinstellungen

4. Im Schritt CLIENTEINSTELLUNGEN IMPORTIEREN importieren Sie entweder eine vorhandene ODT-XML-Konfigurationsdatei, oder Sie entscheiden sich dafür, die erforderlichen Einstellungen über den Assistenten manuell anzugeben (siehe Abbildung 5.52).

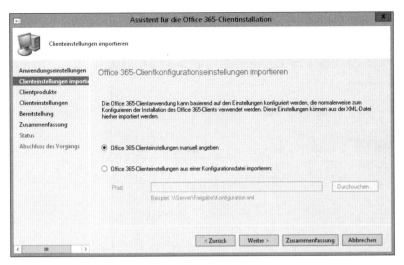

Abbildung 5.52 Clienteinstellungen importieren

5. Im Schritt CLIENTPRODUKTE wählen Sie, welche Anwendungen installiert werden sollen. Neben den Office-Anwendungen können Sie hier auch Visio und Project auswählen (siehe Abbildung 5.53). Bei Visio und Project können Sie die Office 365-Variante ebenso auswählen, wie die Volumenlizenzvariante. Lesen Sie hierzu auch Abschnitt 5.8.2, »Installation von Project für Office 365«.

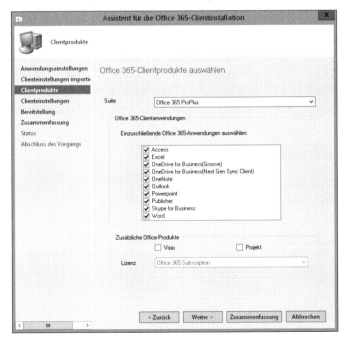

Abbildung 5.53 Clientprodukte

6. Im Schritt CLIENTEINSTELLUNGEN folgen die weiteren Einstellungen weitgehend der ODT-XML-Konfigurationsdatei (siehe Abbildung 5.54).

Abbildung 5.54 Clienteinstellungen

7. Im Schritt BEREITSTELLUNG können Sie auswählen, gleich die Anwendung bereitzustellen (siehe Abbildung 5.55). Wählen Sie JA, werden Ihnen einige zusätzliche Fragen gestellt, wann und wie die Anwendungen auf Ihren Clients installiert werden sollen.

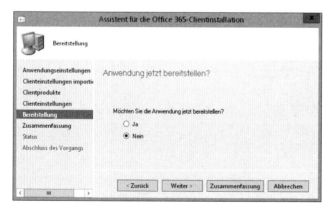

Abbildung 5.55 Bereitstellung

5.3 Installation unter Windows

Nach diesen Schritten finden Sie das Office-Paket wie gewohnt unter ANWENDUNGS-
VERWALTUNG • ANWENDUNGEN (siehe Abbildung 5.56).

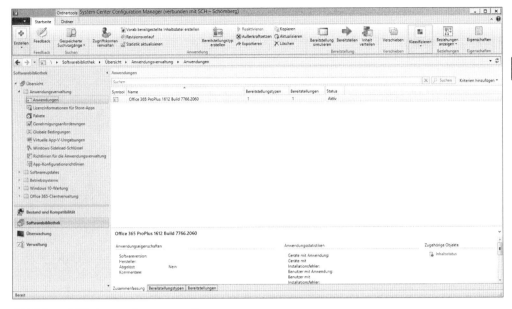

Abbildung 5.56 Anwendungsverwaltung

Verteilen von Updates

Die Verteilung von Updates nehmen Sie dann entweder manuell oder über eine automatische Bereitstellungsregel vor. Letzteres ist auch in die Office 365-Clientverwaltung der Configuration Manager-Konsole eingebunden:

1. Im Bereich SOFTWAREBIBLIOTHEK wählen Sie die OFFICE 365-ANWENDUNGSVERWALTUNG.
2. Klicken Sie auf die Schaltfläche ADR ERSTELLEN (siehe Abbildung 5.57).
3. Achten Sie beim Ausfüllen der Optionen darauf, im Schritt ALLGEMEIN die Vorlage OFFICE 365-CLIENTUPDATES auszuwählen.

Mehr zur Verteilung von Updates finden Sie hier:

https://docs.microsoft.com/de-de/sccm/sum/deploy-use/deploy-software-updates

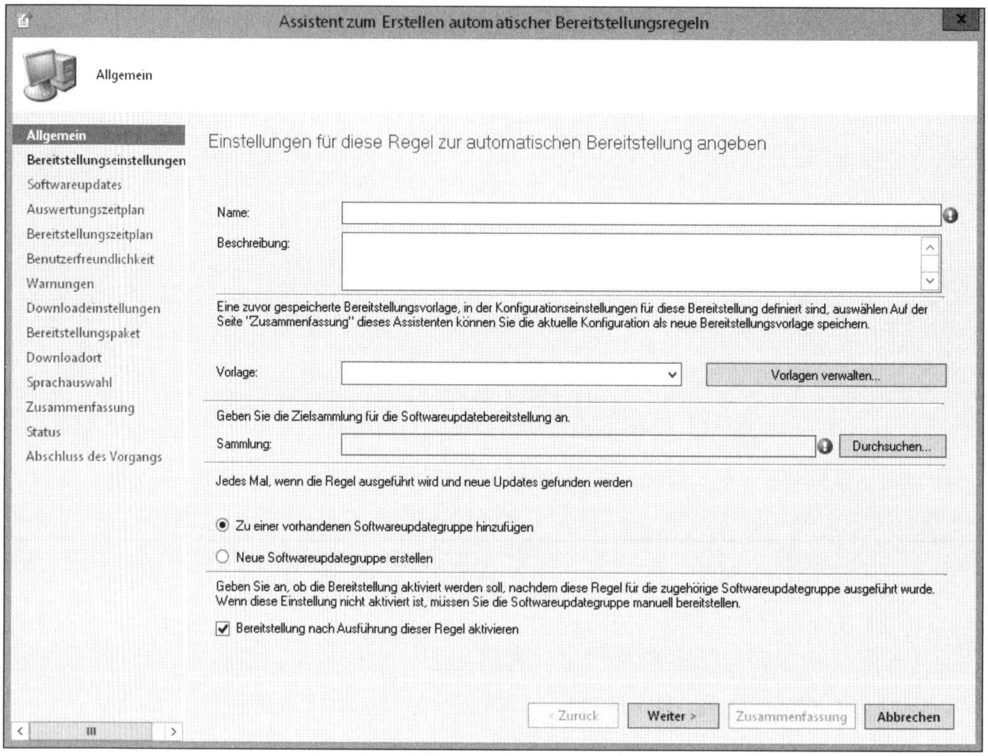

Abbildung 5.57 Automatische Bereitstellungsregeln

5.3.11 Konfiguration über Gruppenrichtlinien

Unabhängig von der gewählten Art der Installation können Sie mithilfe von Gruppenrichtlinien das Verhalten des Office-Pakets auf den Clients beeinflussen. Dazu gehören beispielsweise die folgenden Punkte:

- Standardeinstellungen der Office-Anwendungen
- Deaktivieren nicht erwünschter Funktionen
- Verwendung von Apps und Add-ins (Erweiterungen)
- Einstellungen bezüglich des Updateverhaltens

Microsoft stellt zur Konfiguration der Office-spezifischen Gruppenrichtlinien administrative Vorlagen zur Verfügung. Diese laden Sie unter folgender URL herunter: *www.microsoft.com/en-us/download/details.aspx?id=49030*

Entpacken Sie die dort heruntergeladene Datei, erhalten Sie sowohl den OCT (im Ordner *admin*), den Sie für das Office-Paket aus Office 365 jedoch nicht benötigen, als auch eine große Anzahl von Dateien mit der Endung *.admx* (im Ordner *admx*; siehe Abbildung 5.58).

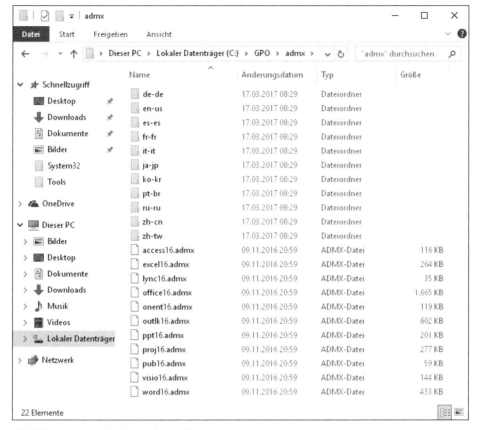

Abbildung 5.58 Administrative Vorlagen

Dies sind die eigentlichen administrativen Vorlagen für die verschiedenen Office-Anwendungen. Um mit ihnen arbeiten zu können, kopieren Sie den Inhalt des Ordners *admx* in den Zentralspeicher für Gruppenrichtlinienvorlagen auf Ihrem Domänencontroller. Wie ein solcher Zentralspeicher angelegt und verwaltet wird, lesen Sie auf dieser Seite:

https://support.microsoft.com/de-de/kb/3087759

Damit sind die Vorbereitungen abgeschlossen. Auf Basis der Vorlagen erstellen Sie dann ein neues Gruppenrichtlinienobjekt. Hier ein Beispiel:

1. Öffnen Sie die Gruppenrichtlinienverwaltung, und erstellen Sie dort ein neues Gruppenrichtlinienobjekt unter GRUPPENRICHTLINIENVERWALTUNG • GESAMTSTRUKTUR • DOMÄNE • GRUPPENRICHTLINIENOBJEKTE (siehe Abbildung 5.59).

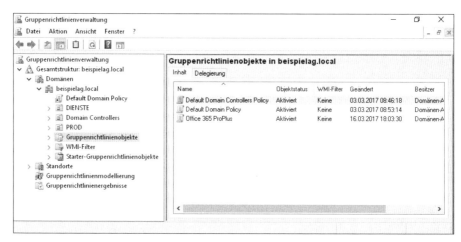

Abbildung 5.59 Gruppenrichtlinienverwaltung

2. Im Kontextmenü des neuen Objekts wählen Sie den Befehl BEARBEITEN. Es öffnet sich der GRUPPENRICHTLINIENVERWALTUNGS-EDITOR (siehe Abbildung 5.60).

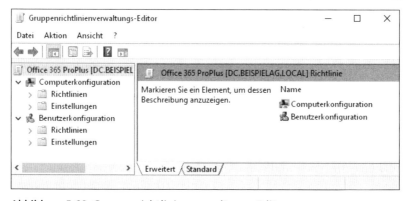

Abbildung 5.60 Gruppenrichtlinienverwaltungs-Editor

3. Sollen die Einstellungen auf Benutzerbasis vorgenommen werden, wählen Sie den Pfad BENUTZERKONFIGURATION • RICHTLINIEN • ADMINISTRATIVE VORLAGEN. Sollen sie auf Computerbasis angelegt werden, entscheiden Sie sich für den Pfad COMPUTERKONFIGURATION • RICHTLINIEN • ADMINISTRATIVE VORLAGEN.

Der gewählte Pfad enthält dann viele Unterordner für die jeweiligen Office-Anwendungen und für das Office-Paket selbst. In Abbildung 5.61 sehen Sie ein Beispiel für die Einstellungen in Word.

Eine Beschreibung der dort enthaltenen Optionen würde den Rahmen dieses Buches sprengen. Eine gute Erläuterung finden Sie aber auf der folgenden Seite:

http://technet.microsoft.com/de-de/library/cc178992.aspx

5.3　Installation unter Windows

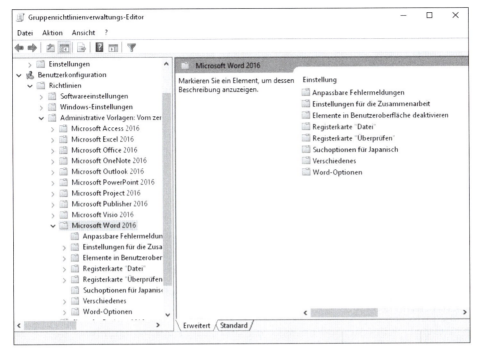

Abbildung 5.61 Word-Optionen

5.3.12　Installation im Mehrbenutzerbetrieb

Arbeiten an demselben Rechner mehrere Personen mit dem Office-Paket oder möchten Sie das Office-Paket auf einem Server mit aktivierten Remote Desktop Services (RDS) einsetzen, muss bei der Installation des Office-Pakets über die XML-Datei des ODT die Option *Shared Computer Activation* gesetzt sein. Dazu ist folgende Zeile in der XML-Datei erforderlich:

```
<Property Name="SharedComputerLicensing" Value="1" />
```

Mehr dazu lesen Sie in Abschnitt 5.3.3, »Download der Installationspakete verhindern«. Voraussetzung für diese Option sind jedoch Lizenzen für Office 365 ProPlus.

Startet dann ein Anwender eine so installierte Office-Anwendung, muss er zunächst seine Office 365-Zugangsdaten eingeben und kann anschließend mit den Anwendungen entsprechend seiner Lizenz arbeiten. Haben Sie einen Identitätsverbund eingerichtet (siehe Abschnitt 4.6), entfällt die Eingabe der Zugangsdaten – vorausgesetzt natürlich, der Anwender verfügt über eine passende Lizenz.

Startet auf demselben Rechner ein anderer Benutzer eine der Office-Anwendungen, wird auch dieser zur Eingabe seiner Zugangsdaten aufgefordert.

Damit die Anwender nicht ständig ihre Zugangsdaten eingeben müssen, wird nach erfolgreicher Lizenzüberprüfung im lokalen Profil ein Token abgelegt. Dieses gilt wenige Tage für den Benutzer. Innerhalb dieses Zeitraums ist für den Benutzer keine erneute Anmeldung erforderlich.

Die Shared Computer Activation setzt für die Lizenzüberprüfung allerdings auch eine Internetverbindung voraus. Im Offlinezustand ist sie nicht zu gebrauchen.

[»] Die fünf Aktivierungsrechte pro Office 365 ProPlus-Lizenz auf Desktops bleiben von der Shared Computer Activation unberührt.

5.4 Office-Telemetrie

Fehlt Ihnen der Überblick, mit welchen Dokumenten und Add-ins Ihre Anwender primär arbeiten, oder wollen Sie wissen, welche Add-ins häufig Probleme verursachen, kann Ihnen die *Office-Telemetrie* helfen. Sie wurde mit Office 2013 eingeführt, ist aber bereits ab Office 2003 nachrüstbar. Sie erhalten damit unter anderem Antworten auf die folgenden Fragen:

- Welche Dokumente, Add-ins, Vorlagen und Office Apps werden wie oft von wie vielen Anwendern verwendet?
- Wie hoch ist die Ladezeit?
- Wie oft treten Codefehler und Kompatibilitätsprobleme auf?

Um diese Daten bereitzustellen, muss der Office-Telemetrieagent auf den Clients aktiviert werden. Er schreibt dann bei jedem Öffnen, Benutzen und Schließen sowie bei Anwendungsfehlern ein Protokoll. Dieses können Sie auch anonymisieren, sodass beispielsweise der ursprüngliche Anwender oder der vollständige Dateiname nicht lesbar ist.

Nur die Office-Anwendungen Word, Excel, PowerPoint und Outlook schreiben diese Protokolleinträge.

[»] Die Daten aus dem Telemetrieprotokoll können Sie auch im Rahmen eines Migrationsprojekts auf Office 2016 nutzen, um beispielsweise zu ermitteln, welche Vorlagen und Add-ins Ihre Anwender in Office 2010 verwenden. Noch bevor Sie bei den Anwendern Office 2016 einführen, können Sie so bereits im Vorfeld testen, ob diese mit Office 2016 kompatibel sind.

[»] Die Office-Telemetrie ist nur mit Office 365 ProPlus-Lizenzen verfügbar. Office 365 Business enthält sie nicht.

5.4.1 Architektur

Bei der Office Telemetrie spielt eine ganze Reihe von unterschiedlichen Komponenten zusammen (siehe Abbildung 5.62):

- *Telemetrieagent*
  Der Agent ist eine Clientkomponente und wird automatisch seit Office 2013 mitinstalliert. Für die älteren Office-Versionen ab 2003 können Sie ihn nachträglich installieren. Der Agent ist zuständig für das Aufzeichnen der Protokolleinträge. Er schreibt diese in eine Ordnerfreigabe.

- *Ordnerfreigabe*
  Die Ordnerfreigabe fungiert als zentrale Sammelstelle für die Protokolleinträge der Agents. Sollte die Ordnerfreigabe vorübergehend nicht verfügbar sein, werden die Agents die Protokolle lokal vorhalten und dann später an die Ordnerfreigabe übertragen – das ist insbesondere für mobile Anwender wichtig, bei denen Sie nicht ständig eine Serververbindung bereitstellen können. Damit die Daten später ausgewertet werden können, ist der Telemetrieprozessor erforderlich.

- *Telemetrieprozessor*
  Der Prozessor übernimmt die Daten aus der Ordnerfreigabe und überträgt sie in eine SQL Server-Datenbank.

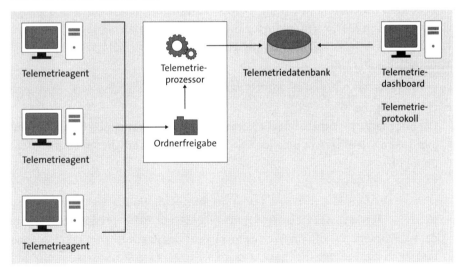

Abbildung 5.62 Telemetriekomponenten

- *Telemetriedatenbank*
  Auf einem Microsoft SQL Server wird eine Telemetriedatenbank geführt. Sie ist Grundlage für die Auswertung über das Telemetriedashboard und das Telemetrieprotokoll.

- *Telemetriedashboard* und *Telemetrieprotokoll*
  Beides sind Excel-Dateien, mit denen Sie die Daten aus der Telemetriedatenbank auswerten.

5.4.2 Installation

Sehen wir uns als Nächstes die Installation der erforderlichen Komponenten an.

Serverkomponenten

Die Komponenten Ordnerfreigabe, Telemetrieprozessor und SQL Server können gern auf demselben Server installiert werden, wobei ein Windows Server 2008 vorausgesetzt wird. Eine Installation auf mehreren Servern ist aber genauso möglich, beispielsweise, wenn Sie den SQL Server getrennt betreiben wollen.

[»] Für Testumgebungen wird auch die Installation der Komponenten auf Client-Windows-Versionen ab 7 unterstützt.

Gehen Sie dann wie folgt vor:

1. SQL Server
   An den SQL Server werden keine großen Anforderungen gestellt. Die Versionen ab 2005 sind unterstützt. Auch die Express-Editionen sind grundsätzlich geeignet, wobei Sie dort die Einschränkungen hinsichtlich maximaler Datenbankgröße und Skalierbarkeit berücksichtigen müssen. Den SQL Server 2014 Express finden Sie unter folgender URL:
   www.microsoft.com/download/details.aspx?id=42299

2. Ordnerfreigabe
   Die erforderliche Ordnerfreigabe können Sie entweder manuell oder später über den Telemetrieprozessor anlegen. Die Berechtigungen auf diesen Ordner werden vom Prozessor gesetzt.

[»] 3. Telemetrieprozessor
   Die Installationsdatei für den Telemetrieprozessor finden Sie am einfachsten, wenn Sie das TELEMETRIEDASHBOARD FÜR OFFICE 2016 von der Startseite bzw. dem Startmenü aus öffnen. Wechseln Sie dort zur Registerkarte ERSTE SCHRITTE und dann zum Punkt INSTALLATION DES TELEMETRIEPROZESSORS (siehe Abbildung 5.63).

   Dieses Dashboard verwenden Sie später auch zur Auswertung der Daten.

   Während der Konfiguration des Telemetrieprozessors legen Sie auch die Ordnerfreigabe und die Datenbank fest.

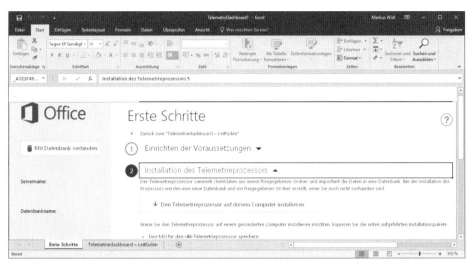

Abbildung 5.63 Installation über das Telemetriedashboard

Clientkomponente

Auf den Clients müssen Sie noch den Office Telemetrie-Agent installieren (Office 2003 bis 2010) und konfigurieren (bei jeder Office-Version). Standardmäßig werden keine Telemetriedaten erhoben. Das Installationspaket für die »alten« Office-Versionen finden Sie wieder im Telemetriedashboard.

Die Konfiguration erfolgt über einige Einträge in der Systemregistrierung. Am einfachsten erledigen Sie dies über Gruppenrichtlinien. Die Vorlagendatei finden Sie auch wieder über das Dashboard.

5.4.3 Auswertung

Zur Auswertung der Daten liefert Office 2016 zwei Excel-Dateien mit (die dann auch mit Excel 2016 geöffnet werden müssen):

- Telemetriedashboard
- Telemetrieprotokoll

Die Dateien stellen eine Verbindung zur Datenbank her und visualisieren die Ergebnisse. Das Telemetriedashboard ist insbesondere für Administratoren gedacht, wohingegen das Telemetrieprotokoll für Entwickler zur Auswertung von Anwendungsfehlern geeignet ist. In Abbildung 5.64 und Abbildung 5.65 sehen Sie die beiden Dateien in Aktion.

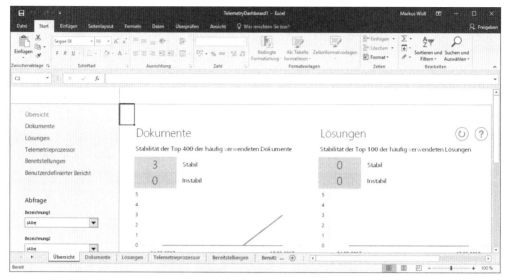

Abbildung 5.64 Telemetriedashboard

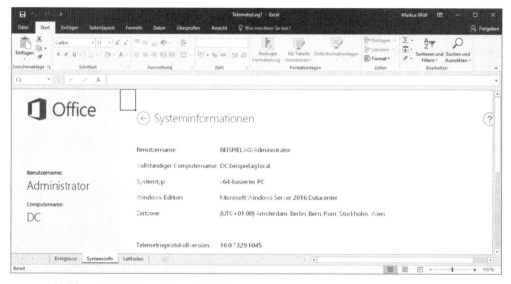

Abbildung 5.65 Telemetrieprotokoll

5.5 Installation unter macOS

Wie Sie bereits wissen, berechtigt eine Lizenz des Office-Pakets in Office 365 zur parallelen Nutzung auf fünf unterschiedlichen Geräten desselben Benutzers – dazu gehört auch die macOS-Version. Die Installation geschieht dabei aber nicht über eine moderne Streaming-Technik wie unter Windows, sondern nur über ein *Mac-Installationspaket (*.pkg)*.

Die Installationsdateien erhalten Sie auch für den Mac nicht auf einem Datenträger, sondern nur per Download aus dem Office 365-Portal unter folgender URL (siehe Abbildung 5.66):

https://portal.office.com/OLS/MySoftware.aspx

Rufen Sie die URL von einem Mac aus auf, bekommen Sie neben Office auch den Client für Skype for Business Online angeboten. Voraussetzung ist natürlich, dass Sie am Portal mit einem Benutzer angemeldet sind, dem eine Office-Lizenz zugewiesen wurde.

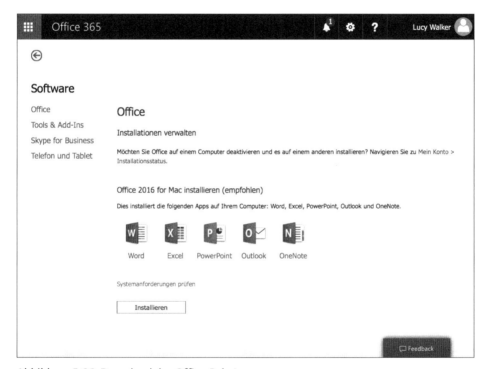

Abbildung 5.66 Download des Office-Pakets

Sie haben die Auswahl zwischen verschiedenen Sprachversionen.

Nachdem Sie die rund 1,5 GB große PKG-Datei heruntergeladen und installiert haben, können Sie sich mit dem ersten Anwendungsstart bei Office 365 anmelden, um das Office-Paket zu aktivieren (Abbildung 5.67).

Abbildung 5.67 Anmeldung bei Office 365

5.6 Office Online

Bei Office Online handelt es sich um funktional stark reduzierte Ausgaben einiger der klassischen Microsoft Office-Anwendungen, die im Browser laufen und dabei keinerlei lokale Installation voraussetzen. Zu Office Online gehören die folgenden Anwendungen:

- Excel Online
- Word Online
- PowerPoint Online
- OneNote Online

Diese Anwendungen laufen dabei nicht nur in Microsofts Edge und Internet Explorer, sondern auch in alternativen Browsern wie Firefox, Google Chrome oder Apple Safari – selbst auf dem iPad.

[»] Office Online hieß früher *Office Web Apps*. Wollen Sie das Pendant für Ihren lokalen SharePoint Server oder Exchange Server installieren, benötigen Sie den *Office Online Server (OOS)*.

5.6.1 Anwendungsgebiete

Office Online wird beispielsweise an folgenden Stellen eingesetzt:

- SharePoint Online
  - als Alternative zu den Office-Anwendungen beim Anzeigen, Bearbeiten und Anlegen von Dateien (siehe Abbildung 5.68)

Abbildung 5.68 PowerPoint Online

  - im Suchergebnis, wenn Sie mit der Maus auf eine Fundstelle fahren (siehe Abbildung 5.69)

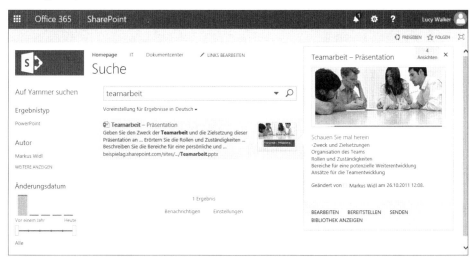

Abbildung 5.69 Suchergebnis

- Exchange Online
  - bei der Anzeige von E-Mail-Anhängen (siehe Abbildung 5.70)

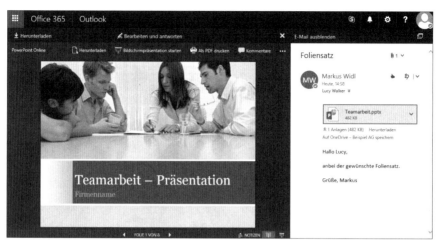

Abbildung 5.70 Office Online in Outlook im Web

- Skype for Business Online
  - bei der Darstellung von PowerPoint-Präsentationen während Konferenzen

Office Online ist dabei nicht auf den Internet Explorer und auch nicht auf Windows beschränkt. In Abbildung 5.71 sehen Sie Excel Online auf einem iPad im Safari-Browser in Aktion.

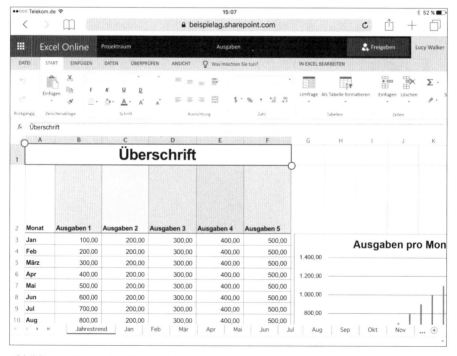

Abbildung 5.71 Excel Online auf dem iPad

Vielleicht fragen Sie sich nun, wozu Sie diese abgespeckten Ausgaben der Office-Anwendungen zum Bearbeiten und Anzeigen von Dateien nutzen sollten, haben Sie doch das Office-Paket lokal installiert. Was aber, wenn Sie ohne Ihren eigenen Rechner unterwegs sind und auf dem Ihnen zur Verfügung stehenden Rechner tatsächlich kein Microsoft Office-Paket enthalten oder eine zu alte Ausgabe desselben installiert ist? Und es gibt noch einen Vorteil: Zur Bearbeitung Ihrer Dokumente über Office Online müssen Sie die Dateien nicht auf die lokale Maschine herunterladen. Das kann ein interessanter Sicherheitsaspekt sein, wenn wir den Browser-Cache außer Acht lassen.

Um einen groben Überblick über die von Office Online abgedeckten Funktionen zu erhalten, zeigt Abbildung 5.72 die verschiedenen Menübänder.

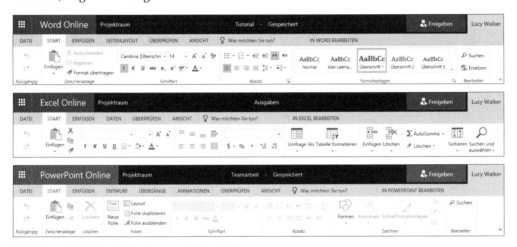

Abbildung 5.72 Menübänder von Office Online

5.6.2 Unterstützte Dateitypen

Die von Office Online unterstützten Dateitypen finden Sie in Tabelle 5.10.

Anwendung	Anzeigen	Bearbeiten
Word ab 2.0		
Open XML (*.docx*)	ja	ja
Binär (*.doc*)	ja	konvertiert in *.docx*
Makro (*.docm*)	ja (Makros laufen nicht)	ja (Makros laufen nicht)
Andere (*.dotm*, *.dotx*)	ja	nein

Tabelle 5.10 Unterstützte Dateitypen

Anwendung	Anzeigen	Bearbeiten
OpenDocument (*ODT*)	ja	ja
Portable Document Format (*PDF*)	konvertiert in *.docx*	konvertiert in *.docx*
Excel ab 97		
Open XML (*.xlsx*, *.xlsb*)	ja	ja
Binär (*.xls*)	nein	nein
Makro (*.xlsm*)	ja (Makros laufen nicht)	ja (ohne Makros)
OpenDocument (*.ods*)	ja	ja
PowerPoint ab 97		
Open XML (*.pptx*, *.ppsx*)	ja	ja
Binär (*.ppt*, *.pps*)	ja	konvertiert in *.pptx* oder *.ppsx*
Vorlagen (*.pot*, *.potx*)	ja	nein
Makro (*.pptm*, *.potm*, *.ppam*, *.ppsm*)	ja (Makros laufen nicht)	nein
Add-ins (*.ppa*, *.ppam*)	nein	nein
OpenDocument-Präsentation (*.odp*)	ja	ja
OneNote ab 2010		
Open XML (*.one*)	ja	ja

Tabelle 5.10 Unterstützte Dateitypen (Forts.)

5.6.3 Konfiguration

Ob und wann Office Online beim Öffnen einer Datei aus einer Dokumentbibliothek zum Einsatz kommt oder nicht, hängt von unterschiedlichen Faktoren ab. Auf Basis jeder einzelnen Dokumentbibliothek können Sie das Standardverhalten mit einem Klick auf eine Datei konfigurieren:

1. Öffnen Sie die Einstellungen der Dokumentbibliothek im Browser.
2. Im Abschnitt ALLGEMEINE EINSTELLUNGEN wählen Sie den Befehl ERWEITERTE EINSTELLUNGEN (siehe Abbildung 5.73).

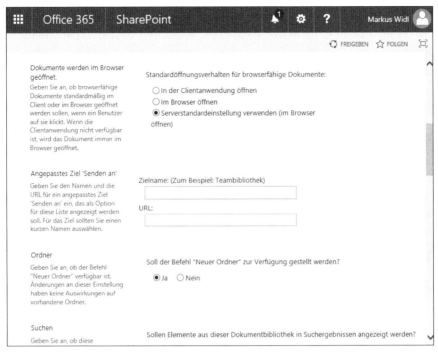

Abbildung 5.73 Bibliothekseinstellungen

3. Im Abschnitt DOKUMENTE WERDEN IM BROWSER GEÖFFNET haben Sie die Auswahl zwischen drei Optionen für das Standardöffnungsverhalten:
   - IN DER CLIENTANWENDUNG ÖFFNEN: also mit einer lokal installierten Anwendung öffnen
   - IM BROWSER ÖFFNEN: mit Office Online, sofern der Dateityp passend ist
   - SERVERSTANDARDEINSTELLUNG VERWENDEN (IM BROWSER ÖFFNEN): Ist das Websitesammlungsfeature DOKUMENTE STANDARDMÄSSIG IN CLIENTANWENDUNGEN ÖFFNEN aktiviert, werden Dokumente in der Clientanwendung, ansonsten im Browser geöffnet.

5.6.4 Drucken

Vielleicht haben Sie sich schon gefragt, wie und ob überhaupt aus Office Online heraus gedruckt werden kann. Die Problematik ist ja, dass aus der Browseranwendung heraus nicht direkt auf einen bestimmten Drucker mit dem für ihn speziellen Druckertreiber zugegriffen werden kann. Microsoft geht hier einen kleinen Umweg: Die Anwendungen aus Office Online erzeugen eine PDF-Datei, die dann automatisch lokal über einen *PDF-Reader* ausgedruckt wird. Dazu ist also beispielsweise lokal eine Installation des *Adobe Readers* erforderlich.

5.6.5 Gemeinsames Bearbeiten

Office Online erlaubt es mehreren Benutzern gleichzeitig, ein Dokument im Browser zu bearbeiten. Die jeweiligen Änderungen werden mit denen der anderen Benutzer synchronisiert. Ein Beispiel sehen Sie in Abbildung 5.74Abbildung 5.74.

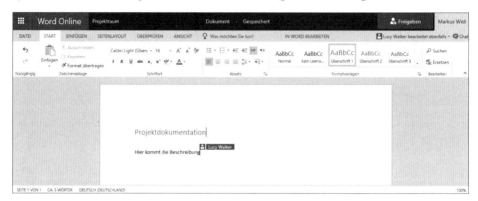

Abbildung 5.74 Ein Dokument wird gemeinsam bearbeitet.

Das gemeinsame Bearbeiten geht meist auch, wenn die einen Benutzer mit der Online- und die anderen mit der lokal installierten Desktopvariante arbeiten. Tabelle 5.11 zeigt, welche Kombinationen möglich sind.

	Word Desktop	Word Online	Excel Desktop	Excel Online	PowerPoint Desktop	PowerPoint Online	OneNote Desktop	OneNote Online
Word Desktop	✓	✓						
Word Online	✓	✓						
Excel Desktop								
Excel Online				✓				
PowerPoint Desktop					✓	✓		
PowerPoint Online					✓	✓		
OneNote Desktop							✓	✓
OneNote Online							✓	✓

Tabelle 5.11 Mögliche Varianten zum gemeinsamen Bearbeiten

5.7 Office auf Mobilgeräten

Für die Arbeit unterwegs mit mobilen Geräten stellt Microsoft eine ganze Palette unterschiedlicher Anwendungen bereit – und das nicht nur auf Windows Mobile, sondern ebenso auf iOS- und Android-Geräten. In diesem Buch finden Sie keine Beschreibung aller Apps, doch liefert Tabelle 5.12 eine Übersicht, welche Apps auf welchen Geräten verfügbar sind.

App	Windows Mobile	iOS	Android
Office Mobile (Word, Excel, PowerPoint)	ja	ja	ja
OneNote	ja	ja	ja
Office Lens	ja	ja	ja
Skype for Business	ja	ja	ja
Outlook Mobile	ja	ja	ja
OneDrive	ja	ja	ja
Yammer	ja	ja	ja
Delve	ja	ja	ja
Video	nein	ja	nein
Gruppen	ja	ja	ja
Teams	ja	ja	ja
Sway	nein	ja	nein
StaffHub	nein	ja	ja
Planner	nein	nein	nein

Tabelle 5.12 Office und andere Apps auf Mobilgeräten

Zur Tabelle noch einige Hinweise:

▶ Eine herausragende Stellung stellt hier Office für iPad, iPhone und Android dar (siehe exemplarisch Abbildung 5.75).

Abbildung 5.75 Word für iPad

Für Word, Excel und PowerPoint ist jeweils eine separate App in den jeweiligen App Stores kostenfrei verfügbar, allerdings sind diese ohne Office 365-Abonnement funktional eingeschränkt. Die Apps zählen nicht zu den maximalen fünf erlaubten Installationen des Desktop-Office-Pakets, dennoch sind pro Office-Lizenz nur jeweils fünf Smartphones und fünf Tablets erlaubt.

- Mit der App *Office Lens* fotografieren Sie Dokumente, Flipcharts, Whiteboards etc. und speichern sie richtig ausgerichtet und zugeschnitten in OneNote.
- Die App *OneDrive* unterstützt die OneDrives für Privatanwender genauso wie OneDrive for Business.

Einen guten Einstiegspunkt stellt auch diese Website dar:

http://office.microsoft.com/de-de/mobile/

5.8 Project

Ausschließlich in Enterprise-Konten haben Sie die Möglichkeit, bei Bedarf Project-Lizenzen hinzuzubuchen. Dabei müssen Sie unterscheiden, ob Sie den lokal zu installierenden Client benötigen oder ob eine Weboberfläche ausreichend ist. Die Weboberfläche kann auch zur zentralen Projektverwaltung im Team genutzt werden. Der Client wiederum kann auf die Weboberfläche zugreifen, um dort Projektinformationen zu verwalten.

Je nach Lizenz erhalten Sie also den Project-Client oder Funktionen, wie sie der Project Server bereitstellt. Zur Auswahl stehen folgende Lizenzen:

- Project Online Professional
  Die Lizenz enthält den jeweils aktuellsten Project-Client, derzeit Project Professional 2016, zur lokalen Installation. Darüber hinaus sind in Project Online Professional Funktionen enthalten, wie sie der Project Server bietet.
- Project Online Premium
  Diese Lizenz erweitert die vorangegangene um Funktionen wie die Modellierung von Portfolioszenarien, Bedarfsmanagement, Unternehmensressourcenplanung und Portfolioberichte.
- Project Online Essentials
  Hier handelt es sich um eine kostengünstige Lizenz für die Project-Basisfunktionalität im Browser. Diese Lizenz kann aber nur dann eingesetzt werden, wenn wenigstens ein anderer Benutzer mit einer der anderen beiden Project Online-Lizenzen ausgestattet ist.

Um ein Abonnement über diese Lizenztypen abzuschließen, öffnen Sie im Office 365 Admin Center im Bereich ABRECHNUNG den Abschnitt DIENSTE KAUFEN.

Eine detaillierte Auflistung und einen Vergleich der Office 365-Lizenzen mit den klassischen Lizenzen finden Sie in der Dienstbeschreibung zu Project unter folgender URL:

http://technet.microsoft.com/en-us/library/project-online-service-description.aspx

5.8.1 Systemvoraussetzungen

Um Project für Office 365 installieren zu können, müssen Sie die Voraussetzungen aus Tabelle 5.13 bereitstellen.

Komponente	Mindestvoraussetzung
CPU	1 GHz mit SSE2
RAM	2 GB RAM
Festplatte	3 GB freie Kapazität
Bildschirm	1.280 × 800 Pixel
Grafikkarte	Für die Hardwarebeschleunigung ist eine DirectX 10-kompatible Grafikkarte erforderlich.
Betriebssystem	▶ Windows 7 SP 1, Server 2008 R2 ▶ .NET Framework 3.5

Tabelle 5.13 Systemvoraussetzungen Project für Office 365

5.8.2 Installation von Project für Office 365

In Abschnitt 5.3, »Installation unter Windows«, habe ich bereits verschiedene Installationsvarianten des Office-Pakets beschrieben. Diese Erläuterungen gelten genauso für Project für Office 365.

Auch in diesem Fall wird die Installation über Klick-und-Los durchgeführt. Wollen Sie die Installation über Softwareverteilungstools automatisieren, ist dies wie beim Office-Paket mithilfe des *Office Deployment Tools (ODT)* möglich. Die mit dem ODT heruntergeladenen Dateien enthalten bereits die Installationsdateien für Project.

Wie auch beim Office-Paket darf ein Benutzer Project auf bis zu fünf seiner Geräte installieren.

> **Parallelinstallation von MSI-Project oder Visio und Klick-und-Los-Office**
>
> Beziehen Sie den Project-Client oder Visio aus Office 365, müssen Sie beim Deployment nichts Besonderes berücksichtigen.
>
> Anders verhält es sich jedoch, wenn Sie den Project-Client oder Visio nicht über Office 365 beziehen – beispielsweise als normales Handelsprodukt. In diesem Fall kommt zwar auch Klick-und-Los zum Einsatz, jedoch müssen hier bestimmte Voraussetzungen erfüllt sein, um eine parallele Installation neben dem Office-Paket zu gewährleisten. Andererseits könnten Sie den Project-Client und Visio auch über Volumenlizenzen in einer MSI-Variante erhalten, was dann ebenfalls bestimmte Voraussetzungen mit sich bringt.
>
> Grundsätzlich müssen Sie bei Parallelinstallationen zwei Regeln berücksichtigen:
>
> ▶ Sie können keine zwei Produkte derselben Version installieren, wenn die Produkte unterschiedliche Installationstechniken verwenden (Klick-und-Los, MSI).

- Beispielsweise wäre die Parallelinstallation eines MSI-basierten Project 2016 neben einem Klick-und-Los-Office 2016 nicht möglich. Ein MSI-basiertes Project 2013 mit einem Klick-und-Los-Office 2016 dagegen schon.
- Sie können keine zwei Produkte unterschiedlicher Versionen installieren, wenn beide Klick-und-Los verwenden, sofern beide Produkte überlappende Anwendungen beinhalten.

  Beispielsweise können Sie nicht ein Klick-und-Los-Visio 2013 neben einem Klick-und-Los-Visio 2016 installieren. Dagegen können Sie durchaus neben einem Klick-und-Los-Visio 2013 ein Klick-und-Los-Office 2016 installieren (Office beinhaltet kein Visio).

Für die erste Regel gibt es eine Umgehungslösung: Angenommen, Sie haben den Project-Client und Visio über Volumenlizenzen in der MSI-Variante eingekauft und wollen diese Anwendungen jetzt gemeinsam mit Office 365 ProPlus (Klick-und-Los) auf den Clients installieren. Dies ist gemäß der ersten Regel nicht möglich. Aber Sie können in diesem Fall statt der MSI-Installationsdateien auf genau für diesen Fall konzipierte Klick-und-Los-Installationsdateien zurückgreifen. Diese spezielle Variante trägt den Namen *Click-2-Run-Perpetual (C2R-P)* und hat eine Besonderheit: Die Aktivierung nehmen Sie wie bei der MSI-Variante mithilfe eines Lizenzschlüssels oder einem eigenen Aktivierungsserver vor, das heißt, die Aktivierung läuft nicht wie bei Office 365 ProPlus und Business über Office 365 ab.

Um die Installationsdateien für C2R-P zu erhalten, verwenden Sie das Office Deployment Tool (ODT) wie in Abschnitt 5.3.6, »Administrative Anpassung der Installation (Push-Installation)« beschrieben. In der XML-Konfigurationsdatei geben Sie dann die folgenden speziellen Produkt-IDs an:

- ProjectProXVolume
- ProjectStdXVolume
- VisioProXVolume
- VisioStdXVolume

5.8.3 Project Web App

Verfügen Sie über eine Lizenz, die Project Online beinhaltet, haben Sie Zugriff auf die *Project Web App (PWA*, siehe Abbildung 5.76). Im Office 365-Portal klicken Sie im App-Launcher auf PROJECT.

Die PWA setzt auf SharePoint auf. Es handelt sich dabei um eine speziell ausgestattete Websitesammlung. SharePoint Online habe ich an dieser Stelle noch nicht vorgestellt. Falls erforderlich, lesen Sie in Abschnitt 6.4.1, »Outlook für Windows«, nach.

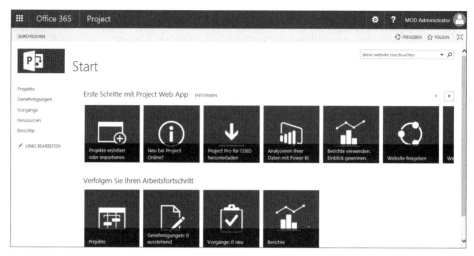

Abbildung 5.76 Project Web App

Neue PWA-Websitesammlung anlegen

Bei Bedarf können Sie weitere PWA-Websitesammlungen für unterschiedliche Projekte oder Projektgruppen anlegen:

1. Im Office 365 Admin Centers klicken Sie auf ADMIN CENTER • SHAREPOINT.

Abbildung 5.77 SharePoint-Administratorcenter

[»] Damit öffnet sich das SharePoint-Administratorcenter (siehe Abbildung 5.77), wie Sie es in Abschnitt 6.2, »Administrationsübersicht«, noch genauer kennenlernen werden.

2. Klicken Sie auf NEU • PRIVATE WEBSITESAMMLUNG MIT PROJECT WEB APP.

3. Füllen Sie das Formular entsprechend Ihren Wünschen aus (siehe Abbildung 5.78). Weitere Informationen zu den Optionen finden Sie in Abschnitt 6.4.1, »Outlook für Windows«.

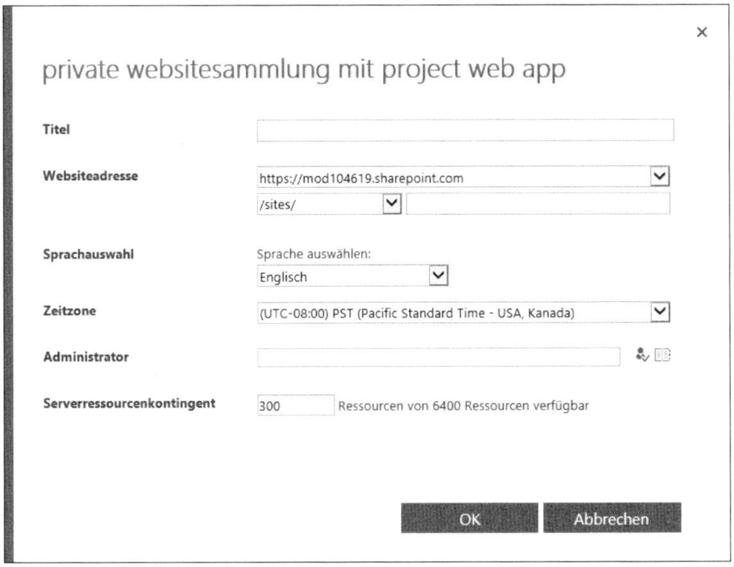

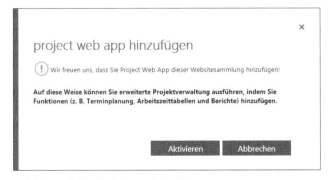

Abbildung 5.78 Anlegen einer PWA-Websitesammlung

PWA in bestehender Websitesammlung aktivieren

Verwenden Sie bereits eine Websitesammlung außerhalb von Project, können Sie PWA auch nachträglich in dieser Websitesammlung aktivieren:

1. Im SharePoint-Administratorcenter markieren Sie die entsprechende Websitesammlung.
2. Im Menüband geben Sie den Befehl PROJECT WEB APP • HINZUFÜGEN.
3. In dem erscheinenden Fenster klicken Sie auf AKTIVIEREN (siehe Abbildung 5.79).

Abbildung 5.79 Aktivieren der PWA

Die Aktivierung kann 15 Minuten in Anspruch nehmen. Sobald der Vorgang abgeschlossen ist, wird die Websitesammlung unterhalb von WEBSITESAMMLUNGEN MIT PROJECT WEB APP (PWA) aufgeführt. Die PWA der Websitesammlung rufen Sie dann unter folgender URL auf:

https://WEBSITESAMMLUNGSDOMÄNE/PWA

Projekte ablegen

Verwalten Sie Ihre Projekte mithilfe von Project für Office 365, können Sie diese zentral in Project Online ablegen. Gehen Sie dazu wie folgt vor:

1. Öffnen Sie Ihr Projekt in Project für Office 365.
2. Klicken Sie auf DATEI, und öffnen Sie den Bereich INFORMATIONEN (siehe Abbildung 5.80).

Abbildung 5.80 Informationsbereich

3. Klicken Sie auf die Schaltfläche KONTEN VERWALTEN (siehe Abbildung 5.81).

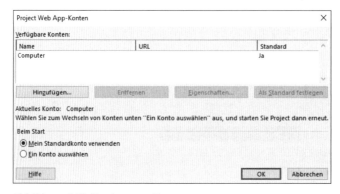

Abbildung 5.81 Kontoverwaltung

4. Klicken Sie auf HINZUFÜGEN, und geben Sie einen frei wählbaren Kontonamen (im Beispiel Office 365) und die URL zu einer PWA-Websitesammlung an.
5. Starten Sie Project für Office 365 neu.
6. Öffnen Sie Ihr Projekt in Project für Office 365.
7. Klicken Sie auf DATEI • SPEICHERN UNTER.
8. Wählen Sie den zuvor angelegten Kontonamen, und klicken Sie auf SPEICHERN (siehe Abbildung 5.82).

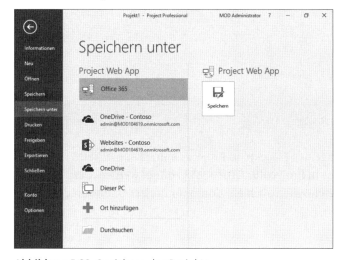

Abbildung 5.82 Speichern des Projekts

9. Geben Sie einen Projektnamen an, und klicken Sie auf SPEICHERN.

Nun ist das Projekt in Project Online gespeichert. Damit weitere Anwender damit arbeiten können, muss das Projekt noch veröffentlicht werden. Wählen Sie dazu den Befehl DATEI • INFORMATIONEN • VERÖFFENTLICHEN. Mit diesem Befehl wird eine Unterwebsite angelegt. Öffnen Sie jetzt die PWA-Websitesammlung, wird das Projekt im Bereich PROJEKTE angezeigt (siehe Abbildung 5.83).

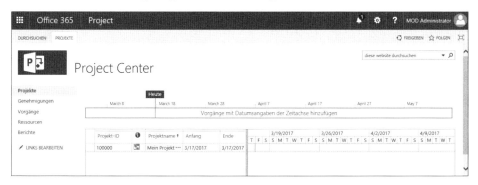

Abbildung 5.83 Projektübersicht

Von dort aus können Sie auch die eben erzeugte Unterwebsite öffnen (siehe Abbildung 5.84).

Abbildung 5.84 Projektwebsite

Durch die zentrale Ablage des Projekts in Project Online kann es jetzt von anderen Anwendern von dort aus in Project für Office 365 geöffnet werden. Dazu müssen die Anwender wie zuvor beschrieben auch ein Konto für Project Online anlegen.

5.9 Visio

Visio-Lizenzen können Sie ausschließlich in Enterprise-Konten buchen. Die Lizenz trägt den Namen *Visio Pro für Office 365* und umfasst die jeweils aktuellste Visio-Version, derzeit Visio Professional 2016.

Die Lizenz ist als Monatsabonnement und alternativ als günstigeres Jahresabonnement erhältlich. Um ein solches Abonnement abzuschließen, öffnen Sie im Office 365 Admin Center den Bereich DIENSTE KAUFEN.

[»] Aktuell arbeitet Microsoft an Visio Online, mit dem Sie ähnlich wie mit Office Online, Dateien in Browser verwenden können. Mehr dazu hier:

https://products.office.com/en-us/visio/visio-online

Darüber hinaus arbeitet Microsoft an einer iOS-App für Visio:

https://products.office.com/en-us/visio/visio-for-ipad

5.9.1 Systemvoraussetzungen

Um Visio installieren zu können, müssen Sie die Voraussetzungen aus Tabelle 5.14 bereitstellen.

Komponente	Mindestvoraussetzung
CPU	1 GHz mit SSE2
RAM	2 GB RAM
Festplatte	3 GB freie Kapazität
Bildschirm	1.280 × 800 Pixel
Grafikkarte	Für die Hardwarebeschleunigung ist eine DirectX 10-kompatible Grafikkarte erforderlich.
Betriebssystem	▸ Windows 7 SP 1, Server 2008 R2 ▸ .NET Framework 3.5

Tabelle 5.14 Systemvoraussetzungen Visio Pro für Office 365

5.9.2 Installation

Das Vorgehen bei der Installation von Visio unterscheidet sich nicht grundsätzlich von der Vorgehensweise beim Office-Paket. Auch hier haben Sie die Wahl zwischen einer manuellen Installation und einer administrativen Anpassung bis hin zur automatisierten Installation über Softwareverteilungstools. Lesen Sie hierzu in Abschnitt 5.3, »Installation unter Windows«, nach.

Wie auch beim Office-Paket darf ein Benutzer Visio auf bis zu fünf seiner Geräte installieren.

Lesen Sie zur Problematik der Parallelinstallation eines MSI-basierten Visio auch den Kasten »Parallelinstallation von MSI-Project oder Visio und Klick-und-Los-Office« aus Abschnitt 5.8.2, »Installation von Project für Office 365«.

5.10 So geht es weiter

In diesem Kapitel haben wir uns detailliert mit verschiedenen Formen der Office-Anwendungen ausgehend vom klassischen installierten Office über Office im Browser, Project und seinen Clouddienst bis hin zu Visio beschäftigt. Im sechsten Kapitel geht es um die Einrichtung und Konfiguration von Exchange Online.

Kapitel 6
Exchange Online

Im sechsten Kapitel kümmern Sie sich um die E-Mail-Anbindung mit verschiedenen Clients, verwalten die Postfächer Ihrer Anwender und spezieller Gruppen, archivieren alte Inhalte und konfigurieren den Nachrichtenfluss, sichern den Zugriff auf Postfachinhalte und lösen Ihre bestehende E-Mail-Umgebung ab.

Exchange Online dürfte für viele Interessenten und Abonnenten von Office 365 der ausschlaggebende Dienst sein. Eine gehostete Variante von Exchange hat ja auch ihren besonderen Charme. Eine lokal installierte Exchange-Umgebung ist nicht gerade einfach bei der Installation, der Konfiguration und im laufenden Betrieb. Mit Exchange Online könnten so die damit verbundenen Kosten und die Komplexität verringert werden, ohne dabei auf wesentliche Exchange-Funktionen verzichten zu müssen. Im Gegenteil – Funktionen wie EOP und ATP bringt eine lokale Exchange-Umgebung gar nicht mit.

Da die Einrichtung von Exchange Online im Regelfall nicht auf einer grünen Wiese geschieht, sondern bestehende E-Mail-Systeme abgelöst werden sollen, spielt in diesem Kapitel neben der alltäglichen Verwaltung auch die Migration eine zentrale Rolle. PowerShell-Verfechter haben im gesamten Kapitel Gelegenheit zur skript- und kommandozeilenbasierten Administration. Das geht sogar so weit, dass bestimmte Funktionen ausschließlich über die PowerShell konfiguriert werden können.

In diesem Kapitel werden wir speziell die Exchange Online-Funktionen betrachten. Sie werden dabei einen soliden Wissensgrundstock aufbauen. Allerdings ist im Buch kein Platz, um jede Exchange-Funktion bis ins letzte Detail zu beschreiben. Auf dem Büchermarkt finden Sie aber auch eine Auswahl dicker Bücher, die sich ausschließlich mit Exchange beschäftigen.

In diesem Kapitel werden wir zwar primär mit *Exchange Online* arbeiten, manchmal aber einen Vergleich mit dem klassisch lokal installierten *Exchange Server* ziehen. Außerdem kommen diese beiden Varianten in einer gemeinsamen Konstellation als Hybridlösung zum Einsatz. Wenn Sie in diesem Kapitel den Begriff *Exchange Server* lesen, ist damit die lokal installierte Variante gemeint.

6.1 Was ist Exchange Online?

Bevor es mit der Konfiguration von Exchange Online losgeht, erfahren Sie in diesem Abschnitt, welche Funktionen bereitstehen, welche Voraussetzungen Ihre Umgebung erfüllen muss und mit welchen Einschränkungen Sie rechnen müssen.

6.1.1 Funktionsüberblick

Exchange Online wird mit einer riesigen Funktionsvielfalt ausgeliefert. Es ist hier kaum möglich, sämtliche Funktionen aufzulisten. Für einen guten Überblick finden Sie hier eine Auswahl wichtiger Funktionen, die wir im Laufe dieses Kapitels auch näher beleuchten werden.

Anwenderfunktionen

Die hier vorgestellten Funktionen helfen Anwendern bei der Bewältigung ihrer täglichen Arbeit. Viele der Funktionen müssen Sie als Administrator für Ihre Anwender konfigurieren und bereitstellen:

- Clients
  Der Zugriff auf die Postfächer ist von diversen Clients aus möglich, darunter von Browsern (beispielsweise Edge, Internet Explorer, Firefox, Safari, Chrome), Outlook, Smartphones und Tablets.
- Archivierung
  Exchange Online bietet mit 50 GB (und bei E3 und E5 sogar 100 GB) bereits schon ein sehr großes Postfach an. Reicht das dennoch nicht aus oder sollen aktuelle Elemente von älteren getrennt aufbewahrt werden, können Sie als Administrator zu jedem Postfach ein Archivpostfach aktivieren. Der Anwender kann in dieses dann manuell zusätzliche Postfachelemente übertragen, und Sie können Regeln bereitstellen, die sich automatisch darum kümmern.
  Es gibt sogar ein Szenario, bei der Sie auf Ihren lokalen Exchange Server nicht verzichten und dort nach wie vor die primären Postfächer verwalten, aber – beispielsweise um Speicherkosten zu sparen – die Archivpostfächer in Exchange Online ablegen.
- *Senden als* und *Senden im Auftrag*
  Über Berechtigungen können Sie als Administrator Ihren Anwendern das Recht geben, von einem anderen Postfach aus E-Mails zu verschicken, beispielsweise wenn die Assistentin den Geschäftsführer entlasten soll.
- Freigegebene Postfächer
  Diese spezielle Postfachart können mehrere Anwender gleichermaßen benutzen, um dort an zentraler Stelle Postfachelemente zu verwalten. Diese Postfächer

eignen sich auch für allgemeine E-Mail-Adressen, wie beispielsweise *info@beispielag.de*. Das Beste daran: Es fallen keine zusätzlichen Lizenzkosten an.

- E-Mail-Info, MailTips, QuickInfos
  Dabei handelt es sich um Hinweismeldungen und Warnungen, die der Anwender erhält, wenn er beispielsweise an eine externe Person eine E-Mail schreibt oder an eine Verteilergruppe mit vielen Mitgliedern. So kann er sich noch mal überlegen, ob die Empfänger richtig angegeben sind und er wirklich diese Nachricht an 100 Personen schicken will.

- Unified Messaging
  Mit den größeren Lizenzen und einer entsprechenden lokalen Einrichtung können Sie Anrufbeantworter-Sprachnachrichten in die Postfächer der Anwender weiterleiten. Die Nachrichten können dort abgehört und möglicherweise sogar in Textform gelesen werden.

- Schutz vor Spam, Schadcode und Phishing
  Bei jeder Exchange Online-Lizenz ist der leistungsfähige Schutz von *Exchange Online Protection (EOP)* enthalten, der zuverlässig Spam und Schadcode aussortiert. EOP setzt dabei auf Signaturen, die eine Erkennung unerwünschten Inhalts ermöglichen.

  Reicht Ihnen dieser Schutz nicht aus, können Sie EOP durch die *Exchange Online Advanced Threat Protection (ATP)* erweitern. Mit ATP werden unbekannte Dateianhänge in einer Sandbox analysiert und ihre Gefährlichkeit eingestuft. So können auch viele unbekannte Bedrohungen erkannt und ausgefiltert werden, selbst wenn noch keine Signatur vorhanden ist. Außerdem schreibt ATP Links in E-Mails um. Klickt der Anwender auf einen Link, wird zunächst die Gefährlichkeit des verlinkten Ziels ermittelt und bei potenzieller Gefahr der Anwender gewarnt.

- Verwaltung von Informationsrechten
  Über vom Administrator vorgegebene Vorlagen kann der Absender von E-Mails die möglichen Aktionen des Empfängers einschränken, beispielsweise das Weiterleiten und Drucken.

- Office 365-Gruppen
  Dieses kombinierte SharePoint Online- und Exchange Online-Feature stellt Funktionen zur Zusammenarbeit innerhalb von Gruppen bereit, wie Unterhaltungen, Kalender, Dateiablage, Notizbuch, Aufgabenplanung etc. Diese Funktionalität rechtfertigt das separate Kapitel 11, »Office 365-Gruppen«.

- Öffentliche Ordner
  Ja, sie werden auch in Exchange Online bereitgestellt. Dies ist jetzt kein Aufruf, krampfhaft an öffentlichen Ordnern festzuhalten, aber wenn Ihr Unternehmen dauerhaft auf diese Informationsstruktur setzt, können Sie sie weiter einsetzen.

- Posteingangsregeln
  Auch unabhängig von Outlook kann der Anwender eingehende E-Mails nach seinen Wünschen verarbeiten lassen, beispielsweise in bestimmte Ordner verschieben. Da diese Posteingangsregeln auf dem Server ausgeführt werden und nicht im Client, wirken sie sich auch aus, wenn der Anwender verschiedene Clients verwendet, beispielsweise neben Outlook auch sein Smartphone.
- Verbundene Konten
  Möchte der Anwender eintreffende E-Mails von fremden Konten, beispielsweise GMX und Google Mail, automatisch in seinem Exchange Online-Postfach vorfinden, kann er dies selbst einrichten. Exchange kümmert sich dann um das regelmäßige Abholen der Nachrichten aus den verbundenen Konten.

Administratorfunktionen

Für Sie in der Rolle des Administrators bringt Exchange Online folgende Funktionen mit:

- Administrationswerkzeuge
  Je nach Anwendungsfall und Szenario steht Ihnen eine Palette unterschiedlicher Administrationswerkzeuge zur Verfügung. Einen wesentlichen Teil der täglichen Administrationsarbeit können Sie im Browser vornehmen oder über die PowerShell automatisieren und standardisieren.
- Migrations-Assistent
  Um Ihnen die Migration auf Exchange Online einfacher zu machen, steht ein Migrations-Assistent zur Verfügung, der die Postfächer von vorhandenen IMAP- und Exchange-Systemen zu Exchange Online migriert.
- Hybridkonfiguration
  In manchen Szenarien können und wollen Sie nicht auf einen lokalen Exchange Server verzichten, sondern diesen weiterhin betreiben, beispielsweise wenn Sie hochsensible Postfächer nach wie vor lokal verwalten wollen, andere aber in Exchange Online. Ein solches Szenario ist möglich. Wichtige Funktionen wie die Kalenderinformationen und eine gemeinsame Adressliste aller Postfächer – lokaler wie cloudbasierter – bleiben dabei erhalten.
- Transportregeln
  Mithilfe von Transportregeln können Sie alle ein- und ausgehenden E-Mails verarbeiten. Typische Anwendungsfälle sind das Hinzufügen eines Haftungsausschlusses und einer Signatur, wenn die Nachricht an einen externen Empfänger geschickt wird, und das Verhindern des Versands von Nachrichten, die vertrauliche Informationen enthalten.

- Verhindern von Datenverlust
  Auf Basis eines Regelwerks wird der Endanwender vor dem Versand einer E-Mail darauf hingewiesen, dass eventuell besonders vertrauenswürde Informationen enthalten sind, beispielsweise Kreditkartennummern und Bankverbindungen. Abhängig von den Regeln erhält der Anwender nur eine Warnung, oder er wird am Absenden der E-Mail gehindert.
- Rollenbasierte Sicherheit
  Über ein ausgefeiltes Rollenkonzept können Sie granular bestimmen, wer was womit machen kann. Das gilt sowohl für Administratorkollegen als auch für die Anwender.
- Compliance
  Um den firmeninternen und gesetzlichen Vorgaben hinsichtlich der Datenaufbewahrung zu entsprechen, gibt es in Exchange Online verschiedene Mittel zur dauerhaften Aufbewahrung. Anwender können dabei wie gewohnt mit Ihrem Postfach arbeiten, jedoch wird jede Änderung, jedes Löschen etc. aufgezeichnet. Außerdem gibt es verschiedene Berichte, mit denen auch Konfigurationsänderungen protokolliert werden. Mit der Journalisierung protokollieren Sie den E-Mail-Verkehr in einem externen Postfach.

6.1.2 Lizenzüberblick

Tabelle 6.1 zeigt einen groben Überblick der von den verschiedenen Lizenzpaketen und Einzellizenztypen abgedeckten Funktionen.

Funktion	Exchange Online in Business Essentials	Exchange Online in Business Premium	Exchange Online-Kiosk (einzeln oder in Enterprise K1)	Exchange Online Plan 1 (einzeln oder in E1)	Exchange Online Plan 2 (einzeln oder in E3/5)
Maximale Postfachgröße	50 GB (inklusive eines optionalen Archivs)	50 GB (inklusive eines optionalen Archivs)	2 GB	50 GB (inklusive eines optionalen Archivs)	100 GB + unlimitiertes Archiv
Verwendung von Outlook	ja	ja	nur über POP3	ja	ja

Tabelle 6.1 Exchange Online-Funktionsvergleich

Funktion	Exchange Online in Business Essentials	Exchange Online in Business Premium	Exchange Online-Kiosk (einzeln oder in Enterprise K1)	Exchange Online Plan 1 (einzeln oder in E1)	Exchange Online Plan 2 (einzeln oder in E3/5)
Verwendung von Outlook für macOS	ja	ja	nein	ja	ja
Exchange ActiveSync	ja	ja	ja	ja	ja
POP3 und IMAP	ja	ja	nur POP3	ja	ja
Exchange Web Services (EWS)	ja	ja	ja	ja	ja
Posteingangsregeln	ja	ja	nein	ja	ja
Transportregeln	ja	ja	ja	ja	ja
Information Rights Management (IRM) mit ARMS	nein	nein	nein	nein	ja
Beweissicherungsverfahren/ Compliance-Archiv	nein	nein	nein	nein	ja
Inaktive Postfächer	nein	nein	nein	nein	ja
Data Loss Prevention (DLP)	nein	nein	nein	nein	ja

Tabelle 6.1 Exchange Online-Funktionsvergleich (Forts.)

Funktion	Exchange Online in Business Essentials	Exchange Online in Business Premium	Exchange Online-Kiosk (einzeln oder in Enterprise K1)	Exchange Online Plan 1 (einzeln oder in E1)	Exchange Online Plan 2 (einzeln oder in E3/5)
Journalisierung	ja	ja	ja	ja	ja
Öffentliche Ordner	ja	ja	nein	ja	ja
Exchange Online Protection (EOP)	ja	ja	ja	ja	ja
Exchange Online Advanced Threat Protection (ATP)	nein	nein	nein	nein	nur in E5
Exchange-Hybridkonfiguration	optional	optional	optional	optional	optional

Tabelle 6.1 Exchange Online-Funktionsvergleich (Forts.)

Zur Tabelle einige Hinweise:

▸ Information Rights Management (IRM) mit ARMS kann mit der Lizenz *Azure-Rechteverwaltung* hinzugebucht werden. In den Lizenzpaketen E3 und E4 ist diese bereits enthalten.

▸ Information Rights Management (IRM) mit Windows Server AD RMS setzt eine entsprechende lokale Umgebung voraus.

▸ Die Funktion *Inaktive Postfächer* kann über die Lizenz *Exchange Online-Archivierung für Exchange Server* hinzugebucht werden.

▸ Die *Exchange Online Advanced Threat Protection (ATP)* kann als separate Lizenz hinzugebucht werden und ist bereits Bestandteil des Lizenzpakets E5.

> **Lizenztypen im Detail und im Vergleich mit Exchange Server 2016**
>
> Die abgedeckten Funktionen der einzelnen Lizenztypen finden Sie detailliert in der offiziellen *Dienstbeschreibung* unter folgender URL beschrieben:
>
> *http://technet.microsoft.com/library/exchange-online-service-description.aspx*
>
> Dort finden Sie auch einen Vergleich zwischen Exchange Online und dem Exchange Server 2016.

6.1.3 Einschränkungen

Bevor Sie Office 365 für Ihr Unternehmen einführen, sollten Sie sich über gewisse Einschränkungen im Klaren sein (neben der maximalen Postfachgröße). Diese können oftmals auch nicht über höhere Lizenzen überwunden werden. Hier die wichtigsten Einschränkungen:

- Maximalgröße von E-Mails (inklusive Anhang): 150 MB

  Eigentlich sind es »nur« 112 MB. Durch die MIME-Codierung beim Versand fällt aber ein etwa 33 % höheres Datenvolumen an. Dies gilt jedoch nur beim Versand von E-Mails an Empfänger außerhalb von Exchange Online. Nutzen Sie Outlook im Web sind die Limits etwas geringer: Eine E-Mail darf maximal 112 MB groß werden, jeder Dateianhang maximal 35 MB groß sein.

  In der Standardkonfiguration ist die Maximalgröße jedoch auf 35 MB festgelegt. In den Eigenschaften der Postfächer können Sie eine andere Maximalgröße bis zu 150 MB konfigurieren.

- Maximalanzahl an Anhängen: 250
- Maximale Empfänger pro Postfach: 10.000 pro Tag
- Maximale Empfänger pro E-Mail: 500

  Dabei zählt eine Verteilerliste aus der globalen Adressliste als einzelner Empfänger. Mitglieder persönlicher Verteilerlisten zählen einzeln.

- Maximale E-Mail-Rate: 30 E-Mails pro Minute

  Versenden Sie schneller E-Mails, werden diese entsprechend verzögert zugestellt.

- Aufbewahrungslimit von Elementen im Ordner *Gelöschte Elemente*: unlimitiert
- Aufbewahrungslimit von Elementen, die aus dem Ordner *Gelöschte Elemente* entfernt werden: 14 Tage
- Aufbewahrungslimit von gelöschten Postfächern: 30 Tage

Da sich diese Einschränkungen im Laufe der Zeit gern auch einmal ändern, lohnt es sich, immer mal wieder die aktuelle Exchange Online-Dienstbeschreibung zu überfliegen.

6.2 Administrationsübersicht

Um die vielfältigen Administrationsaufgaben bewältigen zu können, stehen Ihnen leistungsfähige Werkzeuge zur Verfügung. In diesem Abschnitt stelle ich sie Ihnen im Einzelnen vor.

6.2.1 Administrationswerkzeuge

Die Administration von Exchange Online beschränkt sich nicht nur auf eine einzelne Website, sondern ist an verschiedenen Stellen wiederzufinden:

- Office 365 Admin Center

  Typischerweise beschränkt sich die Verwaltung von Exchange Online-Funktionen im Office 365 Admin Center (*http://portal.office.com*) auf die Lizenzzuweisung. Im Admin Center gibt es vereinzelt auch noch weitere Exchange-Funktionen, wie beispielsweise die Vergabe von zusätzlichen E-Mail-Adressen, doch nehmen Sie solche Konfigurationen eher im Exchange Admin Center (EAC) vor.

  Weisen Sie in der Benutzerverwaltung eine Exchange Online-Lizenz zu, erhält das Benutzerkonto automatisch ein Postfach (siehe Abbildung 6.1). Nehmen Sie die Exchange Online-Lizenz wieder weg, wird das Postfach (nach 30 Tagen) ebenfalls entfernt.

  Verlässt ein Mitarbeiter das Unternehmen, wollen Sie sicher seine Exchange Online-Lizenz anderweitig verwenden, aber den Inhalt des Postfachs möglicherweise noch weiter aufbewahren. Hier bietet sich das inaktive Postfach an. Lesen Sie hierzu Abschnitt 6.9.2, »Inaktive Postfächer«.

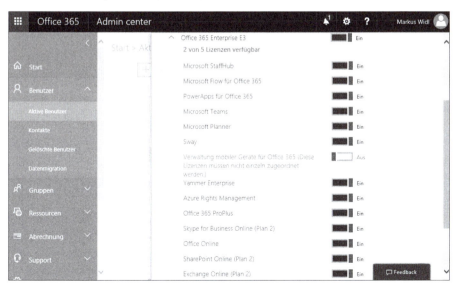

Abbildung 6.1 Lizenzzuweisung im Office 365 Admin Center

▶ Exchange Admin Center (EAC)
Beim *Exchange Admin Center (EAC)* handelt es sich um eine Website zur Verwaltung der Exchange Online-Organisation (siehe Abbildung 6.2). Als »Organisation« wird dabei die Exchange Online-Umgebung eines Office 365-Mandanten betrachtet. Sie erreichen das EAC vom Office 365 Admin Center aus über ADMINISTRATOR • EXCHANGE.

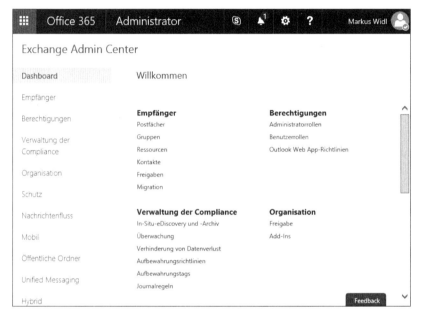

Abbildung 6.2 Exchange Admin Center (EAC) für die Verwaltung der Organisation

Die direkte URL auf das EAC lautet:

https://outlook.office365.com/ecp

In Abschnitt 6.2.2, »Exchange Admin Center (EAC)«, sehen wir uns das EAC noch genauer an.

▶ PowerShell
Bei der Verwaltung von Exchange Online spielt die PowerShell in der Praxis wieder eine wichtige Rolle. Manche Funktionen können nur über die PowerShell konfiguriert werden, weil es im EAC keine Befehle dafür gibt. Dazu gehören beispielsweise Teile des Berechtigungskonzepts und das Anlegen komplexer dynamischer Verteilergruppen. In Abschnitt 6.3, »PowerShell mit Exchange Online«, sehen wir uns die Besonderheiten der PowerShell-Administration mit Exchange Online an, um diese Kenntnisse dann im gesamten Kapitel in der Praxis einzusetzen.

In der Praxis werden Sie, je nach Anwendungsfall, eine Kombination dieser Werkzeuge verwenden.

6.2.2 Exchange Admin Center (EAC)

Öffnen Sie das EAC, finden Sie dort wie im Office 365 Admin Center verschiedene Bereiche mit unterschiedlichen Abschnitten. In Tabelle 6.2 sehen Sie die enthaltenen Abschnitte der Organisationsverwaltung samt einer kurzen Funktionserklärung.

Werden bei Ihnen einzelne Bereiche oder Abschnitte nicht angezeigt, liegt das möglicherweise an fehlenden Berechtigungen oder fehlenden Lizenzen. Der Bereich KOMPLEXE BEDROHUNGEN wird beispielsweise nur angezeigt, wenn Sie Lizenzen für ATP (Bestandteil von E5) haben.

Bereich	Abschnitt	Funktion
DASHBOARD	WILLKOMMEN	Links zu den einzelnen Abschnitten
EMPFÄNGER	POSTFÄCHER	Anzeige, Anlegen, Löschen, Wiederherstellen von Postfächern (siehe Abschnitt 6.5.1, »Postfächer«)
	GRUPPEN	Anzeige, Anlegen, Löschen von Gruppen (siehe Abschnitt 6.5.2, »Gruppen«)
	RESSOURCEN	Anzeige, Anlegen, Löschen von Ressourcenpostfächern (siehe Abschnitt 6.5.3, »Ressourcenpostfächer«)
	KONTAKTE	Anzeige, Anlegen, Löschen von externen Kontakten (siehe Abschnitt 6.5.4, »Externe Kontakte«)
	FREIGABEN	Anzeige, Anlegen, Löschen von freigegebenen Postfächern (siehe Abschnitt 6.5.5, »Freigegebene Postfächer«)
	MIGRATION	Migration von IMAP- und Exchange-Postfächern (siehe Abschnitt 6.12, »Exchange-Migration«)
BERECHTIGUNGEN	ADMINISTRATORROLLEN	Verwaltung der Administratorrollen (siehe Abschnitt 6.8.1, »Rollen«)
	BENUTZERROLLEN	Verwaltung der Benutzerrollen (siehe Abschnitt 6.8.1, »Rollen«)
	OUTLOOK WEB APP-RICHTLINIEN	Verwaltung der Benutzerrollen (siehe Abschnitt 6.8.1, »Rollen«)

Tabelle 6.2 Organisationsverwaltung

Bereich	Abschnitt	Funktion
VERWALTUNG DER COMPLIANCE	IN-SITU-EDISCOVERY UND -ARCHIV	Verwaltung von Compliance-Richtlinien (siehe Abschnitt 6.9, »Compliance«)
	ÜBERWACHUNG	Zugriff auf Überwachungsberichte (siehe Abschnitt 6.9.3, »Überwachungsberichte«)
	VERHINDERUNG VON DATENVERLUST	Absicherungen vor versehentlichem Datenverlust (siehe Abschnitt 6.9.4, »Verhinderung von Datenverlust«)
	AUFBEWAHRUNGS-RICHTLINIEN	Verwaltung von Aufbewahrungsrichtlinien von Postfachinhalten (siehe Abschnitt 6.6, »Archivierung«)
	AUFBEWAHRUNGSTAGS	Verwaltung von Aufbewahrungstags (siehe Abschnitt 6.6, »Archivierung«)
	JOURNALREGELN	Aufbewahrung und Archivierung der E-Mail-Kommunikation (siehe Abschnitt 6.9.6, »Journalisierung«)
ORGANISATION	FREIGABE	Freigabe von Kalenderinformationen für andere Organisationen (siehe Abschnitt 6.13.10, »Freigabe von Kalenderinformationen«)
	APPS	Verwaltung und Freigabe von Outlook-Apps (siehe Abschnitt 6.4.5, »Apps in Outlook und in Outlook im Web«)
SCHUTZ	SCHADSOFTWAREFILTER	Schutz vor Schadsoftware und Spam (siehe Abschnitt 6.8.4, »Anti-Virus und Anti-Spam mit EOP«)
	VERBINDUNGSFILTER	Zulassen und Blockieren von fremden E-Mail-Servern (siehe Abschnitt 6.8.4, »Anti-Virus und Anti-Spam mit EOP«)
	SPAMFILTER	Filtern von unerwünschten E-Mail-Inhalten (siehe Abschnitt 6.8.4, »Anti-Virus und Anti-Spam mit EOP«)

Tabelle 6.2 Organisationsverwaltung (Forts.)

Bereich	Abschnitt	Funktion
	AUSGEHENDE SPAM-NACHRICHTEN	Schutz vor ausgehenden Spamnachrichten (siehe Abschnitt 6.8.4, »Anti-Virus und Anti-Spam mit EOP«)
	QUARANTÄNE	Verwaltung von verdächtigen Nachrichten (siehe Abschnitt 6.8.4, »Anti-Virus und Anti-Spam mit EOP«)
	WARTUNGSCENTER	Freigabe von blockierten Anwender, die Spam versandt haben (siehe Abschnitt 6.8.4, »Anti-Virus und Anti-Spam mit EOP«)
	DKIM	Signieren von ausgehenden E-Mails für bessere Spamerkennung (siehe den Abschnitt »DKIM«)
KOMPLEXE BEDROHUNGEN	SICHERE ANLAGEN	Analyse von E-Mail-Anhängen für unbekannte Bedrohungen (siehe Abschnitt 6.8.6, »Schutz vor unbekanntem Schadcode mit ATP«)
	SICHERE LINKS	Schutz vor gefährlichen Inhalten hinter Links in E-Mails (siehe Abschnitt 6.8.6, »Schutz vor unbekanntem Schadcode mit ATP«)
NACHRICHTEN-FLUSS	REGELN	Anzeige, Anlegen, Löschen von Transportregeln (siehe Abschnitt 6.7.1, »Transportregeln«)
	NACHRICHTENABLAUF-VERFOLGUNG	Anzeige von Übermittlungsinformationen (siehe Abschnitt 6.7.2, »Nachrichtenablaufverfolgung«)
	URL-ABLAUF-VERFOLGUNG	Analyse von Links in E-Mails (siehe Abschnitt 6.8.6, »Schutz vor unbekanntem Schadcode mit ATP«)
	AKZEPTIERTE DOMÄNEN	Von Ihrer Exchange Online-Umgebung akzeptierte Domänen (siehe Abschnitt 6.7.3, »Exchange Online neben einem weiteren E-Mail-System betreiben«)

Tabelle 6.2 Organisationsverwaltung (Forts.)

Bereich	Abschnitt	Funktion
	REMOTEDOMÄNEN	Domänen, die für das Routing von eingehenden E-Mails akzeptiert werden (siehe Abschnitt 6.13, »Vollständige Exchange-Hybridkonfiguration«)
	CONNECTORS	Eingehende und ausgehende Connectors (siehe Abschnitt 6.13, »Vollständige Exchange-Hybridkonfiguration«)
MOBIL	ZUGRIFF AUF MOBILE GERÄTE	Verwaltung von ActiveSync-Zugriffen (siehe Abschnitt 6.10, »ActiveSync«)
	POSTFACHRICHTLINIEN FÜR MOBILE GERÄTE	Geräteeinschränkungen über ActiveSync (siehe Abschnitt 6.10, »ActiveSync«)
ÖFFENTLICHE ORDNER	ÖFFENTLICHE ORDNER	Anzeige, Anlegen, Löschen von öffentlichen Ordnern (siehe Abschnitt 6.5.6, »Öffentliche Ordner«)
	POSTFÄCHER FÜR ÖFFENTLICHEN ORDNER	Anzeige, Anlegen, Löschen von Postfächern für öffentliche Ordner (siehe Abschnitt 6.5.6, »Öffentliche Ordner«)
UNIFIED MESSAGING	UM-WÄHLPLÄNE	Telefonintegration mit Exchange Online (siehe Abschnitt 6.11, »Unified Messaging«)
	UM-IP-GATEWAYS	Telefonintegration mit Exchange Online (siehe Abschnitt 6.11, »Unified Messaging«)
HYBRID	EINRICHTUNG	Einrichtung einer Exchange-Hybridkonfiguration (siehe Abschnitt 6.13, »Vollständige Exchange-Hybridkonfiguration«)

Tabelle 6.2 Organisationsverwaltung (Forts.)

6.2.3 Ändern von Exchange-Attributen mit aktivierter Verzeichnissynchronisierung

Wie Sie aus Abschnitt 4.3, »Active Directory-Synchronisierung«, bereits wissen, müssen Sie bei aktivierter Verzeichnissynchronisierung Änderungen an den Attributen Ihrer Benutzer, Gruppen etc. zunächst im lokalen Active Directory vornehmen. Ein

Verzeichnissynchronisierungstool wird diese dann im separaten Active Directory Ihres Office 365-Mandanten nachpflegen. Dies gilt beispielsweise auch für die E-Mail-Adressen (von Exchange aus heißt dieses Attribut EmailAddresses; vom Active Directory aus heißt das Attribut proxyAddresses) und für die benutzerdefinierten Attribute (Exchange: CustomAttribute1 … 15, Active Directory: extensionAttribute1 … 15). Versuchen Sie bei aktivierter Verzeichnissynchronisierung von Exchange Online aus über das EAC oder die PowerShell diese Attribute zu ändern, erhalten Sie die Fehlermeldung aus Abbildung 6.3.

Abbildung 6.3 Fehler beim Bearbeiten von Exchange-Attributen

Dabei müssen wir jetzt verschiedene Herausforderungen meistern:

- Verwenden Sie lokal einen Exchange Server (beispielsweise innerhalb einer Exchange-Hybridkonfiguration – siehe Abschnitt 6.13, »Vollständige Exchange-Hybridkonfiguration«), können Sie die Änderungen mit dessen Verwaltungstools, also mit dem EAC (bei Exchange 2013 und 2016), der EMC (bei Exchange 2010) oder der lokalen Exchange-PowerShell, durchführen.

- Verwenden Sie jedoch lokal keinen Exchange Server, weil Sie diesen nach einer Migration zu Exchange Online bereits abgeschaltet oder noch nie einen betrieben haben, wird die Sache schon etwas komplizierter:

  Grundsätzlich müssen Sie dann auf andere Tools ausweichen, mit denen Sie Attribute im Active Directory direkt bearbeiten können. Das könnten beispielsweise sein:

- Die erweiterte Ansicht der Standard-Verwaltungskonsole ACTIVE DIRECTORY-BENUTZER UND -COMPUTER (siehe Abbildung 6.4). Aktivieren Sie die erweiterte Ansicht über ANSICHT • ERWEITERTE FEATURES.
- der zu Windows gehörende ADSI-EDITOR
- Die PowerShell-Erweiterung für das Active Directory (siehe Abschnitt 3.16, »PowerShell und Active Directory«). Mit ihr können Sie beispielsweise mit dem Cmdlet Set-ADUser die gewünschten Attribute beschreiben. Hier ein Beispiel, in dem von Lucys Benutzerkonto das erste benutzerdefinierte Attribut beschrieben wird:

```
Set-ADUser -Add @{ extensionAttribute1="WERT" } -Identity Lucy
```

Listing 6.1 Ändern von Active Directory-Attributen

Abbildung 6.4 Ein Benutzerkonto in der erweiterten Ansicht der Verwaltungskonsole Active Directory-Benutzer und -Computer

Allerdings wird hierbei vorausgesetzt, dass die speziellen Exchange-Attribute im lokalen Active Directory auch vorhanden sind. Während der Installation von Exchange würde das Schema, also der Aufbau, des Active Directorys entsprechend erweitert.

Wenn Sie aber noch nie einen Exchange Server betrieben haben, fehlen Ihrem Active Directory die Exchange-Attribute. Diese lassen sich jedoch nachrüsten:

1. Laden Sie die Testversion von Exchange Server 2016 herunter:

   www.microsoft.com/de-de/download/confirmation.aspx?id=49161

2. Installieren Sie nicht den kompletten Exchange Server, sondern führen Sie nur die Schemaerweiterung des Active Directorys durch. Rufen Sie dazu *setup.exe* wie folgt auf:

   `setup.exe /PrepareSchema /IAcceptExchangeServerLicenseTerms`

6.3 PowerShell mit Exchange Online

Für die Exchange Serveradministratoren unter Ihnen ist die Verwaltung über die PowerShell seit Version 2007 keine neue Sache mehr. Da in den grafischen Oberflächen nicht der komplette Exchange-Funktionsumfang angeboten wird, ist ein Ausflug in die PowerShell-Kommandozeile nicht ungewöhnlich.

Exchange 2016 erweitert die PowerShell über Snap-ins um rund 3.400 zusätzliche Cmdlets. Bei Exchange Online müssen Sie auf die PowerShell-Administration nicht verzichten, die Anzahl der Cmdlets ist mit rund 600 Stück aber deutlich geringer. In der PowerShell-Erweiterung von Exchange Online finden Sie die üblichen Befehle zur Verwaltung der Postfächer, Archivierungsrichtlinien, Transportregeln etc., jedoch beispielsweise keine für die Administration der Datenbanken – das soll ja Microsoft selbst erledigen. Dafür enthält die Exchange Online-Erweiterung Cmdlets, die im On-Premises-Exchange nicht vorhanden sind, beispielsweise zur E-Mail-Migration.

In diesem Abschnitt gehe ich davon aus, dass Sie sich die Grundlagen der PowerShell-Administration angeeignet haben, beispielsweise mit Kapitel 3, »Microsoft PowerShell«.

6.3.1 Voraussetzungen

Die Administration von Exchange Online nehmen Sie über eine *PowerShell-Remoting-Session* vor. Diese Session bauen Sie über einen einheitlichen Befehl von Ihrem lokalen Computer auf und importieren sie in die lokale PowerShell-Session. Damit ist auch sichergestellt, dass Sie immer den aktuellen Satz an Befehlen zur Verfügung haben.

Folgende Voraussetzungen gelten aber trotzdem:

▶ Betriebssystem
Zur Wahl stehen die Clientbetriebssysteme ab Windows 7 SP1 sowie die Serverbetriebssysteme ab 2008 R2 SP1.

- PowerShell ab 3
  Bei Windows 7 und dem Server 2008 R2 ist nur Version 2 vorhanden. PowerShell 2 ist bei Windows 7 und dem Server 2008 R2 bereits vorhanden. Dort installieren Sie das Windows Management Framework:

  http://go.microsoft.com/fwlink/p/?LinkId=272757

- .NET Framework 4.5(.1)
  Auch dieses muss bei Windows 7 und dem Server 2008 R2 nachinstalliert werden:

  http://go.microsoft.com/fwlink/p/?LinkId=257868

- Ausführungsrichtlinie
  Die Ausführungsrichtlinie, mit der Sie bestimmen, ob und unter welchen Bedingungen PowerShell-Skripte ausgeführt werden dürfen, darf nicht auf `Restricted` stehen (womit die Skriptausführung verhindert würde). Lesen Sie hierzu Abschnitt 3.12.2, »Skriptausführung«.

- Exchange Online-PowerShell-Modul
  Es gibt für den Verbindungsaufbau mit Exchange Online ein separat auf dem Client zu installierendes PowerShell-Modul. Jedoch benötigen Sie dies nur dann, wenn für den Benutzer, mit dem Sie sich an Exchange Online anmelden, die mehrstufige Authentifizierung aktiviert wurde (siehe Abschnitt 4.4, »Mehrstufige Authentifizierung«). Das Exchange Online-PowerShell-Modul installieren Sie über diesen Weg: Öffnen Sie das EAC, und wechseln Sie zum Bereich HYBRID. Dort können Sie mit der unteren Schaltfläche KONFIGURIEREN das Modul installieren. Außerdem müssen Sie vorab Ihre Exchange Online-Umgebung für die moderne Authentifizierung aktivieren (siehe Abschnitt 4.5, »Moderne Authentifizierung«).

6.3.2 Abgedeckte Funktionalität

Die Exchange Online-Befehle lassen sich in die Bereiche aus Tabelle 6.3 aufteilen.

Bereich	Beschreibung
Empfänger und Postfächer	Verwalten von Empfängern und Postfächern, Verteilergruppen, externen Kontakten, verbundene Konten etc.
Migration	Migration von unterschiedlichen Quellsystemen (beispielsweise IMAP, Exchange) zu Exchange Online
Berechtigungen	Konfiguration der *RBAC (Role Based Access Control)*, Postfachberechtigungen, *Senden als* etc.
Compliance	postfachübergreifende Suche, Transportregeln, Aufbewahrungsrichtlinien, Archivierung etc.

Tabelle 6.3 Übersicht Funktionalität

Bereich	Beschreibung
Reporting	Überwachungsprotokollierung, Übermittlungsberichte etc.
Domänen	akzeptierte Domänen und Namensräume
Postfacheinstellungen	Outlook im Web-Benutzereinstellungen, CAS etc.
Organisations-einstellungen	Organisationskonfiguration
Hybride Umgebungen	Freigabe von Kalendern und Kontaktinformationen mit externen Benutzern, Verschieben von Postfächern, Connectors
ActiveSync	Verwaltung von ActiveSync für mobile Endgeräte
Nachrichtenhygiene	Anti-Spam und Anti-Malware
Unified Messaging	Verwaltung von Unified Messaging

Tabelle 6.3 Übersicht Funktionalität (Forts.)

6.3.3 Verbindungsaufbau

Wie Sie eine PowerShell-Remoting-Session zu Ihrer Exchange Online-Umgebung aufbauen, hängt davon ab, ob für den Benutzer, mit dem Sie sich an Exchange Online anmelden, die mehrfache Authentifizierung aktiviert wurde.

Verbindung ohne mehrfache Authentifizierung

Ohne mehrfache Authentifizierung können Sie die Remoting-Session direkt ohne eine spezielle PowerShell-Erweiterung mit einigen Befehlszeilen aufbauen. Je nachdem, ob Ihr Mandant in Office 365 Global oder Office 365 Deutschland angelegt ist, unterscheidet sich jedoch der Wert für die ConnectionUri. Hier zunächst die Befehlszeilen für Office 365 Global:

```
#Eingabe der Office 365-Zugangsdaten
$cred = Get-Credential

#Anlegen der Remoting-Session
$session = New-PSSession -ConfigurationName Microsoft.Exchange `
   -ConnectionUri https://outlook.office365.com/powershell-liveid/ `
   -Credential $cred `
   -Authentication Basic `
   -AllowRedirection
```

```
#Import der Remoting-Session
Import-PSSession $session
```

Listing 6.2 Verbindungsaufbau mit Exchange Online bei Office 365 Global

Bei Office 365 Deutschland verwenden Sie statt https://outlook.office365.com/powershell-liveid/ den Wert https://outlook.office.de/powershell-liveid/:

```
#Eingabe der Office 365-Zugangsdaten
$cred = Get-Credential

#Anlegen der Remoting-Session
$session = New-PSSession -ConfigurationName Microsoft.Exchange `
    -ConnectionUri https://outlook.office.de/powershell-liveid/ `
    -Credential $cred `
    -Authentication Basic `
    -AllowRedirection

#Import der Remoting-Session
Import-PSSession $session
```

Listing 6.3 Verbindungsaufbau mit Exchange Online bei Office 365 Deutschland

Nach der Ausführung dieser Zeilen stehen Ihnen die Exchange Online-Cmdlets unmittelbar zur Verfügung. Während des Verbindungsaufbaus werden Sie innerhalb der Microsoft-Rechenzentren zur für Sie zuständigen Umgebung weitergeleitet – unter Umständen auch mehrfach (siehe Abbildung 6.5).

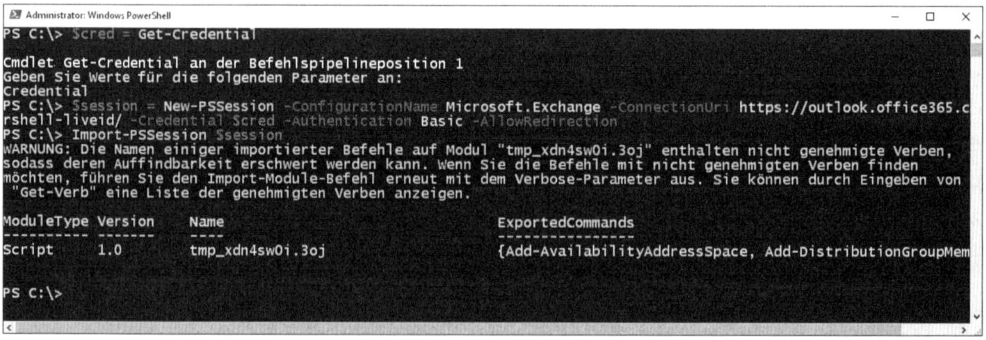

Abbildung 6.5 Verbindungsaufbau mit Exchange Online

Da der Code für den Verbindungsaufbau aus Listing 6.2 nicht gerade kurz ist, Sie ihn aber oft benötigen werden, ist er ein guter Kandidat für ein PowerShell-Profil (siehe Abschnitt 3.12.5, »Profile«). Bei einem Profil handelt es sich um ein Skript, das automatisch beim Start der PowerShell ausgeführt wird. Definieren Sie im Profil beispielsweise folgende Funktion, um den Verbindungsaufbau mit nur einem Befehl auszuführen:

```
Function Connect-ExchangeOnline {
   $cred = Get-Credential
   $session = New-PSSession `
      -ConfigurationName Microsoft.Exchange `
      -ConnectionUri https://outlook.office365.com/powershell-liveid/ `
      -Credential $cred `
      -Authentication Basic `
      -AllowRedirection
   Import-PSSession $session
}
```

Listing 6.4 Funktion zum Verbindungsaufbau

Passen Sie bei Office 365 Deutschland wieder die `ConnectionUri` an.

Verbindung mit mehrfacher Authentifizierung

Wie in Abschnitt 6.3.1, »Voraussetzungen«, beschreiben, benötigen Sie das Exchange Online-PowerShell-Modul zum Aufbau einer Remoting-Session mit Ihrer Exchange Online-Umgebung, wenn Sie für den Benutzer, mit dem Sie sich anmelden, die mehrfache Authentifizierung aktiviert wurde. In diesem Fall rufen Sie das Modul direkt aus dem Startmenü auf. Abhängig davon, ob Ihr Mandant in Office 365 Global oder Office 365 Deutschland liegt, sieht der Befehl etwas anders aus. Zunächst der Befehl für Office 365 Global:

```
Connect-EXOPSSession
```

Listing 6.5 Verbindungsaufbau mit mehrfacher Authentifizierung bei Office 365 Global

Und hier die Variante für Office 365 Deutschland:

```
Connect-EXOPSSession `
   -ConnectionUri https://outlook.office.de/powershell-liveid/ `
   -AzureADAuthorizationEndpointUri https://login.microsoftonline.de/common
```

Listing 6.6 Verbindungsaufbau mit mehrfacher Authentifizierung bei Office 365 Deutschland

Alternativ dazu können Sie auch gleich beim Aufruf den Benutzerprinzipalnamen des Benutzers mit angeben:

```
Connect-EXOPSSession -UserPrincipalName <BENUTZER>
```

Listing 6.7 Alternativer Verbindungsaufbau mit mehrfacher Authentifizierung

Sie erhalten dann ein Anmeldefenster, über das die mehrfache Authentifizierung abgewickelt wird (siehe Abbildung 6.6).

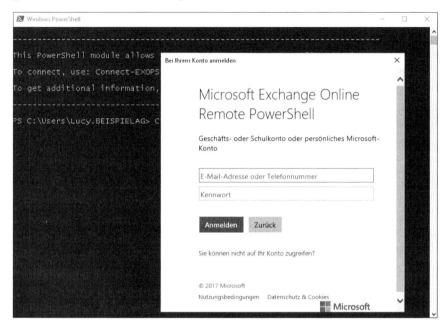

Abbildung 6.6 Anmeldefenster

[»] Der Befehl Connect-EXOPSSession funktioniert auch mit Benutzern, für die die mehrfache Authentifizierung nicht aktiviert wurde.

Alternatives Cmdlet-Präfix

Die Exchange Online-Cmdlets sind oftmals identisch mit den Exchange 2016-Cmdlets (beispielsweise Get-Mailbox). Das soeben geschilderte Vorgehen hat den Nachteil, dass Sie in der verwendeten PowerShell-Sitzung nicht zusätzlich die Exchange Server 2016-Cmdlets hinzufügen können, da es sonst Namenskonflikte gäbe. In manchen Szenarien wäre es aber doch sinnvoll, in einer einzigen PowerShell-Session mit den Cmdlets von Exchange Online und Exchange Server 2016 parallel zu arbeiten. Das erreichen Sie, indem Sie den Import-PSSession-Befehl aus Listing 6.2 mit der Angabe eines Präfixes erweitern. Hier ein Beispiel:

```
Import-PSSession $session -Prefix "O365"
```

Listing 6.8 Alternatives Cmdlet-Präfix

Das hat zur Folge, dass den Exchange Online-Cmdlets vor der Objektbezeichnung ein O365 vorangestellt wird. Aus dem eigentlichen Get-Mailbox wird dadurch ein Get-

O365Mailbox. Dadurch ist es nun möglich, in dieselbe PowerShell-Sitzung auch die Exchange Server 2016-Snap-ins zu laden.

Egal, für welche der vorgestellten Varianten Sie sich entscheiden – die PowerShell-Beispiele aus diesem Kapitel erfordern grundsätzlich eine entsprechende Verbindung zu Exchange Online.

6.3.4 Anzahl zurückgegebener Objekte

Manche Cmdlets liefern eine große Anzahl an Objekten zurück, beispielsweise `Get-Mailbox`. Aus Geschwindigkeits- und Ressourcengründen ist hier jedoch eine standardmäßig greifende Grenze eingebaut, denn das Cmdlet liefert nur 1.000 Objekte zurück, die anderen werden verworfen. Müssen Sie mit mehr als 1.000 Objekten arbeiten, können Sie oftmals die Grenze anheben, bei `Get-Mailbox` geht dies beispielsweise mit dem Parameter `-ResultSize`. Diesen können Sie auf eine feste Anzahl zurückzugebender Objekte setzen oder auch auf `Unlimited`. Hier ein Beispiel, um alle Postfächer zu erhalten:

```
Get-Mailbox -ResultSize Unlimited
```

Listing 6.9 Alle Postfächer ermitteln

6.3.5 Befehlsprotokollierung

Sind Sie gerade dabei, erste Erfahrungen im Umgang mit den Exchange Online-Befehlen zu gewinnen, ist es oft nicht gerade einfach, den richtigen Befehl mit den passenden Parametern ausfindig zu machen. Manchmal können Sie sich dabei behelfen: Das grafische EAC führt im Hintergrund PowerShell-Kommandos aus. Diese Kommandos können Sie sich anzeigen lassen. So könnten Sie beispielsweise die Aktion, die Sie später mit PowerShell automatisieren wollen, zunächst einmal im EAC durchführen. Dann nehmen Sie das PowerShell-Kommando und passen es für Ihre Einsatzzwecke an. Das ist oftmals schneller, als sich selbst auf die Suche nach dem richtigen Kommando zu begeben.

Um die vom EAC ausgeführten Befehle zu sehen, lassen Sie sich das *Befehlsprotokoll* anzeigen. Klicken Sie dazu im EAC in der Kopfnavigation auf das Fragezeichen, und wählen Sie dann den Befehl BEFEHLSPROTOKOLLIERUNG ANZEIGEN (siehe Abbildung 6.7).

Das Fenster lassen Sie dann offen. Führen Sie jetzt Aktionen mit dem EAC aus, werden die PowerShell-Kommandos in diesem Fenster angezeigt. Das Befehlsprotokoll umfasst bis zu 500 Befehle.

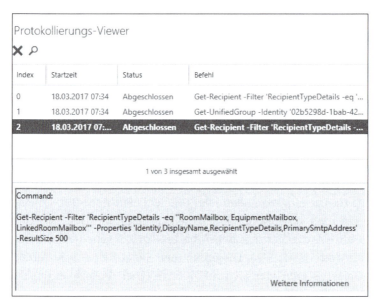

Abbildung 6.7 PowerShell-Befehlsprotokoll

6.4 Clients

Exchange Online lässt Ihnen die Auswahl zwischen einer breiten Palette unterschiedlicher Clients. Dazu gehören neben *Outlook* die browserbasierte Variante *Outlook im Web* (früher auch als *Outlook Web Access* und *Outlook Web App* bekannt) sowie die Unterstützung diverser Mobilgeräte.

6.4.1 Outlook für Windows

Damit Sie über Outlook ohne Probleme und ohne aufwendige Konfiguration auf Ihr Exchange Online-Postfach zugreifen können, muss die *AutoErmittlung (Autodiscover)* aktiviert sein: Darüber werden die erforderlichen Einstellungen vom Outlook-Client automatisch ermittelt, und im besten Fall müssen nur Benutzername und Kennwort angegeben werden. Damit die AutoErmittlung mit Ihrer eigenen Domäne funktioniert, ist ein passender DNS-Eintrag erforderlich. Lesen Sie hierzu Abschnitt 2.4, »Domänenverwaltung«.

[»] Die Anbindung ohne die AutoErmittlung über die direkte Angabe des zuständigen Servers wird von Microsoft nicht unterstützt. Das hat auch seinen Grund: Sie müssten diese manuelle Angabe ändern, wenn beispielsweise der Speicherort des Postfachs geändert wird. Sie erhalten in einem solchen Fall keine Benachrichtigung. Über die AutoErmittlung ist das kein Problem – Outlook findet die Verbindungsinformationen automatisch.

Am besten wäre es, wenn Sie über Outlook 2016 verfügten, da es von Exchange Online mit allen Funktionen unterstützt wird. In älteren Versionen fehlen möglicherweise Funktionen. Allerdings ist Outlook 2016 auch nicht gleich Outlook 2016. Je nachdem, woher Sie die Anwendung erhalten – beispielsweise über bestimmte Office-Pakete –, wird auch bei Outlook 2016 das Archivpostfach eventuell nicht dargestellt. Mehr dazu lesen Sie in Abschnitt 6.6.6, »Anwenderansicht«.

Grundsätzlich ist der Zugriff auf die Postfächer auch über POP3 und IMAP möglich, womit auch weitere E-Mail-Clients zum Einsatz kommen können, wie beispielsweise ältere Outlook-Versionen. Dabei stehen allerdings nicht alle Exchange-Funktionalitäten zur Verfügung, beispielsweise fehlen diese:

- Anzeige von Verfügbarkeitsinformationen
- globale Adressliste
- Push-E-Mail
- über POP keine Synchronisation des Postfachs mit unterschiedlichen Geräten

Postfachanbindung

Haben Sie die Voraussetzungen erfüllt, können Sie ein Exchange Online-Postfach in Outlook einrichten. Hier zeige ich exemplarisch die Schritte für Outlook 2016:

1. Wurde in Outlook noch kein Profil angelegt (direkt nach der Installation), startet beim ersten Start ein Einrichtungs-Assistent (siehe Abbildung 6.8). Ist dagegen schon ein Profil vorhanden, geben Sie in Outlook den Befehl DATEI • INFORMATIONEN • KONTO HINZUFÜGEN. Es erscheint dann letztendlich derselbe Assistent.

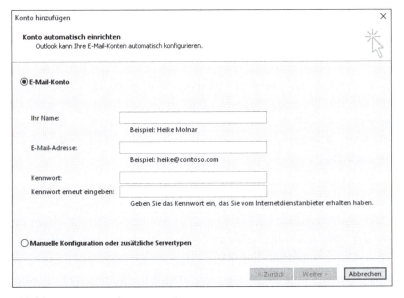

Abbildung 6.8 Einrichtungs-Assistent

2. Möglicherweise ist der Einrichtungs-Assistent bereits mit Ihrem Namen und der E-Mail-Adresse ausgefüllt. Diese Daten stammen aus dem Active Directory-Benutzerkonto aus den Attributen `displayName` und `mail`. Fehlen die Daten oder sind sie nicht korrekt, geben Sie die E-Mail-Adresse des Postfachs und das Kennwort ein.

Bei funktionierender AutoErmittlung werden die Servereinstellungen nun automatisch gefunden (siehe Abbildung 6.9). Gegebenenfalls ist eine erneute Anmeldung erforderlich.

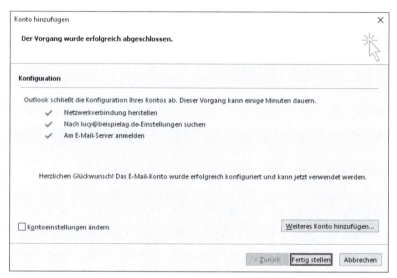

Abbildung 6.9 Einrichtung fertiggestellt

Sollte es hier Probleme geben und eine Fehlermeldung wie in Abbildung 6.10 erscheinen, führen Sie folgende Schritte durch:

▸ Microsoft stellt mit dem *Remote Connectivity Analyzer* (früher auch *Exchange Remote Connectivity Analyzer* genannt) eine spezielle Website zur Ausführung verschiedener Tests für Exchange, Outlook, AD FS etc. bereit. Inzwischen gibt es mit dem *Connectivity Analyzer Tool* auch eine Variante, die auf dem lokalen Client ausgeführt wird (siehe Abbildung 6.11). Sie finden das Clienttool unter folgender URL auf der Registerkarte CLIENT:

http://testconnectivity.microsoft.com

▸ Überprüfen Sie den DNS-Eintrag zur AutoErmittlung. Denken Sie daran, den Eintrag gegebenenfalls nicht nur im externen DNS-System, sondern auch im internen einzutragen, damit lokale Clients den Namen auch auflösen können (siehe Abschnitt 2.4, »Domänenverwaltung«).

▸ Melden Sie sich vorab mit dem Benutzer an Outlook im Web an (siehe Abschnitt 6.4.3, »Outlook im Web«).

▶ Überprüfen Sie die Firewall(s).

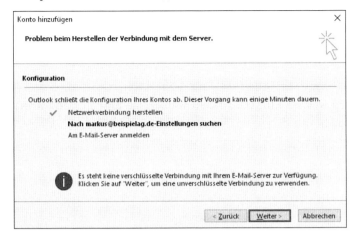

Abbildung 6.10 Probleme bei der Suche nach den Servereinstellungen

Abbildung 6.11 Clientversion des Remote Connectivity Analyzers

Das war es dann auch schon. Outlook ist für die Verwendung mit dem Exchange Online-Postfach fertig konfiguriert.

6.4.2 Outlook für macOS

Wie schon bei Outlook für Windows muss auch bei der Verwendung von Outlook für macOS die AutoErmittlung in Ihren DNS-Einstellungen eingetragen sein.

Die Einbindung eines Postfachs sieht dann so aus:

1. Geben Sie den Befehl OUTLOOK • EINSTELLUNGEN.
2. Im Abschnitt PERSÖNLICHE EINSTELLUNGEN wählen Sie anschließend KONTEN (siehe Abbildung 6.12).

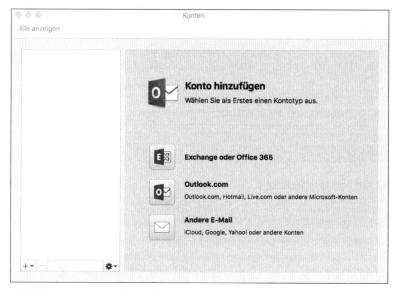

Abbildung 6.12 Konto hinzufügen

3. Klicken Sie auf die Schaltfläche EXCHANGE ODER OFFICE 365.
4. Geben Sie die E-MAIL-ADRESSE, als BENUTZERNAME nochmals die E-Mail-Adresse und zuletzt das KENNWORT ein. Außerdem wählen Sie die AUTOMATISCHE KONFIGURATION (siehe Abbildung 6.13).

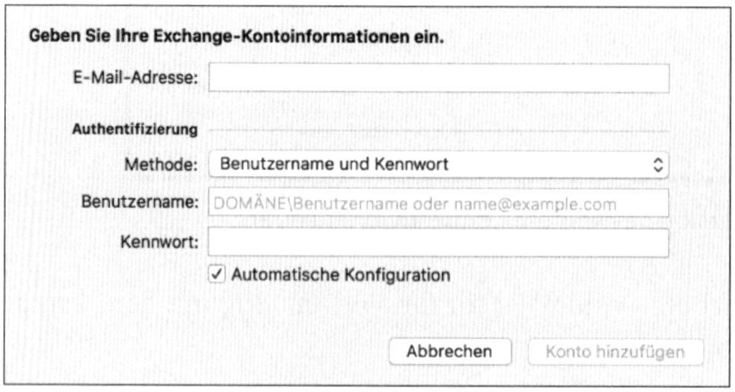

Abbildung 6.13 Kontoeinstellungen

5. Bestätigen Sie gegebenenfalls die Hinweismeldung zur
   Autodiscover-Umleitung.

Damit ist die Einbindung abgeschlossen (siehe Abbildung 6.14).

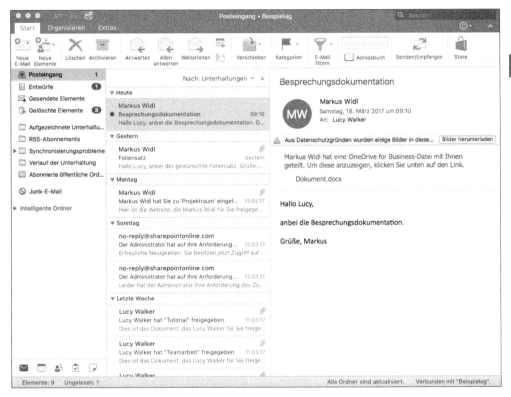

Abbildung 6.14 Einrichtung abgeschlossen

6.4.3 Outlook im Web

Mit *Outlook im Web* (früher auch als *Outlook Web App [OWA]* und *Outlook Web Access* bekannt) haben Sie im Browser einen komfortablen Zugriff auf Ihr Postfach, das von der Bedienung her an das Windows-Outlook erinnert, auch wenn nicht alle Funktionen der Desktopanwendung zur Verfügung stehen (siehe Abbildung 6.15).

Abhängig vom verwendeten Browser wird Outlook im Web in einer funktional unterschiedlichen Variante dargestellt. So wird Ihnen als Anwender bei inkompatiblen oder zu alten Browsern nur eine stark vereinfachte Light-Variante im Browser präsentiert (siehe Abbildung 6.16).

Abbildung 6.15 Outlook im Web

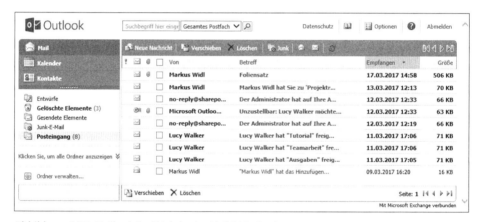

Abbildung 6.16 Outlook im Web in der Light-Variante

In der Light-Variante fehlen beispielsweise folgende Funktionen:

- Aufgaben
- Erinnerungen
- MailTips
- Kontextmenüs
- Drag & Drop
- Archivzugriff
- Wiederherstellen gelöschter Elemente
- Öffnen anderer Postfächer
- Offlineanwendung

Die volle Outlook im Web-Funktionalität erhalten Sie mit folgenden Browsern:

- aktuelle Versionen von Safari, Chrome, Firefox und Edge
- Internet Explorer 10 und höher

Bei älteren oder anderen Browsern kann es sein, dass auf die Light-Variante zurückgegriffen wird.

Zugriff auf Outlook im Web

Sie können Outlook im Web über die Apps OUTLOOK, KALENDER, AUFGABEN und PERSONEN im App-Launcher aufrufen. Der direkte Zugriff auf Outlook im Web ohne Umweg über das Office 365-Portal ist mit folgender URL möglich: *http://mail.office365.com*

Ist Ihnen das zu wenig unternehmensspezifisch, legen Sie in Ihren DNS-Einstellungen eine Umleitung an, beispielsweise in der Form: *http://mail.beispielag.de*

Wenn Ihnen das Aussehen der Standardvariante zu trist ist, können Sie aus verschiedenen Designvorlagen wählen. Klicken Sie dazu im Menü EINSTELLUNGEN (ZAHNRAD) auf DESIGN ÄNDERN.

Anzeige der Dateianhänge

In Outlook im Web ist Office Online zur Anzeige von Dateianhängen integriert. Dadurch müssen Sie Word-, Excel-, PowerPoint- und OneNote-Dateien nicht zwangsläufig auf den lokalen Computer herunterladen, sondern können sie direkt im Browser anzeigen. Dies kann auch einen (kleinen) Sicherheitsvorteil bedeuten, denn die Datei wird eben nicht auf dem möglicherweise fremden Computer gespeichert.

Klicken Sie zum Öffnen eines Anhangs auf das Dateisymbol (siehe Abbildung 6.17).

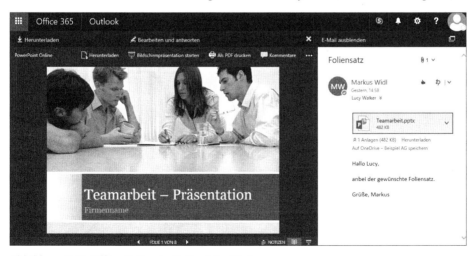

Abbildung 6.17 Office Online in Outlook im Web

Offlinezugriff

Outlook im Web hat auch einen integrierten Offlinezugriffsmodus, sofern Sie mindestens Internet Explorer 10, Safari 5 oder Chrome 24 verwenden. Mit ihm haben Sie auch ohne aktive Internetverbindung die wesentlichen Funktionen im Browser zur Verfügung. Allerdings müssen Sie den Offlinezugriff vorher auf dem Computer aktivieren, auf dem Sie ihn benötigen. Standardmäßig ist er deaktiviert. Sollte dann die Internetverbindung abbrechen, während Sie gerade mit Outlook im Web arbeiten oder während Sie auf Outlook im Web zugreifen, obwohl keine Internetverbindung vorhanden ist, greift der Offlinezugriff automatisch. Es empfiehlt sich hier, einen Browserfavoriten oder ein Lesezeichen anzulegen, um im Offlinefall einfach Outlook im Web aufrufen zu können.

Während des Offlinezugriffs stehen Ihnen folgende Aktionen zur Verfügung:

- Lesen, Beantworten, Weiterleiten, Schreiben, Löschen, Verschieben und Markieren von E-Mails
- Anzeigen und Bearbeiten des Kalenders
- Bearbeitung von Besprechungsanfragen
- Anzeigen und Bearbeiten von Kontakten

Allerdings gilt das nicht für sämtliche Daten aus dem Postfach, sondern nur für diese:

- E-Mails: die Ordner *Posteingang* und *Entwürfe* sowie jeder Ordner, den Sie in der letzten Woche besucht haben. Aus diesen Ordnern haben Sie Zugriff auf die Einträge der letzten drei Tage oder 150 Elemente, je nachdem, was mehr Elemente umfasst. Sie haben aber keinen Zugriff auf Anhänge, und die Suchfunktion ist deaktiviert.
- Kalender: Sie erhalten Erinnerungen und den Zugriff auf den aktuellen Monat sowie das nächste Jahr.
- Personen: Offline sind alle angelegten Kontakte verfügbar sowie jeder, mit dem Sie häufig oder vor kurzem E-Mail-Kontakt gehabt haben.

Der Offlinezugriff ist nur bei der Desktopvariante von Outlook im Web verfügbar, also nicht auf Smartphones und Tablets.

Wollen Sie den Offlinezugriff nutzen, klicken Sie in Outlook im Web auf das Menü EINSTELLUNGEN (ZAHNRAD) und dann auf OFFLINEEINSTELLUNGEN. Wählen Sie dort OFFLINEZUGRIFF AKTIVIEREN (siehe Abbildung 6.18).

Mit der Aktivierung werden im Hintergrund vom Browser die erforderlichen Daten lokal zwischengespeichert. Die unterstützten Browser verwenden dazu eine eigene Webdatenbank. Beim Internet Explorer wird diese beispielsweise in folgendem Pfad angelegt:

%systemdrive%\Users\%username%\Local\Microsoft\Internet Explorer\Indexed DB

Abbildung 6.18 Aktivierung des Offlinezugriffs

Beachten Sie bitte, dass die Daten unverschlüsselt abgelegt werden. Deshalb sollten Sie gegebenenfalls über eine Festplattenverschlüsselung nachdenken, beispielsweise mit *Bitlocker*.

Die Aktivierung gilt nur für den aktuell genutzten Browser auf diesem Computer. Wollen Sie den Offlinezugriff auch auf anderen Computern verwenden, müssen Sie ihn dort ebenfalls aktivieren.

Möglicherweise haben Sie als Administrator Sicherheitsbedenken gegenüber dem Offlinezugriff. Dann können Sie die Verwendung durch die Anwender verbieten, indem Sie die Outlook Web App-Richtlinie entsprechend konfigurieren.

Im EAC wechseln Sie zum Bereich BERECHTIGUNGEN und dann zum Abschnitt OUTLOOK WEB APP-RICHTLINIE. Bearbeiten Sie eine Richtlinie, können Sie im Bereich OFFLINEZUGRIFF ebendiesen einschränken (siehe Abbildung 6.19).

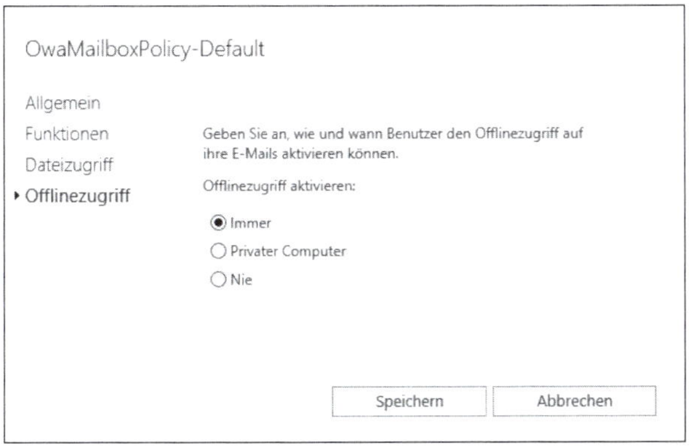

Abbildung 6.19 Verhindern des Offlinezugriffs

Das PowerShell-Pendant dazu ist das Cmdlet `Set-OwaMailboxPolicy`. Übergeben Sie dort mit dem Parameter `-AllowOfflineOn` eines der entsprechenden Argumente `NoComputers`, `AllComputers` oder `PrivateComputers`.

Mehr dazu lesen Sie in Abschnitt 6.8.1, »Rollen«.

E-Mail-Anhänge auf OneDrive for Business

Fügen Sie in Outlook im Web eine Datei als E-Mail-Anlage an, haben Sie mehrere Möglichkeiten:

- Eine herkömmliche E-Mail-Anlage, die wie in der Vergangenheit auch funktioniert.
- Eine Datei, die in Ihrem OneDrive for Business gespeichert ist. Mehr zu OneDrive for Business lesen Sie in Kapitel 8. Eine solche Datei können Sie als herkömmliche Anlage an die E-Mail anhängen oder aber in die E-Mail nur einen Link auf die Datei einbinden. Die Datei auf OneDrive for Business wird in diesem Fall automatisch für die Empfänger freigegeben. Außerdem haben Sie die Wahl, ob die Empfänger die Dateien in OneDrive for Business nur lesen oder auch bearbeiten dürfen. Verwendet wird dabei die Freigabe für externe Benutzer von SharePoint Online (siehe Abschnitt 7.5.3, »Externe Benutzer verwalten«). Für die Variante des verlinkten Anhangs auf OneDrive for Business gibt es sogar einen Namen: *Modern Attachments*.
- Eine Datei, die auf Ihrem Computer gespeichert ist. Diese können Sie als herkömmliche Anlage an die E-Mail anhängen oder automatisch in OneDrive for Business hochladen und freigeben lassen (siehe Abbildung 6.20). Die hochgeladene Datei wird in OneDrive for Business im Ordner *E-Mail-Anlagen* abgelegt.

Abbildung 6.20 Anhängen einer Datei über OneDrive for Business

Handelt es sich bei der Anlage um eine Word-, Excel-, PowerPoint- oder OneNote-Datei und liegt sie in OneDrive for Business, wird der Inhalt beim Empfänger mithilfe von Office Online dargestellt und ist – die entsprechende Berechtigung vorausgesetzt – darüber auch bearbeitbar.

Eine über OneDrive for Business eingebundene Datei wird beim Empfänger wie in Abbildung 6.21 dargestellt.

Diese Integration mit OneDrive for Business ist auch in Outlook 2016 für den Desktop verfügbar.

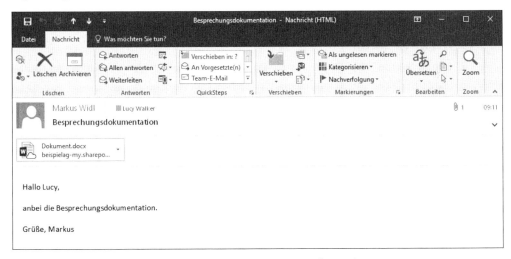

Abbildung 6.21 E-Mail mit angehängter Datei aus OneDrive for Business

6.4.4 Mobile Endgeräte

Die Anbindung Ihrer Exchange Online-Postfächer an die Standard-E-Mail-Apps mobiler Endgeräte ist – wie schon beim Outlook-Client – mithilfe der AutoErmittlung (Autodiscover) keine große Hürde.

Beachten Sie bei der Kennworteingabe gegebenenfalls, dass Sie bei aktivierter mehrstufiger Authentifizierung ein App-Kennwort benötigen (siehe Abschnitt 4.4, »Mehrstufige Authentifizierung«).

Windows Mobile

Bei Windows Mobile 10-Geräten binden Sie ein Postfach mit diesen Schritten ein:

1. Öffnen Sie die EINSTELLUNGEN.
2. Wechseln Sie zum Bereich KONTEN.
3. Öffnen Sie den Bereich E-MAIL- & APP-KONTEN.
4. Klicken Sie auf KONTO HINZUFÜGEN.

5. Wählen Sie die Option EXCHANGE.
6. Geben Sie die E-MAIL-ADRESSE ein.
7. Geben Sie das KENNWORT ein.

Apple iOS

Bei Apples iOS 10-Geräten gehen Sie wie folgt vor:

1. Öffnen Sie die EINSTELLUNGEN.
2. Wechseln Sie zum Bereich MAIL und dann zu ACCOUNTS.
3. Tippen Sie auf ACCOUNT HINZUFÜGEN.
4. Wählen Sie EXCHANGE.
5. Geben Sie die E-Mail-Adresse des Postfachs ein. Geben Sie außerdem das KENNWORT in das entsprechende Feld ein (siehe Abbildung 6.22).
6. Tippen Sie auf WEITER, werden über die AutoErmittlung die erforderlichen Verbindungseinstellungen geladen.
7. Wählen Sie aus, welche Postfachelemente synchronisiert werden sollen (siehe Abbildung 6.23), und tippen Sie auf SICHERN.

Abbildung 6.22 Postfacheinstellungen auf einem iPhone

8. Öffnen Sie den neu angelegten Account, können Sie weitere Synchronisierungsoptionen angeben, beispielsweise für wie viele der letzten Tage die E-Mails synchronisiert werden sollen (siehe Abbildung 6.24).

Abbildung 6.23 Auswahl der zu synchronisierenden Elemente

Abbildung 6.24 Synchronisierungsoptionen

Google Android

Zur Einbindung eines Exchange Online-Postfachs auf einem Gerät mit Googles Android 7.1 gehen Sie wie folgt vor:

1. Öffnen Sie die App GMAIL.
2. Ansonsten öffnen Sie die EINSTELLUNGEN und klicken auf KONTO HINZUFÜGEN (siehe Abbildung 6.25).
3. Wählen Sie die Option EXCHANGE UND OFFICE 365.
4. Geben Sie die E-Mail-Adresse und das Passwort ein.
5. Bestätigen Sie die Sicherheitsabfrage, und klicken Sie auf WEITER.
6. Bestätigen Sie die Aktivierung des Geräteadministrators.

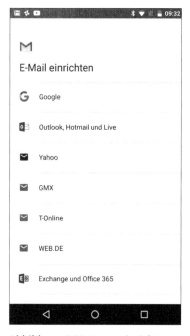

Abbildung 6.25 Kontoeinrichtung auf Android

Outlook-App

Wollen Sie auf Mobilgeräten statt des Standard-E-Mail-Clients lieber eine mehr auf Office 365 ausgerichtete App einsetzen, bietet sich die Outlook-App an (Beispiel unter iOS siehe Abbildung 6.26):

- iOS: *https://itunes.apple.com/de/app/microsoft-outlook-e-mail-und/ id951937596?mt=8*
- Android: *https://play.google.com/store/apps/details?id= com.microsoft.office.outlook&hl=de*

Abbildung 6.26 Outlook-App auf dem iPhone

6.4.5 Apps in Outlook und in Outlook im Web

Mit Apps erweitern Sie die Funktionalität von Outlook und Outlook im Web. Beispielsweise kann mit der App »FindTime« eine Umfrage zum besten Besprechungstermin gestartet werden. Ein Beispiel sehen Sie in Abbildung 6.27.

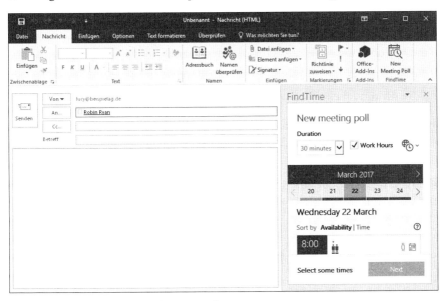

Abbildung 6.27 Die App »FindTime« in Aktion

Apps können Sie über den Office Store beziehen oder auch selbst entwickeln. Im EAC konfigurieren Sie, aus welchen Apps Ihre Anwender wählen können, welche standardmäßig aktiv sein sollen etc. Sie finden die App-Verwaltung innerhalb des Bereichs ORGANISATION im Abschnitt APPS (siehe Abbildung 6.28).

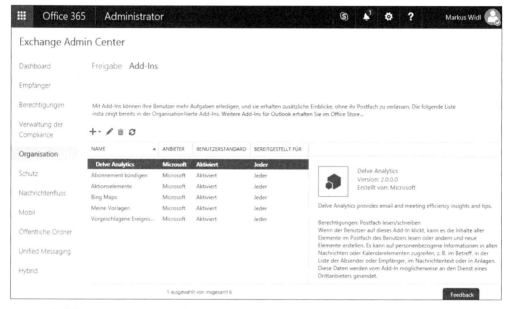

Abbildung 6.28 App-Verwaltung

Über NEU (Plus-Symbol) erweitern Sie die Liste mit weiteren Apps. Über BEARBEITEN (Stift-Symbol) konfigurieren Sie dagegen die folgenden Optionen abhängig von der ausgewählten App:

- Soll die App den Anwendern zur Verfügung stehen?
- Soll die App standardmäßig aktiviert oder deaktiviert sein?
- Kann der Anwender eine App deaktivieren?

Welche App der Anwender nutzen möchte, kann er in den Einstellungen von Outlook im Web anpassen. Dazu wählt er den Befehl EINSTELLUNGEN (ZAHNRAD) • APPS VERWALTEN.

In Outlook 2016 finden Sie die App-Verwaltung unter DATEI • INFORMATIONEN • ADD-INS VERWALTEN.

Mithilfe von Benutzerrollen können Sie einschränken, ob ein Anwender Apps verwalten kann. Damit können Sie beispielsweise verhindern, dass ein Anwender selbstständig Apps aus dem Office Store bezieht und bei sich einrichtet. Lesen Sie mehr zu den Benutzerrollen in Abschnitt 6.8.1, »Rollen«.

6.5 Allgemeine Verwaltung

In diesem Abschnitt sehen wir uns die Verwaltung einiger grundlegender Elemente an, wie Postfächer, Verteilergruppen, externe Kontakte, verbundene Konten und öffentliche Ordner.

6.5.1 Postfächer

So vielfältig die Administrationswerkzeuge für Exchange Online sind, so unterschiedlich sind auch die verschiedenen Wege, neue Postfächer samt Benutzerkonto anzulegen:

- Im Office 365 Admin Center legen Sie neue Benutzer an. Weisen Sie diesen eine Exchange Online-Lizenz zu, wird automatisch ein Postfach angelegt.
- Im Rahmen einer Migration von einer lokalen Exchange-Organisation aus werden gegebenenfalls neue Postfächer angelegt.
- Mit dem PowerShell-Cmdlet `New-Mailbox` erzeugen Sie ebenfalls ein neues Office 365-Benutzerkonto samt Postfach.

Legen Sie Postfächer außerhalb des Office 365 Admin Centers an, müssen Sie in der Praxis jedoch immer beachten, dass die Benutzerkonten und das Postfach nach dem Anlegen zwar sofort aktiv sind und Ihre Anwender damit uneingeschränkt arbeiten können, aber den Konten nicht automatisch eine Exchange Online-Lizenz zugewiesen wird. Sie müssen das selbst nachholen und über die Benutzerverwaltung (siehe Abschnitt 2.5.2) oder die PowerShell (siehe Abschnitt 3.15.3) die Lizenzierung durchführen.

Sollten Sie die Lizenzierung vergessen, passiert die ersten 30 Tage nach dem Anlegen des Benutzerkontos zunächst nichts (Toleranzzeitraum, *Grace Period*). Anschließend kann sich der Anwender mit seinem Benutzerkonto nicht mehr an seinem Postfach anmelden. Der E-Mail-Fluss dagegen bleibt zunächst davon unberührt. Das heißt, neue E-Mails werden nach wie vor in das Postfach ausgeliefert. Sobald Sie dem Benutzerkonto eine Exchange Online-Lizenz zuweisen, wird die Blockierung aufgehoben.

Ermitteln von Benutzerkonten ohne passende Lizenz

In der Benutzerverwaltung von Office 365 gibt es einen speziellen Filter, der Ihnen alle nicht lizenzierten Benutzer auflistet. Wählen Sie dazu die Ansicht NICHT LIZENZIERTE BENUTZER (siehe Abbildung 6.29).

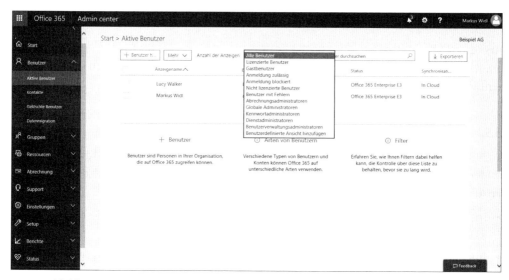

Abbildung 6.29 Benutzerverwaltung

Ausgehend von dieser Ansicht können Sie die Benutzer auswählen und mit einer passenden Lizenz versorgen. Neue Office 365-Benutzer müssen Sie außerdem »aktivieren«, sofern Sie keinen Domänenverbund für Single Sign-on konfiguriert haben. Das heißt, Sie lassen ein Kennwort erstellen (im Office 365 Admin Center) oder weisen dieses zu (über die PowerShell).

In der PowerShell können Sie die Benutzer ohne passende Lizenz über das Azure Active Directory-Modul für Windows PowerShell ermitteln (siehe Abschnitt 3.15, »PowerShell und Office 365«):

```
Get-MsolUser -LicenseReconciliationNeededOnly
```

Listing 6.10 Benutzer ohne passende Lizenz ermitteln

Postfächer im EAC verwalten

Die Postfächerverwaltung finden Sie im EAC im Bereich EMPFÄNGER im Abschnitt POSTFÄCHER (siehe Abbildung 6.30).

Bei bestehenden Postfächern können Sie über die Schaltfläche BEARBEITEN (Stift-Symbol) viele Optionen auswählen (siehe Abbildung 6.31).

6.5 Allgemeine Verwaltung

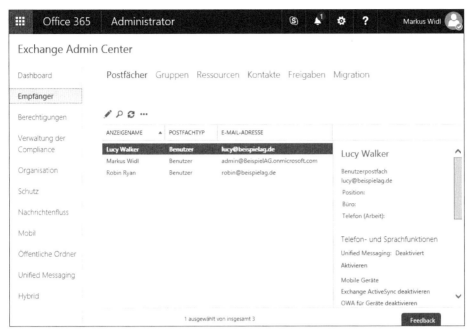

Abbildung 6.30 Postfachverwaltung

Abbildung 6.31 Postfachoptionen

Tabelle 6.4 erläutert kurz die Bereiche.

Bereich	Beschreibung	Weitere Informationen
ALLGEMEIN	Name und Benutzer-ID	
POSTFACHNUTZUNG	Füllstand und Quotas	
KONTAKTINFORMATIONEN	Adresse, Telefonnummer etc.	
ORGANISATION	Abteilung, Vorgesetzter etc.	
E-MAIL-ADRESSE	Verwaltung von E-Mail- und SIP-Adressen (Skype for Business). Sie können weitere E-Mail-Adressen für das Postfach angeben. E-Mails an diese Adressen werden dann automatisch in das Postfach ausgeliefert.	
POSTFACHFUNKTIONEN	Richtlinienzuweisungen, Telefon- und Sprachfunktionen (ActiveSync, Unified Messaging) sowie Konnektivität (Outlook im Web, IMAP, POP3, MAPI), Beweissicherungsverfahren, Archivierung, Nachrichtenfluss	Abschnitt 6.8.1, »Rollen«, Abschnitt 6.10, »ActiveSync«, Abschnitt 6.11, »Unified Messaging«, Abschnitt 6.6, »Archivierung«
MITGLIED VON	Gruppen, die diesen Empfänger enthalten	Abschnitt 6.5.2, »Gruppen«
E-MAIL-INFO	Anzeige eines Texts, der in Outlook im Web und Outlook ab 2010 als E-Mail-Info (QuickInfo) angezeigt wird, wenn das Postfach als Empfänger ausgewählt wird	
POSTFACHSTELLVERTRETUNG	Einstellungen für die Berechtigungen *Senden als*, *Senden im Auftrag* und Vollzugriff	Abschnitt 6.8.2, »Postfachberechtigungen«

Tabelle 6.4 Postfachoptionen

Postfächer mit der PowerShell verwalten

Die direkte Verwaltung von Postfächern erledigen Sie über die Cmdlets `Enable-`, `Get-`, `New-`, `Remove-` und `Set-Mailbox`. Daneben gibt es natürlich eine ganze Palette weiterer Cmdlets, die Sie für Postfächer einsetzen können, beispielsweise für die Berechtigungen, Archivierungsrichtlinien, Suche etc. Vieles davon zeige ich Ihnen noch in diesem Kapitel.

Hier ein paar Beispiele:

```
#Anlegen eines Postfachs samt Benutzer

#Kennwort verschlüsseln
$pwd = ConvertTo-SecureString -String 'Pa$$w0rd' `
        -AsPlainText `
        -Force

#Anlegen des Postfachs
New-Mailbox -Name "Lucy Walker" `
    -MicrosoftOnlineServicesID "lucy@beispielag.de" `
    -Password $pwd

#Setzen der Quotas
Get-Mailbox -Identity lucy |
    Set-Mailbox -IssueWarningQuota 5GB `
        -ProhibitSendQuota 10GB `
        -ProhibitSendReceiveQuota 15GB

#Postfach entfernen
Get-Mailbox -Identity lucy |
    Remove-Mailbox
```

Listing 6.11 Postfachverwaltung

Ordnernamen in Englisch?

Werden in Ihrem Postfach die Ordnernamen in englischer Sprache dargestellt, beispielsweise *Inbox* für *Posteingang*, können Sie das über folgende Schritte beheben:

1. Öffnen Sie das betroffene Postfach in Outlook im Web.
2. Klicken Sie auf EINSTELLUNGEN (ZAHNRAD) • E-MAIL.
3. Wechseln Sie im Bereich ALLGEMEIN zu REGION UND ZEITZONE.
4. Wählen Sie die gewünschte Sprache, und markieren Sie anschließend die Option STANDARDORDNER UMBENENNEN, DAMIT IHRE NAMEN DER ANGEGEBENEN SPRACHE ENTSPRECHEN.

Mit einem Klick auf SPEICHERN werden die Ordner dann entsprechend der ausgewählten Sprache umbenannt.

Um nicht nur ein einzelnes Postfach entsprechend zu konfigurieren, können Sie auf PowerShell zurückgreifen. Das folgende Beispiel ändert alle Postfächer auf deutsche Ordnernamen und Datums-/Uhrzeiteinstellungen:

```
Get-Mailbox -RecipientTypeDetails UserMailbox |
Set-MailboxRegionalConfiguration -Language "de-de" `
    -LocalizeDefaultFolderName `
    -DateFormat "dd.MM.yyyy" `
    -TimeFormat "HH:mm"
```
Listing 6.12 Regionaleinstellungen für alle Postfächer ändern

6.5.2 Gruppen

Mit Gruppen fassen Sie mehrere Empfänger unter einem Namen und einer E-Mail-Adresse zusammen.

Grundsätzlich unterscheidet Exchange zwischen folgenden Gruppentypen:

- *E-Mail-aktivierten Sicherheitsgruppen*
- *statischen Verteilergruppen*
- *dynamischen Verteilergruppen*
- *Office 365-Gruppen*

Ein wesentlicher Unterschied zwischen Sicherheitsgruppen und Verteilergruppen liegt in der Verwendungsmöglichkeit: Eine Sicherheitsgruppe können Sie beispielsweise auch in SharePoint zur Berechtigung einsetzen, eine Verteilergruppe nicht.

Die Verteilergruppen erscheinen in der globalen Adressliste und können als E-Mail-Empfänger ausgewählt werden.

Die *globale Adressliste (GAL* für *Global Address List)* kann von jedem Benutzer eingesehen werden und steht bei der Auswahl von Empfängern zur Verfügung.

Je nach Konfiguration sind die Gruppen nicht nur innerhalb einer Organisation verfügbar, sondern auch externe Personen können an eine Verteilergruppe eine E-Mail schicken – und damit an alle Mitglieder der Gruppe.

Bei Sicherheitsgruppen und statischen Verteilergruppen werden die Mitglieder manuell bestimmt – entweder vom Gruppenbesitzer, über ein Freigabeverfahren oder auch auf Wunsch der Anwender automatisch. Bei dynamischen Verteilergruppen werden die Mitglieder nicht einzeln ausgewählt, sondern es wird eine Auswahlabfrage definiert. Diese Abfrage kann beispielsweise auf die Eigenschaften von Benutzerkonten, wie die Abteilung, zugreifen. Jedes Mal, wenn an eine dynamische Gruppe

6.5 Allgemeine Verwaltung

eine E-Mail geschickt wird, werden über die Abfrage die zu diesem Zeitpunkt passenden Empfänger ermittelt, und die Nachricht wird an diese zugestellt.

Die Office 365-Gruppen dagegen enthalten Funktionen nicht nur zum Austausch von Nachrichten, sondern darüber hinaus auch einen gemeinsamen Kalender, eine Dateiablage, ein Notizbuch, eine Aufgabenverwaltung etc. Je nach gewünschtem Szenario kann somit eine Office 365-Gruppe besser geeignet sein als eine der klassischen Gruppen. Bevor Sie sich für einen Gruppentyp entscheiden, lesen Sie auch Kapitel 11, »Office 365-Gruppen«. Dort beschreibe ich die Verwaltung von Office 365-Gruppen, die nicht nur auf Exchange Online, sondern auch auf SharePoint Online basieren.

Gruppen im EAC anlegen

Um eine Gruppe anzulegen, gehen Sie wie folgt vor:

1. Wählen Sie zunächst im Bereich EMPFÄNGER den Abschnitt GRUPPEN (siehe Abbildung 6.32).

Abbildung 6.32 Verwaltung der Gruppen

2. Klicken Sie auf die Schaltfläche NEU (Plus-Symbol), und entscheiden Sie sich für eine der verschiedenen Gruppenarten. Ein Beispiel für das Anlegen einer statischen Verteilergruppe sehen Sie in Abbildung 6.33. Gefragt wird nach den folgenden Angaben:
   – ANZEIGENAME
   – ALIAS
   – E-MAIL-ADRESSE
   – BESCHREIBUNG

507

– BESITZER: Diese Personen verwalten die Gruppe, bestimmen also die Gruppenmitglieder.
– MITGLIEDER
– GENEHMIGUNG: Wählen Sie aus, ob für den Gruppenbeitritt eine Genehmigung durch einen Besitzer erforderlich ist und ob ein Mitglied die Gruppe verlassen kann.

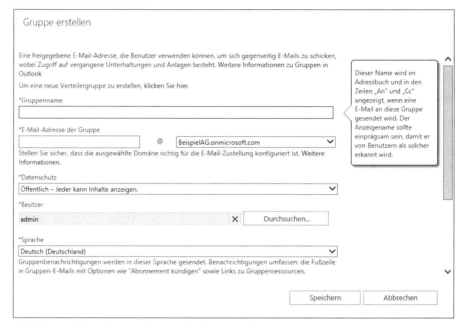

Abbildung 6.33 Anlegen einer statischen Verteilergruppe

Beim Anlegen einer Sicherheitsgruppe machen Sie im Wesentlichen die gleichen Angaben. Nur können die Mitglieder einer Sicherheitsgruppe nur vom Besitzer entfernt werden.

Dynamische Verteilergruppen sind da schon deutlich anders aufgebaut. Hier werden ja die Mitglieder nicht direkt ausgewählt, sondern über eine oder mehrere Regeln automatisch bestimmt. Sie wählen zunächst die gewünschten Empfängertypen (beispielsweise nur Benutzer- oder nur Ressourcenpostfächer) und dann die Regeln. In Abbildung 6.34 sehen Sie ein Beispiel.

Nachdem Sie die Gruppe angelegt haben, können Sie über die Schaltfläche BEARBEITEN (Stift-Symbol) weitere Optionen auswählen, darunter diese:

- Anzeige der Gruppe im Adressbuch
- ZUSTELLUNGSVERWALTUNG: Angabe, wer E-Mails an die Gruppe schicken kann – nur Absender aus der Organisation, auch Absender außerhalb der Organisation oder nur bestimmte Personen (Standard: nur Absender aus der Organisation)
- NACHRICHTENGENEHMIGUNG: Müssen E-Mails, die an die Verteilergruppe geschickt werden, von einem Moderator genehmigt werden (Standard: nein)?
- E-MAIL-INFO: ein Text, der in Outlook und Outlook im Web als E-Mail-Info (Quick-Info) angezeigt wird, wenn die Gruppe als Empfänger ausgewählt wird

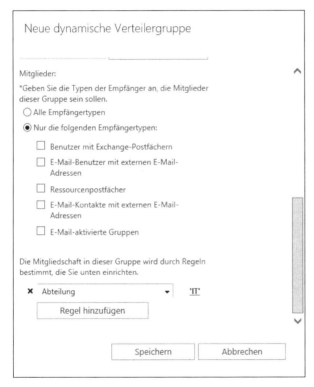

Abbildung 6.34 Anlegen einer dynamischen Verteilergruppe

Gruppen mit der PowerShell anlegen

Das Anlegen einer statischen Verteilergruppe über die PowerShell erledigen Sie mit dem Cmdlet `New-DistributionGroup`. Das Cmdlet verfügt über eine ganze Reihe von optionalen Parametern, mit denen Sie die zuvor genannten Optionen angeben können. Ein Aufruf mit `-?` liefert Ihnen die möglichen Parameter. Die weitergehenden Optionen, die Sie über die DETAILS angeben, setzen Sie mit dem Cmdlet `Set-DistributionGroup` auf bestehende Verteilergruppen.

Hier ein Beispiel, mit dem zunächst eine Verteilergruppe mit den Standardoptionen angelegt wird und anschließend alle derzeit existierenden Benutzer mit Postfächern dort als Mitglieder aufgenommen werden:

```
#Gruppe anlegen
New-DistributionGroup -Name "Meine Gruppe" `
   -Alias "MeineGruppe"

#Mitglieder hinzufügen
Get-Mailbox |
   ForEach {
      Add-DistributionGroupMember -Identity "MeineGruppe" `
         -Member $_.UserPrincipalName
   }

#Auflisten der Gruppenmitglieder
Get-DistributionGroupMember -Identity "MeineGruppe"
```

Listing 6.13 Statische Verteilergruppe anlegen

Eine dynamische Verteilergruppe legen Sie mit dem Cmdlet `New-DynamicDistributionGroup` an. Hier ein Beispiel:

```
New-DynamicDistributionGroup -Name "Meine Gruppe" `
   -Alias "MeineGruppe" `
   -RecipientFilter { City -eq "Berlin" }
```

Listing 6.14 Dynamische Verteilergruppe anlegen

Das Spannende an diesem Beispiel ist der Parameter `-RecipientFilter`, mit dem Sie die Auswahlabfrage definieren. Wenn Sie wissen wollen, welche Eigenschaften Sie hier abfragen können, finden Sie unter der folgenden URL eine Auflistung dazu:

http://technet.microsoft.com/de-de/library/bb738157(v=exchg.150).aspx

Nachdem Sie eine dynamische Verteilergruppe angelegt haben, können Sie über folgendes Kommando abfragen, wer aktuell als Mitglied in Betracht käme:

```
$gruppe = Get-DynamicDistributionGroup -Identity "MeineGruppe"
Get-Recipient -RecipientPreviewFilter $gruppe.RecipientFilter
```

Listing 6.15 Mitglieder einer dynamischen Verteilergruppe abfragen

Gruppenverwaltung für Anwender

Sofern die Gruppe es zulässt, können Anwender sich selbst als Gruppenmitglied eintragen oder vorschlagen, sodass der Gruppenbesitzer sie aufnehmen kann. In den

Optionen von Outlook im Web des Postfachs wechselt der Anwender dazu im Bereich ALLGEMEIN zum Abschnitt VERTEILERGRUPPEN (siehe Abbildung 6.35).

Abbildung 6.35 Verteilergruppen

In der linken Liste findet der Anwender alle statischen Gruppen aufgeführt, in denen er Mitglied ist. Über die Schaltfläche BEITRETEN (Plus-Symbol) kann er versuchen, in einer Gruppe aufgenommen zu werden (siehe Abbildung 6.36). Muss dies erst genehmigt werden, erhält der (oder die) Gruppenbesitzer eine E-Mail, über die er mit einem Klick die Aufnahme bestätigen oder ablehnen kann.

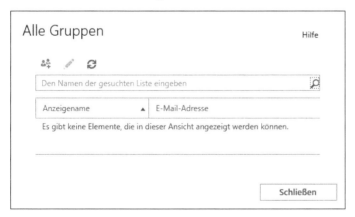

Abbildung 6.36 Aufnahme in eine Gruppe

In der rechten Liste sieht der Anwender alle Gruppen, bei denen er als Besitzer eingetragen ist. Von hier aus kann er die Gruppenmitglieder verwalten und, sofern er über die entsprechende Berechtigung verfügt, auch neue Gruppen anlegen.

6.5.3 Ressourcenpostfächer

Neben Postfächern, die Sie direkt Personen zuweisen, gibt es in Exchange auch Ressourcenpostfächer. Dazu gehören Raumpostfächer und Gerätepostfächer. Die Bezeichner deuten auch bereits ihren jeweiligen Einsatzbereich an. Legen Sie für Ihre Räume und Gerätschaften je ein solches Postfach an, können Sie bei der Erstellung eines Termins so ein Postfach mit einladen, um damit die Ressource auch gleich hinzuzubuchen. Die Postfächer können Sie dabei so konfigurieren, dass sie die Einladung automatisch annehmen oder ablehnen, je nachdem, ob sie bereits belegt sind oder nicht.

Ressourcenpostfächer benötigen keine separate Lizenz, haben aber dennoch, wie die normalen Benutzerpostfächer, eine Größe von 50 GB.

Ressourcenpostfächer im EAC anlegen

Im EAC finden Sie die Verwaltung von Ressourcenpostfächern im Bereich EMPFÄNGER im Abschnitt RESSOURCEN (siehe Abbildung 6.37).

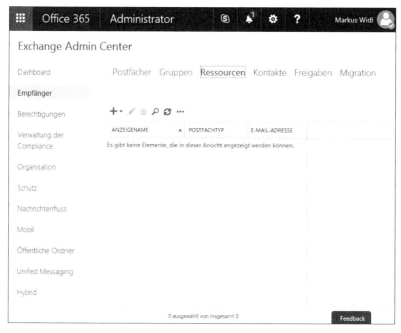

Abbildung 6.37 Ressourcenpostfachverwaltung

Über NEU (Plus-Symbol) wählen Sie die gewünschte Art des Postfachs. Beim Anlegen können Sie wählen, ob entweder Buchungsanfragen automatisch angenommen bzw. abgelehnt werden sollen oder ob dies ein Stellvertreter tun soll, beispielsweise die Assistentin. Ausgewählte Stellvertreter werden automatisch mit den erforderlichen Rechten ausgestattet.

In Outlook und Outlook im Web können Sie dann die Ressourcenpostfächer einfach zu einem neuen Termin hinzufügen, wie Sie es auch mit anderen Postfächern täten. Für Raumpostfächer können Sie auch die Schaltfläche RÄUME nutzen (siehe Abbildung 6.38).

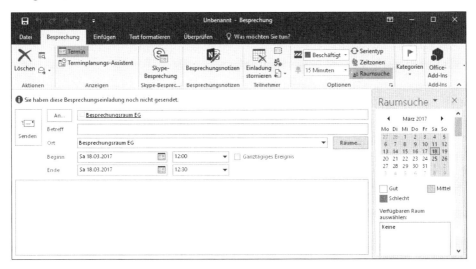

Abbildung 6.38 Hinzufügen eines Raums zu einem Termin

Wenn Sie bestehende Ressourcenpostfächer im EAC nach einem Klick auf BEARBEITEN (Stift-Symbol) näher betrachten, sehen Sie noch viele weitere Optionen (siehe Abbildung 6.39).

Abbildung 6.39 Optionen eines Raumpostfachs nach dem Anlegen

Darunter befinden sich unter anderem die folgenden Einstellungen:

- Kapazitäten (z. B. Raumgröße) und Abteilungszuordnungen
- wann eine Ressource gebucht werden kann (z. B. nur während der Arbeitszeit)
- wie lange eine Buchung maximal sein darf und wie viel Vorlaufzeit erforderlich ist
- Kontaktinformationen für den Ansprechpartner

Ressourcenpostfächer mit PowerShell anlegen

Das Anlegen eines Ressourcenpostfachs erledigen Sie auch über das Cmdlet New-Mailbox. Für ein Raumpostfach geben Sie den Parameter -Room und für ein Gerätepostfach -Equipment an. Das automatische Genehmigen der Postfächer konfigurieren Sie anschließend mit dem Cmdlet Set-CalendarProcessing. Hier ein Beispiel:

```
New-Mailbox -Name "Besprechungsraum" -Room |
    Set-CalendarProcessing -AutomateProcessing AutoAccept
```

Listing 6.16 Raumpostfach anlegen

6.5.4 Externe Kontakte

Externe Kontakte sollen typischerweise in der globalen Adressliste aufgeführt werden oder Mitglied von Verteilergruppen sein, obwohl sie sich nicht in der eigenen Exchange-Organisation befinden. Über das EAC und die PowerShell können Sie externe Kontakte anlegen.

Externe Kontakte anlegen mit dem EAC

Im EAC gehen Sie wie folgt vor, um einen neuen externen Kontakt anzulegen:

1. Wählen Sie zunächst im Bereich EMPFÄNGER den Abschnitt KONTAKTE (siehe Abbildung 6.40).
2. Klicken Sie auf die Schaltfläche NEU (Plus-Symbol), und wählen Sie dann die Art des externen Kontakts.

[»] Zur Auswahl stehen E-MAIL-KONTAKT und E-MAIL-BENUTZER. Beide erhalten externe E-Mail-Adressen. Ein E-Mail-Benutzer erhält ein Benutzerkonto im Office 365-Verzeichnisdienst. Mit diesem kann sich der externe Kontakt an Exchange Online-Ressourcen anmelden, beispielsweise an freigegebenen Postfächern. Abbildung 6.41 zeigt das Fenster zum Anlegen eines E-Mail-Kontakts.

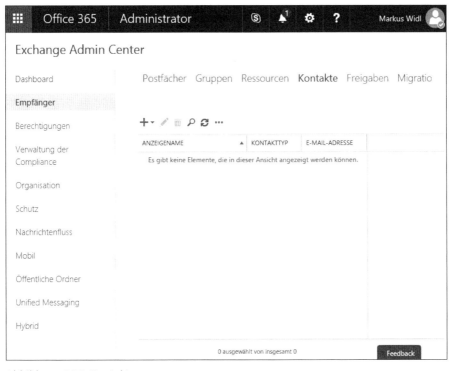

Abbildung 6.40 Kontakte

Neuer E-Mail-Kontakt

Vorname:

Initialen:

Nachname:

*Anzeigename:

*Alias:

*Externe E-Mail-Adresse:

Speichern   Abbrechen

Abbildung 6.41 Neuer externer Kontakt

Nachdem der Kontakt angelegt wurde, können Sie über die Schaltfläche BEARBEITEN (Stift-Symbol) weitere Angaben machen, wie Adressinformationen, Angaben zu seiner Organisation etc., und unter E-MAIL-INFO (QuickInfo) einen Text, der in Outlook im Web und Outlook ab 2010 als E-Mail-Info angezeigt wird, wenn der Kontakt als Empfänger ausgewählt wird. Auch das Ausblenden des Kontakts aus Adresslisten ist möglich – beispielsweise weil er nur in Verteilergruppen aufgenommen werden, aber nicht direkt angeschrieben werden soll.

Leider gibt es keine direkte Möglichkeit, eine ganze Liste von externen Kontakten zu importieren. Hier kann aber wieder die PowerShell helfen.

Externe Kontakte mit der PowerShell anlegen

Mit dem Cmdlet `New-MailContact` legen Sie einen einzelnen neuen Kontakt an. Hier ein Beispiel:

```
New-MailContact -Name "Max Mustermann" `
   -Alias "Mustermann" `
   -ExternalEmailAddress "mustermann@beispielag2.de"
```

Listing 6.17 Anlegen eines externen Kontakts

Über ein `Set-MailContact` können Sie dann auch wie im EAC die optionalen Einstellungen vornehmen.

Das Anlegen vieler Kontakte lässt sich dann relativ einfach über eine CSV-Datei automatisieren. Angenommen, Sie erstellen eine CSV-Datei mit den folgenden Spalten:

```
Name,Alias,ExternalEmailAddress
```

Listing 6.18 Aufbau CSV-Datei für Kontaktimport

Dann könnte der Import so erfolgen:

```
Import-CSV datei.csv |
   ForEach {
      New-MailContact -Name $_.Name `
         -Alias $_.Alias `
         -ExternalEmailAddress $_.ExternalEmailAddress
   }
```

Listing 6.19 Massenanlegen von externen Kontakten

Soll ein externer Kontakt zwar angelegt, aber nicht in der globalen Adressliste angezeigt werden, ist das über eine Modifikation des externen Kontakts mit `Set-MailContact` möglich:

```
Set-MailContact -Identity Mustermann `
   -HiddenFromAddressListsEnabled $true
```

Listing 6.20 Externen Kontakt verstecken

In Kombination mit Listing 6.19 sähe das dann wie folgt aus:

```
Import-CSV datei.csv |
   ForEach {
      New-MailContact -Name $_.Name `
         -Alias $_.Alias `
         -ExternalEmailAddress $_.ExternalEmailAddress |
         Set-MailContact -HiddenFromAddressListsEnabled $true
   }
```

Listing 6.21 Massenanlegen von externen Kontakten ohne Anzeige in der globalen Adressliste

6.5.5 Freigegebene Postfächer

Bei freigegebenen Postfächern handelt es sich um einen besonderen Typ von Postfach. Er eignet sich insbesondere als Container für Sammel-E-Mail-Adressen wie beispielsweise *info@beispielag.de*.

Für ein solches freigegebenes Postfach benötigen Sie keine kostenpflichtige Lizenz, doch gibt es folgende Einschränkungen:

- Die Größe darf 50 GB nicht überschreiten.
- Ein Archivpostfach ist nur möglich, wenn Sie eine kostenpflichtige Lizenz vom Typ Exchange Online Plan 2 (100 GB plus unlimitiertes Archiv) zuweisen.
- Anwender mit einer Kiosk-Lizenz können nicht mit dem freigegebenen Postfach arbeiten.
- Die direkte Anmeldung an einem freigegebenen Postfach ist nicht möglich. Die Anwender melden sich zunächst an ihrem eigenen Postfach an und greifen dann auf das freigegebene Postfach zu.

Die Verwaltung der freigegebenen Postfächer finden Sie im EAC im Bereich EMPFÄNGER im Abschnitt FREIGABEN (siehe Abbildung 6.42).

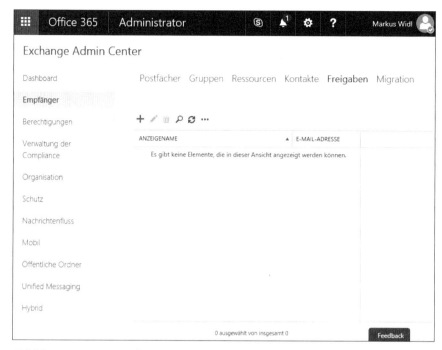

Abbildung 6.42 Freigegebene Postfächer im EAC

Mit dem Anlegen eines freigegebenen Postfachs bestimmen Sie den Namen, die E-Mail-Adresse sowie Vollzugriffs- und *Senden als*-Berechtigungen.

Anlegen freigegebener Postfächer mit PowerShell

Beim Anlegen eines freigegebenen Postfachs über PowerShell sind die Schritte diesmal etwas aufwendiger:

1. Anlegen des freigegebenen Postfachs
2. Anlegen einer Sicherheitsgruppe, die alle Benutzer enthält, die Zugriff auf das freigegebene Postfach haben sollen
3. Konfiguration von Vollzugriffsberechtigungen für Mitglieder der Sicherheitsgruppe für das freigegebene Postfach

[»] Die Mitglieder der Sicherheitsgruppe können ein freigegebenes Postfach nicht direkt öffnen, sondern müssen sich an Ihrem eigenen Postfach anmelden und können dann auf das freigegebene Postfach zugreifen. Lesen Sie hierzu auch Abschnitt 6.8.2, »Postfachberechtigungen«.

4. Vergabe von *Senden als*-Berechtigungen für Mitglieder der Sicherheitsgruppe für das freigegebene Postfach

Nutzen Sie das Postfach aber als allgemeines Eingangspostfach, wie bei *info@beispielag.de*, sollen Ihre Anwender höchstwahrscheinlich auch unter dieser Adresse

Mails verschicken können, wozu diese Berechtigung erforderlich ist. Lesen Sie hierzu auch Abschnitt 6.8.2, »Postfachberechtigungen«.

5. Einbindung des freigegebenen Postfachs in Outlook

   In Outlook 2016 erscheint das freigegebene Postfach automatisch. Wie Sie es in Outlook im Web öffnen, lesen Sie in Abschnitt 6.8.2, »Postfachberechtigungen«.

Nachdem Sie das freigegebene Postfach angelegt und die Berechtigungen gesetzt haben, heißt es warten. Es dauert mitunter einige Minuten, bis die Funktionalität wie gewünscht eingerichtet wird.

Die Schritte 1 bis 4 können Sie über PowerShell-Kommandos, ähnlich wie in Listing 6.22, erledigen:

```
#Freigegebenes Postfach anlegen
New-Mailbox -Name "Freigegebenes Postfach" `
    -Alias "FPO" `
    -PrimarySmtpAddress "fpo@beispielag.de" `
    -Shared

#Sicherheitsgruppe anlegen
New-DistributionGroup -Name "Freigegebes Postfach Gruppe" `
    -Alias "FPOGruppe" `
    -Type "Security"

#Alle Mailboxen als Mitglieder in Sicherheitsgruppe aufnehmen
$mail = Get-Mailbox
$mail |
    ForEach-Object {
        Add-DistributionGroupMember -Identity "FPOGruppe" `
            -Member $_.Alias
    }

#Vollzugriffsberechtigung setzen
Add-MailboxPermission -Identity "FPO" `
    -User "FPOGruppe" `
    -AccessRights FullAccess

#SendAs-Berechtigung setzen
Add-RecipientPermission -Identity "FPO" `
    -Trustee "FPOGruppe" `
    -AccessRights SendAs
```

Listing 6.22 Anlegen eines freigegebenen Postfachs

Senden aus einem freigegebenen Postfach

Versenden Sie mit Outlook 2016 eine E-Mail aus einem freigegebenen Postfach (siehe Abschnitt 6.8.2, »Postfachberechtigungen«), wird die versandte E-Mail im persönlichen Postfach des Anwenders im Ordner GESENDETE ELEMENTE abgelegt. Vermutlich wollen Sie diese E-Mails aber lieber im freigegebenen Postfach im gleichnamigen Ordner ablegen, damit diese E-Mails für alle berechtigten Anwender ersichtlich sind. Um das zu erreichen, müssen Sie einen Eintrag in der Systemregistrierung setzen: Im Schlüssel `HKEY_CURRENT_USER\Software\Microsoft\Office\16.0\Outlook\Preferences` erzeugen Sie einen DWORD-Eintrag mit dem Namen `DelegateSentItemsStyle` und dem Wert 1. Anschließend starten Sie Outlook erneut.

Umwandeln normaler und freigegebener Postfächer

Im laufenden Betrieb kann es vorkommen, dass Sie ein freigegebenes Postfach in ein normales oder ein normales Postfach in ein freigegebenes Postfach umwandeln wollen. Im EAC finden Sie die entsprechenden Befehle nach der Markierung des jeweiligen Postfachs im Aufgabenbereich.

Wandeln Sie ein freigegebenes Postfach in ein normales um, finden Sie im Office 365 Admin Center anschließend ein entsprechendes Benutzerkonto. Diesem müssen Sie dann noch eine geeignete Lizenz zuweisen und das Kennwort zurücksetzen.

Die Umwandlungen können Sie natürlich auch mit PowerShell-Kommandos durchführen. Im folgenden Beispiel wird das freigegebene Postfach »Info« zu einem normalen Postfach:

```
Set-Mailbox -Identity Info -Type Regular
```

Listing 6.23 Umwandlung freigegebenes Postfach in normales Postfach

Und hier die Gegenrichtung:

```
Set-Mailbox -Identity Info -Type Shared
```

Listing 6.24 Umwandlung normales Postfach in freigegebenes Postfach

6.5.6 Öffentliche Ordner

Öffentliche Ordner stellen in vielen Firmen eine wichtige Komponente bei der zentralen Ablage von Dateien und Informationen aller Art dar. Nur ungern möchten sich Anwender und insbesondere Administratoren von diesen gewachsenen Strukturen trennen – auch wenn Microsoft schon seit einigen Jahren versucht, die öffentlichen Ordner durch andere Ablagestrukturen, insbesondere durch SharePoint, abzulösen. Während in den Anfängen von Exchange Online öffentliche Ordner nicht angeboten wurden, gehören sie inzwischen zu einem festen Bestandteil. Dabei hat Microsoft die technischen Strukturen im Hintergrund von öffentlichen Ordnern radikal geändert, und es ist davon auszugehen, dass uns dieses modernisierte Konzept noch einige weitere Exchange-Versionen begleiten wird.

Vergleich von öffentlichen Ordnern, Websitepostfächern und freigegebenen Postfächern

Bevor wir der Frage nachgehen, wie öffentliche Ordner in Exchange Online verwaltet werden, sollte zunächst noch geklärt werden, wie sich die verschiedenen Postfachtypen voneinander unterscheiden. Ich denke da an die in Abschnitt 6.5.5 eingeführten freigegebenen Postfächer, die öffentlichen Ordner und die Office 365-Gruppen aus Kapitel 11. Diese Ablagestrukturen haben auf den ersten Blick sehr ähnliche Funktionen. Da stellt sich die Frage, wann welche dieser Techniken zum Einsatz kommen soll. Bei der Beantwortung dieser Frage helfen die folgenden Merkmale:

- Freigegebene Postfächer
  Mehrere Anwender erhalten Zugriff auf ein bestimmtes Postfach. Im Regelfall tun sie dies, um die E-Mails einer allgemeinen E-Mail-Adresse zu verwalten (beispielsweise *info@beispielag.de*). Dabei steht die Zusammenarbeit an Dateien kaum im Vordergrund. Freigegebene Postfächer müssen manuell zu den Outlook-Profilen der Anwender hinzugefügt werden.

  Auf freigegebene Postfächer können bis zu 20 Benutzer gleichzeitig zugreifen. Allerdings sollte ab etwa sieben Benutzern der *Exchange-Cache-Modus* in Outlook deaktiviert werden, um Synchronisationsproblemen vorzubeugen.

- Öffentliche Ordner
  Öffentliche Ordner sind primär zum Ablegen von allgemein wichtigen E-Mails für die meisten Anwender einer Organisation vorgesehen. Sie werden auch verwendet, um als Mitglied von Verteilergruppen als Archiv zu fungieren, indem alle E-Mails, die an die Verteilergruppe gesandt werden, in öffentlichen Ordnern aufbewahrt werden. Öffentliche Ordner können eine sehr aufwendige Struktur mit komplexen Berechtigungsszenarien abbilden.

  Die öffentlichen Ordner erscheinen automatisch in der Ordnerliste von Outlook. In Outlook im Web müssen sie dagegen manuell eingebunden werden.

  Auf öffentliche Ordner können bis zu 2.000 Benutzer gleichzeitig zugreifen.

- Office 365-Gruppen
  Office 365-Gruppen kombinieren Funktionen zur Zusammenarbeit bezüglich Nachrichten (ähnlich einem E-Mail-Verteiler), Terminen (ähnlich einem Kalender aus einem freigegebenen Postfach), Dateiablage (im Hintergrund steht eine Teamwebsite auf SharePoint Online), der Aufgabenverwaltung (über Planner) und einigen weiteren Funktionen mehr.

Diese Art von Gruppen werden im Browser (beispielsweise bei Outlook im Web) angezeigt, sind aber auch in Outlook 2016 eingebunden.

Jede Gruppe kann mehr als 1.000 Mitglieder enthalten. Die Mitglieder müssen dabei nicht unbedingt aus der eigenen Organisation stammen, sondern auch externe können für den Gruppenzugriff zugelassen werden.

Anlegen von öffentlichen Ordnern

Bevor Sie einen öffentlichen Ordner anlegen können, benötigen Sie ein *Postfach für öffentliche Ordner*. Innerhalb eines solchen speziellen Postfachs können dann viele öffentliche Ordner angelegt werden, wobei die Größe von derzeit 50 GB nicht überschritten werden kann. Grundsätzlich können Sie auch manuell mehrere Postfächer für öffentliche Ordner anlegen, das ist jedoch eher eine Aufgabe, die Sie bei einem Exchange Server vornehmen würden. Bei Office 365 wird automatisch ein neues Postfach für öffentliche Ordner angelegt, wenn in den bisherigen Postfächern kein ausreichender Platz mehr vorhanden ist. Die öffentlichen Ordner werden automatisch auf die Postfächer verteilt.

[»] Sie können maximal 1.000 Postfächer für öffentliche Ordner mit jeweils maximal 50 GB nutzen. Damit ergibt sich eine maximale Kapazität von 50 TB (!).

Um ein Postfach für öffentliche Ordner anzulegen, gehen Sie wie folgt vor:

1. Im EAC öffnen Sie den Bereich ÖFFENTLICHE ORDNER und wechseln dann zum Abschnitt POSTFÄCHER FÜR ÖFFENTLICHE ORDNER (siehe Abbildung 6.43).

2. Klicken Sie auf NEU (Plus-Symbol), und geben Sie einen Namen für das neue Postfach für öffentliche Ordner an.

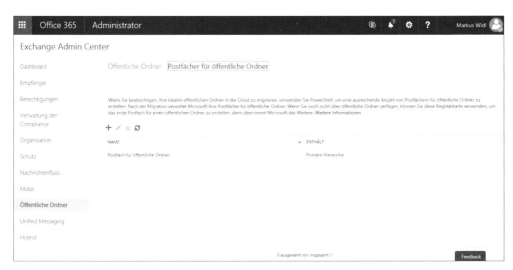

Abbildung 6.43 Anlegen eines Postfachs für öffentliche Ordner

Nachdem das neue Postfach angelegt wurde, finden Sie in der Spalte ENTHÄLT die Angabe SEKUNDÄRE HIERARCHIE.

Das Primäre-Hierarchie-Postfach erstellen Sie bei Office 365 nicht selbst. Es enthält die einzige beschreibbare Kopie der Ordnerstruktur, die sekundären enthalten eine nur lesbare Kopie. Damit werden Inkonsistenzen vermieden. Sollte das Postfach mit der primären Hierarchie ausfallen, übernimmt automatisch ein anderes Postfach diese Funktion.

Damit haben wir einen Container erzeugt und können nun den ersten öffentlichen Ordner anlegen:

1. Wechseln Sie zum Abschnitt ÖFFENTLICHE ORDNER.
2. Klicken Sie auf NEU (Plus-Symbol), und geben Sie einen Namen für den neuen öffentlichen Ordner an (siehe Abbildung 6.44).

Abbildung 6.44 Anlegen eines neuen öffentlichen Ordners

Öffentliche Ordner können Sie in einer Ordnerhierarchie anlegen. Um einen Unterordner anzulegen, klicken Sie zunächst in der Liste aller öffentlichen Ordner auf den Namen des Ordners, innerhalb dessen Sie einen weiteren Ordner anlegen wollen. Und erst dann klicken Sie auf das Plus-Symbol.

Beim Anlegen eines neuen öffentlichen Ordners wird automatisch entschieden, in welchem Postfach der Ordner angelegt wird.

Nachdem der neue öffentliche Ordner angelegt wurde, können Sie weitere Optionen angeben. Markieren Sie in der Liste der öffentlichen Ordner einen Eintrag, können Sie ihn an der rechten Seite in einen E-Mail-aktivierten Ordner umwandeln. Damit können Sie ihn beispielsweise in Verteilergruppen aufnehmen. Außerdem können Sie die Berechtigungen für diesen Ordner und gegebenenfalls seine Unterordner konfigurieren (siehe Abbildung 6.45).

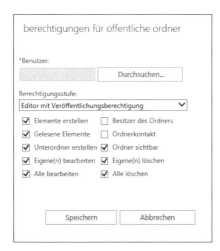

Abbildung 6.45 Berechtigungsoptionen eines öffentlichen Ordners

Dabei stehen Ihnen die Berechtigungsstufen aus Tabelle 6.5 zur Verfügung. Sie können allerdings auch eine benutzerdefinierte Berechtigungsstufe erstellen.

Berechtigungsstufe	Elemente erstellen	Gelesene Elemente	Unterordner erstellen	Eigene(n) bearbeiten	Alle bearbeiten	Besitzer des Ordners	Ordnerkontakt	Ordner sichtbar	Eigene(n) löschen	Alle löschen
Prüfer	–	✓	–	–	–	–	–	✓	–	–
Mitwirkender	✓	–	–	–	–	–	–	✓	–	–
Autor ohne Bearbeitungsberechtigung	✓	✓	–	–	–	–	–	✓	✓	–
Autor	✓	✓	–	✓	–	–	–	✓	✓	–
Editor	✓	✓	–	✓	✓	–	–	✓	✓	✓
Autor mit Veröffentlichungsberechtigung	✓	✓	✓	✓	–	–	–	✓	✓	✓
Editor mit Veröffentlichungsberechtigung	✓	✓	✓	✓	✓	–	–	✓	✓	✓
Besitzer	✓	✓	✓	✓	✓	✓	✓	✓	✓	✓

Tabelle 6.5 Berechtigungsstufen bei öffentlichen Ordnern

Ist ein Anwender zum Zugriff auf einen öffentlichen Ordner berechtigt, wird der Ordner automatisch in Outlook in der Ordnerliste angezeigt. In Outlook 2016 klicken Sie dazu auf MEHR (...) • ORDNERLISTE (siehe Abbildung 6.46). In Outlook im Web öffnen Sie einzelne öffentliche Ordner über das Kontextmenü der FAVORITEN.

Abbildung 6.46 Öffentliche Ordner in Outlook 2016

Ist ein Ordner E-Mail-aktiviert, klicken Sie auf BEARBEITEN (Stift-Symbol), um zusätzliche Optionen anzugeben (siehe Abbildung 6.47). Tabelle 6.6 fasst diese zusammen.

Abbildung 6.47 Optionsfenster eines E-Mail-aktivierten Ordners

Abschnitt	Optionen
ALLGEMEIN	Verhalten von Gelesen-/Ungelesen-Markierungen
STATISTIK	Informationen über Inhalt und Größe
GRENZWERTE	Quotas und Aufbewahrungsgrenzen
ALLGEMEINE E-MAIL-EIGENSCHAFTEN	Anzeigeeinstellungen
E-MAIL-ADRESSE	E-Mail-Adressen
MITGLIED VON	Gruppenmitgliedschaften
ZUSTELLUNGSOPTIONEN	Berechtigungen zu *Senden als* und *Senden im Auftrag*
NACHRICHTENFLUSSEINSTELLUNGEN	Beschränkungen beim E-Mail-Empfang

Tabelle 6.6 Optionen von E-Mail-aktivierten öffentlichen Ordnern

Öffentliche Ordner mit PowerShell verwalten

Beim Anlegen von Postfächern für öffentliche Ordner und der Ordner selbst helfen Ihnen die Cmdlets New-Mailbox sowie New-PublicFolder. Hier ein Beispiel:

```
#Anlegen eines Postfachs für öffentliche Ordner
New-Mailbox -PublicFolder `
    -Name "PowerShell-Postfach"

#Anlegen eines neuen öffentlichen Ordner im Pfad \
New-PublicFolder -Name "PowerShell-Ordner"

#Anlegen eines Unterordners
New-PublicFolder -Name "PowerShell-Unterordner" `
    -Path "\PowerShell-Ordner"
```

Listing 6.25 Verwaltung von öffentlichen Ordnern

6.5.7 Verbundene Konten

Verfügen Ihre Anwender über weitere E-Mail-Konten, deren Inhalt Sie gerne auch in Ihrem Office 365-Postfach automatisch erhalten wollen, ist das oftmals mit wenigen Schritten möglich. Dazu muss das externe E-Mail-Konto über einen *POP3*- oder *IMAP*-Zugang verfügen (bei Google Mail muss dieser gegebenenfalls erst aktiviert werden), oder es muss sich um ein *Outlook.com*-Konto handeln.

Einrichtung eines verbundenen Kontos

Die Konfiguration eines verbundenen Kontos nimmt der Anwender über die Optionen vor:

1. Der Anwender öffnet sein Postfach in Outlook im Web.
2. Er wählt EINSTELLUNGEN (ZAHNRAD) • E-MAIL.
3. Im Bereich KONTEN wechselt er zum Abschnitt VERBUNDENE KONTEN (siehe Abbildung 6.48).

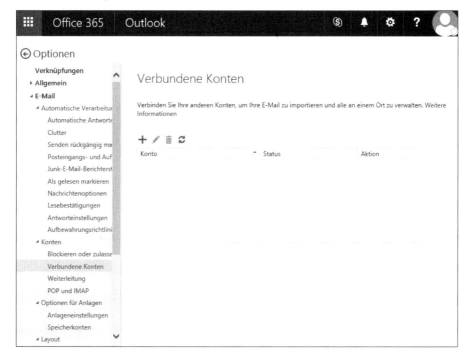

Abbildung 6.48 Verbundene Konten

4. Er klickt auf NEU (Plus-Symbol) und gibt die E-MAIL-ADRESSE und das KENNWORT des externen Postfachs an. Der Assistent versucht daraufhin, automatisch auf Basis des MX-Eintrags der angegebenen E-Mail-Domäne die Serverdaten zu ermitteln. Ist ihm das nicht möglich, muss der Anwender diese Daten manuell eintragen.

Wurde der Zugang verifiziert, beginnt Exchange Online nun, das externe Postfach abzufragen. In den Optionen sieht der Anwender in der Spalte STATUS, wie weit der Vorgang fortgeschritten ist.

Nach dem ersten Abgleich holt sich Exchange Online die jeweils neuen Nachrichten unter folgenden Gesichtspunkten:

- Grundsätzlich in einem Intervall von einer Stunde. Sollten Sie an Outlook im Web angemeldet sein, ist das Intervall kürzer.
- Der Anwender meldet sich neu an seinem Postfach an (beispielsweise über Outlook im Web).

Jeder Anwender kann bis zu fünf externe Postfächer als verbundene Konten angeben.

E-Mails unter einem verbundenen Konto versenden

Der Anwender kann nicht nur die E-Mails des verbundenen Kontos in seinem Postfach erhalten, sondern auch daraus verschicken:

1. In Outlook 2016 legt der Anwender eine neue E-Mail an.
2. Im Menüband wählt er die Registerkarte OPTIONEN und klickt auf die Schaltfläche VON, um den Absender einzustellen (siehe Abbildung 6.49).

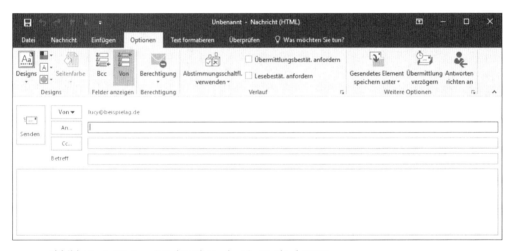

Abbildung 6.49 Anzeige des Absenders in Outlook 2016

In Outlook im Web klickt der Anwender auf die Schaltfläche VON und wählt die gewünschte Absenderadresse.

Dieser Vorgang hat jedoch einen Schönheitsfehler, denn die E-Mail wird »im Auftrag« versendet, was beim Empfänger auch im E-Mail-Client so angezeigt wird.

Eingehende E-Mails automatisch weiterleiten

Ebenfalls können Sie bei den Optionen zu den verbundenen Konten eine Zieladresse angeben, an die alle eingehenden E-Mails automatisch weitergeleitet werden. Außerdem können Sie angeben, ob die bereits verarbeiteten E-Mails im Postfach verbleiben oder entfernt werden sollen.

Posteingangsregeln für verbundene Konten

Anwender können über Posteingangsregeln die von verbundenen Konten empfangenen E-Mails automatisch verarbeiten, beispielsweise in bestimmten Ordnern ablegen. Der Anwender geht dazu wie folgt vor:

1. Er klickt in Outlook im Web auf Einstellungen (Zahnrad) • E-Mail.
2. Er wechselt zum Bereich E-Mail und dort in den Abschnitt Automatische Verarbeitung • Posteingangs- und Aufräumregeln (siehe Abbildung 6.50).

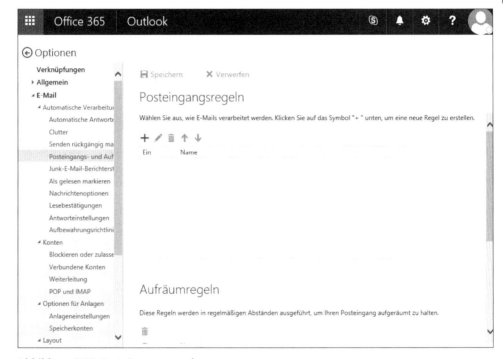

Abbildung 6.50 Posteingangsregeln

3. Er klickt direkt auf die Schaltfläche Neu (siehe Abbildung 6.51).
4. Unter Wenn die Nachricht eintrifft und all diesen Bedingungen entspricht wählt der Anwender Wurde gesendet oder empfangen und dann Über dieses Konto empfangen. Dann wählt er das verbundene Konto.
5. Unter Alle folgenden Aktionen ausführen wählt der Anwender die gewünschte Aktion, beispielsweise Verschieben, Kopieren oder löschen und dann Nachricht in Ordner verschieben.
6. Der Anwender gibt der Regel einen Namen und speichert sie.

Die so angelegten Regeln gelten für alle zukünftig empfangenen E-Mails.

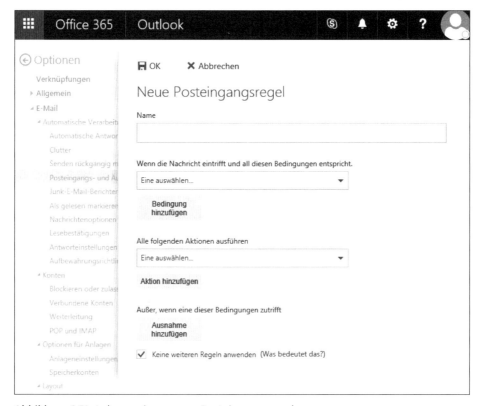

Abbildung 6.51 Anlegen einer neuen Posteingangsregel

Verbundene Konten mit der PowerShell

Wollen Sie die Verwaltung der verbundenen Konten mit der PowerShell automatisieren, können Sie dies mit den folgenden Cmdlets tun:

- allgemein: Get-/New-/Remove-Subscription
- IMAP: Get-/New-/Set-ImapSubscription
- POP3: Get-/New-/Set-PopSubscription

Das folgende Beispiel ruft die Einstellungen der verbundenen Konten eines bestimmten Postfachs ab:

```
Get-Subscription -Mailbox Lucy
```

Listing 6.26 Abfrage der Einstellungen von verbundenen Konten

Wollen Sie die verbundenen Konten nicht mehr nutzen, können Sie mit folgendem Programmcode die verbundenen Konten aller Postfächer entfernen (Vorsicht!):

```
$mailbox = Get-Mailbox
$mailbox |
   ForEach { Get-Subscription -Mailbox $_.Name } |
      Remove-Subscription
```

Listing 6.27 Verbundene Konten entfernen

6.6 Archivierung

Um gleich eines vorwegzunehmen: Exchange Online unterstützt unterschiedliche Arten von Archiven, die in der Praxis gerne einmal durcheinandergebracht werden:

- *In-Situ-Archiv* (auf Englisch *In-Place Archive*)

    Hierbei handelt es sich um ein Archiv, das unter der Kontrolle des Anwenders liegt. Es wird normalerweise in Outlook und Outlook im Web unterhalb seines primären Postfachs angezeigt. Der Anwender entscheidet entweder manuell oder über Richtlinien, wann welche Postfachobjekte aus dem primären Postfach in das Archiv übertragen oder auch gegebenenfalls gelöscht werden sollen. Die Richtlinien werden vom Administrator vorgegeben.

- In-Situ-Speicher in zwei Ausprägungen
    - *Beweissicherungsverfahren* (auf Englisch *Litigation Hold* oder auch *Legal Hold*): Auf dieses Archiv hat der Anwender selbst keinen Zugriff. Ist es aktiviert, werden alle Postfachobjekte dauerhaft oder für eine vorgegebene Zeit aufbewahrt. Dazu gehören auch vom Anwender gelöschte oder modifizierte Elemente. Der Anwender wird dabei in seiner Arbeitsweise nicht eingeschränkt. Er kann beispielsweise problemlos in seinem E-Mail-Client Objekte entfernen, jedoch können diese von administrativer Seite aus wiederhergestellt werden.
    - *Compliance-Archiv* (auf Englisch *In-Place Hold*): Im Gegensatz zum Beweissicherungsverfahren betrifft die Aufbewahrung hier nicht automatisch das komplette Postfach, sondern nur bestimmte Objekte, die durch eine Suchabfrage durch Sie vorgegeben sind. Auch hier können Sie die Aufbewahrung für eine begrenzte Zeit vorsehen.

In-Situ ist dabei übrigens kein Tippfehler, sondern kommt aus dem Lateinischen und steht für »am Ort«.

Im folgenden Abschnitt geht es ausschließlich um das In-Situ-Archiv. Die In-Situ-Speicher bespreche ich im Themengebiet der Compliance in Abschnitt 6.9.1.

6.6.1 In-Situ-Archive

Für viele Unternehmen spielt die Archivierung der Daten aus den Postfächern, insbesondere der E-Mails, eine große Rolle. Dabei sollen aber die Endanwender möglichst wenig beeinflusst werden, um sie in ihrer Arbeitsweise nicht einzuschränken. In der Vergangenheit wurden häufig in Outlook *PST*-Dateien erzeugt, die auf dem lokalen Computer abgelegt wurden. Diese PST-Dateien fungierten als Archiv, in das die Anwender manuell oder automatisiert ältere Daten übertrugen. Dieser Vorgang war in der Praxis aber wenig elegant, da die Dateien nicht zentral abgelegt waren und sie deshalb ein Stück weit außerhalb der Kontrolle der Administratoren lagen. Außerdem dürfen PST-Dateien auch nicht an beliebigen Orten abgelegt werden. Die Ablage etwa in einer Netzwerkfreigabe, während von Outlook aus darauf zugreift, endet nicht selten in korrupten Dateien.

Auch im Hinblick auf die Sicherheit sind PST-Dateien nicht die optimale Lösung, da etwa der Verlust eines Notebooks, auf dessen Festplatte eine PST-Datei enthalten war, unter Umständen dazu führte, dass die darin enthaltenen Daten in falsche Hände gerieten. PST-Dateien kann man zwar mit einem Kennwort versehen, doch ein wirklicher Schutz vor Datendiebstahl ist das nicht.

Exchange Online (und auch der Exchange Server ab 2010) wartet mit einer deutlich besseren Möglichkeit zur Archivierung auf: Zu jedem Postfach können Sie ein *Archivpostfach* anlegen, das automatisch in Outlook und Outlook im Web dargestellt wird (siehe Abbildung 6.52).

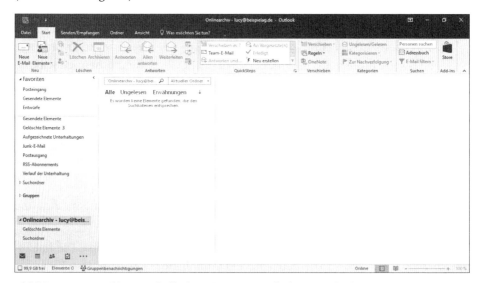

Abbildung 6.52 Archiv unterhalb des primären Postfachs in Outlook

Endanwender können mit diesem Archivpostfach arbeiten wie mit ihrem normalen Postfach. Sie können Elemente beispielsweise per Drag & Drop zwischen den Postfächern verschieben. Über Richtlinien können Sie als Administrator auch festlegen, wann Elemente ins Archiv verschoben oder aus den Postfächern entfernt werden sollen. Der Endanwender kann für einzelne Elemente und Ordner entscheiden, welche Richtlinie zum Einsatz kommen soll.

Das Archiv selbst ist nicht Bestandteil der von Outlook angelegten OST-Datei. Das heißt aber auch, dass der Zugriff auf die Archivinhalte nur dann möglich ist, wenn eine aktive Netzwerkverbindung zu Exchange Online besteht.

In diesem Abschnitt sehen wir uns die Einrichtung, Verwaltung und die Anwendung der Archivpostfächer an.

Bevor Sie anfangen, diese Art von Archiven anzulegen, sollten Sie sich überlegen, ob Sie diese auch tatsächlich benötigen. In der Vergangenheit wurden sie gerne angelegt, um das primäre Postfach möglichst klein zu halten. Gründe dafür waren oftmals begrenzter Platz auf den Datenträgern der Clients für die Outlook-OST-Cachedateien sowie die Erfahrung, dass sehr große OST-Dateien dazu neigen, kaputtzugehen. In alten Outlook-Versionen war es so, dass der komplette Postfachinhalt in den lokalen OST-Dateien abgelegt wurde. Bei den neueren Outlook-Versionen können Sie jedoch konfigurieren, aus welchem Zeitraum Postfachobjekte in den lokalen Cache aufgenommen werden. Dadurch bleibt die OST-Datei typischerweise auch bei sehr großen Postfächern (immerhin haben wir ja bei Exchange Online bis zu 100 GB) überschaubar groß. Die entsprechende Einstellung finden Sie in Outlook 2016 etwa an folgender Stelle:

1. Wählen Sie DATEI • INFORMATIONEN • KONTOEINSTELLUNGEN • KONTOEINSTELLUNGEN (siehe Abbildung 6.53).

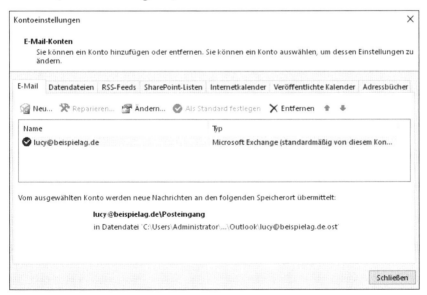

Abbildung 6.53 Kontoeinstellungen

2. Markieren Sie das gewünschte Exchange-Postfach, und klicken Sie auf ÄNDERN (siehe Abbildung 6.54).

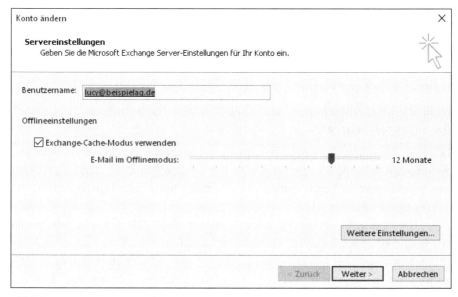

Abbildung 6.54 Servereinstellungen

3. Ziehen Sie den Schieberegler an die gewünschte Position. Zur Auswahl stehen Werte zwischen 3 TAGE und ALLE.

Wenn man dann noch die zusätzliche Verwaltungsarbeit für Administratoren und auch die Anwender hinzunimmt, fällt die Entscheidung vielleicht leichter, auf In-Situ-Archive zu verzichten.

6.6.2 Lizenzen

Mit Ausnahme der Exchange Online-Kiosk-Lizenz umfasst jede Exchange Online-Lizenz auch ein Archivpostfach.

Allerdings ist das Archivpostfach nicht automatisch aktiviert, sondern muss manuell hinzugefügt werden. Dazu gibt es mehrere Möglichkeiten, wie das EAC und natürlich die PowerShell. Je nach Lizenz unterscheidet sich jedoch die maximale Größe des Archivpostfachs. Tabelle 6.7 zeigt einen Überblick.

6.6 Archivierung

Exchange Online aus Business Essentials, Premium	Exchange Online Kiosk (einzeln und aus Enterprise K1)	Exchange Online Plan 1 (einzeln und aus E1)	Exchange Online Plan 2 (einzeln und aus E3/5)	Exchange Online-Archivierung (EOA)
50 GB	kein Archiv (unlimitiertes Archiv zusätzlich lizenzierbar)	50 GB (unlimitiertes Archiv zusätzlich lizenzierbar)	unlimitiertes Archiv	unlimitiertes Archiv

Tabelle 6.7 Archivgrößen

Abbildung 6.55 zeigt die Archivgrößen in einer anderen Darstellung.

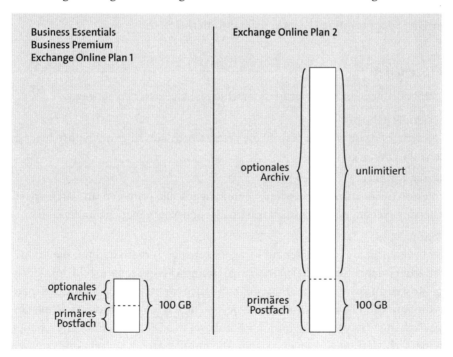

Abbildung 6.55 Archivgrößen

Es gibt also drei unterschiedliche Archivlösungen:

- Bei Office 365 Business Essentials, Premium und Exchange Online Plan 1 kann das Archiv aktiviert werden, jedoch kann das Archivpostfach nicht größer als 50 GB werden.

- Bei Exchange Online Plan 2 hat das primäre Postfach eine Größe von bis zu 100 GB; dazu kommt ein unlimitiertes Archiv.
- Die spezielle Lizenz *Exchange Online-Archivierung (EOA)* umfasst nur das Archivpostfach, das auch unlimitiert ist. EOA gibt es in den Varianten *EOA für Exchange Online* und *EOA für Exchange Server*. Die zuerst genannte Variante ist als Add-on für Office 365-Lizenzen ohne Archiv gedacht und die zweite Variante, um Ihren lokalen Exchange Server weiter mit den primären Postfächern zu betreiben, gleichzeitig aber, um die Kosten von lokalem Speicher einzusparen, indem die Archivpostfächer in Exchange Online angelegt werden. Ein solches Szenario betrachten wir in Abschnitt 6.13, »Vollständige Exchange-Hybridkonfiguration«. Außerdem können Sie diese Lizenz bei Exchange Kiosk und E1 zusätzlich buchen.

[»] Die unlimitierten Archive müssen wir uns allerdings noch genauer ansehen. »Unlimitiert« heißt in der Praxis, dass das Archivpostfach mit einem initialen *Quota* von 50 GB versehen ist. Reicht der Speicher nicht aus, wird die Quota automatisch angehoben. Eine Supportanfrage ist dazu nicht erforderlich.

6.6.3 Szenarien

Die Archivpostfächer können Sie in unterschiedlichen Szenarien einsetzen:

- vollständig gehostet
  In diesem Szenario werden sowohl die primären als auch die Archivpostfächer in Exchange Online gehalten.
- vollständig lokal
  In diesem Gegenstück zum ersten Szenario liegen alle primären und Archivpostfächer auf Exchange Servern, die lokal im eigenen Netzwerk beheimatet sind.
- hybrid
  Hier liegen primäre Postfächer auf lokalen Exchange Servern und nur die Archivpostfächer (manche oder alle) in Exchange Online. Dieses Szenario hilft, lokale Storage-Kosten zu sparen, ist aber nur dann möglich, wenn Sie eine hybride Exchange-Konfiguration haben. Wie das geht, bespreche ich in Abschnitt 6.13, »Vollständige Exchange-Hybridkonfiguration«. Für dieses Modell gibt es mit der Exchange Online-Archivierung eine eigene Lizenz, die nur das Archiv abdeckt und deutlich günstiger ist als eine Lizenz, die auch das primäre Postfach umfasst (siehe Abschnitt 6.1.2, »Lizenzüberblick«).

6.6.4 Verwaltung

Bei jedem Postfach, bei dem entweder in der Lizenz des Benutzers ein Archiv enthalten ist oder dessen Benutzer eine Archivlizenz zugewiesen wurde, können Sie bei Bedarf ein Archivpostfach aktivieren. Dazu stehen Ihnen grundsätzlich zwei Wege zur Auswahl: das EAC sowie die PowerShell. Sehen wir uns im Folgenden die beiden Varianten an.

Archive im EAC aktivieren und deaktivieren

1. Öffnen Sie im EAC den Bereich EMPFÄNGER und dann den Abschnitt POSTFÄCHER.
2. Markieren Sie das gewünschte Postfach, und wählen Sie den Befehl BEARBEITEN (Stift-Symbol).
3. Wechseln Sie zum Abschnitt POSTFACHFUNKTIONEN, und aktivieren Sie dort die Funktion ARCHIVIERUNG (siehe Abbildung 6.56).

An derselben Stelle können Sie ein bereits aktiviertes Archiv auch wieder deaktivieren.

Abbildung 6.56 Postfachfunktionen

4. Klicken Sie bei der Archivierung auf DETAILS ANZEIGEN, können Sie den Namen des Postfachs, wie er beispielsweise in Outlook angezeigt wird, anpassen.

Postfächer mit aktiviertem Archiv werden in der Liste POSTFÄCHER des EAC mit BENUTZER (ARCHIV) gekennzeichnet (siehe Abbildung 6.57).

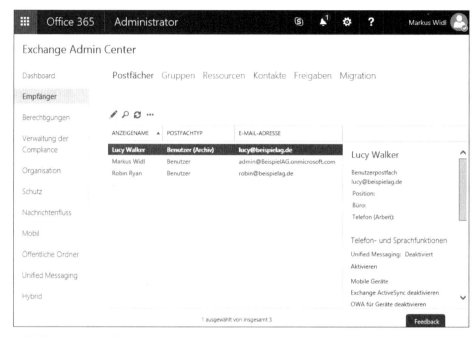

Abbildung 6.57 Postfächerliste

Archive mit der PowerShell verwalten

Statt einzelne Archive über das EAC zu verwalten, können Sie über die PowerShell das Aktivieren und Deaktivieren auch automatisieren. Hier ein paar Beispiele:

```
#Archiv aktivieren
Get-Mailbox -Identity <identity> |
    Enable-Mailbox -Archive

#Archiv deaktivieren
Get-Mailbox -Identity <identity> |
    Disable-Mailbox -Archive

#Name ändern
Get-Mailbox -Identity <identity> |
    Set-Mailbox -ArchiveName <name>
```

Listing 6.28 Archivpostfächer verwalten

Listing 6.28 führt die Aktionen auf jeweils ein bestimmtes Postfach aus. Das muss aber nicht sein, denn die Cmdlets `Enable-Mailbox`, `Disable-Mailbox` und `Set-Mailbox` verarbeiten alle Postfächer in der Pipeline.

Neben diesen einfachen Beispielen versuchen wir mit dem nächsten Listing, eine Liste aller Archivpostfächer samt Bezeichnung zu erhalten.

```
Get-Mailbox -Archive |
    Select-Object Name, ArchiveName
```

Listing 6.29 Liste aller Archivpostfächer

Eine Beispielausgabe sehen Sie in Abbildung 6.58.

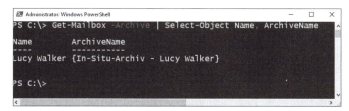

Abbildung 6.58 Liste von Archivpostfächern

Als Nächstes soll eine Liste aller Archivpostfächer samt deren Füllstand ausgegeben werden:

```
Get-Mailbox -Archive |
    Get-MailboxStatistics |
        Select-Object Displayname, TotalItemSize
```

Listing 6.30 Archivpostfächer mit Füllstand

Das Ergebnis sehen Sie in Abbildung 6.59.

Abbildung 6.59 Archivpostfächer mit Füllstand

6.6.5 Aufbewahrungsrichtlinien

Mit *Aufbewahrungsrichtlinien* können Sie Elemente aus dem primären Postfach und dem Archivpostfach automatisch bei Erreichen einer konfigurierbaren Altersgrenze verarbeiten lassen. Zur Auswahl stehen dabei die folgenden Aktionen:

▶ Verschieben eines Elements vom primären Postfach ins Archivpostfach
  Beim automatischen Verschieben eines Elements in das Archivpostfach wird dort die Ordnerstruktur nachgebaut. Wird beispielsweise eine E-Mail aus dem Ordner

Posteingang/Projekte/XYZ verschoben, wird die E-Mail auch im Archivpostfach unter diesem Pfad abgelegt. Die nötige Ordnerstruktur wird dabei automatisch erstellt.

- Löschen aus dem primären Postfach bzw. dem Archivpostfach
Dabei wird noch unterschieden, ob eine Wiederherstellung zugelassen wird oder nicht.

Die verfügbaren Aufbewahrungsrichtlinien verwalten Sie alternativ mit dem EAC oder in der PowerShell.

Aufbewahrungstags

Eine wesentliche Komponente bei der Verwendung von Aufbewahrungsrichtlinien sind die *Aufbewahrungstags*. Dabei handelt es sich um einzelne Regeln, bei denen jeweils eine Aktion (Verschieben oder Löschen) zusammen mit einer Altersgrenze (auch *Aufbewahrungslimit* genannt) konfiguriert wird. Beispiel: Es wird ein Aufbewahrungstag zur späteren Verwendung angelegt, bei dem entsprechende Elemente aus dem Postfach nach Erreichen der Altersgrenze von 365 Tagen automatisch ins Archivpostfach verschoben werden sollen.

Bei Aufbewahrungstags werden drei verschiedene Typen unterschieden:

- *Standardrichtlinientags (Default Policy Tag, DPT)*
Standardrichtlinientags werden auf alle Elemente angewandt, für die sonst kein anderes Tag vorgesehen wäre.

- *Aufbewahrungsrichtlinientags (Retention Policy Tags, RPT)*
Aufbewahrungsrichtlinientags werden *Standardordnern* zugewiesen. Dazu gehören die folgenden Ordner: *Aufgezeichnete Unterhaltungen, Gelöschte Elemente, Entwürfe, Posteingang, Journal, Junk-E-Mail, Notizen, Postausgang, RSS-Feeds, Wiederherstellbare Elemente, Gesendete Elemente, Synchronisierungsprobleme*.

  Bei diesen Tags kann das Verschieben ins Archiv nicht konfiguriert werden, sondern nur das Löschen. Anwender können die Aufbewahrungsrichtlinientags nicht ändern, aber die Elemente in den jeweiligen Ordnern mit persönlichen Tags versehen.

- *Persönliche Tags*
Persönliche Tags können vom Anwender in Outlook ab 2010 und in Outlook im Web einzelnen Elementen zugewiesen werden (siehe Abbildung 6.60). Die Angaben in einem persönlichen Tag haben gegenüber den anderen Tags Vorrang.

Die Aufbewahrungstags werden nun nicht direkt einzelnen Postfächern zugewiesen, sondern in Aufbewahrungsrichtlinien zusammengefasst, wobei ein einzelnes Aufbewahrungstag mehreren Aufbewahrungsrichtlinien zugewiesen sein kann. Wird das Tag geändert, gilt es in allen Richtlinien gleichermaßen geändert.

6.6 Archivierung

Abbildung 6.60 Zuweisung eines Aufbewahrungstags in Outlook

Im EAC finden Sie die Verwaltung der Aufbewahrungstags im Bereich VERWALTUNG DER COMPLIANCE im Abschnitt AUFBEWAHRUNGSTAGS (siehe Abbildung 6.61).

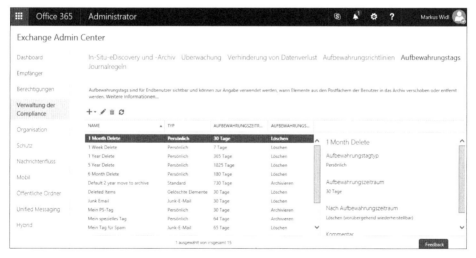

Abbildung 6.61 Aufbewahrungstags

Die in der Tabelle vorhandenen Tags können Sie an Ihre Anforderungen anpassen und über die Schaltfläche NEUES TAG (Plus-Symbol) erweitern. Dabei wird unterschieden, ob das Tag für das gesamte Postfach, einen bestimmten Ordner oder einzelne Elemente angewandt werden soll. In Abbildung 6.62 sehen Sie das Fenster zum Anlegen eines Tags für das gesamte Postfach.

Abbildung 6.62 Anlegen eines Aufbewahrungstags

Neben dem EAC-Ansatz können Sie die Aufbewahrungstags auch über die PowerShell verwalten. Hierzu ein paar Beispiele:

Es sollen alle vorhandenen Aufbewahrungstags angezeigt werden:

```
Get-RetentionPolicyTag
```

Listing 6.31 Anzeige aller Aufbewahrungstags

Das war nicht besonders schwer. Spannender wird es schon beim Anlegen eines neuen Aufbewahrungstags. Das Ziel ist das Anlegen eines neuen persönlichen Tags mit dem Namen »Mein Tag« für das Verschieben in das Archivpostfach bei einem Aufbewahrungslimit von 60 Tagen:

```
New-RetentionPolicyTag -Name "Mein Tag" `
    -Type Personal `
    -AgeLimitForRetention 60 `
    -RetentionAction MoveToArchive
```

Listing 6.32 Anlegen eines neuen Aufbewahrungstags

Möglicherweise erhalten Sie beim Ausführen des Befehls die Fehlermeldung aus Abbildung 6.63.

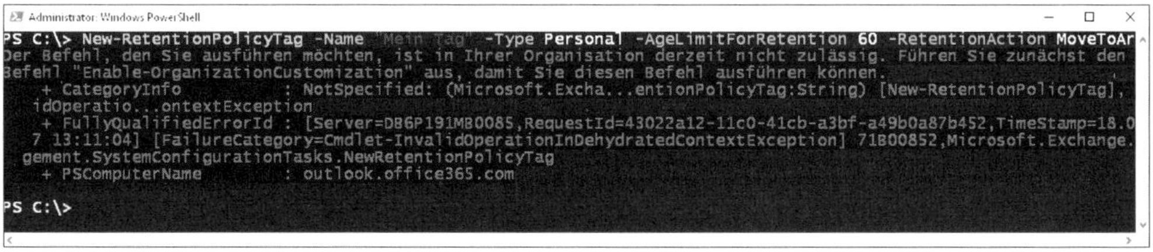

6.6 Archivierung

Abbildung 6.63 Fehlermeldung beim Versuch, die Organisation anzupassen

In diesem Fall müssen im Office 365-Verzeichnisdienst noch einige Anpassungen vorgenommen werden. Das ist nicht weiter tragisch, denn Sie können das einfach mit dem folgenden Befehl anstoßen:

```
Enable-OrganizationCustomization
```

Listing 6.33 Aktivierung der Organisationsanpassung

Ein nochmaliges Ausführen des Befehls `Enable-OrganizationCustomization` ist später nicht mehr erforderlich.

Aufbewahrungsrichtlinien

Jedem Postfach mit zugehörigem Archiv kann genau eine Aufbewahrungsrichtlinie zugewiesen werden. Welche Aufbewahrungsrichtlinie bei einem Postfach gilt bzw. welche Richtlinie angewandt werden soll, bestimmen Sie in den Details des jeweiligen Postfachs. Im Abschnitt POSTFACHFUNKTIONEN versteckt sich die entsprechende Option (siehe Abbildung 6.64).

Abbildung 6.64 Postfachfunktionen

Bereits vorhanden ist die Standard-Aufbewahrungsrichtlinie mit der Bezeichnung *Default MRM Policy* und den Aufbewahrungstags aus Tabelle 6.8.

Tagname	Tagtyp	Aufbewahrungslimit in Tagen	Aktion
Standard, 2 Jahre, in Archiv verschieben	Standardrichtlinientag	730	ins Archiv verschieben
Wiederherstellbare Elemente, 14 Tage, in Archiv verschieben	Aufbewahrungsrichtlinie: Wiederherstellbare Elemente	14	ins Archiv verschieben
Gelöschte Elemente	Aufbewahrungsrichtlinie: Gelöschte Elemente	30	Löschen und Wiederherstellung zulassen
Junk-E-Mail	Aufbewahrungsrichtlinie: Junk-E-Mail	30	Löschen und Wiederherstellung zulassen
Persönlich, 1 Jahr, in Archiv verschieben	persönliches Tag	365	ins Archiv verschieben
Persönlich, 5 Jahre, in Archiv verschieben	persönliches Tag	1.825	ins Archiv verschieben
Persönlich, nie in Archiv verschieben	persönliches Tag	–	ins Archiv verschieben
1 Woche, löschen	persönliches Tag	7	Löschen und Wiederherstellung zulassen
1 Monat, löschen	persönliches Tag	30	Löschen und Wiederherstellung zulassen
6 Monate, löschen	persönliches Tag	180	Löschen und Wiederherstellung zulassen
1 Jahr, löschen	persönliches Tag	365	Löschen und Wiederherstellung zulassen

Tabelle 6.8 Aufbewahrungstags der Standard-Aufbewahrungsrichtlinie

Tagname	Tagtyp	Aufbewahrungs-limit in Tagen	Aktion
5 Jahre, löschen	persönliches Tag	1.825	Löschen und Wiederherstellung zulassen
Nie löschen	persönliches Tag	–	Löschen und Wiederherstellung zulassen

Tabelle 6.8 Aufbewahrungstags der Standard-Aufbewahrungsrichtlinie (Forts.)

Wollen Sie eine bestehende Aufbewahrungsrichtlinie ändern oder eine neue anlegen, ist es wichtig, dass Sie bei der Zuweisung von Aufbewahrungstags einige Regeln beachten. Jede Aufbewahrungsrichtlinie kann enthalten:

- ein Standardrichtlinientag mit der Aktion *Ins Archiv verschieben*
- ein Standardrichtlinientag mit der Aktion *Löschen und Wiederherstellung zulassen* oder *Endgültig löschen*
- ein Standardrichtlinientag für Voicemailnachrichten
- eine beliebige Anzahl von Aufbewahrungsrichtlinientags für Standardordner (für jeden Ordner maximal ein Tag)
- eine beliebige Anzahl von persönlichen Tags

Die Standardrichtlinie hat also den Aufbau aus Abbildung 6.65.

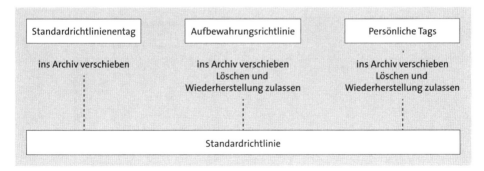

Abbildung 6.65 Aufbau der Standardrichtlinie

Zur Verwaltung der Aufbewahrungsrichtlinien wechseln Sie im EAC im Bereich VERWALTUNG DER COMPLIANCE zum Abschnitt AUFBEWAHRUNGSRICHTLINIEN (siehe Abbildung 6.66).

6 Exchange Online

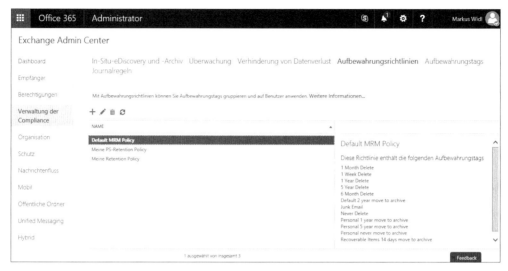

Abbildung 6.66 Aufbewahrungsrichtlinien

Hier passen Sie die vorhandenen Richtlinien an und erstellen neue. In Abbildung 6.67 sehen Sie das Fenster zum Anlegen einer weiteren Aufbewahrungsrichtlinie.

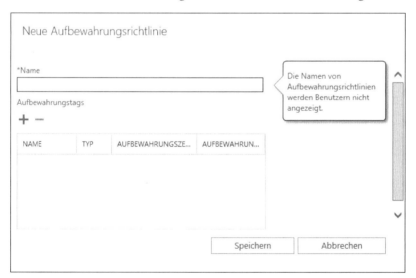

Abbildung 6.67 Anlegen einer Aufbewahrungsrichtlinie

Sehen wir uns zu den Aufbewahrungsrichtlinien nun auch einige PowerShell-Kommandos an.

Zunächst sollen alle Aufbewahrungsrichtlinien angezeigt werden:

Get-RetentionPolicy

Listing 6.34 Anzeige aller Aufbewahrungsrichtlinien

Die gelieferten Objekte enthalten in der Eigenschaft RetentionPolicyTagLinks die Verweise auf die Aufbewahrungstags (siehe Abbildung 6.68):

```
Get-RetentionPolicy |
   Format-List Name, RetentionPolicyTagLinks
```

Listing 6.35 Anzeige der Aufbewahrungstags aus den Aufbewahrungsrichtlinien

```
PS C:\> Get-RetentionPolicy | Format-List Name, RetentionPolicyTagLinks

Name                     : Meine PS-Retention Policy
RetentionPolicyTagLinks  : {Mein PS-Tag, Never Delete}

Name                     : Meine Retention Policy
RetentionPolicyTagLinks  : {Mein Tag für Spam, Mein spezielles Tag, 1 Month Delete, Default 2 year move to arc

Name                     : ArbitrationMailbox
RetentionPolicyTagLinks  : {Never Delete, AsyncOperationNotification, ModeratedRecipients, AutoGroup}

Name                     : Default MRM Policy
RetentionPolicyTagLinks  : {5 Year Delete, 1 Year Delete, 6 Month Delete, Personal 5 year move to archive...}

PS C:\>
```

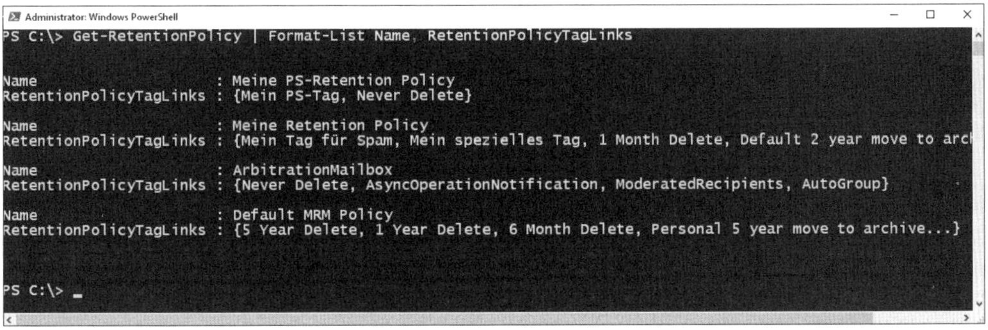

Abbildung 6.68 Anzeige der Aufbewahrungstags aus den Aufbewahrungsrichtlinien

Das Hinzufügen oder Entfernen von Aufbewahrungstags ist zwar über das Cmdlet Set-RetentionPolicy machbar, allerdings müssen Sie dabei darauf achten, immer den endgültig gewünschten Satz an Aufbewahrungstags zu übergeben und nicht nur das Tag, das hinzugefügt oder entfernt werden soll. Das verkompliziert den Code ein wenig. Das folgende Listing zeigt drei Filter zum Auslesen (Get-Tag), Hinzufügen (Add-Tag) und Entfernen (Remove-Tag) eines Aufbewahrungstags:

```
Filter Get-Tag($Identity) {
   #Tags auslesen
   (Get-RetentionPolicy -Identity $policy).RetentionPolicyTagLinks
}

Filter Add-Tag($Identity, $Tag) {
   $tags = @(Get-Tag($Identity))

   #Tag hinzufügen
   $tags += $Tag
```

```
    #Richtlinie ändern
    Set-RetentionPolicy -Identity $Identity `
       -RetentionPolicyTagLinks $tags
}

Filter Remove-Tag($Identity, $Tag) {
    $tags = Get-Tag($Identity)

    #Tag entfernen
    $tags = $tags -notlike $Tag

    #Richtlinie ändern
    Set-RetentionPolicy -Identity $Identity `
       -RetentionPolicyTagLinks $tags
}
```

Listing 6.36 Aufbewahrungstags auslesen, hinzufügen und entfernen

Das Anlegen einer neuen Aufbewahrungsrichtlinie ist wieder mit weniger Aufwand durchführbar. Ziel ist das Erstellen der Richtlinie »Meine Richtlinie«, der das Aufbewahrungstag »Mein Tag« hinzugefügt wird:

```
New-RetentionPolicy -Name "Meine Richtlinie" `
   -RetentionPolicyTagLinks "Mein Tag"
```

Listing 6.37 Anlegen einer Aufbewahrungsrichtlinie

Als Nächstes sollen die gesetzten Archivierungsrichtlinien aller Postfächer ausgelesen werden. Dazu fragen wir die Eigenschaft RetentionPolicy der von Get-Mailbox gelieferten Objekte ab:

```
Get-Mailbox |
   Where-Object { $_.RetentionPolicy -ne $null } |
      Select-Object Name, RetentionPolicy
```

Listing 6.38 Liste der Aufbewahrungsrichtlinie aller Postfächer

Bei Postfächern ohne Archiv ist dort nichts angegeben, was über einen Filter auf $null überprüft wird.

Über das Cmdlet Set-Mailbox können Sie die Archivierungsrichtlinie auch ändern:

```
Get-Mailbox -Identity <identity> |
   Set-Mailbox -RetentionPolicy <policy>
```

Listing 6.39 Setzen der Archivierungsrichtlinie

Übergeben Sie beim Parameter -RetentionPolicy das Argument $null, entfernen Sie die Archivierungsrichtlinie für das oder die Postfächer.

Assistent für verwaltete Ordner

Die Regeln der Aufbewahrungstags aus den Aufbewahrungsrichtlinien werden vom *Assistent für verwaltete Ordner* durchgesetzt. Dieser läuft allerdings nicht ständig für jedes Postfach im Hintergrund mit, sondern behandelt jedes Postfach nur von Zeit zu Zeit. Bei Exchange Online heißt das, dass jedes Postfach wenigstens einmal alle sieben Tage bearbeitet wird. Außerdem muss das Postfach eine Mindestgröße von 10 MB haben, damit der Assistent es berücksichtigt.

Ist dieser Zeitraum zu lang, können Sie den Assistenten für ein Postfach auch manuell anstoßen. Das geht – wer hätte es gedacht – über die PowerShell:

```
Start-ManagedFolderAssistant -Identity <identity>
```

Listing 6.40 Ausführen des Assistenten für verwaltete Ordner

Ein Ausführen des Cmdlets Start-ManagedFolderAssistant als Pipelineschritt (beispielsweise hinter einem Get-Mailbox) ist jedoch nicht direkt möglich. Gekapselt über ein ForEach-Object geht es aber dann doch:

```
$mailbox = Get-Mailbox
$mailbox | ForEach-Object {
   Start-ManagedFolgerAssistant -Identity $_.Alias
}
```

Listing 6.41 Ausführen des Assistenten für verwaltete Ordner für alle Postfächer

6.6.6 Anwenderansicht

Verfügt das Postfach eines Anwenders über ein Archivpostfach, sieht er es bei Outlook und Outlook im Web automatisch unterhalb seines primären Postfachs (siehe Abbildung 6.69 und Abbildung 6.70). Bei Outlook im Web müssen Sie gegebenenfalls auf MEHR (DREI PUNKTE) klicken.

Legen Sie das Archiv an, während der Anwender gerade Outlook ab 2010 geöffnet hat, ist das kein Problem: Das Archivpostfach wird automatisch und ohne Neustart angelegt und angezeigt.

Abbildung 6.69 Archivpostfach in Outlook

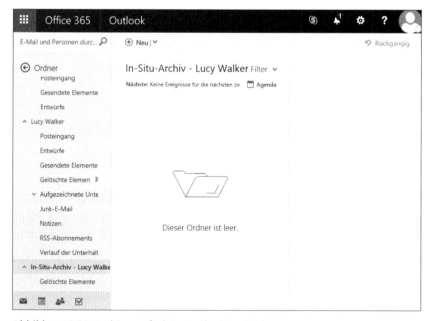

Abbildung 6.70 Archivpostfach in Outlook im Web

Unterstützte Outlook-Ausgaben

Allerdings gibt es von Outlook verschiedene Ausgaben, und nicht in allen stehen das Archivpostfach und die Archivrichtlinien zur Verfügung. In Tabelle 6.9 finden Sie eine Aufstellung, welche Ausgaben unterstützt werden.

6.6 Archivierung

Kategorie	Unterstützte Ausgaben
Office 365-Lizenzen	▶ Outlook 2016 aus Office 365 ProPlus ▶ Outlook 2016 aus Office 365 Business ▶ Outlook 2016 aus Office 365 Business Premium
Retail-Lizenzen	▶ Outlook 2016-Einzellizenz ▶ Outlook 2013-Einzellizenz
Volumenlizenzen	▶ Outlook 2013-Einzellizenz ▶ Outlook 2013 aus Office Professional Plus 2013 ▶ Outlook 2010-Einzellizenz ▶ Outlook 2010 aus Office Professional Plus 2010

Tabelle 6.9 Unterstützte Outlook-Ausgaben

Standardrichtlinientag

Der Anwender kann selbst überprüfen, welches Standardrichtlinientag für sein Postfach gilt, also welche Aktion wann bei den Elementen, für die kein anderes Aufbewahrungstag vorhanden ist, durchgeführt wird:

▶ In Outlook im Web gibt er den Befehl EINSTELLUNGEN (ZAHNRAD) • E-MAIL. Dort wechselt er dann zum Bereich AUTOMATISCHE VERARBEITUNG • AUFBEWAHRUNGSRICHTLINIEN (siehe Abbildung 6.71). In der Spalte AUFBEWAHRUNGSAKTION findet er die Standardaktion neben allen anderen persönlichen Tags aufgeführt.

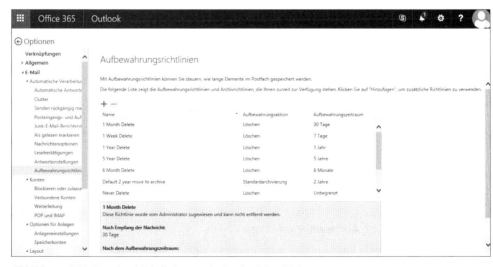

Abbildung 6.71 Standardrichtlinientag in Outlook im Web

- In Outlook 2016 findet er die Angabe, indem er im Menüband auf START klickt, dann auf RICHTLINIE ZUWEISEN und anschließend auf ORDNERRICHTLINIE FESTLEGEN. In dem erscheinenden Fenster (siehe Abbildung 6.72) klickt er auf AUFBEWAHRUNGSRICHTLINIEN HINZUFÜGEN ODER ENTFERNEN. Damit wechselt der Anwender an dieselbe Stelle in Outlook im Web.

Abbildung 6.72 Standardrichtlinientag in Outlook 2016 aufrufen

Dort haben Sie die Möglichkeit, persönliche Aufbewahrungstags zu Ihrem Postfach hinzuzufügen, die sonst nicht in der Aufbewahrungsrichtlinie Ihres Postfachs enthalten wären. Klicken Sie dazu auf die Schaltfläche HINZUFÜGEN, und wählen Sie gegebenenfalls ein weiteres Tag aus, das nicht zu Ihrer Aufbewahrungsrichtlinie gehört.

[»] Sollten die Angaben oder später die Schaltflächen zur Aufbewahrung im Menüband bzw. die Befehle im Kontextmenü von Outlook und/oder Outlook im Web nicht zu sehen sein, liegt das daran, dass der Assistent für verwaltete Ordner noch nicht für das Postfach gelaufen ist. Um nicht darauf warten zu müssen, können Sie den Assistenten auch selbst über die PowerShell anstoßen. Wie das geht, lesen Sie in Abschnitt 6.6.5, »Aufbewahrungsrichtlinien«.

Anwendung von Aufbewahrungstags

Als Endanwender können Sie Postfachordnern und den Elementen darin persönliche Aufbewahrungstags zuordnen. Dabei werden die Tags, die Sie einem Ordner zuweisen, grundsätzlich an die darin enthaltenen Unterordner und Elemente weitervererbt. Allerdings können Sie diesen wiederum eigene Tags zuweisen und damit die Ordnerkonfiguration aufheben.

In Outlook 2016 und Outlook im Web wird für die Anwender zwischen *Archivrichtlinien* und *Aufbewahrungsrichtlinien* unterschieden. Dabei darf man nicht durcheinanderkommen: Unter Archivrichtlinien werden persönliche Tags mit der Aktion *Ins Archiv verschieben* verstanden, unter Aufbewahrungsrichtlinien dagegen persönliche Tags mit der Aktion *Löschen*.

Die Darstellung der Auswahl von Archivrichtlinien und Aufbewahrungsrichtlinien unterscheidet sich etwas zwischen Outlook 2016 und Outlook im Web. Sehen wir uns zunächst Outlook 2016 an.

Öffnen Sie in Outlook 2016 einen Ordner, können Sie im Menüband auf der Registerkarte ORDNER die Schaltfläche RICHTLINIE wählen (siehe Abbildung 6.73).

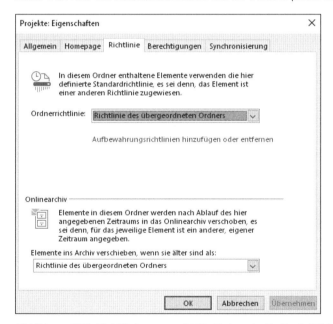

Abbildung 6.73 Richtlinienauswahl für Ordner in Outlook 2016

Im oberen Abschnitt wählen Sie als ORDNERRICHTLINIE eine Aufbewahrungsrichtlinie (Aktion *Löschen*). Im unteren Abschnitt dagegen eine Archivrichtlinie (Aktion *Ins Archiv verschieben*).

Bei den Standardordnern wie beispielsweise dem Posteingang können Sie keine Aufbewahrungsrichtlinie auswählen, wohl aber für darin enthaltene Unterordner und Elemente daraus.

Zur Auswahl einer Richtlinie für ein Element wie z. B. einer E-Mail markieren Sie dieses und wechseln im Menüband zur Registerkarte START. Dort finden Sie die Schaltfläche RICHTLINIE ZUWEISEN. Alternativ verwenden Sie das Kontextmenü (siehe Abbildung 6.74).

Abbildung 6.74 Richtlinienauswahl für Elemente in Outlook 2016

In Outlook im Web sieht die Auswahl von Aufbewahrungsrichtlinie und Archivrichtlinie etwas anders aus: Gehen Sie dort in das Kontextmenü eines Ordners, finden Sie zwei gleichnamige Abschnitte, über die Sie die gewünschte Richtlinie auswählen (siehe Abbildung 6.75).

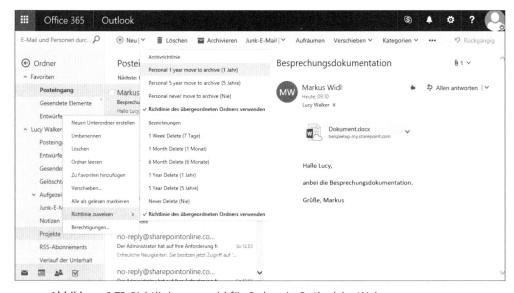

Abbildung 6.75 Richtlinienauswahl für Ordner in Outlook im Web

Dasselbe Verfahren über das Kontextmenü verwenden Sie auch bei der Auswahl einer Richtlinie für Ordnerelemente (siehe Abbildung 6.76).

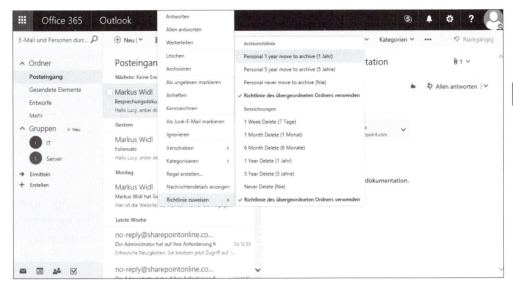

Abbildung 6.76 Richtlinienauswahl für Elemente in Outlook im Web

6.6.7 Dauerhafte (gesetzeskonforme) Archivierung

Ob die Archivierungs-Funktion von Exchange Online den Anforderungen bezüglich einer dauerhaften oder gar gesetzeskonformen Aufbewahrung Ihrer Daten genügt, ist nicht einfach zu beantworten und hängt von mehreren Faktoren ab. Hier empfiehlt sich folgende Vorgehensweise:

- Sind steuerrelevante Daten betroffen, klären Sie mit Ihrem Steuerberater und dem Finanzamt, ob die Exchange Online-Archivierung (gegebenenfalls mit aktiviertem Beweissicherungsverfahren, siehe Abschnitt 6.9.2, »Inaktive Postfächer«) für Sie ausreichend ist.

- Falls Sie von dort kein OK bekommen, evaluieren Sie die separaten Archivierungslösungen von diversen Drittanbietern. Dazu zählen beispielsweise diese (ohne Wertung oder spezielle Reihenfolge):
    - MailStore Software GmbH mit ihrem *Mailstore Server*
    www.mailstore.com/de/
    - GFI Software mit ihrem *MailArchiver*
    www.gfisoftware.de
    - Proofpoint, Inc. mit ihrem *Enterprise Archive for Office 365*
    www.proofpoint.com/de/

- Symantec mit ihrem *Office 365 Archiving*
  www.symantec.com/de/de/
- tecmasters GmbH mit ihrer *Office 365 Active SharePoint App*
  http://tecmasters.net/de
- GWAVA EMEA GmbH mit ihrem *Retain*
  www.gwava.eu

Grundsätzlich sollten Sie die Art der Archivierung speziell auf die Bedürfnisse und Anforderungen Ihres Unternehmens abstimmen.

6.7 Nachrichtenfluss

Zum Kontext des Nachrichtenflusses zählen in Exchange Online die Einrichtung von Transportregeln zur automatischen Verarbeitung von E-Mails sowie die Zustellungsberichte zur Nachverfolgung der E-Mail-Übermittlung. Außerdem zeige ich Ihnen in diesem Abschnitt, wie Sie parallel zu Exchange Online ein weiteres E-Mail-System mit derselben Domäne betreiben.

6.7.1 Transportregeln

Sämtliche E-Mails – das heißt alle eingehenden, alle ausgehenden und die organisationsintern verschickten – werden in Exchange Online über die *Transport-Engine* verarbeitet. Sie haben dabei über Transportregeln die Möglichkeit, an zentraler Stelle auf den E-Mail-Verkehr Einfluss zu nehmen. Jede Regel besteht dabei grundsätzlich aus den folgenden Komponenten:

1. Bedingung
   Auf welche E-Mails trifft die Regel zu (siehe Tabelle 6.10)?
2. Aktion
   Wie soll die E-Mail behandelt werden (siehe Tabelle 6.11)?
3. Ausnahme (optional)
   Welche Ausnahmen gelten bei der Anwendung der Regel (siehe Tabelle 6.12)?

[»] In den Tabellen ist vom *SCL (Spam Confidence Level)* die Rede. Mehr dazu lesen Sie in Abschnitt 6.8.4, »Anti-Virus und Anti-Spam mit EOP«.

Bedingungen 1. Ebene	Bedingungen 2. Ebene
Absender	▶ ist diese Person
	▶ ist extern/intern
	▶ ist Mitglied dieser Gruppe
	▶ Adresse enthält eines dieser Wörter
	▶ Adresse entspricht jedem dieser Textmuster
	▶ befindet sich in Aufsichtsliste eines Empfängers
	▶ hat bestimmte Eigenschaften einschließlich eines dieser Wörter
	▶ verfügt über bestimmte Eigenschaften, die diesen Textmustern entsprechen
	▶ hat den Richtlinientipp außer Kraft gesetzt
	▶ IP liegt in einem dieser Bereiche oder stimmt genau überein damit
	▶ Domäne ist
Empfänger	▶ ist diese Person
	▶ ist extern/intern
	▶ ist Mitglied dieser Gruppe
	▶ Adresse enthält eines dieser Wörter
	▶ Adresse entspricht jedem dieser Textmuster
	▶ befindet sich in Aufsichtsliste des Absenders
	▶ verfügt über bestimmte Eigenschaften, einschließlich eines dieser Wörter
	▶ verfügt über bestimmte Eigenschaften, die diesen Textmustern entsprechen
	▶ Domäne ist
Betreff oder Nachrichtentext	▶ Betreff oder Nachrichtentext eines der folgenden Wörter enthält
	▶ Betreff oder Nachrichtentext diesen Textmustern
	▶ Betreff eines der folgenden Wörter enthält
	▶ Betreff diesen Textmustern entspricht

Tabelle 6.10 Bedingungen

Bedingungen 1. Ebene	Bedingungen 2. Ebene
Mindestens eine Anlage	▶ Inhalt mit einem dieser Wörter enthält ▶ Inhalt enthält, der mit diesen Textmustern übereinstimmt ▶ Inhalt enthält, der nicht überprüft werden kann ▶ einen Dateinamen hat, der diesen Textmustern entspricht ▶ eine Dateierweiterung hat, die diese Wörter enthält ▶ größer oder gleich ist ▶ Überprüfung nicht abgeschlossen wurde ▶ ausführbaren Inhalt hat ▶ kennwortgeschützt ist ▶ über diese Eigenschaften verfügt, einschließlich eines dieser Wörter
Jeder Empfänger	▶ Adresse enthält eines dieser Wörter ▶ Adresse entspricht einem dieser Textmuster
Nachricht	▶ Beliebige dieser Typen vertraulicher Informationen enthält ▶ Feld An enthält diese Person ▶ Feld An enthält ein Mitglied dieser Gruppe ▶ Feld Cc enthält diese Person ▶ Feld Cc enthält ein Mitglied dieser Gruppe ▶ Feld An oder Cc enthält diese Person ▶ Feld An oder Cc enthält ein Mitglied dieser Gruppe ▶ größer oder gleich ist ▶ Zeichensatzname eines dieser Wörter enthält
Absender und Empfänger	▶ die Beziehung des Absenders zu einem Empfänger ist ▶ die Nachricht zwischen Mitgliedern dieser Gruppe übermittelt wird ▶ der Vorgesetzte des Absenders oder Empfängers diese Person ist ▶ die Absender- und Empfängereigenschaft verglichen wird als

Tabelle 6.10 Bedingungen (Forts.)

Bedingungen 1. Ebene	Bedingungen 2. Ebene
Nachrichteneigenschaften	▶ schließen den Nachrichtentyp ein ▶ schließen diese Klassifikation ein ▶ enthalten keine Klassifikation ▶ mit einer SCL-Bewertung größer oder gleich ▶ Prioritätsstufe einschließen
Nachrichtenkopf	▶ enthält mindestens eines dieser Wörter ▶ entspricht diesen Textmustern
[Auf alle Nachrichten anwenden]	nicht verfügbar

Tabelle 6.10 Bedingungen (Forts.)

Aktionen 1. Ebene	Aktionen 2. Ebene
Nachricht zur Genehmigung weiterleiten	▶ an diese Personen ▶ an den Vorgesetzten des Absenders
Nachricht umleiten an	▶ diese Empfänger ▶ gehostete Quarantäne ▶ der folgende Connector
Nachricht blockieren	▶ Nachricht ablehnen und Erläuterung einfügen ▶ Nachricht ablehnen mit erweitertem Statuscode von ▶ Nachricht ohne Benachrichtigung anderer Benutzer löschen
Empfänger hinzufügen	▶ in das Feld Bcc ▶ in das Feld An ▶ in das Feld Cc ▶ Vorgesetzten des Absenders als Empfänger hinzufügen
Haftungsausschluss auf die Nachricht anwenden	▶ Haftungsausschluss anfügen ▶ Haftungsausschluss voranstellen
Nachrichteneigenschaften ändern	▶ Nachrichtenkopfzeile entfernen ▶ Nachrichtenkopfzeile festlegen ▶ Nachrichtenklassifikation anwenden ▶ SCL-Bewertung (Spam Confidence Level) festlegen

Tabelle 6.11 Aktionen

Aktionen 1. Ebene	Aktionen 2. Ebene
Nachrichtensicherheit ändern	▸ Rechteschutz anwenden ▸ TLS-Verschlüsselung anfordern ▸ Office 365-Nachrichtenverschlüsselung anwenden ▸ Office 365-Nachrichtenverschlüsselung entfernen
Dem Betreff der Nachricht Folgendes voranstellen	nicht verfügbar
Absender mit Richtlinientipp benachrichtigen	nicht verfügbar
Schadensbericht generieren und senden an	nicht verfügbar
Den Empfänger benachrichtigen	nicht verfügbar

Tabelle 6.11 Aktionen (Forts.)

Ausnahmen 1. Ebene	Ausnahmen 2. Ebene
Absender	▸ ist diese Person ▸ ist extern/intern ▸ ist Mitglied dieser Gruppe ▸ Adresse enthält eines dieser Wörter ▸ Adresse entspricht einem dieser Textmuster ▸ befindet sich in Aufsichtsliste eines Empfängers ▸ hat bestimmte Eigenschaften einschließlich eines dieser Wörter ▸ verfügt über bestimmte Eigenschaften, die diesen Textmustern entsprechen ▸ hat den Richtlinientipp außer Kraft gesetzt ▸ IP liegt in einem dieser Bereiche oder stimmt genau überein mit ▸ Domäne ist

Tabelle 6.12 Ausnahmen

Ausnahmen 1. Ebene	Ausnahmen 2. Ebene
Empfänger	▶ ist diese Person ▶ ist extern/intern ▶ ist Mitglied dieser Gruppe ▶ Adresse enthält eines dieser Wörter ▶ Adresse entspricht einem dieser Textmuster ▶ befindet sich auf der Aufsichtsliste des Absenders ▶ verfügt über bestimmte Eigenschaften, einschließlich eines dieser Wörter ▶ verfügt über bestimmte Eigenschaften, die diesen Textmustern entsprechen ▶ Domäne ist
Betreff oder Nachrichtentext	▶ Betreff oder Nachrichtentext eines der folgenden Wörter enthält ▶ Betreff oder Nachrichtentext diesen Textmustern entspricht ▶ Betreff eines der folgenden Wörter enthält ▶ Betreff diesen Textmustern entspricht
Mindestens eine Anlage	▶ Inhalt mit einem dieser Wörter enthält ▶ Inhalt enthält, der mit diesen Textmustern übereinstimmt ▶ Inhalt enthält, der nicht überprüft werden kann ▶ einen Dateinamen hat, der diesen Textmustern entspricht ▶ eine Dateierweiterung hat, die diese Wörter enthält ▶ größer oder gleich ist ▶ Überprüfung nicht abgeschlossen wurde ▶ ausführbaren Inhalt hat ▶ kennwortgeschützt ist ▶ über diese Eigenschaften verfügt, einschließlich eines dieser Wörter
Jeder Empfänger	▶ Adresse enthält eines dieser Wörter ▶ Adresse entspricht einem dieser Textmuster

Tabelle 6.12 Ausnahmen (Forts.)

Ausnahmen 1. Ebene	Ausnahmen 2. Ebene
Nachricht	▶ Beliebige dieser Typen vertrauliche Informationen enthält ▶ Feld An enthält diese Person ▶ Feld An enthält ein Mitglied dieser Gruppe ▶ Feld Cc enthält diese Person ▶ Feld Cc enthält ein Mitglied dieser Gruppe ▶ Feld An oder Cc enthält diese Person ▶ Feld An oder Cc enthält ein Mitglied dieser Gruppe ▶ größer oder gleich ist ▶ Zeichensatznamen eines dieser Wörter enthält
Absender und Empfänger	▶ die Beziehung des Absenders zu einem Empfänger ist ▶ die Nachricht zwischen Mitgliedern dieser Gruppen übermittelt wird ▶ der Vorgesetzte des Absenders oder Empfängers diese Person ist ▶ die Absender- und Empfängereigenschaft verglichen wird als
Nachrichteneigenschaften	▶ schließen den Nachrichtentyp ein ▶ schließen diese Klassifikation ein ▶ enthalten keine Klassifikation ▶ mit einer SCL-Bewertung größer oder gleich ▶ Prioritätsstufe einschließen
Nachrichtenkopf	▶ enthält mindestens eines dieser Wörter ▶ entspricht diesen Textmustern

Tabelle 6.12 Ausnahmen (Forts.)

Mithilfe dieser Regeln können Sie beispielsweise folgende Anforderungen abdecken:

▶ Bei E-Mails an organisationsexterne Empfänger soll ein Haftungsausschluss angehängt werden.

▶ Der Versand von externen E-Mails soll bei bestimmten Benutzern verhindert werden.

▶ ̲̲̲̲̲̲̲̲̲̲̲̲̲̲̲̲̲̲ formationen dürfen nicht per E-Mail versandt werden.

▶ Eine anwenderspezifische Signatur mit Daten aus dem Benutzerkonto (beispielsweise Telefonnummer) soll angehängt werden.

Wie viele andere Funktionen von Exchange Online verwalten Sie die Transportregeln alternativ über das EAC oder die PowerShell.

Transportregeln mit dem EAC verwalten

Die Transportregeln finden Sie im EAC im Bereich NACHRICHTENFLUSS im Abschnitt REGELN (siehe Abbildung 6.77).

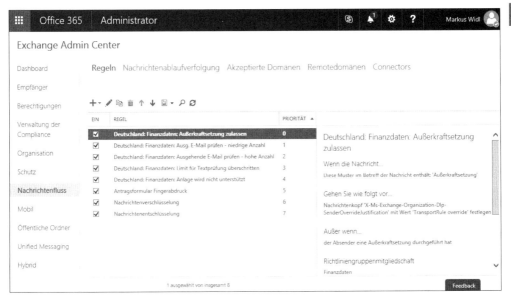

Abbildung 6.77 Transportregeln

Um eine neue Transportregel anzulegen, klicken Sie auf NEU (Plus-Symbol) und wählen anschließend entweder eine der angebotenen Vorlagen oder einfach NEUE REGEL ERSTELLEN.

Das Fenster zum Erstellen einer neuen Regel (siehe Abbildung 6.78) zeigt zunächst nur die Bedingung (DIESE REGEL ANWENDEN, WENN) und die Aktion (GEHEN SIE FOLGENDERMASSEN VOR) mit einer Auswahl der möglichen Optionen an.

Klicken Sie auf WEITERE OPTIONEN, werden die angebotenen Optionen umfangreicher, und außerdem können Sie zusätzlich Ausnahmen (AUSSER WENN) angeben, bei denen die Regel nicht angewandt werden soll. Hier ein Beispiel, wie eine solche Regel aufgebaut sein könnte:

Ziel ist es, allen E-Mails, die an Empfänger außerhalb der Exchange Online-Organisation geschickt werden, einen Haftungsausschluss anzuhängen.

Abbildung 6.78 Anlegen einer neuen Transportregel

Dazu legen Sie eine neue Regel an, klicken auf WEITERE OPTIONEN, um sämtliche Auswahlmöglichkeiten zu sehen, und wählen dann:

»DIESE REGEL ANWENDEN, WENN EMPFÄNGER IST EXTERN/INTERN« wird während der Auswahl zu »DIESE REGEL ANWENDEN, WENN DER EMPFÄNGER BEFINDET SICH IN AUSSERHALB DER ORGANISATION«. Und dann wählen Sie »FOLGENDERMASSEN VORGEHEN: HAFTUNGSAUSSCHLUSS AUF DIE NACHRICHT ANWENDEN... HAFTUNGSAUSSCHLUSS ANFÜGEN«

Dann klicken Sie auf TEXT EINGEBEN und formulieren den Haftungsausschluss. Unter BITTE AUSWÄHLEN geben Sie außerdem an, was passieren soll, wenn der Text nicht angewandt werden kann (beispielsweise IGNORIEREN).

Dass der Text des Haftungsausschlusses bei jedem Durchlauf der E-Mail erneut angehängt wird, verhindern Sie mit einem Klick auf AUSNAHME HINZUFÜGEN. Wählen Sie BETREFF ODER NACHRICHTENTEXT und dann BETREFF ODER NACHRICHTENTEXT ENTHÄLT EINES DER FOLGENDEN WÖRTER. Geben Sie dann einen markanten Teil des Haftungsausschlusses ein. Die fertige Regel sehen Sie in Abbildung 6.79. Zuletzt geben Sie der Regel noch einen Namen und speichern sie dann.

[»] Bei der Angabe des Textes für den Haftungsausschluss können Sie auch HTML-Tags einsetzen. Dabei sollten Sie jedoch vorsichtig sein, denn wenn Ihre Anwender E-Mails als reinen Text versenden, werden die Tags als Text eingefügt.

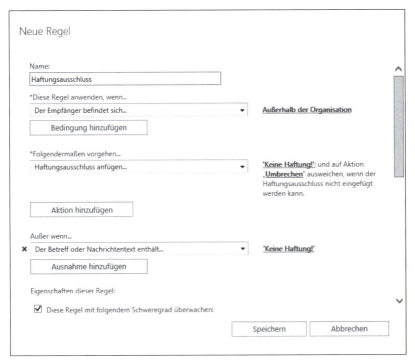

Abbildung 6.79 Transportregel für Haftungsausschluss

Dafür können Sie auch die Werte von (Active Directory-)Eigenschaften des Benutzerkontos des Absenders in den Haftungsausschluss mit aufnehmen. Dabei verweisen Sie grundsätzlich mit doppelten Prozentzeichen auf eine solche Eigenschaft:

%%Eigenschaftsname%%

Die Eigenschaften der Benutzerkonten, wie Sie sie im Office 365 Admin Center bzw. Office 365-Portal mit Werten belegen können, finden Sie in Tabelle 6.13.

Feld	Verweis
VORNAME	%%FirstName%%
NACHNAME	%%LastName%%
ANZEIGENAME	%%DisplayName%%
BENUTZERNAME	%%UserPrincipalName%%
POSITION	%%Title%%
ABTEILUNG	%%Department%%

Tabelle 6.13 Eigenschaften

Feld	Verweis
BÜRONUMMER	%%Office%%
TELEFON (GESCHÄFTLICH)	%%PhoneNumber%%
MOBILTELEFON	%%MobilePhone%%
FAXNUMMER	%%Fax%%
STRASSE	%%StreetAddress%%
ORT	%%City%%
BUNDESLAND/KANTON	%%State%%
POSTLEITZAHL	%%PostalCode%%
LAND ODER REGION	%%Country%%

Tabelle 6.13 Eigenschaften (Forts.)

Nachdem Sie die Regel angelegt haben, wird sie in der Liste des EAC angezeigt. Die Regel ist sofort aktiv, was Sie am Häkchen in der Spalte EIN erkennen (siehe Abbildung 6.80). Es kann allerdings einige Minuten dauern, bis die Regel auch tatsächlich ausgeführt wird.

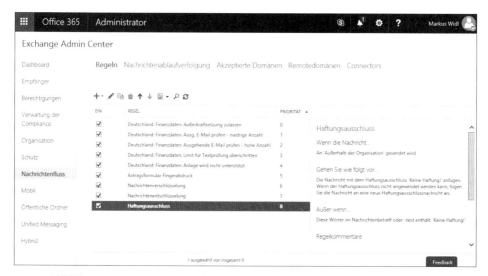

Abbildung 6.80 Transportregeln

Ist mehr als eine Regel vorhanden, können Sie die Reihenfolge, mit der die Regeln angewandt werden sollen, über die Pfeil-Schaltflächen modifizieren. Sie ändern damit die Priorität der Regeln.

Daneben gibt es weitere Optionen beim Anlegen einer Regel, beispielsweise den Anwendungszeitraum zwischen zwei Daten.

Transportregeln mit der PowerShell verwalten

Die wesentlichen Cmdlets bei der Verwaltung der Transportregeln mithilfe der PowerShell sind die folgenden:

- `New-TransportRule`
  zum Anlegen neuer Regeln
- `Get-TransportRule`
  zum Abfragen vorhandener Regeln
- `Set-TransportRule`
  zum Verändern vorhandener Regeln
- `Enable-TransportRule`
  zum Aktivieren von Regeln
- `Disable-TransportRule`
  zum Deaktivieren von Regeln
- `Remove-TransportRule`
  zum Löschen von Regeln

Hier ein Beispiel, mit dem Sie eine Transportregel wie zuvor beschrieben für den Haftungsausschluss anlegen:

```
New-TransportRule -Name "Haftungsausschluss" `
  -SentToScope "NotInOrganization" `
  -ApplyHtmlDisclaimerLocation "Append" `
  -ApplyHtmlDisclaimerText "<b>Keine Haftung</b>" `
  -ApplyHtmlDisclaimerFallbackAction "Wrap" `
  -ExceptIfSubjectOrBodyContainsWords "Keine Haftung" `
  -Priority 0 `
  -Enabled $true
```

Listing 6.42 Transportregel anlegen

Mit der angegebenen Priorität geben Sie die Reihenfolge an, in der die Regel ausgeführt werden soll. Je kleiner die Zahl ist, desto früher wird sie in der Reihenfolge aller Regeln ausgeführt.

Einige weitere Beispiele:

```
#Abfrage der Regeln
Get-TransportRule
```

```
#Deaktivieren einer bestimmten Regel
Disable-TransportRule -Identity "Haftungsausschluss"

#Deaktivieren aller Regeln
Get-TransportRule | Disable-TransportRule
```

Listing 6.43 Beispiele Transportregeln

6.7.2 Nachrichtenablaufverfolgung

Haben Sie den Verdacht, dass bestimmte E-Mails nicht korrekt ausgeliefert werden, können Sie die Verarbeitung mit der Nachrichtenablaufverfolgung überprüfen. So haben Sie einen Anhaltspunkt dafür, auf welcher Seite das Problem liegen könnte, und bekommen möglicherweise auch einen Hinweis auf den Ursprung der Probleme.

Im EAC wechseln Sie zum Bereich NACHRICHTENFLUSS und dort zum Abschnitt NACHRICHTENABLAUFVERFOLGUNG (siehe Abbildung 6.81).

Abbildung 6.81 Nachrichtenablaufverfolgung

Geben Sie einen Datumsbereich, einen Zustellungsstatus (Zugestellt, Fehler, Ausstehend, Erweitert, Unbekannt) und optional Absender und Empfängerpostfach an. Wurden passende E-Mails gefunden, finden Sie diese in der Suchergebnisliste. Ein Doppelklick führt Sie zu einem Übermittlungsbericht (siehe Abbildung 6.82).

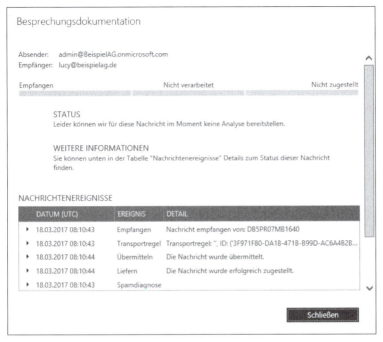

Abbildung 6.82 Übermittlungsbericht

Die Suche nach einem Übermittlungsbericht können Sie auch mit der PowerShell durchführen. Das folgende Beispiel sucht nach den Berichten, die von *lucy@beispielag.de* in einem bestimmten Zeitraum (amerikanische Schreibweise) versandt wurden:

```
Get-MessageTrace -SenderAddress lucy@beispielag.de `
    -StartDate 11/01/16 `
    -EndDate 11/03/16
```

Listing 6.44 Suche nach Übermittlungsberichten

Mit dem Cmdlet `Get-MessageTrace` durchsuchen Sie maximal die letzten sieben Tage. Benötigen Sie ältere Informationen, sehen Sie sich die Hilfe von `Get-`, `Start-` und `Stop-HistoricalSearch` an.

6.7.3 Exchange Online neben einem weiteren E-Mail-System betreiben

Angenommen, Sie verwenden als E-Mail-Lösung bisher ein System, das von einem Hoster bereitgestellt wird. Vielleicht wollen Sie nicht alle Anwender mit Exchange Online arbeiten lassen, sondern zunächst nur einen Teil der Anwender mit Exchange Online-Postfächern ausstatten. Natürlich sollen aber die Anwender ihre bisherige E-Mail-Adresse beibehalten können. Hier ein Beispiel:

- Bei einem Hoster betreiben Sie die beiden Postfächer für *lucy@beispielag.de* und *robin@beispielag.de*.
- Lucy soll zukünftig ein Exchange Online-Postfach unter derselben E-Mail-Adresse verwenden.
- Robins Postfach soll bis auf Weiteres beim bisherigen Hoster verbleiben.

Um dieses Szenario abzubilden, werden wir so vorgehen, dass der DNS-MX-Eintrag weiterhin auf das E-Mail-System des Hosters zeigt. Der E-Mail-Fluss sieht dann wie folgt aus:

- Sendet eine externe Person oder ein Anwender, der sein Postfach auf dem E-Mail-System des Hosters hat, eine Nachricht an Lucy, wird diese über eine Weiterleitungsregel zu Exchange Online übertragen. Bei der Weiterleitung verwenden wir Lucys sekundäre E-Mail-Adresse *lucy@beispielag.onmicrosoft.com*, also die E-Mail-Adresse mit der Mandantdomäne des Office 365-Mandanten.
- Sendet ein Anwender, der sein Postfach ebenfalls bei Exchange Online hat, eine Nachricht an Lucy, wird sie direkt in das Exchange Online-Postfach ausgeliefert. Das E-Mail-System des Hosters bekommt von dieser Mail nichts mit. Das Gleiche gilt, wenn Lucy eine Nachricht an einen anderen Anwender schickt, der sein Postfach ebenfalls bei Exchange Online hat.
- Sendet Lucy eine Nachricht an einen Anwender, der sein Postfach beim Hoster hat, beispielsweise an *robin@beispielag.de*, soll Exchange Online erkennen, dass das Postfach extern ist, und die E-Mail beim über den MX-Eintrag angegebenen E-Mail-System des Hosters ausliefern (*relaying* genannt).

Um dieses Szenario abbilden zu können, sind folgende Schritte erforderlich:

1. Fügen Sie die beim E-Mail-Hoster verwendete Domäne zu Ihrem Office 365-Mandanten hinzu, und konfigurieren Sie den Verwendungszweck für Exchange Online – im Beispiel also die Domäne *beispielag.de* (siehe Abschnitt 2.4.2, »Domäne verifizieren«).

   [»] Achtung: Der Assistent zum Hinzufügen einer Domäne schlägt dann verschiedene DNS-Einträge vor, insbesondere für MX. Diese Änderungen nehmen Sie nicht (!) vor, da die E-Mails nach wie vor beim E-Mail-System des Hosters ausgeliefert werden sollen.

2. Überprüfen Sie, ob es in den DNS-Einstellungen bei Ihrem DNS-Anbieter für die Domäne *beispielag.de* bereits einen SPF-(TXT-)Eintrag gibt. Dieser könnte wie folgt aussehen:

   ```
   v=spf1 include:beispielag.de -all
   ```

   Sollte es einen solchen noch nicht geben, legen Sie wie folgt einen an und autorisieren damit Exchange Online zur Auslieferung von Nachrichten unter Ihrer Domäne:

```
v=spf1 include:spf.protection.outlook.com -all
```

Sollte es dort bereits einen solchen Eintrag geben, ergänzen Sie ihn für *spf.protection.outlook.com*. Hier ein Beispiel:

```
v=spf1 include:beispielag.de include:spf.protection.outlook.com -all
```

3. Legen Sie gegebenenfalls ein Benutzerkonto für Lucy an, und weisen Sie diesem eine Exchange Online-Lizenz zu (siehe Abschnitt 2.5, »Benutzerverwaltung«).

4. Erstellen Sie beim E-Mail-System des Hosters für das Postfach *lucy@beispielag.de* eine Weiterleitungsregel. Die Weiterleitung muss auf *lucy@beispielag.onmicrosoft.com* erfolgen (entsprechend Ihrer Mandantdomäne). Das hierfür notwendige Vorgehen unterscheidet sich von Hoster zu Hoster, worauf ich hier nicht näher eingehen werde.

Mit diesem Schritt erreichen wir zunächst einmal, dass Nachrichten an Lucy in ihrem Postfach bei Exchange Online ausgeliefert werden. Sendet allerdings Lucy eine Nachricht an eine Adresse *@beispielag.de*, und das zugehörige Postfach liegt nicht bei Exchange Online, erhält Lucy eine Fehlermeldung (siehe Abbildung 6.83).

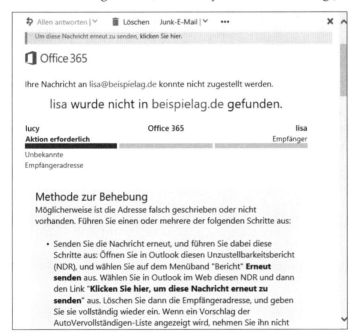

Abbildung 6.83 Fehlermeldung beim Versand einer Nachricht an ein externes Postfach

Um diesen Fehler zu vermeiden, muss die Domäne *beispielag.de* in Exchange Online noch als interne *Relaydomäne* konfiguriert werden. Das folgt im nächsten Schritt.

5. Öffnen Sie im EAC im Bereich NACHRICHTENFLUSS den Abschnitt AKZEPTIERTE DOMÄNEN (siehe Abbildung 6.84).

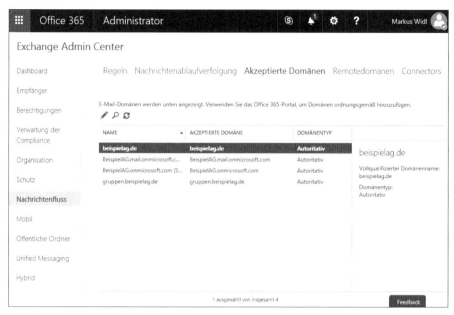

Abbildung 6.84 Akzeptierte Domänen

6. Öffnen Sie die betroffene Domäne, hier die *beispielag.de*, und konfigurieren diese als INTERNES RELAY (siehe Abbildung 6.85).

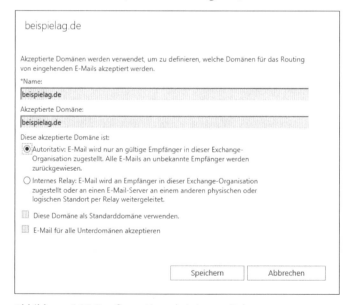

Abbildung 6.85 Konfiguration als internes Relay

Die Warnung bezüglich des fehlenden ausgehenden Connectors können Sie für dieses Szenario übergehen.

Zu guter Letzt sollten Sie zum Test sowohl von Lucys als auch von Robins Postfach aus gegenseitig Nachrichten verschicken. Ebenso von völlig anderen Postfächern aus an Lucy und Robin.

Anschließend kommt vielleicht noch eine Migration des Inhalts von Lucys Hoster-Postfach dazu. Lesen Sie hierzu Näheres in Abschnitt 6.15, »Migration anderer Postfacharten«.

6.8 Sicherheit

Die Sicherheitskonfiguration spielt bei Exchange Online natürlich auch eine große Rolle. Wenn Sie beim Exchange Server mit dem Rollenkonzept bereits gearbeitet, Postfächer berechtigt und gelöschte Elemente wiederhergestellt haben, werden Sie in Exchange Online vieles wiedererkennen.

6.8.1 Rollen

Ein wesentlicher Bestandteil des Exchange-Sicherheitskonzepts ist die *rollenbasierte Zugriffskontrolle (Role Based Access Control, RBAC)*. Kurz gesagt werden die Berechtigungen, was Administratoren und Anwender wo tun können, über Rollen und Rollengruppen festgelegt. Benutzerkonten werden dazu Mitglied von Rollengruppen und erhalten dadurch entsprechende Berechtigungen.

Beim Rollenkonzept selbst wird zwischen Administrator- und Benutzerrollen unterschieden.

Administratorrollen

Um den Aufbau und das Verhalten von Administratorrollen zu verstehen, sind zunächst einige Vokabeln erforderlich:

▶ *Rolle* oder *Verwaltungsrolle* (»Was darf getan werden?«)

Mit einer Rolle wird definiert, was getan werden darf, beispielsweise mit der Rolle *Mailbox Search* eine postfachübergreifende Suche durchführen.

Jede Rolle enthält eine unterschiedlich große Anzahl von Rolleneinträgen. Dahinter verbirgt sich letztendlich eine Auswahl von PowerShell-Cmdlets mit einer Auswahl der möglichen Parameter. Darüber wird bestimmt, welche Cmdlets mit welchen Parametern ausgeführt werden können, wenn ein Anwender über eine entsprechende Rolle verfügt. Die Rolle bekommt der Anwender aber nicht direkt zugewiesen, sondern über eine Rollengruppe.

In Tabelle 6.14 finden Sie eine Übersicht der standardmäßig vorhandenen Rollen mit der verkürzten Originalbeschreibung.

▶ *Rollengruppe* oder *Verwaltungsrollengruppe* (»Wer darf etwas tun?«)
In eine Rollengruppe werden Postfachbenutzer und/oder Gruppen (Sicherheitsgruppen, Verteilergruppen) als Mitglieder aufgenommen. Über Rollenzuordnungen wird eine Referenz zwischen den verfügbaren Rollen und den Rollengruppen angelegt. Einer Rollengruppe können dadurch mehrere Rollen zugewiesen werden. Die Mitglieder der Rollengruppe erhalten die Berechtigungen der Rollen.

Tabelle 6.15 enthält eine Liste aller standardmäßig vorhandenen Rollengruppen jeweils mit der Originalbeschreibung.

▶ *Schreibbereich* (»Wo darf es getan werden?«)
In den Optionen einer Rollengruppe wird ein Schreibbereich angegeben, innerhalb dessen die Mitglieder ihre Rechte ausüben können. Vonseiten Exchange Online gibt es nur einen einzigen (»Standard«), der alles umfasst. Gegebenenfalls könnten Sie weitere anlegen, beispielsweise für alle Postfachbenutzer aus einer bestimmten Organisationseinheit.

In Abbildung 6.86 sehen Sie den Zusammenhang zwischen diesen Vokabeln noch einmal schematisch.

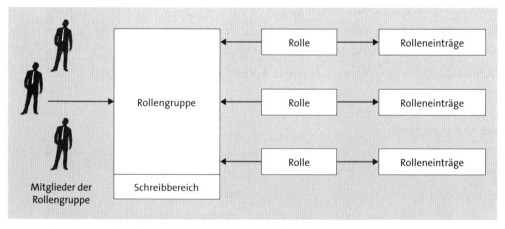

Abbildung 6.86 Rollen, Rollengruppen und der Schreibbereich

Rolle	Beschreibung
Address Lists	Diese Rolle ermöglicht Administratoren das Verwalten von Adresslisten, globalen Adresslisten und Offlineadresslisten in einer Organisation.
ApplicationImpersonation	Diese Rolle ermöglicht Anwendungen das Annehmen der Identität von Benutzern in einer Organisation, um Aufgaben im Auftrag des jeweiligen Benutzers auszuführen.
ArchiveApplication	Diese Rolle ermöglicht es Partneranwendungen, Elemente zu archivieren.
Audit Logs	Diese Rolle ermöglicht Administratoren das Verwalten der Cmdlet-Überwachungsprotokollierung in einer Organisation.
Compliance Admin	Ermöglicht das Anzeigen und Bearbeiten der Konfiguration und von Berichten für Compliance-Funktionen.
Data Loss Prevention	Diese Rolle ermöglicht Administratoren das Verwalten der Einstellungen für die Verhinderung von Datenverlust (DLP) in der Organisation.
Distribution Groups	Diese Rolle ermöglicht Administratoren das Verwalten der Einstellungen für die Verhinderung von Datenverlust (DLP) in der Organisation.
E-Mail Address Policies	Diese Rolle ermöglicht Administratoren das Verwalten von E-Mail-Adressrichtlinien in einer Organisation.
Federated Sharing	Diese Rolle ermöglicht Administratoren das Verwalten von gesamtstruktur- und organisationsübergreifenden Freigaben in einer Organisation.
Information Rights Management	Diese Rolle ermöglicht Administratoren das Verwalten der IRM-Funktionen (Verwaltung von Informationsrechten) von Exchange in einer Organisation.
Journaling	Diese Rolle ermöglicht Administratoren das Verwalten der Journalkonfiguration in einer Organisation.

Tabelle 6.14 Rollen

Rolle	Beschreibung
Legal Hold	Diese Rolle ermöglicht es Administratoren, zu konfigurieren, ob Daten innerhalb eines Postfachs für eventuelle Rechtsstreitigkeiten in einer Organisation aufbewahrt werden sollen.
LegalHoldApplication	Diese Rolle ermöglicht es Partneranwendungen, den Status der gesetzlichen Aufbewahrungspflicht abzufragen.
Mail Enabled Public Folders	Diese Rolle ermöglicht es Administratoren, zu konfigurieren, ob einzelne öffentliche Ordner in einer Organisation E-Mail-aktiviert oder -deaktiviert sind. Dieser Rollentyp ermöglicht nur das Verwalten der E-Mail-Eigenschaften von öffentlichen Ordnern. Es ist nicht möglich, nicht E-Mail-bezogene Eigenschaften von öffentlichen Ordnern zu verwalten. Zur Verwaltung von nicht E-Mail-bezogenen Eigenschaften öffentlicher Ordner muss Ihnen eine Rolle zugewiesen worden sein, die mit dem Rollentyp *PublicFolders* verknüpft ist.
Mail Recipient Creation	Diese Rolle ermöglicht Administratoren das Erstellen von Postfächern, E-Mail-Benutzern, E-Mail-Kontakten, normalen und dynamischen Verteilergruppen in einer Organisation. Diese Rolle kann mit Rollen des Typs *MailRecipients* kombiniert werden, um die Erstellung und Verwaltung von Empfängern zu ermöglichen. Dieser Rollentyp ermöglicht Ihnen nicht die E-Mail-Aktivierung öffentlicher Ordner. Zur E-Mail-Aktivierung öffentlicher Ordner muss Ihnen eine Rolle des Typs *MailEnabledPublicFolders* zugewiesen werden. Wenn Ihre Organisation ein geteiltes Berechtigungsmodell einsetzt, bei dem die Empfängererstellung nicht von der Gruppe durchgeführt wird, die für die Empfängerverwaltung zuständig ist, weisen Sie die Rollen des Typs *MailRecipientCreation* der Gruppe zu, die die Empfängererstellung durchführt, und die Rolle des Typs *MailRecipients* der Gruppe, die für die Empfängerverwaltung zuständig ist.

Tabelle 6.14 Rollen (Forts.)

Rolle	Beschreibung
Mail Recipients	Diese Rolle ermöglicht Administratoren das Verwalten vorhandener Postfächer, E-Mail-Benutzer und E-Mail-Kontakte in einer Organisation. Diese Rolle kann keine Empfänger erstellen. Rollen vom Typ *MailRecipientCreation* dienen zum Erstellen dieser Empfänger. Dieser Rollentyp ermöglicht nicht das Verwalten E-Mail-aktivierter öffentlicher Ordner oder Verteilergruppen. Verwenden Sie zum Verwalten dieser Objekte die Rollen *MailEnabledPublicFolders* und *DistributionGroups*. Wenn Ihre Organisation mit einem geteilten Berechtigungsmodell arbeitet, bei dem die Empfängererstellung und -verwaltung von verschiedenen Gruppen ausgeführt wird, weisen Sie Rollen vom Typ *MailRecipientCreation* der für die Empfängererstellung zuständigen Gruppe und vom Typ *MailRecipients* der für die Empfängerverwaltung zuständigen Gruppe zu.
Mail Tips	Diese Rolle ermöglicht Administratoren das Verwalten von E-Mail-Infos in einer Organisation.
Mailbox Import Export	Diese Rolle ermöglicht Administratoren das Importieren und Exportieren von Postfachinhalten sowie das Entfernen unerwünschter Inhalte aus einem Postfach.
Mailbox Search	Diese Rolle ermöglicht es Administratoren, den Inhalt eines oder mehrerer Postfächer in einer Organisation zu durchsuchen.
MailboxSeachApplication	Diese Rolle ermöglicht es Partneranwendungen, Postfächer zu suchen.
MailboxGraphApplication	Diese Rolle ermöglicht es Partneranwendungen, Besprechungsgrafik-APIs aufzurufen.
Message Tracking	Diese Rolle ermöglicht Administratoren das Verfolgen von Nachrichten in einer Organisation.
Migration	Diese Rolle ermöglicht Administratoren das Migrieren von Postfächern und Postfachinhalten auf einen bzw. von einem Server.

Tabelle 6.14 Rollen (Forts.)

Rolle	Beschreibung
Move Mailboxes	Diese Rolle ermöglicht es Administratoren, Postfächer zwischen Servern in einer Organisation und zwischen Servern in der lokalen Organisation und einer anderen Organisation zu verschieben.
OfficeExtensionApplication	Diese Rolle ermöglicht es Microsoft Office-Erweiterungsanwendungen, auf Benutzerpostfächer zuzugreifen.
Org Custom Apps	Diese Rolle ermöglicht Benutzern das Anzeigen und Ändern der benutzerdefinierten Apps ihrer Organisation.
Org Marketplace Apps	Diese Rolle ermöglicht Benutzern das Anzeigen und Ändern der Marketplace-Apps ihrer Organisation.
Organization Client Access	Diese Rolle ermöglicht Administratoren das Verwalten von Clientzugriffs-Einstellungen in einer Organisation.
Organization Configuration	Diese Rolle ermöglicht Administratoren das Verwalten organisationsweiter Einstellungen. Folgende Organisationskonfigurationen können beispielsweise über diesen Rollentyp gesteuert werden: ob E-Mail-Infos für die Organisation verwendet werden; die URL für die verwaltete Ordnerhomepage; die SMTP-Empfängeradresse des Microsoft Exchange-Empfängers und alternative E-Mail-Adressen; die Ressourcenpostfacheigenschaften-Schemakonfiguration; die Hilfe-URLs für die Exchange-Verwaltungskonsole und Outlook Web App. Dieser Rollentyp enthält nicht die in den Rollentypen *OrganizationClientAccess* oder *OrganizationTransportSettings* enthaltenen Berechtigungen.

Tabelle 6.14 Rollen (Forts.)

Rolle	Beschreibung
Organization Transport Settings	Diese Rolle ermöglicht Administratoren das Verwalten organisationsweiter Transporteinstellungen, z. B. Systemmeldungen und Standortkonfiguration sowie weitere organisationsweite Transporteinstellungen. Diese Rolle ermöglicht Ihnen nicht die Erstellung oder Verwaltung von Empfangs- oder Sendeconnectors für Transporte, Warteschlangen, Schutz, Agents, Remotedomänen sowie akzeptierten Domänen oder Regeln. Um die einzelnen Transportfunktionen zu erstellen oder zu verwalten, müssen ihnen Rollen zugewiesen sein, denen die folgenden Rollentypen zugeordnet sind: *ReceiveConnectors*, *SendConnectors*, *TransportQueues*, *TransportHygiene*, *TransportAgents*, *RemoteandAcceptedDomains*, *TransportRules*
Public Folders	Diese Rolle ermöglicht Administratoren das Verwalten öffentlicher Ordner in einer Organisation. Mit dieser Rolle können Sie nicht festlegen, ob öffentliche Ordner E-Mail-aktiviert sind. Um einen öffentlichen Ordner für E-Mails zu aktivieren oder zu deaktivieren, muss ihnen eine Rolle zugewiesen werden, die dem Rollentyp *MailEnabledPublicFolders* zugeordnet ist.
Recipient Policies	Diese Rolle ermöglicht Administratoren das Verwalten von Empfängerrichtlinien, z. B. das Bereitstellen von Richtlinien, in einer Organisation.
Remote and Accepted Domains	Diese Rolle ermöglicht Administratoren das Verwalten von Remotedomänen sowie akzeptierten Domänen in einer Organisation.
Reset Password	Diese Rolle ermöglicht es Benutzern, ihre eigenen Kennwörter zurückzusetzen, und Administratoren, die Benutzerkennwörter in einer Organisation zurückzusetzen.
Retention Management	Diese Rolle ermöglicht Administratoren das Verwalten von Aufbewahrungsrichtlinien in einer Organisation.

Tabelle 6.14 Rollen (Forts.)

Rolle	Beschreibung
Role Management	Diese Rolle ermöglicht Administratoren das Verwalten von Verwaltungsrollengruppen, Rollenzuweisungsrichtlinien und Verwaltungsrollen, Rolleneinträgen, Zuweisungen und Bereichen in einer Organisation.
	Benutzer mit dieser Rolle können die nach Eigenschaft verwaltete Rollengruppe überschreiben, eine beliebige Rollengruppe konfigurieren und Mitglieder zu beliebigen Rollengruppen hinzufügen oder aus diesen entfernen.
Security Admin	Ermöglicht das Anzeigen und Bearbeiten der Konfiguration und von Berichten für Sicherheitsfunktionen.
Security Group Creation and Membership	Diese Rolle ermöglicht Administratoren das Erstellen und Verwalten universeller Sicherheitsgruppen und ihrer Mitglieder in einer Organisation. Wenn Ihre Organisation mit einem geteilten Berechtigungsmodell arbeitet, bei dem die Erstellung und Verwaltung universeller Sicherheitsgruppen einer Gruppe obliegt, die keine Exchange Server verwaltet, weisen Sie diese Rolle dieser Gruppe zu.
Security Reader	Ermöglicht das Anzeigen der Konfiguration und von Berichten für Sicherheitsfunktionen.
SendMailApplication	Diese Rolle gestattet Partneranwendungen das Senden von E-Mails.
Team Mailboxes	Diese Rolle ermöglicht es Administratoren, in der Organisation Websitepostfach-Bereitstellungsrichtlinien zu definieren sowie Websitepostfächer zu verwalten. Administratoren mit dieser Rolle können Websitepostfächer verwalten, für die sie nicht die Besitzer sind.
TeamMailboxLifecycleApplication	Diese Rolle ermöglicht es Partneranwendungen, Statusangaben für den Lebenszyklus des Websitepostfachs zu aktualisieren.
Transport Hygiene	Diese Rolle ermöglicht Administratoren das Verwalten von Anti-Viren- und Anti-Spam-Funktionen in einer Organisation.

Tabelle 6.14 Rollen (Forts.)

Rolle	Beschreibung
Transport Rules	Diese Rolle ermöglicht Administratoren das Verwalten von Transportregeln in einer Organisation.
UM Mailboxes	Diese Rolle ermöglicht Administratoren das Verwalten der Unified Messaging-Konfiguration von Postfächern und anderen Empfängern in einer Organisation.
UM Prompts	Diese Rolle ermöglicht Administratoren das Erstellen und Verwalten benutzerdefinierter Unified Messaging-Sprachansagen in einer Organisation.
Unified Messaging	Diese Rolle ermöglicht Administratoren das Verwalten von Unified Messaging-Servern in einer Organisation.
User Options	Diese Rolle ermöglicht Administratoren die Anzeige der Outlook Web App-Optionen eines Benutzers in einer Organisation. Diese Rolle kann zum Diagnostizieren von Konfigurationsproblemen verwendet werden.
UserApplication	Diese Rolle ermöglicht es Partneranwendungen, im Auftrag von Endbenutzern zu agieren.
View-Only Audit Logs	Diese Rolle ermöglicht es Administratoren und Endbenutzern, z. B. Legal und Compliance Officers, das Administratorüberwachungsprotokoll zu durchsuchen und die zurückgegebenen Ergebnisse anzuzeigen. Das Überwachungsprotokoll kann mithilfe der PowerShell durchsucht werden, alternativ können über die Exchange-Systemsteuerung Berichte ausgeführt werden. Benutzer und Gruppen mit dieser Rolle können den gesamten Inhalt des Überwachungsprotokolls anzeigen, dazu gehören die ausgeführten Cmdlets und die Benutzer, die die Cmdlets ausgeführt haben, die Objekte, für die sie ausgeführt wurden, und die bereitgestellten Parameter und Werte. Da die zurückgegebenen Ergebnisse möglicherweise vertrauliche Informationen enthalten, sollte diese Rolle nur Benutzern zugewiesen werden, die die Informationen unbedingt benötigen.

Tabelle 6.14 Rollen (Forts.)

Rolle	Beschreibung
View-Only Configuration	Diese Rolle ermöglicht Administratoren die Anzeige aller nicht empfängerbezogenen Exchange-Konfigurationseinstellungen in einer Organisation. Beispiele für anzeigbare Konfigurationen sind: Serverkonfiguration, Transportkonfiguration, Datenbankkonfiguration und organisationsweite Konfiguration. Diese Rolle kann mit Rollen kombiniert werden, die mit dem Rollentyp *ViewOnlyRecipients* verknüpft sind. Auf diese Weise können Sie eine Rollengruppe erstellen, die jedes Objekt in einer Organisation anzeigen kann.
View-Only Recipients	Diese Rolle ermöglicht Administratoren das Anzeigen der Konfiguration von Empfängern wie Postfächer, E-Mail-Benutzer, E-Mail-Kontakte, Verteilergruppen und dynamische Verteilergruppen. Diese Rolle kann mit Rollen kombiniert werden, die dem Rollentyp *ViewOnlyConfiguration* zugeordnet sind, um so eine Rollengruppe zu erstellen, die jedes Objekt in der Organisation anzeigen kann.

Tabelle 6.14 Rollen (Forts.)

Rollengruppe	Beschreibung	Enthaltene Rollen
Compliance Management	Die Mitgliedschaft in dieser Rollengruppe wird dienstübergreifend synchronisiert und zentral verwaltet. Diese Rollengruppe kann nicht mit Microsoft Exchange verwaltet werden. Mitglieder dieser Rollengruppe können dienstübergreifende Helpdesk- oder Kennwortadministratoren, externe Partnergruppen und der Microsoft-Support sein. Standardmäßig sind dieser Gruppe keine Rollen zugewiesen. Sie ist jedoch Mitglied der nur mit Leserechten versehenen Rollengruppe »Organization Management« und erbt die Berechtigungen dieser Gruppe.	▸ *Compliance Admin* ▸ *Data Loss Prevention* ▸ *Information Rights Management* ▸ *Retention Management* ▸ *View-Only Audit Logs* ▸ *View-Only Configuration* ▸ *View-Only Recipients*

Tabelle 6.15 Rollengruppen

Rollengruppe	Beschreibung	Enthaltene Rollen
Discovery Management	Die Mitglieder dieser Verwaltungsrollengruppe können Suchvorgänge für Postfächer in der Exchange-Organisation für Daten ausführen, die bestimmten Kriterien entsprechen.	▶ Legal Hold ▶ Mailbox Search
Exchange-Service-Admins	Die Mitgliedschaft in dieser Rollengruppe wird dienstübergreifend synchronisiert und zentral verwaltet. Diese Rollengruppe kann nicht von Microsoft Exchange aus verwaltet werden. Mitglieder dieser Rollengruppe sind ausschließlich Exchange Online-Dienstadministratoren. Standardmäßig können dieser Gruppe keine Rollen zugewiesen werden. Sie stellt jedoch ein Mitglied der Rollengruppe »Organization Management« dar und erbt die Berechtigungen dieser Rollengruppe.	
Help Desk	Die Mitglieder dieser Verwaltungsrollengruppe können die Konfiguration für einzelne Empfänger anzeigen und verwalten sowie die Empfänger in einer Exchange-Organisation anzeigen. Die Mitglieder dieser Rollengruppe können nur die Konfiguration verwalten, die die einzelnen Benutzer für ihr Postfach verwalten können. Es können weitere Berechtigungen hinzugefügt werden, indem dieser Rollengruppe zusätzliche Verwaltungsrollen zugewiesen werden.	▶ Reset Password ▶ User Options ▶ View-Only Recipients
Helpdesk-Admins	Die Mitgliedschaft in dieser Rollengruppe wird dienstübergreifend synchronisiert und zentral verwaltet. Diese Rollengruppe kann nicht von Microsoft Exchange aus verwaltet werden.	▶ PartnerRoleGroup

Tabelle 6.15 Rollengruppen (Forts.)

Rollengruppe	Beschreibung	Enthaltene Rollen
	Mitglieder dieser Rollengruppe sind ausschließlich Exchange Online-Dienstadministratoren. Standardmäßig können dieser Gruppe keine Rollen zugewiesen werden. Sie stellt jedoch ein Mitglied der Rollengruppe »Organization Management« dar und erbt die Berechtigungen dieser Rollengruppe.	
Hygiene Management	Die Mitglieder dieser Verwaltungsrollengruppe können Exchange-Anti-Spam-Funktionen verwalten und Berechtigungen für Anti-Viren-Produkte für die Integration in Exchange erteilen.	▸ Transport Hygiene
Organization Management	Die Mitglieder dieser Verwaltungsrollengruppe verfügen über die Berechtigungen zum Verwalten von Exchange-Objekten und ihren Eigenschaften in der Exchange-Organisation. Sie können auch Rollengruppen und Verwaltungsrollen in der Organisation delegieren. Diese Rollengruppe sollte nicht gelöscht werden.	▸ Audit Logs ▸ Compliance Admin ▸ Data Loss Prevention ▸ Distribution Groups ▸ Federated Sharing ▸ Information Rights Management ▸ Journaling ▸ Legal Hold ▸ Mail Enabled Public Folders ▸ Mail Recipient Creation ▸ Mail Recipients ▸ Mail Tips ▸ Message Tracking ▸ Migration ▸ Move Mailboxes ▸ Org Custom Apps

Tabelle 6.15 Rollengruppen (Forts.)

Rollengruppe	Beschreibung	Enthaltene Rollen
		- Org Marketplace Apps
- Organization Client Access
- Organization Configuration
- Organization Transport Settings
- Public Folders
- Recipient Policies
- Remote and Accepted Domains
- Reset Password
- Retention Management
- Role Management
- Security Admin
- Security Group Creation and Membership
- Security Reader
- Team Mailboxes
- Transport Hygiene
- Transport Rules
- UM Mailboxes
- UM Prompts
- Unified Messaging
- User Options
- View-Only Audit Logs
- View-Only Configuration
- View-Only Recipients

Tabelle 6.15 Rollengruppen (Forts.)

Rollengruppe	Beschreibung	Enthaltene Rollen
Recipient Management	Die Mitglieder dieser Verwaltungsrollengruppe verfügen über die Berechtigungen zum Erstellen, Verwalten und Entfernen von Exchange-Empfängerobjekten in der Exchange-Organisation.	▶ Distribution Groups ▶ Mail Recipient Creation ▶ Mail Recipients ▶ Message Tracking ▶ Migration ▶ Move Mailboxes ▶ Recipient Policies ▶ Reset Password ▶ Team Mailboxes
Records Management	Die Mitglieder dieser Verwaltungsrollengruppe können Kompatibilitätsfunktionen wie Aufbewahrungsrichtlinientags, Nachrichtenklassifikationen, Transportregeln etc. konfigurieren.	▶ Audit Logs ▶ Journaling ▶ Message Tracking ▶ Retention Management ▶ Transport Rules
Security Administrator	Interne Rollengruppe	▶ Security Admin
Security Reader	Interne Rollengruppe	▶ Security Reader
TenantAdmins	Die Mitgliedschaft in dieser Rollengruppe wird dienstübergreifend synchronisiert und zentral verwaltet. Diese Rollengruppe kann nicht mit Microsoft Exchange verwaltet werden. Mitglieder dieser Rollengruppe können dienstübergreifende Administratoren, externe Partnergruppen und der Microsoft-Support sein. Standardmäßig können dieser Gruppe keine Rollen zugewiesen werden. Sie ist jedoch Mitglied der Rollengruppe »Organisationsverwaltung« und erbt die Funktionen dieser Rollengruppe.	▶ PartnerRoleGroup ▶ [Globale Administratoren]

Tabelle 6.15 Rollengruppen (Forts.)

Rollengruppe	Beschreibung	Enthaltene Rollen
UM Management	Die Mitglieder dieser Verwaltungsrollengruppe können die Konfiguration von Unified Messaging-Organisationen, -Servern und -Empfängern verwalten.	▶ UM Mailboxes ▶ UM Prompts ▶ Unified Messaging
View-Only Organization Management	Die Mitglieder dieser Verwaltungsrollengruppe können Empfänger- und Konfigurationsobjekte sowie ihre Eigenschaften in der Exchange-Organisation anzeigen.	▶ View-Only Configuration ▶ View-Only Recipients

Tabelle 6.15 Rollengruppen (Forts.)

Im EAC finden Sie die Verwaltung der Administratorrollen im Bereich BERECHTIGUNGEN im Abschnitt ADMINISTRATORROLLEN (siehe Abbildung 6.87).

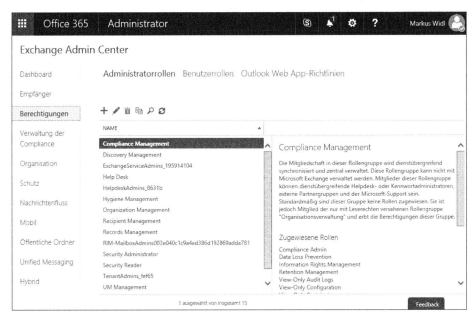

Abbildung 6.87 Administratorrollen

Dort können Sie neue Rollengruppen anlegen und vorhandene modifizieren. Auch das Kopieren einer vorhandenen Rollengruppe ist möglich, um nicht alle Einstellungen bei einer ähnlichen Rollengruppe erneut vornehmen zu müssen.

Folgende Einstellungen können Sie für Rollengruppen im EAC für die Rollengruppen vorgeben (siehe Abbildung 6.88):

- Name
- Beschreibung
- Schreibbereich
- Rollen
- Mitglieder

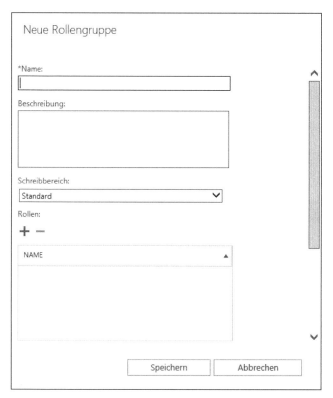

Abbildung 6.88 Rollengruppeneinstellungen

Benutzerrollen

Ein ähnliches Konzept wie bei den Administratorrollen verfolgt Exchange mit den Benutzerrollen. Sie sind erkennbar am vorangestellten »My« im Namen. In Rollenzuweisungsrichtlinien werden diese Rollen referenziert. Jedes Postfach kann über eine Rollenzuweisungsrichtlinie verfügen und erhält dadurch Berechtigungen.

Typische Anwendungsfälle sind beispielsweise:

- Kann der Anwender seinen Namen in Outlook im Web ändern?
- Kann der Anwender Verteilergruppen anlegen?
- Kann der Anwender Einfluss auf seine Outlook-Apps nehmen?

Standardmäßig gibt es die Rollenzuweisungsrichtlinie »Default Role Assignment Policy«, die jedem Postfach zugewiesen ist. In dieser sind sämtliche Benutzerrollen referenziert.

Tabelle 6.16 listet die verfügbaren Benutzerrollen auf.

Rolle	Beschreibung
MyContactInformation	Diese Rolle ermöglicht es einzelnen Benutzern, ihre Kontaktinformationen wie Adresse und Telefonnummer zu ändern.
MyProfileInformation	Diese Rolle ermöglicht einzelnen Benutzern das Ändern ihres Namens.
MyDistributionGroups	Diese Rolle ermöglicht einzelnen Benutzern das Erstellen, Ändern und Anzeigen von Verteilergruppen sowie das Ändern, Anzeigen, Entfernen und Hinzufügen von Mitgliedern zu einer Verteilergruppe, die sie besitzen.
MyDistributionGroup-Membership	Diese Rolle ermöglicht einzelnen Benutzern das Anzeigen und Ändern ihrer Mitgliedschaft in Verteilergruppen in einer Organisation, vorausgesetzt, dass bei diesen Verteilergruppen das Ändern der Gruppenmitgliedschaft möglich ist.
My ReadWriteMailbox Apps	Diese Rolle erlaubt Benutzern die Installation von Apps mit ReadWriteMailbox-Berechtigungen.
My Custom Apps	Diese Rolle ermöglicht Benutzern das Anzeigen und Ändern ihrer benutzerdefinierten Apps.
My Marketplace Apps	Diese Rolle ermöglicht Benutzern das Anzeigen und Ändern ihrer Marketplace-Apps.
MyBaseOptions	Diese Rolle ermöglicht einzelnen Benutzern das Anzeigen und Ändern der grundlegenden Konfiguration ihrer eigenen Postfächer sowie zugehöriger Einstellungen.
MyMailSubscriptions	Diese Rolle ermöglicht einzelnen Benutzern das Anzeigen und Bearbeiten ihrer E-Mail-Abonnementeinstellungen wie Nachrichtenformat- und Protokollstandardwerte.
MyRetentionPolicies	Diese Rolle ermöglicht einzelnen Benutzern das Anzeigen ihrer Aufbewahrungstags sowie das Anzeigen und Ändern der Einstellungen und Standardwerte ihrer Aufbewahrungstags.

Tabelle 6.16 Benutzerrollen

Rolle	Beschreibung
MyTeamMailboxes	Diese Rolle ermöglicht es einzelnen Benutzern, Websitepostfächer zu erstellen und diese mit SharePoint-Websites zu verbinden.
MyTextMessaging	Diese Rolle ermöglicht einzelnen Benutzern das Erstellen, Anzeigen und Ändern ihrer Textnachrichteneinstellungen.
MyVoiceMail	Diese Rolle ermöglicht einzelnen Benutzern das Anzeigen und Ändern ihrer Voicemaileinstellungen.

Tabelle 6.16 Benutzerrollen (Forts.)

Die Verwaltung der Rollenzuweisungsrichtlinien befindet sich im EAC im Bereich BERECHTIGUNGEN und dort im Abschnitt BENUTZERROLLEN.

Wollen Sie die Richtlinie eines Postfachs ändern, können Sie das im EAC mit folgenden Schritten durchführen:

1. Öffnen Sie den Bereich EMPFÄNGER und dort den Abschnitt POSTFÄCHER.
2. Öffnen Sie das Bearbeitungsfenster des gewünschten Postfachs.
3. Im Abschnitt POSTFACHFUNKTIONEN können Sie die Rollenzuweisungsrichtlinie wählen (siehe Abbildung 6.89).

Abbildung 6.89 Rollenzuweisungsrichtlinie auswählen

Die Alternative zum EAC wäre das Cmdlet `Set-Mailbox` mit dem Parameter `-RoleAssignmentPolicy`. Damit können Sie dann auch vielen Postfächern auf einmal eine andere Richtlinie zuweisen.

Outlook Web App-Richtlinien

Neben Administratorrollen und Benutzerrollen unterscheidet Exchange mit den *Outlook Web App-Richtlinien* auch noch Berechtigungen speziell für Outlook im Web, mit denen Sie verschiedene Funktionen gezielt deaktivieren können.

Im EAC finden Sie im Bereich BERECHTIGUNGEN im Abschnitt OUTLOOK WEB APP-RICHTLINIEN bereits die Standardrichtlinie mit dem Namen *OwaMailboxPolicy-Default*, die keine Einschränkungen definiert (siehe Abbildung 6.90). Diese Richtlinie ist standardmäßig jedem Postfach zugewiesen. Sie können diese Richtlinie ändern oder auch neue Richtlinien anlegen.

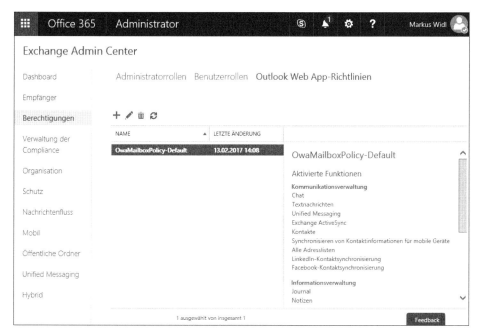

Abbildung 6.90 Outlook Web App-Richtlinien verwalten

Wollen Sie die Richtlinie eines Postfachs ändern, können Sie das im EAC mit folgenden Schritten durchführen:

1. Öffnen Sie den Bereich EMPFÄNGER und dort den Abschnitt POSTFÄCHER.
2. Öffnen Sie das Bearbeitungsfenster des gewünschten Postfachs.
3. Im Abschnitt POSTFACHFUNKTIONEN können Sie die Richtlinie auswählen, wenn Sie unterhalb von E-Mail-Konnektivität auf DETAILS ANZEIGEN klicken.

Die Alternative zum EAC ist das Cmdlet Set-CASMailbox mit dem Parameter -OwaMailboxPolicy. Damit können Sie dann auch vielen Postfächern auf einmal eine andere Richtlinie zuweisen.

Die Outlook Web App-Richtlinien sind in drei verschiedene Bereiche aufgegliedert (siehe Abbildung 6.91):

▶ Funktionen
  – Kommunikationsverwaltung, wie beispielsweise das Nutzen von Chat, Kontakten, Adresslisten
  – Informationsverwaltung, wie Journalisierung, Posteingangsregeln und das Wiederherstellen von gelöschten Elementen
  – Benutzerfreundlichkeit, wie das Auswählen von Designs und das Verwenden einer E-Mail-Signatur
  – Zeitverwaltung, wie das Nutzen von Kalender und Aufgabenlisten

Abbildung 6.91 Outlook Web App-Richtlinien anlegen

▶ Dateizugriff
  Dazu gehört das Öffnen von Dateianhängen, entweder direkt oder nur im Browser.
▶ Offlinezugriff
  Dazu zählt, die Nutzung des Offlinezugriffs (unter bestimmten Bedingungen) freizugeben.

6.8.2 Postfachberechtigungen

Ist es erforderlich, dass weitere Personen auf ein bestimmtes Postfach oder einen Ordner daraus Zugriffsrechte erhalten, können Sie das als Administrator mithilfe des EAC und der PowerShell konfigurieren. Außerdem zeige ich Ihnen noch, wie der Anwender selbst Berechtigungen auf sein Postfach und die darin enthaltenen Ordner vergeben kann.

»Senden als« und »Senden im Auftrag«

Die beiden Berechtigungen *Senden als* und *Senden im Auftrag* dürfen in der Praxis nicht verwechselt werden. Verfügt ein Anwender über *Senden als*-Berechtigungen bei einem Postfach, kann er von diesem aus E-Mails verschicken, sodass diese beim Empfänger so ankommen, als hätte der eigentliche Eigentümer sie verschickt. Der Empfänger hat keine Möglichkeit, zu erkennen, dass die E-Mail eigentlich von einer anderen Person verschickt wurde.

Bei der *Senden im Auftrag*-Berechtigung ist das anders. Hier sieht der Empfänger, dass die E-Mail von einer anderen Person verschickt wurde. In Outlook im Web sieht das beim Empfänger beispielsweise so aus wie in Abbildung 6.92.

Abbildung 6.92 Eine E-Mail wurde im Auftrag versandt.

Wann kommt in der Praxis welche der beiden Berechtigungen zum Einsatz? Die *Senden als*-Berechtigung eignet sich für Sammelpostfächer, etwa im Kundenservice. Alle E-Mails, die von den Kundenservicemitarbeitern verschickt werden, sollen nicht unter deren eigentlicher Adresse, sondern unter der allgemeinen Adresse des Sammelpostfachs versandt werden, beispielsweise von *info@beispielag.de*.

Die *Senden im Auftrag*-Berechtigung kommt dagegen zum Einsatz, wenn der Empfänger deutlich sehen soll, dass die E-Mail von einer anderen Person verschickt wurde, beispielsweise von der Assistentin der Geschäftsleitung.

Beide Berechtigungen setzen Sie als Administrator über das EAC und die PowerShell.

Postfachberechtigungen mit dem EAC vergeben

Die drei Berechtigungsstufen *Senden als*, *Senden im Auftrag* und *Vollzugriff* können Sie direkt in den Optionen eines Postfachs vergeben. Gehen Sie dazu wie folgt vor:

1. Öffnen Sie den Bereich EMPFÄNGER und dort den Abschnitt POSTFÄCHER.
2. Öffnen Sie das Bearbeitungsfenster des gewünschten Postfachs.

3. Im Abschnitt POSTFACHSTELLVERTRETUNG können Sie die Berechtigungen vergeben (siehe Abbildung 6.93).

Abbildung 6.93 Vergabe von Berechtigungen

Ist die Berechtigung gesetzt, kann der Berechtigte den Absender auswählen. In Outlook 2016 muss dabei das Eingabefeld VON zuerst eingeblendet werden. Dazu gehen Sie wie folgt vor:

1. In Outlook 2016 legen Sie eine neue E-Mail an.
2. Im Menüband wählen Sie die Registerkarte OPTIONEN und klicken auf die Schaltfläche VON. Damit können Sie den Absender einstellen (siehe Abbildung 6.94).

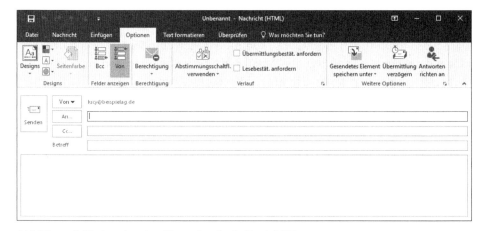

Abbildung 6.94 Anzeige des Absenders in Outlook 2016

In Outlook im Web ist das Einblenden des VON-Textfelds auch erforderlich. Die Schritte sind hier:

1. Öffnen Sie in Outlook im Web die EINSTELLUNGEN (ZAHNRAD), und wählen Sie E-MAIL.
2. Wechseln Sie im Bereich LAYOUT zum Abschnitt NACHRICHTENFORMAT, und markieren Sie die Option ABSENDER IMMER ANZEIGEN (siehe Abbildung 6.95).

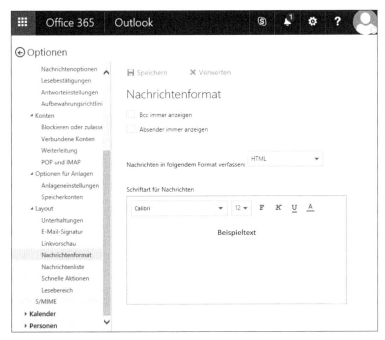

Abbildung 6.95 Outlook im Web-Option zur Anzeige des Absenders

»Senden als«-Berechtigung mit der PowerShell einrichten

Die *Senden als*-Berechtigung erteilen Sie mithilfe des Cmdlets Add-RecipientPermission. Dort geben Sie an, auf welches Postfach (Parameter -Identity) wer berechtigt werden soll (Parameter -Trustee) und mit welcher Berechtigung (Parameter -AccessRights). Hier ein Beispiel, bei dem Lucy die *Senden als*-Berechtigung auf Robins Postfach erhält:

```
Add-RecipientPermission -Identity robin@beispielag.de `
   -Trustee lucy@beispielag.de `
   -AccessRights SendAs
```

Listing 6.45 Vergabe von »Senden als«-Berechtigungen

Achten Sie bei dem Befehl darauf, die Angaben von Identity und Trustee nicht zu vertauschen.

Neben `Add-RecipientPermission` gibt es die Cmdlets `Get-RecipientPermission`, mit dem Sie auch gezielt die Berechtigungen eines oder aller Postfächer ermitteln können, und `Remove-RecipientPermission` zum Entfernen von Berechtigungen.

»Senden im Auftrag«-Berechtigungen mit der PowerShell einrichten

Im Gegensatz zur *Senden als*-Berechtigung wird die *Senden im Auftrag*-Berechtigung mit dem Cmdlet `Set-Mailbox` gesetzt. Sie geben dabei das Postfach an, in dessen Auftrag gesendet werden soll (Parameter `-Identity`), und denjenigen, der im Auftrag senden darf (Parameter `-GrantSendOnBehalfTo`). Hier ein Beispiel, bei dem Lucy im Auftrag von Robin E-Mails versenden darf:

```
Set-Mailbox -Identity robin@beispielag.de `
   -GrantSendOnBehalfTo lucy@beispielag.de
```

Listing 6.46 Vergabe von »Senden im Auftrag«-Berechtigung

Das Versenden im Auftrag geschieht dann in Outlook und Outlook im Web wie bei *Senden als*.

Postfachberechtigungen mit PowerShell vergeben

Die Vergabe von Postfachberechtigungen erfolgt mithilfe des Cmdlets `Add-MailboxPermission`. Geht es nur um einen Ordner, kommt `Add-MailboxFolderPermission` zum Einsatz.

Bei `Add-MailboxPermission` geben Sie im Wesentlichen das Postfach an (Parameter `-Identity`), den zu autorisierenden Benutzer (`-User`) und die Berechtigung, die der Benutzer erhalten soll (`-AccessRights`). Hier ein Beispiel, bei dem Lucy Vollzugriffsberechtigung für Robins Postfach erhält:

```
Add-MailboxPermission -Identity robin@beispielag.de `
   -User lucy@beispielag.de `
   -AccessRights FullAccess
```

Listing 6.47 Postfachberechtigung erteilen

Es kann in der Praxis ein wenig dauern, bis die Berechtigungen tatsächlich greifen.

Die möglichen Argumente für den Parameter `-AccessRights` sind `FullAccess`, `SendAs`, `ExternalAccount`, `DeleteItem`, `ReadPermission`, `ChangePermission` und `ChangeOwner`.

Bei der Vergabe von Berechtigungen auf Ordner gehen Sie grundsätzlich gleich vor. In folgendem Beispiel soll auf den Kalender eine Leseberechtigung vergeben werden:

```
Add-MailboxFolderPermission `
   -Identity robin@beispielag.de:\Kalender `
```

```
-User lucy@beispielag.de `
-AccessRights ReadItems
```

Listing 6.48 Ordnerberechtigung erteilen

Bei `Add-MailboxFolderPermission` sind die Optionen des Parameters `-AccessRights` deutlich umfangreicher. Tabelle 6.17 listet die möglichen Argumente mit einer Beschreibung auf.

Berechtigungsstufe	Bedeutung
`ReadItems`	Lesen
`CreateItems`	Erstellen
`EditOwnedItems`	Bearbeiten der eigenen Elemente (Besitzer)
`DeleteOwnedItems`	Löschen der eigenen Elemente (Besitzer)
`EditAllItems`	Bearbeiten aller Elemente
`DeleteAllItems`	Löschen aller Elemente
`CreateSubfolders`	Erstellen von Unterordnern
`FolderOwner`	Besitzer des Ordners; Anzeige und Verschieben des Ordners sowie Erstellen von Unterordnern; kein Lesen, Bearbeiten, Löschen oder Erstellen von Elementen
`FolderContact`	Kontakt des Ordners
`FolderVisible`	Anzeige des Ordners, aber nicht des Inhalts
`None`	= `FolderVisible`
`Owner`	= `CreateItems, ReadItems, CreateSubfolders, FolderOwner, FolderContact, FolderVisible, EditOwnedItems, EditAllItems, DeleteOwnedItems, DeleteAllItems`
`PublishingEditor`	= `CreateItems, ReadItems, CreateSubfolders, FolderVisible, EditOwnedItems, EditAllItems, DeleteOwnedItems, DeleteAllItems`
`Editor`	= `CreateItems, ReadItems, FolderVisible, EditOwnedItems, EditAllItems, DeleteOwnedItems, DeleteAllItems`
`PublishingAuthor`	= `CreateItems, ReadItems, CreateSubfolders, FolderVisible, EditOwnedItems, DeleteOwnedItems`

Tabelle 6.17 Berechtigungsstufen bei Ordnern

Berechtigungsstufe	Bedeutung
Author	= CreateItems, ReadItems, FolderVisible, EditOwnedItems, DeleteOwnedItems
NonEditingAuthor	= CreateItems, ReadItems, FolderVisible
Reviewer	= ReadItems, FolderVisible
Contributor	= CreateItems, FolderVisible
AvailabilityOnly	Anzeige der Verfügbarkeitsinformationen (nur Kalender)
LimitedDetails	Anzeige der Verfügbarkeitsinformationen inklusive Betreff und Ort (nur Kalender)

Tabelle 6.17 Berechtigungsstufen bei Ordnern (Forts.)

Neben den Add-Cmdlets gibt es die entsprechenden Get- und Remove-Cmdlets zur Anzeige und zum Entfernen der Berechtigungen.

Postfachberechtigungen durch den Anwender vergeben

Möchte ein Anwender selbst die Berechtigungen seines Postfachs und der darin befindlichen Ordner einstellen, so kann er das über Outlook tun. Die Berechtigungen für das gesamte Postfach findet er unter DATEI • INFORMATIONEN • KONTOEINSTELLUNGEN • ZUGRIFFSRECHTE FÜR STELLVERTRETUNG (siehe Abbildung 6.96).

Abbildung 6.96 Zugriffsrechte für Stellvertretung

Dort kann er Benutzer auswählen und für diese auf verschiedene Elementkategorien Berechtigungen vergeben (siehe Abbildung 6.97).

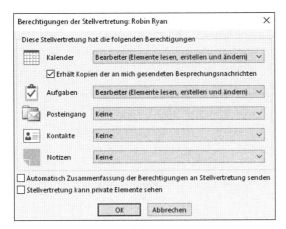

Abbildung 6.97 Postfachberechtigungen

Daneben kann er einen Ordner öffnen und dann im Menüband auf der Registerkarte ORDNER die Schaltfläche ORDNERBERECHTIGUNGEN wählen, um die Einstellungen etwas granularer vorzunehmen (siehe Abbildung 6.98).

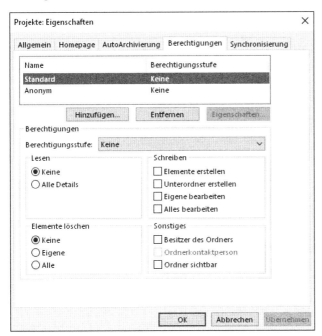

Abbildung 6.98 Ordnerberechtigungen

Öffnen von Postfächern anderer Anwender in Outlook

Als Anwender können Sie in Outlook 2016 zusätzlich zu Ihrem Postfach ein weiteres Postfach öffnen, sofern Sie über die erforderlichen Berechtigungen dazu verfügen.

1. In Outlook 2016 geben Sie den Befehl DATEI • INFORMATION • KONTOEINSTELLUNGEN • KONTOEINSTELLUNGEN (siehe Abbildung 6.99).

Abbildung 6.99 Kontoeinstellungen

2. Auf der Registerkarte E-MAIL markieren Sie das Exchange Online-Konto und klicken auf die Schaltfläche ÄNDERN.
3. In dem erscheinenden Fenster klicken Sie auf die Schaltfläche WEITERE EINSTELLUNGEN.
4. Im nächsten Fenster wechseln Sie dann zur Registerkarte ERWEITERT (siehe Abbildung 6.100).

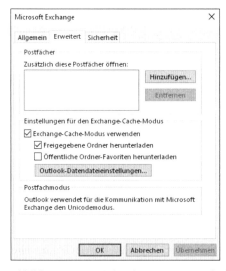

Abbildung 6.100 Einbindung eines Postfachs

5. Klicken Sie auf die Schaltfläche HINZUFÜGEN, und geben Sie den Namen des gewünschten Postfachs ein.

Schließen Sie dann alle Fenster, wird in Outlook das Postfach angezeigt (siehe Abbildung 6.101).

Abbildung 6.101 Darstellung des Postfachs

Öffnen von Postfächern anderer Anwender in Outlook im Web

In Outlook im Web gehen Sie zum Öffnen eines Postfachs eines anderen Anwenders wie folgt vor:

1. Rechts oben klicken Sie auf Ihren Namen und dann im Kontextmenü auf den Befehl WEITERES POSTFACH ÖFFNEN.
2. Geben Sie den gewünschten Namen ein, und klicken Sie auf ÖFFNEN.

Das Postfach wird geöffnet, allerdings in einer separaten Ansicht und nicht untereinander wie in Outlook 2016.

6.8.3 Gelöschte Elemente

Löscht ein Anwender ein Element aus seinem Postfach, wird es zunächst in den Ordner *Gelöschte Elemente* überführt. Dort bleibt es, bis der Anwender den Ordner leert oder eine Aufbewahrungsrichtlinie für das automatische Entfernen des Elements sorgt. Standardmäßig gilt für den Ordner *Gelöschte Elemente* eine Aufbewahrungsrichtlinie, die Elemente nach 30 Tagen entfernt. Dieses Verhalten können Sie jedoch anpassen. Wie das geht, lesen Sie in Abschnitt 6.6.5, »Aufbewahrungsrichtlinien«.

Wurde ein Element aus dem Ordner *Gelöschte Elemente* entfernt, gelangt es für weitere 14 Tage in den Ordner *Wiederherstellbare Elemente* (der früher auch gerne als *Dumpster* bezeichnet wurde). In diesen Ordner verschieben wir ein Element auch direkt, wenn der Anwender es über die Tastenkombination ⇧+Entf löscht. Aus diesem Ordner kann der Anwender die Elemente wiederherstellen, indem er Outlook oder Outlook im Web bemüht.

[»] Sollte Ihnen die Frist von 14 Tagen zu kurz sein, können Sie diese auf maximal 30 Tage erhöhen. Sie verwenden dazu das PowerShell-Kommando Set-Mailbox mit dem Parameter -RetainDeletedItemsFor. Hier ein Beispiel, bei dem Lucys Postfach entsprechend geändert wird:

```
Set-Mailbox -Identity lucy@beispielag.de -RetainDeletedItemsFor 30
```

Listing 6.49 Dumpster-Elemente für 30 Tage aufbewahren

Wiederherstellung mit Outlook 2016

Um als Anwender ein Element wiederherzustellen, das bereits aus dem Ordner *Gelöschte Elemente* entfernt wurde, gehen Sie wie folgt vor:

1. Öffnen Sie in Outlook 2016 einen E-Mail-Ordner.
2. Im Menüband wählen Sie die Registerkarte ORDNER und klicken dort auf die Schaltfläche GELÖSCHTE ELEMENTE WIEDERHERSTELLEN.
3. In dem erscheinenden Fenster wählen Sie die wiederherzustellenden Elemente und setzen die Option AUSGEWÄHLTE ELEMENTE WIEDERHERSTELLEN.

Wiederherstellung mit Outlook im Web

Auch in Outlook im Web können Sie als Anwender Elemente wiederherstellen:

1. Öffnen Sie in Outlook im Web das Kontextmenü des Ordners *Gelöschte Elemente* oder *Deleted Items*, und wählen Sie dort den Befehl GELÖSCHTE ELEMENTE WIEDERHERSTELLEN.
2. In dem erscheinenden Fenster wählen Sie die wiederherzustellenden Elemente und klicken dann in der Symbolleiste auf die Schaltfläche WIEDERHERSTELLEN (siehe Abbildung 6.102).

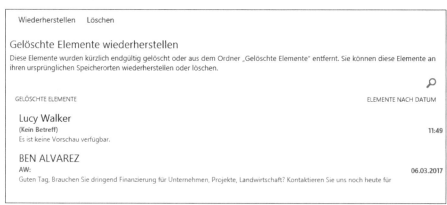

Abbildung 6.102 Gelöschte Elemente wiederherstellen

3. Wählen Sie einen Ordner für die Wiederherstellung.

Wiederherstellung als Administrator

Löscht der Anwender ein Element aus dem Ordner *Wiederherstellbare Elemente*, wird es in den Unterordner *Endgültige Löschvorgänge* verschoben. Dieser ganze Vorgang ist in Abbildung 6.103 dargestellt.

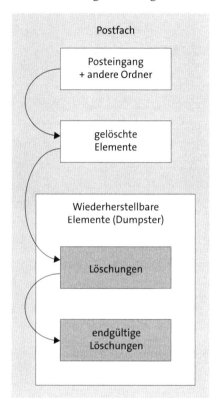

Abbildung 6.103 Löschen von Postfachelementen

Auf den Ordner *Endgültige Löschvorgänge* hat der Anwender keinen Zugriff, aber Administratoren können die Elemente in einem Zeitraum von 14 Tagen wiederherstellen – und zwar über eine eDiscovery-Suche, wie in Abschnitt 14.1.6, »Aufbewahrung«, beschrieben.

6.8.4 Anti-Virus und Anti-Spam mit EOP

In einer Zeit, in der die Anzahl der erwünschten E-Mails im Gesamtaufkommen nur noch einen verschwindend geringen Anteil einnimmt, ist der Einsatz einer geeigneten Anti-Virus- und Anti-Spam-Lösung wichtiger denn je. Mit Exchange Online erhalten Sie dazu automatisch *Microsoft Exchange Online Protection (EOP)*. Die EOP-Konfiguration finden Sie im EAC im Bereich SCHUTZ (siehe Abbildung 6.104).

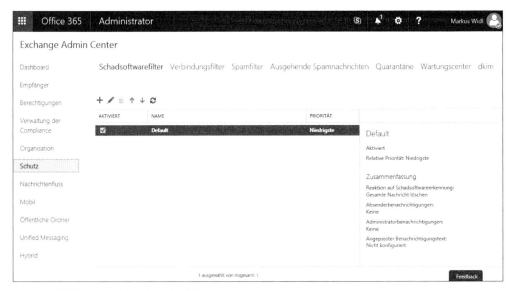

Abbildung 6.104 Schutzfunktionen

Die Funktionen von EOP lassen sich grob in die folgenden Bereiche aufteilen:

▶ Anti-Virus
Auf Basis verschiedener Anti-Virus-Engines werden E-Mails auf Schadcode untersucht und gefiltert.

▶ Verbindungsfilter
Auf Basis der IP-Adresse wird entschieden, ob eine Verbindung erlaubt oder verhindert wird.

▶ Anti-Spam
Dazu gehört ein ausgefeilter Filterungsprozess, der Verbindungen überwacht und Inhalte klassifiziert. Auffällige E-Mails können in eine Quarantäne umgeleitet, dort begutachtet und gegebenenfalls freigegeben werden.

Anti-Virus

Die Anti-Virus-Komponente von EOP überprüft alle ein- und ausgehenden Mails auf Schadcode. Dabei kommt nicht eine einzelne Anti-Virus-Such-Engine zum Einsatz, sondern eine ganze Reihe. Diese Engines werden ständig aktualisiert und mit neuen Virensignaturen ergänzt. Durch den Einsatz mehrerer Engines ist die Wahrscheinlichkeit sehr hoch, dass auch neuer Schadcode zuverlässig erkannt wird.

Im EAC im Abschnitt SCHADSOFTWAREFILTER können Sie das Vorgehen bei gefundenem Schadcode konfigurieren. Klicken Sie dazu auf BEARBEITEN (Stift-Symbol), und wechseln Sie dann zu den EINSTELLUNGEN (siehe Abbildung 6.105).

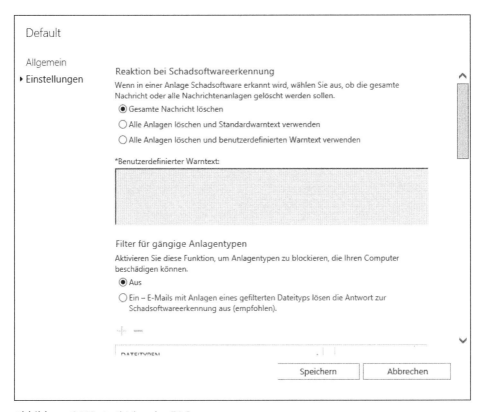

Abbildung 6.105 Anti-Virus im EAC

Die Optionen reichen dort vom Löschen der gesamten Nachricht oder problematischer Teile bis zur Benachrichtigung von Anwendern und Administratoren.

Verbindungsfilter

Im Abschnitt VERBINDUNGSFILTER können Sie Nachrichten von bestimmten IP-Adressen immer akzeptieren (*White-List*) oder immer blockieren (*Black-List*) (siehe Abbildung 6.106).

Mit der Option LISTE SICHERER ADRESSEN AKTIVIEREN können Sie besonders vertrauenswürdige Quellen von der Filterung ausnehmen. Welche dazugehören, können Sie nicht selbst beeinflussen. Microsoft greift dazu auf verschiedene Drittanbieter zurück. Mit der Option wird verhindert, dass E-Mails von diesen Quellen als Spam erkannt werden.

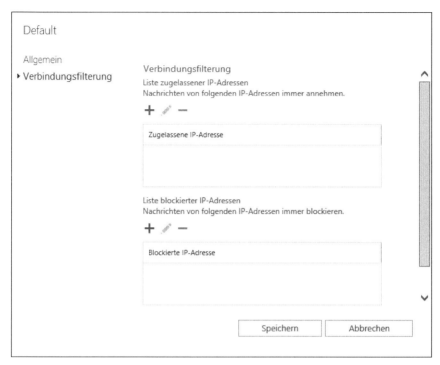

Abbildung 6.106 Verbindungsfilter

Anti-Spam

Zur Anti-Spam-Erkennung gehören im EAC mehrere Abschnitte:

▶ SPAMFILTER
Hier konfigurieren Sie die Filterung eingehender E-Mails. Dabei ist das Blockieren von Nachrichten möglich, und zwar auf Basis der verwendeten Sprache, des Ursprungslands und der Ursprungsregion. Außerdem können Sie reguläre Ausdrücke verwenden (siehe Abbildung 6.107). Im Bereich AKTIONEN konfigurieren Sie auch, wann eine Nachricht in die Quarantäne umgeleitet und wie lange sie dort aufbewahrt wird. Standardmäßig werden E-Mails, die als Spam erkannt wurden, in den Junk-E-Mail-Ordner des Benutzerpostfachs verschoben.

E-Mails werden von EOP klassifiziert und mit einem *SCL-Wert (Spam Confidence Level)* versehen. Abhängig von diesem Wert wird die Nachricht unterschiedlich weiterbehandelt. Mehr dazu lesen Sie weiter unten im Kasten »SCL-Wert«.

▶ AUSGEHENDE SPAMNACHRICHTEN
Theoretisch könnte einer Ihrer Computer Schadcode ausführen, der versucht, Spam zu verschicken. Um dies zu erkennen und dann zu unterbinden, finden Sie hier einige Optionen.

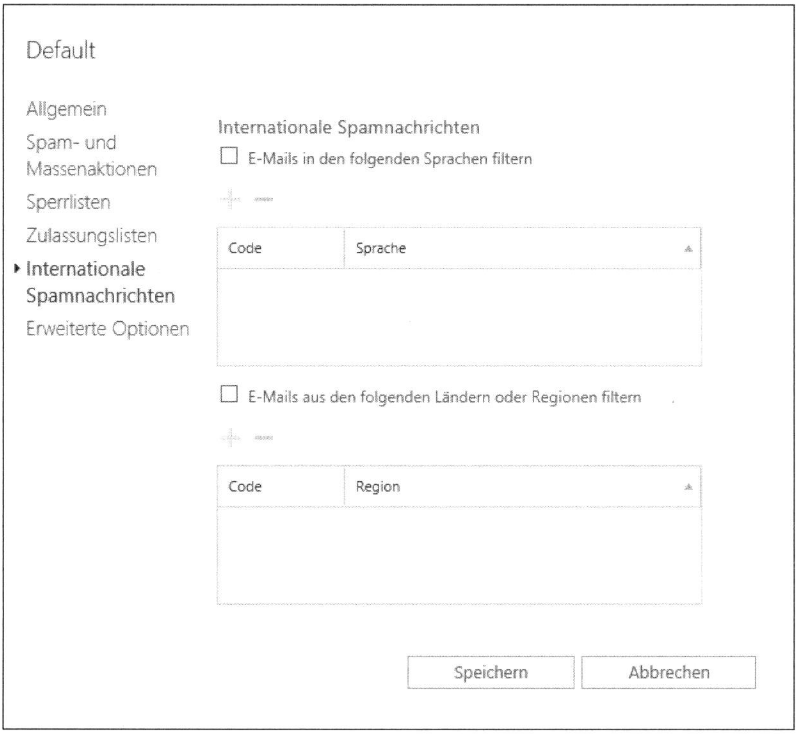

Abbildung 6.107 Inhaltsfilter

- QUARANTÄNE
  Nachrichten, die in die Quarantäne umgeleitet wurden, landen zunächst nicht im Anwenderpostfach. In der Quarantäne werden sie gesammelt und können von Ihnen gegebenenfalls freigegeben werden, falls es sich doch nicht um eine unerwünschte Nachricht handeln sollte (siehe Abbildung 6.108).

  Auch Nicht-Administratoren haben Zugriff auf die Quarantäne, indem sie folgende URL aufrufen:

  https://admin.protection.outlook.com/quarantine

  Im Bereich INHALTSFILTER können Sie mit dem Link SPAMBENACHRICHTIGUNGEN FÜR ENDBENUTZER KONFIGURIEREN zusätzlich oder alternativ auch regelmäßig Berichte über Neuankömmlinge in der Quarantäne erstellen lassen, die dann beim Anwender im Postfach aufschlagen.

- WARTUNGSCENTER
  Wurde ein Konto aufgrund von anhaltendem Spamversand blockiert, wird es im Wartungscenter aufgeführt. Von hier aus können Sie blockierte Konten wieder freigeben.

6 Exchange Online

Abbildung 6.108 Quarantäne

Übrigens können auch Transportregeln (siehe Abschnitt 6.7.1) teilweise zur Gefahrenabwehr genutzt werden, beispielsweise mit einem Filter, der potenziell problematische Dateianhänge anhand der Dateiendung erkennt.

SCL-Wert

Eingehende E-Mails werden von EOP klassifiziert und mit einem *SCL-Wert (Spam Confidence Level)* im X-Header der Nachricht versehen. Abhängig vom SCL-Wert wird die Nachricht unterschiedlich behandelt. Je höher der Wert ist, desto wahrscheinlicher handelt es sich bei der E-Mail um eine Spam- oder Phishing-Nachricht. Tabelle 6.18 listet die Standardvorgehensweise auf.

SCL-Wert	Interpretation	Standardvorgehensweise
−1	Kein Spam; kommt von einem sicheren Absender; Nachricht wurde nicht gefiltert.	Auslieferung ins Zielpostfach
0, 1	Kein Spam; Nachricht wurde gefiltert.	Auslieferung ins Zielpostfach
5, 6	Spam	Ablage im Junk-E-Mail-Ordner des Zielpostfachs
9	Sicher Spam	Ablage im Junk-E-Mail-Ordner des Zielpostfachs

Tabelle 6.18 Standardvorgehensweise abhängig vom SCL-Wert

Über die ERWEITERTEN OPTIONEN von Inhaltsfiltern können Sie auf den SCL-Wert Einfluss nehmen (siehe Abbildung 6.109).

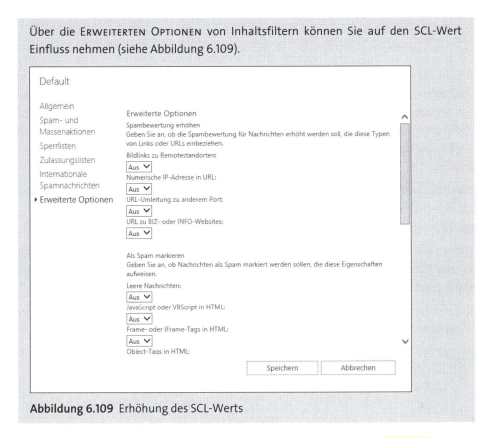

Abbildung 6.109 Erhöhung des SCL-Werts

DKIM

Um potenziellen Spam besser erkennen zu können, haben sich in der Praxis verschiedene Techniken etabliert. Als Sie die Internet-DNS-Einträge für Exchange Online eingerichtet haben (siehe Abschnitt 2.4.2, »Domäne verifizieren«), befand sich darunter auch der sogenannte *SPF*-Eintrag (*Sender Policy Framework*). Er sieht beispielsweise wie folgt aus :

```
v=spf1 include:spf.protection.outlook.com -all
```

Damit autorisieren Sie Exchange Online (spf.protection.outlook.com), Mails von der Absenderdomäne zu verschicken, für die der SPF-Eintrag angelegt wurde.

Die E-Mail-Server können dann beim Empfang der Nachricht in den DNS-Einträgen der Absenderdomäne ermitteln, ob denn der sendende Host autorisiert ist, Mails von der angegebenen Domäne zu verschicken.

Bei der SPF-Technik muss jedoch ein potenzieller Spammer es »nur« schaffen, vorzugaukeln, Mails vom im SPF-Eintrag angegebenen Host zu verschicken.

Besser ist da der zusätzliche Einsatz von *DKIM (DomainKeys Identified Mail)*. Hierbei wird von den wesentlichen Teilen einer E-Mail ein Fingerabdruck (Hash-Wert) erzeugt. Dieser Fingerabdruck wird mit einem privaten Schlüssel des sendenden Systems verschlüsselt und vor dem eigentlichen Versand in den Header der E-Mail gepackt. Das empfangende E-Mail-System wird ebenfalls einen Fingerabdruck der E-Mail erstellen und mit dem Fingerabdruck aus dem Header vergleichen. Dazu muss das Empfangssystem den Fingerabdruck mit dem passenden öffentlichen Schlüssel des Sendesystems entschlüsseln. Der dazu erforderliche öffentliche Schlüssel wird dabei über Einträge im DNS der Absenderdomäne abgerufen. Durch dieses Verfahren wird sichergestellt, dass eine E-Mail auch tatsächlich vom angegebenen Host stammt.

Die Überprüfung der Signatur wird bei eingehenden E-Mails automatisch von Exchange Online vorgenommen, sodass hier von Ihrer Seite aus keine spezielle Konfiguration erforderlich ist.

Wollen Sie jedoch, dass auch bei Ihren ausgehenden E-Mails der DKIM-Schutz zum Einsatz kommt, also die Signatur in Ihre E-Mails mit aufgenommen wird, sind einige Konfigurationsschritte erforderlich:

1. Erstellen Sie für Ihre Absenderdomäne im öffentlichen DNS zwei *CNAME*-Einträge nach dem Format aus Tabelle 6.9.

Host	Ziel	TTL
selector1._domainkey.<domain>	selector1-<domainGUID>._domainkey.<initialDomain>	3600
selector2._domainkey.<domain>	selector2-<domainGUID>._domainkey.<initialDomain>	3600

Tabelle 6.19 DKIM-DNS-Einträge

Dabei stehen die Platzhalter in spitzen Klammern für folgende Werte:

- <domain>: die gewünschte Absenderdomäne, beispielsweise beispielag.de
- <domainGUID>: Verifizieren Sie eine Domäne in Office 365 für Exchange Online, erhalten Sie eine Vorgabe, auf welches Ziel der MX-Eintrag verweisen soll (siehe Abschnitt 2.4.2, »Domäne verifizieren«). Für die Domäne beispielag.de wäre dies beispielsweise beispielag-de.mail.protection.outlook.com. <domain> steht nun für beispielag-de
- <initialdomain>: steht für die Mandantdomäne, die Sie beim Anlegen Ihres Office 365-Mandanten ausgewählt haben, beispielsweise beispielag.onmicrosoft.com

Für die Beispiel AG würden die beiden CNAME-Einträge also wie in Tabelle 6.20 aussehen.

Host	Ziel	TTL
selector1._domainkey.⤸ beispielag.de	selector1-beispielag-de.⤸ _domainkey.beispielag.onmicrosoft.com	3600
selector2._domainkey.⤸ beispielag.de	selector2-beispielag-de.⤸ _domainkey.beispielag.onmicrosoft.com	3600

Tabelle 6.20 Beispiel DKIM-DNS-Einträge

Es kann bis zu drei Tage dauern, bis die neuen Einträge in der DNS-Infrastruktur verteilt wurden.

2. Wechseln Sie anschließend im EAC im Bereich SCHUTZ zum Abschnitt DKIM (siehe Abbildung 6.110).

Abbildung 6.110 DKIM-Einstellungen

3. Markieren Sie die gewünschte Domäne, und klicken Sie im Aufgabenbereich auf AKTIVIEREN.

4. Sollten Sie die beiden oben erwähnten CNAME-Einträge noch nicht vorgenommen haben oder sollten sie von Ihrem DNS-Anbieter noch nicht publiziert worden sein, erhalten Sie eine Warnmeldung, und die Aktivierung schlägt fehl.

Exchange Online unterstützt neben SPF und DKIM auch *DMARC (Domain-based Message Authentication, Reporting, and Conformance)*. Wollen Sie DMARC konfigurieren, finden Sie die erforderlichen Schritte hier:

https://technet.microsoft.com/de-de/library/mt734386(v=exchg.150).aspx

6.8.5 EOP mit Exchange Server

Die von Exchange Online verwendete Schutzkomponente *EOP (Exchange Online Protection)*, die sich primär um die E-Mail-Hygiene kümmert, können Sie auch zur Absicherung Ihrer lokalen Exchange Serverumgebung einsetzen. Dabei würden Sie Ihre Postfächer lokal belassen, aber den ein- und ausgehenden E-Mail-Verkehr über EOP leiten. Nachrichten, die Ihre Anwender untereinander austauschen, die also nicht die Exchange-Organisation verlassen, werden nicht mit EOP überprüft (siehe Abbildung 6.111).

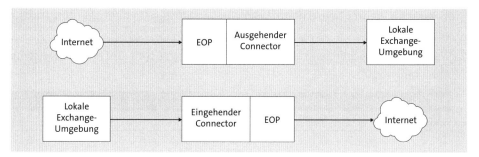

Abbildung 6.111 EOP mit Connectors

Der Einsatz von EOP als Schutzkomponente liefert Ihnen dabei einige Vorteile:

▶ Sie benötigen lokal keine Lösung mehr für die E-Mail-Hygiene.
▶ Es ist lokal keine zusätzliche Hard- und Software erforderlich.
▶ Ihr Internetanschluss wird gegebenenfalls entlastet, wenn Sie bisher E-Mails lokal überprüft haben.
▶ Sie erhalten umfangreiche Berichte.
▶ Es gibt eine garantierte Verfügbarkeit und die Unterstützung durch den Microsoft-Kundendienst.

Für dieses Szenario gibt es mit *Exchange Online Protection* einen speziellen Lizenztyp, der pro lokalen Benutzer (bzw. sein Postfach) in Office 365 Global pro Monat 0,84 € und in Office 365 Deutschland 1,06 € kostet. Die Lizenzzuweisung an einzelne Benutzer im Office 365 Admin Center ist nicht erforderlich. Auch das Anlegen von Benutzern mit einem Verzeichnissynchronisierungstool (siehe Abschnitt 4.3, »Active Directory-Synchronisierung«) ist optional. Idealerweise aktivieren Sie aber die Verzeichnissynchronisierung, weil dadurch EOP E-Mails abweisen kann, für die gar kein Postfach existiert. Vielleicht wollen Sie auch Filterregeln für bestimmte E-Mail-aktivierte Gruppen anlegen – dann wäre ein Verzeichnissynchronisierungstool wieder eine denkbare Lösung, um lokal vorhandene Gruppen automatisch in Office 365 zu übernehmen.

[»] In der *Exchange Server 2016 Enterprise CAL mit Diensten* ist EOP bereits enthalten.

Konfiguration

Die Einrichtung von EOP für Ihre lokale Exchange-Organisation führen Sie mit folgenden Schritten durch:

- Schritt 1: Domänenverifizierung
- Schritt 2: Nachrichtenflusskonfiguration
- Schritt 3: Schwenken des MX-DNS-Eintrags

Die Einrichtung einer Exchange-Hybridkonfiguration ist dabei nicht erforderlich. Sehen wir uns die Schritte im Einzelnen an.

Schritt 1: Domänenverifizierung

Falls noch nicht geschehen, fügen Sie wie in Abschnitt 2.4, »Domänenverwaltung«, beschrieben alle Domänen zu Ihrem Office 365-Mandanten hinzu, die Sie in den E-Mail-Adressen der lokalen Postfächer verwenden.

Schritt 2: Nachrichtenflusskonfiguration

Damit die Nachrichten zwischen dem Internet, EOP und Ihrer lokalen Exchange-Organisation wie gewünscht ausgetauscht werden, müssen nun einige Connectors angelegt werden:

- Im EAC:
  - einen eingehenden Connector, der Nachrichten von Ihrer lokalen Exchange-Organisation annimmt
  - einen ausgehenden Connector, mit dem Nachrichten aus dem Internet zu Ihrer lokalen Exchange Organisation weitergeleitet werden
- In der lokalen Exchange-Organisation:
  - einen ausgehenden Connector, mit dem Nachrichten an externe Empfänger zu EOP weitergeleitet werden

Beginnen wir mit der EOP-Seite:

1. Öffnen Sie das EAC von Office 365.
2. Wechseln Sie im Bereich NACHRICHTENFLUSS zum Abschnitt CONNECTORS (siehe Abbildung 6.112).
3. Erstellen Sie je einen neuen Connector für die Richtungen vom E-Mail-Server Ihrer Organisation an Office 365 und umgekehrt (siehe Abbildung 6.113).

Abbildung 6.112 Connectors

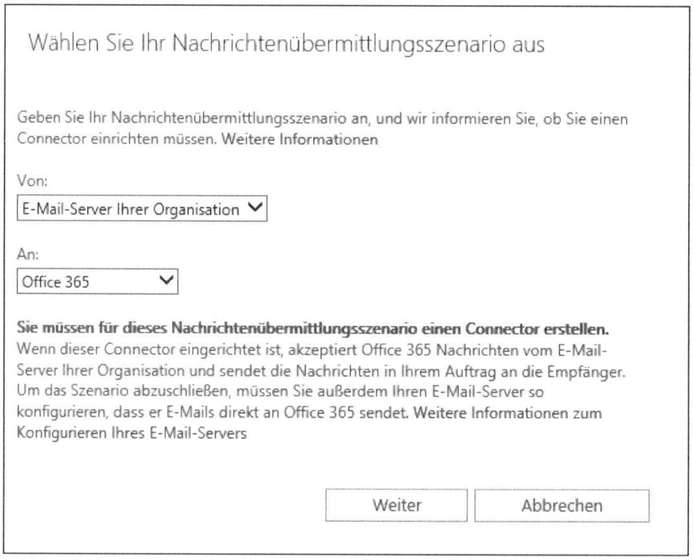

Abbildung 6.113 Anlegen eines eingehenden Connectors

Als Nächstes folgt die Konfiguration auf der lokalen Seite:

Mit diesem Sendeconnector werden ausgehende E-Mails zu EOP übertragen. Vermutlich haben Sie bereits einen Sendeconnector für die Weiterleitung an externe Personen. Diesen können Sie entsprechend anpassen:

1. Öffnen Sie das EAC Ihrer lokalen Umgebung.

2. Wechseln Sie im Bereich NACHRICHTENFLUSS zum Abschnitt SENDECONNECTORS (siehe Abbildung 6.114).

Abbildung 6.114 Sendeconnectors

3. Erstellen Sie einen neuen Connector mit folgenden Optionen:
   – NAME: beliebig, beispielsweise Exchange nach EOP
   – TYP: INTERNET
   – Netzwerkeinstellungen:
   – AUSGEHENDE ZUSTELLUNG: E-MAIL ÜBER SMARTHOSTS WEITERLEITEN
   – SMARTHOST: Als Smarthost geben Sie die Domäne des MX-Records an, den Sie nach der Verfikation Ihrer Domäne im Office 365-Mandanten erhalten haben. Dieser sieht beispielsweise so aus: beispielag-de.mail.protection.outlook.com
   – ADRESSRAUM: *
   – QUELLSERVER: Server mit Transportrolle

Nach der Konfiguration kann es bis zu 30 Minuten dauern, bis die Connectors auch funktionsfähig sind.

Schritt 3: Schwenken des MX-DNS-Eintrags

Als letzten Schritt in der EOP-Konfiguration ändern Sie nun den MX-Eintrag bei Ihrem DNS-Anbieter. Wie dieser auszusehen hat, verrät Ihnen Office 365. Lesen Sie hierzu in Abschnitt 2.4, »Domänenverwaltung«, nach.

Diese Änderung kann bis zu drei Tage Zeit in Anspruch nehmen, bis sie aktiv wird.

Test der Konfiguration

Um nun die Korrektheit der Konfiguration zu überprüfen, können Sie wieder einmal den RCA verwenden:

http://testconnectivity.microsoft.com

Führen Sie von der Registerkarte OFFICE 365 aus die folgenden Tests durch:

- Test zur Überprüfung von MX-Eintrag und ausgehendem Connector
- Test zur Überprüfung der Dienstbereitstellung
- eingehende SMTP-E-Mail

Unabhängig davon sollten Sie noch von einem Ihrer Postfächer eine E-Mail an einen externen Empfänger verschicken.

6.8.6 Schutz vor unbekanntem Schadcode mit ATP

Office 365 bietet mit EOP einen soliden Grundschutz. Allerdings bewahrt er Sie nicht vor allen Bedrohungen: Damit EOP Schadcode erkennt, muss eine Signatur vorliegen, mit der die Bedrohung erkannt werden kann. Bis aber eine Signatur vorliegt, vergeht mitunter einige Zeit, in der EOP nicht schützen kann.

Hier bietet *ATP (Advanced Threat Protection)* einen zusätzlichen Schutz, der im Idealfall auch Schadcode erkennt, der bisher noch nie im Umlauf war.

[»] Der Name *ATP* sorgt hier manchmal für Verwirrung, denn im Microsoft-Umfeld gibt es mehrere Lösungen unter diesem Namen. Hier geht es konkret um die *Exchange Online ATP* (manchmal auch *Office 365 ATP* genannt) und nicht um die *Windows Defender ATP*, die in den Kontext von Windows 10 gehört. Die Exchange Online ATP und die Windows Defender ATP haben nichts miteinander zu tun.

ATP besteht aus drei Komponenten:

- Schutz bei Dateianhängen
  Ausführbare Dateianhänge werden in einer abgeschotteten Umgebung gestartet, und es wird überprüft, was der Code macht. Dabei können ungewöhnliche Aktivitäten erkannt werden.

- Schutz bei Links
  Die in E-Mails enthaltenen Links werden ersetzt, sodass sie zunächst auf ATP zeigen. Klickt der Anwender später auf einen solchen Link, wird überprüft, ob das ursprüngliche Ziel potenziell gefährlich ist. Gefährlich sind beispielsweise *Phising*-Seiten, die versuchen, sich Anmeldedaten vom Anwender zu erschleichen, indem Sie die Anmeldemasken von Versandhändlern, Banken etc. nachahmen.

- Berichte und Nachverfolgung
  Über Berichte können Sie einsehen, was von ATP geblockt wurde. Auch lässt sich nachverfolgen, welche Anwender besonders betroffen sind.

Die beiden Komponenten für den Schutz bei Dateianhängen und bei Links können Sie bei Bedarf für die komplette Organisation oder nur Teilen daraus aktivieren. Auch die getrennte Konfiguration der beiden Komponenten für unterschiedliche Anwendergruppen ist möglich.

Die Vorgehensweise von ATP beim Empfang von E-Mails ist in Abbildung 6.115 dargestellt.

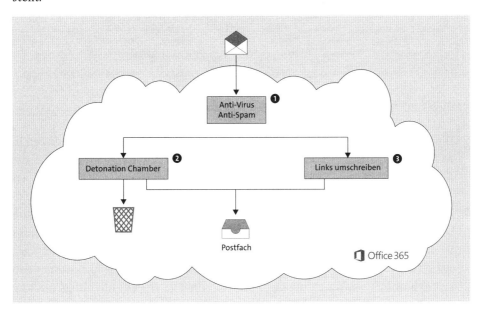

Abbildung 6.115 E-Mail-Fluss mit ATP

❶ Zunächst einmal werden alle Mails von EOP geprüft und gegebenenfalls ausgefiltert.

❷ Im nächsten Schritt wird überprüft, ob die E-Mail Dateianhänge enthält. Ist ein Anhang ausführbar und wurde er in der Vergangenheit noch nie überprüft, wird er in die sogenannte *Detonation Chamber* (Explosionskammer) übertragen. Zu den ausführbaren Dateien zählen Skripte (beispielsweise JavaScript) genauso wie Office-Dateien (wegen möglicherweise vorhandenen Makros), PDF- und Flash-Dateien. Bei der Detonation Chamber handelt es sich um virtuelle Maschinen auf Basis von Azure. Dort wird der Anhang ausgeführt und dabei auf verdächtige Aktivitäten überprüft. Solche Aktivitäten sind beispielsweise der Zugriff auf die Systemregistrierung oder das Anfordern von administrativen Rechten. Auf Basis des Verhaltens wird der Anhang hinsichtlich seiner Gefährlichkeit eingestuft und dann abhängig von Ihrer Konfiguration weiterverarbeitet. Eine Möglichkeit wäre, die schädlichen Anhänge zu blockieren, wie in Abbildung 6.116 gezeigt.

Abbildung 6.116 ATP blockiert den Zugriff auf schädliche Anhänge.

Die Analyse von Dateianhängen in der Detonation Chamber nimmt einige Zeit in Anspruch. Microsoft spricht hier von durchschnittlich vier Minuten. Über die Konfiguration können Sie entscheiden, ob Mails entsprechend später in das Postfach des Anwenders zugestellt werden sollen oder ob eine Funktion namens *Dynamic Delivery* angewandt werden soll. Mit Dynamic Delivery erhält der Anwender seine E-Mails noch vor der Überprüfung in der Detonation Chamber. Allerdings werden die Anhänge dabei zunächst durch Platzhalter ersetzt. Sollte in der Detonation Chamber keine Bedrohung gefunden werden, werden die Platzhalter dann später automatisch durch die eigentlichen Anhänge ersetzt. Allerdings funktioniert Dynamic Delivery nur dann, wenn das Postfach des Anwenders auch in Exchange Online liegt und nicht in der lokalen Exchange-Organisation (wie es beispielsweise in einer Exchange-Hybridkonfiguration möglich wäre).

Die Analyse von Dateianhängen wird übrigens nicht nur bei E-Mails, die von außerhalb Ihrer Organisation an Sie gesendet werden, angewandt, sondern auch bei E-Mails, die sich Ihre Anwender untereinander zuschicken.

❸ Sind in der E-Mail Links enthalten, wird deren Ziel auf den Host `safelinks.protection.outlook.com` umgeschrieben. In Abbildung 6.117 sehen Sie dazu ein Beispiel. Klickt der Anwender später auf den Link, überprüft ATP das ursprüngliche Ziel. Wird dort problematischer Inhalt vermutet, erhält der Anwender eine deutliche Warnmeldung im Browser. Ein Beispiel dazu sehen Sie in Abbildung 6.118. Die Umschreibung der Links beim Empfang von E-Mails hat einen großen Vorteil: Die Linkziele werden nicht einmalig beim Empfang überprüft, sondern später, wenn der Anwender tatsächlich auf einen Link klickt. Dunkle Gesellen veröffentlichen gerne zunächst unbedenklichen Inhalt hinter den Linkzielen, und erst wenn die Mails ausgeliefert und von weniger leistungsfähigen Techniken nicht erkannt wurden, stellen sie den eigentlichen schädlichen Inhalt online.

Die Umschreibung von Links wird allerdings nur bei E-Mails angewandt, die von außerhalb an Ihre Organisation geschickt werden. Bei E-Mails, die Ihre Anwender untereinander austauschen, passiert das nicht.

Abbildung 6.117 ATP ändert Links.

Abbildung 6.118 ATP warnt bei verdächtigen Links.

Natürlich erhalten Sie auch mit ATP keine 100%ige Erkennungsrate aller möglichen Bedrohungen. Jedoch ist das Schutzniveau im Vergleich zum alleinigen Einsatz von EOP deutlich höher. Und aufgrund der überschaubaren Kosten für ATP ist es durchaus eine Überlegung wert: ATP ist im Lizenzpaket E5 bereits enthalten. Sie können es aber auch als Einzellizenz zu anderen Lizenzen hinzubuchen.

Schutz bei Dateianhängen

Die ATP-Konfiguration für den E-Mail-Anhangschutz finden Sie im EAC im vielsagenden Bereich KOMPLEXE BEDROHUNGEN im Abschnitt SICHERE ANLAGEN (siehe Abbildung 6.119).

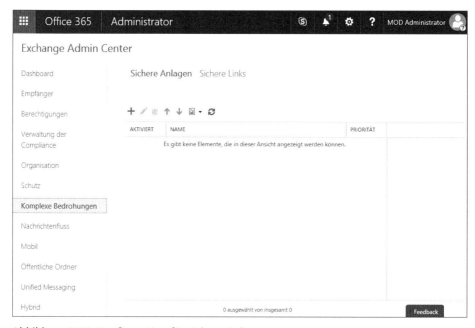

Abbildung 6.119 Konfiguration für sichere Anlagen

Hier erstellen Sie eine oder auch mehrere Richtlinien, die dann an unterschiedliche Bedingungen geknüpft sind, beispielsweise für unterschiedliche Benutzergruppen oder bestimmte Empfängerdomänen.

Die Konfiguration einer solchen Richtlinie ist nicht besonders aufwendig:

1. Klicken Sie auf NEU (Plus-Symbol). Es erscheint das Formular aus Abbildung 6.120.
2. Geben Sie einen Namen und gegebenenfalls eine Beschreibung für die neue Richtlinie an.
3. Wählen Sie die gewünschte Vorgehensweise bei Erkennung von Schadsoftware unter REAKTION FÜR SICHERE ANLAGEN BEI UNBEKANNTER SCHADSOFTWARE aus. Zur Auswahl stehen dabei folgende Optionen:
   – AUS: Es erfolgt keine Überprüfung der Anhänge durch ATP.
   – ÜBERWACHEN: ATP überprüft die Anhänge, protokolliert aber nur das Ergebnis. Auch potenziell schädliche Anhänge werden ausgeliefert. Mehr zur Protokollierung lesen Sie im weiteren Verlauf dieses Kapitels.

– BLOCKIEREN: Enthält eine E-Mail einen schädlichen Anhang, wird die gesamte E-Mail nicht ausgeliefert.
– ERSETZEN: E-Mails werden zugestellt, schädliche Anhänge aber ersetzt.
– DYNAMISCHE ZUSTELLUNG: E-Mails werden direkt zugestellt, Anhänge aber zunächst durch einen Platzhalter ersetzt. Die Platzhalter werden nach Freigabe durch ATP durch die ursprünglichen Anhänge ersetzt.

Abbildung 6.120 Neue Richtlinie für sichere Anlagen erstellen

4. Wählen Sie eine der drei zuletzt genannten Optionen, können Sie die betroffenen E-Mails an eine spezielle E-Mail-Adresse weiterleiten, um sie dort gegebenenfalls näher zu überprüfen. Wählen Sie dazu die Option UMLEITUNG AKTIVIEREN, und geben Sie eine E-Mail-Adresse ein.

   Es ist sehr empfehlenswert, diese Option zu nutzen, sonst haben Sie keinen Zugriff mehr auf blockierte oder ersetzte Anlagen bzw. E-Mails.

5. Zuletzt geben Sie an, unter welchen Bedingungen die neue Richtlinie angewandt werden soll. Ähnlich wie bei den Transportregeln (siehe Abschnitt 6.7.1) geben Sie dazu eine oder mehrere Bedingungen an sowie bei Bedarf auch Ausnahmen.

   Die Bedingungen und Ausnahmen formulieren Sie auf Basis einzelner Empfänger, Empfängerdomänen oder Gruppenmitgliedschaften. Sollen beispielsweise alle Mails, die an Adressen mit der Domäne beispielag.de gesandt werden, mit ATP überprüft werden. Geben Sie die Bedingung WENN DIE EMPFÄNGERDOMÄNE IST BEISPIELAG.DE an.

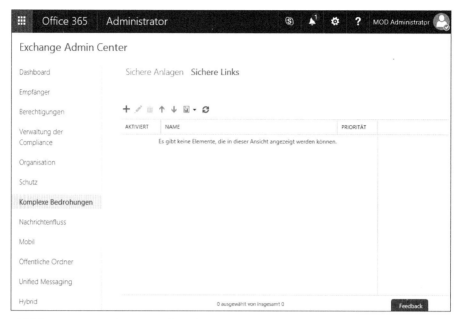

Abbildung 6.121 Konfiguration für sichere Links

[»] Nachdem die neue Richtlinie angelegt wurde, kann es rund 30 Minuten dauern, bis sie auch tatsächlich zur Anwendung kommt.

Haben Sie mehrere Richtlinien konfiguriert, können Sie über die Pfeil-Symbole auch die Priorität und damit die Reihenfolge ihrer Anwendung verändern.

Solche Richtlinien können Sie auch über PowerShell-Kommandos erstellen. Hier ein Beispiel für eine neue Richtlinie, die für die Empfängerdomäne beispielag.de E-Mails mit schädlichen Anhängen blockiert und an admin@beispielag.de umleitet:

```
#Anlegen einer neuen Blocken-Richtlinie
New-SafeAttachmentPolicy -Name "Blocken-Richtlinie" `
    -Action Block `
    -Redirect $true `
    -RedirectAddress admin@beispielag.de `
    -Enable $true

#Anwenden der Blocken-Richtlinie für beispielag.de
New-SafeAttachmentRule -Name "beispielag.de sichern" `
    -SafeAttachmentPolicy "Blocken-Richtlinie" `
    -RecipientDomainIs "beispielag.de" `
    -Enabled $true
```

Listing 6.50 Neue Richtlinie für sichere Anlagen erstellen

In diesem Beispiel wird mit `New-SafeAttachmentPolicy` zunächst eine neue Richtlinie angelegt, mit der die gewünschten Aktionen (hier Blockieren und Umleiten) festlegt. Diese Richtlinie sehen Sie aber noch nicht im EAC. Mit `New-SafeAttachmentRule` wird dann eine Regel angelegt (was begrifflich im EAC auch eine Richtlinie darstellt), mit der die Bedingung (hier die Empfängerdomäne) festgelegt wird, wann die Richtlinie angewandt werden soll.

Schutz bei Links

Die Konfiguration für die Behandlung von Links in E-Mails ähnelt der Konfiguration von Anlagen. Sie finden die Optionen im EAC im Bereich KOMPLEXE BEDROHUNGEN im Abschnitt SICHERE LINKS (siehe Abbildung 6.121).

Zum Anlegen einer neuen Richtlinie gehen Sie wie folgt vor:

1. Klicken Sie auf die Schaltfläche NEU (Plus-Symbol). Es erscheint das Formular aus Abbildung 6.122.

Abbildung 6.122 Neue Richtlinie für sichere Links anlegen

2. Geben Sie einen Namen für die neue Richtlinie und gegebenenfalls eine Beschreibung an.
3. Um den Schutz zu aktivieren, wählen Sie unter WÄHLEN SIE DIE AKTION FÜR UNBEKANNTE, POTENZIELL BÖSARTIGE URLS IN NACHRICHTEN AUS die Option EIN.

4. Mit der Option VERWENDEN SIE SICHERE ANLAGEN ZUM ÜBERPRÜFEN VON HERUNTERLADBAREM INHALT werden verlinkte Dateien auf Schadcode überprüft.
5. Möchten Sie nicht, dass die Klicks von Anwendern auf die ersetzten Links nachverfolgt werden, aktivieren Sie die Option BENUTZERKLICKS NICHT VERFOLGEN.

[»] Das Setzen dieser Option kann aus Datenschutzgründen erforderlich sein.

6. Klickt der Anwender auf einen Link, der letztendlich auf ein potenziell schädliches Ziel zeigt, wird der Anwender im Browser deutlich darauf hingewiesen (siehe Abbildung 6.117). Diese Meldung erlaubt es dem Anwender, trotzdem auf die verlinkte Adresse zu wechseln. Mit der Option BENUTZERN DAS DURCHKLICKEN ZUR URSPRÜNGLICHEN URL NICHT GESTATTEN können Sie dies auch verhindern.

[»] Allerdings hindert das Ihre Anwender natürlich nicht, die ursprüngliche URL direkt in den Browser einzugeben.

7. Bei manchen URLs wollen Sie möglicherweise, dass ATP hier keine Umschreibung vornimmt. Solche URLs können Sie unter FOLGENDE URLS NICHT NEU SCHREIBEN angeben.
8. Als letzte Option geben Sie die Bedingungen und gegebenenfalls die Ausnahmen an, wann die neue Richtlinie zum Einsatz kommen soll. Sie haben hier dieselben Optionen wie bei den Richtlinien für Anlagen.

[»] Auch bei solchen Richtlinien dauert es rund 30 Minuten, bis sie aktiv werden.

Mit PowerShell-Kommandos können Sie ebenfalls Linkrichtlinien anlegen. Das folgende Beispiel erstellt eine Richtlinie für die Empfängerdomäne beispielag.de, bei der Klicks durch Benutzer nicht aufgezeichnet werden. Außerdem dürfen die Benutzer nicht von der Warnmeldung aus auf das ursprüngliche Linkziel weiterklicken, und die URL *http://www.beispielag.de* wird als unbedenklich konfiguriert:

```
#Anlegen einer neuen Link-Richtlinie
New-SafeLinksPolicy -Name "Links-Richtlinie" `
    -DoNotTrackUserClicks $true `
    -DoNotAllowClickThrough $true `
    -ExcludedUrls "http://www.beispielag.de" `
    -Enabled $true

#Anwenden der Blocken-Richtlinie für beispielag.de
New-SafeLinksRule -Name "Links sichern für beispielag.de" `
    -SafeLinksPolicy "Links-Richtlinie" `
    -RecipientDomainIs "beispielag.de" `
    -Enabled $true
```

Listing 6.51 Neue Richtlinie für sichere Links anlegen

Hier wird zunächst mit New-SafeLinksPolicy eine Richtlinie mit den gewünschten Aktionen angelegt. Diese Richtlinie wird anschließend mit New-SafeLinksRule für die Empfängerdomäne beispielag.de konfiguriert.

Berichte und Nachverfolgung

Sowohl bei der Konfiguration für sichere Anlagen als auch bei den sicheren Links können Sie über das Symbol BERICHTE jeweils zwei Arten von Berichten aufrufen:

- Nach Disposition (Aktion)
- Nach Dateityp

Die Berichte werden Ihnen in einem separaten Fenster wie in Abbildung 6.123 angezeigt.

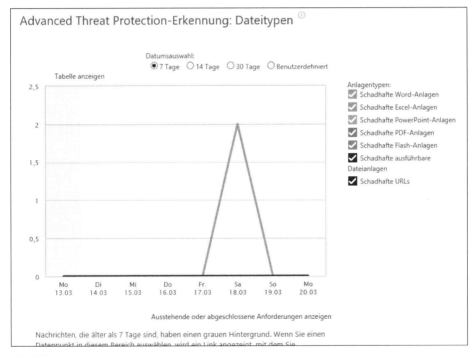

Abbildung 6.123 ATP-Berichte

URL-Ablaufverfolgung

Um nachzuverfolgen, welche Links von ATP verwaltet und ob deren Ziele als schädlich eingestuft werden und auf welchen Link welcher Anwender geklickt hat, gibt es im EAC einen separaten Abschnitt: Öffnen Sie im Bereich NACHRICHTENFLUSS den Abschnitt URL-ABLAUFVERFOLGUNG (siehe Abbildung 6.124).

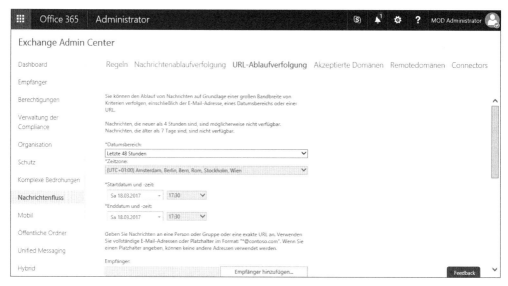

Abbildung 6.124 URL-Ablaufverfolgung

6.8.7 ATP mit Exchange Server

Wie schon EOP können Sie auch ATP zur Sicherung des E-Mail-Flusses vom Internet zu Ihrer lokalen Exchange-Umgebung verwenden. In diesem Fall orientieren Sie sich an der Konfiguration, wie ich Sie in Abschnitt 6.8.5, »EOP mit Exchange Server«, beschrieben habe.

[»] Eine Zuweisung der ATP-Lizenzen zu Benutzerkonten ist übrigens nicht erforderlich, es müssen nur die entsprechenden Lizenzen in Ihrem Office 365-Mandanten aktiviert worden sein, damit Sie die Konfigurationsoptionen im EAC erhalten.

6.8.8 Nachrichtenverschlüsselung

In Office 365 hört die Sicherheit der von Ihnen verfassten E-Mails nicht mit dem Verlassen von Exchange Online auf. Mithilfe der *Office 365 Message Encryption* können Sie dafür sorgen, dass die Inhalte Ihrer E-Mails verschlüsselt zum Empfängerpostfach übertragen und dort auch nur vom Empfänger selbst geöffnet werden können.

Die Nachrichtenverschlüsselung können Sie nutzen, um besonders sensible Inhalte an Empfänger geschützt zu verschicken, auch wenn diese außerhalb Ihres Office 365-Mandanten liegen.

[»] Die Nachrichtenverschlüsselung ist in Office 365 Deutschland derzeit allerdings noch nicht verfügbar.

Allerdings ist der Zugriff auf den Inhalt Ihrer Nachricht für den Empfänger deutlich aufwendiger als ohne die Nachrichtenverschlüsselung.

Der Grund dafür ist folgender: Der eigentliche Nachrichteninhalt wird als Anhang einer E-Mail verschickt. Der Anhang trägt den Dateinamen *message.html* und muss vom Empfänger geöffnet werden (siehe Abbildung 6.125).

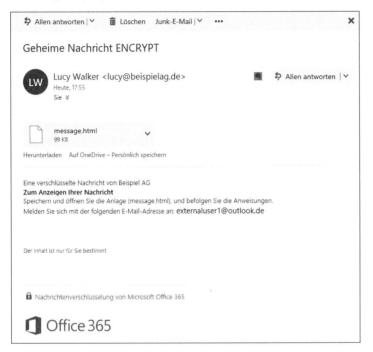

Abbildung 6.125 Verschlüsselte Nachricht beim Empfänger

Tut er dies, muss sich der Empfänger authentifizieren. Dazu kann er eine von drei Varianten wählen (siehe Abbildung 6.126):

▶ Microsoft-Konto: Der Empfänger verfügt über ein Microsoft-Konto.

▶ Organisations-Konto: Der Empfänger verfügt über ein eigenes Azure Active Directory-Konto, wie es auch von Office 365 verwendet wird.

▶ Einmalkennung: Der Empfänger erhält per E-Mail an die ursprüngliche Empfängeradresse einen einmal gültigen Code, mit dem er die Nachricht öffnen kann (siehe Abbildung 6.127). In diesem Fall benötigt der Empfänger weder ein Microsoft- noch ein Organisations-Konto.

Abbildung 6.126 Authentifizierung

Abbildung 6.127 Einmalkennung

In den beiden zuerst genannten Varianten muss der Benutzername des verwendeten Kontos mit der E-Mail-Adresse, an die die verschlüsselte E-Mail geschickt wurde, übereinstimmen. Abweichungen sind nicht möglich. Ist die Einmalkennung keine praktikable Lösung, bedeutet dies, dass der Empfänger sich zunächst mit einem Microsoft-Konto ausstatten muss, sofern er selbst nicht Office 365 nutzt. Hat er noch kein Microsoft-Konto, kann er unter folgender Adresse eines einrichten:

https://signup.live.com

Denken Sie aber daran, dass der Benutzername des neuen Microsoft-Kontos der Empfänger-E-Mail-Adresse entsprechen muss.

Nach der Anmeldung erscheint der entschlüsselte E-Mail-Inhalt in einer Ansicht, die Sie von Outlook im Web her kennen (siehe Abbildung 6.128).

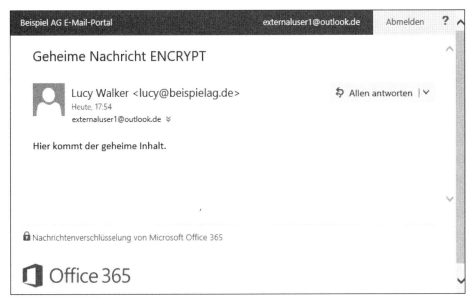

Abbildung 6.128 Anzeige der verschlüsselten E-Mail

Von hier aus hat der Empfänger auch Zugriff auf gegebenenfalls vorhandene Dateianhänge, und auch die Beantwortung der E-Mail ist möglich. Die Antwort wird dann über dasselbe Verfahren zum ursprünglichen Absender zurückgeschickt – also ebenfalls als E-Mail-Anhang mit einer *message.html*-Datei.

Dabei stellt sich die Frage, wo denn eigentlich die verschlüsselte Nachricht konkret liegt. In Microsofts Rechenzentren? Nein, sie ist eingebettet in den Code der *message. html*. Ein Beispiel sehen Sie in Abbildung 6.129.

Beim Öffnen wird die verschlüsselte Nachricht temporär zu Office 365 übertragen, dort entschlüsselt und zur Darstellung aufbereitet. Die Nachricht selbst liegt damit aber tatsächlich in den Postfächern und nicht in einem separaten Speicher.

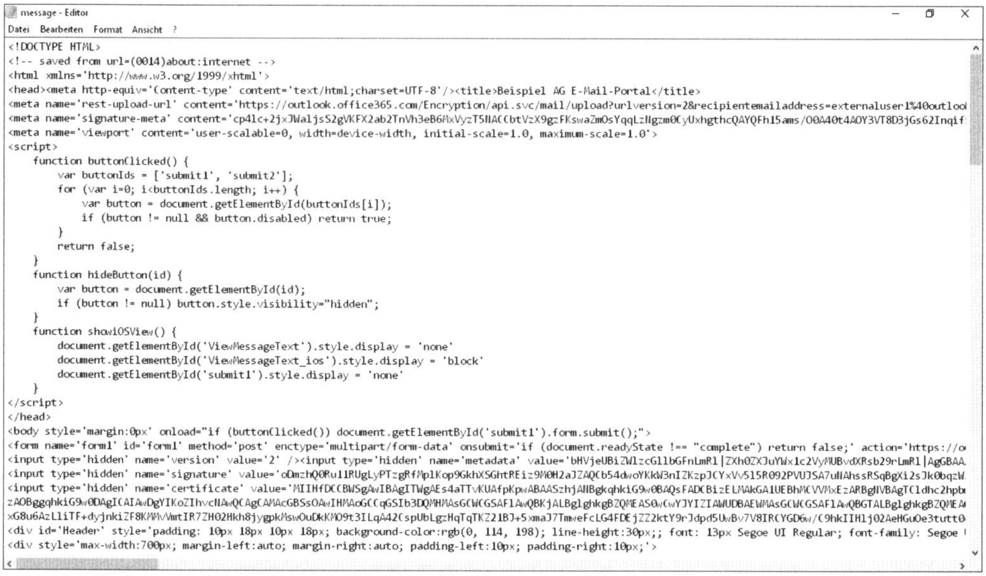


```
<!DOCTYPE HTML>
<!-- saved from url=(0014)about:internet -->
<html xmlns='http://www.w3.org/1999/xhtml'>
<head><meta http-equiv='Content-type' content='text/html;charset=UTF-8'/><title>Beispiel AG E-Mail-Portal</title>
<meta name='rest-upload-url' content='https://outlook.office365.com/Encryption/api.svc/mail/upload?urlversion=2&recipientemailaddress=externaluser1%40outloo
<meta name='signature-meta' content='cp4lc+2jxJWaljsS2gVKFX2ab2TnVh3eB6MxVyzT5NACCbtVzX9gzFKswaZmOsYqqLzNgzm0CyUxhgthcQAYQFh15ams/O0A40t4AOY3VT8D3jGs62Inqif
<meta name='viewport' content='user-scalable=0, width=device-width, initial-scale=1.0, maximum-scale=1.0'>
<script>
    function buttonClicked() {
        var buttonIds = ['submit1', 'submit2'];
        for (var i=0; i<buttonIds.length; i++) {
            var button = document.getElementById(buttonIds[i]);
            if (button != null && button.disabled) return true;
        }
        return false;
    }
    function hideButton(id) {
        var button = document.getElementById(id);
        if (button != null) button.style.visibility="hidden";
    }
    function showiOSView() {
        document.getElementById('ViewMessageText').style.display = 'none'
        document.getElementById('ViewMessageText_ios').style.display = 'block'
        document.getElementById('submit1').style.display = 'none'
    }
</script>
</head>
<body style='margin:0px' onload="if (buttonClicked()) document.getElementById('submit1').form.submit();">
<form name='form1' id='form1' method='post' enctype='multipart/form-data' onsubmit='if (document.readyState !== "complete") return false;' action='https://o
<input type='hidden' name='version' value='2' /><input type='hidden' name='metadata' value='bHVjeUBiZWlzcGllbGFnLmRl|ZXh0ZXJuYWx1c2VyMUBvdXRsb29rLmRl|AgGBAA
<input type='hidden' name='signature' value='oDmzhQ0Ru11RUgLyPTzgRfMplKop9GkhXSGhtREiz9M0H2aJZAQCb54dwoYKkW3nIZKzpJCYxVv515R092PVUJSA7uNAhssRSqBgXi2sJk0bqzW
<input type='hidden' name='certificate' value='MIIHfDCCBWSgAwIBAgITWgAEs4aTTvKUAfpKpwABAASzhjANBgkqhkiG9w0BAQsFADCBizELMAkGA1UEBhMCVVMxEzARBgNVBAgTC1dhc2hpb
zAOBggqhkiG9w0DAgICAIAwDgYIKoZIhvcNAwQCAgCAMAcGBSsOAwIHMAoGCCqGSIb3DQMHMAsGCWCGSAFlAwQBKjALBglghkgBZQMEAS0wCwYJYIZIAWUDBAEWMAsGCWCGSAFlAwQBGTALBglghkgBZQMEA
xG8u6AzLliTF+dyjnkiZF8KMMvVmtIR7ZH02Hkh8jygpkMswOuDkKMO9t3ILqA42CspUbLgzHqTqTKZ21BJ+5xmaJ7TmweFcLG4FDEjZZ2ktY9rJdpd5UwBv7V8IRCYGD6w/C9hkIIHlj02AeHGuOe3tutt0
<div id='Header' style='padding: 10px 18px 10px 18px; background-color:rgb(0, 114, 198); line-height:30px;; font: 13px Segoe UI Regular; font-family: Segoe
<div style='max-width:700px; margin-left:auto; margin-right:auto; padding-left:10px; padding-right:10px;'>
```

Abbildung 6.129 Inhalt einer message.html-Datei

Damit wird indirekt auch eine weitere Frage in diesem Zusammenhang geklärt: Wie groß darf der Inhalt einer zu verschlüsselnden Nachricht maximal sein? Die Antwort darauf entspricht dem Größenlimit beim E-Mail-Versand über Exchange Online, wie Sie es in Abschnitt 6.1.3, »Einschränkungen«, nachlesen können.

Damit der Beantworter einer verschlüsselten Nachricht seine Antwort ebenfalls in seinem Postfach vorfindet, wird diese standardmäßig per CC auch an seine eigene E-Mail-Adresse verschlüsselt geschickt.

Voraussetzungen

Um die Message Encryption nutzen zu können, ist eine ganze Reihe von Voraussetzungen erforderlich:

- Absender: Der Absender benötigt die Lizenz *Azure-Rechteverwaltung (Azure Rights Management)*. Diese ist einzeln erhältlich und ist auch Bestandteil der Lizenzpakete E3 und E5. Es benötigt jedoch nur der Absender eine solche Lizenz, nicht aber der Empfänger.
- Empfänger: Es ist zwar kein spezieller E-Mail-Client erforderlich, doch muss dieser die Anzeige von HTML-Dateianhängen unterstützen, und der dazu verwendete Browser muss die Funktion *Form Post* unterstützen. Die Standardbrowser auf iOS-Geräten (Safari) und Android-Geräten (Chrome) tun dies jedoch derzeit nicht. Auf diesen Plattformen benötigen Sie deshalb die App *Office 365 Message Encryption Viewer*, mit der Sie die verschlüsselten Anhänge öffnen können:

- iOS: *https://itunes.apple.com/de/app/office-365-message-encryption/id942328937?mt=8*
- Android: *https://play.google.com/store/apps/details?id=com.microsoft.omeviewer&hl=de*

Außerdem ist wie zuvor bereits beschrieben ein Microsoft-Konto oder ein Office 365-Benutzerkonto erforderlich.

Nachteile

Neben dem Vorteil, an quasi beliebige Empfänger verschlüsselte Nachrichten schicken zu können, hat das Verfahren aber auch Nachteile, insbesondere diese:

▶ Der Empfänger muss einen Anhang öffnen. Damit ist nicht nur ein zusätzlicher Schritt verbunden, sondern der Empfänger muss darauf vertrauen, dass die E-Mail tatsächlich vom angegebenen Absender stammt und während der Übertragung nicht verändert wurde. Durch die Anpassung des Nachrichtenlayouts (siehe Abschnitt »Anpassung der E-Mails«) kann dieses Vertrauen möglicherweise verbessert werden. Ein 100%iger Schutz gegen Fälschungen ist das aber natürlich nicht.

▶ Der Empfänger verschlüsselter E-Mails hat keine Möglichkeit, nachrichtenübergreifend in den Inhalten zu suchen.

Verschlüsselung und Entschlüsselung

Bevor wir uns die Konfiguration der Message Encryption vornehmen, schauen wir uns zunächst noch die Vorgänge bei der Verschlüsselung und der Entschlüsselung mithilfe von Schaubildern genauer an.

Beim Versand einer E-Mail geschieht Folgendes (siehe Abbildung 6.130):

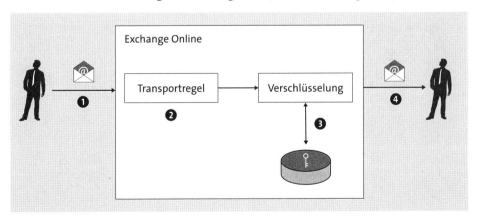

Abbildung 6.130 Verschlüsselter Versand einer E-Mail

❶ Der Absender verfasst mit seinem regulären E-Mail-Client eine E-Mail, also beispielsweise Outlook oder Outlook im Web. Eine spezielle Software ist auf der Seite des Absenders nicht erforderlich.

❷ Die E-Mail wird abgeschickt und gelangt zu Exchange Online. Auf Basis von Transportregeln (siehe Abschnitt 6.7.1) wird entschieden, ob die Nachricht verschlüsselt werden soll.

[»] Das ist ein wichtiger Punkt: Nicht der Client verschlüsselt, sondern Exchange Online tut dies. Damit liegt die unverschlüsselte Nachricht im Postfach des Absenders. Die Frage ist jedoch, ob und wie der Absender entscheiden kann, ob eine Nachricht verschlüsselt werden soll. Die Transportregel könnte beispielsweise alle E-Mails verschlüsseln, die an externe Empfänger geschickt werden – oder nur die mit bestimmten Bestandteilen im Betreff oder dem eigentlichen Text. Theoretisch könnten Sie sich firmenintern darauf einigen, dass eine Transportregel alle E-Mails verschlüsseln soll, bei denen im Betreff der Text »Encrypt« vorkommt. Besonders praktikabel ist das allerdings nicht, denn der Zusatz ist schnell vergessen. Zum gegenwärtigen Zeitpunkt gibt es leider keine Schaltfläche in Outlook oder Outlook im Web, mit der die Verschlüsselung angefordert wird.

❸ Exchange Online greift auf den Schlüssel Ihres Office 365-Mandanten zu und verschlüsselt damit die E-Mail.

❹ Die E-Mail wird an den Empfänger ausgeliefert.

Öffnet der Empfänger eine E-Mail, tritt folgender Vorgang in Kraft (siehe Abbildung 6.131):

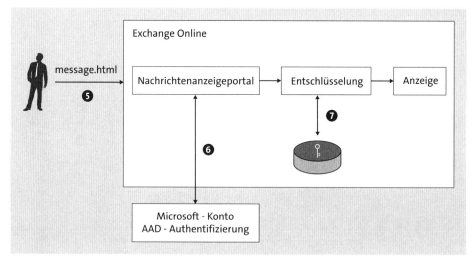

Abbildung 6.131 Öffnen einer verschlüsselten E-Mail

❺ Der Empfänger öffnet den E-Mail-Anhang *message.html*.

❻ Der Empfänger meldet sich mit seinem Microsoft-Konto oder seinem Office 365-Benutzerkonto an. Alternativ kann er sich eine Einmalkennung schicken lassen.

❼ Exchange Online greift auf den Schlüssel Ihres Office 365-Mandanten zu und entschlüsselt den Inhalt der E-Mail.

Konfiguration

Bevor Sie die Nachrichtenverschlüsselung in Ihrem Office 365-Mandanten nutzen können, müssen Sie den *Azure Rights Management Service (ARMS)* aktivieren. Dies ist ein einmaliger Vorgang. Sollten Sie den Dienst also schon einmal aktiviert haben (siehe Kapitel 10, »Azure Rights Management Services«), ist eine erneute Aktivierung nicht erforderlich.

Die Aktivierung nehmen Sie mit einigen PowerShell-Kommandos vor:

1. Stellen Sie eine Remote-PowerShell-Verbindung her, wie in Abschnitt 6.3.3, »Verbindungsaufbau«, beschrieben.

2. Abhängig von Ihrem Standort müssen Sie den Webservice zum Schlüsselaustausch konfigurieren. Die möglichen URLs finden Sie in Tabelle 6.21. Führen Sie dann beispielsweise dieses Kommando aus:

```
Set-IRMConfiguration -RMSOnlineKeySharingLocation `
    https://sp-rms.eu.aadrm.com/TenantManagement/ServicePartner.svc
```

Listing 6.52 Konfiguration der Schlüsselverwaltung

Erhalten Sie hier eine Fehlermeldung bezüglich einer erforderlichen Anpassung des Azure Active Directorys, führen Sie vorab noch das folgende Kommando aus:

```
Enable-OrganizationCustomization
```

Listing 6.53 Erweiterung Azure Active Directory

3. Als Nächstes muss die *vertrauenswürdige Veröffentlichungsdomäne (Trusted Publishing Domain, TPD)* von RMS Online importiert werden:

```
Import-RMSTrustedPublishingDomain -RMSOnline -Name "RMS Online"
```

Listing 6.54 Vertrauenswürdige Veröffentlichungsdomäne

4. Zuletzt wird IRM für die Nachrichtenverschlüsselung aktiviert:

```
Set-IRMConfiguration -InternalLicensingEnabled $true
```

Listing 6.55 Aktivierung von IRM

5. Dieser Schritt ist optional: Wollen Sie IRM nur für die Nachrichtenverschlüsselung nutzen und nicht auch die Berechtigungsvorlagen (siehe Abschnitt 10.5, »ARMS mit Exchange Online«), können Sie diese deaktivieren:

```
Set-IRMConfiguration -ClientAccessServerEnabled $false
```

Listing 6.56 Berechtigungsvorlagen deaktivieren

Damit ist die einmalige Grundkonfiguration durchgeführt. Hier noch einmal das vollständige Skript mit allen Schritten für eine europäische Umgebung:

```
Set-IRMConfiguration -RMSOnlineKeySharingLocation `
    https://sp-rms.eu.aadrm.com/TenantManagement/ServicePartner.svc
Import-RMSTrustedPublishingDomain -RMSOnline -Name "RMS Online"
Set-IRMConfiguration -InternalLicensingEnabled $true
Set-IRMConfiguration -ClientAccessServerEnabled $false
```

Listing 6.57 Aktivierung der Rechteverwaltung für die Nachrichtenverschlüsselung

Standort	Webservice RMS Schlüsselaustausch
Nordamerika	*https://sp-rms.na.aadrm.com/TenantManagement/ServicePartner.svc*
Europäische Union	*https://sp-rms.eu.aadrm.com/TenantManagement/ServicePartner.svc*
Asien	*https://sp-rms.ap.aadrm.com/TenantManagement/ServicePartner.svc*
Südamerika	*https://sp-rms.sa.aadrm.com/TenantManagement/ServicePartner.svc*

Tabelle 6.21 URLs der Schlüsselaustausch-Webservices

Nach dieser einmaligen Konfiguration können wir nun Transportregeln für die Verschlüsselung und gegebenenfalls die Entschlüsselung anlegen. Wie so oft stehen uns dafür zwei Wege offen: das EAC und die PowerShell. Die grundsätzliche Funktionsweise von Transportregeln können Sie in Abschnitt 6.7.1 nachlesen.

Transportregeln mit dem EAC anlegen

Die Optionen für die Nachrichtenverschlüsselung finden Sie beim Erstellen einer neuen Transportregel erst nach einem Klick auf WEITERE OPTIONEN. Im Auswahlfeld FOLGENDERMASSEN VORGEHEN wählen Sie dann NACHRICHTENSCHUTZ ÄNDERN (siehe Abbildung 6.132).

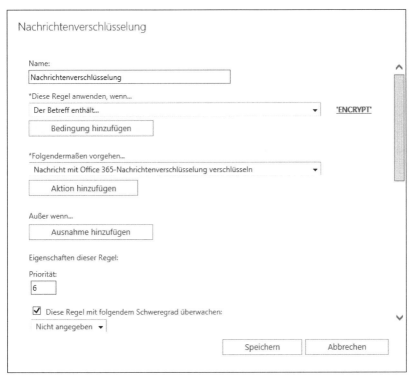

Abbildung 6.132 Transportregel zur Nachrichtenverschlüsselung

In der Auswahl sind folgende beiden Optionen für die Nachrichtenverschlüsselung zuständig:

▶ OFFICE 365-NACHRICHTENVERSCHLÜSSELUNG ANWENDEN

Mit dieser Option werden die Nachrichten mit der Nachrichtenverschlüsselung gesichert. Der Empfänger erhält eine E-Mail mit dem Anhang *message.html*.

▶ OFFICE 365-NACHRICHTENVERSCHLÜSSELUNG ENTFERNEN

Diese Option können Sie beispielsweise verwenden, wenn der Empfänger einer verschlüsselten Nachricht antwortet. Damit beim ursprünglichen Absender nicht ebenfalls eine verschlüsselte Nachricht ankommt, können Sie den Schutz der Nachrichtenverschlüsselung entfernen. Ihre eigenen Anwender würden also vom Versand und vom Empfang verschlüsselter Nachrichten nicht durch zusätzliche Schritte eingeschränkt.

Die Transportregel könnte dazu beispielsweise wie folgt aussehen:

DIESE REGEL ANWENDEN, WENN DER EMPFÄNGER BEFINDET SICH INNERHALB DER ORGANISATION FOLGENDERMASSEN VORGEHEN OFFICE 365-NACHRICHTENVERSCHLÜSSELUNG AUS NACHRICHT ENTFERNEN.

Transportregeln mit der PowerShell anlegen

Wie in Abschnitt 6.7.1 beschrieben, legen Sie Transportregeln in der PowerShell mit dem Cmdlet `New-TransportRule` an. Dieses verfügt für die Nachrichtenverschlüsselung über die Parameter `-ApplyOME` und `-RemoveOME`. Hier zwei Beispiele:

```
#Alle nach Extern gesendeten Nachrichten verschlüsseln
New-TransportRule -Name "Extern mit Message Encryption" `
    -SentToScope "NotInOrganization" `
    -ApplyOME $true

#Alle nach Intern gesendeten Nachrichten nicht verschlüsseln
New-TransportRule -Name "Intern ohne Message Encryption" `
    -SentToScope "InOrganization" `
    -RemoveOME $true
```

Listing 6.58 Transportregeln mit der PowerShell anlegen

Anpassung der E-Mails

Wie bereits besprochen, erhält der Empfänger einer mit der Nachrichtenverschlüsselung gesicherten E-Mail eine Nachricht mit einer *message.html* als Anhang. Diese Nachricht können Sie anpassen, um beispielsweise Ihr Firmenlogo und zusätzliche Hinweistexte zu hinterlegen. Außerdem können Sie das Aussehen der HTML-Seite selbst anpassen. Folgende Stellen sind anpassbar:

- Einführungstext in der E-Mail
- Haftungsausschluss in der E-Mail
- Text auf der HTML-Seite
- Logo in der E-Mail und auf der HTML-Seite

Diese Anpassungen können Sie allerdings ausschließlich in der PowerShell mit dem Cmdlet `Set-OMWConfiguration` konfigurieren. Über das EAC ist es nicht möglich.

Das Logo müsste folgende Voraussetzungen erfüllen:

- Datei im Format PNG, JPEG, BMP oder TIFF
- optimale Größe: kleiner als 40 KB
- optimale Auflösung: 170 × 170 Pixel

Die Datei muss dann als Byte-Array angegeben werden. Hier ein Beispiel:

```
#Einführungstext E-Mail
Set-OMEConfiguration -Identity "OME Configuration" `
    -EmailText "Eine verschlüsselte Nachricht von Beispiel AG"
```

```
#Haftungsausschluss E-Mail
Set-OMEConfiguration -Identity "OME Configuration" `
   -DisclaimerText "Der Inhalt ist nur für Sie bestimmt"

#Text E-Mail und HTML-Seite
Set-OMEConfiguration -Identity "OME Configuration" `
   -PortalText "Beispiel AG E-Mail-Portal"

#Logo
Set-OMEConfiguration -Identity "OME configuration" `
   -Image (Get-Content "C:\logo.png" -Encoding byte)
```

Listing 6.59 Anpassung der Texte

6.8.9 Signieren und Verschlüsseln mit S/MIME

Die Nachrichtenverschlüsselung aus Abschnitt 6.8.8 ist zwar ohne große Hürden auf Empfängerseite anzuwenden, jedoch stellt sie ein proprietäres Verfahren dar. Exchange Online ermöglicht aber auch den Einsatz der Technik *S/MIME (Secure/Multipurpose Internet Mail Extensions)*. S/MIME ist dabei auch in Outlook im Web und anderen Exchange-ActiveSync-Clients verfügbar, sodass die Anwender nicht zwangsläufig mit dem lokalen Desktop-Outlook arbeiten müssen. Unterstützt werden dabei die Verschlüsselung (sofern ein Zertifikat des Empfängers vorliegt) und die Nachrichtensignatur.

Voraussetzungen

Um S/MIME mit Exchange Online einzusetzen, müssen folgende Voraussetzungen erfüllt sein:

- Die Active Directory-Benutzerkonten der Anwender müssen über entsprechende Zertifikate in den Attributen userCertificate und/oder userSMIMECertificate verfügen (lesen Sie hierzu auch den Kasten »Eine eigene Zertifizierungsstelle verwenden«). Zur Signatur einer Nachricht muss der Absender über ein Zertifikat verfügen, beim Verschlüsseln auch der Empfänger. Beim Überprüfen eine Signatur muss der Empfänger nicht über ein Zertifikat verfügen.
- Die Active Directory-Synchronisierung muss eingerichtet sein (siehe Abschnitt 4.3). Verwenden Sie eine möglichst aktuelle Version des Verzeichnissynchronisierungstools. Damit werden die Zertifikate in den Office 365-Verzeichnisdienst übertragen und stehen von da aus auch Exchange Online zur Verfügung.
- Verwenden die Anwender Outlook im Web, ist S/MIME nur ab dem Internet Explorer 9 unterstützt, andere Browser dagegen nicht.

▶ Auf den Clients muss für S/MIME in Outlook im Web ein Steuerelement installiert werden. Sollte dieses nicht vorhanden sein, wird der Anwender darauf hingewiesen und kann dann direkt die Installation ausführen.

Eine eigene Zertifizierungsstelle verwenden

Für die erforderlichen Benutzerzertifikate können Sie die optionale Windows Server-Rolle *Active Directory-Zertifikatdienste* einsetzen. Nach der Installation und Erstkonfiguration mit den Standardeinstellungen müssen Sie für die lokalen Benutzerkonten, die mit S/MIME arbeiten sollen, jeweils ein Zertifikat auf Basis der Vorlage *Benutzer* erstellen. Damit Sie als Administrator das für Ihre Benutzer tun können, benötigen Sie jedoch zunächst ein eigenes Zertifikat auf Basis der Vorlage *Enrollment Agent*. AD CS stellt diese jedoch in der Standardkonfiguration nicht aus. Gehen Sie deshalb wie folgt vor:

1. Öffnen Sie als Administrator die Verwaltungskonsole ZERTIFIZIERUNGSSTELLE.
2. Geben Sie im Kontextmenü des Pfads ZERTIFIZIERUNGSSTELLE\[Name der Zertifizierungsstelle]\ZERTIFIKATVORLAGEN den Befehl NEU • AUSZUSTELLENDE ZERTIFIKATVORLAGE.
3. Wählen Sie die Vorlage ENROLLMENT AGENT aus.

Als Nächstes lassen Sie sich als Administrator ein entsprechendes Zertifikat ausstellen:

1. Öffnen Sie eine neue leere VERWALTUNGSKONSOLE (*mmc.exe*).
2. Geben Sie den Befehl DATEI • SNAP-IN HINZUFÜGEN/ENTFERNEN, und wählen Sie das Snap-in ZERTIFIKATE aus (für Ihr Benutzerkonto).
3. Geben Sie im Kontextmenü des Pfads KONSOLENSTAMM\ZERTIFIKATE – AKTUELLER BENUTZER\EIGENE ZERTIFIKATE den Befehl ALLE AUFGABEN • NEUES ZERTIFIKAT ANFORDERN.
4. Durchlaufen Sie den Assistenten mit den Vorgaben, und wählen Sie die Vorlage ENROLLMENT AGENT aus.

Nun endlich können Sie Zertifikate für die Benutzerkonten Ihrer Anwender erstellen:

1. In derselben Verwaltungskonsole geben Sie im Kontextmenü des Pfads KONSOLENSTAMM\ZERTIFIKATE – AKTUELLER BENUTZER\EIGENE ZERTIFIKATE den Befehl ALLE AUFGABEN • ERWEITERTE VORGÄNGE • REGISTRIEREN IM AUFTRAG VON.
2. Durchlaufen Sie den Assistenten, und wählen Sie folgende Optionen:
   – EIN REGISTRIERUNGS-AGENT-ZERTIFIKAT AUSWÄHLEN: das zuvor erstellte Zertifikat auf Basis der Vorlage *Enrollment Agent*
   – ZERTIFIKATE ANFORDERN: BENUTZER
   – EINEN BENUTZER AUSWÄHLEN: Benutzerkonto, für das ein Zertifikat ausgestellt werden soll

Konfiguration

Die erforderliche Konfiguration zur Bereitstellung von S/MIME in Exchange Online findet gänzlich über die PowerShell statt. Im EAC fehlen die dazu entsprechenden Optionen.

Zunächst müssen Sie das Root-Zertifikat und eventuell vorhandene Zwischenzertifikate Ihrer Zertifizierungsstelle in einen Zertifikatspeicher in Form einer SST-Datei exportieren. Diesen Vorgang nehmen Sie auf Ihrer CA beispielsweise mit folgenden PowerShell-Kommandos vor:

```
$cert = Get-ChildItem Cert:\LocalMachine\My
Export-Certificate -Type SST `
   -Cert $cert `
   -FilePath C:\Cert.sst
```

Listing 6.60 Anlegen eines Zertifikatspeichers

Anschließend übertragen Sie den Zertifikatspeicher zu Exchange Online. Vorher stellen Sie in der PowerShell eine entsprechende Verbindung her, wie in Abschnitt 6.3.3, »Verbindungsaufbau«, beschrieben.

```
$datei = Get-Content C:\Cert.sst -Encoding byte
Set-SmimeConfig -SMIMECertificateIssuingCA $datei
```

Listing 6.61 Übertragung des Zertifikatspeichers

Die aktuelle S/MIME-Konfiguration können Sie mit dem Befehl `Get-SmimeConfig` abfragen.

Anwendung in Outlook im Web

S/MIME mit Outlook im Web benötigt den Internet Explorer. Um das für S/MIME erforderliche Steuerelement zu installieren, gehen Sie wie folgt vor:

1. Beginnen Sie in Outlook im Web mit einer neuen E-Mail.
2. Öffnen Sie die NACHRICHTENOPTIONEN (siehe Abbildung 6.133) der E-Mail (gegebenenfalls müssen Sie auf die drei Punkte klicken).
3. Markieren Sie die Option DIESE NACHRICHT DIGITAL SIGNIEREN (S/MIME), und schließen Sie das Fenster.
4. Geben Sie eine Empfängeradresse an, und versenden Sie die Nachricht. Outlook im Web zeigt daraufhin einen Link zum Download des Steuerelements an (siehe Abbildung 6.134).

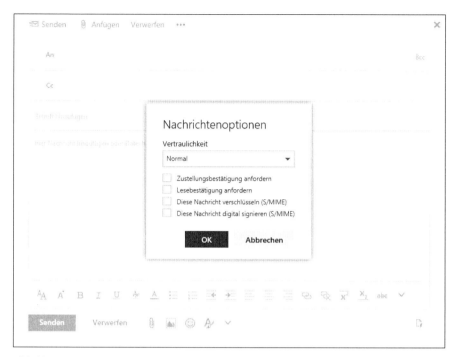

Abbildung 6.133 Nachrichtenoptionen in Outlook im Web

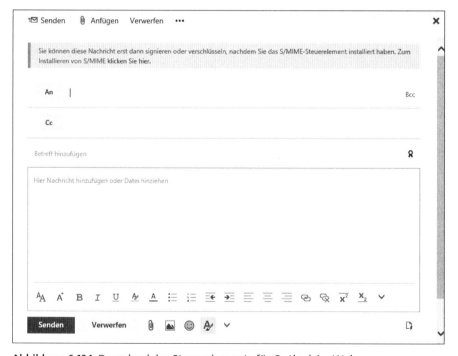

Abbildung 6.134 Download des Steuerelements für Outlook im Web

Nach einem Neustart des Internet Explorers finden Sie in Outlook im Web unter EIN-STELLUNGEN (ZAHNRAD) • E-MAIL und dann im Bereich S/MIME verschiedene Einstellungen (siehe Abbildung 6.135).

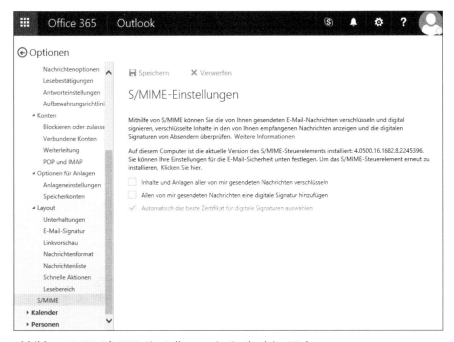

Abbildung 6.135 S/MIME-Einstellungen in Outlook im Web

Hier haben Sie folgende Optionen:

- INHALTE UND ANLAGEN ALLER GESENDETEN EIGENEN NACHRICHTEN VERSCHLÜSSELN
- ALLEN VON MIR GESENDETEN NACHRICHTEN EINE DIGITALE SIGNATUR HINZUFÜGEN
- AUTOMATISCH DAS BESTE ZERTIFIKAT FÜR DIGITALE SIGNATUREN AUSWÄHLEN

Neben diesen allgemeinen Einstellungen können Sie bei jeder Nachricht über die Nachrichtenoptionen separat entscheiden, ob verschlüsselt und/oder signiert werden soll.

Anwendung in Outlook

In Outlook 2016 finden Sie die Einstellungen zur Verwendung von S/MIME unter DATEI • OPTIONEN • TRUST CENTER • EINSTELLUNGEN FÜR DAS TRUST CENTER • E-MAIL-SICHERHEIT (siehe Abbildung 6.136).

Klicken Sie in diesem Fenster auf EINSTELLUNGEN, und wählen Sie, falls noch nicht geschehen, geeignete Zertifikate aus.

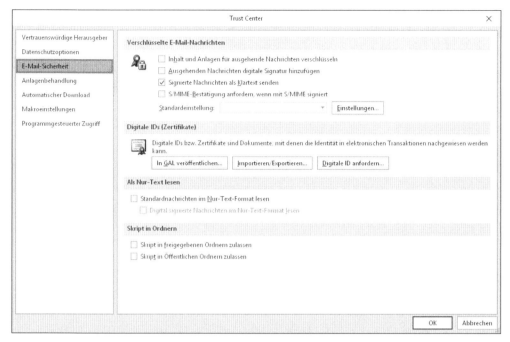

Abbildung 6.136 S/MIME-Einstellungen in Outlook

In Outlook können Sie beim Erstellen einer E-Mail auf der Registerkarte OPTIONEN auswählen, ob die Mail per S/MIME verschlüsselt und/oder signiert werden soll (siehe Abbildung 6.137).

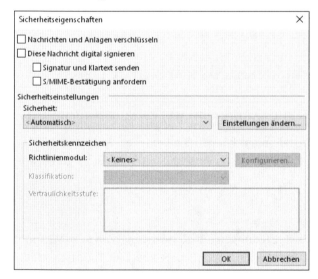

Abbildung 6.137 S/MIME in Outlook

6.9 Compliance

Die Einhaltung von Compliance-Richtlinien ist für viele Unternehmen ein wichtiges Thema. Exchange Online unterstützt Sie dabei mit verschiedenen Funktionalitäten, darunter das Beweissicherungsverfahren, das Compliance-Archiv und das Journal.

6.9.1 In-Situ-Speicher

In-Situ-Speicher sind neben den In-Situ-Archiven (siehe Abschnitt 6.6.1) eine weitere Art von Archivtypen in Exchange Online. Im Gegensatz zu den In-Situ-Archiven hat der Anwender selbst keinen Zugriff auf die Inhalte der In-Situ-Speicher. Die Verwaltung und der Zugriff auf die Speicher erfordern bestimmte Berechtigungen.

In-Situ-Speicher gibt es in zwei Ausprägungen:

- *Beweissicherungsverfahren* (auf Englisch *Litigation Hold* oder auch *Legal Hold*): Mit Aktivierung des Beweissicherungsverfahrens werden alle Postfachobjekte dauerhaft oder für eine fest vorgegebene Zeit aufbewahrt. Dazu gehören auch vom Anwender gelöschte oder modifizierte Elemente. Der Anwender wird dabei in seiner Arbeitsweise nicht eingeschränkt. Er kann beispielsweise problemlos in seinem E-Mail-Client Objekte entfernen, jedoch können diese von administrativer Seite aus wiederhergestellt werden.
- *Compliance-Archiv* (auf Englisch *In-Place-Hold*): Im Gegensatz zum Beweissicherungsverfahren betrifft die Aufbewahrung hier nicht automatisch das komplette Postfach, sondern nur bestimmte Objekte, die durch eine Suchabfrage durch Sie vorgegeben sind. Auch hier können Sie die Aufbewahrung für eine begrenzte Zeit vorsehen.

Aktivieren Sie einen In-Situ-Speicher, gilt er auch für ein gegebenenfalls vorhandenes In-Situ-Archiv (siehe Abschnitt 6.6.1).

Beide Methoden erfordern jedoch, dass Sie über Exchange Online Plan 2-Lizenzen (oder alternativ die Lizenz Exchange Online-Archivierung [EOA]), beispielsweise einzeln oder aus den Lizenzpaketen E3 und E5, verfügen.

Der In-Situ-Speicher selbst befindet sich nicht in einer separaten Datenbank oder Ähnlichem, sondern, wie der Name schon andeutet, im jeweiligen Postfach selbst, und zwar in Unterordnern des Ordners *Wiederherstellbare Elemente*. Der Anwender hat auf diese Ordner keinen Zugriff. Vom Anwender gelöschte oder modifizierte Elemente werden dort aufbewahrt.

Beweissicherungsverfahren

Wie in Abschnitt 6.6, »Archivierung«, bereits erläutert, handelt es sich beim Beweissicherungsverfahren um einen von mehreren Archivtypen. Es gehört neben dem Compliance-Archiv zu den In-Situ-Speichern.

Wird das Beweissicherungsverfahren aktiviert, kann der Anwender nach wie vor uneingeschränkt mit seinem Postfach arbeiten, auch Elemente löschen und vorhandene ändern. Allerdings lassen sich diese Aktionen nachvollziehen. So werden im Hintergrund die Elemente nicht wirklich gelöscht, und verschiedene Versionsstände werden im Falle von Änderungen aufgezeichnet. Der Anwender selbst hat keine Möglichkeit, auf diese zuzugreifen, aber Sie als Administrator können über eine Compliance-Suche alle Elemente und Versionsstände des Postfachs abrufen (siehe Abschnitt 14.1.6, »Aufbewahrung«).

Um das Beweissicherungsverfahren zu aktivieren, gehen Sie wie folgt vor:

1. Öffnen Sie im EAC den Bereich EMPFÄNGER und dann den Abschnitt POSTFÄCHER.
2. Öffnen Sie das gewünschte Postfach.
3. Wechseln Sie zum Abschnitt POSTFACHFUNKTIONEN, und aktivieren Sie dort die Funktion BEWEISSICHERUNGSVERFAHREN (siehe Abbildung 6.138).

Abbildung 6.138 Beweissicherungsverfahren wird aktiviert.

An derselben Stelle können Sie das Beweissicherungsverfahren auch wieder deaktivieren, womit die im Hintergrund aufgezeichneten Versionsstände der Elemente entfernt werden.

4. Bei Bedarf können Sie das Beweissicherungsverfahren auf einen gewissen Zeitraum begrenzen, indem Sie die Anzahl der gewünschten Tage angeben. Soll das Beweissicherungsverfahren unbegrenzt eingerichtet werden, lassen Sie das Feld leer.

   Achtung: Der Zeitraum wird nicht von der Aktivierung des Beweissicherungsverfahrens aus gerechnet, sondern für jedes Postfachobjekt separat. Entscheidend ist das Erstellungsdatum bzw. das letzte Änderungsdatum jedes einzelnen Objekts. Ist ein Objekt älter als der angegebene Zeitraum, unterliegt es nicht mehr dem Beweissicherungsverfahren.

5. Optional geben Sie eine NOTIZ und eine URL an, die der Postfachbesitzer in Outlook ab 2010 (und nur dort – auch nicht in Outlook im Web) sehen kann, um Informationen über das aktivierte Beweissicherungsverfahren zu erhalten (siehe Abbildung 6.139).

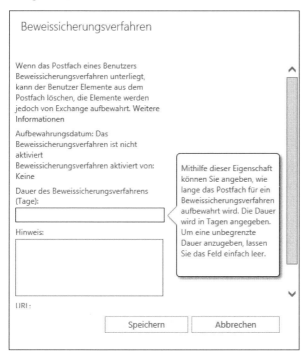

Abbildung 6.139 Optionen zum Beweissicherungsverfahren

Der Anwender sieht in Outlook über die Registerkarte DATEI des Menübands diese Hinweise.

Nachdem Sie das Beweissicherungsverfahren aktiviert haben, müssen Sie noch das Fenster über SPEICHERN schließen.

[»] Bis das Beweissicherungsverfahren tatsächlich in Kraft tritt, kann es einige Minuten dauern.

Da das Beweissicherungsverfahren auf Postfachebene aktiviert wird, werden sämtliche Elemente darin berücksichtigt. Möglicherweise wollen Sie aber eine ähnliche Funktionalität nur für einen Teil der Elemente einrichten, beispielsweise für alle Nachrichten mit bestimmten Eigenschaften wie Stichwörtern, einen bestimmten Zeitraum etc. Vielleicht soll die Aufbewahrung auch nicht unbegrenzt vorgenommen werden, sondern nur so lange, bis ein Element ein gewisses Alter erreicht hat. Hier ist das Compliance-Archiv besser geeignet.

Compliance-Archiv

Das Compliance-Archiv gehört wie das Beweissicherungsverfahren zu den In-Situ-Speichern. Lesen Sie hierzu auch Abschnitt 6.6, »Archivierung«.

Um ein Compliance-Archiv einzurichten, führen Sie eine Postfachsuche aus und aktivieren währenddessen das Compliance-Archiv. Lesen Sie dazu Abschnitt 14.1.6, »Aufbewahrung«.

6.9.2 Inaktive Postfächer

Verlässt ein Mitarbeiter das Unternehmen, wollen Sie im Regelfall für diesen auch keine weiteren Lizenzkosten aufwenden. Entfernen Sie jetzt aber vom betroffenen Benutzerkonto die Exchange Online-Lizenz, wird das zugehörige Postfach nach Ablauf von 30 Tagen gelöscht. Nun gibt es aber manchmal gesetzliche oder andere Bestimmungen, die eine Aufbewahrung des Postfachs samt Inhalt vorschreiben. Exchange Online hält dafür die beiden Methoden *Beweissicherungsverfahren* und *Compliance-Archiv* bereit. Mit beiden erreichen Sie ein inaktives Postfach, dessen Inhalt auch nach dem Löschen des Postfachs noch abrufbar ist.

Während beim Beweissicherungsverfahren immer das komplette Postfach geschützt wird, können Sie beim Compliance-Archiv die Aufbewahrung auf bestimmte Kriterien beschränken, beispielsweise auf bestimmte Nachrichten.

Wie Sie das Beweissicherungsverfahren oder ein Compliance-Archiv aktivieren, lesen Sie in Abschnitt 6.9.1, »In-Situ-Speicher«.

6.9.3 Überwachungsberichte

Bei der Überwachungsprotokollierung werden automatisch Überwachungsberichte angelegt. Diese können Sie verwenden, um Konfigurationsänderungen durch die Administratoren nachzuverfolgen. Weitere Einsatzgebiete liegen in der Auswertung der Postfächer, die dem Beweissicherungsverfahren unterliegen (siehe Abschnitt 6.9.2, »Inaktive Postfächer«), und im Sicherstellen von gesetzlichen Vorgaben.

Die Überwachungsberichte finden Sie im EAC im Bereich VERWALTUNG DER COMPLIANCE im Abschnitt ÜBERWACHUNG (siehe Abbildung 6.140).

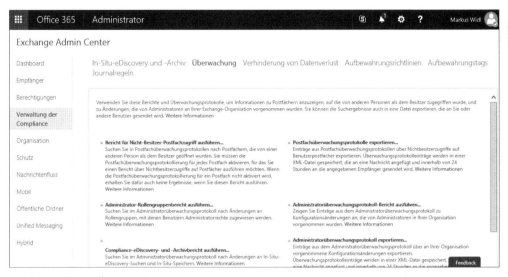

Abbildung 6.140 Überwachung

Dort können Sie folgende Berichte ausführen:

- Bericht für Nicht-Besitzer-Postfachzugriff
  Enthält Angaben, wer wann auf ein bestimmtes Postfach zugegriffen hat, sofern es sich nicht um den Besitzer handelt. Voraussetzung für diese Protokollierung ist die Aktivierung auf Postfachebene mithilfe der PowerShell:

  ```
  Set-Mailbox <Identity> -AuditEnabled $true
  ```

  Listing 6.62 Aktivierung der Postfachprotokollierung

- Administrator-Rollengruppenbericht
  Angaben, wer wann Änderungen an den Rollengruppen vorgenommen hat. Voraussetzung ist hier ebenfalls die Aktivierung, die bis zu 60 Minuten dauern kann:

  ```
  Set-AdminAuditLogConfig -AdminAuditLogEnabled $true
  ```

  Listing 6.63 Aktivierung der Beweissicherungsverfahrensprotokollierung

- Compliance-eDiscovery- und Archivbericht
  Angaben, wer wann welche Änderungen an eDiscovery- und Archiveinstellungen vorgenommen hat.

▶ Beweissicherungsverfahrensbericht
Angaben zur Aktivierung und Deaktivierung des Beweissicherungsverfahrens bei Postfächern. Die Protokollierung muss wie zuvor beim Administratorrollen-Gruppenbericht aktiviert werden.

Neben der Ausführung dieser Berichte können Sie die beiden folgenden Protokolle auch exportieren, das heißt an ein bestimmtes Postfach verschicken:

▶ Postfachüberwachungsprotokolle mit Informationen zum Nicht-Besitzer-Zugriff
Wie zuvor beim Bericht für den Nicht-Besitzer-Postfachzugriff muss die Protokollierung auf Postfachebene aktiviert werden.

▶ Administratorüberwachungsprotokoll mit Informationen zu Konfigurationsänderungen

6.9.4 Verhinderung von Datenverlust

Bei der *Verhinderung von Datenverlust (DLP* für *Data Loss Prevention)* dreht es sich um den Schutz vor der versehentlichen Weitergabe sensiblen Materials. Dies kann mehrere Szenarien umfassen, die Sie sicher auch zum Teil schon selbst erlebt haben: Eine E-Mail mit sensiblen Daten, beispielsweise einem Angebot, wird fälschlicherweise an den falschen Adressaten geschickt, Anwender versuchen, persönliche Daten, die dem Datenschutz unterliegen, zu versenden, oder versehentlich wird eine E-Mail mit den Kontodaten versandt, weil die falsche Datei als Anhang ausgewählt wurde. Das sind nur ein paar Szenarien, die Sie mit DLP verhindern können. Ein 100%iger Schutz ist das allerdings nicht. Wenn Anwender vorsätzlich sensibles Material aus dem Unternehmen weitergeben wollen, werden sie auch einen Weg finden – und sei es durch das Fotografieren des Bildschirminhalts. Für viele Alltagssituationen kann die Einrichtung von DLP aber von Vorteil sein. Die Anwender werden dabei in ihrer Arbeitsweise auch nicht beeinträchtigt. So können Sie den Anwender über eine Einblendung (Richtlinientipps) warnen, dass er in seiner Nachricht offenbar Konto- oder Kreditkartendaten angegeben hat und dies möglicherweise keine gute Idee ist. Ein Beispiel sehen Sie in Abbildung 6.141.

Neben dem reinen Warnen der Anwender können Sie aber auch den Versand einer E-Mail verhindern, beispielsweise wenn unternehmenskritische Informationen an Personen außerhalb der Organisation versandt werden sollen. Auch können Sie ein Freigabeverfahren konfigurieren, bei dem eine E-Mail mit sensiblem Inhalt zwar von einem Anwender versandt werden kann, sie aber erst dem Empfänger zugestellt wird, wenn eine dafür vorgesehene Person ihre Genehmigung dazu erteilt.

Mit DLP konfigurieren Sie ein Regelwerk, das auf Basis von Transportregeln (siehe Abschnitt 6.7.1) beim Erkennen bestimmter Inhalte reagiert und dann bestimmte Aktionen ausführt. Die Architektur dahinter sehen Sie in Abbildung 6.142.

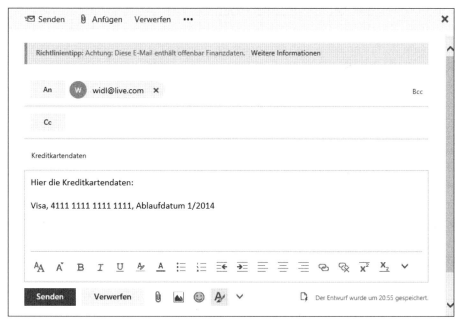

Abbildung 6.141 Anzeige eines Richtlinientipps in Outlook im Web

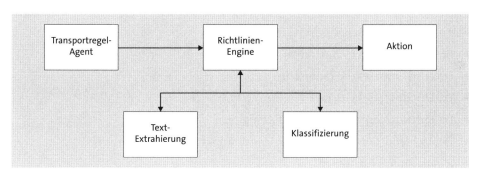

Abbildung 6.142 DLP-Architektur

Im Schaubild sehen Sie die Anbindung des Transportregel-Agenten an die Richtlinien-Engine von DLP. Diese hat die Aufgabe, den Text aus der versandten E-Mail und deren Anhänge zu extrahieren und zu klassifizieren. Auf Basis dieser Daten werden dann gegebenenfalls bestimmte Aktionen eingeleitet, wie die Anzeige eines Richtlinientipps, die Einholung einer Genehmigung zum Versand oder, sofern erforderlich, der Abbruch des Versands.

Voraussetzungen

Um DLP nutzen zu können, benötigen Sie eine Exchange Online Plan 2-Lizenz, wie sie etwa auch Bestandteil der Lizenzpakete E3 und E5 ist.

Idealerweise verwenden die Anwender Outlook 2016 Professional Plus (wie das Office-Paket aus Office 365) oder Outlook im Web. Nur dann werden Richtlinientipps direkt beim Verfassen der E-Mail angezeigt. Verwenden die Anwender andere E-Mail-Clients, erhalten sie die Informationen per Mail zugesandt.

[»] Outlook lädt die Richtlinien beim Start und alle 24 Stunden erneut.

Richtlinien und Regelwerke

Die Richtlinien-Engine von DLP orientiert sich an von Ihnen vorgegebenen Richtlinien. Eine Richtlinie selbst fungiert als Container für Transportregeln. Richtlinien können Sie selbst erstellen, auf Basis von Vorlagen erzeugen oder auch von Drittherstellern einkaufen. Da die Definition solcher Richtlinien nicht trivial ist, ist es gut, dass Exchange Online bereits über eine ganze Palette an Vorlagen verfügt. Das Schwierige bei der Erstellung eigener Richtlinien ist oftmals das Erkennen von sensiblem Inhalt. Dabei ist es mit einer Suche nach bestimmten Stichwörtern nicht getan. Eine Kreditkartennummer könnte damit nicht gefunden werden, und die Eingabe einer solchen kann auch durch den Anwender unterschiedlich erfolgen, beispielsweise mit oder ohne Leerzeichen, mit Bindestrichen etc.

Exchange Online bringt folgende Richtlinienvorlagen mit:

- Access to Medical Reports Act – Vereinigtes Königreich
- Australien: Health Records Act (HRIP Act)
- Datenschutzgesetz – Australien
- Datenschutzgesetz – Frankreich
- Datenschutzgesetz – Israel
- Datenschutzgesetz – Vereinigtes Königreich
- Deutschland: Personenbezogene Informationen (PII-Daten)
- Finanzdaten – Australien
- Finanzdaten – Deutschland
- Finanzdaten – Frankreich
- Finanzdaten – Israel
- Finanzdaten – Japan
- Finanzdaten – Kanada
- Finanzdaten – Saudi-Arabien
- Finanzdaten – Vereinigtes Königreich
- Frankreich: Personenbezogene Informationen (PII-Daten)
- Gesetz gegen Internetkriminalität – Saudi-Arabien
- Gramm-Leach-Bliley Act (GLBA) – USA

- Health Information Act (HIA) – Kanada
- Japan: Personenbezogene Informationen (PII-Daten)
- Kanada: Personal Health Act (PHIPA) – Ontario
- Kanada: Personal Information Protection Act (PIPEDA)
- Online-Verhaltenskodex für persönliche Informationen – UK
- Patriot Act – USA
- PCI Data Security Standard (PCI DSS)
- Personal Health Information Act (PHIA) – Manitoba, Kanada
- Personal Information Protection Act (PIPA) – Kanada
- Personenbezogene Informationen (PII-Daten) – Australien
- Personenbezogene Informationen (PII-Daten) – Israel
- Personenbezogene Informationen (PII-Daten) – Kanada
- Personenbezogene Informationen (PII-Daten) – Saudi-Arabien
- Richtlinien für Datenschutz und elektronische Kommunikation – UK
- Schutz persönlicher Informationen – Japan
- USA: Finanzdaten
- USA: Health Insurance Act (HIPAA)
- USA: Personenbezogene Informationen (PII-Daten)
- USA: State Breach Notification Laws
- USA: State Social Security Number Confidentiality Laws
- Verbraucherbestimmungen der Federal Trade Commission (FTC) – USA
- Vereinigtes Königreich: Personenbezogene Informationen (PII)

DLP unterstützt bei E-Mail-Anhängen die Dateitypen aus Tabelle 6.22. Dies gilt auch, wenn die Dateien in nicht kennwortgeschützten ZIP- und CAB-Dateien enthalten sind.

Kategorie	Dateitypen
Office 2007, 2010, 2013, 2016	DOCM, DOCX, PPTM, PPTX, PUB, ONE, XLSB, XLSM, XLSX
Office 2003	DOC, PPT, XLS
Sonstige Office-Dateien	RTF, VDW, VSD, VSS, VST
Adobe PDF	PDF

Tabelle 6.22 Von DLP unterstützte Dateitypen

Kategorie	Dateitypen
HTML	HTML
XML	XML, ODP, ODS, ODT
Text	TXT, ASM, BAT, C, CMD, CPP, CXX, DEF, DIC, H, HPP, HXX, IBQ, IDL, INC, INF, INI, INX, JS, LOG, M3U, PL, RC, REG, TXT, VBS, WTX
OpenDocument	ODP, ODS, ODT
AutoCAD Drawing	DXF (keine Unterstützung von AutoCAD 2013)
Image	JPG, TIFF (nur Metadaten, keine Texterkennung)

Tabelle 6.22 Von DLP unterstützte Dateitypen (Forts.)

Beispielkonfiguration

Um den Rahmen des Buches nicht zu sprengen, erläutere ich hier nicht jede Option von DLP. Dennoch möchte ich ein Beispiel geben. Das Ziel soll die Erkennung von in Deutschland gebräuchlichen Finanzdaten sein. Dazu zählen beispielsweise Kreditkartennummern. Fügt ein Anwender eine solche Nummer in eine E-Mail an einen externen Empfänger ein, soll er über einen Richtlinientipp darauf hingewiesen werden. Sollten in der E-Mail zehn oder mehr Kreditkartennummern enthalten sein (beispielsweise eine Excel-Datei im Anhang), darf die E-Mail nicht versandt werden können.

Um dieses Szenario zu erreichen, sind folgende Schritte nötig:

1. Öffnen Sie das EAC.
2. Wechseln Sie im Bereich VERWALTUNG DER COMPLIANCE zum Abschnitt VERHINDERUNG VON DATENVERLUST (siehe Abbildung 6.143).
3. Klicken Sie auf NEU (Plus-Symbol) und dann auf NEUE DLP-RICHTLINIE AUS VORLAGE (siehe Abbildung 6.144).
4. Erstellen Sie die neue Richtlinie mit folgenden Angaben:
   - NAME: Finanzdaten
   - VORLAGE AUSWÄHLEN: FINANZDATEN – DEUTSCHLAND
   - WÄHLEN SIE DEN STATUS DIESER DLP-RICHTLINIE AUS (WEITERE OPTIONEN): AKTIVIERT
   - WÄHLEN SIE EINEN MODUS FÜR DIE ANFORDERUNGEN IN DIESER DLP-RICHTLINIE AUS: ERZWINGEN (die Richtlinien könnten auch testweise aktiviert werden)

6.9 Compliance

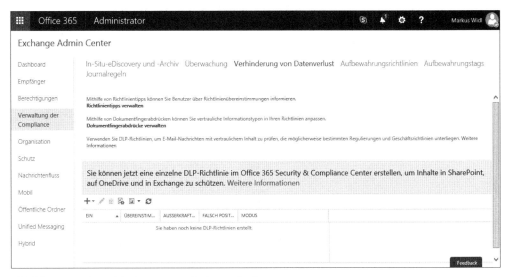

Abbildung 6.143 Verhinderung von Datenverlust

Abbildung 6.144 Anlegen einer DLP-Richtlinie

Öffnen Sie anschließend die neue Richtlinie, finden Sie im Bereich REGELN alle zugehörigen Transportregeln (siehe Abbildung 6.145).

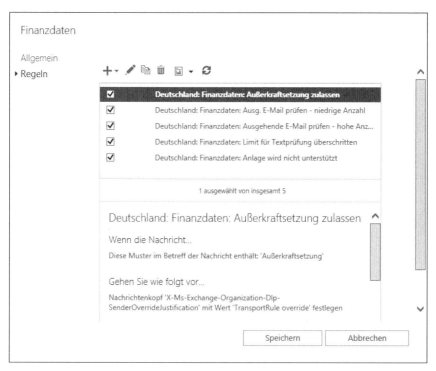

Abbildung 6.145 Regeln in einer DLP-Richtlinie

Dort finden Sie auch je eine Regel für eine niedrige Anzahl von Vorkommen (bis zu 9) und eine hohe Anzahl (ab 10).

[»] Diese Transportregeln finden Sie auch im EAC unter NACHRICHTENFLUSS • REGELN aufgeführt.

Um die Richtlinie zu testen, wechseln Sie zu Outlook oder Outlook im Web (in den Varianten ProPlus aus Office 365 oder klassisch 2016 Professional Plus). Legen Sie dort mit einem normalen Benutzer (kein Administrator!) eine E-Mail mit folgenden Merkmalen an:

- Der Empfänger darf nicht zu Ihrer Exchange-Organisation gehören.
- Im Text geben Sie die Daten einer Kreditkarte an, beispielsweise diese:
  Visa, 4111 1111 1111 1111, Ablaufdatum 1/2014

Beachten Sie dabei, dass die Kreditkartennummer in Bezug auf ihren Aufbau gültig sein muss. Eine beliebige Nummer würde nicht als Kreditkartennummer erkannt, und es würde dann auch kein Richtlinientipp erscheinen. Beispielsweise würde die Nummer 4111 1111 1111 1112 nicht als Kreditkartennummer identifiziert.

In Outlook im Web sollte dann einige Sekunden nach der Eingabe ein Richtlinientipp erscheinen. Der Versand wird aber dennoch erlaubt (siehe Abbildung 6.146).

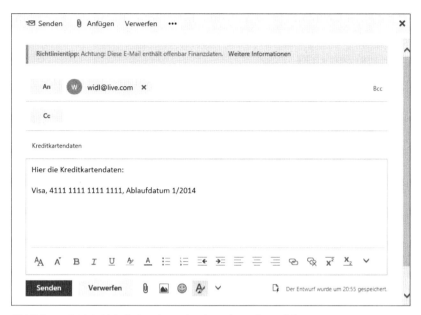

Abbildung 6.146 Richtlinientipp mit Hinweis auf sensible Daten

Legen Sie dann eine Excel-Datei an, und geben Sie dort zehnmal (hohe Anzahl) die Kreditkartendaten an. Hängen Sie die Excel-Datei an die E-Mail, wird der E-Mail-Versand zunächst blockiert, die Blockierung kann aber über die Angabe einer Geschäftsbegründung aufgehoben werden (siehe Abbildung 6.147).

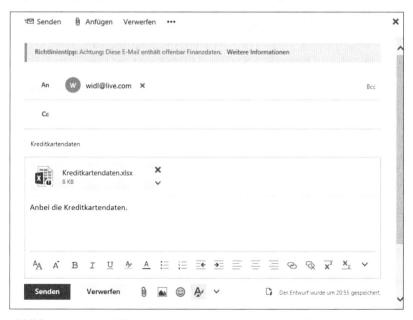

Abbildung 6.147 Richtlinie verbietet den Versand der E-Mail.

Um den Versand einer E-Mail mit zehn und mehr Kreditkartennummern zu verhindern, öffnen Sie im EAC die Richtlinie und folgen dann diesen Schritten:

1. Wechseln Sie zum Bereich REGELN.
2. Öffnen Sie die Regel DEUTSCHLAND: FINANZDATEN: AUSGEHENDE E-MAIL PRÜFEN – HOHE ANZAHL (siehe Abbildung 6.148).

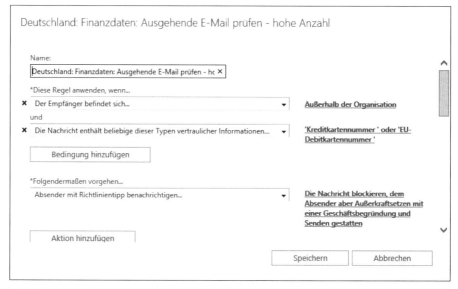

Abbildung 6.148 Anpassung einer DLP-Regel

3. Klicken Sie auf DIE NACHRICHT BLOCKIEREN, DEM ABSENDER ABER AUSSERKRAFTSETZEN MIT EINER GESCHÄFTSBEGRÜNDUNG UND SENDEN GESTATTEN, und wählen Sie dann die Option DIE NACHRICHT BLOCKIEREN.

Berichte

Im EAC können Sie im Bereich VERWALTUNG DER COMPLIANCE im Abschnitt VERHINDERUNG VON DATENVERLUST über das Symbol BERICHTE auswerten, welche Regel wie oft zum Einsatz kam.

6.9.5 Dokumentfingerabdrücke

Ein weiteres Feature innerhalb von DLP stellt die Erkennung der Verwendung bestimmter Vorlagen dar. Hier ein Beispiel: Ihr Unternehmen stellt regelmäßig Patentanträge. Die Anträge selbst werden mithilfe vorgefertigter Formulare verfasst. Die diese Anträge aber sehr sensibel sind, dürfen Ihre Mitarbeiter sie nicht an Personen außerhalb Ihrer Exchange-Organisation per E-Mail als Anhang verschicken (die Rechtsabteilung könnten Sie aber davon ausnehmen).

Um das zu erreichen, laden Sie die verwendete Vorlage zu Exchange Online hoch. Exchange Online wird aus dem Inhalt einen Fingerabdruck (Hash-Wert) generieren, mit dem später die Verwendung der Vorlage erkannt werden kann. Die Vorlage selbst wird dann verworfen – gespeichert wird ausschließlich der Fingerabdruck, und zwar als *Data Classification* im Verzeichnisdienst Ihres Office 365-Mandanten.

Anschließend erstellen Sie eine Transportregel oder eine DLP-Richtlinie, mit der Sie angeben, was Exchange Online beim Erkennen eines entsprechenden Dateianhangs tun soll. Das könnte beispielsweise die Warnung des Anwenders sein, das Blockieren des Versands oder auch die Benachrichtigung einer dritten Person über das mögliche Sicherheitsproblem. Abbildung 6.149 zeigt eine solche Genehmigungsmail, in der der Anwender über GENEHMIGEN den Versand autorisieren kann.

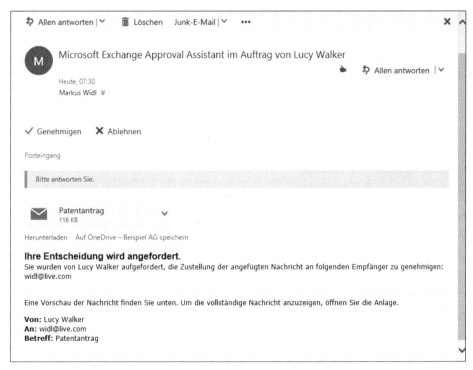

Abbildung 6.149 Genehmigung einer E-Mail

Voraussetzungen

Um mit Dokumentfingerabdrücken arbeiten zu können, müssen folgende Voraussetzungen erfüllt sein:

- Sie benötigen die Lizenz Exchange Online Plan 2, entweder separat oder im Rahmen der Lizenzpakete E3 und E5.
- Die Vorlagen dürfen nicht kennwortgeschützt sein.
- Unterstützt werden für die Vorlagen nur die in Tabelle 6.23 angegebenen Dateitypen.

Kategorie	Dateiendung
Office	DOC, DOCM, DOCX, PPT, PPTM, PPTX, PUB, ONE, XLS, XLSB, XLSM, XLSX, RTF, VDW, VSD, VSS, VST
Adobe	PDF
HTML	HTML
XML	XML, ODP, ODS, ODT
Text	TXT, ASM, BAT, C, CMD, CPP, CXX, DEF, DIC, H, HPP, HXX, IBQ, IDL, INC, INF, INI, INX, JS, LOG, M3U, PL, RC, REG, TXT, VBS, WTX
OpenDocument	ODP, ODS, ODT
AutoCAD	DXF

Tabelle 6.23 Unterstützte Dateitypen

Zur Tabelle noch vier Hinweise:

- Microsoft Word-Vorlagen (mit der Endung DOTX) werden nicht unterstützt.
- AutoCAD 2013-Dateien werden nicht unterstützt.
- ODF-Dateien werden nicht unterstützt.
- Versucht ein Anwender, eine Datei verpackt in einem (nicht kennwortgeschützten) ZIP- oder CAB-Container zu versenden, wird sie trotzdem erkannt.

Konfiguration

Die Vorlagen laden Sie an folgender Stelle zu Exchange Online hoch:

1. Öffnen Sie das EAC.
2. Wechseln Sie im Bereich VERWALTUNG DER COMPLIANCE zum Abschnitt VERHINDERUNG VON DATENVERLUST (siehe Abbildung 6.150).
3. Klicken Sie auf DOKUMENTFINGERABDRÜCKE VERWALTEN (siehe Abbildung 6.151).
4. Geben Sie einen Namen, eine Beschreibung und die eigentliche Vorlage an.

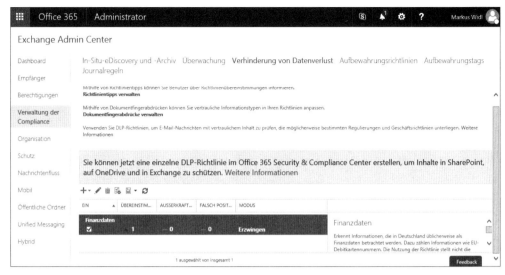

Abbildung 6.150 Verhinderung von Datenverlust

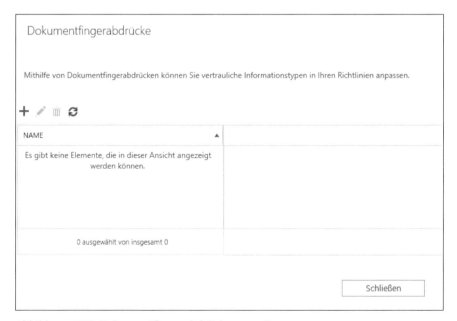

Abbildung 6.151 Dokumentfingerabdrücke verwalten

Damit ist der Schutz allerdings noch nicht aktiv, sondern es wurden nur die Fingerabdrücke generiert. Als Nächstes erstellen Sie eine DLP-Richtlinie oder direkt eine Transportregel. Lesen Sie dazu Abschnitt 6.7.1, »Transportregeln«, und Abschnitt 6.9.4, »Verhinderung von Datenverlust«. Die Vorlage finden Sie unter dem angegebenen Namen als vertraulichen Informationstyp.

Ein Beispiel für eine Transportregel könnte beispielsweise wie folgt aussehen (siehe Abbildung 6.152):

DIESE REGEL ANWENDEN, WENN

- DER EMPFÄNGER BEFINDET SICH AUSSERHALB DER ORGANISATION UND
- DIE NACHRICHT VERTRAULICHE INFORMATIONEN ENTHÄLT (AUFTRAGSFORMULAR)
- FOLGENDERMASSEN VORGEHEN...
- NACHRICHT ZUR GENEHMIGUNG WEITERLEITEN AN...

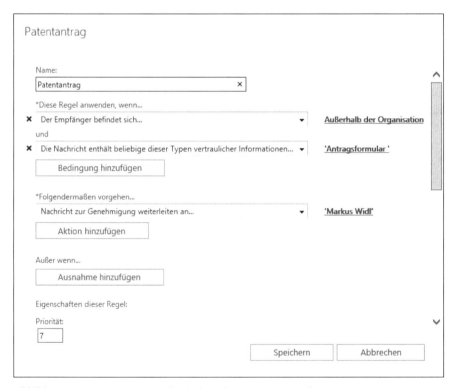

Abbildung 6.152 Transportregel mit der Erkennung von Dokumenten

Mit der PowerShell können Sie sowohl den Fingerabdruck als auch die Transportregel anlegen. Hier ein Beispiel:

```
$vorlage = Get-Content "Patentvorlage.docx" `
    -Encoding Byte
$finger  = New-Fingerprint `
    -FileData $vorlage `
    -Description "Patentantrag"
New-DataClassification `
```

```
   -Name "Patentanträge" `
   -Fingerprints $finger `
   -Description "Nachricht enthält Patentantrag"
New-TransportRule `
   -Name "Patentanträge" `
   -NotifySender NotifyOnly `
   -Mode Enforce `
   -SentToScope NotInOrganization `
   -MessageContainsDataClassification @{Name="Patentanträge"}
```

Listing 6.64 Fingerabdruck anlegen

6.9.6 Journalisierung

Bei der *Journalisierung* werden auf Basis eines selbst zu definierenden Regelwerks alle oder nur bestimmte eingehende und/oder ausgehende E-Mails als Kopie an ein spezielles Postfach, das sogenannte *Journalpostfach*, weitergeleitet. Bei der Weiterleitung werden neben der vollständigen ursprünglichen Nachricht auch Informationen über den Absender und die Empfänger hinzugefügt. Man spricht hier von einem *Journalbericht*.

Das Journalpostfach darf dabei nicht in Office 365 angelegt sein, sondern muss extern liegen. Manche kommerziellen Anbieter haben als Journalziel passende Lösungen im Programm.

Die Journalisierung darf nicht mit der Archivierung verwechselt werden. Bei der Archivierung geht es um die Aufbewahrung der Postfachelemente für einen bestimmten Zeitraum (oder für immer) an einer anderen Position (dem Archivpostfach). Der Anwender kann aber jederzeit – abhängig von der Konfiguration – den Inhalt des Archivs ändern und auch Elemente daraus entfernen.

Das gilt nicht, wenn das Beweissicherungsverfahren aktiviert wurde, denn dann bleibt das Ursprungsobjekt immer vorhanden, auch wenn es für den Anwender als gelöscht erscheint. Der Compliance Officer kann alle Objekte einsehen und Änderungen nachvollziehen, auch wenn der Anwender Objekte gelöscht hat. Mehr dazu lesen Sie in Abschnitt 6.9.2, »Inaktive Postfächer«.

Das Journal dagegen steht nicht unter der Kontrolle des Endanwenders. Die über die Journalregeln weitergeleiteten E-Mails werden dauerhaft im Journalpostfach aufbewahrt. Das könnte unter bestimmten gesetzlichen Gesichtspunkten für Sie wichtig sein.

Lesen Sie für weitere Informationen auch Abschnitt 6.6.7, »Dauerhafte (gesetzeskonforme) Archivierung«.

Verwalten von Journalregeln

Die Verwaltung der Journalregeln ist im EAC und in der PowerShell angesiedelt. Im EAC wechseln Sie zum Bereich VERWALTUNG DER COMPLIANCE und darin zu JOURNALREGELN (siehe Abbildung 6.153).

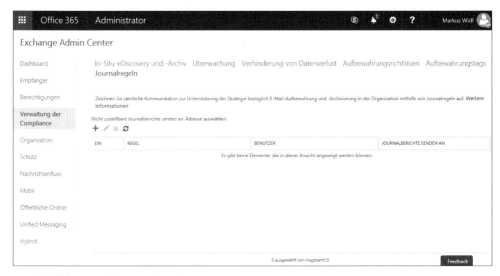

Abbildung 6.153 Journalregeln

An dieser Stelle sollten Sie zunächst eine Adresse auswählen, an die alle *Unzustellbarkeitsberichte* gesandt werden sollen. So können Sie sicherstellen, dass Ihnen kein Journalbericht verloren geht, weil beispielsweise das Journalpostfach vorübergehend nicht erreichbar ist. Klicken Sie dazu auf den Link ADRESSE AUSWÄHLEN, und wählen Sie ein Postfach oder eine Verteilergruppe aus.

Zum Anlegen einer Journalregel gehen Sie wie folgt vor:

1. Klicken Sie auf die Schaltfläche NEU (Plus-Symbol) (siehe Abbildung 6.154).
2. Die Regel besteht aus vier Komponenten: der Quelle, dem abzudeckenden Bereich, dem Journalpostfach sowie einem Namen. Als Quelle kommen folgende Optionen in Betracht:
   – ein bestimmter Benutzer (was auch eine Verteilergruppe sein kann)
   – alle Nachrichten

   Der abzudeckende Bereich kann sein:
   – alle Nachrichten
   – nur interne Nachrichten
   – nur externe Nachrichten

   Unter JOURNALBERICHTE SENDEN AN geben Sie die Adresse des Journalpostfachs an und unter NAME DER REGEL einen aussagekräftigen Bezeichner.

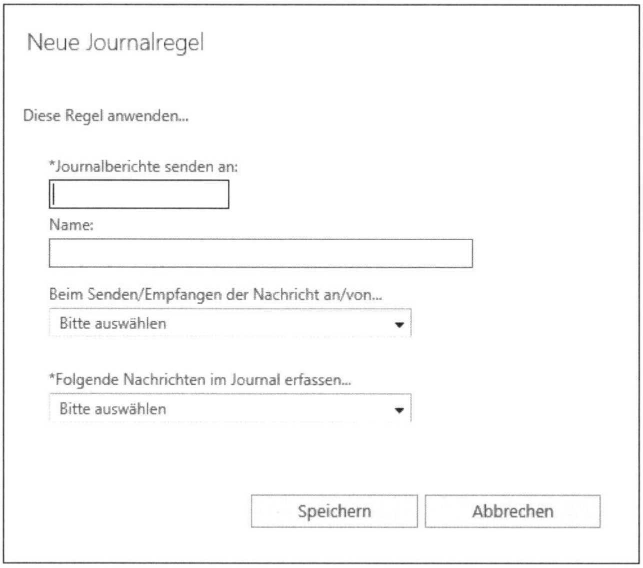

Abbildung 6.154 Anlegen einer Journalregel

Nach dem Anlegen der Regel erscheint er in der Liste des EAC. Dort können Sie auch jede einzelne Regel bei Bedarf deaktivieren und sie später wieder aktivieren.

Journalregel-Verwaltung mit der PowerShell

Ist Ihnen die Verwaltung der Journalregeln über das EAC zu aufwendig, können Sie auch die PowerShell zu Hilfe nehmen. Hier ein Beispiel:

```
#Auflistung aller Journalregeln
Get-JournalRule

#Anlegen einer neuen Regel
#Einstellung: alle Nachrichten von und zu lucy@beispielag.de
#Journalpostfach: journal@beispielag.de
New-JournalRule -Name "Neue Regel" `
   -JournalEmailAddress journal@beispielag.de `
   -Recipient lucy@beispielag.de `
   -Scope Global `
   -Enabled $true

#Deaktivieren einer Regel
Disable-JournalRule -Identity "Neue Regel"
```

Listing 6.65 Journalregeln verwalten

6.10 ActiveSync

Mit der ActiveSync-Technologie koppeln Sie Ihre mobilen Geräte an die Exchange-Postfächer. Dadurch erreichen Sie eine automatische Synchronisierung des Postfachinhalts. Daneben können Sie über Richtlinien die Geräte auch konfigurieren, beispielsweise bestimmte Funktionen wie die Kamera deaktivieren oder ein Kennwort mit einer Mindestlänge voraussetzen.

Die ActiveSync-Konfiguration erstreckt sich auf drei Bereiche im EAC:

- Unter MOBIL • ZUGRIFF AUF MOBILE GERÄTE können Sie die Verwendung von ActiveSync auf einzelnen oder allen Geräten verhindern.
- Unter MOBIL • POSTFACHRICHTLINIEN FÜR MOBILE GERÄTE erstellen Sie Richtlinien, um die mobilen Geräte zu konfigurieren.
- Unter EMPFÄNGER • POSTFÄCHER verwalten Sie die Verwendung von ActiveSync auf Postfachebene.

Beginnen wir mit der Zugriffskonfiguration.

6.10.1 Zugriff auf mobile Geräte

Die Verwendung auf ActiveSync können Sie global aktivieren oder deaktivieren. Außerdem gibt es den Isolationsmodus, bei dem der Zugriff eines neuen Geräts zunächst deaktiviert wird, dann aber von einem Administrator freigegeben werden kann. Die entsprechenden Einstellungen finden Sie im EAC im Bereich MOBIL unter ZUGRIFF AUF MOBILE GERÄTE (siehe Abbildung 6.155).

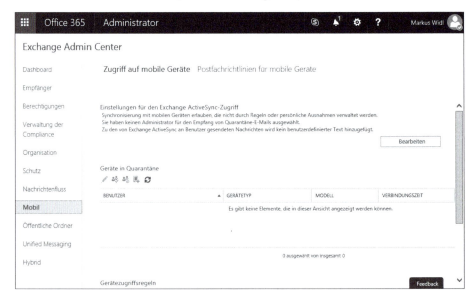

Abbildung 6.155 Zugriff auf mobile Geräte

Klicken Sie dort auf die Schaltfläche BEARBEITEN, und wählen Sie eine der folgenden Optionen (siehe Abbildung 6.156):

- ZUGRIFF ZULASSEN
- ZUGRIFF BLOCKIEREN
- IN QUARANTÄNE STELLEN

Abbildung 6.156 Exchange ActiveSync-Einstellungen

Im letzteren Fall wird an die in der Liste hinterlegten Administratoren eine E-Mail geschickt und auf dem Gerät per E-Mail die Nachricht aus dem Textfeld angezeigt. Das Gerät kommt zunächst in *Quarantäne*. Die darin befindlichen Geräte finden Sie im EAC ebenfalls im Abschnitt ZUGRIFF AUF MOBILE GERÄTE dargestellt. Als Administrator können Sie darüber die Verwendung des Geräts freischalten.

Diese Zugriffseinstellungen gelten für alle Geräte, für die nicht eine anderslautende Regel konfiguriert wurde: Sie können für unterschiedliche Gerätefamilien, beispielsweise Windows Phones und iPhones, separate Gerätezugriffsregeln erstellen und für diese ebenfalls ActiveSync zulassen, blockieren oder die Geräte zunächst isolieren. Klicken Sie dazu in der Liste GERÄTEZUGRIFFSREGELN auf die Schaltfläche NEU (Plus-Symbol) (siehe Abbildung 6.157).

Wählen Sie eine GERÄTEFAMILIE und dann ein Modell aus und schließlich die gewünschte Vorgehensweise. Die Listen enthalten alle Familien bzw. Geräte, die mit Ihrer Exchange Online-Umgebung bereits verbunden waren.

Abbildung 6.157 Anlegen einer Gerätezugriffsregel

6.10.2 Postfachrichtlinien für mobile Geräte

Für jedes Postfach gilt eine ActiveSync-Geräterichtlinie. Standardmäßig gibt es genau eine, und zwar mit dem Namen »Default«. Sie schränkt über ActiveSync angebundene Geräte nicht ein. Im EAC legen Sie im Bereich MOBIL unter POSTFACH-RICHTLINIEN FÜR MOBILE GERÄTE neue Richtlinien an oder modifizieren die Standardrichtlinie (siehe Abbildung 6.158).

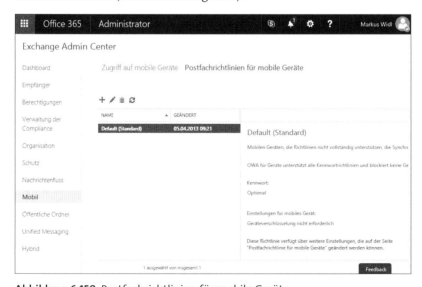

Abbildung 6.158 Postfachrichtlinien für mobile Geräte

Klicken Sie auf NEU (Plus-Symbol), und legen Sie eine weitere Richtlinie an (siehe Abbildung 6.159).

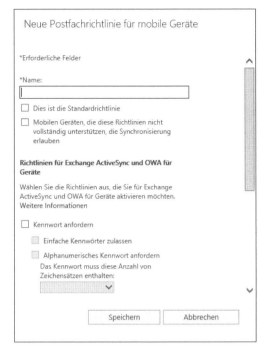

Abbildung 6.159 Anlegen einer neuen Richtlinie

6.10.3 Postfacheinstellungen

Bei neuen Postfächern gilt automatisch die Standard-ActiveSync-Geräterichtlinie. Sie können einem Postfach aber auch eine andere Richtlinie zuweisen. Das geht im EAC wie folgt:

1. Öffnen Sie den Bereich EMPFÄNGER und dort den Abschnitt POSTFÄCHER.
2. Öffnen Sie ein Postfach.
3. Im Abschnitt POSTFACHFUNKTIONEN können Sie unter MOBILE GERÄTE die Verwendung von ActiveSync deaktivieren und aktivieren – standardmäßig ist sie immer aktiv. Klicken Sie auf DETAILS ANZEIGEN, um eine Geräterichtlinie auszuwählen (siehe Abbildung 6.160).

Im Konfigurationsfenster finden Sie außerdem eine Übersicht der mobilen Geräte, die auf dieses Postfach zugreifen. Einzelne Geräte können Sie hier auch blockieren oder zulassen. Außerdem können Sie Geräte zurücksetzen. Damit werden die Postfachdaten bei der nächsten Synchronisierung vom Gerät entfernt. Das wäre eine Option, wenn das Gerät verloren ginge oder gestohlen würde, um wenigstens die Daten vom Gerät zu entfernen.

Abbildung 6.160 Postfach-ActiveSync-Einstellungen

[»] Die Gerätezurücksetzung kann der Anwender auch selbst anstoßen, um Zeit zu sparen. Das muss nicht unbedingt ein Administrator tun. Dazu öffnet der Anwender in Outlook im Web die EINSTELLUNGEN • E-MAIL, wechselt zum Bereich ALLGEMEIN • MOBILE GERÄTE, wählt sein Gerät und klickt auf die Schaltfläche ALLE DATEN ZURÜCKSETZEN (siehe Abbildung 6.161).

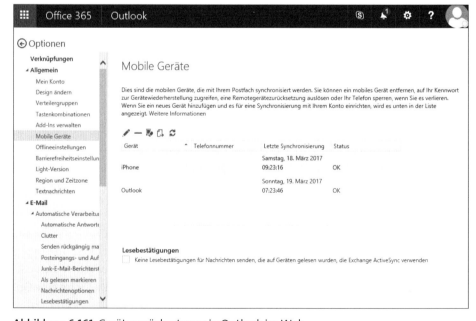

Abbildung 6.161 Gerätezurücksetzung in Outlook im Web

ActiveSync-Verwaltung mit PowerShell

Wollen Sie eine Liste aller Postfächer mit der jeweils aktuell zugewiesenen ActiveSync-Geräterichtlinie haben, erzeugen Sie sie mit folgendem Befehl:

```
Get-CASMailbox |
    Select-Object Name,ActiveSyncMailboxPolicy
```

Listing 6.66 Bericht über Geräterichtlinien

Über das Cmdlet `Set-CASMailbox` können Sie den Postfächern auch eine andere Richtlinie zuweisen:

```
Get-Mailbox |
    Set-CASMailbox -ActiveSyncMailboxPolicy <Name>
```

Listing 6.67 Geräterichtlinie aller Postfächer ändern

6.11 Unified Messaging

Der Bereich *Unified Messaging* ist sehr umfangreich, und eine detaillierte Besprechung würde den Rahmen dieses Buches sprengen, da hier nicht nur Office 365, sondern gegebenenfalls auch die Anbindung an eine lokal vorhandene Telefonanlage oder eine Skype for Business-Umgebung erforderlich ist. Deshalb erhalten Sie in diesem Abschnitt nur einen groben Überblick mit Links zu Webseiten, auf denen Sie sich weiter in das Thema einlesen können.

6.11.1 Funktionen

Mit Unified Messaging erhalten Sie unter anderem die folgenden Funktionen:

- Voicemail (Sprachnachrichten) im Posteingang
  Mit einer entsprechenden Konfiguration könnten eingehende Sprachnachrichten (Anrufbeantworter) im Posteingang abgelegt werden. Diese Sprachnachrichten kann der Anwender in Outlook und Outlook im Web direkt abspielen. Der gesprochene Text kann dabei über eine Texterkennung übernommen werden.

- Regeln zur Beantwortung von Nachrichten
  Anwender können ein Regelwerk definieren, wie mit eingehenden Anrufen vorgegangen werden soll. Beispielsweise sollen Anrufe während Besprechungszeiten auf den Anrufbeantworter oder auf ein bestimmtes Gerät weitergeleitet werden etc.

- Sprachzugriff auf das Postfach
  Die Postfachinhalte sind über Sprachkommandos erreichbar. Beispielsweise kön-

nen Sie beim Autofahren per Sprache auf Ihre Nachrichten, den Kalender und die Kontakte zugreifen. Verspäten Sie sich etwa, können Sie per Sprache einen angesetzten Termin absagen oder verschieben.

6.11.2 Voraussetzungen

Zur Nutzung von Unified Messaging müssen verschiedene Voraussetzungen erfüllt sein:

- Ihre Anwender benötigen wenigstens eine Exchange Online Plan 2-Lizenz oder das Lizenzpaket E3 oder E5, das diese bereits enthält.
- Sie benötigen eine geeignete Telefonielösung, die mit Office 365 gekoppelt wird. Diese könnte wie folgt aussehen:
    - Sie verwenden die Cloud-Telefonanlage aus dem Lizenzpaket E5.
    - Sie verwenden den Skype for Business Server.
    - Sie verwenden eine geeignete IP-fähige Telefonanlage (PBX).
    - Sie verwenden eine nicht IP-fähige Telefonanlage, benötigen dann aber zusätzlich ein entsprechendes Voice-Gateway.

6.11.3 Konfiguration

Eine geeignete Anbindung von Skype for Business Server oder einer Telefonanlage stellen Abbildung 6.162 und Abbildung 6.163 exemplarisch dar.

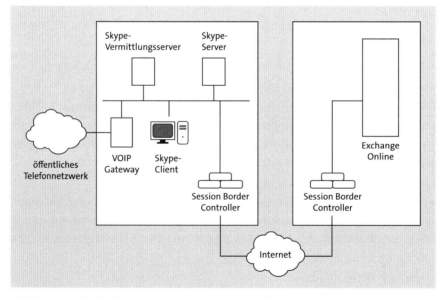

Abbildung 6.162 Unified Messaging-Anbindung mit Skype for Business Server

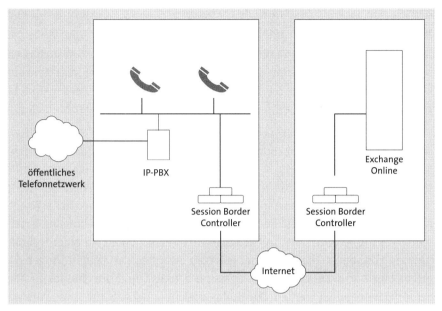

Abbildung 6.163 Unified Messaging-Anbindung mit Telefonanlage

Einen ersten Ansatz zur Konfiguration finden Sie auf folgender Website:

https://technet.microsoft.com/de-de/library/jj938142(v=exchg.150).aspx

6.12 Exchange-Migration

Historisch gesehen gibt es für Exchange Online einige integrierte Migrationsverfahren, mit denen Sie bestehende Exchange-Postfächer migrieren können, allen voran die Übernahmemigration und die mehrstufige Migration. Beide haben das Ziel, innerhalb eines überschaubaren Zeitraums die lokalen Postfächer zu Exchange Online zu überführen, sodass die lokale Exchange-Umgebung abgeschaltet werden kann.

Inzwischen sind diese beiden Migrationsmethoden in der Praxis nur noch selten anwendbar: Die Übernahmemigration eignet sich nur für sehr kleine Exchange-Umgebungen mit wenigen Postfächern (laut Dokumentation bis zu 150), die in einem sehr kurzen Zeitraum, beispielsweise über das Wochenende, migriert werden können. Für viele Unternehmen ist das schon allein aufgrund der zu übertragenden Gesamtkapazität und der verfügbaren Internetbandbreite keine Option.

Solche Unternehmen könnten theoretisch zur mehrstufigen Migration greifen, bei der die Migration der Postfächer in handlichen Häppchen vorgenommen wird und damit auch ein Migrationszeitraum von einigen Wochen bis wenigen Monaten möglich wäre. Doch hat die mehrstufige Migration ein anderes Problem: Sie ist nur mit den inzwischen in die Jahre gekommenen Exchange-Versionen 2003 und 2007 möglich, nicht aber mit den neueren Versionen.

Daneben haben die Übernahmemigration und die mehrstufige Migration auch noch einen weiteren großen Nachteil: Die Outlook-Profile müssen nach der Migration auf den Clients neu angelegt werden. Das bedeutet zusätzlichen Aufwand bei der Einrichtung; hinzu kommt, dass sich die Clients den Postfachinhalt erneut herunterladen.

Vielen Unternehmen blieb daher nichts anderes übrig, als entweder zu einem Tool eines Drittherstellers zu greifen oder eine Exchange-Hybridkonfiguration aufzubauen (siehe Abschnitt 6.13). Eine solche Hybridkonfiguration ist eigentlich dafür gedacht, auf Dauer Ihre lokale Exchange-Umgebung parallel zu Exchange Online zu betreiben. Es geht dabei also in erster Linie nicht darum, alle Postfächer zu Exchange Online zu migrieren. So könnten Sie Ihre Postfächer auf beide Umgebungen verteilen, Archive für lokale Postfächer in Exchange Online anlegen etc. In einer Hybridkonfiguration können Sie die Postfächer jederzeit zwischen den beiden Umgebungen verschieben – so wäre auch eine Migration denkbar, und die Outlook-Profile müssten nicht neu erstellt werden. Damit die Anwender dabei nicht eingeschränkt werden, je nachdem wo ihr Postfach liegt (beispielsweise möchte ein Anwender, der sein Postfach in Exchange Online hat, durchaus gerne die freien Zeiten im Kalender eines Postfachs auf dem lokalen Exchange Server einsehen), ist eine recht komplexe Konfiguration der beiden Exchange-Umgebungen erforderlich – für die reine Migration gestaltete sich dies recht aufwendig.

Doch nun gibt es Abhilfe: Neben den nach wie vor vorhandenen Methoden Übernamemigration und mehrstufige Migration gibt es zusätzlich noch die *Minimale Hybridkonfiguration* und die *Express-Hybridkonfiguration*, die vonseiten der Konfiguration stark vereinfachte Varianten der an sich komplexen Hybridkonfiguration sind. Sie sind weniger aufwendig, da nicht alle Funktionen einer auf Dauer angelegten Hybridkonfiguration konfiguriert werden, haben aber gegenüber den alten Methoden große Vorteile:

▶ Die Outlook-Profile müssen nicht neu erstellt werden.

▶ Unterstützt werden Exchange 2010, 2013 und 2016.

▶ Die Minimale Hybridkonfiguration kann wie die mehrstufige Migration auch für größere Umgebungen eingesetzt werden.

Sehen wir uns die Migrationsmethoden nun etwas genauer an.

6.12.1 Verfahrensübersicht

Exchange Online bietet Ihnen vier verschiedene Exchange-Migrationsverfahren an, die alle das Ziel haben, sämtliche relevanten lokalen Postfächer zu Exchange Online zu übertragen. Tabelle 6.24 zeigt die wichtigsten Unterschiede auf. Sie liefert einen

Anhaltspunkt dafür, welche der Verfahren für Ihre Umgebung möglicherweise in Betracht kommen.

Merkmal	Übernahmemigration (altes Verfahren)	Mehrstufige Migration (altes Verfahren)	Express-Hybridkonfiguration (neues Verfahren)	Minimale Hybridkonfiguration (neues Verfahren)
Von Exchange 2003	ja	ja	nein	nein
Von Exchange 2007	ja	ja	nein	nein
Von Exchange 2010	ja	nein	ja	ja
Von Exchange 2013	ja	nein	ja	ja
Von Exchange 2016	ja	nein	ja	ja
Empfohlene Anzahl Postfächer	bis 150	150 bis 5.000	bis 150	150 bis 5.000
Maximale Anzahl Postfächer pro Batch	2.000	2.000	–	–
Auswahl der zu migrierenden Postfächer	nein	ja	ja	ja
Typischer Migrationszeitraum	wenige Tage	einige Wochen	wenige Tage	einige Wochen
Migrationsverwaltung über das EAC	ja	ja	nein	nein
Migrationsverwaltung über das Office 365 Admin Center	nein	nein	ja	ja
Active Directory-Synchronisierung erforderlich	nein	ja	ja (einmalig zur Migration)	ja

Tabelle 6.24 Unterschiede Migrationsverfahren

Merkmal	Übernahmemigration (altes Verfahren)	Mehrstufige Migration (altes Verfahren)	Express-Hybridkonfiguration (neues Verfahren)	Minimale Hybridkonfiguration (neues Verfahren)
Mailaustausch zwischen beiden Exchange-Umgebungen	nein	ja	ja	ja
Kombinierte globale Adressliste	nein	ja	ja	ja
Übergreifender Zugriff auf Frei-/Gebucht-Informationen	nein	nein	nein	nein
Automatische Umleitung von Outlook im Web und ActiveSync	nein	nein	nein	nein
Weiterverwendung von Outlook-OST-Dateien (lokaler Cache von Exchange-Postfächern)	nein	nein	ja	ja
Übergreifende Suche in Postfächern (eDiscovery)	nein	nein	nein	nein
TLS(= Transport Layer Security)-verschlüsselter E-Mail-Verkehr	nein	nein	nein	nein

Tabelle 6.24 Unterschiede Migrationsverfahren (Forts.)

In der Tabelle sind einige Punkte besonders bemerkenswert:

- Auswahl der zu migrierenden Postfächer
  Bei der Übernahmemigration können Sie keine bestimmten Postfächer für die Migration auswählen. Stattdessen werden mit Ausnahme der Systempostfächer alle Postfächer migriert.

- Outlook-OST-Dateien
  Outlook legt auf dem lokalen Computer eine OST-Datei an, die als Cache fungiert, wenn eine Verbindung zum Exchange Server nicht möglich ist. Somit kann der Anwender mit seinem Postfach auch offline arbeiten. Bei der Übernahmemigration und der mehrstufigen Migration kann eine bestehende OST-Datei nach der Exchange Online-Migration weiterverwendet werden. Für Exchange Online wird in Outlook ein neues Profil angelegt und damit auch eine neue OST-Datei. Beachten Sie diesen Umstand bei der Berücksichtigung der zu erwartenden Up- und Downloadkapazität, denn diese wird dadurch oftmals verdoppelt: Die Daten der Postfächer der lokalen Exchange-Umgebung müssen zuerst nach Exchange Online hochgeladen und dann von da wieder zu Outlook heruntergeladen werden.

Erfahrungswerte zur zu erwartenden Migrationsgeschwindigkeit finden Sie unter folgender URL:

http://technet.microsoft.com/library/dn592150(v=exchg.150).aspx

In den folgenden Abschnitten beschreibe ich die Durchführung der Migrationsverfahren.

6.12.2 Übernahmemigration

Bei der Übernahmemigration (im Englischen *Cutover Migration* genannt) werden alle Postfächer (mit Ausnahme der Systempostfächer) von der lokalen Exchange-Umgebung in einem Schritt zu Exchange Online transferiert. Eine Auswahl der Postfächer ist nicht möglich.

Beachten Sie bitte, dass die Übernahmemigration nur möglich ist, wenn die Active Directory-Synchronisierung nicht aktiviert wurde.

Vor der Übernahmemigration müssen Sie die folgenden Voraussetzungen schaffen:

1. DNS-TTL für MX-Eintrag herabsetzen
   Sind die Inhalte der Exchange-Postfächer übertragen, müssen Sie den MX-Eintrag Ihrer Domäne, der zunächst noch auf Ihren Exchange Server zeigt, umändern auf Exchange Online. Damit diese Änderung möglichst schnell in der DNS-Infrastruktur bekannt wird, sollten Sie den TTL-Wert des Eintrags herabsetzen, beispielsweise auf eine Stunde. Allerdings ist das nicht in jeder DNS-Verwaltung möglich.
2. Outlook Anywhere aktivieren
   Falls noch nicht ausgeführt, müssen Sie auf der Quell-Exchange-Umgebung Outlook Anywhere aktivieren. Wie das beispielsweise bei Exchange 2010 geht, können Sie unter folgender URL nachlesen: *http://technet.microsoft.com/de-de/library/bb123542(v=exchg.141).aspx*

   Ab Exchange 2013 ist Outlook Anywhere standardmäßig immer aktiv.

Für Outlook Anywhere ist bei der Exchange Online-Migration ein kommerzielles Zertifikat einer öffentlichen Zertifizierungsstelle erforderlich. Beachten Sie, dass es sich dabei nicht um ein selbst signiertes Zertifikat handeln darf.

3. AutoErmittlung aktivieren
   Ab Exchange 2007 sollten Sie darüber hinaus die AutoErmittlungs-Funktion aktivieren (*Autodiscover*), um ein einfaches Auffinden der Quell-Exchange-Umgebung zu ermöglichen.

4. Deaktivieren von Unified Messaging
   Bei den zu migrierenden Postfächern darf Unified Messaging nicht aktiviert sein.

5. Migrationsbenutzer auswählen und berechtigen
   Bei der Migration müssen Sie einen lokalen Benutzer angeben, der auf alle Postfächer die Zugriffrechte *Vollzugriff* oder *Empfangen als* hat. Falls erforderlich, berechtigen Sie den Benutzer, unter dem Sie die Migration durchführen wollen.

> **Verbindungseinstellungen überprüfen**
>
> Damit der Exchange Online-Migrations-Assistent auf die Postfächer einer lokalen Exchange-Umgebung zugreifen kann, müssen Outlook Anywhere und gegebenenfalls die AutoErmittlung richtig konfiguriert sein. Um das zu überprüfen, können Sie den *Microsoft Remote Connectivity Analyzer (RCA)* zurate ziehen. Dabei handelt es sich um eine Webanwendung, die Sie unter folgender URL erreichen (siehe Abbildung 6.164):
>
> https://testconnectivity.microsoft.com
>
> Mithilfe des RCA erhalten Sie bei typischen Verbindungsproblemen einen Hinweis auf die Ursache. Dazu bietet das Tool unterschiedliche Tests an:
>
> - Exchange ActiveSync
> - Exchange ActiveSync-AutoErmittlung
> - Synchronisierung, Benachrichtigung, Verfügbarkeit und automatische Antworten (Abwesenheitsnachrichten)
> - Dienstkontozugriff (Entwickler)
> - Outlook-Verbindung
> - Outlook-AutoErmittlung
> - eingehende SMTP-E-Mail
> - ausgehende SMTP-E-Mail
>
> Bei der Exchange-Migration sind beispielsweise die Tests für Outlook Anywhere und Outlook-AutoErmittlung sehr hilfreich, um Hinweise darauf zu erhalten, warum der Migrations-Assistent keine Verbindung zur lokalen Exchange-Umgebung aufbauen kann. Ein Beispiel für die Ausgabe des Outlook-AutoErmittlungs-Tests sehen Sie in Abbildung 6.165.

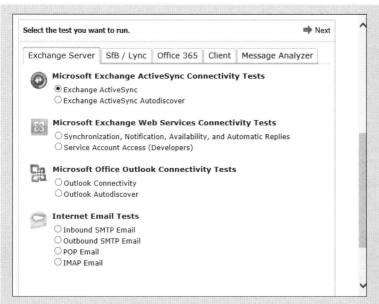

Abbildung 6.164 Remote Connectivity Analyzer

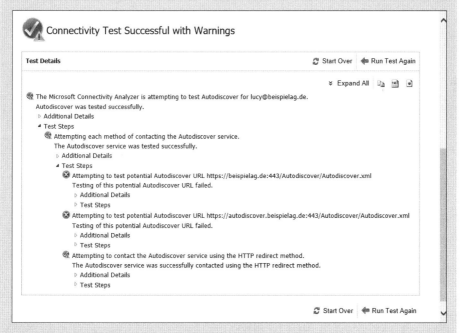

Abbildung 6.165 Testergebnis der Outlook-AutoErmittlung

Neben dem RCA kann sich auch das Ausführen eines Assistenten für Office 365-Integritäts-, Bereitschafts- und Verbindungstests lohnen. Lesen Sie dazu Abschnitt 2.10.2, »Office 365-Integritäts-, Bereitschafts- und Verbindungstests«.

Bei der Migration werden folgende Elemente in das Zielpostfach übertragen:

- E-Mails und Ordner
- Regeln und Kategorien
- Kalendereinträge
- Abwesenheitsnachrichten
- Kontakte
- Aufgaben
- Delegationen und Ordnerberechtigungen
- Outlook-Einstellungen

Dagegen werden die folgenden Elemente nicht übertragen:

- Sicherheitsgruppen
- dynamische Verteilergruppen
- Systempostfächer
- Dumpster-Inhalte (siehe Abschnitt 6.8.3, »Gelöschte Elemente«)
- *Senden als*-Berechtigungen

Migrationsvorgang

Den Vorgang bei der Übernahmemigration stellt Abbildung 6.166 dar.

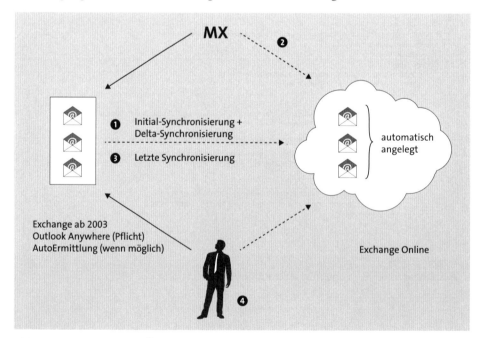

Abbildung 6.166 Vorgang Übernahmemigration

Die einzelnen Schritte haben folgende Bedeutung:

❶ Datenmigration
Mithilfe des Exchange Online-Migrations-Assistenten oder der PowerShell werden die Verbindungsdaten zur Quell-Exchange-Umgebung angegeben. Der Migrations-Assistent wird dann entsprechende Postfächer in Exchange Online anlegen. Danach wird wie bei der IMAP-Migration zunächst der aktuelle Inhalt der Postfächer übertragen (*Initial-Synchronisierung*), diesmal nicht nur E-Mails, sondern alle Elemente. Eine Filterung auf bestimmte Ordner ist jedoch nicht möglich. Im Anschluss erfolgt einmal am Tag eine *Delta-Synchronisierung*, um die bis dahin aufgelaufenen Änderungen abzugleichen.

❷ Ändern der DNS-Einträge
Der MX-Eintrag sowie die AutoErmittlungs-Einträge der E-Mail-Domäne werden geändert, sodass sie auf Exchange Online zeigen und nicht mehr auf die Quell-Exchange-Umgebung.

❸ Abschließen der Migration
Sie schließen die Migration ab und synchronisieren dabei die letzten Änderungen.

❹ Benutzerlizenzierung
Bei der Übernahmemigration legt der Migrations-Assistent selbstständig Postfach samt Office 365-Benutzer an. Diese werden jedoch nicht lizenziert, was Sie selbst über das Office 365 Admin Center bzw. Office 365-Portal oder die PowerShell vornehmen müssen.

Sehen wir uns nun die erforderlichen Schritte genauer an:

Schritt 1: Datenmigration

Die Datenmigration können Sie wie bei der IMAP-Migration wahlweise im EAC oder mit der PowerShell durchführen. Beginnen wir wieder mit dem Ansatz über das EAC. Im Anschluss zeige ich Ihnen die PowerShell-Alternative.

1. Öffnen Sie im EAC im Bereich EMPFÄNGER den Abschnitt MIGRATION (siehe Abbildung 6.167).
2. Klicken Sie auf NEU (Plus-Symbol), und wählen Sie den Befehl ZU EXCHANGE ONLINE MIGRIEREN. Es erscheint der E-Mail-Migrations-Assistent (siehe Abbildung 6.168).
3. Wählen Sie die Option ÜBERNAHMEMIGRATION.

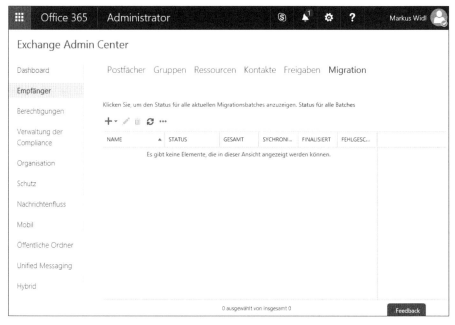

Abbildung 6.167 E-Mail-Migration im EAC

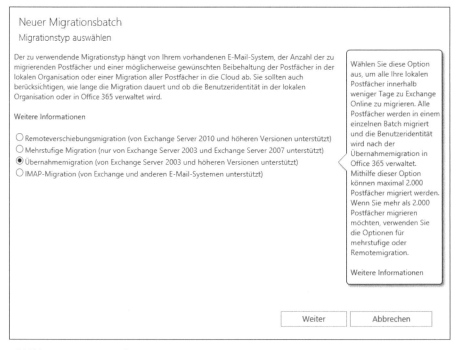

Abbildung 6.168 E-Mail-Migrations-Assistent

4. Geben Sie die E-Mail-Adresse eines zu migrierenden Benutzers an (mithilfe der Adresse werden über die AutoErmittlung die Servereinstellungen abgefragt) sowie den Benutzernamen und das Kennwort des Migrationsbenutzers aus der Quell-Exchange-Organisation (siehe Abbildung 6.169).

Damit erzeugen Sie einen *Migrationsendpunkt*. Diesen Endpunkt können Sie bei weiteren Migrationsläufen erneut einsetzen, ohne nochmals die Servereinstellungen angeben zu müssen. Die Migrationsendpunkte können Sie im Abschnitt MIGRATION unter MEHR (...) • MIGRATIONSENDPUNKTE verwalten.

Abbildung 6.169 Anmeldeinformationen für lokales Konto eingeben

5. Der Assistent zeigt die über die AutoErmittlung erkannten Servereinstellungen an (siehe Abbildung 6.170). Sollten Sie die AutoErmittlung auf dem Quell-Exchange Server nicht aktiviert haben, müssen Sie die Einstellungen selbst angeben.

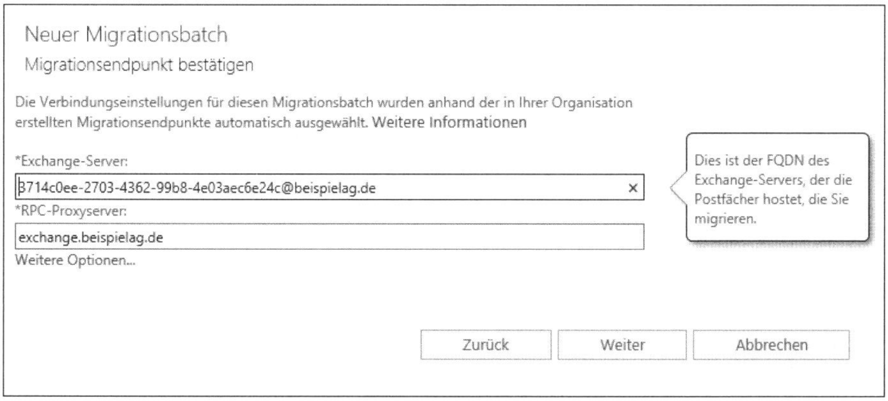

Abbildung 6.170 Migrationsendpunkt bestätigen

Sollte der Migrations-Assistent Probleme bei der Verbindung feststellen, erhalten Sie eine Fehlermeldung – allerdings im Regelfall eine nichtssagende. Hier ist es oftmals hilfreich, auf die PowerShell auszuweichen. Dort gibt es das Cmdlet Test-MigrationServerAvailability, das ebenfalls die Verbindungseinstellungen überprüft, aber deutlich aussagekräftigere Fehlermeldungen liefert. Wie das Cmdlet eingesetzt wird, erfahren Sie im Folgenden, wenn es um die Übernahmemigration mit der PowerShell geht.

6. Geben Sie einen Namen für den Migrationsbatch an (siehe Abbildung 6.171).

Abbildung 6.171 Konfiguration verschieben

7. Als Nächstes können Sie noch einen Office 365-Benutzer auswählen, der über den Fortschritt der Migration per E-Mail benachrichtigt wird. Dieses Angebot sollten Sie wahrnehmen, um bei Fehlern und bei der Fertigstellung frühzeitig informiert zu werden. Außerdem entscheiden Sie, ob die Migration unmittelbar oder zu einem späteren Zeitpunkt begonnen werden soll (siehe Abbildung 6.172).

Abbildung 6.172 Batch starten

8. Ein Klick auf Neu beendet den Assistenten. Das EAC zeigt den neuen Migrationsbatch an (siehe Abbildung 6.173).

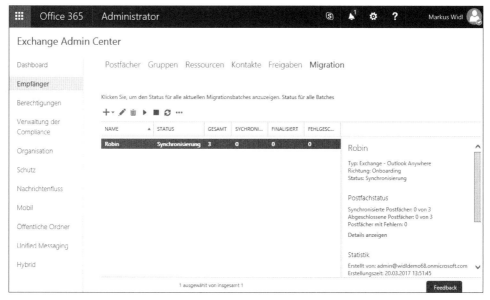

Abbildung 6.173 Migrationsfortschritt

9. Falls Sie sich für einen späteren Start der Migration entschieden haben, markieren Sie den Migrationsbatch und klicken auf die Schaltfläche Start (Dreieck-Symbol), um mit der Migration zu beginnen.

Je nach Anzahl und Kapazität der Quellpostfächer sowie der zur Verfügung stehenden Internetbandbreite dauert die Migration nun entsprechend lange.

Als Nächstes folgt die Änderung der DNS-Einträge.

Schritt 2: Ändern der DNS-Einträge

Ändern Sie den MX-Eintrag sowie die AutoErmittlungs-Einträge in den Einstellungen Ihres DNS-Anbieters entsprechend den Vorgaben von Office 365.

Vergessen Sie dabei nicht Ihren internen DNS-Server, sofern dort auch ein AutoErmittlungs-Eintrag vorhanden ist. Ansonsten bekommen die internen Clients Probleme bei der Verbindung mit Exchange Online, da sie sich nach wie vor bei der alten Umgebung anmelden.

Danach sollten Sie warten, bis sich die Änderung in der DNS-Infrastruktur verbreitet hat. Dies kann bis zu drei Tage dauern. Anschließend können Sie die Migration abschließen. Wie die DNS-Einträge aussehen sollen, können Sie in Abschnitt 2.4, »Domänenverwaltung«, nachlesen.

Schritt 3: Abschließen der Migration

Nachdem Sie sichergestellt haben, dass neue E-Mails in den Exchange Online-Postfächern ankommen, können Sie die Migration abschließen.

1. Öffnen Sie im EAC im Bereich EMPFÄNGER den Abschnitt MIGRATION.
2. Markieren Sie den Migrationsbatch, und überprüfen Sie die ZEIT DER LETZTEN SYNCHRONISIERUNG. Liegt diese Angabe nach dem Zeitpunkt, als die Änderung am MX-DNS-Eintrag aktiv wurde (und das kann bis zu drei Tage dauern), können Sie den Migrationsbatch BEENDEN (Quadrat-Symbol) und dann aus der Liste löschen.
3. Zu guter Letzt sollten Sie auf Ihrer internen Exchange-Umgebung die URI für die AutoErmittlung mit folgendem PowerShell-Kommando zurücksetzen:

```
Set-ClientAccessServer -AutodiscoverInternalConnectionURI $Null
```

Listing 6.68 Zurücksetzen der AutoErmittlungs-URI

Damit ist es geschafft – die Übernahmemigration ist abgeschlossen. Ihre Anwender müssen nun gegebenenfalls ihre E-Mail-Software für Exchange Online konfigurieren, sofern nicht nur Outlook im Web zum Einsatz kommen soll. Für Outlook bedeutet dies das Anlegen eines neuen Profils.

Schritt 4: Benutzerlizenzierung

Die automatisch mit dem Migrations-Assistenten angelegten Benutzer werden nicht lizenziert. Während einer Übergangsphase ist das kein Problem (siehe Abschnitt 6.5.1, »Postfächer«) – in dieser Zeit können die Anwender uneingeschränkt mit ihren neuen Postfächern arbeiten. So haben Sie genügend Zeit, die Benutzerlizenzierung bei Gelegenheit vorzunehmen – nur vergessen sollten Sie sie nicht, sonst können Ihre Anwender eines Tages ihre Postfächer nicht mehr öffnen.

Zur Benutzerlizenzierung haben Sie zwei Möglichkeiten:

- Office 365 Admin Center (siehe Abschnitt 2.4.2)
- PowerShell (siehe Abschnitt 3.15.3)

Übernahmemigration mit der PowerShell

Die Übernahmemigration ist auch mit der PowerShell durchführbar. Hier zunächst ein Beispiel für den Programmcode:

```
$mail = "lucy@beispielag.de"

#Verbindung testen
$cred = Get-Credential
Test-MigrationServerAvailability -Autodiscover `
```

```
   -EMailAddress $mail `
   -Credentials $cred `
   -ExchangeOutlookAnywhere

#Endpunkt anlegen
$endpunkt = New-MigrationEndpoint -ExchangeOutlookAnywhere `
   -Name "Endpunkt" `
   -Autodiscover `
   -EmailAddress $mail `
   -Credentials $cred

#Batch anlegen
$batch = New-MigrationBatch -Name "Batch" `
   -SourceEndpoint $endpunkt.Identity

#Batch starten
Start-MigrationBatch -Identity $batch.Identity.Id

#Batch-Status abfragen
Get-MigrationBatch -Identity $batch.Identity.Id

#Batch beenden (Achtung: Erst zu gegebenen Zeitpunkt!)
Stop-MigrationBatch -Identity $batch.Identity.Id

#Batch löschen (Achtung: Erst zu gegebenen Zeitpunkt!)
Remove-MigrationBatch -Identity $batch.Identity.Id
```

Listing 6.69 Übernahmemigration

Hierzu noch einige Erklärungen:

- Das Cmdlet `Test-MigrationServerAvailability` überprüft die Verbindungseinstellungen zur Quell-Exchange-Umgebung. In diesem Beispiel wird die AutoErmittlung verwendet. Ist die AutoErmittlung nicht aktiviert, können Sie über andere Parameter die Verbindungseinstellungen manuell angeben. Beim Parameter `-EmailAddress` geben Sie eine E-Mail-Adresse für die AutoErmittlung an und unter `-Credentials` die Anmeldedaten eines Benutzerkontos, das auf alle Postfächer der Quell-Exchange-Umgebung Zugriff hat.
- Für den Zugriff auf Exchange wird mit `New-MigrationEndpoint` ein neuer Migrationsendpunkt angelegt. Mit dem Parameter `-Name` geben Sie dem Endpunkt einen Namen, unter dem Sie ihn im EAC auch wiederfinden.
- Mit dem Cmdlet `New-MigrationBatch` legen Sie weitere Migrationsoptionen fest. Lassen Sie sich vom Begriff *Batch* nicht verwirren. Die Übernahmemigration wird

nicht in Abschnitten (Batches) durchgeführt, sondern in einem Rutsch. Mit dem Parameter -Name geben Sie eine Bezeichnung für den Migrationsvorgang an.

- Mit dem Cmdlet Start-MigrationBatch starten Sie die eigentliche Migration. Mit Get-MigrationBatch fragen Sie den Status ab, Stop-MigrationBatch beendet den Batch, und Remove-MigrationBatch entfernt ihn.

6.12.3 Mehrstufige Migration

Als Variante zur Übernahmemigration steht Ihnen die mehrstufige Migration zur Verfügung (im Englischen *Staged Migration* genannt). Bitte beachten Sie, dass diese nur zum Einsatz kommen kann, wenn die Active Directory-Synchronisierung aktiviert wurde (siehe Abschnitt 4.3).

Dieses Verfahren ist nicht mit einem Exchange Server in den Versionen ab 2010 geeignet. Der Grund dafür liegt beim Protokoll *NSPI (Named Service Provider Interface)*, das bei den beiden Versionen nur schreibgeschützte Operationen zulässt. Die mehrstufige Migration erfordert aber schreibende Operationen.

Bei der mehrstufigen Migration müssen nicht alle Postfächer in einem Rutsch zu Exchange Online migriert werden, sondern in mehreren Blöcken (Migrationsbatches). In manchen Szenarien ist das erforderlich, beispielsweise wenn die zu migrierende Kapazität der Quellpostfächer zu groß ist, um sie an einem Wochenende zu migrieren. Sie können die Migration z. B. auch abteilungsweise vornehmen und die Mitarbeiter jeweils für Office 365 schulen, nachdem oder kurz bevor sie migriert wurden.

Welche Postfächer jeweils zu einem Migrationsbatch gehören, legen Sie in CSV-Dateien fest.

Die Voraussetzungen der mehrstufigen Migration ähneln denen der Übernahmemigration:

1. DNS-TTL für MX-Eintrag herabsetzen
2. Outlook Anywhere aktivieren
3. AutoErmittlung aktivieren
4. Deaktivieren von Unified Messaging
5. Migrationsbenutzer auswählen und berechtigen
6. Aktivierung der Active Directory-Synchronisierung
7. CSV-Dateien für Migrationsbatches anlegen

Die Schritte 1 bis 6 können Sie in Abschnitt 6.12.2, »Übernahmemigration«, nachlesen. Auch welche Elemente und Einstellungen migriert werden und welche nicht, können Sie dort nachlesen.

Den erforderlichen Aufbau der CSV-Dateien in Schritt 7 finden Sie im folgenden Abschnitt.

Aufbau CSV-Dateien

Für die jeweiligen Blöcke aus zu migrierenden Postfächern benötigen Sie jeweils eine CSV-Datei. Der Aufbau dieser Blöcke muss wie folgt aussehen:

EmailAddress,Password,ForceChangePassword

Listing 6.70 Aufbau CSV-Datei

Die Bedeutung der einzelnen Felder erläutert Tabelle 6.25.

Feld	Bedeutung
EmailAddress	E-Mail-Adresse des Quellpostfachs in der bisherigen Exchange-Umgebung
Password	Das Kennwort des Office 365-Benutzerkontos wird auf diesen Wert gesetzt (optional). Sollten Sie einen Domänenverbund für Single Sign-on eingerichtet haben, vergeben Sie hier kein Kennwort.
ForceChangePassword	Angabe, ob das Kennwort des Exchange Online-Postfachs bei der ersten Anmeldung geändert werden muss (True) oder nicht (False) (optional). Haben Sie einen Domänenverbund für Single Sign-on eingerichtet, muss der Wert False sein.

Tabelle 6.25 Aufbau CSV-Datei

Pro CSV-Datei dürfen Sie maximal 1.000 Postfächer angeben.

Migrationsvorgang

Nachdem Sie alle Vorbereitungen getroffen haben, können Sie die Migration durchführen. Diese lässt sich in die folgenden Schritte unterteilen, die Sie auch in Abbildung 6.174 sehen.

❶ Datenmigration
  Anhand der Angaben einer oder mehrerer CSV-Dateien werden die E-Mails aus vorhandenen Exchange-Postfächern in die Exchange Online-Postfächer migriert. Bei den alten Exchange-Postfächern wird die Eigenschaft TargetAddress automatisch so gesetzt, dass in der alten Exchange-Umgebung eintreffende Mails auto-

matisch zu Exchange Online weitergeleitet werden. Die Anwender können sofort mit ihren neuen Exchange Online-Postfächern arbeiten.

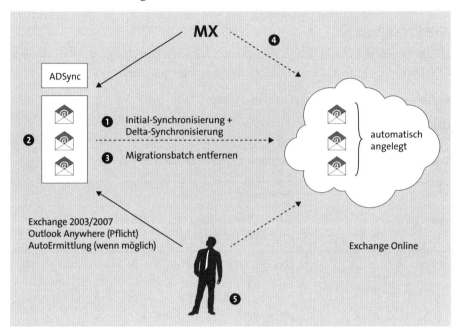

Abbildung 6.174 Vorgang mehrstufige Migration

❷ Konvertieren der Postfächer in E-Mail-aktivierte Benutzer
Nach der Übertragung der Daten aus den alten Postfächern sollten Sie die Postfächer in E-Mail-aktivierte Benutzer umwandeln, damit Ihre Anwender nicht weiter mit den alten Postfächern arbeiten. Die AutoErmittlung würde aber nach wie vor zur alten Exchange-Umgebung weiterleiten.

Die Datenmigration erfolgt in Batches, wie Sie es mithilfe der CSV-Dateien angeben.

❸ Löschen der abgeschlossenen Migrationsbatches
Vollständig abgearbeitete Migrationsbatches können nun entfernt werden.

❹ Ändern der DNS-Einträge
Nachdem alle Migrationsbatches verarbeitet wurden, folgt die Änderung des MX-Eintrags sowie des AutoErmittlungs-Eintrags. Durch diese Änderung in den DNS-Einstellungen Ihres DNS-Anbieters sorgen Sie dafür, dass neue E-Mails nicht mehr bei der alten Exchange-Umgebung ausgeliefert werden, sondern in Exchange Online.

6.12 Exchange-Migration

❺ Benutzerlizenzierung

Falls noch nicht geschehen, müssen Sie Ihre Office 365-Benutzer mit einer passenden Exchange Online-Lizenz ausstatten.

Sehen wir uns die Schritte nun im Einzelnen an.

Schritt 1: Datenmigration

Die Datenmigration führen Sie wie bei der IMAP- und der Übernahmemigration entweder über den Migrations-Assistenten aus dem EAC durch oder über die PowerShell. Beginnen wir wieder mit dem EAC-Ansatz.

1. Öffnen Sie im EAC im Bereich EMPFÄNGER den Abschnitt MIGRATION (siehe Abbildung 6.175).

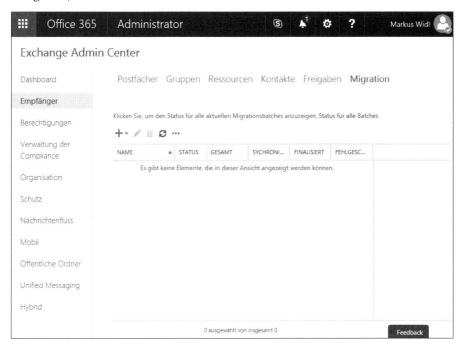

Abbildung 6.175 E-Mail-Migration im EAC

2. Klicken Sie auf NEU (Plus-Symbol), und wählen Sie den Befehl ZU EXCHANGE ONLINE MIGRIEREN. Es erscheint der E-Mail-Migrations-Assistent (siehe Abbildung 6.176).
3. Wählen Sie die Option MEHRSTUFIGE MIGRATION.
4. Dann folgt die Angabe der (ersten) CSV-Datei (siehe Abbildung 6.177).

6 Exchange Online

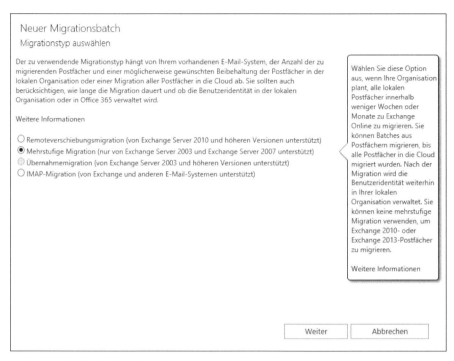

Abbildung 6.176 E-Mail-Migrations-Assistent

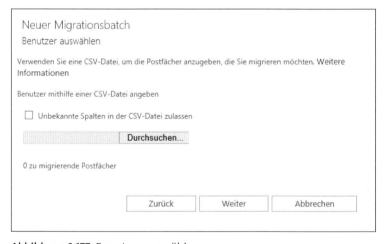

Abbildung 6.177 Benutzer auswählen

5. Geben Sie den Benutzernamen und das Kennwort des Migrationsbenutzers aus der Quell-Exchange-Organisation an (siehe Abbildung 6.178).

[»] 6. Der Assistent zeigt die über die AutoErmittlung erkannten Servereinstellungen an (siehe Abbildung 6.179). Dazu verwendet er die erste E-Mail-Adresse aus der CSV-Datei.

Abbildung 6.178 Anmeldeinformationen für lokales Konto eingeben

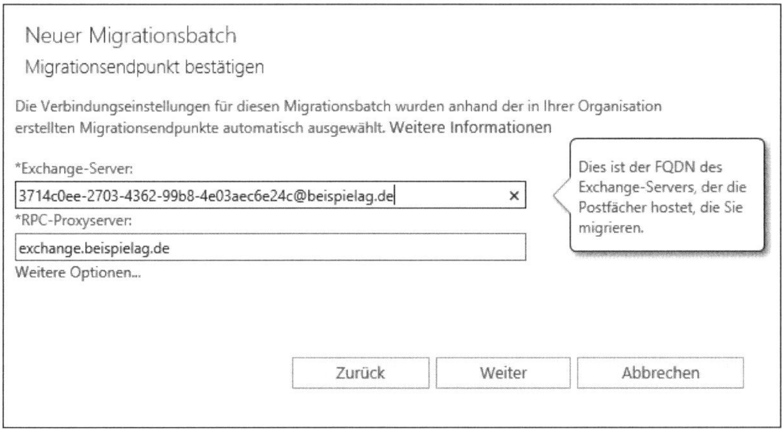

Abbildung 6.179 Migrationsendpunkt bestätigen

Sollten Sie die AutoErmittlung auf dem Quell-Exchange Server nicht aktiviert haben, müssen Sie die Einstellungen selbst angeben.

Sollte der Migrations-Assistent Probleme bei der Verbindung feststellen, erhalten Sie eine Fehlermeldung – allerdings im Regelfall eine nichtssagende. Hier ist es oftmals hilfreich, auf die PowerShell auszuweichen.

Dort gibt es das Cmdlet `Test-MigrationServerAvailability`, das ebenfalls die Verbindungseinstellungen überprüft, aber deutlich aussagekräftigere Fehlermeldungen liefert. Wie das Cmdlet eingesetzt wird, erfahren Sie im Folgenden, wenn es um die mehrstufige Migration mit der PowerShell geht.

Damit erzeugen Sie einen *Migrationsendpunkt*. Diesen Endpunkt können Sie bei weiteren Migrationsläufen erneut einsetzen, ohne nochmals die Servereinstellungen angeben zu müssen. Die Migrationsendpunkte können Sie im Abschnitt MIGRATION unter MEHR (…) • MIGRATIONSENDPUNKTE verwalten.

7. Geben Sie einen Namen für den Migrationsbatch an (siehe Abbildung 6.180).

Abbildung 6.180 Konfiguration verschieben

8. Als Nächstes können Sie noch einen Office 365-Benutzer auswählen, der über den Fortschritt der Migration per E-Mail benachrichtigt wird. Dieses Angebot sollten Sie wahrnehmen, um bei Fehlern und der Fertigstellung frühzeitig informiert zu werden. Außerdem entscheiden Sie, ob die Migration unmittelbar oder zu einem späteren Zeitpunkt begonnen werden soll (siehe Abbildung 6.181).

Abbildung 6.181 Batch starten

9. Ein Klick auf NEU beendet den Assistenten. Das EAC zeigt den neuen Migrationsbatch an (siehe Abbildung 6.182).

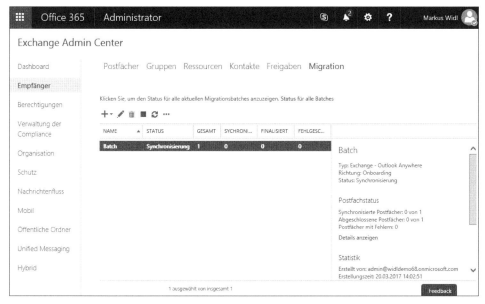

Abbildung 6.182 Migrationsfortschritt

10. Falls Sie sich für einen späteren Start der Migration entschieden haben, markieren Sie den Migrationsbatch und klicken auf die Schaltfläche START (Dreieck-Symbol), um mit der Migration zu beginnen.

    Je nach Anzahl und Kapazität der Quellpostfächer sowie der zur Verfügung stehenden Internetbandbreite dauert die Migration nun entsprechend lange.

Schritt 2: Konvertieren der Postfächer in E-Mail-aktivierte Benutzer

Nachdem alle Postfächer aus der CSV-Datei migriert wurden, erhalten Sie an die zuvor angegebene E-Mail-Adresse eine Benachrichtigung. Jetzt sollten Sie die migrierten Postfächer in E-Mail-aktivierte Benutzer umwandeln, sodass Ihre Anwender nicht weiter mit den alten Postfächern arbeiten. Die AutoErmittlung würde aber nach wie vor zur alten Exchange-Umgebung weiterleiten. Mit der Umwandlung können auf den Clients neue Outlook-Profile für Exchange Online angelegt werden.

1. Öffnen Sie im EAC im Bereich EMPFÄNGER den Abschnitt MIGRATION.
2. Markieren Sie den Migrationsbatch, und überprüfen Sie den Status. Steht dieser auf SYNCHRONISIERT, können Sie die Postfächer umwandeln.
3. Microsoft stellt PowerShell-Skripte bereit, um diesen Vorgang zu automatisieren. Die Skripte finden Sie unter folgenden URLs:
   - für Exchange 2007: *https://support.office.com/de-de/article/Konvertieren-von-Exchange-2007-Postf%c3%a4chern-in-E-Mail-aktivierte-Benutzer-a1f79f3c-4967-4a15-8b3a-f4933aac0c34*

- für Exchange 2003: *https://support.office.com/de-de/article/Convert-Exchange-2003-mailboxes-to-mail-enabled-users-5296a30b-00cb-44be-8855-ed9d14d93e17*

[»] Sollten Sie beim Ausführen der Skriptdateien die Fehlermeldung erhalten, sie wären nicht digital signiert, öffnen Sie im Windows Explorer die Eigenschaften der Dateien und klicken auf der Registerkarte ALLGEMEIN auf die Schaltfläche ZULASSEN. Danach sollte die Fehlermeldung nicht mehr erscheinen. Wichtig ist, dass Sie diesen Vorgang für jede Datei einzeln und nicht gemeinsam durchführen.

Nach dem Umwandeln der alten Postfächer in E-Mail-aktivierte Benutzer können Sie mit einer weiteren CSV-Datei noch einmal den Vorgang starten.

Schritt 3: Löschen von abgeschlossenen Migrationsbatches

Nachdem Sie sichergestellt haben, dass neue E-Mails in den Exchange Online-Postfächern aufschlagen, können Sie die jeweiligen Migrationsbatches löschen.

1. Öffnen Sie im EAC im Bereich EMPFÄNGER den Abschnitt MIGRATION.
2. Markieren Sie den Migrationsbatch, und klicken Sie auf BEENDEN (Quadrat-Symbol). Ist der Status des Batchs dann beendet, können Sie ihn LÖSCHEN (Mülltonnen-Symbol).

Schritt 4: Ändern der DNS-Einträge

Ändern Sie den MX-Eintrag sowie den AutoErmittlungs-Eintrag in den Einstellungen Ihres DNS-Anbieters entsprechend den Vorgaben von Office 365.

Danach sollten Sie warten, bis sich die Änderung in der DNS-Infrastruktur verbreitet hat. Dies kann bis zu drei Tage dauern. Wie die DNS-Einträge aussehen sollen, können Sie in Abschnitt 2.4, »Domänenverwaltung«, nachlesen.

[»] Vergessen Sie dabei nicht Ihren internen DNS-Server, sofern dort auch ein AutoErmittlungs-Eintrag vorhanden ist. Ansonsten bekommen die internen Clients Probleme bei der Verbindung mit Exchange Online, da sie sich nach wie vor bei der alten Umgebung anmelden.

Zu guter Letzt sollten Sie auf Ihrer internen Exchange-Umgebung die URI für die AutoErmittlung mit folgendem PowerShell-Kommando zurücksetzen:

```
Set-ClientAccessServer -AutodiscoverInternalConnectionURI $Null
```

Listing 6.71 Zurücksetzen der AutoErmittlungs-URI

Schritt 5: Benutzerlizenzierung

Zur Benutzerlizenzierung haben Sie zwei Möglichkeiten:

- Office 365 Admin Center (siehe Abschnitt 2.5.2)
- PowerShell (siehe Abschnitt 3.16.3)

Mehrstufige Migration mit der PowerShell

Die PowerShell-Variante bei der mehrstufigen Migration ähnelt einer Mischung aus der IMAP-Migration (wegen der CSV-Dateien) und der Übernahmemigration (wegen des anderen Verbindungsaufbaus). Hier ein Beispiel:

```
$mail = "lucy@beispielag.de"
$datei = "Benutzer.csv"

#Verbindung testen
$cred = Get-Credential
Test-MigrationServerAvailability -Autodiscover `
   -EMailAddress $mail `
   -Credentials $cred `
   -ExchangeOutlookAnywhere

#Endpunkt anlegen
$endpunkt = New-MigrationEndpoint -ExchangeOutlookAnywhere `
   -Name "Endpunkt" `
   -Autodiscover `
   -EmailAddress $mail `
   -Credentials $cred

#Batch anlegen
$batch = New-MigrationBatch -Name "Batch" `
   -SourceEndpoint $endpunkt.Identity `
   -CSVData ([System.IO.File]::ReadAllBytes($datei))

#Batch starten
Start-MigrationBatch -Identity $batch.Identity.Id

#Batch-Status abfragen
Get-MigrationBatch -Identity $batch.Identity.Id

#Batch beenden (Achtung: Erst zu gegebenen Zeitpunkt!)
Stop-MigrationBatch -Identity $batch.Identity.Id

#Batch löschen (Achtung: Erst zu gegebenen Zeitpunkt!)
Remove-MigrationBatch -Identity $batch.Identity.Id
```

Listing 6.72 Mehrstufige Migration

Zum Skript noch einige Erläuterungen:

- Das Cmdlet `Test-MigrationServerAvailability` überprüft die Verbindungseinstellungen zur Quell-Exchange-Umgebung. In diesem Beispiel wird die AutoErmittlung verwendet. Ist die AutoErmittlung nicht aktiviert, können Sie über andere Parameter die Verbindungseinstellungen manuell angeben. Beim Parameter `-EmailAddress` geben Sie eine E-Mail-Adresse für die AutoErmittlung an und unter `-Credentials` die Anmeldedaten eines Benutzerkontos, das auf alle Postfächer der Quell-Exchange-Umgebung Zugriff hat.
- Für den Zugriff auf Exchange wird mit `New-MigrationEndpoint` ein neuer Migrationsendpunkt angelegt. Mit dem Parameter `-Name` geben Sie dem Endpunkt einen Namen, unter dem Sie ihn im EAC auch wiederfinden.
- Mit dem Cmdlet `New-MigrationBatch` legen Sie weitere Migrationsoptionen fest. Mit dem Parameter `-Name` geben Sie eine Bezeichnung für den Migrationsvorgang an.
- Im Skript wird der Inhalt einer CSV-Datei eingelesen, aber nicht etwa über das möglicherweise hier erwartete Cmdlet `Import-CSV`, sondern über einen Umweg:

  `[System.IO.File]::ReadAllBytes(...)`

  Dabei greifen Sie auf die Klasse `System.IO.File` aus dem .NET Framework zu, genauer auf die statische Methode `ReadAllBytes` aus dieser Klasse. Dieser Umweg ist erforderlich, da das Cmdlet `New-MigrationBatch` die Daten als Byte-Array erwartet und nicht als die von `Import-CSV` gelieferten Objekte.

- Mit dem Cmdlet `Start-MigrationBatch` starten Sie die eigentliche Migration. Mit `Get-MigrationBatch` fragen Sie den Status ab, `Stop-MigrationBatch` beendet den Batch, und `Remove-MigrationBatch` entfernt ihn.

6.12.4 Minimale Hybridkonfiguration und Express-Hybridkonfiguration

In diesem Abschnitt beschreibe ich sowohl die Minimale Hybridkonfiguration als auch die Express-Hybridkonfiguration als Variante für kleine Unternehmen, die keine dauerhafte Verzeichnissynchronisierung benötigen.

Voraussetzungen

Die Voraussetzungen für die Migrationsmethoden sind die folgenden:

- Exchange-Version
  Die lokale Exchange-Umgebung muss auf Basis von Exchange 2010, 2013 oder 2016 aufgesetzt sein.

  Sie sollten außerdem auf allen Exchange Servern sämtliche verfügbaren Service Packs und Updates installieren. Denken Sie dabei auch an möglicherweise veröffentlichte *Update Rollups* oder *Cumulative Updates*.

- Domänenverifizierung
  Im Office 365-Mandanten müssen Sie vorab Ihre eigenen Domänen verifizieren.
- AutoErmittlung
  Die AutoErmittlung muss eingerichtet sein.
- Zertifikate
  Die Informationsdienste von CAS, Exchange Web Services und die AutoErmittlung müssen über ein öffentliches SSL-Zertifikat abgesichert sein. Ein selbst signiertes Zertifikat ist nicht ausreichend. Sind die URLs unterschiedlich, müssen sie als *SAN (Subject Alternative Name)* im Zertifikat hinterlegt sein – oder Sie nutzen ein Platzhalterzertifikat.
- Berechtigungen
  Bei der Ausführung des Assistenten zur Hybridkonfiguration geben Sie die Benutzerkonten eines lokalen Exchange-Administrators und eines Exchange Online-Administrators ein. Beide müssen in der Rollengruppe *Organization Management* enthalten sein.
- Statische externe IP-Adresse
  Verwenden Sie eine dynamische IP-Adresse an Ihrem Internetzugang (beispielsweise über die für privat angebotenen üblichen DSL-Anschlüsse), werden E-Mails von Ihrer lokalen Exchange-Organisation an Exchange Online höchstwahrscheinlich geblockt (Filterung auf IP-Basis über *Spamhaus*).
- Firewall
  Ihre lokale Exchange-Umgebung muss über verschiedene Ports und Endpunkte aus dem Internet erreichbar sein. Tabelle 6.29 zeigt, welche Ports, Protokolle und Endpunkte davon betroffen sind.

Port	Protokoll	Anwendung	Lokaler Endpunkt
TCP 25	SMTP/TLS	Mailfluss zwischen Exchange Online und lokalem Exchange	▶ Exchange 2016: Postfach/EDGE ▶ Exchange 2013: CAS/EDGE ▶ Exchange 2010: HUB/EDGE
TCP 443	AutoDiscover (AutoErmittlung)	▶ AutoDiscover (AutoErmittlung) ▶ OAuth	▶ Exchange 2016: Postfach ▶ Exchange 2010/13: CAS

Tabelle 6.26 Ports, Protokolle und Endpunkte

Port	Protokoll	Anwendung	Lokaler Endpunkt
TCP 443	EWS	▸ frei/gebucht ▸ E-Mail-Info ▸ Nachrichtenverfolgung ▸ postfachübergreifende Suche ▸ Postfachmigration ▸ OAuth	▸ Exchange 2016: Postfach ▸ Exchange 2010/13: CAS

Tabelle 6.26 Ports, Protokolle und Endpunkte (Forts.)

[»] Achtung: Sowohl die Minimale Hybridkonfiguration als auch die Express-Hybridkonfiguration setzen voraus, dass die zu migrierenden Benutzer in Office 365 noch kein Postfach haben. Möglicherweise haben Sie in Office 365 bereits vor Einrichtung der Verzeichnissynchronisierung Benutzerkonten angelegt und diese mit einer Exchange Online-Lizenz ausgestattet. In diesem Fall hat Office 365 automatisch Postfächer angelegt. Eine Migration ist damit nicht mehr möglich. Entfernen Sie in diesem Fall die Postfächer in Exchange Online wieder (beispielsweise durch Lizenzentzug oder Löschen der Benutzerkonten – sofern das in dem Stadium Ihrer aktuellen Konfiguration noch möglich ist).

E-Mail-Verkehr

Richten Sie eine dieser beiden Hybridkonfigurationen ein, nimmt während des Migrationszeitraums nach wie vor Ihre lokale Exchange-Organisation die E-Mails für Ihre Domäne entgegen. Liegt das Postfach eines Empfängers bereits in Exchange Online, werden entsprechende Mails von Ihrer lokalen Umgebung weitergeleitet.

Verschickt ein Benutzer, dessen Postfach bereits in Exchange Online liegt, eine neue E-Mail, wird sie von Exchange Online ohne Umweg über die lokale Umgebung direkt beim zuständigen E-Mail-Server ausgeliefert.

Migrationsvorgang

Der Migrationsvorgang lässt sich in folgende Schritte aufteilen:

1. Basiskonfiguration
2. Benutzerbereitstellung – diese ist abhängig davon, ob Sie eine dauerhafte Verzeichnissynchronisierung benötigen:
   – Variante »einmalige Benutzersynchronisierung«
   – Variante »dauerhafte Benutzersynchronisierung«

3. Benutzer lizenzieren
4. Postfächer migrieren
5. Ändern der DNS-Einträge

Sehen wir uns die Schritte nun im Einzelnen an.

Schritt 1: Basiskonfiguration

1. Öffnen Sie auf einem Windows Server, der sich in derselben Domäne wie der lokale Exchange Server befindet, das Office 365 Admin Center (beispielsweise auf einem Exchange Server).
2. Wechseln Sie im Bereich SETUP zum Abschnitt DATENMIGRATION (siehe Abbildung 6.183).

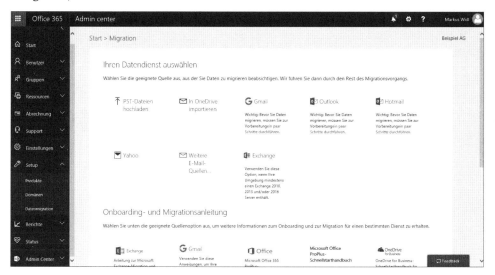

Abbildung 6.183 Datenmigration

3. Wählen Sie als Datendienst EXCHANGE, laden Sie den OFFICE 365-HYBRIDKONFIGURATIONS-ASSISTENTEN herunter, und starten Sie ihn (siehe Abbildung 6.184).

   Sollte es bei der Konfiguration zu einem Fehler kommen, können Sie den Assistenten später erneut starten.

4. Im Schritt LOKALE EXCHANGE SERVER-ORGANISATION versucht der Assistent nun automatisch, einen geeigneten Exchange Server ausfindig zu machen (siehe Abbildung 6.185). Sollte das nicht erfolgreich sein, geben Sie selbst einen Clientzugriffs-Server mit Exchange 2010, 2013 oder 2016 an. Außerdem geben Sie an, wo Ihr Mandant angelegt ist (im Normalfall OFFICE 365 WORLDWIDE für Global oder OFFICE 365 GERMANY für Deutschland).

Abbildung 6.184 Hybridkonfigurations-Assistent

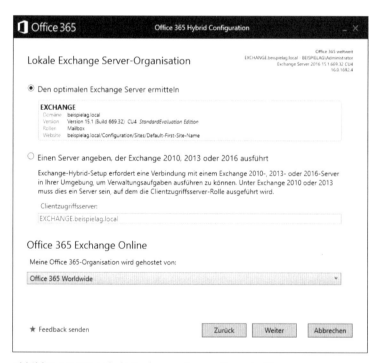

Abbildung 6.185 Lokale Exchange Server-Organisation

5. Im Schritt ANMELDEINFORMATIONEN geben Sie die Benutzerdaten eines lokalen Exchange- und eines Office 365-Administrators an (siehe Abbildung 6.186).

Abbildung 6.186 Anmeldeinformationen

6. Im Schritt HYBRIDFUNKTIONEN entscheiden Sie sich wahlweise für die MINIMALE HYBRIDKONFIGURATION oder die VOLLSTÄNDIGE HYBRIDKONFIGURATION (siehe Abbildung 6.187). In diesem Abschnitt machen wir mit der Minimalen Hybridkonfiguration weiter, deren Ziel es ist, alle Postfächer zu Exchange Online zu transferieren. Die Vollständige Hybridkonfiguration beschreibe ich in Abschnitt 6.13, »Vollständige Exchange-Hybridkonfiguration«.

Abbildung 6.187 Hybridfunktionen

7. Nachdem Sie auf die Schaltfläche AKTUALISIEREN geklickt haben, nimmt der Assistent die erforderliche Konfiguration Ihrer lokalen Exchange-Umgebung und Exchange Online vor. Dieser Vorgang kann einige Minuten in Anspruch nehmen.

Schritt 2: Benutzerbereitstellung

Der Assistent fragt Sie nun im weiteren Verlauf, wie die lokal vorhandenen Benutzer in Office 365 angelegt werden sollen. Dabei kommt das Verzeichnissynchronisierungstool AAD Connect zum Einsatz. Dieser Schritt wird übersprungen, wenn Sie die Active Directory-Verzeichnissynchronisierung bereits eingerichtet haben.

Im Schritt BENUTZERBEREITSTELLUNG entscheiden Sie sich, ob der Assistent selbst das Verzeichnissynchronisierungstool AAD Connect (siehe auch Abschnitt 4.3, »Active Directory-Synchronisierung«) installieren und konfigurieren soll oder ob Sie dies selbst vornehmen wollen (siehe Abbildung 6.188).

Abbildung 6.188 Benutzerbereitstellung

Die Option MEINE BENUTZER UND KENNWÖRTER EINMALIG SYNCHRONISIEREN führt dazu, dass AAD Connect nicht dauerhaft zum Einsatz kommt, sondern nur genau ein Mal, um die bestehenden lokalen Benutzer samt derem aktuellen Kennwort in Office

365 anzulegen. Diese Option ist für kleine Umgebungen gedacht, die keine laufende Verzeichnissynchronisierung wünschen. Mit dieser Option entscheiden Sie sich also für die Express-Hybridkonfiguration. Mit der Option ICH INSTALLIERE ACTIVE DIRECTORY AZURE CONNECT SPÄTER SELBST fahren Sie dagegen mit der Minimalen Hybridkonfiguration fort.

Mehr zu AAD Connect lesen Sie in Abschnitt 4.3, »Active Directory-Synchronisierung«.

Schritt 2 – Variante »Einmalige Benutzersynchronisierung«

Entscheiden Sie sich für diese Variante, wird die Installation von AAD Connect automatisch gestartet. Akzeptieren Sie die Lizenzbedingungen, und verwenden Sie die EXPRESS-EINSTELLUNGEN (siehe Abbildung 6.189). Alternativ dazu können Sie die Konfiguration von AAD Connect auch selbst anpassen, beispielsweise die zu synchronisierenden Benutzerkonten auswählen. Lesen Sie dazu Abschnitt 4.3, »Active Directory-Synchronisierung«.

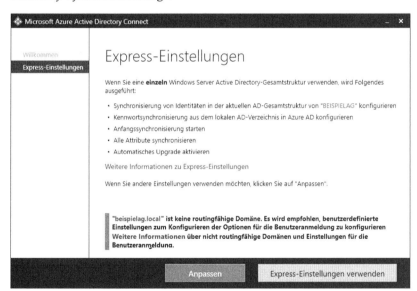

Abbildung 6.189 Konfiguration von AAD Connect

Während der Konfiguration müssen Sie die Zugangsdaten eines Office 365- und eines lokalen Domänenadministrators angeben.

Im Schritt BEREIT ZUR KONFIGURATION werden Sie gefragt, ob Sie eine Exchange-Hybridkonfiguration einrichten wollen. Aktivieren Sie diese Option nicht, denn sie ist nur für die vollständige Hybridkonfiguration erforderlich.

Nach der Installation von AAD Connect wird die Synchronisierung genau ein Mal durchgeführt, und anschließend wird sie automatisch deaktiviert. AAD Connect selbst wird jedoch nicht automatisch deinstalliert. Sie müssen das selbst über die Systemsteuerung vornehmen.

Schritt 2 – Variante »Dauerhafte Benutzersynchronisierung«

Entscheiden Sie sich dafür, AAD Connect später zu installieren, ist der Assistent damit beendet, und Sie können sich an die eigenständige Konfiguration von AAD Connect machen.

Auch hier gilt: Die Option EXCHANGE-HYBRIDEINSTELLUNG im Konfigurationsassistent von AAD Connect aktivieren Sie nicht, da sie nur bei der vollständigen Hybridkonfiguration erforderlich ist.

Nachdem Sie AAD Connect eingerichtet haben, können Sie mit dem nächsten Schritt weitermachen.

Schritt 3: Benutzer lizenzieren

Bevor Sie mit der Migration der Postfachinhalte fortfahren können, müssen Sie die Benutzerkonten in Office 365 mit einer Lizenz ausstatten, die Exchange Online beinhaltet. Dieser Schritt wird nicht automatisch gemacht. Die Varianten der Lizenzierung finden Sie in Abschnitt 2.5.2, »Benutzer anlegen«, beschrieben.

Schritt 4: Postfächer migrieren

Im nächsten Schritt folgt die eigentliche Migration der Postfachinhalte:

1. Wechseln Sie im Office 365 Admin Center erneut im Bereich SETUP zum Abschnitt DATENMIGRATION, und wählen Sie wiederum als DATENDIENST EXCHANGE (siehe Abbildung 6.190). Der direkte Link lautet:

    https://portal.office.com/adminportal/home#/EmailMigration/ExchangeMigrationStatus

2. Markieren Sie einen oder mehrere Benutzer, und klicken Sie auf die Schaltfläche MIGRATION STARTEN.

[»] Es bietet sich an, zunächst nur einen oder zwei Benutzer auszuwählen, um zu testen, ob der Migrationsprozess einwandfrei verläuft.

Die Eigentümer der Postfächer können während der Migration einfach weiterarbeiten. Verwenden sie Outlook, erhalten Sie nach Abschluss der Migration einen Hinweis, Sie mögen doch bitte die Anwendung neu starten, weil der Administrator eine Änderung am Postfach vorgenommen habe. Tun Sie das, verbindet sich Outlook automatisch und ohne Konfigurationsänderung mit dem Postfach in Exchange Online.

[»] Dies gilt nicht für ActiveSync-Clients, wie beispielsweise die nativen E-Mail-Apps unter iOS und Android. Dort ist es erforderlich, das Postfach neu einzubinden.

Abbildung 6.190 Datenmigration

Schritt 4: Ändern der DNS-Einträge

Nachdem alle erforderlichen Postfächer migriert wurden, ändern Sie die Einträge *MX*, *AutoErmittlung* sowie *SPF* in den Einstellungen Ihres DNS-Anbieters entsprechend den Vorgaben von Office 365.

Danach sollten Sie warten, bis sich die Änderung in der DNS-Infrastruktur verbreitet hat. Dies kann bis zu drei Tage dauern. Wie die DNS-Einträge aussehen sollen, können Sie in Abschnitt 2.4.2, »Domäne verifizieren«, nachlesen.

Vergessen Sie dabei nicht Ihren internen DNS-Server, sofern dort auch ein Auto-Ermittlungs-Eintrag vorhanden ist. Ansonsten bekommen die internen Clients Probleme bei der Verbindung mit Exchange Online, da sie sich nach wie vor bei der alten Umgebung anmelden.

Wollen Sie den oder die bestehenden Exchange Server nach einer erfolgreichen Migration abschalten, sind vorab noch einige Aufräumarbeiten erforderlich, die von der aktuellen Konfiguration abhängen. Eine gute Übersicht finden Sie hier:

https://technet.microsoft.com/library/dn931280(v=exchg.150).aspx

6.13 Vollständige Exchange-Hybridkonfiguration

Bei einer vollständigen Hybridkonfiguration betreiben Sie neben Exchange Online dauerhaft eine lokale Exchange Serverumgebung weiter (im weiteren Verlauf dieses Abschnitts schreibe ich zur Vereinfachung statt »vollständiger Hybridkonfiguration« nur noch »Hybridkonfiguration«). Dabei sollen diese beiden separaten Organisationen, zumindest für den Endanwender, als eine einzelne Organisation angesehen werden. Hilfreiche Funktionen wie die Anzeige beispielsweise der Verfügbarkeitsinformationen sollen für alle Anwender, egal, in welcher Organisation sie ihr Postfach haben, nach wie vor funktionieren.

Eine Hybridkonfiguration eignet sich unter anderem für die folgenden Szenarien:

- Sensible Postfächer bleiben lokal
  Sie wollen zwar grundsätzlich von den günstigen Konditionen der Exchange Online-Lizenzen profitieren und einen Teil der Speicherkosten für die Verwaltung von lokalen Postfächern einsparen, aber sensible Postfächer dennoch weiterhin lokal betreiben. Zu diesen Postfächern könnten beispielsweise die der Geschäftsführung oder der Entwicklungsabteilung gehören. Während diese lokal bleiben, werden die Postfächer der anderen Anwender in Exchange Online abgelegt.

- Viele Außendienstmitarbeiter
  Ihre Außendienstmitarbeiter sind viel unterwegs. Ihre Internetanbindung lässt aber zu wünschen übrig, sodass die Arbeit mit Ihrer Exchange-Umgebung zum Geduldsspiel wird. Liegen die Postfächer der Außendienstmitarbeiter in Exchange Online, entlasten Sie Ihre Internetanbindung.

- Archivpostfächer in Exchange Online
  Sie wollen zwar die Archivpostfach-Funktionalität von Exchange einsetzen, aber die enormen Kosten für die erforderliche lokale Speicherkapazität einsparen. Die primären Postfächer selbst sollen aber nach wie vor lokal betrieben werden. Für dieses Szenario gibt es sogar eine eigene Lizenz, die es Ihnen kostengünstig ermöglicht, nur die Archivpostfächer in Exchange Online zu betreiben (siehe dazu auch Abschnitt 6.6.2, »Lizenzen«).

In diesem Abschnitt werden wir uns mit der Hybridkonfiguration auf Basis des Exchange Servers 2016 beschäftigen. Das heißt aber nicht, dass eine Hybridkonfiguration mit einer Exchange-Umgebung auf einer älteren Version nicht funktioniert. Grundsätzlich können Sie ab Exchange 2007 eine Hybridkonfiguration einrichten. Tabelle 6.27 zeigt die verschiedenen Möglichkeiten auf.

Lokale Exchange-Umgebung	Voraussetzung
Exchange 2007	▶ Exchange 2007 SP3 RU10 ▶ Einrichtung eines Servers mit Exchange 2010 SP3 mit den Rollen Clientzugriff, Postfach, Hub-Transport
Exchange 2010	▶ Exchange 2010 SP3

Tabelle 6.27 Unterstützte Exchange-Umgebungen

Lokale Exchange-Umgebung	Voraussetzung
Exchange 2013	▶ Exchange 2013 SP1
Exchange 2016	▶ Exchange 2016

Tabelle 6.27 Unterstützte Exchange-Umgebungen (Forts.)

Außerdem werden wir wieder gelegentlich mit der PowerShell arbeiten, diesmal allerdings nicht primär mit der Erweiterung für Exchange Online, sondern mit der des Exchange Servers. Für die Verwaltung Ihrer lokalen Exchange-Organisation führen Sie also die *Exchange Management Shell (EMS)* aus dem Startmenü bzw. der Startseite aus. Wollen Sie dagegen mit den in Exchange Online angelegten Postfächern arbeiten, verbinden Sie sich wie bisher mit Exchange Online. Ist es erforderlich, dass Sie parallel mit beiden Organisationen arbeiten, lohnt sich der Import der Exchange Online-Erweiterung mit einem alternativen Präfix, um keine Namenskollisionen bei den Cmdlets zu erhalten. Lesen Sie hierzu Abschnitt 6.3.3, »Verbindungsaufbau«.

> **Exchange Server-Bereitstellungs-Assistent**
>
> Eine große Hilfe beim Einrichten der Hybridkonfiguration kann der *Exchange Server-Bereitstellungs-Assistent* darstellen. Sie finden ihn unter folgender URL: *http://technet.microsoft.com/exdeploy/*

6.13.1 E-Mail-Verkehr

Im Regelfall verwenden Sie bei einer Hybridkonfiguration einen geteilten Namensraum. Das heißt, Sie benutzen dieselbe Domäne (beispielsweise *beispielag.de*) für Postfächer beider Organisationen. Außerdem dürfte zumindest zu Beginn der Einrichtung der MX-Eintrag Ihrer Domäne auf die lokale Organisation zeigen. Die Frage ist nun, wie E-Mails zwischen den Organisationen ausgetauscht werden, um dann im jeweiligen Zielpostfach anzukommen.

Dabei stehen Ihnen mehrere Optionen zur Auswahl. Außerdem müssen wir den eingehenden und ausgehenden E-Mail-Verkehr separat betrachten.

Eine wichtige Information noch vorab: Im Rahmen der Einrichtung einer Hybridkonfiguration wird eine sogenannte *Hybriddomäne* eingerichtet. Diese trägt den folgenden Namen:

```
MANDANTDOMÄNE.mail.onmicrosoft.com
```

Die Hybriddomäne wird bei allen E-Mail-Adressrichtlinien als sekundäre Proxydomäne eingetragen. Ihre Bedeutung wird gleich ersichtlich.

Die Kommunikation zwischen den beiden Exchange-Organisationen wird dabei standardmäßig über *TLS* abgesichert.

Eingehende E-Mails mit der lokalen Organisation empfangen

Nehmen wir an, der MX-Eintrag der Domäne *beispielag.de* zeigt auf die lokale Organisation. Eine E-Mail wird an *lucy@beispielag.de* sowie an *robin@beispielag.de* geschickt, wobei Robins Postfach in der lokalen Organisation und Lucys Postfach in Exchange Online liegt.

Die Verarbeitung dieser E-Mail sieht dann wie folgt aus (siehe Abbildung 6.191).

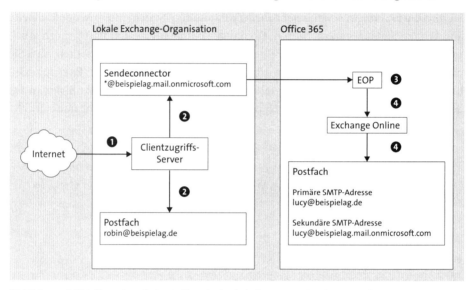

Abbildung 6.191 Eingehende E-Mails mit der lokalen Organisation empfangen

❶ Die E-Mail trifft beim Clientzugriffs-Server der Exchange 2013-Umgebung ein.

❷ Da die E-Mail an ein lokales Postfach gerichtet ist (Robin), wird sie entsprechend ausgeliefert. Da aber ebenso ein Exchange Online-Postfach betroffen ist (Lucy), wird die E-Mail vom Clientzugriffs-Server mithilfe der Hybriddomäne (*beispielag.mail.onmicrosoft.com*) und eines entsprechend konfigurierten Sendeconnectors zu EOP von Exchange Online weitergeleitet.

❸ EOP überprüft den Inhalt der E-Mail (Spam, Schadcode etc.).

❹ Anschließend wird sie in das Zielpostfach abgelegt.

Etwas anders sieht der Vorgang aus, wenn der MX-Eintrag auf Exchange Online zeigt und nicht auf die lokale Organisation.

Eingehende E-Mails mit Exchange Online empfangen

Beim Empfang eingehender E-Mails mit Exchange Online gibt es eine zu berücksichtigende Option: Beim Einrichten einer Hybridkonfiguration haben Sie die Wahl, ob der *zentrale E-Mail-Transport* aktiviert werden soll. Standardmäßig ist er das nicht. Aktivieren sie ihn, stellen Sie damit sicher, dass alle eingehenden E-Mails auf jeden Fall über Ihre lokale Exchange-Organisation geleitet werden. Warum Sie das tun sollten? Möglicherweise betreiben Sie lokal eine Vorrichtung, die sämtlichen E-Mail-Verkehr zur Archivierung oder gesetzlich vorgeschriebenen Aufbewahrung protokolliert. Indem Sie den zentralen E-Mail-Transport aktivieren, stellen Sie dabei sicher, dass auch E-Mails an Exchange Online-Postfächer berücksichtigt werden. Natürlich wäre es auch eine Option, den MX-Eintrag dann eben nicht auf Exchange Online zeigen zu lassen, sondern auf die lokale Organisation. Ein Vorteil geht dann allerdings verloren: Zeigt der MX-Eintrag auf Exchange Online, werden alle eintreffenden E-Mails von EOP auf unerwünschte Inhalte hin untersucht und gegebenenfalls ausgefiltert – eben auch die E-Mails, die für lokale Postfächer bestimmt sind. Damit sparen Sie sich möglicherweise andere Lösungen zur E-Mail-Hygiene.

Achtung: Verwenden Sie EOP für lokale Postfächer, sind gegebenenfalls entsprechende Lizenzen erforderlich. Diese können Sie in Ihrem Office 365-Mandanten zusätzlich buchen.

Betrachten wir zunächst den Standardfall, bei dem der zentrale E-Mail-Transport nicht aktiviert ist. Auch hier wieder das Beispiel: Eine E-Mail wird an *lucy@beispielag.de* sowie an *robin@beispielag.de* geschickt. Robins Postfach ist lokal, Lucys in Exchange Online. Sehen Sie sich hierzu Abbildung 6.192 an.

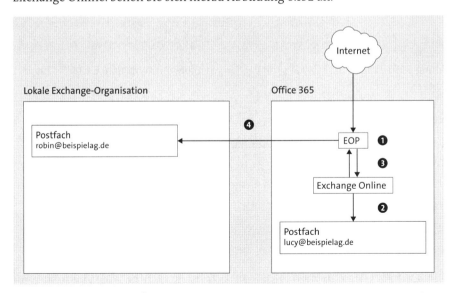

Abbildung 6.192 Eingehende E-Mails mit Exchange Online ohne zentralen E-Mail-Transport empfangen

❶ EOP empfängt die E-Mail, überprüft den Inhalt und leitet sie an Exchange Online weiter.

❷ Exchange Online erkennt einen der Empfänger mit einem Cloudpostfach (Lucy) und einen mit lokalem Postfach (Robin). Lucys Kopie der E-Mail wird ausgeliefert.

❸ Robins E-Mail wird wieder zurück zu EOP gesandt.

❹ EOP leitet die E-Mail weiter an den Clientzugriffs-Server der lokalen Organisation. Die E-Mail wird anschließend ausgeliefert.

Und jetzt der gleiche Vorgang mit aktiviertem zentralem E-Mail-Transport (siehe Abbildung 6.193).

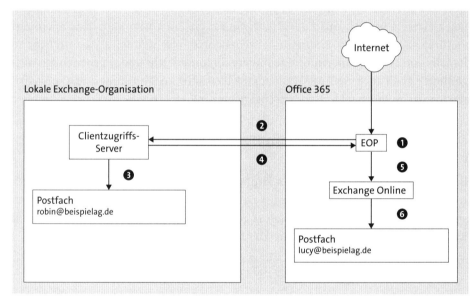

Abbildung 6.193 Eingehende E-Mails mit Exchange Online mit zentralem E-Mail-Transport empfangen

❶ EOP empfängt die E-Mail und überprüft den Inhalt.

❷ Die E-Mail wird zunächst an den Clientzugriffs-Server der lokalen Organisation weitergeleitet.

❸ Robins E-Mail wird in sein Postfach ausgeliefert.

❹ Eine Kopie der Mail wird für Lucy zurück an EOP gesandt.

❺ EOP leitet die Mail weiter an Exchange Online.

❻ Exchange Online liefert Lucys E-Mail aus.

Nachdem wir jetzt den eingehenden E-Mail-Verkehr betrachtet haben, kümmern wir uns nun um die Gegenrichtung.

Ausgehender E-Mail-Verkehr

Betrachten wir den Vorgang, wenn eine E-Mail von einem Exchange Online-Postfach an einen externen Empfänger versandt wird. Auch beim ausgehenden E-Mail-Verkehr wird dabei zwischen aktiviertem und deaktiviertem zentralem E-Mail-Transport unterschieden.

Ist dieser deaktiviert (Standard), erfolgt der Versand wie folgt (siehe Abbildung 6.194):

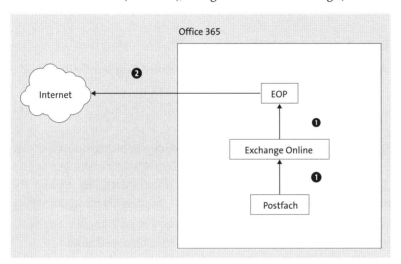

Abbildung 6.194 Ausgehende E-Mail ohne zentralen E-Mail-Transport

❶ Die E-Mail wird zu EOP geschickt und dort inhaltlich überprüft.

❷ Die E-Mail wird direkt beim zuständigen E-Mail-Server ausgeliefert.

Das war jetzt nicht besonders schwierig. Deutlich aufwendiger ist der Vorgang bei aktiviertem zentralem E-Mail-Transport (siehe Abbildung 6.195).

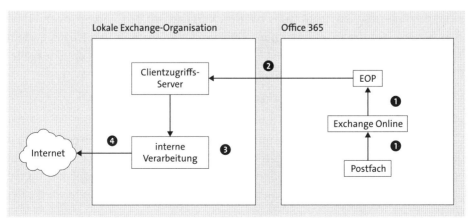

Abbildung 6.195 Ausgehende E-Mail mit zentralem E-Mail-Transport

❶ Die E-Mail wird zu EOP geschickt und dort inhaltlich überprüft.

❷ Die E-Mail wird zum Clientzugriffs-Server der lokalen Organisation weitergeleitet.

❸ Die E-Mail wird entsprechend der lokalen Konfiguration verarbeitet.
Das könnte ein zusätzlicher Inhaltscheck sein oder, wie bereits angesprochen, die Archivierung etc.

❹ Die E-Mail wird beim zuständigen E-Mail-Server ausgeliefert.

6.13.2 Besonderheiten bei Berechtigungen

In einer Exchange-Hybridkonfiguration müssen Sie einige Besonderheiten im Zusammenhang mit Postfachberechtigungen berücksichtigen:

- Übergreifende Berechtigungen zwischen lokalen und Exchange Online-Postfächern
  Bei diesem Szenario müssen Sie zwischen verschiedenen Berechtigungstypen unterscheiden. Geben Sie einem lokalen Postfach *Vollzugriffsberechtigungen* auf ein Postfach in Exchange Online – oder umgekehrt –, funktioniert dies in einer Hybridkonfiguration. Dagegen funktioniert dies nicht mit den Berechtigungstypen *Senden als* und *Senden im Auftrag*.

- Berechtigungen beim Verschieben eines Postfachs zu Exchange Online
  Berechtigungen der Typen *Vollzugriff*, *Senden als* und *Senden im Auftrag* werden beim Verschieben eines Postfachs im Rahmen einer Hybridkonfiguration mit verschoben, sofern die Berechtigungen direkt auf das Postfach angewandt wurden.

6.13.3 Voraussetzungen

Bevor Sie eine Hybridkonfiguration für Ihre primäre Umgebung umsetzen, sollten Sie diesen Vorgang anhand einer abgeschlossenen Testumgebung üben. Mithilfe von Exchange 2013 und 2016 ist es zwar im Vergleich zu den Vorversionen einfacher geworden, es ist aber immer noch ein komplexer Vorgang. Es wäre fatal, wenn Sie im Prozess merken sollten, dass E-Mails nicht mehr ankommen oder ausgeliefert werden.

Die Voraussetzungen für eine Hybridkonfiguration sind die folgenden:

- Exchange-Version
  Die lokale Exchange-Umgebung muss für eine Hybridkonfiguration geeignet sein (siehe Tabelle 6.27). Falls erforderlich, erhalten Sie über den Office 365-Kundendienst (siehe Abschnitt 2.10.6, »Serviceanfragen«) eine Lizenz für den bei älteren Exchange-Versionen erforderlichen Exchange 2010. Mehr dazu unter folgender URL:
  http://support.microsoft.com/kb/2939261

Sie sollten außerdem auf allen Exchange Servern sämtliche verfügbaren Service Packs und Updates installieren. Denken Sie dabei auch an möglicherweise veröffentlichte *Update Rollups* oder *Cumulative Updates*.

▶ Domänenverifizierung
Im Office 365-Mandanten müssen Sie vorab Ihre eigenen Domänen verifizieren. Eine Hybridkonfiguration nur mit der initialen *onmicrosoft.com*-Domäne ist nicht möglich.

▶ Active Directory-Synchronisierung
Die Active Directory-Synchronisierung muss bereits eingerichtet sein. Wichtig ist, dass Sie während der Synchronisierungskonfiguration mit dem Assistenten die hybride Exchange-Bereitstellung aktiviert haben (siehe Abbildung 6.196). Haben Sie das nicht gemacht, führen Sie den Assistenten erneut aus (siehe Abschnitt 4.3.4, »Installation und Konfiguration«).

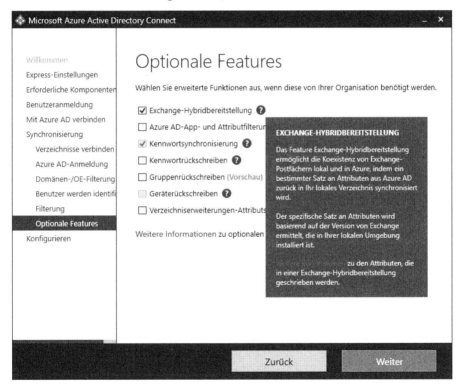

Abbildung 6.196 Aktivierung der Hybridkonfiguration in der Active Directory-Synchronisierung

Durch die Aktivierung erlauben Sie das Ändern von diversen Attributen in Ihrem lokalen Active Directory durch das Synchronisierungstool, das für die Hybridkonfiguration erforderlich ist. Tabelle 6.28 führt für Sie die betroffenen Attribute auf.

Mit der Aktivierung der hybriden Exchange-Bereitstellung ändert sich auch das Verhalten bei der Lizenzzuweisung: Verfügt ein Benutzer bereits über ein lokales Postfach, erhält er durch die Zuweisung einer Exchange Online-Lizenz nicht mehr automatisch ein Exchange Online-Postfach. Das hat auch seinen guten Grund, denn ansonsten könnte das lokale Postfach nicht mehr zu Exchange Online verschoben werden, weil dort ja bereits ein Postfach für den Benutzer vorhanden ist.

Exchange-Funktion	Beschriebenes Attribut
Filterung von sicheren und blockierten Absendern	msExchBlockedSendersHash msExchSafeRecipientsHash msExchSafeSendersHash
Archivierung in Exchange Online	msExchArchiveStatus msExchUserHoldPolicies
E-Mail-Fluss zwischen den Exchange-Umgebungen	proxyAddresses
Exchange Unified Messaging mit Microsoft Lync Serverintegration	msExchUCVoiceMailSettings
Exchange 2016	msDS-ExternalDirectoryObjectID

Tabelle 6.28 Active Directory-Attribute

- AutoErmittlung
  Die AutoErmittlung muss eingerichtet sein.
- Zertifikate
  Die Informationsdienste von CAS, Exchange Web Services und die AutoErmittlung müssen über ein öffentliches SSL-Zertifikat abgesichert sein. Ein selbst signiertes Zertifikat ist nicht ausreichend. Sind die URLs unterschiedlich, müssen sie als *SAN (Subject Alternative Name)* im Zertifikat hinterlegt sein – oder Sie nutzen ein Platzhalterzertifikat.
- Berechtigungen
  Bei der Ausführung des Assistenten zur Hybridkonfiguration geben Sie die Benutzerkonten eines lokalen Exchange-Administrators und eines Exchange Online-Administrators ein. Beide müssen in der Rollengruppe *Organization Management* enthalten sein.
- Statische externe IP-Adresse
  Verwenden Sie eine dynamische IP-Adresse an Ihrem Internetzugang (beispielsweise über die für privat angebotenen üblichen DSL-Anschlüsse), werden E-Mails von Ihrer lokalen Exchange-Organisation an Exchange Online höchstwahrscheinlich geblockt (Filterung auf IP-Basis über *Spamhaus*).

▶ Firewall

Ihre lokale Exchange-Umgebung muss über verschiedene Ports und Endpunkte aus dem Internet erreichbar sein. Tabelle 6.29 zeigt, welche Ports, Protokolle und Endpunkte davon betroffen sind.

Port	Protokoll	Anwendung	Lokaler Endpunkt
TCP 25	SMTP/TLS	Mailfluss zwischen Exchange Online und lokalem Exchange	▶ Exchange 2016: Postfach/EDGE ▶ Exchange 2013: CAS/EDGE ▶ Exchange 2010: HUB/EDGE
TCP 443	AutoDiscover (AutoErmittlung)	▶ AutoDiscover (AutoErmittlung) ▶ OAuth	▶ Exchange 2016: Postfach ▶ Exchange 2010/13: CAS
TCP 443	EWS	▶ frei/gebucht ▶ E-Mail-Info ▶ Nachrichtenverfolgung ▶ postfachübergreifende Suche ▶ Postfachmigration ▶ OAuth	▶ Exchange 2016: Postfach ▶ Exchange 2010/13: CAS

Tabelle 6.29 Ports, Protokolle und Endpunkte

Ist eine dieser Voraussetzungen nicht erfüllt, werden Sie die Assistenten zur Hybridkonfiguration nicht durchlaufen können, oder es wird im Anschluss daran Probleme beim E-Mail-Verkehr geben.

Die Einrichtung eines Identitätsverbunds für Single Sign-on ist dagegen keine Voraussetzung für eine Hybridkonfiguration, auch wenn sie in diesem Szenario empfohlen wird.

6.13.4 Testumgebung einrichten

Wollen Sie eine Hybridkonfiguration testen, haben Sie vermutlich bereits einen einzelnen Exchange Server 2013 oder 2016 in der Standardkonfiguration aufgesetzt.

[»] Tipps zur Einrichtung einer Testumgebung finden Sie auch im Anhang, und zwar in Abschnitt A.2, »Vorgeschlagene Testumgebung«.

Stellen Sie sicher, dass Sie die Voraussetzungen aus Abschnitt 6.13.3 dabei erfüllt haben, also beispielsweise eine eigene Domäne verifiziert, die Active Directory-Synchronisierung aktiviert haben etc. Diesen einzelnen Exchange-Server könnten Sie dann wie folgt konfigurieren (wohlgemerkt: für eine Testumgebung).

Akzeptierte Domäne

Falls noch nicht geschehen, hinterlegen Sie die Domäne, mit der Sie Ihre Tests durchführen wollen, in der lokalen Exchange-Umgebung als akzeptierte Domäne. Es muss sich dabei um dieselbe Domäne handeln, die Sie in Ihrem Office 365-Testkonto verifiziert haben. Wechseln Sie dazu im EAC der lokalen Exchange-Umgebung zum Bereich NACHRICHTENFLUSS und dann zum Abschnitt AKZEPTIERTE DOMÄNEN (siehe Abbildung 6.197).

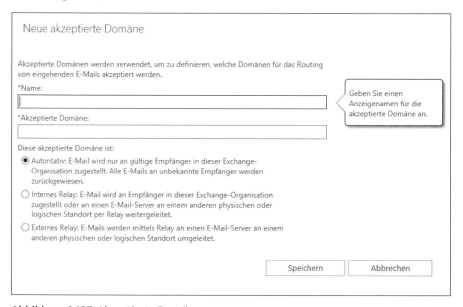

Abbildung 6.197 Akzeptierte Domänen

Nachdem Sie die Domäne hinterlegt haben, öffnen Sie den Eintrag und wählen die Option DIESE DOMÄNE ALS STANDARDDOMÄNE VERWENDEN.

Sendeconnector

Für E-Mails, die an fremde Adressen gesandt werden sollen, legen Sie einen Sendeconnector an. Wechseln Sie dazu im EAC der lokalen Exchange-Umgebung zum Bereich NACHRICHTENFLUSS und dann zum Abschnitt SENDECONNECTORS (der Bezeichner wird tatsächlich so verwendet) (siehe Abbildung 6.198).

Beim Anlegen des neuen Sendeconnectors machen Sie in Ihrer Testumgebung folgende Angaben:

- NAME: beliebig
- TYP: Internet
- NETZWERKEINSTELLUNGEN: Hier steht zur Auswahl, dass E-Mails direkt an den zuständigen Server der Empfängerdomäne ausgeliefert werden. Das setzt aber voraus, dass der empfangende Server dem anderen vertraut. Sollten daran Zweifel bestehen (beispielsweise weil Sie Ihr Testsystem hinter einem Einwahl-DSL-Zugang aufgebaut haben), nutzen Sie die Option SMARTHOST. Dabei geben Sie einen SMTP-Server (typischerweise den Ihres Providers) an, über den die E-Mails versandt werden sollen.
- ADRESSRAUM: *
- QUELLSERVER: Ihr Exchange-Testserver

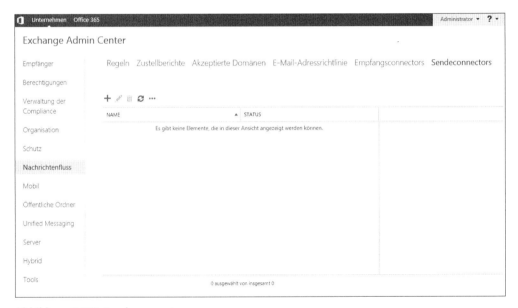

Abbildung 6.198 Sendeconnectors

E-Mail-Adressrichtlinie

Überprüfen bzw. setzen Sie die E-Mail-Adressrichtlinie, um den Postfächern eine E-Mail-Adresse für Ihre in Office 365 verifizierte Domäne zuzuweisen. Sie finden die Konfiguration im EAC im Bereich NACHRICHTENFLUSS unter E-MAIL-ADRESSRICHTLINIE. Als primäre SMTP-Adresse sollte die verifizierte Domäne angegeben sein.

Vergessen Sie nach einer Änderung nicht, die Richtlinie zu markieren und auf ANWENDEN zu klicken.

SSL-Zertifikat

Damit Sie die Hybridkonfiguration funktionsfähig einrichten können, benötigen Sie ein SSL-Zertifikat einer öffentlichen Zertifizierungsstelle. Dieses Zertifikat darf nicht selbst signiert sein. Auf einer Testumgebung, die aus genau einem Exchange Server besteht, könnten Sie das wie folgt durchführen:

1. Wechseln Sie im EAC der lokalen Exchange-Umgebung zum Bereich SERVER und dann zum Abschnitt ZERTIFIKATE (siehe Abbildung 6.199).

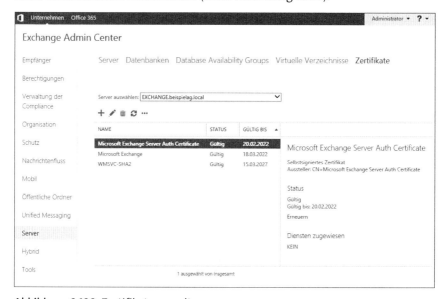

Abbildung 6.199 Zertifikatsverwaltung

2. Klicken Sie auf die Schaltfläche NEU (Plus-Symbol). Es startet ein Assistent.
3. Wählen Sie die Option ANFORDERUNG EINES ZERTIFIKATS VON EINER ZERTIFIZIERUNGSSTELLE ERSTELLEN.
4. Geben Sie einen beliebigen Anzeigenamen für das Zertifikat an.
5. Fordern Sie gegebenenfalls ein Platzhalterzertifikat an.
6. Geben Sie den oder die Server an, auf dem bzw. denen das Zertifikat gespeichert werden soll.
7. Wählen Sie die Domänen aus, die im Zertifikat enthalten sein sollen.
8. Geben Sie Name, Abteilung, Land, Ort und Bundesland an.
9. Geben Sie einen Pfad zu einer REQ-Datei ein, mit deren Hilfe Sie bei einer öffentlichen Zertifizierungsstelle ein passendes Zertifikat anfordern können.

Mit der REQ-Datei lassen Sie sich nun bei einer öffentlichen Zertifizierungsstelle ein passendes Zertifikat ausstellen. Dieses Zertifikat müssen Sie dann in Ihre Exchange-Organisation importieren:

1. Wechseln Sie im EAC der lokalen Exchange-Umgebung zum Bereich SERVER und dann zum Abschnitt ZERTIFIKATE.
2. Markieren Sie in der angezeigten Liste die Zertifikatsanfrage, und wählen Sie den Befehl ABSCHLIESSEN.
3. Geben Sie die von der Zertifizierungsstelle erhaltene Antwortdatei an.
4. Markieren Sie in der Liste das Zertifikat, und klicken Sie auf BEARBEITEN (Stift-Symbol).
5. Wechseln Sie zum Bereich DIENSTE, und markieren Sie die Dienste SMTP und IIS (siehe Abbildung 6.200).

Abbildung 6.200 Dienste auswählen

Anpassung externer URLs

Nachdem das Zertifikat eingerichtet wurde, überprüfen bzw. setzen Sie noch die externen URLs für ECP (EAC), OWA, Offlineadressbuch (OAB) und für die Exchange-Webdienste. Mit den folgenden Befehlen überprüfen Sie die aktuellen Einstellungen (wurde diese Konfiguration noch nie gemacht, ist die Ausgabe jeweils leer):

```
Get-EcpVirtualDirectory |
    Select-Object InternalUrl,ExternalUrl
Get-OwaVirtualDirectory |
    Select-Object InternalUrl,ExternalUrl
Get-OabVirtualDirectory |
    Select-Object InternalUrl,ExternalUrl
Get-WebServicesVirtualDirectory |
    Select-Object InternalUrl,ExternalUrl

#Bei Exchange 2016:
Get-MapiVirtualDirectory |
    Select-Object InternalUrl,ExternalUrl
```

Listing 6.73 Externe URLs ermitteln

Bei einer simplen Testinstallation sollte es bei jedem Get-Cmdlet nur jeweils eine Rückgabe geben. Sie können externe URLs dann wie folgt setzen:

```
Get-EcpVirtualDirectory |
    Set-EcpVirtualDirectory -ExternalUrl <url>
Get-OwaVirtualDirectory |
    Set-OwaVirtualDirectory -ExternalUrl <url>
Get-OabVirtualDirectory |
    Set-OabVirtualDirectory -ExternalUrl <url>
Get-WebServicesVirtualDirectory |
    Set-WebServicesVirtualDirectory -ExternalUrl <url>

#Bei Exchange 2016
Get-MapiVirtualDirectory |
    Set-MapiVirtualDirectory -ExternalUrl <url>
```

Listing 6.74 Externe URLs setzen

In Abbildung 6.201 sehen Sie ein Beispiel.

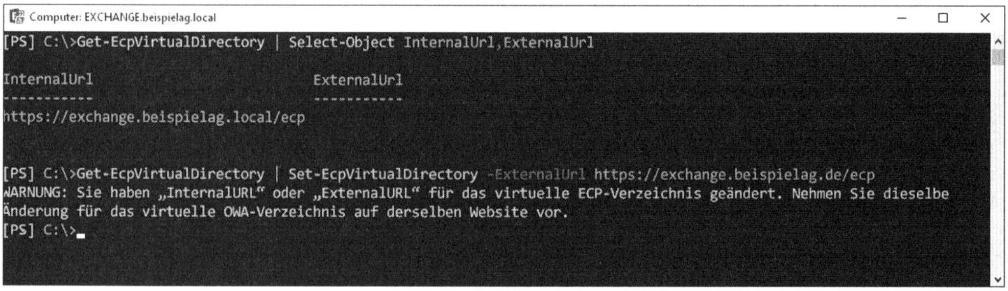

Abbildung 6.201 Externe URL für ECP einrichten

Outlook Anywhere-Domäne

Nun muss noch der externe *Hostname* für *Outlook Anywhere* konfiguriert werden.

[»] Outlook Anywhere erlaubt eine gesicherte Verbindung aus dem Internet mit der Exchange-Umgebung ohne den Einsatz eines VPNs.

Starten Sie dazu auf Ihrem lokalen Exchange Server die EMS. Um die aktuelle Einstellung zu überprüfen, geben Sie folgendes Kommando:

```
Get-OutlookAnywhere | Format-List ExternalHostname
```

Listing 6.75 Externen Hostnamen abfragen

Setzen Sie dann den externen Hostnamen auf den Domänennamen, unter dem Ihr Exchange Server aus dem Internet erreichbar ist:

```
Get-OutlookAnywhere |
    Set-OutlookAnywhere -ExternalHostname <DOMÄNE> `
        -ExternalClientsRequireSsl $true `
        -ExternalClientAuthenticationMethod Negotiate
```

Listing 6.76 Externen Hostnamen setzen

Verbindungstests

Wie schon mehrfach angesprochen, können Sie die korrekte Funktionsweise der Schnittstellen Ihres lokalen Exchange Servers über den Remote Connectivity Analyzer überprüfen:

https://testconnectivity.microsoft.com

Für eine Exchange-Hybridumgebung sollten dabei die folgenden Tests ohne Fehler durchlaufen werden (alle auf der Registerkarte EXCHANGE SERVER):

- OUTLOOK-AUTOERMITTLUNG
- OUTLOOK-VERBINDUNG
- SYNCHRONISIERUNG, BENACHRICHTIGUNG, VERFÜGBARKEIT UND AUTOMATISCHE ANTWORTEN

Sollten Sie beim Ausführen der Tests Probleme bei der gegenseitigen Authentifizierung erhalten, hilft Ihnen folgender Artikel weiter:

http://technet.microsoft.com/de-de/library/445d87c5-422f-4249-821b-0c805a058ff4.aspx

Postfachreplikationsdienst einrichten

Das Verschieben der Postfächer zu Exchange Online übernimmt der *Postfachreplikationsdienst* (*MRS* für *Mailbox Replication Service*). Dieser muss gegebenenfalls zunächst aktiviert werden.

Starten Sie die Exchange Management Shell (EMS) auf einem lokalen Exchange Server, und führen Sie folgendes Kommando aus:

```
Get-WebServicesVirtualDirectory |
    Select-Object Name, MRSProxyEnabled
```

Listing 6.77 Abfrage des Postfachreplikationsdienstes

Sollte in der Spalte `MRSProxyEnabled` der Wert `False` stehen, können Sie den Postfachreplikationsdienst über folgendes Kommando aktivieren:

```
Set-WebServicesVirtualDirectory `
  -Identity "EWS (Default Web Site)" `
  -MRSProxyEnabled $True
```

Listing 6.78 Postfachreplikationsdienst aktivieren

Danach ist gegebenenfalls ein Neustart des Servers erforderlich.

6.13.5 Einrichtung

Die Hybridkonfiguration richten Sie mithilfe eines Assistenten über das EAC des Exchange Servers ein. Wie vorher bereits angesprochen, sollten Sie darauf achten, vorab alle vorhandenen Service Packs und Cumulative Updates einzuspielen.

[»] In diesem Abschnitt verwende ich einen Exchange Server 2016. Mit der Version 2013 sind die Schritte jedoch grundsätzlich identisch.

Der Assistent nimmt während der Einrichtung folgende Konfigurationen vor:

- Er erzeugt im lokalen Active Directory das Objekt *HybridConfiguration*. Dieses Objekt ist für die Konfigurationsdaten der Hybridkonfiguration vorgesehen und wird vom Assistenten mit Ihren Angaben gefüllt. Während dieser Einrichtung der Hybridkonfiguration wird die Konfiguration auf Basis dieses Objekts vorgenommen.

  Jedes Mal, wenn Sie den Assistenten starten, wird das Objekt zurückgesetzt und mit den neuen Angaben überschrieben.

- Der Assistent erstellt eine Verbundvertrauensstellung mit dem *Microsoft Federation Gateway* und ein selbst signiertes Zertifikat für die Absicherung der Kommunikation.

- Er überprüft, ob alle Berechtigungen und Voraussetzungen erfüllt sind.

- Er nimmt die Einrichtung der Hybridkonfiguration und die Aktivierung folgender Funktionalitäten vor:
  - gemeinsame Verfügbarkeitsinformationen
  - Verschieben von Postfächern
  - gemeinsame Nachrichtenverfolgung
  - gemeinsame MailTips
  - Archivierung in Exchange Online
  - Outlook im Web-Umleitung
  - sichere Nachrichtenübertragung zwischen den Exchange-Organisationen (TLS)

Sehen wir uns die Konfiguration mithilfe des Assistenten einmal genauer an:

6.13 Vollständige Exchange-Hybridkonfiguration

1. Öffnen Sie auf einem Windows Server, der sich in derselben Domäne wie der lokale Exchange Server befindet, das EAC von Exchange Online (beispielsweise auf einem Exchange Server).
2. Wechseln Sie zum Bereich HYBRID, und klicken Sie auf die Schaltfläche KONFIGURIEREN für die Exchange-Hybridkonfiguration (siehe Abbildung 6.202). Damit wird der Hybridkonfigurations-Assistent heruntergeladen und gestartet (siehe Abbildung 6.203).

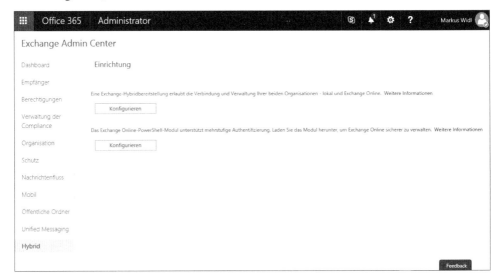

Abbildung 6.202 Hybrid-Konfiguration im EAC

Abbildung 6.203 Hybridkonfigurations-Assistent

Sollte es bei der Konfiguration zu einem Fehler kommen, können Sie den Assistenten später erneut starten.

3. Im Schritt LOKALE EXCHANGE SERVER-ORGANISATION versucht der Assistent nun automatisch, einen geeigneten Exchange Server ausfindig zu machen (siehe Abbildung 6.204). Sollte das nicht erfolgreich sein, geben Sie selbst einen Clientzugriffs-Server mit Exchange 2010, 2013 oder 2016 an. Außerdem geben Sie an, wo Ihr Mandant angelegt ist (im Normalfall OFFICE 365 WORLDWIDE für Global oder OFFICE 365 GERMANY für Deutschland).

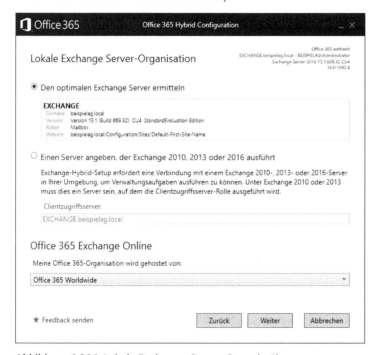

Abbildung 6.204 Lokale Exchange Server-Organisation

4. Im Schritt ANMELDEINFORMATIONEN geben Sie die Benutzerdaten eines lokalen Exchange- und eines Office 365-Administrators an (siehe Abbildung 6.205).

5. Im Schritt HYBRIDFUNKTIONEN entscheiden Sie sich wahlweise für die MINIMALE HYBRIDKONFIGURATION oder die VOLLSTÄNDIGE HYBRIDKONFIGURATION (siehe Abbildung 6.206). Hier in diesem Abschnitt machen wir mit der VOLLSTÄNDIGEN HYBRIDKONFIGURATION weiter.

6. Klicken Sie im Schritt VERBUNDVERTRAUENSSTELLUNG auf die Schaltfläche AKTIVIEREN, um eine solche einzurichten (siehe Abbildung 6.207). Sie ist für den Austausch von Frei-/Gebucht-Informationen zwischen der lokalen Exchange-Umgebung und Exchange Online erforderlich.

6.13 Vollständige Exchange-Hybridkonfiguration

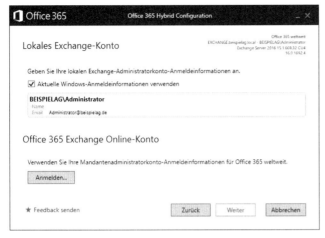

Abbildung 6.205 Anmeldeinformationen

Abbildung 6.206 Hybridfunktionen

Abbildung 6.207 Verbundvertrauensstellung

7. Im Schritt DOMÄNENEIGENTÜMERSCHAFT erhalten Sie Anweisungen, wie Sie beweisen müssen, dass die zu konfigurierende Domäne unter Ihrer Kontrolle steht (siehe Abbildung 6.208).

Abbildung 6.208 Domäneneigentümerschaft

Die Office 365-Domänenverifizierung ist hier nicht ausreichend, es handelt sich um einen separaten Verifikationsprozess. Der Assistent liefert einen länglichen Datensatzwert, den Sie in den öffentlichen DNS-Einstellungen Ihrer Domäne als TXT-Eintrag anlegen müssen. Da der Eintrag sehr lang und komplex ist, bietet es sich an, die Daten mithilfe der Zwischenablage zu übertragen. Denken Sie auch daran, dass es einige Zeit dauern kann, bis der neue TXT-Eintrag von Office 365 aus erkannt wird. Mit der Auswahl der Option ICH HABE IN DNS FÜR JEDES TOKEN EINEN TXT-EINTRAG ERSTELLT und einem Klick auf die Schaltfläche DOMÄNENEIGENTÜMERSCHAFT ÜBERPRÜFEN, bestätigen Sie Ihre Konfiguration.

8. Entscheiden Sie sich im Schritt HYBRIDKONFIGURATION für einen Transportpfad (siehe Abbildung 6.209). Zur Auswahl steht die standardmäßig verwendete Konfiguration des Clientzugriffs- und Postfachservers und alternativ die Konfiguration eines Edge-Transport-Servers (von Exchange 2010).

   Unter ERWEITERT können Sie außerdem den zentralen E-Mail-Transport aktivieren (siehe Abschnitt 6.13.1, »E-Mail-Verkehr«).

   In diesem Beispiel verwenden wir die Standardvorgehensweise über Clientzugriffs- und Postfachserver.

9. Im Schritt EMPFANGSCONNECTORKONFIGURATION wählen Sie mindestens einen lokalen Clientzugriffs-Server für die Empfangsrichtung aus (siehe Abbildung 6.210).

6.13 Vollständige Exchange-Hybridkonfiguration

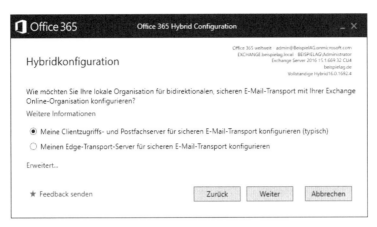

Abbildung 6.209 Hybridkonfiguration

Abbildung 6.210 Empfangsconnectorkonfiguration

10. Im Schritt SENDECONNECTORKONFIGURATION wählen Sie mindestens einen Postfachserver für die Senderichtung aus (siehe Abbildung 6.211).

Abbildung 6.211 Sendeconnectorkonfiguration

11. Im Schritt TRANSPORTZERTIFIKAT wählen Sie das Zertifikat aus, mit dem der Nachrichtenfluss abgesichert werden soll (siehe Abbildung 6.212).

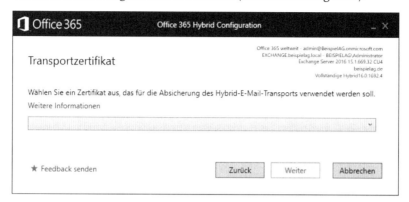

Abbildung 6.212 Transportzertifikat

12. Im Schritt ORGANISATIONS-FQDN geben Sie einen (externen) FQDN (*Full Qualified Domain Name* oder auf Deutsch *vollqualifizierter Domänenname*) eines Ihrer Postfachserver ein, der von Exchange Online zur Weiterleitung von Nachrichten genutzt werden soll (siehe Abbildung 6.213).

Abbildung 6.213 Organisations-FQDN

13. Klicken Sie nun auf die Schaltfläche AKTUALISIEREN, beginnt der Hybrid-Assistent mit der Konfiguration.

Wenn alles geklappt hat, können Sie versuchen, ein lokales Postfach zu Exchange Online zu verschieben, ein lokales Postfach mit einem Archivpostfach in Exchange Online auszustatten etc.

Außerdem sollten Sie testweise E-Mails verschicken, und zwar in folgenden Konstellationen:

- von einem lokalen Postfach an ein lokales Postfach
- von einem Online-Postfach an ein Online-Postfach
- von einem lokalen Postfach an ein Online-Postfach
- von einem Online-Postfach an ein lokales Postfach
- von einem externen Postfach an ein lokales Postfach
- von einem externen Postfach an ein Online-Postfach

6.13.6 Postfächer verschieben

In einer Hybridkonfiguration haben Sie die Möglichkeit, in der lokalen Exchange-Organisation vorhandene Postfächer zu Exchange Online zu verschieben (*Onboarding*). Aber auch die andere Richtung ist denkbar: Ein Postfach aus Exchange Online wird zur lokalen Exchange-Organisation verschoben (*Offboarding*).

Sollte es bei der Verschiebung zu unerwarteten Problemen kommen, hilft vielleicht der von Microsoft bereitgestellte *Hybrid Migration Troubleshooter* weiter. Er hilft bei der Problemsuche und ist über folgende URL erreichbar:

https://support.microsoft.com/en-us/help/10094/troubleshooting-migration-issues-in-exchange-hybrid-environment

Nachdem Sie Postfächer zwischen den Organisationen verschoben haben, sollten Sie die Berechtigungen daraufhin überprüfen, ob sie noch so gesetzt sind, wie Sie es wünschen. *Senden im Auftrag*-Berechtigungen werden nur berücksichtigt, wenn beide beteiligten Postfächer gemeinsam verschoben werden. *Senden als*- und Vollzugriffsberechtigungen gehen verloren.

Anlegen eines Migrationsendpunkts

Bevor Sie mit dem Verschieben von Postfächern beginnen, legen Sie in Exchange Online einen Migrationsendpunkt an, der auf die lokale Exchange-Organisation zeigt. Gehen Sie wie folgt vor:

1. Im EAC Ihrer lokalen Exchange-Organisation sehen Sie oben in der Kopfnavigation den Punkt OFFICE 365. Wechseln Sie dorthin.
2. Im Bereich EMPFÄNGER wechseln Sie zum Abschnitt MIGRATION (siehe Abbildung 6.214).
3. Klicken Sie auf MEHR (...), und wählen Sie dann MIGRATIONSENDPUNKTE.
4. Klicken Sie auf NEU (Plus-Symbol), erscheint ein Assistent (siehe Abbildung 6.215).

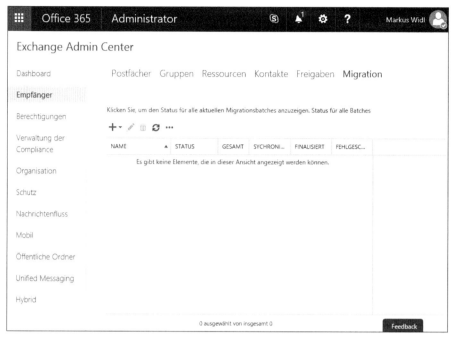

Abbildung 6.214 Migrationsbereich im EAC

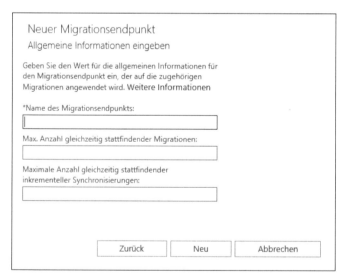

Abbildung 6.215 Assistent zum Anlegen eines Migrationsendpunkts

5. Wählen Sie aus dem Typ des Migrationsendpunkts EXCHANGE REMOTE.
6. Geben Sie die E-Mail-Adresse eines lokalen Benutzers sowie den Benutzernamen und das Kennwort eines Exchange-Administrators ein (siehe Abbildung 6.216).

Abbildung 6.216 Anmeldeinformationen für lokales Konto eingeben

7. Überprüfen Sie die Angaben zum FQDN des Exchange Servers, auf dem sich der Proxy für den Postfachreplikationsdienst befindet (siehe Abbildung 6.217).

Abbildung 6.217 Migrationsendpunkt bestätigen

8. Geben Sie dem Endpunkt einen Namen (siehe Abbildung 6.218), und legen Sie ihn mit NEU an.

Abbildung 6.218 Allgemeine Informationen

Den Endpunkt können Sie auch über die PowerShell anlegen. Verwenden Sie dazu die Cmdlets von Exchange Online:

```
#E-Mail-Adresse von lokalem Postfach
$mail = "lucy@beispielag.de"

#Benutzerdaten von lokalem Exchange-Administrator
$cred = Get-Credential

#Endpunkt anlegen
New-MigrationEndpoint -ExchangeRemoteMove `
    -Name "Endpunkt" `
    -Autodiscover `
    -EmailAddress $mail `
    -Credentials $cred
```

Listing 6.79 Anlegen eines Migrationsendpunkts

In die Cloud ...

Nehmen wir an, Sie haben einen Benutzer samt Postfach in der lokalen Exchange-Organisation. Dieses Postfach soll zu Exchange Online verschoben werden. Gehen Sie wie folgt vor:

1. Im EAC Ihrer lokalen Exchange-Organisation sehen Sie oben in der Kopfnavigation den Punkt OFFICE 365. Wechseln Sie dorthin.
2. Im Bereich EMPFÄNGER wechseln Sie zum Abschnitt MIGRATION.

3. Klicken Sie auf NEU (Plus-Symbol), und wählen Sie den Befehl ZU EXCHANGE ONLINE MIGRIEREN. Es erscheint der E-Mail-Migrations-Assistent (siehe Abbildung 6.219).

Abbildung 6.219 E-Mail-Migrations-Assistent

4. Wählen Sie die Option REMOTEVERSCHIEBUNGSMIGRATION.
5. Wählen Sie die zu verschiebenden Benutzer aus, oder laden Sie eine CSV-Datei mit den E-Mail-Adressen der zu verschiebenden Benutzer hoch (siehe Abbildung 6.220).

Die CSV-Datei legen Sie mit der Spalte EmailAddress an und hinterlegen in jeder Zeile eine E-Mail-Adresse.

Sollte in der Benutzerauswahlliste ein Benutzer mit lokalem Postfach nicht enthalten sein, liegt das möglicherweise daran, dass für den Benutzer bereits ein Exchange Online-Postfach existiert. Damit ist das Verschieben des lokalen Postfachs nicht möglich. Diese Situation kann auftreten, wenn Sie vor der Aktivierung der Exchange-Hybridkonfiguration im Verzeichnissynchronisierungstool dem Benutzer eine Exchange Online-Lizenz zugewiesen haben. Damit wird automatisch ein Exchange Online-Postfach angelegt. Das geschieht aber nicht, wenn im Verzeichnissynchronisierungstool die Hybridkonfiguration aktiviert ist und der Benutzer bereits über ein lokales Postfach verfügt.

Abbildung 6.220 Benutzer auswählen

6. Bestätigen Sie den Migrationsendpunkt (siehe Abbildung 6.221).

Abbildung 6.221 Migrationsendpunkt bestätigen

7. Geben Sie einen Namen für den Migrationsbatch und die ZIELZUSTELLUNGS-DOMÄNE an. Achtung: Geben Sie hier nicht (!) Ihre eigene Domäne an, sondern die mit der Endung *mail.onmicrosoft.com*.

   Außerdem entscheiden Sie, ob das primäre Postfach samt dem (möglicherweise vorhandenen) Archivpostfach verschoben werden soll oder nur das Archivpostfach (siehe Abbildung 6.222).

8. Als Nächstes können Sie einen Office 365-Benutzer auswählen, der über den Fortschritt der Migration per E-Mail benachrichtigt wird. Außerdem entscheiden Sie, ob die Migration unmittelbar oder zu einem späteren Zeitpunkt begonnen wer-

6.13 Vollständige Exchange-Hybridkonfiguration

den soll. Die Option MIGRATIONSBATCH AUTOMATISCH ABSCHLIESSEN wählen Sie, um dies nicht selbst nach dem Verschiebevorgang tun zu müssen (siehe Abbildung 6.223).

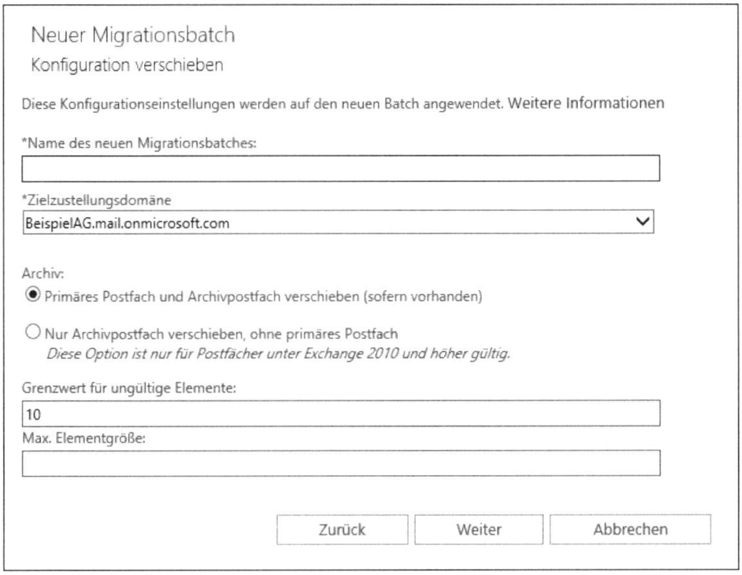

Abbildung 6.222 Konfiguration verschieben

9. Ein Klick auf NEU beendet den Assistenten. Das EAC zeigt den neuen Migrationsbatch an (siehe Abbildung 6.224).

Abbildung 6.223 Batch starten

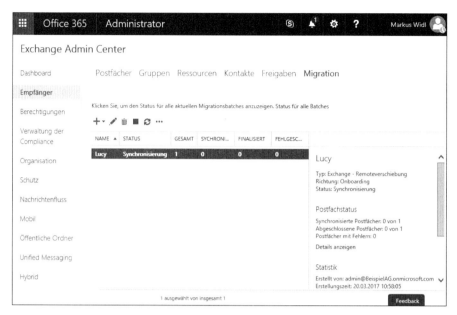

Abbildung 6.224 Migrationsfortschritt

10. Falls Sie sich für einen späteren Start der Migration entschieden haben, markieren Sie den Migrationsbatch und klicken auf die Schaltfläche START (Dreieck-Symbol), um mit der Migration zu beginnen.

Verwendet der Anwender Outlook, kann er während des Verschiebens weiterhin mit seinem Postfach arbeiten. Nachdem das Postfach verschoben wurde, erhält er den Hinweis, er möge Outlook neu starten. Die bereits bestehende OST-Datei bleibt dabei erhalten.

[»] Vergessen Sie nicht, dem Benutzer in Office 365 gegebenenfalls noch eine Exchange Online-Lizenz zuzuweisen und – sofern Sie keinen Domänenverbund für Single Sign-on haben – auch ein Kennwort.

Das Verschieben von Postfächern können Sie natürlich auch im großen Stil mit der PowerShell von Exchange Online aus erledigen. Hier ein Beispiel:

```
#Datei mit zu verschiebenden Postfach-E-Mail-Adressen
$datei = "Benutzer.csv"

#Zielzustellungsdomäne
$domaene = "beispielag.de"

#Endpunkt abfragen
$endpunkt = Get-MigrationEndpoint -Identity "Endpunkt"
```

```
#Batch anlegen und starten
New-MigrationBatch -Name "Batch" `
    -SourceEndpoint $endpunkt.Identity `
    -TargetDeliveryDomain $domaene `
    -CSVData ([System.IO.File]::ReadAllBytes($datei)) `
    -AutoStart `
    -AutoComplete
```

Listing 6.80 Postfach zu Exchange Online verschieben

Im Beispiel wird der Verschiebevorgang automatisch gestartet (durch den Parameter -AutoStart) und abgeschlossen (Parameter -AutoComplete). Soll nur das Archivpostfach verschoben werden, geben Sie zusätzlich noch den Parameter -ArchiveOnly an.

... und wieder zurück

Der umgekehrte Weg, ein Postfach aus Exchange Online in die lokale Exchange-Organisation zu verschieben, ist fast identisch durchzuführen:

1. Im EAC Ihrer lokalen Exchange-Organisation sehen Sie oben in der Kopfnavigation den Punkt OFFICE 365. Wechseln Sie dorthin.
2. Im Bereich EMPFÄNGER wechseln Sie zum Abschnitt MIGRATION.
3. Klicken Sie auf NEU (Plus-Symbol), und wählen Sie den Befehl VON EXCHANGE ONLINE MIGRIEREN. Es erscheint der E-Mail-Migrations-Assistent.
4. Wählen Sie entweder die zu verschiebenden Benutzer aus, oder laden Sie eine CSV-Datei mit den E-Mail-Adressen der zu verschiebenden Benutzer hoch. Die CSV-Datei hat den identischen Aufbau wie in der umgekehrten Verschieberichtung.
5. Bestätigen Sie den Migrationsendpunkt.
6. Geben Sie einen Namen für den Migrationsbatch an. Als ZIELZUSTELLUNGSDOMÄNE geben Sie Ihre E-Mail-Domäne an (also nicht die, die auf *mail.onmicrosoft.com* endet).

   Außerdem entscheiden Sie, ob das primäre Postfach samt dem (möglicherweise vorhandenen) Archivpostfach verschoben werden soll oder nur das primäre Postfach.

   Zuletzt geben Sie noch den Namen der ZIELDATENBANK und gegebenenfalls den Namen der ZIELARCHIVDATENBANK an (siehe Abbildung 6.225).
7. Als Nächstes können Sie einen Office 365-Benutzer auswählen, der über den Fortschritt der Migration per E-Mail benachrichtigt wird. Außerdem entscheiden Sie, ob die Migration unmittelbar oder zu einem späteren Zeitpunkt begonnen werden soll. Die Option MIGRATIONSBATCH AUTOMATISCH ABSCHLIESSEN wählen Sie, um dies nicht selbst nach dem Verschiebevorgang tun zu müssen.

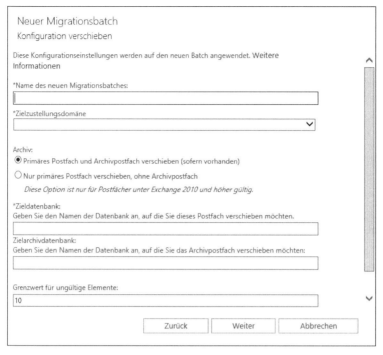

Abbildung 6.225 Konfiguration verschieben

8. Ein Klick auf NEU beendet den Assistenten. Das EAC zeigt den neuen Migrationsbatch an.
9. Falls Sie sich für einen späteren Start der Migration entschieden haben, markieren Sie den Migrationsbatch und klicken auf die Schaltfläche START (Dreieck-Symbol), um mit der Migration zu beginnen.

Über die PowerShell wäre dies ein Alternativbeispiel – wieder von Exchange Online aus:

```
#Datei mit zu verschiebenden Postfach-E-Mail-Adressen
$datei = "Benutzer.csv"

#Zielzustellungsdomäne
$domaene = "beispielag.de"

#Postfachdatenbank
$datenbank = "MBXDB1"

#Endpunkt abfragen
$endpunkt = Get-MigrationEndpoint -Identity "Endpunkt"
```

```
#Batch anlegen und starten
New-MigrationBatch -Name "Batch" `
    -TargetEndpoint $endpunkt.Identity `
    -TargetDeliveryDomain $domaene `
    -TargetDatabases $datenbank `
    -CSVData ([System.IO.File]::ReadAllBytes($datei)) `
    -AutoStart `
    -AutoComplete
```

Listing 6.81 Postfach von Exchange Online verschieben

Bei der Angabe der Postfachdatenbanken können Sie auch mehrere Datenbanken, durch Kommata getrennt, angeben.

6.13.7 Outlook im Web-Umleitung

Vor der Einrichtung einer Hybridkonfiguration verwenden Ihre Anwender zur Anmeldung an Outlook im Web die URL Ihrer lokalen Exchange-Organisation. Wird dann das Postfach einiger Anwender zu Exchange Online verschoben, kann dies nach wie vor so bleiben. Ihre Anwender müssen sich keine neue URL merken. Der Grund dafür ist eine automatische Umleitung, wenn ein Anwender eines Exchange Online-Postfachs sich am lokalen Outlook im Web anmeldet. In Abbildung 6.226 sehen Sie die Ansicht des Anwenders nach dem Anmelden.

Abbildung 6.226 Outlook im Web-Umleitung

Sie können den hier dargestellten Link anpassen, und zwar mithilfe des Cmdlets Set-OrganizationRelationship. Ein Beispiel:

```
Get-OrganizationRelationship `
    -Identity "On Premises to Exchange Online Organization Relationship" |
```

```
Set-OrganizationRelationship `
    -TargetOWAURL "http://outlook.com/owa/beispielag.de"
```

Listing 6.82 Ändern der Outlook im Web-Umleitungs-URL

6.13.8 Verfügbarkeitsinformationen

Wenn die Hybridkonfiguration korrekt eingerichtet werden konnte, sollte ein Anwender mit lokalem Postfach die Verfügbarkeitsinformationen auch für ein cloudbasiertes Postfach erhalten – und umgekehrt. Überprüfen Sie das beispielsweise, indem Sie über Outlook im Web je ein passendes Postfach öffnen und dann gegenseitig eine Termineinladung anlegen. Klappt alles, sollte es aussehen wie in Abbildung 6.227. In dieser Abbildung hat Lucy ihr Postfach in Exchange Online, Robin hat seines lokal. Robin erstellt eine Besprechungsanfrage und fügt Lucy hinzu. Der Terminplanungs-Assistent zeigt den bereits bestehenden Termin in Lucys Kalender an.

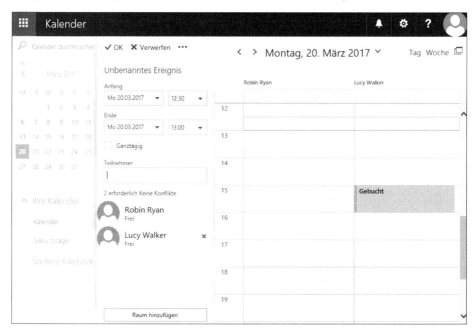

Abbildung 6.227 Verfügbarkeitsinformationen

Sollte es hier zu Problemen kommen, beispielsweise weil die Informationen nur von einer Seite aus ersichtlich sind, überprüfen Sie die externen URLs von ECP, OWA, vom Offlineadressbuch (OAB) und von den Exchange-Webdiensten. Lesen Sie hierzu Abschnitt 6.13.4, »Testumgebung einrichten«.

6.13.9 Exchange Online-Archive

Je ein Archivpostfach können Sie bei Bedarf für jedes primäre Postfach anlegen. Dabei sind hinsichtlich dessen, wo die beiden Postfächer liegen, mehrere Szenarien denkbar:

1. primäres Postfach und Archivpostfach lokal
2. primäres Postfach und Archivpostfach in Exchange Online
3. primäres Postfach lokal und Archivpostfach in Exchange Online

Für das dritte Szenario gibt es eine spezielle Lizenz namens *Exchange Online-Archivierung*. Lesen Sie mehr dazu in Abschnitt 6.6.2, »Lizenzen«.

Im EAC können Sie beim Aktivieren eines Archivpostfachs bestimmen, ob dieses lokal oder in Exchange Online liegen soll (siehe Abbildung 6.228).

Ein bereits lokal angelegtes Archiv können Sie bei Bedarf nach Exchange Online verschieben. Lesen Sie dazu Abschnitt 6.13.6, »Postfächer verschieben«.

Abbildung 6.228 Anlegen eines Archivpostfachs in Exchange Online

6.13.10 Freigabe von Kalenderinformationen

Damit Kalenderinformationen wie etwa FREI/GEBUCHT von beiden Organisationen (Exchange lokal und Exchange Online) gemeinsam genutzt werden können, legt der Hybrid-Assistent bei der Konfiguration eine Organisationsfreigabe an. Diese finden Sie im Exchange Online-EAC im Bereich ORGANISATION im Abschnitt FREIGABE (siehe Abbildung 6.229).

Im gleichen Abschnitt finden Sie übrigens die Möglichkeit, Freigaberichtlinien zu konfigurieren. Mit diesen kontrollieren Sie, wie Ihre Anwender Kalender- und Kontaktinformationen an organisationsfremde Personen freigeben können. Welche dieser Richtlinien bei einem bestimmten Postfach Anwendung findet, konfigurieren Sie bei den Postfachfunktionen.

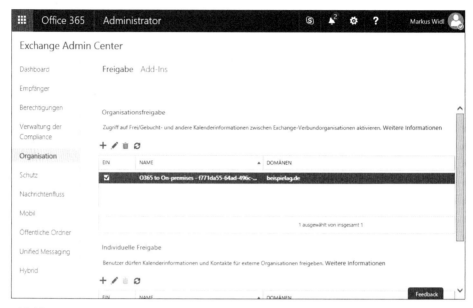

Abbildung 6.229 Konfiguration von Freigaben

6.14 Migration öffentlicher Ordner

Die Migration von öffentlichen Ordnern einer Exchange-Organisation ist ein recht komplexer Vorgang, der leider nicht über einen grafischen Migrations-Assistenten vorgenommen wird, sondern über eine Reihe von PowerShell-Skripten, die Microsoft zur Verfügung stellt. Bevor wir uns den Skripten zuwenden, noch einige Rahmenbedingungen zur Migration.

Zunächst einmal können Ihre öffentlichen Ordner nur komplett auf einer Seite liegen, also entweder vollständig in Exchange Online oder vollständig in Ihrer lokalen Exchange-Umgebung. Dies betrifft insbesondere eine Hybridkonfiguration (siehe Abschnitt 6.13). Ein Aufteilen der Ordner auf beide Umgebungen ist nicht möglich. Auch müssen bestimmte Voraussetzungen erfüllt sein.

6.14.1 Voraussetzungen

Damit die Migration durchgeführt werden kann, muss Ihre lokale Exchange-Organisation auf einer der möglichen Varianten fußen:

- Exchange Server 2007 mit SP3 RU15 oder höher
- Exchange Server 2010 mit SP3 RU8 oder höher

Vor der eigentlichen Migration der öffentlichen Ordner müssen Sie zudem sicherstellen, dass die Postfächer aller (!) Benutzer entweder bereits im Vorfeld zu Exchange Online migriert wurden oder aber lokal von Exchange Server 2013 bereitgestellt werden. Das hat den Hintergrund, dass auf öffentliche Ordner in Exchange Online nur von Postfächern aus zugegriffen werden kann, die entweder ebenfalls in Exchange Online liegen oder aber in Exchange Server 2013.

Wie bereits in Abschnitt 6.5.6, »Öffentliche Ordner«, erläutert, stehen Ihnen in Exchange Online potenziell bis zu 50 TB an Speicher für Ihre öffentlichen Ordner zur Verfügung – aufgeteilt auf maximal 1.000 Postfächer für öffentliche Ordner mit je maximal 50 GB.

Um zu ermitteln, wie groß Ihre öffentlichen Ordner momentan sind, können Sie das Exchange-Cmdlet `Get-PublicFolderStatistics` ausführen. Verwenden Sie lokal einen Exchange Server 2010 oder 2007, beachten Sie bitte, dass in Exchange Online etwa 30 % mehr Kapazität als der angezeigte Wert erforderlich ist.

6.14.2 Migrationsprozess

Nachdem Sie die erforderlichen Voraussetzungen überprüft haben, können Sie sich an die Planung des Migrationsprozesses machen. Schlägt während der Migration ein Schritt fehl, können Sie wieder zum Ursprungszustand zurückkehren.

Der Prozess lässt sich in folgenden Schritten beschreiben:

1. Statistik über öffentliche Ordner anfertigen
   Dazu gehören die öffentlichen Ordner und die Postfächer für öffentliche Ordner.
2. Postfächer für öffentliche Ordner in Exchange Online anlegen
   Die Postfächer, in denen die öffentlichen Ordner verwaltet werden, werden angelegt.
3. Durchführung der Synchronisierung
   Dabei wird der aktuelle Bestand der öffentlichen Ordner zu Exchange Online übertragen. Ihre Anwender arbeiten weiterhin mit den lokalen öffentlichen Ordnern.
4. Delta-Synchronisierung
   In einem regelmäßigen Zyklus werden die lokal vorgenommenen Änderungen an den Ordnerinhalten mit Exchange Online abgeglichen.
5. Sperren der lokalen öffentlichen Ordner
   Damit können Ihre Anwender keine Änderungen an den öffentlichen Ordnern mehr vornehmen, und Sie haben einen definierten Zustand, zu dem Sie im Fehlerfall wieder zurückkehren können.
6. Final-Synchronisierung
   Ein letztes Mal werden die lokal vorgenommenen Änderungen an den Ordnerinhalten mit Exchange Online abgeglichen.

7. Überprüfen

    Sie überprüfen, ob die Migration vollständig durchgeführt werden konnte.

Diesen Prozess führen Sie mithilfe der zuvor bereits angekündigten PowerShell-Skripte durch.

6.14.3 Skripte

Zur Migration öffentlicher Ordner stellt Microsoft einen Stapel von PowerShell-Skripten bereit. Sie finden die Skripte unter der folgenden URL:

http://go.microsoft.com/fwlink/?LinkId=299838

Deren Anwendung wird unter der folgenden URL erläutert:

https://technet.microsoft.com/de-de/library/dn874017(v=exchg.150).aspx

6.15 Migration anderer Postfacharten

Das Office 365 Admin Center hält im Bereich SETUP unter DATENMIGRATION neben den bisher schon vorgestellten Migrationsverfahren für lokale Exchange-Umgebungen auch noch eine Reihe weiterer Assistenten für die Postfächer anderer Typen bereit (siehe Abbildung 6.230).

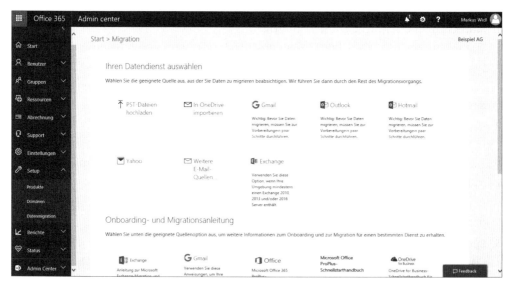

Abbildung 6.230 Datenmigration im Office 365 Admin Center

In diesem Abschnitt beschreibe ich die angebotenen Datendienste.

6.15.1 PST-Dateiinhalte

Verfügen Sie über PST-Dateien, deren Inhalt Sie in bereits bestehende Postfächer in Exchange Online überführen wollen, können Sie den Import-Assistenten starten. Mit ihm haben Sie die Möglichkeit, PST-Dateien (oder auch andere Dateien, die Sie in SharePoint Online oder OneDrive for Business Online ablegen wollen) hochzuladen oder alternativ auf einer Festplatte in ein Microsoft-Rechenzentrum zu schicken (siehe Abbildung 6.231).

Abbildung 6.231 Import-Assistent

Über ein Mapping geben Sie an, welche Daten in welchem Ziel übernommen werden sollen.

Kommt der Import-Assistent für Sie nicht infrage, können Sie die Inhalte aus den in Ihrem Unternehmensnetzwerk verstreuten PST-Dateien in Exchange Online-Postfächer überführen. Dazu stellt Microsoft das kostenlose Tool *Exchange PST Capture* bereit.

Das Tool können Sie nicht nur für Exchange Online einsetzen, sondern es ist auch die Übertragung der PST-Dateiinhalte zu einer Exchange Server-Organisation möglich.

Das Tool besteht aus mehreren Komponenten:

- einem Windows-Dienst, der für das Auffinden von PST-Dateien und für die Übertragung der Inhalte zuständig ist
- einer Anwendung zur Konfiguration des Dienstes mit dem Namen *PST Capture Console*
- einem Agent, der auf den Clients in Ihrem Netzwerk installiert wird

Der Agent wird vom Windows-Dienst angesprochen und sucht auf den Clients nach PST-Dateien. Sollen deren Inhalte zu Exchange übertragen werden, übergibt der Agent die PST-Dateien zunächst an den Windows-Dienst. Dieser überträgt die Inhalte dann zu Exchange.

Um mit dem Tool arbeiten zu können, benötigen Sie folgende Voraussetzungen:

- Windows Vista oder höher
- Exchange Server 2010 oder höher (sofern dies das Ziel sein soll)
- .NET Framework 4.5
- PowerShell 3
- Outlook 2010 in der 64-Bit-Edition – nur auf der Maschine, auf der Sie den Windows-Dienst und die Konfigurationskonsole installieren

Unter folgender URL finden Sie drei Installationspakete, deren Bedeutung Tabelle 6.30 erklärt:

www.microsoft.com/en-us/download/details.aspx?id=36789

Downloadpaket	Beschreibung
PSTCapture.msi	Enthält den Windows-Dienst und die Anwendung zur Konfiguration. Installieren Sie dieses Paket auf einem Client ab Windows Vista in Ihrem Unternehmensnetzwerk, auf dem auch die 64-Bit-Edition von Outlook 2010 installiert ist.
PSTCaptureAgent.msi	Enthält den Agent zur Installation auf den Clients ab Windows Vista

Tabelle 6.30 Downloadpakete Exchange PST Capture-Tool

Starten Sie die *PST Capture Console* (siehe Abbildung 6.232), haben Sie zwei Möglichkeiten:

- Suche nach PST-Dateien mithilfe der Agents auf den Clients über die PST SEARCH
- manuelles Angeben von PST-Dateien über IMPORT LISTS

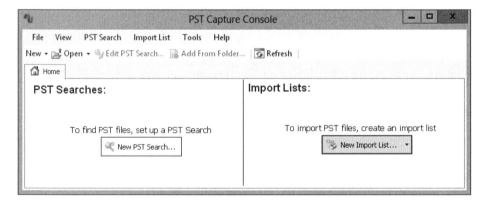

Abbildung 6.232 PST Capture Console

Bevor Sie sich hier entscheiden, sollten Sie zunächst einige Einstellungen vornehmen, und zwar unter TOOLS • SETTINGS (siehe Abbildung 6.233):

▶ Bereich ONLINE CONNECTION
Da wären zunächst einmal die Anmeldedaten für einen Exchange-Administrator Ihres Office 365-Mandanten. Das hier angegebene Konto muss in der Rollengruppe *Organization Management* Mitglied sein.

Damit das Konto die Inhalte in die Postfächer übertragen kann, muss die Option GRANT DELEGATE ACCESS TO THIS MAILBOX aktiv sein.

Unter SERVER geben Sie für Exchange Online `outlook.office365.com` an. Zuletzt wählen Sie die Option THE ABOVE IS AN OFFICE 365 SERVER aus und überprüfen mit der Schaltfläche CHECK die gemachten Angaben.

▶ Bereich MESSAGE IMPORT
Hier finden Sie Importeinstellungen, beispielsweise ob in einen bestimmten Ordner importiert werden soll oder ob vorhandene Ordner weiterverwendet werden sollen.

▶ Bereich ARCHIVE MAILBOX
Soll der PST-Inhalt nicht in das primäre, sondern in das (vorher angelegte) Archivpostfach überführt werden, können Sie das hier auswählen.

▶ Bereich NON-MAIL ITEMS
Vorgehensweise beim Importieren von Elementen, die keine E-Mails sind

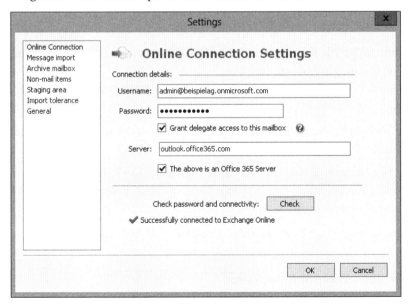

Abbildung 6.233 Einstellungen

- Bereich STAGING AREA
  Die PST-Dateien werden zunächst auf den Rechner mit dem Windows-Dienst übertragen. Hier finden Sie Einstellungen, wie groß dieser Zwischenspeicher maximal sein darf und wo er liegen soll.
- Bereich IMPORT TOLERANCE
  Einstellungen für die Fehlertoleranz, das heißt den Abbruch nach wie vielen fehlgeschlagenen Nachrichten
- Bereich GENERAL
  Einstellungen für den Port für die Kommunikation mit den Clients und der Aktualisierungsintervalle

Nachdem Sie diese Grundeinstellungen vorgenommen haben, entscheiden Sie sich für die Suche nach PST-Dateien oder für das direkte Anlegen einer Importliste.

Suche nach PST-Dateien

Zur Suche nach PST-Dateien muss auf den Clients der Agent installiert sein. Eine Suche nach PST-Dateien muss zunächst über vier Schritte definiert werden:

1. Auswahl der Clients
2. Angabe von Suchparametern, beispielsweise das ausschließliche Suchen in bestimmten Pfaden
3. das zeitliche Planen der Suche
4. die Angabe eines Namens für die Suchparameter

Danach können Sie die Suche starten. Werden PST-Dateien gefunden, können Sie diese in eine Importliste aufnehmen.

Importliste

Neben der Suchvariante können Sie eine Importliste auch direkt erstellen und selbst die Pfade zu den PST-Dateien angeben.

Jeder PST-Datei weisen Sie ein bestehendes Exchange Online-Postfach zu und starten dann die Datenübertragung. Zum Exchange PST Capture-Tool finden Sie unter dieser URL eine ausführliche Beschreibung:

http://technet.microsoft.com/en-us/library/hh781036(EXCHG.141).aspx

6.15.2 Gmail, Outlook, Hotmail, Yahoo

Die Datenmigration hält für Sie auch spezielle Migrations-Assistenten für Postfächer aus Gmail, Outlook, Hotmail und Yahoo bereit. Sie erhalten dort auch Anweisungen, wie Sie vorab Ihre Postfächer konfigurieren müssen, sodass der Migrations-Assistent problemlos auf die Inhalte zugreifen kann.

6.15.3 IMAP

Wählen Sie bei der Datenmigration den Punkt WEITERE E-MAIL-QUELLEN, können Sie auch die Inhalte anderer Postfächer zu Exchange Online migrieren. Als Voraussetzung gilt hier jedoch, dass das IMAP-Protokoll unterstützt werden muss.

6.16 SMTP-Relay

Verfügen Sie über Geräte, die selbstständig E-Mails verschicken können? Dazu gehören beispielsweise Scanner und Faxgeräte, die gescannte Dokumente und eingehende Nachrichten per E-Mail versenden. Neben solchen Geräten arbeiten Sie möglicherweise auch mit Anwendungen und Diensten, die ebenfalls E-Mails verschicken, beispielsweise Statusnachrichten oder im CRM-Umfeld E-Mail-Kampagnen. Dabei stellt sich die Frage, wie in solchen Szenarien der Versand über Exchange Online hergestellt werden kann.

Theoretisch könnten Sie möglicherweise den Versand solcher E-Mails statt über Exchange Online auch über das SMTP-Gateway Ihres Domänenanbieters versenden, sofern dieser das anbietet. Hier soll es aber um die konkrete Exchange Online-Anbindung gehen.

Sofern das Gerät oder die Anwendung nicht selbst über einen eigenen SMTP-Server verfügen, können Sie den Versand von E-Mails über folgende zwei Verfahren bereitstellen:

- Versand als Exchange Online-Benutzer
- SMTP-Relay mit dem SMTP-Feature des Windows Servers

Sehen wir uns beide Varianten genauer an.

6.16.1 Versand als Exchange Online-Benutzer

Bei diesem Verfahren verwendet das Gerät bzw. die Anwendung die Benutzerdaten eines Exchange Online-Benutzers. Tragen Sie in diesem Fall die entsprechenden Benutzerdaten ein und als SMTP-Server die Domäne `smtp.office365.com`.

Allerdings wird hier vorausgesetzt, dass die Verbindung über *TLS (Transport Layer Security)* abgesichert wird. Aktivieren Sie also gegebenenfalls die entsprechende Option in den Geräte- oder Anwendungseinstellungen. Leider sind die TLS-Option und auch die Anmeldung am SMTP-Service nicht immer einstellbar, sodass diese Variante nicht immer umsetzbar ist. In diesem Fall sollten Sie den Einsatz des zweiten Verfahrens überlegen.

6.16.2 SMTP-Relay mit dem SMTP-Feature des Windows Servers

Bei diesem Verfahren wird auf einem lokalen Windows Server das optionale Feature *SMTP-Server* installiert und als SMTP-Relay konfiguriert. In den Geräte- oder Anwendungseinstellungen geben Sie als SMTP-Server nicht Exchange Online an, sondern den Server, auf dem das SMTP-Feature läuft. Die Konfiguration von Anmeldedaten ist bei diesem Verfahren nicht erforderlich, sodass auch Geräte unterstützt werden, die nur die Angabe eines SMTP-Servers ermöglichen.

Damit Ihr SMTP-Relay von Exchange Online akzeptiert wird, ist die Konfiguration einer Verbindungsausnahme in Exchange Online erforderlich. Diese wiederum benötigt eine feste IP-Adresse, mit der Sie mit dem Internet verbunden sind. Dynamisch vergebene IP-Adressen, wie sie landläufig von DSL-Anbietern für den Privatgebrauch vergeben werden, sind nicht geeignet. Außerdem benötigen Sie die Zugangsdaten eines Office 365-Benutzers mit Exchange Online-Lizenz zur Anmeldung des SMTP-Relays an Exchange Online.

Die Konfiguration nehmen Sie mit folgenden Schritten vor (beschrieben für einen Windows Server 2016 – bei älteren Versionen ist die grundsätzliche Vorgehensweise aber identisch):

Wir beginnen mit der Konfiguration von Exchange Online, damit eingehende Verbindungen des zukünftigen SMTP-Servers nicht abgewiesen werden:

1. Öffnen Sie das EAC.
2. Wechseln Sie im Bereich NACHRICHTENFLUSS zum Abschnitt CONNECTORS (siehe Abbildung 6.234).

Abbildung 6.234 Connectors-Einstellungen

3. Erstellen Sie einen neuen eingehenden Connector vom E-Mail-Server Ihrer Organisation an Office 365 mit folgenden Angaben (siehe Abbildung 6.235).
   - NAME: SMTP-Relay (beliebig wählbar)
   - VERBINDUNGSSICHERHEIT: OPPORTUNISTISCHES TLS
   - DOMÄNENEINSCHRÄNKUNGEN: KEINE
   - IDENTIFIKATION: Zertifikat oder Ihre Internet-IP-Adresse, die von dem lokalen SMTP-Server verwendet wird

Abbildung 6.235 Anlegen eines eingehenden Connectors

Nachdem Exchange Online für die eingehenden Verbindungen Ihres zukünftigen SMTP-Servers konfiguriert wurde, folgt nun die Einrichtung des SMTP-Servers selbst.

1. Installieren Sie mithilfe des Server Managers auf dem für SMTP vorgesehenen Windows Server folgende Komponenten (jeweils mit den Standardvorgaben):
   - Serverrolle Webserver (IIS)
   - Feature SMTP-Server
   - Rollendienst (Webserver) Standardauthentifizierung

Öffnen Sie die Managementkonsole INTERNETINFORMATIONSDIENSTE 6.0 (IIS)-MANAGER (siehe Abbildung 6.236).

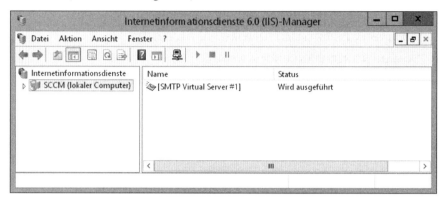

Abbildung 6.236 IIS-Management-Konsole

2. Öffnen Sie den Pfad INTERNETINFORMATIONSDIENSTE • [Computername] • [SMTP VIRTUAL SERVER #1] • DOMÄNEN.
3. Im Kontextmenü von DOMÄNEN wählen Sie den Befehl NEU • DOMÄNE.
4. Im Assistenten für neue SMTP-Domänen (siehe Abbildung 6.237) wählen Sie den Domänentyp REMOTE und geben als Domänennamen den Namen der E-Mail-Domäne der Empfänger an. Möglich wäre aber auch eine Platzhalterangabe wie *.de.

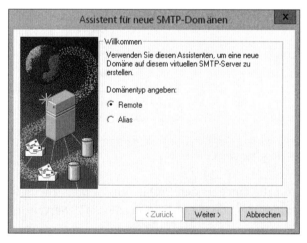

Abbildung 6.237 SMTP-Einstellungen

5. Öffnen Sie im rechten Teil des Konsolenfensters die Eigenschaften des eben erzeugten Eintrags (siehe Abbildung 6.238).

Abbildung 6.238 Relay-Einstellungen

6. Markieren Sie die Option Relay eingehender Nachrichten an diese Domäne erlauben.
7. Markieren Sie die Option Gesamte E-Mail an Smarthost weiterleiten, und geben Sie die Domäne `smtp.office365.com` an.
8. Klicken Sie auf die Schaltfläche Ausgehende Sicherheit (siehe Abbildung 6.239).

Abbildung 6.239 Ausgehende Sicherheit

9. In dem erscheinenden Fenster wählen Sie die Option STANDARDAUTHENTIFIZIE-RUNG und geben den Benutzernamen und das Kennwort eines Office 365-Benutzers mit Exchange Online-Lizenz an. Außerdem markieren Sie die Option TLS-VERSCHLÜSSELUNG.

[»] Damit nicht jeder unkontrolliert über den neuen SMTP-Server E-Mails versenden kann, sollten Sie die Verbindung zu dem Server noch einschränken. Öffnen Sie dazu in der Managementkonsole INTERNETINFORMATIONSDIENSTE 6.0 (IIS)-MANAGER die Eigenschaften des Eintrags [SMTP VIRTUAL SERVER #1]. Die Einschränkungen nehmen Sie auf der Registerkarte ZUGRIFF in den Abschnitten VERBINDUNGSOPTIONEN und RELAYEINSCHRÄNKUNGEN vor (siehe Abbildung 6.240).

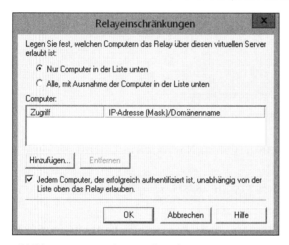

Abbildung 6.240 Relayeinschränkungen

6.17 So geht es weiter

In diesem Kapitel haben Sie Exchange Online eingehend kennengelernt, und ich habe Ihnen verschiedene Wege zur Migration eines bestehenden E-Mail-Systems gezeigt. Exchange Online ist wohl der größte und komplexeste Dienst von Office 365. Doch auch im siebten Kapitel beschäftigen wir uns mit der Verwaltung eines leistungsfähigen und für viele Unternehmen immer wichtiger werdenden Dienstes: SharePoint Online.

Kapitel 7
SharePoint Online

Im siebten Kapitel lernen Sie SharePoint Online kennen, vergeben Berechtigungen an Mitarbeiter und externe Benutzer, richten Profile und den Terminologiespeicher ein und nutzen SharePoint Online zusätzlich zu einer lokalen SharePoint-Umgebung.

Lernen Sie in diesem Kapitel SharePoint Online hinsichtlich der Funktionalität, Konfiguration und der Anpassung an die Bedürfnisse Ihres Unternehmens kennen. Besitzen Sie bereits Erfahrung im Umgang mit SharePoint, ist das von Vorteil. SharePoint-Neulinge lernen aber auch die erforderlichen Grundlagen.

Allerdings kann ich in diesem Buch nicht auf jeden Aspekt in der Arbeit mit SharePoint eingehen. Der Schwerpunkt liegt auf dem SharePoint-Grundlagenwissen und natürlich den Besonderheiten von SharePoint Online.

In diesem Kapitel werde ich öfter einen Vergleich zwischen SharePoint Online und einer SharePoint 2016-Installation im eigenen Rechenzentrum ziehen. Ist die Rede von SharePoint 2016, ist die klassische Serverinstallation und nicht der Clouddienst gemeint.

7.1 Was ist SharePoint Online?

Microsofts SharePoint-Technologie eignet sich für eine Vielzahl der unterschiedlichsten Einsatzszenarien.

7.1.1 Einsatzszenarien

Die Gründe, SharePoint Online einzusetzen, können unterschiedlichster Art sein. Hier einige Beispiele:

▶ Sie verfügen über umfangreiche Ordnerfreigaben in einer gewachsenen Struktur. Die Anwender haben zunehmend Probleme, sich darin zurechtzufinden.

▶ Ihre Anwender verschicken regelmäßig unternehmensinterne E-Mails mit Dateianhängen zu Projekten, Produkten etc. Das sorgt nicht nur für prall gefüllte Postfächer, sondern macht es auch schwierig, den Überblick zu behalten, beispielsweise welche Dateiversion die aktuelle ist, wer Zugriff auf die Dateien hat etc.

- Sie wollen Ihre umfangreiche Sammlung an unterschiedlichen Word- und Excel-Formularen für Genehmigungen, Abrechnungen etc. auf eine technisch elegante Lösung umstellen.
- Sie steigen um von Lotus Domino oder einem ähnlichen System und wollen die dort vorhandene Struktur an Formularen und Workflows übernehmen.
- Sie wollen externen Personen wie Kunden, Dienstleistern und Agenturen punktuell Zugriff auf bestimmte Dateien und Informationen geben, aber für diese Personen weder ein Benutzerkonto in Ihrem Active Directory anlegen noch einen Zugriff auf Ihr internes Netzwerk gestatten.
- Sie wollen ein Intranet aufbauen oder ein vorhandenes ablösen.

Websitearten

Ein wesentliches Architekturprinzip bei SharePoint Online ist das Anlegen von Websites für unterschiedliche Aufgaben. Die dabei verwendeten Websitearten lassen sich grob in folgende verschiedene Bereiche aufteilen:

- *Teamwebsites*
  Wie der Name schon andeutet, ist diese Websiteart speziell für Teams gedacht, die dort etwa ihre Dateien, Aufgaben, Kalender etc. ablegen. Zu dieser Websiteart gehören auch Websites speziell für einzelne Besprechungen (beispielsweise für die regelmäßig stattfindende Teambesprechung), Produkte und Projekte (siehe Abbildung 7.1).

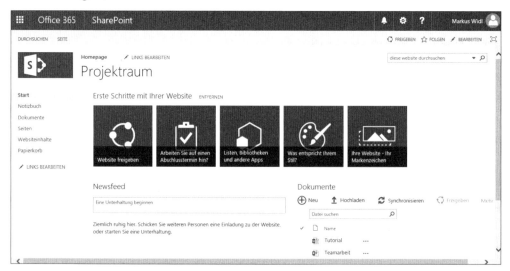

Abbildung 7.1 Beispiel: Teamwebsite

▶ *Intranetwebsites*
Intranetwebsites sind für eine größere Gruppe von Anwendern gedacht. Sie können dort Ankündigungen platzieren oder die Suchfunktion prominent darstellen. Auch ist hier ein guter Ort für Vorlagen und das Formularwesen, also allgemein erforderliche Formulare wie Urlaubsanträge, Bestellanforderungen oder Reisekostengenehmigungen (siehe Abbildung 7.2).

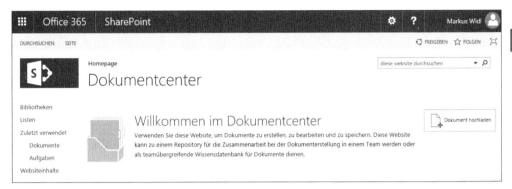

Abbildung 7.2 Beispiel: Intranetwebsite

7.1.2 Funktionsüberblick

Wohl kaum ein Unternehmen wird in der Praxis tatsächlich jedes SharePoint-Feature benötigen, da sehr viele Funktionen bereitgestellt werden. Die SharePoint-Funktionalität lässt sich grob in die folgenden vier Bereiche aufteilen:

▶ *Websites und Communitys*
▶ *Content Management*
▶ *Suche*
▶ *Insights und Composites*

Alle vier Bereiche stelle ich hier kurz vor.

Websites und Communitys

Zum Erzeugen von Websites stellt Microsoft eine ganze Palette an Vorlagen für die unterschiedlichsten Einsatzzwecke bereit. Auf diesen Vorlagen basierende Websites können Sie sofort nutzen oder an eigene Bedürfnisse anpassen. Dazu nutzen Sie verschiedene Anpassungsmöglichkeiten im Browser oder als Entwickler *Visual Studio*. Auch eine Erweiterung durch Personen ohne Entwicklerkenntnisse ist über *Power-Apps* (siehe Abschnitt 14.3.2) und *Flow* (siehe Abschnitt 14.3.3) denkbar. Mit Letzterem können Sie auch eigene Anwendungen erzeugen, die im SharePoint-Kontext arbeiten. Das Erzeugen eigener Vorlagen ist ebenso möglich.

Jede Website kann abhängig von den Administrator- und Benutzervorgaben in unterschiedlichen Sprachen dargestellt werden. Über ein leistungsfähiges Berechtigungskonzept wird der Zugriff von unternehmensinternen und externen Personen geregelt.

Was SharePoint Online im Vergleich zu SharePoint 2016 derzeit fehlt, ist die Funktionalität der *Internetsites*. Dabei wird SharePoint als *Web Content Management System* für öffentliche Websites eingesetzt. Es bleibt abzuwarten, ob Microsoft dieses Feature auch für SharePoint Online nachrüstet.

Content Management

Zur Verwaltung auch umfangreicher Datenbestände bietet SharePoint verschiedene Techniken. Wesentlich ist hier ein Metadatensystem von SharePoint Online. Daneben gibt es weitere Techniken wie *Dokumentenmappen* zur Zusammenfassung unterschiedlicher Dateien. Auch die Versionierung von Daten ist möglich.

Suche

Das leichte Auffinden von Informationen spielt für jeden Anwender eine wichtige Rolle. SharePoint Online unterstützt dabei mit einer kontextabhängigen und phonetischen Suche. Auch das gezielte Suchen von Personen mit bestimmten Erfahrungen ist möglich.

Im Vergleich zu SharePoint 2016 können Sie bei SharePoint Online jedoch keine eigenen *IFilter* und *Formathandler* einrichten. IFilter und Formathandler sind Softwarekomponenten, die für verschiedene Microsoft-Softwareprodukte die Indexierung für die Suche bestimmter Dateiformate bereitstellen. Hier sind Sie darauf angewiesen, dass Microsoft die erforderlichen Komponenten von sich aus bereitstellt.

Insights und Composites

SharePoint Online unterstützt die Visualisierung von Daten über sogenannte *Webparts* mit der Integration von speziellen Diensten. Dazu gehören etwa die *Access-* und *Visio-Services*, mit denen entsprechende Daten für die Browserdarstellung aufbereitet werden. Außerdem unterstützt Sie SharePoint Online beim Anlegen von Workflows und ermöglicht auch die Entwicklung eigener SharePoint-Anwendungen mit Visual Studio.

Die fehlenden Komponenten im Vergleich zu SharePoint 2016 in diesem Bereich sind:

- kein *Full-Trust-Code*
  Als SharePoint-Entwickler steht man vor der Wahl, seine Lösungen als *Full Trust Solution* (auch *Farm Solution* genannt), *Sandboxed Solution* oder *App Solution* an-

zulegen. Entscheidet sich der Entwickler für Ersteres, kann er weitgehend auf die komplette Funktionspalette von SharePoint 2016 und dem *.NET Framework* zurückgreifen und sehr leistungsfähige Lösungen entwickeln. Allerdings hätte dieser Ansatz insbesondere in einer gehosteten Umgebung wie SharePoint Online gewaltige Nachteile: Full-Trust-Code ist potenziell dazu geeignet, die Stabilität der SharePoint-Umgebung zu beeinträchtigen, indem etwa durch Entwicklungsfehler dauerhaft zu viele Ressourcen belegt werden. Auch Sicherheitsproblematiken könnten auftreten, wenn eine selbst entwickelte Lösung auf die Daten eines anderen SharePoint-Kunden zugreift. Aus diesen Gründen steht in SharePoint Online der Ansatz über Full-Trust-Code nicht zur Verfügung.

Da aber die Erweiterung der SharePoint-Umgebung über eigenen Programmcode einen deutlichen Mehrwert darstellt – etwa durch die Entwicklung von Anwendungen, die innerhalb der SharePoint-Oberfläche ausgeführt werden –, hat Microsoft alternative Möglichkeiten entwickelt, beispielsweise die inzwischen bereits wieder aufgekündigten (aber nach wie vor vorhandenen) Sandboxed Solutions und – deutlich moderner – App Solutions sowie das SharePoint Framework (bei den letzten beiden werden die Lösungen nicht direkt auf der SharePoint-Umgebung ausgeführt, sondern in einer separaten Umgebung oder direkt im Client).

Das Konzept Sandboxed Solutions wird nicht mehr weiterentwickelt und ist nur aus Rückwärtskompatibilitätsgründen noch vorhanden. Dabei hat der Entwickler nicht mehr den kompletten SharePoint-Funktionsumfang zur Verfügung, sondern nur eine Untermenge davon. Er hat beispielsweise keine Möglichkeit, selbst die SharePoint-Umgebung zu konfigurieren. Außerdem wird der Code einer Sandboxed Solutions automatisch sehr strikt überwacht. Bei massiven Problemen werden Sandboxed Solutions automatisch deaktiviert. Außerdem wird der Ressourcenbedarf beobachtet, und beim Überschreiten einer gewissen Grenze werden auch hier selbst erzeugte Lösungen deaktiviert.

7.1.3 Voraussetzungen

Verwenden Sie den Internet Explorer, sollten Sie die URLs zu Ihren SharePoint-Websitesammlungen zur Sicherheitszone *Vertrauenswürdige Sites* hinzufügen. Manuell können Sie den Eintrag direkt in den Internetoptionen des Internet Explorers hinterlegen (siehe Abbildung 7.3) oder die Systemregistrierung entsprechend über folgende Schritte modifizieren:

1. Öffnen Sie in der Systemregistrierung den Pfad *HKEY_CURRENT_USER\Software\ Microsoft\Windows\CurrentVersion\Internet Settings\ZoneMap\Domains*.
2. Erstellen Sie gegebenenfalls einen neuen Schlüssel mit der Bezeichnung `sharepoint.com`.

3. Erstellen Sie unterhalb dieses Schlüssels einen weiteren Schlüssel für Ihre SharePoint-Domäne (selbst gewählter Name der *onmicrosoft.com*-Domäne, also beispielsweise `beispielag` von `beispielag.onmicrosoft.com`).

4. Erstellen Sie in diesem Schlüssel einen DWord-Wert mit der Bezeichnung `https` und dem Wert 2.

Abbildung 7.3 Internetoptionen

[»] Ein Beispiel sehen Sie in Abbildung 7.4.

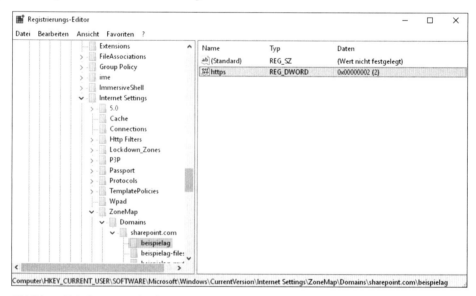

Abbildung 7.4 Systemregistrierung

Wiederholen Sie den Vorgang für MANDANTDOMÄNE-my.sharepoint.com und MANDANT-DOMÄNE-public.sharepoint.com.

Die entsprechende Konfiguration lässt sich über *Gruppenrichtlinien* des Active Directorys auch im großen Stil im Unternehmensnetzwerk verteilen.

7.1.4 Lizenzüberblick

Tabelle 7.1 zeigt einen groben Überblick der von den verschiedenen Lizenzpaketen und Einzellizenzen abgedeckten Funktionen.

Funktion	SharePoint Online in Business Essentials	SharePoint Online in Business Premium	SharePoint Online Kiosk (in Enterprise K1)	SharePoint Online Plan 1 (einzeln oder in E1)	SharePoint Online Plan 2 (einzeln oder in E3/4)
Access Services	ja	ja	ja	ja	ja
Business Connectivity Services (BCS)	nein	nein	nein	nein	ja
InfoPath Forms Services	nein	nein	ja	nein	ja
PerformancePoint Services	nein	nein	nein	nein	nein
Visio Services	nein	nein	nein	nein	ja
OneDrive for Business	ja	ja	eingeschränkt	ja	ja
Office Online	ja	ja	ja	ja	ja
Information Rights Management (IRM) mit Azure RMS	ja	ja	nein	ja	ja

Tabelle 7.1 SharePoint Online-Funktionsvergleich

Funktion	SharePoint Online in Business Essentials	SharePoint Online in Business Premium	SharePoint Online Kiosk (in Enterprise K1)	SharePoint Online Plan 1 (einzeln oder in E1)	SharePoint Online Plan 2 (einzeln oder in E3/4)
Information Rights Management (IRM) mit Windows Server AD RMS	nein	nein	nein	nein	nein
Hinzufügen von SharePoint-Kapazität	ja, 500 MB pro Lizenz	ja, 500 MB pro Lizenz	nein	ja, 500 MB pro Lizenz	ja, 500 MB pro Lizenz

Tabelle 7.1 SharePoint Online-Funktionsvergleich (Forts.)

Zur Tabelle einige Hinweise:

- Der Cloudspeicherplatz von OneDrive for Business steht bei SharePoint Online Kiosk nicht zur Verfügung, wohl aber die Synchronisierungskomponente, um den Inhalt einer SharePoint-Bibliothek mit dem lokalen Rechner abzugleichen.
- Information Rights Management (IRM) mit Azure RMS kann mit der Lizenz *Azure-Rechteverwaltung* hinzugebucht werden. In den Lizenzpaketen E3 und E4 ist diese bereits enthalten.
- Information Rights Management (IRM) mit Windows Server AD RMS setzt eine entsprechende lokale Umgebung voraus.
- Grundsätzlich stehen Ihnen in SharePoint Online 1 TB Basiskapazität für die firmenintern genutzten Websitesammlungen zur Verfügung. Mit Ausnahme der Kiosk-Lizenz erhöht sich diese Kapazität pro Lizenz um 500 MB. Reicht das nicht aus, können Sie zusätzliche Kapazität buchen.

[»] Diese Kapazitätsberechnung ist von OneDrive for Business unabhängig. Verfügt ein Benutzer über eine entsprechende Lizenz, kann er dort – je nach Lizenz – auf 1 TB oder sogar unbegrenzten Speicherplatz zurückgreifen.

Lizenztypen im Detail und im Vergleich mit SharePoint Server 2016

Die abgedeckten Funktionen der einzelnen Lizenztypen finden Sie detailliert in der offiziellen *Dienstbeschreibung* unter folgender URL beschrieben:

http://technet.microsoft.com/library/sharepoint-online-service-description.aspx

7.1.5 Einschränkungen

Einige Beschränkungen sollten Sie bei Ihren Projekten gleich in der Planungsphase mit berücksichtigen, insbesondere deshalb, da Änderungen an den Einschränkungen nicht möglich sind:

- Maximalgröße von Dateien in Dokumentbibliotheken: 10 GB
- Maximalgröße von Dateianhängen in Listen: 250 MB
- Maximalgröße einer Websitesammlung: 25 TB
- Maximalanzahl an Websitesammlungen: 500.000
- Empfohleme maximale Anzahl an Websites pro Websitesammlung: 2.000
- Maximalanzahl von Einträgen pro Ansicht in Dokumentbibliotheken: 5.000
- Ausdrücke in Terminologiespeicher: 200.000

7.1.6 SharePoint-Zugriff

Verfügen Sie über SharePoint Online-Lizenzen, können Sie direkt mit einer vorab angelegten Website arbeiten. Sie erreichen diese bei Office 365 Global unter folgender URL:

`https://MANDANTDOMÄNE.sharepoint.com`

Bei Office 365 Deutschland sieht die URL dagegen so aus:

`https://MANDANTDOMÄNE.sharepoint.de`

MANDANTDOMÄNE steht dabei für den selbst gewählten Teil Ihrer *onmicrosoft.com*-Domäne, den Sie beim Anlegen Ihres Office 365-Mandanten ausgesucht haben. Es erscheint damit eine Website wie in Abbildung 7.5.

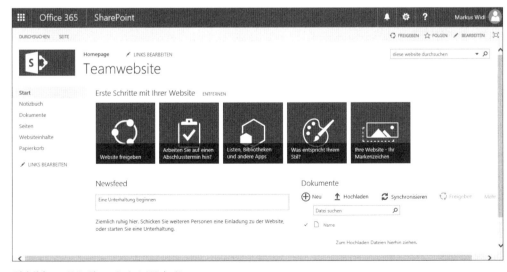

Abbildung 7.5 SharePoint-Website

7.2 Administrationsübersicht

Das SharePoint Admin Center erreichen Sie über das Office 365 Admin Center mithilfe des Navigationspunkts ADMINISTRATOR • SHAREPOINT. Alternativ dazu erreichen Sie die Administrationsoberfläche direkt über die URL *https://MANDANTDOMÄNE-admin.sharepoint.com*, wobei *MANDANTDOMÄNE* für den von Ihnen beim Anlegen Ihres Office 365-Zugangs gewählten Domänennamen steht. In beiden Fällen erreichen Sie das SharePoint Admin Center aus Abbildung 7.6.

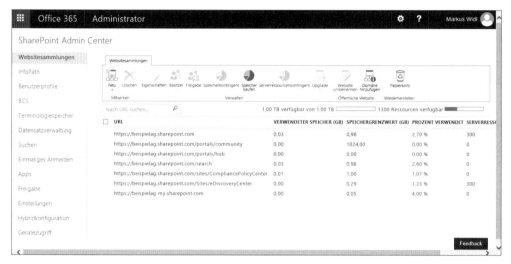

Abbildung 7.6 SharePoint Admin Center

Für die SharePoint Server-Kenner unter Ihnen: Das sind die Administrationspunkte, die von der *Zentraladministration* übrig geblieben sind. Die Zentraladministration selbst wird in SharePoint Online nicht bereitgestellt.

Tabelle 7.2 gibt einen kurzen Überblick über die Funktionen hinter den einzelnen Punkten. Im Verlauf dieses Kapitels werde ich jeden Punkt noch näher besprechen.

Punkt	Bedeutung
WEBSITESAMMLUNGEN	*Websitesammlungen* sind, wie der Name schon sagt, eine oder mehrere Websites, die gemeinsam verwaltet werden. So gibt es beispielsweise pro Sammlung einen Administrator und gemeinsame Vorlagen (siehe Abschnitt 7.4.1, »Websitesammlungen«).

Tabelle 7.2 Administrationspunkte im SharePoint Admin Center

Punkt	Bedeutung
INFOPATH	Mithilfe der *InfoPath Forms Services* können mit *InfoPath* (aus dem Microsoft Office-Paket) erzeugte Formulare im Browser dargestellt werden. Ein lokal installiertes InfoPath ist dann nicht mehr erforderlich, um solche Formulare darstellen zu können (siehe Abschnitt 7.10.1, »InfoPath Forms Services«).
BENUTZERPROFILE	Bestimmte Anwenderdaten – beispielsweise Telefonnummer, Adresse oder Kenntnisse – können in SharePoint gesucht und dargestellt werden. Diese Daten müssen nicht zwangsläufig neu eingegeben, sondern können aus den Benutzerkonten wiederverwendet werden. Außerdem bietet SharePoint Online die Möglichkeit, für jeden Anwender eine eigene Website (»Meine Website«) bereitzustellen, auf der der Anwender sich im Unternehmenskontext präsentieren und eigene Dateien ablegen kann. Auch die Freigabe von Dateien für andere Personen ist möglich (siehe Abschnitt 7.7, »Benutzerprofile«).
BCS	Konfiguration der *Business Connectivity Services (BCS)* zur Anbindung von externen Anwendungen und Datenquellen (siehe Abschnitt 7.11, »Business Connectivity Services (BCS)«)
TERMINOLOGIE-SPEICHER	Manche Begriffe werden im Unternehmen universell an den unterschiedlichsten Stellen verwendet, etwa die Namen von Standorten, Projekten und Produkten. Diese Begriffe können hier zentral gepflegt und an mehreren Stellen in der SharePoint Online-Struktur referenziert werden (siehe Abschnitt 7.8, »Terminologiespeicher«).
DATENSATZ-VERWALTUNG	Globale Einstellungen zum Dokumentcenter, das als zentraler Ablage- und Aufbewahrungsort von wichtigen Dokumenten genutzt wird (siehe Abschnitt 7.9, »Dokumentcenter«)
SUCHEN	Globale Einstellungen der SharePoint-Suche (siehe Abschnitt 7.6, »Suche«)

Tabelle 7.2 Administrationspunkte im SharePoint Admin Center (Forts.)

Punkt	Bedeutung
EINMALIGES ANMELDEN	Zentrale Verwaltung von Zugangsdaten, die dann universell in SharePoint Online verwendet werden können. Ein typisches Einsatzgebiet sind die BCS, bei denen eine Anmeldung an externen Anwendungen und Datenquellen erforderlich ist und nicht jeder Anwender über einen Zugang verfügt. Stattdessen sollen allgemeine Anmeldedaten von allen Anwendern gleichermaßen verwendet werden (siehe Abschnitt 7.11, »Business Connectivity Services (BCS)«).
APPS	Globale Einstellungen der SharePoint-Erweiterung mithilfe von Apps (siehe Abschnitt 7.15.2, »App Solutions«)
FREIGABE	Freigabeoptionen für externe Benutzer (siehe Abschnitt 7.5.3, »Externe Benutzer verwalten«)
EINSTELLUNGEN	Globale Einstellungen wie die Aktivierung der Funktion »Externe Benutzer« (siehe Abschnitt 7.5.3, »Externe Benutzer verwalten«)
HYBRIDKONFIGURATION	Zugriff auf Assistenten für den parallelen Betrieb von SharePoint Online neben einer lokalen SharePoint-Umgebung (siehe Abschnitt 7.17, »Hybridumgebungen«)
GERÄTEZUGRIFF	Zugriff für Geräte nur von bestimmten IP-Adressen und -bereichen zulassen (siehe Abschnitt 7.14.5, »Zugriff für Geräte beschränken«).

Tabelle 7.2 Administrationspunkte im SharePoint Admin Center (Forts.)

7.3 PowerShell mit SharePoint Online

Im Gegensatz zur Vorversion von SharePoint Online haben Sie jetzt alternativ zur grafischen Oberfläche auch ein Modul mit einigen Cmdlets zur SharePoint Online-Administration zur Verfügung. Allerdings ist dieses im Vergleich zu den rund 750 Cmdlets des SharePoint Servers 2016 etwas kümmerlich ausgefallen: Gerade einmal rund 60 Cmdlets sind enthalten – aber immer noch besser als nichts.

7.3.1 Voraussetzungen

Das SharePoint Online-Modul setzt PowerShell 3 voraus. Unter Windows 7 müssten Sie also zunächst die aktuelle PowerShell-Version installieren. Ab Windows 8 wird eine geeignete Version mit ausgeliefert.

Außerdem muss das Modul lokal installiert werden. Sie finden es unter folgender URL mit dem Namen *SharePoint Online-Verwaltungsshell*:

www.microsoft.com/de-de/download/details.aspx?id=35588

7.3.2 Abgedeckte Funktionalität

Das SharePoint Online-Modul enthält Cmdlets aus den Bereichen aus Tabelle 7.3. In der Tabelle sehen Sie auch jeweils Angaben, wo Sie weitere Informationen zu den jeweiligen Themen finden.

Bereich	Abschnitt
Verbindungsaufbau	7.3.3, »Verbindungsaufbau«
Websitesammlungen	7.4.1, »Websitesammlungen«
SharePoint-Gruppen und -Benutzer	7.5.1, »Berechtigungskonzept«
Externe Benutzer	7.5.3, »Externe Benutzer verwalten«
Apps	7.15.2, »App Solutions«

Tabelle 7.3 Abgedeckte Funktionsbereiche

7.3.3 Verbindungsaufbau

Nach der Installation der *SharePoint Online-Verwaltungsshell* können Sie diese von der Startseite aus aufrufen. Alternativ starten Sie die PowerShell und geben folgenden Befehl:

```
Import-Module Microsoft.Online.SharePoint.PowerShell
```

Listing 7.1 Import des SharePoint Online-Moduls

Anschließend bauen Sie eine Verbindung mit dem SharePoint Online-Administratorcenter aus Ihrem Office 365-Mandanten auf. Dazu benötigen Sie die passende URL. Diese lautet wie folgt (MANDANTDOMÄNE steht wieder für die Initialdomäne Ihres Office 365-Mandanten):

```
https://MANDANTDOMÄNE-admin.sharepoint.com
```

Der Verbindungsaufbau erfolgt dann bei einem Mandanten in Office 365 Global beispielsweise wie folgt:

```
Connect-SPOService -Url https://beispielag-admin.sharepoint.com
```
Listing 7.2 Verbindungsaufbau mit Office 365 Global

[»] Achtung: Vergessen Sie das `-admin` in der URL nicht.

Bei einem Mandanten in Office 365 Deutschland muss noch ein weiterer Parameter mit angegeben werden:

```
Connect-SPOService -Url https://TENANT-admin.sharepoint.de `
    -Region Germany
```
Listing 7.3 Verbindungsaufbau mit Office 365 Deutschland

Dabei werden Sie nach den Zugangsdaten eines SharePoint Online-Administrators gefragt. Wie schon beim PowerShell-Verbindungsaufbau mit dem Windows Azure Active Directory-Modul für PowerShell oder bei Exchange Online können Sie die Zugangsdaten in einer Variablen hinterlegen und bei Bedarf anwenden:

```
$cred = Get-Credential
Connect-SPOService -Url https://beispielag.sharepoint.com `
    -Credential $cred
```
Listing 7.4 Verbindungsaufbau (Alternative)

Sollte kein Fehler ausgegeben werden, können Sie mit der SharePoint Online-Administration beginnen, beispielsweise ein `Get-SPOSite` auszuführen, um alle Websitesammlungen aufzulisten. Im weiteren Verlauf des Kapitels werde ich Ihnen zeigen, wie Sie verschiedene Administrationsschritte in der PowerShell vornehmen.

7.4 SharePoint-Architektur

Nehmen wir uns zunächst die grundsätzliche Architektur von SharePoint Online vor. Dabei werde ich auch einige wichtige Begriffe einführen. Die bei SharePoint Online wichtigen Elemente sind *Websitesammlungen*, *Websites*, *Listen* und *Bibliotheken*, *Ordner* und zuletzt *Listeneinträge* und *Dateien*. Abbildung 7.7 skizziert den Aufbau.

Dabei gilt beispielsweise, dass eine Websitesammlung mehrere Websites enthalten kann, eine Website mehrere Listen, eine Liste mehrere Ordner und ein Ordner wiederum mehrere Einträge.

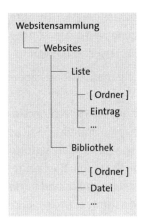

Abbildung 7.7 Wichtige SharePoint-Elemente

7.4.1 Websitesammlungen

Zur Arbeit mit SharePoint Online stellen Sie dem Endanwender eine Hierarchie aus unterschiedlichen Websites bereit. Eine solche Hierarchie wird *Websitesammlung* genannt. Über eine Websitesammlung können Sie beispielsweise das *Organisationsdiagramm* nachbilden. Dabei könnten Sie jeder Abteilung eine eigene Website zuordnen (siehe Abbildung 7.8).

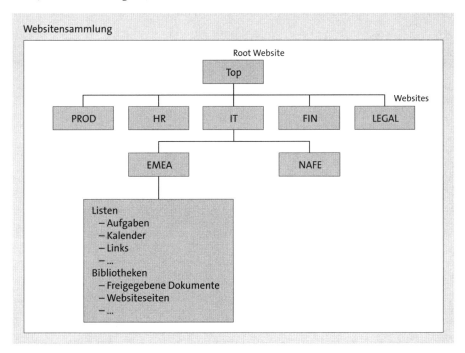

Abbildung 7.8 Beispiel einer Websitesammlungs-Hierarchie

Jede Websitesammlung enthält mindestens eine Website, und zwar die *Root-Website*, die beim Anlegen einer Websitesammlung automatisch erzeugt wird. Sie können auch mehrere Websitesammlungen für unterschiedliche Einsatzzwecke anlegen.

Jede Website innerhalb einer Websitesammlung kann einen eigenen Aufbau haben. Erzeugen Sie eine neue Website, wählen Sie eine bestimmte Vorlage aus, mit der Sie ihre Aufgabe und das Layout bestimmen. Ist die Vorlage für den gewünschten Einsatzzweck nicht 100%ig geeignet, ist das nachträgliche Anpassen möglich. Solche Websites legen Sie nicht nur für relativ starre Strukturen, wie das Organisationsdiagramm an (ja, ich weiß, in manchen Unternehmen liegt die Betonung hier auf relativ), sondern Sie können auch Websites für einzelne Projekte, Produkte und sogar Besprechungen anlegen, auf der die dafür notwendigen Informationen, Dokumente etc. abgelegt werden. Dadurch lässt sich der typische Versand von E-Mails mit unzähligen Dokumenten in unterschiedlichen Versionen gravierend eindämmen.

Legen Sie eine Website an, wählen Sie neben einem Titel auch die angesprochene Vorlage und eine URL aus. Die URL bildet dabei die Websitehierarchie ab. Angenommen, die Root-Website aus Abbildung 7.8 wird über *https://beispielag.sharepoint.com* aufgerufen, dann könnte die Abteilungswebsite für die IT über *https://beispielag.sharepoint.com/it* adressiert werden und die Helpdesk-Website über *https://beispielag.sharepoint.com/it/helpdesk*.

> **Planungshilfe beim Anlegen von Websitesammlungen**
>
> Gerade Neulinge im SharePoint-Umfeld tun sich erfahrungsgemäß schwer, eine gute Websitehierarchie aufzubauen. Viel zu vielfältig sind die Möglichkeiten. Bei der Planung einer geeigneten Struktur sollten Sie die folgenden Punkte in Ihre Überlegungen mit einbeziehen:
>
> - Teams, Abteilungen
> - Organisationsdiagramm
> - Zweck, Funktion
> - Inhaltskategorie
> - Projekte
> - Kunden
> - Berechtigungsstufen, Vertraulichkeit

Anlegen einer Websitesammlung

Um eine Websitesammlung anzulegen, wechseln Sie im SharePoint Admin Center zum entsprechenden Punkt (siehe Abbildung 7.9).

Sie finden hier bereits mehrere Websitesammlungen angelegt (abhängig von den verfügbaren Lizenzen):

- *https://MANDANTDOMÄNE.sharepoint.com*
  Diese Websitesammlung ist als Startpunkt Ihrer SharePoint-Websitestruktur zur Ablage firmeninterner Daten vorgesehen.

- *https://MANDANTDOMÄNE.sharepoint.com/portals/hub*
  Diese Websitesammlung fungiert als Einstiegspunkt für Office 365 Video. Wie der Name es schon andeutet, handelt es sich hierbei um ein Videoportal, auf dem Sie Videos hochladen und diese Ihren Anwendern zur Verfügung stellen. Hochgeladene Videos werden für unterschiedliche Bandbreiten encodiert und mit einem Player versehen. Mehr dazu lesen Sie in Abschnitt 14.2.2, »Office 365 Video«.

- *https://MANDANTDOMÄNE.sharepoint.com/search*
  Hier handelt es sich um eine spezielle Websitesammlung für eine zentralisierte Suche.

- *https://MANDANTDOMÄNE.sharepoint.com/sites/CompliancePolicyCenter*
  Eine Websitesammlung zur Konfiguration von Löschrichtlinien für SharePoint Online und OneDrive for Business Online (siehe Abschnitt 14.1.6, »Aufbewahrung«).

- *https://MANDANTDOMÄNE-my.sharepoint.com*
  Dies ist eine Websitesammlung mit dem sperrigen Bezeichner »Mein Websitehost« (siehe Abschnitt 7.7, »Benutzerprofile«).

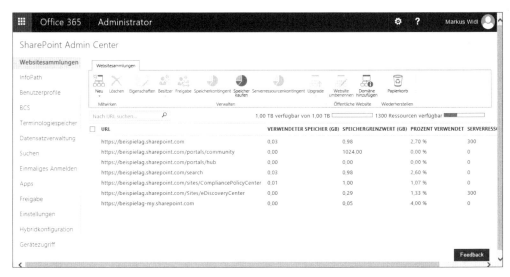

Abbildung 7.9 Verwaltung von Websitesammlungen

Hier legen Sie auch neue Websitesammlungen an, konfigurieren vorhandene etc. Bevor wir uns alle möglichen Optionen ansehen, erstellen wir über NEU • PRIVATE WEBSITESAMMLUNG eine neue Sammlung. Nach Auswahl des Menüpunkts erscheint das Fenster aus Abbildung 7.10. Geben Sie hier folgende Optionen an:

1. TITEL

   Der Titel ist frei wählbar und gilt für die Root-Website der neuen Websitesammlung. Sie sollten hier einen sprechenden Namen wählen, da der Titel für den Endanwender sichtbar ist und in der Navigation verwendet wird.

2. WEBSITEADRESSE

   Legen Sie die erste Websitesammlung an, können Sie nur die URL angeben. Ab der zweiten Sammlung zusätzlich den Adressbestandteil */sites/* oder */teams/* sowie einen weiteren Bezeichner. Achten Sie darauf, gegebenenfalls nur die in URLs erlaubten Sonderzeichen anzugeben. Der Domänenname der URL, also beispielsweise *https://beispielag.sharepoint.com*, ist nicht änderbar, auch wenn das Auswahlfeld auf dem Formular das andeutet.

3. VORLAGENAUSWAHL

   Wählen Sie die gewünschte Sprache sowie eine Vorlage für die Root-Website aus. SharePoint Online stellt eine ganze Palette unterschiedlicher Vorlagen bereit (siehe Tabelle 7.4 mit den Originalbeschreibungen). Sie können aber auch eigene Vorlagen anlegen (siehe Abschnitt 7.4.1, »Websitesammlungen«).

   Um den nächsten Beispielen folgen zu können, wählen Sie die Vorlage »Teamwebsite«. Sie enthält die Basisstruktur für die Zusammenarbeit eines kleinen Teams.

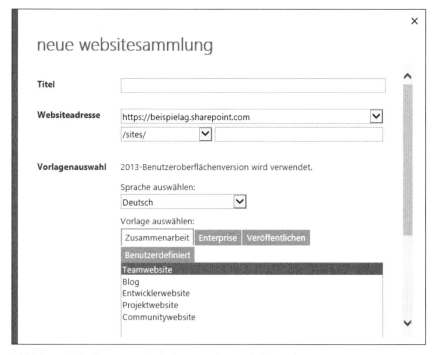

Abbildung 7.10 Eine neue Websitesammlung wird angelegt.

Vorlage	Beschreibung
Bereich »Zusammenarbeit«	
Teamwebsite	Ein Ort für die Zusammenarbeit mit einer Gruppe von Personen
Blog	Eine Website, mit der eine Person oder ein Team Ideen, Beobachtungen und Kompetenzen bereitstellen kann, zu denen Besucher der Website Kommentare abgeben können
Entwicklerwebsite	Eine Website, auf der Entwickler Apps für Office erstellen, testen und veröffentlichen können
Projektwebsite	Eine Website für die Verwaltung und Zusammenarbeit an einem Projekt. Diese Websitevorlage führt alle Statusinformationen, Kommunikationselemente und Artefakte, die für das Projekt relevant sind, an einem zentralen Ort zusammen.
Communitywebsite	Ein Ort, an dem Communitymitglieder Themen von allgemeinem Interesse diskutieren können. Mitglieder können zugehörige Inhalte durchsuchen und sichten, indem sie Kategorien auswerten, Diskussionen nach Popularität sortieren oder nur Beiträge anzeigen, für die es eine Antwort gibt. Mitglieder erlangen Zuverlässigkeitspunkte durch Teilnahme an der Community, indem sie beispielsweise Diskussionen beginnen oder Antworten auf Diskussionsbeiträge geben, mitteilen, dass ihnen Beiträge gefallen, und Antworten bewerten.
Bereich »Enterprise«	
Dokumentcenter	Eine Site für die zentrale Verwaltung von Dokumenten in Ihrem Unternehmen
eDiscovery Center	Eine Website zum Verwalten der Speicherung, zum Suchen nach und Exportieren von Inhalt aus rechtlichen Gründen und zu Untersuchungszwecken
Datenarchiv	Mit dieser Vorlage wird eine Website für die Datensatzverwaltung erstellt. Für die Datensatzverwaltung kann die Routingtabelle so konfiguriert werden, dass eingehende Dateien an bestimmte Speicherorte weitergeleitet werden. Mit dieser Website können Sie auch verwalten, ob Datensätze gelöscht oder geändert werden können, nachdem sie dem Repository hinzugefügt wurden.

Tabelle 7.4 Standard-Websitevorlagen

Vorlage	Beschreibung
Teamwebsite – SharePoint Online-Konfiguration	Eine Teamwebsite, die so konfiguriert ist, dass Organisationsmitglieder Websites bearbeiten, neue Websites erstellen sowie Freigaben für externe Benutzer erstellen können
Business Intelligence Center	Eine Website für die Darstellung von Business Intelligence Center-Inhalt in SharePoint
Unternehmenssuchcenter	Eine Website, die speziell für unternehmensweite Suchvorgänge optimiert ist. Sie umfasst eine Willkommensseite mit einem Suchfeld, das für Benutzer als Verbindung zu vier Seiten für Suchergebnisse fungiert: eine für allgemeine Suchvorgänge, eine für Personensuchvorgänge, eine für Unterhaltungssuchvorgänge und eine für Videosuchvorgänge. Sie können neue Ergebnisseiten hinzufügen und anpassen, um sich auf weitere Typen von Suchabfragen zu konzentrieren.
Mein Websitehost	Eine Website, die zum Hosten persönlicher Websites (»Meine Website«) und der öffentlichen Seite »Personenprofil« verwendet wird. Diese Vorlage muss nur einmal pro Benutzerprofil-Dienstanwendung bereitgestellt werden.
Communityportal	Eine Website zum Entdecken von Communitys
Basissuchcenter	Eine Website, deren Hauptzweck die Bereitstellung einer grundlegenden Suchfunktion ist. Diese enthält eine Begrüßungsseite mit einem Suchfeld, das Benutzer mit einer Seite mit Suchergebnissen verbindet, sowie eine Seite für erweiterte Suchen. Dieses Suchcenter wird nicht in der Navigation angezeigt.
Visio-Prozessrepository	Eine Website zum Anzeigen, Freigeben und Speichern von Visio-Prozessdiagrammen. Sie enthält eine Dokumentbibliothek mit Versionsverwaltung sowie Vorlagen für Standardflussdiagramme, funktionsübergreifende Flussdiagramme und BPMN-Diagramme.
Bereich »Veröffentlichen«	
Veröffentlichungsportal	Eine Startwebsitehierarchie für eine im Internet veröffentlichte Website oder ein großes Intranetportal. Diese Website kann problemlos mit einem unverkennbaren Branding angepasst werden.

Tabelle 7.4 Standard-Websitevorlagen (Forts.)

Vorlage	Beschreibung
	Sie umfasst eine Homepage, eine Unterwebsite mit Beispielpresseerklärungen, ein Suchcenter und eine Anmeldeseite. Normalerweise verfügt diese Website über deutlich mehr Leser als Mitwirkende, und sie wird zum Veröffentlichen von Webseiten mit Genehmigungsworkflows verwendet.
Unternehmenswiki	Eine Website zum Veröffentlichen von Wissen, an dem Sie das gesamte Unternehmen teilhaben lassen möchten. Sie stellt eine Benutzeroberfläche zum einfachen Bearbeiten von Inhalten bereit und bietet einen zentralen Ort für die gemeinsame Dokumenterstellung, Diskussionen und Projektverwaltung.

Tabelle 7.4 Standard-Websitevorlagen (Forts.)

4. ZEITZONE

   Mit der Auswahl der Zeitzone bestimmen Sie beispielsweise, nach welcher Basiszeit die Änderungsdaten an Dokumenten dargestellt werden.

5. ADMINISTRATOR

   Geben Sie hier einen Ihrer bereits vorhandenen Office 365-Benutzer an, der die volle Kontrolle über die Websitesammlung haben soll.

6. SERVERRESSOURCENKONTINGENT

   Ähnlich wie beim Speicherkontingent steht Ihnen ein Ressourcenpool zur Verfügung, den Sie auf Ihre Websitesammlungen verteilen können. Diese Ressourcen sind für eigenen Programmcode auf Basis von Sandboxed Solutions wichtig, der bei der Ausführung nur eine gewisse Ressourcenanzahl pro Tag »verbrauchen« darf. Setzen Sie keinen eigenen Programmcode ein, geben Sie hier »0« an.

   Lesen Sie zu den Ressourcen auch Abschnitt 7.15.1, »Sandboxed Solutions«.

Möglicherweise können Sie noch ein SPEICHERKONTINGENT angeben. Wenn ja, ist in Ihrem Office 365-Mandanten die automatische Websitesammlungs-Speicherverwaltung deaktiviert. Diese Einstellung finden Sie im SharePoint Admin Center im Bereich EINSTELLUNGEN. Abhängig davon, welche und wie viele SharePoint Online-Abonnements Sie abgeschlossen haben, steht Ihnen für alle Websitesammlungen gemeinsam ein unterschiedlich großer Kapazitätspool zur Verfügung (siehe hierzu Abschnitt 7.1.4, »Lizenzüberblick«). Aus diesem Pool geben Sie hier als Speicherkontingent die maximale Speichergrenze an, die die Websitesammlung mit allen Inhalten – also beispielsweise Websites und Dateien – nicht überschreiten darf. Mit der automatischen Websitesammlungs-Speicherverwaltung geben Sie keine Kapazitätsgrenze für einzelne Websitesammlungen an, sondern diese können automatisch bis zum Erreichen der verfügbaren Kapazität wachsen.

Haben Sie alle Angaben gemacht, legen Sie die neue Websitesammlung samt Root-Website mit einem Klick auf die Schaltfläche OK an. Das Anlegen dauert im Regelfall einige Sekunden. Danach können Sie Ihre neue Websitesammlung mit einem Klick auf den zugehörigen Link öffnen (siehe Abbildung 7.11).

Abbildung 7.11 Eine neue Websitesammlung wurde angelegt.

Die Angaben zu den beiden Kontingenten können Sie auch nachträglich im Punkt WEBSITESAMMLUNGEN des Administratorcenters über die Schaltflächen RESSOURCENEINSATZKONTINGENT und SPEICHERKONTINGENT verändern, beispielsweise wenn doch mehr Speicher erforderlich ist. Dort können Sie auch eine automatische Benachrichtigung per E-Mail einrichten, sodass der Websitesammlungsadministrator benachrichtigt wird, wenn der Speicher oder die verfügbaren Ressourcen knapp werden sollten (siehe Abbildung 7.12).

[»] Die Schaltfläche SPEICHERKONTINGENT wird jedoch nur angezeigt, wenn die Websitesammlungs-Speicherverwaltung nicht automatisch erfolgt.

Auch den Websitesammlungsadministrator können Sie nachträglich ändern. Wählen Sie dazu die Schaltfläche BESITZER • ADMINISTRATOREN VERWALTEN im Administratorcenter unter WEBSITESAMMLUNGEN. Der primäre Websitesammlungsadministrator ist der Benutzer, den Sie beim Anlegen der Websitesammlung ausgewählt haben. Zusätzlich können Sie dort sekundäre Websitesammlungsadministratoren angeben, die ebenfalls volle Zugriffsrechte erhalten.

Abbildung 7.12 Das Speicherkontingent einer Websitesammlung wird angepasst.

Standard-Websitesammlung

Die Standard-Websitesammlung ist bereits automatisch angelegt und unter folgender URL erreichbar: *https://MANDANTDOMÄNE.sharepoint.com* (bei Office 365 Global) bzw. *https://MANDANTDOMÄNE.sharepoint.de* (bei Office 365 Deutschland).

Der Websitesammlungsadministrator der Standard-Websitesammlung ist übrigens standardmäßig der *Company Administrator*. Dabei handelt es sich um eine spezielle Gruppe, zu der alle globalen Administratoren von Office 365 gehören (siehe Abschnitt 2.5.2, »Benutzer anlegen«).

Anlegen einer Websitesammlung mit PowerShell

Wollen Sie das Anlegen einer Websitesammlung automatisieren, um beispielsweise im großen Stil eine ganze Architektur anzulegen, bietet sich der Ansatz über PowerShell an. Im Prinzip geben Sie die gleichen Optionen an wie beim manuellen Anlegen einer Websitesammlung. Als Vorarbeit ermitteln Sie die verfügbaren Vorlagen für die Root-Website:

```
Get-SPOWebTemplate
```

Listing 7.5 Ermitteln von Websitevorlagen

Das eigentliche Anlegen einer Websitesammlung erledigen Sie dann mit dem Cmdlet `New-SPOSite`:

```
New-SPOSite -Title "Meine neue Websitesammlung" `
    -Url https://beispielag.sharepoint.com/sites/neu `
    -LocaleID 1031 `
    -Template "STS#0" `
    -TimeZoneId 4 `
    -Owner lucy@beispielag.de `
    -StorageQuota 1000 `
    -ResourceQuota 300
```

Listing 7.6 Anlegen einer Websitesammlung

In Tabelle 7.5 finden Sie eine Beschreibung der dabei verwendeten Parameter.

Parameter	Bedeutung
-Title	Titel der Root-Website
-Url	URL der Websitesammlung
-LocaleID	Sprache der Root-Website (siehe *http://msdn.microsoft.com/de-de/goglobal/bb964664*)
-Template	Vorlage für die Root-Website (ermittelt über `Get-SPOWebTemplate`)
-TimeZoneId	Zeitzone (siehe *http://msdn.microsoft.com/de-de/library/ microsoft.sharepoint.spregionalsettings.timezones.aspx*)
-Owner	Websitesammlungsadministrator
-StorageQuota	Speicherkontingent in MB
-ResourceQuota	Serverressourcenkontingent in MB

Tabelle 7.5 Parameter für »New-SPOSite«

[»] Bei der Anlage einer Websitesammlung muss ein StorageQuota angegeben werden – auch dann, wenn die automatische Websitesammlungs-Speicherverwaltung aktiviert wurde.

7.4.2 Websites

Zusammen mit der Websitesammlung haben wir in Abschnitt 7.4.1, »Websitesammlungen«, bereits eine Website basierend auf einer Vorlage angelegt, nämlich die Root-Website. Die in der Websitehierarchie untergeordneten Websites legen Sie auf einem etwas anderen Weg an. Gehen Sie dazu wie folgt vor:

1. Öffnen Sie die Website, unterhalb der die neue Website angelegt werden soll.
2. In der Schnellstartleiste am linken Rand wählen Sie den Befehl WEBSITEINHALTE. Sollte dieser nicht sichtbar sein, klicken Sie am oberen Bildschirmrand auf das ZAHNRAD (EINSTELLUNGEN) und wählen von dort aus WEBSITEINHALTE (siehe Abbildung 7.13).

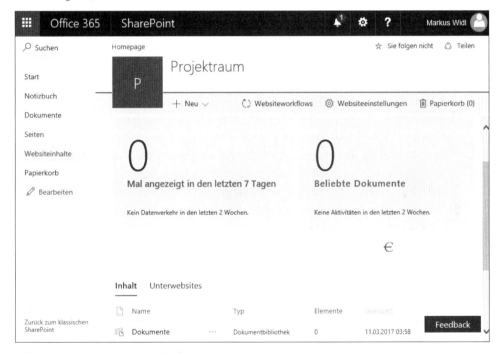

Abbildung 7.13 Der Websiteinhalt

3. Klicken Sie dann auf NEU und im erscheinenden Menü auf UNTERWEBSITE. Es erscheint das Formular aus Abbildung 7.14.
4. Geben Sie einen Titel an, und vervollständigen Sie die URL zur neuen Website. Ich verwende im Beispiel jeweils den Begriff »IT«.
5. Wählen Sie eine Vorlage aus. Am besten gehen Sie alle möglichen Vorlagen einmal durch und lesen die kurzen Beschreibungstexte. Im Beispiel verwende ich die Vorlage »Teamwebsite«.
6. Mit der Schaltfläche ERSTELLEN wird dann die Website angelegt.

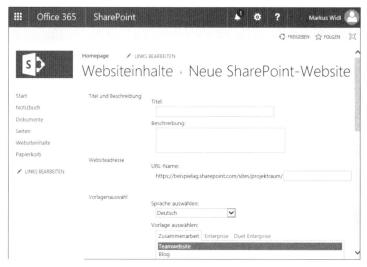

Abbildung 7.14 Eine neue Website wird angelegt.

Navigation

Im Beispiel haben wir jetzt eine Root-Website, die beispielsweise unter der URL *https://beispielag.sharepoint.com/sites/projektraum* aufgerufen wird, und eine weitere Website unterhalb von Root, und zwar mit der URL *https://beispielag.sharepoint.com/sites/projektraum/it*. Rufen Sie die Root-Website auf, sehen Sie in der horizontalen Navigationsleiste die Punkte HOMEPAGE und IT.

SharePoint spricht bei dieser Navigationsleiste übrigens von der *Leiste für häufig verwendete Links*. Rufen Sie dann die IT-Website auf. Dort enthält die horizontale Navigationsleiste nur ein IT (siehe Abbildung 7.15).

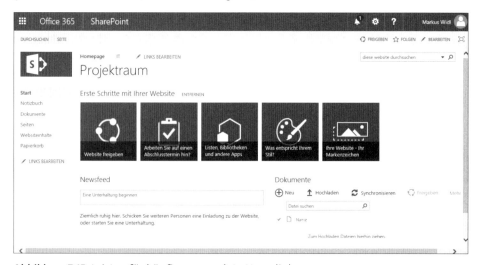

Abbildung 7.15 Leisten für häufig verwendete Hyperlinks

Für den Endanwender mag die Navigationsleiste auf der Root-Website noch einleuchten, bei der IT-Website erfahrungsgemäß nicht mehr. Bei einer Websitehierarchie empfiehlt es sich grundsätzlich, die horizontale Navigation identisch zu halten, um dem Endanwender die Positionsbestimmung zu erleichtern.

Sie können den Aufbau der Navigationsleiste von der Root-Website zu den untergeordneten Websites vererben. Dazu öffnen Sie die untergeordnete Website (im Beispiel IT) und führen dann folgende Schritte durch:

1. Rufen Sie den Befehl EINSTELLUNGEN (ZAHNRAD) • WEBSITEEINSTELLUNGEN auf.
2. Im Abschnitt AUSSEHEN UND VERHALTEN wählen Sie den Punkt LEISTE FÜR HÄUFIG VERWENDETE LINKS (siehe Abbildung 7.16).

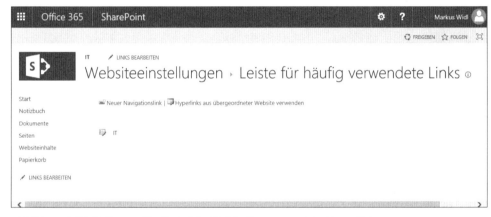

Abbildung 7.16 Optionen für die Leiste für häufig verwendete Hyperlinks

3. Klicken Sie auf HYPERLINKS AUS ÜBERGEORDNETER WEBSITE VERWENDEN. Damit werden die Einstellungen der horizontalen Navigationsleiste vererbt.

   An derselben Stelle bei der Root-Website können Sie auch weitere Links eintragen, etwa zu externen Websites.

Eine weitere einfache Navigationshilfe stellt die *Strukturansicht* dar. Wird diese aktiviert, sehen Sie in einer Liste die auf der aktuellen Website enthaltenen Elemente sowie die Unterwebsites (siehe Abbildung 7.17). Um die Strukturansicht zu aktivieren, gehen Sie wie folgt vor:

1. Wählen Sie den Befehl EINSTELLUNGEN (ZAHNRAD) • WEBSITEEINSTELLUNGEN.
2. Im Abschnitt AUSSEHEN UND VERHALTEN wählen Sie den Punkt NAVIGATIONSELEMENTE.
3. Aktivieren Sie dann die Strukturansicht.

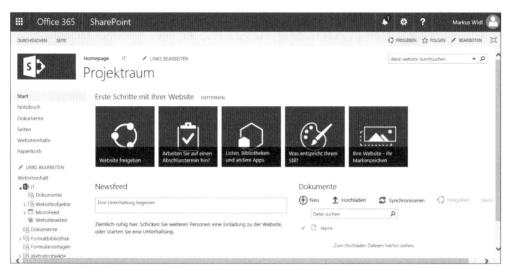

Abbildung 7.17 Die Strukturansicht

Eigene Websitevorlagen

Kommen wir noch einmal zurück zu den Websitevorlagen. SharePoint Online bietet ja bereits von sich aus eine große Palette an Vorlagen für die unterschiedlichsten Einsatzzwecke. Doch für manche Zwecke sind sie zu allgemein. Nehmen wir an, Sie haben in den Aufbau einer Abteilungswebsite viel Aufwand gesteckt (wie das geht, folgt in den nächsten Abschnitten) und wollen diese Website nun als Vorlage für alle anderen Abteilungen einsetzen. Dann gehen Sie wie folgt vor:

1. Öffnen Sie die Website, die Sie als Vorlage speichern wollen.
2. Rufen Sie den Befehl EINSTELLUNGEN (ZAHNRAD) • WEBSITEEINSTELLUNGEN auf.
3. Im Abschnitt WEBSITEAKTIONEN wählen Sie den Punkt WEBSITE ALS VORLAGE SPEICHERN (siehe Abbildung 7.18).
4. Geben Sie einen DATEINAMEN, einen VORLAGENNAMEN und eine VORLAGENBESCHREIBUNG ein. Die letzten beiden Angaben sollten sprechend sein, da sie später bei der Auswahl einer Websitevorlage zu sehen sind. Außerdem können Sie den möglicherweise vorhandenen Inhalt aus den Listen und Bibliotheken in die Vorlage mit aufnehmen.

Wenn Sie dann, wie zuvor beschrieben, eine neue Website anlegen, finden Sie bei der Vorlagenauswahl unter der Registerkarte BENUTZERDEFINIERT Ihre neue Vorlage aufgelistet (siehe Abbildung 7.19).

Abbildung 7.18 Eine Website wird als Vorlage gespeichert.

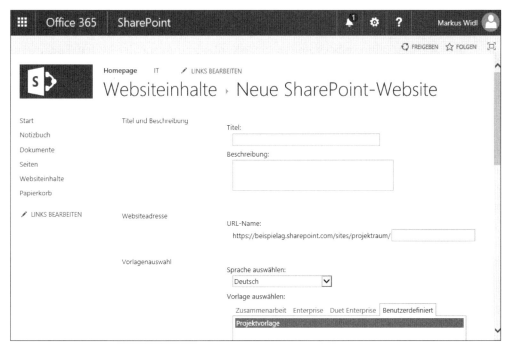

Abbildung 7.19 Eine eigene Vorlage wird ausgewählt.

Die neue Vorlage gilt für die komplette Websitesammlung. Sie ist also überall innerhalb der Websitesammlung beim Anlegen einer neuen Website verfügbar. In einer anderen Websitesammlung finden Sie Ihre eigene Vorlage dagegen nicht.

Wollen Sie Ihre Vorlage entfernen, können Sie dies von der Root-Website aus unter EINSTELLUNGEN (ZAHNRAD) • WEBSITEEINSTELLUNGEN im Abschnitt WEB-DESIGNER-KATALOGE unter LÖSUNGEN vornehmen.

Websites löschen

Benötigen Sie eine Website nicht mehr, können Sie sie samt Inhalt mit folgenden Schritten löschen:

1. Öffnen Sie die Website, die Sie löschen wollen.
2. Wählen Sie den Befehl EINSTELLUNGEN (ZAHNRAD) • WEBSITEEINSTELLUNGEN.
3. Im Abschnitt WEBSITEAKTIONEN wählen Sie den Punkt DIESE WEBSITE LÖSCHEN.

Websites vom Endanwender anlegen lassen

Grundsätzlich werden Sie Websites als Administrator selbst anlegen oder von Power-Usern anlegen lassen. Vielleicht wollen Sie aber auch ein Szenario umsetzen, bei dem die Endanwender selbst bei Bedarf eine Website anlegen können sollen, beispielsweise als Ablageort für bestimmte Besprechungen oder Projekte. Und um das IT-Personal zu entlasten, soll der Endanwender diese Websites selbst anlegen können. Allerdings ist der eben gezeigte Vorgang für den Endanwender eher zu umständlich.

In SharePoint Online gibt es eine spezielle Konfiguration, mit der Sie dem Endanwender über die SharePoint-App im App-Launcher die Möglichkeit geben, unterhalb einer fest definierten Website eigene Unterwebsites anzulegen. Die Konfiguration dazu finden Sie im SharePoint Admin Center im Bereich EINSTELLUNGEN (siehe Abbildung 7.20).

Im Abschnitt WEBSITE STARTEN wählen Sie die Option LINK ANZEIGEN, um die Funktionalität grundsätzlich zu aktivieren. Anschließend geben Sie den Pfad zur Website an, unterhalb der vom Endanwender angelegte Websites erstellt werden sollen. Das waren dann auch schon die wesentlichen Konfigurationen. Gegebenenfalls können Sie noch vorgeben, dass der Endanwender beim Anlegen einer Websiteklassifizierung einen sekundären Kontakt auswählen kann oder muss. Theoretisch wäre auch die Angabe eines Formulars möglich, über das der Endanwender beim Anlegen der Website geführt wird. Auf diesem Formular könnten Sie beispielsweise Nutzungsbedingungen oder Anleitungen hinterlegen.

7.4 SharePoint-Architektur

Abbildung 7.20 Einstellungen im SharePoint Admin Center

Nach der Konfiguration kann der Endanwender in der SharePoint-App auf WEBSITE ERSTELLEN klicken (siehe Abbildung 7.21).

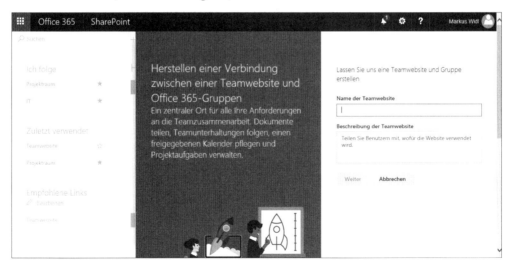

Abbildung 7.21 Eine neue Website starten

Letztendlich erstellt der Anwender über diesen Weg nicht nur eine Website, sondern eine komplette Office 365-Gruppe. Lesen Sie hierzu Kapitel 11, »Office 365-Gruppen«.

7.4.3 Listen und Bibliotheken

Listen und Bibliotheken (auch *Dokumentbibliotheken* genannt) werden innerhalb von Websites angelegt. Im Regelfall finden Sie bereits nach dem Anlegen einer neuen Website einen Stapel bereits vordefinierter Listen und Bibliotheken vor, bei der zuvor verwendeten Teamwebsite beispielsweise die Bibliothek *Dokumente*. Welche bereits vorhanden sind (auch die nicht in der linken Navigation angezeigten), finden Sie mit einem Klick auf WEBSITEINHALTE heraus (siehe Abbildung 7.22). Sollte der Link nicht angezeigt werden, gehen Sie in die EINSTELLUNGEN (ZAHNRAD) • WEBSITEINHALTE.

Die Ansicht enthält nicht nur Listen und Bibliotheken, sondern gegebenenfalls auch Anwendungen, *Apps* genannt.

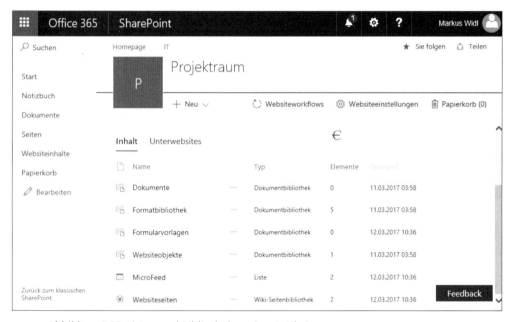

Abbildung 7.22 Listen und Bibliotheken einer Website

Die linke Navigationsleiste wird bei SharePoint übrigens *Schnellstartleiste* genannt.

Listen gehören zu den wesentlichen Verwaltungsstrukturen innerhalb von SharePoint. Am ehesten können Sie sich eine Liste wie eine Tabelle in einer Datenbank vorstellen. Im Regelfall wird der Inhalt einer solchen Liste in Tabellenform dargestellt (siehe Abbildung 7.23), allerdings gibt es manchmal auch spezielle Ansichten wie beim Kalender (siehe Abbildung 7.24).

7.4 SharePoint-Architektur

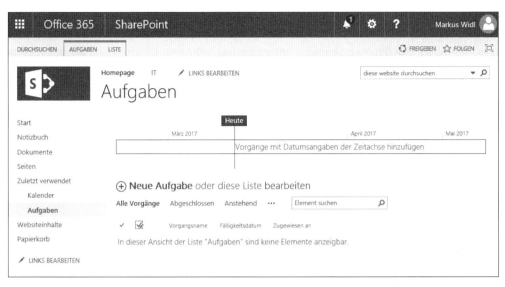

Abbildung 7.23 Eine Liste in Tabellendarstellung

Abbildung 7.24 Die Liste »Kalender« in einer speziellen Ansicht

Bei Bibliotheken handelt es sich um Erweiterungen von Listen, bei denen der primäre Verwendungszweck in der Aufnahme und Verwaltung von Dateien liegt (siehe Abbildung 7.25). So können Sie Bibliotheken mit Ordnern im Dateisystem vergleichen, doch haben Bibliotheken gegenüber diesen einige massive Vorteile, beispielsweise diese:

▶ *Metadaten*
Bibliotheken werden mit Metadatenspalten ausgestattet, die die Dateien beschreiben. Im Regelfall gibt es Spalten wie TITEL, GEÄNDERT (ZEITPUNKT) und GEÄN-

dert von. Allerdings können Sie auch weitere Spalten anlegen, beispielsweise die Spalten Standort, Ansprechpartner, Abteilung, Status, Sprache und Wert. Nach diesen Spalten können Sie dann die Dateien in der Bibliothek filtern, sortieren und gruppieren.

- *Inhaltstypen*
Inhaltstypen hängen stark mit den Metadaten zusammen. Es handelt sich um verschiedene Sätze unterschiedlicher Metadatenspalten. Sollen in einer Bibliothek etwa Produktbeschreibungen und Produktbudgetierungen gemeinsam abgelegt werden, sind möglicherweise unterschiedliche Metadatenspalten erforderlich. Mit Inhaltstypen kann dies realisiert werden. Beim Anlegen einer neuen Datei werden der gewünschte Inhaltstyp und damit die möglichen Metadatenspalten ausgewählt.

- *Ansichten*
Basierend auf den Metadatenspalten können Sie für eine Bibliothek verschiedene Ansichten anlegen, die etwa bestimmte Dateien in der Anzeige ausfiltern, beispielsweise alle Dateien eines bestimmten Standorts.

- *Versionierung*
Für jede Bibliothek können Sie die Versionierung aktivieren. Von da ab speichert SharePoint eine Anzahl der letzten Dateiversionen. Im Bedarfsfall können Sie sich die alten Versionen ansehen und zu diesen zurückkehren.

- *Einchecken* und *Auschecken*
Damit eine Datei nicht von mehreren Personen gleichzeitig verändert wird und dadurch ein Konflikt entsteht, können Dateien ausgecheckt werden. Damit kann nur die auscheckende Person Änderungen an der Datei vornehmen. Andere Personen können aber noch lesend auf die Datei zugreifen.

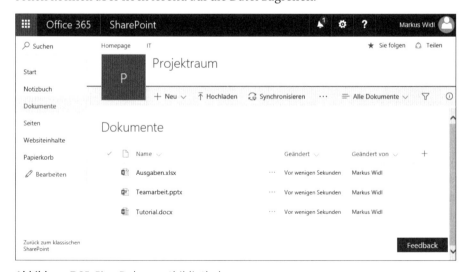

Abbildung 7.25 Eine Dokumentbibliothek

▶ *Workflows*
Automatisch mit dem Anlegen bzw. Ändern oder auch manuell kann ein Workflow gestartet werden, beispielsweise zur Genehmigung einer Datei, einer Anschaffung oder des nächsten Urlaubs. Dabei könnte SharePoint den Genehmiger per E-Mail über den neuen Prozess informieren. Der Genehmiger würde dann in SharePoint ein Formular aufrufen, mit dem er seine Entscheidung abgeben kann.

Moderne und klassische Listen und Bibliotheken

SharePoint Online unterstützt derzeit zwei verschiedene Ansichten von Listen und Bibliotheken: die klassische und historisch ältere Ansicht mit einem Menüband sowie eine modernere Ansicht mit prominent platzierten Schaltflächen, die auch auf Mobilgeräten mit dem Finger leicht getroffen werden können. Ein Beispiel für die klassische Darstellung einer Bibliothek sehen Sie in Abbildung 7.26.

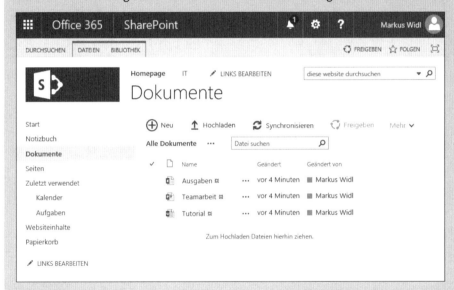

Abbildung 7.26 Eine Dokumentbibliothek in der klassischen Ansicht

Öffnen Sie eine Liste in der klassischen Ansicht, finden Sie in der Menüband-Oberfläche die Registerkarten ELEMENTE und LISTE, bei Bibliotheken DATEIEN und BIBLIOTHEK. Mit der jeweils letzten Registerkarte können Sie die Liste bzw. Bibliothek selbst bearbeiten (siehe Abbildung 7.27), beispielsweise neue Spalten und Ansichten anlegen. Die jeweils erste Registerkarte enthält Befehle für die Einträge in den Listen bzw. die Dateien in den Bibliotheken (siehe Abbildung 7.28). Um zu den Einstellungen einer Liste oder einer Bibliothek zu gelangen, öffnen Sie im Menüband die Registerkarte LISTE bzw. BIBLIOTHEK und klicken dann auf das Symbol LISTENEINSTELLUNGEN bzw. BIBLIOTHEKSEINSTELLUNGEN.

Abbildung 7.27 Die Menüband-Registerkarte »Bibliothek«

Abbildung 7.28 Die Menüband-Registerkarte »Dateien«

Bei der modernen Ansicht ist das Menüband nicht zu sehen. Der Zugriff auf die Befehle, mit der Sie die Liste oder die Bibliothek modifizieren, erfolgt über das Symbol EINSTELLUNGEN (ZAHNRAD) und dann LISTENEINSTELLUNGEN bzw. BIBLIOTHEKSEINSTELLUNGEN.

Sie können für jede Liste und Bibliothek separat entscheiden, in welcher Ansicht der Inhalt dargestellt werden soll. Öffnen Sie dazu die jeweiligen Einstellungen, und wechseln Sie dann im Abschnitt ALLGEMEINE EINSTELLUNGEN zu den ERWEITERTEN EINSTELLUNGEN. Damit erreichen Sie eine lange Liste von Optionen. Die erforderliche Option zur Auswahl der gewünschten Ansicht nennt sich LISTENERFAHRUNG (siehe Abbildung 7.29).

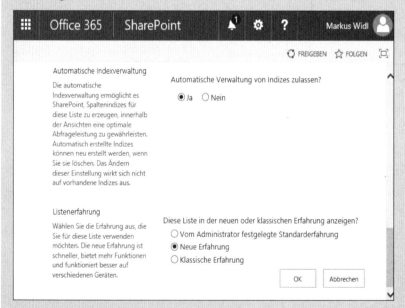

Abbildung 7.29 Umschalten zwischen klassischer und moderner Ansicht

Zur Auswahl steht hier neben der NEUEN ERFAHRUNG und der KLASSISCHEN ERFAHRUNG zusätzlich die Option VOM ADMINISTRATOR FESTGELEGTE STANDARDERFAHRUNG. Gemeint ist damit eine Einstellung im SharePoint Admin Center im Bereich EINSTEL-

LUNGEN. Dort können Sie unter SHAREPOINT-LISTEN und BIBLIOTHEKEN-ERFAHRUNG die gewünschte Standardeinstellung auswählen. Zur Wahl stehen die Optionen KLASSISCHE ERFAHRUNG und NEUE ERFAHRUNG (AUTOMATISCHE ERKENNUNG). Der Hinweis in den Klammern steht für eine automatische Kompatibilitätsprüfung, ob die konkrete Liste oder Bibliothek in der modernen Ansicht auch funktioniert. Ist dort beispielsweise eine Erweiterung eingebunden, die in der modernen Ansicht nicht korrekt arbeitet, wird automatisch auf die klassische Ansicht umgeschaltet.

Listen und Bibliotheken anlegen

Eine neue Liste und Bibliothek legen Sie wieder über die Einstellungen an:

1. Wählen Sie den Befehl EINSTELLUNGEN (ZAHNRAD) • APP HINZUFÜGEN.
2. Im erscheinenden Fenster wählen Sie eine der gewünschten Vorlagen (siehe Abbildung 7.30).

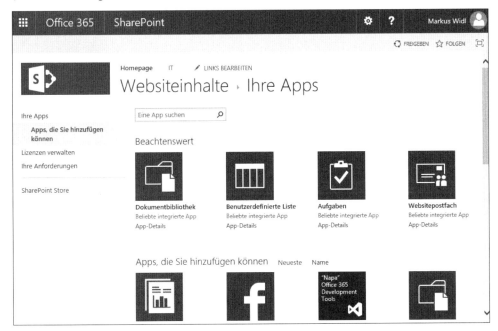

Abbildung 7.30 Auswahl einer Vorlage

3. Geben Sie rechts einen Namen für die neue Liste oder Bibliothek ein, und klicken Sie auf ERSTELLEN.

   Sollte der Name Leer- oder Sonderzeichen enthalten, die in URLs nicht verwendet werden dürfen, geben Sie den Namen zunächst so ein, wie Sie sich die URL zu der Liste oder Bibliothek wünschen. Der Name wird nämlich an die URL zur Website angehängt. Beispiel: Sie wollen eine neue Bibliothek mit dem Namen »Wichtige

Dokumente« anlegen, dann geben Sie als Namen beim Anlegen »WichtigeDokumente« an. Dadurch lautet die URL zur Bibliothek *http://.../wichtigedokumente* und nicht *http://.../wichtige%20dokumente*. Nachdem die Bibliothek angelegt wurde, ändern Sie über die Einstellungen ihren Titel, damit der Name in der Navigation richtig angezeigt wird.

Nachdem die neue Liste bzw. Bibliothek angelegt wurde (siehe Abbildung 7.31), können Sie sie über die Einstellungen weiter konfigurieren.

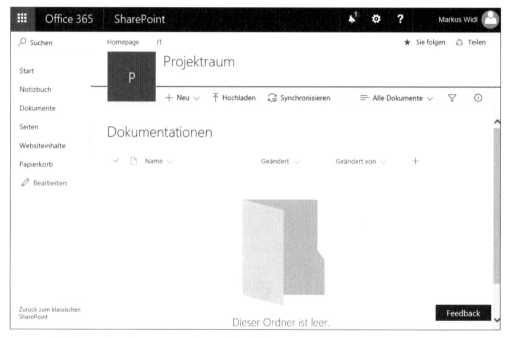

Abbildung 7.31 Eine neu angelegte Bibliothek

Spalten hinzufügen

Zu Ihren neuen Listen und Bibliotheken können Sie weitere Metadatenspalten hinzufügen. Bei Listen und Bibliotheken in der modernen Ansicht gehen Sie wie folgt vor:

1. Öffnen Sie die Liste oder Bibliothek.
2. Rechts neben den Spaltenüberschriften der Metadaten finden Sie eine Schaltfläche zum Hinzufügen weiterer Spalten (Plus-Symbol) (siehe Abbildung 7.32). Klicken Sie auf dieses, erscheint ein Kontextmenü, mit dem Sie direkt eine neue Spalte in verschiedenen *Informationstypen* anlegen können (Einzelne Zeile Text, Zahl, Datum und Uhrzeit etc.). Idealerweise wählen Sie hier aber keinen Informationstyp, sondern klicken auf Mehr. Denn dann erhalten Sie im weiteren Verlauf viel mehr Optionen, mit denen Sie die Spalte definieren.

7.4 SharePoint-Architektur

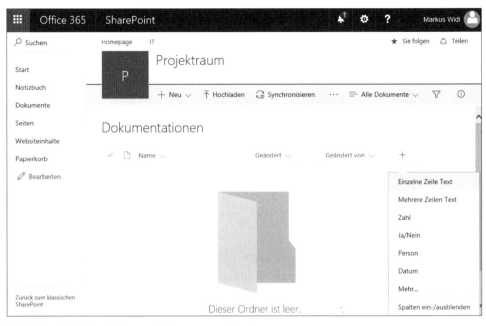

Abbildung 7.32 Symbol zum Anlegen neuer Spalten

3. Legen Sie den Spaltennamen fest.
4. Wählen Sie einen INFORMATIONSTYP für die Spalte (EINE TEXTZEILE, ZAHL, WÄHRUNG, AUSWAHL, DATUM UND UHRZEIT etc.) (siehe Abbildung 7.33). Abhängig von dieser Auswahl ändern sich die weiteren angebotenen Optionen.
5. Legen Sie die Spalte mit OK an.

Abbildung 7.33 Eine neue Spalte wird angelegt.

793

Im Gegensatz zur Vorgehensweise bei der modernen Ansicht legen Sie in der klassischen Ansicht neue Spalten bei Listen und Bibliotheken über folgende Schritte an:

1. Öffnen Sie die Liste oder Bibliothek.
2. Auf der Menüband-Registerkarte LISTE bzw. BIBLIOTHEK wählen Sie den Befehl SPALTE ERSTELLEN (siehe Abbildung 7.33).
3. Legen Sie einen Spaltennamen fest.
4. Wählen Sie einen INFORMATIONSTYP für die Spalte (EINE TEXTZEILE, ZAHL, WÄHRUNG, AUSWAHL, DATUM UND UHRZEIT etc.). Abhängig von dieser Auswahl ändern sich die weiteren angebotenen Optionen.
5. Legen Sie die Spalte mit OK an.

Ansicht erstellen

Mit der Ansicht wählen Sie aus, welche Metadatenspalten und welche Listeneinträge bzw. Dateien wie dargestellt werden sollen. So ist beispielsweise eine Anzeige von Dateien nach dem eigenen, als Spalte angelegten Metakriterium »Standort« möglich.

In der modernen Ansicht von Listen und Bibliotheken wählen Sie eine Ansicht der dargestellten Einträge bzw. Dateien über das Auswahlfeld am rechten Rand der Aktionsleiste. Standardmäßig ist dort die Ansicht ALLE ELEMENTE ausgewählt (siehe Abbildung 7.34).

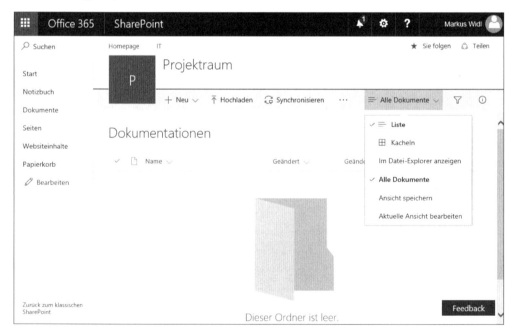

Abbildung 7.34 Auswahl einer Ansicht in der modernen Ansicht

In der klassischen Ansicht von Listen und Bibliotheken finden Sie auf der Menüband-Registerkarte LISTE bzw. BIBLIOTHEK die Auswahl einer ANSICHT (siehe Abbildung 7.35). Auch links neben dem Suchfeld finden Sie die verfügbaren Ansichten.

Abbildung 7.35 Auswahl einer Ansicht in der klassischen Ansicht

Um eine eigene Ansicht zu erstellen, gehen Sie wie folgt vor:

1. Öffnen Sie die Eigenschaften der Liste oder Bibliothek, und klicken Sie auf ANSICHT ERSTELLEN.
2. Wählen Sie einen ANSICHTSTYP für die neue Ansicht (beispielsweise STANDARDANSICHT oder KALENDERANSICHT; siehe Abbildung 7.36).

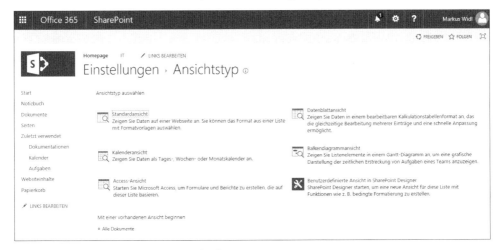

Abbildung 7.36 Auswahl eines Ansichtsformats

3. Geben Sie der neuen Ansicht einen Namen, unter dem sie in der Navigation für die Anwender sichtbar sein soll (siehe Abbildung 7.37).

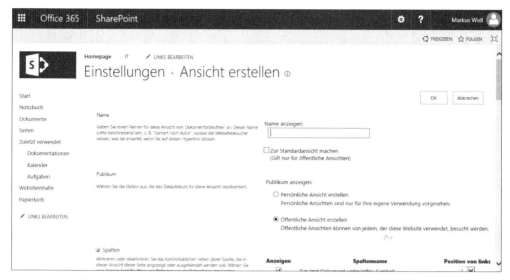

Abbildung 7.37 Anlegen einer neuen Ansicht

[»] Sie können hier auch festlegen, dass die neue Ansicht zur *Standardansicht* werden soll. Die Standardansicht wird immer zuerst ausgewählt, wenn die Liste bzw. Bibliothek geöffnet wird.

4. Legen Sie die weiteren Optionen fest, wie Auswahl und Reihenfolge der Spalten, Sortierung, Filterung etc.
5. Klicken Sie auf die Schaltfläche OK.

Eigene Listen- und Bibliotheksvorlagen

Wollen Sie eine bestehende Liste oder Bibliothek als Vorlage speichern, geht das über folgende Schritte:

1. Öffnen Sie die Liste oder Bibliothek.
2. Öffnen Sie die Einstellungen der Liste oder Bibliothek.
3. Im Abschnitt BERECHTIGUNGEN UND VERWALTUNG wählen Sie den Punkt LISTE ALS VORLAGE SPEICHERN bzw. DOKUMENTBIBLIOTHEK ALS VORLAGE SPEICHERN.

Beim Speichern als Vorlage können Sie auch den bestehenden Inhalt der Liste bzw. Bibliothek in die Vorlage mit aufnehmen (siehe Abbildung 7.38).

Abbildung 7.38 Anlegen einer Bibliotheksvorlage

Listen und Bibliotheken löschen

Benötigen Sie eine Liste oder Bibliothek nicht mehr, können Sie sie samt Inhalt mit folgenden Schritten löschen:

1. Öffnen Sie die Liste oder Bibliothek.
2. Öffnen Sie die Einstellungen der Liste oder Bibliothek.
3. Im Abschnitt BERECHTIGUNGEN UND VERWALTUNG wählen Sie den Punkt LISTE LÖSCHEN bzw. DOKUMENTBIBLIOTHEK LÖSCHEN.

7.4.4 Ordner

Dokumentbibliotheken erlauben es, standardmäßig Ordner anzulegen. Dazu klicken Sie in der Aktionsleiste auf NEU. In der klassischen Ansicht verwenden Sie die Menüband-Registerkarte DATEIEN. Um das Anlegen von Ordnern zu unterbinden oder bei Listen zu erlauben – dort ist es standardmäßig nicht erlaubt –, gehen Sie über die ERWEITERTEN EINSTELLUNGEN der Bibliothek oder Liste (siehe Abbildung 7.39). Allerdings unterstützen nicht alle Listenarten das Anlegen von Ordnern.

Bevor Sie sich daranmachen, innerhalb einer Bibliothek eine Ordnerstruktur anzulegen, sollten Sie immer überlegen, ob die damit verbundene Gruppierung von Dateien nicht eleganter über eine Metadatenspalte samt einer Ansicht zu lösen wäre.

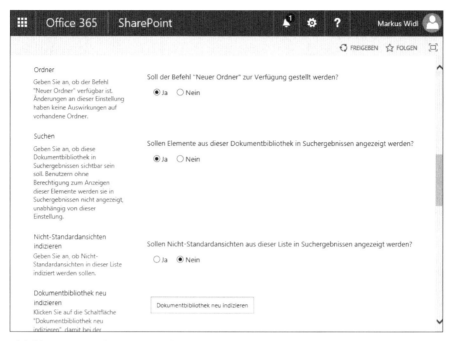

Abbildung 7.39 Anlegen von Ordnern erlauben und verbieten

7.4.5 Listeneinträge und Dateien

Beim Anlegen neuer Listeneinträge werden die Metadaten für das neue Element abgefragt. Abbildung 7.40 zeigt ein Beispiel für einen neuen Eintrag in einer Aufgabenliste.

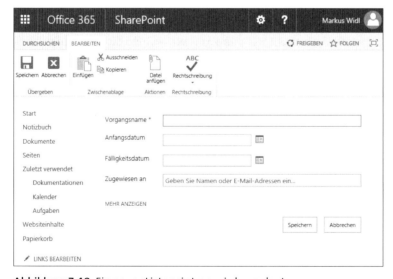

Abbildung 7.40 Ein neuer Listeneintrag wird angelegt.

Ein klein wenig anders stellt sich dies beim Hochladen von Dateien in Bibliotheken dar. Wählen Sie den entsprechenden Befehl, und geben Sie zunächst die Dateien an (siehe Abbildung 7.41). Nach dem Hochladen können Sie die Eigenschaften anpassen (siehe Abbildung 7.42).

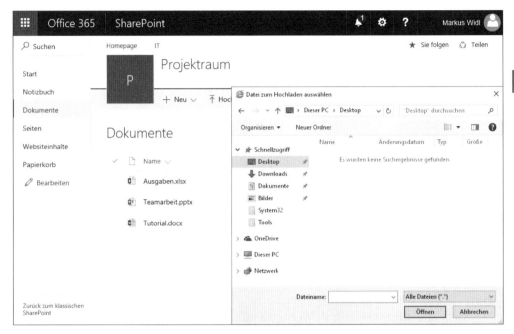

Abbildung 7.41 Eine Datei zum Hochladen wird ausgewählt.

Die Befehle für Listeneinträge bzw. Dateien finden Sie bei der klassischen Ansicht auf den Menüband-Registerkarten ELEMENT bzw. DATEIEN. Daneben gibt es aber jeweils ein Kontextmenü, wie Sie in Abbildung 7.43 beispielsweise für Dateien einer Bibliothek sehen. Das Kontextmenü erreichen Sie jeweils mit einem Klick auf die drei Punkte.

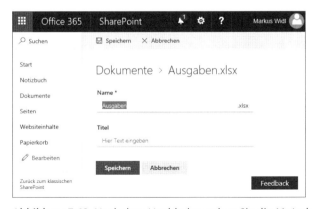

Abbildung 7.42 Nach dem Hochladen geben Sie die Metadaten an.

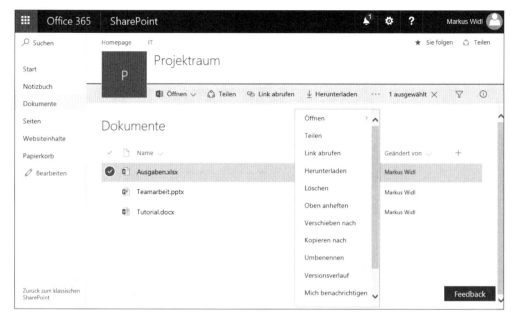

Abbildung 7.43 Kontextmenü für eine Datei in einer Bibliothek

7.4.6 Webparts

Webparts können Sie sich als Webanwendungen vorstellen, die innerhalb der Oberfläche von SharePoint-Websites ausgeführt werden. Nehmen wir als Beispiel die Startseite einer Website, basierend auf der Vorlage »Teamwebsite« (siehe Abbildung 7.44).

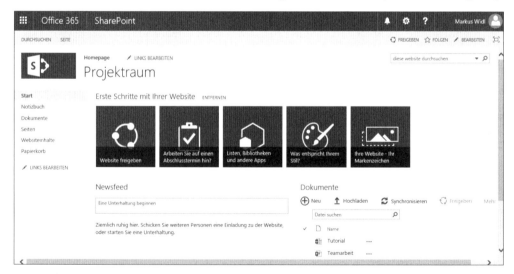

Abbildung 7.44 Site mit verschiedenen Webparts

Dort wird der Inhalt der Bibliothek DOKUMENTE dargestellt. Dies wird über ein entsprechendes Webpart realisiert. Die Darstellung von Listen und Bibliotheksinhalten wird dabei über *App-Webparts* vorgenommen. App-Webparts können aber auch aus entwickelten Lösungen stammen und Anwendungsfunktionen mitbringen (siehe Abschnitt 7.15, »Anpassen von SharePoint Online«).

Neben der Darstellung von Listen- und Bibliotheksinhalten gibt es aber in SharePoint Online bereits eine große Palette vorgefertigter Webparts, mit denen Sie beispielsweise Bilder, RSS-Feeds, Excel-Dateien oder Visio-Diagramme darstellen, die Suche aufrufen und vieles mehr. Sollten Ihnen diese Webparts nicht ausreichen, können Sie auch eigene mithilfe von *Visual Studio* entwickeln (siehe Abschnitt 7.15, »Anpassen von SharePoint Online«).

Um ein Webpart zu platzieren, muss die jeweilige Seite dies unterstützen. Dazu gehören etwa die Startseiten der Teamwebsites oder auch alle Seiten, die Sie über den Befehl EINSTELLUNGEN (ZAHNRAD) • SEITE HINZUFÜGEN anlegen. Bei diesen Seiten gehen Sie wie folgt vor:

1. Versetzen Sie die Seite mit dem Befehl EINSTELLUNGEN (ZAHNRAD) • SEITE BEARBEITEN in den Bearbeitungsmodus. Dadurch werden die Menübänder mit entsprechenden Befehlen angepasst.
2. Setzen Sie die Einfügemarke an die Stelle, an der Sie ein Webpart platzieren wollen.
3. Auf der Menüband-Registerkarte EINFÜGEN finden Sie im Abschnitt WEBPARTS ebendiese (siehe Abbildung 7.45).

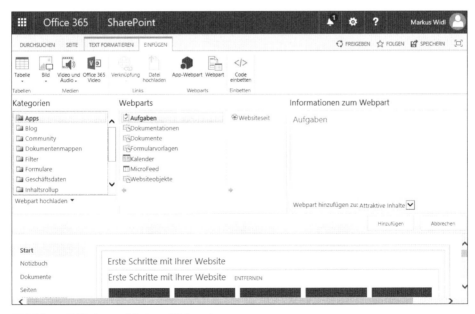

Abbildung 7.45 Auswahl eines Webparts

Webparts verfügen grundsätzlich über Konfigurationsoptionen. Um diese Optionen eines bereits platzierten Webparts aufzurufen, fahren Sie mit der Maus auf das Webpart, klicken in der Titelleiste rechts auf den Pfeil und wählen im Menü den Befehl WEBPART BEARBEITEN. Daraufhin erscheint am rechten Rand der Anzeige eine Optionsleiste (siehe Abbildung 7.46).

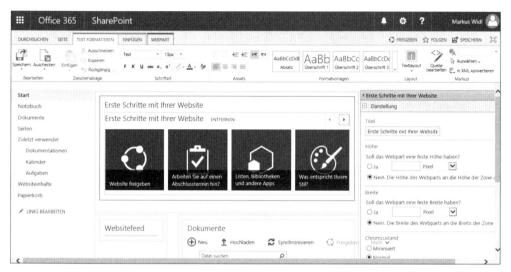

Abbildung 7.46 Ein Webpart wird konfiguriert.

Nachdem Sie die Webparts platziert und konfiguriert haben, speichern Sie Ihre Änderungen mithilfe der Schaltfläche SPEICHERN.

7.4.7 SharePoint-App im App-Launcher

Um den Anwendern einen möglichst einfachen Zugriff auf die mit der Zeit immer größer werdende Anzahl an SharePoint-Websites zu erleichtern, wurde der App-Launcher um die *SharePoint-App* ergänzt (siehe Abbildung 7.47).

Die Ansicht teilt sich in verschiedene Bereiche auf:

❶ Im Bereich HÄUFIG findet der Anwender die Websites vor, die er in der Vergangenheit häufig besucht hat. Jede Kachel enthält dabei den Namen der jeweiligen Website sowie gegebenenfalls auch eine Anzahl von Aktionen, die in der nahen Vergangenheit auf dieser Website vorgenommen wurden, beispielsweise Änderungen an Dateien. Diese Aktionen müssen nicht zwangsläufig die zuletzt vorgenommenen Änderungen repräsentieren. Durch den Office Graphen (siehe Abschnitt 13.3, »MyAnalytics«) werden für den jeweiligen Anwender die relevantesten Aktionen ermittelt und dargestellt.

7.4 SharePoint-Architektur

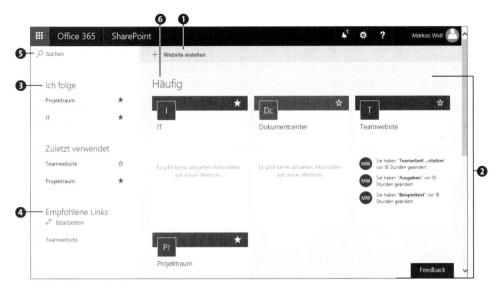

Abbildung 7.47 SharePoint-App

❷ Der Bereich VORGESCHLAGEN enthält ebenfalls in der Kacheldarstellung verschiedene Websites, die vermutlich für den Anwender ebenfalls von hoher Relevanz sind. Die dort angezeigte Auswahl von Websites wird ebenfalls über den Office Graphen ermittelt.

❸ Der Bereich ICH FOLGE enthält eine Liste aller vom Anwender verfolgten Websites. Um einer Website zu folgen, klickt der Anwender auf das Stern-Symbol in der Kacheldarstellung der Bereiche HÄUFIG und VORGESCHLAGEN. Doch auch wenn der Anwender eine Website geöffnet hat, kann er ihr folgen. Dazu klickt er rechts oben auf FOLGEN (siehe Abbildung 7.48).

Abbildung 7.48 Folgen einer SharePoint-Website

❹ Der Bereich EMPFOHLENE LINKS enthält eine statische Liste an Links, die der SharePoint-Administrator für alle Anwender vorgesehen hat. Der Link zum BEARBEITEN der Liste wird auch nur angezeigt, wenn der Anwender über SharePoint-Administrationsrechte verfügt.

❺ Mit dem Suchfeld suchen Sie gleichzeitig nach Websites und Dateiinhalten.

❻ Mit WEBSITE ERSTELLEN kann der Anwender eine eigene SharePoint-Website erzeugen. Den Hintergrund und die Administration dazu beschreibe ich in Abschnitt 7.4.2, »Websites«.

7.5 Berechtigungen

Das Berechtigungskonzept von SharePoint ist recht komplex. Ich empfehle Ihnen, der Umsetzung eine gute Planung voranzustellen. Viel zu schnell hat man sich sonst im Dickicht der unterschiedlichen Konfigurationsmöglichkeiten verfangen.

Ich bespreche zunächst, wie Anwender des eigenen Office 365-Mandanten mit einer SharePoint Online-Lizenz berechtigt werden können. Anschließend folgt das Einladen von *externen Benutzern*.

Wollen Sie einem Ihrer Office 365-Benutzer Zugang zu SharePoint Online gewähren, muss dieser über eine entsprechende Lizenz verfügen.

7.5.1 Berechtigungskonzept

Sie können in SharePoint Online auf verschiedenen Ebenen Berechtigungen vergeben. Die wichtigsten sind:

- Website
- Liste bzw. Bibliothek
- Ordner
- Listeneintrag bzw. Datei

Grundsätzlich werden dabei die Berechtigungen einer übergeordneten Ebene nach unten weitervererbt, solange die Vererbung nicht aufgebrochen wird. Berechtigen Sie beispielsweise einen Benutzer auf Ebene einer Website mit Schreibrechten, gelten diese zunächst auf der kompletten Website samt Listen und Bibliotheken, aber auch auf den in der Websitehierarchie weiter unten angesiedelten Websites und für deren Inhalt.

Folgende Objektarten können Sie mit Berechtigungen in SharePoint versehen:

- Benutzer aus dem Office 365-Verzeichnisdienst, denen Sie eine SharePoint Online-Lizenz zugewiesen haben (siehe Abschnitt 2.5.2, »Benutzer anlegen«)
- Sicherheitsgruppen aus dem Office 365-Verzeichnisdienst (siehe Abschnitt 2.5.6, »Sicherheitsgruppen«)

    Dazu gehören auch E-Mail-aktivierte Gruppen, die Sie von Exchange Online aus angelegt haben. Verteilergruppen können dagegen nicht berechtigt werden.
- Office 365-Gruppen (siehe Kapitel 11, »Office 365-Gruppen«)
- externe Benutzer, die nicht zu Ihrer Umgebung gehören (siehe Abschnitt 7.5.3, »Externe Benutzer verwalten«)

[»] Ein oft gemachter Fehler ist die Annahme, dass als Administratoren angelegte Office 365-Benutzer automatisch auch Administratoren der Websitesammlungen wären.

Das ist im Allgemeinen nicht so. Nur der beim Anlegen der Websitesammlung ausgewählte Benutzer hat tatsächlich Administratorrechte. Die Office 365-Administratoren haben damit zunächst noch keinerlei Zugriff auf die SharePoint-Inhalte.

Bei der Standard-Websitesammlung, die Sie unter *MANDANTDOMÄNE.sharepoint.com* (Office 365 Global) bzw. *MANDANTDOMÄNE.sharepoint.de* (Office 365 Deutschland) aufrufen, ist als Websitesammlungsadministrator die Gruppe *Company Administrator* angegeben. Alle globalen Office 365-Administratoren sind Mitglied dieser Gruppe und haben damit vollen Zugriff auf die Inhalte.

Berechtigungen auf Websiteebene

In SharePoint existieren mehrere Wege, Benutzern und Gruppen Berechtigungen zu erteilen. Sehen wir uns zunächst den einfachsten Ansatz an. Das Ziel ist es, Lucy auf einer Website mit Lese- und Schreibrechten auszustatten. Dazu gehen Sie wie folgt vor:

1. Öffnen Sie die entsprechende Website.
2. Klicken Sie auf die Schaltfläche FREIGEBEN, erscheint das Formular aus Abbildung 7.49.

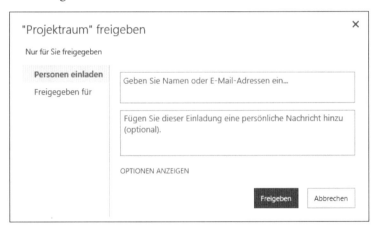

Abbildung 7.49 Berechtigungen erteilen

Mit dem Formular können Sie einer Person direkt das Recht »Bearbeiten« erteilen, indem Sie einfach Name oder E-Mail-Adresse in das obere Textfeld eintragen. Auch mehrere Einträge oder »Jeder« für alle Personen oder »Jeder, außer externen Benutzern« sind möglich. Das große Textfeld ist zur Eingabe einer Nachricht gedacht, da an die neu berechtigten Personen per E-Mail versandt werden soll.

»Bearbeiten« ist eine von mehreren zur Auswahl stehenden Berechtigungsstufen. Klicken Sie auf OPTIONEN ANZEIGEN, können Sie auch andere Berechtigungsstufen auswählen und die angegebenen Personen einer bestehenden Gruppe hinzufügen (siehe Abbildung 7.50).

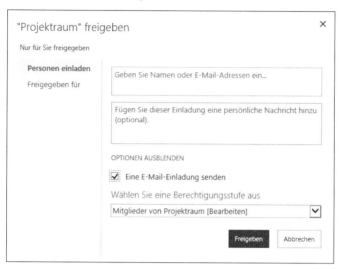

Abbildung 7.50 Auswahl von Berechtigungsstufe und Gruppe

Tabelle 7.6 führt die auf Teamwebsites standardmäßig vorhandenen Berechtigungsstufen und ihre Bedeutung auf.

Berechtigungsstufe	Beschreibung
Vollzugriff	Verfügt über Vollzugriff
Entwerfen	Wie Vollzugriff, kann jedoch keine Berechtigungen verwalten und Unterwebsites anlegen
Bearbeiten	Wie Entwerfen, kann jedoch keine Listenelemente/Dateien freigeben und das Layout anpassen
Mitwirken	Kann Listenelemente/Dateien anzeigen, hinzufügen, ändern und löschen
Lesen	Kann Listenelemente/Dateien anzeigen und herunterladen
Nur anzeigen	Kann Listenelemente/Dateien anzeigen und herunterladen. Ausnahme: Dateien, die im Browser angezeigt werden können, kann er nicht herunterladen, sondern nur anzeigen.

Tabelle 7.6 Berechtigungsstufen

Die Schaltfläche Freigeben sehen übrigens nicht nur Administratoren, sondern alle Anwender. Natürlich haben aber nicht alle Anwender auch die Berechtigung, Inhalte freizugeben, sondern standardmäßig nur Websitesammlungsadministratoren und Mitglieder der SharePoint-Gruppe *Besitzer von ...*, die mit Vollzugriffsberechtigungen ausgestattet sind. Geben nun andere Anwender das Freigeben-Kommando, wird eine Zugriffsanfrage im Auftrag erstellt, über die Sie dann wiederum berechtigte Personen genehmigen können. Mehr dazu erfahren Sie im folgenden Abschnitt.

Berechtigungen anfragen

Versucht ein Anwender auf ein SharePoint-Element wie auf eine Website zuzugreifen, für die er nicht berechtigt ist, erhält er zunächst keinen Zugriff, kann aber eine Zugriffsanfrage stellen (siehe Abbildung 7.51).

Abbildung 7.51 Kein Zugriff auf diese Website

Damit die Zugriffsanfrage des Anwenders bei der richtigen Stelle ankommt, ist eine Konfigurationsänderung erforderlich:

1. Geben Sie den Befehl Einstellungen (Zahnrad) • Websiteeinstellungen, und wählen Sie dann im Bereich Benutzer und Berechtigungen den Befehl Websiteberechtigungen (siehe Abbildung 7.52).

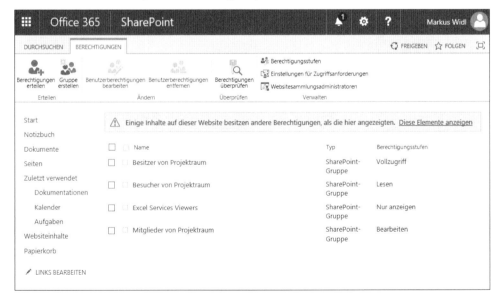

Abbildung 7.52 Websiteberechtigungen

2. Im Menüband wählen Sie den Befehl Einstellungen für Zugriffsanforderungen (siehe Abbildung 7.53).

Abbildung 7.53 Einstellungen für Zugriffsanforderungen

3. Markieren Sie die Option Zugriffsanforderungen zulassen, und geben Sie eine E-Mail-Adresse an, an die Zugriffsanforderungen geschickt werden sollen.

Sie finden die Berechtigungsanfragen auf der Website über folgende Befehle:

1. Öffnen Sie die entsprechende Website.
2. Geben Sie den Befehl Einstellungen (Zahnrad) • Websiteeinstellungen, und wählen Sie dann im Bereich Benutzer und Berechtigungen den Befehl Zugriffsanforderungen und Einladungen (siehe Abbildung 7.54).

Dieser Befehl ist nur sichtbar, wenn tatsächlich eine Anfrage vorliegt.

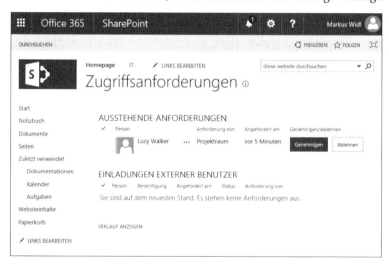

Abbildung 7.54 Zugriffsanforderungen und Einladungen

3. Klicken Sie auf die Schaltfläche Mehr (3 Punkte) neben dem Personennamen, finden Sie den Text der Anfrage und können auch mit der Person in Dialog treten (siehe Abbildung 7.55).

In diesem Fenster finden Sie auch die Befehle GENEHMIGEN und ABLEHNEN.

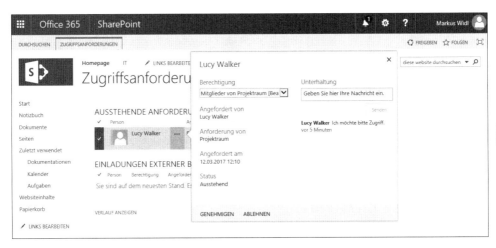

Abbildung 7.55 Berechtigungsanfrage

SharePoint-Gruppen anlegen

Sie können einem einzelnen Benutzer Berechtigung erteilen oder einer *Sicherheitsgruppe* aus der Office 365-Benutzerverwaltung (bei aktivierter Active Directory-Synchronisierung also beispielsweise den Sicherheitsgruppen Ihres Active Directorys) oder auch einer in SharePoint angelegten und verwalteten Gruppe. Grundsätzlich sollten Sie sich angewöhnen, nicht einzelne Benutzer zu berechtigen, sondern immer nur Gruppen. Dies hilft, die Übersicht zu behalten und den administrativen Aufwand zu reduzieren. Ein Beispiel: Ein neuer Mitarbeiter erhält im Active Directory ein Benutzerkonto. Dieses wird Mitglied diverser Sicherheitsgruppen. Haben Sie die Sicherheitsgruppen in SharePoint Online berechtigt, müssen Sie nun nicht den neuen Benutzer separat berechtigen, sondern er kann automatisch über die Berechtigungen der Gruppe verfügen.

Je nach verwendeter Websitevorlage gibt es bereits eine Anzahl verschiedener SharePoint-Gruppen. Tabelle 7.7 listet die Gruppen einer Teamwebsite auf.

Gruppe	Berechtigung der Gruppenmitglieder
ANZEIGENDE BENUTZER	Lesender Zugriff: Dokumente können nur im Browser angezeigt und nicht heruntergeladen werden. Dazu kommen Office Online (siehe Abschnitt 5.6, »Office Online«) oder die Enterprise-Features (siehe Abschnitt 7.10) zum Einsatz (sofern verfügbar).
BESITZER VON …	Lesender und schreibender Zugriff, Änderungen an der Website und Berechtigungseinstellungen sind möglich.

Tabelle 7.7 SharePoint-Gruppen

Gruppe	Berechtigung der Gruppenmitglieder
Besucher von …	Lesender Zugriff: Im Vergleich zur Gruppe »Anzeigende Benutzer« ist auch ein Dokumentdownload möglich.
Mitglieder von …	Lesender und schreibender Zugriff: Dies ist die typische Gruppe für den »normalen« Mitarbeiter, der Inhalte konsumieren und bereitstellen können soll.

Tabelle 7.7 SharePoint-Gruppen (Forts.)

Sind Ihnen die standardmäßig vorhandenen SharePoint-Gruppen nicht granular genug, legen Sie einfach eigene an:

1. Öffnen Sie die entsprechende Website.
2. Geben Sie den Befehl Einstellungen (Zahnrad) • Websiteeinstellungen, und wählen Sie dann im Bereich Benutzer und Berechtigungen den Befehl Websiteberechtigungen (siehe Abbildung 7.56).

Abbildung 7.56 Websiteberechtigungen

3. Auf der Menüband-Registerkarte Berechtigungen wählen Sie die Schaltfläche Gruppe erstellen (siehe Abbildung 7.57).
   - Name und eigene Beschreibung
   - Besitzer: Dieser kann die Gruppenmitglieder verwalten und muss nicht zwangsläufig Websitesammlungsadministrator sein.
   - Gruppeneinstellungen: Angaben, wer die Gruppenmitglieder einsehen und verwalten kann

- MITGLIEDSCHAFTSANFORDERUNGEN: Konfiguration, ob Anwender die Mitgliedschaft anfordern können. Auch eine automatische Aufnahme in die Gruppe wäre möglich.
- DIESER WEBSITE GRUPPENBERECHTIGUNGEN ERTEILEN: Dies sind Berechtigungen für die Gruppe.

Abbildung 7.57 Eine SharePoint-Gruppe wird angelegt.

SharePoint-Gruppen sind in der gesamten Websitesammlung verfügbar und nicht nur für eine bestimmte Website – aber auch nicht darüber hinaus.

> **Sicherheitsgruppen oder SharePoint-Gruppen?**
>
> Bei der Frage, ob Sie Active Directory-Sicherheitsgruppen oder SharePoint-Gruppen verwenden sollten, überlegen Sie dies am besten hinsichtlich der Verwaltung: Beim Anlegen einer Websitesammlung geben Sie einen Administrator an. Dieser kann SharePoint-Gruppen anlegen und verwalten. Er muss aber nicht zwangsläufig auch Sicherheitsgruppen anlegen und verwalten können. Die Frage ist also, wo die Gruppenmitglieder verwaltet werden sollen. Wollen Sie dies von SharePoint aus erledigen, nehmen Sie SharePoint-Gruppen. Sollen die Gruppenmitglieder stattdessen von außerhalb über möglicherweise bereits existierende Sicherheitsgruppen verwaltet werden, nehmen Sie keine SharePoint-Gruppen.
>
> Eine SharePoint-Gruppe kann dabei als Mitglied eine Sicherheitsgruppe haben, jedoch kann eine SharePoint-Gruppe nicht Mitglied sein.

> In der Praxis hat sich oftmals auch folgendes Konzept bewährt: Benutzerkonten werden Mitglied in Active Directory-Sicherheitsgruppen, diese wiederum Mitglied in SharePoint-Gruppen, und die Berechtigung wird auf Basis der SharePoint-Gruppen vergeben.

Berechtigungsvererbung

Wie zuvor bereits geschrieben, werden Berechtigungen grundsätzlich in der SharePoint-Hierarchie nach unten weitervererbt (von einer Website über Subwebsites, Listen und Bibliotheken, Ordnern bis hin zu Listeneinträgen und Dateien). Vergeben Sie – wie in den nächsten Abschnitten beschrieben – eine Berechtigung auf eines dieser Hierarchieelemente, wird damit automatisch die Berechtigungsvererbung aufgebrochen.

Hier ein Beispiel:

1. Öffnen Sie die entsprechende Website.
2. Geben Sie den Befehl EINSTELLUNGEN (ZAHNRAD) • FREIGEGEBEN FÜR (siehe Abbildung 7.58).

Abbildung 7.58 Websiteberechtigungen

3. Klicken Sie auf ERWEITERT.

Erscheint die gelbe Hinweiszeile DIESE WEBSITE ERBT BERECHTIGUNGEN DER ÜBERGEORDNETEN WEBSITE wie in Abbildung 7.59, können Sie nun mit einem Klick auf den Link in der Hinweiszeile zu den Berechtigungseinstellungen der übergeordneten Website wechseln oder die Vererbung unterbrechen. Letzteres erreichen Sie mit der

Schaltfläche BERECHTIGUNGSVERERBUNG BEENDEN auf der Menüband-Registerkarte BERECHTIGUNGEN. Über die Schaltfläche EINDEUTIGE BERECHTIGUNGEN LÖSCHEN machen Sie das rückgängig.

Abbildung 7.59 Websiteberechtigungen einer untergeordneten Website

Vorhandene Berechtigungen anzeigen und ändern

Wollen Sie die vorhandenen Berechtigungen einer Website ändern oder zurücknehmen, können Sie dies an derselben Stelle tun, an der Sie auch die Berechtigungsvererbung kontrollieren:

1. Öffnen Sie die entsprechende Website.
2. Geben Sie den Befehl EINSTELLUNGEN (ZAHNRAD) • FREIGEGEBEN FÜR.

Von hier aus können Sie auch die Mitglieder von SharePoint-Gruppen einsehen und gegebenenfalls Änderungen daran vornehmen, nachdem Sie auf ERWEITERT geklickt haben.

Berechtigungen auf Listenebene

Wollen Sie für eine bestimmte Liste oder Bibliothek besondere Berechtigungseinstellungen vornehmen, gehen Sie wie folgt vor:

1. Öffnen Sie die Liste oder Bibliothek.
2. Öffnen Sie die Einstellungen der Liste oder Bibliothek.
3. Im Abschnitt BERECHTIGUNGEN UND VERWALTUNG wählen Sie den Befehl BERECHTIGUNGEN FÜR LISTE bzw. BERECHTIGUNGEN FÜR DOKUMENTBIBLIOTHEK (siehe Abbildung 7.60).

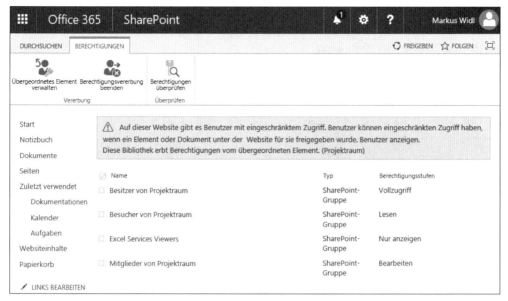

Abbildung 7.60 Berechtigungen einer Bibliothek

4. Unterbrechen Sie die Vererbung der Berechtigungen von der Website über die Schaltfläche BERECHTIGUNGSVERERBUNG BEENDEN auf der Menüband-Registerkarte BEARBEITEN.

5. Vergeben Sie die Berechtigungen.

Berechtigungen auf Ordner- und Datei- bzw. Listeneintragsebene

Auch für Ordner, Dateien und Listeneinträge können Sie im Bedarfsfall eigene Berechtigungen vergeben. Das Vorgehen ist sehr ähnlich wie bei den Listen und Bibliotheken:

1. Öffnen Sie die Liste oder Bibliothek.
2. Klicken Sie auf die Schaltfläche MEHR (3 PUNKTE) neben dem Namen des Eintrags.
3. Klicken Sie im erscheinenden Fenster auf die Schaltfläche TEILEN.
4. Vergeben Sie die Berechtigungen (siehe Abbildung 7.61).

   Die Berechtigung erteilen Sie hier nicht über eine Berechtigungsstufe, sondern lediglich durch die Auswahl einer der Optionen KANN BEARBEITEN und KANN ANZEIGEN.

Das Freigeben von Dateien ist in die Office-Anwendungen Word, Excel, PowerPoint und OneNote 2016 bereits direkt integriert. Wählen Sie dazu den Befehl FREIGEBEN rechts oben im Anwendungsfenster (siehe Abbildung 7.62).

7.5 Berechtigungen

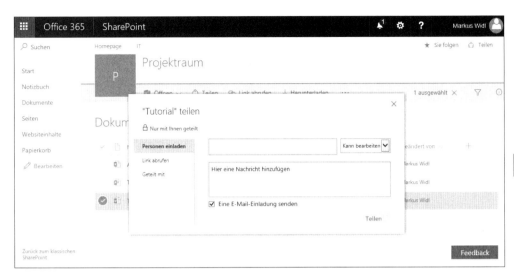

Abbildung 7.61 Berechtigungen einer Datei

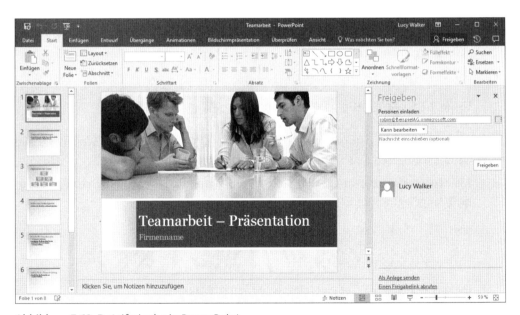

Abbildung 7.62 Dateifreigabe in PowerPoint

Um eine bereits vergebene Berechtigung wieder zu entfernen, gehen Sie wie folgt vor:

1. Öffnen Sie die Liste oder Bibliothek.
2. Klicken Sie auf die Schaltfläche MEHR (3 PUNKTE) neben dem Namen des Eintrags.
3. Klicken Sie im erscheinenden Menü auf TEILEN.
4. Klicken Sie in dem erscheinenden Fenster auf GETEILT MIT.

Berechtigungen mit PowerShell verwalten

Im SharePoint Online-Modul für PowerShell finden Sie zur Verwaltung von Gruppen und Benutzern die folgenden Cmdlets, um die typischen Operationen wie Anlegen, Auslesen, Ändern und Löschen durchzuführen:

- **SharePoint-Gruppen:** `Get-SPOSiteGroup, New-SPOSiteGroup, Remove-SPOSiteGroup, Set-SPOSiteGroup`
- **SharePoint-Benutzer (und Active Directory-Sicherheitsgruppen):** `Add-SPOUser, Get-SPOUser, Remove-SPOUser, Set-SPOUser`

Voraussetzung für diese Cmdlets ist, dass Sie sowohl global SharePoint Online-Administrator als auch Websitesammlungsadministrator sind.

Wie bereits erwähnt, gelten SharePoint-Gruppen immer für die komplette Websitesammlung, entsprechend enden die Befehlsnamen auf `SPOSiteGroup` und nicht auf `SPOGroup`. Beachten Sie hier auch den Unterschied zwischen Active Directory-Sicherheitsgruppen und SharePoint-Gruppen.

Sehen wir uns einige Beispiele an:

Zunächst sollen in einem ersten Schritt alle SharePoint-Gruppen einer Websitesammlung aufgelistet werden:

```
Get-SPOSiteGroup -Site https://beispielag.sharepoint.com
```

Listing 7.7 SharePoint-Gruppen auflisten

Das Cmdlet liefert standardmäßig maximal 200 Gruppen zurück. Wollen Sie alle Gruppen auslesen, fügen Sie den Parameter `-Limit All` an.

Als Nächstes soll eine neue SharePoint-Gruppe mit der Berechtigungsstufe »Vollzugriff« angelegt werden:

```
New-SPOSiteGroup -Site https://beispielag.sharepoint.com `
   -Group "IT-Mitarbeiter" `
   -PermissionLevels "Vollzugriff"
```

Listing 7.8 SharePoint-Gruppe anlegen und berechtigen

Die Berechtigungsstufe »Vollzugriff« war vielleicht doch zu viel. Sie soll ausgetauscht werden mit der Berechtigungsstufe »Design«:

```
Set-SPOSiteGroup -Site https://beispielag.sharepoint.com `
   -Identity "IT-Mitarbeiter" `
   -PermissionLevelsToAdd "Design" `
   -PermissionLevelsToRemove "Vollzugriff"
```

Listing 7.9 Berechtigungen bei einer SharePoint-Gruppe ändern

7.5 Berechtigungen

Als letztes Gruppenbeispiel wird die neue SharePoint-Gruppe wieder entfernt:

```
Remove-SPOSiteGroup -Site https://beispielag.sharepoint.com `
    -Identity "IT-Mitarbeiter"
```

Listing 7.10 SharePoint-Gruppe entfernen

Gehen wir die vier Schritte auch für Benutzer durch. Zuerst sollen alle Benutzer einer Websitesammlung ausgelesen werden. Mit zurückgeliefert werden dabei auch die Active Directory-Sicherheitsgruppen, obwohl es SPOUser heißt.

```
Get-SPOUser -Site https://beispielag.sharepoint.com
```

Listing 7.11 Websitesammlungsbenutzer auflisten

Bei diesem Cmdlet werden im Gegensatz zu Get-SPOSiteGroup sämtliche Benutzer zurückgeliefert und nicht nur zunächst 200 Stück. Es gibt aber auch hier den Parameter -Limit, um die Maximalanzahl der zurückgelieferten Objekte zu beschränken.

Die Abfrage eines bestimmten Benutzerkontos erledigen Sie wie folgt (siehe Abbildung 7.63):

```
Get-SPOUser -Site https://beispielag.sharepoint.com `
    -LoginName lucy@beispielag.de |
    Select-Object *
```

Listing 7.12 Bestimmten Benutzer auslesen

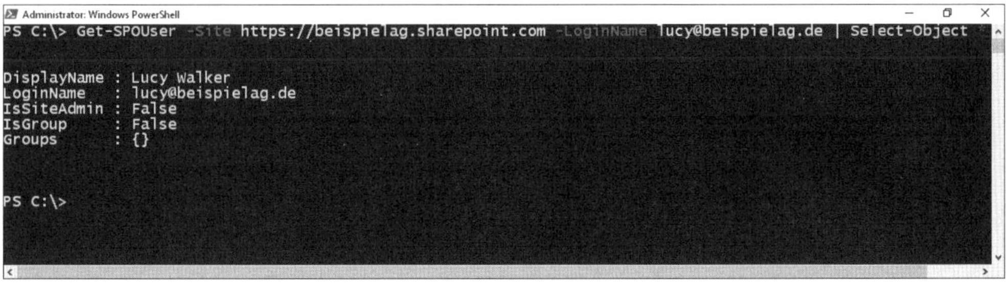

Abbildung 7.63 Benutzereigenschaften

Als Nächstes wird ein im Office 365-Verzeichnisdienst enthaltenes Benutzerkonto zu einer bestehenden SharePoint-Gruppe hinzugefügt. Damit erhält der Benutzer dann auch die Berechtigungen der Gruppe. Ein direktes Berechtigen des Benutzerkontos ist hier nicht möglich.

```
Add-SPOUser -Site https://beispielag.sharepoint.com `
   -LoginName lucy@beispielag.de `
   -Group "IT-Mitarbeiter"
```

Listing 7.13 Benutzer zu SharePoint-Gruppe hinzufügen

Der eben hinzugefügte Benutzer soll nun zum Websitesammlungsadministrator hochgestuft werden:

```
Set-SPOUser -Site https://beispielag.sharepoint.com `
   -LoginName lucy@beispielag.de `
   -IsSiteCollectionAdmin $true
```

Listing 7.14 Benutzer zum Websitesammlungsadministrator hochstufen

Zu guter Letzt entfernen wir den Benutzer aus der Gruppe wieder. Damit verliert er auch seine Berechtigungen.

```
Remove-SPOUser -Site https://beispielag.sharepoint.com `
   -LoginName lucy@beispielag.de `
   -Group "IT-Mitarbeiter"
```

Listing 7.15 Benutzer aus SharePoint-Gruppe entfernen

7.5.2 Zugriff ohne SharePoint-Lizenz

Im Normalfall verhält es sich bei Office 365 so, dass der Benutzer ohne eine entsprechende Lizenz einen Dienst nicht nutzen kann. Nicht so bei SharePoint Online: Auch ohne Lizenz können alle im Azure Active Directory angelegten Benutzerkonten auf SharePoint-Inhalte zugreifen – natürlich nur, wenn sie auch eine entsprechende Berechtigung dafür haben.

Diesen Umstand erkennen Sie am schnellsten an der standardmäßig vorhandenen SharePoint Online-Websitesammlung (die mit der URL *https://MANDANTDOMÄNE.sharepoint.com*). Dort ist in der SharePoint-Gruppe Mitglieder JEDER, AUSSER EXTERNEN BENUTZERN eingetragen (siehe Abbildung 7.64).

Damit hat jeder Benutzer Lese- und Schreibrechte. Und das unabhängig davon, ob Sie den Benutzern eine SharePoint-Lizenz zugewiesen haben oder nicht.

[»] Wollen Sie, dass Benutzer auch nur dann auf SharePoint Online zugreifen können, wenn Sie auch eine Lizenz zugewiesen haben, kontaktieren Sie bitte den Office 365-Kundendienst (siehe Abschnitt 2.10.6, »Serviceanfragen«).

Abbildung 7.64 Gruppe Mitglieder

7.5.3 Externe Benutzer verwalten

Im Bedarfsfall können Sie nicht nur eigenen Benutzern den Zugriff auf Websitesammlungen gewähren, sondern auch externen Benutzern. Dabei haben Sie die Wahl zwischen folgenden Szenarien:

▶ Der externe Benutzer muss sich anmelden und erhält Zugriff auf eine Website.

▶ Der externe Benutzer muss sich anmelden und erhält Zugriff auf den Inhalt einer bestimmten Datei aus einer Bibliothek.

▶ Der externe Benutzer muss sich nicht anmelden und erhält Zugriff auf den Inhalt einer bestimmten Datei aus einer Bibliothek. Der anonyme Zugriff auf eine komplette Website ist bei Websitesammlungen nicht möglich.

Setzen Sie die Anmeldung voraus, benötigt der externe Benutzer ein beliebiges Benutzerkonto in einem Azure Active Directory (außerhalb der Organisation) oder ein *Microsoft-Konto*. Bei Bedarf kann dabei jede E-Mail-Adresse in ein Microsoft-Konto umgewandelt werden. Dies geht mit wenigen Mausklicks über die folgende URL:

https://signup.live.com

Früher gab es ein Limit an maximal einzuladenden Benutzern. Inzwischen dürfen Sie unlimitiert externe Benutzer einladen. Voraussetzung ist jedoch, dass die eingeladenen Personen nicht zu Ihrer Organisation gehören.

Freigabekonfiguration

Damit Sie SharePoint Online-Inhalte für externe Benutzer freigeben können, muss dies im Administratorcenter grundsätzlich und für die Websitesammlungen separat erlaubt werden. Standardmäßig ist das Freigeben erlaubt, Sie können es aber auch verhindern. So könnte es durchaus sein, dass Sie die Freigabe für externe Benutzer nicht in allen Websitesammlungen erlauben.

Die Konfiguration auf Ebene des SharePoint Admin Centers finden Sie im Bereich FREIGABE (siehe Abbildung 7.65).

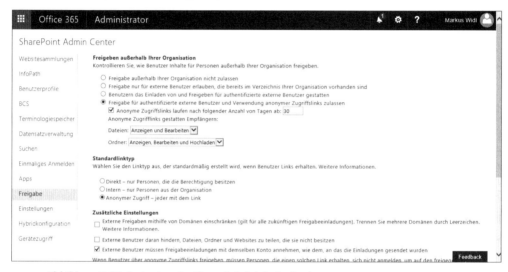

Abbildung 7.65 Freigaben im SharePoint Admin Center

Im Abschnitt FREIGEBEN AUSSERHALB IHRER ORGANISATION wählen Sie zwischen folgenden Optionen:

▶ FREIGABE AUSSERHALB IHRER ORGANISATION NICHT ZULASSEN
Damit verhindern Sie, dass Inhalte an externe Benutzer freigegeben werden. Bestehen bereits Freigaben, werden diese mit der Auswahl dieser Option dauerhaft gelöscht und bestehende Gastlinks deaktiviert. Aktivieren Sie die Freigabe später wieder, sind auch die Gastlinks wieder aktiv. Der Zugriff für externe Benutzer wird normalerweise innerhalb einer Stunde nach Setzen der Änderung gesperrt.

▶ FREIGABE NUR FÜR EXTERNE BENUTZER ERLAUBEN, DIE BEREITS IM VERZEICHNIS IHRER ORGANISATION VORHANDEN SIND
Mit dieser Einstellung können Anwender Inhalte nur an externe Benutzer freigeben, an die in der Vergangenheit bereits etwas freigegeben wurde. Freigaben an neue externe Benutzer sind dagegen nicht möglich.

- Benutzern das Einladen von und Freigeben für authentifizierte externe Benutzer gestatten
  Die Freigabe von Inhalten an externe Benutzer ist möglich, allerdings wird eine Authentifizierung vorausgesetzt. Die externen Benutzer benötigen also entweder ein beliebiges Azure Active Directory-Benutzerkonto oder ein Microsoft-Konto.
- Freigabe für authentifizierte externe Benutzer und Verwendung anonymer Zugriffslinks zulassen
  Damit ist die Freigabe von Inhalten an externe Benutzer wahlweise mit Authentifizierung oder ohne möglich. Hierbei handelt es sich um die Standardeinstellung.

  In PowerShell nehmen Sie diese Konfiguration mit dem Cmdlet Set-SPOTenant vor:

```
Set-SPOTenant -SharingCapability Disabled
```

Listing 7.16 Grundlegende Freigabekonfiguration

Neben Disabled können Sie analog zu den Optionen im SharePoint Admin Center die Argumente ExistingExternalUserSharingOnly, ExternalUserSharingOnly und ExternalUserAndGuestSharing angeben.

Damit ist die wichtigste Konfiguration bereits erledigt. Es gibt allerdings noch einige weitere Optionen, mit denen Sie die Freigaben noch sehr viel genauer unter Kontrolle haben:

- Anonyme Zugrifflinks laufen nach folgender Anzahl von Tagen ab
  Wie ich im Abschnitt »Freigabe von Dateien« noch erläutern werde, können Ihre Anwender einzelne Dateien auch anonym freigeben, sodass jeder, der über den Freigabelink verfügt, auf den Dateiinhalt zugreifen kann. Damit nun solche Freigaben nicht für immer gesetzt bleiben und irgendwann in Vergessenheit geraten, können Sie mit dieser Option eine Anzahl von Tagen angeben, für die ein anonymer Link Gültigkeit haben soll. Bei der Freigabe einer Datei kann sich jedoch der Anwender über den hier vorgegebenen Zeitraum hinwegsetzen, und einen anderen Zeitraum angeben. Dieser darf allerdings nur kürzer und nicht länger sein, als die Einstellung, die Sie im SharePoint Admin Center hinterlegt haben.

  Das PowerShell-Pendant wäre dieses Kommando (gültig für 30 Tage):

```
Set-SPOTenant -RequireAnonymousLinksExpireInDays 30
```

Listing 7.17 Ablaufzeitraum für anonyme Freigaben

- Standardlinktyp
  Hier wählen Sie den Linktyp aus, der Anwendern standardmäßig beim Abrufen eines Freigabelinks für eine Datei vorgeschlagen wird. Der Anwender kann aber jederzeit auch einen anderen Typ wählen. Zur Auswahl stehen folgende Optionen:

- DIREKT: Beim Abrufen eines Links wird keine neue Freigabe erstellt, sondern der Anwender benötigt separate Zugriffsberechtigungen auf die Datei, beispielsweise durch Berechtigungen, die ihm auf Websitesammlungsebene zugewiesen wurden.
- INTERN: Der Link kann nur von Anwendern verwendet werden, die mit einem Benutzerkonto aus Ihrem Office 365-Mandanten angemeldet sind.
- ANONYMER ZUGRIFF: Der Link kann von jedem verwendet werden.

Und hier wieder das Gegenstück dazu in PowerShell:

```
Set-SPOTenant -DefaultSharingLinkType Direct
```

Listing 7.18 Standardlinktyp auswählen

Neben `Direct` gibt es noch `Internal` und `AnonymousAccess`.

▶ EXTERNE FREIGABEN MITHILFE VON DOMÄNEN EINSCHRÄNKEN
Hier können Sie wahlweise eine Whitelist oder eine Blacklist bestehend aus Domänen konfigurieren. Die angegebenen Domänen stehen für die E-Mail-Adressen, an die Ihre Anwender Freigaben schicken. So können Sie sicherstellen, dass die Freigaben, je nach Art der Liste, nur an Benutzer mit erlaubten Domänen geschickt werden oder eben auch die Benutzer mit bestimmten Domänen von Freigaben ausschließen.

Wollen Sie eine solche Liste pflegen, sollten Sie auch die Option EXTERNE BENUTZER MÜSSEN FREIGABEEINLADUNGEN MIT DEMSELBEN KONTO ANNEHMEN, WIE DEM, AN DAS DIE EINLADUNGEN GESENDET WURDEN aktivieren (siehe im Folgenden).

Die Konfiguration in PowerShell könnte wie folgt für eine Whitelist aussehen, bei der die Domäne *microsoft.com* eingetragen wird:

```
Set-SPOTenant -SharingDomainRestrictionMode AllowList `
    -SharingAllowedDomainList "microsoft.com" `
    -RequireAcceptingAccountMatchInvitedAccount $true
```

Listing 7.19 Freigabe auf Domänen einschränken

Weitere Domänen würden Sie mit einem Leerzeichen trennen. Neben `AllowList` gibt es auch das Argument `BlockList` zusammen mit dem Parameter `SharingBlockedDomainList`.

▶ EXTERNE BENUTZER DARAN HINDERN, DATEIEN, ORDNER UND WEBSITES ZU TEILEN, DIE SIE NICHT BESITZEN
Im Standardfall kann auch ein externer Benutzer selbst Freigaben einrichten (auch an andere externe Benutzer). Der Hintergrund ist dabei folgender: In der Standardkonfiguration dürfen alle Mitglieder der SharePoint-Gruppe *Mitglieder* selbst Einladungen aussprechen. Und in diese Gruppe werden im Standardfall

externe Benutzer aufgenommen. Um dies nun zu unterbinden, können Sie die Option setzen. Damit können externe Benutzer nur dann selbst Freigaben aussprechen, wenn Sie Mitglied der SharePoint-Gruppe *Besitzer* sind.

Auch hier nutzen Sie wieder das Cmdlet `Set-SPOTenant` in PowerShell:

```
Set-SPOTenant -PreventExternalUsersFromResharing $true
```

Listing 7.20 Nichtbesitzern Freigabe verweigern

▶ EXTERNE BENUTZER MÜSSEN FREIGABEEINLADUNGEN MIT DEMSELBEN KONTO ANNEHMEN, WIE DEM, AN DAS DIE EINLADUNGEN GESENDET WURDEN
Erstellen Sie eine Freigabe, wird eine Einladungs-E-Mail an die angegebene E-Mail-Adresse verschickt. Diese enthält einen einmal gültigen Link, über den sich die eingeladene Person aussuchen kann, mit welchem Benutzerkonto sie zukünftig auf die freigegebenen Inhalte zugreifen möchte. Ist diese Option nicht aktiv, gibt es hier keine Einschränkungen: Die eingeladene Person kann dazu jedes Microsoft-Konto und jedes Azure Active Directory-Konto verwenden. Diese Freiheit könnte auch Probleme verursachen: Was ist, wenn die eingeladene Person, die Einladungs-E-Mail einfach an eine andere Person weiterleitet und sich diese dann mit derem Konto anmeldet? Wollen Sie ein solches Szenario vermeiden, aktivieren Sie diese Option. Damit stellen Sie sicher, dass wenn eine Einladung an lucy@beispielag.de geschickt wird, sich die eingeladene Person auch nur mit einem Microsoft-Konto oder einem Azure Active Directory-Konto anmeldet, das zu dieser Adresse passt.

In PowerShell sieht das so aus:

```
Set-SPOTenant -RequireAcceptingAccountMatchInvitedAccount $true
```

Listing 7.21 Anmeldeeinschränkung

▶ BENACHRICHTIGUNGEN
Die Benachrichtigungsoptionen gelten nur für OneDrive for Business. Standardmäßig sind sie aktiv. Wollen Sie jedoch keine dieser Benachrichtigungen, können Sie sie deaktivieren:
– ANDERE BENUTZER LADEN WEITERE PERSONEN ZU GETEILTEN DATEIEN EIN
– EXTERNE BENUTZER AKZEPTIEREN EINLADUNGEN, UM AUF DATEIEN ZUZUGREIFEN

Und auch hier das PowerShell-Beispiel – die Benachrichtigungen werden deaktiviert:

```
Set-SPOTenant -NotifyOwnersWhenItemsReshared $false
Set-SPOTenant -NotifyOwnersWhenInvitationsAccepted $false
```

Listing 7.22 Benachrichtigungen deaktivieren

Damit Ihre Anwender auch erfolgreich externe Freigaben einrichten können, sind allerdings nicht nur die Optionen im Bereich FREIGABE des SharePoint Admin Centers von Bedeutung, sondern auch Einstellungen, die Sie für jede Websitesammlung getrennt angeben können:

1. Öffnen Sie im SharePoint Admin Center die Websitesammlungsverwaltung.
2. Markieren Sie die betroffene Websitesammlung, und klicken Sie auf das Symbol FREIGABE.
3. Passen Sie die Freigabeeinstellungen Ihren Wünschen gemäß an. Zur Auswahl stehen diese Optionen:
   – FREIGABE AUSSERHALB IHRER ORGANISATION NICHT ZULASSEN
   – FREIGABE NUR FÜR EXTERNE BENUTZER ZULASSEN, DIE BEREITS IM VERZEICHNIS IHRER ORGANISATION VORHANDEN SIND
   – EXTERNE BENUTZER ZULASSEN, DIE DIE FREIGABE VON EINLADUNGEN AKZEPTIEREN UND SICH ALS AUTHENTIFIZIERTE BENUTZER ANMELDEN
   – FREIGABE FÜR ALLE EXTERNEN BENUTZER SOWIE MITHILFE ANONYMER ZUGRIFFLINKS ZULASSEN
   – NICHT-BESITZERN DAS EINLADEN NEUER BENUTZER GESTATTEN
     (für externe Benutzer)

Ähnlich wie beim PowerShell-Beispiel für Ihren kompletten Office 365-Mandanten können Sie die Freigabeeinstellungen auch für jede Website einzeln angeben (siehe Listing 7.16). Hier ein Beispiel:

```
Set-SPOSite -Identity https://beispielag.sharepoint.com `
   -SharingCapability Disabled
```

Listing 7.23 Grundlegende Freigabekonfiguration für eine Websitesammlung

Einschränkungen für externe Benutzer

Grundsätzlich ist es so, dass die eingeladenen externen Benutzer die lizenzseitigen Rechte des einladenden Benutzers erben. Jedoch stehen einige Funktionen externen Benutzern dennoch nicht zur Verfügung:

- Anpassung des SharePoint-Benutzerprofils (siehe Abschnitt 7.7)
- OneDrive for Business (siehe Kapitel 8)
- Suchcenter (siehe Abschnitt 7.6)
- Power BI (siehe Abschnitt 14.3.1)
- Externe Benutzer können nicht Websitesammlungsadministrator sein.

Dagegen haben externe Benutzer durchaus Zugriff auf Office Online.

Freigabe von Websites

Zur Freigabe einer Website gehen Sie grundsätzlich genau so vor, wie es in Abschnitt 7.5.1, »Berechtigungskonzept«, beschrieben wurde:

Wählen Sie dazu auf der entsprechenden Website den Befehl FREIGEBEN (siehe Abbildung 7.66).

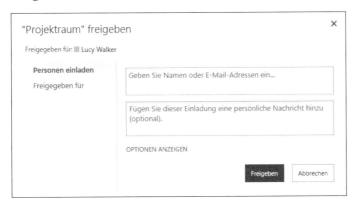

Abbildung 7.66 Ein externer Benutzer wird eingeladen.

Geben Sie im erscheinenden Fenster die E-Mail-Adresse des externen Benutzers in das obere Feld ein. Gegebenenfalls können Sie über OPTIONEN ANZEIGEN die Berechtigungsstufe auswählen bzw. den externen Benutzer zu einer SharePoint-Gruppe hinzufügen. Bestätigen Sie die Angaben mit FREIGEBEN, wird eine Einladungs-E-Mail an die angegebenen Adressen geschickt. Ein Beispiel für eine solche Einladungs-E-Mail sehen Sie in Abbildung 7.67.

Abbildung 7.67 Eine Einladungs-E-Mail

Die Einladung bleibt 90 Tage lang gültig. Nimmt sie die eingeladene Person in diesem Zeitraum nicht an, verliert sie automatisch ihre Gültigkeit, und Sie müssen gegebenenfalls die Person erneut einladen. Dieser Link ist nur einmal gültig.

Akzeptiert der Empfänger die Einladung, muss er ein Microsoft-Konto oder ein beliebiges Benutzerkonto aus einem Azure Active Directory (beispielsweise von einem unternehmensfremden Office 365-Mandanten) angeben, mit dem er auf die Website zugreifen möchte. Microsoft nennt Letzteres auch *Organisationskonto*. Anschließend erscheint der externe Benutzer auch in der SharePoint Online-Berechtigungsverwaltung.

[»] Achtung: Der externe Benutzer erscheint erst, nachdem er die Einladung akzeptiert hat, und nicht unmittelbar nach Versand der Einladungs-E-Mail. Außerdem sollten Sie beachten, dass das SharePoint-Berechtigungskonzept auch bei externen Benutzern angewandt wird. Die Berechtigung der externen Benutzer werden so auch weitervererbt (beispielsweise auf Unterwebsites), was allerdings möglicherweise mehr Rechte erlaubt, als ursprünglich angedacht war. Sie können aber auch den Status der Einladungen abfragen. Gehen Sie dazu auf EINSTELLUNGEN (ZAHNRAD) • WEBSITEEINSTELLUNGEN • ZUGRIFFSANFORDERUNGEN UND EINLADUNGEN (siehe Abbildung 7.68).

Abbildung 7.68 Zugriffsanforderungen und Einladungen

Das Spannende an dieser Vorgehensweise ist, dass nicht nur Websitesammlungsadministratoren über diese Funktion Freigaben erstellen können, sondern meist auch normale Anwender. Verantwortlich dafür sind die Einstellungen für Zugriffsanforderungen:

1. Wählen Sie von der Root-Website der Websitesammlung aus den Befehl EINSTELLUNGEN (ZAHNRAD) • WEBSITEEINSTELLUNGEN.

2. Wählen Sie im Abschnitt BENUTZER UND BERECHTIGUNGEN den Eintrag WEBSITE-BERECHTIGUNGEN.

3. Klicken Sie im Menüband auf EINSTELLUNGEN FÜR ZUGRIFFSANFORDERUNGEN (siehe Abbildung 7.69).

Abbildung 7.69 Einstellungen für Zugriffsanforderungen

Bevor wir einige Optionen besprechen: Bei der in der zweiten Option angesprochenen Websitemitglieder-Gruppe handelt es sich um die Standardgruppe der Websitesammlung. Welche Gruppe das sein soll, lässt sich ändern:

1. Wählen Sie von der Root-Website der Websitesammlung aus den Befehl EINSTELLUNGEN (ZAHNRAD) • WEBSITEEINSTELLUNGEN.

2. Wählen Sie im Abschnitt BENUTZER UND BERECHTIGUNGEN den Eintrag BENUTZER UND GRUPPEN.

3. Wählen Sie links die gewünschte Gruppe und dann unter EINSTELLUNGEN den Befehl ZUR STANDARDGRUPPE MACHEN (siehe Abbildung 7.70).

Abbildung 7.70 Standardgruppe festlegen

Und nun einige Beispiele für die EINSTELLUNGEN FÜR ZUGRIFFSANFORDERUNGEN:

- Der Befehl FREIGEBEN soll nicht angezeigt werden.
  Entfernen Sie alle drei Optionen.
- Mitglieder der Websitemitglieder-Gruppe sollen interne und externe Benutzer berechtigen können.
  Die erste und die zweite Option muss gesetzt sein. Die dritte Option hat hierfür keine Bedeutung.
- Mitglieder der Websitemitglieder-Gruppe sollen Berechtigungsanfragen für interne Benutzer stellen können (die über Zugriffsanforderungen und Einladungen genehmigt werden müssen).
  Die dritte Option muss gesetzt, die zweite Option darf nicht gesetzt sein. Ob die erste Option gesetzt ist, hat hierfür keine Bedeutung.

Freigabe von Dateien

Auch die Freigabe von einzelnen Dateien nehmen Sie über die übliche Freigabefunktion vor: Klicken Sie neben dem Dateinamen auf die Schaltfläche MEHR (3 PUNKTE), und wählen Sie dann TEILEN. Geben Sie die E-Mail-Adresse des externen Benutzers und die gewünschte Berechtigung (BEARBEITEN oder ANZEIGEN) ein. Das Fenster zur Freigabe sieht leicht unterschiedlich aus, je nachdem, ob Sie die anonyme Freigabe von externen Benutzern im SharePoint Admin Center erlaubt haben (siehe Abbildung 7.71) oder nicht (siehe Abbildung 7.72).

Abbildung 7.71 Dateifreigabe mit anonymen externen Benutzern

Erlauben Sie grundsätzlich die Freigabe an anonyme externe Benutzer, können Sie in dem Freigabefenster die Option ANMELDUNG ERFORDERLICH deaktivieren. Damit muss sich die eingeladene Person nicht erst authentifizieren. Alternativ wechseln Sie zum Bereich LINK ABRUFEN und erstellen dort einen Link zur Anzeige oder zum Bearbeiten der Datei (siehe Abbildung 7.73).

Abbildung 7.72 Dateifreigabe ohne anonyme externe Benutzer

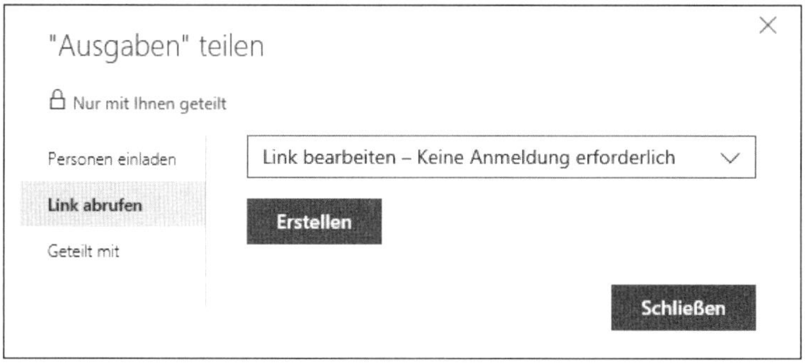

Abbildung 7.73 Abrufen eines Links

Zur Auswahl stehen Ihnen dabei folgende Optionen:

- EINGESCHRÄNKTER LINK: Hier wird keine Freigabe erzeugt, sondern nur der direkte Link auf die Datei abgerufen. Dieser Link kann allerdings nur verwendet werden, wenn der Benutzer bereits über einen anderen Weg für den Zugriff auf die Datei berechtigt ist, beispielsweise über bereits eingeräumte Zugriffsberechtigungen auf die Website.

- Anonyme Links (LINK ANZEIGEN, LINK BEARBEITEN): Jeder kann ohne Authentifizierung auf den Dateiinhalt zugreifen. Optional kann auch ein Ablaufdatum angegeben werden, nach dem der Link automatisch entfernt wird. Allerdings kann eine anonym freigegebene Datei nicht heruntergeladen, sondern nur im Browser betrachtet und gegebenenfalls bearbeitet werden – sofern es sich um ein Dateiformat handelt, das im Browser über Office Online dargestellt werden kann. Dies betrifft also Word-, Excel-, PowerPoint- und OneNote-Dateien. Nimmt eine anonyme Person eine Änderung an einer Datei vor (was diese natürlich nur kann, wenn Sie das explizit erlaubt haben), erscheint im Feld GEÄNDERT VON der Eintrag GAST-TEILNEHMER.

Einladungen mit Authentifizierung zurückziehen

Hat ein externer Benutzer eine Einladung noch nicht akzeptiert, können Sie diese zurückziehen:

1. Öffnen Sie die Website.
2. Geben Sie den Befehl EINSTELLUNGEN (ZAHNRAD) • WEBSITEEINSTELLUNGEN, und wählen Sie im Abschnitt BENUTZER UND BERECHTIGUNGEN den Befehl ZUGRIFFSANFORDERUNGEN UND EINLADUNGEN (siehe Abbildung 7.74).

Abbildung 7.74 Zugriffsanforderungen und Einladungen

In diesem Fenster können Sie den Status der Einladungen einsehen und diese gegebenenfalls zurückziehen, indem Sie auf die jeweilige 3-Punkte-Schaltfläche und dann auf ZURÜCKNEHMEN klicken.

Hat der externe Benutzer jedoch bereits akzeptiert, können Sie ihn – wie jeden anderen Benutzer auch – aus den Gruppen entfernen bzw. seine Berechtigung löschen

Einladungen ohne Authentifizierung zurückziehen

Bei Einladungen, bei denen Sie keine Authentifizierung voraussetzen, gehen Sie wie folgt vor, um die Freigabe zu beenden:

1. Klicken Sie auf die 3-Punkte-Schaltfläche der jeweiligen Datei und anschließend im Kontextmenü auf LINK ABRUFEN (siehe Abbildung 7.75).

2. Wählen Sie den gewünschten Link aus, und klicken Sie auf ENTFERNEN.

Abbildung 7.75 Dateifreigabe ohne Authentifizierung

Externe Benutzer mit PowerShell verwalten

Die Verwaltung von externen Benutzern über die PowerShell kann für Sie wichtig werden, wenn Sie von dieser Funktionalität intensiven Gebrauch machen. Da ist ein Automatisierungsansatz sehr hilfreich. Allerdings stellt das SharePoint Online-Modul nur die beiden Cmdlets Get-SPOExternalUser sowie Remove-SPOExternalUser bereit. Ein Cmdlet zum Einladen ist leider bisher nicht enthalten.

Sehen wir uns zunächst Get-SPOExternalUser etwas genauer an. Dieses Cmdlet arbeitet etwas anders als die bisher gezeigten Cmdlets. Rufen Sie das Cmdlet ohne weitere Parameter und Argumente auf, liefert es nur einen einzelnen externen Benutzer. Wollen Sie mehr als einen, geben Sie den Parameter -PageSize mit einer Anzahl an:

```
Get-SPOExternalUser -PageSize 10
```

Listing 7.24 Zehn externe Benutzer auflisten

Das ist schon etwas überraschend. Das Besondere daran ist, wie Sie mit vielen Objekten von externen Benutzern umgehen. Dazu bietet das Cmdlet ein *Paging*-Verfahren. Dabei fragen Sie immer nur einen Teil der Objekte ab. Sie geben dazu die Startseite (das Zählen beginnt in diesem Fall mit 0) und die Größe der Seiten an. Hier ein Beispiel:

```
Get-SPOExternalUser -Position 9 -PageSize 50
```

Listing 7.25 Externe Benutzer auflisten

Der Aufruf liefert die 50 Objekte von Seite 10 (die Nummerierung beginnt mit 0).

Zusätzlich oder alternativ können Sie auch noch mit dem Parameter -Filter nach bestimmten Zeichenketten in Vorname, Nachname oder in der E-Mail-Adresse suchen.

Die Groß- und Kleinschreibung ist dabei unerheblich. Der folgende Aufruf liefert alle externen Benutzer mit dem Text(-bestandteil) »Walker« in den drei Eigenschaften.

```
Get-SPOExternalUser -Filter "Walker"
```

Listing 7.26 Bestimmte externe Benutzer auflisten

Möchten Sie einen externen Benutzer vollständig aus Ihrer SharePoint Online-Umgebung entfernen, müssen Sie ihm zunächst alle Rechte von allen Websitesammlungen entziehen. Dies können Sie mit folgenden Kommandos auf Basis der Microsoft-Kontoadresse erreichen:

```
$user = "externaluser@outlook.de"

Get-SPOSite | foreach {
    $search = Get-SPOUser -Site $_ | ? LoginName -Like "*$user"
    if($search) {
        Remove-SPOUser -Site $_ -LoginName $search.LoginName
    }
}
```

Listing 7.27 Externem Benutzer Rechte entziehen

Doch nur mit dem Entzug der Rechte bleibt der externe Benutzer noch im SharePoint-Verzeichnis enthalten. Um ihn auch dort zu entfernen, sind weitere Kommandos erforderlich. Hier einige Beispiele:

```
Remove-SPOExternalUser `
    -UniqueIDs "lucy@live.com", "robin@live.com"

Get-SPOExternalUser -Filter Walker |
    Remove-SPOExternalUser
```

Listing 7.28 Externe Benutzer entfernen

7.6 Suche

Die von Ihnen erstellte Ablagestruktur mit Websitesammlungen, Websites, Bibliotheken, Listen etc. kann noch so ausgefeilt sein, eine leistungsfähige Suche ist dennoch erforderlich, die auch Dateien findet, wenn nach einem Stichwort des Inhalts gesucht wird. Standardmäßig verwendet SharePoint Online für SharePoint-Inhalte die *kontinuierliche Durchforstung (Continuous Crawling)*. Die kontinuierliche Durchforstung sorgt dafür, dass neue Inhalte besonders schnell im Suchergebnis erscheinen. Dabei wird das SharePoint-Berechtigungsmodell angewandt, das heißt, im Suchergebnis sind nur Einträge vorhanden, für die der Anwender auch berechtigt ist.

7.6.1 Durchführen einer Suche

Der Anwender hat an zwei verschiedenen Stellen die Möglichkeit, eine Suche auszuführen:

- Bei vielen Webseiten findet er rechts oben das Suchfeld (siehe Abbildung 7.76)

Abbildung 7.76 Suchfeld

- Standardmäßig ist in SharePoint Online das Suchcenter als zentrale Suchseite unter folgender URL angelegt (siehe Abbildung 7.77):

  https://MANDANTDOMÄNE.sharepoint.com/search/

Abbildung 7.77 Suchcenter

7.6.2 Administration

In vielen Fällen werden Sie die Suche in SharePoint Online in der Basiskonfiguration nutzen, denn diese funktioniert auch ohne Anpassung bereits sehr gut. Dennoch gibt es im SharePoint Admin Center umfangreiche Konfigurationsoptionen, um das Suchverhalten zu beeinflussen (siehe Abbildung 7.78). Die Suchkonfiguration hier näher zu erläutern würde aufgrund des Umfangs den Rahmen des Buches sprengen. Hier sei daher auf die offizielle Dokumentation verwiesen:

http://technet.microsoft.com/de-de/library/ee792877.aspx

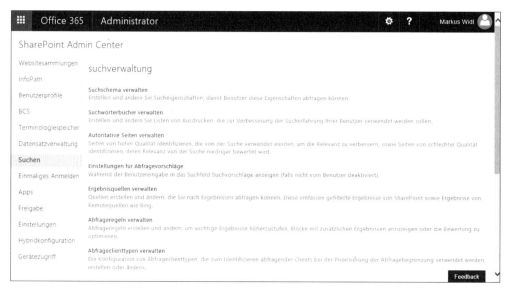

Abbildung 7.78 Suchoptionen im SharePoint Admin Center

7.6.3 Kombinierte Suche

Verwenden Sie nicht nur SharePoint Online, sondern auch eine lokale SharePoint-Umgebung, wollen Sie dem Endanwender im Suchergebnis möglicherweise Treffer von beiden Umgebungen präsentieren, sodass er dieselbe Suche nicht zweimal separat ausführen muss. Sie erreichen dies über eine hybride Umgebung, wie ich sie in Abschnitt 7.17, »Hybridumgebungen«, beschreibe.

7.7 Benutzerprofile

Der Begriff *Benutzerprofile* steht in SharePoint für eine ganze Reihe verschiedener Funktionalitäten. Zunächst einmal gehört dazu die Einrichtung von Profilen für Ihre Benutzer und Organisationsbestandteile (beispielsweise Abteilungen). In einem Benutzerprofil stehen typischerweise Kontaktdaten, aber auch Informationen zu seinen Kenntnissen und Fähigkeiten des jeweiligen Anwenders. Diese Daten können dann auch über die Suche genutzt werden, um beispielsweise geeignete Personen für ein neues Projekt zu finden.

Ein weiterer wesentlicher Bestandteil der Benutzerprofilfunktionen ist »Meine Website«. Dieser Begriff ist allerdings etwas missverständlich, denn eigentlich erhält jeder Anwender nicht nur eine einzelne Website, sondern eine ganze Websitesammlung.

7.7 Benutzerprofile

Heute liegt der Schwerpunkt bei »Meine Website« auf dem persönlichen OneDrive for Business. In der Vergangenheit hat der Anwender dort aber auch sein Profil gepflegt, konnte ein Blog schreiben und Apps hinzufügen. Das Profil und das Blog sind inzwischen aus Sicht des Anwenders zu Delve verschoben worden (siehe Abschnitt 13.2, »Delve«). Daher spricht der Anwender heute typischerweise nicht mehr von »Meine Website«, sondern allenfalls von seinem »OneDrive« oder von seinem »Delve«.

7.7.1 Administration

Die Verwaltung der Benutzerprofile ist recht umfangreich und gliedert sich im SharePoint Admin Center in drei Abschnitte (siehe Abbildung 7.79):

- Personen
- Organisationen
- Einstellungen für »Meine Website«

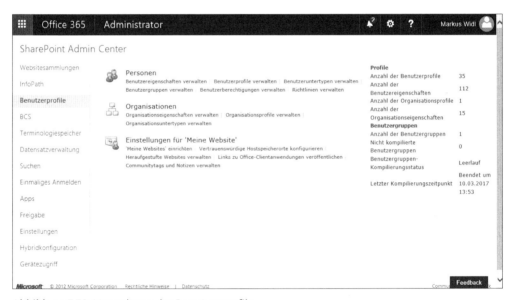

Abbildung 7.79 Verwaltung der Benutzerprofile

In SharePoint 2016 finden Sie einen ganz ähnlichen Aufbau in der Konfiguration der Serviceanwendung *Benutzerprofile*.

Was in SharePoint Online im Wesentlichen fehlt, ist die Synchronisierung. Sie können also beispielsweise nicht ohne Zusatztools die Daten der Benutzerprofile mit externen Datenbanken abgleichen.

Personen

Die Benutzerprofile werden in Delve angezeigt (siehe Abschnitt 13.2). Ein Beispiel sehen Sie in Abbildung 7.80. Möchte ein Anwender sein eigenes Profil anpassen, klickt er rechts oben auf sein Profilbild und wählt im erscheinenden Menü den Befehl ÜBER MICH. Damit gelangt er zu seinem eigenen Profil und kann dort über PROFIL AKTUALISIEREN sein eigenes Profil anpassen (siehe Abbildung 7.81).

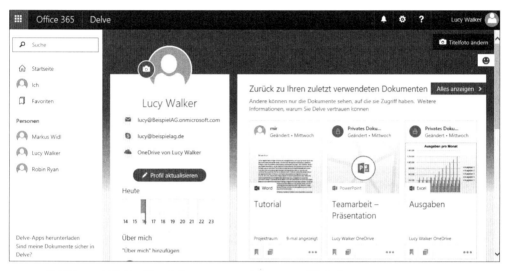

Abbildung 7.80 Profil auf einer personenbezogenen Website

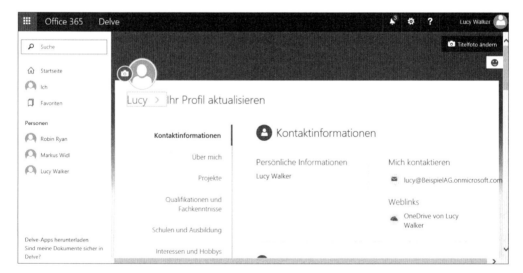

Abbildung 7.81 Anpassung des eigenen Profils

Tabelle 7.8 gibt Ihnen einen Überblick über die möglichen Konfigurationen aus dem Bereich PERSONEN in der Benutzerprofilverwaltung des SharePoint Admin Centers.

Bereich	Bedeutung
BENUTZEREIGENSCHAFTEN VERWALTEN	Aufbau der Benutzerprofile mit Feldern und Abschnitten
BENUTZERPROFILE VERWALTEN	Anlegen und Bearbeiten einzelner Benutzerprofile
BENUTZERUNTERTYPEN VERWALTEN	Verwalten von Untertypen mit unterschiedlichem Aufbau
BENUTZERGRUPPEN VERWALTEN	Verwaltung von zusammengehörenden Benutzern in Gruppen
BENUTZERBERECHTIGUNGEN VERWALTEN	Berechtigungseinstellungen, wer beispielsweise eine »Meine Website« erstellen darf
RICHTLINIEN VERWALTEN	Berechtigungseinstellungen, welche Angaben im Profil vom Anwender geändert werden dürfen und welche Anwender welche Informationen anderer Anwender lesen können

Tabelle 7.8 Konfigurationsbereiche der Benutzerprofile

Organisationen

Die Organisationsprofile werden ähnlich verwaltet wie die Benutzerprofile. Gedacht sind diese Profile für Bereiche in der Organisation, beispielsweise Abteilungen. Tabelle 7.9 führt die Konfigurationsbereiche auf.

Bereich	Bedeutung
ORGANISATIONSEIGENSCHAFTEN VERWALTEN	Aufbau der Organisationsprofile mit Feldern und Abschnitten
ORGANISATIONSPROFILE VERWALTEN	Anlegen und Bearbeiten einzelner Organisationsprofile
ORGANISATIONSUNTERTYPEN VERWALTEN	Verwalten von Untertypen mit unterschiedlichem Aufbau

Tabelle 7.9 Konfigurationsbereiche der Organisationsprofile

Einstellungen für »Meine Website«

Dieser Bereich enthält verschiedene Konfigurationsoptionen für »Meine Website«. Tabelle 7.10 listet die Bereiche kurz auf.

Bereich	Bedeutung
»MEINE WEBSITE« EINRICHTEN	Konfiguration der Suche und Berechtigungseinstellungen
VERTRAUENSWÜRDIGE HOST-SPEICHERORTE KONFIGURIEREN	Verlagerung von »Meine Website« für bestimmte Benutzergruppen auf andere SharePoint-Umgebungen – das kann insbesondere bei hybriden Umgebungen von Interesse sein.
HERAUFGESTUFTE WEBSITES VERWALTEN	Anpassung der Navigation von »Meine Websites«
LINKS ZU OFFICE-CLIENT-ANWENDUNGEN VERÖFFENTLICHEN	Für Office 2010: An dieser Stelle können Sie URLs zu Bibliotheken hinterlegen. Die URLs sind dann im lokalen Benutzerprofil des Anwenders im Ordner *SharePoint-Websites* sichtbar. Damit machen Sie es dem Anwender einfacher, auf diese Bibliotheken zuzugreifen, denn er findet sie im SPEICHERN UNTER- und ÖFFNEN-Dialog. Voraussetzung: Der Anwender verfügt bereits über eine »Meine Website«.
COMMUNITYTAGS UND NOTIZEN VERWALTEN	Anpassung von Kategorien und Notizen der »Meine Website« von der entsprechenden Registerkarte unter MEIN PROFIL

Tabelle 7.10 Konfigurationsbereiche für »Meine Website«

7.7.2 Profile in hybriden Umgebungen

Betreiben Sie neben SharePoint Online weiterhin eine lokale SharePoint-Umgebung, verfügen Ihre Anwender zunächst über zwei Profile: eines in SharePoint Online und eines in der lokalen Umgebung. Um hier keine Verwirrung aufkommen zu lassen, sollten Sie dafür sorgen, dass nur noch ein Profil zum Einsatz kommt – und zwar das in SharePoint Online, denn dort sind dann auch Funktionen wie beispielsweise Delve verfügbar (siehe Abschnitt 13.2, »Delve«).

Wie Sie Ihre Umgebungen so konfigurieren, dass nur noch die Profile in SharePoint Online zur Anwendung kommen, lesen Sie in Abschnitt 7.17, »Hybridumgebungen«.

7.8 Terminologiespeicher

In jedem Unternehmen gibt es eine Reihe von Begriffen, die ständig genutzt werden, beispielsweise die Bezeichner von Standorten, Projekten und Produkten. Oftmals sollen diese auch bei den Metadatenspalten der Listen und Bibliotheken zum Einsatz kommen. Dabei könnten Sie beispielsweise eine neue Spalte mit dem Typ AUSWAHL (MENÜ) anlegen und etwa die Standorte als Auswahlmöglichkeiten für den Anwender angeben. Doch was, wenn diese Liste nicht nur an einer, sondern an vielen Stellen zum Einsatz kommen soll? Was ist, wenn ein Standort hinzukommt, entfernt oder umbenannt wird? Diese Anforderung benötigt die zentrale Ablage dieser universell zu nutzenden Begriffe, um eine möglichst einfache Verwaltung zu erreichen. Dieser Anforderung kommt der Terminologiespeicher entgegen. Mit ihm verwalten Sie über das SharePoint Admin Center an zentraler Stelle sogenannte *Ausdruckssätze*, die Sie dann an beliebig vielen Stellen in allen Websitesammlungen einsetzen können – sie werden also nicht für eine bestimmte Websitesammlung angelegt, sondern gelten übergreifend. Änderungen und Ergänzungen an den Ausdruckssätzen wirken sich global aus.

Die Ausdruckssätze können Sie im Bedarfsfall auch in mehreren Sprachen pflegen und Synonyme hinterlegen, die vom Endanwender universell eingesetzt werden können.

7.8.1 Erstkonfiguration

Die Verwaltung des Terminologiespeichers finden Sie an prominenter Stelle als direkten Punkt im SharePoint Admin Center. Öffnen Sie diesen, erhalten Sie die Ansicht aus Abbildung 7.82.

Noch können Sie den Terminologiespeicher nicht konfigurieren, da kein Administrator für die Komponente festgelegt wurde. Auch die globalen Office 365-Administratoren sind hier nicht automatisch berechtigt. Diese können sich aber selbst als Terminologiespeicheradministrator auswählen (Achtung, es folgen noch weitere Buchstabenwürmer!):

1. Markieren Sie unter TAXONOMIETERMINOLOGIESPEICHER den Eintrag TAXONOMY.
2. Rechts geben Sie dann unter TERMINOLOGIESPEICHERADMINISTRATOREN das gewünschte Benutzerkonto an.
3. Klicken Sie auf die Schaltfläche SPEICHERN.

Damit kann der angegebene Benutzer mit der Verwaltung des Terminologiespeichers beginnen.

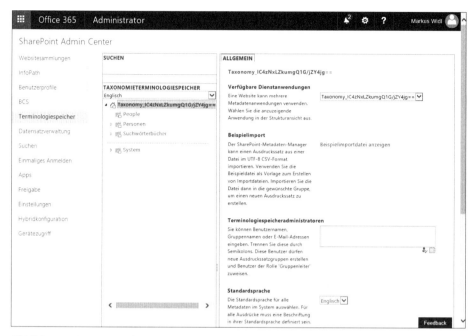

Abbildung 7.82 Terminologiespeicherkonfiguration

Wo Sie gerade an dieser Stelle sind, geben Sie im rechten Teil des Fensters noch alle benötigten ARBEITSSPRACHEN an, für die Sie Ausdrücke hinterlegen wollen.

7.8.2 Ausdruckssätze anlegen

Um die Verwaltung der Ausdruckssätze zu demonstrieren, erstellen wir eine Liste von verschiedenen Standorten, aus denen die Endanwender beim Hochladen einer Datei in eine Bibliothek einen Ort auswählen können. Gehen Sie dazu wie folgt vor:

1. Wählen Sie in der linken Leiste die Sprache aus, in der Sie die Ausdrücke hinterlegen wollen.

[»] Zur Auswahl stehen nur die Sprachen, die unter ARBEITSSPRACHEN angegeben wurden.

2. Fahren Sie mit der Maus auf den Wurzelknoten VERWALTETE METADATEN des Baums. Es erscheint am rechten Rand ein Pfeil. Klicken Sie diesen an, erscheint ein Kontextmenü mit dem Befehl NEUE GRUPPE. Klicken Sie auch diesen an.

[»] Die Ausdruckssätze werden in Gruppen verwaltet. Jeder Gruppe kann beispielsweise ein Gruppenleiter zugewiesen werden, der für den Inhalt der Gruppe verantwortlich ist. Das muss nicht zwangsläufig eine Person aus der IT sein, sondern diese Aufgabe kann auch an jemanden aus einer Fachabteilung delegiert werden. Außerdem können Sie (oder der Gruppenleiter) Mitwirkende definieren. Das sind

Personen, die den Inhalt der Gruppe verwalten, aber keine weiteren Berechtigungen vergeben können.

3. Geben Sie der Gruppe einen Namen (im Beispiel MEINE GRUPPE).
4. Öffnen Sie wie zuvor das Kontextmenü der Gruppe im Baum, wählen Sie den Befehl NEUER AUSDRUCKSSATZ, und vergeben Sie einen Namen (im Beispiel STANDORTE).
5. Nach dem gleichen Prinzip öffnen Sie das Kontextmenü des Ausdruckssatzes, wählen den Befehl AUSDRUCK ERSTELLEN und geben einen solchen an (im Beispiel EUROPA) (siehe Abbildung 7.83).

Die Ausdrücke können Sie auch in einer Hierarchie angeben, beispielsweise könnten Sie unter EUROPA die Ausdrücke BERLIN, PARIS und LONDON anlegen.

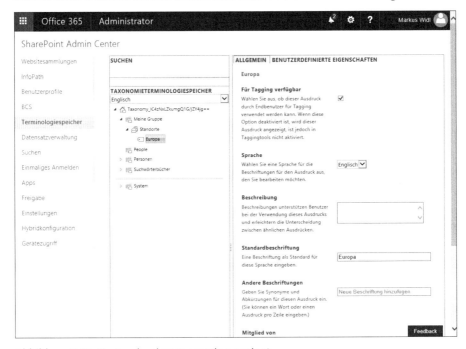

Abbildung 7.83 Ein Ausdruckssatz wurde angelegt.

6. Markieren Sie einen der Ausdrücke, können Sie im rechten Bereich des Fensters unter ANDERE BESCHRIFTUNGEN Synonyme zu dem Ausdruck hinterlegen.

7.8.3 Verwaltete Metadatenspalte erstellen

Damit der Endanwender mit den Ausdrücken arbeiten kann, legen Sie beispielsweise für eine Liste oder Bibliothek eine neue Spalte mit einem besonderen Typ speziell für den Terminologiespeicher an:

1. Öffnen Sie die gewünschte Liste oder Bibliothek.
2. Öffnen Sie die Einstellungen der Liste oder Bibliothek.
3. Geben Sie den Befehl SPALTE ERSTELLEN.
4. Geben Sie einen Spaltennamen an (im Beispiel STANDORT).
5. Wählen Sie den Typ VERWALTETE METADATEN.

[»] Damit aktivieren oder deaktivieren Sie weitere Optionen (siehe Abbildung 7.84).

6. Wählen Sie im Abschnitt AUSDRUCKSSATZEINSTELLUNGEN die Option VERWALTETEN AUSDRUCKSSATZ VERWENDEN, und markieren Sie in der Liste TAXONOMY den Ausdruckssatz, aus dem der Endanwender einen Ausdruck wählen soll (im Beispiel STANDORTE).

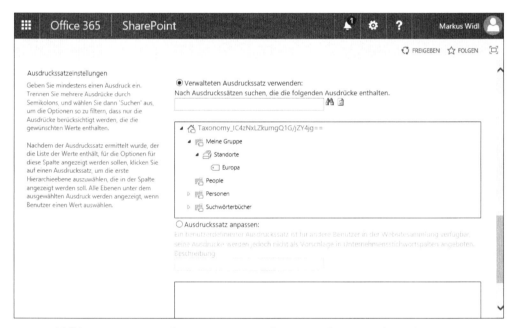

Abbildung 7.84 Eine Spalte vom Typ »Verwaltete Metadaten« wird angelegt.

Legen Sie die Spalte auf diesem Weg an und bearbeiten dann die Eigenschaften einer vorhandenen Datei (oder laden eine neue hoch), finden Sie auf dem Formular eine Textzeile. Der Anwender kann hier einen Ausdruck eingeben (sofern ihm die Wahlmöglichkeiten bekannt sind) oder auch eines der Synonyme. Nach dem ersten eingegebenen Buchstaben erscheint dabei eine Liste möglicher Ausdrücke (siehe Abbildung 7.85).

Etwas einfacher hat es der Endanwender, wenn er auf das Symbol am rechten Rand des Textfeldes klickt. Dann erscheint ein Fenster mit den möglichen Ausdrücken (siehe Abbildung 7.86).

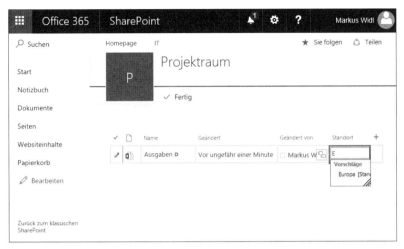

Abbildung 7.85 Vorschlagsliste

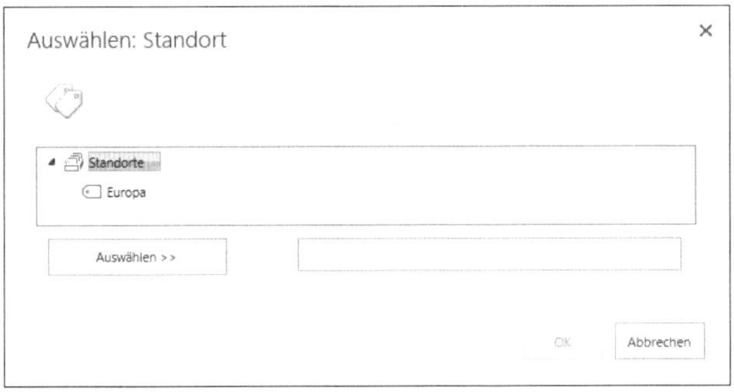

Abbildung 7.86 Ausdrucksauswahl

7.8.4 Metadatennavigation

Bei Listen und Bibliotheken, die Sie mit Spalten vom Typ VERWALTETE METADATEN ausstatten, können Sie dem Endanwender eine zusätzliche Navigationsmöglichkeit zur Filterung der Daten anbieten (allerdings nur in der klassischen Darstellung – siehe Abschnitt 7.4.3, »Listen und Bibliotheken«). Ein Beispiel dazu sehen Sie in Abbildung 7.87.

Um diese Funktionalität nutzen zu können, müssen Sie zunächst das Websitefeature METADATENNAVIGATION UND FILTERN aktivieren:

1. Geben Sie den Befehl EINSTELLUNGEN (ZAHNRAD) • WEBSITEEINSTELLUNGEN.
2. Wählen Sie im Abschnitt WEBSITEAKTIONEN den Befehl WEBSITEFEATURES VERWALTEN.
3. Aktivieren Sie das Feature METADATENNAVIGATION UND FILTERN.

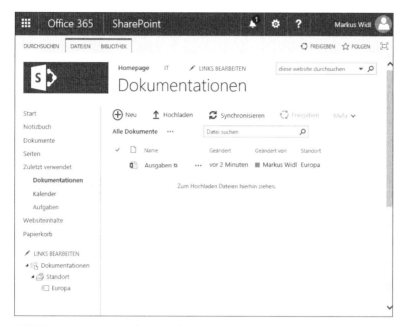

Abbildung 7.87 Optionale Metadatennavigation

Das Aktivieren des Features ist nur einmal pro Website erforderlich, auf der Sie die erweiterte Navigation nutzen wollen. Anschließend konfigurieren Sie die Liste bzw. Bibliothek:

1. Öffnen Sie die Einstellungen der Liste bzw. Bibliothek.
2. Im Abschnitt ALLGEMEINE EINSTELLUNGEN wählen Sie den Befehl NAVIGATIONS-EINSTELLUNGEN FÜR METADATEN (siehe Abbildung 7.88).

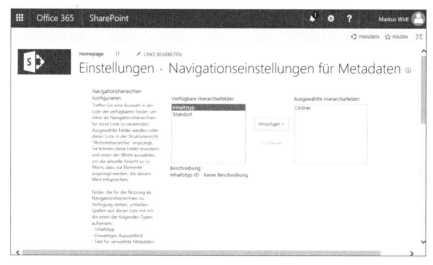

Abbildung 7.88 Navigationseinstellungen für Metadaten

3. Geben Sie im Abschnitt Navigationshierarchien konfigurieren sowie Schlüsselfilter konfigurieren die Spalte vom Typ Verwaltete Metadaten an, erscheint links unter der Schnellstartleiste die Metadatennavigation. Wählt der Anwender einen Ausdruck, werden nur noch Listeneinträge und Dateien angezeigt, die eine entsprechende Angabe besitzen.

7.9 Dokumentcenter

Bestimmte Dokumente aus Ihrer SharePoint-Informationsstruktur wollen Sie vielleicht an einer zentralen Stelle gemeinsam aufbewahren. Das kann dem Anwender helfen, »fertige« Dateien in einer Art Archiv aufzufinden. In diesem Archiv können dann spezielle Berechtigungen gelten, um eine weitere Veränderung der Dokumente einzuschränken.

Um dem Anwender die Aufnahme eines Dokuments in das Archiv (das *Dokumentcenter*) zu erleichtern, können Sie im SharePoint Admin Center sogenannte *Senden-an-Verbindungen* anlegen. Diese Verbindungen erscheinen dann beim Befehl Senden an bei den Dateien in Dokumentbibliotheken (siehe Abbildung 7.89).

Abbildung 7.89 »Senden an«-Befehl in einer Dokumentbibliothek

Hinter den Verbindungen verbirgt sich letztendlich eine spezielle Website, die auf Basis der Websitevorlage Dokumentcenter angelegt wurde, zusammen mit einer der folgenden Aktionen:

- Kopieren
- Verschieben
- Verschieben und einen Hyperlink erstellen

Ein Beispiel eines Dokumentcenters sehen Sie in Abbildung 7.90.

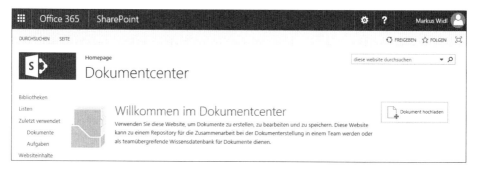

Abbildung 7.90 Website auf Basis der Vorlage »Dokumentcenter«

Im Dokumentcenter aktivieren Sie noch das Websitefeature INHALTSORGANISATION, mithilfe dessen neue Dokumente automatisch in der gewünschten Bibliothek abgelegt werden. Gehen Sie dazu wie folgt vor:

1. Öffnen Sie das Dokumentcenter.
2. Wählen Sie EINSTELLUNGEN (ZAHNRAD) • WEBSITEEINSTELLUNGEN.
3. Unterhalb von WEBSITEAKTIONEN wählen Sie WEBSITEFEATURES VERWALTEN.
4. Klicken Sie neben der INHALTSORGANISATION auf AKTIVIEREN.

Sendet der Anwender ein Dokument an ein Dokumentcenter, schlägt es dort zunächst in der Dokumentbibliothek ABGABEBIBLIOTHEK auf. Dort soll es aber im Regelfall nicht bleiben. Die Idee dieser Bibliothek ist, dass auf Basis eines Regelwerks entschieden wird, in welcher Zielbibliothek das neue Dokument abgelegt werden soll. Der Anwender muss sich nicht selbst darum kümmern. Mit dem Websitefeature INHALTSORGANISATION erzeugen Sie die Weiterleitungsregeln auf Basis der zu dem Dokument gehörenden Metadaten. Das Regelwerk passen Sie im Dokumentcenter über EINSTELLUNGEN (ZAHNRAD) • WEBSITEEINSTELLUNGEN • REGELN FÜR DIE INHALTSORGANISATION an (siehe Abbildung 7.91).

Abbildung 7.91 Regel für die Inhaltsorganisation

Wie erzeugen Sie nun die Senden-an-Verbindungen, mit denen der Anwender über das Menüband Dokumente zum Dokumentcenter hinzufügt? Sie öffnen den Bereich DATENSATZVERWALTUNG im SharePoint Admin Center (siehe Abbildung 7.92).

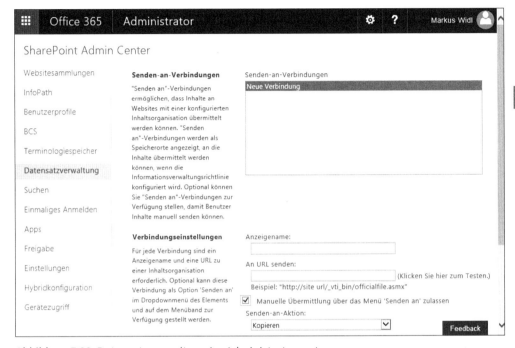

Abbildung 7.92 Datensatzverwaltung im Administratorcenter

Dort legen Sie neue Verbindungen an und verwalten die bereits bestehenden. Jede Verbindung besteht aus folgenden Angaben:

- ANZEIGENAME
  Diesen Namen sieht der Anwender im Menüband.
- AN URL SENDEN
  Hier geben Sie die URL zu einer Website auf Basis der Vorlage DOKUMENTCENTER an. Die URL erweitern Sie um `/_vti_bin/officialfile.asmx`.
- MANUELLE ÜBERMITTLUNG ÜBER DAS MENÜ »SENDEN AN« ZULASSEN
  Damit wird die Senden-an-Verbindung im Menüband sichtbar.
- SENDEN-AN-AKTION
  KOPIEREN, VERSCHIEBEN oder VERSCHIEBEN UND EINEN HYPERLINK ERSTELLEN
- ERLÄUTERUNG
  Die Erläuterung erscheint gegebenenfalls in einem Überwachungsprotokoll.

Bis die neue Verbindung dann tatsächlich beim Symbol SENDEN AN erscheint (siehe Abbildung 7.89), kann es durchaus einige Stunden dauern.

7.10 Enterprise-Features

Bei den Enterprise-Features handelt es sich um eine Palette zusätzlicher Dienste, die auf Basis von SharePoint Online ausgeführt werden. Bitte beachten Sie die eingeschränkte Verfügbarkeit je nach SharePoint Online-Lizenz (siehe Abschnitt 7.1.4, »Lizenzüberblick«).

7.10.1 InfoPath Forms Services

Bei InfoPath handelt es sich um eine leistungsfähige Clientanwendung zum Erstellen von papierlosen Formularen. InfoPath geht dabei über das reine Anlegen eines Formulars hinaus, indem beispielsweise die Eingaben des Anwenders auf Plausibilität geprüft, Berechnungen durchgeführt oder externe Datenquellen abgefragt und gefüllt werden können. InfoPath wird allerdings inzwischen nicht mehr weiterentwickelt. Die letzte Version ist 2013 und war bei den größeren Editionen des Microsoft Office-Pakets mit dabei.

[»] Benötigen Sie auch heute noch InfoPath 2013, können Sie es hier herunterladen und parallel zu Office 365 ProPlus nutzen:

www.microsoft.com/de-de/download/details.aspx?id=48734

Ein großer Nachteil von InfoPath ist in der Praxis, dass es nicht nur zum Erstellen von Formularen nötig ist, sondern auch zum Ausfüllen. InfoPath 2013 teilt sich zwar in den *InfoPath Designer* (das Erstellungstool der Formulare) und den *InfoPath Filler* (das Tool zum Ausfüllen der Formulare) auf, doch sind diese beiden Komponenten nicht einzeln erhältlich. Wollten Sie nun Ihr Formularwesen so weit wie möglich über InfoPath abdecken, müssten Sie sicherstellen, dass alle Anwender über InfoPath verfügen. Das mag mit einigem Aufwand und Lizenzkosten im eigenen Unternehmen noch vertretbar sein, doch was ist, wenn Ihre Anwender von externen Computern aus auf die Formulare zugreifen müssen?

Hier springen die *InfoPath Forms Services* ein, die nach wie vor Bestandteil von SharePoint Online sind. Mit ihrer Hilfe werden InfoPath-Formulare im Browser dargestellt, sodass der Endanwender sie nutzen kann, ohne dass er lokal InfoPath installiert haben muss. Zum Vergleich zeigt Abbildung 7.93 ein InfoPath-Formular im InfoPath-Client und Abbildung 7.94 dasselbe Formular im Browser.

Damit ein InfoPath-Formular in SharePoint Online mit den InfoPath Forms Services dargestellt wird, muss es im einfachsten Fall aus dem InfoPath Designer heraus nach SharePoint Online publiziert werden. Dabei wird es als Vorlage bei einer Bibliothek – man spricht von einer *Formularbibliothek* – hinterlegt. Erstellt dann der Anwender ein neues Dokument in dieser Bibliothek, erscheint das Formular im Browser – vorausgesetzt, die InfoPath Forms Services sind verfügbar und aktiviert. Sollte das nicht der Fall sein, würde das Formular im (hoffentlich clientseitig vorhandenen) InfoPath Filler geöffnet.

Abbildung 7.93 InfoPath-Formular im InfoPath-Client

Abbildung 7.94 InfoPath-Formular im Browser

Die ausgefüllten Formulare werden dann typischerweise in der Bibliothek abgelegt. Dabei handelt es sich um XML-Dateien, die jedoch nur die Feldwerte, nicht aber Layout, Logik, Verhalten etc. des Formulars enthalten. Dies ist ein großer Vorteil gegenüber typischen Excel-Formulardateien, in denen nicht nur die Feldwerte enthalten sind, sondern das ganze Formular gespeichert ist.

Durch die Verwendung der XML-Technik lassen sich die Dateien auch relativ einfach über Drittanwendungen verarbeiten. In den Dateien ist eine Referenz auf das jeweilige InfoPath-Formular enthalten, sodass beim Öffnen der Datei das richtige Formular geladen wird. Ein Beispiel sehen Sie in Abbildung 7.95.

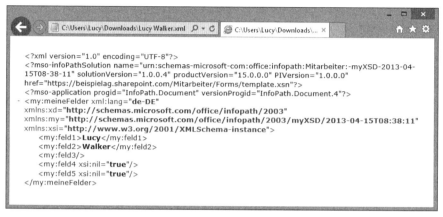

Abbildung 7.95 Verweis auf ein InfoPath-Formular

Konfigurationen im Administratorcenter

Im SharePoint Admin Center verbergen sich hinter dem Punkt INFOPATH einige grundlegende Konfigurationen zu dem Dienst (siehe Abbildung 7.96).

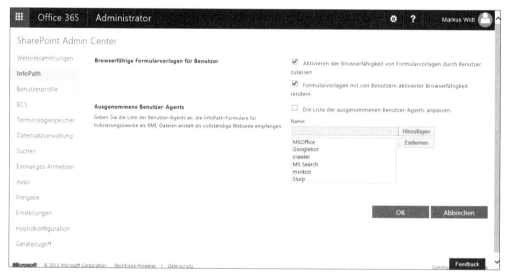

Abbildung 7.96 InfoPath Forms Services konfigurieren

Die Bedeutung der Optionen finden Sie in Tabelle 7.11.

Option	Bedeutung
AKTIVIEREN DER BROWSERFÄHIGKEIT VON FORMULARVORLAGEN DURCH BENUTZER ZULASSEN	Durch Aktivierung erlauben Sie es dem Ersteller von InfoPath-Formularen, beim Publizieren die Webfähigkeit zu verwenden. Ist die Option nicht aktiviert, kommen die InfoPath Forms Services nicht zum Einsatz.
FORMULARVORLAGEN MIT VON BENUTZERN AKTIVIERTER BROWSERFÄHIGKEIT RENDERN	Mit Aktivierung dieser Option kann der Formularersteller beim Publizieren die Webfähigkeit aktivieren, und die Formulare werden auch im Browser mit den InfoPath Forms Services dargestellt. Ist die Option nicht aktiviert, kann beim Publizieren zwar die Webfähigkeit aktiviert werden, die Formulare werden aber nicht im Browser dargestellt, sondern nur im InfoPath-Client.
DIE LISTE DER AUSGENOMMENEN BENUTZER-AGENTS ANPASSEN	Wird in SharePoint ein ausgefülltes InfoPath-Formular geöffnet, wird nicht direkt die XML-Datei dargestellt, sondern das Formular, in dem dann die Angaben der XML-Datei zu sehen sind. Dieses Verhalten ist für die Indexierungsengines der diversen Suchmaschinen eher hinderlich, da jedes Mal das Formular mit indexiert wird, was das Suchergebnis negativ beeinträchtigen kann. Mit dieser Option können Sie dafür sorgen, dass Suchmaschinen das reine XML ohne das Formular geliefert bekommen. Dazu wird die Angabe des Benutzer-Agents aus der Webanfrage ausgewertet.

Tabelle 7.11 Konfiguration der InfoPath Forms Services

7.10.2 Visio Services

Viele Anwender schätzen Visio zur Erstellung von Diagrammen, Skizzen, Prozessabläufen, Mindmaps etc. Mit den Visio Services können Sie diese Zeichnungen auch im Browser anzeigen lassen, ohne dass auf dem Client Visio oder der Visio Viewer installiert sein muss.

Voraussetzung ist allerdings, dass Sie die Visio-Dateien in einem Format abspeichern, das von den Visio Services unterstützt wird. Dateien mit der Endung *.vsd*, die Sie typischerweise mit Visio 2010 angelegt haben gehören nicht dazu. Unterstützt werden Dateien mit diesen Endungen:

- *.vsdx* (Standardformat von Visio 2013 und 2016)
- *.vsdm* (Standardformat von Visio 2013 und 2016 mit Makros)
- *.vdw* (Visio-Webzeichnung; kann auch mit Visio 2010 erzeugt werden)

In Abbildung 7.97 sehen Sie ein Beispiel für die Darstellung einer Visio-Zeichnung im Browser.

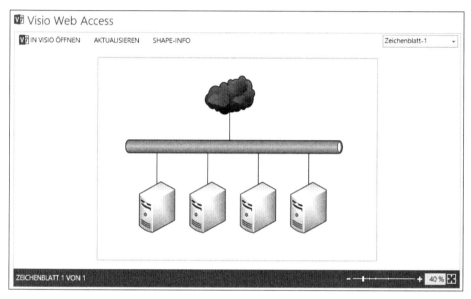

Abbildung 7.97 Visio Services

Visio Services Webpart

Zur Anzeige von Visio-Webzeichnungen gibt es auch ein darauf spezialisiertes Webpart, das Sie beispielsweise auf die Startseite Ihrer Website platzieren können, um einen wichtigen Prozess an prominenter Stelle zu visualisieren. Das Webpart trägt den Namen *Visio Web Access* und gehört zur Kategorie GESCHÄFTSDATEN.

In den Konfigurationsoptionen (siehe Abbildung 7.98) geben Sie die URL zur gewünschten Datei an. Außerdem haben Sie weitere Optionen wie ein automatisches Aktualisierungsintervall, die Darstellung der Symbolleiste, die Deaktivierung bestimmter Befehle etc.

Wie Sie das Visio Services Webpart auf einer Seite integrieren, lesen Sie in Abschnitt 7.4.6, »Webparts«.

7.10 Enterprise-Features

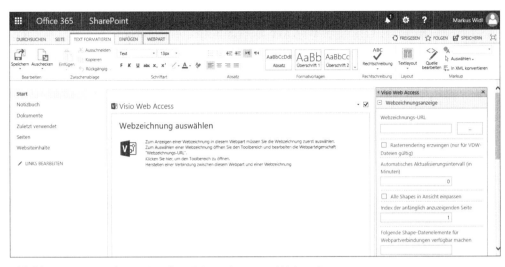

Abbildung 7.98 Konfiguration des Visio Web Access-Webparts

7.10.3 Access Services

Datenbanken auf Basis von Microsoft Access sind in vielen Unternehmen zu finden, obwohl sie bei Administratoren oftmals einen schlechten Ruf haben. Aufgrund der fehlenden zentralen Serverstruktur sind eine saubere Berechtigungskonfiguration und ein zuverlässiges Backup nur schwer zu realisieren.

Mit Access 2013 und 2016 können Sie Datenbanken in SharePoint Online publizieren. Dabei wird die Datenbank in *SQL Azure* abgelegt. Damit ist es möglich, komplexe relationale Datenbanken mit Access für SharePoint anzulegen und zentral und unabhängig von einem Client zu verwalten.

Ein Beispiel für eine in SharePoint Online publizierte Access-Datenbank sehen Sie in Abbildung 7.99.

Abbildung 7.99 Access Services

853

Um eine solche Datenbank zu erstellen, wählen Sie in Access 2013 oder 2016 die Vorlage BENUTZERDEFINIERTE WEB APP. Der Name deutet schon auf das dahinterliegende Konzept: Sie erzeugen eine App, die grundsätzlich sogar im SharePoint Store veröffentlicht werden könnte.

Unter folgender URL finden Sie einen Artikel, der die Access Services veranschaulicht:

https://support.office.com/de-de/article/Sollte-ich-eine-Access-App-oder-eine-Access-Desktopdatenbank-erstellen-497fd86b-e982-43c4-8318-81e6d3e711e8

[»] Bevor Sie eine neue Access Web App anlegen, sollten Sie sich PowerApps ansehen, das Microsoft als Nachfolger positioniert (siehe Abschnitt 14.3.2, »PowerApps«). Die Access Services hat Microsoft inzwischen abgekündigt.

7.11 Business Connectivity Services (BCS)

Im SharePoint Plan 2 (enthalten beispielsweise in E3 und E5) verfügen Sie über die *Business Connectivity Services (BCS)*. Mit ihrer Hilfe integrieren Sie die Daten externer Anwendungen in die SharePoint-Umgebung. Der Anwender findet dann die Daten der Anwender in der Oberfläche als Listen dargestellt und kann je nach Konfiguration auch Änderungen und Ergänzungen an den Daten vornehmen, die dann wiederum an die Anwendung zurückgegeben werden.

Um eine solche Integration zu realisieren, definieren Sie einen *externen Inhaltstyp*, der einen Verweis auf die Datenquelle (und auch auf die zurückgelieferten Datensätze) und die erlaubten Methoden (beispielsweise Lesen und Schreiben, aber nicht Löschen) enthält. Auf Basis eines solchen Inhaltstyps legen Sie dann in SharePoint eine *externe Liste* an. Dazu gibt es eine spezielle Vorlage. Einfache externe Inhaltstypen erstellen Sie ohne Programmcode mithilfe des *SharePoint Designers*, aufwendigere für grundsätzlich beliebige Datenquellen über .NET-Programmcode und *Visual Studio*.

Die externen Listen können auch in das Outlook-Profil des Anwenders eingebunden werden (siehe Abschnitt 7.12, »Outlook-Anbindung«). Handelt es sich bei den eingebundenen Daten um typischerweise mit Outlook verwaltete Daten (beispielsweise Kontakte, Termine und Aufgaben), kann die Darstellung der Daten auch als native Outlook-Elemente erfolgen. Ändert der Anwender dann etwa einen derartig eingebundenen Kontakt, werden die Änderungen zurück zu SharePoint und von dort aus wieder in die externe Anwendung synchronisiert. Abbildung 7.100 stellt die Anbindung von externen Anwendungen dar.

7.11 Business Connectivity Services (BCS)

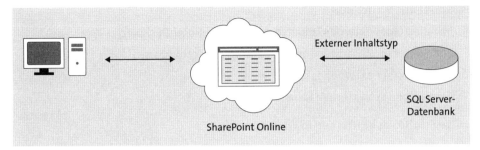

Abbildung 7.100 Einbindung externer Anwendungen über BCS

7.11.1 Datenquellentypen

Über die BCS lassen sich nicht alle Anwendungen integrieren. Von Haus aus werden drei Datenquellentypen unterstützt:

- SQL Server
  Die Integration von Bestandteilen einer Datenbank eines SQL Servers ist im Regelfall mit wenig Aufwand verbunden. Sie können dazu den SharePoint Designer einsetzen, da oft keine Entwicklung erforderlich ist. Bei SharePoint Online gilt hier jedoch eine Einschränkung. Nur *SQL Azure* wird unterstützt, nicht aber ein eigener SQL Server, der beispielsweise bei Ihnen im Rechenzentrum steht. Ein Bespiel zur SQL Azure-Anbindung finden Sie im nächsten Abschnitt.

- WCF-Dienst
  Anwendungen, die über eine geeignete *WCF*-Schnittstelle (= *Windows Communication Foundation*) verfügen, lassen sich ebenfalls mithilfe des SharePoint Designers anbinden.

- .NET-Typ
  Kann die Anwendung nicht direkt als einer der beiden zuvor genannten Datenquellentypen eingebunden werden, ist auch die Bereitstellung einer .NET-Komponente möglich, die bei der Anbindung hilft. Diese Komponente muss zuvor mit Visual Studio entwickelt werden. In SharePoint Online ist die Anbindung über eine .NET-Komponente leider nicht möglich.

7.11.2 Anbindung an eine SQL Azure-Datenbank

Als Beispiel für die Verwendung der BCS binden wir in den folgenden Schritten eine SQL Azure-Datenbank in SharePoint Online ein.

Zur Einbindung sind folgende Schritte erforderlich:

1. Anlegen der SQL Azure-Datenbank
2. Anlegen einer Firewallregel

3. Konfigurieren der BCS
4. Erstellen eines externen Inhaltstyps mit SharePoint Designer
5. Erstellen einer Zielanwendung mit Benutzerinformationen
6. Erstellen einer externen Liste
7. Berechtigen des externen Inhaltstyps

Diese Schritte stelle ich nun im Einzelnen vor.

Schritt 1: Anlegen einer SQL Azure-Datenbank

Um eine neue SQL Azure-Datenbank anzulegen, sind folgende Schritte erforderlich:

1. Melden Sie sich an der Microsoft Azure-Verwaltungskonsole an (siehe Abbildung 7.101): *https://manage.windowsazure.com*

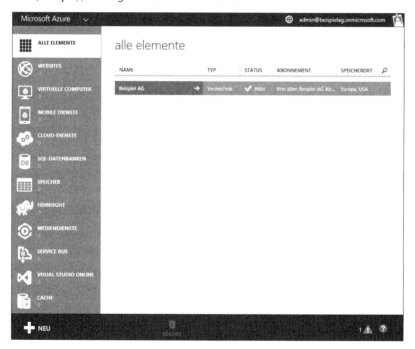

Abbildung 7.101 Microsoft Azure-Verwaltungskonsole

2. Wechseln Sie zum Bereich SQL-DATENBANKEN, und klicken Sie auf NEU • DATENDIENSTE • SQL-DATENBANK • SCHNELLERFASSUNG.
3. Machen Sie die folgenden Angaben (hier einige Vorschläge; siehe Abbildung 7.102), und klicken Sie dann auf ERSTELLEN:
   – DATENBANKNAME: BeispielAG
   – SERVER: NEUER SQL-DATENBANKSERVER (gegebenenfalls können Sie auch einen vorhandenen verwenden)

– ANMELDENAME: SP
– NEUES ANMELDEKENNWORT/BESTÄTIGUNG: Connect2SQL

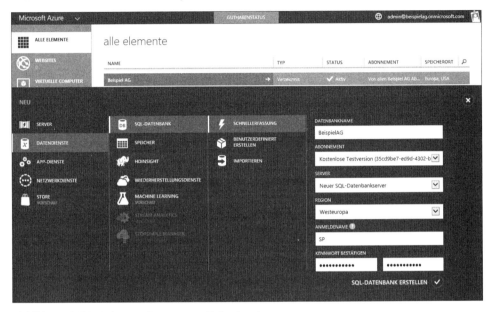

Abbildung 7.102 Anlegen einer neuen Datenbank

Nach kurzer Zeit sollte der SQL Server samt Datenbank einsatzfähig sein (siehe Abbildung 7.103).

Abbildung 7.103 Eine neue Datenbank wurde angelegt.

4. Klicken Sie auf den Namen der neuen Datenbank.
5. Klicken Sie unterhalb von DATENBANKVERBINDUNG HERSTELLEN auf ENTWERFEN SIE IHRE SQL-DATENBANK.

[»] Gegebenenfalls müssen die Firewalleinstellungen jetzt so konfiguriert werden, dass der Zugriff auf den SQL Server erlaubt wird. Bestätigen Sie in diesem Fall einfach die Abfrage.

6. Melden Sie sich an der Datenbank an.
7. Öffnen Sie den Bereich ENTWERFEN, und legen Sie eine neue Tabelle mit dem Namen Kontakte an, wie in Tabelle 7.12 vorgegeben (siehe Abbildung 7.104).

Spalte	Typ	Standardwert	Ist »Identität«?	Ist »Erforderlich«?	Ist »Primärschlüssel?«
ID	int	keine Angabe	ja	ja	ja
Name	nvarchar, 50	keine Angabe	nein	ja	nein
Vorname	nvarchar, 50	keine Angabe	nein	nein	nein
E-Mail	nvarchar, 50	keine Angabe	nein	nein	nein

Tabelle 7.12 Angaben für Tabellenspalten

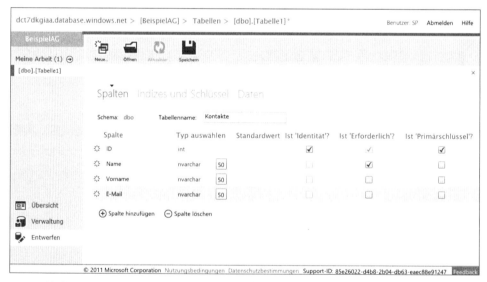

Abbildung 7.104 Tabellen werden angelegt.

8. Klicken Sie auf SPEICHERN.
9. Klicken Sie auf DATEN, legen Sie einige Personen an (siehe Abbildung 7.105), und klicken Sie dann auf SPEICHERN.

7.11 Business Connectivity Services (BCS)

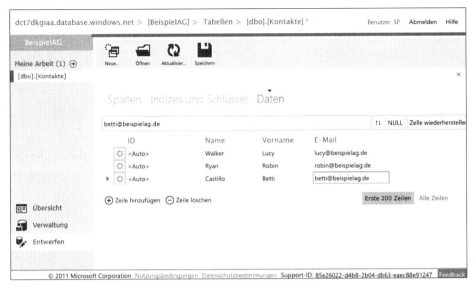

Abbildung 7.105 Beispieldaten

Schritt 2: Anlegen einer Firewallregel

Damit SharePoint Online auf die Datenbank zugreifen kann, benötigen wir eine Firewallregel. Ansonsten wird der Zugriff blockiert.

1. In der Azure-Verwaltungskonsole wählen Sie SQL-DATENBANKEN • SERVER • [Ihr Server] • KONFIGURIEREN (siehe Abbildung 7.106).

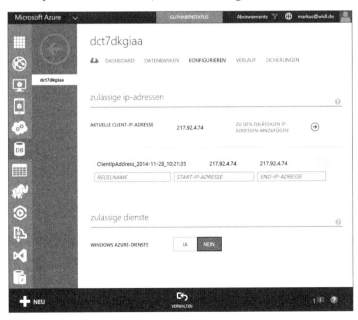

Abbildung 7.106 Serververwaltung

859

2. Machen Sie folgende Angaben (ja, dies ist nur ein Testszenario), und klicken Sie dann auf SPEICHERN:
   - REGELNAME: SP-Zugriff
   - START-IP-ADRESSE: 0.0.0.0
   - END-IP-ADRESSE: 255.255.255.255

Schritt 3: Konfigurieren der BCS

Haben Sie die BCS noch nie in Ihrer SharePoint Online-Umgebung verwendet, ist standardmäßig noch kein Administrator für die Verwaltung des zugrunde liegenden *Metadatenspeichers* konfiguriert. Dies ist aber erforderlich, um im weiteren Verlauf einen externen Inhaltstyp anzulegen. Mit den folgenden Schritten legen Sie einen Administrator fest:

1. Im SharePoint Admin Center wählen Sie den Bereich BCS (siehe Abbildung 7.107).
2. Wählen Sie BDC-MODELLE UND EXTERNE INHALTSTYPEN VERWALTEN.
3. Im Menüband wählen Sie die Schaltfläche BERECHTIGUNGEN FÜR DEN METADATENSPEICHER FESTLEGEN (siehe Abbildung 7.108).
4. Geben Sie im oberen Textfeld einen Office 365-Benutzer an, und klicken Sie dann auf die Schaltfläche HINZUFÜGEN.
5. Im Feld BERECHTIGUNGEN können Sie ebendiese für den ausgewählten Benutzer festlegen. Für dieses Beispiel sind alle Berechtigungen erforderlich. Danach können Sie das Fenster schließen.

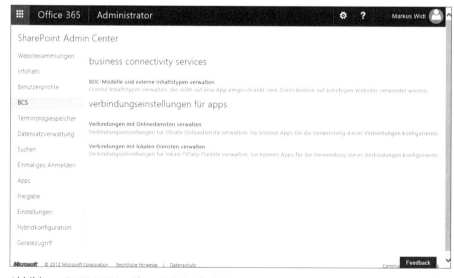

Abbildung 7.107 BCS im SharePoint Admin Center

Abbildung 7.108 Festlegung von Metadatenspeicheradministratoren

Schritt 4: Erstellen einer Zielanwendung mit Benutzerinformationen

Zur Anmeldung an der Datenbank sollen unabhängig vom Anwender immer die gleichen Anmeldeinformationen verwendet werden. Diese Benutzerdaten hinterlegen wir an zentraler Stelle beim *Secure Store Service*, womit sie in unterschiedlichen Anwendungsfällen zum Einsatz kommen können.

1. Im SharePoint Admin Center wählen Sie den Bereich EINMALIGES ANMELDEN (siehe Abbildung 7.109).

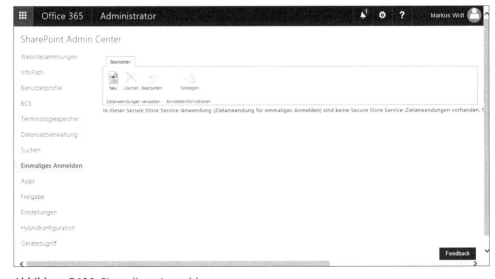

Abbildung 7.109 Einmaliges Anmelden

2. Im Menüband geben Sie den Befehl Neu und konfigurieren die Anwendung mit folgenden Optionen (siehe Abbildung 7.110):
   – Zielanwendungs-ID: BeispielAG
   – Anzeigename: BeispielAG
   – Kontakt-E-Mail-Adresse: Ihre E-Mail-Adresse
   – Zielanwendungstyp: Gruppe eingeschränkt
   – Anmeldeinformationsfelder: wie in der Vorgabe
   – Administratoren für die Zielanwendung: Ihr Benutzerkonto
   – Mitglieder: Alle Benutzer/Jeder

Abbildung 7.110 Anlegen einer Zielanwendung

3. Zurück in der Zielanwendungsverwaltung, markieren Sie die neue Zielanwendungs-ID und geben anschließend dann im Menüband den Befehl Festlegen (siehe Abbildung 7.111).
4. Geben Sie den für die Datenbank erforderlichen Benutzernamen (SP) samt Kennwort (Connect2SQL) ein, und schließen Sie das Fenster.

7.11 Business Connectivity Services (BCS)

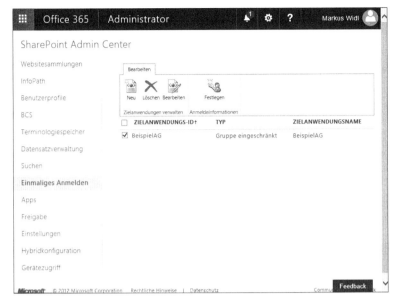

Abbildung 7.111 Konfiguration von Benutzerdaten

Schritt 5: Erstellen eines externen Inhaltstyps mit SharePoint Designer

Als Nächstes legen Sie im SharePoint Designer einen externen Inhaltstyp an.

1. Öffnen Sie den SharePoint Designer 2013 (siehe Abbildung 7.112).

   Haben Sie den SharePoint Designer noch nicht installiert, können Sie ihn unter folgender URL herunterladen:

   www.microsoft.com/de-de/download/details.aspx?id=35491

   Idealerweise installieren Sie auch das Service Pack für den SharePoint Designer:

   www.microsoft.com/de-de/download/details.aspx?id=42015

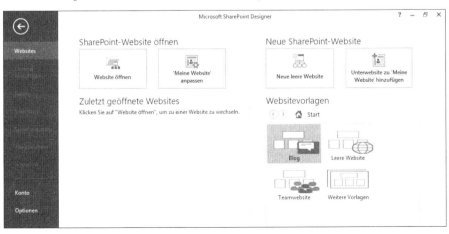

Abbildung 7.112 SharePoint Designer 2013

2. Klicken Sie auf die Schaltfläche WEBSITE ÖFFNEN, und geben Sie die Adresse zur Website ein, auf der Sie die Daten der Tabelle KONTAKTE anzeigen wollen.
3. Wählen Sie in der linken Navigation unter den WEBSITEOBJEKTEN die EXTERNEN INHALTSTYPEN (siehe Abbildung 7.113).

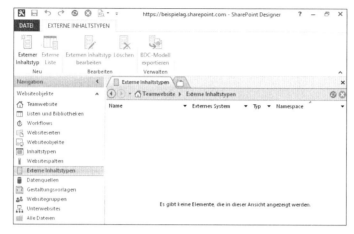

Abbildung 7.113 Externe Inhaltstypen im SharePoint Designer

4. Geben Sie im Menüband den Befehl EXTERNER INHALTSTYP, und geben Sie diesem den Namen »BeispielAG« (siehe Abbildung 7.114).

Abbildung 7.114 Anlegen eines externen Inhaltstyps

5. Klicken Sie auf den Link hinter EXTERNES SYSTEM.
6. Klicken Sie auf die Schaltfläche VERBINDUNG HINZUFÜGEN, und treffen Sie beim DATENQUELLENTYP die Auswahl SQL SERVER (siehe Abbildung 7.115).

Abbildung 7.115 Auswahl einer Datenquelle

7. Konfigurieren Sie die Verbindung mit den entsprechenden Daten (siehe Abbildung 7.116):
   - DATENBANKSERVER: Den Namen des Datenbankservers finden Sie in der Azure-Verwaltungskonsole unter SQL-DATENBANKEN • SERVER • [Ihr Server] • DASHBOARD unter URL VERWALTEN.
   - DATENBANKNAME: BeispielAG
   - NAME: BeispielAG
   - VERBINDUNG: VERBINDUNG MIT ANGENOMMENER BENUTZERDEFINIERTER IDENTITÄT HERSTELLEN
   - ID DER ANWENDUNG: BeispielAG

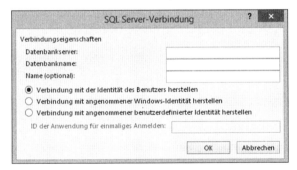

Abbildung 7.116 SQL Server-Verbindung

8. Geben Sie die Zugangsdaten zur Datenbank an.
9. Die Datenquelle sollte dann im DATENQUELLEN-EXPLORER erscheinen (siehe Abbildung 7.117). Öffnen Sie die Baumdarstellung der Datenquelle, und klicken Sie dann mit der rechten Maustaste auf die Tabelle KONTAKTE. Im Kontextmenü wählen Sie den Befehl ALLE VORGÄNGE ERSTELLEN.

Es startet nun ein Assistent (siehe Abbildung 7.118), mit dem Sie auswählen können, welche Felder und Datensätze der ausgewählten Tabelle über den Inhaltstyp bereitgestellt werden sollen. Dabei sollten Sie möglichst alle Warnungen, auf jeden Fall aber alle Fehler beseitigen.

7   SharePoint Online

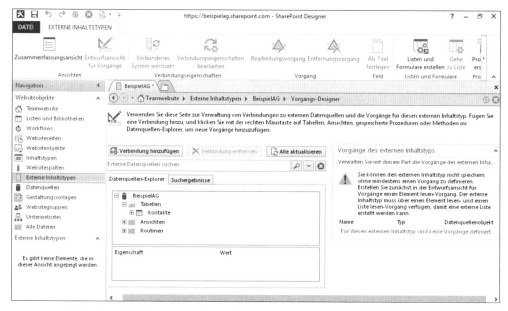

Abbildung 7.117 Datenquellen-Explorer

Abbildung 7.118 Assistent für externe Inhaltstypen

10. Beantworten Sie die Fragen des Assistenten ohne Änderung mit WEITER.
11. Ist der Assistent abgeschlossen, speichern Sie den externen Inhaltstyp (Schaltfläche SPEICHERN in der Titelleiste des SharePoint Designers).

Schritt 6: Erstellen einer externen Liste

Nachdem der externe Inhaltstyp angelegt wurde, können wir ihn als Grundlage für eine externe Liste verwenden, womit dann die Daten in der SharePoint-Oberfläche dargestellt werden.

Eine solche Liste können Sie direkt im SharePoint Designer anlegen, im Beispiel gehen wir aber über den Browser:

1. Auf der SharePoint-Website wählen Sie den Befehl EINSTELLUNGEN (ZAHNRAD) • APP HINZUFÜGEN.
2. In der Liste wählen Sie die App EXTERNE LISTE aus (siehe Abbildung 7.119).

Abbildung 7.119 Anlegen einer externen Liste

3. Geben Sie einen Namen für die neue Liste an (Beispiel AG Kontakte) und unter EXTERNER INHALTSTYP den Namen des zuvor angelegten Inhaltstyps. Mit einem Klick auf ERSTELLEN wird die neue Liste angelegt.

Da Sie nach den bereits erfolgten Schritten automatisch über die erforderlichen Berechtigungen zur Nutzung des Inhaltstyps verfügen, können Sie direkt mit der neuen Liste arbeiten (siehe Abbildung 7.120) – ganz wie von den Standardlisten von SharePoint gewohnt. Andere Benutzer können dagegen mangels Berechtigung noch nicht mit der Liste arbeiten und erhalten eine Fehlermeldung.

Abbildung 7.120 Externe Liste

Schritt 7: Berechtigen des externen Inhaltstyps

Damit Ihre Anwender auch mit der neuen externen Liste arbeiten können, muss der Inhaltstyp mit den entsprechenden Berechtigungen konfiguriert werden:

1. Im SharePoint Admin Center wählen Sie den Bereich BCS, und dann wählen Sie BDC-Modelle und externe Inhaltstypen verwalten.

[»] In der Liste sollte der neue externe Inhaltstyp angezeigt werden.

2. Markieren Sie den neuen Inhaltstyp, und geben Sie im Menüband den Befehl Objektberechtigungen festlegen.
3. Geben Sie in das erste Textfeld den oder die Benutzer ein, die für den Inhaltstyp berechtigt werden sollen. Sind das alle Benutzer, geben Sie Alle Benutzer/Jeder an und klicken auf die Schaltfläche Hinzufügen.
4. Markieren Sie den neuen Eintrag in der Liste, geben Sie bei den Berechtigungseinstellungen die gewünschten Berechtigungen an, und schließen Sie dann das Fenster.

7.12 Outlook-Anbindung

Teilweise überschneiden sich die Informationen, die Sie in SharePoint und in Outlook pflegen. Dazu gehören beispielsweise der Kalender und die Kontaktinformationen. Entsprechende SharePoint-Listen, aber auch Listen anderen Typs und den Inhalt von Bibliotheken können Sie in Outlook einbinden. Sie finden dann unterhalb Ihres eigentlichen Postfachs einen speziellen Bereich für die SharePoint-Daten (siehe Abbildung 7.121).

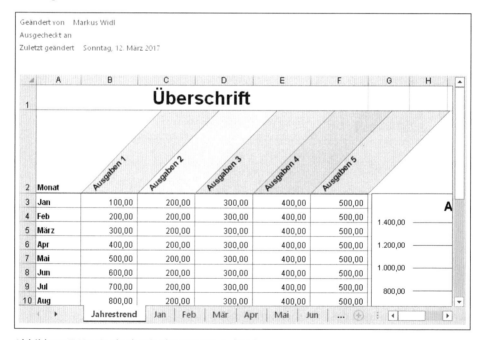

Abbildung 7.121 Outlook mit SharePoint-Anbindung

Achtung: Diese Funktion gibt es nur bei der klassischen Ansicht von Listen und Bibliotheken. In der modernen Ansicht fehlt sie.

Binden Sie eine Kalenderliste in Outlook ein, wird diese in Outlook auch als Kalender dargestellt, eine Kontaktliste ebenso als Kontaktkärtchen, eine Aufgabenliste eben auch als Aufgaben. Die anderen Listenarten zeigen ihren Inhalt in Form einer Tabelle, und die Bibliotheken ähneln der Darstellung von E-Mails.

Während Sie die Listeninhalte auch von Outlook aus ändern und ergänzen können, wird der Inhalt von Bibliotheken nur mit Lesefunktionen bereitgestellt. Änderungen am Inhalt von Bibliotheken sind von Outlook aus nicht möglich.

Die Herstellung der Outlook-Anbindung ist schnell durchgeführt, allerdings nur auf einem Internet Explorer in der 32-Bit-Ausgabe:

1. Öffnen Sie die Liste oder Bibliothek im Browser.
2. Auf der Menüband-Registerkarte LISTE bzw. BIBLIOTHEK wählen Sie den Befehl VERBINDUNG MIT OUTLOOK HERSTELLEN oder (beispielsweise bei Aufgabenlisten) MIT OUTLOOK SYNCHRONISIEREN.

   Wird das Symbol ausgegraut dargestellt und Sie verwenden den Internet Explorer, liegt das vermutlich daran, dass die SharePoint-Website nicht zu den *Vertrauenswürdigen Sites* gehört. Lesen Sie hierzu Abschnitt 7.1.3, »Voraussetzungen«.
3. Bestätigen Sie die Sicherheitsabfrage.

7.13 Mobiler Zugriff

SharePoint Online-Inhalte können Sie auch auf mobilen Geräten – etwa Windows Mobile-, Android- und iOS-Smartphones sowie Tablets verwenden.

Für iOS, Android und Windows Mobile stellt Microsoft die SharePoint-App bereit. Sie stellt eine vergleichbare Ansicht wie die SharePoint-App im App-Launcher bereit (siehe Abbildung 7.122).

Die App bietet im Wesentlichen folgende Funktionen:

- Zugriff auf Websites
- Zugriff auf Unternehmenslinks
- Zugriff auf Websiteinhalte
- Suche nach Dateien, Websites und Personen
- aggregierte Ansicht von Neuigkeiten aus diversen Websites

Die SharePoint-App finden Sie hier:

- iOS: *https://itunes.apple.com/de/app/microsoft-sharepoint/id1091505266?mt=8*

- Android: *https://play.google.com/store/apps/details?id=com.microsoft.sharepoint&hl=de*
- Windows Mobile: *https://www.microsoft.com/de-de/store/p/sharepoint/9nblggh510hb*

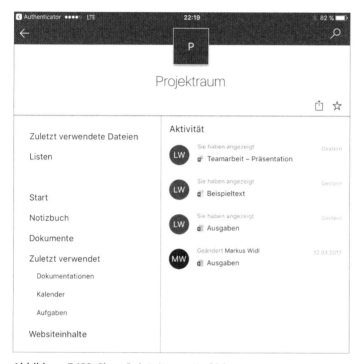

Abbildung 7.122 SharePoint-App unter iOS

Idealerweise haben Sie auf dem Mobilgerät nicht nur die SharePoint-App installiert, sondern zusätzlich auch die OneDrive-App. Diese beiden Apps sind miteinander integriert. Öffnen Sie beispielsweise eine Dokumentbibliothek in der SharePoint-App, wird automatisch auf die OneDrive-App umgeleitet, die dann den eigentlichen Zugriff auf die Inhalte ermöglicht. Lesen Sie hierzu auch Kapitel 8, »OneDrive for Business Online«.

7.14 Datensicherheit

Wenn Sie und Ihre Anwender sich auf die Ablage von wichtigen Informationen in SharePoint Online einlassen, ist die Absicherung der Daten ein wichtiges Thema. Zu diesem Aspekt gehören in SharePoint Online folgende Punkte:

- *Papierkorb*, zum Schutz vor versehentlichem Löschen
- regelmäßige Backups

7.14 Datensicherheit

- Virusfilterung
- blockierte Dateitypen
- Verwendung von Informationsrechten

7.14.1 Papierkorb

Der Papierkorb in SharePoint Online enthält grundsätzlich alle gelöschten Daten der folgenden Elemente:

- Listen und Listenelemente
- Bibliotheken und Dateien
- Ordner
- Webpart-Seiten
- Webseiten
- Websites

Anpassungen, die mit dem SharePoint Designer durchgeführt wurden, werden nicht vom Papierkorb berücksichtigt.

Den Papierkorb finden Sie unter EINSTELLUNGEN (ZAHNRAD) • WEBSITEINHALTE über den Link am rechten Bildschirmrand (siehe Abbildung 7.123).

Abbildung 7.123 Papierkorb

In diesem Papierkorb findet der Anwender die von ihm gelöschten Elemente, die er auch wiederherstellen kann. Neben diesem Benutzerpapierkorb, der ausschließlich Elemente der jeweiligen Website enthält, gibt es für Websitesammlungsadministratoren noch einen websiteübergreifenden Papierkorb. Dieser kann mit dem Link ENDGÜLTIGER PAPIERKORB am unteren Rand aufgerufen werden oder alternativ über diesen Weg:

1. Wählen Sie von der Root-Website der Websitesammlung aus den Befehl EINSTELLUNGEN (ZAHNRAD) • WEBSITEEINSTELLUNGEN.
2. Wählen Sie im Abschnitt WEBSITESAMMLUNGSVERWALTUNG den Eintrag PAPIERKORB (siehe Abbildung 7.124).

Abbildung 7.124 Papierkorb des Websitesammlungsadministrators

Haben Sie versehentlich im SharePoint Admin Center eine ganze Websitesammlung gelöscht, können Sie diese auch wiederherstellen. Wechseln Sie dazu im SharePoint Admin Center zum Punkt WEBSITESAMMLUNGEN. Dort finden Sie im Menüband den PAPIERKORB (siehe Abbildung 7.125).

Abbildung 7.125 Papierkorb für Websitesammlungen

Liegt ein Element 30 Tage im Papierkorb, wird es automatisch daraus entfernt. Dabei ist das ursprüngliche Löschdatum entscheidend. Ob das Element im Benutzerpapierkorb oder im Papierkorb der Websitesammlung liegt, ist dabei unerheblich. Eine Wiederherstellung ist danach nicht mehr möglich.

7.14.2 Virusfilterung

In SharePoint Online abgelegte Dateien werden automatisch auf Schadcode überprüft. Eine eigene Konfiguration ist allerdings nicht möglich.

Die in SharePoint Online abgelegten Dateien werden beim Upload und regelmäßig danach gescannt. Wird dabei Schadcode gefunden, wird die Datei markiert. Versucht ein Anwender, eine infizierte Datei herunterzuladen, erhält er eine Warnmeldung.

Beachten Sie bitte, dass Dateien, die größer als 25 MB sind, nicht auf Schadcode überprüft werden. Dieser Anti-Virus-Schutz kann nur als Basisschutz angesehen werden. Sie sollten unbedingt auch für eine lokale Schadsoftwareüberprüfung sorgen.

7.14.3 Dateitypbeschränkungen

In SharePoint Online können Sie nicht alle Dateitypen hochladen. Dies betrifft insbesondere ausführbare Dateien, die Schadcode enthalten könnten. In Abschnitt 7.1.5, »Einschränkungen«, finden Sie eine Liste der nicht erlaubten Dateitypen.

7.14.4 Schutz vor Datenverlust

Ähnlich wie bei Exchange Online (siehe Abschnitt 6.9.4, »Verhinderung von Datenverlust«) gibt es auch für SharePoint Online den *Schutz vor Datenverlust (Data Loss Prevention; DLP)*. Damit können Sie besonders schützenswerte Dateiinhalte erkennen und daraufhin bestimmte Aktionen durchführen, beispielsweise in den Office-Applikationen Hinweise, sogenannte *Richtlinientipps*, einblenden oder die Freigabe an unternehmensexterne Personen sperren. Wie Sie die Konfiguration hierfür vornehmen, lesen Sie in Abschnitt 14.1.3, »Verhinderung von Datenverlust«.

7.14.5 Zugriff für Geräte beschränken

Möchten Sie den Zugriff auf Ihre SharePoint-Daten nur unter bestimmten Bedingungen zulassen, finden Sie im SharePoint Admin Center im Bereich GERÄTEZUGRIFF einige Optionen (siehe Abbildung 7.126).

Mit der Option ZUGRIFF JE NACH NETZWERKADRESSE STEUERN können Sie IP-Adressen und -Adressbereiche angeben, von denen aus der Zugriff auf SharePoint-Inhalte erlaubt sein soll. Dazu zählen neben den SharePoint-eigenen Websites auch die One-

Drives (siehe Kapitel 8, »OneDrive for Business Online«) und Office 365-Gruppenwebsites (siehe Abschnitt 11.1.1, »Komponenten von Office 365-Gruppen«).

Abbildung 7.126 Gerätezugriffseinstellungen

Verwenden Sie dazu die *CIDR-Notation (Classless Inter-Domain Routing)*. Hier ein Beispiel: Für den Adressbereich 192.168.1.0 bis 192.168.1.255 (Subnetzmaske 255.255.255.0) geben Sie 192.168.1.0/24 an. Allerdings geben Sie dort nicht die internen IP-Adressen und IP-Adressbereiche wie im Beispiel an, sondern die externen, die vom Internet aus sichtbar sind.

[»] Der Zugriff auf das SharePoint Admin Center und das OneDrive Admin Center wird damit nicht beschränkt.

Auch können Sie mit der Option ZUGRIFF VON APPS STEUERN, DIE KEINE MODERNE AUTHENTIFIZIERUNG VERWENDEN den Zugriff für Apps deaktivieren, die die moderne Authentifizierung nicht unterstützen (siehe Abschnitt 4.5, »Moderne Authentifizierung«).

7.15 Anpassen von SharePoint Online

Mit den in SharePoint Online standardmäßig vorhandenen Vorlagen lässt sich bereits eine ganze Reihe verschiedener Szenarien abdecken. Dennoch wird es nur wenige Situationen geben, bei denen Sie keine Anpassungen an eigene Bedürfnisse und Wünsche vornehmen müssen. Die möglichen Anpassungen in SharePoint Online lassen sich grob in drei verschiedene Bereiche aufteilen:

- Anpassungen mit dem *Browser*

  Die einfachste Form der Anpassungen der SharePoint Online-Umgebung nehmen Sie im Browser vor. In den vorangegangenen Abschnitten war dies der Schwerpunkt. Zu den Browseranpassungen gehören das Anlegen von Websites, Listen und Bibliotheken, das Platzieren und Konfigurieren von Webparts, die Konfiguration der Navigation, das Konfigurieren vorhandener Workflowvorlagen etc. Für die Durchführung dieser Anpassungen ist nicht unbedingt eine spezielle Anwendung auf dem Clientcomputer erforderlich. Ein geeigneter Browser ist ausreichend.

- Anpassungen mit *SharePoint Designer*

  Irgendwann gelangen Sie an einen Punkt, an dem die Browseranpassungsmöglichkeiten nicht mehr ausreichen. Beispielsweise wenn Sie das Layout Ihrer Websites stärker an Ihr Corporate Design anpassen wollen und dies im Browser nicht möglich ist. In der Vergangenheit hat man sich hier gerne mit dem von Microsoft kostenfrei zur Verfügung gestellten *SharePoint Designer 2013* (siehe Abbildung 7.127) beholfen. Mit ihm kann man viele der Standardaufgaben in der Anpassung auf eine leistungsfähigere Art und Weise als im Browser vornehmen und muss dennoch nicht gleich Programmcode schreiben. Und auch viele der aus dem Browser bekannten Anpassungen – wie das Anlegen und Konfigurieren von Listen und Bibliotheken oder die Berechtigungsverwaltung – können Sie alternativ dazu auch im SharePoint Designer vornehmen.

  Allerdings wird der SharePoint Designer nicht mehr weiterentwickelt. Die letzte Version ist 2013. Möchten Sie ihn dennoch einsetzen, erhalten sie ihn unter der folgenden URL:

  www.microsoft.com/de-de/download/details.aspx?id=35491

  Idealerweise installieren Sie auch das Service Pack für den SharePoint Designer:

  www.microsoft.com/de-de/download/details.aspx?id=42015

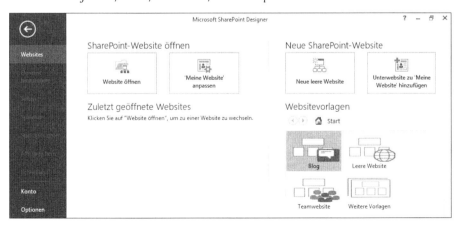

Abbildung 7.127 SharePoint Designer 2013

▶ Anpassungen mit *Visual Studio*
Jedoch hat auch der SharePoint Designer seine Grenzen. Vielleicht wollen Sie ein eigenes Webpart für einen speziellen Einsatzzweck entwickeln. Bei dieser Aufgabe ist der Designer überfordert, und es ist nun tatsächlich ein .NET-Entwickler gefordert, der mit Microsoft Visual Studio 2017 eine entsprechende Lösung (»Solution«) erstellt. Vorausgesetzt wird dabei, dass Sie mindestens über Visual Studio Professional verfügen (siehe Abbildung 7.128).

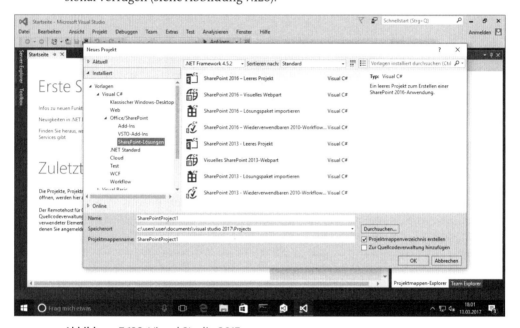

Abbildung 7.128 Visual Studio 2017

Die Beschreibung der Entwicklung von SharePoint Online-Anwendungen würde den Rahmen dieses Buches bei Weitem sprengen. In diesem Buch gehen wir davon aus, dass Sie einen Entwickler zur Hand haben, der Ihnen eine fertige Lösung zur Einbindung in SharePoint übergibt. Das Gleiche gilt natürlich auch für eingekaufte Produkte.

Informationen zu Visual Studio selbst finden Sie unter folgender URL:
www.visualstudio.com/de/

SharePoint Online-Entwicklungsumgebung
Während der Entwicklung Ihrer SharePoint Online-Anwendungen benötigen Sie grundsätzlich eine geeignete SharePoint Online-Entwicklerwebsite, die als Bereitstellungsziel von Visual Studio angegeben wird. Diese Website muss für dieses Szenario gesondert konfiguriert sein. Sie können dabei keine beliebige Website einsetzen. Eine geeignete Entwicklerwebsite erhalten Sie über mehrere Wege:

- Über das *Office 365 Developer Program* erhalten Sie einen Office 365-Mandanten für Entwickler mit 25 Lizenzen vom Typ *Office 365 Developer* für ein Jahr kostenfrei. Dieser Lizenztyp ist im Vergleich zu E3 etwas abgespeckt, so enthält er die Azure-Rechteverwaltung (siehe Abschnitt 10, »Azure Rights Management Services«) nicht. Die Anmeldung nehmen Sie hier vor:
  https://dev.office.com/devprogram
- Sie können eine Entwicklerwebsite auf Basis der gleichnamigen Vorlage erzeugen. Legen Sie dazu eine neue Websitesammlung an (siehe Abschnitt 7.4.1, »Websitesammlungen«), und wählen Sie die Vorlage ENTWICKLERWEBSITE (siehe Abbildung 7.129). Voraussetzung dafür ist, dass in Ihrem Office 365-Mandanten Lizenzen vom Typ E1, E3, E5 oder K1 vorhanden sind.

Mehr dazu lesen Sie unter folgender URL:

https://msdn.microsoft.com/de-de/library/jj692554.aspx

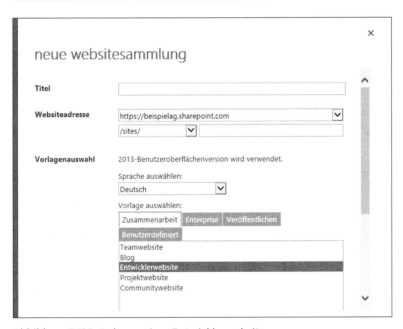

Abbildung 7.129 Anlegen einer Entwicklerwebsite

7.15.1 Sandboxed Solutions

Nehmen wir an, Sie haben mit Visual Studio eine eigene SharePoint-Erweiterung in Form einer Sandboxed Solution entwickelt. Oder Sie haben eine solche von einem Entwickler oder Dritthersteller erhalten. Dann verfügen Sie jetzt über eine Datei mit der Endung *.wsp*, das sogenannte *Solution Package*. Dieses kann folgende Komponenten enthalten:

- Webparts
- Listen
- Workflows
- Ereignisbehandlungen
- Inhaltstypen
- Websitespalten

Die Aufgabe ist nun, dieses Package in SharePoint Online zu integrieren.

Ein Solution Package wird auf Ebene einer Websitesammlung hochgeladen und steht nach seiner Aktivierung in allen Websites der Sammlung zur Verfügung. Gehen Sie wie folgt vor:

1. Öffnen Sie die Root-Website der gewünschten Websitesammlung im Browser.
2. Geben Sie den Befehl EINSTELLUNGEN (ZAHNRAD) • WEBSITEEINSTELLUNGEN.
3. Im Abschnitt WEB-DESIGNER-KATALOGE wählen Sie den Befehl LÖSUNGEN (siehe Abbildung 7.130).

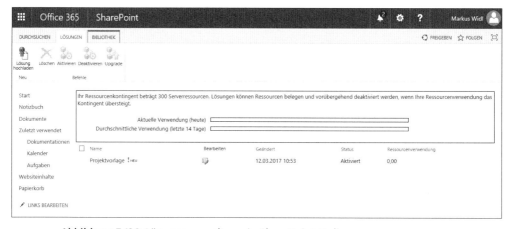

Abbildung 7.130 Lösungsverwaltung in SharePoint Online

4. Auf der Menüband-Registerkarte LÖSUNGEN wählen Sie den Befehl LÖSUNG HOCHLADEN.
5. Geben Sie die *.wsp*-Datei an. Nach dem Hochladen aktivieren Sie die Lösung.

[»] Die Aktivierung können Sie auch nachträglich über die Menüband-Oberfläche vornehmen.

Nachdem Sie Ihre Sandboxed Solution erfolgreich aktiviert haben, können Sie die darin enthaltenen Komponenten einsetzen, also beispielsweise Webparts platzieren.

In Abschnitt 7.1.2, »Funktionsüberblick«, habe ich bereits beschrieben, dass SharePoint Online keinen Full-Trust-Code unterstützt. Sandboxed Solutions werden innerhalb der SharePoint-Umgebung ausgeführt und sind aus Sicherheitsgründen funktional beschränkt, und ihr Ressourcenverbrauch wird laufend ermittelt. Beim Anlegen einer Websitesammlung haben Sie ein *Serverressourcenkontingent* festgelegt (siehe Abschnitt 7.4.1, »Websitesammlungen«). Dieses finden Sie in Abbildung 7.130 am oberen Rand wieder. Außerdem sehen Sie, wie viele Ressourcen von allen Lösungen der Websitesammlung heute und durchschnittlich in den vergangenen 14 Tagen belegt wurden. Für jede einzelne Lösung finden Sie in der Spalte RESSOURCENVERWENDUNG auch eine Angabe, wie stark die Belastung jeweils war. Über diese Statistiken können Sie herausfinden, wie hoch Sie das Ressourcenkontingent der Websitesammlung setzen müssen und welche Lösungen massiv Ressourcen belegen. Letzteres kann auf einen Programmierfehler hindeuten. Die Zahlen werden aber nicht in Echtzeit berechnet, sondern in einem regelmäßigen Zyklus. Es kann also ein wenig dauern, bis Sie eine Änderung feststellen.

Wenn Sie nachträglich das Serverressourcenkontingent einer Websitesammlung verändern wollen, können Sie das über folgende Schritte tun:

1. Öffnen Sie die Websitesammlungsverwaltung über das SharePoint Admin Center (siehe Abbildung 7.131).

Abbildung 7.131 Die Verwaltung der Websitesammlungen

2. Markieren Sie dann die gewünschte Websitesammlung, und wählen Sie den Befehl SERVERRESSOURCENKONTINGENT (siehe Abbildung 7.132).

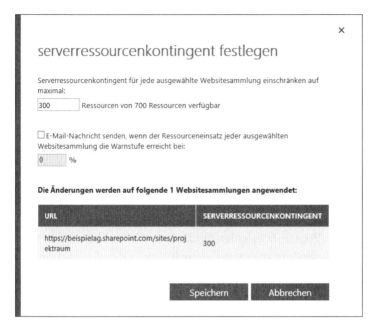

Abbildung 7.132 Das Serverressourcenkontingent wird angepasst.

[»] Beachten Sie, dass Microsoft das Konzept der Sandboxed Solutions nicht weiterentwickeln wird. Das heißt, sie werden zwar aktuell von SharePoint Online noch unterstützt, es gibt dort aber keine weiteren Investitionen mehr. Bei einer Neuentwicklung sollten Sie daher zum neuen Apps-Konzept greifen.

7.15.2 App Solutions

Eine weitere Variante, SharePoint über eigene Anwendungen zu erweitern, läuft über App Solutions, die im Regelfall mithilfe von Visual Studio ab 2012 entwickelt werden. Bei App Solutions wird der enthaltene Programmcode nicht wie Sandboxed Solutions innerhalb der SharePoint Serverumgebung ausgeführt, sondern separat, im Regelfall im Browser des Anwenders oder auf einem speziellen Server.

App-Bereitstellungsmodelle

App Solutions können auf verschiedene Arten bereitgestellt werden:

- SharePoint-Hosted
  Wird eine SharePoint-Hosted-App auf einer Website installiert, erstellt SharePoint automatisch eine Unterwebsite, auf der die App-Komponenten bereitgestellt werden. Auf diese Unterwebsite hat der Anwender direkt keinen Einfluss, und pro App gibt es immer genau eine Unterwebsite. Muss die App Programmcode ausführen, wird dies über JavaScript-Code im Browser des Anwenders realisiert. Der Java-

Script-Code greift dabei über das *Client Side Object Model (CSOM)*, den *Representational State Transfer (REST)* und das *Open Data Protocol (OData)* auf SharePoint-Inhalte zu. Serverseitiger Code ist nicht möglich.

▶ Provider-Hosted

Fügen Sie eine Provider-Hosted-App zu einer Website hinzu, wird nicht zwangsläufig eine Unterwebsite angelegt. Nur für den Fall, dass die App SharePoint-Komponenten wie spezielle Listen benötigt, ist dies erforderlich. Andere App-Komponenten liegen auf einem separaten Webserver. Das kann ein Microsoft Internet Information Server (IIS) sein, aber auch ein Apache oder ein anderes System. Damit muss der Entwickler auch nicht unbedingt JavaScript-Programmcode schreiben, sondern ist von der verwendeten Sprache grundsätzlich unabhängig. Der Programmcode kann hier auf dem separaten Server ausgeführt werden. Auch hier erfolgt die Kommunikation mit SharePoint über CSOM, REST und OData.

Als Administrator haben Sie auf die Art der Bereitstellung keinen Einfluss. Die Entscheidung, welches Bereitstellungsmodell gewählt wird, trifft allein der App-Entwickler.

Apps hinzufügen

Den einfachsten Weg, eine App Solution zu einer Website hinzuzufügen, kennen Sie bereits von den Listen und Bibliotheken. Begrifflich werden diese ebenso als *App* tituliert, wie etwa App Solutions, hinter denen ganze Anwendungen stehen können. Hier ein Beispiel:

1. Geben Sie den Befehl EINSTELLUNGEN (ZAHNRAD) • APP HINZUFÜGEN.
2. Klicken Sie auf SHAREPOINT STORE.

   Der SharePoint Store ist eine von zwei Möglichkeiten, App Solutions in einer Art Katalog bereitzustellen. Anwender können (die entsprechenden Berechtigungen vorausgesetzt) aus dem Katalog gewünschte Apps auswählen (gegebenenfalls einkaufen) und dann auf ihrer Website platzieren. Der SharePoint Store wird von Microsoft betrieben und enthält Apps von vielen Anbietern – zum Teil kostenfrei, zum Teil kostenpflichtig. Den SharePoint Store können Sie beispielsweise mit dem iTunes Store von Apple vergleichen.

3. Wählen Sie anschließend rechts oben die gewünschte Währung und Sprache (siehe Abbildung 7.133).
4. Wählen Sie eine App aus (für die ersten Tests am besten eine kostenlose).

   Sie erhalten dann eine Beschreibung, Screenshots und Bewertungen über die ausgewählte App.

5. Klicken Sie auf HINZUFÜGEN.

   Bei kostenpflichtigen Apps wird damit der Bezahlvorgang eingeleitet.

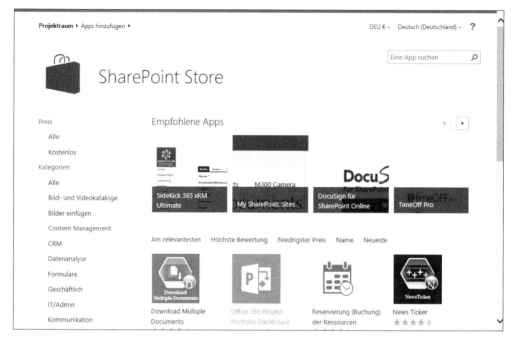

Abbildung 7.133 SharePoint Store

Nachdem Sie das Hinzufügen der App bestätigt haben, erscheint sie bei den Websiteinhalten, von wo aus Sie sie aufrufen. Eine Ausnahme besteht jedoch: Haben Sie nicht das Recht, eine App zu der Website hinzuzufügen, wird eine App-Anforderung generiert, die den SharePoint-Administrator darauf hinweist, dass Sie diese App einsetzen wollen. Solche App-Anforderungen werden im SharePoint Admin Center verwaltet. Dazu im nächsten Abschnitt mehr.

Je nach App können Sie die App auch als App-Webpart, also als Bestandteil einer Website, anzeigen lassen. Lesen Sie hierzu Abschnitt 7.4.6, »Webparts«.

App-Katalog

Neben dem eben verwendeten SharePoint Store können Sie auch einen eigenen App-Katalog in SharePoint Online bereitstellen, aus dem sich Ihre Anwender bedienen können. Diesen eigenen App-Katalog nutzen Sie dann für App Solutions, die nicht im frei zugänglichen SharePoint Store veröffentlicht werden sollen. Außerdem ist er für die Lizenzverwaltung von kostenpflichtigen Apps aus dem SharePoint Store erforderlich.

Um den App-Katalog einzurichten, sind zunächst einige Schritte im SharePoint Admin Center nötig. Wechseln Sie dort zum Bereich APPS (siehe Abbildung 7.134).

7.15 Anpassen von SharePoint Online

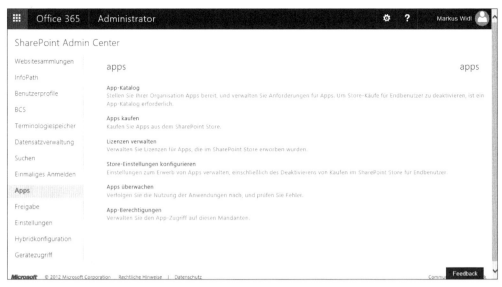

Abbildung 7.134 Apps-Konfiguration im SharePoint Admin Center

Tabelle 7.13 gibt einen Überblick über die dort verfügbaren Abschnitte.

Abschnitt	Bedeutung
APP-KATALOG	Anlegen eines App-Katalogs
APPS KAUFEN	Zentrale Möglichkeit, um Apps im SharePoint Store zu kaufen und Ihren Anwendern damit zur Verfügung zu stellen. Gekaufte Apps erscheinen beim Hinzufügen einer neuen App zu einer Website in der Navigation unter APPS, DIE SIE HINZUFÜGEN KÖNNEN.
LIZENZEN VERWALTEN	Verwaltung der Lizenzen von Apps aus dem SharePoint Store. Dazu gehört auch die Verwaltung von Personen mit den entsprechenden App-Lizenzen.
STORE-EINSTELLUNGEN KONFIGURIEREN	Zu den Store-Einstellungen gehören unter anderem das Aktivieren/Deaktivieren des Zugriffs auf den SharePoint Store für Endanwender sowie die Verwaltung von App-Anforderungen von Endanwendern.
APPS ÜBERWACHEN	Apps können optional überwacht werden. Zur Überwachung gehören Quelle, verwendete Lizenzen, erworbene Lizenzen, Installationsspeicherorte und Laufzeitfehler.
APP-BERECHTIGUNGEN	App-Zugriffsberechtigungen

Tabelle 7.13 Apps-Konfiguration im SharePoint Admin Center

Um einen eigenen App-Katalog anzulegen, wählen Sie APP-KATALOG und dann EINE NEUE APP-KATALOGWEBSITE ERSTELLEN (siehe Abbildung 7.135).

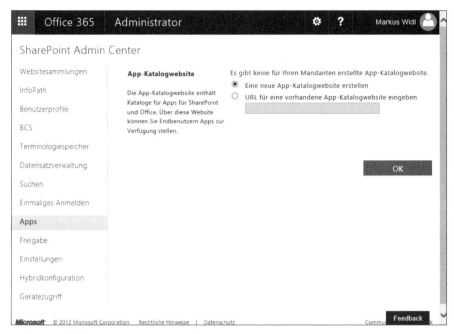

Abbildung 7.135 Anlegen eines App-Katalogs

Bei einem App-Katalog handelt es sich intern um eine spezielle Websitesammlung. Geben Sie die erforderlichen Optionen an. Nach dem Anlegen der Websitesammlung erscheint unmittelbar beim Hinzufügen einer neuen App zu einer Website in der Navigation links der Punkt VON IHRER ORGANISATION.

Noch ist der Katalog leer, aber das können wir ändern. Öffnen Sie den eben erstellten App-Katalog über seine URL. Ein Beispiel stehen Sie in Abbildung 7.136.

In der Navigation der Website finden Sie die folgenden Links auf verschiedene Dokumentbibliotheken:

▶ APPS FÜR SHAREPOINT
Wie der Name schon sagt, laden Sie in diese Bibliothek Apps hoch, die dann in den Websites über den App-Hinzufügeprozess eingerichtet werden können. App Solutions tragen die Dateiendung *.app*.

▶ APPS FÜR OFFICE
Die Office 2013- und Office 2016-Anwendungen Word, Excel, Outlook und Project können ebenfalls über Apps erweitert werden, um zusätzliche Funktionen bereitzustellen, beispielsweise im Rahmen einer Aufgabenleiste. Diese Office-Apps können Sie über den App-Katalog Ihren Anwendern an zentraler Stelle zur Verfügung stellen.

▶ APP-ANFORDERUNGEN

Greift ein Endanwender auf den SharePoint Store zu und versucht, eine App daraus zu einer Website hinzuzufügen, wird das nur gehen, wenn er über die erforderlichen Rechte verfügt. Ansonsten wird eine App-Anforderung erzeugt, die der SharePoint-Administrator bearbeiten kann.

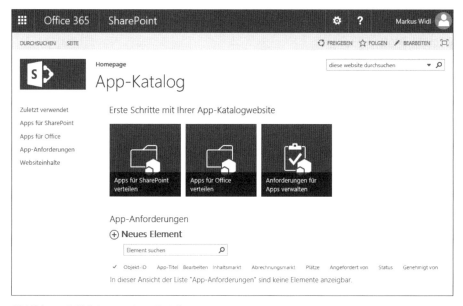

Abbildung 7.136 Leerer App-Katalog

Damit Apps aus Ihrem App-Katalog von den Anwendern installiert werden können, müssen Sie folgende Voraussetzungen erfüllen:

▶ Die installierenden Anwender benötigen auf der Websitesammlung des App-Katalogs Leserechte (oder alternativ die Mitgliedschaft in der Gruppe »Besucher«).

▶ Die installierenden Anwender benötigen auf der Website, auf der eine App installiert werden soll, Vollzugriffsrechte (oder alternativ die Mitgliedschaft in der Gruppe »Besitzer«).

7.15.3 SharePoint Framework

Die aktuellen Änderungen an der SharePoint-Oberfläche wie die moderne Ansicht von Seiten und Listen- und Bibliotheksinhalten sowie die immer wichtiger werdende Unterstützung von Mobilgeräten machten es erforderlich, Entwicklern von SharePoint-Lösungen ein neues leistungsfähiges Werkzeug an die Hand zu geben. Dieses Werkzeug nennt sich *SharePoint Framework* und unterstützt Entwickler in verschiedenen Bereichen, darunter diese:

- Entwicklung von Webparts, die auf dem Client ausgeführt werden
- responsive Darstellung von Webparts
- JavaScript Ressourcenmanagement
- APIs für den Zugriff auf den Seitenkontext und Daten
- Installation einer Lösung für den gesamten Mandanten
- Debugger für Webparts
- Offline-Entwicklung
- hohe Ausführungsgeschwindigkeit der entwickelten Lösungen

Eine Einführung in das SharePoint Framework finden Sie hier:

https://dev.office.com/sharepoint/docs/spfx/sharepoint-framework-overview

7.16 SharePoint Online-Migration

Je nach Zielsetzung ist der Aufwand für die Einführung von SharePoint Online unterschiedlich hoch. Da SharePoint-Strukturen davon leben, dass die Anwender die Umgebung verstehen und akzeptieren, ist es empfehlenswert, die zukünftigen Anwender schon frühzeitig in die Planung und den Aufbau mit einzubeziehen. Da SharePoint an vielen Stellen einen anderen Arbeitsablauf erfordert, als dies etwa bei der lokalen Ablage von Dateien der Fall ist, müssen Sie auch daran denken, die Anwender rechtzeitig an die Hand zu nehmen und etwa Schulungen durchzuführen. Sonst scheitert die fertige Umgebung in der Praxis schon an grundsätzlichen Fragen wie »Wenn eine Datei in SharePoint liegt, muss ich sie zusätzlich auch auf meinem Computer haben?« oder »Wie gehe ich vor, wenn ich eine Datei ändern will? Muss ich dazu die Datei erst manuell herunterladen, um sie dann später wieder manuell hochzuladen?«.

7.16.1 Planung

Wie schon bei Exchange Online müssen Sie auch für SharePoint Online der Umstellung eine ausgereifte Planungsphase voranstellen. Werden Sie sich klar darüber, wie Ihre bestehende Umgebung aussieht und wie die Zielumgebung aussehen soll. Dabei können folgende Fragestellungen helfen:

- Wie sieht die Ursprungsumgebung aus?
  - verwendete Clientbetriebssysteme
  - verwendete Office-Versionen
  - verwendete Browser

- SharePoint-Version, freigegebene Ordner, öffentliche Ordner, Lotus Notes etc.
- verfügbare Bandbreite der Internetanbindung
- Wie sieht die Zielumgebung aus?
  - Auflösung der bisherigen Umgebung?
  - Konsolidierung in SharePoint Online?
  - Hybride Bereitstellung mit vorhandenem System erforderlich?
  - Erforderliche Kapazität?
  - Verwendete Dateitypen?
  - Verwendete Dateinamen (Sonderzeichen)?
  - Änderungen im Arbeitsablauf der Anwender?
  - Schulungsaufwand für Anwender?
  - Migration von Betriebssystem, Office, Browser erforderlich?
  - Ist ein Rückzug aus der Cloud möglich? Aufwand?
  - Ist Zugriff externer Personen erforderlich?
  - Wird eine öffentliche Website benötigt?

Als weiche Primärziele gelten bei derartigen Projekten unter anderem die Minimierung von Reibungsverlusten, ein einfacher Wechsel für die Anwender, die Minimierung von Kosten und eine möglichst kurze Produkteinführungszeit.

Ein empfehlenswerter Ablauf bei der Planung umfasst folgende Punkte:

- Lesen der aktuellen *SharePoint Online-Dienstbeschreibung*
  http://technet.microsoft.com/library/sharepoint-online-service-description.aspx
  Die Dienstbeschreibung wird öfter ergänzt und den aktuellen Gegebenheiten angepasst. Sollten Sie die Dienstbeschreibung zuletzt vor einigen Wochen eingesehen haben, lohnt es sich, nachzusehen, ob es Neuerungen gibt.
- Berücksichtigung der Einschränkungen
  Stellen Sie sicher, dass keine Einschränkung (siehe Abschnitt 7.1.5, »Einschränkungen«) von SharePoint Online die Durchführung Ihres Projekts verhindert.
- Planen der Websitestruktur
  Dazu gehören Websitesammlungen und die Hierarchie der darin enthaltenen Websites samt deren Aufbau. Denken Sie auch an eine geeignete Navigation für den Endanwender.
- Planen einer Berechtigungsstruktur
  Dieser Punkt hängt unmittelbar mit dem vorangegangenen zusammen. Versuchen Sie, eine möglichst einfache Berechtigungsstruktur auf Basis von Gruppen aufzubauen, um die laufende Administration zu vereinfachen.

- Bestimmung der Websitesammlungsadministratoren
  Möglicherweise wollen Sie auch für jede einzelne Website einen »Eigentümer« definieren, der für den inhaltlichen Aufbau zuständig ist.
- Überprüfung von Programmcode
  Wollen Sie Ihren eigenen oder von Drittherstellern eingekauften Programmcode von Ihrer bestehenden SharePoint-Umgebung auf SharePoint Online übertragen, testen Sie dessen Kompatibilität mit Office 365.

7.16.2 Durchführung

Der Ablauf einer SharePoint Online-Migration lässt sich grob in folgende Schritte gliedern:

1. Basiskonfiguration von Office 365
   Bevor Sie sich auf die SharePoint Online-Migration selbst stürzen, muss die Basiskonfiguration von Office 365 erfolgt sein. Dazu gehören folgende Schritte:
   - Domäne verifizieren
   - Active Directory-Synchronisierung aktivieren
   - Identitätsverbund aktivieren

   Diese Schritte sind natürlich nur dann erforderlich, wenn Sie die entsprechenden Funktionen einsetzen wollen. Mehr dazu lesen Sie in Kapitel 4, »Identitäten und Active Directory-Synchronisierung«.

2. Benutzer lizenzieren
   Stellen Sie sicher, dass alle Benutzer, die auf Ihre SharePoint Online-Umgebung zugreifen wollen, über eine entsprechende Lizenz verfügen. Lizenzen verwalten Sie über das Office 365 Admin Center bzw. das Office 365-Portal (siehe Abschnitt 2.5.2) oder mithilfe der PowerShell (siehe Abschnitt 3.15.3).

3. SharePoint Online einrichten
   Dazu gehören das Anlegen der Websitesammlungen samt Inhalt, die Konfiguration von Benutzerprofilen, Terminologie etc.

4. Daten übertragen
   Dieser Punkt ist besonders spannend, da es von Microsoft kein spezielles Migrationstool gibt und je nach Datenquelle (Dateisystem, SharePoint, öffentliche Ordner etc.) unterschiedlich vorgegangen werden muss. Ich werde auf diesen Punkt in Abschnitt 7.16.3, »Daten übertragen«, besonders eingehen.

5. Benutzerdesktop aktualisieren
   Stellen Sie sicher, dass die Computer Ihrer zukünftigen SharePoint Online-Anwender den Voraussetzungen entsprechen (siehe Abschnitt 7.1.3, »Voraussetzungen«).

6. Anwenderschulungen durchführen
   Zeigen Sie Ihren Anwendern den sinnvollen Umgang und die Arbeitsweise mit SharePoint Online und der von Ihnen angelegten Struktur.
7. Alte Server wiederverwenden
   Sind die ursprünglichen Server, auf denen Sie vor der Migration die Daten abgelegt hatten, nicht mehr erforderlich, können Sie sie jetzt wiederverwenden.

7.16.3 Daten übertragen

Das Übertragen vorhandener Daten aus den unterschiedlichsten Quellen für Dateiserver, SharePoint etc. ist nicht ganz so einfach. Inzwischen bietet Microsoft eine spezielle Schnittstelle zur Migration namens *SharePoint Online Migration API*. Diese Schnittstelle können Sie mit einigen Kommandos aus der PowerShell-Erweiterung für SharePoint Online ansprechen. Sie steht aber grundsätzlich auch Entwicklern von Drittherstellertools zur Verfügung.

Ich werde in diesem Abschnitt die Übertragung von Datenbeständen aus unterschiedlichen Quellen mithilfe von Bordmitteln samt den damit verbundenen Einschränkungen erläutern. Im Anschluss daran stelle ich auch eine dieser Drittherstellerlösungen exemplarisch vor.

Manuelle Migration vom Dateiserver/Dateisystem

Ein möglicher Ansatz für das Kopieren von Dateien aus dem lokalen Dateisystem oder dem eines Dateiservers verwendet den *Windows Explorer*. Sie können SharePoint Online-Bibliotheken in den Windows Explorer einbinden und dann die Dateien per Drag & Drop kopieren. Gehen Sie dazu wie folgt vor:

1. Öffnen Sie die Zielbibliothek in SharePoint Online.
2. Wird die Bibliothek in der modernen Ansicht dargestellt, klicken Sie auf das Auswahlmenü für die Ansicht (beispielsweise ALLE DOKUMENTE) und geben den Befehl IM DATEI-EXPLORER ANZEIGEN. In der klassischen Ansicht öffnen Sie die Menüband-Registerkarte BIBLIOTHEK und geben dann den Befehl MIT EXPLORER ÖFFNEN.

   Achtung: Diese Option steht Ihnen nur im Internet Explorer und nicht in Edge zur Verfügung.

   Damit öffnet sich der Windows Explorer. In diesem ist die Bibliothek eingetragen (siehe Abbildung 7.137).

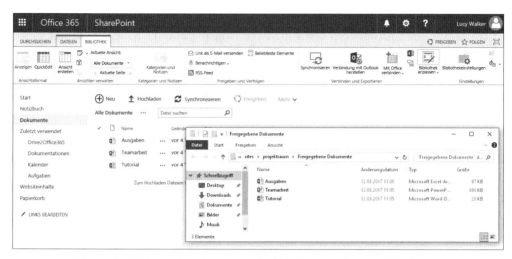

Abbildung 7.137 Eine Bibliothek wurde im Windows Explorer geöffnet.

Sollten Sie den Befehl nicht finden oder an dieser Stelle eine Fehlermeldung erhalten, kann dies unterschiedliche Gründe haben. Hier sind einige davon:

– Sie verwenden nicht den Internet Explorer.
– Die URL zur Website ist nicht in der Internet Explorer-Sicherheitszone *Vertrauenswürdige Sites* eingetragen (wahrscheinlichste Ursache).
– Der Dienst *WebClient* läuft nicht.
– Sie verwenden kein Windows-Betriebssystem.

Weitere Hilfestellungen finden Sie unter folgender URL:

http://support.microsoft.com/kb/2629108

3. Kopieren Sie die gewünschten Dateien in die Bibliothek.

Diese Vorgehensweise ist zwar recht einfach, ist aber bei umfangreichen Datenbeständen aufwendig. Außerdem bringt sie verschiedene Nachteile mit sich:

▶ Berechtigungen werden nicht übertragen.
▶ Eigene Metadatenfelder werden nicht gefüllt.
▶ Felder GEÄNDERT VON/AM haben nicht den ursprünglichen Wert.

Die Felder enthalten nicht die ursprünglichen Angaben, sondern werden auf den Benutzer gesetzt, der die Dateien kopiert, und der Zeitpunkt steht nicht für die letzte Änderung, sondern für den Zeitpunkt des Uploads.

▶ Es gibt keine fortlaufende Synchronisierung (etwa während der Migration, wenn die Anwender noch mit der Datenquelle arbeiten).

Wenn für Sie diese Nachteile auch akzeptabel wären, ist das Vorgehen dennoch nur bei einer überschaubaren Anzahl von Ordnern praktikabel.

Manuelle Migration von SharePoint

Die Migration von Inhalten, die Sie bereits mit einer SharePoint-Umgebung verwalten, stellt im Vergleich zur Migration des Dateisystems noch zusätzliche Herausforderungen, denn es geht hier oftmals nicht nur um die Dateien. Die folgende Liste führt einige Punkte auf, die Sie gegebenenfalls bei der Migration berücksichtigen müssen:

- Aufbau von Listen und Bibliotheken, beispielsweise Metadatenspalten, Ansichten, Inhaltstypen, InfoPath-Formulare
- vorhandene Metadaten bei Listeneinträgen und Dateien
- Dateien in verschiedenen Versionen
- Workflows, also Workflowvorlagen und laufende Workflowinstanzen
- Aufbau und Layout der Websites, beispielsweise der Inhalt von Webseiten, die Platzierung und Konfiguration von Webparts, Featurekonfiguration
- vorhandene Sicherheitskonfiguration
- Benutzerkonten der Quell-SharePoint-Umgebung sind möglicherweise nicht identisch mit den Benutzerkonten von SharePoint Online.
- Vorlagen für Websites, Listen und Bibliotheken
- eigener oder hinzugekaufter Programmcode, beispielsweise Webparts und Event Handler

Diese Punkte machen deutlich, dass die Migration von SharePoint-Daten über das Kopieren oder Verschieben von Dateien weit hinausgeht. Entsprechend wichtig sind daher eine gute Planung samt Bestandsaufnahme und ein vorgelagerter Test der Migration.

Eine mögliche manuelle Strategie könnte wie folgt aussehen:

1. In der »alten« SharePoint-Umgebung legen Sie von der Website, Liste oder Bibliothek eine Vorlage an. Diese speichern Sie unter Einbeziehung des Inhalts innerhalb der alten SharePoint-Umgebung; sie dient eigentlich dazu, auf demselben System weitere Instanzen der Vorlage anzulegen.

    Wie Sie eine Website als Vorlage speichern, lesen Sie in Abschnitt 7.4.2, »Websites«, und für das Anlegen von Vorlagen für Listen und Bibliotheken in Abschnitt 7.4.3, »Listen und Bibliotheken«.

2. Laden Sie die Vorlage von der alten Umgebung herunter und nach SharePoint Online hoch.

    Die Vorlagen von Listen und Bibliotheken finden Sie auf der jeweiligen Website unter EINSTELLUNGEN (ZAHNRAD) • WEBSITEEINSTELLUNGEN im Abschnitt GALERIEN unter LISTENVORLAGEN.

Die Vorlagen für Websites finden Sie dagegen unter EINSTELLUNGEN (ZAHNRAD) • WEBSITEEINSTELLUNGEN im Abschnitt WEB-DESIGNER-KATALOGE unter LÖSUNGEN. Nach dem Hochladen der *.wsp*-Datei müssen Sie die »Lösung« anschließend noch aktivieren.

[»] Bei Websitevorlagen müssen Sie außerdem vor dem Anlegen der Vorlage alle Features deaktivieren, die in SharePoint Online nicht zur Verfügung stehen. Ansonsten erhalten Sie beim Anlegen einer neuen Website basierend auf der Vorlage eine Fehlermeldung.

3. Basierend auf der Vorlage legen Sie eine neue Instanz der Website, Liste oder Bibliothek an.
4. Entfernen Sie die Vorlage aus SharePoint Online.

Dieses Vorgehen hat aber auch einige massive Nachteile:

- Die Vorlagendateien dürfen maximal 250 MB groß sein, da dies die feste Uploadgrenze von SharePoint Online ist. Das dürfte dann in den meisten Fällen schon das Ausschlusskriterium für diese Strategie darstellen, da die Vorlage ja den vorhandenen Inhalt umfassen sollte und damit schnell über 250 MB groß wird.
- Als Ursprungs-SharePoint kommt aufgrund des unterschiedlichen Vorlagenformats und unterschiedlicher Voraussetzungen nur ein SharePoint 2013 oder 2016 und keine der Vorversionen in Betracht.
- Die Sicherheitskonfiguration des Ursprungs geht verloren.
- Die Angaben in den Feldern GEÄNDERT VON/AM werden auf die Person bzw. den Zeitpunkt gesetzt, von der bzw. zu dem basierend auf der Vorlage eine neue Instanz angelegt wird.
- Aktive Workflowinstanzen werden nicht berücksichtigt.
- Über dieses Vorgehen können keine Root-Websites angelegt werden, da die Vorlage nur innerhalb einer vorhandenen Websitesammlung sichtbar ist.

Migration mit der SharePoint Online Migration API und PowerShell

Wie bereits einführend erwähnt, finden Sie in der PowerShell-Erweiterung für SharePoint Online (siehe Abschnitt 7.3, »PowerShell mit SharePoint Online«) einige Kommandos für die *SharePoint Online Migration API*. Mit diesen Kommandos können Sie folgende Quellen zu SharePoint Online übertragen:

- Dateien aus einem Ordner oder einer Netzwerkfreigabe
- den Inhalt von Listen oder Bibliotheken Ihrer lokalen SharePoint-Umgebung (ab Version 2010)

Damit unterstützen die Kommandos nicht die Migration ganzer Websites oder gar ganzer Websitesammlungen. Auf Wunsch bleiben dabei aber die Berechtigungen und (bei einer SharePoint-Quelle) die wesentlichen Metadaten (inklusive des letzten Änderungszeitpunkts) erhalten. Davon ausgenommen sind jedoch Workflows und Ausdrücke aus dem Terminologiespeicher. Sollen die Berechtigungen mit übertragen werden, müssen Sie außerdem vor der Migration die Active Directory-Synchronisierung aktivieren (siehe Abschnitt 4.3).

Die Migration selbst verläuft grundsätzlich in drei Schritten:

1. Erstellen eines Migrationspakets
   Dieser Schritt unterscheidet sich je nach Datenquelle. Wollen Sie Dateien aus dem Dateisystem oder einer Netzwerkfreigabe migrieren, wird mit dem PowerShell-Kommando New-SPOMigrationPackage ein Migrationspaket erzeugt, das auf die zu migrierenden Dateien verweist. Wollen Sie jedoch den Inhalt einer SharePoint-Liste oder -Bibliothek migrieren, exportieren Sie die Liste bzw. Bibliothek samt Inhalt mit dem Kommando Export-SPWeb, das Bestandteil von SharePoint ab Version 2010 ist.

2. Anpassung des Migrationspakets
   Das im Schritt 1 erstellte Migrationspaket wird daran anschließend mit dem Kommando ConvertTo-SPOMigrationTargetedPackage für das gewünschte Ziel in SharePoint Online aufbereitet. Das Ziel selbst, also die Liste oder Bibliothek, müssen Sie bereits im Vorfeld angelegt haben. Die SharePoint Online Migration API kümmert sich nicht selbst darum.

3. Upload des Migrationspakets
   Mit dem Kommando Invoke-SPOMigrationEncryptUploadSubmit laden Sie das Migrationspaket in einen Speichercontainer in Azure hoch. Von dort aus wird es dann mittels eines Timer-Jobs von SharePoint Online in den vorgesehenen Container übertragen.

Im Folgenden sehen wir uns nun jeweils ein Beispiel für die Migration aus dem Dateisystem und aus einer SharePoint-Bibliothek an. Beginnen wir mit dem Dateisystem:

```
#Administrationsbenutzer (muss Websitesammlungsadministrator sein)
$user = "admin@beispielag.onmicrosoft.com"

#URL zum SharePoint-Admin-Center
$admin = "https://beispielag-admin.sharepoint.com"

#Pfad zu den migrierenden Dateien
$source = "C:\Source"

#Pfad für das Migrationspaket (temporär)
$temp = "C:\Temp"
```

```
#Pfad zum endgültigen Migrationspaket
$package = "C:\Package"

#URL zum Ziel-Web
$targetWeb = "https://beispielag.sharepoint.com/sites/ziel"

#Name der Ziel-Bibliothek
$targetLibrary = "Freigegebene%20Dokumente"

#Verbindungsaufbau zu SharePoint Online
$cred = Get-Credential $user
Connect-SPOService -Url $admin -Credential $cred

#Schritt 1: Erstellung des Migrationspakets
New-SPOMigrationPackage -NoAzureADLookup `
    -SourceFilesPath $source `
    -OutputPackagePath $temp `
    -TargetWebUrl $targetWeb `
    -IgnoreHidden `
    -ReplaceInvalidCharacters

#Schritt 2: Anpassung des Migrationspakets
ConvertTo-SPOMigrationTargetedPackage `
    -SourceFilesPath $source `
    -SourcePackagePath $temp `
    -OutputPackagePath $package `
    -TargetWebUrl $targetWeb `
    -TargetDocumentLibraryPath $targetLibrary `
    -Credentials $cred

#Schritt 3: Upload des Migrationspakets
Invoke-SPOMigrationEncryptUploadSubmit `
    -SourceFilesPath $source `
    -SourcePackagePath $package `
    -Credentials $cred `
    -TargetWebUrl $targetWeb
```

Listing 7.29 Migration von Dateien aus dem Dateisystem

Mit den Parametern `-IgnoreHidden` und `-ReplaceInvalidCharacters` bei `New-SPOMigrationPackage` sorgen Sie dafür, dass keine versteckten Dateien migriert und keine unerlaubten Zeichen in den Dateinamen ausgetauscht werden.

Und hier das Beispiel für die Migration einer lokalen SharePoint-Bibliothek:

```
#Administrationsbenutzer (muss Websitesammlungsadministrator sein)
$user = "admin@beispielag.onmicrosoft.com"

#URL zum SharePoint-Admin-Center
$admin = "https://beispielag-admin.sharepoint.com"

#URL zum Quell-Web
$sourceWeb = "http://intra.beispielag.local/sites/quelle"

#URL der Quell-Bibliothek (relativ zur URL vom Quell-Web)
#-> führender Schrägstrich
$sourceLibrary = "/Freigegebene%20Dokumente"

#Pfad für das Migrationspaket (temporär)
$temp = "C:\Temp"

#Pfad zum endgültigen Migrationspaket
$package = "C:\Package"

#URL zum Ziel-Web
$targetWeb = "https://beispielag.sharepoint.com/sites/ziel"

#Name der Ziel-Bibliothek
$targetLibrary = "Freigegebene%20Dokumente"

#Verbindungsaufbau zu SharePoint Online
$cred = Get-Credential $user
Connect-SPOService -Url $admin -Credential $cred

#Schritt 1: Erstellung des Migrationspakets
Export-SPWeb -Identity $sourceWeb `
            -ItemUrl $sourceLibrary `
            -Path $temp `
            -NoFileCompression

#Schritt 2: Anpassung des Migrationspakets
ConvertTo-SPOMigrationTargetedPackage `
    -SourceFilesPath $temp `
    -SourcePackagePath $temp `
    -OutputPackagePath $package `
    -TargetWebUrl $targetWeb `
```

```
    -TargetDocumentLibraryPath $targetLibrary `
    -Credentials $cred

#Schritt 3: Upload des Migrationspakets
Invoke-SPOMigrationEncryptUploadSubmit `
    -SourceFilesPath $temp `
    -SourcePackagePath $package `
    -Credentials $cred `
    -TargetWebUrl $targetWeb
```

Listing 7.30 Migration einer SharePoint-Bibliothek

Beim Export der Bibliothek über Export-SPWeb ist der Parameter -NoFileCompression wichtig. Damit erhalten wir ein Migrationspaket, wie es beim Dateisystem New-SPO-MigrationPackage erzeugt werden würde. Ohne diesen Parameter würde zwar auch ein Paket erzeugt, allerdings in einer einzelnen Archivdatei. Für die weitere Bearbeitung werden jedoch die einzelnen Dateien benötigt.

Migration mit dem Import Service

Microsoft bietet Ihnen einen Import Service an, bei dem Sie Dateien in einen Azure-Container hochladen und von dort aus in SharePoint-Bibliotheken und OneDrives übertragen lassen können. Als Alternative zum Hochladen, beispielsweise wenn die Datenkapazität zu groß ist und das Hochladen zu lange dauern würde, können Sie die Dateien auch auf eine präparierte Festplatte übertragen und an ein Microsoft-Rechenzentrum schicken.

Den Import Service erreichen Sie über das *Security & Compliance Center*. Rufen Sie dieses über den App-Launcher auf und starten den Import Service über den Bereich DATENKONTROLLE • IMPORTIEREN.

Migration mit Drittherstellertools

Eine ganze Reihe verschiedener Hersteller bietet spezielle Anwendungen an, die die Migration von Daten aus unterschiedlichen Quellen zu SharePoint Online vereinfachen. Diese Anwendungen unterstützen Sie beispielsweise beim Mapping von Benutzerkonten, bei der Beibehaltung der Daten in den Feldern GEÄNDERT VON/AM und bei der Übernahme der Sicherheitskonfiguration. Die Migrationsaufgaben lassen sich oftmals auch über Skripte automatisieren, um den Arbeitsaufwand zu verringern.

Hier eine kleine Auswahl möglicher Tools:

- *Office 365 Suite*
  MetaVis Technologies: *www.metavistech.com*

- *Migration Manager for SharePoint*
  Metalogix: *www.metalogix.com*
- *Migrator for SharePoint Online*
  Quest Software: *www.quest.com*

Sollten Sie vor der Migration umfangreicher Datenbestände stehen, empfehle ich Ihnen, einige dieser Tools zu evaluieren. Möglicherweise verkürzen Sie damit den Migrationsaufwand erheblich. Die Dritthersteller lassen sich ihre Werkzeuge allerdings auch gut bezahlen. Abhängig von der Anzahl der Websitesammlungen und der zu migrierenden Datenkapazität kommt schnell ein vierstelliger Betrag zusammen.

7.17 Hybridumgebungen

Nicht immer werden Sie auf eine lokale Installation einer SharePoint-Umgebung mit eigenen Servern verzichten wollen. Gründe dafür gibt es viele. Einschränkungen von SharePoint Online hinsichtlich der Codeausführung, die Anbindung von Unternehmensanwendungen, die eine lokale Installation erfordern, und eine zu geringe Internetbandbreite gehören beispielsweise dazu. In solchen Szenarien ist es denkbar, die beiden getrennten SharePoint-Umgebungen – lokal und von Office 365 – miteinander zu koppeln, um beispielsweise Daten wie das Suchergebnis zu kombinieren. Dabei ist eines der Ziele, den Endanwender möglichst nicht merken zu lassen, dass er mit unterschiedlichen Umgebungen arbeitet – zumindest soll ihm die Arbeit dadurch nicht erschwert werden. Dennoch sollen die besten Funktionsbereiche beider Umgebungen gemeinsam genutzt werden können.

Mit der aktuellen SharePoint-Plattform ist der Aufbau einer hybriden Umgebung für unterschiedliche Szenarien denkbar:

- Hybrides OneDrive for Business
  Statt die OneDrive for Business der Benutzer in der lokalen Umgebung anzulegen, können Sie diese in Office 365 anlegen. Dies kann Kostenvorteile nach sich ziehen, da Sie in diesem Fall den vergleichsweise teuren SharePoint-Speicher nicht selbst lokal bereitstellen müssen. Außerdem erhalten Sie dadurch Funktionen wie die externe Freigabe, die lokal zwar möglich, aber mit zusätzlichen Aufwänden bei der Sicherheitskonfiguration verbunden ist. Die OneDrive-Links in der lokalen SharePoint-Umgebung zeigen in diesem Szenario direkt auf OneDrive for Business Online. Eine automatische Datenmigration findet jedoch nicht statt.
- Hybride Websites
  Verwenden Ihre Anwender SharePoint-Websites sowohl in der lokalen Umgebung als auch in SharePoint Online, kann zunächst die Übersicht darunter leiden. Um diesem Umstand entgegenzuwirken, können Sie für die Anwender konsolidierte

Ansichten bereitstellen, die die Websites beider Umgebungen umfasst, beispielsweise die gefolgten oder häufig besuchten Websites.

- Hybride Suche
Sucht der Anwender nach einem Stichwort, soll die Ergebnisliste sich nicht nur auf die aktuell genutzte SharePoint-Umgebung beschränken, sondern sowohl Ergebnisse der lokalen SharePoint-Umgebung beinhalten als auch Ergebnisse von SharePoint Online. Dabei soll es möglichst egal sein, ob die Suche vom lokalen SharePoint oder von SharePoint Online aus gestartet wurde.

- Hybride Überwachung
Sie erweitern das Überwachungsprotokoll aus Office 365 mit den Aktivitäten Ihrer Anwender aus einer lokalen SharePoint-Umgebung. Damit erhalten Sie ein kombiniertes Protokoll und können es von zentraler Stelle aus durchsuchen.

- Hybrider Terminologiespeicher
SharePoint Online verfügt über einen separaten Terminologiespeicher. In einer hybriden Konfiguration können Sie Einträge des lokalen Terminologiespeichers zu SharePoint Online übertragen, sodass Sie diese nicht erneut anlegen müssen.

Bevor wir uns die Konfiguration dieser Szenarien genauer ansehen, müssen bestimmte Voraussetzungen erfüllt werden.

7.17.1 Voraussetzungen

Um eine SharePoint-Hybridumgebung aufzusetzen, sind verschiedene Voraussetzungen zu erfüllen.

SharePoint-Version

Um die angesprochenen Szenarien zu erfüllen, benötigen Sie mindestens SharePoint 2013 oder 2016. Idealerweise haben Sie die verfügbaren Updates bereits installiert.

Dienstanwendungen

Zudem sind diverse Dienstanwendungen samt zugehörigem Proxy erforderlich (sind diese bereits vorhanden, müssen keine weiteren Instanzen angelegt werden; die Standardkonfiguration ist jeweils ausreichend):

- *verwalteter Metadatendienst*
- *App-Verwaltungsdienst*
- *Benutzerprofildienst-Anwendung*
Im Dienst muss für die Funktion »Meine Website« bereits lokal ein Websitesammlungshost eingerichtet worden sein.

▶ *Abonnementeinstellungendienst*
Diese Dienstanwendung kann nicht in der grafischen Zentraladministration angelegt werden, sondern nur in PowerShell (siehe Listing 7.31).

```
#Anwendungspool anlegen
#-> Benutzer an Umgebung anpassen
$AppPool = New-SPServiceApplicationPool `
    -Name SettingsServiceAppPool `
    -Account (Get-SPManagedAccount BEISPIELAG\SPFarm)

#Dienstanwendung anlegen
$App = New-SPSubscriptionSettingsServiceApplication `
    -ApplicationPool $AppPool `
    -Name SettingsServiceApp `
    -DatabaseName SettingsServiceDB

#Dienstanwendungsproxy anlegen
New-SPSubscriptionSettingsServiceApplicationProxy `
    -ServiceApplication $App

#Ggf. Dienstanwendung starten
#Bei englischem Server: "Microsoft SharePoint Foundation
#Subscription Settings Service"
Get-SPServiceInstance |
Where-Object {
    $_.TypeName -eq `
    "Microsoft SharePoint Foundation-Abonnementeinstellungendienst"
} |
Start-SPServiceInstance
```

Listing 7.31 Abonnementeinstellungendienst anlegen

Farm-Dienst

Der Dienst *Microsoft SharePoint Foundation-Abonnementeinstellungendienst* muss aktiviert sein. Öffnen Sie dazu in der Zentraladministration den Punkt SYSTEMEINSTELLUNGEN • DIENSTE IN DIESER FARM VERWALTEN, und klicken Sie auf AUTOMATISCHE BEREITSTELLUNG AKTIVIEREN.

Verzeichnissynchronisierung

Eine SharePoint-Hybridumgebung erfordert einige Komponenten bezüglich der Verzeichnissynchronisierung:

- Die Synchronisierung zwischen Ihrem lokalen Active Directory und dem Azure Active Directory aus Ihrem Office 365-Mandanten muss eingerichtet sein (siehe Abschnitt 4.3, »Active Directory-Synchronisierung«).
- Die Synchronisierung zwischen Ihrem lokalen Active Directory und der Benutzerprofildienst-Anwendung muss eingerichtet sein. Dies können Sie mit folgenden Schritten erreichen:
  - In der Zentraladministration wechseln Sie in der ANWENDUNGSVERWALTUNG zum Punkt DIENSTANWENDUNGEN VERWALTEN.
  - Klicken Sie auf BENUTZERPROFILDIENST-ANWENDUNG (siehe Abbildung 7.138).

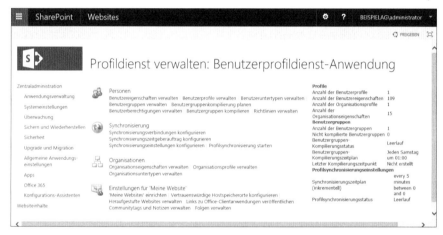

Abbildung 7.138 Benutzerprofildienst-Anwendung

  - Klicken Sie auf SYNCHRONISIERUNGSVERBINDUNG KONFIGURIEREN (siehe Abbildung 7.139).

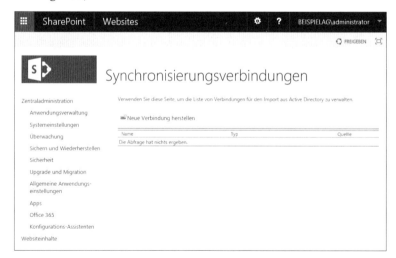

Abbildung 7.139 Synchronisierungsverbindungen

- Klicken Sie auf NEUE VERBINDUNG HERSTELLEN (siehe Abbildung 7.140), und geben Sie einen selbst gewählten VERBINDUNGSNAMEN, einen VOLLQUALIFIZIERTEN DOMÄNENNAMEN sowie KONTONAME und KENNWORT eines Domänenadministrators an. Dann klicken Sie auf die Schaltfläche CONTAINER MIT DATEN AUFFÜLLEN.

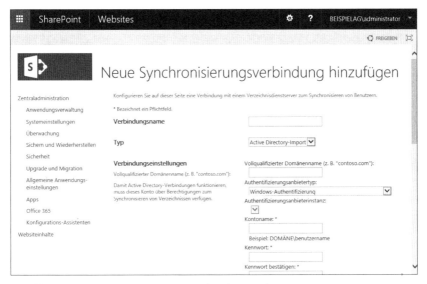

Abbildung 7.140 Synchronisierungsverbindung anlegen

- Öffnen Sie den dargestellten Baum, und markieren Sie den oder die Container, der Benutzerobjekte enthalten. Schließen Sie dann das Fenster mit OK.
- Öffnen Sie erneut die Benutzerprofildienst-Anwendung, und klicken Sie auf BENUTZEREIGENSCHAFTEN VERWALTEN (siehe Abbildung 7.141).

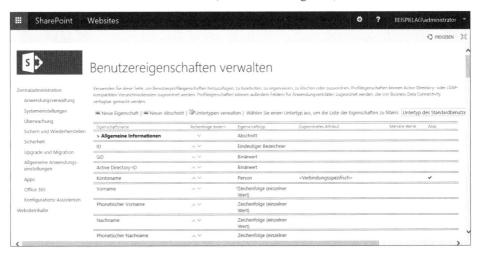

Abbildung 7.141 Benutzereigenschaften

- Stellen Sie sicher, dass das Attribut Benutzerprinzipalname dem Attribut user-PrincipalName sowie Geschäftliche E-Mail-Adresse dem Attribut mail zugeordnet ist. Sollte dies nicht der Fall sein, stellen Sie das Mapping entsprechend her.
- Öffnen Sie erneut die Benutzerprofildienst-Anwendung, und klicken Sie auf PROFILSYNCHRONISIERUNG STARTEN (siehe Abbildung 7.142).
- Starten Sie die INKREMENTELLE SYNCHRONISIERUNG.

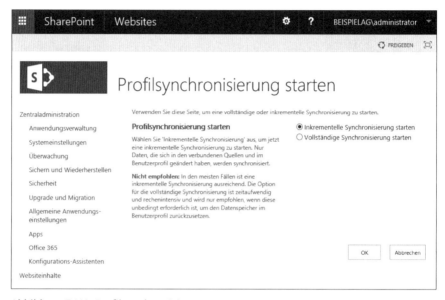

Abbildung 7.142 Profilsynchronisierung

7.17.2 Hybrides OneDrive for Business

Gründe für die Anlage der OneDrives Ihrer Anwender in Office 365 statt in einer lokalen SharePoint-Umgebung gibt es einige: Neben den vermutlich vorhandenen Kostenvorteilen (immerhin bekommen Sie je nach Lizenz 1 TB, 5 TB oder gar unlimitierten persönlichen Speicher) hat die Ablage der Dateien in der Cloud auch funktionelle Vorteile:

▶ In OneDrive for Business Online können Sie ohne Auswirkungen auf Ihre lokale Umgebung Dateien und Ordner auch an unternehmensexterne Personen freigeben und diese sogar gemeinsam bearbeiten.

▶ Outlook 2016 und Outlook im Web unterstützen moderne Dateianhänge, bei denen Sie Dateien nicht mehr klassisch als E-Mail-Anhang verschicken, sondern nur Links auf in OneDrive abgelegte Dokumente. Mit dem Versand werden die Berechtigungen auf die Datei automatisch vergeben, sodass die Empfänger mit den Dateien zentral arbeiten können. Somit gibt es nicht die Probleme in der Art, dass beispielsweise jeder Empfänger eine separate Kopie einer Datei erhält, die dann getrennt voneinander modifiziert werden und nur schwer wieder vereint werden können (siehe Abschnitt 6.4.3, »Outlook im Web«).

▶ Der Zugriff von Mobilgeräten mit den dort vorhandenen Apps ist einfach möglich.

Mehr zu OneDrive for Business lesen Sie in Kapitel 8.

Mit dem Aktivieren des hybriden OneDrive for Business werden im lokalen SharePoint 2013 alle Links auf OneDrive automatisch auf das Cloud-OneDrive umgeschrieben. Bei SharePoint 2016 gilt das für die Kachel im App-Launcher. Sie müssen allerdings nicht alle OneDrives in Office 365 anlegen, sondern können dies auch auf eine bestimmte Benutzergruppe beschränken. Allerdings hätte dies zur Folge, dass Ihre Anwender mit Ihrem OneDrive unterschiedliche Funktionen zur Verfügung hätten. Neben der Umleitung der OneDrive for Business werden auch die Zugriffe auf die Profile der Benutzer automatisch zu SharePoint Online umgeleitet.

Voraussetzungen

Für den Betrieb eines hybriden OneDrive for Business müssen Sie zunächst die Voraussetzungen aus Abschnitt 7.17.1 erfüllen.

Daneben benötigen die Benutzer allerdings noch eine Reihe an Berechtigungen:

1. In der Zentraladministration wechseln Sie in der ANWENDUNGSVERWALTUNG zum Punkt DIENSTANWENDUNGEN VERWALTEN.
2. Klicken Sie auf BENUTZERPROFILDIENST-ANWENDUNG.
3. Klicken Sie auf BENUTZERBERECHTIGUNGEN VERWALTEN (siehe Abbildung 7.143).

Abbildung 7.143 Benutzerberechtigungen verwalten

4. Wählen Sie die passende Gruppe aus, oder wählen Sie ALLE AUTHENTIFIZIERTEN BENUTZER.

5. Aktivieren Sie mindestens die folgenden Berechtigungen:
   - PERSÖNLICHE WEBSITE ERSTELLEN
   - PERSONEN FOLGEN UND PROFIL BEARBEITEN
6. Schließen Sie das Fenster mit OK.

Konfiguration

Die Konfiguration findet auf einem lokalen Server statt, auf dem auch die Zentraladministration läuft. Geben Sie wie folgt vor:

1. Öffnen Sie das SharePoint Admin Center.
2. Wechseln Sie zum Bereich HYBRIDKONFIGURATION (siehe Abbildung 7.144).

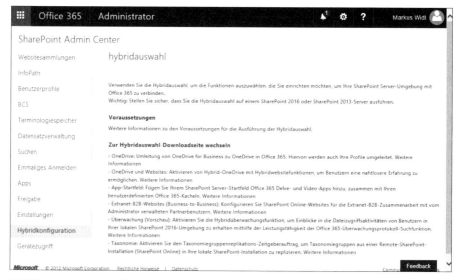

Abbildung 7.144 Hybridkonfiguration

3. Klicken Sie auf den Link ZUR HYBRIDAUSWAHL-DOWNLOADSEITE WECHSELN (siehe Abbildung 7.145).

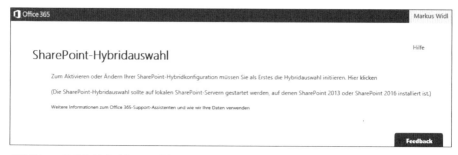

Abbildung 7.145 Hybridauswahl

4. Klicken Sie auf HIER KLICKEN, um den *SharePoint Hybrid Configuration Wizard* zu starten (siehe Abbildung 7.146).

Abbildung 7.146 SharePoint Hybrid Configuration Wizard

5. Geben Sie im Schritt ANMELDEINFORMATIONEN die Anmeldedaten eines SharePoint- und eines Office 365-Administrators ein (siehe Abbildung 7.147).

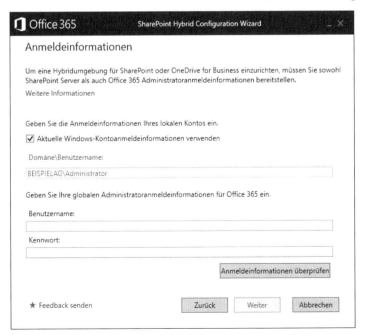

Abbildung 7.147 Anmeldeinformationen

[»] 6. Wählen Sie im nächsten Schritt die gewünschten Hybridfunktionen aus (siehe Abbildung 7.148).

Gegebenenfalls macht es Sinn, neben HYBRID ONEDRIVE auch gleich HYBRID SITES mit auszuwählen (siehe Abschnitt 7.17.3, »Hybride Websites«).

Abbildung 7.148 Hybrid-Features

Der Assistent führt dann die erforderliche Konfiguration durch. Im Anschluss daran sollten Sie den IIS mit einem IISReset neu starten. Um die Konfiguration zu überprüfen, öffnen Sie in der Zentraladministration den Bereich OFFICE 365 und dort den Abschnitt KONFIGURIEREN VON HYBRIDEN ONEDRIVE- UND WEBSITES-EINSTELLUNGEN. Auf der erscheinenden Seite sehen Sie die Einstellungen (siehe Abbildung 7.149).

Unter BENUTZERGRUPPE FÜR HYBRID-FEATURES FESTLEGEN können Sie bei Bedarf eine SharePoint-Benutzergruppe angeben, für die die OneDrive-Umleitung nach Office 365 erfolgen soll. Tun Sie das nicht, gilt die Umleitung für alle Benutzer.

Abbildung 7.149 Konfiguration von hybriden Einstellungen

7.17.3 Hybride Websites

Anwender können Websites folgen, wenn diese für sie eine besondere Bedeutung haben. Gefolgte Websites werden dem Anwender dann für den einfachen Zugriff gemeinsam dargestellt. In SharePoint 2013 klickt der Anwender dazu in der Hauptnavigation auf WEBSITES und in SharePoint 2016 auf die gleichnamige Kachel im App-Launcher. Allerdings zeigen die lokalen SharePoints auch nur lokale Websites an. Möchten Sie für Ihre Anwender gerne eine gemeinsame Sicht auf gefolgte Websites aus lokaler Umgebung und zudem SharePoint Online bereitstellen, hilft die Konfiguration der hybriden Websites. Ähnlich wie bei den hybriden OneDrives verweisen lokale Links dabei auf SharePoint Online, wo dann die gefolgten Websites aus beiden Welten aufgeführt sind (siehe Abbildung 7.150).

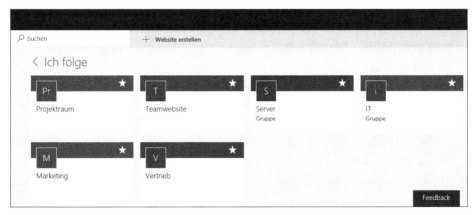

Abbildung 7.150 Gefolgte Websites aus beiden Welten

Um dies zu erreichen, müssen die lokalen SharePoint-Profile zu SharePoint Online umgeleitet werden.

Voraussetzungen

Für hybride Websites müssen Sie die Voraussetzungen aus Abschnitt 7.17.1 erfüllen.

Konfiguration

Zur Konfiguration verweise ich auf die Beschreibung in Abschnitt 7.17.2, »Hybrides OneDrive for Business« – mit nur einem Unterschied: Wählen Sie bei der Auswahl der Hybridfunktionen im *SharePoint Hybrid Configuration Wizard* hier die Option HYBRID SITES.

7.17.4 Hybride Suche

Mit einer hybriden Suche erreichen Sie ein gemeinsames Suchergebnis, das sowohl Treffer aus der lokalen SharePoint-Umgebung als auch von SharePoint Online enthält. Die Anwender sind damit nicht gezwungen, im Zweifelsfall eine Suche zweimal auszuführen, je nachdem, wo die Dateien liegen, die sie finden wollen.

Doch die hybride Suche hat auch noch einen weiteren Vorteil: Dateien, die im lokalen SharePoint liegen, werden für den Office Graphen verfügbar, und damit können die lokalen Dateien auch in Delve angezeigt werden (siehe Abschnitt 13.2, »Delve«).

Bei der hybriden Suche haben Sie mehrere Konfigurationsoptionen:

- Cloudhybrid
  In diesem Fall liegt der Suchindex nur in Office 365 und enthält die erforderlichen Daten für lokale SharePoint-Daten und Daten aus SharePoint Online. In diesem Fall müssen Sie sich nicht über die Größe des Indexes Gedanken machen, da er lokal nicht gespeichert wird. Allerdings ist eine Crawler-Komponente erforderlich, der die lokalen Daten durchforstet. Dabei werden von Ihren Dateien nur die textuellen Daten übertragen und nicht die kompletten Dateien. Das Abbildung 7.151 zeigt den Ablauf bei der Cloudhybridsuche.

  Im Bild wird zunächst der lokale Inhalt durchforstet und von der speziellen Cloud-Suchdienstanwendung zum Suchindex in Office 365 übertragen. Startet der Anwender eine Suche von SharePoint Online aus, erhält er das Ergebnis direkt vom Index. Startet er dagegen die Suche vom lokalen SharePoint aus, überträgt die Dienstanwendung die Anfrage an den Suchindex, und dieser liefert das Ergebnis zurück an den Anwender.

- Verbundsuche
  In diesem Fall haben Sie zwei getrennte Suchindizes – einen lokalen und einen in Office 365. Die Suche wird jedoch auf Basis beider Indizes durchgeführt, und dem Anwender wird ein kombiniertes Suchergebnis präsentiert.
- Cloudhybridsuche und Verbundsuche gemeinsam
  Es wäre möglich, beide genannten Strategien gemeinsam zu fahren, beispielsweise wenn Sie besonders sensiblen Inhalt nicht in einem cloudbasierten Index ablegen und auch nicht von SharePoint Online aus finden wollen.

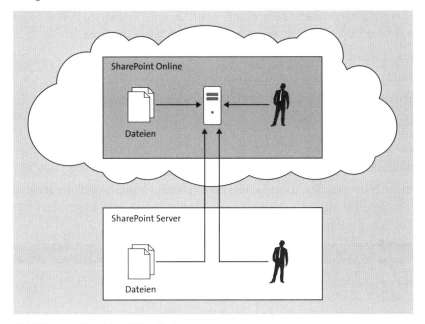

Abbildung 7.151 Ablauf Cloudhybridsuche

Voraussetzungen

Neben den Voraussetzungen aus Abschnitt 7.17.1 müssen Sie darüber hinaus folgende Voraussetzungen erfüllen:

- Setzen Sie SharePoint 2013 ein, müssen Sie mindestens das August 2015 CU (*Cumulative Update*) installieren.
- Möchte Sie im Suchergebnis eine Vorschau auf die Dateiinhalte aus der lokalen SharePoint-Umgebung haben, benötigen Sie lokal einen Office Web Apps Server bzw. einen Office Online Server samt eines Reverse Proxy, sodass dieser auch aus dem Internet erreichbar ist.
- Zur Konfiguration sind einige PowerShell-Skripte erforderlich. Laden Sie diese unter *http://go.microsoft.com/fwlink/?LinkId=717902* herunter.

Konfiguration

In diesem Konfigurationsbeispiel werden wir eine Cloud-Suchdienstanwendung einrichten und so konfigurieren, dass Ihre Anwender sowohl im lokalen SharePoint als auch in SharePoint Online Suchen ausführen können und dabei Treffer aus beiden Umgebungen erhalten.

1. Anlegen der *Cloud-Suchdienstanwendung*

   Die Cloud-Suchdienstanwendung ist eine spezielle Dienstanwendung für die Bereitstellung der hybriden Suche. Verwenden Sie zum Anlegen der Dienstanwendung das heruntergeladene PowerShell-Skript `CreateCloudSSA.ps1`. Starten Sie das Skript auf einem SharePoint Server, und geben Sie folgende Daten an:
   - Name des Suchservers
   - Benutzerkonto für den Suchdienst in der Form DOMÄNE\BENUTZER
   - einen frei wählbaren Namen für die Cloud-Suchdienstanwendung
   - Name des SQL Servers

   Hat das Anlegen geklappt, finden Sie in der Dienstanwendungsverwaltung der Zentraladministration die neue Dienstanwendung (siehe Abbildung 7.152).

   Sollten Sie beim Ausführen des Skripts eine Fehlermeldung wegen der fehlenden digitalen Signatur erhalten, öffnen Sie die Eigenschaften der Skriptdatei und klicken auf ZULASSEN bzw. markieren die gleichnamige Option.

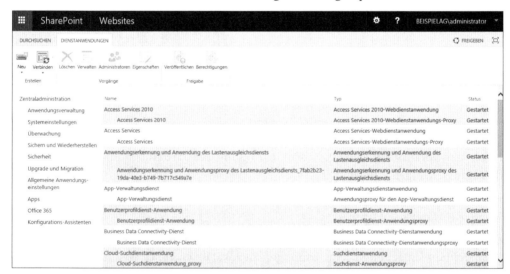

Abbildung 7.152 Angelegte Cloud-Suchdienstanwendung

2. Konfiguration der Cloud-Suchdienstanwendung

   Installieren Sie auf einem SharePoint Server folgende Komponenten (jeweils in der 64-Bit-Variante):

– Microsoft Online Services-Anmelde-Assistent für IT-Experten
  (*www.microsoft.com/de-de/download/details.aspx?id=41950*)
– Azure Active Directory-Modul für Windows PowerShell
  (*http://aka.ms/aadposh*)

Starten Sie das heruntergeladene PowerShell-Skript OnBoard-CloudHybridSearch.ps1 wie folgt:

```
.\Onboard-CloudHybridSearch.ps1 -PortalUrl https://
MANDANTDOMÄNE.sharepoint.com -CloudSsaId ID
```

Listing 7.32 Konfiguration der Cloud-Suchdienstanwendung

Passen Sie dabei die Mandantdomäne für Ihre Umgebung an. Als ID übergeben Sie die ID Ihrer Cloud-Suchdienstanwendung. Diese können Sie mithilfe des folgenden Kommandos ermitteln (passen Sie gegebenenfalls den Namen an):

```
Get-SPServiceApplication -Name Cloud-Suchdienstanwendung
```

Listing 7.33 Ermitteln der ID der Cloud-Suchdienstanwendung

3. Anpassen der Inhaltsquelle
   In diesem Schritt wird innerhalb der Cloud-Suchdienstanwendung die Inhaltsquelle für die lokalen SharePoint-Seiten hinzugefügt, die im Suchergebnis erscheinen sollen. Gehen Sie dazu wie folgt vor:
   – In der Zentraladministration wechseln Sie in der Anwendungsverwaltung zum Punkt DIENSTANWENDUNGEN VERWALTEN.
   – Klicken Sie auf Ihre Cloud-Suchdienstanwendung (siehe Abbildung 7.153).

Abbildung 7.153 Cloud-Suchdienstanwendung

- Klicken Sie in der linken Navigation auf INHALTSQUELLEN (siehe Abbildung 7.154).

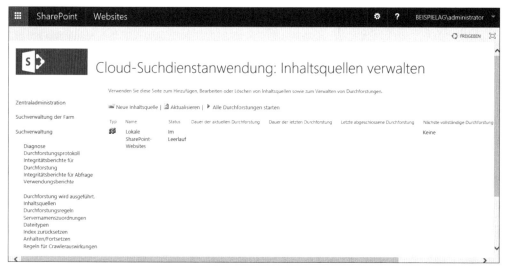

Abbildung 7.154 Inhaltsquellen

- Klicken Sie auf LOKALE SHAREPOINT-WEBSITES (siehe Abbildung 7.155).

Abbildung 7.155 Konfiguration der Inhaltsquelle

- Geben Sie unter STARTADRESSEN die URLs zu den zu durchsuchenden Websites ein.

– Passen Sie die ZEITPLÄNE FÜR DURCHFORSTUNG an Ihre Anforderungen an.

– Klicken Sie auf OK, und starten Sie die Durchforstung der Inhaltsquelle.

Nach einiger Zeit sollten dann im Suchcenter von SharePoint Online (*https:// MANDANTDOMÄNE.sharepoint.com/search*) Suchtreffer Ihres lokalen SharePoints erscheinen. Ein Beispiel sehen Sie in Abbildung 7.156.

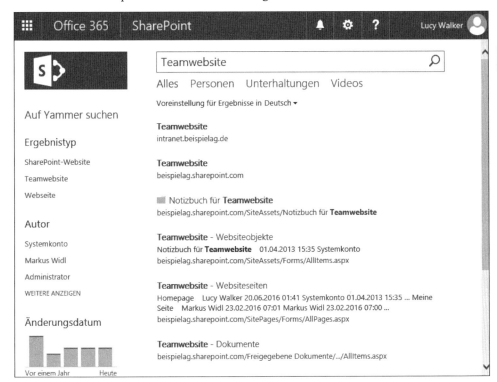

Abbildung 7.156 Gemeinsames Suchergebnis

Damit die Anwender die gefundenen Inhalte auch öffnen können, muss der lokale SharePoint natürlich erreichbar sein. Es ist also gegebenenfalls ein VPN oder ein Reverse Proxy in der DMZ erforderlich, sofern sich die Clients nicht im lokalen Netzwerk befinden.

4. Anlegen einer Ergebnisquelle

Damit nun die Suchergebnisse des lokalen SharePoints auch Treffer aus Share-Point Online enthalten, legen Sie für die Cloud-Suchdienstanwendung eine Ergebnisquelle an und konfigurieren diese als Standard:

– In der Zentraladministration wechseln Sie in der Anwendungsverwaltung zum Punkt DIENSTANWENDUNGEN VERWALTEN.

– Klicken Sie auf Ihre Cloud-Suchdienstanwendung.

– Klicken Sie auf ERGEBNISQUELLEN (siehe Abbildung 7.157).

Abbildung 7.157 Ergebnisquellen

– Klicken Sie auf NEUE ERGEBNISQUELLE (siehe Abbildung 7.158). Geben Sie der Ergebnisquelle einen Namen (beispielsweise `Office 365-SharePoint-Websites`), und wählen Sie als PROTOKOLL REMOTE-SHAREPOINT. Unter REMOTEDIENST-URL geben Sie die Adresse Ihrer SharePoint Online-Umgebung an (*https://MANDANTDOMÄNE.sharepoint.com*).

Abbildung 7.158 Konfiguration der Ergebnisquelle

– Speichern Sie die neue Ergebnisquelle, und wählen Sie aus dem Kontextmenü den Befehl ALS STANDARD DEFINIEREN.

– Überprüfen Sie dann noch, ob die Cloud-Suchdienstanwendung bei den Dienstverbindungen der Webanwendungen ausgewählt ist, von der aus Sie Suchen ausführen wollen. Öffnen Sie dazu in der Zentraladministration die WEBANWENDUNGSVERWALTUNG, markieren Sie die Webanwendung, und klicken Sie dann auf DIENSTVERBINDUNGEN.

Anschließen tauchen nach einiger Zeit auch Treffer aus Office 365 in den Ergebnissen lokaler Suchabfragen auf.

Verwenden Sie dazu am besten auch eine Website, basierend auf der Vorlage *Unternehmenswebsite*, sodass die Ergebnisse nicht auf bestimmte Bereiche beschränkt sind.

7.17.5 Hybride Überwachung

In Office 365 gibt es das Überwachungsprotokoll, mit dem Sie die Aktivitäten Ihrer Anwender und Administratoren aufzeichnen und durchsuchbar machen. Sie können mit der Konfiguration für eine hybride Überwachung dafür sorgen, dass die Anwenderaktivitäten von Ihrer lokalen SharePoint-Umgebung zu Office 365 transferiert und dort in das Überwachungsprotokoll integriert werden.

Das Überwachungsprotokoll finden Sie im *Security & Compliance Center* im Bereich SUCHE UND UNTERSUCHUNG • ÜBERWACHUNGSPROTOKOLLSUCHE (siehe Abbildung 7.159). Eine allgemeine Beschreibung des Security & Compliance Centers finden Sie in Abschnitt 14.1.5, »Überwachungsprotokoll«.

Abbildung 7.159 Überwachungsprotokollsuche im Security & Compliance Center

Bevor Sie die hybride Überwachung konfigurieren, müssen Sie dort die Protokollierung aktivieren. Außerdem müssen Sie die Voraussetzungen aus Abschnitt 7.17.1 erfüllen. Unterstützt wird allerdings nur SharePoint 2016, und dort müssen Sie vorab auch das *Feature Pack 1* (auch bekannt als *November 2016 CU*) installieren.

Die Konfiguration erfolgt analog zur Beschreibung in Abschnitt 7.17.2, »Hybrides OneDrive for Business«, nur dass Sie diesmal bei der Auswahl der Hybridfunktionen im *SharePoint Hybrid Configuration Wizard* die Option HYBRID AUDITING wählen.

Danach dauert es noch etwa 30 Minuten, bis die ersten Aktivitäten im Überwachungsprotokoll von Office 365 erscheinen.

7.17.6 Hybrider Terminologiespeicher

Eine lokale SharePoint-Umgebung und SharePoint Online verfügen über separate Terminologiespeicher. Möchten Sie Einträge der lokalen Umgebung auch in SharePoint Online nutzen, ohne sie dort neu anlegen zu müssen, können Sie mit dem *SharePoint Hybrid Configuration Wizard* die HYBRID TAXONOMIE konfigurieren. Voraussetzungen sind dabei wieder die Punkte aus Abschnitt 7.17.1 sowie mindestens der folgende Versionsstand Ihrer lokalen SharePoint-Umgebung:

- SharePoint 2013: November 2016 CU
- SharePoint 2016: Feature Pack 1 (November 2016 CU)

Die Einrichtung selbst würde den Rahmen dieses Buches sprengen. Sie finden die erforderlichen Schritte hier:

https://support.office.com/en-us/article/Configure-hybrid-SharePoint-taxonomy-dd287a75-09e0-403e-974e-4cc84a152815

7.18 Problembehandlung

Wenn es während der Arbeit mit SharePoint Online zu Problemen kommt, stellt sich die Frage, was die Ursache dafür sein könnte. Bestimmt ist Ihnen schon einmal die *Korrelations-ID* aufgefallen, die bei manchen Fehlermeldungen angezeigt wird. Ein Beispiel sehen Sie in Abbildung 7.160.

Solche IDs werden von SharePoint automatisch für jede Anfrage erzeugt. Klickt der Anwender beispielsweise auf einen Link, ist dies eine neue Anfrage, und alle Aktionen, die dieser Link in SharePoint auslöst, werden intern unter dieser eindeutigen ID geführt. Kommt es dann zu einem Fehler, wird die ID ausgegeben. Im Hintergrund schreibt SharePoint Protokolle, in denen oftmals aussagekräftigere Fehlermeldungen stehen, als Sie dem Endanwender im Browser präsentiert werden. Über die ID finden Sie die zugehörigen Einträge in den Protokollen.

Den Zugriff auf die Protokolle erhalten Sie über das Cmdlet `Get-SPOTenantLogEntry`. Führen Sie das Cmdlet aus, erhalten Sie, je nach Umgebung, eine recht unübersichtliche Liste von Protokolleinträgen.

Abbildung 7.160 Korrelations-ID bei einer Fehlermeldung

Entsprechend wichtig ist es, dass Sie gezielt nach den gewünschten Einträgen suchen. Liegt Ihnen eine Korrelations-ID vor, können Sie diese beim Cmdlet-Aufruf angeben. Hier ein Beispiel:

```
Get-SPOTenantLogEntry -CorrelationId <ID>
```

Listing 7.34 Suche nach Einträgen über die Korrelations-ID

Nicht immer verfügen Sie über eine Korrelations-ID, und trotzdem wollen Sie die Protokolleinträge einsehen. In diesem Fall hilft vielleicht die Eingrenzung über einen bestimmten Zeitraum. Da die Protokolle nicht in Echtzeit, sondern in einem Intervall geschrieben werden, sollten Sie zunächst ermitteln, bis zu welchem Zeitpunkt Sie auf die Protokolleinträge zugreifen können. Hier hilft das Cmdlet Get-SPOTenantLog-LastAvailableTimeInUtc. Dieses wiederum können Sie nutzen, um vom zurückgelieferten Zeitpunkt eine Zeitspanne abzuziehen, um dann die dazwischenliegenden Einträge aufzulisten. Im folgenden Beispiel werden die Einträge der zuletzt aufgezeichneten Stunde ausgegeben:

```
$Ende = Get-SPOTenantLogLastAvailableTimeInUtc
$Start = $Ende.AddHours(-1)
Get-SPOTenantLogEntry -StartTimeinUtc $Start `
    -EndTimeinUTC $Ende
```

Listing 7.35 Protokolleinträge einer Zeitspanne auflisten

Vermuten Sie Probleme bei einer bestimmten App (siehe Abschnitt 7.15.2, »App Solutions«), hilft auch das Cmdlet Get-SPOAppErrors. Beim Aufruf benötigen Sie die GUID der App, deren Fehlermeldungen Sie erhalten wollen. Die GUID ermitteln Sie mit dem Cmdlet Get-SPOAppInfo.

7.19 So geht es weiter

In diesem Kapitel haben wir SharePoint Online aus verschiedenen Blickwinkeln betrachtet. Sie haben die Architektur und die Einrichtung kennengelernt, außerdem einige Ansätze, bestehende Informationen zu SharePoint Online zu migrieren.

Im achten Kapitel beschäftigen wir uns mit OneDrive for Business. Dabei handelt es sich – vereinfacht – um einen persönlichen Cloudspeicher für Ihre Anwender samt Synchronisierungskomponente.

Kapitel 8
OneDrive for Business Online

Im achten Kapitel stellen Sie Ihren Anwendern persönlichen Cloudspeicher zur Verfügung, richten die Synchronisierung mit lokalen Clients ein und koppeln Ihre lokale SharePoint-Umgebung mit OneDrive for Business Online.

Nicht immer verfügen Sie und Ihre Anwender über eine zuverlässige und schnelle Internetverbindung, um einen reibungslosen Zugriff auf SharePoint Online zu gewährleisten, beispielsweise bei Außendienstmitarbeitern, die auch in Gebieten ohne LTE-Abdeckung unterwegs sind, oder während einer Flugreise. Damit auch in diesen Zeiten eine Arbeit mit den in SharePoint Online abgelegten Daten möglich ist, ist ein Offlineclient erforderlich.

Außerdem gibt es immer wieder Anwender, die das Bearbeiten von Dateien im lokalen Dateisystem gegenüber der Verwaltung im Browser vorziehen.

Viele Anwender haben außerdem den Anspruch, ihre persönlichen Dokumente an zentraler Stelle ablegen und von überall über das Internet erreichen zu können, auch von unterschiedlichen Gerätetypen aus. Außerdem sollen Dokumente an Kollegen und externe Personen freigegeben oder sogar gemeinsam bearbeitet werden können.

Für diese Anwendungsfälle gibt es eine Lösung: *OneDrive for Business Online*.

8.1 Was ist OneDrive for Business?

Dieser Name ist recht unglücklich gewählt, denn mit dem schon einige Jahre erhältlichen *OneDrive* hat OneDrive for Business Online zunächst nichts zu tun, auch wenn es Ähnlichkeiten gibt. Deshalb grenzen wir die beiden zunächst einmal voneinander ab:

▶ *OneDrive*
OneDrive ist ein von Office 365 unabhängiger Clouddienst für Privatanwender von Microsoft. Anwender, die über ein Microsoft-Konto verfügen, erhalten automatisch Zugang zu OneDrive. Dazu gehört ein kostenfreier Online-Speicherplatz

von derzeit 5 GB. Reicht Ihnen dieser Platz nicht aus, können Sie ihn kostenpflichtig erhöhen.

In den Office 365-Angeboten für Privatanwender ist zusätzlich 1 TB OneDrive-Speicherplatz enthalten. Den OneDrive-Speicherplatz nutzen Sie zum Ablegen von Dateien. Der Zugriff erfolgt mit einem Browser (siehe Abbildung 8.1) über folgende URL: *https://onedrive.com*

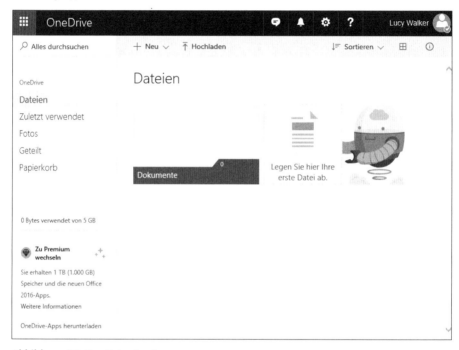

Abbildung 8.1 OneDrive im Browser

Dateien in OneDrive können Sie auch auf mehreren Geräten synchronisieren. Windows 10 enthält dazu bereits die erforderliche Synchronisierungskomponente. In Abbildung 8.2 sehen Sie beispielsweise die Einbindung in den *Windows Explorer*. Über den Eintrag ONEDRIVE - PERSONAL haben Sie Zugriff auf die Dateien, die in OneDrive abgelegt sind.

OneDrive ist aber mehr als eine reine »Online-Festplatte«, denn es wird dort auch Office Online kostenfrei bereitgestellt. Somit können Sie Ihre Dateien in OneDrive nicht nur ablegen, sondern auch über den Browser anlegen und modifizieren. Auch das gemeinsame und gleichzeitige Bearbeiten von Dateien wird dabei unterstützt. Ein Beispiel sehen Sie in Abbildung 8.3.

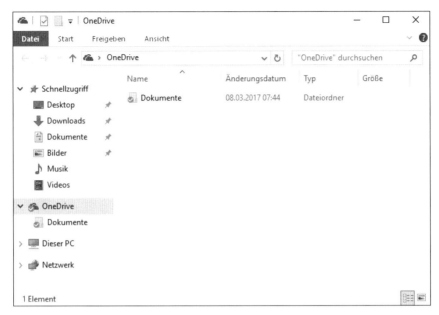

Abbildung 8.2 OneDrive im Windows Explorer

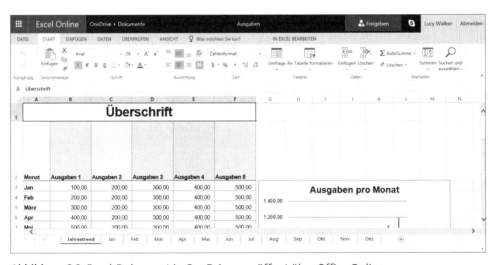

Abbildung 8.3 Excel-Dokument in OneDrive – geöffnet über Office Online

Mehr zu Office Online in Office 365 für Unternehmen lesen Sie in Abschnitt 5.6, »Office Online«.

▶ *OneDrive for Business Online*
OneDrive for Business Online ist nur auf den ersten Blick mit OneDrive zu vergleichen. Natürlich gibt es auch dort einen Cloudspeicher, allerdings ist dieser anders organisiert. Bei OneDrive liegen die Daten in einem Azure Storage, bei OneDrive

for Business Online dagegen letztendlich in SharePoint Online, da OneDrive for Business Online eine Anwendung von SharePoint Online darstellt. Darüber hinaus gibt es natürlich auch eine Synchronisierungskomponente (dieselbe, die auch OneDrive verwendet). Aber nicht nur das, sondern auch Folgendes:

- Eine separate Website (siehe Abbildung 8.4) mit der *OneDrive-Bibliothek*, in die Sie Dateien ablegen können. In der Abbildung sehen Sie die Spalte FREIGABE, in der für jeden Bibliothekseintrag entweder ein Personen-Symbol oder ein Schloss zu sehen ist. Über diese Symbole greifen Sie einfach auf die Freigabefunktionen zu und sehen auf einen Blick, welches Element freigegeben ist. Mehr zur Freigabe lesen Sie in Abschnitt 8.6.5, »Freigabe von Bibliotheken und Dateien«.

- Die Möglichkeit zum Einsatz der *Data Loss Prevention (DLP)* zum Schutz vor Datenverlust: Auf Basis des Dateiinhalts können Regeln ausgelöst werden. Sind beispielsweise in einer Datei besonders schützenswerte Inhalte vorhanden (wie persönliche Informationen oder Finanzdaten), können Sie die Freigabe an externe Personen unterbinden (siehe Abschnitt 14.1.3, »Verhinderung von Datenverlust«).

- Die Unterstützung der Azure Rights Management Services für verschlüsselte Dateien, die mit einer zusätzlichen Berechtigungsebene versehen sind (wie beispielsweise das Verhindern des Ausdruckens, das Öffnen nur bis zu einem bestimmten Stichtag etc.). Mehr dazu lesen Sie in Abschnitt 8.3, »Einschränkungen«, und in Kapitel 10, »Azure Rights Management Services«.

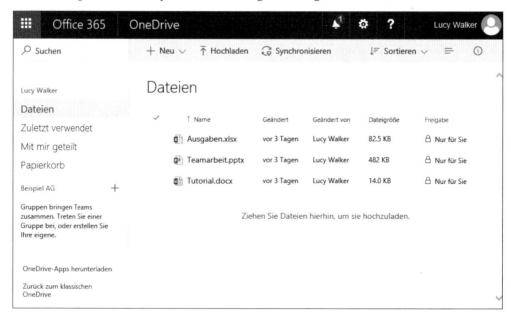

Abbildung 8.4 OneDrive for Business Online zur Ablage und Freigabe eigener Dateien

In diesem Kapitel geht es nun ausschließlich um OneDrive for Business Online. Im Normalfall schreibe ich zur Vereinfachung nur OneDrive. Mit einem lokalen SharePoint Server könnten Sie übrigens auch Ihren Anwendern OneDrive for Business zur Verfügung stellen. In diesem Fall müssten Sie jedoch für den Speicher selbst sorgen und verlieren auch den einfachen Zugriff von außerhalb des Firmennetzwerks sowie die Freigabemöglichkeiten an externe Personen.

Um die Verwirrung komplett zu machen: Im App-Launcher finden Sie den Befehl ONEDRIVE (siehe Abbildung 8.5). Dieser führt Sie zu Ihrer persönlichen Website, also zunächst zu Ihrer OneDrive-Bibliothek.

Abbildung 8.5 OneDrive im App-Launcher

Die direkte URL zu Ihrem OneDrive sieht bei Office 365 Global wie folgt aus:

https://MANDANTDOMÄNE-my.sharepoint.com/personal/UPN

Und so bei Office 365 Deutschland:

https://MANDANTDOMÄNE-my.sharepoint.de/personal/UPN

MANDANTDOMÄNE-my ist der sogenannte *Mein Websitehost* (siehe Abschnitt 7.4.1, »Websitesammlungen«), unter dem alle OneDrives angelegt werden. Personal ist fix, und beim UPN des Benutzerkontos werden die Sonderzeichen durch Unterstriche ersetzt. Hier ein Beispiel: Lucys UPN lautet lucy@beispielag.de. Die Mandantdomäne lautet beispielag.onmicrosoft.com. Die URL zu Lucys OneDrive sieht dann bei Office 365 Global wie folgt aus:

https://beispielag-admin.sharepoint.com/personal/lucy_beispielag_de

Es gibt auch einen einfachen Weg, die OneDrive-Bibliothek direkt aufzurufen – allerdings nur bei Office 365 Global. Verwenden Sie dazu die folgende URL:

https://MANDANTDOMÄNE.onedrive.com

Am linken Rand der Darstellung im Browser finden Sie im Navigationsbereich einige hilfreiche Ansichten:

- Zuletzt verwendet: Dateien, auf die Sie zuletzt zugegriffen haben
- Mit mir geteilt: Dateien und Ordner, die für Sie freigegeben wurden. Allerdings muss die Freigabe speziell für Ihr Benutzerkonto eingerichtet worden sein. Indirekte Freigaben über Gruppenmitgliedschaften spielen hier keine Rolle.
- Entdecken: Vom Office Graphen für Sie als relevant ermittelte Dateien (siehe auch Abschnitt 13.1, »Office Graph«)
- Papierkorb: Dateien und Ordner Ihres OneDrive for Business Online, die Sie wiederherstellen können (siehe auch Abschnitt 7.14.1, »Papierkorb«).

8.2 Lizenzüberblick

OneDrive for Business erhalten Sie über eine Vielzahl von Lizenztypen gleich mitgeliefert. Hier ein Überblick:

Aus der Business-Familie (alle):

- Office 365 Business Essentials
- Office 365 Business
- Office 365 Business Premium

Aus der Enterprise-Familie:

- E1, E3, E5
- SharePoint Online Plan 1
- SharePoint Online Plan 2
- Office 365 ProPlus
- OneDrive for Business Plan 1
- OneDrive for Business Plan 2
- K1

Mit Ausnahme von K1 stellen alle Lizenztypen mit OneDrive for Business Online mindestens 1 TB an Speicherkapazität zur Verfügung (bei K1 nur 2 GB). Mit den folgenden höherwertigen Lizenzen erhalten Sie zunächst 5 TB:

- E3, E5
- SharePoint Online Plan 2
- OneDrive for Business Plan 2

Voraussetzung ist hierbei jedoch, dass Sie mindestens fünf solcher Lizenzen abonniert haben. Initial erhalten entsprechend ausgestattete Benutzer dennoch zunächst maximal 1 TB an Speicherkapazität. Über ein PowerShell-Kommando können Sie die Speichergrenze bis zu einer Kapazität von 5 TB anheben. Wie das geht, zeige ich Ihnen in Abschnitt 8.7.4, »Anpassung der OneDrive-Größe«.

Sind die 5 TB immer noch nicht genug, können Sie über eine Anfrage an den Office 365-Kundendienst (siehe Abschnitt 2.10.6, »Serviceanfragen«) einen Antrag auf weitere Anhebung der Kapazitätsgrenze stellen. Voraussetzung dafür ist jedoch, dass ein OneDrive for Business Online innerhalb Ihres Office 365-Mandanten zu mindestens 90 % gefüllt ist.

Lizenztypen im Detail

Die abgedeckten Funktionen von OneDrive for Business finden Sie detailliert in der offiziellen *Dienstbeschreibung* unter folgender URL beschrieben:

http://technet.microsoft.com/library/onedrive-for-business-service-description.aspx

---

8.3 Einschränkungen

Bei der Verwendung von OneDrive for Business existieren aber auch einige Grenzen, die Sie beachten müssen:

- Einzelne Dateien können nicht größer als 10 GB sein.
- Von der OneDrive-Bibliothek und anderen SharePoint-Bibliotheken können Sie jeweils bis zu 30 Millionen Dateien mit Ihrem lokalen Computer synchronisieren. Eine Auswahl, welche Ordner und Dateien synchronisiert werden sollen, ist natürlich möglich.
- In Dateinamen und Ordnernamen dürfen folgende Zeichen nicht vorkommen, wenn sie lokal synchronisiert werden sollen: #, %, <, >, : , ", |, ?, *, /, \

    Die Verwendung von # und % können Sie mit dem PowerShell-Kommando aktivieren (siehe Abschnitt 8.5, »PowerShell mit OneDrive for Business Online«):

    ```
    Set-SPOTenant -SpecialCharactersStateInFileFolderNames Allowed
    ```

    Listing 8.1 Bestimmte Sonderzeichen im Dateinamen zulassen

- Diese Ordnernamen werden nicht unterstützt: _t, _w
- Folgende Zeichenketten dürfen nicht in Dateinamen vorkommen, wenn sie lokal synchronisiert werden sollen: .files, ~$, ._, .laccdb, .tmp, .tpm, thumbs.db, EhThumbs.db, Desktop.ini, .DS_Store, Icon, .lock, CON, PRN, AUX, NUL, COM1, COM2, COM3, COM4, COM5, COM6, COM7, COM8, COM9, LPT1, LPT2, LPT3, LPT4, LPT5, LPT6, LPT7, LPT8, LPT9
- Ein Ordner auf oberster Ebene darf nicht den Namen forms tragen.

- Aktuell kann die Synchronisierungskomponente noch keine SharePoint-Dokumentbibliotheken synchronisieren, die mit der Azure-Rechteverwaltung geschützt sind (siehe Kapitel 10, »Azure Rights Management Services«). Es ist davon auszugehen, dass diese Einschränkung mit einer späteren Version der Synchronisierungskomponente wegfallen wird.
- Die Synchronisierung von lokalen SharePoint-Umgebungen wird nicht unterstützt.

8.4 Administrationsübersicht

Noch recht neu ist eine eigene Administrationsoberfläche speziell für OneDrive for Business Online – das *OneDrive Admin Center*. Sie erreichen es über das Office 365 Admin Center über ADMINISTRATOR • ONEDRIVE. Die direkte URL lautet bei Office 365 Global (siehe Abbildung 8.6):

https://admin.onedrive.com

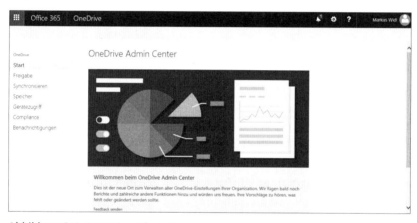

Abbildung 8.6 OneDrive Admin Center

Tabelle 8.1 führt die Bereiche mit einer kurzen Beschreibung auf.

Bereich	Beschreibung
Freigabe	Einstellungen zur Freigabe an externe Personen (siehe Abschnitt 8.7.1, »Externe Freigaben zulassen oder unterbinden«)
Synchronisieren	Einstellungen zur Beschränkung der Synchronisierung (siehe Abschnitt 8.7.2, »Synchronisierung nur auf Domänenmitgliedern erlauben«, und Abschnitt 8.7.3, »Bestimmte Dateitypen dürfen nicht synchronisiert werden«)

Tabelle 8.1 Bereiche im OneDrive Admin Center

Bereich	Beschreibung
Speicher	Einstellungen zur Größenbeschränkung (siehe Abschnitt 8.7.4, »Anpassung der OneDrive-Größe«)
Gerätezugriff	Einstellungen zu Einschränkungen für bestimmte Geräte (siehe Abschnitt 8.7.6, »Zugriff von Geräten einschränken«)
Compliance	Einstellungen zu Compliance-Vorgaben (siehe Abschnitt 8.7.7, »Compliance-Einstellungen«)
Benachrichtigungen	Einstellungen zur automatischen Benachrichtigung von Benutzern (siehe Abschnitt 8.7.8, »Benachrichtigungen für Benutzer«)

Tabelle 8.1 Bereiche im OneDrive Admin Center (Forts.)

8.5 PowerShell mit OneDrive for Business Online

Für OneDrive for Business Online gibt es keine spezielle PowerShell-Erweiterung. Die relevanten Befehle finden Sie in der Erweiterung für SharePoint Online (siehe Abschnitt 7.3, »PowerShell mit SharePoint Online«). Dort finden Sie auch das Kommando, mit dem Sie eine PowerShell-Verbindung mit SharePoint Online aufbauen.

8.6 Synchronisierung einrichten

Verwenden Sie eines der folgenden Softwarepakete, müssen Sie die Synchronisierungskomponente von OneDrive for Business Online nicht erst installieren:

- Office 365 ProPlus oder Business
- Windows 10

Ansonsten laden Sie für Windows einen separaten Installer herunter:

https://go.microsoft.com/fwlink/p/?LinkId=248256

Der OneDrive-Sync-Client wird über einen separaten Updatemechanismus aktualisiert, der sich nicht an der Aktualisierung des Office-Pakets oder an Windows orientiert: Die Updates werden in zwei Wellen ausgerollt. Ohne besondere Konfiguration gehören alle Clients zur ersten Welle, die nach einigen Tagen abgeschlossen ist. Im Anschluss daran folgen alle Clients, die aktiv für die zweite Welle vorgesehen wurden. Die zweite Welle startet erst mit einigen Wochen Verzögerung. Eine Deaktivierung der Updates für den Sync-Client ist nicht vorgesehen. Dies macht in diesem speziellen Fall durchaus Sinn, da der Sync-Client ganz vom dahinterliegenden Clouddienst abhängig ist und Anpassungen dort auch auf der lokalen Seite berücksichtigt werden müssen. Zur Konfiguration, in welcher Welle ein Client aktualisiert werden soll, verwenden Sie eine Gruppenrichtlinie (siehe Abschnitt 8.7.11, »Gruppenrichtlinien mit weiteren Optionen«).

Ein Sync-Client für macOS ebenfalls verfügbar:

https://go.microsoft.com/fwlink/?linkid=823060

8.6.1 Synchronisieren der OneDrive-Bibliothek

Die Einrichtung der Synchronisierung der persönlichen OneDrive-Bibliothek ist schnell erledigt:

1. Öffnen Sie die OneDrive-Bibliothek im Browser.
2. Klicken Sie dann auf den Befehl SYNCHRONISIEREN, und bestätigen Sie die Sicherheitsabfrage.
3. Es erscheint ein Fenster der OneDrive-Sync-Konfiguration (siehe Abbildung 8.7). Geben Sie dort zunächst Ihren Benutzernamen an.

Abbildung 8.7 Anmeldung für den OneDrive-Sync

4. Sofern es von administrativer Seite nicht ausgeschlossen wurde (siehe Abschnitt 8.7.11, »Gruppenrichtlinien mit weiteren Optionen«), können Sie dann einen lokalen Ordner auswählen, der zur Ablage der synchronisierten Dateien genutzt wird (siehe Abbildung 8.8).

Abbildung 8.8 OneDrive for Business-Optionen

5. Als letzten Schritt können Sie dann noch auswählen, welche Ordner und Dateien aus Ihrem OneDrive lokal synchronisiert werden sollen (siehe Abbildung 8.9). Diese Auswahl können Sie auch später noch über das OneNote-Symbol in der Taskleiste neben der Uhrzeit ändern.

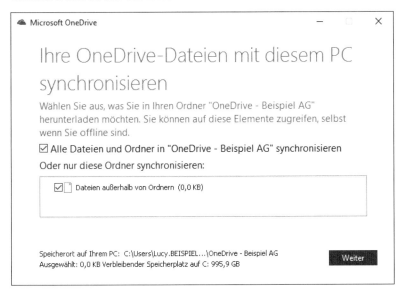

Abbildung 8.9 Auswahl der zu synchronisierenden Dateien

Damit ist die Einrichtung bereits abgeschlossen. Öffnen Sie dann den Windows Explorer. Im linken Navigationsbereich finden Sie einen neuen Eintrag für Ihr OneDrive for Business Online (siehe Abbildung 8.10).

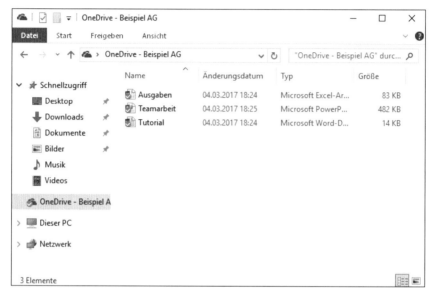

Abbildung 8.10 OneDrive for Business im Windows Explorer

Anhand des Symbols erkennen Sie, ob die Synchronisation bereits abgeschlossen ist:

- Grün mit Häkchen: Synchronisierung beendet
- Blauer Doppelpfeil: Synchronisierung ausstehend oder noch nicht abgeschlossen
- Rot mit Kreuzchen: Synchronisierung fehlgeschlagen (siehe Abschnitt 8.6.6, »Konfliktbearbeitung«)

Je nach Nutzungsverhalten haben Sie möglicherweise mehrere Terrabyte an Daten in Ihrem OneDrive for Business Online gespeichert. Da kann es schwer werden, den kompletten Dateibestand mit Ihrem Rechner zu synchronisieren, etwa auf Tablets mit kleinen SSDs. In diesem Fall wählen Sie einfach aus, welche Ordner synchronisiert werden sollen. Klicken Sie dazu mit der rechten Maustaste auf den OneDrive-Eintrag im Windows Explorer und wählen im erscheinenden Kontextmenü den Befehl Zu synchronisierende OneDrive-Ordner wählen. In dem erscheinenden Fenster wählen Sie die zu synchronisierenden Ordner aus (siehe Abbildung 8.11).

In der Taskleiste von Windows finden Sie außerdem ein Statussymbol von OneDrive for Business. Das Symbol zeigt eine graue Wolke bei deaktivierter Synchronisierung und eine blaue bei aktiver. Über das Kontextmenü des Symbols können Sie die Synchronisierung zeitweise deaktivieren und haben Zugriff auf einige weitergehende Einstellungen.

8.6 Synchronisierung einrichten

Abbildung 8.11 Auswahl der zu synchronisierenden Ordner

8.6.2 Synchronisieren einer beliebigen SharePoint-Dokumentbibliothek

Die Aktivierung der Synchronisation für eine beliebige andere SharePoint-Dokumentbibliothek erfolgt im Prinzip genauso wie bei der OneDrive-Bibliothek. Allerdings ist die Darstellung im Windows Explorer etwas anders. Sie finden dort einen eigenen Bereich mit dem Namen Ihres Mandanten. Dieser wiederum enthält für jede zu synchronisierende Bibliothek einen Eintrag. Die Bezeichner bestehen jeweils aus den Titeln der Website und der Bibliothek (siehe Abbildung 8.12).

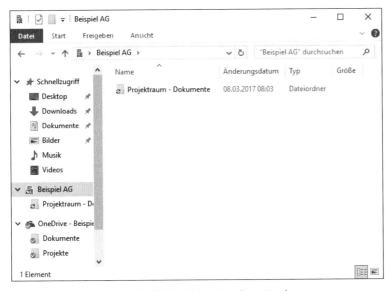

Abbildung 8.12 Dokumentbibliothek im Windows Explorer

8.6.3 Synchronisieren geteilter Ordner

Die Synchronisierungskomponente ist inzwischen auch in der Lage, mit Ihnen geteilte Ordner (aber nur Ordner, keine einzelnen Dateien) ins lokale Dateisystem einzubinden. Die Einrichtung ist schnell gemacht: Öffnen Sie den geteilten Ordner (beispielsweise über den Bereich MIT MIR GETEILT in der OneDrive-Browseransicht), und klicken Sie dann auf die Schaltfläche SYNCHRONISIEREN. Die Darstellung im Windows Explorer ist identisch mit der bei der Synchronisierung beliebiger SharePoint-Dokumentbibliotheken.

8.6.4 Synchronisierung deaktivieren

Wollen Sie die Synchronisation einer Bibliothek mit dem lokalen Computer deaktivieren, öffnen Sie das Kontextmenü des OneDrive for Business-Symbols neben der Uhrzeit in der Taskleiste und wählen dort den Befehl EINSTELLUNGEN. Auf dem dann erscheinenden Fenster wechseln Sie zur Registerkarte KONTO und wählen den Befehl SYNCHRONISIERUNG BEENDEN (siehe Abbildung 8.13).

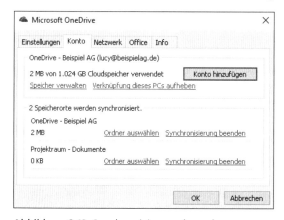

Abbildung 8.13 Synchronisierung beenden

Der lokale Ordner bleibt aber samt seinem Inhalt auf dem lokalen Computer erhalten und könnte dann manuell gelöscht werden.

Auf demselben Fenster finden Sie auch die synchronisierten SharePoint-Dokumentbibliotheken aufgeführt. Auch deren Synchronisierung können Sie hier auf demselben Weg beenden.

8.6.5 Freigabe von Bibliotheken und Dateien

Die Freigabe von Bibliotheken und einzelnen Dateien habe ich bereits in Abschnitt 7.5, »Berechtigungen«, besprochen. Daneben können Sie über das Kontextmenü des Windows Explorers auch mit OneDrive for Business synchronisierte Elemente freigeben. Wählen Sie dazu den Befehl WEITERE ONEDRIVE-FREIGABEOPTIONEN. Es öffnet sich damit das Fenster aus Abbildung 8.14.

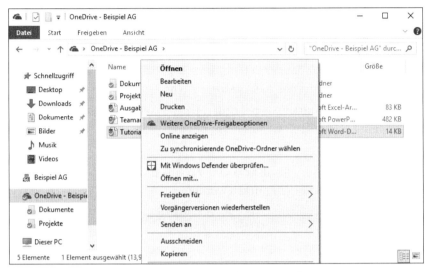

Abbildung 8.14 Dateifreigabe aus OneDrive for Business heraus

8.6.6 Konfliktbearbeitung

Während der Synchronisierung kann es zu Konflikten kommen. Beispiel: Sie arbeiten offline an einem aus SharePoint Online synchronisierten Dokument. Während Sie offline sind, ändert einer Ihrer Kollegen dieselbe Datei in SharePoint Online. Verfügen Sie dann wieder über eine Internetverbindung, meldet sich der Sync-Client mit einem Hinweis auf den Konflikt (siehe Abbildung 8.15).

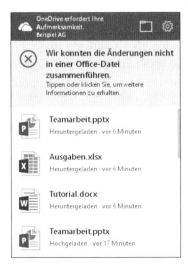

Abbildung 8.15 Konflikt bei der Synchronisierung

Die betroffene Datei erscheint im Windows-Explorer mit einem entsprechenden Symbol. Öffnen Sie das Kontextmenü des OneDrive-Symbols neben der Uhrzeit, und wählen Sie den Befehl SYNCHRONISIERUNGSPROBLEME ANZEIGEN, haben Sie von dort aus folgende Optionen (siehe Abbildung 8.16):

▶ Die Datei zum Zusammenführen in Office öffnen

Das setzt natürlich voraus, dass es sich um eine Datei handelt, die auch mit Office zusammengeführt werden kann (beispielsweise Word- und Excel-Dokumente).

Hinweis: Diese Option können Sie bei Bedarf auch deaktivieren (siehe Abschnitt 8.7.11, »Gruppenrichtlinien mit weiteren Optionen«).

▶ Beide Dateien behalten

In diesem Fall wird der Ausgabe der Datei der Name des Clients angehängt, von dem aus die Änderungen vorgenommen wurden.

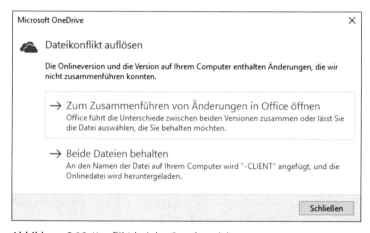

Abbildung 8.16 Konflikt bei der Synchronisierung

Entscheiden Sie sich, die Datei zum Zusammenführen in Office zu öffnen, und speichern Sie dann die Datei. Bei einer Word-Datei sehen Sie im Konfliktfall alle Änderungen auf einmal und können nun selbst entscheiden, wie das resultierende Dokument aussehen soll. Die Anzeige erinnert dabei an die Überarbeiten-Funktion (siehe Abbildung 8.17).

In Excel können Sie für jede Zelle entscheiden, ob die Änderungen übernommen werden sollen oder nicht.

Doch nicht jede Anwendung unterstützt dieses Konfliktmanagement. Im schlimmsten Fall bleibt Ihnen nur die Entscheidung, ob Ihre eigene Änderung oder die des Kollegen endgültig gelten soll.

Abbildung 8.17 Word 2016 unterstützt beim Auflösen eines Konflikts.

8.7 OneDrive-Konfiguration

Von administrativer Seite gibt es für OneDrive einige Konfigurationsoptionen. Darunter sind aber einige wichtige Optionen, wie beispielsweise Einschränkungen bei der Synchronisierung und die Konfiguration der OneDrive-Größe pro Benutzer.

8.7.1 Externe Freigaben zulassen oder unterbinden

In Abschnitt 7.5.3, »Externe Benutzer verwalten«, habe ich bereits erläutert, welche Optionen bei der Konfiguration von externen Freigaben, also an organisationsfremde Personen, möglich sind. Diese Optionen stehen Ihnen auch bei OneDrive zur Verfügung. Im OneDrive Admin Center können Sie im Bereich FREIGABE die Freigabeeinstellungen für sämtliche OneDrives festlegen (siehe Abbildung 8.18).

Im OneDrive Admin Center können Sie jedoch keine speziellen Freigabeeinstellungen für bestimmte OneDrives festlegen. Wie so oft, bietet hier der PowerShell-Ansatz mehr Möglichkeiten. Mithilfe des Befehls Set-SPOSite können Sie für jedes OneDrive separat bestimmen, ob und wie Freigaben an externe Personen eingerichtet werden können. Hier ein Beispiel:

```
Set-SPOSite -Identity `
    https://beispielag-my.sharepoint.com/personal/lucy_beispielag_de `
    -SharingCapability Disabled
```

Listing 8.2 Externe Freigabeeinstellungen für ein OneDrive ändern

Abbildung 8.18 Freigabeeinstellungen

Mit dem Parameter -SharingCapability geben Sie die Freigabeeinstellungen an. Möglich sind folgende Argumente:

- Disabled – Freigabe außerhalb Ihrer Organisation nicht zulassen
- ExistingExternalUserSharingOnly – Freigabe nur für externe Benutzer zulassen, die bereits im Verzeichnis Ihrer Organisation vorhanden sind
- ExternalUserSharingOnly – Externe Benutzer zulassen, die die Freigabe von Einladungen akzeptieren und sich als authentifizierte Benutzer anmelden
- ExternalUserAndGuestSharing – Freigabe für alle externen Benutzer sowie mithilfe anonymer Zugriffslinks zulassen

8.7.2 Synchronisierung nur auf Domänenmitgliedern erlauben

In der Standardkonfiguration kann der Sync-Client auf einem beliebigen Windows- oder macOS-Rechner installiert werden. Gibt der Anwender gültige Office 365-Zugangsdaten ein, läuft dann auch die Synchronisierung.

Möglicherweise wollen Sie Ihren Anwendern jedoch nicht diese Freiheit geben, ein quasi beliebiges Gerät zu nutzen, beispielsweise um die Ablage geschäftlicher Dateien auf privaten Geräten zu verringern. In diesem Fall können Sie die Synchronisierung nur auf Rechnern zulassen, die Mitglied einer oder bestimmter Domänen sind und dabei die Synchronisierung auf macOS-Geräte auf Wunsch auch ganz unterbinden. Diese Konfiguration betrifft allerdings Ihren kompletten Mandanten.

Die entsprechende Option dazu finden Sie im OneDrive Admin Center im Bereich SYNCHRONISIEREN (siehe Abbildung 8.19).

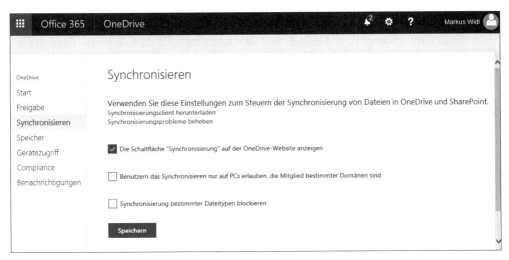

Abbildung 8.19 Synchronisieren nur auf Domänenmitgliedern erlauben

Die Angabe der Domäne ist jedoch nicht so einfach, denn Sie geben hier nicht den Domänennamen, sondern die GUID an, eine eindeutige ID der Domäne. Diese können Sie mit PowerShell ermitteln.

Hier ein Beispiel für das Auslesen der GUID und der Beschränkung auf diese Domäne:

```
$domain = Get-ADDomain -Identity beispielag.local
$guid = $domain.ObjectGUID.ToString()
Set-SPOTenantSyncClientRestriction -Enable `
    -DomainGuids $guid `
    -BlockMacSync:$true
```

Listing 8.3 Nur auf Domänenmitgliedern Synchronisierung erlauben

Mit dem Befehl `Get-ADDomain`, der Bestandteil der Active Directory-Erweiterung für PowerShell ist (siehe Abschnitt 3.16, »PowerShell und Active Directory«), fragen Sie das Domänenobjekt an. Vom zurückgelieferten Objekt wird die GUID aus der Eigenschaft `ObjectGUID` ausgelesen und in einen String umgewandelt. Dann folgt die eigentliche Konfiguration mit dem Befehl `Set-SPOTenantSyncClientRestriction`. Wichtig ist hierbei das Setzen des Parameters `-Enable`, um die Einschränkung grundsätzlich zu aktivieren. Die GUID wird als Argument des Parameters `-DomainGuids` angegeben. Wollen Sie die GUIDs mehrerer Domänen angeben, trennen Sie diese durch ein Semikolon. Mit dem Parameter `-BlockMacSync` wird im Beispiel dann noch die Synchronisierung von macOS-Geräten unterbunden.

Eine solche Konfiguration hat auf die mobilen OneDrive-Apps keine Auswirkung.

8.7.3 Bestimmte Dateitypen dürfen nicht synchronisiert werden

Grundsätzlich werden mit dem Sync-Client von OneDrive sämtliche Dateitypen synchronisiert (Ausnahmen siehe Abschnitt 8.3, »Einschränkungen«). Nicht immer ist das gewünscht, denn die Synchronisierung belegt ja auch verfügbare Bandbreite. Wollen Sie beispielsweise verhindern (oder es zumindest schwerer machen), dass die Anwender ihre private Filmsammlung mit OneDrive synchronisieren, können Sie bestimmte Dateitypen ausschließen.

Im OneDrive Admin Center finden Sie die entsprechende Einstellung im Bereich SYNCHRONISIEREN (siehe Abbildung 8.20). Geben Sie dort jede Dateierweiterung in einer neuen Zeile ein.

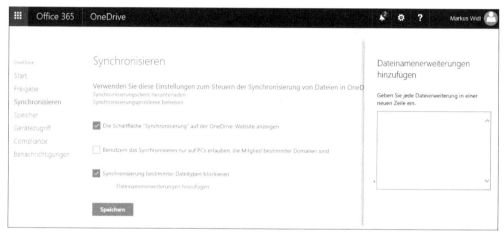

Abbildung 8.20 Dateitypen blockieren

Hier ein Beispiel, wie mit PowerShell die Synchronisierung von Dateien mit der Endung *.mkv* und *.divx* ausgeschlossen wird:

```
Set-SPOTenantSyncClientRestriction -ExcludedFileExtensions "mkv;divx"
```

Listing 8.4 Dateien von der Synchronisierung ausschließen

Die Dateiendungen geben Sie dabei mit einem Semikolon getrennt an. Die Option gibt es leider nur für Ihren kompletten Office 365-Mandanten und nicht für einzelne Benutzerkonten.

Diese Konfiguration betrifft allerdings ausschließlich den Sync-Client. Lädt der Anwender entsprechende Dateien über den Browser hoch, wird ihm das nicht verwehrt.

Haben Sie die Konfiguration vorgenommen, dauert es erfahrungsgemäß etwa eine Stunde, bis sie auch wirklich greift. Sind bereits Dateien mit den ausgeschlossenen

8.7 OneDrive-Konfiguration

Dateitypen vorhanden, bleiben diese auf dem lokalen Rechner erhalten. Änderungen werden aber nicht mehr synchronisiert.

8.7.4 Anpassung der OneDrive-Größe

Wie bereits in Abschnitt 8.2, »Lizenzüberblick«, erläutert, haben Sie je nach verfügbaren Lizenzen in Ihrem OneDrive Platz für viele Terabyte an Daten. Zunächst ist die Maximalgröße jedoch auf 1 TB festgelegt. Dies können Sie beispielsweise mit folgendem PowerShell-Kommando überprüfen (siehe Abbildung 8.21):

```
Get-SPOSite -Identity `
   https://beispielag-my.sharepoint.com/personal/lucy_beispielag_de
```

Listing 8.5 Abfrage eines einzelnen OneDrives

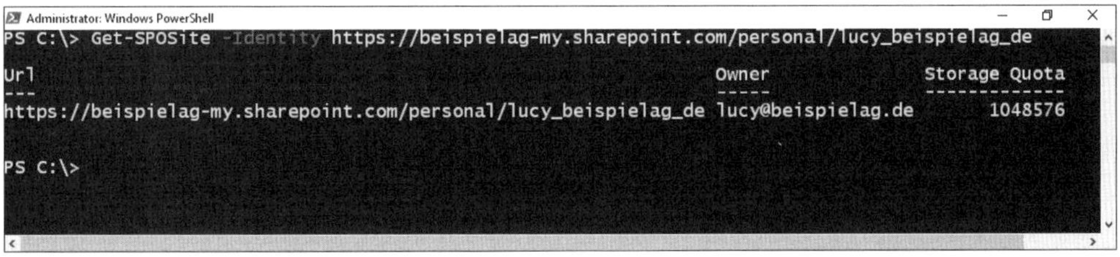

Abbildung 8.21 Abfrage eines einzelnen OneDrives

Die Größenangabe in der Eigenschaft Storage Quota erfolgt in MB. Der Wert 1048576 steht somit für 1 TB.

Mit folgendem Aufruf können Sie auch die Größe aller bestehenden OneDrives ermitteln:

```
Get-SPOSite -IncludePersonalSite $true |
   Where-Object { $_.Url -like "*/personal/*" }
```

Listing 8.6 Abfrage aller bestehenden OneDrives

Im OneDrive Admin Center können Sie recht einfach die Startgröße neuer (!) OneDrives angeben. Diese Option finden Sie im Bereich SPEICHER (siehe Abbildung 8.22). Die Größe bereits bestehender OneDrives wird dabei nicht modifiziert. Das OneDrive eines Anwenders wird erst beim ersten Zugriff darauf angelegt.

Mit dem PowerShell-Befehl Set-SPOTenant können Sie ebenfalls die Startgröße neuer OneDrives angeben:

```
Set-SPOTenant -OneDriveStorageQuota 524288
```

Listing 8.7 Größe zukünftiger OneDrives festlegen

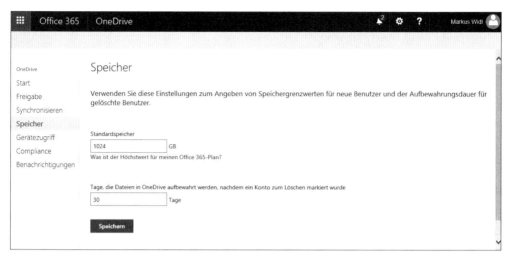

Abbildung 8.22 Speichereinstellungen

Dieser Befehl sorgt nun also dafür, dass neue OneDrives mit einer Startgröße von 5 TB (= 524.288 MB) erstellt werden.

Bestehende OneDrives können Sie in der Maximalgröße über den Befehl `Set-SPOSite` anpassen. Hier ein Beispiel, bei dem Lucys OneDrive ebenfalls auf 5 TB gesetzt wird:

```
Set-SPOSite -Identity `
    https://beispielag-my.sharepoint.com/personal/lucy_beispielag_de `
    -StorageQuota 524288
```

Listing 8.8 Größe von bestehendem OneDrive anpassen

Wollen Sie die Größe aller bestehenden OneDrives anpassen, müssen Sie zunächst die Websitesammlungsobjekte aller OneDrives ermitteln, die Sie dann mit einem `Set-SPOSite` modifizieren können:

```
Get-SPOSite -IncludePersonalSite $true |
    Where-Object { $_.Url -like "*/personal/*" } |
        Set-SPOSite -StorageQuota 524288
```

Listing 8.9 Größe alle bestehenden OneDrives anpassen

8.7.5 OneDrives gelöschter Benutzer

Löschen Sie ein Benutzerkonto, wird das zugehörige OneDrive ebenfalls gelöscht – allerdings nicht sofort, sondern nach einer gewissen Zeit, in der Standardkonfiguration nach 30 Tagen. Diese Zeitdauer können Sie im OneDrive Admin Center im Bereich SPEICHER selbst anpassen (siehe Abbildung 8.22 oben).

Über PowerShell setzen Sie beispielsweise mit dem folgenden Kommando den Zeitraum auf 60 Tage:

```
Set-SPOTenant -OrphanedPersonalSitesRetentionPeriod 60
```

Listing 8.10 Zeitraum zum Entfernen von OneDrives anpassen

Die Frage ist nun, was während dieses Zeitraums mit dem OneDrive passiert, wer noch auf die Inhalte zugreifen kann etc.

Zunächst einmal verbleiben die Zugriffsrechte weiterhin bestehen, bis das OneDrive nach Ablauf der konfigurierten Frist tatsächlich gelöscht wird. Doch was, wenn für das OneDrive keine Zugriffsrechte konfiguriert wurden? Der Administrator kann sich dennoch Zugriff auf das OneDrive einräumen, indem er sich als Websitesammlungsadministrator des OneDrives einträgt. Wie das geht, lesen Sie in Abschnitt 8.7.10, »Administrativer Zugriff auf OneDrive-Inhalte«. Doch es gibt daneben noch einen weiteren Prozess, bei dem der Vorgesetzte des gelöschten Benutzers eine Rolle spielt:

Ausschlaggebend ist das Feld *Manager* im Benutzerprofil. Dieses Feld können Sie über das SharePoint Admin Center einsehen. Wechseln Sie dort zum Bereich BENUTZERPROFILE, klicken Sie auf BENUTZERPROFILE VERWALTEN, suchen Sie den Benutzer, und wählen Sie dann im Kontextmenü den Befehl MEIN PROFIL BEARBEITEN (siehe Abbildung 8.23).

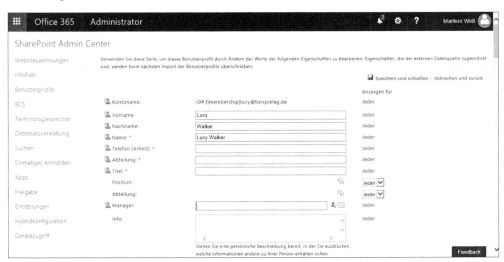

Abbildung 8.23 Benutzerprofil bearbeiten

Hier könnten Sie das Feld manuell mit einem Benutzer füllen, doch es geht auch indirekt über die Verzeichnissynchronisierung mit Ihrem lokalen Active Directory (siehe Abschnitt 4.3, »Active Directory-Synchronisierung«). Haben Sie das Feld im lokalen Benutzerkonto gepflegt, wird es auch zum Azure Active Directory übertragen und dann über einen separaten SharePoint-internen Synchronisierungsvorgang in das SharePoint-Benutzerprofil übernommen. Das kann bei neuen Benutzern oder bei Änderungen an dem Feldinhalt bis zu 24 Stunden dauern – normalerweise ist das innerhalb weniger Minuten abgeschlossen. Den Manager vergeben Sie beispielsweise in der Verwaltungskonsole *Active Directory-Benutzer und -Computer* über die Benutzereigenschaften auf der Registerkarte ORGANISATION (VORGESETZTE(R)) wie in Abbildung 8.24.

Abbildung 8.24 Setzen des Vorgesetzten

Ist nun ein Manager hinterlegt und wird das Benutzerkonto gelöscht, wird der Manager automatisch als Websitesammlungsadministrator des OneDrives hinterlegt. Außerdem bekommt er nach einigen Stunden eine E-Mail, die ihn darüber informiert – samt Link auf das OneDrive. Sieben Tage bevor das OneDrive gelöscht wird, erhält der Manager noch eine E-Mail zur Erinnerung. So bleibt dem Manager Zeit, vor dem endgültigen Löschen die Daten bei Bedarf noch in Sicherheit zu bringen.

[»] Übrigens können Sie mit der Konfiguration der Aufbewahrung (siehe Abschnitt 14.1.6, »Aufbewahrung«) OneDrive-Inhalte auch über das Löschen hinaus archivieren.

8.7.6 Zugriff von Geräten einschränken

Möchten Sie den Zugriff auf die OneDrive-Daten nur unter bestimmten Bedingungen zulassen, finden Sie im OneDrive Admin Center im Bereich GERÄTEZUGRIFF einige Optionen (siehe Abbildung 8.25).

8.7 OneDrive-Konfiguration

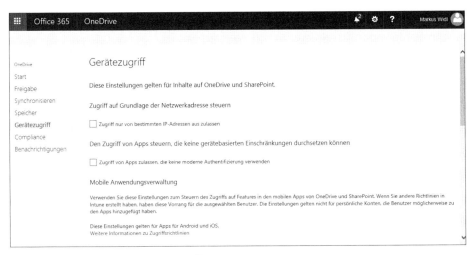

Abbildung 8.25 Gerätezugriffseinstellungen

Mit der Option ZUGRIFF AUF GRUNDLAGE DER NETZWERKADRESSE STEUERN können Sie IP-Adressen und -Adressbereiche angeben, von denen aus der Zugriff auf OneDrive- und SharePoint-Inhalte erlaubt sein soll. Verwenden Sie dazu die *CIDR-Notation (Classless Inter-Domain Routing)*. Hier ein Beispiel: Für den Adressbereich 192.168.1.0 bis 192.168.1.255 (Subnetzmaske 255.255.255.0) geben Sie `192.168.1.0/24` an. Allerdings geben Sie dort nicht die internen IP-Adressen und IP-Adressbereiche wie im Beispiel an, sondern die externen, die vom Internet aus sichtbar sind.

Der Zugriff auf das OneDrive Admin Center wird damit nicht beschränkt.

Auch können Sie mit der Option DEN ZUGRIFF VON APPS STEUERN, DIE KEINE GERÄTEBASIERTEN EINSCHRÄNKUNGEN DURCHSETZEN KÖNNEN den Zugriff von Apps deaktivieren, die die moderne Authentifizierung nicht unterstützen (siehe Abschnitt 4.5, »Moderne Authentifizierung«).

Darüber hinaus gibt es noch weitere Einstellungen, mit denen die Nutzung der mobilen Apps auf iOS- und Android-Geräten abgesichert werden kann. Diese setzen jedoch eine Lizenz für Microsoft Intune voraus, weshalb ich sie hier nicht näher beschreibe.

Die folgenden Konfigurationsoptionen stehen Ihnen zur Verfügung:

- Herunterladen von Dateien in den Apps blockieren
- Erstellen von Screenshots in den Apps blockieren (nur Android)
- Kopieren von Dateien und Dateiinhalten blockieren
- Drucken von Dateien in den Apps blockieren
- Sichern von App-Daten blockieren
- App-Kennung vorschreiben

- Das Öffnen von OneDrive- und SharePoint-Dateien in anderen Apps blockieren
- App-Daten verschlüsseln, wenn das Gerät gesperrt ist
- Bei jedem Öffnen der Anwendung eine Office 365-Anmeldung anfordern
- Wenn das Gerät offline ist, Benutzerzugriff nach X Minuten überprüfen
- Wenn das Gerät offline ist, App-Daten nach X Tagen löschen

Mehr dazu lesen Sie unter folgender Adresse:

https://support.office.com/de-de/article/Steuern-des-Zugriffs-auf-Features-in-den-mobilen-OneDrive-und-SharePoint-Apps-d25713bb-5cf8-4874-9b5b-e8bee3b94f13

8.7.7 Compliance-Einstellungen

Im Bereich COMPLIANCE des OneDrive Admin Centers finden Sie Links auf verschiedene Einstellungen und Prozesse zur Einhaltung von technischen Standards oder gesetzlichen Bestimmungen (siehe Abbildung 8.26).

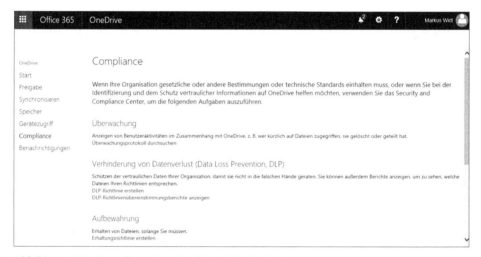

Abbildung 8.26 Compliance im OneDrive Admin Center

Lesen Sie hierzu auch Abschnitt 14.1.3, »Verhinderung von Datenverlust«, Abschnitt 14.1.5, »Überwachungsprotokoll«, und Abschnitt 14.1.6, »Aufbewahrung«.

8.7.8 Benachrichtigungen für Benutzer

Um den Anwendern von OneDrive etwas mehr Transparenz in Bezug auf Freigaben zu ermöglichen, gibt es verschiedene Benachrichtigungen, die auf Geräten oder per E-Mail versandt werden. Darunter beispielsweise eine Benachrichtigung, wenn weitere Einladungen für externe Benutzer ausgesprochen werden (siehe dazu auch Abschnitt 8.6.5, »Freigabe von Bibliotheken und Dateien«).

Die Einstellungen finden Sie im OneDrive Admin Center im Bereich BENACHRICH-
TIGUNGEN (siehe Abbildung 8.27).

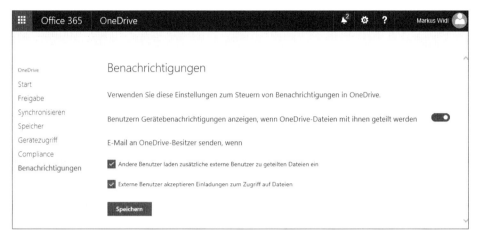

Abbildung 8.27 Benachrichtigungseinstellungen

8.7.9 Persönliche Website automatisch anlegen lassen

Im Normalfall werden die persönlichen Websites mit dem OneDrive automatisch angelegt, wenn der Anwender das erste Mal darauf zugreift. Die Anlage selbst dauert dann etwa eine Minute. Um diese Wartezeit zu vermeiden, können Sie das Anlegen der persönlichen Websites Ihrer Anwender anfordern. Dazu verwenden Sie im Wesentlichen den Befehl Request-SPOPersonalSite aus der PowerShell-Erweiterung für SharePoint Online. Hier ein Beispiel, bei dem zunächst die Benutzerprinzipalnamen aller Benutzer mit der PowerShell-Erweiterung für das Azure Active Directory ausgelesen werden. Die Liste wird dann als Parameter dem Befehl Request-SPOPersonalSite übergeben:

```
$cred = Get-Credential

#Verbindung mit AAD und SPO aufbauen
Connect-MsolService -Credential $cred
Connect-SPOService -Credential $cred

#UPNs auslesen
#Achtung: Request-SPOPersonalSite akzeptiert maximal 200
$upns = (Get-MsolUser).UserPrincipalName

#Persönliche Websites anfordern
Request-SPOPersonalSite -UserEmails $upns
```

Listing 8.11 Persönliche Websites automatisch anlegen

Die angeforderten Websites werden dann nach und nach erzeugt, was einige Zeit in Anspruch nehmen kann.

Dieses Skript ist allerdings nur ein Beispiel. Sinnigerweise geben Sie bei `Request-SPO-PersonalSite` nur Benutzer ohne OneDrive an. Außerdem dürfen Sie maximal 200 Benutzer angeben.

8.7.10 Administrativer Zugriff auf OneDrive-Inhalte

In der Standardkonfiguration hat nur der OneDrive-Eigentümer Zugriff auf seinen persönlichen Speicher. Nun kann es in der Praxis Situationen geben, in denen der Administrator oder eine andere Person ebenfalls kompletten Zugriff auf die OneDrive-Inhalte benötigt und der eigentliche Eigentümer nicht greifbar ist, um eine entsprechende Freigabe einzurichten. In solch einem Fall können Sie über das SharePoint Admin Center eine weitere Person als sekundären Administrator einrichten. Diese Person kann dann über den direkten Aufruf des fremden OneDrives auf alle Inhalte zugreifen. Diese Konfiguration können Sie für ein einzelnes OneDrive oder für alle zukünftigen OneDrives erledigen.

Weiteren Administrator für ein einzelnes OneDrive angeben

1. Öffnen Sie im SharePoint Admin Center den Bereich BENUTZERPROFILE.
2. Wählen Sie im Abschnitt PERSONEN den Punkt BENUTZERPROFILE VERWALTEN (siehe Abbildung 8.28).

Abbildung 8.28 Benutzerprofilverwaltung

3. Suchen Sie nach dem gewünschten Benutzer, auf dessen OneDrive Sie Zugriff einrichten wollen.
4. Wählen Sie im Kontextmenü des entsprechenden Eintrags den Befehl WEBSITE-SAMMLUNGSBESITZER VERWALTEN (siehe Abbildung 8.29).

8.7 OneDrive-Konfiguration

Abbildung 8.29 Websitesammlungsadministratoren

5. Tragen Sie bei den WEBSITESAMMLUNGSADMINISTRATOREN den Benutzer ein, der Zugriff auf das OneDrive erhalten soll.

Der Benutzer, dem Sie so Zugriff auf ein fremdes OneDrive eingerichtet haben, kann nun direkt auf das OneDrive zugreifen, indem er die passende URL angibt (siehe Abschnitt 8.1, »Was ist OneDrive for Business?«).

Zu dem eben gezeigten Weg gibt es auch eine Alternative über das Office 365 Admin Center: Markieren Sie dort einen Benutzer (BENUTZER • AKTIVE BENUTZER), und klicken Sie dann im Abschnitt ONEDRIVE-EINSTELLUNGEN auf die Schaltfläche AUF DATEIEN ZUGREIFEN (siehe Abbildung 8.30).

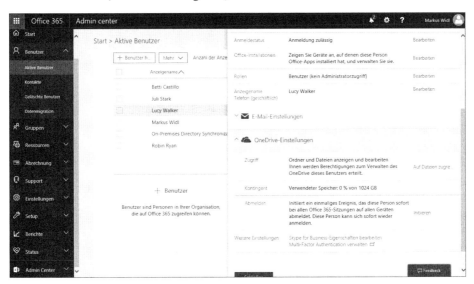

Abbildung 8.30 OneDrive-Zugriff über das Office 365 Admin Center

947

Sekundären Administrator für alle zukünftigen OneDrives angeben

Möchten Sie einen sekundären Administrator für alle zukünftigen OneDrives angeben, führen Sie die folgenden Schritte durch:

1. Öffnen Sie im SharePoint Admin Center den Bereich BENUTZERPROFILE.
2. Wählen Sie den Punkt »MEINE WEBSITE« EINRICHTEN.
3. Geben Sie den gewünschten Benutzer unter SEKUNDÄRER ADMINISTRATOR FÜR »MEINE WEBSITE« an, und aktivieren Sie die Option SEKUNDÄREN ADMINISTRATOR FÜR »MEINE WEBSITE« AKTIVIEREN (siehe Abbildung 8.31).

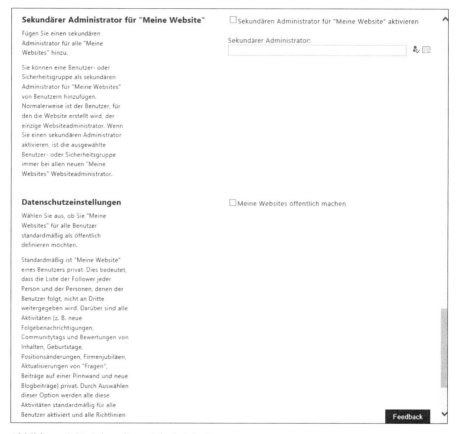

Abbildung 8.31 Sekundärer Administrator

[»] Solche Konfigurationen sollten Sie im Zweifelsfall mit Ihrem Datenschutzbeauftragten und dem Betriebsrat klären.

8.7.11 Gruppenrichtlinien mit weiteren Optionen

Einige Konfigurationsoptionen des Sync-Clients finden Sie nur in Gruppenrichtlinien wieder. Dort gibt es beispielsweise die Möglichkeit, die von der Synchronisation belegte Bandbreite zu beschränken oder die Auswahl des lokalen Ordners zu verhindern, in den synchronisiert werden soll. Die Gruppenrichtlinien für den OneDrive-Sync-Client finden Sie nicht bei den Office-Gruppenrichtlinien, sondern es gibt separate Vorlagen, die Sie hier als *OneDrive Deployment Package* herunterladen können:

http://go.microsoft.com/fwlink/p/?LinkId=717805

Tabelle 8.2 gibt eine Übersicht der möglichen Optionen.

Richtlinie	Funktion
DisablePersonalSync	Ohne Konfigurationsänderung können Anwender neben OneDrive for Business auch das für die private Nutzung vorgesehene OneDrive einbinden. Mit dieser Richtlinie können Sie die Einbindung des privaten OneDrives unterbinden.
EnableEnterpriseUpdate	Mit der Richtlinie können Sie dafür sorgen, dass der Sync-Client erst während der zweiten Welle aktualisiert wird (siehe Abschnitt 8.6, »Synchronisierung einrichten«)
DefaultRootDir	Konfiguriert einen anderen Ordner, der zur Ablage der synchronisierten Dateien dient.
DisableCustomRoot	Mit dieser Richtlinie können Sie dem Anwender die Möglichkeit nehmen, einen anderen Ordner auszuwählen, der zur Ablage der synchronisierten Dateien dient.
EnableAllOcsiClients	Mit dieser Richtlinie aktivieren bzw. deaktivieren Sie das gemeinsame Bearbeiten von Dokumenten, die vom lokalen Synchronisationsordner aus geöffnet wurden. Außerdem wird die Dateifreigabe aus den Office-Anwendungen heraus erlaubt. In der Standardkonfiguration sind beide Einstellungen aktiv.
EnableHoldTheFile	Im Falle eines Synchronisationskonflikts wird der Anwender normalerweise gefragt, ob er die Änderungen an beiden Dateien zusammenführen oder beide Dateien behalten möchte (siehe Abschnitt 8.6.6, »Konfliktbearbeitung«). Mit dieser Richtlinie können Sie bestimmen, dass immer beide Dateien behalten werden und eine Zusammenführung nicht erlaubt wird.
AutomaticUploadBandwidthPercentage	Beschränkt die Belegung der verfügbaren Bandbreite für die Synchronisierung auf einen Prozentwert.

Tabelle 8.2 OneDrive-Konfiguration über Gruppenrichtlinien

Richtlinie	Funktion
RemoteAccessGPOEnabled	Betrifft nur OneDrive für Privatanwender und nicht OneDrive for Business Online: Bei OneDrive können Anwender über die Website *onedrive.com* auf alle lokalen Dateien zugreifen, sofern der Rechner online ist.

Tabelle 8.2 OneDrive-Konfiguration über Gruppenrichtlinien (Forts.)

8.8 Integration mit lokaler SharePoint-Umgebung

Haben Sie bereits eine lokale SharePoint-Umgebung im Einsatz, können Sie dennoch von OneDrive aus Office 365 profitieren: Wollten Sie Ihren Anwendern lokal etwas Gleichwertiges bieten, müssten Sie auch für den lokalen Storage sorgen. Warum also nicht OneDrive aus Office 365 nutzen, auch wenn Sie Ihre lokale SharePoint-Umgebung weiter betreiben wollen?

Seit dem Service Pack 1 von SharePoint 2013 wird Ihnen die Umsetzung dieses Szenarios recht einfach gemacht. Die Zentraladministration verfügt bereits über die entsprechenden Einstellungen. Dort können Sie für alle oder für bestimmte Benutzer (Letzteres auf Basis von Benutzergruppen) die Verwendung von OneDrive in Office 365 konfigurieren. Für diese Benutzer führt dann ein Klick auf OneDrive in der Hauptnavigation am oberen Rand der Browseransicht bzw. die OneDrive-App im App-Launcher zur OneDrive-Bibliothek in SharePoint Online.

Dies wird Ihnen auf Wunsch aber sogar noch einfacher gemacht: Statt der manuellen Konfiguration über die Zentraladministration können Sie vom SharePoint Admin Center aus einen Assistenten starten, der sowohl die lokale SharePoint-Umgebung als auch SharePoint Online konfiguriert. Insbesondere für die Konfiguration der Authentifizierung haben Sie es damit sehr viel einfacher. Der Assistent konfiguriert dabei nicht nur die Weiterleitung zu OneDrive, sondern auch beim Zugriff auf die Benutzerprofile wird von da ab zu Office 365 verzweigt.

Um mit dem Assistenten OneDrive for Business aus Office 365 zu nutzen, gehen Sie wie folgt vor:

1. Der Assistent setzt voraus, dass in der lokalen SharePoint-Umgebung eine Instanz des *SharePoint Foundation-Abonnementeinstellungendienst* samt zugehörigem Proxy läuft. Dies können Sie im Zweifelsfall in der Zentraladministration unter ANWENDUNGSVERWALTUNG • DIENSTANWENDUNGEN VERWALTEN überprüfen. Sollte dies nicht der Fall sein, können Sie Instanz und Proxy über folgende PowerShell-Kommandos erstellen:

```
Add-PSSnapIn Microsoft.SharePoint.PowerShell

#Benutzer für Anwendungspool
#Muss als Verwaltetes Benutzerkonto in SharePoint vorhanden sein
$account = Get-SPManagedAccount "DOMAIN\BENUTZER"

#Anwendungspool anlegen
$pool = New-SPServiceApplicationPool `
    -Name SubSettingsServiceAppPool `
    -Account $account

#Instanz des Abonnementeinstellungsdienst anlegen
$app = New-SPSubscriptionSettingsServiceApplication `
    -ApplicationPool $pool `
    -Name "Abonnementeinstellungendienst" `
    -DatabaseName SettingsServiceDB

#Proxy für Instanz anlegen
New-SPSubscriptionSettingsServiceApplicationProxy `
    -ServiceApplication $app
```

Listing 8.12 SharePoint Foundation-Abonnementeinstellungendienst bereitstellen

2. Öffnen Sie auf dem SharePoint Server, auf dem die Zentraladministration läuft, das SHAREPOINT ADMIN CENTER, und wechseln Sie zum Bereich HYBRIDKONFIGURATION (siehe Abbildung 8.32).

Abbildung 8.32 Hybridkonfiguration

3. Klicken Sie auf den Link ZUR HYBRIDAUSWAHL-DOWNLOADSEITE WECHSELN, und starten Sie dann auf dem erscheinenden Fenster den *SharePoint Hybrid Configuration Wizard* (siehe Abbildung 8.33).

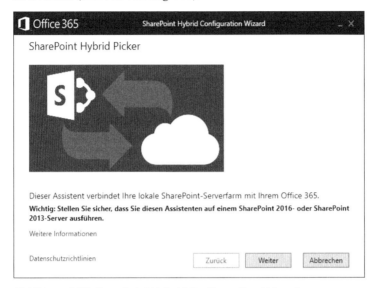

Abbildung 8.33 SharePoint Hybrid Configuration Wizard

4. Geben Sie die Anmeldedaten eines SharePoint Server-Administrators und eines Office 365-Administrators an (siehe Abbildung 8.34).

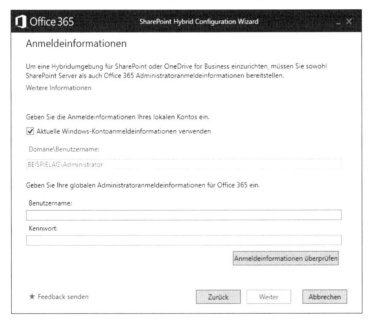

Abbildung 8.34 Anmeldeinformationen

5. Starten Sie anschließend den Einrichtungsassistenten für HYBRID ONEDRIVE (siehe Abbildung 8.35).

Abbildung 8.35 Hybride Funktionen

6. Nach der erfolgten Konfiguration starten Sie den IIS mit einem IISRESET neu.

Öffnen Sie dann in der Zentraladministration den Bereich OFFICE 365, und wechseln Sie zu KONFIGURIEREN VON HYBRIDEN ONEDRIVE- UND WEBSITES-EINSTELLUNGEN. Dort sehen Sie jetzt die vom Assistenten vorgenommene Konfiguration (siehe Abbildung 8.36).

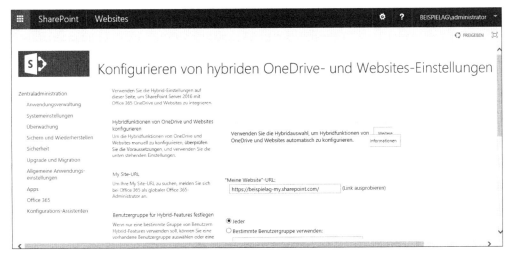

Abbildung 8.36 Einstellungen für den Hybridbetrieb

Beachten Sie auch, dass die Konfiguration für alle Benutzer gilt. Gegebenenfalls können Sie die Konfiguration auf Mitglieder einer bestimmten Benutzergruppe beschränken.

In diesem Szenario sollten Sie außerdem über die Einrichtung von Single Sign-on nachdenken, um dem Anwender eine separate Authentifizierung zu ersparen, wenn er von einer lokalen Website auf das Cloud-OneDrive zugreift. Mehr dazu lesen Sie in Abschnitt 4.6, »Identitätsverbund«.

8.9 Migration

Angenommen, Sie haben bislang OneDrive for Business mit Ihrer lokalen SharePoint-Umgebung verwendet. Wollen Sie den Inhalt Ihrer OneDrive-Bibliothek nun zu OneDrive for Business aus Office 365 verschieben, bietet sich folgendes manuelles Verfahren an:

1. Wechseln Sie zu Ihrer OneDrive-Bibliothek auf der lokalen SharePoint-Umgebung.
2. Synchronisieren Sie die OneDrive-Bibliothek auf Ihren Computer.
3. Erstellen Sie eine Sicherungskopie des synchronisierten Bibliotheksordners auf Ihrem Computer.
4. Beenden Sie die Synchronisierung Ihrer OneDrive-Bibliothek.
5. Synchronisieren Sie Ihre OneDrive-Bibliothek aus Office 365 auf Ihren Computer.
6. Verschieben Sie die gesicherten Dateien im Windows Explorer in die OneDrive-Bibliothek aus Office 365.

Der Nachteil ist hierbei natürlich, dass dieser Vorgang für jeden Benutzer separat durchgeführt werden muss.

[»] Bei der Migration zu OneDrive kann Sie auch das FastTrack Center unterstützen (siehe Abschnitt 1.9, »FastTrack Center«).

8.10 Clients

Neben den hier gezeigten Sync-Clients für den Windows-Desktop bietet Microsoft für unterschiedliche Plattformen spezielle Clients an:

- Windows 10 Universal App
- Mobilplattformen: Android, iOS, Windows Mobile
- macOS
- Xbox

Abbildung 8.37 zeigt exemplarisch den OneDrive for Business-Client auf dem iPhone. Verwenden Sie die Apps für die Mobilplattformen, können Sie auch einzelne Dateien für den Offlinezugriff markieren (mit dem Fallschirm-Symbol). Diese werden dann auf dem Gerät vorgehalten und sind von nun an auch ohne aktive Netzwerkverbindung verfügbar.

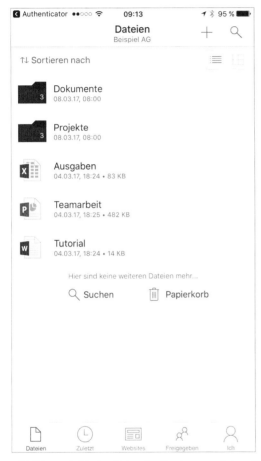

Abbildung 8.37 OneDrive for Business auf dem iPhone

Die Clients finden Sie gesammelt unter folgender URL:

https://onedrive.live.com/about/de-de/download/

8.11 So geht es weiter

In diesem Kapitel haben Sie die Administration und die Nutzung von OneDrive for Business näher kennengelernt. Im neunten Kapitel geht es weiter mit Skype for Business Online.

Kapitel 9
Skype for Business Online

Im neunten Kapitel nutzen Sie Skype for Business Online für Chat, halten Audio- und Videokonferenzen, telefonieren von und ins Telefonnetz, lernen eine Vielzahl von Clients kennen und richten die Kommunikation mit Skype- und anderen Skype for Business Online-Anwendern ein.

Mit *Skype for Business Online* decken Sie die Bereiche *Chat,* Anwesenheitsinformationen, Konferenzen über Audio und Video und – möglicherweise – die herkömmliche Telefonie bis hin zu einem Ersatz der Telefonanlage ab.

Zugriff auf Skype for Business erhalten Sie als Anwender nicht nur über diverse Clients, sondern auch direkt integriert in den Office-Anwendungen, insbesondere in Outlook und Outlook im Web sowie in SharePoint. Dort wird zu den jeweiligen Personenangaben jeweils auch deren Anwesenheitsstatus angezeigt. Sie sehen damit sofort, ob eine Person gerade verfügbar ist und können unmittelbar eine Skype for Business-Besprechung aufbauen. Der Anwesenheitsstatus wird dabei automatisch mithilfe der Termine des Kalenders und der Abwesenheitsinformationen aus dem Anwenderpostfach gesetzt.

Über einen *Domänenverbund* (auch *Skype for Business Federation* genannt, nicht zu verwechseln mit einem Identitätsverbund) können Sie darüber hinaus eine Verbindung zwischen Ihrer Office 365-Umgebung und anderen Skype for Business-Organisationen herstellen, damit die beteiligten Personen ihre Daten untereinander in ihrer Kontaktliste pflegen und ihren Anwesenheitsstatus austauschen können. Auch organisationsübergreifende Skype for Business-Sitzungen sind dann möglich.

In diesem Kapitel werde ich auch mehrfach auf den *Skype for Business Server* verweisen. Dabei handelt es sich um die Skype for Business-Variante, die im eigenen Netzwerk auf eigener Hardware installiert wird.

9.1 Was ist Skype for Business Online?

Beginnen wir mit einer kurzen Einführung zu Skype for Business Online. Ich beschreibe verschiedene Einsatzszenarien und die Arbeit mit Skype for Business.

9.1.1 Einsatzszenarien

Um einen ersten Eindruck der Skype for Business-Funktionalität zu bekommen, finden Sie hier einige mögliche Einsatzszenarien:

▶ Anwesenheitsstatus
Im Skype for Business-Client sehen Sie den *Anwesenheitsstatus* der eigenen Kontakte. Aber nicht nur dort, sondern in vielen weiteren Microsoft-Anwendungen wie SharePoint und Outlook ist der Status neben den Namen der Anwender zu sehen. Ein Blick genügt, um zu sehen, ob der Anwender an seinem Rechner sitzt (siehe Abbildung 9.1).

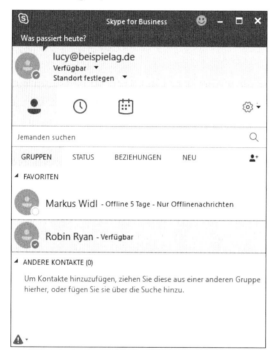

Abbildung 9.1 Anwesenheitsstatus der eigenen Skype for Business-Kontakte

Der Anwesenheitsstatus wird automatisch auf Basis des Kalenders und der Abwesenheitsinformationen im Postfach der Anwender gepflegt. Er ist aber auch manuell in den diversen Clients konfigurierbar.

[»] An dem Anwesenheitsstatus reiben sich gern Datenschützer und Betriebsräte, die hier eine Nachverfolgung wittern, weil angezeigt wird, wie lange ein Anwender offline oder abwesend ist. Deaktivieren lässt sich diese Zeitangabe bei Skype for Business Online derzeit leider nicht.

▶ Chat
Chat beschreibt die Kommunikation mithilfe von Sofortnachrichten in Textform *(Instant Messaging)*. In den diversen Skype for Business-Clients können Sie eine

Kontaktliste pflegen und mit den Mitgliedern daraus ad hoc eine Chatsitzung beginnen, was oftmals schneller zu einer Antwort führt als eine E-Mail, aber das Gegenüber in seinem Arbeitsablauf nicht so stört wie ein Telefonat (siehe Abbildung 9.2).

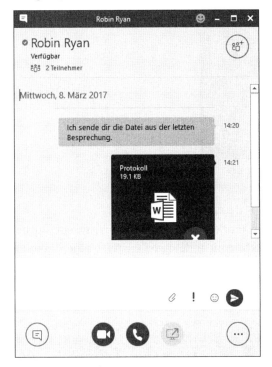

Abbildung 9.2 Chat

- Audio- und Videokonferenzen
  Reicht Chat nicht aus, können Sie mit Ihrem Kommunikationspartner auch eine Audio- und/oder Videokonferenz ad hoc beginnen. Sie kommunizieren dann über ein Mikrofon oder eine Webcam mit Ihrem Gegenüber (siehe Abbildung 9.3).

An den Besprechungen können bis zu 250 Personen teilnehmen. Während einer solchen Sitzung kann auch eine PowerPoint-Präsentation samt Animationen gezeigt werden. Für das Rendering der Folien ist dabei Skype for Business Online aus Office Online zuständig. Schulungen und Präsentationen sind somit bis zu einem gewissen Grad denkbar.

Möchte jemand an einer Besprechung teilnehmen, der aber gerade keinen Zugang zu einem Rechner mit einem Skype for Business-Client hat – etwa weil er im Auto unterwegs ist –, kann er zur Einwahl stattdessen ein Telefon verwenden (siehe Abschnitt 9.2.3, »Benutzerverwaltung«). Dazu ist aber ein separater Partner erforderlich, der diese Funktionalität bereitstellt. Skype for Business Online liefert diese nicht automatisch mit.

Abbildung 9.3 Audio-/Videokonferenz

- Desktop-/Anwendungsfreigabe
  In einer Skype for Business-Sitzung können Sie ein bestimmtes Anwendungsfenster oder auch den kompletten Desktop mit anderen teilen. Auch eine Steuerungsweitergabe ist denkbar. So können Sie beispielsweise einem Kollegen unmittelbar bei einem Problem helfen, indem dieser Ihnen seinen Bildschirminhalt überträgt (siehe Abbildung 9.4). Das ist sogar betriebssystemübergreifend möglich.

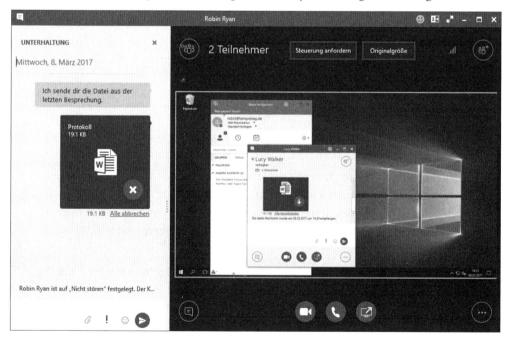

Abbildung 9.4 Bildschirmübertragungen

- Whiteboard
  Sind während einer Skype for Business-Sitzung schnelle Skizzen erforderlich, können Sie diese mithilfe eines Whiteboards erstellen.
- Dateiübertragung
  An Sitzungsteilnehmer der eigenen Skype for Business-Organisation können Sie Dateien übertragen. Damit können Sie möglicherweise den E-Mail-Versand mit großen Anhängen ein wenig verringern.
- Telefonie
  In manchen Ländern kann Skype for Business Online inzwischen auch für die Telefonie von und ins herkömmliche Telefonnetz verwendet werden. Dazu weisen Sie den Benutzern Telefonnummern zu, mit denen sie über ihren Skype-Client erreichbar sind.
- Skype-Livekonferenzen
  Übertragungen von Ereignissen, bei denen es nicht um die Zusammenarbeit, sondern um die Verbreitung von Informationen geht, können Sie mit Skype-Livekonferenzen mit bis zu 10.000 Teilnehmern durchführen.

9.1.2 Lizenzüberblick

Tabelle 9.1 zeigt einen groben Überblick über die von den verschiedenen Lizenzpaketen und Einzellizenzen abgedeckten Funktionen.

Funktion	Skype for Business Online in Business Essentials	Skype for Business Online in Business Premium	Skype for Business Online Plan 1 (einzeln oder in K1)	Skype for Business Online Plan 2 (einzeln oder in E1/3)	E5
Skype for Business Basic Client (Basisfunktionen)	ja	ja	ja	ja	ja
Skype for Business Client (volle Funktionalität)	nein	nein	nein	nur in E3	ja
Skype for Business Web App	ja	ja	ja	ja	ja
Skype for Business Mobile Clients	ja	ja	ja	ja	ja

Tabelle 9.1 Skype for Business Online-Funktionsvergleich

Funktion	Skype for Business Online in Business Essentials	Skype for Business Online in Business Premium	Skype for Business Online Plan 1 (einzeln oder in K1)	Skype for Business Online Plan 2 (einzeln oder in E1/3)	E5
Skype for Business Web App	ja	ja	ja	ja	ja
Chat (Sofortnachrichten und Präsenzinformationen)	ja	ja	ja	ja	ja
Audio-/Videokonferenzen	ja	ja	ja	ja	ja
Freigabe von Bildschirm, Anwendung	ja	ja	nur Teilnahme	ja	ja
Livekonferenzen	nein	ja	nein	ja	ja
Einwahlkonferenzen	optional	optional	nein	optional	ja
Cloud-Telefonanlage	nein	nein	nein	optional	ja
PSTN-Anrufe	nein	nein	nein	nur in E3	ja

Tabelle 9.1 Skype for Business Online-Funktionsvergleich (Forts.)

Lizenztypen im Detail und im Vergleich mit Skype for Business Server 2015

Die abgedeckten Funktionen der einzelnen Lizenztypen finden Sie detailliert in der offiziellen Dienstbeschreibung unter folgender URL beschrieben:

https://technet.microsoft.com/en-us/library/skype-for-business-online-service-description.aspx

Dort finden Sie auch einen Vergleich zwischen Skype for Business Online und dem Skype for Business Server 2015.

9.1.3 Arbeiten mit Skype for Business

Je nach Konfiguration finden Sie als Office 365-Anwender an vielen Stellen Skype for Business:

▶ Clients
Für unterschiedliche Einsatzzwecke gibt es verschiedene Skype for Business-Clients. Diese reichen von der Unterstützung verschiedener Betriebssysteme über Web- und mobile Clients bis hin zu richtigen Telefonen.

▶ Outlook
Mit der Installation des Skype for Business-Clients wird Outlook um ein spezielles Add-in erweitert. Dadurch finden Sie im Menüband eines neuen Termins die Schaltfläche SKYPE-BESPRECHUNG. Klicken Sie auf diese, wird im Textbereich des Termins ein Link zur Online-Besprechung eingefügt. Die Empfänger des Termins können so einfach per Mausklick an der Besprechung teilnehmen (siehe Abbildung 9.5).

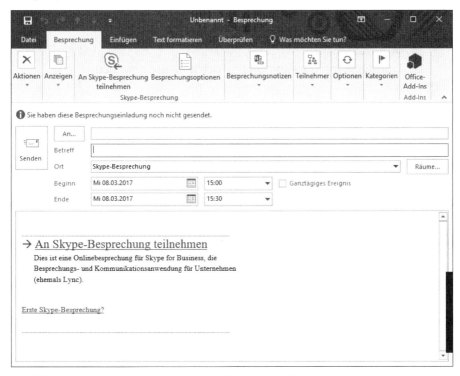

Abbildung 9.5 Outlook-Termin für eine Online-Besprechung

Wie Sie auch ohne Outlook eine Online-Besprechung planen, erläutere ich im Kasten »Skype for Business Online-Besprechungen ohne Outlook planen« in diesem Abschnitt.

Als Organisator des Termins werden Sie gleichzeitig zum Organisator der Besprechung und können über die Menüband-Registerkarte SKYPE FOR BUSINESS-BESPRECHUNG unter BESPRECHUNGSOPTIONEN weitere Einstellungen vornehmen:

- BERECHTIGUNGEN

  In Online-Besprechungen können Sie einen *Wartebereich* nutzen, in den neue Teilnehmer zunächst gelangen, ohne an der Besprechung selbst teilnehmen zu können. Von dort aus kann der Organisator die Teilnehmer in die Besprechung aufnehmen. Der Bereich enthält Einstellungen, ob und wann der Wartebereich zum Einsatz kommt. Daneben konfigurieren Sie hier, wer Referent der Besprechung sein soll und damit Inhalte freigeben und Personen zulassen kann.

- TELEFON

  In den Besprechungseinladungen werden (sofern die nötige Lizenz dafür vorhanden ist) Einwahltelefonnummern aufgeführt. Aus welchem Land diese dort direkt dargestellt werden sollen, können Sie hier angeben (die Besprechungseinladungen enthalten auch einen Link auf sämtliche Einwahltelefonnummern).

- EINLADUNGSSPRACHE

  Die Einladungssprache kann auf Englisch umgestellt werden.

- INFO

  Versionsinformationen zum Outlook-Add-in

Die Kontaktbilder in Outlook, beispielsweise bei E-Mails, werden am linken Rand mit dem Präsenzstatus der Person gekennzeichnet. Klicken Sie auf ein Profilbild, öffnet sich ein Fenster, von dem aus Sie die Person über Skype for Business kontaktieren können (siehe Abbildung 9.6).

Abbildung 9.6 Präsenzanzeige in Outlook

Vorausgesetzt wird hier allerdings, dass der Skype for Business-Client auf dem lokalen Rechner installiert ist (siehe Abschnitt 9.4.1, »Skype for Business-Client«).

▶ Outlook im Web

  In Outlook im Web ist Skype for Business von sich aus bereits an mehreren Stellen integriert:

  - In der Navigation rechts oben, kombiniert mit dem Namen des Anwenders. Der Name fungiert als Menü, über das Sie Ihren Skype for Business-Anwesenheitsstatus ändern können (siehe Abbildung 9.7).

  - Fahren Sie mit der Maus auf einen Kontakt, können Sie mit dieser Person eine Skype for Business-Instant-Messaging-Sitzung aufbauen, sofern sie an Skype for Business angemeldet ist.

9.1 Was ist Skype for Business Online?

Abbildung 9.7 Skype for Business in Outlook im Web

- Office-Anwendungen
Mit der Installation des Skype for Business-Clients werden auch die Office-Anwendungen Word, PowerPoint und Excel um ein Plug-in erweitert, das einige Skype for Business-Funktionen einführt. Beispiel: Klicken Sie in Word auf DATEI • FREIGEBEN • ALS CHATNACHRICHT SENDEN, können Sie direkt aus der Anwendung heraus eine Instant-Messaging-Besprechung mit bestimmten Teilnehmern starten (siehe Abbildung 9.8). Dabei wird die gerade geöffnete Datei an alle Teilnehmer versandt. Die Besprechung selbst findet dann im Skype for Business-Client statt.

Liegt die geöffnete Datei auf SharePoint Online oder OneDrive for Business Online und ist für andere Personen freigegeben, können Sie auch direkt aus den Office-Anwendungen heraus eine Skype-Kommunikation starten. Öffnen Sie dazu die Aufgabenleiste für die Freigaben (siehe Abbildung 9.9).

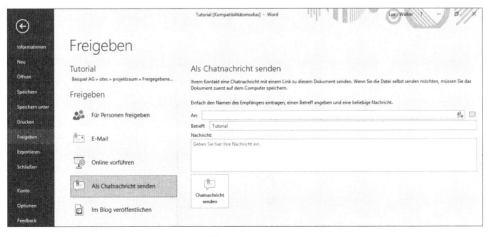

Abbildung 9.8 Datei für andere im Chat freigeben

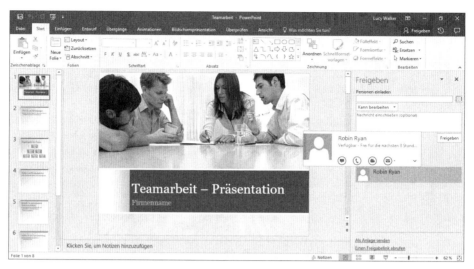

Abbildung 9.9 Skype for Business-Integration in PowerPoint 2016

Skype for Business Online-Besprechungen ohne Outlook planen

Wie Sie mithilfe von Outlook eine Skype for Business Online-Besprechung planen, habe ich bereits erläutert. Doch auch ohne Outlook können Sie Besprechungen anlegen, und zwar über den *Skype for Business Web Scheduler*. Dabei handelt es sich um eine spezielle Website, die Sie unter folgender URL erreichen:

https://sched.lync.com/

Melden Sie sich hier mit einem Office 365-Mandanten an, der auch über eine Skype for Business-Lizenz verfügt, ist dort das Anlegen von Besprechungen möglich (siehe Abbildung 9.10).

Abbildung 9.10 Website zur Planung von Online-Besprechungen

> Die Website liefert Ihnen auch eine URL zur Besprechung, die Sie wiederum in eine E-Mail einbetten können. Ein Zwang zur Verwendung von Outlook bei der Planung von Skype for Business Online-Besprechungen ist also nicht gegeben.

9.2 Administration

Im Vergleich zu den »großen« Anwendungen Exchange Online und SharePoint Online ist die Administration von Skype for Business Online weit weniger umfangreich und komplex.

9.2.1 Voraussetzungen

Um einen einwandfreien Betrieb von Skype for Business Online zu gewährleisten, müssen verschiedene Voraussetzungen erfüllt sein. Dazu gehören Domäneneinstellungen, Firewallausnahmen und die Benutzerkonfiguration.

Domäneneinstellungen

Die für Skype for Business Online verwendeten Domänen müssen im DNS-Server entsprechend konfiguriert sein. Lesen Sie dazu in Abschnitt 2.4, »Domänenverwaltung«, nach.

Firewallausnahmen

Damit die Kommunikation zwischen den Teilnehmern einer Skype for Business Online-Besprechung uneingeschränkt funktioniert, muss die externe Firewall mit einigen Ausnahmen konfiguriert werden. Sind diese nicht vorhanden, äußert sich das oftmals in der nicht funktionierenden Audio- und Videoübertragung und anderen Freigabeproblemen.

Die erforderlichen Daten finden Sie unter dieser URL:

https://aka.ms/o365ip#bkmk_lyo

Auch auf den Clients werden Firewallausnahmen benötigt, die mit der Installation des Skype for Business-Clients automatisch erfolgen.

Benutzerkonfiguration

Zur Anmeldung an Skype for Business Online benötigt jeder Office 365-Benutzer eine Skype for Business Online-Lizenz. Dem Benutzer wird automatisch eine SIP-Adresse (*SIP = Session Initiation Protocol*) zugewiesen. Standardmäßig entspricht diese dem

Anmeldenamen (Benutzerprinzipalname). Ändern Sie den Anmeldenamen des Benutzers, ändert sich seine SIP-Adresse automatisch mit.

[»] Einen Nachteil bei der Änderung der SIP-Adresse sollten Sie beachten: Anwender, die die Person mit neuer SIP-Adresse in ihrer Kontaktliste haben wollen, müssen die Person unter der neuen SIP-Adresse erneut eintragen.

SIP-Adresse ändern

Um nur die SIP-Adresse zu ändern, stehen Ihnen zwei Wege offen:

Im Exchange Admin Center von Exchange Online öffnen Sie im Bereich EMPFÄNGER den Abschnitt POSTFÄCHER. Bearbeiten Sie eines der angezeigten Postfächer, können Sie unter E-MAIL-ADRESSE auch die SIP-Adresse anpassen (siehe Abbildung 9.11).

Das setzt allerdings voraus, dass dem Benutzer auch eine Exchange Online-Lizenz zugewiesen wurde.

Abbildung 9.11 Änderung der SIP-Adresse über das Exchange Admin Center

Die Änderung der SIP-Adresse eines Benutzers mithilfe der PowerShell nehmen Sie wieder über Exchange vor:

1. Haben Sie die Active Directory-Verzeichnissynchronisierung aktiviert und betreiben einen lokalen Exchange Server, starten Sie die *Exchange Management Shell (EMS)*. Ansonsten starten Sie die PowerShell und stellen über das Kommando aus Abschnitt 6.3.3, »Verbindungsaufbau«, eine Verbindung mit Exchange Online her. Vorausgesetzt wird auch hier, dass der betroffene Benutzer über eine Exchange Online-Lizenz verfügt.
2. Über das Cmdlet `Get-Mailbox` ermitteln Sie die E-Mail-Adressen (Eigenschaft `EmailAddresses`) des Benutzers. Dort ist auch die SIP-Adresse enthalten. Passen Sie die Liste entsprechend an, und schreiben Sie sie dann über `Set-Mailbox` zurück. Ein Beispiel liefert Listing 9.1:

```
#Benutzername
$identity = "lucy@beispielag.de"
#Alte SIP-Adresse
$alt_sip = "sip:lucy@beispielag.de"

#Neue SIP-Adresse
$neu_sip = "sip:lucyneu@beispielag.de"

#Adressen ermitteln
$mail = (Get-Mailbox -Identity $identity).EmailAddresses

#Alte SIP-Adresse ersetzen
$mail = $mail -replace $alt_sip, $neu_sip

#Adressen schreiben
Set-Mailbox -Identity $identity -EmailAddresses $mail
```

Listing 9.1 SIP-Adresse ändern

Für Skype for Business Online gibt es zwar auch eine PowerShell-Erweiterung (siehe Abschnitt 9.3, »PowerShell mit Skype for Business Online«), und diese enthält auch den Befehl `Set-CsUser` mit dem Parameter `-SipAddress`, jedoch ist damit eine Änderung der SIP-Adresse nicht möglich – Sie erhalten beim Versuch nur eine Fehlermeldung.

9.2.2 Skype for Business Admin Center

Die Skype for Business-Administration finden Sie im Office 365 Admin Center unter ADMINISTRATOR • SKYPE FOR BUSINESS. Es erscheint das *Skype for Business Admin Center* aus Abbildung 9.12.

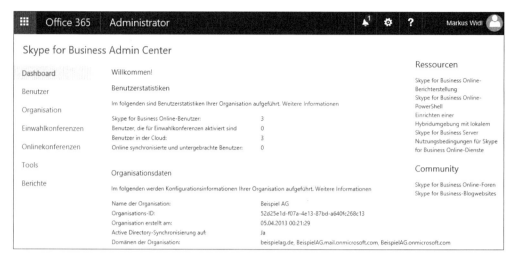

Abbildung 9.12 Skype for Business Admin Center

Tabelle 9.2 führt die Hauptbereiche der Systemsteuerung auf und erläutert kurz deren jeweilige Aufgabe.

Bereich	Aufgabe
Dashboard	Benutzerstatistiken und Organisationsdaten über Ihre Skype for Business-Umgebung
Benutzer	Anzeige von Benutzern mit Skype for Business Online-Lizenz. Zu jedem Benutzer werden die aktivierten Skype for Business-Funktionen aufgeführt (siehe Abschnitt 9.2.3, »Benutzerverwaltung«).
Organisation	Konfiguration, an welche Anwender die Anwesenheitsinformationen übertragen werden, Einstellungen, welche Pushbenachrichtigungsdienste für mobile Clients zum Einsatz kommen sollen (siehe Abschnitt 9.4.3, »Mobile Skype for Business-Clients«), sowie die Konfiguration eines Domänenverbunds, um die Kommunikation mit Skype for Business-Benutzern außerhalb der eigenen Office 365-Umgebung zuzulassen (siehe Abschnitt 9.2.5, »Externe Kommunikation«)
VoIP	Verwaltung Ihrer Cloud-Telefonanlage mit Telefonnummern und deren Zuweisung zu Benutzern (siehe Abschnitt 9.6, »Telefonie«)
Einwahl-konferenzen	Konfiguration von Einwahlkonferenzen, mit denen Anwender über ein Telefon an Skype for Business-Besprechungen teilnehmen können (siehe Abschnitt 9.2.6, »Einwahlkonferenzen«)

Tabelle 9.2 Administrationsbereiche

Bereich	Aufgabe
ONLINE-KONFERENZEN	Konfiguration von Besprechungen (siehe Abschnitt 9.2.7, »Besprechungseinladungen«) und Livekonferenzen (siehe Abschnitt 9.5, »Skype-Livekonferenzen«).
TOOLS	Links auf diverse Analysetools zur Problembehandlung von Skype for Business Online
BERICHTE	Statistiken über die getätigten Anrufe von und ins herkömmliche Telefonnetz (siehe Abschnitt 9.6, »Telefonie«)

Tabelle 9.2 Administrationsbereiche (Forts.)

Im Folgenden werden wir die Konfigurationsoptionen durchgehen und ihre Auswirkungen besprechen.

9.2.3 Benutzerverwaltung

Im Bereich BENUTZER des Skype for Business Admin Centers finden Sie eine Liste der Skype for Business Online-Benutzer (siehe Abbildung 9.13).

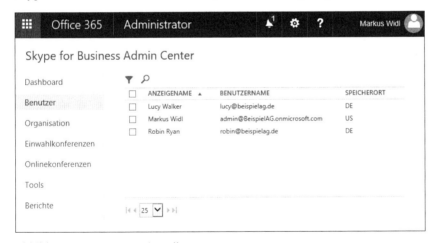

Abbildung 9.13 Benutzereinstellungen

Achtung: Die Spalte BENUTZERNAME enthält nicht zwangsläufig die SIP-Adresse, sondern grundsätzlich den allgemeinen Office 365-Benutzernamen. Benötigen Sie eine Liste mit Name und SIP-Adresse, können Sie das PowerShell-Skript aus Listing 9.5 ausprobieren.

In der Benutzerverwaltung schränken Sie für Ihre Anwender manche Funktionalität ein, indem Sie den Benutzer markieren und auf BEARBEITEN (Stift-Symbol) klicken (siehe Abbildung 9.13).

Bei den Benutzereinstellungen aktivieren und deaktivieren Sie die folgenden Optionen:

- ALLGEMEIN
  Darunter fallen beispielsweise die Verwendung von Audio und/oder Video und das Aufzeichnen von Besprechungen.
- EXTERNE KOMMUNIKATION
  Dazu gehört die Kommunikation mit Benutzern aus anderen Skype for Business-Organisationen und mit Skype.
- EINWAHLKONFERENZEN
  Konfiguration der Zugangsdaten für eine Teilnahme an einer Skype for Business-Besprechung per Telefon

Standardmäßig sind mit Ausnahme der Einwahlkonferenz alle Optionen aktiviert, sodass der Anwender nicht eingeschränkt wird.

9.2.4 Organisationsverwaltung

Der Anwesenheitsstatus eines Anwenders steht automatisch allen zur Verfügung, die potenziell mit dem Anwender kommunizieren könnten, also beispielsweise auch den über einen Domänenverbund angebundenen Anwendern. Ist das für Ihr Unternehmen zu öffentlich, können Sie die Anzeige dieser Anwesenheitsinformationen auf Kontakte eines Benutzers einschränken. Wählen Sie dazu im Skype for Business Admin Center im Bereich ORGANISATION unter VERTRAULICHER ANWESENHEITSMODUS die Option ANWESENHEITSINFORMATIONEN NUR FÜR DIE KONTAKTE EINES BENUTZERS ANZEIGEN (siehe Abbildung 9.14).

Der Anwesenheitsstatus kann vom Anwender selbst über die Skype for Business-Clients gesetzt werden und wird gegebenenfalls automatisch mit den Einträgen des Kalenders und den Abwesenheitsinformationen aus dem Exchange-Postfach abgeglichen. Der Status kann einen der folgenden Werte annehmen:

- VERFÜGBAR
- BESCHÄFTIGT
- NICHT STÖREN
- BIN GLEICH ZURÜCK
- NICHT BEI DER ARBEIT
- ALS ABWESEND ANZEIGEN

Neben der Konfiguration des Anwesenheitsmodus können Sie in diesem Bereich auswählen, welche Pushbenachrichtigungsdienste verwendet werden sollen, um mobile Clients über Chat, Voicemailnachrichten und Anrufe in Abwesenheit zu informieren. Zur Auswahl stehen die Pushbenachrichtigungsdienste von Microsoft (für Windows Mobile-Geräte) sowie von Apple (für Apple iOS-Geräte). Standardmäßig sind beide aktiviert. Für Android-Geräte ist ein solcher Pushbenachrichtigungsdienst nicht erforderlich.

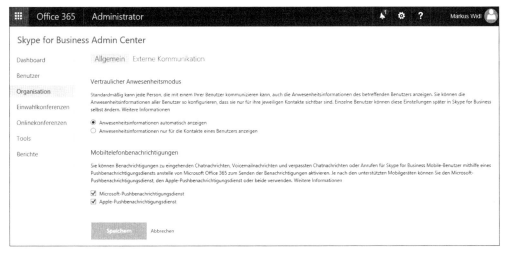

Abbildung 9.14 Vertraulicher Anwesenheitsmodus

9.2.5 Externe Kommunikation

Zu den Einstellungen der externen Kommunikation gehören die Einrichtung eines *Domänenverbunds* sowie die Anbindung an öffentliche Chatdienstanbieter.

Domänenverbund

Mit einem Domänenverbund koppeln Sie Ihre eigene Skype for Business Online-Umgebung mit einer anderen Skype for Business Online- oder auch Skype for Business Server-Umgebung. Der Vorteil dabei ist die Kommunikation über Unternehmensgrenzen hinweg. So können an einer Besprechung Teilnehmer aus unterschiedlichen Unternehmen teilhaben, der Anwesenheitsstatus ist übergreifend verfügbar etc. Für die Personen der anderen Unternehmen werden in Ihrer eigenen Office 365-Umgebung keine zusätzlichen Skype for Business Online-Lizenzen benötigt.

Wählen Sie im Skype for Business Admin Center im Bereich ORGANISATION den Abschnitt EXTERNE KOMMUNIKATION (siehe Abbildung 9.15).

Unter EXTERNER ZUGRIFF haben Sie die Auswahl zwischen folgenden Optionen:

▶ AKTIVIEREN MIT AUSNAHME DER BLOCKIERTEN DOMÄNEN
   Damit öffnen Sie Ihre eigene Skype for Business Online-Umgebung für alle nach außen, mit Ausnahme der blockierten Domänen. Skype for Business-Benutzer aus den blockierten Domänen erhalten keinen Anwesenheitsstatus übermittelt und können auch keine Skype for Business-Sitzung initiieren.

Das ist eine eher weitgehende Freigabe. Möglicherweise werden Ihre Anwender dadurch von unliebsamen Gästen gestört. Deshalb ist die zweite Option zu überlegen.

- NUR FÜR ZULÄSSIGE DOMÄNEN AKTIVIEREN
  Hier wird die Öffnung der eigenen Skype for Business Online-Umgebung auf einzelne Domänen beschränkt, beispielsweise die Domänen von Partnerunternehmen, mit denen Sie zusammenarbeiten.

- VOLLSTÄNDIG DEAKTIVIEREN
  Skype for Business-Sitzungen sind nur mit Benutzern aus der eigenen Skype for Business-Organisation möglich, Anwesenheitsinformationen werden nicht nach außen weitergegeben.

Abbildung 9.15 Externe Kommunikation

Aktivieren Sie den Domänenverbund, sollten Sie Geduld haben. Skype for Business Online benötigt möglicherweise einen Tag, bis der Verbund aufgebaut ist.

[»] Eine Beschreibung, was Administratoren eines Skype for Business Servers tun müssen, um einen Domänenverbund mit einer Skype for Business Online-Umgebung aufzubauen, finden Sie unter folgender URL:

http://technet.microsoft.com/de-de/library/hh202193.aspx

Öffentliche Chatdienste

Der im Skype for Business Admin Center verwendete Begriff *Öffentliche Chatdienste* umfasst neben dem *Skype* für Privatanwender auch *AOL* und *Yahoo!*.

Aktivieren Sie die Verbindung, sind speziell mit Skype für Privatanwender derzeit bereits folgende Funktionen möglich:

- Austausch des Anwesenheitsstatus
- Chat

- Audioanrufe
- Videoanrufe
- Suchen und Hinzufügen von Skype for Business-Kontakten zu Skype

Dagegen sind die folgenden Funktionen nicht möglich:

- Videokonferenzen mit mehr als zwei Teilnehmern
- Audiokonferenzen mit mehr als zwei Teilnehmern
- Chat mit mehreren Teilnehmern
- Desktop- und Anwendungsfreigabe

Auch hier müssen Sie nach der Aktivierung möglicherweise einen Tag warten, bis die Verbindung funktionsfähig hergestellt wird.

In Office 365 Deutschland wird dies derzeit noch nicht unterstützt. [«]

9.2.6 Einwahlkonferenzen

Einwahlkonferenzen sind für Sie und Ihre Anwender dann von Vorteil, wenn Personen an einer Skype for Business-Besprechung teilnehmen wollen, die jedoch während der Besprechung keinen Zugriff auf einen der zahlreichen Skype for Business-Clients haben. Das gilt beispielsweise für jemanden, der gerade mit dem Auto unterwegs ist oder sich im Urlaub befindet. In diesem Fall können die Personen mit einem herkömmlichen Telefon oder Handy bei einer Einwahlnummer anrufen und dem Audioteil der Besprechung folgen. Zu Einwahlkonferenzen zählen aber noch zwei weitere Szenarien: Ihre Anwender können sich beim Verbinden mit der Konferenz mit dem Skype for Business-Client auf ihrem Telefon anrufen lassen. Und außerdem ist es möglich, dass Sie zu einer laufenden Konferenz einen weiteren Teilnehmer hinzufügen, indem Sie ihn unter seiner Telefonnummer anrufen lassen.

Einwahlkonferenzen stehen derzeit in Office 365 Deutschland noch nicht zur Verfügung. [«]

Lizenzierung

Die erforderlichen Rufnummern für Einwahlkonferenzen können Sie entweder direkt von Microsoft erhalten, oder aber Sie greifen auf eines von drei Partnerunternehmen zurück. Derzeit sind die folgenden Partner als Bereitsteller von Einwahlkonferenzen möglich:

- PGi: *www.pgi.com/de/de/*
- Intercall: *http://de.intercalleurope.com*
- BT Conferencing: *www.btconferencing.com*
- Sie können Einwahlkonferenzen in Deutschland mit Office 365 Global nutzen.

Die Angebote dieser Partner können Sie zu Ihren vorhandenen Skype for Business Online-Lizenzen einkaufen.

Wollen Sie die Rufnummern lieber direkt von Microsoft erhalten, haben Sie mehrere Lizenzierungsmöglichkeiten:

- Einwahlkonferenzen sind bereits Bestandteil des Lizenzpakets E5, sodass keine weiteren Kosten anfallen.
- Zu den Lizenzpaketen E1 und E3 können Sie die Einwahlkonferenzen als Add-on hinzubuchen. Dieses kostet in Office 365 Global derzeit 3,40 € pro Benutzer und Monat. In Office 365 Deutschland steht die Funktion aktuell noch nicht zur Verfügung.

[»] Die Funktion der Einwahlkonferenzen steht in Office 365 Global auch schon in Deutschland, Österreich und der Schweiz zur Verfügung. Eine Liste der unterstützten Länder finden Sie hier: *https://support.office.com/de-de/article/L%c3%a4nder-und-Regionen-in-denen-Skype-for-Business-Online-PSTN-Dienste-unterst%c3%bctzt-werden-6ba72f37-d303-4795-aa8f-7e1845078ed7?ui=de-DE&rs=de-DE&ad=DE*

Egal, für welche Variante Sie sich entscheiden – ob Microsoft oder Partnerunternehmen –, Sie benötigen die entsprechende Lizenz für jeden Benutzer, den Sie mit den Funktionen von Einwahlkonferenzen ausstatten wollen.

Konfiguration

Wählen Sie im Skype for Business Admin Center im Bereich EINWAHLKONFERENZEN den Abschnitt BENUTZER MIT EINGEHENDEN VERBINDUNGEN. Geben Sie dort für jeden Benutzer separat die erforderlichen Daten an (siehe Abbildung 9.16).

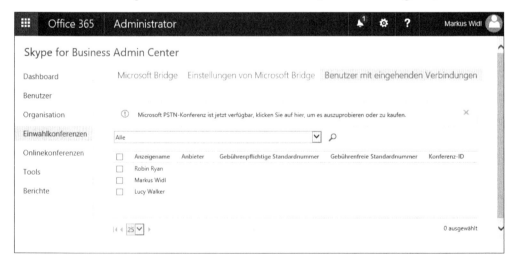

Abbildung 9.16 Benutzerinformationen für Einwahlkonferenzen

Die Einwahlkonferenzeinstellungen für jeden Benutzer umfassen die Auswahl eines Anbieters, einer gebührenpflichtigen Nummer, einer optionalen gebührenfreien Nummer und einer Kennung (einem Kennwort), anhand derer der Anrufer authentifiziert wird.

Neben den Einstellungen für einzelne Benutzer finden Sie im Bereich EINWAHLKONFERENZEN im Abschnitt EINSTELLUNGEN VON MICROSOFT BRIDGE noch einige allgemeine Konfigurationsoptionen (siehe Abbildung 9.17):

- BENACHRICHTIGUNGEN BEIM BETRETEN ODER VERLASSEN EINER BESPRECHUNG: Die Konferenzteilnehmer werden darauf hingewiesen, wenn weitere Personen die Konferenz betreten oder verlassen.
- ANFORDERUNG ZUR AUFNAHME DES NAMENS: Wählt sich eine Person mit dem Telefon zu einer Konferenz ein, muss sie ihren Namen ansagen. Diese Aufnahme wird den Konferenzteilnehmern vorgespielt, sobald sich die Person zu der Konferenz zuschaltet.
- PIN: Die Länge der PIN für Konferenzleiter kann angepasst werden. Die PIN erhalten die Benutzer automatisch per Mail zugeschickt, wenn sich deren Einwahlkonferenzen-Konfiguration ändert. Die PIN ist nur für die Konferenzleiter erforderlich, um sich als solche authentifizieren zu können.

Abbildung 9.17 Einstellungen von Microsoft Bridge

Erstellt der Anwender dann in Outlook eine neue Skype-Besprechung, wird die Einwahlnummer samt der erforderlichen Konferenzkennung automatisch eingefügt (siehe Abbildung 9.18).

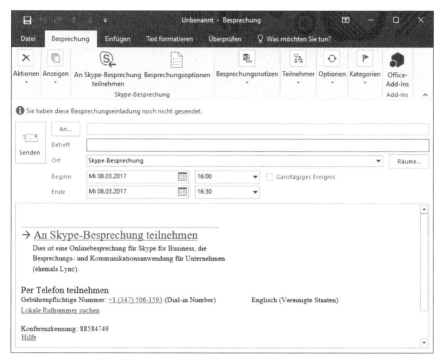

Abbildung 9.18 Einwahlnummer in einer Skype-Besprechungseinladung

Konferenzeinwahl per Telefon

Möchten Sie dann tatsächlich per Einwahl an einer Konferenz teilnehmen, gehen Sie wie folgt vor:

1. Sie rufen die Telefonnummer an.
2. Über die Telefontastatur geben Sie Ihre Kennung ein.

Über die Telefontastatur können Sie außerdem die Kommandos aus Tabelle 9.3 eingeben.

Kommando	Beschreibung
*1	private Ansage der verfügbaren Kommandos
*6	eigenes Mikrofon stummschalten bzw. aktivieren

Tabelle 9.3 Telefonkommandos

Konferenzeinwahl mit Rückruf

Verbinden Sie sich mit dem Skype for Business-Client mit einer Konferenz, erhalten Sie das Fenster aus Abbildung 9.19, mit dem Sie auswählen, wie Sie audioseitig an der Konferenz teilnehmen wollen.

Abbildung 9.19 Rückruf bei der Einwahl in eine Konferenz

Dort können Sie den Punkt RÜCKRUF UNTER wählen und eine Rufnummer angeben. Der Dienst ruft Sie dann an, und Sie können mit dem entsprechenden Gerät an der Konferenz teilnehmen.

Benutzer per Telefon zur Konferenz hinzufügen

Sind Sie bereits in einer Konferenz eingewählt, können Sie mit dem Symbol WEITERE PERSONEN HINZUFÜGEN rechts oben im Skype for Business-Client weitere Benutzer zur Konferenz hinzufügen. In dem erscheinenden Fenster können Sie einen bestehenden Kontakt auswählen oder auch direkt die Telefonnummer der gewünschten Person eingeben (siehe Abbildung 9.20). Der Dienst ruft dann die Person an, und sie wird direkt in die Konferenz eingebunden.

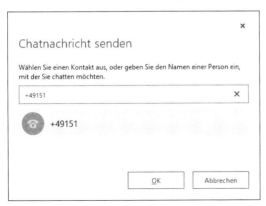

Abbildung 9.20 Person auswählen oder Telefonnummer eingeben

9.2.7 Besprechungseinladungen

Im Bereich BESPRECHUNGSEINLADUNG haben Sie die Möglichkeit, ebendiese ein klein wenig zu individualisieren. Es geht dabei um die Besprechungseinladungen, die Sie über Outlook verwenden, sofern der Skype for Business-Client installiert ist, und um den *Skype for Business Web Scheduler*:

https://sched.lync.com

Zur Auswahl stehen Logo, URLs für weitere Informationen und ein Fußzeilentext (siehe Abbildung 9.21).

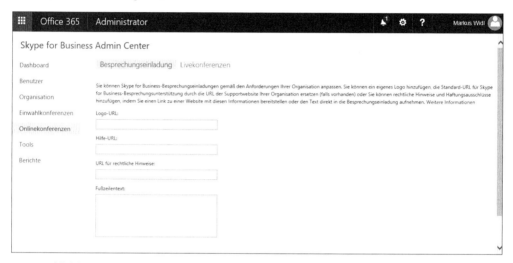

Abbildung 9.21 Besprechungseinladungen

9.3 PowerShell mit Skype for Business Online

Für die Skype for Business Online-Administration mit PowerShell benötigen Sie ein Modul, das rund 170 Befehle umfasst.

9.3.1 Voraussetzungen

Ähnlich wie beim Windows Azure Active Directory und bei SharePoint Online müssen Sie ein Modul auf dem lokalen Computer installieren, mit dem Sie die erforderlichen Befehle nachrüsten. Um mit dem Skype for Business-Modul arbeiten zu können, müssen lokal die folgenden Voraussetzungen erfüllt sein:

- Windows ab 7 bzw. Windows Server ab 2008 R2 (jeweils in einer 64-Bit-Ausgabe)
- Windows PowerShell 3

- Die PowerShell-Ausführungsrichtlinie darf nicht auf Restricted stehen. Ändern Sie den Wert gegebenenfalls mit Set-ExecutionPolicy.
- .NET Framework 4.5
- Microsoft Online Services-Anmelde-Assistent

  www.microsoft.com/download/details.aspx?id=41950

Das Installationspaket des Skype for Business Online-Moduls erhalten Sie unter der folgenden URL:

www.microsoft.com/de-DE/download/details.aspx?id=39366

9.3.2 Verbindungsaufbau

Das Skype for Business Online-Modul trägt den internen Namen Skype for Business-OnlineConnector. Sie können es mit dem folgenden Kommando explizit in eine PowerShell-Sitzung importieren:

```
Import-Module SkypeOnlineConnector
```

Listing 9.2 Import des Skype for Business-Moduls

Das Modul enthält nur die Funktion New-CsOnlineSession, mit der Sie eine Verbindung zu Skype for Business Online aufbauen. Alle weiteren Befehle werden dann über das PowerShell-Remoting in die lokale PowerShell-Sitzung importiert.

Führen Sie zum Verbindungsaufbau folgendes Kommando aus (bei Office 365 Deutschland ist das Kommando identisch):

```
$cred = Get-Credential
$session = New-CsOnlineSession -Credential $cred
$module = Import-PSSession -Session $session
```

Listing 9.3 Skype for Business Online-Verbindungsaufbau

Nach dem erfolgreichen Import können Sie eine Liste der Skype for Business-Befehle abfragen (siehe Abbildung 9.22):

```
Get-Command -Module $module |
    Sort-Object -Property Noun
```

Listing 9.4 Abfrage der Skype for Business-Befehle

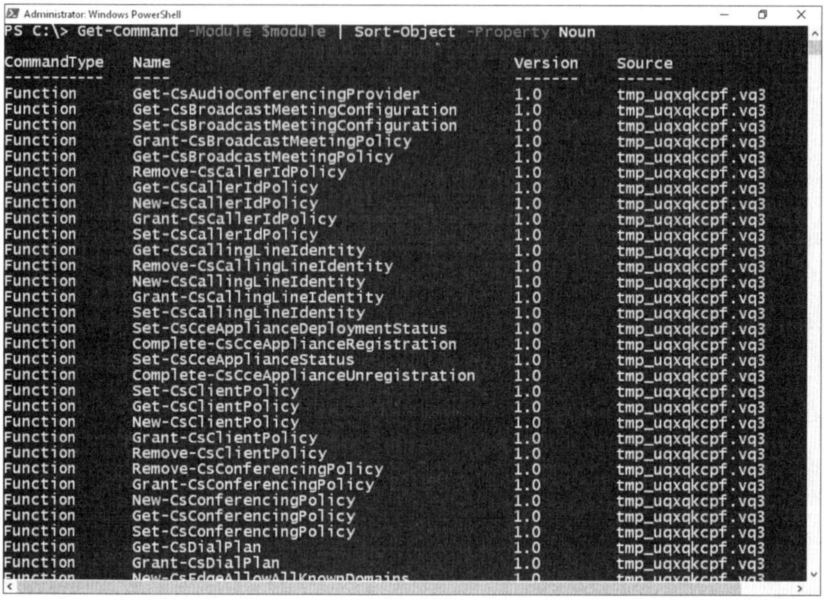

Abbildung 9.22 Abfrage der Skype for Business-Befehle

9.3.3 Anwendung

In diesem Abschnitt sehen wir uns einige weitere Anwendungsbeispiele des Skype for Business Online-Moduls an, um die Arbeitsweise zu demonstrieren.

Erstellen einer Benutzerliste

Zunächst erstellen wir eine Liste aller Benutzer mit dem jeweiligen Benutzerprinzipalnamen sowie den zugehörigen SIP-Adressen (siehe Abbildung 9.23):

```
Get-CsOnlineUser |
    Select-Object UserPrincipalName,SipAddress
```

Listing 9.5 Erstellen einer Benutzerliste mit SIP-Adressen

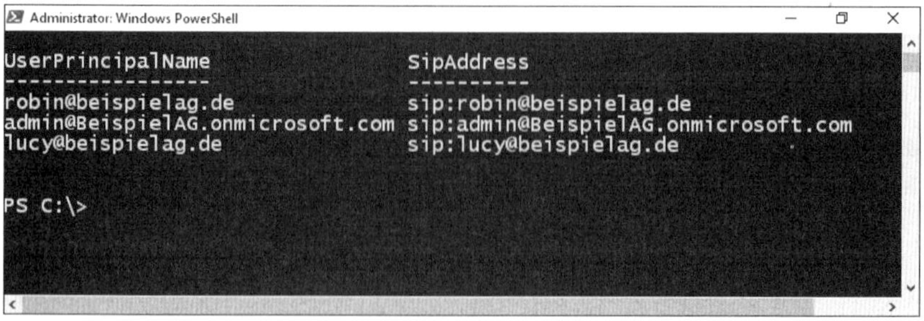

Abbildung 9.23 Erstellen einer Benutzerliste mit SIP-Adressen

Externe Kommunikation

Wollen Sie die Kommunikation über Skype for Business mit einer anderen Domäne zulassen (beispielsweise bei einem Partnerunternehmen), müssen Sie dies erst entsprechend konfigurieren.

Ob die externe Kommunikation mit anderen Domänen grundsätzlich erlaubt ist, ermitteln Sie mit folgendem Kommando:

```
Get-CsTenantFederationConfiguration
```

Listing 9.6 Abfrage der Einstellungen für externe Kommunikation

Steht dabei die Eigenschaft AllowFederatedUsers auf False, ist die externe Kommunikation nicht erlaubt.

Bei der Aktivierung der externen Kommunikation haben wir nun die Auswahl zwischen zwei Strategien:

- Externe Kommunikation aktivieren mit Ausnahme der blockierten Domänen
- Externe Kommunikation nur für zulässige Domänen aktivieren

Mehr zur externen Kommunikation mit Skype for Business lesen Sie in Abschnitt 9.2.5, »Externe Kommunikation«.

Sehen wir uns nun die PowerShell-Konfiguration für beide Strategien an.

Externe Kommunikation aktivieren mit Ausnahme der blockierten Domänen

Bei dieser Strategie öffnen wir unsere Skype for Business-Domäne grundsätzlich nach außen, blockieren aber die Kommunikation mit bestimmten Domänen. Hier ein Beispiel:

```
#Externe Kommunikation aktivieren
Set-CsTenantFederationConfiguration -AllowFederatedUsers $true `
   -AllowedDomains (New-CsEdgeAllowAllKnownDomains)

#Liste blockierter Domänen leeren
Set-CsTenantFederationConfiguration -BlockedDomains $null

#Domäne zur Liste blockierter Domänen hinzufügen
$pattern = New-CsEdgeDomainPattern -Domain "beispielag.de"
Set-CsTenantFederationConfiguration `
   -BlockedDomains @{Add=$pattern}
```

```
#Domäne von der Liste blockierter Domänen entfernen
$pattern = New-CsEdgeDomainPattern -Domain "beispielag.de"
Set-CsTenantFederationConfiguration `
   -BlockedDomains @{Remove=$pattern}
```

Listing 9.7 Externe Kommunikation aktivieren mit Ausnahme der blockierten Domänen

Externe Kommunikation nur für zulässige Domänen aktivieren

Bei dieser Strategie lassen wir die Kommunikation nur mit einzelnen Domänen zu. Auch hier ein Beispiel:

```
#Federation nur für zulässige Domänen aktivieren
Set-CsTenantFederationConfiguration -AllowFederatedUsers $true

#Liste zugelassener Domänen erstellen
$list = New-CsEdgeAllowList
$list.AllowedDomain.Add(
   (New-CsEdgeDomainPattern -Domain "beispielag1.de"))
$list.AllowedDomain.Add(
   (New-CsEdgeDomainPattern -Domain "beispielag2.de"))
$list.AllowedDomain.Add(
   (New-CsEdgeDomainPattern -Domain "beispielag3.de"))

Set-CsTenantFederationConfiguration -AllowedDomains $list
```

Listing 9.8 Externe Kommunikation nur für zulässige Domänen aktivieren

Externe Kommunikation nicht zulassen

Zu guter Letzt können wir die externe Kommunikation mit dem folgenden Kommando auch wieder deaktivieren:

```
Set-CsTenantFederationConfiguration -AllowFederatedUsers $false
```

Listing 9.9 Externe Kommunikation nicht zulassen

Konferenzaufzeichnungen

Das Aufzeichnen von Skype for Business-Konferenzen wird standardmäßig erlaubt. Sie können das aber auch mit dem folgenden Kommando deaktivieren:

```
Set-CsMeetingConfiguration -AllowConferenceRecording $False
```

Listing 9.10 Deaktivieren von Konferenzaufzeichnungen

Und mit diesem Kommando erlauben Sie die Aufzeichnung wieder, aktivieren sie also:

```
Set-CsMeetingConfiguration -AllowConferenceRecording $True
```

Listing 9.11 Aktivieren von Konferenzaufzeichnungen

9.4 Skype for Business-Clients

Skype for Business Online-Anwendern steht eine Vielzahl unterschiedlicher Clients zur Verfügung. In diesem Abschnitt stelle ich diese kurz vor.

9.4.1 Skype for Business-Client

Der umfangreichste Client ist der Skype for Business-Client (ohne den Namenszusatz Basic; siehe Abbildung 9.24). Er ist Bestandteil der folgenden Lizenzen (über das darin enthaltene Office 365 ProPlus):

- E3
- E5

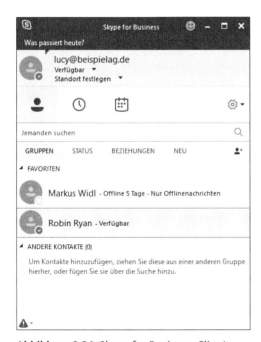

Abbildung 9.24 Skype for Business-Client

Damit fehlt er bei Office 365 Business Essentials und Premium, E1 sowie bei Skype for Business Online Plan 1 und 2 sowie bei den K(iosk)-Lizenzen. Mit Ausnahme der

K-Lizenzen sind diese Lizenzen zwar mit dem Skype for Business-Client kompatibel, enthalten den Client selbst aber nicht. Hier müssen Sie mit dem Skype for Business Basic-Client vorliebnehmen (siehe Abschnitt 9.4.2, »Skype for Business Basic-Client und Skype for Business Web App-Client«). Beim Basic-Client stehen Ihnen die Telefonie mit dem herkömmlichen Telefonnetz, OneNote-Besprechungsnotizen, Aufzeichnungen und Kalenderfunktionen nicht zur Verfügung.

Installation

Der Skype for Business-Client wird zusammen mit dem Office-Paket installiert (siehe Abschnitt 5.1, »Welches Office-Paket?«).

Anwendung

Nach der Anmeldung am Client erscheint ein Fenster mit der anfänglich leeren Kontaktliste. Über das Suchfeld können Sie dort bis zu 250 Kontakte eintragen. Diese können aus der eigenen Umgebung, dem Domänenverbund und von Skype (sofern die Anwender dort Microsoft-Konten verwenden) stammen. Um einen Skype for Business-Anwender zur Kontaktliste hinzuzufügen, geben Sie Ihre SIP-Adresse ein. Im Normalfall ist diese identisch mit der E-Mail-Adresse.

Um im Skype for Business-Client einen Skype-Anwender zu den Kontakten hinzuzufügen, wählen Sie den Befehl NEUER KONTAKT • EXTERNEN KONTAKT HINZUFÜGEN • SKYPE (siehe Abbildung 9.25).

Im Skype-Client geben Sie dagegen die SIP-Adresse des Skype for Business-Anwenders ein.

Abbildung 9.25 Skype-Benutzer hinzufügen

Eine Ad-hoc-Besprechung starten Sie nach einem Doppelklick auf einen Eintrag der Kontaktliste (siehe Abbildung 9.26). Das dann erscheinende Fenster dient zunächst dem Chat.

Abbildung 9.26 Besprechungsfenster

Von hier aus können Sie über die Symbole am unteren Fensterrand eine Telefon- oder Videokonferenz beginnen, über das Freigabesymbol Anwendungen freigeben und Dateien hochladen sowie über das Teilnehmersymbol weitere Teilnehmer zur Besprechung hinzufügen. Der spannendste Punkt dabei ist aber die Freigabe. Tabelle 9.4 zeigt eine Übersicht, was freigegeben werden kann.

Option	Bedeutung
DESKTOP	Der komplette Desktop eines oder beider Monitore wird an alle Besprechungsteilnehmer übertragen. Die Steuerung des Desktops kann dabei auch an andere Teilnehmer übergeben werden (siehe Abbildung 9.27).
FENSTER	Die Darstellung einer beliebigen, bereits gestarteten Anwendung wird an alle Besprechungsteilnehmer übertragen. Auch hier kann die Steuerung an andere Teilnehmer übergeben werden.
POWERPOINT	Eine PowerPoint-Präsentation wird an alle Besprechungsteilnehmer übertragen. Dabei werden auch Animationen ausgeführt. Der Präsentierende kann auf den Folien Markierungen setzen.
ANLAGEN	Sie laden eine Datei in die Konferenz hoch, die dann von den Teilnehmern heruntergeladen werden kann.

Tabelle 9.4 Freigabeoptionen

Option	Bedeutung
NOTIZEN	Sie können ein Notizbuch auf Basis von OneNote freigeben, das allen Teilnehmen, beispielsweise für das Besprechungsprotokoll, zur Verfügung steht.
WHITEBOARD	Ein Whiteboard wird mit allen Besprechungsteilnehmern geteilt. Alle Teilnehmer können parallel auf dem Whiteboard Skizzen eintragen.
UMFRAGE	Eine neue Umfrage mit bis zu sieben möglichen Antworten wird an alle Teilnehmer übertragen. Die Ergebnisse können öffentlich sein oder geheim gehalten werden (siehe Abbildung 9.28).
F & A	Ein separater Bereich, in dem Teilnehmer während der Konferenz Fragen stellen können, die von den Referenten beantwortet werden.

Tabelle 9.4 Freigabeoptionen (Forts.)

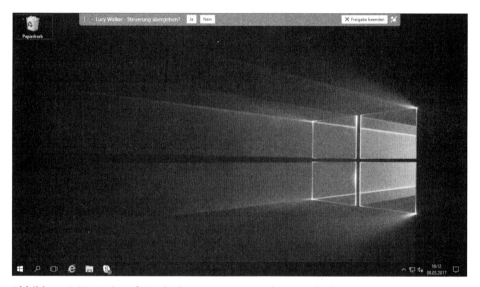

Abbildung 9.27 Desktopfreigabe bei einem Besprechungsteilnehmer

Konferenzen können Sie auch aufzeichnen und später wieder abspielen. Dabei werden Audio, Video, Sofortnachrichten, die Anwendungsfreigabe, PowerPoint-Präsentationen, das Whiteboard und Umfragen berücksichtigt. Wählen Sie zum Aufzeichnen im Kontextmenü (Aufruf über das Symbol mit den drei Punkten) den Befehl AUFZEICHNUNG BEGINNEN. Aufgezeichnete Konferenzen können Sie dann über die separate Anwendung AUFZEICHNUNGS-MANAGER VON SKYPE FOR BUSINESS wieder abspielen (siehe Abbildung 9.29).

Abbildung 9.28 Umfrage

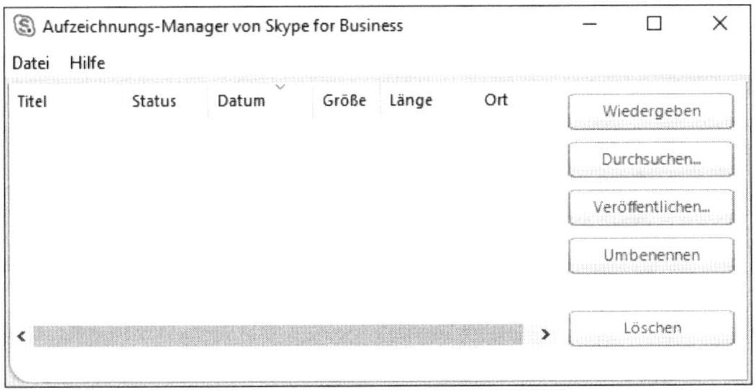

Abbildung 9.29 Aufzeichnungs-Manager

9.4.2 Skype for Business Basic-Client und Skype for Business Web App-Client

Die Clients *Skype for Business Basic* und *Skype for Business Web App* sind insbesondere für Anwender gedacht, die nicht über den Skype for Business-Client verfügen, weil sie sich beispielsweise zum Zeitpunkt der Konferenz nicht an ihrem regulären Arbeitsplatz befinden. Auch Gäste können damit an Ihren Konferenzen teilnehmen, benötigen also keinen Zugang zu Ihrer Office 365-Umgebung. Beide Clients sind kostenfrei erhältlich.

Skype for Business Basic ist auch für Benutzer mit den Lizenzen Office 365 Business Essentials und Premium, E1 sowie Skype for Business Online Plan 1 und 2 gedacht, denen der voll funktionsumfängliche Skype for Business-Client nicht zur Verfügung steht.

Abbildung 9.30 zeigt den Skype for Business Web App-Client.

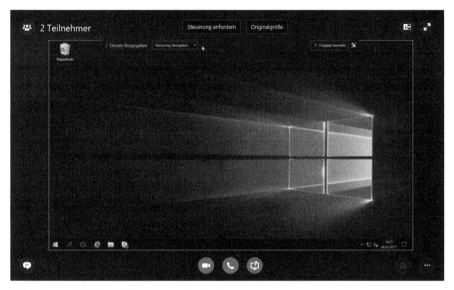

Abbildung 9.30 Skype for Business Web App

Tabelle 9.5 vergleicht die beiden Clients miteinander.

Funktion	Skype for Business Basic	Skype for Business Web App
Kostenfrei erhältlich	ja	ja
Lokale Installation erforderlich	ja	nein (optional Plug-in)
Status veröffentlichen und anzeigen	ja	nein
Kontaktliste anzeigen und ändern	ja	nein
Chatunterhaltung mit einem Kontakt initiieren	ja	nein
Mehrere Unterhaltungen in einem einzigen Fenster	ja	nein
Audio bei Konferenzen	ja	ja (mit Plug-in)
Video bei Konferenzen	ja	ja (mit Plug-in)

Tabelle 9.5 Vergleich Skype for Business Basic und Skype for Business Web App

Funktion	Skype for Business Basic	Skype for Business Web App
Desktop- und Anwendungsfreigabe	ja	ja (mit Plug-in)
PowerPoint vorführen	ja	ja
Whiteboard	ja	ja
Dateiupload	ja	ja
Besprechung einleiten	ja	nein
Anrufe initiieren	ja (zu Skype for Business-Client)	nein

Tabelle 9.5 Vergleich Skype for Business Basic und Skype for Business Web App (Forts.)

Bei der Skype for Business Web App entfällt zwar eine separate Clientinstallation, da die Ausführung im Browser erfolgt, doch für die volle Funktionalität (inklusive Audio, Video, Anwendungsfreigabe) ist die (automatische) Installation eines ActiveX-Plug-ins unter Windows erforderlich. Dazu sind allerdings keine Administratorberechtigungen erforderlich. Auf macOS-Geräten ist das Plug-in dagegen nicht erforderlich. Bei Chrome wird eine Anwendung gestartet, mit der die Skype for Business-Web App in einem eingebetteten Internet Explorer-Rahmen dargestellt wird. Tabelle 9.6 gibt Auskunft, was genau unterstützt wird.

Zur Verwendung des Skype for Business Basic-Clients benötigen Sie mindestens Windows 7. Die Installationspakete erhalten Sie unter der folgenden URL:

https://www.microsoft.com/de-de/download/details.aspx?id=49440

Betriebssystem	Edge	IE 11 32 Bit und 64 Bit	IE 10 32 Bit	IE 10 64 Bit	IE 9 32 Bit	IE 9 64 Bit	Firefox 12.x 32 Bit	Safari 5.x, 6.x, 7.x 64 Bit	Chrome 18.x 32 Bit
Windows 10	ja	ja	–	–	–	–	ja	–	ja
Windows 8.1 (Intel)	–	ja	–	–	–	–	ja	–	ja
Windows 7 SP1	–	ja	ja	ja	ja	ja	ja	nein	ja
macOS ab 10.8	–	–	–	–	–	–	ja	ja	ja

Tabelle 9.6 Unterstützte Betriebssystem-Browser-Kombinationen

Anwendung

Wollen Sie mit einem der beiden Clients an einer Konferenz teilnehmen, klicken Sie beispielsweise im Outlook-Kalendereintrag auf den Link AN SKYPE-BESPRECHUNG TEILNEHMEN (siehe Abbildung 9.31).

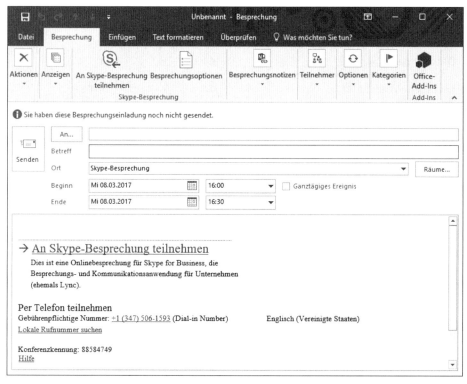

Abbildung 9.31 Kalendereintrag für eine Online-Besprechung

Wenn kein Skype for Business-Client installiert ist, gelangen Sie zu einer Website, die automatisch die Skype for Business Web App startet.

[»] Wollen Sie die Skype for Business Web App nutzen, obwohl ein Skype for Business-Client installiert ist, hängen Sie an die Besprechungs-URL den Parameter ?SL=1 an. Damit wird die Arbeit mit der Skype for Business Web App erzwungen.

9.4.3 Mobile Skype for Business-Clients

Microsoft stellt Skype for Business-Clients für Windows Mobile, iOS und Android kostenfrei bereit.

Tabelle 9.7 vergleicht wichtige Features der mobilen Clients mit dem Skype for Business-Client.

Feature	Skype for Business	Windows Mobile	iPad	Android
Pushbenachrichtigungen	ja (wenn ausgeführt)	ja	ja	ja
Anwesenheitsstatus	ja	ja	ja	ja
Kontaktliste	ja	ja	ja	ja
Kontaktgruppen	ja	ja	ja	ja
Gruppenverwaltung	ja	nein	nein	ja
Suche im Unternehmensadressbuch und in der Kontaktliste	ja	ja	ja	ja
Chat (Instant Messaging)	ja	ja	ja	ja
Vibrationsbenachrichtigung bei eingehender Sofortnachricht	nein	ja	ja	ja
Videokonferenz	ja	ja	ja	ja
Audiokonferenz	ja	ja	ja	ja
Freigabe von Desktop und Anwendungen	ja	nein	nein	nein
Freigabe von PowerPoint-Präsentationen	ja	nein	ja	ja
Anzeige von freigegebenem Desktop, Anwendungen, PowerPoint-Präsentation	ja	nur mit WLAN	nur mit WLAN	nur mit WLAN
Andere Freigaben verwenden (Whiteboard, Umfragen, Dateifreigabe)	ja	nein	nein	nein

Tabelle 9.7 Vergleich mobiler Skype for Business-Clients

Windows Mobile-Client

Auch für Windows Phone ab 8 und Windows Mobile 10 gibt es einen eigenen Skype for Business-Client. Diesen können Sie kostenfrei hier herunterladen:

https://www.microsoft.com/de-de/store/p/skype-for-business/9wzdncrfjbb2

Nach der Anmeldung haben Sie Zugriff auf die folgenden Bereiche:

- KONTAKTE
  Der Bereich enthält die Gruppen mit Ihren Skype for Business-Kontakten samt deren Anwesenheitsstatus. Von dieser Liste aus starten Sie auch eine Sofortnachrichtenkonferenz, rufen den Kontakt an oder senden ihm eine E-Mail (siehe Abbildung 9.32).

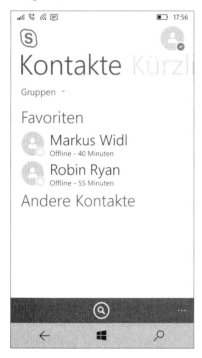

Abbildung 9.32 Kontaktverwaltung im Skype for Business-Client von Windows Mobile

- KÜRZLICHE UNTERHALTUNGEN
  eine Aufzeichnung der zuletzt geführten Sofortnachrichtenkonferenzen
- BESPRECHUNGEN
  eine Liste der aktuellen Besprechungen
- EIGENE INFOS (Klick auf das Anwendersymbol)
  zur Änderung Ihres Status und zum Hinterlegen einer allgemeinen Mitteilung (siehe Abbildung 9.33)

Abbildung 9.33 Statusänderung im Windows Mobile-Client

iOS-Client

Für iOS-Geräte gibt es einen Client, der den größeren Bildschirm vom iPad ausnutzt. Sie benötigen mindestens iOS 9 (siehe Abbildung 9.34):

https://itunes.apple.com/de/app/skype-for-business-formerly/id605841731?mt=8

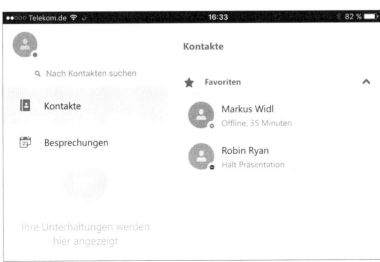

Abbildung 9.34 Skype for Business auf dem iPad

Android-Client

Auch für Android-basierte Geräte (ab Version 4.0) gibt es einen eigenen Skype for Business-Client:

https://play.google.com/store/apps/details?id=com.microsoft.office.lync15

Abbildung 9.35 zeigt den Client in Aktion.

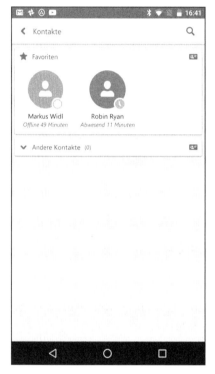

Abbildung 9.35 Skype for Business auf einem Android-Smartphone

9.4.4 Skype for Business-Client für macOS

Auch für macOS ab Version 10.11 (damals noch OS X) ist ein Skype for Business-Client verfügbar (siehe Abbildung 9.36). Besuchen Sie den Downloadbereich von Office 365, können Sie ihn herunterladen – vorausgesetzt, Sie besuchen die Seite von einem Mac aus:

https://portal.office.com/OLS/MySoftware.aspx

Alternativ dazu können Sie den Client auch direkt im Downloadbereich der Microsoft-Website herunterladen:

https://www.microsoft.com/de-DE/download/details.aspx?id=54108

Abbildung 9.36 Skype for Business-Client für macOS

Konfiguration

Damit die Anmeldung vom Skype for Business-Client aus durchgeführt werden kann, sind folgende Eingaben erforderlich (siehe Abbildung 9.37):

- Als E-Mail-Adresse geben Sie Ihre SIP-Adresse an (in der Standardkonfiguration ist diese identisch mit der E-Mail-Adresse).
- Als Benutzernamen geben Sie den Benutzerprinzipalnamen des Benutzerkontos an (in der Standardkonfiguration ist dieser ebenfalls identisch mit der E-Mail-Adresse).

Abbildung 9.37 Anmeldung am Skype-Client unter macOS

Anwendung

Der Skype for Business-Client unterstützt folgende Funktionalitäten:

- Skype for Business-Kontaktverwaltung
- Anzeige des Anwesenheitsstatus
- Chat
- Audio- und Videokonferenzen
- Telefonie
- Anzeige von PowerPoint-Präsentationen anderer Konferenzteilnehmer
- Freigabe des Desktops an andere Konferenzteilnehmer
- Dateiübertragung an alle Konferenzteilnehmer
- Einladungen per E-Mail versenden
- Konferenzen in Outlook planen

Das Konferenzfenster sieht dabei aus wie in Abbildung 9.38 dargestellt.

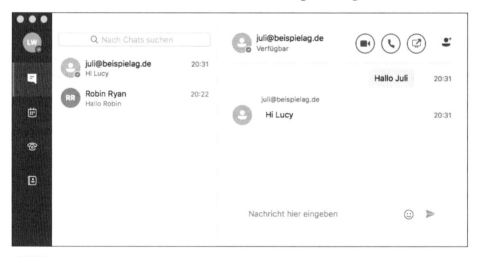

Abbildung 9.38 Skype for Business-Konferenz unter macOS

9.4.5 Problembehebung

Sollte es Probleme bei der Anmeldung mit einem Skype for Business-Client geben, kann das viele Ursachen haben, beispielsweise eine blockierende Firewall, falsche Einträge im lokalen DNS etc. Um der Problemursache auf die Spur zu kommen, hilft möglicherweise das *Remote Connectivity Analyzer*-Tool, das auf einem lokalen Client ausgeführt wird (siehe Abbildung 9.39). Sie finden es unter folgender URL auf der Registerkarte CLIENT:

http://testconnectivity.microsoft.com

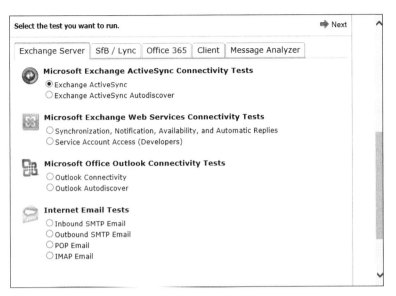

Abbildung 9.39 Remote Connectivity Analyzer-Tool

9.5 Skype-Livekonferenzen

Die herkömmlichen Konferenzen mit Skype for Business Online umfassen bis zu 250 Teilnehmer. Das ist für manche Szenarien nicht genug, beispielsweise für große Veranstaltungen, die nicht nur innerhalb der Organisation übertragen werden sollen, sondern auch außerhalb. In solchen Fällen können Sie zu einer Skype-Livekonferenz greifen, die bis zu 10.000 Teilnehmer umfasst.

9.5.1 Voraussetzungen

Alle Benutzer, die innerhalb der Skype-Livekonferenz etwas beitragen, benötigen eine Lizenz vom Typ Skype for Business Plan 2, wie sie auch in den E-Lizenzpaketen enthalten sind. Die Teilnehmer greifen auf eine Skype-Livekonferenz nicht mit dem Skype for Business-Client zu, sondern mit dem Browser. Die Teilnehmer benötigen dazu keine Lizenz.

9.5.2 Funktionsunterschiede

Der primäre Ansatz einer Skype-Livekonferenz im Vergleich zu herkömmlichen Konferenzen liegt nicht in der Zusammenarbeit, sondern in der Verbreitung von Informationen. Dies hat auch zur Folge, dass nicht alle bekannten Skype-Funktionen in Skype-Livekonferenzen zur Verfügung stehen. Hier einige wichtige Unterschiede: Sie können nur PowerPoint-Präsentationen und Videos an die Teilnehmer übertragen.

Weitere Freigaben, wie die Übertragung des Desktopinhalts, ein Whiteboard oder freigegebene Notizen über OneNote, gibt es nicht.

9.5.3 Aktivierung

Bevor Sie die erste Skype-Livekonferenz starten können, sollten Sie sicherstellen, dass die Funktion in Ihrem Office 365-Mandanten auch aktiviert ist. Dazu gehen Sie wie folgt vor:

1. Stellen Sie, wie in Abschnitt 9.3.2, »Verbindungsaufbau«, beschrieben, eine Verbindung zur Skype for Business Online her.
2. Geben Sie den Befehl Get-CsBroadcastMeetingConfiguration ein (siehe Abbildung 9.40). Steht in der Eigenschaft EnableBroadcastMeeting der Wert True, sind Skype-Livekonferenzen möglich. Wenn nicht, ist eine Aktivierung erforderlich.

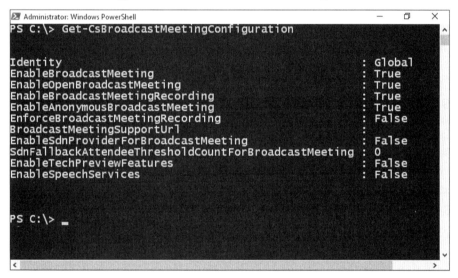

Abbildung 9.40 Status der Funktion »Skype-Livekonferenzen« abfragen

3. Führen Sie folgendes Kommando aus:

```
Set-CsBroadcastMeetingConfiguration -EnableBroadcastMeeting $True
```

Listing 9.12 Aktivierung von Skype-Livekonferenzen

9.5.4 Skype-Livekonferenzen planen

Eine Skype-Livekonferenz planen Sie mithilfe des Skype-Livekonferenz-Portals unter der Adresse *http://portal.broadcast.skype.com* (siehe Abbildung 9.41).

9.5 Skype-Livekonferenzen

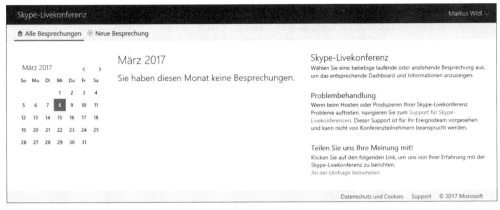

Abbildung 9.41 Skype-Livekonferenz-Portal

Hier finden Sie später auch alle bereits geplanten Livekonferenzen. Mit folgenden Schritten legen Sie eine neue Livekonferenz an:

1. Klicken Sie auf Neue Besprechung (siehe Abbildung 9.42).

Abbildung 9.42 Anlegen einer neuen Skype-Livekonferenz

2. Geben Sie im Abschnitt Besprechungsdetails einen Besprechungstitel und einen Zeitplan an.
3. Geben Sie im Abschnitt Teilnehmer die Mitglieder des Ereignisteams an. Dazu gehören beispielsweise die Personen, die etwas präsentieren, genauso wie Personen, die im Hintergrund für die Moderation zuständig sind.

4. Unter TEILNEHMER wählen Sie dann noch aus, wer die Livekonferenz sehen kann. Zur Auswahl stehen folgende Optionen:
   - ANONYM: Jeder, der den Link zur Livekonferenz kennt, kann daran teilnehmen. Eine Authentifizierung ist dabei nicht erforderlich.
   - GESAMTES UNTERNEHMEN: Die Livekonferenz wird für alle Benutzer aus Ihrem Azure Active Directory freigeschaltet. Die Teilnehmer müssen sich beim Zugriff auf die Livekonferenz authentifizieren.
   - NUR AUF EINLADUNG: Die Livekonferenz wird nur für die Benutzer freigeschaltet, deren E-Mail-Adressen Sie angeben (die Eingabemöglichkeit erscheint nach Auswahl der Option). Die E-Mail-Adresse muss dabei zu einem Azure Active Directory-Konto passen, über das die eingeladene Person verfügen muss. Dabei kann durchaus auch ein anderes Azure Active Directory als ihr eigenes verwendet werden. Ein Microsoft-Konto wäre dagegen nicht ausreichend.
5. Im Abschnitt VIDEOAUFNAHMEN wählen Sie aus, ob die Besprechung aufgezeichnet werden und diese zum Herunterladen bereitgestellt werden soll.

[»] Die Aufzeichnung finden Sie nach der Livekonferenz im Skype-Livekonferenz-Portal als MP4-Datei. Die Teilnehmer können die Aufzeichnung unter dem Link auf die Konferenz herunterladen. Beachten Sie, dass das Video nach 180 Tagen automatisch entfernt wird.

6. Klicken Sie auf ERSTELLEN, wird die Livekonferenz erstellt.

Sie erhalten dann eine Übersicht über die angegebenen Optionen. Von dort aus können Sie auch den Link auf die Livekonferenz abrufen und die Einstiegsseite für die Teilnehmer modifizieren (siehe Abbildung 9.43).

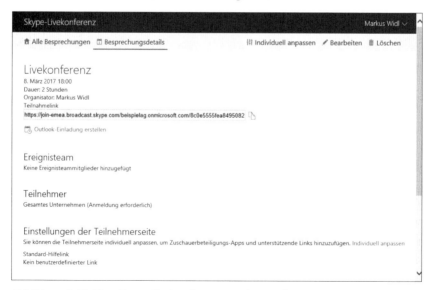

Abbildung 9.43 Eine Skype-Livekonferenz wurde angelegt.

9.5.5 Skype-Livekonferenzen durchführen

Mit dem Link aus dem Skype-Livekonferenzportal können Sie sich mit dem Skype for Business-Client in die Konferenz einwählen. Beachten Sie dabei folgende Punkte:

- Die Übertragung an die Teilnehmer müssen Sie separat starten (siehe Abbildung 9.44).
- Beenden Sie die Übertragung, kann sie nicht erneut gestartet werden.
- Es gibt einen Zeitversatz zu den Teilnehmern von ca. 30 Sekunden, sofern die Teilnehmer Windows verwenden. Unter iOS und macOS sind es sogar 60 Sekunden.

Abbildung 9.44 Eine Skype-Livekonferenz wird durchgeführt.

9.6 Telefonie

Inzwischen können Sie im Rahmen von Skype for Business Online auch eine Cloud-Telefonanlage (*PBX = Private Branch Exchange*) einsetzen. In der Praxis benötigen Sie aber neben der Cloud-Telefonanlage auch noch einen Telekommunikationsanbieter, der Ihnen die Rufnummern und den eigentlichen Telefoniedienst bereitstellt. Mit der Cloud-Telefonanlage sparen Sie sich zunächst gegebenenfalls nur die lokale Telefonanlage.

Die Cloud-Telefonanlage ist Bestandteil des Lizenzpakets E5 und kann ansonsten als Add-on zu Ihren bestehenden Lizenzen hinzugebucht werden. Ein solches Add-on kostet derzeit in Office 365 Global 6,70 € pro Benutzer und Monat.

Bei der Wahl des Telekommunikationsanbieters stehen Ihnen grundsätzlich zwei Optionen zur Verfügung:

- Sie buchen die Rufnummern direkt bei Microsoft oder übertragen Ihre bestehenden Rufnummern zu Microsoft. Von Microsoft bekommen Sie dann auch ein monatliches Kontingent an Freiminuten für nationale oder sogar internationale Gespräche, abhängig davon, für welchen Tarif Sie sich entscheiden. Die Lizenz dafür trägt den Namen *PSTN-Anrufe (PSTN Calling)* und muss auch bei E5 noch dazugebucht werden.

  Leider gibt es mit der Lizenz *PSTN-Anrufe* derzeit bei uns noch einen Knackpunkt: Momentan ist sie nur in den USA, Großbritannien, Frankreich, Spanien und Puerto Rico verfügbar – leider also nicht in Deutschland, Österreich und der Schweiz. Ob sich daran inzwischen etwas geändert hat, können Sie auf folgender Seite überprüfen: *https://support.office.com/de-de/article/L%c3%a4nder-und-Regionen-in-denen-Skype-for-Business-Online-PSTN-Dienste-unterst%c3%bctzt-werden-6ba72f37-d303-4795-aa8f-7e1845078ed7*

- Als Alternative zur obigen Option wäre auch die Kopplung mit einer lokalen Telefonanlage möglich. Diese Option wäre beispielsweise in Betracht zu ziehen, wenn sie noch an länger laufende Verträge mit einem bestehenden Telekommunikationsdienstleister gebunden sind. In diesem Fall würden Sie die Cloud-Telefonanlage mit einer eventuell vorhandenen lokalen Skype for Business-Umgebung koppeln. Fehlt eine solche, können Sie auch auf den *Cloud Connector* zurückgreifen. Es handelt sich dabei um einen Satz vorkonfigurierter virtueller Maschinen mit einer speziell für diesen Einsatzzweck vorgesehenen Skype for Business-Installation. Den Cloud Connector könnten Sie dann mit der Telefonanlage Ihres Telekommunikationsdienstleisters koppeln.

Um den Rahmen des Buches nicht zu sprengen, konzentrieren wir uns im weiteren Verlauf dieses Abschnitts auf die Konfiguration der Cloud-Telefonanlage mit der Zusatzlizenz *PSTN-Anrufe*, also der reinen Cloudlösung, die lokal keine besondere Infrastruktur voraussetzt. Interessieren Sie sich dagegen für die Anbindung der Cloud-Telefonanlage mit Ihrer lokalen Umgebung, finden Sie hier nützliche Basisinformationen:

https://technet.microsoft.com/de-de/library/mt455212.aspx

Der grundsätzliche Verwaltungsablauf bei der Verwaltung von Rufnummern sieht so aus: Zunächst einmal fügen Sie Telefonnummern zu Ihrem Office 365-Mandanten hinzu. Dann müssen Sie einen oder mehrere Notfallstandorte definieren, und zu guter Letzt können Sie die Telefonnummern Ihren Benutzern zuweisen.

9.6.1 Telefonnummern hinzufügen

Bevor Sie einzelnen Benutzern eine Telefonnummer zuweisen können, müssen Sie die Nummern zu Ihrem Office 365-Mandanten hinzufügen. Dabei gibt es zwei Wege: Entweder Sie fordern von Microsoft neue Telefonnummern an, oder Sie übertragen (»portieren«) Ihre bestehenden Telefonnummern von einem anderen Dienstanbieter.

Neue Telefonnummern von Microsoft anfordern

Zum Anfordern neuer Telefonnummern von Microsoft gehen Sie wie folgt vor:

1. Im Skype for Business Admin Center öffnen Sie zunächst im Bereich VoIP den Abschnitt TELEFONNUMMERN (siehe Abbildung 9.45). Dort sehen Sie alle verfügbaren Telefonnummern.

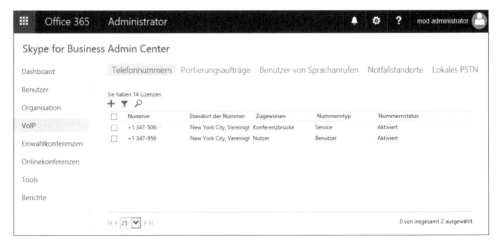

Abbildung 9.45 Rufnummernverwaltung

2. Klicken Sie auf HINZUFÜGEN (Plus-Symbol) und im erscheinenden Kontextmenü auf NEUE NUTZERNUMMERN, erscheint der Assistent aus Abbildung 9.46.

3. Wählen Sie das Land, das Bundesland und den Ort, aus dessen Vorwahlbereich Sie neue Telefonnummern haben möchten, und geben Sie die gewünschte Anzahl ein. Die Anzahl der Rufnummern ist dabei abhängig von der Anzahl Ihrer PSTN-Anruflizenzen.

4. Suchen Sie aus der angezeigten Liste die für Sie passenden Nummern aus, und markieren Sie sie. Klicken Sie auf ABRUFEN VON RUFNUMMERN, werden die Nummern in Ihrem Office 365-Mandanten eingerichtet und erscheinen im Skype for Business Admin Center.

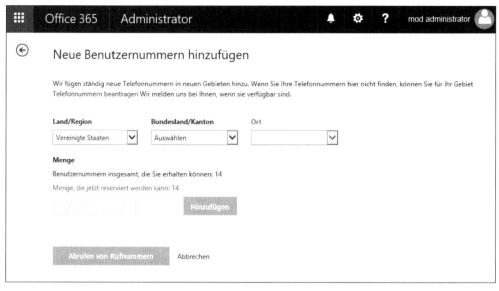

Abbildung 9.46 Rufnummern hinzufügen

Bestehende Telefonnummern portieren

Möchten Sie Ihre vorhandenen Telefonnummern in Office 365 verwenden, müssen Sie diese zu Microsoft portieren. Gehen Sie wie folgt vor:

1. Im Skype for Business Admin Center öffnen Sie im Bereich VoIP den Abschnitt PORTIERUNGSAUFTRÄGE (siehe Abbildung 9.47).

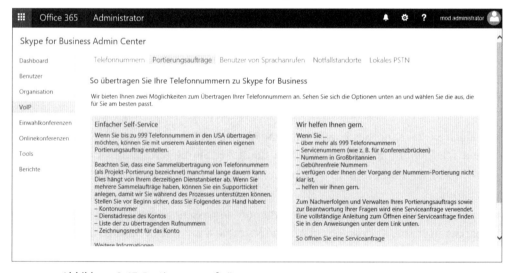

Abbildung 9.47 Portierungsaufträge

2. Abhängig von der Anzahl der zu portierenden Telefonnummern können Sie direkt online einen Portierungsauftrag erstellen (bis zu 999 Nummern), oder Sie müssen eine Serviceanfrage stellen.

Eine Liste von Telefonieanbietern, von denen Telefonnummern portiert werden können, finden Sie hier:

https://support.office.com/de-de/article/Welche-Telefondienstanbieter-und-Netzbetreiber-werden-unterst%c3%bctzt-f80326d3-9a7f-4748-bea9-94b2dbca9750

9.6.2 Notfallstandorte definieren

Das Konzept der Notfallstandorte ist eher aus den USA bekannt. Wenn Sie einem Benutzer eine Telefonnummer zuordnen wollen, müssen Sie ihm auch einen Notfallstandort zuweisen. Dieser wird gegebenenfalls von Rettungskräften im Notfall angefahren. Je nachdem, wie Ihre Benutzer geografisch verteilt sind, müssen Sie unter Umständen mehrere Notfallstandorte anlegen.

1. Im Skype for Business Admin Center öffnen Sie im Bereich VoIP den Abschnitt NOTFALLSTANDORTE (siehe Abbildung 9.48).

Abbildung 9.48 Notfallstandorte

2. Klicken Sie auf HINZUFÜGEN (Plus-Symbol), und hinterlegen Sie die Adresse eines Standorts. Die Adresse wird überprüft, die Eingabe einer fiktiven Adresse ist deshalb nicht möglich.

9.6.3 Telefonnummern zuweisen

Die Zuweisung von Telefonnummern zu Benutzern ist mit wenigen Mausklicks erledigt. Stellen Sie aber vorher sicher, dass die Benutzer bereits mit einer PSTN-Anruflizenz ausgestattet sind. Gehen Sie dann wie folgt vor:

1. Im Skype for Business Admin Center öffnen Sie zunächst im Bereich VoIP den Abschnitt Telefonnummern.
2. Markieren Sie die Telefonnummer, die Sie einem Benutzer zuordnen wollen, und klicken Sie dann auf Zuweisen (siehe Abbildung 9.49).

Abbildung 9.49 Telefonnummer zuweisen

3. Suchen Sie nach dem gewünschten Benutzer, und wählen Sie ihn und einen Notfallstandort aus (siehe Abbildung 9.50).

Abbildung 9.50 Benutzer und Notfallstandort auswählen

Nach einem Klick auf Speichern dauert es noch einige Minuten, bis die Zuweisung abgeschlossen wird. Anschließend klingelt der Skype for Business-Client, wenn die Telefonnummer angerufen wird. Der Benutzer kann in seinem Client unter Extras • Einstellungen für die Anrufweiterleitung dann auch konfigurieren, was passieren soll, wenn er einen Anruf nicht annimmt (siehe Abbildung 9.51).

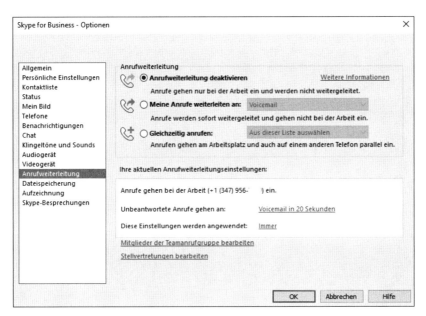

Abbildung 9.51 Einstellungen für Anrufweiterleitungen

9.7 So geht es weiter

In diesem Kapitel habe ich die Funktionalität von Skype for Business Online beschrieben. Sie haben erfahren, wie die Administration vonstattengeht und welche Einschränkungen dabei bestehen. Außerdem haben Sie gesehen, wie die Konfiguration der verschiedenen Skype for Business-Clients vorgenommen wird.

Weiter geht es im zehnten Kapitel mit den Azure Rights Management Services zur zusätzlichen Absicherung Ihrer Dateien und E-Mails.

Kapitel 10
Azure Rights Management Services

Im zehnten Kapitel erhöhen Sie die Sicherheit beim Austausch von Dokumenten und E-Mails, selbst dann, wenn diese den geschützten Bereich Ihres Unternehmens verlassen haben.

Bei der Verwendung digitaler Daten spielt die Berechtigung, wer was mit Ihren E-Mails und Dokumenten machen kann, eine nicht zu vernachlässigende Rolle. Oftmals ist es mit reinen Dateirechten nicht getan, wenn Sie beispielsweise das Ausdrucken oder Weiterleiten von bestimmten E-Mails verhindern wollen. In der Praxis treiben Unternehmen viel Aufwand bei der Planung von Sicherheitskonzepten für den lokalen Dateiserver und SharePoint-Umgebungen. Wer auf welche Dateien zugreifen kann, wird gerne bis ins Detail geplant. Doch greifen diese Konzepte nicht mehr, wenn Dateien die gesicherte Umgebung per E-Mail, Dateifreigaben oder USB-Sticks verlassen. Eine zusätzliche Schutzebene ist hier gefordert, die mit der Datei oder der E-Mail selbst weitergegeben wird. Sie können hier die *Azure Rights Management Services (ARMS; Azure-Rechteverwaltung)* einsetzen, um genau dieses Ziel zu erreichen.

ARMS wird dienstübergreifend eingesetzt, beispielsweise bei Exchange, SharePoint und dem Office-Paket. Dort können Sie einzelne Dateien schützen und das Öffnen, Drucken, Ändern etc. einschränken. Das geht dann sogar so weit, dass die Standard-Bildschirmkopie-Funktion über die Taste [Druck] verhindert wird, sodass Inhalte der Dateien nicht als Bildschirmansichten übernommen werden können.

Ein 100%-iger Schutz ist das aber nicht. ARMS kann nicht verhindern, dass der Anwender den Inhalt des Dokuments abtippt, mit einer Digitalkamera fotografiert oder eine andere Software zur Bildschirmaufzeichnung verwendet.

In diesem Kapitel betrachten wir *ARMS*. Es gibt mit *AD RMS (Active Directory-Rechteverwaltungsdienste; Active Directory Rights Management Services)* quasi das Gegenstück als optionale Windows Server-Rolle für die Bereitstellung im eigenen Rechenzentrum. AD RMS betrachten wir nicht weiter.

ARMS steht in Office 365 Deutschland derzeit noch nicht zur Verfügung.

10.1 Voraussetzungen

Um ARMS nutzen zu können, müssen verschiedene Voraussetzungen erfüllt sein. Dazu gehört zunächst einmal der passende Lizenztyp: ARMS steht nicht immer zur Verfügung, sondern ist nur bei den Typen E3 und E5 enthalten. Für die anderen Typen gibt es die Lizenztypen *Azure Information Protection (AIP)*, bei denen ARMS ein Bestandteil ist (siehe Abschnitt 10.8, »Azure Information Protection (AIP)«).

Daneben sind aber auch geeignete Clientanwendungen erforderlich, die ARMS unterstützen, um entsprechend geschützte Dateien öffnen und erstellen zu können. Die beste Unterstützung von ARMS finden Sie erwartungsgemäß bei Office-Dateitypen und zusätzlich auch noch bei PDF-Dateien. Zu geeigneten Clients gehören Office ab 2013 sowie der *Foxit Reader* für PDF-Dateien:

www.foxitsoftware.com/landingpage/rms.php

Für alle anderen Dateitypen ist die RMS-Freigabeanwendung erforderlich, die Sie unter folgender URL herunterladen können:

https://portal.azurerms.com/#/download

Mit ihrer Hilfe können Sie quasi beliebige Dateien schützen, indem Sie im Windows Explorer über das Kontextmenü den Befehl MIT RMS SCHÜTZEN aufrufen. Damit startet dann ein Assistent, mit dem Sie den Schutz konfigurieren können (siehe Abbildung 10.1). Die Datei wird daraufhin in einen Container mit der Endung *.pfile* eingebettet. Auf dem Zielcomputer ist die RMS-Freigabeanwendung anschließend ebenfalls erforderlich, damit der Empfänger die eingebettete Datei öffnen kann.

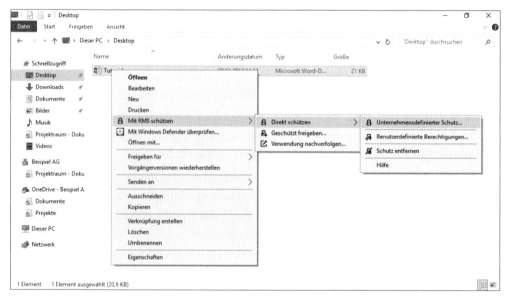

Abbildung 10.1 RMS-Freigabeanwendung zum Schützen einer Datei

10.2 Konfiguration

ARMS ist standardmäßig deaktiviert. Die Aktivierung selbst ist ohne großen Aufwand machbar: Im Office 365 Admin Center wechseln Sie zum Bereich EINSTELLUNGEN • SERVICES & ADD-INS und klicken dann auf MICROSOFT AZURE INFORMATION PROTECTION (siehe Abbildung 10.2).

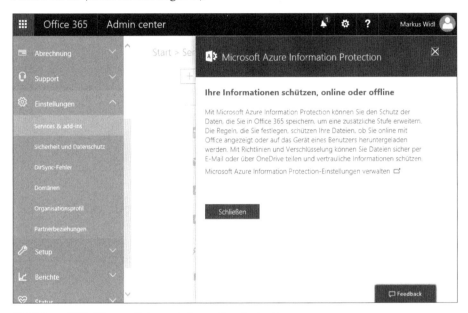

Abbildung 10.2 Microsoft Azure Information Protection

Mehr zum Begriff *Azure Information Protection* lesen Sie in Abschnitt 10.8, »Azure Information Protection (AIP)«.

Klicken Sie dann auf den Link MICROSOFT AZURE INFORMATION PROTECTION-EINSTELLUNGEN VERWALTEN (siehe Abbildung 10.3).

Klicken Sie dort auf die Schaltfläche AKTIVIEREN.

Die Aktivierung können Sie aber auch wieder über die PowerShell erledigen. Dazu benötigen Sie jedoch ein spezielles Modul, das die erforderlichen Cmdlets enthält. In dem Modul ist dafür aber neben der Aktivierung noch eine Reihe weiterer Cmdlets enthalten, mit denen Sie ARMS konfigurieren können.

Das erforderliche Modul nennt sich *Windows Azure AD Rights Management Administration* und steht unter folgender Adresse zum Download bereit:

www.microsoft.com/de-de/download/details.aspx?id=30339

Stellen Sie vor der Installation des Moduls sicher, dass auf dem Rechner der Microsoft Online Services-Anmelde-Assistent bereits installiert ist, sonst schlägt die Installation fehl.

10 Azure Rights Management Services

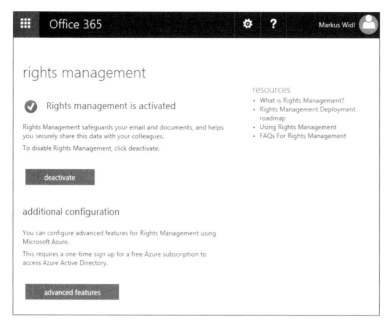

Abbildung 10.3 Einstellungen der Rechteverwaltung

Die ARMS-Aktivierung können Sie dann mit folgenden Befehlen durchführen:

```
Import-Module ARMS
Connect-ARMSService
Enable-ARMS
Disconnect-ARMSService
```

Listing 10.1 Aktivierung von ARMS

Haben Sie die Aktivierung von ARMS erledigt, müssen Sie noch die Verwendung für Exchange Online bzw. SharePoint Online konfigurieren.

10.3 Berechtigungsvorlagen

Nach der Aktivierung von ARMS stehen Ihnen zwei Standardvorlagen zur Auswahl zur Verfügung, die der Anwender direkt in den Office-Applikationen auswählen kann oder die beispielsweise auch automatisch über Transportregeln angewendet werden können.

Hier ein Beispiel: Um ein Word-Dokument manuell mit ARMS zu schützen, gehen Sie wie folgt vor:

Klicken Sie auf Datei • Informationen • Dokument schützen • Zugriff einschränken (siehe Abbildung 10.4).

10.3 Berechtigungsvorlagen

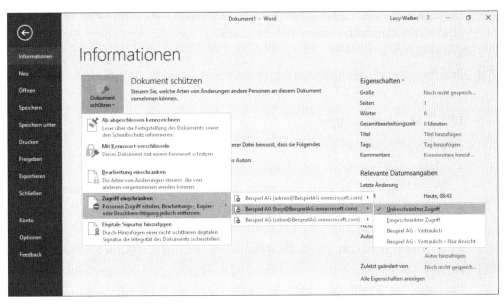

Abbildung 10.4 Zugriffseinschränkungen

Sie erhalten dann eine Auswahlliste mit den folgenden Bedeutungen:

- UNBESCHRÄNKTER ZUGRIFF
  Damit kommt ARMS nicht zum Einsatz.

- EINGESCHRÄNKTER ZUGRIFF
  Sie wählen keine Berechtigungsvorlage, sondern vergeben manuell, wer was mit dem Dokument tun darf (siehe Abbildung 10.5).

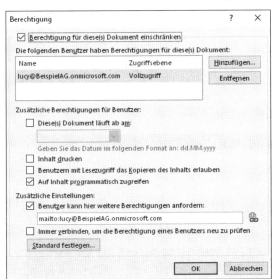

Abbildung 10.5 Berechtigungen für ein Word-Dokument

1015

Darüber hinaus sehen Sie in der Liste vordefinierte Berechtigungsvorlagen. Dabei gibt es zwei Standardvorlagen. Es besteht jedoch auch die Möglichkeit, eigene Vorlagen zu definieren.

[»] Berechtigungsvorlagen werden auch *Richtlinienvorlagen* genannt.

10.3.1 Standardvorlagen

Folgende Standardvorlagen sind immer verfügbar:

- *Firma – Vertraulich*
  So geschützte Informationen können nicht kopiert und gedruckt werden.
- *Firma – Vertraulich – Nur Ansicht*
  So geschützte Informationen können nur gelesen werden.

Statt »Firma« steht dort jeweils der Unternehmensname Ihres Office 365-Mandanten.

[»] Beide Vorlagen sorgen dafür, dass damit geschützte Inhalte ausschließlich von Benutzern Ihrer Organisation geöffnet werden können, das heißt nur von Benutzern, die in Ihrem Office 365-Mandanten ein Benutzerkonto haben.

10.3.2 Eigene Vorlagen

Reichen Ihnen diese beiden Vorlagen nicht aus, können Sie eigene Vorlagen erstellen:

1. Im Office 365 Admin Center wählen Sie im Bereich ADMIN CENTER den Abschnitt AZURE AD.
2. Sollten Sie noch nicht über ein Azure-Abonnement verfügen, folgen Sie dem Assistenten.

[»] Wie auch bei Office 365 gibt es hier einen 30-tägigen Testzeitraum, Sie müssen allerdings gleich zu Beginn eine Kreditkartennummer hinterlegen.

Nachdem das Azure-Abonnement angelegt wurde, erreichen Sie über den Weg oben das *Azure Management Portal* (siehe Abbildung 10.6). Die direkte URL lautet:

http://manage.windowsazure.com/

Abbildung 10.6 Azure Management Portal

Microsoft arbeitet gerade an einer modernen Version des Azure Management Portals. Dieses befindet sich derzeit in einer Vorschau. Sie erreichen es unter:

https://portal.azure.com

Um nun eigene Vorlagen für ARMS anzulegen, gehen Sie wie folgt vor:

1. Im Azure Management Portal wählen Sie im Bereich ACTIVE DIRECTORY zunächst Ihr Verzeichnis und dann den Abschnitt RIGHTS MANAGEMENT.
2. Markieren Sie den Eintrag, der den Namen Ihrer Organisation trägt (siehe Abbildung 10.7).

Abbildung 10.7 Auswahl der Rechteverwaltung

3. Wechseln Sie zum Abschnitt VORLAGEN (siehe Abbildung 10.8).

Hier finden Sie die beiden Standardvorlagen und können darüber hinaus auch neue Vorlagen anlegen. Es ist nicht möglich, Änderungen an den Standardvorlagen vorzunehmen oder sie zu löschen. Wollen Sie jedoch verhindern, dass die Anwender mit den Standardvorlagen arbeiten, können Sie diese archivieren.

Abbildung 10.8 Vorlagenverwaltung

4. Klicken Sie auf HINZUFÜGEN, erscheint ein Assistent zum Anlegen einer neuen Vorlage (siehe Abbildung 10.9).

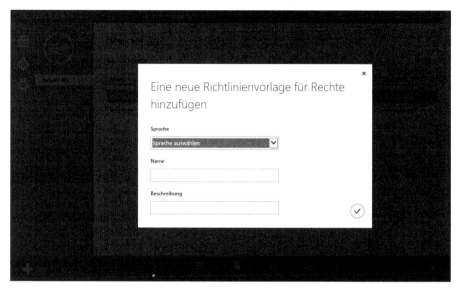

Abbildung 10.9 Assistent zum Anlegen einer Vorlage

5. Wählen Sie eine Sprache aus, und geben Sie einen Namen sowie eine Beschreibung ein. Da die Anwender diese Angaben sehen, sollten sie möglichst sprechend gewählt werden, damit der Anwender keine Verständnisprobleme bei der Auswahl der passenden Vorlage hat.

6. Öffnen Sie dann die neue Vorlage, und wechseln Sie zum Abschnitt RECHTE (siehe Abbildung 10.10).

Abbildung 10.10 Rechtekonfiguration

7. Klicken Sie auf HINZUFÜGEN, und wählen Sie entweder bestimmte Benutzer oder bestimmte Gruppen, für die diese Vorlage gelten soll. Als Gruppen kommen nur E-Mail-fähige Gruppen in Betracht (siehe Abbildung 10.11).

Abbildung 10.11 Benutzer-/Gruppenauswahl

8. Im folgenden Schritt wählen Sie eines der vorbereiteten Rechte aus (beispielsweise Viewer oder Mitbesitzer), oder Sie wählen die Option BENUTZERDEFINIERT, um selbstständig Rechte zu definieren (siehe Abbildung 10.12).

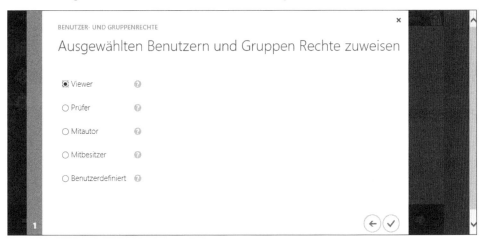

Abbildung 10.12 Rechteauswahl

9. Nach dem Konfigurieren der Vorlage hat diese den Status ARCHIVIERT. Klicken Sie auf VERÖFFENTLICHEN, um mit der Vorlage arbeiten zu können.
10. Öffnen Sie nochmals die Vorlage, können Sie im Abschnitt KONFIGURIEREN weitere Optionen angeben (siehe Abbildung 10.13). Dazu gehören beispielsweise weitere Sprachen, ein Ablaufzeitpunkt und der Offlinezugriff.

Abbildung 10.13 Weitere Vorlagenoptionen

[»] In der Praxis hat es sich bewährt, nicht zu viele Berechtigungsvorlagen anzulegen. Versuchen Sie die Anzahl auf ein Minimum zu reduzieren. Maximal können Sie 500 Vorlagen anlegen.

Eigene Vorlagen in Exchange Online

Möchten Sie die neuen oder geänderten Vorlagen in Exchange Online verwenden, müssen Sie diese dort importieren, denn das geschieht nicht automatisch. Diesen Vorgang nehmen Sie über PowerShell-Kommandos vor. Ansonsten stehen die Änderungen in Exchange Online nicht zur Verfügung.

Verbinden Sie sich zunächst in der PowerShell mit Exchange Online (siehe Abschnitt 6.3.3, »Verbindungsaufbau«), und geben Sie dann folgenden Befehl:

```
Import-RMSTrustedPublishingDomain -RMSOnline `
    -Name "RMS Online - 1" `
    -RefreshTemplates
```

Listing 10.2 Import der Berechtigungsvorlagen

Der Neuimport berücksichtigt allerdings keine Änderungen am Status (archiviert, veröffentlicht). Auch das müssen Sie über ein PowerShell-Kommando nachpflegen. Hier ein Beispiel, um eine Vorlage zu archivieren:

```
Set-RMSTemplate -Identity VORLAGENNAME -Type Archived
```

Listing 10.3 Vorlage archivieren

Wollen Sie eine archivierte Vorlage veröffentlichen, verwenden Sie statt des Arguments `Archived` das Argument `Distributed`.

Eigene Vorlagen in Office

Verwenden Sie nicht Office 365 ProPlus oder Business, werden die Vorlagen automatisch importiert.

Verwenden Sie dagegen die klassischen Ausgaben Office 2013 und 2016 (die MSI-basierten Varianten, also nicht Office 365 ProPlus und Business) aktualisieren sich die Berechtigungsvorlagen zwar auch automatisch, jedoch nur in einem 7-Tage-Intervall. Um das Intervall zu ändern, verwenden Sie im Systemregistrierungsschlüssel HKEY_CURRENT_USER\Software\Classes\Local Settings\Software\Microsoft\MSIPC den Wert TemplateUpdateFrequency vom Typ REG_DWORD. Die dort hinterlegte Zahl steht für das Updateintervall in Tagen.

10.3.3 Super-User

Vielleicht haben Sie sich beim Betrachten der möglichen Beschränkungen durch Berechtigungsvorlagen schon gefragt, ob es dadurch denn nicht potenziell möglich ist, dass Sie sich selbst vom Zugriff der Unternehmensdaten ausschließen. Was machen Sie beispielsweise, wenn ein Mitarbeiter das Unternehmen verlässt, mit den von ihm geschützten Dateien? Für dieses und ähnliche Szenarien sieht ARMS die Super-User vor, die immer auf ARMS-geschützte Dateien zugreifen können, auch dann, wenn sie nicht explizit berechtigt wurden.

Einige Szenarien für die Nutzung der Super-User sind diese:

- Ein Mitarbeiter verlässt das Unternehmen, und Sie benötigen Zugriff auf durch ihn geschützte Dokumente.
- Sie müssen die angewandte Berechtigungsvorlage entfernen (beispielsweise um eine andere zur Vorlage anzuwenden oder für die ungeschützte Dateiweitergabe im Rahmen von Compliance-Vorfällen).
- Dienste benötigen Zugriff auf den Inhalt verschlüsselter Dateien (beispielswiese für einen Suchindex oder Anti-Virus-Lösungen).

In der Standardkonfiguration sind keine Super-User konfiguriert, und das Feature ist auch nicht aktiviert. Für die Aktivierung und die Verwaltung der Super-User verwenden Sie die ARMS-PowerShell-Erweiterung (siehe Abschnitt 10.2, »Konfiguration«).

Die Aktivierung nehmen Sie mit folgendem Kommando vor:

```
Enable-AadrmSuperUserFeature
```

Listing 10.4 Super-User-Aktivierung

Einzelne (Dienst-)Benutzer fügen Sie dann mit `Add-AadrmSuperUser` hinzu. Hier ein Beispiel:

`Add-AadrmSuperUser -EmailAddress lucy@beispielag.de`

Listing 10.5 Super-User hinzufügen

Sie können alternativ oder zusätzlich aber auch eine E-Mail-aktivierte Gruppe angeben, deren Mitglieder Super-User werden:

`Set-AadrmSuperUserGroup -GroupEmailAddress superuser@beispielag.de`

Listing 10.6 Super-User-Gruppe definieren

[»] Die Super-User-Funktionalität sollten Sie nur dann aktivieren, wenn Sie sie auch wirklich benötigen – und anschließend möglichst auch wieder deaktivieren (mit dem Befehl `Disable-AadrmSuperUserFeature`).

10.4 Eigenen Schlüssel verwenden – Bring Your Own Key (BYOK)

In der Standardkonfiguration übernimmt Microsoft die komplette Schlüsselverwaltung von ARMS. Sie benötigen also grundsätzlich keine eigene Zertifizierungsstelle oder müssen sich um eine lokale Infrastruktur kümmern. Dennoch unterstützt ARMS auch *BYOK* (die Abkürzung für *Bring Your Own Key*). In der Praxis findet man häufig die Meinung, dass es Microsoft mit BYOK nicht mehr möglich ist, auf die Dateiinhalte zuzugreifen, da ja der Schlüssel, wie der Name schon sagt, nicht von Microsoft bereitgestellt wird. Und damit könne Microsoft auch nicht bei Behördenanfragen Datenbestände herausgeben. Doch genau das ist keine (!) Funktion von BYOK.

Bei BYOK erstellen Sie zwar selbst das Schlüsselmaterial, es wird dann aber über einen sicheren Kanal im Dienst *Azure Key Vault* hinterlegt und damit ein von Microsoft bereitgestelltes *Thales HSM (Hardware Security Module)* übertragen. Dort kann das Schlüsselmaterial von Office 365 genutzt, aber nicht mehr extrahiert werden. Die Verwaltung des Schlüsselmaterials obliegt jedoch ausschließlich Ihnen. Den Dienst Azure Key Vault müssen Sie separat lizenzieren.

Für die Nutzung in Office 365 ist es ganz wesentlich, dass auch mit BYOK die Dienste auf die Dateiinhalte zugreifen können, sonst wäre die Indexierung für die Suche nicht möglich, Dateien könnten mit Office Online im Browser nicht angezeigt werden etc.

Und damit stellt sich die Frage, was denn BYOK nun eigentlich bringt. Dazu gehören diese Funktionen:

- Sie erhalten Zugriffslogs über die Verwendung Ihres Schlüsselmaterials und können somit die bestimmungsgemäße Verwendung überwachen.
- Manche Unternehmen unterliegen Bestimmungen, die vorschreiben, wo das Schlüsselmaterial geografisch abgelegt werden muss. Mit Azure Key Vault haben Sie die Auswahl zwischen vielen geografischen Regionen.
- Sie können Sie Verwaltung des Schlüsselmaterials an bestimmte Administratoren delegieren.
- Sie haben die Möglichkeit, das Schlüsselmaterial zurückzuziehen. Microsoft spricht hier vom *Right to be forgotten*. Mit dem Zurückziehen machen Sie alle mit dem Schlüsselmaterial verschlüsselten Dateien unbrauchbar, beispielsweise in einem Szenario, bei dem Sie Office 365 verlassen wollen. Diese Funktionalität birgt natürlich auch für Ihr Unternehmen selbst eine gewisse Gefahr, falls das Schlüsselmaterial aufgrund von Fehlbedienung oder böswilligem Vorsatz von einem Ihrer Administratoren zurückgezogen wird.

Damit stehen Sie vor der Frage, ob BYOK für Ihre Anforderungen tatsächlich eine Lösung darstellt.

Im Kontext von Office 365 kommt BYOK an unterschiedlichen Stellen zum Einsatz, die aber nicht direkt etwas miteinander zu tun haben: In diesem Kapitel geht es um BYOK mit ARMS. Damit geht es um den Schutz von einzelnen Dateien oder auch E-Mails. Es gibt BYOK aber auch im Rahmen der sogenannten *Advanced Encryption*. Dabei geht es darum, wie die in SharePoint Online abgelegten Dateien und die Postfächer aus Exchange Online innerhalb der Microsoft-Rechenzentren verschlüsselt gespeichert werden, um sie beispielsweise vor einem böswilligen Administrator zu schützen, also um einen völlig anderen Ansatz.

Bei BYOK von ARMS gibt es heute auch noch eine wichtige Einschränkung: Es ist nicht mit Exchange Online kompatibel.

Mehr zu BYOK finden Sie unter folgender URL:

https://docs.microsoft.com/de-de/information-protection/plan-design/plan-implement-tenant-key

Suchen Sie nach einer Möglichkeit, auch dem Dienst selbst den Zugriff auf besonders schützenswerte Dateiinhalte zu verwehren, lesen Sie Abschnitt 10.8, »Azure Information Protection (AIP)«. Dort gehe ich kurz auf *Hold Your Own Key (HYOK)* ein.

10.5 ARMS mit Exchange Online

Die Konfiguration für Exchange Online nehmen Sie in der PowerShell vor, aber nicht, wie Sie vermutlich denken, über das ARMS-Modul, sondern mit den Exchange-Cmdlets. Eine Konfiguration über das Office 365-Portal ist nicht vorgesehen.

Verbinden Sie sich also in der PowerShell mit Exchange Online, und geben Sie dann die folgenden Befehle:

```
Enable-OrganizationCustomization

#Für Office 365-Mandaten in der EU:
Set-IRMConfiguration -RMSOnlineKeySharingLocation `
"https://sp-rms.eu.aadrm.com/TenantManagement/ServicePartner.svc"

#Für Office 365-Mandanten in Nordamerika:
#Set-IRMConfiguration -RMSOnlineKeySharingLocation `
#"https://sp-rms.na.aadrm.com/TenantManagement/ServicePartner.svc"

#Für Office 365-Mandanten in Asien:
#Set-IRMConfiguration -RMSOnlineKeySharingLocation `
#"https://sp-rms.ap.aadrm.com/TenantManagement/ServicePartner.svc"

Import-RMSTrustedPublishingDomain -RMSOnline -Name "RMS Online"
Set-IRMConfiguration -InternalLicensingEnabled $true
```

Listing 10.7 ARMS-Konfiguration für Exchange Online

Der Aufruf von `Enable-OrganizationCustomization` ist nur dann erforderlich, wenn Sie ihn für diesen Office 365-Mandanten in der Vergangenheit noch nie ausgeführt haben. Das Cmdlet nimmt eine Anpassung des Office 365-Verzeichnisdienstes vor, die für die Verwendung von ARMS in Exchange Online erforderlich ist.

Nach der Konfiguration kann es einige Stunden dauern, bis die Funktionen auch tatsächlich zur Verfügung stehen.

10.5.1 Manuelle Anwendung von ARMS

Zum Versand von mit ARMS geschützten E-Mails benötigen Sie Outlook ab 2010, oder Sie verwenden Outlook im Web.

Erstellen Sie in Outlook 2016 eine neue E-Mail, können Sie auf der Menüband-Registerkarte OPTIONEN die Schaltfläche BERECHTIGUNG wählen (siehe Abbildung 10.14).

Erscheinen die Berechtigungsvorlagen nicht sofort, klicken Sie zunächst auf MIT DI-
GITAL RIGHTS MANAGEMENT-SERVERN VERBINDEN UND VORLAGEN ABRUFEN. Zur
Auswahl stehen dann die folgenden Vorlagen:

▸ UNBESCHRÄNKTER ZUGRIFF
Damit kommt ARMS nicht zum Einsatz.

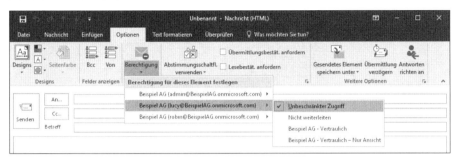

Abbildung 10.14 Auswahl einer Berechtigungsvorlage

▸ NICHT WEITERLEITEN
Empfänger können die Nachricht lesen, jedoch den Inhalt nicht weiterleiten,
drucken oder kopieren.

▸ VERTRAULICH
Nur für organisationsinterne Benutzer. Der Inhalt kann geändert, aber nicht
kopiert oder gedruckt werden.

▸ VERTRAULICH – NUR ANSICHT
Nur für organisationsinterne Benutzer. Der Inhalt kann nicht geändert werden.

In OWA wählen Sie beim Verfassen einer neuen E-Mail über den Befehl MEHR (DREI
PUNKTE) • BERECHTIGUNGEN FESTLEGEN eine Berechtigungsvorlage aus.

10.5.2 ARMS in Transportregeln

Neben der manuellen Anwendung in Outlook und OWA lässt sich der Schutz allerdings auch in Transportregeln einsetzen. Damit muss der Anwender beim Versand
nicht selbst eine geeignete Vorlage auswählen, sondern auf Basis der von Ihnen vorgegebenen Kriterien wird der Schutz angewandt, beispielsweise beim Versand an bestimmte Empfänger.

Um eine Transportregel für ARMS anzulegen, gehen Sie wie folgt vor:

1. Öffnen Sie das Exchange Admin Center (EAC).
   Die direkte URL lautet *https://outlook.office365.com/ecp/*.

2. Im Bereich NACHRICHTENFLUSS wechseln Sie zum Abschnitt REGELN (siehe Abbildung 10.15).

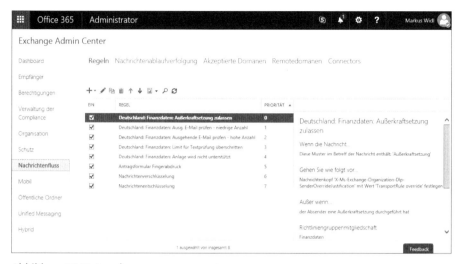

Abbildung 10.15 Regeln

3. Erstellen Sie eine neue Transportregel über Neu (Plus-Symbol) • Neue Regel erstellen.

4. Klicken Sie in dem erscheinenden Fenster auf Weitere Optionen, um mehr Auswahlmöglichkeiten zu haben (siehe Abbildung 10.16).

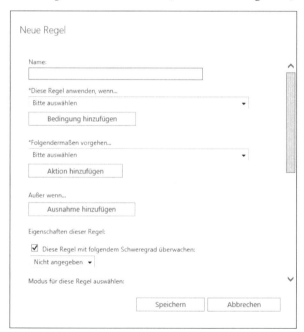

Abbildung 10.16 Neue Regel erstellen

5. Geben Sie einen Namen für die neue Regel an.

6. Unter DIESE REGEL ANWENDEN, WENN wählen Sie aus, wann eine Berechtigungsvorlage eingesetzt werden soll.
7. Unter FOLGENDERMASSEN VORGEHEN wählen Sie die Option NACHRICHTENSICHERHEIT ÄNDERN • RECHTESCHUTZ ANWENDEN. Wählen Sie dann eine Berechtigungsvorlage aus.

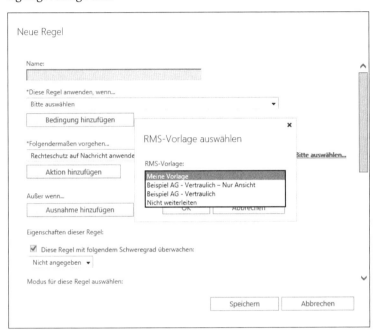

Abbildung 10.17 Auswahl einer Berechtigungsvorlage

10.6 ARMS mit SharePoint Online

ARMS können Sie auch in SharePoint Online einsetzen. Die Aktivierung von ARMS für den SharePoint-Einsatz nehmen Sie komfortabel im SharePoint-Administratorcenter im Bereich EINSTELLUNGEN im Abschnitt VERWALTUNG VON INFORMATIONSRECHTEN (IRM) vor.

Wählen Sie dann die Option DEN IN DER KONFIGURATION ANGEGEBENEN IRM-DIENST VERWENDEN, und klicken Sie anschließend auf die Schaltfläche IRM-EINSTELLUNGEN AKTUALISIEREN. Nachdem Sie diese Basiskonfiguration vorgenommen haben, öffnen Sie die Einstellungen der Dokumentbibliothek, die Sie über ARMS schützen wollen. Wählen Sie dort im Abschnitt BERECHTIGUNGEN UND VERWALTUNG den Befehl INFORMATION RIGHTS MANAGEMENT. Klicken Sie auf OPTIONEN ANZEIGEN, erhalten Sie eine Vielzahl verschiedener Einstellungen, mit denen Sie beschränken können, was Anwender mit heruntergeladenen Dateien machen dürfen (siehe Abbildung 10.19).

Abbildung 10.18 IRM-Einstellungen

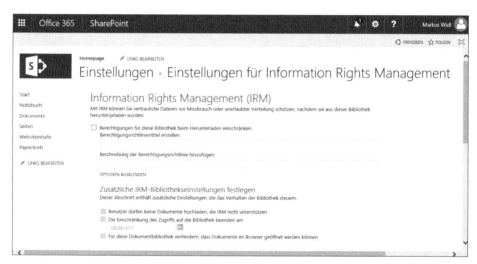

Abbildung 10.19 IRM-Einstellungen einer Dokumentbibliothek

Die Berechtigungsvorlagen wie bei Exchange Online kommen dabei nicht zum Einsatz.

[»] Achtung: Aktuell unterstützt der OneDrive-Synchronisierungs-Client nicht die Synchronisierung von entsprechend geschützten Dokumentbibliotheken (siehe dazu auch Abschnitt 8.6.2, »Synchronisieren einer beliebigen SharePoint-Dokumentbibliothek«).

ARMS mit externen Benutzern

In Abschnitt 6.5.3, »Ressourcenpostfächer«, haben Sie gelesen, wie Sie SharePoint-Inhalte für externe Benutzer freigeben können. Verfügt der externe Benutzer über ein Office 365-Benutzerkonto, verhält sich eine über ARMS geschützte Datei wie konfiguriert. Hat der Benutzer kein Office 365-Benutzerkonto, kann er die Datei nur lesen – immer vorausgesetzt, der externe Benutzer verfügt über eine kompatible Clientanwendung.

10.7 ARMS in der lokalen Umgebung nutzen

ARMS können Sie bei Bedarf nicht nur für die Office 365-Dienste einsetzen, sondern auch für lokal betriebene Exchange- und SharePoint-Umgebungen sowie für Dateiserver. Dazu ist die Installation des *Azure Rights Management Connectors* erforderlich.

Eine Beschreibung des Connectors würde uns hier zu weit vom eigentlichen Thema des Buches wegführen. Deshalb sei hier für Interessierte auf die offizielle Dokumentation verwiesen:

http://technet.microsoft.com/en-us/library/dn375964.aspx

10.8 Azure Information Protection (AIP)

Auf ARMS basiert auch ein weiterer Clouddienst namens *Azure Information Protection (AIP)*. AIP ist kein Bestandteil von Office 365, Sie können es aber als Azure-Lizenz separat oder als Bestandteil der Lizenzpakete *EMS (Enterprise Mobility + Security)* und *SPE (Secure Productive Enterprise)* in zwei unterschiedlichen Ausstattungsvarianten buchen (P1 und P2).

Da AIP nicht direkt zu Office 365 gehört, folgt hier nur eine kurze Auflistung, welche Funktionen Sie mit AIP im Vergleich zu ARMS zusätzlich erhalten:

- *Dokumentenverfolgung* und *Widerruf*
  Sie können verfolgen, wann von wem und wo auf der Welt Ihre mit ARMS geschützten Dokumente geöffnet werden. So können Sie beispielsweise sehen, ob Dokumente in Ländern geöffnet werden, in denen Sie gar keine Niederlassungen haben, und somit ein potenzielles Datenleck aufspüren. Im Verdachtsfall können Sie Dokumente auch widerrufen und somit verhindern, dass diese Dokumente weiterhin geöffnet werden.
- Manuelle oder automatische *Dokumentklassifizierung*
  Wie in Abschnitt 10.3, »Berechtigungsvorlagen«, gezeigt, ist die manuelle Auswahl einer Berechtigungsvorlage innerhalb der Office-Anwendungen recht gut ver-

steckt. Da stehen die Chancen hoch, dass Ihre Anwender dies entweder gar nicht finden oder im Zweifelsfall auch die falsche Vorlage auswählen. Deutlich einfacher macht es da AIP. In die Office-Anwendungen wird eine zusätzliche Leiste integriert, über die der Anwender dann eine Klassifizierung auswählen kann, beispielsweise *öffentlich* oder *vertraulich* (siehe Abbildung 10.20). Dazu ist die Installation des AIP-Clients erforderlich.

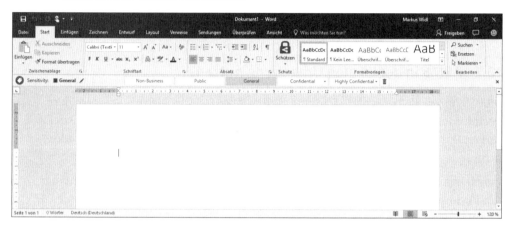

Abbildung 10.20 Auswahl der Klassifizierung in Word

Abhängig von der Auswahl wird dann die passende Berechtigungsvorlage auf das Dokument angewandt. AIP kann die Klassifizierung auf Basis eines Regelwerks aber auch automatisch vornehmen (sofern Sie über AIP P2-Lizenzen verfügen), sodass der Anwender nur in besonderen Fällen die Klassifizierung manuell anpassen muss.

▶ *Hold Your Own Key (HYOK)*
Neben BYOK (siehe Abschnitt 10.4, »Eigenen Schlüssel verwenden – Bring Your Own Key (BYOK)«) bietet AIP in der P2-Variante auch noch HYOK (Hold Your Own Key). HYOK wäre eine Variante für besonders schützenswerte Dateien, bei denen auch der Dienst selbst – in diesem Fall Office 365 – keinerlei Zugriff auf die Dateiinhalte bekommen darf. HYOK erfordert die Bereitstellung einer lokalen AD RMS-Infrastruktur (Active Directory-Rechteverwaltungsdienste; Active Directory Rights Management Services), also das lokale Pendant zu ARMS. Hierbei bleibt das für die Verschlüsselung erforderliche Schlüsselmaterial in der lokalen Umgebung, und Office 365 und Azure erhalten keinen Zugriff darauf. Beispielsweise über die Klassifizierung können dann, für den Anwender transparent, Berechtigungsvorlagen entweder von ARMS oder von AD RMS ausgewählt werden, um die Datei zu schützen, bevor sie etwa in SharePoint Online oder in OneDrive for Business Online abgelegt wird.

Da es sich dann auch um besonders schützenswerte Dateien handelt, sollten Sie die AD RMS-Infrastruktur nicht aus dem Internet verfügbar machen, sondern nur von vertrauenswürdigen Geräten aus (Zugriff nur über VPN mit Domänenmitgliedern etc.). Und damit bringt HYOK jedoch auch Einbußen in der Funktionalität von Office 365 mit sich, da für einige Funktionen der Zugriff auf die Dateiinhalte erforderlich ist:

– keine Suche über die Dateiinhalte
– keine Anzeige im Browser mit Office Online
– keine Anti-Virus- und Spam-Filterung
– keine eDiscovery-Funktionen (siehe Abschnitt 14.1.6, »Aufbewahrung«)
– keine Bereitstellung durch Delve (siehe Abschnitt 13.2, »Delve«)

Aus diesem Grund eignet sich HYOK typischerweise tatsächlich nur für einen sehr begrenzten Dateibestand und nicht für sämtliche Dateien, die Sie in Office 365 ablegen wollen – Sie würden Ihren Anwendern sonst wesentliche Office 365-Funktionen wegnehmen.

HYOK ist aktuell noch in einer Preview-Phase.

Mehr über AIP finden Sie auf folgender Seite:

www.microsoft.com/de-de/cloud-platform/azure-information-protection

10.9 So geht es weiter

In diesem Kapitel haben Sie die Azure Rights Management Services kennengelernt. Weiter geht es im nächsten Kapitel mit einem Dienst zur Zusammenarbeit, den Office 365-Gruppen.

Kapitel 11
Office 365-Gruppen

Im elften Kapitel geht es um die Zusammenarbeit mit Ihren Kollegen mit modernen Funktionen abseits von klassischen E-Mail-Verteilern und schwer zu durchschauenden SharePoint-Webseiten.

In vielen Unternehmen wird heutzutage deutlich häufiger in Gruppen oder Teams zusammengearbeitet, als dies noch in der Vergangenheit der Fall war. Um diese Zusammenarbeit zu unterstützen, finden Sie in Office 365 moderne Funktionen, allen voran die Office 365-Gruppen. Mit ihnen ersetzen oder ergänzen Sie bestehende Arbeitsweisen mit einfach zu lernenden Funktionen, die eine Zusammenarbeit deutlich erleichtern. Dabei werden Probleme, wie der umständliche Umgang mit klassischen E-Mail-Verteilern (Diskussionen über E-Mail-Verteiler sind oft unüberschaubar, die bisherige Kommunikation ist für neue Teammitglieder nicht einsehbar etc.) und unübersichtlichen SharePoint-Strukturen (»Wo muss ich die Datei hochladen?«, »Wieso muss ich da Metadaten hinterlegen?«, »Das findet niemand mehr«, »Ich schicke das per E-Mail, das ist schneller« etc.) behoben.

11.1 Was sind Office 365-Gruppen?

Bei Office 365-Gruppen handelt es sich um einen Dienst, der auf Funktionen aus Exchange Online, SharePoint Online, Office Online und Planner aufsetzt. Ihre Anwender erhalten mit Office 365-Gruppen einfach einzusetzende Funktionen, die die Zusammenarbeit innerhalb einer Gruppe unterstützen. Die Gruppenfunktionen sind dabei sowohl im Browser als auch im Outlook-Client an prominenten Stellen eingebunden, sodass Ihre Anwender sie auch finden werden, ohne allzu viel suchen zu müssen.

Jede Gruppe bietet ihren Mitgliedern Funktionen, um sich zu unterhalten, gemeinsame Termine zu planen, ein Notizbuch zu führen, Dateien zentral abzulegen und Aufgaben zu verteilen. Darüber hinaus können Sie jede Gruppe mithilfe von Connectors mit Daten aus anderen Diensten und Anwendungen befüllen, beispielsweise mit RSS-Feeds, Twitter-Streams etc.

Microsoft positioniert Office 365-Gruppen auch gerne als Nachfolger oder moderne Variante von klassischen E-Mail-Verteilergruppen. Es gibt sogar eine Funktion, mit der Sie einen E-Mail-Verteiler in eine Office 365-Gruppe umwandeln.

11.1.1 Komponenten von Office 365-Gruppen

Von technischer Seite aus gesehen bestehen Office 365-Gruppen aus den folgenden Komponenten:

- Gruppenpostfach in Exchange Online
  In diesem Postfach werden Unterhaltungen abgelegt, und der Gruppenkalender wird hier verwaltet. Bei der Anlage einer Gruppe wird auch die E-Mail-Adresse der Gruppe bestimmt. So können an die Gruppe auch Mails geschickt werden, die dann als Unterhaltungen angezeigt werden.
- Gruppenwebsite in SharePoint Online
  Die Gruppenwebsite befindet sich auf SharePoint Online. Sie enthält die Dokumentbibliothek *Dokumente*, die als zentrale Ablage von Dateien für die Gruppe fungiert. Sie können die Gruppenwebsite wie in SharePoint üblich auch an Ihre Anforderungen anpassen, beispielsweise mit zusätzlichen Listen und Bibliotheken oder auch mit Apps.
- OneNote-Notizbuch auf der Gruppenwebsite
  Das gemeinsame OneNote-Gruppennotizbuch liegt auf der Gruppenwebsite.
- Planner-Plan
  Jede Gruppe enthält einen Plan in Planner – unabhängig davon, ob sie diesen benötigt.

Jede Gruppe kann dabei öffentlich oder privat sein. Bei öffentlichen Gruppen kann jeder den Inhalt der Gruppen einsehen und auch sich selbst als Gruppenmitglied hinzufügen. Bei privaten Gruppen ist der Inhalt nur für Gruppenmitglieder einsehbar. Außerdem müssen Besitzer der Gruppe neue Mitglieder aufnehmen. Besitzer einer Gruppe ist automatisch ihr Ersteller. Außerdem können weitere Besitzer bestimmt werden (siehe Abschnitt 11.2.4, »Mitglieder verwalten«).

11.1.2 Anwenderoberfläche von Office 365-Gruppen

Die Office 365-Gruppen werden nicht als separater Dienst gehandhabt. So gibt es im App-Launcher beispielsweise auch keine Kachel für Gruppen. Die Gruppen selbst sind in der Office 365-Weboberfläche aber an vielen Stellen zu finden, und auch in Outlook 2016 haben sie ihren festen Platz.

Sehen wir uns in diesem Abschnitt an, wie Office 365-Gruppen für die Anwender dargestellt werden.

Unterhaltungen

Am ehesten finden Ihre Anwender die Gruppen bei der Darstellung ihres Postfachs in Outlook im Web. Dort werden alle Gruppen, in denen man Mitglied ist, unterhalb des persönlichen Postfachs angezeigt (siehe Abbildung 11.1).

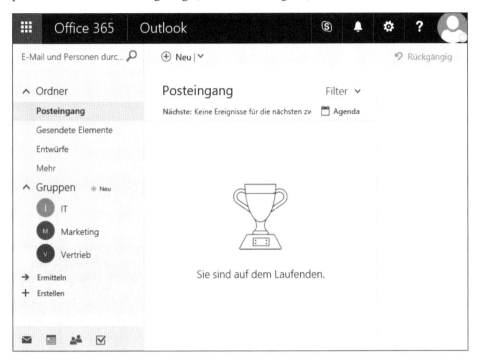

Abbildung 11.1 Gruppen in Outlook im Web

Auch in Outlook 2016 ist die Darstellung ähnlich, wenn auch optisch nicht so ansprechend, da dort die Profilbilder der Gruppen nicht zu sehen sind (siehe Abbildung 11.2).

Öffnet der Anwender eine Gruppe, so gelangt er zu den Unterhaltungen. Diese Unterhaltungen sind persistent, das heißt, sie bleiben dauerhaft erhalten und sind beispielsweise auch für neue Mitglieder einsehbar, auch wenn diese erst später in die Gruppe mit aufgenommen werden. Die Unterhaltungen sind außerdem über das links oben positionierte Suchfeld durchsuchbar.

Mit NEUE UNTERHALTUNG starten Sie einen neuen Eintrag (siehe Abbildung 11.3).

11 Office 365-Gruppen

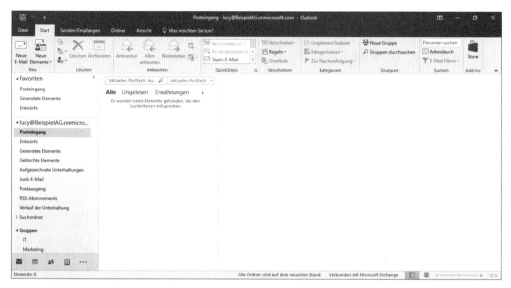

Abbildung 11.2 Gruppen in Outlook 2016

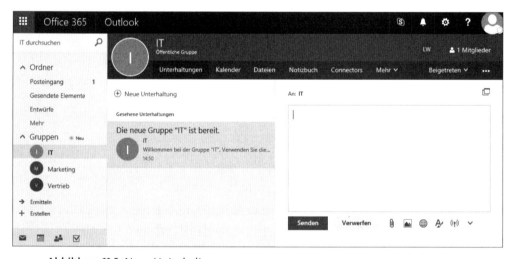

Abbildung 11.3 Neue Unterhaltung

Das Schöne an den Unterhaltungen ist, dass sie die Komplexität von E-Mail-Unterhaltungen verbergen. Sie müssen sich nicht um Empfänger und Absender kümmern, sondern legen gleich mit dem eigentlichen Nachrichtentext los. Neue Unterhaltungen werden bei den Gruppenmitgliedern ähnlich hervorgehoben wie auch beim Posteingang: Rechts neben dem Gruppennamen erscheint die Anzahl der ungelesenen Unterhaltungen.

Das Antworten auf Unterhaltungen ist ebenso einfach. Im Vergleich zu klassischen E-Mail-Verteilerlisten haben Sie mit Gruppen jedoch einen großen Vorteil beim

Handling: Sie kennen sicher die Situation, in der Personen über einen E-Mail-Verteiler diskutieren. Dabei werden die ausgetauschten E-Mails immer länger, weil der bisherige Verlauf in jede neue E-Mail mit eingebunden wird. Das macht solche Diskussionen recht unhandlich. Bei Gruppenunterhaltungen werden die Nachrichten jeweils getrennt verwaltet, aber untereinander dargestellt (siehe Abbildung 11.4). Das macht es insbesondere später deutlich einfacher, dem Diskussionsverlauf zu folgen.

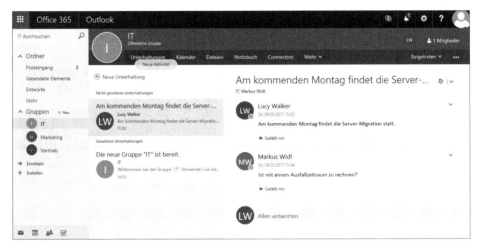

Abbildung 11.4 Gruppenunterhaltung

Finden Sie einen Unterhaltungsbeitrag besonders gelungen, können Sie auf GEFÄLLT MIR klicken. Dies sehen dann nicht nur die Gruppenmitglieder, sondern auch der Verfasser der Nachricht bekommt eine Benachrichtigung – dargestellt beim Glocken-Symbol in der Navigationsleiste der Office 365-Weboberfläche (siehe Abbildung 11.5).

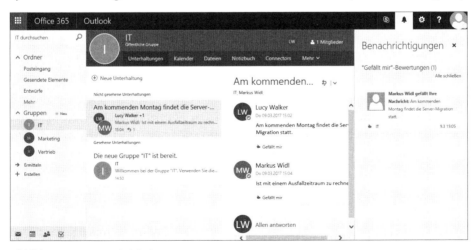

Abbildung 11.5 Benachrichtigung

Kalender

Haben Sie eine Office 365-Gruppe geöffnet, erscheint auch die Gruppennavigation, mit der der Anwender zwischen den verschiedenen Gruppenkomponenten wechseln kann. Dort findet er auch den Kalender (zum Punkt DATEIEN komme ich in Abschnitt 11.1.3, »Dateihandling«, zu sprechen). Dieser ist aber auch über die Kalender-App aus dem App-Launcher erreichbar. Letztendlich landet er in der Kalenderdarstellung, bei der unterhalb des persönlichen Kalenders wieder die Gruppen dargestellt werden. Markiert der Anwender eine Gruppe, wird der Gruppenkalender angezeigt (siehe Abbildung 11.6).

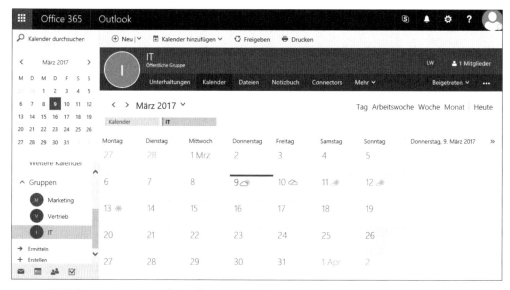

Abbildung 11.6 Gruppenkalender in Outlook im Web

In Outlook 2016 verhält sich das ein wenig anders: Dort öffnet der Anwender im E-Mail-Bereich eine Gruppe und klickt dann im Menüband auf KALENDER. Auch dann wird der Gruppenkalender angezeigt.

Auf Wunsch können die Gruppenmitglieder auch Einträge im Gruppenkalender mit ihrem persönlichen Kalender synchronisieren. Dazu öffnet er das Kontextmenü des Kalendereintrags und wählt den Befehl ZU MEINEM KALENDER HINZUFÜGEN. Ändert sich dann etwas am Gruppenkalendereintrag, ändert sich auch automatisch der Eintrag im persönlichen Kalender.

Notizbuch

In der Kalenderdarstellung von Outlook im Web wird die Gruppennavigationsleiste nicht dargestellt, doch sie enthält weitere wichtige Punkte, darunter das NOTIZBUCH (siehe Abbildung 11.7).

Abbildung 11.7 Gruppennotizbuch

In Outlook 2016 öffnen Sie das Notizbuch auch wieder nach dem Öffnen einer Gruppe über das entsprechende Symbol im Menüband.

Das OneNote-Notizbuch können Sie auf Wunsch auch im OneNote-Client öffnen und dort bearbeiten. Klicken Sie dazu auf IN ONENOTE BEARBEITEN.

Dieses Notizbuch eignet sich beispielsweise als zentrale Ablage für die Besprechungsnotizen der Gruppenmeetings. So muss niemand mehr rätseln, wo diese abgelegt sind und welche Version wohl die aktuelle ist.

Planner

Jede Gruppe verfügt auch über einen Plan in Planner. Entweder Sie springen über den entsprechenden Punkt in der Gruppennavigation zu Planner, oder aber Sie öffnen Planner aus dem App-Launcher. In beiden Fällen sehen Sie den Gruppenplan (siehe Abbildung 11.8).

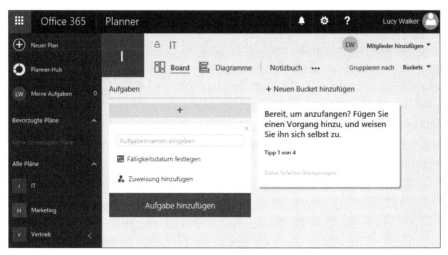

Abbildung 11.8 Gruppenplan in Planner

Aus Outlook 2016 heraus ist der Plan allerdings nicht direkt erreichbar.

Website

Neben den Funktionen für Unterhaltungen, gemeinsamen Kalender, Notizbuch und Aufgabenverwaltung fehlt jetzt noch die Dateiablage. Klicken Sie in der Gruppennavigation auf WEBSITE, gelangen Sie zur Gruppenwebsite in SharePoint Online (siehe Abbildung 11.9).

Abbildung 11.9 Gruppenwebsite

In Outlook 2016 klicken Sie für dasselbe Ziel auf DATEIEN im Menüband.

[»] Wundern Sie sich nicht über das Wolken-Symbol in Outlook 2016. Früher wurde jede Gruppe »nur« mit einem OneDrive for Business ausgestattet und nicht mit einer Gruppenwebsite. Aus dieser Zeit stammt noch das Symbol in Outlook.

Connectors

In der Gruppennavigation ganz rechts finden Sie den Punkt CONNECTORS (siehe Abbildung 11.10).

Mit Connectors binden Sie externe Datenquellen an. Dazu liefert Office 365 bereits eine ganze Palette fertiger Connectors, beispielsweise für Twitter, RSS-Feeds, Dynamics 365, Salesforce etc. Über die Connectors werden Daten von diesen Diensten und Anwendungen automatisch in die Gruppenunterhaltungen eingepflegt. Beispielsweise können Sie so die Einträge eines RSS-Feeds in den Unterhaltungen sichtbar machen, und die Gruppenmitglieder können dann jeden einzelnen Eintrag diskutieren.

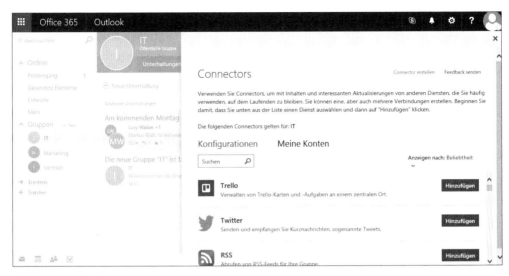

Abbildung 11.10 Connectors

Solche Connectors können Sie auch selbst entwickeln. Wenn Sie dafür Interesse haben, ist dies eine gute Ausgangsbasis:

https://dev.outlook.com/Connectors/ConnectButton

In Office 365 Deutschland können Sie derzeit noch keine Connectors anlegen.

11.1.3 Dateihandling

Offensichtlich ist die Gruppenwebsite in SharePoint Online für die Ablage von Dateien vorgesehen. Doch das ist nicht die einzige Stelle, die im Zusammenhang mit Dateien und Gruppen steht. Hier einige Aspekte:

- Anwender können Dateien direkt auf der Gruppenwebsite hochladen.
- Im Rahmen einer neuen Unterhaltung können Anwender Dateien anhängen. Diese wiederum können auf unterschiedliche Arten angehängt werden:
  - Bei der klassischen Anlage (Kopie der Datei) wird die Datei nicht in der Gruppenwebsite abgelegt, sondern sie liegt zusammen mit der Unterhaltung im Gruppenpostfach.
  - Bei der modernen Anlage (Link auf eine in OneDrive for Business Online oder SharePoint Online abgelegte Datei) verbleibt die angehängte Datei an ihrem ursprünglichen Ablageort. Es wird also keine Kopie in der Gruppenwebsite abgelegt.
- Wird eine E-Mail mit einem klassischen Dateianhang an die Gruppen-E-Mail-Adresse geschickt, liegt die Datei mit der zur Unterhaltung umgewandelten Nachricht im Gruppenpostfach.

- Auch Dateien oder Ordner aus OneDrive for Business oder SharePoint Online können mit der Gruppe geteilt werden. Diese Dateien verbleiben natürlich auch an ihrem Ablageort.

Damit wird es für Anwender schnell unübersichtlich, wo denn jetzt eigentlich eine bestimmte Datei liegt. Um hier etwas mehr Klarheit zu schaffen, gibt es in der Gruppennavigation den Punkt DATEIEN (siehe Abbildung 11.11).

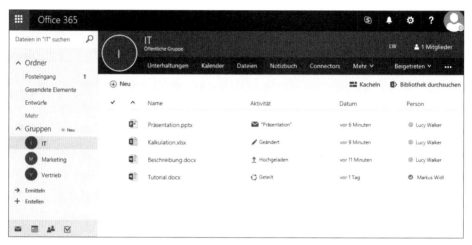

Abbildung 11.11 Dateien in Office 365-Gruppen

Dabei handelt es sich um eine konsolidierte Ansicht aller Dateien, die im Zusammenhang mit der Gruppe stehen. Besonders wichtig ist dabei die angegebene AKTIVITÄT, die einen Rückschluss auf den Ursprung der jeweiligen Datei gibt. Tabelle 11.1 beschreibt die möglichen Aktivitäten.

Aktivität	Bedeutung
HOCHGELADEN	Die Datei liegt in der Bibliothek namens Dokumente auf der Gruppenwebsite (Inhalte anderer Bibliotheken werden nicht berücksichtigt) in ihrem ursprünglichen Zustand.
GEÄNDERT	Die Datei liegt in der Bibliothek namens Dokumente auf der Gruppenwebsite und wurde dort modifiziert.
GETEILT	Die Datei wurde mit der Gruppe geteilt, liegt also nicht innerhalb der Gruppe.
BRIEFSYMBOL mit Betreff	Die Datei ist Anhang einer Unterhaltung mit dem angegebenen Betreff und liegt im Gruppenpostfach (nicht auf der Gruppenwebsite).

Tabelle 11.1 Dateiaktivitäten

Von der Dateiansicht aus können Sie auch direkt neue Dateien anlegen. Diese liegen dann direkt in der Bibliothek *Dokumente* auf der Gruppenwebsite.

Anlagen im Gruppenpostfach

Insbesondere die Dateien, die als Unterhaltungsanlage im Gruppenpostfach und nicht auf der Gruppenwebsite liegen, müssen wir noch genauer betrachten: Markieren Sie in der Dateiliste eine solche Datei, haben Sie die Möglichkeit, sie mit dem Befehl IN GRUPPENBIBLIOTHEK SPEICHERN auf die Gruppenwebsite zu kopieren – und zwar in den Ordner *E-Mail-Anlagen* innerhalb der Bibliothek *Dokumente*. Allerdings bleibt die ursprüngliche Unterhaltungsanlage dabei erhalten und wird nicht durch einen Link ersetzt. Damit haben Sie ein Duplikat der Anlage erzeugt. In der Dateiliste wird die Datei dann auch zweimal angezeigt: einmal mit der Aktion HOCHGELADEN und einmal mit dem Briefsymbol und dem Betreff der Unterhaltung (siehe Abbildung 11.12).

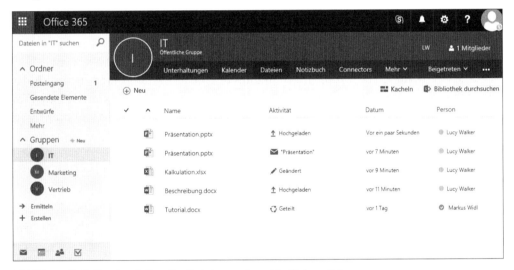

Abbildung 11.12 Zweimal dieselbe Datei an unterschiedlichen Orten

Ein ähnliches Verhalten sehen Sie auch, wenn Sie eine Unterhaltungsanlage zum Bearbeiten öffnen: In diesem Fall wird nicht die Anlage geöffnet, sondern es wird zunächst eine Kopie der Anlage erzeugt – auch wieder im Ordner *E-Mail-Anlagen* innerhalb der Bibliothek *Dokumente*.

Sie sollten hier Ihre Anwender darauf hinweisen, möglichst nicht mit klassischen Unterhaltungsanlagen zu arbeiten, sondern nur mit Links auf die Dokumente. Ansonsten erzeugen Sie schnell eine Situation, in der von einem Dokument unterschiedliche Versionsstände im Umlauf sind.

11.1.4 Limitierungen

Bei der Überlegung, wie in Ihrem Unternehmen Office 365-Gruppen sinnvoll eingesetzt werden können, sollten Sie auch die aktuell bestehenden Grenzen kennen:

- In Ihrem Office 365-Mandanten können Sie maximal 500.000 Gruppen anlegen.
- Jede Gruppe kann maximal zehn Besitzer haben.
- Das Gruppenpostfach hat eine Maximalgröße von 50 GB.
- Der benutzte Speicher für die Gruppenwebsite wird gegen Ihren verfügbaren SharePoint Online-Speicher gegengerechnet und ist damit limitiert (siehe Abschnitt 7.1.4, »Lizenzüberblick«).
- Abhängig von seiner Lizenz kann ein Benutzer unterschiedlich viele Gruppen anlegen: Ist dem Benutzer ein Lizenzpaket der Typen Business Essential, Business Premium, E1, E3 oder E4 zugewiesen, kann er bis zu 300.000 Gruppen anlegen. Andernfalls kann der Benutzer nur bis zu 250 Gruppen anlegen.

11.2 Gruppenverwaltung

Zur Verwaltung von Gruppen gehören unterschiedliche Tätigkeiten: natürlich das Anlegen und die Aufnahme von Mitgliedern, aber auch Namenskonventionen für deren Namen, die Anpassung der E-Mail-Adressen etc. In diesem Abschnitt sehen wir uns wichtige Verwaltungsschritte an.

11.2.1 Gruppen anlegen und verwalten

Office 365-Gruppen sind darauf ausgelegt, dass Anwender diese selbst bei Bedarf anlegen können. Entsprechend einfach sind die dafür notwendigen Schritte gehalten. In Outlook im Web gehen Sie wie folgt vor:

1. Öffnen Sie die E-Mail-App.
2. Fahren Sie mit der Maus auf GRUPPEN, und klicken Sie auf das Plus-Symbol. Es startet damit ein Assistent (siehe Abbildung 11.13).
3. Geben Sie einen NAMEN für die Gruppe an. Dieser Name muss eindeutig sein, und aus ihm wird die E-Mail-Adresse der Gruppe abgeleitet. Diese sogenannte GRUPPEN-ID ist bei Bedarf auch änderbar. Sie können bei Bedarf auch eine Namenskonvention vorsehen, sodass kein Wildwuchs entsteht (siehe Abschnitt 11.2.2, »Namenskonventionen festlegen«).

   In der Standardkonfiguration endet die E-Mail-Adresse der Gruppe auf die Mandantdomäne (*.onmicrosoft.com). Wenn Sie eine andere Domäne nutzen wollen, können Sie das konfigurieren (siehe Abschnitt 11.2.3, »E-Mail-Domäne von Gruppen ändern«). Der Anwender selbst hat allerdings keine Wahlmöglichkeit.

11.2 Gruppenverwaltung

Abbildung 11.13 Anlegen einer neuen Gruppe

4. Eine aussagekräftige BESCHREIBUNG hilft Anwendern zu erkennen, ob eine Gruppe für sie von Bedeutung ist. Anwender sehen die Beschreibung, wenn sie unter der Gruppenliste auf MEHR und dann auf ERMITTELN (schlecht übersetzt, besser wäre *Durchsuchen*) klicken (siehe Abbildung 11.14). Von dieser Ansicht aus können Anwender Gruppen beitreten (bei öffentlichen Gruppen) bzw. um Aufnahme bitten (bei privaten Gruppen).

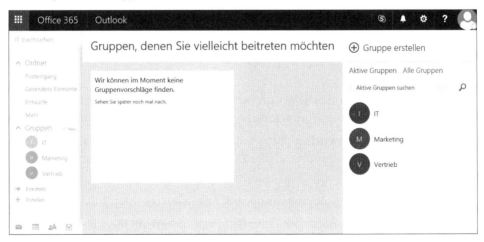

Abbildung 11.14 Gruppen durchsuchen

5. Bei der PRIVATSPHÄRE haben Sie zwei Optionen:
   - ÖFFENTLICH – JEDER KANN DEN INHALT ANZEIGEN
   - PRIVAT – NUR GENEHMIGTE MITGLIEDER KÖNNEN DEN INHALT ANZEIGEN

Die Privatsphäre-Einstellung können Sie später auch ändern.

[»] Die Auswahl der Privatsphäre hat auch eine Auswirkung auf die Mitgliederverwaltung. Lesen Sie hierzu Abschnitt 11.2.4, »Mitglieder verwalten«.

6. Wählen Sie außerdem die SPRACHE, in der Benachrichtigungen per E-Mail an die Mitglieder erfolgen sollen.

7. Mit der letzten Option können Sie die Gruppe auch abonnieren, womit alle (!) Gruppenmitglieder automatisch E-Mails mit den Gruppennachrichten und Ereignissen zugesandt bekommen.

8. Nach diesen Grundeinstellungen können Sie direkt auch Mitglieder für die Gruppe vorsehen (siehe Abbildung 11.15). Zur Auswahl stehen hier andere Benutzer, aber auch andere Gruppen und Gäste. Mit Letzterem sind unternehmensexterne Personen gemeint. Mehr dazu lesen Sie in Abschnitt 7.5.3, »Externe Benutzer verwalten«.

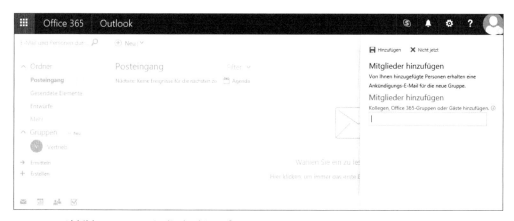

Abbildung 11.15 Mitglieder hinzufügen

Die Gruppe wird dann angelegt und erscheint bei den frisch gebackenen Gruppenmitgliedern ohne deren Zutun. Außerdem erhalten sie eine Willkommens-E-Mail.

[»] Wollen Sie die Gruppeneinstellungen ändern, die Mitglieder verwalten etc., klicken Sie in der Gruppennavigation auf das Zahnrad. Dort finden Sie die erforderlichen Befehle.

In Outlook 2016 legen Sie eine Gruppe mit folgenden Schritten an:

1. Öffnen Sie das Kontextmenü von GRUPPEN (unterhalb Ihres persönlichen Postfachs), und wählen Sie den Befehl NEUE GRUPPE (siehe Abbildung 11.16).

2. Geben Sie einen GRUPPENNAMEN und eine GRUPPEN-ID (E-Mail-Adresse der Gruppe) an.

3. Unter DATENSCHUTZ (in Outlook im Web wird der Begriff PRIVATSPHÄRE genannt) wählen Sie, ob die Gruppe ÖFFENTLICH oder PRIVAT sein soll.

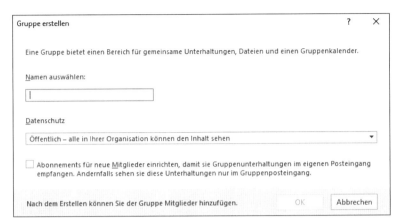

Abbildung 11.16 Gruppe anlegen

4. Entscheiden Sie, ob die Gruppe von den Mitgliedern abonniert werden soll, also ob sie eine E-Mail-Benachrichtigung bei neuen Unterhaltungen oder Gruppenaktivitäten erhalten sollen.
5. Im Anschluss daran können Sie Mitglieder zur Gruppe hinzufügen und ein Foto für die Gruppe auswählen (siehe Abbildung 11.17).

Abbildung 11.17 Mitglieder hinzufügen

Änderungen an den Gruppeneinstellungen nehmen Sie über einen Klick auf GRUPPE BEARBEITEN vor.

Gruppen administrativ anlegen und verwalten

Alternativ zum Anlegen von Gruppen über die Anwender können Sie auch von administrativer Seite aus neue Gruppen erstellen und bestehende bearbeiten:

Öffnen Sie im Exchange Admin Center den Bereich EMPFÄNGER und dann den Abschnitt GRUPPEN (siehe Abbildung 11.18).

Abbildung 11.18 Gruppenverwaltung im Exchange Admin Center

Diese Konfigurationsoberfläche ist allerdings nicht ausschließlich für Office 365-Gruppen gedacht, sondern auch für Verteilergruppen und Sicherheitsgruppen (siehe Abschnitt 6.5.2, »Gruppen«).

Im Gegensatz zum Formular zum Anlegen neuer Gruppen durch Anwender können Sie hier beim Anlegen eine andere E-Mail-Domäne auswählen. Lesen Sie hierzu auch Abschnitt 11.2.3, »E-Mail-Domäne von Gruppen ändern«.

Bei bestehenden Gruppen haben Sie zusätzlich folgende Optionen:

- Personen von außerhalb der Organisation das Senden von E-Mails an die Gruppe gestatten
- Optionen zur Zustellungsverwaltung: Sie können Nachrichten von bestimmten Absendern annehmen bzw. ablehnen.
- Sie können die Funktionen *Senden als* und *Senden im Auftrag* konfigurieren (siehe Abschnitt 6.5.1, »Postfächer«).

Gruppen über PowerShell anlegen und verwalten

Die Anlage von Gruppen mithilfe von PowerShell erfolgt mit den Befehlen von Exchange Online. Stellen Sie zunächst, wie in Abschnitt 6.3.3, »Verbindungsaufbau«, beschrieben, eine Verbindung zu Exchange Online her. Eine neue Gruppe legen Sie dann mit `New-UnifiedGroup` an, und mit `Add-UnifiedGroupLinks` fügen Sie Mitglieder hinzu. Hierzu ein Beispiel:

```
New-UnifiedGroup -DisplayName "IT" `
    -Alias "IT" `
    -EmailAddresses "SMTP:it@beispielag.de" `
    -Notes "Beschreibung" `
    -Language "de-DE" `
    -AccessType Public `
    -Owner lucy@beispielag.de

Add-UnifiedGroupLinks -Identity "IT" `
    -LinkType Members `
    -Links lucy@beispielag.de,juli@beispielag.de
```

Listing 11.1 Gruppe anlegen und Mitglieder hinzufügen

Bei `New-UnifiedGroup` geben Sie beim Parameter `-AccessType` mit `Public` an, eine öffentliche Gruppe zu erstellen. Die Alternative wäre `Private` für eine private Gruppe. Bei `Add-UnifiedGroupLinks` können Sie beim Parameter `-LinkType` statt `Members` auch `Owners` angeben, um Besitzer zu definieren.

Neben `New-UnifiedGroup` gibt es erwartungsgemäß auch ein `Set-UnifiedGroup` zum Ändern von Gruppeneinstellungen und ein `Remove-UnifiedGroup` zum Löschen. Mit `Get-UnifiedGroupLinks` listen Sie Gruppenmitglieder auf, und mit `Remove-UnifiedGroupLinks` können Sie Mitglieder auch entfernen.

Seit April 2017 ist es auch möglich, gelöschte Gruppen samt Inhalt innerhalb von 30 Tagen wiederherzustellen. Dazu benötigen Sie das AzureAD PowerShell v2-Modul, welches aktuell noch in einer Preview-Phase ist:

https://docs.microsoft.com/de-de/powershell/azure/install-adv2?view=azureadps-2.0

Mit diesem Modul erhalten Sie die beiden Befehle `Get-AzureADMSDeletedGroup` und `Restore-AzureADMSDeletedDirectoryObject`. Beim Aufruf von `Restore-AzureADMSDeletedDirectoryObject` geben Sie die ID der wiederherzustellenden Gruppe an, die Sie mit `Get-AzureADMSDeletedGroup` ermitteln.

11.2.2 Namenskonventionen festlegen

Gerade in größeren Umgebungen wollen Sie wahrscheinlich für die Namensgebung der Office 365-Gruppen ein einheitliches Schema vorgeben, sodass auch mit einer großen Anzahl von Gruppen der Überblick nicht verloren geht.

Dabei kann die Einrichtung einer Namenskonvention helfen, mit der Sie den eigentlichen Gruppennamen mit einem Präfix und einem Suffix einrahmen können.

Die Konfiguration einer Namenskonvention finden Sie im Exchange Admin Center – doch das ist gleichzeitig auch ein Problem, denn diese Einstellung greift nur dann, wenn die Gruppe auch über Exchange Online, Outlook im Web oder Outlook 2016 angelegt wird. Doch das sind nicht die einzigen Wege, Gruppen anzulegen, denn beispielsweise auch über Planner, Power BI und über PowerShell können Gruppen angelegt werden – und hier greift die Namenskonvention von Exchange nicht.

[»] Auf der Roadmap steht allerdings bereits, dass an Namenskonventionen im Azure Active Directory gearbeitet wird, mit denen dieser Umstand behoben werden soll.

Um eine Namenskonvention anzulegen, gehen Sie wie folgt vor:

1. Öffnen Sie im Exchange Admin Center den Bereich EMPFÄNGER und dort den Abschnitt GRUPPEN.
2. Klicken Sie auf MEHR (drei Punkte) und dann auf GRUPPENBENENNUNGSRICHTLINIE KONFIGURIEREN (siehe Abbildung 11.19).

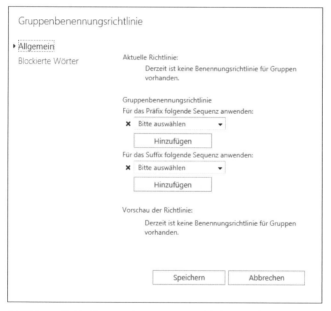

Abbildung 11.19 Gruppenbenennungsrichtlinie anlegen

3. Geben Sie wahlweise ein PRÄFIX und/oder ein SUFFIX an. Beide können aus statischen Texten bestehen oder aus Attributwerten, die dem Postfach des Gruppenerstellers entnommen werden (beispielsweise Abteilung, Custom-Attribute etc.). Präfix und Suffix können dabei auch aus mehreren Bausteinen zusammengesetzt werden.
4. Optional können Sie im Abschnitt BLOCKIERTE WÖRTER auch eine Liste von Begriffen angeben, die im Gruppennamen nicht vorkommen dürfen (siehe Abbildung 11.20).

Abbildung 11.20 Blockierte Wörter

Speichern Sie die Richtlinie, greift sie sowohl beim Gruppennamen als auch bei der Gruppen-ID.

Auch mit PowerShell können Sie eine solche Richtlinie anlegen. Stellen Sie zunächst eine PowerShell-Verbindung mit Exchange Online her (siehe Abschnitt 6.3.3, »Verbindungsaufbau«). Dann verwenden Sie den Befehl Set-OrganizationConfig:

```
Set-OrganizationConfig `
    -DistributionGroupNamingPolicy 'Text<Department><GroupName>Text' `
    -DistributionGroupNameBlockedWordsList @('BADWORD')
```

Listing 11.2 Gruppenbenennungsrichtlinie anlegen

Beim Parameter -DistributionGroupNamingPolicy geben Sie statischen Text direkt und Attribute in spitzen Klammern an (wie im Beispiel <Department> für die Abteilung). Den vom Anwender gewünschten Gruppennamen setzen Sie mit <GroupName> an die gewünschte Stelle.

11.2.3 E-Mail-Domäne von Gruppen ändern

Die E-Mail-Adressen der Gruppen enden in der Standardkonfiguration auf die Mandantdomäne (*.onmicrosoft.com). Das ist in der Praxis nicht immer wünschenswert.

Legt nicht der Anwender eine Gruppe an, sondern Sie als Administrator nehmen dies über das Exchange Admin Center (im Bereich EMPFÄNGER • GRUPPEN) vor, können Sie eine andere Domäne wählen (siehe Abbildung 11.21).

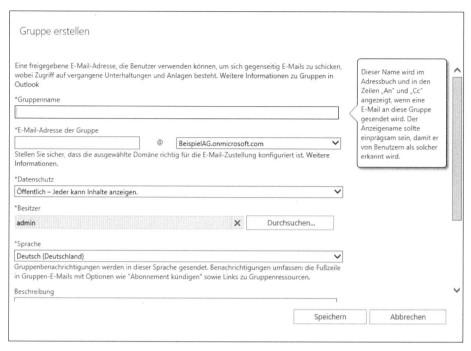

Abbildung 11.21 Anlegen einer Gruppe über das Exchange Admin Center

Doch dieser Weg hilft nicht, wenn die Anwender selbst Gruppen anlegen sollen, so wie es eigentlich vorgesehen ist. Über eine E-Mail-Adressrichtlinie ändern Sie die Standardkonfiguration. Das geht allerdings nur über PowerShell.

Im einfachsten Fall konfigurieren Sie einfach für alle Gruppen eine andere Domäne. Hier ein Beispiel, bei dem die Domäne gruppen.beispielag.de konfiguriert wird:

```
New-EmailAddressPolicy -Name "Gruppenrichtlinie" `
   -IncludeUnifiedGroupRecipients `
   -EnabledEmailAddressTemplates "SMTP:@gruppen.beispielag.de"
```

Listing 11.3 Andere E-Mail-Domäne für Gruppen konfigurieren

Hier dürfen Sie allerdings keine willkürliche Domäne angeben, sondern die Domäne muss in Ihrem Office 365-Mandanten verifiziert worden sein (siehe Abschnitt 2.4.2, »Domäne verifizieren«). Außerdem muss es sich in Exchange Online um eine akzeptierte Domäne handeln. Normalerweise müssen Sie das nicht separat berücksichtigen, da dies der Standardfall ist. Die akzeptierten Domänen finden Sie im Exchange Admin Center unter dem Bereich NACHRICHTENFLUSS im Abschnitt AKZEPTIERTE DOMÄNEN (siehe Abbildung 11.22).

11.2 Gruppenverwaltung

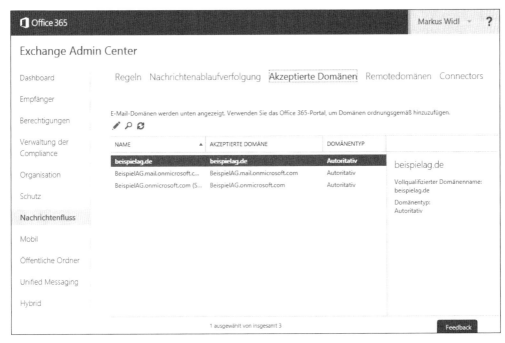

Abbildung 11.22 Akzeptierte Domänen

Diese Änderung wirkt sich dann sofort aus, wie in Abbildung 11.23 beim Anlegen einer neuen Gruppe.

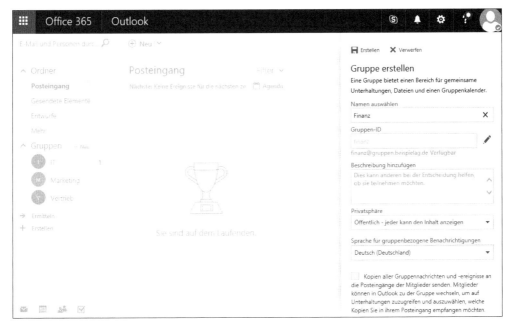

Abbildung 11.23 Anlegen einer Gruppe mit anderer Domäne

[»] Egal, welche Domäne Sie für Ihre Gruppen nutzen, sollten Sie die DNS-Konfiguration überprüfen, sodass E-Mails auch bei Exchange Online ankommen (siehe Abschnitt 2.4.2, »Domäne verifizieren«).

[»] Die Änderung über die E-Mail-Adressrichtlinie wirkt sich jedoch nur auf neue Gruppen aus. Wollen Sie die E-Mail-Adresse einer bestehenden Gruppe ändern, können Sie das über den PowerShell-Befehl Set-UnifiedGroup erledigen. Hier ein Beispiel, bei dem die E-Mail-Adresse der Gruppe IT in it@groups.beispielag.de geändert wird:

```
Set-UnifiedGroup -Identity IT `
    -PrimarySmtpAddress it@groups.beispielag.de
```

Listing 11.4 E-Mail-Adresse einer Gruppe ändern

Ist Ihnen diese Konfiguration zu grob und würden Sie gerne für unterschiedliche Benutzer unterschiedliche Domänen verwenden, geht auch das. Sie müssen dazu bei der E-Mail-Adressrichtlinie einen Filter hinzufügen, mit dem Sie bestimmen, für wen die Konfiguration gelten soll. Hier das Beispiel von eben mit dem Filter, der nur für Benutzer aus der Abteilung IT gilt:

```
New-EmailAddressPolicy -Name "Groups" `
    -IncludeUnifiedGroupRecipients `
    -EnabledEmailAddressTemplates "SMTP:@groups.beispielag.de" `
    -ManagedByFilter {Department -eq "IT"}
```

Listing 11.5 E-Mail-Domäne nur für IT-Mitarbeiter konfigurieren

11.2.4 Mitglieder verwalten

Von administrativer Seite aus können Sie die Gruppenmitglieder über das Exchange Admin Center verwalten (siehe Abschnitt 11.2.1, »Gruppen anlegen und verwalten«).

Doch auch Anwender selbst können die Gruppenmitglieder verwalten. In der Weboberfläche klickt der Anwender dazu bei geöffneter Gruppe rechts oben auf die angezeigte Mitgliederanzahl (siehe Abbildung 11.24).

In Outlook 2016 öffnet er eine Gruppe und klickt dann auf PERSONEN HINZUFÜGEN (siehe Abbildung 11.25).

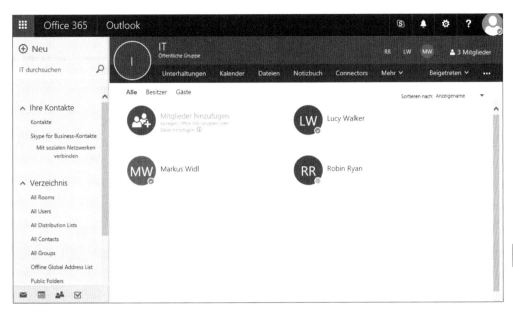

Abbildung 11.24 Mitglieder verwalten in Outlook im Web

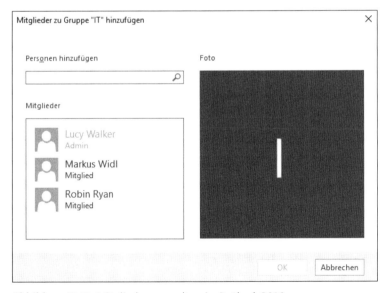

Abbildung 11.25 Mitglieder verwalten in Outlook 2016

Was bei der Aufnahme von neuen Mitgliedern passiert, hängt vom Typ der Gruppe ab. Beim Anlegen haben Sie zwischen einer privaten und einer öffentlichen Gruppe gewählt. Handelt es sich um eine private Gruppe, können nur Gruppenbesitzer direkt neue Mitglieder aufnehmen. Fügt ein Gruppenmitglied ein neues Mitglied hinzu, erhalten die Gruppenbesitzer eine E-Mail mit einer Genehmigungsanfrage (siehe Abbildung 11.26).

Abbildung 11.26 Genehmigungsanfrage zur Aufnahme neuer Mitglieder

Direkt aus der E-Mail heraus können die Besitzer über die Aufnahme entscheiden.

Handelt es sich dagegen um eine öffentliche Gruppe, kann jedes Gruppenmitglied – unabhängig davon, ob es Besitzer oder normales Mitglied ist – direkt neue Mitglieder aufnehmen. Das gilt allerdings nur für Benutzer aus Ihrem Office 365-Mandanten. Wollen Sie externe Benutzer hinzufügen, ist hingegen immer eine Genehmigung durch einen Gruppenbesitzer erforderlich (lesen Sie hierzu auch Abschnitt 11.2.7, »Externe Benutzer«).

Tabelle 11.2 stellt die Prozesse zusammengefasst dar.

	Private Gruppe	Öffentliche Gruppe
Besitzer nimmt internen Benutzer auf	keine Genehmigung	keine Genehmigung
Mitglied nimmt internen Benutzer auf	Genehmigung erforderlich	keine Genehmigung
Besitzer nimmt externen Benutzer auf	keine Genehmigung	keine Genehmigung
Mitglied nimmt externen Benutzer auf	Genehmigung erforderlich	Genehmigung erforderlich

Tabelle 11.2 Genehmigungen bei unterschiedlichen Gruppentypen

[»] Ein Beispiel zum Verwalten von Mitgliedern mithilfe von PowerShell finden Sie in Abschnitt 11.2.1, »Gruppen anlegen und verwalten«.

11.2.5 E-Mail-Verteilergruppe umwandeln

Ein weiterer Ansatz besteht darin, existente E-Mail-Verteilergruppen in Office 365-Gruppen umzuwandeln, um den Gruppenmitgliedern die zusätzlichen Funktionen zur Zusammenarbeit bereitzustellen. Im Exchange Admin Center ist dafür auch eine separate Funktion vorgesehen. Um sie zu nutzen, sind allerdings einige Voraussetzungen zu erfüllen:

- Es können nur statische E-Mail-Verteilergruppen umgewandelt werden und keine dynamischen. Auch Sicherheitsgruppen lassen sich nicht umwandeln.
- Die Verteilergruppe darf keine der folgenden Eigenschaften haben:
  - Gruppenmitglieder sind ebenfalls Gruppen.
  - Gruppe ist moderiert.
  - Senden-im-Auftrag ist konfiguriert.
  - Gruppe ist in der Adressliste versteckt.

Die Umwandlung selbst nehmen Sie mit folgenden Schritten vor:

1. Öffnen Sie im Exchange Admin Center den Bereich EMPFÄNGER, und wechseln Sie zum Abschnitt GRUPPEN.
2. Markieren Sie die gewünschte Verteilergruppe, und klicken Sie in der Symbolleiste auf ZU OFFICE 365-GRUPPEN MIGRIEREN.

Sollte eine der Voraussetzungen nicht erfüllt sein, erhalten Sie beim Umwandeln eine Fehlermeldung.

11.2.6 Benutzer einschränken

In der Standardkonfiguration dürfen alle Benutzer neue Office 365-Gruppen anlegen. Möglicherweise wollen Sie dies genau nicht, sondern es sollen nur bestimmte Benutzer dies können. Leider gibt es in den grafischen Administrationsoberflächen keine derartige Option. Das Azure Active Directory verfügt aber durchaus über eine Einstellung, mit der Sie bestimmen, ob Gruppen angelegt werden dürfen – und wenn ja, von wem. Das Vorgehen sieht dabei wie folgt aus: Das Azure Active Directory kann mit Einstellungsobjekten versehen werden. In der Standardkonfiguration gibt es noch kein derartiges Objekt. Diese Objekte werden auf Basis von Vorlagen erzeugt, die Microsoft bereitstellt. Für Office 365-Gruppen gibt es eine solche Vorlage.

Das entsprechende Objekt erstellen Sie dann mithilfe der PowerShell-Erweiterung für das Azure Active Directory (siehe Abschnitt 3.16, »PowerShell und Active Directory«). Allerdings sind die dazu erforderlichen Befehle aktuell nur Bestandteil der Preview-Version V1.1.166.0, die Sie hier bekommen: *http://connect.microsoft.com/site1164/Downloads/DownloadDetails.aspx?DownloadID=59185*

Hier folgt ein Beispiel, bei dem die Erstellung von Office 365-Gruppen für alle Benutzer und aus allen Diensten heraus (beispielsweise aus Planner) deaktiviert wird. Eine Ausnahme sollen die Mitglieder einer Sicherheitsgruppe mit dem Namen Gruppen-Ersteller sein:

```
#Name Sicherheitsgruppe
$gruppe ="Gruppen-Ersteller"

#AAD-Verbindungsaufbau
Connect-MsolService

#Einstellungsobjekt erstellen
$vorlage = Get-MsolSettingTemplate `
    -TemplateId 62375ab9-6b52-47ed-826b-58e47e0e304b
$objekt = $vorlage.CreateSettingsObject()
$objekt["EnableGroupCreation"] = $false
$objekt["GroupCreationAllowedGroupId"] =
    (Get-MsolGroup -SearchString $gruppe).ObjectId
New-MsolSettings -SettingsObject $objekt
```

Listing 11.6 Erstellung von Office 365-Gruppen einschränken

Um diese Einstellung wieder rückgängig zu machen, verwenden Sie die folgenden Kommandos:

```
$id = "01c5e1c5-d14a-4150-b73e-a69d7fb26941"
$einstellungen = Get-MsolSettings -SettingId $id
$werte = $einstellungen.GetSettingsValue()
$werte["EnableGroupCreation"] = $true
Set-MsolSettings -SettingId $id -SettingsValue $werte
```

Listing 11.7 Erstellung von Office 365-Gruppen erlauben

Die ID aus der ersten Zeile müssen Sie an Ihre Umgebung anpassen. Rufen Sie dazu Get-MsolSettings auf.

11.2.7 Externe Benutzer

Bei Bedarf können Sie zu Ihren Gruppen auch externe Benutzer einladen, also Personen, die im Azure Active Directory kein Benutzerkonto haben. Damit können auch externe Personen an den Gruppenunterhaltungen teilnehmen und auf die Gruppenwebsite zugreifen. Sind in Ihrem Office 365-Mandanten externe Benutzer erlaubt (siehe nächster Abschnitt), geben Sie einfach die E-Mail-Adresse der externen Benutzer beim Hinzufügen neuer Mitglieder an (lesen Sie hierzu auch Abschnitt 11.2.4, »Mitglieder verwalten«). Die externen Benutzer erhalten dann eine Einladungs-E-Mail, mit der sie neue Unterhaltungen starten und auf die Gruppenwebsite zugreifen können (siehe Abbildung 11.27).

Abbildung 11.27 Einladungs-E-Mail für externe Benutzer

Dabei wird vorausgesetzt, dass die externe Person wahlweise über ein eigenes Azure Active Directory-Konto verfügt (beispielsweise weil die externe Person selbst Office 365 nutzt) oder alternativ über ein Microsoft-Konto (das im Zweifelsfall auch kostenfrei über *https://signup.live.com* angelegt werden kann).

Allerdings sind die Gruppenfunktionen für externe Benutzer im Vergleich zu internen Benutzern recht eingeschränkt:

▶ Die Darstellung von Gruppenunterhaltungen geschieht nicht wie bei internen Benutzern, sondern läuft über E-Mails ab. Die Einladungs-E-Mail beinhaltet einen Link, mit dem der externe Benutzer eine neue Unterhaltung starten kann. Die Unterhaltungen erhält der externe Benutzer per E-Mail und kann anschließend auf diese antworten.

- Externe Benutzer haben auch keinen direkten Zugriff auf den Gruppenkalender. Kalenderereignisse erhalten sie auch per E-Mail.
- Der Zugriff auf Planner ist nicht möglich.

Externe Benutzer konfigurieren

Damit Ihre Anwender mit externen Benutzern in Office 365-Gruppen arbeiten können, sind einige Einstellungen erforderlich. Genauso können Sie die Einbindung externer Benutzer auch einschränken:

1. Öffnen Sie im Office 365 Admin Center den Bereich EINSTELLUNGEN • SICHERHEIT UND DATENSCHUTZ. Klicken Sie im Abschnitt TEILEN auf BEARBEITEN. Wollen Sie externe Benutzer (*Gäste*) grundsätzlich zulassen, aktivieren Sie die Option (siehe Abbildung 11.28).

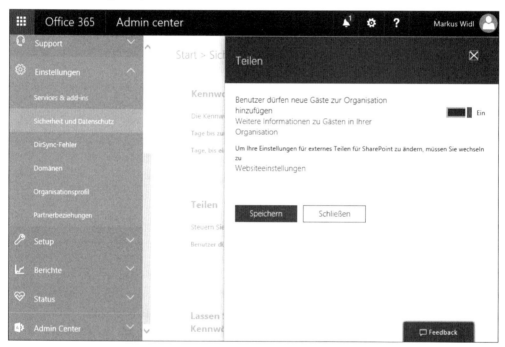

Abbildung 11.28 Option zum Teilen

2. Wechseln Sie dann im Office 365 Admin Center zum Bereich EINSTELLUNGEN • SERVICES & ADD-INS, und klicken Sie auf OFFICE 365-GRUPPEN (siehe Abbildung 11.29). Hier gibt es zwei Optionen:
   - Gruppenmitglieder von außerhalb der Organisation dürfen auf Gruppeninhalte zugreifen
   - Gruppenbesitzer dürfen Personen außerhalb der Organisation zu Gruppen hinzufügen

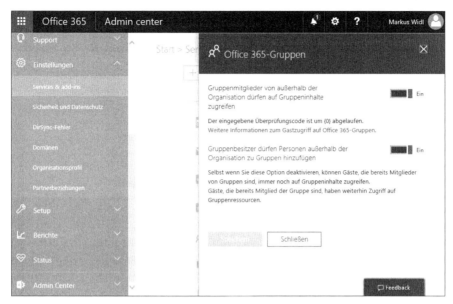

Abbildung 11.29 Externe Benutzer in Office 365-Gruppen

11.3 Clients

Für den Zugriff auf Office 365-Gruppen stellt Microsoft eine ganze Reihe unterschiedlicher Clients bereits, allen voran natürlich Outlook 2016 und Outlook im Web. Daneben gibt es aber auch Apps für iOS, Android und Windows Mobile:

- iOS: *https://itunes.apple.com/de/app/outlook-groups/id1027125154?mt=8*
- Android: *https://play.google.com/store/apps/details?id=com.microsoft.outlook-groups&hl=de*
- Windows Mobile: *https://www.microsoft.com/de-de/store/p/outlook-groups/9nblggh1pbr5*

Allerdings sind nicht in jedem Client auch alle Funktionen verfügbar. Die folgende Website gibt Ihnen einen detaillierten Überblick über die aktuelle Funktionsabdeckung:

https://support.office.com/de-de/article/Vergleich-von-Office-365-Gruppen-auf-allen-Plattformen-3b4c6542-56cb-49d9-9445-31aa7d82aace

11.4 Gruppen in Exchange-Hybridkonfigurationen

Bei Office 365-Gruppen handelt es sich um einen Dienst, den es ausschließlich im Rahmen von Office 365 gibt. Im Rahmen einer vollständigen Exchange-Hybridkonfiguration, bei der Sie die Postfächer Ihrer Anwender auf Exchange Online und einer lokalen Exchange-Umgebung verteilen, sind Office 365-Gruppen dennoch möglich – wenn auch mit einigen Einschränkungen für die Anwender verbunden, die ihr Postfach nicht in Exchange Online haben.

[»] Mehr zur vollständigen Exchange-Hybridkonfiguration lesen Sie in Abschnitt 6.13.

11.4.1 Voraussetzungen

Um Office 365-Gruppen auch in vollständigen Exchange-Hybridkonfigurationen nutzen zu können, müssen folgende Voraussetzungen erfüllt sein:

- Sie benötigen Azure Active Directory Premium-Lizenzen und weisen diese den Benutzern zu. Dieser Lizenztyp ist nicht Bestandteil der Office 365-Lizenztypen. Die Lizenzen sind erforderlich, weil die Active Directory-Synchronisierung mit AAD Connect in diesem Fall so konfiguriert wird, dass in Office 365 angelegte Gruppen auch im lokalen Verzeichnis erstellt werden.
- Lokal müssen Sie mindesten Exchange 2016 mit CU1 oder Exchange 2013 mit CU11 einsetzen.
- Neben der Active Directory-Synchronisierung muss auch ein Identitätsverbund für Single Sign-on aktiviert sein (siehe Abschnitt 4.6, »Identitätsverbund«).

11.4.2 Konfiguration

Bei der Konfiguration von Office 365-Gruppen mit Hybridbereitstellungen müssen Sie zwei Dinge tun: AAD Connect anpassen und eine separate Domäne für die Gruppen-E-Mail-Adressen vorsehen.

Gruppenrückschreiben in AAD Connect aktivieren

Nachdem Sie überprüft haben, ob die erforderlichen Voraussetzungen erfüllt sind, müssen Sie in AAD Connect die Funktion *Gruppenrückschreiben* aktivieren. Lesen Sie hierzu Abschnitt 4.3.4, »Installation und Konfiguration«.

Gruppendomäne konfigurieren

In der Standardkonfiguration enden die E-Mail-Adressen (Gruppen-IDs) der Office 365-Gruppen auf Ihre Office 365-Mandantdomäne (*.onmicrosoft.com*). Damit der E-Mail-Fluss mit Gruppen in einer Hybridbereitstellung einwandfrei funktioniert, ist eine separate E-Mail-Domäne für Ihre Gruppen erforderlich. Nehmen Sie diese Konfiguration nicht vor und akzeptieren die Gruppen keine E-Mails von außerhalb der Organisation (siehe Abschnitt 11.2.1, »Gruppen anlegen und verwalten«), würden E-Mails von lokalen Postfächern an eine Gruppe nicht ausgeliefert.

Gehen Sie wie folgt vor:

1. Suchen Sie eine geeignete separate Gruppen-E-Mail-Domäne aus, beispielsweise `gruppen.beispielag.de` oder `groups.beispielag.de`.
2. Verifizieren Sie die Domäne in Ihrem Office 365-Mandanten (siehe Abschnitt 2.4.2, »Domäne verifizieren«).
3. Erstellen Sie die DNS-Einträge aus Tabelle 11.3 für die Domäne. In der Tabelle wird von der Domäne `gruppen.beispielag.de` ausgegangen.

Hostname	Typ	Wert
gruppen.beispielag.de	MX	gruppen-beispielag-de.mail.protection.outlook.com
autodiscover.gruppen.beispielag.de	CNAME	autodiscover.outlook.com

Tabelle 11.3 DNS-Einträge für Gruppen-E-Mail-Domäne

4. Konfigurieren Sie die Domäne für Ihre Office 365-Gruppen (siehe Abschnitt 11.2.3, »E-Mail-Domäne von Gruppen ändern«).
5. Fügen Sie die Domäne in Ihrer lokalen Exchange-Umgebung als akzeptierte Domäne hinzu, beispielsweise mit folgendem PowerShell-Kommando:

```
New-AcceptedDomain -Name gruppen.beispielag.de `
    -DomainName gruppen.beispielag.de `
    -DomainType InternalRelay
```

Listing 11.8 Akzeptierte Domäne hinzufügen

6. Fügen Sie die Domäne zum Sende-Connector der lokalen Exchange-Umgebung hinzu, der vom Hybrid-Konfigurationsassistenten angelegt wurde. Hier ein Beispiel:

```
Set-SendConnector -Identity "Outbound to Office 365" `
    -AddressSpaces "beispielag.mail.onmicrosoft.com",
        "gruppen.beispielag.de"
```

Damit ist die Konfiguration abgeschlossen.

11.4.3 Einschränkungen für lokale Postfächer

Trotz der Konfiguration haben Benutzer mit Postfächern in der lokalen Exchange-Organisation nicht den vollen Zugriff auf alle Gruppenfunktionalitäten, dies betrifft insbesondere die Unterhaltungen. Liegt das Postfach in der lokalen Exchange-Organisation, kann der Anwender an Unterhaltungen nur per E-Mail teilnehmen. Er hat keinen Zugriff auf die Ansicht mit den bisher geführten Unterhaltungen. Auch an Ereignissen aus dem Gruppenkalender wird er nur per E-Mail beteiligt.

11.5 So geht es weiter

Nachdem Sie nun die Office 365-Gruppen ausführlich kennengelernt haben, lesen Sie im nächsten Kapitel von einem Dienst, der auf dem Gruppenkonzept aufsetzt: Microsoft Teams.

Kapitel 12
Teams

Das zwölfte Kapitel widmet sich einer Erweiterung der Office 365-Gruppen: Sie lernen Microsoft Teams und dessen Vorteile bei der Zusammenarbeit mit Ihren Kollegen kennen und erfahren, wie Sie sie auf unterschiedlichen Geräten nutzen.

Im Vergleich zu früher arbeiten wir heute typischerweise in sehr viel mehr Teams zusammen. Starre Unternehmensstrukturen werden dabei aufgeweicht. Umso wichtiger ist es, den Teammitgliedern ein flexibles Werkzeug an die Hand zu geben, das sie bei der Zusammenarbeit unterstützt. Microsoft Teams kann hier die Lösung sein, mit persistenten Unterhaltungen, einfachen Funktionen für Besprechungen und der Dateiablage sowie einer breiten Palette an Clients für unterschiedliche Nutzungsszenarien.

In Office 365 Deutschland steht Teams derzeit noch nicht zur Verfügung.

12.1 Was ist Teams?

Microsoft Teams (der Einfachheit halber hier *Teams* genannt) ist einer der jüngeren Mitglieder der Office 365-Dienste. Teams unterstützt, wie der Name schon andeutet, die Zusammenarbeit im Team mit schneller Kommunikation, Informationsaustausch und Abstimmungswerkzeugen. Dabei ist Teams keine komplett neu entwickelte Insellösung, sondern Teams setzt auf andere Dienste wie Exchange Online, SharePoint Online, Office 365-Gruppen, Planer, Power BI und Office Online auf.

12.1.1 Funktionsüberblick

Ihre Anwender erhalten mit Teams Funktionen für folgende Anwendungen:

▶ Unterhaltungen im Team und direkt zwischen zwei Personen
Dabei erinnert die Benutzererfahrung eher dem, wie Sie es vielleicht von Diensten wie Facebook oder WhatsApp kennen und weniger der Verwendung von E-Mail-Verteilerlisten oder Skype for Business (siehe Abbildung 12.1). Die Unterhaltungen sind dabei persistent, das heißt, sie bleiben dauerhaft bestehen und sind auch für neue Teammitglieder einsehbar.

Neben den Unterhaltungen mit realen Personen unterstützt Teams auch Gespräche mit *Bots* (von *Robot*), allen voran den standardmäßig vorhandenen *T-Bot*, der Fragen Ihrer Anwender zu Bedienung von Teams zu beantworten versucht (siehe Abbildung 12.2).

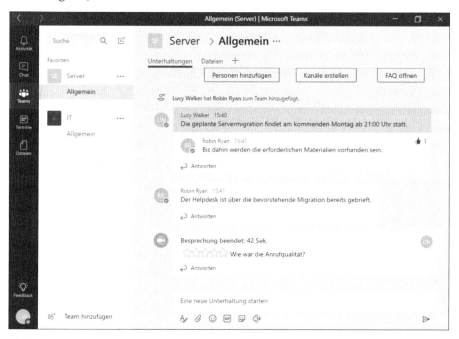

Abbildung 12.1 Unterhaltungen im Team

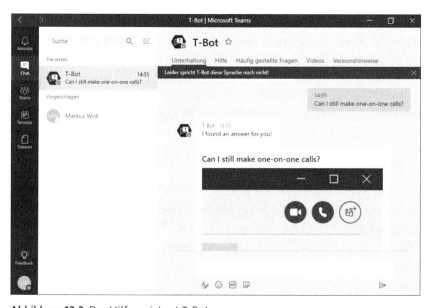

Abbildung 12.2 Der Hilfeassistent T-Bot

- Präsenzstatus
  Wie in Skype for Business sieht der Anwender von anderen Benutzern deren Präsenzstatus beim Profilbild. Derzeit ist der Präsenzstatus von Teams und von Skype for Business allerdings nicht identisch. Der Teams-Präsenzstatus zeigt Ihnen an, welchen Status der Benutzer innerhalb von Teams hat – aber nicht darüber hinaus. Es gibt Überlegungen, die beiden Präsenzstatus zusammenzuführen.
- Anrufe und Konferenzen
  Teams können geplante und spontane Konferenzen einberufen. Ähnlich wie in Skype for Business sind dabei auch Freigaben, wie etwa die Desktopfreigabe, möglich (siehe Abbildung 12.3). Zeitpunkt und gegebenenfalls Inhalt werden im Team protokolliert.

Abbildung 12.3 Teamkonferenz

- Gemeinsamer Datenbestand
  Jedes Team verfügt über eine Gruppenwebsite in SharePoint Online. Dort können gemeinsam verwendete Dateien hinterlegt und andere SharePoint-Funktionen genutzt werden (siehe Abbildung 12.4). Daneben verfügt jedes Team über einen Plan in Planer, ein gemeinsames Notizbuch, und auf Wunsch kann Power BI eingebunden werden.
- Einbindung externer Anwendungen
  Mithilfe von Connectors können Daten von anderen Anwendungen oder Informationsspeichern in Teams eingebunden werden, beispielsweise RSS-Feeds (siehe Abbildung 12.5).

Abbildung 12.4 Gemeinsame Dokumentablage

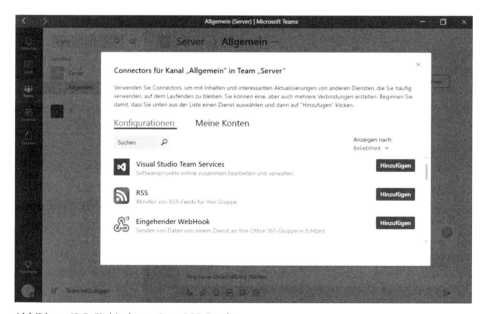

Abbildung 12.5 Einbindung eines RSS-Feeds

12.1.2 Lizenzüberblick

Um Teams zu nutzen, benötigt jeder Benutzer eine der folgenden Lizenztypen:

- Business Essentials oder Business Premium
- E1, E3 oder E5

▶ K1 (hierbei allerdings eingeschränkt auf Audio-/Videoanrufe zwischen zwei Benutzern; an Besprechungen kann teilgenommen werden, das Aufsetzen von Besprechungen ist jedoch nicht möglich)

Eine separate Lizenz für Teams wird nicht angeboten.

12.2 Aufbau eines Teams

Jedes Team folgt einem gewissen Aufbau und umfasst einen Mindestsatz an Funktionen. Sehen wir uns die Architektur dahinter an.

12.2.1 Teams und Kanäle

Starten Sie einen der zahlreichen Clients für Teams (siehe Abschnitt 12.4, »Clients«) und wechseln zum gleichnamigen Bereich, sehen Sie die Teams, in denen Sie Mitglied sind (siehe Abbildung 12.6).

Abbildung 12.6 Der Windows-Desktop-Teams-Client

Mit der Zeit kann es durchaus passieren, dass sich hier eine längere Liste anhäuft. Um dabei den Überblick nicht zu verlieren, können Sie die Reihenfolge der Teams auch anpassen. Über das Kontextmenü jedes Teams können Sie Teams auch als Favorit definieren bzw. den Favoritenstatus entfernen. Alle Teams ohne Favorit werden am Ende der Liste unter einem separaten Abschnitt MEHR zusammengefasst.

Öffnen Sie ein Team, werden die darin enthaltenen Kanäle sichtbar. Jedes Team enthält zunächst den Kanal *Allgemein*. Sie können auch weitere Kanäle anlegen. Diese Kanäle sind typischerweise themenspezifisch, um die Unterhaltungen der Teammitglieder in verschiedene Bereiche zu gruppieren. Öffnen Sie einen Kanal, werden wiederum Registerkarten angezeigt. Standardmäßig sehen Sie dort UNTERHALTUNGEN, DATEIEN und NOTIZEN. Über das Plus-Symbol können Sie weitere Registerkarten hinzufügen, um beispielsweise Dateien schnell zugreifbar zu machen (siehe Abbildung 12.6).

Die Unterhaltungen jedes Kanals können Sie über einen *Connector* befüllen lassen, beispielsweise mit RSS-Feeds oder Twitter-Tweets.

Abbildung 12.7 Registerkarte hinzufügen

Jedem Kanal ist eine separate E-Mail-Adresse zugeordnet. Wird an eine solche Adresse eine E-Mail geschickt, erscheint der E-Mail-Text innerhalb der Unterhaltungen. Gegebenenfalls vorhandene Dateianhänge werden auf der Gruppenwebsite abgelegt. Die E-Mail-Adresse wird automatisch vergeben. Wie diese lautet, können Sie über das Kontextmenü und den Befehl E-MAIL-ADRESSE ABRUFEN ermitteln.

12.2.2 Komponenten eines Teams

Legen Sie ein neues Team an, passiert im Hintergrund Folgendes:

- Eine neue Office 365 Gruppe wird angelegt
  Ein Team setzt immer auf eine Office 365-Gruppe auf. Die Gruppe trägt den Namen des Teams, und die Gruppe ist auch in Outlook sichtbar, so wie Outlook im Web zu

sehen ist. Ein Nachteil daran ist, dass die Anwender damit zwei verschiedene Möglichkeiten haben, Unterhaltungen zu führen: einmal in Teams (siehe Abbildung 12.8) und einmal über Outlook (siehe Abbildung 12.9).

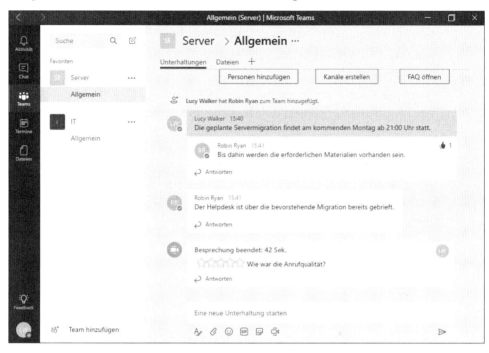

Abbildung 12.8 Ein Team im Teams-Client ...

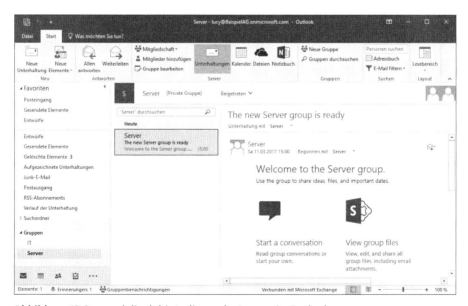

Abbildung 12.9 ... und die dahinterliegende Gruppe in Outlook

Diese beiden Unterhaltungsstränge sind nicht identisch, werden nicht synchronisiert und auch nicht gemeinsam angezeigt. Hier ist es empfehlenswert, dass Sie Ihre Anwender entsprechend darauf hinweisen.

Bestehende Gruppen können Sie mit der Teams-Funktionalität erweitern (siehe Abschnitt 12.5.2, »Erweitern einer Office 365-Gruppe«).

Achtung: Löschen Sie ein Team, löschen Sie damit auch automatisch die dahinterliegende Gruppe.

▶ Eine neue SharePoint-Gruppenwebsite wird angelegt
Wie bei Office 365-Gruppen üblich, wird automatisch eine SharePoint-Gruppenwebsite angelegt, die dann primär zum Dateiaustausch gedacht ist. Die Gruppenwebsite enthält die Dokumentbibliothek *Dokumente*. In dieser Bibliothek wird für den standardmäßig vorhandenen Teamkanal *Allgemein* ein separater Ordner angelegt, dessen Inhalt dann im Teams-Client auf der Registerkarte DATEIEN dargestellt wird. Genauso wird später beim Anlegen eines weiteren Kanals ein zusätzlicher Ordner in dieser Bibliothek angelegt.

Für den Teamkanal *Allgemein* wird außerdem ein OneNote angelegt, das im Teams-Client auf der Registerkarte NOTIZEN angezeigt wird. Weitere Kanäle erhalten jeweils einen eigenen Abschnitt im Notizbuch.

▶ Ein neues Gruppenpostfach wird angelegt
Auch das gehört zum Standardprozess beim Anlegen einer Office 365-Gruppe. Das Gruppenpostfach enthält, wie oben schon erläutert, eine separate Möglichkeit für Unterhaltungen. Ebenso kann es für die gemeinsame Kalenderverwaltung genutzt werden.

Bei den Teams werden zwei Arten von Benutzern unterschieden: Eigentümer und Mitglieder. Der Benutzer, der ein Team anlegt, ist automatisch Eigentümer. Es können jedoch auch weitere Eigentümer definiert werden, die dann alle gemeinsam bestimmte Einstellungen des jeweiligen Teams vornehmen und das Team umbenennen und löschen können (siehe Abschnitt 12.5.3, »Eigenschaften bearbeiten«).

12.2.3 Teambeschränkungen

Aktuell gibt es einige Beschränkungen hinsichtlich der Teams:

▶ Pro Office 365-Mandant können maximal 500.000 Teams angelegt werden.

▶ Pro Team kann es maximal zehn Eigentümer geben.

▶ Jeder normale Benutzer kann bis zu 250 Teams anlegen – diese Limitierung gilt nicht für globale Administratoren (siehe Abschnitt 2.5.2, »Benutzer anlegen«).

▶ Jedes Team kann maximal 600 Mitglieder haben.

- In Besprechungen sind maximal 80 Personen möglich.
- In einer vollständigen Exchange-Hybridkonfiguration (siehe Abschnitt 6.13) gibt es einen Unterschied, je nachdem, ob das Benutzerpostfach in der lokalen Exchange-Organisation oder in Exchange Online liegt. Befindet es sich lokal, kann der Benutzer keine Connectors konfigurieren.

12.3 Administrationsübersicht

Die allgemeine Administration von Teams für Ihren Office 365-Mandanten finden Sie im Office 365 Admin Center unter EINSTELLUNGEN • SERVICES & ADD-INS • MICROSOFT TEAMS (siehe Abbildung 12.10).

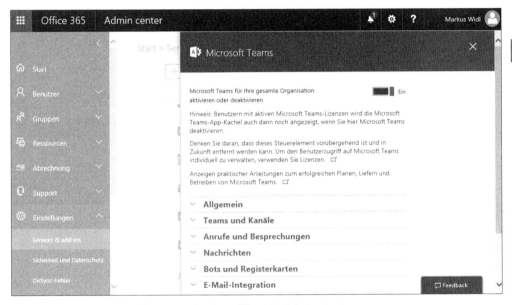

Abbildung 12.10 Teams-Administration im Office 365 Admin Center

12.3.1 Teams aktivieren und deaktivieren

Aktuell ist Teams standardmäßig deaktiviert und muss bei Bedarf erst aktiviert werden. Dazu finden Sie im Office 365 Admin Center den entsprechenden Schalter.

Es ist davon auszugehen, dass Teams zu einem späteren Zeitpunkt standardmäßig aktiviert wird. Außerdem fehlt derzeit im App-Launcher noch eine App-Kachel für Teams. Ihre Anwender müssen deshalb entweder über *https://teams.microsoft.com* direkt auf den Webclient zugreifen, oder sie verwenden einen der zahlreichen Clients. Alternativ dazu können Sie auch selbst eine Kachel für den App-Launcher erstellen (siehe Abschnitt 2.2.1, »Office 365-Portal«).

Welche Anwender Teams nutzen können, steuern Sie über die Lizenzzuweisung. Jedes Lizenzpaket, das Teams umfasst (siehe Abschnitt 12.1.2, »Lizenzüberblick«), enthält die Teillizenz Microsoft Teams (siehe Abbildung 12.11).

Abbildung 12.11 Microsoft Teams als Teillizenz

12.3.2 Funktionen aktivieren und deaktivieren

Die Teams-Administration im Office 365 Admin Center bietet Ihnen noch eine Reihe weiterer Konfigurationsoptionen:

- ALLGEMEIN
  - ORGANIGRAMM IM PERSÖNLICHEN PROFIL ANZEIGEN: Klicken Sie im Teams-Client auf ein Profilbild, erscheint zur jeweiligen Person eine Visitenkarte. Von dort aus können Sie das Organigramm aufrufen, das Ihnen die Position der Person im Unternehmen aufzeigt (siehe Abbildung 12.12).

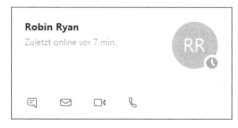

Abbildung 12.12 Benutzerprofil

- TEAMS UND KANÄLE
  Hier wechseln Sie zur Administrationsoberfläche für Office 365-Gruppen. Da Teams auf diesem Konzept aufsetzt, können Sie dort beispielsweise auch Besitzer und Mitglieder Ihrer Teams verwalten.
- ANRUFE UND BESPRECHUNGEN
  - VIDEO IN BESPRECHUNGEN ZULASSEN
  - BILDSCHIRMFREIGABE IN BESPRECHUNGEN ZULASSEN
- NACHRICHTEN
  - FÜGEN SIE UNTERHALTUNGEN LUSTIGE ANIMIERTE BILDER HINZU: Möglicherweise lassen sich damit längere Texte etwas lockerer gestalten. Deaktivieren Sie diese Option, sind nur noch die typischen *Emojis* wie *Smileys* auswählbar. Aktivieren Sie die Option, können Ihre Anwender *Giphys* wählen (von *http://giphy.com/*). Nur im aktivierten Zustand haben auch die weiteren Optionen in diesem Abschnitt eine Bedeutung.
  - INHALTSBEWERTUNG: Hier können Sie wählen, welche Art von Bildern Ihre Anwender auswählen können.
  - ANPASSBARE BILDER AUS DEM INTERNET HINZUFÜGEN: Mit dem Aktivieren dieser Option lassen Sie neben Emojis und Giphys auch noch viele anderen Bilder und Animationen zu, wie *Büro-Dramen*.
  - UNTERHALTUNGEN BEARBEITBARE BILDER HINZUFÜGEN: Hiermit lassen Sie die Bearbeitung von Bildern zu.
- REGISTERKARTEN
  - ERWEITERUNGSREGISTERKARTEN IN MICROSOFT TEAMS AKTIVIEREN: Mit dieser Option erlauben Sie die Erweiterung von Kanälen durch weitere Registerkarten. Betroffen sind dabei allerdings nicht die standardmäßig möglichen Registerkarten, wie für Office-Dokumente, Planer und Power BI, sondern nur möglicherweise vorhandene Erweiterungen von Drittherstellern oder Eigenentwicklungen.
- BOTS
  - BOTS IN MICROSOFT TEAMS AKTIVIEREN, UM BENUTZERN DIE ERLEDIGUNG VON AUFGABEN ZU ERLEICHTERN: Ist diese Option aktiviert, können Ihre Anwender über die Chat-Funktion mit Bots Unterhaltungen führen. Immer vorhanden ist dann der *T-Bot*, der versucht, Fragen Ihrer Anwender zur Bedienung von Teams zu beantworten – derzeit allerdings nur auf Englisch (siehe Abbildung 12.13).
  - SIDELOADEN EXTERNER BOTS AKTIVIEREN: Diese Option ist gegebenenfalls bei Bots von Drittherstellern oder Eigenentwicklungen erforderlich.

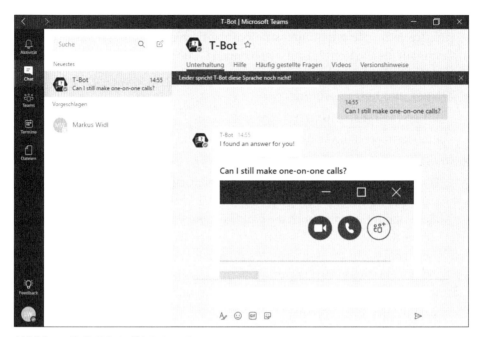

Abbildung 12.13 T-Bot gibt Antwort.

[»] Neben diesen Konfigurationsoptionen für Ihren Office 365-Mandanten können Sie auch jedes Team nach Ihren Vorstellungen konfigurieren. Lesen Sie hierzu Abschnitt 12.5.3, »Eigenschaften bearbeiten«.

12.4 Clients

Den Zugriff auf Teams können Sie über eine ganze Palette unterschiedlicher Clients vornehmen. Der allgemeinste davon ist der Webclient, den Sie über folgende URL erreichen:

https://teams.microsoft.com

Daneben gibt es für folgende Betriebssysteme native Clients:

- Windows ab Version 7
- macOS ab Version 10.10 (OS X Yosemite)
- iOS ab Version 9
- Android ab Version 4.4
- Windows 10 Mobile

Die Clients für Mobilgeräte unterstützen natürlich auch die Benachrichtigungsfunktion der Geräte.

Alle zusammengefasst, mit den jeweiligen Downloadlinks, finden Sie hier:

https://teams.microsoft.com/download

12.5 Arbeiten mit Teams

In diesem Abschnitt beschreibe ich einige wichtige Schritte bei der Arbeit rund um Teams. Diese werden typischerweise nicht von einem Administrator, sondern von den Anwendern selbst vorgenommen. Dennoch gibt es einige Punkte, die auch der Administrator kennen sollte.

Ich beschreibe die Schritte hier jeweils mit dem Windows-Desktop-Teams-Client. Bei den anderen Clients sind die Schritte ähnlich, doch nicht jeder Client kann auch alles. So können Sie mit den mobilen Clients derzeit beispielsweise noch keine Teams anlegen.

12.5.1 Anlegen eines Teams

Ihre Anwender können Teams ohne großen Aufwand erstellen. Sie klicken dazu im Bereich TEAMS auf TEAM HINZUFÜGEN und klicken dann auf TEAM ERSTELLEN. Geben Sie anschließend zumindest einen Teamnamen und optional eine Beschreibung an (siehe Abbildung 12.14).

Abbildung 12.14 Anlegen eines Teams

Anschließend kann der Anwender gleich noch Mitglieder zum frisch gebackenen Team hinzufügen (siehe Abbildung 12.15). Dies geht mit einzelnen Benutzern, aber auch mit den Mitgliedern bestehender Office 365-Gruppen oder auch E-Mail-Verteilergruppen. Wobei nicht die Gruppen selbst Mitglied werden, sondern die aktuellen Mitglieder werden einzeln dem Team hinzugefügt. Ändern sich später die Mitglieder der Gruppe, hat das keine Auswirkung auf die Teammitglieder.

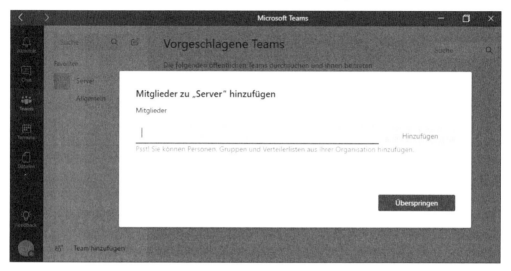

Abbildung 12.15 Mitglieder hinzufügen

Damit erscheint das Team auch bereits im Client des Eigentümers und bei allen Mitgliedern. Sie können dann neue Kanäle (über das Drei-Punkte-Menü) und weitere Registerkarten (via Plus-Symbol) anlegen.

12.5.2 Erweitern einer Office 365-Gruppe

Bestehende Office 365-Gruppen können Sie um die Teams-Funktionalität erweitern. Damit das möglich ist, müssen allerdings diese Voraussetzungen erfüllt sein:

▶ Die Office 365-Gruppe muss privat und darf nicht öffentlich sein
  (siehe Abschnitt 11.1.1, »Komponenten von Office 365-Gruppen«).
▶ Die Erweiterung kann nur durch einen Besitzer der Office 365-Gruppe erfolgen.

Sind diese Voraussetzungen erfüllt und klickt der Benutzer zunächst im Teams-Client auf TEAM HINZUFÜGEN und dann auf TEAM ERSTELLEN, erscheint das Bild aus Abbildung 12.16.

Der Anwender klickt dann auf JA, MICROSOFT TEAMS-FUNKTIONEN HINZUFÜGEN. Damit erhält er eine Liste, mit allen potenziell geeigneten Gruppen (siehe Abbildung 12.17). Dort markiert er die gewünschte Gruppe und geht im Assistenten weiter.

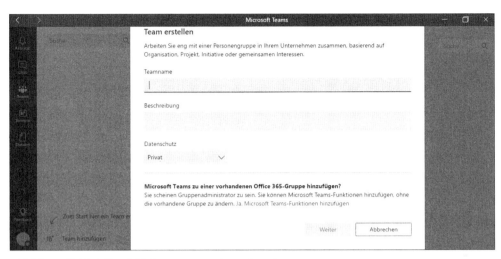

Abbildung 12.16 Office 365-Gruppen wurden erkannt.

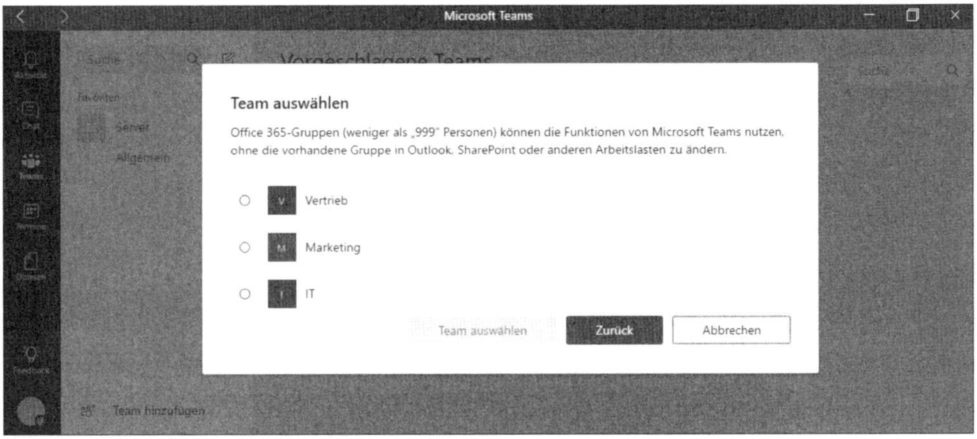

![Abbildung 12.17]

Abbildung 12.17 Auswahl einer Office 365-Gruppe

Die bestehende SharePoint-Gruppenwebsite bleibt damit erhalten. Die bisherigen Unterhaltungen aus Outlook und Outlook im Web bleiben auch dort – sie werden also nicht in das Team übernommen. Die Anwender können dann wahlweise in Teams und in Outlook Unterhaltungen führen.

Löschen Sie ein Team, löschen Sie damit auch automatisch die dahinterliegende Office 365-Gruppe.

12.5.3 Eigenschaften bearbeiten

Eigentümer eines Teams können bestimmte Einstellungen setzen, um vorzugeben, was die Mitglieder mit einem Team machen dürfen. Diese Einstellungen sind allerdings gut versteckt: Klicken Sie auf die drei Punkte neben dem Namen des Teams (nicht die drei Punkte neben einem Kanal), und wählen Sie im erscheinenden Kontextmenü den Befehl TEAM ANZEIGEN (siehe Abbildung 12.18).

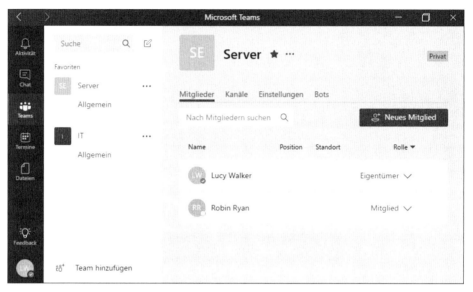

Abbildung 12.18 Teams-Anzeige

Hier können Sie folgende Einstellungen vornehmen:

- MITGLIEDER
  Ändern Sie die Liste der Mitglieder, oder passen Sie die Rolle einzelner Mitglieder an (Eigentümer/Mitglied).
- KANÄLE
  Fügen Sie weitere Kanäle hinzu.
- EINSTELLUNGEN
  Das ist der wohl spannendste Bereich. Hier haben Sie Zugriff auf das Bild, mit dem das Team dargestellt wird, aber auch auf zusätzliche Optionen sind verfügbar (siehe Abbildung 12.19):
    - Mitgliederberechtigungen: Können Mitglieder Kanäle, Registerkarten und Connectors modifizieren?
    - Funktionseinstellungen: Können Erwähnungen (@NAME) verwendet werden?
    - Giphys, Aufkleber und Memes: Dürfen Unterhaltungen mit Medien versehen werden – und wenn ja, mit welchen?
- BOTS
  Erweiterung der Kanäle durch Bots

12.5 Arbeiten mit Teams

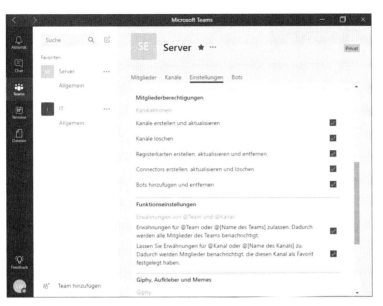

Abbildung 12.19 Teams-Einstellungen

12.5.4 Unterhaltungen mit einer oder mehreren Personen

Die Teams-Clients unterstützen nicht nur die Unterhaltung im Team, in die jedes Teammitglied Einblick hat, sondern auch die direkte Unterhaltung mit einer oder mehreren Personen außerhalb eines konkreten Teams. Wählen Sie dazu den CHAT-Bereich im Teams-Client (siehe Abbildung 12.20).

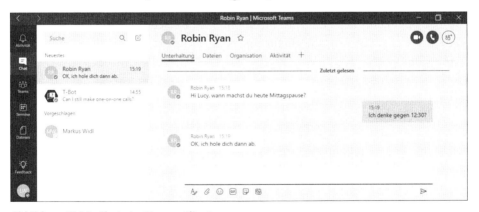

Abbildung 12.20 Chats im Teams-Client

Auch dort ist die Unterhaltung persistent, bleibt also für Sie und Ihre Kommunikationspartner im Client dauerhaft ersichtlich. Damit kommen sich der Teams-Client und der WhatsApp-Client schon sehr nahe. Abbildung 12.21 zeigt den Client unter iOS in Aktion.

1081

Abbildung 12.21 Teams-Client unter iOS

12.5.5 Sofortbesprechung durchführen

Manche Clients unterstützen Audio- und Videobesprechungen (der Webclient sowie die mobilen Clients derzeit nicht). Um spontan eine solche Besprechung zu starten, klicken Sie unter dem Eingabefeld für eine neue Nachricht auf das Video-Symbol (siehe Abbildung 12.22).

Abbildung 12.22 Besprechung im Teams-Client starten

Alle Teammitglieder werden damit in die Besprechung eingeladen und können direkt daran teilnehmen.

Innerhalb einer Besprechung können Sie auch Ihren Desktop freigeben und Instant-Messaging-Nachrichten austauschen. Das Protokoll der Nachrichten wird im Anschluss an die Besprechung direkt im aktuellen Kanal für alle Teammitglieder verfügbar gemacht.

[»] In Besprechungen sind derzeit maximal 80 Personen möglich.

12.5.6 Besprechungen planen

Neben Sofortbesprechungen können Sie Besprechungen natürlich auch planen. Auf den Desktop-Clients wählen Sie dazu den Bereich TERMINE (siehe Abbildung 12.23).

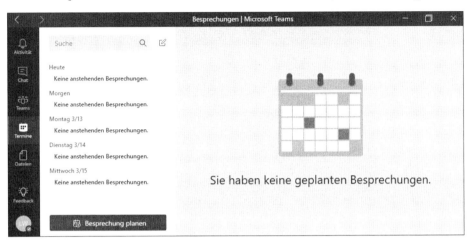

Abbildung 12.23 Termine im Teams-Client

Dort finden Sie alle geplanten Teams-Besprechungen, aber auch Skype for Business-Besprechungen zusammengefasst. Mit einem Klick auf BESPRECHUNG PLANEN erstellen Sie eine neue Teams-Besprechung für einen bestimmten Kanal (siehe Abbildung 12.24).

Abbildung 12.24 Neue Besprechung anlegen

Die Besprechung wird dann im Kanal aufgeführt, und alle eingeladenen Personen erhalten einen entsprechenden Eintrag in Ihrem Postfach-Kalender, von dem aus sie auch direkt in die Besprechung springen können (siehe Abbildung 12.25).

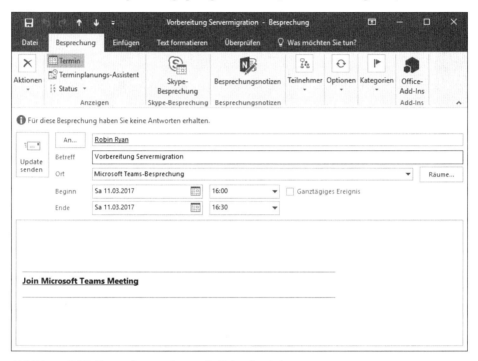

Abbildung 12.25 Teams-Besprechung als Kalendereintrag

12.6 So geht es weiter

In diesem Kapitel haben Sie nun Teams detailliert kennengelernt. Weiter geht es mit Diensten, die Ihre Anwender dabei unterstützen, relevante Informationen zu finden, ohne dass sie aufwendig danach suchen müssen. Außerdem geht es um Statistiken über die Arbeitsweise Ihrer Anwender.

Kapitel 13
Delve und MyAnalytics

Im dreizehnten Kapitel nutzen Sie den Office Graph, mit dem Office 365 Ihre Anwender besser kennenlernt, um sie dann bei der Suche nach den richtigen Informationen zu unterstützen und Statistiken über ihr Arbeitsverhalten bereitzustellen.

Sicher erkennen Sie sich selbst bei einer der folgenden Fragestellungen wieder:

- Wo ist das wichtige Dokument abgelegt, an dem meine Kollegen gerade arbeiten?
- Wie bekomme ich die Präsentation der gerade beendeten Skype-Konferenz?
- Wo ist ein bestimmtes Dokument abgelegt? In SharePoint? In OneDrive for Business? Oder gar als E-Mail-Anhang?
- Woran arbeitet ein bestimmter Kollege derzeit?
- Mit was habe ich letzte Woche meine Zeit verbracht?
- Wie viel Zeit verbringe ich mit E-Mails oder in Meetings?
- Wie sieht dabei der Unternehmensdurchschnitt aus?

Bei solchen und ähnlichen Fragestellungen unterstützen Sie *Delve* und *MyAnalytics* (MyAnalytics trug früher den Namen *Delve Analytics*). Doch bevor wir uns Delve und MyAnalytics näher ansehen, müssen wir zunächst über *Office Graph* sprechen.

13.1 Office Graph

Der Office Graph hat die Aufgabe, das Verhalten der Anwender (sogenannte *Signale*) bei ihrer täglichen Arbeit aufzuzeichnen, zu analysieren und daraus Profile zu erstellen. Signale, die der Office Graph auswertet, sind beispielsweise diese:

- Anwender klicken auf ein Objekt oder öffnen es.
- Anwender ändern ein Objekt oder speichern es.
- Anwender geben etwas frei.
- soziale Aktivitäten wie Liken oder das Nachverfolgen von Objekten
- die Suche nach bestimmten Informationen

Derartige Signale werden aus unterschiedlichen Anwendungen, Diensten und Datenquellen aufgenommen:

- SharePoint Online
- OneDrive for Business Online
- Exchange Online – Kommunikation mit bestimmten Personen
- Exchange Online – E-Mail-Anhänge
- Exchange Online – Termine
- Office 365 Video
- Yammer
- Azure Active Directory – Organisationsinformationen wie die Abteilung
- API – eine Schnittstelle zur Datenfütterung des Office Graphen über andere Anwendungen und eigenen Programmcode

Um lokale Datenbestände in den Office Graph zu integrieren, können Sie die API nutzen. Einfacher ist es jedoch, wenn Sie den Bestand einer lokalen SharePoint 2013- oder 2016-Umgebung in den Office Graph einbinden wollen. Wie das geht, lesen Sie in Abschnitt 7.17.4, »Hybride Suche«.

Die vom Office Graph analysierten Daten sind über eine Schnittstelle abrufbar. Eine Anwendung, die diese Schnittstelle nutzt, ist Delve. Somit ist der Office Graph als Backend-Anwendung zu sehen und Delve ein Frontend davon. Delve ist allerdings nicht der einzige Client des Office Graph. Hier einige Anwendungsfälle innerhalb von Office 365:

- *Focused Inbox* in Exchange Online: Bei der Anzeige des Postfachinhalts werden für den Anwender mutmaßlich wichtige E-Mails in einer separaten Ansicht dargestellt, um sie von weniger wichtigen E-Mails zu separieren.
- *Office 365 Video*: ein firmeninternes Videoportal für Schulungsfilme etc. Sieht sich ein Anwender ein Video an, erhält er Empfehlungen, welche Videos für ihn auch noch interessant sein könnten (siehe Abschnitt 14.2.2, »Office 365 Video«).

[»] Der Office Graph wird gerne mit dem *Microsoft Graph* verwechselt oder gleichgesetzt. Letzterer stellt verschiedene APIs zur Verfügung, mit denen auf Daten beispielsweise aus dem Azure Active Directory und den Office 365-Diensten (etwa Postfächer und Postfachinhalte, Gruppen, Personen etc.) zugegriffen werden kann. Mehr dazu erfahren Sie hier:

https://developer.microsoft.com/de-de/graph/docs

13.1.1 Voraussetzungen

Möchten Sie den Office Graph nutzen, benötigen Ihre Anwender eine der folgenden Lizenzen:

▶ E1, E3 oder E5
▶ Business Essentials oder Business Premium

Dabei darf die in diesen Lizenzpaketen enthaltene SharePoint Online-Lizenz nicht deaktiviert sein. Soll der Office Graph auch Dateianhänge berücksichtigen, gilt das auch für die Exchange Online-Lizenz.

13.1.2 Office Graph deaktivieren

Sollten Sie den Office Graph nicht oder zumindest noch nicht nutzen wollen, können Sie ihn deaktivieren. Damit deaktivieren Sie jedoch auch alle darauf aufbauenden Anwendungen wie Delve. Die Deaktivierung nehmen Sie auch für Ihren kompletten Office 365-Mandanten vor. Eine Beschränkung auf einzelne Benutzer ist an dieser Stelle nicht möglich.

Um den Office Graph zu deaktivieren, gehen Sie wie folgt vor:

1. Öffnen Sie das SharePoint Admin Center.
2. Wechseln Sie zum Bereich EINSTELLUNGEN.
3. Im Abschnitt OFFICE GRAPH wählen Sie die Option ZUGRIFF AUF OFFICE GRAPH NICHT ZULASSEN.

13.2 Delve

Delve greift auf die vom Office Graph analysierten Daten zu und visualisiert sie dem Anwender. Dabei hat der Anwender insbesondere diese Vorteile:

▶ Für den Anwender wichtige Informationen werden gesammelt dargestellt, ohne dass der Anwender danach suchen muss (beispielsweise Dokumente, an denen Kollegen arbeiten, Präsentationen aus Konferenzen, an denen der Anwender teilgenommen hat, etc.).
▶ Eine zentrale Suche, die nicht nur speziell für eine Datenquelle konzipiert wurde (beispielsweise nur SharePoint Online-Daten), sondern datenquellenübergreifend Ergebnisse liefert (neben SharePoint Online beispielsweise auch E-Mail-Anhänge aus Postfächern in Exchange Online oder auch aus Yammer). Dabei werden folgende Dateitypen unterstützt:
  – Office-Dokumente
  – PDF

- Bilddateien
- Videos
- SharePoint-Inhalte wie Aufgaben, Seiteninhalte
- Links aus Yammer-Posts

Die Suche findet dabei aber nicht nur Dokumente, sondern auch Personen.

[»] Bis neue Dokumente in Delve erscheinen, dauert es bis zu einer Stunde. Änderungen werden jedoch innerhalb von Minuten sichtbar.

Die Informationen, die Delve darstellt, sind für den Anwender personalisiert, das heißt, jeder Anwender erhält potenziell eine andere Zusammenstellung der aufbereiteten Daten. Ein Beispiel sehen Sie in Abbildung 13.1.

13.2.1 Webclient

Abbildung 13.1 zeigt den heute verfügbaren Delve-Webclient, den die Anwender über den App-Launcher innerhalb von Office 365 erreichen oder direkt über folgende URL:

https://delve.office.com

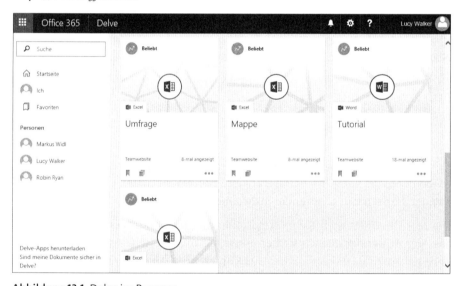

Abbildung 13.1 Delve im Browser

In Abbildung 13.1 sehen Sie am linken Rand die folgenden Punkte:

▶ Suchfeld: Hier suchen Sie nach Stichworten in Dokumentinhalten genauso wie nach Personen.

▶ STARTSEITE: Delve zeigt hier alle Informationen an, die es für aktuell relevant für den Anwender hält. Darunter befinden sich auch Dokumente, die von Kollegen aktuell eingesehen oder bearbeitet werden.

- ICH: Hier befinden sich Dokumente, an denen der Anwender derzeit arbeitet. Außerdem können Sie hier Ihr Profil aktualisieren oder auch ein Blog führen (siehe Abbildung 13.2).

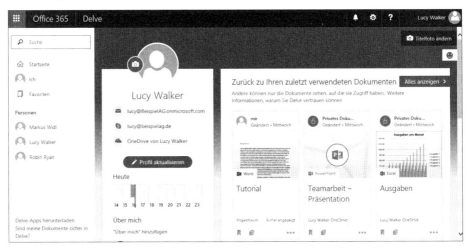

Abbildung 13.2 Ansicht »Ich«

- FAVORITEN: eine Liste aus Dokumenten, die Sie als Favoriten markiert haben.
- PERSONEN: In diesem Abschnitt sehen Sie Personen, denen der Office Graph eine besondere Bedeutung für Sie als Anwender beimisst. Wer unter dieser Liste angezeigt wird, ermittelt der Office Graph aus mehreren Faktoren, beispielsweise der Organisationsstruktur aus dem Azure Active Directory oder den häufigsten E-Mail-Kontakten. Klickt der Anwender auf eine der Personen, zeigt Delve das Profil der Person, Dokumente, an denen die Person zuletzt gearbeitet hat, sowie Personen, mit denen sie häufig zusammenarbeitet. Außerdem haben Sie von hier aus Zugriff auf das OneDrive for Business der Person (siehe Abbildung 13.3).

Abbildung 13.3 Ansicht einer Person

[»] Hier werden natürlich nur Dokumente und Informationen dargestellt, auf die Sie auch Zugriff haben. Hat die Person beispielsweise ein Dokument nicht für Sie freigegeben, wird es auch nicht dargestellt. Delve umgeht hier keine Berechtigungen.

Die Darstellung von Dokumenten erfolgt in Kacheln, wobei dort folgende Informationen enthalten sind (siehe Abbildung 13.4):

- Dokumenteigentümer
- Datum der letzten Änderung
- Vorschaubild mit Anwendungssymbol
- Dokumenttitel (aus den Dokumentmetadaten)
- Ablageort
- Anzahl der Anzeigen (wie oft das Dokument geöffnet wurde)

Abbildung 13.4 Kachelansicht

- Aktionsleiste mit folgenden Funktionen:
  - Zu Favoriten hinzufügen: Das Dokument wird dann für den schnellen Zugriff im Bereich Favoriten angezeigt. Die Favoritenliste ist für den Anwender persönlich. Kollegen können sie nicht einsehen.
  - Boards verwalten: Mithilfe von Boards können Dokumente aus unterschiedlichen Ablageorten als zu einem Thema zusammengehörend markiert werden. Klicken Sie auf die Schaltfläche, vergeben Sie einen Namen für ein neues Board oder wählen ein bestehendes aus (siehe Abbildung 13.5). Boards werden dann in der Navigation links unter den Personen aufgeführt und sind auch über die Suche auffindbar. Ebenso können Sie Links auf Boards verschicken.

- WEITERE OPTIONEN: Hier finden Sie weitere Schaltflächen, um einen Link auf das Dokument zu kopieren oder per E-Mail zu versenden. Ebenso können Sie abfragen, wer berechtigt ist, auf das Dokument zuzugreifen.

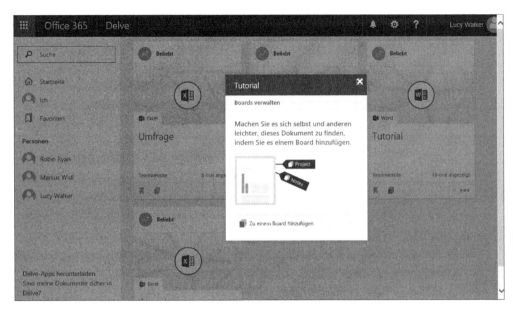

Abbildung 13.5 Board anlegen

13.2.2 Profile

Öffnen Sie in Delve das Profil einer Person, sehen Sie die Darstellung aus Abbildung 13.6.

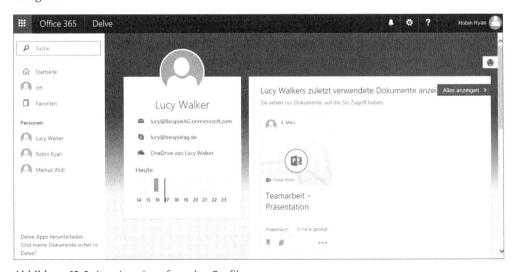

Abbildung 13.6 Anzeige eines fremden Profils

Die Profilansicht besteht aus den folgenden Komponenten:

- Das eigentliche Profil: Je nachdem, welche Daten über die angezeigte Person bekannt und freigegeben sind, ist die Darstellung unterschiedlich umfangreich. Wenigstens sehen Sie dort die KONTAKTINFORMATIONEN. Von hier aus können Sie zum OneDrive der Person wechseln. Dort sehen Sie natürlich nur die Ordner und Dateien, die für Sie auch freigegeben sind.
- ORGANISATIONS- UND GRUPPENDIAGRAMM: die Position der Person innerhalb des Unternehmens sowie eine Liste der Gruppen, in denen sie Mitglied ist
- PRAISE: Hier können Sie der Person ein Lob aussprechen. Dieses Lob wird dann auf dem Profil der Person dargestellt.
- BLOG: Wenn die Person ein Blog führt, sehen Sie hier die Artikel.
- ZULETZT VERWENDETE DOKUMENTE: Hier sehen Sie die von der Person zuletzt verwendeten Dokumente, sofern Sie selbst darauf zugriffsberechtigt sind.
- PERSONEN AUS DEM UMFELD: Hier sehen Sie Personen, mit denen die Person, dessen Profil angezeigt wird, häufig zusammenarbeitet.
- DOKUMENTE, AN DENEN PERSONEN ARBEITEN, MIT DENEN DIE PERSON HÄUFIG ZUSAMMENARBEITET

Eigenes Profil

Bei Ihrem eigenen Profil ist die Darstellung etwas anders (siehe Abbildung 13.2). Ihr eigenes Profil erreichen Sie in Delve mit einem Klick auf den Navigationspunkt ICH. Alternativ dazu klicken Sie in der Office 365-Navigationsleiste auf Ihr Profilbild und wählen dann den Befehl ÜBER MICH.

Ihr eigenes Profil besteht aus den folgenden Komponenten:

- Das eigentliche Profil: Im Gegensatz zu fremden Profilen können Sie Ihr eigenes Profil auch aktualisieren, indem Sie auf die entsprechenden Schaltflächen klicken (siehe Abbildung 13.7). Bei jeder Angabe können Sie dabei selbst festlegen, wer in Ihrer Organisation die Information auch einsehen kann. Zu den möglichen Profilinformationen gehören Kontaktinformationen ebenso wie soziale Informationen, wie Ihr Geburtsdatum, und fachliche Informationen, wie Projekte, an denen Sie arbeiten, Fachkenntnisse und Angaben zu Ihrem Werdegang.
- ORGANISATIONS- UND GRUPPENDIAGRAMM: Wie bei fremden Profilen sehen Sie Ihre Position innerhalb des Unternehmens sowie eine Liste der Gruppen, in denen Sie Mitglied sind.
- PRAISE: Hier finden Sie lobende Erwähnungen Ihrer Kollegen.
- BLOG: Falls gewünscht, können Sie hier ein eigenes Blog betreiben. Ihre Blog-Einträge werden dann für andere Personen sichtbar, wenn diese Ihr Profil aufrufen.

Abbildung 13.7 Anpassung des eigenen Profils

- ZURÜCK ZU IHREN ZULETZT VERWENDETEN DOKUMENTEN: Hier sehen Sie eine Liste einiger zuletzt von Ihnen verwendeten Dokumente für einen schnellen Zugriff darauf.
- PERSONEN AUS DEM UMFELD: Personen, mit denen Sie in letzter Zeit häufig zusammenarbeiten
- DOKUMENTE, AN DENEN PERSONEN ARBEITEN, MIT DENEN SIE HÄUFIG ZUSAMMENARBEITEN

13.2.3 Weitere Clients

Neben dem Webclient gibt es für Windows 10 sowie für iOS, Android und Windows Mobile angepasste Clients (diese sind derzeit jedoch nur mit Office 365 Global und nicht mit Office 365 Deutschland kompatibel):

- Windows 10 und Windows Mobile: *https://www.microsoft.com/de-de/store/p/delve/9nblggh4n0bv*
- iOS: *https://itunes.apple.com/de/app/office-delve-for-office-365/id969258781?mt=8*
- Android: *https://play.google.com/store/apps/details?id=com.microsoft.delvemobile&hl=de*

13.2.4 Dokumente von der Anzeige in Delve ausschließen

Der Delve-Anwender erhält natürlich nur Informationen angezeigt, für die er auch berechtigt ist. Das Sicherheitskonzept von beispielsweise SharePoint Online wird durch Delve nicht umgangen. Wollen Sie bestimmte Dokumente, die in SharePoint Online abgelegt sind, von der Auswertung im Office Graph ausnehmen, müssen Sie dafür sorgen, dass die Dokumentbibliothek nicht von der SharePoint-Suche indexiert wird. Der Office Graph greift nämlich auf diese zurück. Um eine Dokumentbibliothek von der Suche auszuschließen, gehen Sie wie folgt vor:

1. Öffnen Sie die Einstellungen der Bibliothek.
2. Im Abschnitt ALLGEMEINE EINSTELLUNGEN wählen Sie die ERWEITERTEN EINSTELLUNGEN.
3. Im Abschnitt SUCHEN wählen Sie bei der Option SOLLEN ELEMENTE AUS DIESER DOKUMENTBIBLIOTHEK IN SUCHERGEBNISSEN ANGEZEIGT WERDEN? die Option NEIN (siehe Abbildung 13.8).

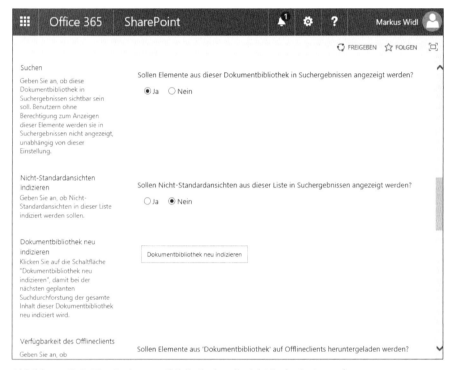

Abbildung 13.8 Eine Dokumentbibliothek soll nicht indexiert werden.

13.2.5 Delve deaktivieren und aktivieren

In der Standardkonfiguration ist Delve aktiviert. Möchte ein Anwender Delve aber nicht nutzen, kann er es auch individuell deaktivieren. Damit werden seine Aktivitäten auch bei anderen Anwendern nicht mehr angezeigt. Dazu sind folgende Schritte erforderlich:

1. Der Anwender öffnet Delve im Browser.
2. Er wählt den Befehl EINSTELLUNGEN (ZAHNRAD) • FEATURE-EINSTELLUNGEN.
3. Er deaktiviert das Feature (siehe Abbildung 13.9).

Abbildung 13.9 Delve deaktivieren

Damit ist der Anwender jedoch immer noch in der Personensuche zu finden. Seine Dokumente werden in Delve aber nicht mehr angezeigt. Ebenso nicht im Bereich ENTDECKEN von OneDrive for Business Online.

Ebenso kann der Anwender Delve an dieser Stelle auch wieder aktivieren.

13.2.6 Konfiguration mit PowerShell

Manche Unternehmen wünschen sich als Standardkonfiguration für jeden Benutzer zunächst ein deaktiviertes Delve. Wenn ein Benutzer Delve nutzen möchte, soll er es selbst aktivieren. Leider gibt es derzeit keine Möglichkeit, dies als Standardeinstellung vorzugeben. Ob Delve für einen Benutzer aktiviert ist oder nicht, wird in der Eigenschaft OfficeGraphEnabled des SharePoint-Benutzerprofils gespeichert. Standardmäßig hat diese Eigenschaft keinen Wert, und damit gilt die Standardeinstellung (welche derzeit nicht änderbar ist) – Delve ist also aktiv. Setzt man die Eigenschaft auf FALSE, ist Delve für den Benutzer deaktiviert (die Profilfunktionen bleiben natürlich aktiv). Wird die Eigenschaft dagegen auf den Wert TRUE gesetzt, ist Delve für den Benutzer fest eingeschaltet.

Mithilfe der PowerShell können Sie diese Eigenschaft abfragen und setzen. Dazu finden Sie in Listing 13.2 zwei PowerShell-Funktionen, mit denen Sie für einzelne oder mehrere Benutzer den Delve-Status abfragen und setzen können. So wäre es möglich, zumindest für die vorhandenen Benutzer administrativ Delve aus- oder auch wieder einzuschalten. Nicht so schön: Dies müsste dann für neue Benutzer jeweils neu durchgeführt werden.

Die Funktionen können beispielsweise wie folgt aufgerufen werden:

- Abfrage des Delve-Status für Lucy:

```
Get-DelveStatus -UserPrincipalName lucy@beispielag.de `
    -Tenantname beispielag `
    -AdminAccount admin@beispielag.onmicrosoft.com `
    -AdminPass "geheimesPasswort"
```

Listing 13.1 Abfrage des Delve-Status

- Setzen des Delve-Status für Lucy:

```
Set-DelveStatus -UserPrincipalName lucy@beispielag.de `
    -Enabled $false `
    -Tenantname beispielag `
    -AdminAccount admin@beispielag.onmicrosoft.com `
    -AdminPass "geheimesPasswort"
```

Der -Tenantname steht für den vorderen Teil der Mandantdomäne (im Beispiel beispielag.onmicrosoft.com). Beim Parameter -UserPrincipalName können Sie auch ein Array an Benutzerprinzipalnamen übergeben, um die Funktionen nicht für jeden Benutzer einzeln aufrufen zu müssen.

```
function Get-DelveStatus {

    param (
        [Parameter(Mandatory=$true)]
        $UserPrincipalName,

        [Parameter(Mandatory=$true)]
        $Tenantname,

        [Parameter(Mandatory=$true)]
        $AdminAccount,

        [Parameter(Mandatory=$true)]
        $AdminPass
    )

    $AdminURI = "https://$Tenantname-admin.sharepoint.com"

    [System.Reflection.Assembly]::LoadWithPartialName(
        "Microsoft.SharePoint.Client") | Out-Null
    [System.Reflection.Assembly]::LoadWithPartialName(
        "Microsoft.SharePoint.Client.Runtime") | Out-Null
```

```
    [System.Reflection.Assembly]::LoadWithPartialName(
        "Microsoft.SharePoint.Client.UserProfiles") | Out-Null

    $AdminPass = ConvertTo-SecureString -String $AdminPass -AsPlainText -Force
    $cred = New-Object ↩
        Microsoft.SharePoint.Client.SharePointOnlineCredentials(
        $AdminAccount, $AdminPass)

    $uri = "$AdminURI/_vti_bin/UserProfileService.asmx?wsdl"
    $UserProfileService = New-WebServiceProxy `
        -Uri $uri `
        -UseDefaultCredential $false
    $UserProfileService.Credentials = $cred

    $cookie = $cred.GetAuthenticationCookie($uri)
    $uri = New-Object System.Uri($uri)
    $container = New-Object System.Net.CookieContainer
    $container.SetCookies($uri, $cookie)
    $UserProfileService.CookieContainer = $container

    $UserPrincipalName |
        foreach {
            $UserProfileService.GetUserPropertyByAccountName(
                "i:0#.f|membership|$_", "OfficeGraphEnabled").Values[0].Value
        }

}

function Set-DelveStatus {

    param (
        [Parameter(Mandatory=$true)]
        $UserPrincipalName,

        [Parameter(Mandatory=$true)]
        [bool]$Enabled,

        [Parameter(Mandatory=$true)]
        $Tenantname,

        [Parameter(Mandatory=$true)]
        $AdminAccount,
```

```powershell
        [Parameter(Mandatory=$true)]
        $AdminPass
)

$AdminURI = "https://$Tenantname-admin.sharepoint.com"

[System.Reflection.Assembly]::LoadWithPartialName(
    "Microsoft.SharePoint.Client") | Out-Null
[System.Reflection.Assembly]::LoadWithPartialName(
    "Microsoft.SharePoint.Client.Runtime") | Out-Null
[System.Reflection.Assembly]::LoadWithPartialName(
    "Microsoft.SharePoint.Client.UserProfiles") | Out-Null

$AdminPass = ConvertTo-SecureString -String $AdminPass -AsPlainText -Force
$cred = New-Object ↩
    Microsoft.SharePoint.Client.SharePointOnlineCredentials(
    $AdminAccount, $AdminPass)

$uri = "$AdminURI/_vti_bin/UserProfileService.asmx?wsdl"
$UserProfileService = New-WebServiceProxy `
    -Uri $uri `
    -UseDefaultCredential $false
$UserProfileService.Credentials = $cred

$cookie = $cred.GetAuthenticationCookie($uri)
$uri = New-Object System.Uri($uri)
$container = New-Object System.Net.CookieContainer
$container.SetCookies($uri, $cookie)
$UserProfileService.CookieContainer = $container

$valueData = New-Object ↩
    Microsoft.PowerShell.Commands.NewWebserviceProxy.AutogeneratedTypes. ↩
    WebServiceProxy1n_UserProfileService_asmx_wsdl.ValueData
$valueData.Value = $Enabled.ToString()

$propertyData = New-Object ↩
    Microsoft.PowerShell.Commands.NewWebserviceProxy.AutogeneratedTypes. ↩
    WebServiceProxy1n_UserProfileService_asmx_wsdl.PropertyData
$propertyData.Name = "OfficeGraphEnabled"
$propertyData.Values = @($valueData)
$propertyData.IsValueChanged = $true
```

```
    $UserPrincipalName |
        foreach {
            $UserProfileService.ModifyUserPropertyByAccountName(
                "i:0#.f|membership|$_", $propertyData)
        }

}
```

Listing 13.2 Delve für Benutzer deaktivieren und aktivieren

13.3 MyAnalytics

Die vom Office Graph ermittelten und aufbereiteten Daten können Sie auch selbst nutzen, um Ihr Arbeitsverhalten innerhalb eines Zeitabschnitts von einer Woche zu überprüfen. Die Idee dahinter ist, Statistiken zu erhalten, wie Sie Ihre Arbeitszeit verbracht haben (in Besprechungen, beim Schreiben und Lesen von E-Mails etc.). Sie können auch Ziele festlegen und überprüfen, ob Sie diese erreicht haben (beispielsweise maximal zehn Stunden in Besprechungen zu verbringen). Als Datenquelle für die Statistiken werden Ihr Postfach sowie Ihr Kalender verwendet.

Darüber hinaus gibt es eine Outlook-Erweiterung, mit der Sie feststellen können, ob Ihre Mails an Gruppen auch tatsächlich gelesen werden.

Die von MyAnalytics aufbereiteten Daten stehen dabei nur Ihnen selbst zur Verfügung. Ihr Vorgesetzter oder andere Personen können Sie nicht einsehen. Es ist also kein Tool, das zur Überwachung der Arbeitnehmer gedacht ist.

13.3.1 Lizenzvoraussetzungen

MyAnalytics ist Bestandteil des Lizenzpakets E5. Zu den Lizenzpaketen E1 und E3 kann es in Office 365 Global für 3,40 € pro Benutzer und Monat dazugebucht werden. In Office 365 Deutschland steht MyAnalytics derzeit noch nicht zur Verfügung.

Weisen Sie einem Benutzer eine Lizenz mit MyAnalytics zu, beginnt der Dienst, die Daten für den Benutzer aufzubereiten. Dieser Vorgang dauert einige Tage. Im Anschluss daran erhält der Benutzer eine Willkommens-E-Mail.

13.3.2 Statistiken

MyAnalytics rufen Sie mit dem gleichnamigen Befehl in der Hauptnavigation von Delve auf (siehe Abbildung 13.10). Später soll MyAnalytics auch eine eigene Kachel im App-Launcher von Office 365 erhalten.

13   Delve und MyAnalytics

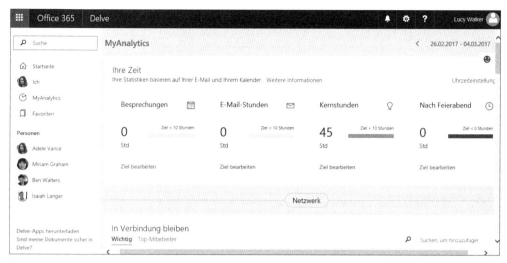

Abbildung 13.10 Ansicht von MyAnalytics

Die Ansicht von MyAnalytics liefert Ihnen folgende Komponenten (jeweils für eine wählbare Woche):

- Statistiken zu Ihrer Arbeitszeit
  IHRE ZEIT: Dies gibt die Summe der Stunden, die Sie mit Besprechungen, E-Mails, zielgerichteter Arbeit (das ist die Zeit, in der keine Besprechung geplant war) verbracht haben, wieder sowie die gearbeitete Zeit nach den offiziellen Arbeitsstunden (diese können Sie mit einem Klick auf UHRZEITEINSTELLUNGEN anpassen). Als Grundlage dieser Berechnungen werden die Daten aus Ihrem Postfach und Ihrem Kalender verwendet. Zu jeder Zahl können Sie auch einen Zielwert definieren und sehen dann die Einhaltung mit einem Balkendiagramm.

- Statistiken zu Ihrem Netzwerk
  - IN VERBINDUNG BLEIBEN: Diese Kachel besteht zunächst aus den Bereichen WICHTIG und TOP-MITARBEITER. Bei WICHTIG können Sie für Sie wichtige Personen suchen und festhalten (als Favorit definieren). Zu Ihren Favoriten erhalten Sie dann Angaben zu gemeinsam gearbeiteten Stunden, der Prozentzahl an gelesenen Nachrichten und der Antwortzeit auf E-Mails. Der Bereich TOP-MITARBEITER liefert die gleichen Werte, jedoch werden hier automatisch die Personen angezeigt, mit denen Sie im aktuellen Zeitabschnitt am häufigsten zusammengearbeitet haben.
  - Im unteren Bereich der Kachel sehen Sie dann noch die Angaben speziell zwischen Ihnen und Ihrem Vorgesetzten inklusive der Stundenanzahl für 1:1-Besprechungen.

– Kontakt verloren: Hier finden Sie Personen, mit denen Sie früher Kontakt hatten, wobei der letzte Kontakt schon länger zurückliegt. Von hier aus können Sie gleich eine E-Mail an die Person beginnen oder eine Besprechung planen.

▶ Statistiken zu Ihren Besprechungen, E-Mails, Kernstunden und der Zeit nach Feierabend
Anzahl der Stunden, die Sie mit der jeweiligen Tätigkeit verbracht haben, sowie der Vergleich zur jeweiligen Vorwoche. Hier sehen Sie auch den Unternehmensdurchschnitt. Mit einem Klick auf Details anzeigen erhalten Sie eine Übersicht über alle Besprechungen.

Daneben finden Sie Balkendiagramme zu den jeweiligen Tätigkeiten.

13.3.3 Outlook-Add-in

In Outlook finden Sie bei Ihren Mails im Menüband das Symbol MyAnalytics. Das Symbol wird erst angezeigt, wenn Ihrem Benutzerkonto eine Lizenz zugewiesen wurde, die MyAnalytics beinhaltet. Bei E-Mails, die Sie an wenigstens fünf Personen geschickt haben, können Sie damit eine separate Ansicht aufrufen, die Ihnen Statistiken liefert, wie Ihre E-Mails von den Empfängern gelesen wurden. Ein Beispiel sehen Sie in Abbildung 13.11.

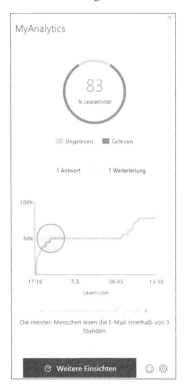

Abbildung 13.11 Outlook-Add-in von MyAnalytics

13.3.4 MyAnalytics deaktivieren und aktivieren

In der Standardkonfiguration ist MyAnalytics aktiviert – sofern der Benutzer über eine entsprechende Lizenz verfügt. Möchten Sie MyAnalytics nicht nutzen, können Sie es auch deaktivieren. Dazu öffnen Sie zunächst die Delve-App im Browser. Die direkte URL lautet:

https://delve.office.com

Dort angekommen, klicken Sie auf das Symbol EINSTELLUNGEN (ZAHNRAD) und im erscheinenden Menü FEATURE-EINSTELLUNGEN (siehe Abbildung 13.12). Dort können Sie im Abschnitt MYANALYTICS das Feature deaktivieren und gegebenenfalls auch wieder aktivieren.

[»] Sollte die Option nicht verfügbar sein, lesen Sie in Abschnitt 13.3.5, »Konfiguration mit PowerShell«, nach.

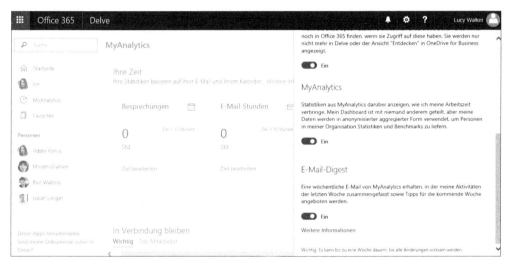

Abbildung 13.12 Delve-Einstellungen

13.3.5 Konfiguration mit PowerShell

Auch MyAnalytics können Sie für Ihre Benutzer mithilfe von PowerShell-Kommandos konfigurieren. Dazu erforderliche Befehle sind Bestandteil von Exchange Online. Vor der Konfiguration müssen Sie deshalb, wie in Abschnitt 6.3.3, »Verbindungsaufbau«, beschrieben, eine PowerShell-Verbindung mit Exchange Online herstellen.

Die beiden Befehle für MyAnalytics lauten `Get-UserAnalyticsConfig` und `Set-UserAnalyticsConfig`. Wie der Name schon andeutet, können Sie mit `Get-UserAnalyticsConfig` die Einstellung für einen Benutzer abfragen.

Hier ein Beispiel:

```
Get-UserAnalyticsConfig -Identity lucy@beispielag.de
```

Listing 13.3 Abfrage der MyAnalytics-Konfiguration

Bei `Set-UserAnalyticsConfig` geben Sie neben dem gewünschten Benutzer mithilfe des Parameters `-PrivacyMode` an, welchen Status MyAnalytics haben soll. Auch hier ein Beispiel:

```
Set-UserAnalyticsConfig -Identity lucy@beispielag.de `
   -PrivacyMode Opt-out
```

Listing 13.4 MyAnalytics-Konfiguration ändern

Der Standardwert ist `Opt-in`. Mit `Opt-out` wird MyAnalytics für den Benutzer zunächst deaktiviert, er kann es aber wie in Abschnitt 13.3.4, »MyAnalytics deaktivieren und aktivieren«, beschrieben wieder aktivieren. Die dritte Variante wäre ein `Excluded`. In diesem Fall ist MyAnalytics nicht aktiv, es kann aber auch nicht aktiviert werden.

13.4 So geht es weiter

Im nächsten Kapitel lesen Sie von vielen weiteren Anwendungen und Diensten, die in Office 365 zur Verfügung gestellt werden.

Kapitel 14
Weitere Anwendungen und Dienste

Office 365 ist mehr als nur Exchange, SharePoint, Skype und das Office-Paket. In diesem Abschnitt lernen Sie eine ganze Reihe weiterer Anwendungen und Dienste kennen.

Für einige dieser Dienste und Anwendungen könnte man jeweils ein eigenes Buch schreiben. Um das vorliegende Buch nicht zu sprengen, beschreibe ich diese Dienste und Anwendungen hier nur kurz und verweise jeweils auf die offizielle Dokumentation. Die Abschnitte sind wie folgt gegliedert:

- Infrastruktur
  - Security & Compliance Center
  - Mobilgeräteverwaltung
  - Advanced Security Management
  - Überwachungsprotokolle
  - Aufbewahrung
  - Advanced eDiscovery
  - Secure Score
- Dienste und Anwendungen
  - StaffHub
  - Office 365 Video
  - Planner
  - Sway
  - Bookings
  - Yammer
- Geschäftsanwendungen
  - Power BI
  - PowerApps
  - Flow

14.1 Infrastruktur

In Office 365 finden Sie einige Infrastrukturkomponenten, die für den gesamten Mandanten gelten und sich insbesondere um Sicherheitsthemen und die Einhaltung von Richtlinien drehen. Diese Funktionen sind primär im *Security & Compliance Center* zusammengefasst.

14.1.1 Security & Compliance Center

Das *Security & Compliance Center* fasst eine ganze Reihe von Funktionen zu den Themen Sicherheit und Compliance zusammen. Sie erreichen es entweder durch die entsprechende Kachel im App-Launcher oder durch den direkten Aufruf der folgenden URL (siehe Abbildung 14.1):

https://protection.office.com

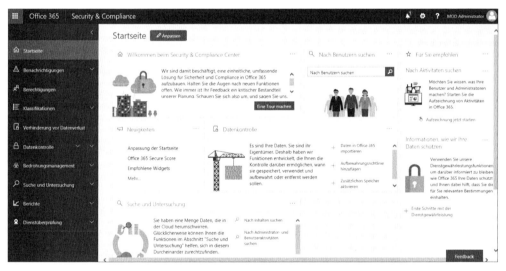

Abbildung 14.1 Security & Compliance Center

Einige davon könnten Sie auch direkt in den Administrationsoberflächen der jeweiligen Dienste aufrufen, beispielsweise die Einstellungen für Anti-Virus und Anti-Spam der Exchange Online Protection. Manche Funktionen zielen auf mehrere Dienste gleichzeitig, wie die Einstellungen für die Aufbewahrung von Daten – dies könnten Sie hier gemeinsam für Exchange Online und SharePoint Online konfigurieren. Darüber hinaus ist das Security & Compliance Center auch der Startpunkt, von dem aus Sie auf die Verwaltungskonsolen zusätzlicher Dienste kommen, wie beispielsweise das Advanced Security Management, das ich später noch erläutern werde. Und zu guter Letzt finden Sie hier viele Dokumente zu den Zertifizierungen der Rechenzentren, Informationen zu Datenschutz und Datensicherheit etc.

Tabelle 14.1 gibt einen Überblick über die im Security & Compliance Center verfügbaren Bereiche samt deren Abschnitte und Bedeutung.

Manche der Navigationspunkte werden nur dargestellt, wenn Sie bestimmte Lizenztypen in Ihrem Office 365-Mandanten zur Verfügung haben. Fehlt Ihnen ein Navigationspunkt, ist die Funktionalität vermutlich Bestandteil eines Lizenztyps, der Ihnen nicht zur Verfügung steht.

Bereich	Bedeutung
Benachrichtigungen	
Benachrichtigungen verwalten	Auf Basis des Eintretens eines bestimmten Ereignisses in der Überwachungsprotokollsuche (siehe Abschnitt 14.1.5, »Überwachungsprotokoll«) können Sie hier automatische Benachrichtigungen konfigurieren. Die Nachrichten werden an E-Mail-Adressen übertragen.
Sicherheitswarnungen anzeigen	Die hier angezeigten Sicherheitswarnungen stammen vom Dienst *Advanced Security Management (ASM)* (siehe Abschnitt 14.1.4, »Advanced Security Management«).
Erweiterte Benachrichtigungen verwalten	Von diesem Abschnitt aus springen Sie zur Verwaltungskonsole des Dienstes *ASM* (siehe Abschnitt 14.1.4, »Advanced Security Management«).
Berechtigungen	Um den Zugriff auf das Security & Compliance Center zu beschränken, und um zu konfigurieren, wer dort welche Aktionen durchführen darf, gibt es ein eigenes Rollenkonzept – ähnlich wie in Exchange. Dies ist auch sehr sinnvoll, denn manche Funktionen sollten nur – wenn überhaupt – von bestimmten Personen genutzt werden können, beispielsweise die Suche über sämtliche Postfachinhalte oder das Einsehen von Überwachungsprotokollen, in denen die Tätigkeiten der Anwender in Office 365 nachvollzogen werden können. In diesem Abschnitt können Sie die Rollen verwalten und den Rollen Benutzerkonten zuweisen.
Klassifikationen	
Typen vertraulicher Informationen	Die in diesem Abschnitt aufgeführten Typen werden von der Funktion *Verhinderung vor Datenverlust* verwendet (siehe Abschnitt 14.1.3, »Verhinderung von Datenverlust«).

Tabelle 14.1 Bereiche im Security & Compliance Center

Bereich	Bedeutung
Verhinderung vor Datenverlust	
Richtlinie	Hier finden Sie die Verwaltung von Richtlinien für die Verhinderung vor Datenverlust (siehe Abschnitt 14.1.3, »Verhinderung von Datenverlust«)
App-Berechtigungen	Dieser Abschnitt führt sie ebenfalls zur separaten ASM-Verwaltungskonsole (siehe Abschnitt 14.1.4, »Advanced Security Management«).
Gerätesicherheitsrichtlinien	Hier finden Sie die Konfiguration von Richtlinien für das Office 365 Mobile Device Management (siehe Abschnitt 14.1.2, »Mobilgeräteverwaltung«).
Geräteverwaltung	Führt Sie zur separaten Verwaltungskonsole des Office 365 Mobile Device Managements (siehe Abschnitt 14.1.2, »Mobilgeräteverwaltung«).
Datenkontrolle	
Importieren	Von hier aus werden Sie zum Office 365-Importdienst weitergeleitet, mit dem Sie die Inhalte von PST-Dateien in Exchange Online-Postfächer sowie Dateien in SharePoint Online und OneDrive for Business Online importieren können. Zur Auswahl haben Sie dabei den Upload über das Internet oder die Übertragung mithilfe einer Festplatte, die Sie per Spedition zu einem Microsoft-Rechenzentrum schicken können, wenn Ihre Internetbandbreite nicht ausreicht.
Archivieren	Das Anlegen und Verwalten von Archivpostfächern (genauer gesagt *In-Situ-Archive*) ist hier als Alternative zum Exchange Admin Center möglich (siehe Abschnitt 6.6, »Archivierung«).
Aufbewahren	In diesem Abschnitt legen Sie Richtlinien für das Löschen an, mit denen Objekte nach Erreichen eines gewissen Alters automatisch entfernt werden – bei Postfächern wird dies über die Aufbewahrungsrichtlinien erreicht (siehe Abschnitt 14.1.6, »Aufbewahrung«) und für Dateien auf OneDrive und SharePoint über Löschrichtlinien.

Tabelle 14.1 Bereiche im Security & Compliance Center (Forts.)

Bereich	Bedeutung
Aufbewahren (Forts.)	Daneben können Sie hier auch Erhaltungsrichtlinien erstellen, mit denen Postfachinhalte sowie Dateien von OneDrive und SharePoint garantiert für einen gewissen Zeitraum (auch unlimitiert wäre denkbar) aufbewahrt und über eine Inhaltssuche abrufbar werden – obwohl es für die Anwender so aussieht, als hätten Sie die Inhalte schon lange gelöscht.
Bedrohungsmanagement	
E-Mail-Filterung	Anti-Spam-Einstellungen für die Exchange Online Protection (EOP), wie Sie diese auch im Exchange Admin Center vornehmen können (siehe Abschnitt 6.8.4, »Anti-Virus und Anti-Spam mit EOP«).
Antischadsoftware	Wie zuvor Anti-Virus-Einstellungen für die EOP (siehe Abschnitt 6.8.4, »Anti-Virus und Anti-Spam mit EOP«).
Dkim	Auch die Einstellungen zu Dkim (Signatur von E-Mails als Schutz vor gefälschten E-Mails) finden Sie alternativ im Exchange Admin Center (siehe Abschnitt 6.8.4, »Anti-Virus und Anti-Spam mit EOP«).
Sichere Anlagen	Hier konfigurieren Sie als Alternative zum Exchange Admin Center die Richtlinien für sichere Anlagen für den Dienst *Advanced Threat Protection (ATP)* (siehe Abschnitt 6.8.6, »Schutz vor unbekanntem Schadcode mit ATP«).
Sichere Links	Auch dieser Abschnitt gehört zur ATP-Konfiguration (siehe Abschnitt 6.8.6, »Schutz vor unbekanntem Schadcode mit ATP«).
Quarantäne	Dieser Abschnitt liefert Ihnen Zugriff auf die Quarantäne der EOP (siehe Abschnitt 6.8.4, »Anti-Virus und Anti-Spam mit EOP«).
Suche und Untersuchung	
Inhaltssuche	Von hier aus durchsuchen Sie die Postfächer (dazu gehören auch die aufgezeichneten Unterhaltungen von Skype for Business), OneDrives und SharePoint-Websites nach bestimmten Inhalten.

Tabelle 14.1 Bereiche im Security & Compliance Center (Forts.)

Bereich	Bedeutung
Inhaltssuche (Forts.)	Die Treffer können Sie dann exportieren und anderweitig verwenden. Diese Funktion ist für Compliance-Fälle gedacht, um bestimmte Vorgänge oder Inhalte auffinden oder nachweisen zu können. Die Inhaltssuche durchsucht auch Inhalte, die der Anwender schon gelöscht hat, die aber über eine Aufbewahrungsrichtlinie noch länger bereitgestellt werden müssen.
Überwachungsprotokollsuche	Auch Wunsch zeichnet Office 365 sehr granular die Tätigkeiten der Anwender und Administratoren in einem Protokoll auf. Dieses können Sie in diesem Bereich hier durchsuchen (siehe Abschnitt 14.1.5, »Überwachungsprotokoll«).
eDiscovery	Hier erstellen und verwalten Sie eDiscovery-Fälle (siehe Abschnitt 14.1.7, »Advanced eDiscovery«).
Productivity App Discovery	Dieser Abschnitt führt sie ebenfalls zur separaten ASM-Verwaltungskonsole (siehe Abschnitt 14.1.4, »Advanced Security Management«).
Berichte	
Dashboard	Dieser Punkt gehört auch zur Verhinderung vor Datenverlust (siehe Abschnitt 14.1.3, »Verhinderung von Datenverlust«).
Dienstüberprüfung	
Dashboard	Übersicht über die in diesem Bereich hinterlegten Informationen
Compliance-Berichte	Sie haben auf Berichte von unabhängigen Drittanbieterauditoren Zugriff, wie Office 365 bestimmte behördliche Auflagen und Sicherheitsstandards erfüllt, darunter beispielsweise die Berichte zu den ISO-Zertifizierungen.
Vertrauensstellungsdokumente	Von hier aus erhalten Sie Zugriff auf eine Vielzahl von Dokumenten rund um die Themen Sicherheit, Datenschutz und Compliance rund um Office 365.

Tabelle 14.1 Bereiche im Security & Compliance Center (Forts.)

Bereich	Bedeutung
Überwachte Steuerelemente	Hier finden Sie den Status, das Datum des letzten Tests und die Ergebnisse der Überprüfungen für ISO 27001 und ISO 27018.
Einstellungen	Die im Bereich DIENSTÜBERPRÜFUNG angezeigten Informationen werden nach Region und Branche gefiltert. Über die Einstellungen können Sie diese beiden Werte ändern.

Tabelle 14.1 Bereiche im Security & Compliance Center (Forts.)

14.1.2 Mobilgeräteverwaltung

Der Arbeitsplatz vieler Arbeitnehmer beschränkt sich heute nicht mehr nur auf den Schreibtisch im Bürogebäude des Unternehmens, sondern er wird zunehmend mobil. Diese mobile Arbeitswelt sorgt nun dafür, dass die Mitarbeiter oftmals einen Zoo unterschiedlicher Geräte mit sich führen. Und diese Mobilität stellt Sie als Administrator vor einige Herausforderungen, um den Zugriff auf Unternehmensdaten möglichst sicher zu gestalten. Die Problematik wird noch verschärft, wenn das Unternehmen den Mitarbeitern erlaubt, private Geräte geschäftlich zu nutzen. In diesem Fall lagern auf den Geräten neben den Familienfotos mitunter auch sensible geschäftliche Daten. Verlässt nun der Mitarbeiter das Unternehmen oder wird ein solches Gerät gestohlen oder auch nur verkauft, stellt sich dann die spannende Frage, wie das Unternehmen sicherstellen kann, dass keine geschäftlichen Daten auf dem Gerät zurückbleiben, die sonst möglicherweise in falsche Hände gelangen könnten.

Über das inzwischen die Jahre gekommene ActiveSync-Protokoll ist es mit Postfachrichtlinien möglich, einen gewissen Grundschutz auf den mobilen Geräten sicherzustellen, wie beispielsweise die Aktivierung der Geräteverschlüsselung und das Vorhandensein eines Kennworts. Auch wäre es möglich, ein Gerät aus der Ferne zu löschen, beispielsweise wenn ein Mitarbeiter das Unternehmen verlässt (dann wären allerdings auch die Familienfotos verloren, was bei privaten Geräten eher unerfreulich ist). Doch hat dieser Ansatz einen gewaltigen Nachteil: Er kommt nur beim Zugriff auf das Postfach zum Tragen. Wird das Postfach gar nicht auf dem Gerät eingebunden, kommt ActiveSync nicht zum Einsatz. Mehr zu ActiveSync lesen Sie in Abschnitt 6.10, »ActiveSync«.

Entsprechend ist ein anderer Ansatz erforderlich: Office 365 enthält eine Mobilgeräteverwaltung mit einigen grundlegenden Funktionen. Die Mobilgeräteverwaltung ist in den Office 365-Lizenzen bereits enthalten. Funktional handelt es sich dabei um eine Teilmenge der Funktionen, die Sie über Microsoft Intune zur Verfügung gestellt bekommen – das aber kostet zusätzlich.

Die von der Office 365-Mobilgeräteverwaltung abgedeckten Funktionen lassen sich in drei Bereiche gliedern:

- Gerätekonfiguration
  Die Mobilgeräteverwaltung wird nicht für Geräte, sondern für Benutzer aktiviert. Sie gilt dann für alle Geräte, mit denen der Benutzer versucht, auf die Unternehmensdaten in Office 365 zuzugreifen. Beim ersten Zugriff von einem noch unbekannten Gerät muss der Benutzer es zunächst in der Mobilgeräteverwaltung registrieren. Das gilt sowohl für den Zugriff auf sein Postfach wie auch für die diversen Office-Apps. Dabei wird er auf seinem Gerät durch die erforderlichen Schritte geführt. Mit der Registrierung übergibt der Benutzer jedoch auch ein Stück weit die Kontrolle an die Mobilgeräteverwaltung. Akzeptiert er dies, wird das Gerät entsprechend den von Ihnen gemachten Vorgaben konfiguriert, die der Benutzer selbst auch nicht ändern kann (es sei denn, er nimmt das Gerät aus der Mobilgeräteverwaltung heraus – damit verliert er aber auch den Zugriff auf die Unternehmensdaten). Somit können Sie bestimmte Gerätefunktionen bereits einrichten, wie etwa das Anfordern eines Kennworts mit einer gewissen Länge oder die Geräteverschlüsselung.

- Bedingter Zugriff
  Neben den Gerätekonfigurationen, gegen die sich der Benutzer nicht wehren kann, können Sie aber auch die Konfiguration mancher Einstellungen dem Benutzer überlassen. Doch nur, wenn er die Einstellungen mindestens so streng setzt, wie Sie es wünschen, erhält er Zugriff auf die Unternehmensdaten. Beispielsweise können Sie es dem Benutzer überlassen, ein Kennwort zu vergeben. Doch nur, wenn er auch tatsächlich eines gesetzt hat, ist der Zugriff auf die Unternehmensdaten möglich. Deaktiviert er das Kennwort, wird auch der Zugriff auf die Unternehmensdaten gesperrt. Zum bedingten Zugriff gehört auch die Überprüfung, ob das Gerät gerootet (bei Android-Geräten) oder gejailbreakt (bei iOS-Geräten) ist. Damit wäre das Sicherheitskonzept der Geräte durchbrochen, und es ist besonders anfällig gegenüber Schadsoftware. Sollte eine solche Umgehung erkannt werden, kann der Zugriff auf die Unternehmensdaten automatisch gesperrt werden.

- Selektives Löschen von Daten
  Die Mobilgeräteverwaltung unterstützt das komplette Löschen eines Gerätes, aber auch wahlweise das selektive Löschen. Bei Letzterem werden nur die Unternehmensdaten von dem Gerät entfernt, nicht aber die privaten Daten. Das geht sogar so weit, dass beispielsweise das OneDrive for Business des Anwenders aus der OneDrive-App entfernt wird, nicht aber sein privates OneDrive.

Die Mobilgeräteverwaltung von Microsoft Intune geht über diesen Punkt sogar noch hinaus. Dort gibt es zusätzlich noch das *Mobile Application Management (MAM)*, mit dem der Austausch von Unternehmensdaten auf vertrauenswürdige Apps beschränkt werden kann. So könnten die Anwender beispielsweise Umsatzzahlen aus einer Excel-Arbeitsmappe zwar über die Zwischenablage in ein Word-Dokument einfügen, nicht aber in die Facebook-App.

Grundkonfiguration

Die Konfigurationsoberfläche der Mobilgeräteverwaltung finden Sie im Security & Compliance Center im Bereich VERHINDERUNG VOR DATENVERLUST über dem Abschnitt GERÄTEVERWALTUNG (siehe Abbildung 14.2).

Rufen Sie die Seite zum ersten Mal auf, muss die Mobilgeräteverwaltung zunächst aktiviert werden. Dieser Vorgang kann gegebenenfalls einige Stunden in Anspruch nehmen.

Abbildung 14.2 Geräteverwaltung

In der Liste finden Sie später alle in der Mobilgeräteverwaltung registrierten Geräte. Von hier aus könnten Sie einzelne Geräte auch zurücksetzen (komplett oder selektiv). Bevor es jedoch so weit ist, sollten Sie noch einige Grundkonfigurationen vornehmen:

- Internetdomänen für die Mobilgeräteverwaltung
  Damit die Office 365-Mobilgeräteverwaltung von den Geräten auch gefunden wird, sind einige Einträge in Ihrer Internet-DNS-Verwaltung erforderlich. Wie diese aussehen sollen, erfahren Sie in der Domänenverwaltung (siehe Abschnitt 2.4, »Domänenverwaltung«).
- APNs-Zertifikat für iOS-Geräte
  Zur Einbindung von iOS-Geräten in der Mobilgeräteverwaltung benötigen Sie ein *APNs-Zertifikat (Apple Push Notifications)* von Apple. Dieses ist kostenfrei erhält-

lich. Klicken Sie auf EINSTELLUNGEN VERWALTEN und dann auf EINRICHTEN, um den Assistenten zur Einbindung eines solchen Zertifikats zu starten.

[»] Beachten Sie, dass dieses Zertifikat nach einiger Zeit abläuft und sie es rechtzeitig erneuern.

- Deaktivieren von IMAP und POP3
  Diese beiden Protokolle unterstützen die Mobilgeräteverwaltung von Office 365 nicht, und der Schutz würde bei deren Nutzung umgangen. Sie können die Protokolle aber auch über PowerShell-Kommandos deaktivieren. Stellen dazu eine Verbindung zu Exchange Online her (siehe Abschnitt 6.3.3, »Verbindungsaufbau«) und führen dann folgende Kommandos aus:

```
Set-CasMailbox -Identity [Alias] -ImapEnabled $False
Set-CasMailbox -Identity [Alias] -PopEnabled $False
```

Listing 14.1 Deaktivierung von IMAP und POP3

Richtlinienkonfiguration

Nach der Grundkonfiguration erstellen Sie Richtlinien und weisen diesen Sicherheitsgruppen aus dem Azure Active Directory zu. Die Richtlinien gelten dann für alle Mitglieder der Gruppen.

Die Verwaltung der GERÄTESICHERHEITSRICHTLINIEN finden Sie Abschnitt VERHINDERUNG VOR DATENVERLUST (siehe Abbildung 14.3).

Abbildung 14.3 Richtlinienkonfiguration

Welche Plattformen und welche Einstellungen dort jeweils unterstützt werden, finden Sie auf dieser Seite:

https://support.office.com/de-de/article/Funktionen-der-integrierten-Verwaltungmobiler-Ger%c3%a4te-f%c3%bcr-Office-365-a1da44e5-7475-4992-be91-9ccec25905b0?ui=de-DE&rs=de-DE&ad=DE

Angenommen, ein Anwender lädt nun auf seinem neu gekauften Mobilgerät die OneDrive-App herunter, oder er versucht, über die Word-App auf ein Dokument aus SharePoint Online zuzugreifen. Zunächst muss er sich gegenüber Office 365 authentifizieren. Dabei wird festgestellt, dass das Gerät in der Mobilgeräteverwaltung noch nicht registriert wurde. Damit startet automatisch ein Prozess zur Aufnahme des Geräts. Unter iOS und Android bedeutet dies, dass der Anwender die Microsoft-App *Unternehmensportal* installieren muss. Diese App wurde nicht speziell für Mobilgeräteverwaltung von Office 365 entwickelt, sondern wird mit Intune schon länger verwendet. Die Unternehmensportal-App sorgt nun dafür, dass im Azure Active Directory ein Objekt für das neue Gerät angelegt wird. Das Objekt selbst wird von den Office 365-Diensten ausgelesen, um beim Zugriff des Gerätes abzufragen, ob das verwendete Gerät die Zugriffsvoraussetzungen erfüllt. Die Voraussetzungen werden regelmäßig von der App überprüft und im Objekt hinterlegt. Wurde die Registrierung erfolgreich abgeschlossen und erfüllt das Gerät die Voraussetzungen, kann der Anwender auf die Unternehmensdaten zugreifen.

Etwas anders verhält es sich beim Hinzufügen eines Exchange Online-Postfachs in eine E-Mail-App über ActiveSync. In diesem Fall erhält der Anwender zunächst nur eine einzelne E-Mail. Unter iOS und Android wird er aufgefordert, die Unternehmensportal-App zu installieren und mit ihr das Gerät zu registrieren. Anschließend muss er noch auf einen Link in der Mail klicken, über den der E-Mail-Zugriff von dem verwendeten Gerät aus aktiviert wird. Danach beginnt die Synchronisierung des eigentlichen Postfachinhalts.

14.1.3 Verhinderung von Datenverlust

Die Verhinderung von *Datenverlust (Data Loss Prevention; DLP)* haben wir bereits in Abschnitt 6.9.4 durch die Exchange-Brille hindurch betrachtet. DLP betrifft aber nicht nur Exchange Online, sondern auch SharePoint Online und OneDrive for Business Online. Im Security & Compliance Center finden Sie im Bereich VERHINDERUNG VOR DATENVERLUST unter dem Abschnitt RICHTLINIE eine Verwaltungskonsole, die die Konfiguration von Richtlinien gemeinsam für alle drei Dienste umfasst (siehe Abbildung 14.4).

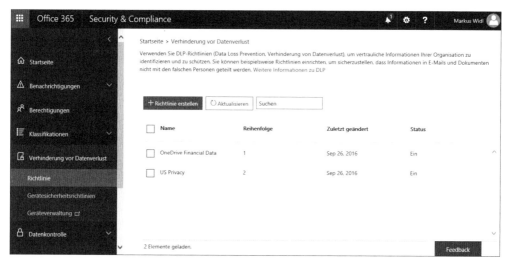

Abbildung 14.4 Verhinderung vor Datenverlust

Legen Sie dort eine Richtlinie mit folgenden Schritten an:

1. Im Schritt WÄHLEN SIE DIE ZU SCHÜTZENDEN INFORMATIONEN AUS entscheiden Sie sich für eine der bestehenden Vorlagen, oder Sie wählen die Option BENUTZERDEFINIERT (siehe Abbildung 14.5).

Abbildung 14.5 Auswahl der zu schützenden Informationen

2. Im Schritt BENENNEN SIE DIE RICHTLINIE geben Sie einen Namen und gegebenenfalls eine Beschreibung an (siehe Abbildung 14.6).

Abbildung 14.6 Namensvergabe

3. Im Schritt SPEICHERORTE AUSWÄHLEN wählen Sie den oder die Dienste, für den bzw. die diese Richtlinie gelten soll (siehe Abbildung 14.7).

Abbildung 14.7 Speicherorte auswählen

4. Im Schritt RICHTLINIENEINSTELLUNGEN haben Sie noch die Möglichkeit die Erkennungsregeln zu modifizieren (siehe Abbildung 14.8). Im dann erscheinenden Fenster können Sie Bedingungen festlegen, bei denen eine Regel greifen soll (beispielsweise die Anzahl der vertraulichen Informationen) sowie was dann passieren soll (siehe Abbildung 14.9). Daraufhin vergeben Sie noch einen Status für dir Richtlinie (JA, SOFORT AKTIVIEREN oder ICH MÖCHTE ZUERST TESTEN) (siehe Abbildung 14.10).

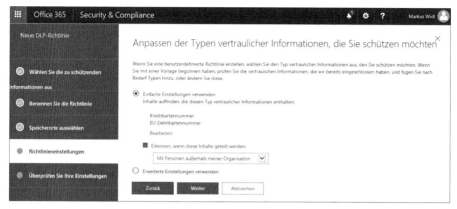

Abbildung 14.8 Anpassen der Typen

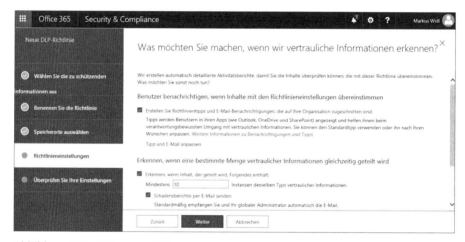

Abbildung 14.9 Aktionseinstellungen

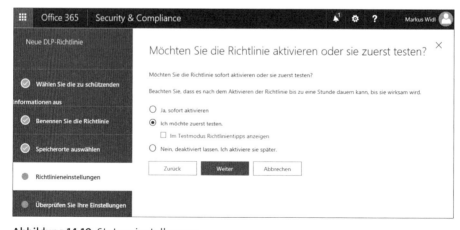

Abbildung 14.10 Statuseinstellungen

5. Im Schritt ÜBERPRÜFEN SIE IHRE EINSTELLUNGEN sehen Sie die angegebenen Optionen und erstellen die neue Richtlinie (siehe Abbildung 14.11).

Abbildung 14.11 Richtlinie anlegen

Beachten Sie bitte, dass es einige Minuten dauern kann, bis die neue DLP-Richtlinie auch tatsächlich greift. Bei Dateien auf SharePoint und OneDrive werden die DLP-Richtlinien auch nicht in Echtzeit ausgeführt. Es kann also dauern, bis beispielsweise Richtlinientipps erscheinen oder eine Freigabe gesperrt wird.

14.1.4 Advanced Security Management

Der noch recht neue Dienst in Office 365, *Advanced Security Management (ASM)*, versucht, die Sicherheit beim Zugriff auf Office 365 zu erhöhen. Dabei bietet ASM grundsätzlich drei Funktionsbereiche: die Erkennung ungewöhnlichen Verhaltens, die Erkennung, welche Cloud-Dienste in Ihrem Unternehmen zum Einsatz kommen, und die Verwaltung, welche Anwendungen mit Ihrem Azure Active Directory gekoppelt worden sind.

ASM ist Bestandteil des Lizenztyps E5, kann in Office 365 Global aber auch als Einzellizenz für 2,50 € pro Benutzer und Monat zu den Lizenztypen E1 und E3 hinzugefügt werden. In Office 365 Deutschland wird ASM derzeit noch nicht bereitgestellt.

Die offizielle Dokumentation von ASM finden Sie unter dieser Adresse:

https://support.office.com/de-de/article/%c3%9cbersicht-%c3%bcber-Advanced-Security-Management-in-Office-365-81f0ee9a-9645-45ab-ba56-de9cbccab475

[»] ASM bietet eine Untermenge der Funktionen des Azure-Dienstes *Cloud App Security* *(CAS)*. Mehr dazu finden Sie hier:

www.microsoft.com/de-de/cloud-platform/cloud-app-security

Erkennung ungewöhnlichen Verhaltens

Dabei werden die Anmeldungen bzw. Anmeldeversuche am Azure Active Directory durch Ihre Anwender analysiert, um ungewöhnliches Verhalten zu erkennen und gegebenenfalls Maßnahmen dagegen einzuleiten. Hier ein paar Beispiele für ungewöhnliches Verhalten:

- eine hohe Anzahl ungültiger Anmeldeversuche für ein Benutzerkonto
- Anmeldungen aus unterschiedlichen Weltregionen eines Benutzers
- Ein Benutzer lädt ungewöhnlich viele Dateien aus OneDrive oder SharePoint herunter (im Vergleich dazu, wie viele Dateien er in der Vergangenheit heruntergeladen hat).
- Administrative Benutzer melden sich von IP-Adressen oder über Internetprovider an, die bisher nie in Verwendung waren.
- Administrative Benutzer führen für den Mandanten ungewöhnliche Aktionen aus.

Die Aktionen der Anwender werden dabei mit einem Risikofaktor bewertet. Überschreitet der Faktor eine gewisse Grenze, kann ASM Alarm schlagen oder auch Aktionen einleiten, wie beispielsweise vorsorglich das Benutzerkonto deaktivieren. Abbildung 14.12 zeigt die Verwaltungsoberfläche.

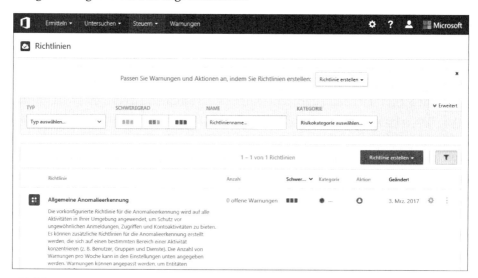

Abbildung 14.12 Die ASM-Verwaltungsoberfläche

Erkennung der Cloud-Dienste-Nutzung

Neben der Verhaltensanalyse können Sie ASM jedoch auch dazu nutzen, die Schatten-IT Ihres Unternehmens aufzufinden. Dazu laden Sie die Log-Dateien von Ihren Firewalls und Proxys zu ASM hoch und erhalten daraus Statistiken zu den Spuren, die Ihre Anwender dort beim Verwenden von Clouddiensten hinterlassen haben. ASM erkennt rund 1.000 Clouddienste, die Funktionen ähnlich von Office 365 bereitstellen – also nicht nur Microsoft-Dienste, sondern auch Konkurrenzprodukte wie Dropbox und Syncplicity. Interessant ist dabei auch, wie viel Traffic mit jedem einzelnen Dienst erzeugt wird.

Konfigurationsoberfläche

Die Konfigurationsoberfläche von ASM versteckt sich im *Security & Compliance Center*. Dort wechseln Sie im Bereich BENACHRICHTIGUNGEN in den Abschnitt ERWEITERTE BENACHRICHTIGUNGEN VERWALTEN. ASM muss dort zunächst aktiviert werden (siehe Abbildung 14.13). Danach werden Sie zur ASM-Verwaltungskonsole weitergeleitet.

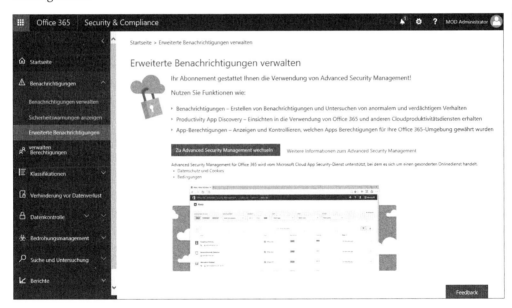

Abbildung 14.13 ASM muss aktiviert werden.

Auch die Punkte BEDROHUNGSMANAGEMENT • APP-BERECHTIGUNGEN sowie SUCHE UND UNTERSUCHUNG • PRODUCTIVITY APP DISCOVERY führen Sie zur ASM-Verwaltungsoberfläche.

14.1.5 Überwachungsprotokoll

Auf Wunsch werden die Aktivitäten Ihrer Anwender und der Administratoren in Ihrem Office 365-Mandanten sehr granular aufgezeichnet und in einem Überwachungsprotokoll durchsuchbar gemacht.

Protokollierung aktivieren

Die Überwachungsprotokollierung ist in der Standardkonfiguration ausgeschaltet. Möchten Sie diese einschalten, wechseln Sie zum Bereich SUCHE UND UNTERSUCHUNG und dort zum Abschnitt ÜBERWACHUNGSPROTOKOLLSUCHE (siehe Abbildung 14.14).

Abbildung 14.14 Überwachungsprotokollsuche

Die Aktivierung ist nur einmalig erforderlich, es dauert aber einige Stunden, bis die Protokollierung auch wirklich arbeitet.

Protokollierte Aktivitäten

Die protokollierten Aktivitäten sind sehr umfangreich und stammen aus den folgenden Bereichen:

- Office 365 allgemein
  - Datei- und Ordneraktivitäten
  - Freigabe- und Zugriffsanforderungsaktivitäten
  - Synchronisierungsaktivitäten
  - Websiteverwaltungsaktivitäten

- Exchange-Postfachaktivitäten
- Sway-Aktivitäten
- Benutzerverwaltungsaktivitäten
- Azure Active Directory-Gruppenverwaltungsaktivitäten
- Anwendungsverwaltungsaktivitäten
- Rollenverwaltungsaktivitäten
- Verzeichnisverwaltungsaktivitäten
- eDiscovery-Aktivitäten
- Power BI-Aktivitäten
- Yammer-Aktivitäten

► Exchange Online-Administration (dazu gehören auch die ausgeführten PowerShell-Kommandos)

Die Exchange-Postfachüberwachung müssen Sie für jedes Postfach separat aktivieren. Mehr dazu erfahren Sie hier:

https://technet.microsoft.com/library/dn879651.aspx

Eine genaue Auflistung finden Sie unter diesen URLs:

► *https://support.office.com/de-de/article/Durchsuchen-des-%c3%9cberwachungsprotokolls-im-Office-365-Security-Compliance-Center-0d4d0f35-390b-4518-800e-0c7ec95e946c#auditlogevents*

► *https://docs.microsoft.com/de-de/azure/active-directory/active-directory-reporting-audit-events*

► *https://technet.microsoft.com/library/dd335144(v=exchg.150).aspx#WhatGets*

Protokoll durchsuchen

Nachdem die Aktivierung der Überwachungsprotokollierung abgeschlossen ist, können sie das Protokoll durchsuchen. Vorausgesetzt wird dabei, dass der suchende Benutzer über die Exchange Online-Berechtigungsrollen *View-Only Audit Logs* oder *Audit Logs* verfügen muss. Diese Rollen sind Bestandteil der Rollengruppen *Compliance Management* und *Organization Management*. Fügen Sie die suchenden Benutzer gegebenenfalls zu diesen Rollengruppen hinzu (siehe Abschnitt 6.8.1, »Rollen«) – allerdings vom Exchange Admin Center aus und nicht vom Security & Compliance Center aus.

Beachten Sie, dass die Protokolleinträge nur für den Zeitraum von 90 Tagen aufbewahrt werden. Außerdem dauert es je nach Dienst unterschiedlich lange, bis eine Aktivität im Protokoll erscheint. Tabelle 14.2 gibt dazu einen Überblick.

Dienst	Nach 30 Minuten	Nach 24 Stunden
SharePoint Online	X	
OneDrive for Business Online	X	
Exchange Online	X	
Azure Active Directory (Benutzeranmeldungen)	X	
Azure Active Directory (Administratorereignisse)		X
Sway		X
Power BI		X
Yammer		X
Security & Compliance Center		X

Tabelle 14.2 Dauer bis zum Erscheinen von Aktivitäten im Überwachungsprotokoll

Die Suchergebnisse können Sie bei Bedarf auch in eine CSV-Datei exportieren.

Alternativ zur Suche über das Security & Compliance Center können Sie auch über PowerShell suchen. Dazu verwenden Sie das Kommando Search-UnifiedAuditLog, das zur Exchange Online-PowerShell gehört. Stellen Sie in diesem Fall eine PowerShell-Verbindung mit Exchange Online her (siehe Abschnitt 6.3.3, »Verbindungsaufbau«) und führen dann ein Kommando, wie es dieses Beispiel zeigt, aus, um das Log zu durchsuchen:

```
Search-UnifiedAuditLog -StartDate 3/1/2017 `
   -EndDate 3/31/2017 `
   -SessionId "Beispielsuche" `
   -SessionCommand ReturnNextPreviewPage
```

Listing 14.2 Durchsuchen des Überwachungsprotokolls

Das Kommando liefert typischerweise nicht gleich alle passenden Einträge, sondern nur einen ersten Block. Rufen Sie das Kommando erneut auf, erhalten Sie den nächsten Block etc. Wichtig ist dabei, dass Sie die SessionId bei jedem Aufruf identisch halten, damit die Anfragen zugeordnet werden können.

Es gibt auch einen REST-basierten Webservice, mit dem das Überwachungsprotokoll abgefragt werden kann. Mehr dazu lesen Sie hier:

https://msdn.microsoft.com/en-us/office-365/office-365-managment-apis-overview

14.1.6 Aufbewahrung

Zur AUFBEWAHRUNG im Security & Compliance Center im Bereich DATENKONTROLLE gehören zwei verschiedene Typen von Richtlinien (siehe Abbildung 14.15):

- Löschrichtlinien, mit denen bestimmte Objekte nach dem Erreichen eines gewissen Alters automatisch gelöscht werden
- Erhaltungsrichtlinien, mit denen bestimmte Objekte für mindestens einen gewissen Zeitraum aufbewahrt werden, auch wenn sie für die Anwender schon längst als gelöscht erscheinen

Der Bereich AUFBEWAHRUNG gilt dabei sowohl für Exchange Online als auch für SharePoint Online und damit auch für OneDrive for Business Online. Da die aufgezeichneten Unterhaltungen von Skype for Business Online in den Postfächern gespeichert werden, gilt die Aufbewahrung auch dafür.

Abbildung 14.15 Überwachungsprotokollsuche

Löschrichtlinien

Die Löschrichtlinien werden bei Exchange Online und SharePoint Online jeweils über separate Funktionen und Prozesse umgesetzt. Bei Exchange Online sind damit die Aufbewahrungsrichtlinien der Archivpostfächer (*In-Situ-Archive*) gemeint (siehe Abschnitt 6.6.5, »Aufbewahrungsrichtlinien«).

Bei SharePoint Online werden dagegen die Löschrichtlinien im *Compliance Policy Center* angelegt und dann Websitesammlungen oder Vorlagen für Websitesammlungen zugeordnet.

Erhaltungsrichtlinien

Eine Erhaltungsrichtlinie können Sie auch so konfigurieren, dass sie sowohl Exchange Online-Inhalte (Postfächer und/oder öffentliche Ordner) als auch SharePoint Online-Inhalte (auch OneDrives) umfasst. Hier die erforderlichen Schritte:

1. Geben Sie zunächst einen Namen und optional eine Beschreibung für die Erhaltungsrichtlinie an (siehe Abbildung 14.16).

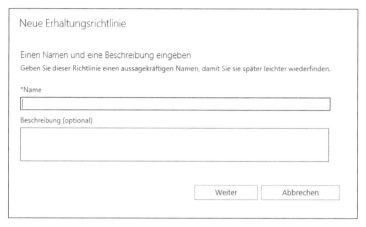

Abbildung 14.16 Neue Erhaltungsrichtlinie anlegen

2. Geben Sie im Schritt WO SOLLEN WIR SUCHEN? die Speichertypen an, für die diese Erhaltungsrichtlinie gelten soll (siehe Abbildung 14.17).

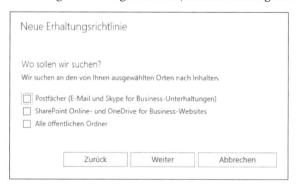

Abbildung 14.17 Auswahl der Speichertypen

3. Je nach Auswahl werden Sie zur Angabe der Postfächer aufgefordert. Das Gleiche gilt für die Angabe der SharePoint- und OneDrive-Websites. Wie Sie die Adressen der OneDrive-Websites über PowerShell ermitteln können, finden Sie in Abschnitt 8.7.4, »Anpassung der OneDrive-Größe«, erläutert.

4. Im Schritt WONACH MÖCHTEN SIE SUCHEN? geben Sie eine Suchabfrage ein (siehe Abbildung 14.18). Lassen Sie das Feld leer, betrifft die Richtlinie sämtliche Inhalte. Optional können Sie außerdem ein Start- und ein Enddatum angeben, um die Richtlinie zeitlich zu begrenzen.

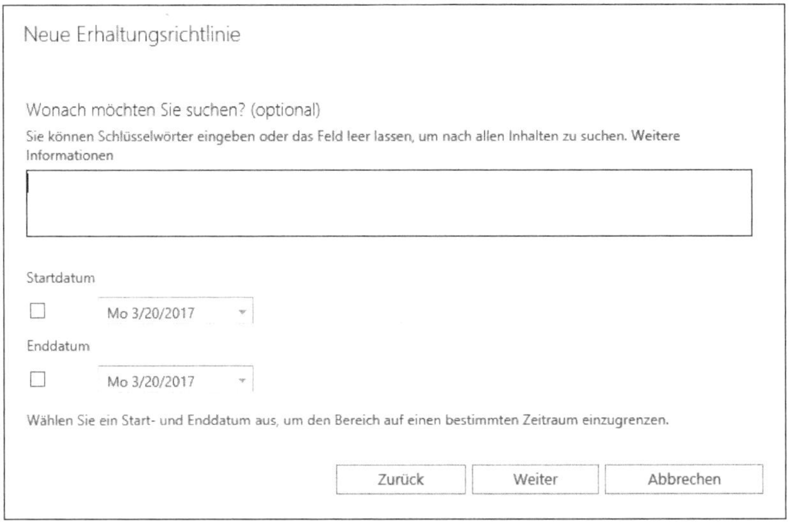

Abbildung 14.18 Angabe einer Suchabfrage

Suche mit Schlüsselwörtern

Um das gewünschte Suchergebnis zu erreichen, sollten Sie bei der Angabe der Schlüsselwörter einige Dinge berücksichtigen:

- Die Groß- und Kleinschreibung der Schlüsselwörter ist dabei grundsätzlich unerheblich.
- Die Schlüsselwörter können Sie über die binären Operatoren AND, OR und NOT miteinander kombinieren. Diese Operatoren müssen durchgehend großgeschrieben werden. Setzen Sie zwischen Schlüsselwörter nur ein Leerzeichen, gilt automatisch der AND-Operator, womit alle Schlüsselwörter enthalten sein müssen. Eine Kombination der Operatoren ist möglich; beispielsweise findet die folgende Suche alle Nachrichten, in denen »Apfel« vorkommt, »Birne« oder »Kirsche« aber nicht enthalten sind:

    Apfel AND NOT (Birne OR Kirsche)

- Mit doppelten Anführungszeichen können Sie nach Wortfolgen suchen. Beispielsweise sucht "Lucy Walker" nach dem exakten Vorkommen des Namens, ein Lucy AND Walker dagegen nach beiden Wörtern an beliebiger Position.

- Das Sternchen (*) als Platzhalterzeichen wird teilweise unterstützt. So findet der Suchbegriff Apfel* beispielsweise sowohl den »Apfel« als auch den »Apfelbaum« und den »Apfelkern«. Das Sternchen darf aber nur am Ende eines Schlüsselwortes eingesetzt werden, nicht am Anfang. Ein *baum ist nicht unterstützt, genauso wenig ein *baum*.

- Die Suche in bestimmten Nachrichtenbestandteilen ist möglich, beispielsweise das gezielte Suchen im Betreff, in Dateianhängen oder in Empfängeradressen. Dabei stellen Sie dem Suchbegriff ein Präfix voran. Hier eine Auswahl:

  attachment: für Dateianhänge

  cc: für Empfänger(adressen) von Kopien

  from: für Absender(adressen)

  sent: für das Sendedatum

  subject: für den Betreff

  to: für Empfänger(adressen)

  Folgendes Beispiel sucht etwa nach dem Begriff *Budget* im Betreff von Nachrichten, die am 30. Januar 2012 verschickt wurden:

  Subject:Budget AND sent:12/01/30

Weitere Beispiele finden Sie unter folgender URL: *http://msdn.microsoft.com/en-us/library/bb266512.aspx*

5. Geben Sie im Schritt WIE LANGE MÖCHTEN SIE DEN INHALT AUFBEWAHREN? an, wie lange die Elemente erhalten bleiben sollen (siehe Abbildung 14.19). Dort gibt es auch die Auswahl UNBEGRENZT.

Abbildung 14.19 Angabe des Erhaltungszeitraums

6. Dann können Sie eine Erhaltungssperre aktivieren (siehe Abbildung 14.20). Sollten Sie sich dazu entschließen, kann die Richtlinie nur um zusätzliche Speicherorte ergänzt, aber nicht verkleinert werden.

Abbildung 14.20 Erhaltungssperre

7. Zuletzt haben Sie noch die Wahl, ob die Richtlinie ab sofort gelten soll oder ob Sie diese später erst aktivieren wollen.

Die mit einer Erhaltungsrichtlinie aufbewahrten Elemente können Sie über eine INHALTSSUCHE (Bereich SUCHE UND UNTERSUCHUNG) auffinden und gegebenenfalls exportieren.

14.1.7 Advanced eDiscovery

Die Funktionen rund um das Aufbewahren (siehe Abschnitt 14.1.6) und um das Überwachungsprotokoll (siehe Abschnitt 14.1.5) zählen letztendlich auch bereits in den Komplex *eDiscovery*.

Der Lizenztyp E5 liefert aber mit der *Advanced eDiscovery* noch etwas mehr Logik, um die Kosten im Zusammenhang mit eDiscovery-Fällen zu reduzieren. Ohne E5 kostet die Advanced eDiscovery in Office 365 Global 6,70 € pro Benutzer und Monat.

Die Advanced eDiscovery unterstützt Sie bei der Analyse der in Office 365 abgelegten Datenbestände mit der Erkennung von redundanten Informationen wie beispielsweise der Erkennung von Ähnlichkeiten und der Rekonstruktion von E-Mail-Verläufen. Außerdem gibt es eine Relevanzerkennung auf Basis von vorgegebenen Parametern.

Die Funktionen der Advanced eDiscovery haben das Ziel, die Ergebnisdaten der Anfrage so weit wie möglich zu verkleinern, um die Folgekosten beispielsweise für Anwälte zu reduzieren.

Mehr zur Advanced eDiscovery lesen Sie unter dieser URL:

https://support.office.com/de-de/article/Office-365-Advanced-eDiscovery-fd53438a-a760-45f6-9df4-861b50161ae4

14.1.8 Secure Score

Die Konfigurationsmöglichkeiten hinsichtlich der Sicherheitsfunktionen in Office 365 sind sehr vielfältig und über verschiedene Verwaltungsoberflächen und die Kommandozeile verteilt. Manchmal wäre es spannend, was das Ergebnis einer Analyse der Sicherheitskonfiguration des eigenen Office 365-Mandanten ergeben würde. Dafür müssen Sie nicht unbedingt einen externen Berater anheuern, denn inzwischen kann Office 365 selbst eine solche Analyse erstellen.

Auf Basis der möglichen Konfigurationsoptionen und der aktuellen Konfiguration wird eine einfache Zahl berechnet, der *Secure Score*. Grundsätzlich gilt: Je höher sie ist, desto besser ist es um die Sicherheit Ihres Mandanten bestellt. Allerdings geht es hier explizit nicht um das Erreichen der maximalen Punktzahl, denn mit den schärfsten möglichen Sicherheitseinstellungen sinkt auch die Produktivität Ihrer Anwender, wenn diesen aus Sicherheitsgründen bestimmte Funktionen nicht mehr zur Verfügung gestellt werden. Und bei zu vielen Einschränkungen suchen sich Anwender gerne alternative Wege, wie die Nutzung von eigentlich nicht freigegebenen Clouddiensten. Entsprechend können zu scharfe Sicherheitseinstellungen auch zu einer geringeren Sicherheit des Unternehmens führen.

Interessant ist aber die Betrachtung der Veränderung des Secure Scores über die Zeit hinweg. Somit erhalten Sie einen Eindruck davon, ob sich die Sicherheit Ihres Mandanten verbessert oder verschlechtert.

Sie erreichen den Secure Score über folgende URL (siehe Abbildung 14.21):

https://securescore.office.com

Abbildung 14.21 Secure Score

Die Website ist aufgeteilt in die Register DASHBOARD aus Abbildung 14.21 und den SCORE ANALYZER, der Ihnen die Veränderungen in der Vergangenheit aufzeigt.

Sie sehen auf dem Dashboard den aktuellen Secure Score und den möglichen Höchstwert. Der Höchstwert hängt davon ab, welche Dienste in Ihrem Office 365-Mandanten zu Verfügung stehen. In anderen Mandanten ist er also unterschiedlich hoch.

Direkt darunter finden Sie einen Schieberegler, mit dem Sie einen Zielwert für den Secure Score auswählen können, woraufhin dann die dafür erforderlichen Aktionen präsentiert werden. Dazu zählen beispielsweise die Aktivierung der mehrstufigen Authentifizierung und die Deaktivierung nicht verwendeter Benutzerkonten (siehe Abbildung 14.22).

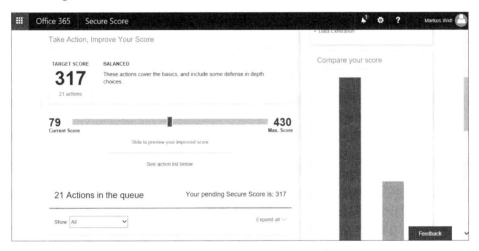

Abbildung 14.22 Aktionen, mit denen Sie den Secure Score verbessern

Diese Aktionsliste können Sie nach unterschiedlichen Kriterien filtern, beispielsweise auch nach den zu erwartenden Beeinträchtigungen für Ihre Anwender. Von jeder Aktion aus können Sie weitergehende Informationen abrufen und dann entscheiden, ob die jeweilige Aktion für Ihren Mandanten wünschenswert ist.

14.2 Dienste und Anwendungen

In diesem Abschnitt zeige ich Ihnen eine Reihe von Diensten und Anwendungen, die ebenfalls in vielen Office 365-Lizenztypen enthalten sind.

14.2.1 StaffHub

StaffHub ist ein Dienst zur Verwaltung der Arbeitsschichten durch Vorgesetzte und Mitarbeiter. Gedacht ist StaffHub insbesondere auch für Mitarbeiter, die über keinen eigenen IT-Arbeitsplatz verfügen, wie oftmals Mitarbeiter in der Produktion. Microsoft spricht hier von *Blue-Collar-Workern*. Auch wenn diese Mitarbeiter nicht über

14 Weitere Anwendungen und Dienste

einen eigenen Rechner verfügen, so verfügen sie typischerweise dennoch über ein Smartphone. Mit der StaffHub-App, die es derzeit für iOS und Android gibt, können die Mitarbeiter auf den Schichtplan zugreifen. Die Bedeutung von endlosen Papierausdrucken bei der Schichtverwaltung kann so verringert werden.

[»] Um StaffHub nutzen zu können, müssen Sie Ihre Anwender wahlweise mit einer Lizenz der Typen K1, E1, E3 und E5 ausstatten. In Office 365 Deutschland steht StaffHub derzeit noch nicht zur Verfügung.

StaffHub für Vorgesetzte

Vorgesetzte erreichen die StaffHub-Verwaltungsoberfläche über die folgende URL (siehe Abbildung 14.23):

https://staffhub.ms/app

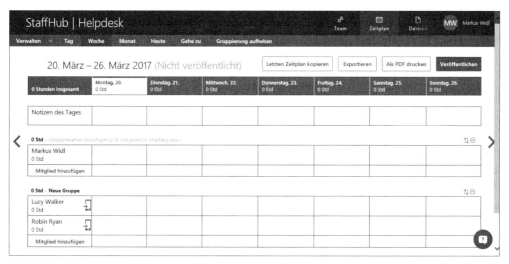

Abbildung 14.23 StaffHub-Verwaltungsoberfläche

Von hier aus können sie die Mitglieder ihres Teams und die Schichten verwalten. Außerdem können Vorgesetzte Informationen bereitstellen wie etwa Dokumente und Videos.

StaffHub für Mitarbeiter

Mitarbeiter greifen auf ihren Schichtplan über die StaffHub-App von iOS- und Android-Geräten zu (siehe Abbildung 14.24).

Mit der App können die Mitarbeiter auch auf die Informationen zugreifen, die der Vorgesetzte bereitgestellt hat. Darüber hinaus gibt es die Möglichkeit, Textnachrichten auszutauschen und bei Bedarf die Schichten zu tauschen.

14.2 Dienste und Anwendungen

Abbildung 14.24 StaffHub unter iOS

Die entsprechenden Apps finden Sie hier:

- iOS: *https://itunes.apple.com/de/app/microsoft-staffhub/id1122181468?mt=8*
- Android: *https://play.google.com/store/apps/details?id=ols.microsoft.com.shiftr&hl=de*

Mehr zu StaffHub finden Sie hier:

https://support.office.com/de-de/article/Erste-Schritte-mit-Microsoft-StaffHub-92e9480f-0a37-47d2-ac96-2d11ee5f0656

14.2.2 Office 365 Video

Mit *Office 365 Video* erhalten Sie ein einfaches Videoportal (vereinfacht gesagt, das »YouTube« für Ihr Unternehmen) auf Basis von SharePoint Online und des Dienstes *Azure Media Services* (mit dem Sie aber nichts direkt zu tun haben – er verrichtet für Sie transparent seine Arbeit im Hintergrund und kostet auch nichts extra). Ein Beispiel sehen Sie in Abbildung 14.25.

In Office 365 Video richten Sie Themenkanäle ein, die Sie dann mit Videos ausstatten. Dabei wird eine ganze Reihe unterschiedlicher Quellformate unterstützt, darunter H.264, MPEG-1, MPEG-2, MPEG-4 c2, VC-1, WMV und DV. Hochgeladene Videos werden dann automatisch über die Azure Media Services für unterschiedliche Geräteklassen und Bandbreiten transcodiert. Der für die Videos erforderliche Speicherplatz wird gegen Ihre verfügbare Speicherkapazität in SharePoint Online gegengerechnet (siehe Abschnitt 7.1.4, »Lizenzüberblick«).

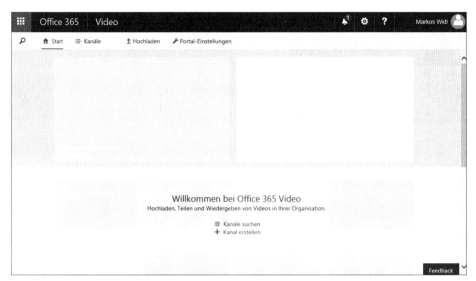

Abbildung 14.25 Office 365 Video

Ihre Anwender können über die gleichnamige Kachel im App-Launcher auf die Videos zugreifen. Einzelne Videos können aber auch in andere Webseiten, beispielsweise in SharePoint Online, eingebunden werden.

Darüber hinaus gibt es eine App für iOS, die neben dem reinen Betrachten der Videos auch eine Uploadfunktionalität mitbringt. So können Sie direkt von unterwegs ein Video aufzeichnen und in das Office 365 Video-Portal übertragen. Die App finden Sie hier:

https://itunes.apple.com/de/app/office-365-video-for-iphone/id953685679?mt=8

[»] Office 365 Video ist Bestandteil der Lizenztypen E1, E3 und E5. Benutzer mit einer K1-Lizenz können Videos ansehen, aber selbst keine bereitstellen.

Mehr zu Office 365 Video lesen Sie hier:

https://support.office.com/de-de/article/Lernen-Sie-Office-365-Video-kennen-ca1cc1a9-a615-46e1-b6a3-40dbd99939a6

In Zukunft Microsoft Stream

Microsoft arbeitet derzeit mit *Stream* an einem alternativen Portal-Dienst, der von SharePoint Online unabhängig ist, aber nach wie vor im Hintergrund auf die Azure Media Services setzt. Es ist davon auszugehen, dass die beiden Dienste in Zukunft miteinander verschmolzen werden.

Stream bringt einige Neuerungen gegenüber Office 365 Video mit, darunter soziale Funktionen wie das Liken von Videos, das Folgen von Kanälen, aber auch andere Funktionen wie die Erstellung von Abspiellisten und die Verschlagwortung der Videos. Auch bringt Stream leistungsfähige Suchfunktionen mit. So wird beispielsweise im Hintergrund das gesprochene Wort aus den Videos in Text umgewandelt, und dieser wird dann in den Suchabfragen auch durchsucht.

Stream befindet sich derzeit in einer Preview-Phase. Bei Bedarf können Sie Stream bereits heute testen:

https://stream.microsoft.com/

14.2.3 Planner

Die Verwaltung von Aufgaben ist in vielen verschiedenen Produkten angesiedelt: Die persönliche Aufgabenliste pflegen Sie vielleicht mit Outlook in Ihrem Postfach. Die Aufgaben, die im Zusammenhang mit einem Projekt stehen, dagegen eher in Project. Doch für die Aufgabenverwaltung innerhalb einer überschaubaren Gruppe fehlte lange das Zwischenstück, denn während Outlook zu wenig Funktionalität für die Gruppenaufgaben bietet, ist Project dafür viel zu komplex. Mit *Planner* erhalten Sie einen Dienst, der auf die Verwaltung von Aufgaben innerhalb einer Gruppe zugeschnitten ist.

Um Planner nutzen zu können, benötigen Sie Lizenzen der Typen E1, E3, E5, Business Essentials oder Business Premium. In Office 365 Deutschland steht Planner derzeit noch nicht zur Verfügung.

Sie finden dann im App-Launcher eine entsprechende Kachel, mit der Sie Planner im Browser aufrufen können (siehe Abbildung 14.26).

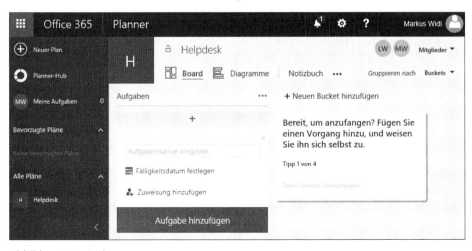

Abbildung 14.26 Planner

Doch verbirgt sich Planner auch noch an einer anderen prominenten Stelle: Jede Office 365-Gruppe verfügt über einen *Plan* (die zusammengefasste Aufgabenverwaltung für eine Anzahl von Mitarbeitern), der in Planner angelegt wird und denselben Namen trägt wie die Gruppe. Auch wenn Sie von Planner aus einen neuen Plan anlegen, wird zunächst automatisch eine Office 365-Gruppe angelegt und für diese dann der Plan.

Mehr zu den Office 365-Gruppen lesen Sie in Kapitel 11, »Office 365-Gruppen«.

[»] Es kann einige Minuten dauern, bis Sie die zugehörige Office 365-Gruppe in anderen Anwendungen wie Outlook sehen, nachdem Sie von Planner aus einen Plan angelegt haben.

Planner-Aufbau

Starten Sie Planner, gelangen Sie in den *Planner*-Hub, der Ihnen eine Übersicht aller Pläne zeigt, in denen Sie Mitglied sind.

Jeder Plan hat dabei dann den folgenden Aufbau:

- Es beginnt mit dem Board, das Sie mit Buckets ausstatten können. Jedes Board hat mindestens ein Bucket. In Abbildung 14.26 sehen Sie beispielsweise das Bucket AUFGABEN.
- Ein Bucket ist eine Zusammenfassung eine Reihe von Aufgaben. Diese werden innerhalb des Buckets vertikal dargestellt.
- Eine Aufgabe hat einen Status, ein Start- und ein Fälligkeitsdatum und gegebenenfalls eine Prüfliste von Aktionen, die erforderlich sind, um die Aufgabe zu erfüllen.

Zur schnellen Übersicht können Sie die Aufgaben auch mit verschiedenen Farben versehen. Die Zuordnung der Aufgaben zu Personen nehmen Sie einfach per Drag & Drop der Fotos aus der Mitgliederliste vor.

Mehr zur Arbeit mit Planner fingen Sie hier:

https://support.office.com/de-de/article/Schneller-Einstieg-in-Microsoft-Planner-4a9a13c6-3adf-4a60-a6fc-15c0b15e16fc

14.2.4 Sway

Mit *Sway* erhalten Sie ein Tool, mit dem Sie Berichte, Newsletter, Geschichten oder auch Präsentationen erstellen können (siehe Abbildung 14.27). Die Erstellung und die Ausführung erfolgen dabei wahlweise im Browser oder in einer App, die für iOS-Geräte und Windows 10 verfügbar ist. Andere Plattformen sollen in Zukunft folgen.

14.2 Dienste und Anwendungen

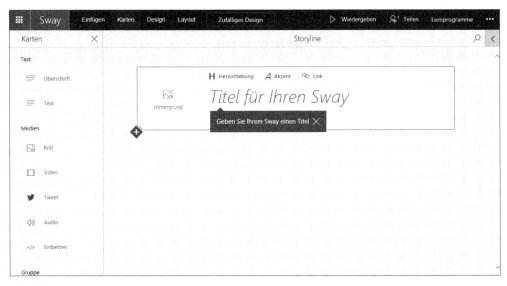

Abbildung 14.27 Sway Editor

Da ein Sway (so auch der Name eines mit Sway erstellten Objekts) aber auch im Browser dargestellt werden kann, können Sie es einfach per Link an Ihr Zielpublikum weitergeben, ohne dass dieses auf eine bestimmte App angewiesen ist. Auch können Sie Sways an unternehmensexterne Personen freigeben, für die dann keine zusätzliche Lizenz erforderlich ist.

Ein Sway kombiniert typischerweise Text und Medien. Diese können aus unterschiedlichen Quellen stammen, sowohl aus internen (wie beispielsweise OneDrive for Business) als auch aus externen (beispielsweise YouTube und Facebook). Sway unterstützt Sie dann dabei, auf Basis der eingebundenen Medien geeignete Layouts zu finden.

Sway ist Bestandteil der Lizenztypen Business Essential, Business Premium, E1, E3 und E5. In Office 365 Deutschland steht Sway derzeit noch nicht zur Verfügung.

14.2.5 Bookings

Bookings ist ein Dienst, der sich speziell an kleine Unternehmen richtet. Mit Bookings können Kunden des Unternehmens über eine extern verfügbare Website Dienstleistungen buchen. Dazu erhalten sie verfügbare Zeitslots angezeigt (siehe Abbildung 14.28).

Die für die gebuchte Dienstleistung erforderlichen Mitarbeiter bekommen daraufhin automatisch eine Kalendereinladung, um den Einsatz in ihren persönlichen Kalender des Exchange Online-Postfachs übernehmen zu können. Damit die Kunden den Termin nicht übersehen, erhalten sie eine E-Mail zur Erinnerung.

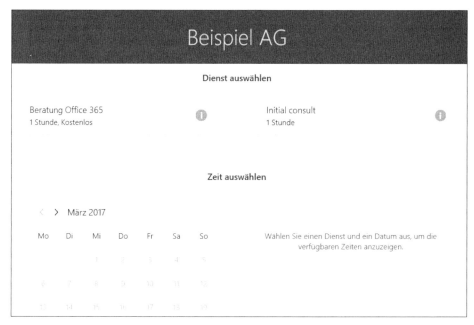

Abbildung 14.28 Dienstleistung über Bookings buchen

Für die Mitarbeiter des Unternehmens gibt es eine Verwaltungsoberfläche im Browser (siehe Abbildung 14.29) und eine App.

Abbildung 14.29 Bookings-Verwaltungsoberfläche

[»] Aktuell ist Bookings ausschließlich über den Lizenztyp Office 365 Business Premium erhältlich. In Office 365 Deutschland steht Bookings derzeit noch nicht zur Verfügung.

Derzeit wird Bookings in den Office 365-Mandanten eingebunden, für den die Erstveröffentlichung aktiviert wurde (siehe Abschnitt 2.9, »Erstveröffentlichung neuer Funktionen«). Die Apps für iOS und Android sind aktuell im deutschsprachigen Raum noch nicht verfügbar.

Mehr zu Bookings lesen Sie hier:

https://support.office.com/de-de/article/Willkommen-bei-Microsoft-Bookings-47403d64-a067-4754-9ae9-00157244c27d

14.2.6 Yammer

In diesem Abschnitt stelle ich Ihnen einige Anwendungen und Dienste vor, die zum Bereich *Social* gehören. Yammer stellt ein *Enterprise Social Network (ESN)* zur Verfügung, das Facebook-ähnliche Funktionen bereitstellt.

Yammer steht in Office 365 Deutschland derzeit nicht zur Verfügung.

Was ist Yammer?

Bei *Yammer* handelt es sich um ein soziales Netzwerk für die eigene Firma, das Funktionen bereitstellt, die an Facebook und Twitter erinnern (siehe Abbildung 14.30).

Yammer selbst wurde nicht von Microsoft entwickelt, aber im Jahre 2012 von Microsoft übernommen. Yammer ist heute aber immer noch ein separater Dienst, der auch ohne Office 365 genutzt werden kann.

Yammer wird derzeit ausschließlich in Nordamerika betrieben, auch wenn sich Ihr Office 365-Mandant in einer anderen Region befindet.

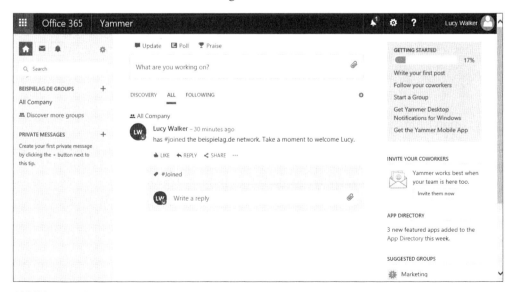

Abbildung 14.30 Yammer

Die offizielle Startseite hat die folgende URL:

www.yammer.com

Über die Website erhalten Sie kostenfreien Zugang mit Basisfunktionen (*Basic Network*) oder für kleines Geld auch den vollen Funktionsumfang (*Enterprise Network*). Der volle Funktionsumfang ist auch Bestandteil vieler Lizenztypen aus Office 365:

- Business Essentials, Business Premium
- E1, E3, E5, K1

Zum vollen Funktionsumfang gehören beispielsweise die grafische Anpassung Ihrer Yammer-Umgebung, die erweiterte Benutzerverwaltung und die Möglichkeit, Analysen über das Benutzerverhalten durchzuführen.

Yammer soll Ihren Anwendern helfen, einfacher zusammenzuarbeiten und das Wissenspotenzial, das in Ihrem Unternehmen schlummert, besser zu nutzen. Um diese Ziele zu erreichen, bietet Yammer verschiedene Funktionen, wie beispielsweise das Versenden von Twitter-ähnlichen Kurzmitteilungen (z. B. »In Projekt XY wurde gerade Abschnitt ABC erfolgreich abgeschlossen« oder »Tipp: In der Kantine gibt es heute Schnitzel«). Außerdem können die Anwender Profile pflegen und dort beispielsweise ihre Fähigkeiten aufführen. Damit können Personen mit bestimmten Kenntnissen und Fähigkeiten einfacher aufgefunden werden.

Anwender können außerdem in Yammer publizierte Informationen suchen und sich über das Veröffentlichen von Neuigkeiten über bestimmte Themen informieren lassen. Und auch die Möglichkeit, zu chatten, ist vorgesehen.

Einige dieser Funktionen überschneiden sich mit den SharePoint-eigenen Benutzerprofilen (siehe Abschnitt 7.7, »Benutzerprofile«) oder, was den Chat angeht, auch mit Skype for Business. Sie sollten im Vorfeld beide Ansätze auf die Eignung für Ihr Unternehmen überprüfen. Reicht Ihnen die Funktionalität von Yammer nicht aus, werden einige Apps auf der Yammer-Website angeboten, die zusätzliche Funktionen bereitstellen.

Administration

Bevor Sie mit der aktiven Nutzung von Yammer beginnen, sollten Sie zunächst die Einrichtung überprüfen. Melden Sie sich dazu zunächst als globaler Administrator an Ihrem Office 365-Mandanten an und starten dann das *Yammer Enterprise-Einrichtungshandbuch*, das Ihnen bei der Einrichtung mit einem Assistenten hilft (siehe Abbildung 14.31):

https://portal.office.com/onboarding/yammeronboarding#/

14.2 Dienste und Anwendungen

Abbildung 14.31 Yammer Enterprise-Einrichtungshandbuch

Nutzen Sie Yammer, wollen Sie sicher die SharePoint-eigenen sozialen Funktionen wie den Newsfeed nicht nutzen. Entsprechend sollte der Newsfeed im App-Launcher des Office 365-Portals ausgeblendet werden:

1. Öffnen Sie im SharePoint Admin Center die EINSTELLUNGEN.
2. Im Abschnitt ZUSAMMENARBEIT IM SOZIALEN NETZWERK FÜR UNTERNEHMEN wählen Sie die Option DEN YAMMER.COM-DIENST VERWENDEN (siehe Abbildung 14.32).

Abbildung 14.32 SharePoint-Newsfeed ausblenden

An derselben Stelle können Sie später auch den ursprünglichen Zustand wiederherstellen.

Nach einem Wechsel der Option dauert es einige Minuten, bis die Änderung auch tatsächlich aktiv wird.

Yammer-Gruppen

Ein wesentliches Merkmal von Yammer ist das Anlegen und Zuordnen der Anwender zu themenspezifischen Gruppen, innerhalb derer sie sich dann austauschen können. So können Sie Gruppen für Abteilungen, Teams oder Projekte anlegen. Die Gruppen selbst können öffentlich oder privat sein. Anwender können sich selbst zu öffentlichen Gruppen hinzufügen, wohingegen bei privaten Gruppen eine Einladung erforderlich ist. Yammer unterscheidet auch zwischen internen und externen Gruppen. Zu den zuletzt genannten können Sie auch Personen außerhalb Ihres Yammer-Netzwerks hinzufügen.

Yammer bietet dem Anwender auch ein Gruppenverzeichnis an, mit dem die Anwender sich die für sie passenden Gruppen aussuchen können.

Yammer-Gruppen und Office 365-Gruppen

Auf Wunsch können Sie auch Yammer-Gruppen mit Office 365-Gruppen kombinieren. In diesem Fall würden Sie Ihre Unterhaltungen nach wie vor in Yammer führen (eine Synchronisierung mit den Unterhaltungen aus Office 365-Gruppen findet nicht statt), können aber auf die anderen Komponenten von Office 365-Gruppen zugreifen, wie die Gruppenwebsite auf SharePoint Online, OneNote und Planner.

Damit diese Integration möglich ist, müssen Sie jedoch sicherstellen, dass Yammer ausschließlich die Benutzerkonten aus dem Azure Active Directory Ihrer Office 365-Mandanten verwendet und nicht die proprietären von Yammer selbst. Zur Konfiguration gehen Sie wie folgt vor:

1. Melden Sie sich mit einem globalen Administrator an Office 365 an.
2. Im Office 365 Admin Center wählen Sie im Bereich ADMIN CENTER den Punkt YAMMER.
3. Öffnen Sie den Bereich SICHERHEITSEINSTELLUNGEN.
4. Aktivieren Sie die Option OFFICE 365-IDENTITÄT IN YAMMER ERZWINGEN.

Beim Anlegen von neuen Yammer-Gruppen haben Sie dann die Option, die Office 365-Gruppen-Funktionalität zu aktivieren.

In der Yammer-Gruppe finden Sie dann unter OFFICE 365-RESSOURCEN die Zugrifflinks auf die Office 365-Gruppenkomponenten.

Clients

Um den Anwendern die Arbeit mit Yammer zu vereinfachen, stellt Ihnen der Anbieter verschiedene Clients zur Verfügung. Darunter befinden sich lokal zu installierende Desktop-Clients für Windows und macOS sowie Apps für Mobilgeräte, darunter für Windows Mobile, iOS und Android.

14.3 Geschäftsanwendungen

In Office 365 zählen drei Dienste zur Plattform für Geschäftsanwendungen: Power BI, PowerApps und Flow. Alle drei verwenden dasselbe Modell für die Anbindung von Datenquellen, und alle verwenden dazu dieselben Connectors zur Anbindung von unterschiedlichen Datenquellen. Derzeit werden von Microsoft rund 90 Connectors bereitgestellt – nicht nur für die Microsoft-eigenen Datenquellen (beispielsweise SQL Server, SharePoint, Dynamics 365), sondern auch für Microsoft-fremde Datenquellen, wie beispielsweise Oracle, SAP HANA und Salesforce. Die Datenquellen können dabei in der Cloud und im lokalen Rechenzentrum vorgehalten werden. Im letzteren Fall erfolgt die Anbindung über ein spezielles Datengateway.

14.3.1 Power BI

Power BI ist im Vergleich zu den anderen Diensten auf Office 365 eher ein Sonderling. Der Dienst kann auch allein ohne irgendeinen weiteren Office 365-Dienst betrieben werden. Da er aber Bestandteil eines Office 365-Lizenztyps ist, sei er hier auch kurz erwähnt.

Hinter Power BI verbirgt sich eine Analyselösung für die Daten Ihres Unternehmens. Sie binden damit unterschiedliche Datenquellen ein, die sowohl in der Cloud (beispielsweise in Office 365, Azure oder Salesforce) als auch in der lokalen Umgebung (beispielsweise auf einem SQL oder Oracle Server) liegen können. Aus dem Datenmaterial erstellen Sie in Power BI interaktive Dashboards zur Visualisierung der Daten und der Darstellung von KPIs (*Key Performance Indicator*). Ein Beispiel sehen Sie in Abbildung 14.33.

Power BI gibt es in zwei Ausprägungen – einer kostenfreien Variante namens *Power BI* und der erweiterten Variante *Power BI Pro*. Letztere ist Bestandteil von E5, kann aber auch separat in Office 365 Global für 8,40 € pro Benutzer und Monat gebucht werden. In Office 365 Deutschland kann sie für 10,50 € pro Benutzer und Monat gebucht werden. Eine Vergleichsliste mit den Unterschieden der beiden Varianten finden Sie auf dieser Seite:

https://powerbi.microsoft.com/de-de/pricing/

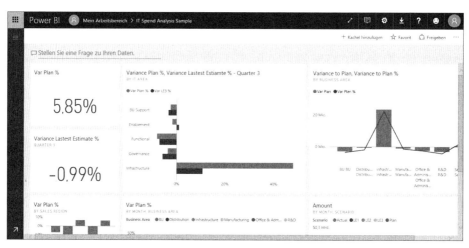

Abbildung 14.33 Dashboard auf Basis von Power BI

14.3.2 PowerApps

Mit *PowerApps* erstellen Sie Geschäftsanwendungen, ohne dass es erforderlich wäre, komplexen Code zu schreiben. Sollten die Bordmittel nicht ausreichen, können Entwickler die Anwendungen erweitern, indem sie beispielsweise *Azure Functions* integrieren.

[»] Microsoft positioniert PowerApps als Nachfolger von *InfoPath* und *Access Web Apps* (siehe Abschnitt 7.10.3, »Access Services«). Bevor Sie neue Lösungen auf Basis von InfoPath und Access Web Apps anlegen, sollten Sie prüfen, ob PowerApps nicht ebenso für Ihr Vorhaben geeignet wäre.

Die mit PowerApps erstellten Anwendungen sind ohne besondere Anpassung direkt im Browser ausführbar, und alternativ dazu gibt es für iOS und Android auch zwei Apps zur mobilen Anwendung:

- iOS: *https://itunes.apple.com/de/app/powerapps/id1047318566?mt=8*
- Android: *https://play.google.com/store/apps/details?id=com.microsoft.msapps&hl=de*

Eine PowerApp erstellen Sie direkt im Browser. Dabei beginnen Sie entweder direkt mit der Kachel im App-Launcher oder auch unmittelbar aus einer SharePoint-Liste heraus – dort gibt es nämlich eine direkte Anbindung an PowerApps, mit der Sie ausgefeilte Formulare entwerfen können. Hier ein Beispiel:

1. Öffnen Sie zunächst eine SharePoint-Liste.
2. Klicken Sie dann auf POWERAPPS • APP ERSTELLEN (siehe Abbildung 14.34).

14.3 Geschäftsanwendungen

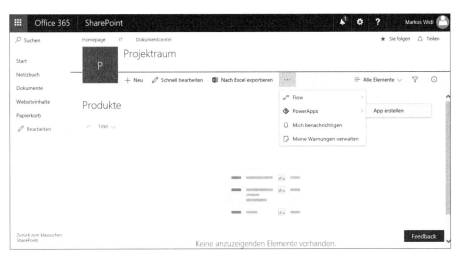

Abbildung 14.34 PowerApp für SharePoint-Liste anlegen

3. Nachdem Sie der App einen Namen gegeben haben, gelangen Sie direkt in den Editor (siehe Abbildung 14.35). Dort wurden bereits drei Bildschirme (Formulare) angelegt, für die Darstellung der Listeninhalte, der Anzeige sowie der Bearbeitung eines einzelnen Listeneintrags. Diese Bildschirme können Sie nun an Ihre Anforderungen anpassen.

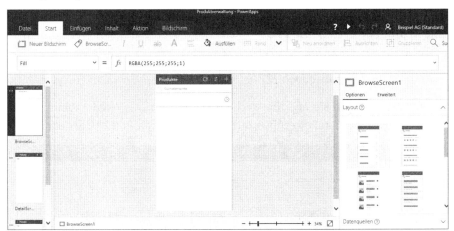

Abbildung 14.35 PowerApps-Editor

Mehr zu PowerApps lesen Sie hier:

https://powerapps.microsoft.com/de-de/tutorials/getting-started/

In den Office 365-Lizenztypen Business Essentials, Business Premium, E1, E3, E5 und K1 ist PowerApps nur in einer eingeschränkten Variante verfügbar (mit K1 können

1145

PowerApps nur verwendet, aber nicht erstellt werden). Es gibt darüber hinaus spezielle PowerApps-Lizenztypen, die den Funktionsumfang erweitern. Eine Übersicht finden Sie hier:

https://powerapps.microsoft.com/de-de/pricing/

14.3.3 Flow

Bei *Flow* handelt es sich um einen Dienst für cloudbasierte Workflows. Flow gilt dabei als Nachfolger der Workflows, die Sie in der Vergangenheit mit den SharePoint Designer-Versionen 2010 und 2013 erstellt haben. Ähnlich wie bei PowerApps müssen Sie für Flow nicht über Entwicklerkenntnisse verfügen, sodass es auch manchem Anwender aus der Fachabteilung möglich sein sollte, eigene Flows (so der Name für einen mit Flow erstellten Workflow; Microsoft hatte in der deutschen Variante zeitweise den Begriff *Fluss* verwendet) zu erstellen.

Innerhalb Ihrer Flows können Sie auf die Daten aus derzeit rund 90 unterschiedlichen Anwendungen und Diensten zugreifen. So wäre es beispielsweise möglich, beim Eintreffen einer Datei mit E-Mail-Anhang den Anhang zu extrahieren, um ihn automatisch in einem Dienst zu speichern (beispielsweise in OneDrive for Business Online). Dabei kann von administrativer Seite auch beschränkt werden, welche Anwendungen und Ziele von den Erstellern der Flows verwendet werden dürfen.

Flow selbst wird im Browser verwendet. Es gibt es jedoch auch für iOS und Android eine App, mit der Sie Ihre Flows überwachen und bei Bedarf ausführen können:

- iOS: *https://itunes.apple.com/de/app/microsoft-flow/id1094928825?mt=8*
- Android: *https://play.google.com/store/apps/details?id=com.microsoft.flow*

Neue Flows erstellen Sie über die Kachel im App-Launcher (siehe Abbildung 14.36) oder, wie schon bei den PowerApps, direkt aus einer SharePoint-Liste heraus.

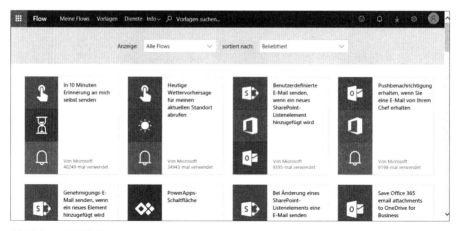

Abbildung 14.36 Flow anlegen

Flow bietet Ihnen dabei eine stattliche Anzahl an bestehenden Vorlagen an, die Sie dann nur noch mit den für Ihre Lösung relevanten Daten konfigurieren müssen. Alternativ dazu können Sie Flows auch komplett eigenständig anlegen.

Ein Flow besteht dabei grundsätzlich aus drei Komponenten:

- Trigger: Bei welchem Ereignis soll der Flow ausgeführt werden?
- Aktionen: Was soll ausgeführt werden?
- Connection: die Zugangsdaten für die angebundenen Dienste

Mehr zu Microsoft Flow lesen Sie hier:

https://flow.microsoft.com/de-de/documentation/getting-started/

In den Office 365-Lizenztypen Business Essentials, Business Premium, E1, E3, E5 und K1 ist Flow bereits in einer Basisausführung enthalten (in K1 können Flows nur verwendet, aber keine neuen erstellt werden). Es gibt jedoch auch spezielle Lizenztypen für Flow, die zusätzliche Funktionen und weniger restriktive Vorgaben hinsichtlich der maximalen Flow-Frequenz und der maximalen Anzahl der Ausführungen pro Benutzer und Monat beinhalten. Einen Überblick darüber finden Sie hier:

https://flow.microsoft.com/de-de/pricing/

14.4 So geht es weiter

Es folgt nun der Anhang mit einigen Informationen, wie Sie beispielsweise eine Testumgebung für Office 365 aufbauen können.

Anhang

Im Anhang lernen Sie das PowerShell Cheat Sheet kennen, erhalten einen Vorschlag für eine Testumgebung und laden die PowerShell-Skripte aus dem Buch herunter.

Kurz vor Ende des Buches gibt es noch ein wenig Bonusmaterial. Dazu gehören ein Poster und ein Downloadpaket. Außerdem gibt es Tipps für eine geeignete Testumgebung.

A.1 Microsoft PowerShell Cheat Sheet

Das *Microsoft PowerShell Cheat Sheet* als Beileger zu diesem Buch ist Ihnen sicher schon aufgefallen. Es enthält kurz zusammengefasst das nötige Grundlagenwissen zum PowerShell-Einsatz:

- Cmdlets
- Klassen und Objekte
- Pipeline
- Skripte, Funktionen und Filter
- Remoting
- wichtige Cmdlets

Wenn Sie an Ihrer Wand keinen Platz mehr haben, können Sie auch die digitale Variante des Posters im PDF-Format verwenden. Sie finden es im Downloadpaket zu diesem Buch.

A.2 Vorgeschlagene Testumgebung

Bevor Sie sich an die Integration von Office 365 in eine bestehende Umgebung heranwagen, sollten Sie zunächst alle dafür erforderlichen Prozesse in einer abgeschlossenen Testumgebung durchführen, um ein Gefühl für die Vorgänge und Werkzeuge zu erhalten. In diesem Abschnitt schlage ich Ihnen dafür eine Testumgebung vor, die Sie auch auf Basis virtueller Maschinen herstellen können. Für Ihre Testumgebung benötigen Sie folgende Komponenten:

- Netzwerkumgebung
- Testmandant für Office 365
- Domäne
- SSL-Zertifikate

Im Folgenden gehe ich auf die einzelnen Punkte näher ein.

A.2.1 Netzwerkumgebung

Die aufwendigste Vorbereitung Ihrer Testumgebung liegt in der Einrichtung der erforderlichen Server samt allen Softwarekomponenten. Es hängt stark davon ab, welche Szenarien Sie in Ihren Tests abdecken wollen. Spielt für Sie die Migration eines Exchange Servers keine Rolle, müssen Sie natürlich auch keinen aufsetzen.

Nehmen wir an, Sie wollen weitgehend alle in diesem Buch aufgezeigten Szenarien selbst ausprobieren; dann bietet sich dafür eine Umgebung an, wie sie in Abbildung A.1 dargestellt wird.

Mit dieser Umgebung können Sie folgende Szenarien abdecken:

- Identitätsverbund auf Basis von ADFS
  In Abbildung 1 wird die Anbindung von externen Anwendern, die nicht über eine VPN-Verbindung verfügen, über einen Web Application Proxy (WAP) hergestellt.
  Informationen zum Identitätsverbund finden Sie in Abschnitt 4.6, »Identitätsverbund«.

- Active Directory-Synchronisierung
  Die Active Directory-Synchronisierung erläutere ich in Abschnitt 4.3.

- Exchange-Migration
  Mehr zur Exchange-Migration finden Sie in Abschnitt 6.12, »Exchange-Migration«.

- SharePoint-Integration
  Die SharePoint-Integration habe ich in Abschnitt 7.17, »Hybridumgebungen«, angesprochen.

- Softwareverteilung mit System Center Configuration Manager
  Mit den System Center Configuration Manager (SCCM) können Sie beispielsweise das Office-Paket auf Ihren Clients automatisiert installieren. Mehr dazu erfahren Sie in Abschnitt 5.3.10, »Installation über System Center Configuration Manager«.

- Clientanbindung
  Die Anbindung der einzelnen Dienste an Ihre Clients beschreibe ich in den jeweiligen Kapiteln.

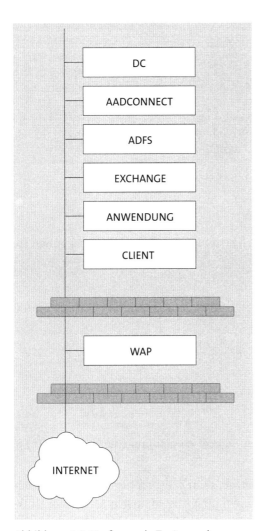

Abbildung A.1 Umfassende Testumgebung

In Tabelle A.1 finden Sie die vorgeschlagenen Aufgaben für die jeweiligen Maschinen.

Maschine	Aufgabe
DC	Domänencontroller für Active Directory
AADCONNECT	Active Directory-Synchronisierung
ADFS	Domänenverbund
WAP	Domänenverbund – Anbindung von Anwendern, die sich nicht im Unternehmensnetzwerk befinden

Tabelle A.1 Aufgaben der Maschinen

Maschine	Aufgabe
EXCHANGE	Exchange-Migration
ANWENDUNG	Bereitstellung von SQL Server, SharePoint Server, System Center Configuration Manager
CLIENT	Einrichtung von Clientanwendungen wie das Office-Paket, der Lync-Client, das Desktopsetup

Tabelle A.1 Aufgaben der Maschinen (Forts.)

A.2.2 Testmandant für Office 365

Ein Testmandant für Office 365 ist schnell erstellt. Unter folgender URL können Sie einen kostenfreien Mandanten erzeugen:

www.office365.de

Achten Sie darauf, den für Ihren Test geeigneten Lizenztyp zu wählen. Zur Auswahl stehen insbesondere:

- 25 Lizenzen Office 365 Business Essentials
- 25 Lizenzen Office 365 Business Premium
- 25 Lizenzen Office 365 Enterprise E3
- 25 Lizenzen Office 365 Enterprise E5

Die Unterschiede zwischen den einzelnen Lizenztypen können Sie in Abschnitt 1.8, »Lizenzierung«, nachlesen.

Im Mandanten, den Sie für Ihre Tests nutzen, sollten Sie überlegen, die Option der Erstveröffentlichung zu aktivieren, um einen möglichst aktuellen Stand aller Funktionen zu erhalten. Mehr dazu lesen Sie in Abschnitt 2.9, »Erstveröffentlichung neuer Funktionen«.

A.2.3 Domäne

Für Ihre Tests sollten Sie außerdem über eine Domäne bei einem geeigneten Hoster verfügen, der es Ihnen nicht unnötig schwer bei der Verwaltung der DNS-Einträge macht. Ein guter Kandidat wäre der Anbieter Host Europe: *www.hosteurope.de*

Bevor Sie dort einen kostenpflichtigen Vertrag abschließen, sollten Sie jedoch die Funktionsbeschreibung genau durchgehen, damit auch alle von Ihnen gewünschten Features enthalten sind.

A.2.4 SSL-Zertifikate

Je nachdem, welche Szenarien Sie mit Ihrer Testumgebung abdecken wollen, benötigen Sie diverse SSL-Zertifikate einer öffentlichen Zertifizierungsstelle, beispielsweise für einen Identitätsverbund (siehe Abschnitt 4.6, »Identitätsverbund«) und für die AutoErmittlung sowie für Outlook Anywhere des Exchange Servers (siehe Abschnitt 6.12, »Exchange-Migration«).

A.3 Inhalt des Downloadpakets

Das Downloadpaket mit dem Bonusmaterial zu diesem Buch erhalten Sie unter folgender Adresse:

www.office365buch.de

Es enthält die im Buch vorgestellten PowerShell-Listings in Textdateien, sodass Sie diese über die Zwischenablage in die Konsole oder in Ihre eigenen Skriptdateien übernehmen können. Ein weiterer Bestandteil sind die Poster zum Office 365-Lizenzvergleich und zum PowerShell-Grundlagenwissen.

Der Programmcode wurde sorgfältig zusammengestellt, dennoch sind Fehler nie ganz auszuschließen. Bitte führen Sie den Code deshalb zunächst nur in einer abgeschlossenen Testumgebung aus, bis Sie ihn vollständig verstehen und Sie sich sicher sind, dass er genau das tut, was Sie erwarten.

A.4 Wo gibt es sonst noch Informationen?

Am Ende dieses Buches gebe ich Ihnen noch eine Auswahl an weiteren hilfreichen Informationen im Web an die Hand:

- Office 365 Customer Success Center
  https://success.office.com

  Die Website hilft Ihnen bei der Planung und Durchführung Ihrer Office 365-Einführung.

- Office 365 Deployment Center
  https://products.office.com/de-de/business/office-365-deployment-for-it

  Kurz beschriebene Informationen zur Planung, Durchführung und Erweiterung von Office 365-Projekten direkt aus der Technet.

- Office 365-Bereitstellungshandbuch
  http://technet.microsoft.com/de-de/library/hh852466.aspx

Umfangreiche Informationen rund um die Bereitstellung von Office 365. Enthalten sind ein Überblick sowie die Phasen Planung, Vorbereitung und Migration.

Die Website wird jeweils an den aktuellen Stand von Office 365 angepasst und erweitert. Ein regelmäßiger Besuch lohnt sich deshalb jederzeit.

Index

` (PowerShell) 194
? (PowerShell-Alias) 175
. (PowerShell) 196
.admx 432
.app 884
.dmg 441
.js 410
.NET (Datenquellentyp) 855
.NET Framework 144
.ost 675
.pdf 447, 1012
.ps1 153
.pst 532
.vbs 142, 410
.wsp 877
.xml 849
& (PowerShell) 196
# (PowerShell) 186
% (PowerShell-Alias) 180
| (PowerShell) 169
$_ 185
$? 189
$$ 205
$ErrorActionPreference 191
$Input 185

A

A (DNS) 99
AAD 113, 200, 236
AAD Application Proxy 242, 288
AAD Connect 238, 251
   Gruppenrückschreiben 1062
AAD_<ID> 287
Abonnement 59, 94
   kündigen 98
   Laufzeit 71
   Testzeitraum verlängern 97
Abonnementeinstellungendienst
   (SharePoint Online) 899, 950
Accent-Grave → ` (PowerShell)
Access Services 761, 853
Access Web Apps 1144
AccessRetail 401
AccountSkuId 214
Active Directory Benutzer und
   Computer 111, 476

Active Directory Federation Services → AD FS
Active Directory Management Gateway
   Service → ADMGS
Active Directory Rights Management
   Services → AD RMS
Active Directory Web Services → ADWS
Active Directory-Domänen
   und -Vertrauensstellungen 260
Active Directory-Domänendienste 230
Active Directory-Rechteverwaltungs-
   dienste → AD RMS
Active Directory-Synchronisierung 235,
                                            238, 251
   Benutzerkonten 266, 293
   Einschränkungen 257
   Fehlerbehandlung 296
   filtern 288
   Installation 264, 270
   Intervall 292
   Kennwort-Hash-Synchronisierung 238
   Konfiguration 264, 270
   Konfiguration, benutzerdefiniert 274
   Konfiguration, Express 272
   Lizenzierung 293
   manueller Start 292
   Passthrough-Authentifizierung 241, 288
   Planung 256, 279
   Szenarien 237
   überprüfen 263
   Vergleich 245
   Voraussetzungen 264
   vorbereiten 259
   Vorgang 253
Active Directory-Verbunddienste → AD FS
Active Directory-Zertifikatdienste 329
Active SharePoint App 556
ActiveSync 664
   Gerätefamilie 665
   Gerätezurücksetzung 668
   mobile Geräte 664
   Postfacheinstellungen 667
   Postfachrichtlinien 666
   PowerShell 669
   Quarantäne 665
AD FS 246
   Einzelserver 315
   Proxy 316, 317

Index

AD FS (Forts.)
   Serverfarm 316, 317
   Topologiegrößen 318
AD RMS 1011
Address Record → A (DNS)
ADMGS 231
Admin Center
   Exchange Online 470
   Office 365 90
   OneDrive for Business 926
   Security & Compliance 1106
   SharePoint Online 764
   Skype for Business Online 969
Administrator
   Benutzerverwaltungsadministrator 118
   Dienstadministrator 118
   Empfehlungen 118
   Globaler Administrator 117
   Kennwortadministrator 117
   Rechnungsadministrator 117
Adressliste, globale 506, 514
ADSI-Editor 476
ADSync (PowerShell) 287
ADSyncAdmins 287
Advanced eDiscovery 1129
Advanced Encryption 1023
Advanced Functions (PowerShell) 192
Advanced Security Management 1119
Advanced Threat Protection → ATP
ADWS 231
AIP 1029
   Dokumentklassifizierung 1029
   HYOK 1030
Alias 99, 160
AllSigned (PowerShell) 187
Amsterdam 42
Ansicht (SharePoint Online) 788
   Standardansicht 796
Anti-Spam
   Exchange Online 467, 603
   Quarantäne 607
Anti-Virus
   Exchange Online 467, 603
   SharePoint Online 873
Anwendungsfreigabe 960
Anwesenheitsstatus 958
Anzeigende Benutzer (Gruppe) 809
APN 1113
App Solutions 758
App-Launcher 86
   Kacheln (eigene) 88

Apple Push Notifications → APN
Apps
   Anforderungen 882, 885
   Bereitstellungsmodelle 880
   Katalog 884
   Office 884
   SharePoint Online 880, 884
App-V 374
App-Verwaltungsdienst
   (SharePoint Online) 898
Archivierung (Exchange Online) 531
   aktivieren 537
   Anwenderansicht 549
   Archivpostfach 532
   Archivrichtlinie 553
   Aufbewahrungslimit 540
   Aufbewahrungsrichtlinie 539, 543, 553
   Aufbewahrungsrichtlinientag 540
   Aufbewahrungstags 552
   Default MRM Policy 544
   gesetzeskonform 555
   Hybridkonfiguration 741
   ins Archiv verschieben (Aktion) 553
   In-Situ-Archive 532
   In-Situ-Speicher 643
   Lizenzen 534
   löschen (Aktion) 553
   Outlook, unterstützte Ausgaben 550
   persönlicher Tag 540
   Standardrichtlinientag 540, 551
   Szenarien 536
   verwalten 536
   verwalten (PowerShell) 538
ARMS 633
Array 159
ASM → Advanced Security Management
Assistent für verwaltete Ordner 549
Asynchron (PowerShell) 185
ATP 616
   Dynamic Delivery 618
   Exchange Online 616
   Exchange Server 626
   Windows Defender 616
Auditierung 56
Aufbewahrung 1125
   Erhaltungsrichtlinien 1126
   Erhaltungssperre 1128
   Löschrichtlinien 1125
Aufbewahrungsrichtlinien
   (Exchange Online) 539
Aufbewahrungstags (Exchange Online) 540

Index

Aufgabenplanung 142
Auftragsdatenverarbeitung 56
Auschecken (SharePoint Online) 788
Ausfuhrbeschränkungen 121
Authentifizierungsplattform 311
Autodiscover → AutoErmittlung
AutoErmittlung 484
AutomaticUploadBandwidth-
   Percentage 949
Azure
   SharePoint Online 855
   SQL 855
   Verwaltungskonsole 856
Azure Active Directory Connect → AAD
   Connect
Azure Active Directory → AAD
Azure AD Rights Management
   Administration 1013
Azure Functions 1144
Azure Information Protection → AIP
Azure Key Vault 1022
Azure Rights Management Connector 1029
Azure Rights Management Services ... 50, 1011
   Azure Information Protection 1029
   Berechtigungsvorlagen 1014
   Berechtigungsvorlagen (eigene) 1016
   Bring Your Own Key (BYOK) 1022
   Einrichtung 1013
   Exchange Online 1024
   lokale Umgebung 1029
   SharePoint Online 1027, 1029
   Super-User 1021
   Voraussetzungen 1012
AzureADConnectHealthSync
   (PowerShell) 287
AZUREADSSOACCT 287
Azure-Rechteverwaltung → ARMS

B

Backbone 45
Background Intelligent Transfer Service → BITS
Bandbreite 57
Base 64 String 254
Basiskonfiguration 79
Batch 409
BCS 761, 854, 916
   Datenquellentypen 855
   SQL Azure 855
BDC 860
bedingter Zugriff 285, 308

Behörden 59
Benutzer
   anlegen 115
   anlegen (PowerShell) 210
   anlegen, CSV 119
   anlegen, einzeln 115
   anlegen, mehrere 119
   Kennwort ändern (PowerShell) 225
   lizenzieren 72
   lizenzieren (PowerShell) 213
   löschen (PowerShell) 225
   Massenhinzufügen (PowerShell) 216
   ohne Lizenz 501
   verwalten 112, 120
   verwalten (PowerShell) 224
   wiederherstellen 126
   wiederherstellen (PowerShell) 225
Benutzerprinzipalname → UPN
Benutzerprofildienst (SharePoint Online) 898
Benutzerprofile (SharePoint Online) 834
   Hybrid 838
   verwalten 835
Benutzerverwaltungsadministrator 116
Berechtigung (SharePoint Online) 804
   ändern 813
   anfragen, Anwender 807
   anzeigen 813
   Authentifizierung, mit 830
   Authentifizierung, ohne 830
   Benutzer, extern 819
   Benutzer, extern (PowerShell) 831
   Bibliothek 813
   Datei 814
   Einschränkungen (externe Benutzer) 824
   Eintrag 814
   Freigabekonfiguration 820
   freigeben, Datei 828
   freigeben, Website 825
   Gruppe 809
   Konzept 804
   Liste 813
   Ordner 814
   PowerShell 816
   Vererbung 812
   Website 805
   Zugriff ohne Lizenz 818
Berechtigungen (Postfach) 592
   senden als 593
   senden als (PowerShell) 595
   senden im Auftrag 593
   senden im Auftrag (PowerShell) 596

1157

Berechtigungen (Postfach) (Forts.)
  verwalten (EAC) ... 593
  verwalten (PowerShell) ... 596
  verwalten, Anwender ... 598
Bereitstellungshandbuch ... 1153
Berichte ... 130
Besitzer von (Gruppe) ... 809
Besucher von (Gruppe) ... 810
Beweissicherungsverfahren ... 531, 643
Beweissicherungsverfahren
  (Exchange Online) ... 466, 644
Bibliothek ... 768, 786
  anlegen ... 791
  Berechtigung ... 813
  Dateien ... 798
  Formularbibliothek ... 848
  löschen ... 797
  Ordner ... 797
  Spalte, anlegen ... 792
  Vorlage, eigene ... 796
Bibliothek (modern) ... 789
Bildungsbereich ... 59
Bindungen ... 334
Bitlocker ... 53, 493
BITS ... 404
Bookings ... 1137
Bootstrapper ... 377
Bot ... 1066, 1075
Bring Your Own Key → BYOK
BT Conferencing ... 975
Bulk-Operationen ... 143
Büro-Drama ... 1075
Business Connectivity Features → BCS
BYOK ... 53, 1022

C

C2R-P ... 453
Canonical Name Record → CNAME
CAS ... 1120
CC → Current Channel
CDN ... 405
Chat ... 958, 962
Chatdienste ... 974
Chrome ... 442
CIDR ... 874, 943
Citrix ... 142
Classless Inter-Domain Routing → CIDR
Click-2-Run-Perpetual → C2R-P
Cloud App Security → CAS
Cloud Connector
  (Skype for Business Online) ... 1004
Cloud Encryption Gateway ... 54
Cloud-Suchdienstanwendung ... 910
cmd.exe ... 142
Cmdlet
  Add-AadrmSuperUser ... 1022
  Add-DistributionGroupMember ... 510, 519, 520
  Add-MailboxFolderPermission ... 596, 597
  Add-MailboxPermission ... 519, 520, 596
  Add-MsolGroupMember ... 228
  Add-MsolRoleMember ... 228
  Add-PSSnapIn ... 197
  Add-RecipientPermission ... 519, 520, 595
  Add-SPOUser ... 818
  Add-UnifiedGroup ... 1049
  Add-UnifiedGroupLinks ... 1049
  Argumente ... 156
  Confirm-MsolDomain ... 207
  Connect-ArmsService ... 1014
  Connect-ExchangeOnline ... 481
  Connect-EXOPSSession ... 481
  Connect-MsolService ... 203, 204
  Connect-SPOService ... 768
  Convert-MsolDomainToFederated ... 339, 340, 350
  Convert-MsolDomainToStandard ... 361
  ConvertTo-SecureString ... 505
  ConvertTo-SPOMigrationTargeted-Package ... 893, 894, 896
  Disable-AadrmSuperUserFeature ... 1022
  Disable-Mailbox ... 538
  Disable-TransportRule ... 567, 568
  Disconnect-ArmsService ... 1014
  Enable-AadrmSuperUserFeature ... 1021
  Enable-Arms ... 1014
  Enable-Mailbox ... 538
  Enable-Organization-Customization ... 543, 1024
  Enable-TransportRule ... 567
  Enter-PSSession ... 199
  Export-Certificate ... 639
  Export-CSV ... 175
  Export-SPWeb ... 893, 896
  ForEach-Object ... 179
  Format-Table ... 169
  Get-ADDomain ... 937
  Get-ADUser ... 232, 233, 255
  Get-Alias ... 160
  Get-AzureADMSDeletedGroup ... 1049

Cmdlet (Forts.)

Get-CASMailbox 669
Get-Command 155
Get-Credential 480
Get-CSOAuthConfiguration 311
Get-CsTenantFederationConfiguration   983
Get-DelveStatus 1099
Get-DistributionGroupMember 510
Get-DynamicDistributionGroup 510
Get-EcpVirtualDirectory 719, 720
Get-EventLog 171, 298
Get-ExecutionPolicy 187
Get-Help 158, 159
Get-HistoricalSearch 569
Get-Host 154
Get-ImapSubscription 530
Get-JournalRule 663
Get-Mailbox 483, 505, 538, 539
Get-MailboxStatistics 539
Get-Member 163, 164
Get-MessageTrace 569
Get-MigrationBatch 685, 695
Get-MigrationEndpoint 737, 739
Get-MsolAccountSku 213
Get-MsolDomain 212, 213
Get-MsolDomainVerificationDns 207
Get-MsolGroup 228
Get-MsolGroupMember 228
Get-MsolPasswordPolicy 211, 212
Get-MsolRole 229
Get-MsolRoleMember 229
Get-MsolUser 211, 217, 226, 228,
                                                         255, 295, 502
Get-MsolUserRole 229
Get-OabVirtualDirectory 719, 720
Get-OrganizationConfig 310
Get-OrganizationRelationship 740
Get-OutlookAnywhere 720, 721
Get-OwaVirtualDirectory 719, 720
Get-PopSubscription 530
Get-PublicFolderStatistics 743
Get-Recipient 510
Get-RecipientPermission 596
Get-RetentionPolicy 547, 548
Get-RetentionPolicyTag 542
Get-SmartLinks 357
Get-SmimeConfig 639
Get-SPManagedAccount 951
Get-SPOAppErrors 917
Get-SPOAppInfo 917
Get-SPOExternalUser 831, 832

Cmdlet (Forts.)

Get-SPOSite 939
Get-SPOSiteGroup 816
Get-SPOTenantLogEntry 917
Get-SPOTenantLogLastAvailable-
    TimeInUtc 917
Get-SPOUser 817
Get-SPOWebTemplate 777
Get-SPServiceApplication 911
Get-SPServiceInstance 899
Get-Subscription 530
Get-TransportRule 567, 568
Get-UnifiedGroupLinks 1049
Get-UserAnalyticsConfig 1103
Get-WebServicesVirtualDirectory ... 719–721
Hilfe 158
Import-CSV 217
Import-Module 197
Import-PSSession 480, 482
Import-RMSTrustedPublishing-
    Domain 634, 1020, 1024
Invoke-Command 199
Invoke-SPOMigrationEncryptUpload-
    Submit 893, 894, 896
Measure-Object 178, 179
Namenskonventionen 155
New-CsEdgeAllowList 984
New-CsEdgeDomainPattern 984
New-CsOnlineSession 981
New-DataClassification 661
New-DistributionGroup 510, 519, 520
New-DynamicDistributionGroup 510
New-EmailAddressPolicy 1052, 1054
New-Fingerprint 661
New-ImapSubscription 530
New-JournalRule 663
New-Mailbox 501, 505, 514, 519, 520, 526
New-MailContact 516, 517
New-MigrationBatch 685, 695, 737, 739
New-MigrationEndpoint 685, 695, 732
New-MsolDomain 207
New-MsolGroup 227
New-MsolLicenseOptions 218
New-MsolSettings 1058
New-MsolUser 210, 216, 217
New-PopSubscription 530
New-PSSession 199, 480
New-PublicFolder 526
New-RetentionPolicy 548
New-RetentionPolicyTag 542
New-SafeAttachmentPolicy 622

1159

Cmdlet (Forts.)

New-SafeAttachmentRule 622
New-SafeLinksPolicy 624
New-SafeLinksRule 624
New-SPOMigrationPackage 893, 894
New-SPOSite 778
New-SPOSiteGroup 816
New-SPServiceApplicationPool 899, 951
New-SPSubscriptionSettings-
 ServiceApplication 899, 951
New-SPSubscriptionSettings-
 ServiceApplicationProxy 899, 951
New-Subscription 530
New-TransportRule 567, 636
New-UnifiedGroup 1049
Out-File 175
Out-GridView 177
Parameter 156
Präfix 482, 946, 948
Remove-MigrationBatch 685, 695
Remove-MsolGroup 227
Remove-MsolGroupMember 228
Remove-MsolUser 225, 226
Remove-PSSession 199
Remove-RecipientPermission 596
Remove-SPOExternalUser 831, 832
Remove-SPOSiteGroup 817
Remove-SPOUser 818, 832
Remove-Subscription 530, 531
Remove-TransportRule 567
Remove-UnifiedGroup 1049
Remove-UnifiedGroupLinks 1049
Request-SPOPersonalSite 945
Restore-AzureADMSDeleted-
 DirectoryObject 1049
Restore-MsolUser 226
Search-MessageTrackingReport 569
Search-UnifiedAuditLog 1124
Select-Object 165, 169
Select-String 151
Send-MailMessage 190
Set-AadrmSuperUserGroup 1022
Set-AdfsClaimsProviderTrust 358
Set-ADFSProperties 354
Set-AdminAuditLogConfig 647
Set-ADSyncAADPasswordSync-
 Configuration 362
Set-ADSyncAutoUpgrade 272
Set-ADSyncScheduler 292
Set-ADSyncSyncCycle 293
Set-ADUser 233

Cmdlet (Forts.)

Set-Alias 161
Set-CalendarProcessing 514
Set-CASMailbox 592, 669
Set-CsMeetingConfiguration 984, 985
Set-CsOAuthConfiguration 311
Set-CsTenantFederation-
 Configuration 984
Set-CsUser 969
Set-DelveStatus 1099
Set-EcpVirtualDirectory 720
Set-ExecutionPolicy 187
Set-ImapSubscription 530
Set-IRMConfiguration 634, 1024
Set-Mailbox 505, 538, 548, 596, 602, 647, 969
Set-MailContact 517
Set-MsolADFSContext 340, 350
Set-MsolDomainAuthentication 362
Set-MsolPasswordPolicy 213
Set-MsolSettings 1058
Set-MsolUser 211, 213, 224, 256, 296
Set-MsolUserLicense 216–219, 296
Set-MsolUserPassword 225
Set-MsolUserPrincipalName 225
Set-OabVirtualDirectory 720
Set-OMEConfiguration 637
Set-OrganizationConfig 310, 1051
Set-OrganizationRelationship 740
Set-OutlookAnywhere 721
Set-OwaMailboxPolicy 494
Set-OwaVirtualDirectory 720
Set-PopSubscription 530
Set-RetentionPolicy 548
Set-RMSTemplate 1020
Set-SPOSite 824, 935, 940
Set-SPOSiteGroup 816
Set-SPOTenant 821, 925, 939, 941
Set-SPOTenantSyncClient-
 Restriction 937, 938
Set-SPOUser 818
Set-TransportRule 567
Set-UnifiedGroup 1049, 1054
Set-UserAnalyticsConfig 1103
Set-WebServicesVirtualDirectory 720, 722
Sort-Object 178
Start-ADSyncSyncCycle 292
Start-HistoricalSearch 569
Start-ManagedFolderAssistant 549
Start-MigrationBatch 685, 695
Start-SPServiceInstance 899
Start-Transcript 180

Cmdlet (Forts.)
   Stop-HistoricalSearch 569
   Stop-MigrationBatch 685, 695
   Test-MigrationServerAvailability 682, 685, 691, 695
   Where-Object 173
   wichtige 172
   Write-EventLog 190
CNAME 99
Co-Existence (SharePoint Online) 886
Communitys 757
Company Administrator 777, 805
Compliance (Exchange Online) 643
   Dokumentfingerabdrücke 656
   In-Situ-Speicher 643
   Officer 661
Compliance-Archiv 531, 643, 646
Composites 758
Connector (Teams) 1070
Content Delivery Network → CDN
Content Management 758
Continous Crawling
   → Suche (SharePoint Online)
Crawler (SharePoint Online) 908
CSOM 881
Cumulative Update 696, 713
Current Channel 391, 392
customAttribute 475
Customer Lockbox → Kunden-Lockbox
Cutover Migration → Übernahmemigration (Exchange Online)

D

Data Loss Prevention → DLP
Data Loss Prevention → Verhindern vor Datenverlust
Datei (SharePoint Online) 768
Dateiübertragung 961
Datenschutz 56
Datensicherheit (SharePoint Online) 870
   Anti-Virus 873
   Dateitypbeschränkungen 873
   DLP 873
   Gerätezugriff 873
   Papierkorb 871
   Schutz vor Datenverlust 873
Datentreuhänder 47
DC → Deferred Channel
Default Policy Tag → Archivierung (Exchange Online)

DefaultRootDir 949
Deferred Channel 391, 392
Delta Sync (Active Directory-Synchronisierung) 253
Delve 908, 1085, 1087
   aktivieren 1094
   Berechtigungen 1090
   Bibliothek ausschließen 1094
   Blog 1092
   Boards 1090
   Client (Android) 1093
   Client (iOS) 1093
   Client (Web) 1088
   Client (Windows Mobile) 1093
   Client (Windows 10) 1093
   deaktivieren 1094
   Dokumente ausschließen 1093
   Favoriten 1089
   Gruppendiagramm 1092
   Ich 1089
   Organisationsdiagramm 1092
   Organisationsstruktur 1089
   Personen 1089
   PowerShell 1095
   Praise 1092
   Profil 1091
   Über mich 1092
Delve Analytics → MyAnalytics
Demilitarized Zone → DMZ
Deployment Center 1153
DESKLESSPACK 214
Desktopfreigabe 960
Detonation Chamber 617
Deutschland (Region) 42
Dienstadministrator 116
Dienstbeschreibung 58, 72
Dienstkonto 335
Dienststatus 132
DirectorySyncTool 286
DisableCustomRoot 949
DisablePersonalSync 949
displayName (Attribut) 486
Distribution Groups 577
DKIM 609
DKIM (Exchange Online) 609
DLP → Verhindern vor Datenverlust
DMARC 611
DMZ 316
DNS 98
   MX 675

DNS (Forts.)
  Priorität 99
  Split DNS 108, 327, 342
  TTL 675
  Voraussetzungen 100
Dokumentbibliothek → Bibliothek
Dokumentcenter 845
Dokumente standardmäßig in Client-
  anwendungen öffnen (Feature) 447
Dokumentfingerabdrücke
  (Exchange Online) 656
Dokumentklassifizierung 1029
Domain-based Message Authoring, Reporting,
  and Conformance → DMARC
DomainKeys Identified Mail → DKIM
Domäne
  entfernen 110
  Problembehandlung 138
  Registrierungsstelle 98
  Standarddomäne 112
  Subdomäne 100
  verifizieren 98, 100
  verifizieren (Host Europe) 104
  verifizieren (PowerShell) 206
  Verwaltung 98
  Verwendung ermitteln (PowerShell) 208
Domänenverbund, Skype for
  Business Online 973
Downgrade (Office) 373
Downloadpaket 1153
Dual-Use-Right 70
Dublin 42
Dumpster 601
Dynamic Delivery (ATP) 618
Dynamics 365 .... 95, 237

E

eDiscovery 1129
EFTA 47
Eigenschaften (PowerShell),
  benutzerdefinierte 166
Einchecken (SharePoint Online) 788
Einsatzszenarien 32
  Anwenderszenarien 32
  Exchange Online 36
  IT-Szenarien 36
  SharePoint Online 37
  Skype for Business Online 39
Einwahlkonferenz 962, 975
  Konfiguration 976

Einwahlkonferenz (Forts.)
  Lizenzierung 975
EmailAddresses 475
E-Mail-Info 463, 509, 516
Emojis 1075
EnableAllOcsiClients 949
EnableEnterpriseUpdate 949
EnableHoldTheFile 949
Enterprise Archive for Office 365 555
Enterprise Social Network → ESN
Enterprise-Features 848
  Access Services 853
  InfoPath Forms Services 848
  Visio Services 851
ENTERPRISEPACK 214
ENTERPRISEWITHSCAL 214
Entwicklerwebsite (Vorlage) 877
Entwicklungsumgebung
  (SharePoint Online) 876
EOP 603, 612
-eq 173
Ereignisanzeige 297
Ereignisprotokoll 297
Erfahrung (klassisch) 791
Erfahrung (neu) 791
Erstveröffentlichung 134
ESN 1139
EU 47
Europa (Region) 42
Europäische Freihandelszone → EFTA
europäische Standardvertragsklauseln 56
Europäische Union → EU
Events → PowerShell
Evergreen 41
Excel Web App 442
ExcelRetail 401
Exchange Management Shell
  → Exchange Online
Exchange Online 461
  ActiveSync 664
  Administrationsübersicht 469
  Administrationswerkzeuge 469
  Aktivierungszeitraum 501
  allgemeine Verwaltung 501
  Anti-Spam 467, 603
  Anti-Virus 467, 603
  Apple iOS 496
  Apps 499
  Archivierung 531
  Assistent für verwaltete Ordner ... 549
  ATP 616

Exchange Online (Forts.)
   AutoErmittlung 484
   Berechtigungen (Postfach) 592
   Beweissicherungsverfahren 466
   Clients 484
   Compliance 643
   Dienstbeschreibung 468, 962
   DKIM 609
   DLP 466
   Dumpster 601
   EAC 470, 471
   Einsatzszenarien 36
   Einschränkungen 467, 468
   E-Mail-Info 463
   EMS 707
   endgültige Löschvorgänge 603
   EOP 467
   Funktionsüberblick 462
   Funktionsvergleich 467
   gelöschte Elemente 601
   Google Android 498
   Gruppen 506
   Hybridkonfiguration 467, 705
   IMAP 466
   Inhaltsfilter 606
   In-Situ-Archive 532
   In-Situ-Speicher 643
   IRM 466
   Journal 467
   Journalisierung 661
   Kontakte (extern) 514
   Lizenzüberblick 465
   Migration 671
   Migration (Gmail) 748
   Migration (Hotmail) 748
   Migration (IMAP) 749
   Migration (öffentliche Ordner) 742
   Migration (Outlook) 748
   Migration (PST) 745
   Migration (Yahoo) 748
   Mobilgeräte 495
   Nachrichtenablaufverfolgung 568
   Nachrichtenfluss 556
   Nachrichtenverschlüsselung 50
   öffentliche Ordner 467, 520
   Outlook (macOS) 488
   Outlook (Windows) 484
   Outlook App 498
   Outlook im Web 489
   OWA 489
   POP3 466

Exchange Online (Forts.)
   Posteingangsregeln 466
   Postfach 501
   Postfach, freigegeben 517
   PowerShell 477
   PowerShell, Anzahl zurückgegebener
     Objekte 483
   PowerShell, Befehlsprotokoll 483
   PowerShell, Funktionalität 478
   PowerShell, Verbindungsaufbau 479
   PowerShell, Voraussetzungen 477
   Quarantäne 607
   RBAC 478, 573
   RCA, Client 486
   Ressourcenpostfach 512
   Rollen 573
   Schadsoftwarefilter 604
   Sicherheit 573
   SMTP-Relay 749
   Transportregeln 466, 556
   Überwachungsberichte 646
   UM 669
   Verbindungsfilter 605
   verbundenes Konto 526
   Verzeichnissynchronisierung 474
   Was ist Exchange Online? 462
   weiteres E-Mail-System 569
   wiederherstellbare Elemente 601
   Windows Mobile 495
Exchange Online Protection → EOP
Exchange Online
   → Exchange Web Services (EWS)
Exchange Server 2016 Enterprise CAL
   mit Diensten 612
Exchange Web Services (EWS) 466
EXCHANGE_S_ENTERPRISE 215
EXCHANGE_S_STANDARD 215
Exchange-Verwaltungskonsole
   → Exchange Online
Execution Policy → Skript
Explosionskammer → Detonation Chamber
Express-Hybridkonfiguration
   (Exchange Online) 696
ExRCA → RCA
EXTENDED_GRACE (Office) 385
extensionAttribute 475

F

-f → Formatierungsoperator
Facebook 1139

Farm Solution ... 758
FastTrack ... 73
   Prozess ... 75
   Unterstützungsleistungen ... 75
   Voraussetzungen ... 74
Feature Pack 1 (SharePoint Online) ... 915
Federated Domain → Verbunddomäne
Filter (PowerShell) ... 184
Fingerabdruck ... 239
Fingerabdruck (DKIM) ... 610
Finnland ... 43
Firefox ... 442
Firewall ... 58, 139
   Skype for Business Online ... 967
Firewall (Office) ... 376
First Release for Current Channel ... 392, 393
First Release for Deferred Channel ... 391, 393
First Release → Erstveröffentlichung
Flow ... 1146
foreach (PowerShell-Alias) ... 180
Forefront TMG ... 313, 316
Forefront UAG ... 313, 316
Formatierungsoperator ... 167
Formulare ... 848
Forward-Lookupzone ... 327, 342
Foxit Reader ... 1012
Frankfurt am Main ... 42, 46
FRCC → First Release for Current Channel
FRDC → First Release for Deferred Channel
Freigabe, Skype for Business Online ... 962
Frontline Worker ... 70
Full Sync
   (Active Directory-Synchronisierung) ... 253
Full-Trust-Code ... 758
Funktion (PowerShell) ... 182
   Aufruf ... 183
   Funktionssammlungen ... 195

G

GAL → Adressliste, globale
Gastteilnehmer ... 830
-ge ... 174
gemeinnützige Organisationen ... 59
Geschäftskonto ... 236
Giphys ... 1075
Global Address List → Adressliste, globale
Globaler Administrator ... 116
Go Daddy ... 103
Google Mail ... 526
Grace Period → Exchange Online

Gruppe
   Sicherheitsgruppe ... 128
Gruppen (Exchange Online) ... 506
   anlegen (EAC) ... 507
   anlegen (PowerShell) ... 509
   dynamische Verteilergruppen ... 506
   E-Mail aktivierte Sicherheitsgruppen ... 506
   Office 365-Gruppen ... 506
   statische Verteilergruppen ... 506
   verwalten, Anwender ... 510
Gruppenrichtlinien ... 761
Gruppenrichtlinienverwaltung ... 433
Gruppenrückschreiben (AAD Connect) ... 1062
-gt ... 173
GUID ... 254
GUID-Vergleich ... 253

H

Haftungsausschluss ... 563
Hardware Security Module → HSM
Hash-Tabelle ... 166
Helsinki ... 42
Hold Your Own Key → HYOK
HomeBusinessRetail ... 401
HomeStudentRetail ... 401
Host Europe ... 104
Hoster ... 98
Hostname ... 99
HSM ... 1022
HTTPS ... 52
Hybridbereitstellung (SharePoint Online) ... 897
   OneDrive for Business ... 902
   Problembehandlung ... 916
   Suche ... 908
   Terminologiespeicher ... 916
   Überwachung ... 915
   Voraussetzungen ... 898
   Websites ... 907
Hybridkonfiguration
   (Exchange Online) ... 467, 705
   akzeptierte Domäne ... 716
   Archive ... 741
   Berechtigungen ... 712
   Clientzugriffs-Server ... 726
   Edge-Transport-Server ... 726
   einrichten ... 722
   E-Mail-Adressrichtlinie ... 717
   E-Mail-Verkehr ... 707
   freigeben, Kalenderinformationen ... 741
   geteilter Namensraum ... 707

Hybridkonfiguration (Exchange Online) (Forts.)
- *HybridConfiguration* 722
- *Hybriddomäne* 707
- *Microsoft Federation Gateway* 722
- *Migrationsendpunkt* 729
- *Offboarding* 729
- *Onboarding* 729
- *Outlook Anywhere* 720
- *OWA-Umleitung* 739
- *Postfachreplikationsdienst* 721
- *Postfachserver* 726
- *Proxydomäne* 707
- *Sendeconnector* 716
- *SSL-Zertifikat* 718
- *Testumgebung* 715
- *URL* 719
- *Verbindungstest* 721
- *Verfügbarkeitsinformationen* 740
- *verschieben, Postfach* 729
- *Voraussetzungen* 712
- *zentraler E-Mail-Transport* 709

HYOK 1030

I

Identitäten 235
Identitätsverbund 235, 311
- *ActiveSync* 323
- *Anforderungen* 313
- *Ausfall* 361
- *Benutzernamen, alternative* 357
- *Clientanwendungen* 321
- *einrichten (bis Windows Server 2012)* 326
- *einrichten (Windows Server 2012 R2/ 2016)* 341
- *mit moderner Authentifizierung* 324
- *ohne moderne Authentifizierung* 318
- *Outlook* 323
- *testen* 352
- *Topologien* 314
- *überprüfen* 263
- *Vorteile* 312
- *Webanwendungen* 318
- *Zugriffssteuerung* 363

IdFix DirSync Error Remediation Tool 263
if-Abfrage 173, 189
IFilter 758
IIS 315
IMAP 466, 485, 526
Immutable-ID 254, 319
Index (SharePoint Online) 908

InfoPath 1144
InfoPath Designer 848
InfoPath Filler 848
InfoPath Forms Services 761, 848
InfoPathRetail 401
Information Rights Management → IRM
Informationstyp (SharePoint Online) 793, 794
Inhaltsfilter 606
Inhaltsorganisation (Feature) 846
Inhaltstypen (SharePoint Online) 788
- *extern* 854

In-Place-Archive → In-Situ-Archiv
In-Place-Hold → Compliance-Archiv
Insights 758
In-Situ-Archiv 531, 532
In-Situ-Speicher 531, 643
- *Beweissicherungsverfahren* 643
- *Compliance-Archiv* 643

Instant Messaging → Chat
Integrated Scripting Environment → PowerShell
Intellisense 146
Intercall 975
Internet Information Services → IIS
Internet Protocoll Security → IPSec
Internetsites 758
Intranetwebsite 757
Intune 237, 414, 1112
- *Agent* 421
- *MAM* 1113

IP-Adressbereiche 139
IPSec 53
Irland 43
IRM 466
IRM (Exchange Online) 466, 761
iTunes Store 881

J

JavaScript 881
Journal 467
Journalisierung 661
- *Journalbericht* 661
- *Journalpostfach* 661
- *Unzustellbarkeitsbericht* 662
- *verwalten (EAC)* 662
- *verwalten (PowerShell)* 663

JScript 142

K

Kalkulator (Bandbreite) 57
Kapazität (SharePoint Online) 775
Kapazität (SharePoint) 762
Kennwort
   Ablaufen verhindern (PowerShell) 211
   Administrator, zurücksetzen 137
Kennwort zurückschreiben 269
Kennwortablaufrichtlinie 127
Kennwortadministrator 116
Kennwort-Hash-Synchronisierung 238
Kennwortrichtlinie 210
   ändern 211
Kennwortrückschreiben 239
Kerberos 311
Key Management Service → KMS
Key Performance Indicator → KPI
Kiosk Worker 70
Klick-und-Los 374
KMS 373
Konferenz 959, 962
   aufzeichnen 988
Konferenzeinwahl 978
   Rückruf 978
Kontakte (extern) 514
   anlegen (EAC) 514
   anlegen (PowerShell) 516
Kopfnavigation 84
KPI 1143
Kunden-Lockbox 56
Kundensegmente 59

L

-le 174
Legal Hold → Beweissicherungsverfahren
LICENSED (Office) 385
-like 174
Liste 768
   anlegen 791
   Ansicht, anlegen 794
   Berechtigung 813
   Bibliothek, anlegen 794
   Einträge 768, 798
   extern 854
   löschen 797
   Ordner 797
   Spalte, anlegen 792
   Vorlage, eigene 796
Liste (modern) 789

Litigation Hold → Beweissicherungsverfahren
Live ID → Microsoft-Konto
Livekonferenz 999
   Aktivierung 1000
   durchführen 1003
   Funktionsunterschiede 999
   planen 1000
   Voraussetzungen 999
Lizenzbericht (PowerShell) 219
Lizenzen 59
Lizenzierung 58
Lizenzobjekt 217
Lizenzpool 59
Lizenztypen 60
   AAD Premium 239
   Advanced eDiscovery 66, 1129
   Advanced Security Management 66, 69
   Advanced Threat Protection 66
   AIP 1029
   Azure Rights Management Services 65, 66
   Business 61
   Cloud-Telefonanlage 66
   E1 64
   E3 65
   E5 66
   Einwahlkonferenzen 66
   EMS 1029
   Enterprise 63
   Exchange Online Kiosk 67, 68, 535
   Exchange Online Plan 1 .... 64, 68, 535
   Exchange Online Plan 2 ...... 65, 66, 68, 535
   Exchange Online Protection 68
   Exchange Online-Archivierung (EOA) 68
   K1 67
   Kunden-Lockbox 66
   kündigen 98
   Office 365 Business 62
   Office 365 Business Essentials 61
   Office 365 Business Premium 62
   Office 365 ProPlus 65, 67, 68
   Office Online 64–67
   Office Web Apps 66, 67
   OneDrive for Business Online 64–66, 68
   OneDrive for Business Online Plan 1 69
   OneDrive for Business Online Plan 2 69
   Power BI Pro 67, 69, 1143
   Project Online Essentials 69, 451
   Project Online Premium 69, 451
   Project Online Professional 69, 451
   PSTN-Anrufe 1004
   SharePoint Online Kiosk 67

Lizenztypen (Forts.)
  SharePoint Online Plan 1 68
  SharePoint Online Plan 2 69
  SharePoint Plan 1 64
  SharePoint Plan 2 .... 65, 66
  Skype for Business Online Plan 1 69
  Skype for Business Online Plan 2 ... 64–66, 69
  SPE 1029
  Testzeitraum verlängern 97
  Visio Pro für Office 365 .... 69, 458
  wechseln 96
  Yammer 64, 66–69
Lockbox 55
-lt 174

M

Magdeburg 42, 46
mail (Attribut) 486
Mail Exchange Record → MX
mail.onmicrosoft.com 707, 734
MailArchiver 555
Mailbox Replication Service
  → Hybridkonfiguration (Exchange Online)
Mailstore Server 555
MailTips → E-Mail-Info
Mainstream-Support 57
MAK 373
MAM 1113
Mandant anlegen 79
Mandantdomäne 81
MAPI over HTTP 373
MAPI over RPC 373
-match 174
MCOIMP 215
MCOSTANDARD 215
MDM → Mobilgeräteverwaltung
Mehrstufige Authentifizierung → MFA
Mehrstufige Migration
  CSV, Aufbau 687
  PowerShell 695
  Vorgang 687
Mehrstufige Migration (Exchange Online) 686
Mehrwertsteuer 182
Message Encryption 626
message.html 627, 633
Metadaten (SharePoint Online) 787
Metadatendienst (SharePoint Online) 898
Metadatennavigation und Filtern
  (Feature) 843
Metadatenspeicher 860

Metalogix 897
MetaVis 896
MFA 299
  App-Kennwörter 305
  einrichten 300
Microsoft AAD Application Proxy
  Connector 287
Microsoft AAD Application Proxy
  Updater 287
Microsoft Account → Microsoft-Konto
Microsoft Azure AD Sync 287
Microsoft Graph 1086
Microsoft Intune → Intune
Microsoft Support- und Wiederherstellungs-
  Assistent für Office 365 135
Microsoft Tech Community 140
Microsoft Trust Center 56
Microsoft-Konto 236, 819
Microsoft-Online-ID 113, 236
Migration
  Exchange Online 671
  Öffentliche Ordner (Exchange Online) ... 742
Migration (Exchange Online)
  Batch 686
  Delta-Synchronisierung 679
  Initial-Synchronisierung 679
  Migrationsendpunkt 681, 692
  Migrationszeitraum 673
Migration (SharePoint Online) 886
  Drittherstellertools 896
  durchführen 888
  Import Service 896
  planen 886
  SharePoint Online Migration API 892
  übertragen, Daten 889
  Windows Explorer 889
Migration Manager for SharePoint 897
Migrator for SharePoint Online 897
MIISClient 286
Mikrofon 959
Minimale Hybridkonfiguration
  (Exchange Online) 696
Mitglieder von (Gruppe) 810
Mobile Application Management → MAM
Mobile Device Management
  → Mobilgeräteverwaltung
Mobile Endgeräte
  SharePoint Online 869
  Skype for Business Online 992
Mobilgeräteverwaltung 1111
  APN 1113

Mobilgeräteverwaltung (Forts.)
    bedingter Zugriff 1112
    Gerätekonfiguration 1112
    Grundkonfiguration 1113
    IMAP 1114
    POP3 1114
    Richtlinienkonfiguration 1114
    selektives Löschen 1112
    Unternehmensportal 1115
Modern Attachments 494
Moderne Authentifizierung 50, 308
    Exchange Online 310
    Skype for Business Online 310
MSA → Microsoft-Konto
msExchUsageLocation 295
Multifaktor-Authentifizierung → MFA
Multiple Activation Key → MAK
MX 99
MyAnalytics 1085, 1099
    aktivieren 1102
    deaktivieren 1102
    Lizenzvoraussetzungen 1099
    Opt-in 1103
    Opt-out 1103
    Outlook-Add-in 1101
    PowerShell 1102
    Statistiken 1099

N

Nachrichtenablaufverfolgung
    (Exchange Online) 568
Nachrichtencenter 133
Nachrichtenfluss (Exchange Online) 556
Nachrichtenverschlüsselung 626
Named Service Provider Interface → NSPI
-ne 174
Net-ID 253, 254, 293, 319, 321, 324
Network Load Balancer → NLB
Niederlande 43
NLB 315, 328, 343
notepad.exe 187
Notfallstandorte 1007
NOTIFICATIONS (Office) 385
nslookup 106
NSPI 686

O

O365BusinessRetail 399
O365HomePremRetail 401

O365ProPlusRetail 399
O365SmallBusPremRetail 401
OAuth 308
Objekt-GUID 319
OD4B → OneDrive for Business
OData 881
ODFB → OneDrive for Business
Öffentliche Ordner 467, 520
    anlegen (EAC) 522
    anlegen (PowerShell) 526
    Hierarchie, primär 523
    Hierarchie, sekundär 523
    Postfach 522
    Vergleich 521
Office 369
    32/64 Bit 378
    Add-ins 432
    administrative Anpassung (Windows) ... 396
    Aktivierungen 388
    Aktivierungen (Bericht) 390
    Aktivierungsprozess (Windows) ... 382
    Aktivierungsstatus (PowerShell) ... 385
    Aktivierungsstatus (Windows) 383
    Android 449
    Apps 432, 884
    configuration.xml 397
    Deferred Channel 409
    Downgrade 373
    Download verhindern 380
    Downloadgröße 376
    Downloadgröße (Updates) 404
    enthaltene Anwendungen 369
    fünf Installationen 388
    Installation (macOS) 440
    Installation (Windows) 374
    Installation, Gruppenrichtlinien
      (Windows) 409
    Installation, Intune (Microsoft) ... 414
    Installation, manuell 376
    Installation, SCCM (Windows) 421
    Installation, Softwareverteilungs-
      anwendungen (Windows) 421
    iPad 449
    Konfiguration, Gruppenrichtlinien
      (Windows) 432
    Mehrbenutzerbetrieb 435
    Mobilgeräte 449
    Namensgebung (Updates) 394
    Netzwerkfreigabe 409
    OCT 432
    Pull-Installation 396

Index

Office (Forts.)
   Push-Installation 376
   RDS 435
   Resource Kit 378
   Shared Computer Activation 435
   Store 500
   Streaming 374
   Systemvoraussetzungen 374
   Telemetrie 436
   Update auf Build 408
   Updatekanäle 390
   Updatemechanismus (Windows) 404
   Updatequelle ändern 408
   Updatesuche (Kommandozeile) 407
Office 365
   Admin Center 82, 90
   Anwendungen 39
   Basiskonfiguration 79
   Business 60, 370
   Deutschland 46
   Dienste 39
   Einsatzszenarien 32
   Enterprise 60
   Lizenzierung 58
   Mandant 79
   Message Encryption 626
   Portal 82, 84
   ProPlus 370
   Systemvoraussetzungen 57
   Verschlüsselung 52
   Was ist Office 365? 31
   Zertifizierungen 1106
   Zugriffskontrolle 55
Office 365 Archiving 556
Office 365 Deutschland 45, 46
   Entscheidungskriterien 51
   Limitierungen 50
   Roadmap 48
Office 365 Global 44
Office 365 Suite 896
Office 365 Video 1086, 1133
   Formate 1133
Office 365-Gruppen 1033
   anlegen 1044
   Anwenderoberfläche 1034
   Clients 1061
   Connectors 1040
   Dateihandling 1041
   Domäne 1062
   Einschränkungen 1057
   E-Mail-Domäne 1051

Office 365-Gruppen (Forts.)
   Exchange-Hybridkonfiguration 1061
   Kalender 1038
   Komponenten 1034
   Limitierungen 1044
   Mitglieder 1054
   Mitglieder (extern) 1058
   Namenskonventionen 1049
   Notizbuch 1038
   Planner 1039
   Postfach 1043
   Unterhaltungen 1035
   Verteilergruppe 1057
   Verwaltung 1044
   Website 1040
Office 365-Integritäts-, Bereitschafts- und Verbindungstests 137
Office Automatic Updates 404
Office Graph 908, 1085
   deaktivieren 1087
   Focused Inbox 1086
   Office 365 Video 1086
   Signal 1085
   Voraussetzungen 1087
Office Insider Fast 392, 393
Office Insider Slow 392, 393
Office Lens 450
Office Licensing Service → OLS
Office Online 442, 761
   Anwendungsgebiete 442
   Dateitypen 445
   drucken 447
   Exchange Online 443
   gemeinsames Bearbeiten 448
   konfigurieren 446
   SharePoint Online 443
   Skype for Business Online 444
Office Online Server → OOS
Office Store 88
Office Subscription Maintenance 387
Office Upload Center überarbeiten 934
Office Web Apps → Office Online
OfficeC2RClient.exe 407
OfficeGraphEnabled 1095
OFFICESUBSCRIPTION 214
Offlinezugriff (SharePoint Online)
   freigeben 932
   Konfliktbearbeitung 933
OLS 388
OnBoard-CloudHybridSearch.ps1 911
Onboarding 76

OneDrive for Business 919
   Administrationsübersicht 926
   Administrator 946
   Bibliothek 922
   Deployment Package 949
   Dienstbeschreibung 925
   Einschränkungen 925
   Freigaben 932
   Integration mit SharePoint Server 950
   Konfiguration 935
   Konfiguration (Administrativer Zugriff) 946
   Konfiguration (Benachrichtigungen) 944
   Konfiguration (Compliance) 944
   Konfiguration (Dateitypen) 938
   Konfiguration (Domänenmitglieder) 936
   Konfiguration (Freigaben, extern) 935
   Konfiguration (gelöschte Benutzer) 940
   Konfiguration (Gerätezugriff) 942
   Konfiguration (Größe) 939
   Konfiguration (Gruppenrichtlinien) 948
   Konfiguration (Persönliche Websites) 945
   Konfliktbearbeitung 933
   Lizenzüberblick 924
   Manager (Attribut) 941
   Migration 954
   Startgröße 939
   Statussymbol 930
   Synchronisierung 927
   Synchronisierung (Dokumentbibliothek) 931
   Synchronisierung (geteilter Ordner) 932
   Synchronisierung deaktivieren 932
   Updatemechanismus 927
OneNote Web App 442
OneNoteRetail 401
onmicrosoft.com 81
onmicrosoft.de 81
OOB_GRACE (Office) 384
OOS 442
Ordner (SharePoint Online) 768
Organisationsdiagramm 769
Organisationseinstellungen 90
Organisationskonto 236
Organisationsprofile 837
OSPP 383
ospp.vbs 383
Österreich 43
Outlook
   2003 485
   Add-in (Skype for Business Online) 963
   Apps 499

Outlook (Forts.)
   IMAP 485
   Online-Besprechung 963
   POP3 485
   SharePoint Online 868
Outlook (macOS) 488
Outlook (Windows) 484
Outlook Anywhere 675
Outlook im Web 489
   Apps 499
   Dateianhänge, anzeigen 491
   Offlinezugriff 492
   OneDrive for Business 494
   Skype for Business Online 964
Outlook Web App → Outlook im Web
Outlook.com 526
OutlookRetail 401
OWA
   Light 489
   Richtlinie 493
   Umleitung 739
   verbundenes Konto 526
   Webdatenbank 492
OWA → Outlook im Web

P

Paging 831
Papierkorb (SharePoint Online) 871
Passthrough-Authentifizierung → PTA
Patch Tuesday 390
Patriot Act 46
PBX → UM
PerformancePoint Services 761
PGi 975
Phising 616
Pipeline Processor → PowerShell
Pipe-Symbol → | (PowerShell)
Plan → Lizenztypen
Planner 1135
   Board 1136
   Bucket 1136
   Hub 1136
POP3 .... 466, 485, 526
Portal 84
   Sprache, ändern 85
portieren (Telefonnummern) 1005
Posteingangsregeln 466
Poster, PowerShell 1149
Postfach 501
   ActiveSync 466

Postfach (Forts.)
   Aufbewahrungslimit, gelöschte
      Postfachelemente 468
   Beweissicherungsverfahren 466
   DLP 466
   Einschränkungen 467
   endgültige Löschvorgänge 603
   englische Ordnernamen 505
   freigegeben 517
   freigegeben, anlegen (PowerShell) 518
   freigegeben, senden aus 520
   freigegeben, umwandeln 520
   gelöschte Elemente 601
   IMAP 466
   inaktiv 466, 646
   maximale Größe 465
   öffnen, anderes (Outlook) 599
   öffnen, anderes (OWA) 601
   Outlook 465
   Outlook (macOS) 488
   Outlook (Windows) 485
   POP3 466
   Posteingangsregeln 466
   Quota 536
   Transportregeln 466
   verschieben 729
   verwalten (EAC) 502
   verwalten (PowerShell) 505
   wiederherstellbare Elemente 601
Power BI 1143
PowerApps 1144
PowerPoint Web App 442
PowerPointRetail 401
PowerShell 141
   Active Directory 229
   Administratorberechtigungen 147
   Advanced Functions 192
   Array 159
   Ausführungsrichtlinie 478
   Ausgabe, formatiert 167
   Ausgabe, grafisch 177
   Ausgabe, Standard 168
   Azure Active Directory-Modul 200
   Cheat Sheet 1149
   Cmdlets 148, 155
   Eigenschaften 162
   Ereignisse 162
   Exchange Online 477
   Export 175
   Fehlerausgabe 190
   Filter 173, 182

PowerShell (Forts.)
   Formatierungsoperator 167
   Funktionen 148, 182
   Hash-Tabelle 166
   Installationsordner 153
   ISE 144, 198
   Kennwortablaufen verhindern 216
   Klammern 159
   Klassen 161
   Kommentar 186
   Komponenten 148
   lange Befehlszeilen 194
   Methoden 162
   Modul 196
   Navigationsparadigma 151
   Objekte 161
   Office 365 199
   Pipeline 151, 169
   Poster 1149
   PowerShell Language 151
   Profile (PowerShell) 161, 192, 480
   Protokolle 180
   Punktnotation 167
   Remoting 198, 340, 351, 477
   Schleifen 179
   Schreibweise (3.0) 175
   Secure String 205
   SharePoint Online 766
   Skripte 185
   Skype for Business Online 980
   Snap-in 196
   sortieren 178
   Standardreihenfolge 157
   Start 144
   Statistik 178
   Systemregistrierung 153
   Systemvoraussetzungen 143
   Tab-Vervollständigung 157
   v1.0 153
   Variablen 182
   Variablenexpansion 205
   Windows Azure Active Directory-Modul 200
   Wozu 141
   Ziele 142
powershell_ise.exe 144, 186
powershell.exe 188
Präsenzinformationen 962
preferredLanguage 85
Priorität (DNS) 99
Privatanwender 59

Problembehebung ... 135
   Dienststatus ... 132
   Microsoft Support- und Wiederherstellungs-Assistent für Office 365 ... 135
   Office 365-Integritäts-, Bereitschafts- und Verbindungstests ... 137
   Serviceanfragen ... 139
   Supportcenter ... 140
   Verbindungsprobleme ... 139
ProfessionalRetail ... 401
Profil (PowerShell) ... 161
Project ... 369, 451
   Installation ... 452
   Parallelinstallation MSI ... 452
   Project Online Essentials ... 451
   Project Online Premium ... 451
   Project Online Professional ... 451
   Project Web App ... 453
   PWA ... 453
   Systemvoraussetzungen ... 451
Project Web App → Project
ProjectProRetail ... 399
ProjectProXVolume ... 402, 453
ProjectStdRetail ... 402
ProjectStdXVolume ... 402, 453
Proxy ... 58
   AAD Application ... 242, 288
   Reverse ... 242
Proxy (Office) ... 376
proxyAddresses ... 253, 475
PTA ... 241
PublisherRetail ... 402
Publishing Domain ... 633
Publishing Domain → Veröffentlichungsdomäne
Pull-Installation (Office) ... 376, 382
Push-Installation (Office) ... 382, 396
Pushsynchronisierung ... 252

Q

Quest ... 897
QuickInfo → E-Mail-Info

R

RBAC ... 478
RCA ... 355
   Client ... 486
Rechenzentren
   Auditierung ... 56

Rechenzentren (Forts.)
   Datenschutz ... 56
   Regionen ... 42
   Sicherheit ... 52
   Verschlüsselung ... 52
   Zugriffskontrolle ... 55
Rechnungsadministrator ... 116
Reduced Functionality Mode → RFM
Regionen ... 42
Register.com ... 103
Remote Connectivity Analyzer → RCA
RemoteAccessGPOEnabled ... 950
Remoteserver-Verwaltungstools ... 230
RemoteSigned (PowerShell) ... 187
Remoting ... 198
Ressourcenpostfach ... 512
   anlegen (EAC) ... 512
   anlegen (PowerShell) ... 514
REST ... 881
Restricted (PowerShell) ... 187
Retain ... 556
Retention Policy Tag → Archivierung (Exchange Online)
return ... 183
Reverse Proxy (SharePoint Online) ... 909
Reverse-Proxy ... 242
RFM ... 382
Richtlinienvorlagen ... 1016
Right to be forgotten ... 1023
RMS_S_ENTERPRISE ... 215
Role Based Access Control → RBAC
Rolle verwalten (PowerShell) ... 228
Rollen (Exchange Online) ... 573
   Administratorrollen ... 573
   Benutzerrollen ... 588
   Default Role Assignment Policy ... 589
   My (Präfix) ... 588
   Organization Management ... 747
   OwaMailboxPolicy-Default ... 591
   OWA-Richtlinien ... 591
   Richtlinie ... 588
   Rolleneinträge ... 573
   Schreibbereich ... 574
   Verwaltungsrolle ... 573
   Verwaltungsrollengruppe ... 574
RSAT → Remoteserver-Verwaltungstools

S

S/MIME ... 637
Safari ... 442

SAML 311
SAN 697, 714
Sandboxed Solutions 758, 877
SCCM 421
Schadsoftwarefilter 604
Schnellstartleiste (SharePoint Online) 786
SCL 556, 608
SCOM 133
Secure Score 1130
Secure Store Service 861
Secure String 205
Security & Compliance Center 1106
Security Assertion Markup Language → SAML
Senden-an-Verbindungen
    (SharePoint Online) 845
Sender Policy Framework → SPF
Server Manager 329, 330
Serverauthentifizierungszertifikat 313
Serverressourcenkontingent
    (SharePoint Online) 775, 879
Service Description → Dienstbeschreibung
Service Locator → SRV
Serviceanfragen 139
SharePoint
    Feature Pack 1 915
    Kapazität 775
SharePoint Designer 854, 875
SharePoint Framework 885
SharePoint Hybrid Configuration
    Wizard 905, 908, 916
SharePoint Online 755
    Access Services 761, 853
    Administrationsübersicht 764
    Android 869
    anpassen 874
    Anti-Virus 873
    App Solutions 758, 880
    Apps 884
    Architektur 768
    ARMS 1029
    BCS 761, 854
    Benutzer, extern 819
    Benutzerprofile 834
    Berechtigung 804
    Bibliothek 786
    Bibliothek (modern) 789
    Co-Existence 886
    Dateitypbeschränkungen 873
    Datensicherheit 870
    Dienstbeschreibung 762

SharePoint Online (Forts.)
    Dokumentcenter 845
    Einsatzszenarien 37, 755
    Einschränkungen 763
    Enterprise-Features 848
    Entwicklungsumgebung 876
    Farm Solution 758
    Full-Trust-Code 758
    Funktionsüberblick 757
    Hybridbereitstellung 897
    InfoPath Forms Services 761, 848
    iOS 869
    IRM 761
    Liste 786
    Liste (modern) 789
    Lizenzüberblick 761
    Metadatenspeicher 860
    Migration 886
    Migration API 889, 892
    mobile Endgeräte 869
    Office Web Apps → Office Online
    Outlook 868
    PerformancePoint Services 761
    PowerShell 766
    PowerShell, Funktionalität 767
    PowerShell, Verbindungsaufbau 767
    Sandboxed Solutions 758, 877
    Secure Store Service 861
    SharePoint Framework 885
    SkyDrive Pro → OneDrive for Business
    Solution Package 877
    Speicherverwaltung 775
    SQL Azure 855
    Store 881
    Suche 758, 832
    Terminologiespeicher 839
    Verwaltungsshell 767
    Visio Services 761, 851
    Voraussetzungen 759
    Was ist SharePoint Online? 755
    Webpart 800
    Website 779
    Websitearten 756
    Websitesammlung 769
    Windows Mobile 869
    Zugriff 763
    Zugriffsanforderungen 808
SHAREPOINTENTERPRISE 214
SHAREPOINTSTANDARD 214
SHAREPOINTWAC 214
Shibboleth 313

Sicherheit ... 52
Sicherheitsgruppe ... 128
  verwalten (PowerShell) ... 226
Sicherheitstoken ... 311
Sicherheitstokendienst → STS
SID ... 205
Signal ... 1085
Single Sign-on ... 242, 311
  Firefox ... 353
  Google Chrome ... 353
  Identitätsverbund ... 244
  Internet Explorer ... 353
  Seamless ... 242
  Smart-Links ... 356
SIP-Adresse ... 112, 986
Skript
  Aufbau ... 186
  Ausführung ... 187
  Fehlerbehandlung ... 189
  Parameter ... 191
  Richtlinie ... 187
  signieren ... 189
  starten ... 188
SkyDrive Pro → OneDrive for Business
SkyDrive → OneDrive for Business
Skype ... 59, 986
Skype for Business Online ... 957
  Admin Center ... 969
  administrieren ... 967
  Android ... 992
  Anwendungsfreigabe ... 960
  Anwesenheitsstatus ... 958
  Arbeiten mit Skype for Business ... 962
  Basic-Client ... 989
  Benutzerkonfiguration ... 967
  Benutzerverwaltung ... 971
  Chat ... 958, 962
  Chatdienste ... 974
  Client ... 985
  Client (Android) ... 996
  Client (iOS) ... 995
  Client (macOS) ... 996
  Client (Windows Mobile) ... 994
  Clients ... 985
  Clients, mobil ... 992
  Cloud Connector ... 1004
  Dateiübertragung ... 961
  Desktopfreigabe ... 960
  Domäneneinstellungen ... 967
  Domänenverbund ... 973
  einladen ... 980

Skype for Business Online (Forts.)
  Einsatzszenarien ... 39, 958
  Einwahlkonferenz ... 962, 975
  externe Kommunikation ... 973
  externer Zugriff ... 973
  F & A ... 988
  Firewall ... 967
  Freigabe ... 962
  iOS ... 992
  Konferenz ... 959, 962
  Konferenzeinwahl ... 978
  Livekonferenz ... 961, 999
  Lizenzüberblick ... 961
  macOS ... 996
  Office-Anwendungen ... 965
  Organisationsverwaltung ... 972
  Outlook im Web ... 964
  PowerShell ... 980
  Präsentation ... 959
  Präsenzinformationen ... 962
  Problembehebung ... 998
  RCA ... 998
  SIP-Adresse ... 986
  SIP-Adresse ändern ... 968
  Skype for Business Admin Center ... 969
  Telefonanlage ... 1003
  Telefonie ... 961, 1003
  Umfrage ... 988
  Vertraulicher Anwesenheitsmodus ... 972
  Voraussetzungen ... 967
  Wartebereich ... 964
  Was ist Skype for Business Online? ... 957
  Web App-Client ... 989
  Web Scheduler ... 966, 980
  Whiteboard ... 961
SkypeforBusinessEntryRetail ... 402
SkypeforBusinessRetail ... 402
SL=1 ... 992
Smart-Links ... 356
Smileys ... 1075
SMTP-Relay ... 749
SMTP-Vergleich ... 253
Sofortnachrichten → Chat
Solution Package ... 877
Spam Confidence Level → SCL
SPDRetail ... 399
Speicherkontingent ... 775
Speicherverwaltung (SharePoint Online) .. 775
SPF ... 609
Split DNS ... 108
SQL Azure ... 853

SQL Server (Datenquellentyp) 855
SQL Server Express LocalDB 257
SRV 99
SSL-Zertifikat 313, 329, 332, 344
StaffHub 1131
Staged Migration → Mehrstufige Migration (Exchange Online)
Stagingmodus 285
Standarddomäne 112
Standarderfahrung (SharePoint Online) 790
STANDARDPACK 214
Standardvertragsklauseln 56
Standardwebsite 315
Stream 1134
Streaming (Office) 374
Strukturansicht (SharePoint Online) 781
STS 311
Subdomäne 100
Subject Alternative Name → SAN
Suche (SharePoint Online) 758, 832
 durchführen 833
 IFilter 758
 kontinuierliche Durchforstung 832
 Suche, kombiniert 834
 verwalten 833
Supportcenter 140
Sway 1136
Synchron (PowerShell) 185
Synchronization Rules Editor 286
Synchronization Service 286
Synchronization Service Key Management 287
System Center Configuration Manager → SCCM
System Center Operations Manager 133
System.IO.File 696
Systemvoraussetzungen 57

T

Tab-Vervollständigung 157
TargetAddress 687
Task Scheduler → Aufgabenplanung
T-Bot 1066, 1075
Teams 1065
 Administrationsübersicht 1073
 anlegen 1077
 Aufbau 1069
 Beschränkungen 1072
 Besprechungen 1083
 Bot 1066, 1075
 Büro-Drama 1075

Teams (Forts.)
 Chat 1081
 Clients 1076
 Connector 1070
 Eigenschaften 1079
 Eigentümer 1072
 Emojis 1075
 Erwähnungen 1080
 Funktionsüberblick 1065
 Giphys 1075
 Gruppenpostfach 1072
 Gruppenwebsite 1072
 Kanal 1069
 Komponenten 1070
 Lizenzüberblick 1068
 Mitgliederberechtigungen 1080
 Office 365-Gruppe erweitern 1078
 Organigramm 1074
 Smileys 1075
 Sofortbesprechung 1082
 Unterhaltungen 1081
Teamwebsite 756
Telefonie 961, 1003
 Notfallstandorte 1007
 Nummern hinzufügen 1005
 Nummern zuweisen 1007
Telemetrie 436
 Agent 437
 Architektur 437
 Auswertung 439
 Dashboard 438, 439
 Datenbank 437
 Installation 438
 Protokoll 438, 439
 Prozessor 437
Tenant → Mandant anlegen
Terminologiespeicher 839
 Administrator 839
 Arbeitssprachen 840
 Ausdruckssatz 840
 Erstkonfiguration 839
 Gruppenleiter 840
 Hybrid 916
 Mitwirkende 840
 Navigation 843
 verwaltete Metadatenspalte 841
Testmandant 1152
Testumgebung 1149
 Domäne 1152
 Netzwerkumgebung 1150
 SSL 1153

Testumgebung (Forts.)
   Testmandant 1152
   Zertifikat 1153
Text Record → TXT
TGT 321
Thales 1022
Thawte 313
Threat Management Gateway
   → Forefront TMG
Ticket Granting Ticket → TGT
TLS 52
Tokensignaturzertifikat 314
TPD → Veröffentlichungsdomäne
Transport Layer Security → TLS
Transport-Engine 556
Transportregeln 466, 556
   Haftungsausschluss 563
   verwalten (EAC) 563
   verwalten (PowerShell) 567
Trust Center 56
try ... catch 191
T-Systems 47
Twitter 140, 1139
TXT 100
TypeName 163

U

UAC 147
Übernahmemigration
   PowerShell 684
   Vorgang 678
Übernahmemigration (Exchange Online) 675
Überwachungsberichte 646
Überwachungsprotokoll 915, 1122
   aktivieren 1122
   Aktivitäten 1122
   durchsuchen 1123
   Webservice 1124
UM 669, 676
   Funktionen 669
   Konfiguration 670
   Sprachzugriff 669
   Telefonanlage 670
   Voice-Gateway 670
   Voicemail 669
   Voraussetzungen 670
Umfrage 988
Unified Access Gateway → Forefront UAG
Unified Messaging → UM

Unikonto 236
Unrestricted (PowerShell) 187
Unternehmen 59
Unternehmensportal (App) 1115
Update Rollup 696, 713
UPN 225, 232, 259
USA 44
User Principal Name → UPN
userCertificate (Attribut) 637
userSMIMECertificate (Attribut) 637
User-Source-ID 319, 321, 324, 325

V

VBScript 142
Verbindungsfilter 605
-Verbose 181
Verbunddomäne 326, 341
Verbundenes Konto
   einrichten 527
   Posteingangsregeln 529
   PowerShell 530
   versenden 528
   weiterleiten 528
Verhindern von Datenverlust ... 466, 648, 1115
Verifikation (Domäne) 98, 100
VeriSign 313
Veröffentlichungsdomäne 633
Verschlüsselung (E-Mail) 626, 637
Versionierung (SharePoint Online) 788
Vertrauenswürdige Sites 759
Vertraulicher Anwesenheitsmodus 972
Verzeichnissynchronisierung 238
Verzeichnissynchronisierungstool 251
VI 142
Visio 369, 458
   Installation 459
   Parallelinstallation MSI 452
   Systemvoraussetzungen 458
   Visio Pro für Office 365 458
Visio Services 761, 851
VisioProRetail 399
VisioProXVolume 402, 453
VisioStdRetail 402
VisioStdXVolume 402, 453
Visual Studio 146, 854
VMware 142
Volltextsuche (PowerShell) 203
VPN 313, 316

W

WAP	313
Wartebereich	964
WCF (Datenquellentyp)	855
WCM	758
Web Application Proxy → WAP	
Web Content Management System → WCM	
Webanwendungsproxy → WAP	
Webcam	959
Webpart	800
App-Webpart	801
Webplattform	331
Website	768, 779
anlegen, Endanwender	784
löschen	784
Navigation	780
Root	770
Vorlagen, eigene	782
Websitearten	756
Internetsites	758
Intranetwebsite	757
Teamwebsite	756
Websitepostfach, Vergleich	521
Websitesammlung	768, 769
Administrator	776
anlegen	770
anlegen (PowerShell)	777
Serverressourcenkontingent	775
Speicherkontingent	775
Standard	777
Zeitzone	775
-WhatIf	181
Where (PowerShell-Alias)	175
Whiteboard	961
WHS	384, 410
Wiederherstellbare Elemente (Exchange Online)	643
Wien	42
Windows Management Framework → WMF	
Windows Management Instrumentation → WMI	
Windows PowerShell → PowerShell	
Windows Script Host → WSH	
Windows Server Update Services → WSUS	
Windows Update Dienst	167
WinRM	144
winrm	198
WMF	143
WMI	384
Word Web App	442
WordRetail	402
Workflow	1146
Workflow (SharePoint Online)	789
WSH	142
WSUS	375, 404

Y

Yammer	1139
administrieren	1140
Clients	1143
Gruppen	1142
Office 365-Gruppen	1142
YouTube	1133

Z

Zentraladministration	764
Zertifizierungen	1106
Zielanwendung (SharePoint Online)	861
Zielgruppen	59
Zugriffsanforderungen (SharePoint Online)	808
Zugriffssteuerung (AD FS)	313
Zweifaktorauthentifizierung → MFA	

- Server- und Desktopvirtualisierung: Design, Installation, Best Practices

- Sicherheit, Migration, Storage, Backup, Disaster Recovery

- Inkl. PowerShell-Automation und detailllierter Praxisszenarien

Nils Kaczenski, Marc Grote, Nicholas Dille, Jan Kappen

Microsoft Hyper-V
Das Handbuch für Administratoren

Aktuell zu Windows Server 2016: Hier erfahren Sie, wie Sie Dekstops und Server mit Hyper-V virtualisieren und so Ihre Infrastruktur noch effizienter verwalten und auslasten können. Detaillierte Anleitungen helfen Ihnen bei Entwurf und Installation sowie dem Betrieb einer Hyper-V-Umgebung. Von Clustering über SAN-Integration und Netzwerkanbindung bis hin zu Strategie- und Detailfragen zu Design, Sicherheit oder Performance: Profitieren Sie vom geballten Know-how unserer ausgewiesenen Hyper-V-Experten!

948 Seiten, gebunden, 69,90 Euro
ISBN 978-3-8362-4327-8
www.rheinwerk-verlag.de/4229

Jetzt bei uns im Rheinwerk-Shop: Buch, E-Book und Bundle

- Von der Planung bis zum Deployment
- SharePoint-Objektmodelle, Prozesse, Webparts und Co.
- Inkl. durchgängigem, vollständigen Praxisszenario

Fabian Klein-Ridder, Björn Barnstedt

SharePoint 2016
Das Praxisbuch für Entwickler

Die ideale Lösung für Ihre SharePoint-Umgebung entwickeln Sie am besten selbst. In diesem Buch erfahren Sie, wie Sie SharePoint 2016 ganz individuell an Ihre Anforderungen anpassen und maßgeschneiderte Lösungen entwickeln. Ein abgeschlossenes Beispielprojekt zeigt Ihnen alle Grundlagen und relevanten Schritte – von der Planung und Installation über die Entwicklung der Features bis zum finalen Deployment der Solution.

712 Seiten, gebunden, 54,90 Euro
ISBN 978-3-8362-4339-1
www.rheinwerk-verlag.de/4237

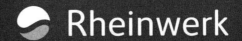

- Docker, Rocket und Co: Container-Technologien und Hintergründe

- Swarm, Kubernetes und DC/OS: Management und Orchestrierung

- Skalierbare und ausfallsichere Container Cluster: Planung, Setup, Administration, Best Practices und Troubleshooting

Oliver Liebel

Skalierbare Container-Infrastrukturen
Das Handbuch für Administratoren

Skalierbare und ausfallsichere Container Cluster, umfassend und kompetent erklärt – das bietet Ihnen dieses umfassende Kompendium. Hier finden Sie das nötige Fachwissen und zahlreiche Best Practices, um Container in Ihrer Infrastruktur effizient und produktiv einzusetzen – inklusive ausführlichen und kompetenten Anleitungen zu allen Tools (Kubernetes, Docker, Rocket & Co.), Diagrammen, Codebeispielen und vielen Praxisszenarien.

1.071 Seiten, gebunden, 69,90 Euro
ISBN 978-3-8362-4366-7
www.rheinwerk-verlag.de/4252

Immer gut informiert: Bestellen Sie unseren Newsletter!